D1718699

Dolge/Krause/Wiese/Zech
Die Prüfung der Bilanzbuchhalter

Zusätzliche digitale Inhalte für Sie!

Zu diesem Buch stehen Ihnen kostenlos folgende digitale Inhalte zur Verfügung:

 Online-Buch ✓   Zusatz-Downloads

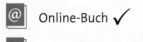 Buch als PDF   App

 Online-Training   Digitale Lernkarten

Schalten Sie sich das Buch inklusive Mehrwert direkt frei.

Scannen Sie den QR-Code **oder** rufen Sie die Seite **www.kiehl.de** auf. Geben Sie den Freischaltcode ein und folgen Sie dem Anmeldedialog. Fertig!

Ihr Freischaltcode

BVMR-TNAP-UDWX-RBXK-VBRM-GS

Die Prüfung der Bilanzbuchhalter

Von
Dipl.-Kfm. Frank Dolge,
B.S. Katharina Krause,
Steuerberater Henry Wiese und
M.A. Alrik Zech

32., aktualisierte Auflage

Bildnachweis Umschlag: © Sergey Niveus – Fotolia.com

ISBN 978-3-470-**10542**-0 · 32., aktualisierte Auflage 2021

© NWB Verlag GmbH & Co. KG, Herne 1953
www.kiehl.de

Kiehl ist eine Marke des NWB Verlags

Satz: SATZ-ART Prepress & Publishing GmbH, Bochum
Druck: CPI books, Leck

Vorwort

Dieses Buch wendet sich an alle Kursteilnehmer, die eine Aufstiegsfortbildung zum/zur Geprüften Bilanzbuchhalter/Geprüften Bilanzbuchhalterin (IHK) – Bachelor Professional in Bilanzbuchhaltung absolvieren. Es soll Sie während des gesamten Lehrgangs begleiten und gezielt auf die Prüfung vor der Industrie- und Handelskammer vorbereiten.

Die Fortbildung zum Bilanzbuchhalter hat eine lange Tradition und genießt in der Wirtschaft ein hohes Ansehen. Sie gehört zu den anspruchsvollsten IHK-Prüfungen.

Die 32. Auflage wurde gründlich überarbeitet und aktualisiert. Grundlage ist die Verordnung über die Prüfung zum anerkannten Abschluss Geprüfter Bilanzbuchhalter/ Geprüfte Bilanzbuchhalterin (IHK) – Bachelor Professional in Bilanzbuchhaltung vom 08.12.2020.

Die Prüfung umfasst zwei Prüfungsteile:

► Prüfungsteil I – Schriftliche Prüfung
► Prüfungsteil II – Mündliche Prüfung

Prüfungsteil I – Schriftliche Prüfung

Die schriftliche Prüfung besteht aus drei Situationsaufgaben à 240 min. Die drei Situationsaufgaben werden an drei Prüfungstagen geschrieben. Alle drei Situationsaufgaben zusammen ergeben die schriftliche Prüfungsleistung.

Ausgangsbasis für alle drei Situationsaufgaben ist eine betriebliche Situationsbeschreibung. Die Aufgabenstellungen müssen aus der Beschreibung der betrieblichen Situation abgeleitet und aufeinander abgestimmt sein.

Innerhalb der drei Situationsaufgaben werden sieben Handlungsbereiche abgeprüft:

1. Geschäftsvorfälle erfassen und nach Rechnungslegungsvorschriften zu Abschlüssen führen

2. Jahresabschlüsse aufbereiten und auswerten

3. Betriebliche Sachverhalte steuerlich darstellen

4. Finanzmanagement des Unternehmens wahrnehmen, gestalten und überwachen

5. Kosten- und Leistungsrechnung zielorientiert anwenden

6. Ein internes Kontrollsystem sicherstellen

7. Kommunikation, Führung und Zusammenarbeit mit internen und externen Partnern sicherstellen

Die Handlungsbereiche werden auf die Situationsaufgaben folgendermaßen aufgeteilt:

- **Situationsaufgabe 1**
  - Handlungsbereich 1 (Schwerpunkt)
  Geschäftsvorfälle erfassen und nach Rechnungslegungsvorschriften zu Abschlüssen führen
  - Handlungsbereich 6
  Ein internes Kontrollsystem sicherstellen
  - Handlungsbereich 7
  Kommunikation, Führung und Zusammenarbeit mit internen und externen Partnern sicherstellen

- **Situationsaufgabe 2**
  - Handlungsbereich 2 (Schwerpunkt)
  Jahresabschlüsse aufbereiten und auswerten
  - Handlungsbereich 4
  Finanzmanagement des Unternehmens wahrnehmen, gestalten und überwachen

- **Situationsaufgabe 3**
  - Handlungsbereich 3 (Schwerpunkt)
  Betriebliche Sachverhalte steuerlich darstellen
  - Handlungsbereich 5
  Kosten- und Leistungsrechnung zielorientiert anwenden

Alle drei Situationsaufgaben sind von der Bewertung gleich gewichtet (jeweils 100 Punkte). Die schriftliche Prüfung ist bestanden, wenn in allen drei Situationsaufgaben jeweils 50 Punkte erreicht werden.

Prüfungsteil II – Mündliche Prüfung

Zur mündlichen Prüfung wird zugelassen, wer die schriftliche Prüfung bestanden hat. Die mündliche Prüfung besteht aus einer Präsentation mit anschließendem Fachgespräch.

Das Thema für die Präsentation wird durch den Prüfungsteilnehmer/die Prüfungsteilnehmerin selbst gewählt. Das Thema muss aus dem Handlungsbereich „Jahresabschlüsse aufbereiten und auswerten" stammen.

In der Präsentation soll nachgewiesen werden, dass der Prüfungsteilnehmer/die Prüfungsteilnehmerin, in der Lage ist, ein komplexes Problem der betrieblichen Praxis zu erfassen, darzustellen, zu beurteilen und zu lösen.

Das Thema ist mit einer Kurzbeschreibung des betrieblichen Problems und einer inhaltlichen Gliederung dem Prüfungsausschuss am dritten Tag der schriftlichen Prüfung einzureichen. Die Präsentation soll nicht länger als 15 Minuten dauern.

Im anschließenden Fachgespräch werden aufbauend auf der Präsentation neben dem Handlungsbereich „Jahresabschlüsse aufbereiten und auswerten" auch andere Handlungsbereiche einbezogen. Das Fachgespräch soll nicht länger als 30 Minuten dauern.

Bei der Bewertung der mündlichen Prüfungsleistung ist das Fachgespräch gegenüber der Präsentation doppelt zu gewichten.

Zur Abbildung der Prüfungsverordnung und des Rahmenlehrstoffplanes wurde das Buch methodisch in vier Bereiche gegliedert:

Im **ersten Bereich** wird der Lernstoff der sieben Handlungsbereiche in bewährter Frage-Antwort-Form aufbereitet. Übersichten, Schaubilder, Aufzählungen und Struktogramme erleichtern das Lernen und verdeutlichen Zusammenhänge.

Die inhaltliche Gliederung der Handlungsbereiche ergibt sich aus den langjährigen Erfahrungen der Autoren. Es werden alle Themen des Rahmenlehrstoffplanes angesprochen.

Im **zweiten Bereich** wird der Lernstoff anhand klausurtypischer Aufgaben vertieft und angewendet. Die Fragestellungen entsprechen in Art und Niveau den Prüfungen der Kammern.

Der **dritte Bereich** enthält ausführliche, kommentierte Lösungen zu den klausurtypischen Aufgaben. Damit haben die Leser die Möglichkeit, ihre Kenntnisse unter „echten Prüfungsbedingungen" zu kontrollieren. Außerdem wird ab Seite 713 im Kapitel 8 Präsentation und Fachgespräch auch auf die Besonderheiten der Präsentation eingegangen.

Der **vierte Bereich** enthält eine durch das Autorenteam erstellte „Musterklausur", die sich an dem Prüfungsniveau der Industrie- und Handelskammern orientiert.

Ausgehend von einer betrieblichen Situationsbeschreibung müssen drei Situationsaufgaben à 240 Minuten bearbeitet werden. Weiterhin ist eine ausführlich kommentierte Lösung der „Musterklausur" enthalten.

Das umfangreiche Stichwortverzeichnis ermöglicht es dem Leser, sich auf Einzelthemen zu konzentrieren oder sich im Ganzen auf die Prüfung vorzubereiten.

Wir wünschen allen Leserinnen und Lesern viel Erfolg in der Prüfung und bei der Realisierung ihrer persönlichen Berufsziele im facettenreichen Tätigkeitsfeld des Bilanzbuchhalters. *Anregungen und konstruktive Kritik sind gerne willkommen und erreichen uns über den Verlag.*

Frank Dolge
Katharina Krause
Henry Wiese
Alrik Zech
Rostock und Hannover im Sommer 2021

Hinweise für die Leser

Das Werk enthält zahlreiche Querverweise, die sich aus der Überschneidung der Handlungsbereiche bzw. der Qualifikationselemente ergeben. Sie sind mit einem Pfeil >> gekennzeichnet und nennen nachfolgend die Ziffer der entsprechenden Fundstelle im Buch bzw. des Rahmenplans.

Dies soll dem Leser die Komplexität der Stoffbehandlung zeigen, die Handlungsorientierung unterstützen, andererseits aber auch „Doppellernen" vermeiden.

Das Buch enthält Hinweise auf **Internet-Adressen**. Für Inhalt und Aktualität der Links können Verlag und Autoren keine Haftung übernehmen.

In diesem Werk wurden die bei Redaktionsschluss vorliegenden aktuellen Ausgaben der **Gesetze und Verordnungen** berücksichtigt. Wir weisen darauf hin, dass jeweils nur die neuesten Ausgaben und Bestimmungen verbindlich sind. Trotz sorgfältiger Bearbeitung durch die Autoren wird auch hier eine Haftung ausgeschlossen.

Wenn im Text von dem „Bilanzbuchhalter" bzw. „dem Teilnehmer" gesprochen wird, so umfasst diese maskuline Bezeichnung auch immer die angehende Bilanzbuchhalterin. Wir bitten um Verständnis für die **sprachliche Vereinfachung**.

Benutzungshinweise

Diese Symbole erleichtern Ihnen die Arbeit mit diesem Buch:

 TIPP

Hier finden Sie nützliche Hinweise zum Thema.

 MERKE

Das X macht auf wichtige Merksätze oder Definitionen aufmerksam.

 ACHTUNG

Das Ausrufezeichen steht für Beachtenswertes, wie z. B. Fehler, die immer wieder vorkommen, typische Stolpersteine oder wichtige Ausnahmen.

 INFO

Hier erhalten Sie nützliche Zusatz- und Hintergrundinformationen zum Thema.

 RECHTSGRUNDLAGEN

Das Paragrafenzeichen verweist auf rechtliche Grundlagen, wie z. B. Gesetzestexte.

 MEDIEN

Das Maus-Symbol weist Sie auf andere Medien hin. Sie finden hier Hinweise z. B. auf Download-Möglichkeiten von Zusatzmaterialien, auf Audio-Medien oder auf die Website von Kiehl.

Feedbackhinweis

Kein Produkt ist so gut, dass es nicht noch verbessert werden könnte. Ihre Meinung ist uns wichtig. Was gefällt Ihnen gut? Was können wir in Ihren Augen verbessern? Bitte schreiben Sie einfach eine E-Mail an: **feedback@kiehl.de**

a. a. O.	am angegebenen Ort	ArbnErfG	Arbeitnehmer-erfindungsgesetz
AB	Anfangsbestand		
Abs.	Absatz	ArbPlSchG	Arbeitsplatzschutz-gesetz
Abschn.	Abschnitt		
Abtlg.	Abteilung	ArbSchG	Arbeitsschutzgesetz
AC	Assessmentcenter	ArbStättV	Arbeitsstätten-verordnung
AEntG	Arbeitnehmer-Entsendegesetz		
		ArbZG	Arbeitszeitgesetz
AEAO	Anwendungserlass zur Abgabenordnung	ASiG	Arbeitssicherheits-gesetz
AEVO	Ausbildereignungs-verordnung	AStG	Außensteuergesetz
		AT-Angestellter	Außertariflicher Angestellter
AfA	Absetzung für Abnutzung		
		ATZ	Altersteilzeit
AfS	Absetzung für Substanzverringerung	AU	Arbeitsunfähigkeit
		AÜG	Arbeitnehmer-überlassungsgesetz
AFBG	Aufstiegs-fortbildungsgesetz (sog. Meister-BAföG)	AufenthG	Aufenthaltsgesetz
		AuslInvestmG	Gesetz über den Vertrieb ausländischer Investmentanteile und über die Besteuerung der Erträge aus ausländischen Investmentanteilen
aG	auf Gegenseitigkeit		
AG	Arbeitgeber/ Aktiengesellschaft		
AG-Anteil	Arbeitgeber-Anteil		
AGB	Allgemeine Geschäftsbedingungen		
AGG	Allgemeines Gleich-behandlungsgesetz	AV	Arbeitslosenversiche-rung/Anlagevermögen
AHK	Anschaffungs- und Herstellungskosten	AW	Anschaffungswert
		AWbG	Arbeitnehmerweiter-bildungsgesetz
AICP	American Institute of Certified Public Accountants		
		BA	Bundesagentur für Arbeit
AK	Anschaffungskosten		
AktG	Aktiengesetz	BAB	Betriebsabrechnungs-bogen
aLL	aus Lieferungen und Leistungen		
		BAföG	Bundesausbildungs-förderungsgesetz
AltEinkG	Alterseinkünftegesetz		
AltTzG	Altersteilzeitgesetz	BAG	Bundesarbeitsgericht
AN	Arbeitnehmer	Basel II	Eigenkapitalrichtlinien für Kreditinstitute des Ausschusses für Bankenaufsicht bei der Bank für Internationa-len Zahlungsausgleich, Basel
Anl.	Anlagen		
AO	Abgabenordnung		
AR	Aufsichtsrat		
ARAP	aktiver Rechnungs-abgrenzungsposten		
Art.	Artikel		
ArbGG	Arbeitsgerichtsgesetz	b. a. W.	bis auf Weiteres

BBiG	Berufsbildungsgesetz	DATEV	Datenverarbeitungs-
BDSG	Bundesdatenschutz-		organisation des steuer-
	gesetz		beratenden Berufes in
BEEG	Bundeselterngeld- und		der Bundesrepublik
	Elternzeitgesetz		Deutschland e. G.
BeschSchG	Beschäftigtenschutz-	DBA	Doppelbesteuerungs-
	gesetz		abkommen
BetrAVG	Betriebsrentengesetz	DepotG	Depotgesetz
BetrVG	Betriebsverfassungs-	DIHK	Deutscher Industrie-
	gesetz		und Handelskammertag
BewG	Bewertungsgesetz	DIN	Deutsche
Bewk.	Bewirtungskosten		Industrie-Norm
BFH	Bundesfinanzhof	DrittelbG	Drittelbeteiligungs-
BG	Berufsgenossenschaft		gesetz
BGA	Büro- und Geschäfts-	DRS	Deutscher Rechnungs-
	ausstattung/Bundes-		legungs Standard
	gesundheitsamt	DRSC	Deutsches Rechnungs-
BGB	Bürgerliches		legungs Standard
	Gesetzbuch		Committee
BGBl	Bundesgesetzblatt		
BGH	Bundesgerichtshof	EBT	Earnings before Taxes
BilMoG	Bilanzrechtsmodernisie-	EBIT	Earnings before Interest
	rungsgesetz		and Taxes
BiRiliG	Bilanzrichtlinien-Gesetz	EBITA	Earnings before Interest,
BilRUG	Bilanzrichtlinie-		Taxes and Amortization
	Umsetzungsgesetz	EBITDA	Earnings before Interest,
BIP	Bruttoinlandsprodukt		Taxes, Depreciation and
BMF	Bundesministerium der		Amortization
	Finanzen	EBK	Eröffnungsbilanzkonto
BpO	Betriebsprüfungs-	EDV	Elektronische Datenver-
	ordnung		arbeitung
BR	Betriebsrat	EE	Einkommen und Ertrag
BSG	Bundessozialgericht	EFG	Entscheidungen der
BStBl	Bundessteuerblatt		Finanzgerichte
BUrlG	Bundesurlaubsgesetz	EFZG	Entgeltfortzahlungs-
BV	Betriebsvermögen		gesetz
BVerfG	Bundesverfassungs-	EG	Europäische
	gericht		Gemeinschaft
BVG	Bundesversorgungs-	e. G.	Eingetragene
	gesetz		Genossenschaft
		EGAktG	Einführungsgesetz zum
CAD	Computer Aided Design		Aktiengesetz
CBT	Computer Based	EGHGB	Einführungsgesetz zum
	Training		HGB

EGV	Vertrag zur Gründung der Europäischen Gemeinschaft (EG-Vertrag)
EK	Eigenkapital
ErbSt	Erbschaftsteuer
ErbStG	Erbschaftsteuer- und Schenkungsteuergesetz
Erl.	Erlass
ESt	Einkommensteuer
EStDV	Einkommensteuer-Durchführungs-verordnung
EStG	Einkommensteuer-gesetz
EStH	Einkommensteuer-Hinweise
EStR	Einkommensteuer-Richtlinien
ESVG	Europäisches System Volkwirtschaftlicher Gesamtrechnungen
EU	Europäische Union
EuGH	Europäischer Gerichtshof
EÜR	Einnahmen-Überschussrechnung
EURIBOR	Euro Interbank Offered Rate
EuroBilG	Euro-Bilanzgesetz
EUSt	Einfuhrumsatzsteuer
e. V.	eingetragener Verein
EW	Einheitswert
EWB	Einzelwertberichtigung
EWIV	Europäische Wirtschaft-liche Interessen-vereinigung
EZB	Europäische Zentralbank
F	Framework (Rahmenkonzept)
f.	folgende
ff.	fortfolgende
FA	Finanzamt
FEK	Fertigungseinzelkosten
FG	Finanzgericht

FGO	Finanzgerichtsordnung
FGK	Fertigungsgemein-kosten
FIBOR	Frankfurt Interbank Offered Rate
Fibu	Finanzbuchhaltung
FK	Fremdkapital
FVG	Finanzverwaltungs-gesetz
FW	Firmenwert
GAAP	Generally Accepted Accounting Principles
GATT	General Agreement on Tariffs and Trade (Allgemeines Zoll- und Handelsabkommen)
GbR	Gesellschaft bürgerlichen Rechts
GE	Geldeinheiten
GefahrGV	Gefahrgutverordnung
GdB	Grad der Behinderung
GenG	Genossenschaftsgesetz
GewO	Gewerbeordnung
GewSt	Gewerbesteuer
GewStDV	Gewerbesteuer-Durch-führungsverordnung
GewStG	Gewerbesteuergesetz
GewStR	Gewerbesteuer-Richtlinien
GG	Grundgesetz
GKV-WSG	Gesetzliche Kranken-versicherung-Wettbe-werbsstärkungsgesetz
GKR	Gemeinschafts-kontenrahmen
GKV	Gesamtkostenverfahren
GleichbehRl	Gleichbehandlungs-Richtlinie
GmbH	Gesellschaft mit beschränkter Haftung
GmbHG	GmbH-Gesetz
GmbH & Co. KG	Gesellschaft mit beschränkter Haftung und Compagnie Kommanditgesellschaft

GmbH & Co. KGaA	Gesellschaft mit beschränkter Haftung und Compagnie Komanditgesellschaft auf Aktien
GoB	Grundsätze ordnungsgemäßer Buchführung
GoBS	Grundsätze ordnungsgemäßer Speicher-Buchführung
GrEStG	Grunderwerbsteuergesetz
GrSt	Grundsteuer
GrStG	Grundsteuergesetz
GuV	Gewinn und Verlust
GWB	Gesetz gegen Wettbewerbsbeschränkungen
GWG	Geringwertiges Wirtschaftsgut
HAG	Heimarbeitsgesetz
HAÜ	Hauptabschlussübersicht
HB	Handelsbilanz
HGB	Handelsgesetzbuch
HK	Herstellungskosten
HR	Handelsregister
HV	Hauptversammlung
HVPI	Harmonisierter Verbraucherpreisindex
HWO	Handwerksordnung
IAS	International Accounting Standards
IASB	International Accounting Standards Board
IASC	International Accounting Standards Committee
IASCF	International Accounting Standard Committee Foundation
IDW	Institut der Wirtschaftsprüfer e. V.
i. H. v.	in Höhe von
i. e. S.	im engeren Sinne
i. d. R.	in der Regel

IFAC	International Federations of Accountants
IFRIC	International Financial Reporting Interpretations Commitee
IMS	Integrierte Managementsysteme
IFRS	International Financial Reporting Standards
IHK	Industrie- und Handelskammer
IKR	Industrie-Kontenrahmen
IKS	Internes Kontrollsystem
IKT	Informations- und Kommunikationstechniken
IT	Informationstechnologie
IT-ArGV	Verordnung über die Arbeitsgenehmigung für hoch qualifizierte ausländische Fachkräfte der Informations- und Kommunikationstechnologie
InsO	Insolvenzordnung
InvZ	Investitionszulage
IOSCO	International Organization of Securities Commissions (dt.: Vereinigung nationaler Börsenaufsichtsbehörden)
IRB	Internal Rating Based
i. V. m.	in Verbindung mit
i. V.	in Vollmacht
IWF	Interworking Function
JArbSchG	Jugendarbeitsschutzgesetz
JAV	Jugend- und Auszubildendenvertretung
JIT	Just-in-Time
JStErgG	Jahressteuerergänzungsgesetz
JStG	Jahressteuergesetz
JÜ	Jahresüberschuss
KAGG	Kapitalanlagegesellschaftengesetz

KAPOVAZ	Kapazitätsorientierte variable Arbeitszeit	LSt	Lohnsteuer
KapAEG	Kapitalaufnahmeer-leichterungsgesetz	LStDV	Lohnsteuer-Durchfüh-rungsverordnung
KapCoRiliG	Kapitalgesellschaften- und Co-Richtliniegesetz	LStR	Lohnsteuer-Richtlinien
KapErhG	Kapitalerhöhungsgesetz	MA	Mitarbeiter
KapESt	Kapitalertragsteuer	MBR	Mitbestimmungsrechte
KfW	KfW-Förderbank (ehemals Kreditanstalt für Wiederaufbau)	MEK	Materialeinzelkosten
		MGK	Materialgemeinkosten
		MiFID-Richtlinie	Markets in Financial Ins-truments Direktive (dt.: Richtlinie über Märkte für Finanzinstrumente)
KfzSt	Kraftfahrzeugsteuer		
KfzStDV	Kraftfahrzeugsteuer-Durchführungs-verordnung	MitbestErgG	Mitbestimmungsergän-zungsgesetz
KG	Kommanditgesellschaft	MitbestG 1976	Mitbestimmungsgesetz 1976
KGaA	Kommanditgesellschaft auf Aktien	min	Minuten
KK	Kontokorrent	MIS	Management-Informationssystem
KKK	Kontokorrentkredit		
Kj	Kalenderjahr	MoMiG	Gesetz zur Modernisie-rung des GmbH-Rechts und zur Bekämpfung von Missbräuchen
KMU	Kleinere und mittlere Unternehmen		
KonTraG	Gesetz zur Kontrolle und Transparenz im Unternehmensbereich	MontanMitbestG	Montan-Mitbestim-mungsgesetz
KorrekturG	Korrektur- und Sicherungsgesetz	MuSchG	Mutterschutzgesetz
		MuSchV	Verordnung zum Schutze der Mütter am Arbeitsplatz
KSchG	Kündigungsschutz-gesetz		
KSt	Körperschaftsteuer	MwSt	Mehrwertsteuer
KStG	Körperschaftsteuer-gesetz	MWR	Mitwirkungsrechte
KStR	Körperschaftsteuer-Richtlinien	NachwG	Nachweisgesetz
		nwb	Neue Wirtschaftsbriefe (Zeitschrift/Verlag)
KWG	Kreditwesengesetz		
KV	Krankenversicherung		
KVP	Kontinuierlicher Verbesserungsprozess	OE	Organisations-entwicklung
		OECD	Organisation für wirt-schaftliche Zusammen-arbeit und Entwicklung
LadSchlG	Ladenschlussgesetz		
LE	Leistungseinheiten		
LIBOR	London Interbank Offered Rate	OECD-MA	Organisation for Economic Cooperation and Development-Muster-Abkommen
LIFO	Last-In-First-Out		
LL	Lieferungen und Leistungen	OFD	Oberfinanzdirektion

OHG	Offene Handelsgesellschaft	SBK	Schlussbilanzkonto
OlG	Oberlandesgericht	ScheckG	Scheckgesetz
OPB	Offene-Posten-Buchhaltung	SchwarzArbG	Schwarzarbeitsgesetz
OWiG	Gesetz über Ordnungswidrigkeiten	SE	Stock Exchange/ Societas Europaea (Europäische Aktiengesellschaft)
p. a.	per anno	SEC	Securities and Exchange Commission
PC	Personalcomputer	SGB III	Sozialgesetzbuch Drittes Buch – Arbeitsförderung
PE	Personalentwicklung		
PIS	Personalinformations-system	SGB IX	Sozialgesetzbuch Neuntes Buch – Rehabilitation und Teilhabe behinderter Menschen
POS	Point of Sale (Zahlstelle im Handel, z. B. Kasse)		
ppa.	per procura		
PR	Public Relations		
PSA	Personal-Service-Agentur	SIC	Standing Interpreta-tions Committee
PSVaG	Pensionssicherungsver-ein auf Gegenseitigkeit	SK	Selbstkosten
		SolZ	Solidaritätszuschlag
PublG	Publizitätsgesetz	sog.	so genannte/r
PV	Pfegeversicherung	SoPo	Sonderposten
PWB	Pauschalwert-berichtigung	Soz.Abg.	Sozialabgabe/n
		SprAuG	Sprecherausschuss-gesetz
R	Richtlinie	StÄndG	Steueränderungsgesetz
RAP	Rechnungs-abgrenzungsposten	StandOG	Standortsicherungs-gesetz
REFA	Verband für Arbeits-studien und Betriebs-organisation	StB	Steuerbilanz/ Steuerberater
		StBereinG	Steuerbereinigungs-gesetz
RHB	Roh-, Hilfs- und Betriebsstoffe	StBerG	Steuerberatungsgesetz
ROI	Return on Investment	StBGebV	Steuerberatergebühren-verordnung
RV	Rentenversicherung		
RVO	Reichsversicherungs-ordnung	StEntG	Steuerentlastungs-gesetz
RW	Restwert	StGB	Strafgesetzbuch
		StMBG	Steuerbereinigungs- und Missbrauchs-bekämpfungsgesetz
SachBezV	Sachbezugsverordnung		
SAC	Standards Advisory Council	StPO	Strafprozessordnung
SB	Schlussbestand	StSenkErgG	Steuersenkungs-ergänzungsgesetz
SB-Banking	Bankgeschäfte an Selbstbedienungs-terminals	StSenkG	Steuersenkungsgesetz

StVergAbG	Steuervergünstigungs-abbaugesetz	Verb.	Verbindlichkeiten
SV	Sozialversicherung	VermBG	Vermögensbildungs-gesetz
		VersStDV	Versicherungsteuer-Durchführungs-verordnung
Tsd. €, T€	Tausend Euro		
Teilzeit-Rl	Teilzeitrichtlinie		
TVG	Tarifvertragsgesetz	VersStG	Versicherungsteuer-gesetz
TzBfG	Teilzeit- und Befristungsgesetz		
		v. H.	vom Hundert
		Vj	Vorjahr
u. a.	unter anderem	VL	Vermögenswirksame Leistungen
u. Ä.	und Ähnliches		
u. ä.	und ähnlich	VO	Verordnung
UG	Unternehmer-gesellschaft	VOB	Verdingungsordnung für Bauleistungen
UKV	Umsatzkostenverfahren	VPI	Verbraucherpreisindex
UmwG	Umwandlungsgesetz	VSt	Vermögensteuer
UmwStErl	Umwandlungs-steuererlass	VStG	Vermögensteuergesetz
		VStR	Vermögensteuer-Richtlinien
UmwStG	Gesetz über steuerliche Maßnahmen bei Änderungen der Unternehmensform	V+V	Vermietung und Verpachtung
		VtrGK	Vertriebsgemeinkosten
UN	United Nations	VwGK	Verwaltungsgemein-kosten
US-GAAP	United States Generally Accepted Accounting Principles	Vwl	Vermögenswirksame Leistungen
USt	Umsatzsteuer	VwZG	Verwaltungs-zustellungsgesetz
UStAE	Umsatzsteuer-Anwendungserlass	VZ	Veranlagungszeitraum
USt-IdNr.	Umsatzsteuer-Identifikationsnummer	Wb	Wertberichtigung
UStDB	Umsatzsteuer-Durch-führungsbestimmung	WEG	Wohnungs-eigentumsgesetz
UStDV	Umsatzsteuer-Durch-führungsverordnung	WG	Wechselgesetz/ Wirtschaftsgut
UStG	Umsatzsteuergesetz	Wj	Wirtschaftsjahr
UStR	Umsatzsteuer-Richtlinien	WP	Wirtschaftsprüfer
		WTO	World Trade Organisation (Welt-handelsorganisation)
UV	Unfallversicherung/ Umlaufvermögen		
UWG	Gesetz gegen den unlauteren Wettbewerb	ZMB	Zahlungsmittelbestand
		z. T.	zum Teil
		ZPO	Zivilprozessordnung
VAG	Versicherungs-aufsichtsgesetz	zvE	zu versteuerndes Einkommen

Das Mini-Glossar Englisch-Deutsch soll eine Hilfestellung bei der Anwendung von Fach-begriffen im Rechnungswesen geben, die vorwiegend der englischen Sprache entstam-men. Dabei wurde die Auswahl der Termini auf den Grundlagenteil „Geschäftsvorfälle erfassen" beschränkt, um eine Übersichtlichkeit zu gewährleisten. Die Unterscheidung nach britischem, amerikanischem bzw. internationalem Englisch wurde vernachlässigt.

a

accounting and reporting by retirement benefit plans	Bilanzierung und Berichterstattung von Altersvorsorgeplänen
accounting for government grants and disclosure of government assistance	Bilanzierung und Darstellung von Zuwendungen der öffentlichen Hand
accounting policies	Bilanzierungs- und Bewertungsmethoden
agenda decision	Projektentscheidung
accrual	Rechnungsabgrenzung
accrual basis	Grundsatz der Periodenabgrenzung
agriculture	Landwirtschaft
assets	Vermögenswerte (entsprechen dem deutschen Begriff Aktiva)
available for sale financial assets	Zur Veräußerung/zu Handelszwecken verfügbare finanzielle Vermögenswerte

b

balance between benefit and cost	Verhältnismäßigkeit von Kosten und Nutzen
balance sheet	Bilanz
balance between qualitative characteristics	Ausgewogenheit der Grundsätze
bank loans	Bankdarlehen
biological assets	Pfanzen und Tiere
bonds	Anleihen
borrowing costs	Fremdkapitalkosten
business combinations	Unternehmenszusammenschlüsse

c

carrying amount	Buchwert
case law	Einzelsachverhaltsregelung
cash & cash equivalents	Zahlungsmittel
cash flow investing activities	Cashflow für Investitionstätigkeit

cash flow financing activities	Cashflow für Finanzierungstätigkeit
cash flow statements	Kapitalfussrechnungen
cash flow operating activities	Cashflow aus laufender Geschäftstätigkeit
cash reconciliation	Gegenüberstellung der Zahlungsmittel in der Bilanz zu Beginn und Ende des Jahres
changes in accounting estimates and errors	Änderungen von Schätzungen und Fehlern
comparability	(periodenübergreifende) Vergleichbarkeit
completeness	Vollständigkeit
consolidated and separate financial statements	Konzernabschlüsse und separate Einzelabschlüsse nach IFRS
changes in inventories of finished goods and work in progress	Bestandsveränderungen an fertigen und unfertigen Erzeugnissen
completed contract method	Erfolgswirksame Erfassung langfristiger Fertigungsaufträge erst nach Abgabe der Leistung (Realisationsprinzip)
construction contracts	Fertigungsaufträge
contingent liabilities and contingent assets	Eventualverbindlichkeiten und Eventualforderungen
control	Kontrolle
cost of goods sold (oder) cost of product (und/oder) cost of service	Umsatzkosten
cost of purchase	Anschaffungskosten
cost of conversion	Herstellungskosten
cost-to-cost basis	Verhältnis der bisher angefallenen Kosten zu den geschätzten Gesamtkosten bei der Ermittlung des Fertigungsgrades
current assets	kurzfristiges Vermögen (vergleichbar mit dem Umlaufvermögen)
current liabilities	kurzfristigen Schulden (entsprechen dem kurzfristigen Fremdkapital)
current portion of interest-bearing borrowings	Anteil der verzinslichen Verbindlichkeiten
current tax assets	tatsächliche Steueransprüche
current tax liabilities	tatsächliche Steuerschulden

d

deferral method	Vergleich zwischen Periodengewinn und steuerlichem Gewinn
deferred tax	latente Steuern
deferred tax assets	latente Steueransprüche
deferred tax liabilities	latente Steuerschulden
discussion paper	Arbeitspapier
disclosure	Darstellung, Offenlegung
distribution costs	Vertriebskosten
draft interpretations	Entwürfe der Interpretationen

e

earnings per share	Ergebnis je Aktie
effects of changes in foreign exchange rates	Auswirkungen von Änderungen der Wechselkurse
employee benefits	Leistungen an Arbeitnehmer
employee benefits costs	Kosten für Zuwendungen an Arbeitnehmer
equity	Eigenkapital
equity method	Bilanzierungsmethode, bei der die Anteile der Unternehmensbeteiligungen zunächst mit den Anschaffungskosten angesetzt und in den Folgejahren entsprechend dem Anteil des Bilanzierenden am Reinvermögen des Unternehmens berichtigt werden
equity-method investments	nach der Equity-Methode bewertete Beteiligungen
events after the balance sheet date	Ereignisse nach dem Bilanzstichtag
exploration for and evaluation of mineral assets	Exploration und Bewertung ungehobener Bodenschätze
exposure draft	Darstellung der möglichen Lösung

f

fair value	Verkehrswert oder Marktwert oder im Falle des Nichtvorhandenseins eines Marktes der Gebrauchswert
faithful representation	glaubwürdige Darstellung
finance cost	Finanzierungskosten
financial assets	Finanzielle Vermögenswerte

financial assets at fair value through profit and loss	Fair Value mit unmittelbarer Gewinnauswirkung
financial liabilities	finanzielle Schulden
finished goods	Fertigerzeugnisse
first-time adoption of international financial reporting standards	Erstmalige Anwendung der International Financial Reporting Standards
framework	Grundlage zur Ableitung künftiger und zur Überarbeitung bestehender IAS/IFRS und damit Basis für die Lösung von Rechnungslegungsproblemen

g

goodwill	Positiver Firmenwert
gross profit	Bruttogewinn
going concern	Unternehmensfortführungsfiktion, Prinzip der Unternehmensfortführung

h

held for trading	Handelsbestand
held to majority investments	bis zur Endfälligkeit gehaltene Investitionen

i

impairment of assets	Wertminderung von Vermögenswerten
impairmenttest	Werthaltigkeitstest
income taxes	Ertragssteuern
income statement	Gewinn- und Verlustrechnung
insurance contracts	Versicherungsverträge
intangible assets	immaterielle Vermögenswerte
interest bearing borrowing	verzinsliche Verbindlichkeiten
interests in joint ventures	Anteile an Joint Ventures
interim financial reporting	Zwischenberichterstattung
inventories	Vorräte
investment property	als Finanzinvestition gehaltene Immobilien
investments in associates	Anteile an assoziierten Unternehmen
issued capital	Nennkapital

l

leases	Leasingverhältnisse
liability	Schuld

liabilities	Schulden
liability method	Vergleich der Buchwerte der Vermögenswerte und der Schulden mit den steuerlichen Ansätzen
loans and receivables	Kredite und Forderungen

m

manufacting licences	Lizenzen
merchandise	Handelswaren
minority interest	Minderheitenanteile
moving average cost formula	gleitendes Durchschnittspreisverfahren

n

neutrality	Neutralität
non-current assets held for sale and discontinued operations	Zur Veräußerung gehaltene langfristige Vermögenswerte und aufgegebene Geschäftsbereiche
non-current assets	langfristiges Vermögen
non-current liabilities	langfristige Schulden
notes	Anhang
notes payable	Wechselschulden

o

operating segments	Geschäftssegmente
other comprehensive income	anderes umfassendes Ergebnis
other financial assets	sonstiges finanzielles Vermögen
other operating income	sonstige Erträge
other operating expenses	sonstige Aufwendungen

p

paid-in capital	Nennkapital
percentage of completion	Maßgabe des Fertigstellungsgrades zum Bilanzstichtag
percentage of completion method	erfolgswirksame Erfassung langfristiger Fertigungsaufträge entsprechend dem Leistungsfortschritt
prepayment	Vorauszahlung
presentation of financial	Darstellung des Abschlusses
profit and loss	Gewinn und Verlust
profit and loss before taxes	Gewinn und Verlust vor Steuern

property, plant and equipment	Sachanlagen
provisions	Rückstellungen
prudence	Vorsicht

r

raw materials and consumables used	Aufwendungen für Roh-, Hilfs- und Betriebsstoffe
raw materials, production supplies	Roh-, Hilfs- und Betriebsstoffe
recognition and measurement	Ansatz und Bewertung
recoverable amount	erzielbarer Betrag
related party disclosures	Angaben über Beziehungen zu nahe stehenden Unternehmen und Personen
relevance	Wesentlichkeit
reliability	Verlässlichkeit, Zuverlässigkeit der Informationen
reserves	Rücklagen
revenue reserve/capital reserve	Gewinn-/Kapitalrücklage
retirement benefit obligation	aufgelaufene Rentenverpflichtungen
revaluation model	regelmäßige Durchführung von Neubewertungen
Revenue	Ertrag, Umsatz, Umsatzerlöse
review	Nachbetrachtung

s

share-based payment	anteilsbasierte Vergütung
share premiums	Agio
short-term borrowings	kurzfristige Verbindlichkeiten
special purpose entities	Bildung von Zweckgesellschaften
standard setting process statement	Stellungnahme
statement of changes in equity	Eigenkapitalveränderungsrechnung
statement of financial position	Aufstellung der Vermögenslage
statement of comprehensive income	Aufstellung des umfassenden Ergebnisses
statement of cash flows	Kapitalflussrechnung
segment report	Segmentbericht
substance over form	wirtschaftliche Betrachtungsweise
survey of work performed	Begutachtung des Arbeitsfortschritts

t

tax expense	Steueraufwand
trade payables	Verbindlichkeiten aus Lieferungen und Leistungen
trade and other payables	Verbindlichkeiten aus Lieferungen und Leistungen und sonstige Verbindlichkeiten
trade receivables	Forderungen aus Lieferungen und Leistungen
trade and other receivables	Forderungen aus Lieferungen und Leistungen und sonstige Forderungen
true and fair presentation	Darstellung der tatsächlichen Verhältnisse des Unternehmens
true and fair view	Vermittlung der tatsächlichen Verhältnisse

u

understandability	Verständlichkeit (für fachkundige Bilanzleser)

v

value in use	Nutzungswert

w

warranty provision	Garantierückstellungen
weighted average cost formula	gewogenes Durchschnittspreisverfahren
work in progress	halbfertige Erzeugnisse, nicht abrechenbare Dienstleistungen

1. Geschäftsvorfälle erfassen und nach Rechnungslegungsvorschriften zu Abschlüssen führen

1.1 Buchführungs-/Aufzeichnungspflichten, Gewinnermittlungsmethoden

01. Welche gesetzlichen Grundlagen für die Buchführung gibt es?

- Handelsrecht: HGB, AktG, GmbHG, GenG
- Steuerrecht: AO, EStG, UStG, KStG sowie die dazu gehörigen Durchführungsverordnungen und Richtlinien
- sonstige Bestimmungen: BMF-Schreiben, OFD-Verfügungen usw.
- Rechnungslegungsstandards.

02. Welche deutschen Rechnungslegungsstandards gibt es?

Die Internationalisierung und Harmonisierung der nationalen Rechnungslegung und Prüfung in Deutschland basiert auf folgenden Gesetzen:

- Bilanzrichtlinien-Gesetz (BiRiLiG) von 1985
- Gesetz zur Verbesserung der Wettbewerbsfähigkeit deutscher Konzerne an Kapitalmärkten und zur Erleichterung der Aufnahme von Gesellschafterdarlehen (KapAEG) von 1998
- Gesetz zur Kontrolle und Transparenz im Unternehmensbereich (KonTraG) von 1998
- Bilanzrechtsmodernisierungsgesetz (BilMoG) von 2009
- Bilanzrichtlinie-Umsetzungsgesetz (BilRUG) von 2015.

Seit 1998 ist das Deutsche Rechnungslegungs Standards Commitee (DRSC) als Gremium anerkannt. Es verabschiedet eine Reihe von Standards der Konzernrechnungslegung.

03. Welche internationalen Rechnungslegungsstandards gibt es?

1. Rechnungslegungsnormen IAS/IFRS:
   IAS: International Accounting Standards
   IFRS: International Financial Reporting Standards

   Hinweis: Die IAS wurden 2002 in IFRS umbenannt.

2. Rechnungslegungsnormen US-GAAP:
   US-GAAP: US-Generally Accepted Accounting Principles

1.1.1 Buchführungspflicht nach Handelsrecht

Wer unterliegt der Buchführungspflicht nach Handelsrecht?

Die Buchführungspflichten nach Handelsrecht sind im Handelsgesetzbuch (HGB) geregelt.

Gemäß § 238 Abs. 1 HGB ist jeder Kaufmann verpflichtet, Bücher zu führen und in diesen die Lage seines Unternehmens einem sachverständigen Dritten gegenüber ersichtlich zu machen.

Kaufmann im Sinne des HGB sind u. a.

- ► Eingetragene Kaufleute (e. K., e. Kffr.)
- ► Offene Handelsgesellschaft (OHG)
- ► Kommanditgesellschaft (KG)
- ► Gesellschaft mit beschränkter Haftung (GmbH)
- ► Unternehmergesellschaft haftungsbeschränkt (UG)
- ► Aktiengesellschaft (AG).

Eine Befreiung von der Buchführungspflicht im HGB gibt es nur für Einzelkaufleute. Gemäß § 241a HGB brauchen diese die Buchführungsvorschriften nicht anwenden, wenn sie an zwei aufeinander folgenden Geschäftsjahren

- ► weniger als 600.000 € Umsatz

  und

- ► weniger als 60.000 € Gewinn ausweisen.

Bei einer Neugründung trifft die Befreiungsvorschrift schon ein, wenn am ersten Abschlussstichtag die Werte nicht überschritten werden (§ 241a Satz 2 HGB).

1.1.2 Buchführungspflicht nach Steuerrecht

Wer ist buchführungspflichtig nach Steuerrecht?

Im Rahmen der Buchführungspflicht nach Steuerrecht sind drei Stufen zu beachten, die nacheinander abgeprüft werden müssen, falls bei einer Stufe die Buchführungspflicht nicht eintrifft.

- ► **Derivative (abgeleitete) Buchführungspflicht gem. § 140 AO**
  In der ersten Stufe kettet das Steuerrecht sich an die Buchführungspflichten anderer Gesetzbücher und sagt: Wer nach irgendeinem Gesetzbuch buchführungspflichtig ist, ist es auch nach Steuerrecht.

  Damit sind grundsätzlich alle Kaufleute im Sinne des HGB, die handelsrechtlich buchführungspflichtig sind, auch steuerrechtlich buchführungspflichtig.

(Gilt für alle GmbHs, AGs, OHGs, KGs, bei Einzelunternehmen nur, wenn sie buchführungspflichtig sind nach HGB.) BGB-Gesellschaften sind keine Kaufleute im Sinne des HGB und somit betrifft sie dies nicht.

▸ **Originäre Buchführungspflicht nach § 141 AO**
Gewerbliche Unternehmer sowie Land- und Forstwirte, die nach Feststellung der Finanzbehörden

a)   Umsätze größer 600.000 €

   oder

b)   selbstbewirtschaftete land- und forstwirtschaftliche Flächen mit einem Wirtschaftswert größer 25.000 €

   oder

c)   einen Gewinn aus Gewerbebetrieb von mehr als 60.000 € im Wirtschaftsjahr

   oder

d)   einen Gewinn aus Land- und Forstwirtschaft von mehr als 60.000 €.

Für diese gewerblichen Unternehmer gelten grundsätzlich die gleichen Vorschriften, wie für die derivative Buchführungspflicht.

▸ **Die Einnahmen-Überschussrechnung gemäß § 4 Abs. 3 EStG**
Alle gewerblichen Unternehmen die nicht derivativ bzw. originär buchführungspflichtig sind und alle Selbstständigen sowie Land- und Forstwirte für die § 141 AO nicht gilt, müssen ihren Gewinn nach § 4 Abs. 3 EStG, in Form der Einnahmen-Überschussrechnung, ermitteln. Hier gilt das sogenannte Zu- und Abflussprinzip, d. h. Betriebseinnahmen abzüglich Betriebsausgaben, der reine Zahlungsvorgang ist grundsätzlich entscheidend.

Beachte: Auch weitere Betriebseinnahmen (z. B. Privatnutzung Pkw) und Betriebsausgaben (z. B. Abschreibungen), die nicht Geldzu- oder -abfluss darstellen, werden in der Einnahmen-Überschussrechnung berücksichtigt.

 INFO

In der jeweiligen Abrechnungsperiode können die Gewinne, die auf Grundlage der „Bilanzierung" (derivativ oder originär) ermittelt werden, von der Einnahmen-Überschussrechnung abweichen. Da bei der Einnahmen-Überschussrechnung das sogenannte Zu- und Abflussprinzip gilt (Geldzufluss sowie -abfluss ist entscheidend in welcher Periode der Gewinn realisiert wird), bei der „Bilanzierung" der Grundsatz der Periodenabgrenzung gilt, ist hier entscheidend, in welcher Periode der Aufwand bzw. der Ertrag wirtschaftlich verursacht wurde. Über die Totalperiode, d. h. über den gesamten Unternehmenszyklus gesehen, sind die beiden Gewinnermittlungsverfahren allerdings identisch und kommen zum gleichen Gewinn bzw. Verlust.

1.1.3 Aufzeichnungspflichten

1.1.3.1 Steuerliche Aufzeichnungspflichten

Für bestimmte Geschäftsvorgänge gibt es im Steuerrecht besondere Aufzeichnungspflichten. Diese Aufzeichnungspflichten werden in der Regel vom Buchführungs- bzw. Steuerpflichtigen im Rahmen seiner Buchführung erfüllt.

01. Welche steuerlichen Aufzeichnungspflichten werden unterschieden?

Wichtige steuerliche Aufzeichnungspflichten sind u. a.:

- ► Aufzeichnung des Wareneingangs gem. § 143 AO
- ► Aufzeichnung des Warenausgangs gem. § 143 AO
- ► Aufzeichnung für bestimmte Betriebsausgaben gem. § 4 Abs. 5 EStG
- ► Aufzeichnung für geringwertige Wirtschaftsgüter gem. § 6 Abs. 2 EStG
- ► Aufzeichnung für bestimmte Steuerbefreiungen gem. §§ 4 UStG, 21, 22 UStDV
- ► ...

1.1.3.2 Außersteuerliche Aufzeichnungspflichten

Neben den Buchführungspflichten und steuerlichen Aufzeichnungspflichten gibt es zahlreiche Verpflichtungen zur Führung von Büchern und Aufzeichnungen, die in Spezialgesetzen geregelt sind.

01. Welche sonstigen Aufzeichnungspflichten gibt es?

Sonstige Aufzeichnungspflichten sind in zahlreichen Spezialgesetzen geregelt. Es gibt u. a. folgende sonstige Aufzeichnungspflichten:

- ► § 3 Abs. 1 Verordnung zur Durchführung des Blindenwarenvertriebsgesetzes
  Aufzeichnung über die Menge und den Erlös der verkauften Blindenwaren
- ► § 14 Abs. 1 Depotgesetz
  Verwahrbücher für die verwahrten Wertpapiere
- ► § 18 Abs. 1 und Abs. 2 Fahrlehrergesetz
  Aufzeichnung über die Ausbildung der Fahrschüler und die erhobenen Entgelte
- ► § 21 StBerG
  Aufzeichnungen über die Einnahmen des Lohnsteuerhilfevereins
- ► § 4 Abs. 1 RennwLottG
  Durchschriften der Wettscheine
- ► ...

1.1.4 Gewinnermittlung im Handelsrecht

Der Kaufmann hat gem. § 242 Abs. 2 HGB neben der Bilanz auch eine Gewinn- und Verlustrechnung für das Geschäftsjahr aufzustellen.

In der Gewinn- und Verlustrechnung wird durch Gegenüberstellung der Erträge und Aufwendungen der Gewinn des Kaufmanns ermittelt.

Die Gliederung der Gewinn- und Verlustrechnung ist für Kapitalgesellschaften in § 275 HGB geregelt.

Die Darstellung der Gewinn- und Verlustrechnung kann in Form des Gesamtkostenverfahrens (§ 275 Abs. 2 HGB) bzw. des Umsatzkostenverfahrens (§ 275 Abs. 3 HGB) vorgenommen werden.

1.1.5 Gewinnermittlung im Steuerrecht

1.1.5.1 Gewinnermittlungsmethoden

Der steuerliche Gewinn ist grundlegend gem. § 4 Abs. 1 EStG durch einen Betriebsvermögensvergleich zu ermitteln:

	Betriebsvermögen am Schluss des Wirtschaftsjahres
-	Betriebsvermögen am Schluss des vorangegangenen Wirtschaftsjahres
+	Entnahmen
-	Einlagen
=	**steuerlicher Gewinn oder Verlust**

Die dargestellte Form der Gewinnermittlung gilt grundsätzlich für alle Steuerpflichtigen, die gem. § 141 AO buchführungspflichtig sind bzw. freiwillig Bücher führen.

Für diejenigen Steuerpflichtigen, die nach § 140 AO buchführungspflichtig sind, ist der Betriebsvermögensvergleich gem. § 5 Abs. 1 Satz 1 EStG durchzuführen. Die Steuerpflichtigen müssen dann zusätzlich die handelsrechtlichen Grundsätze ordnungsmäßiger Buchführung beachten.

Das Steuerrecht kennt noch weitere Gewinnermittlungsmethoden, um den steuerlichen Gewinn zu ermitteln. Welche Methode angewendet wird, ergibt sich grundsätzlich aus der Buchführungspflicht des Steuerpflichtigen.

01. Welche Gewinnermittlungsmethoden werden im Einkommensteuerrecht unterschieden?

Das Einkommensteuerrecht unterscheidet:

► den Betriebsvermögensvergleich nach § 4 Abs. 1 EStG

► den Betriebsvermögensvergleich nach § 5 EStG

- ► die Einnahmen-Überschussrechnung nach § 4 Abs. 3 EStG und
- ► die Gewinnermittlung für Land- und Forstwirte nach § 13a EStG.

02. Worin unterscheidet sich der Betriebsvermögensvergleich gem. § 4 Abs. 1 EStG von dem Betriebsvermögensvergleich gem. § 5 Abs. 1 Satz 1 EStG?

Bei Betriebsvermögensvergleich gem. § 4 Abs. 1 EStG wird der Gewinn „nur" nach dem Steuerrecht ermittelt. Es wird eine reine Steuerbilanz erstellt. Die handelsrechtliche Gewinnermittlung ist nicht maßgeblich für die Steuerbilanz.

 INFO

Der § 141 AO verweist allerdings darauf, dass man sich auch an die Grundsätze ordnungsmäßiger Buchführung gem. § 238 ff. HGB halten muss.

Beim Betriebsvermögensvergleich gem. § 5 Abs. 1 Satz 1 EStG ist die handelsrechtliche Bewertung maßgeblich für die steuerliche Gewinnermittlung (siehe Maßgeblichkeitsprinzip).

Es können weiterhin steuerliche Wahlrechte unabhängig von der handelsrechtlichen Bewertung vorgenommen werden. Der Betriebsvermögensvergleich gemäß § 5 Abs. 1 S. 1 EStG gilt grundsätzlich für alle Personen, die gem. § 140 AO buchführungspflichtig sind.

1.1.5.2 Wechsel der Gewinnermittlungsmethode

Die anzuwendende steuerliche Gewinnermittlungsmethode ist abhängig von der Buchführungspflicht des Steuerpflichtigen. Ändert sich die Buchführungspflicht des Steuerpflichtigen, so hat dies auch Auswirkungen auf Gewinnermittlungsmethode.

Außerdem können nicht buchführungspflichtige Steuerpflichtige freiwillig Bücher führen und somit die Gewinnermittlungsmethode ändern. Die gesetzliche Grundlage für den Wechsel der Gewinnermittlungsmethode ist R 4.6 EStR und H4.6 EStH.

01. Wann kann es zum Wechsel von der Einnahmen-Überschussrechnung zum Betriebsvermögensvergleich kommen?

Der hauptsächliche Anwendungsfall des Wechsels von der Einnahmen-Überschussrechnung zum Betriebsvermögensvergleich tritt ein, wenn der Steuerpflichtige die Buchführungsgrenzen des § 141 AO überschreitet.

Weiterhin kann ein Wechsel zum Betriebsvermögensvergleich eintreten, wenn der Steuerpflichtige freiwillig Bücher führen möchte.

02. Welche Besonderheiten sind beim Wechsel von der Einnahmen-Überschussrechnung zum Betriebsvermögensvergleich im Jahr des Übergangs zu beachten?

Bei der Einnahmen-Überschussrechnung wurde der Periodengewinn anders ermittelt als beim Betriebsvermögensvergleich. Es galt das Zu- und Abflussprinzip.

Es müssen alle Geschäftsvorgänge, die sich bei der Überschussrechnung bisher noch nicht ausgewirkt haben und sich zukünftig beim Betriebsvermögensvergleich auch nicht mehr auswirken werden, korrigiert werden.

Außerdem müssen die Geschäftsvorfälle, die sich bei der Einnahmen-Überschussrechnung bereits gewinnverändernd ausgewirkt haben und sich zukünftig beim Betriebsvermögensvergleich noch in gleicher Weise gewinnverändernd auswirken werden, korrigiert werden.

Die oben angesprochenen Gewinnkorrekturen im Jahr des Übergangs führen somit zum selben Gesamtgewinn, der sich ergeben würde, wenn der Steuerpflichtige von Anfang an den Gewinn mittels Betriebsvermögensvergleich ermittelt hätte.

Um Härten zu vermeiden kann der Übergangsgewinn gem. R 4.6 Abs. 1 Satz 2 EStR auf Antrag des Steuerpflichtigen auf das Jahr des Übergangs und das Folgejahr oder auf das Jahr des Übergangs und die beiden folgenden Wirtschaftsjahre verteilt werden.

03. Wann kann es zum Wechsel vom Betriebsvermögensvergleich zur Einnahmen-Überschussrechnung kommen?

Der Wechsel vom Betriebsvermögensvergleich zur Einnahmen-Überschussrechnung kann erfolgen, wenn die Buchführungspflicht des Steuerpflichtigen wegfällt. Es werden z. B. die Wertgrenzen des § 141 AO unterschritten.

Außerdem kann dieser Wechsel erfolgen, wenn ein Steuerpflichtiger, der bisher freiwillig Bücher führte und somit den Betriebsvermögensvergleich als Gewinnermittlungsmethode durchführte, jetzt seinen Gewinn durch Einnahmen-Überschussrechnung ermitteln möchte.

04. Welche Besonderheiten sind beim Wechsel vom Betriebsvermögensvergleich zur Einnahmen-Überschussrechnung im Jahr des Übergangs zu beachten?

Der Steuerpflichtige muss alle Geschäftsvorgänge, die sich bisher schon gewinnverändernd ausgewirkt haben und sich zukünftig nochmal in gleicher Weise gewinnverändernd auswirken würden, korrigieren.

Außerdem muss der Steuerpflichtige alle Geschäftsvorgänge korrigieren, die sich auf Grund des Wechsels überhaupt nicht als Betriebseinnahme oder Betriebsausgabe auswirken würden.

Die Gewinnkorrekturen sind im ersten Jahr nach dem Wechsel der Gewinnermittlungsart gem. R 4.6 Abs. 2 EStR vorzunehmen.

1.2 Grundlagen Buchführung/Jahresabschluss

1.2.1 Grundsätze ordnungsmäßiger Buchführung (GoB)

1.2.1.1 GoB nach Handelsrecht

01. Wie lauten die Vorschriften zur Jahresabschlusserstellung nach HGB?

- ► Jeder Kaufmann hat zu Beginn seines Handelsgewerbes und für den Schluss eines jeden Geschäftsjahres eine Bilanz sowie für den Schluss eines jeden Geschäftsjahres eine Gewinn- und Verlustrechnung aufzustellen (§ 242 HGB).
- ► Der Jahresabschluss ist nach den Grundsätzen ordnungsgemäßer Buchführung aufzustellen (§ 243 Abs. 1 HGB).
- ► Er muss klar und übersichtlich sein (§ 243 Abs. 2 HGB).
- ► Er ist in einer angemessenen Frist nach dem Stichtag zu erstellen (§ 243 Abs. 3 HGB).
- ► Der Jahresabschluss ist in deutscher Sprache und in Euro aufzustellen (§ 244 HGB).
- ► Der Grundsatz der Vollständigkeit verlangt, dass im Jahresabschluss alle Vermögensgegenstände, Schulden, Rechnungsabgrenzungsposten, Aufwendungen und Erträge erfasst werden (§ 246 Abs. 1 HGB).
- ► Es besteht ein Saldierungsverbot. Demnach dürfen Posten der Aktivseite nicht mit Posten der Passivseite, Aufwendungen nicht mit Erträgen und Grundstücksrechte nicht mit Grundstückslasten verrechnet werden (§ 246 Abs. 2 HGB).

  Ausnahme: § 246 Abs. 2 Satz 2 HGB
- ► Vermögen, Eigenkapital und Verbindlichkeiten sind gesondert auszuweisen und hinreichend aufzugliedern (§ 247 Abs. 1 HGB).
- ► Eine Bilanz muss immer ausgeglichen sein.

02. Welche Grundsätze ordnungsmäßiger Buchführung sind bei der Aufstellung des Jahresabschlusses zu beachten?

Grundsatz der Bilanzidentität § 252 Abs. 1 Nr. 1 HGB	Alle Bilanzpositionen einer Schlussbilanz müssen mit ihren Wertansätzen in die Eröffnungsbilanz des nächsten Wirtschaftsjahres unverändert übernommen werden.
Grundsatz der Unternehmensfortführung (going concern) § 252 Abs. 1 Nr. 2 HGB	Es ist bei der Bewertung der Vermögensgegenstände und Schulden von der Fortführung der Unternehmenstätigkeit auszugehen, solange dem keine tatsächlichen oder rechtlichen Gegebenheiten entgegenstehen.

Grundsatz der Einzelbewertung § 252 Abs. 1 Nr. 3 HGB	Die in der Bilanz ausgewiesenen Vermögensgegenstände und Schulden müssen grundsätzlich einzeln bewertet werden. Ist aus praktischen Gründen eine Einzelbewertung nicht möglich, darf bei der Bilanzierung von Erleichterungen Gebrauch gemacht werden, die bei der Inventur (§ 240 Abs. 3 und 4 HGB) zugelassen sind.
Grundsatz der Vorsicht § 252 Abs. 1 Nr. 4 HGB	Die Vermögensgegenstände und Schulden sind vorsichtig zu bewerten, der Ansatz auf der Aktivseite eher niedriger und auf der Passivseite eher höher. Nicht realisierte Gewinne dürfen nicht ausgewiesen werden (Realisationsprinzip). Nicht realisierte Verluste sind jedoch zu berücksichtigen (Imparitätsprinzip). (Ausnahme § 256a Satz 2 HGB)
Grundsatz der Periodenabgrenzung § 252 Abs. 1 Nr. 5 HGB	Aufwendungen und Erträge sind dem Geschäftsjahr zuzuordnen, in dem sie verursacht wurden.
Grundsatz der Bewertungsstetigkeit § 252 Abs. 1 Nr. 6 HGB	Es darf zwischen verschiedenen Bewertungsmöglichkeiten, die der Gesetzgeber zulässt, nicht willkürlich gewechselt werden.

03. Welche ergänzenden Vorschriften gibt es für Kapitalgesellschaften?

▸ Kapitalgesellschaften haben die Bilanz und die Gewinn- und Verlustrechnung nach § 242 HGB um einen Anhang und Lagebericht zu erweitern (§ 264 Abs. 1 Satz 1 HGB).

Ausnahme: Kleine Kapitalgesellschaften brauchen den Lagebericht nicht aufzustellen (§ 264 Abs. 1 Satz 4 1. Halbsatz HGB).

▸ Der Jahresabschluss und der Lagebericht des Vorjahres sind innerhalb der ersten drei Monate zu erstellen (§ 264 Abs. 1 Satz 3 HGB).

Ausnahme: Kleine Kapitalgesellschaften dürfen den Jahresabschluss später aufstellen, aber innerhalb der ersten sechs Monate (§ 264 Abs. 1 Satz 4 2. Halbsatz HGB).

▸ Der Grundsatz des True and Fair View (Wahrheitsgrundsatz) besagt, dass der Jahresabschluss unter Beachtung der GoB ein den tatsächlichen Verhältnissen entsprechendes Bild der Vermögens-, Finanz- und Ertragslage vermitteln muss. Gibt es Abweichungen, sind diese im Anhang zu erläutern (§ 264 Abs. 2 HGB).

▸ Die Darstellungsform, insbesondere die Gliederung der aufeinanderfolgenden Bilanzen und Gewinn- und Verlustrechnungen, muss beibehalten werden (§ 265 Abs. 1 HGB).

▸ Kapitalgesellschaften unterliegen der Publizitätspflicht: Sie haben den Jahresabschluss unverzüglich nach Vorlage an die Gesellschafter, spätestens vor Ablauf von zwölf Monaten des dem Abschlussstichtags nachfolgenden Geschäftsjahres, elektronisch beim Bundesanzeiger einzureichen (§ 325 HGB).

04. Was bedeuten Realisations- und Imparitätsprinzip?

Das Realisations- und Imparitätsprinzip sind aus dem Grundsatz der Vorsicht (§ 252 Abs. 1 Nr. 4 HGB) abgeleitet.

Das Realisationsprinzip besagt, dass Gewinne erst im Jahresabschluss ausgewiesen werden, wenn sie realisiert sind.

Das Imparitätsprinzip beschreibt die Ungleichbehandlung des Ausweises von Gewinnen und Verlusten im Jahresabschluss. Gewinne werden im Jahresabschluss erst ausgewiesen, wenn sie realisiert sind. Verluste hingegen müssen schon ausgewiesen werden, selbst wenn sie „nur" drohen.

05. Was besagen das Anschaffungswertprinzip, Niederstwertprinzip und Höchstwertprinzip?

Alle drei Bewertungsprinzipien werden aus dem Grundsatz der Vorsicht abgeleitet.

Anschaffungswertprinzip

Das Anschaffungsprinzip (§ 253 Abs. 1 HGB) besagt, dass die Anschaffungs- oder Herstellungskosten die Bewertungsobergrenze für die Vermögensgegenstände darstellen. Das heißt ein Vermögensgegenstand kann im Handelsrecht niemals über seine Anschaffungs- oder Herstellungskosten bewertet werden (gilt auch im Steuerrecht). Somit können keine stillen Reserven ausgewiesen werden.

Ausnahme: In einigen Fällen der Fremdwährungsbewertung gemäß § 256a HGB ist dies im Handelsrecht möglich.

Im Gegensatz können bei der Bilanzierung nach IFRS bei Vermögenswerten bei Vorliegen der entsprechenden Voraussetzungen stille Reserven aufgedeckt werden (vgl. Neubewertungsrücklage).

Niederstwertprinzip

Das Niederstwertprinzip besagt, dass von zwei möglichen Wertansätzen der niedrigere anzusetzen ist.

Im Anlagevermögen (§ 253 Abs. 3 HGB) gilt, dass bei voraussichtlich dauernder Wertminderung stets der niedrigere Wert anzusetzen ist. Im Finanzanlagevermögen kann auch bei voraussichtlich nicht dauernder Wertminderung der niedrigere Wert angesetzt werden (gemildertes Niederstwertprinzip).

Im Umlaufvermögen gilt das strenge Niederstwertprinzip (§ 253 Abs. 4 HGB). Von zwei möglichen Wertansätzen, den Anschaffungs- oder Herstellungskosten und dem Börsen- oder Marktpreis, bzw. den Anschaffungs- oder Herstellungskosten und dem beizulegenden Wert, ist stets der niedrigere Wert anzusetzen, egal wie sich der Wert nach dem Bilanzstichtag entwickelt.

Höchstwertprinzip

Das Höchstwertprinzip bezieht sich auf die Passiva der Bilanz. Es besagt, dass von zwei möglichen Wertansätzen der höhere Wert anzusetzen ist.

06. Was sind wertaufhellende Tatsachen in Abgrenzung zu wertbeeinflussenden Tatsachen und wie werden diese im Jahresabschluss berücksichtigt?

Tatsachen, die vor dem Bilanzstichtag eintreten und vor Aufstellung des Jahresabschlusses bekannt werden sind **wertaufhellende Tatsachen**. Diese müssen im Jahresabschluss berücksichtigt werden.

Tatsachen, die nach dem Bilanzstichtag eintreten, allerdings noch vor Aufstellung des Jahresabschlusses bekannt werden, sind **wertbeeinflussende Tatsachen**. Diese dürfen im Jahresabschluss wertmäßig nicht berücksichtigt werden.

Beispiel

Ein Kunde meldet am 28.12.2020 Insolvenz an. Bilanzstichtag ist der 31.12.2020, der Jahresabschluss wird am 20.03.2021 aufgestellt. Dem Bilanzbuchhalter wird diese Insolvenz am 02.03.2021 bekannt. Es handelt sich um eine wertaufhellende Tatsache, die im Jahresabschluss zum 31.12.2020 berücksichtigt werden muss.

Abwandlung:

Der Kunde meldet am 02.01.2021 Insolvenz an. Die Insolvenzanmeldung ist nach dem Bilanzstichtag eingetreten. Die Information geht vor Aufstellung der Bilanz ein. Es handelt sich um eine wertbeeinflussende Tatsache, die wertmäßig nicht berücksichtigt werden darf.

1.2.1.2 GoBD nach Steuerrecht

Im Jahr 2014 wurde ein neues BMF-Schreiben für die „Grundsätze ordnungsgemäßer Führung und Aufbewahrung von Büchern, Aufzeichnungen und Unterlagen in elektronischer Form sowie zum Datenzugriff" GoBD (BMF-Schreiben vom 14.11.2014) veröffentlicht.

Durch das BMF-Schreiben erfolgte eine Zusammenfassung

- **GoBS** (Grundsätze ordnungsmäßiger DV-gestützter Buchführungssysteme,
- **GDPdU** (Grundsätze zum Datenzugriff und zur Prüfbarkeit digitaler Unterlagen) und
- des **Fragen- und Antwortenkatalogs** der Finanzbehörden zum Datenzugriffsrecht.

Inhalte des BMF-Schreibens vom 14.11.2014 sind:

- neue Vorgaben
- Klarstellungen
- Erleichterungen.

Es besteht weiterhin keine gesetzliche Verpflichtung zur Digitalisierung.

Die GoBD sind

- von allen Buchführungs- und Aufzeichnungspflichtigen

  und

- nicht Buchführungspflichtigen, bei denen steuerliche und außersteuerliche Aufzeichnungspflichten bestehen,

anzuwenden.

Wesentliche Inhalte des BMF-Schreibens sind:

Sprache
Handelsbücher und Aufzeichnungen müssen in lebender Sprache abgefasst sein (z. B. nicht in Latein).

Verständlichkeit
Jeder sachverständige Dritte muss sich zurechtfinden.

Vollständigkeit
Alle Kontierungen und Aufzeichnungen müssen vollständig, richtig, zeitgerecht und geordnet sein; also: keine fiktiven Konten, kein Weglassen, keine falsche zeitliche Erfassung, Belegnummerierung.

Aufbewahrung

- 10 Jahre: Handelsbücher, Inventare, Bilanzen, GuV-Rechnungen, Buchungsbelege
- 6 Jahre: Handelsbriefe
- Fristbeginn ist der Schluss des Kalenderjahres, in dem die Unterlagen entstanden sind.

Einige wichtige Neuerungen:

Unveränderbarkeit von Buchhaltungsaufzeichnungen
Sicherstellung, dass bei nachträglichen Veränderungen der Daten die Erkenntlichkeit der Veränderungen gewährleistet wird.

Bankkontoauszüge sind zu konkretisieren
Wenn bei der Buchung von Geschäftsvorfällen lediglich auf die Nummer des Kontoauszugs Bezug genommen wird, ohne diesen Vorgang näher zu konkretisieren (z. B. durch das Datum), verstößt dies gegen den Grundsatz der Nachvollziehbarkeit und Zuordnung von Belegen.

Keine Buchung ohne Beleg

Der bekannte Grundsatz „Keine Buchung ohne Beleg" wird erstmals von der Finanzverwaltung bezüglich des Mindestinhalts sogar tabellenmäßig gefordert: Unbare Geschäftsvorfälle sind innerhalb von zehn Tagen zu erfassen. Die Journalfunktion wird sehr detailliert festgeschrieben.

Internes Kontrollsystem (IKS) des Unternehmers

► Hier ist im Einzelnen vom Steuerpflichtigen anlassbezogen zu prüfen, ob das eingesetzte DV-System tatsächlich dem dokumentierten System entspricht.

► Diese verschärfte Prüfungspflicht des Unternehmers gilt auch, wenn er die Aufzeichnungsaufgaben an einen Steuerberater oder an ein Rechenzentrum ausgelagert hat.

Datensicherheit

Nachweis durch den Unternehmer, welche Maßnahmen er zur Gewährleistung der Datensicherheit ergriffen und wie er sie im Einzelnen eingesetzt hat.

Aufbewahrung der elektronischen Daten

► Aufbewahrung der nach den GoB erforderlichen Daten kann nur dann auch als Wiedergabe auf einem Bildträger oder auf anderen Datenträgern erfolgen, wenn sichergestellt ist, dass die Wiedergabe oder die Daten jederzeit verfügbar sind sowie unverzüglich lesbar gemacht und ausgewertet werden können.

► Auch Handels- und Geschäftsbriefe sind in Papierform aufzubewahren, wenn die elektronische Änderung in einem Textverarbeitungsprogramm nachträglich möglich ist.

Datenzugriff des Finanzamts

► In welcher Form die Daten für die Ausübung des sog. Datenzugriffs bei Prüfungen des Finanzamts usw. zu speichern sind, wird ausführlich geregelt und steht ausdrücklich im freien Ermessen des Finanzamts.

► Bei unmittelbarem Datenzugriff durch das Finanzamt muss der Unternehmer die Unveränderbarkeit des Datenbestands und des DV-Systems durch die Finanzbehörde gewährleisten, d. h. der Unternehmer ist dafür verantwortlich, dass das Finanzamt – versehentlich – keine Daten verändern kann.

Zertifikat und Testat eines DV-Systems

► künftig keine Bescheinigung durch die Finanzbehörde, ob das vom Unternehmer eingesetzte DV-System den Anforderungen der GoBD entspricht

► Von einer Verletzung der GoBD-Grundsätze erfährt der Unternehmer erst bei einer Betriebsprüfung. Der Unternehmer kann sich gegenüber dem Finanzamt nicht auf ein ihm erteiltes Zertifikat oder Testat von Dritten (z. B. vom Verkäufer der EDV-Anlage oder dessen Wirtschaftsprüfer) bezüglich der GoBD-Konformität seiner DV-Anlage berufen. Der Unternehmer trägt gegenüber dem Finanzamt also die alleinige Verantwortung.

Das BMF hatte mit Schreiben vom 11.07.2019 die Anforderungen der GoBD weiter konkretisiert. Die Änderungen waren nur punktuell. Struktur und Randziffern des BMF-

Schreibens vom 14.11.2014 wurden beibehalten. Kurz nach Veröffentlichung des neuen BMF-Schreibens wurde es wieder zurückgezogen, um es zu überarbeiten. Am 28.11.2019 wurde das überarbeitete BMF-Schreiben dann veröffentlicht. Es ersetzt das BMF-Schreiben vom 14.11.2014. Zusätzlich wurde durch das BMF ein Dokument mit ergänzenden Informationen zur Datenträgerüberlassung veröffentlicht.

Das neue BMF-Schreiben vom 28.11.2019 gilt ab dem **01.01.2020**.

Die Struktur des Schreibens und die Randziffern sind unverändert geblieben, es sind u. a. folgende **punktuelle Änderungen** vorgenommen worden:

► Für Kleinstunternehmer (bis 17.500 € Jahresumsatz), die ihren Gewinn durch Einnahmen-Überschussrechnung ermitteln, ist in **Randziffer 15** neu aufgenommen worden, dass diese zwar grundsätzlich die GoBD zu beachten haben, allerdings soll bei der Erfüllung der Anforderungen die Unternehmensgröße im Blick behalten werden.

► Die Ausnahmen zur Pflicht von Einzelaufzeichnungen sind in **Randziffer 39** noch enger gefasst worden.

► Nach dem BMF-Schreiben vom 14.11.2014 „sollten" Kasseneinnahmen und Kassenausgaben täglich festgehalten werden (§ 146 Abs. 1 Satz 2 AO). Nach dem BMF-Schreiben vom 28.11.2019 ist dies zur Pflicht geworden.

Weiterhin erfolgt in **Randziffer 50** eine Verschärfung der Voraussetzungen, wenn die Buchung der Geschäftsvorfälle nicht laufend, sondern nur periodenweise durchgeführt wird.

► In **Randziffer 64** stellt ein eingefügter Absatz ausdrücklich klar, dass Korrektur- bzw. Stornobuchungen auf die ursprüngliche Buchung rückbeziehbar sein müssen.

► In **Randziffer 68** wird nunmehr bestimmt, dass dies nicht mehr nur durch die Vergabe eines Barcodes erfolgen kann, sondern auch durch die bildliche Erfassung der Papierbelege. Dies umfasst insbesondere die Erfassung durch ein Smartphone.

► In **Randziffer 76** ist umfassend neu die Vorgehensweise für den Eingang von Rechnungen und Buchungsbelegen, auf elektronischem Wege dargestellt.

► Die Ausführung zur elektronischen Aufbewahrung (Digitalisierung) von Belegen wurden an die aktuelle Entwicklung angepasst. In **Randziffer 130** wird jetzt klargestellt, dass neben einem Scannen auch ein Anfotografieren von Belegen mittels Smartphones zulässig ist. Voraussetzung ist hierbei, dass die Anforderungen der GoBD ansonsten erfüllt werden. Die Erfassung im Ausland ist unschädlich, wenn die Belege im Ausland entstanden sind und dort direkt erfasst werden.

Wird von der Möglichkeit einer Erfassung nach **Randziffer 130** Gebrauch gemacht, muss der Steuerpflichtige diese so digitalisierten Unterlagen über ein Datenverarbeitungssystem per Bildschirm gem. **Randziffer 157** lesbar machen.

► In **Randziffer 164** sind Ausführungen zum Datenzugriff neu geregelt.

1.2.2 Inventur

01. Wer ist zur Inventur verpflichtet? Welche gesetzlichen Bestimmungen sind zu beachten?

Nach § 240 HGB ist jeder Kaufmann verpflichtet, das Vermögen und die Schulden seines Unternehmens festzustellen

- bei Gründung oder Übernahme,
- für den Schluss eines jeden Geschäftsjahres und
- bei Auflösung oder Veräußerung des Unternehmens.

Dieses Verzeichnis ist das Inventar. Die hierzu erforderlichen Tätigkeiten nennt man Inventur. Sie ist eine mengen- und wertmäßige Bestandsaufnahme aller Vermögensteile und aller Schulden.

02. Welche Arten der Inventur sind zu beachten?

Körperliche Inventur
Körperliche Vermögensgegenstände werden mengenmäßig erfasst und anschließend in Euro bewertet (z. B. technische Anlagen, Betriebs- und Geschäftsausstattung, Maschinen, Fahrzeuge, Warenbestand)

Buch-Inventur
Die Buch-Inventur ist die Erfassung aller nicht-körperlichen Vermögensgegenstände, Forderungen, Bankguthaben und Arten von Schulden; sie werden wertmäßig aufgrund buchhalterischer Aufzeichnungen und Belege (Kontoauszüge, Saldenbestätigung durch Kunden oder Lieferanten usw.) ermittelt.

03. Welche Verfahren der Inventurvereinfachung sind zulässig?

Stichtagsinventur	(zeitnahe Inventur R 5.3 Abs. 1 EStR)
	Mengenmäßige Bestandsaufnahme der Vorräte, die zeitnah zum Abschlussstichtag in einer Frist zehn Tage vor oder nach dem Abschlussstichtag erfolgen muss (meist der 31.12.).
Verlegte (Stichtags-)-Inventur	(zeitverschobene Inventur § 241 Abs. 3 HGB R 5.3 Abs. 2 EStR)
	Körperliche Bestandsaufnahme erfolgt innerhalb einer Frist von drei Monaten vor und zwei Monaten nach dem Abschlussstichtag.
	► Bestandsaufnahme zunächst mengenmäßig
	► Hochrechnung der Bestände erfolgt wertmäßig auf den Abschlussstichtag.

Permanente Inventur	§ 241 Abs. 2 HGB (H 5.3 EStR)
	► laufende Inventur anhand von Lagerkarteien
	► Es entfällt die körperliche Bestandsaufnahme zum Abschluss-stichtag.
	► Voraussetzung ist, dass mindestens einmal im Geschäftsjahr eine körperliche Bestandsaufnahme zur Überprüfung der Lagerkartei erfolgt.
Stichprobeninventur	Gemäß § 241 Abs. 1 Satz 1, 2 HGB darf der Bestand der Vermögens-gegenstände nach Art, Menge und Wert auch mithilfe anerkannter mathematisch-statistischer Methoden aufgrund von Stichproben ermittelt werden. Das Verfahren muss den Grundsätzen ordnungs-gemäßer Buchführung entsprechen.

04. Wann dürfen die permanente und die zeitverschobene Inventur nicht angewendet werden?

Gemäß R 5.3 Abs. 3 EStR sind die zeitverschobene und die permanente Inventur nicht zulässig bei

► unkontrollierten Abgängen, z. B. durch Schwund, Verdunsten, Verderb oder leichter Zerbrechlichkeit

► besonders wertvollen Wirtschaftsgütern.

1.2.3 Handelsbücher, Belege

Handelsbücher (Geschäftsbücher, wie z. B. Kassenbuch, Warenein- und Ausgangsbuch) müssen ordnungsgemäß geführt werden, sodass sich Geschäftsfälle in ihrer Entstehung und Abwicklung verfolgen lassen (§ 238 HGB). Als Nachweis für die Richtigkeit von Buchungen sind Belege notwendig (z. B. Eingangsrechnungen, Quittungen, Kontoauszüge). Der wichtigste Grundsatz der ordnungsmäßigen Buchführung lautet daher:

Keine Buchung ohne Beleg!

1.2.3.1 Beleg und Belegwesen

01. Was ist ein Beleg?

Unter einem Beleg wird die schriftliche Aufzeichnung über einen Geschäftsfall verstanden. Dazu zählen z. B. Rechnungen, Quittungen oder auch Kontoauszüge. Anhand von Belegen wird die Richtigkeit der Buchungen überprüft. Belege müssen u. a. Angaben über Grund und Höhe der Ausgabe sowie das Datum enthalten. Die Vorschriften, welche Angaben eine Rechnung im Einzelnen enthalten muss, sind in § 14 Abs. 4 UStG sowie in § 33 UStDV (Kleinbetragsrechnungen) aufgeführt.

Man unterscheidet zwischen zwei Arten von Belegen:

► **externe Belege** (Fremdbelege) wie z. B. Eingangsrechnungen, Bankbelege, Gutschriften des Lieferers

► **interne Belege** (Eigenbelege) wie z. B. Kopien von Ausgangsrechnungen, Belege über Privatentnahmen, Materialentnahmescheine. Ist ein Originalbeleg abhandengekommen, muss ein Ersatzbeleg ausgestellt werden.

02. Wie erfolgt die Bearbeitung der Belege?

Voraussetzung für eine ordnungsgemäße Buchführung ist die sorgfältige Vorbereitung und Bearbeitung der Belege. Dazu gehören:

► Überprüfung der sachlichen und rechnerischen Richtigkeit der Belege

► Belegsortierung; Ordnen nach Belegarten, z. B. Ein- und Ausgangsrechnungen, Kassenbelege, Bankbelege usw.

► fortlaufende Nummerierung

► Vorkontierung und Buchen der Belege

► Archivierung der Belege; die Aufbewahrung der Belege beträgt zehn Jahre, gerechnet vom Schluss des Kalenderjahres, in dem der Beleg entstanden ist (§ 257 Abs. 4 HGB, § 147 Abs. 3 AO).

1.2.3.2 Haupt- und Nebenbücher

01. Welche Bücher der Finanzbuchhaltung gibt es?

Grundbuch (Journal)	Hier erfolgt die Erfassung der Eröffnungsbuchungen, der laufenden Geschäftsfälle, Umbuchungen und Abschlussbuchungen in chronologischer Reihenfolge.
Hauptbuch	Hier erfolgt die sachliche Ordnung durch Buchen der Geschäftsfälle auf den Sachkonten, z. B. alle Eingangsrechnungen der Lieferanten über das Konto „Verbindlichkeiten aus LL" oder Abschreibung des Pkws und der Büroausstattung über das Konto „Abschreibung Sachanlagen".
Nebenbücher	Nebenbücher sind Hilfsbücher. Sie dienen dazu, bestimmte Sachkonten besser erläutern zu können. Zu den Nebenbüchern gehören das **Kontokorrentbuch** (Geschäftsverkehr mit Kunden und Lieferanten), die **Lagerkartei** (Aufzeichnung der Zu- und Abgänge der Warenbestände), die **Lohn-/Gehaltsbuchhaltung** (Lohn- und Gehaltsabrechnungen für jeden Arbeitnehmer), die **Anlagenkartei** (Aufzeichnung der Anlagenbestände wie Zu- und Abgänge) und das **Wechselbuch** (Führung aller Wechsel und derer Fälligkeiten).

02. Wie erfolgt der Abschluss des Kassenbuches?

Im Kassenbuch werden die täglichen Bareinnahmen und Barausgaben erfasst. Der Saldo daraus und der Bestand des Vortages ergeben den Kassenbestand. Die einzelnen Buchungen erscheinen somit nicht im Hauptbuch, sondern nur der Saldo.

03. Wie werden Material- und Warenbestände kontrolliert?

Für die mengenmäßige Kontrolle der Material- und Warenbestände werden Lagerbücher als Nebenbücher geführt. In den Lagerbüchern werden für Erzeugnisse, Handelswaren, Roh-, Hilfs- und Betriebsstoffe u. a. eigene Konten geführt und die Bestandsminderungen und -mehrungen auf diesen Konten erfasst. Die Endbestände erscheinen im Hauptbuch.

04. Wie werden Wareneingang und -ausgang erfasst?

Die Warenein- und -ausgänge werden über die Rechnungseingangs- und -ausgangsbücher erfasst. Sie gehören ebenfalls zu den Nebenbüchern. Hier werden alle einzelnen Vorgänge im Bereich Einkauf und Verkauf aufgenommen. Sie sind eine wichtige Grundlage zur ordentlichen Buchung im Hauptbuch.

05. Welche Bedeutung hat das Anlagenbuch?

Im Anlagenbuch werden die einzelnen Anlagegüter fortgeschrieben. Es werden alle Zugänge, Abgänge, Zuschreibungen und Abschreibungen erfasst. Der Endbestand aller Anlagegüter erscheint im Hauptbuch auf den entsprechenden Bestandskonten.

Die Aufwendungen (z. B. Abschreibungen) werden zusammengefasst im Hauptbuch unter dem entsprechenden Erfolgskonto gebucht.

06. Was enthält das Kontokorrentbuch und wie wird es gebucht?

Im Kontokorrentbuch werden Personenkonten für jeden einzelnen Kunden und Lieferanten geführt. Die Salden der einzelnen Personenkonten entsprechen denen der Sachkonten (Forderungen aus Lieferungen und Leistungen bzw. Verbindlichkeiten aus Lieferungen und Leistungen).

07. Warum wird ein Lohn- und Gehaltsbuch geführt?

Die Arbeitnehmer haben unterschiedliche Verdienste. Durch die verschiedenen Lohnsteuerklassen und die unterschiedlichen Sozialversicherungsabgaben ist eine Verbuchung über das Hauptbuch unmöglich. Dafür wird ein Lohn- und Gehaltsbuch als Nebenbuch geführt. Dabei wird für jeden Arbeitnehmer ein Lohn- oder Gehaltskonto mit folgenden Angaben geführt:

- ► Bruttoverdienst
- ► Steuerklasse
- ► Steuerabzüge
- ► Sozialversicherungsabgaben
- ► Auszahlungsbetrag.

Im Hauptbuch stehen dann die zusammengefassten Aufwendungen aller Arbeitnehmer auf dem entsprechenden Sachkonto.

1.2.4 Kontenrahmen/Kontenplan

01. Was ist ein Kontenrahmen?

Unter einem Kontenrahmen versteht man ein Verzeichnis, das eine einheitliche Ordnung für die Konten eines Wirtschaftszweiges darstellt. Dadurch werden Vergleiche zwischen Betrieben einer Branche möglich.

02. Was ist ein Kontenplan?

Ein Kontenplan orientiert sich am Kontenrahmen des jeweiligen Wirtschaftszweiges. Er enthält die Konten, die im Unternehmen geführt werden.

03. Welche Aufgaben und Funktionen hat der Kontenrahmen?

Der Kontenrahmen erfüllt eine Ordnungsfunktion. Seine Aufgabe besteht darin, die in einem Wirtschaftszweig auftretenden Konten systematisch zu gliedern. Damit dient er der Übersichtlichkeit, ermöglicht die Vergleichbarkeit der Unternehmen eines Zweiges, und verschafft einem sachkundigen Dritten in angemessener Zeit einen Überblick über die Geschäftsfälle. Für Unternehmen des Zweiges gilt er als Vorlage für einen eigenen unternehmensspezifischen Kontenplan.

04. Welche Aufgaben und Funktionen hat der Kontenplan?

Der Kontenplan ist ein auf ein einzelnes Unternehmen zugeschnittener Gliederungsplan für dessen relevante Konten. Er ist vom Kontenrahmen abgeleitet und entsteht durch Weglassen nicht benötigter Konten des Kontenrahmens und durch Ergänzen zusätzlicher im Kontenrahmen nicht dargestellter Konten. Er erleichtert die Übersichtlichkeit, ermöglicht die Vergleichbarkeit zwischen Unternehmen eines Zweiges und bildet die Grundlage für die Buchführung des Unternehmens.

1.2.4.1 Aufbau und Systematik der Kontenrahmen

01. Wie ist der Kontenrahmen aufgebaut?

Grundsätzlich sind verschiedene Gliederungsprinzipien für den Kontenrahmen möglich. In der Regel wird aber das dekadische Prinzip angewandt. Danach werden die Konten in 10 Kontenklassen von 0 - 9 eingeteilt. Jede Kontenklasse wird weiter in 10 Kontengruppen unterteilt. Diese wiederum werden in Kontenuntergruppen eingeteilt, die dann letztlich die einzelnen Konten umfassen. Die Datev-Kontenrahmen verwenden dafür vierstellige Kennziffern.

Beispiel

Beispiel des dekadischen Aufbaus:

Kontenklasse	4	Betriebliche Aufwendungen
Kontengruppe	41	Löhne und Gehälter
Kontenuntergruppe	411	Löhne
Konto	4125	Ehegattengehalt

Beim Aufbau des Kontenrahmens werden zwei Grundprinzipien unterschieden:

- ▶ Das Abschlussgliederungsprinzip, bei dem der Kontenrahmen gemäß den Vorschriften des Jahresabschlusses gegliedert ist und
- ▶ das Prozessgliederungsverfahren, bei dem der Kontenrahmen nach dem Leistungsprozess gegliedert ist.

02. Was versteht man unter Abschlussgliederungsprinzip?

Die Abschlussgliederung der Konten folgt der Anordnung des Jahresabschlusses, wie sie im HGB (§§ 266 und 275) gesetzlich vorgeschrieben ist. Dabei werden die Hauptgliederungspunkte den 10 Kontenklassen zugeordnet. Die Gliederung der Kontenklasse eines nach dem Abschlussprinzip aufgebauten Kontenrahmens (z. B. Industriekontenrahmen, IKR) hat dann folgendes Aussehen:

Klasse 0   Immaterielle Vermögensgegenstände und Sachanlagen

Klasse 1   Finanzanlage

Klasse 2   Umlaufvermögen und aktive Rechnungsabgrenzung

Klasse 3   Eigenkapital und Rückstellungen

Klasse 4   Verbindlichkeiten und passive Rechnungsabgrenzung

Klasse 5   Erträge

Klasse 6   Betriebliche Aufwendungen

Klasse 7   Weitere Aufwendungen

Klasse 8   Ergebnisrechnung

Klasse 9   Kosten- und Leistungsrechnung

Wegen der Trennung zwischen der Finanzrechnung und der Kostenrechnung im IKR handelt es sich um ein **Zweikreissystem**.

03. Was wird im Zweikreissystem des IKR dargestellt?

Es werden zwei Rechnungskreise dargestellt:

- Der **Rechnungskreis I** stellt die Finanzrechnung mit allen Vorgängen, die im Unternehmen auftreten können, dar und bietet einen Überblick über die Vermögens- und Schuldensituation. Er umfasst die Kontenklassen 0 - 8.

- Der **Rechnungskreis II** stellt die Kosten-Leistungsrechnung dar, die nur solche Tätigkeiten berücksichtigt, die mit der eigentlichen betrieblichen Tätigkeit zu tun haben und aus der sich letztlich das Betriebsergebnis ergibt. Er umfasst die Kontenklasse 9.

04. Was versteht man unter dem Prozessgliederungsprinzip?

Das Prozessgliederungssystem orientiert sich am Leistungsprozess bzw. Betriebsablauf. Die betrieblichen Konten werden den entsprechenden Teilprozessen des Betriebs, z. B. Leistungsvorbereitung, Abgrenzung, Aufwand und Aufwendungen des betrieblichen Leistungsprozesses, zugeordnet.

05. Wie sieht die Zuordnung nach der Prozessgliederung aus?

Kontenklasse 0   Anlagevermögen und Kapitalausstattung

Kontenklasse 1   finanzielles Umlaufvermögen

Kontenklasse 2   Abgrenzungen

Kontenklasse 3   Wareneinkäufe und Bestände

Kontenklasse 4   betriebliche Aufwendungen

Kontenklasse 5   sonstige Aufwendungen

Kontenklasse 6   sonstige Aufwendungen

Kontenklasse 7   Bestände an unfertigen und fertigen Erzeugnissen

Kontenklasse 8   Erlöse

Kontenklasse 9   Abschluss

- Die **Kontenklassen 0 und 1** sind der Leistungsvorbereitung zugeordnet.

- Die **Kontenklasse 2** erfasst die Vorgänge, die nicht durch den betrieblichen Leistungsprozess hervorgerufen sind, wie z. B. Aufwendungen und Erträge aus Vermietungen mit anderem Unternehmenszweck bzw. Betriebszweck und deshalb abgegrenzt werden.

- Die **Kontenklasse 3** (Leistungsvorbereitung) erfasst die Konten des Umlaufvermögens (Aufwands- und Bestandskonten).

- **Kontenklasse 4** erfasst die betrieblich verursachten Aufwendungen (Kostenarten), die im Rahmen der Leistungserstellung anfallen.

- Für betriebsabrechnungstechnische Gründe, z. B. Aufteilung auf Kostenstellen, können die sonst freien **Kontenklassen 5 und 6** genutzt werden.

- **Kontenklasse 7** erfasst die Ergebnisse der betrieblichen Leistungen für die Lagerbestände unfertiger und fertiger Erzeugnisse.

- **Kontenklasse 8** erfassen Erlöse für bereits verkaufte Produkte.

- **Kontenklasse 9** nimmt die Abschlusskonten auf.

06. Welche Kontenrahmen (KR) werden unterschieden?

- Der erste Kontenrahmen Deutschlands wurde 1937 durch einen Erlass des Reichswirtschaftsministers verbindlich erklärt, weshalb er auch als „Erlasskontenrahmen" bezeichnet wird. 1953 wurde die Verbindlichkeit aufgehoben.

- Der Bundesverband der Industrie gab als Empfehlung einen sog. „Gemeinschaftskontenrahmen" heraus, der nach dem Prozessgliederungsprinzip strukturiert ist.

- Höhere Anforderungen führten zur Erarbeitung des „Industriekontenrahmen" (IKR), der nach dem Abschlussprinzip gegliedert ist.

- Die Datenverarbeitungsorganisation DATEV e. G. entwickelte Standardkontenrahmen, wie z. B. den SKR 14 für die Landwirtschaft, den SKR 49 als Vereinskontenrahmen und SKR 70 für Hotel und Gaststätten. Am verbreitetsten sind die Standardkontenrahmen SKR 03 (Prozessgliederung) und SKR 04 (Abschlussgliederung).

1.2.4.2 Kontenpläne aufbauen, einrichten und pflegen

01. Wie wird ein Kontenplan entwickelt?

Ausgangspunkt ist eine Übersicht aller im Unternehmen benötigten Konten. Diese werden mit den im allgemeinen Kontenrahmen (z. B. IKR) enthaltenen Konten verglichen. In den Kontenplan werden nun die übereinstimmenden Konten übernommen. Die nicht übereinstimmenden Konten der Übersicht werden dann entsprechend der Systematik des Kontenrahmens in dem Kontenplan ergänzt.

02. Wie erfolgt die Pflege und Einrichtung von Konten?

Neben dem Standardkontenrahmen können betriebsspezifische Konten eingerichtet werden. Das bedeutet, dass vor der Kontierung ein Konto neu eingerichtet wird. Diese neu eingerichteten Konten müssen beschriftet werden und gelten wie auch die Mandanten-Stammdaten für ein Wirtschaftsjahr.

Die Pflege der Konten bedeutet, dass in jedem Wirtschaftsjahr geprüft werden muss, ob die genutzten und beschrifteten Konten für das Folgejahr noch zutreffend sind.

Beispiel

SKR 03:

Ein Werkstattunternehmen möchte aus der betriebswirtschaftlichen Auswertung erkennen, wie sich die Umsätze aus Reparatur, Verkauf von Ersatzteilen und Winterlager zusammensetzen. Die Erlöskonten beim SKR 03 bei einem Umsatzsteuersatz von 19 % beginnen mit dem Konto 8400 (Erlöse 19 % – Automatikkonto). Es werden die Konten

8400 – Erlöse aus Werkstattleistungen 19 %,
8401 – Erlöse aus Verkauf von Ersatzteilen 19 % und
8402 – Erlöse aus Winterlager 19 %

beschriftet.

1.2.4.3 Konsolidierung

01. Wer ist verpflichtet konsolidierte Jahresabschlüsse zu erstellen?

Verpflichtet zur Aufstellung eines Konzernabschlusses sind nach § 290 HGB Mutterunternehmen (Kapitalgesellschaft mit Sitz im Inland), die einen beherrschenden Einfluss ausüben können.

Beherrschender Einfluss eines Mutterunternehmens besteht nach § 290 Abs. 2 HGB:

► Mehrheit der Stimmrechte der Gesellschafter stehen dem Mutterunternehmen zu

► Recht des Mutterunternehmens, die Mehrheit des Verwaltungs-, Leitungs- oder Aufsichtsorgan zu bestellen

► Recht des Mutterunternehmens, einen beherrschenden Einfluss auszuüben (Beherrschungsvertrag oder Satzung)

► Tragung von Risiken und Chancen eines Unternehmens (Zweckgesellschaft).

02. Welche Unternehmen sind in die Konzernbilanz einzubeziehen?

Nach § 294 HGB sind alle Tochterunternehmen wie auch Muttergesellschaften ohne Rücksicht auf die Rechtsform und den Standort des Unternehmens in die Konzernbilanz einzubeziehen.

03. Welche Voraussetzungen gelten für die Konsolidierung?

Folgende Voraussetzungen müssen für die Konsolidierung erfüllt sein:

► einheitlicher Kontenplan

► einheitliche Gliederung der Bilanz und der GuV

- einheitliche Bewertungsverfahren in den Unternehmungen
- einheitliche Abschlussstichtage oder Zwischenbilanz
- einheitliche Recheneinheiten
- Konsolidierungsstelle.

04. Welche Grundsätze gelten für die Konsolidierung?

- Der Konzernabschluss muss klar und übersichtlich sein. Es muss ein den tatsächlichen Verhältnissen entsprechendes Bild wiedergegeben werden.
- Der Konzern wird als ein Unternehmen betrachtet (fiktive rechtliche Einheit).
- Weiterhin gelten folgende Grundsätze:
  - Vollständigkeit der aufzunehmenden Posten
  - Einheitlichkeit der Bewertungs- und Ansatzmethoden
  - stetige und vergleichbare Darstellung der Bewertungs- und Konsolidierungsmethoden.

05. Was bedeutet ein konzerneinheitlicher Kontenplan für die Abschlusserstellung?

Ein konzerneinheitlicher Kontenplan für alle Gesellschaften innerhalb eines Konzerns erleichtert die Konsolidierung der Einzelabschlüsse zum Konzernabschluss. Er stellt ein Instrument zur Führung und Steuerung von Tochtergesellschaften dar.

1.3 Bestandteile, Inhalt und Aussagen des Jahresabschlusses nach HGB

1.3.1 Handelsrechtliche Pflicht zur Aufstellung von Jahresabschlüssen

01. Wie ist der Jahresabschluss definiert?

Der Jahresabschluss besteht gem. § 242 Abs. 3 HGB aus einer

- Bilanz und
- Gewinn- und Verlustrechnung.

Diese Bestandteile gelten für alle Kaufleute.

Die gesetzlichen Vertreter einer Kapitalgesellschaft haben gem. § 264 Abs. 1 HGB den Jahresabschluss um

- einen Anhang und
- einen Lagebericht

zu erweitern.

Die gesetzlichen Vertreter einer kapitalmarktorientierten Kapitalgesellschaft, die nicht zur Aufstellung eines Konzernabschlusses verpflichtet sind, haben den Jahresabschluss zusätzlich gem. § 264 Abs. 1 Satz 2 HGB um eine

► Kapitalflussrechnung und einen

► Eigenkapitalspiegel

zu erweitern.

Freiwillig kann der Jahresabschluss um eine Segmentberichterstattung erweitert werden.

Die einzelnen Bestandteile des Jahresabschlusses sollen insgesamt eine Einheit bilden.

02. Welches Ziel wird mit dem Jahresabschluss verfolgt?

Der Jahresabschluss soll gem. § 264 Abs. 2 HGB ein den tatsächlichen Verhältnissen entsprechendes Bild der

► Finanzlage,

► Vermögenslage und

► Ertragslage

des Unternehmens vermitteln.

1.3.2 Welche Größenklassen werden nach HGB unterschieden?

Gemäß § 267 HGB werden folgende Größenklassen unterschieden:

	Bilanzsumme	Umsatzerlöse	Anzahl Arbeitnehmer
Kleinstkapitalgesellschaft § 267a HGB	≤ 350.000 €	≤ 700.000 €	≤ 10
Kleine Kapitalgesellschaft § 267 Abs. 1 HGB	≤ 6.000.000 €	≤ 12.000.000 €	≤ 50
Mittelgroße Kapitalgesellschaft § 267 Abs. 2 HGB	≤ 20.000.000 €	≤ 40.000.000 €	≤ 250
Große Kapitalgesellschaft § 267 Abs. 3 HGB	Große Kapitalgesellschaften sind solche, die mindestens 2 der in § 267 Abs. 2 HGB bezeichneten Merkmale überschreiten. Eine Kapitalgesellschaft i. S. d. § 264d HGB gilt stets als große Kapitalgesellschaft.		

01. Welche Bedeutung haben die genannten Größenklassen?

Die Einteilung in Größenklassen ist Grundlage für den

- Umfang der Bestandteile,
- Umfang der Angaben,
- die Verpflichtung zur Prüfung und
- zur Offenlegung

des Jahresabschlusses.

Unternehmen, die dem Publizitätsgesetz unterliegen, haben grundsätzlich alle Bestandteile offenzulegen und sind grundsätzlich prüfungspflichtig.

Größenabhängige Pflichten	Kleine Kapital-gesellschaften	Mittelgroße Kapital-gesellschaften	Große Kapital-gesellschaften
Aufstellung des Jahresabschlusses	6 Monate nach dem Bilanzstichtag	3 Monate nach dem Bilanzstichtag	
Aufstellung der Bilanz	Verkürzt	Ja	
Offenlegung der Bilanz	Verkürzt	Ja	
Offenlegung der GuV	Nein	nur Ergebnis	Ja
Aufstellung des Anhangs	Verkürzt	Ja (Erleichterung nach § 288 Abs. 2 HGB)	Ja
Offenlegung des Anhangs	Ja		
Aufstellung des Lageberichts	Nein	Ja	
Offenlegung des Jahresberichts	Nein	Ja	
Prüfungspflicht	Nein	Ja	
Publizitätspflichten	12 Monate nach Bilanzstichtag	9 Monate nach Bilanzstichtag	

Mit Einführung des MicroBilG wurde für Kleinstkapitalgesellschaften hinsichtlich der Veröffentlichung von Jahresabschlüssen einiges getan. So brauchen diese Unternehmen nur noch eine vereinfachte Bilanz und eine vereinfachte Gewinn- und Verlustrechnung aufzustellen. Zudem können sie auf den Anhang verzichten, wenn bestimmte Angaben unter der Bilanz ausgewiesen werden. Sie sind seit 31.12.2012 weiterhin davon befreit, ihren Abschluss offenlegen zu müssen. Stattdessen wurde die Hinterlegung eingeführt. Kleinstkapitalgesellschaften in diesem Sinne sind, wenn zwei der folgenden Merkmale nicht überschritten werden (§ 267a Abs. 1 HGB):

- 350.000 € Bilanzsumme
- 700.000 € Umsatz
- 10 Arbeitnehmer.

Bei der Offenlegung des Jahresabschlusses der Kleinstkapitalgesellschaft reicht es aus, die Bilanz in elektronischer Form zur dauerhaften Hinterlegung beim Betreiber des Bundesanzeigers einzureichen.

1.3.3 Bilanz

01. Was ist eine Bilanz?

Eine Bilanz ist eine stichtagsbezogene Gegenüberstellung des Vermögens und des Kapitals.

02. Wie ist die Bilanz gegliedert?

Die Gliederung der Bilanz ist im § 266 HGB vorgeschrieben. Danach erfolgt die Aufstellung in Kontoform. Für große und mittelgroße Kapitalgesellschaften sind alle Posten gesondert und in der vorgeschriebenen Reihenfolge auszuweisen. Kleine Kapitalgesellschaften brauchen nur eine verkürzte Bilanz aufstellen, die nachfolgend dargestellt wird:

AKTIVA	PASSIVA

A. Anlagevermögen
  I. Immaterielle Vermögensgegenstände
  II. Sachanlagen
  III. Finanzanlagen
	A. Eigenkapital
	  I. Gezeichnetes Kapital
	  II. Kapitalrücklage
	  III. Gewinnrücklagen
	  IV. Gewinnvortrag/Verlustvortrag
	  V. Jahresüberschuss/Jahresfehlbetrag

B. Umlaufvermögen
  I. Vorräte
  II. Forderungen und sonstige
     Vermögensgegenstände
  III. Wertpapiere
  IV, Kassenbestand, Bundesbankgut-
     haben, Guthaben bei Kredit-
     instituten und Schecks
	B. Rückstellungen

C. Rechnungsabgrenzungsposten	**C. Verbindlichkeiten**
D. Aktive latente Steuern	**D. Rechnungsabgrenzungsposten**
E. Aktiver Unterschiedsbetrag aus der Vermögensverrechnung	**E. Passive latente Steuern**

Offene Handelsgesellschaften und Kommanditgesellschaften i. S. d. § 264a Abs. 1 HGB haben das Eigenkapital davon abweichend wie folgt auszuweisen:

A. Eigenkapital

    I. Kapitalanteil

    II. Rücklagen

    III. Gewinnrücklagen

    IV. Jahresüberschuss/Jahresfehlbetrag.

Das Bilanzgliederungsschema des § 266 HGB ist bindend für Kapitalgesellschaften und Personengesellschaften im Sinne des § 264a HGB.

Klassische Personenunternehmen (e. K., OHG, KG) müssen sich grundsätzlich nicht an das Gliederungsschema halten. Gemäß § 247 Abs. 1 HGB sind die einzelnen Posten

▸ Anlage- und Umlaufvermögen,

▸ Eigenkapital,

▸ Schulden und

▸ Rechnungsabgrenzungsposten

gesondert auszuweisen und hinreichend aufzugliedern.

Aus Vereinfachungsgründen, sollten sich aber auch diese Unternehmen an das „klassische" Bilanzgliederungsschema halten.

03. Wodurch unterscheidet sich das Anlagevermögen vom Umlaufvermögen?

▸ Gemäß § 247 Abs. 2 HGB sind beim **Anlagevermögen** nur Gegenstände auszuweisen, die dauernd dem Geschäftsbetrieb dienen.

▸ Daraus lässt sich der Unterschied zum **Umlaufvermögen** ableiten. Das Umlaufvermögen dient nur einmal dem Geschäftsbetrieb, in dem es verbraucht, verwertet oder veräußert wird.

04. Wie erfolgt die Abgrenzung von Eigenkapital, Rückstellungen und Verbindlichkeiten?

▸ **Eigenkapital**
ist das dem Unternehmen von Eigentümern ohne zeitliche Begrenzung zur Verfügung gestellte Kapital.

▸ **Rückstellungen und Verbindlichkeiten**
sind Passivposten der Bilanz. Der Unterschied von Rückstellungen zu Verbindlichkeiten ist folgender:

    - Bei **Verbindlichkeiten** ist ein Geschäftsfall bereits eingetreten. Zeitpunkt der Zahlung und Höhe sind bekannt.

- Bei **Rückstellungen** ist noch nicht bekannt, wann die Verbindlichkeit auftreten wird und wie hoch sie sein wird. Rückstellungen sind zu bilden (Pflicht) für ungewisse Verbindlichkeiten und drohende Verluste aus schwebenden Geschäften (§ 249 Abs. 1 HGB – Handelsbilanz).

05. Was bedeutet Rechnungsabgrenzung?

Nach den Bewertungsvorschriften im Handelsrecht § 252 Abs. 1 Nr. 5 HGB sind Aufwendungen und Erträge unabhängig von den Zeitpunkten der entsprechenden Zahlungen bzw. Zahlungseingängen im Jahresabschluss zu berücksichtigen.

06. Was wird unter dem Begriff „latente Steuern" verstanden?

Latente Steuern sind „verborgene" Steuerlasten oder -vorteile, die sich aufgrund von Bewertungsdifferenzen zwischen der Steuer- und Handelsbilanz ergeben und die sich in späteren Geschäftsjahren voraussichtlich abbauen und sich hieraus eine künftige Steuerbelastung oder Steuerentlastung (temporäre Differenzen) ergibt.

▸ Aktive latente Steuern: zukünftige Steuervorteile

▸ Passive latente Steuern: zukünftige Steuerlasten.

07. Was bedeutet aktiver Unterschiedsbetrag aus der Vermögensverrechnung?

Nach den Grundsätzen ordnungsgemäßer Buchführung ist es handelsrechtlich (§ 246 Abs. 2 Satz 1 HGB) verboten, Posten der Aktivseite mit Posten der Passivseite zu saldieren.

Dies gilt jedoch nicht für Vermögensgegenstände, die

▸ dem Zugriff aller übrigen Gläubiger entzogen sind und

▸ ausschließlich der Erfüllung von Schulden aus Altersversorgungsverpflichtungen oder vergleichbaren langfristig fälligen Verpflichtungen dienen.

Diese Vermögensgegenstände sind gem. § 246 Abs. 2 Satz 2 HGB mit den entsprechenden Schulden zu saldieren.

Entsteht dabei ein positiver Unterschiedsbetrag, ist dieser unter einem gesonderten Posten – „Aktiver Unterschiedsbetrag aus Vermögensverrechnung" – auszuweisen (§ 246 Abs. 2 Satz 3 HGB).

1.3.4 Gewinn- und Verlustrechnung (GuV)

01. Wie erfolgt die Gliederung der GuV?

Gemäß § 275 Abs. 1 HGB hat die Gliederung der GuV nach dem Gesamtkosten- oder dem Umsatzkostenverfahren zu erfolgen.

Gesamtkostenverfahren gem. § 275 Abs. 2 HGB:

1. Umsatzerlöse
2. Erhöhung oder Verminderung des Bestands an fertigen und unfertigen Erzeugnissen
3. Andere aktivierte Eigenleistungen
4. Sonstige betriebliche Erträge
5. Materialaufwand
   a) Aufwendungen für Roh-, Hilfs- und Betriebsstoffe und für bezogene Waren
   b) Aufwendungen für bezogene Leistungen
6. Personalaufwand
   a) Löhne und Gehälter
   b) Soziale Abgaben und Aufwendungen für Altersversorgung und für Unterstützung
7. Abschreibungen
   a) auf immaterielle Vermögensgegenstände des Anlagevermögens und Sachanlagen
   b) auf Vermögensgegenstände des Umlaufvermögens, soweit diese die in der Kapitalgesellschaft üblichen Abschreibungen überschreiten
8. Sonstige betriebliche Aufwendungen
9. Erträge aus Beteiligungen,
   davon aus verbundenen Unternehmen
10. Erträge aus anderen Wertpapieren und Ausleihungen des Finanzanlagevermögens,
    davon aus verbundenen Unternehmen
11. Sonstige Zinsen und ähnliche Erträge,
    davon aus verbundenen Unternehmen
12. Abschreibungen auf Finanzanlagen und auf Wertpapiere des Umlaufvermögens
13. Zinsen und ähnliche Aufwendungen,
    davon an verbundene Unternehmen
14. Steuern vom Einkommen und vom Ertrag
15. Ergebnis nach Steuern
16. Sonstige Steuern
17. Jahresüberschuss/Jahresfehlbetrag

Umsatzkostenverfahren gem. § 275 Abs. 3 HGB:

1. Umsatzerlöse
2. Herstellungskosten der zur Erzielung der Umsatzerlöse erbrachten Leistungen
3. Bruttoergebnis vom Umsatz
4. Vertriebskosten
5. allgemeine Verwaltungskosten
6. sonstige betriebliche Erträge
7. sonstige betriebliche Aufwendungen
8. Erträge von Beteiligungen,
   davon aus verbundenen Unternehmen
9. Erträge aus anderen Wertpapieren und Ausleihungen des Finanzanlagevermögens,
   davon aus verbundenen Unternehmen
10. sonstige Zinsen und ähnliche Erträge,
    davon aus verbundenen Unternehmen
11. Abschreibungen auf Finanzanlagen und auf Wertpapiere des Umlaufvermögens
12. Zinsen und ähnliche Aufwendungen,
    davon an verbundenen Unternehmen
13. Steuern vom Einkommen und vom Ertrag
14. Ergebnis nach Steuern
15. sonstige Steuern
16. Jahresüberschuss/Jahresfehlbetrag.

Gemäß § 275 Abs. 4 HGB dürfen Veränderungen der Kapital- und Gewinnrücklagen in der Gewinn- und Verlustrechnung erst nach dem Posten „Jahresüberschuss/Jahresfehlbetrag" ausgewiesen werden.

Der Abs. 5 regelt die Darstellung für die **Kleinstkapitalgesellschaften**, die wie folgt anstelle der Staffelungen ausreicht:

1. Umsatzerlöse
2. Sonstige Erträge
3. Materialaufwand
4. Personalaufwand
5. Abschreibungen
6. Sonstige Aufwendungen
7. Steuern
8. Jahresüberschuss/Jahresfehlbetrag.

02. Wie werden Umsatzerlöse definiert?

Umsatzerlöse sind Erlöse aus dem Verkauf und der Vermietung oder Verpachtung von Produkten sowie aus der Erbringung von Dienstleistungen der Kapitalgesellschaft nach Abzug von Erlösschmälerungen und der Umsatzsteuer sowie sonstiger direkt mit dem Umsatz verbundener Steuern (§ 277 Abs. 1 HGB).

03. Gehören Erlöse aus Anlagenabgängen zu den Umsatzerlösen?

Auch nach der neuen Definition der Umsatzerlöse durch das BilRUG bleibt es dabei, **Erlöse aus der Veräußerung von Anlagevermögen** sind regelmäßig weiterhin **keine Umsatzerlöse, sondern sonstige betriebliche Erträge**. Umsatzerlöse erfordern eine gewisse Nähe zum Umlaufvermögen.

04. Welche Besonderheiten bei den Erlösen sind bei innerkonzernlichen Verrechnungen zu beachten?

Sofern die Verrechnungen innerhalb der Konzernunternehmen nicht nur aus kalkulatorischen Gründen erfolgen, sondern der Verrechnung ein Leistungsaustausch zugrunde liegt, stellen die Erlöse künftig Umsatzerlöse und nicht wie bisher regelmäßig sonstige betriebliche Erträge dar.

Beispiele

Umsatzerlöse aus innerkonzernlichen Beziehungen sind:

- ▸ innerkonzernliche Kostenumlagen für von Dritten bezogene Leistungen (z. B. verursachungsgerechte Weiterbelastung von Gebäudekosten)
- ▸ Konzernumlagen auf Basis eines Leistungsaustauschs (z. B. Managementleistungen, IT-/EDV-Leistungen, Buchhaltung)
- ▸ innerkonzernliche Umlagen und Verrechnungen unter Berücksichtigung von Gewinnaufschlägen.

1.3.5 Anhang

Der Anhang ist ein eigenständiger Bestandteil des Jahresabschlusses von Kapitalgesellschaften (§§ 284 - 288 HGB). Seine Ausweispflichten werden nur in besonderen Ausnahmefällen eingeschränkt, wenn damit ein erheblicher Nachteil für das Unternehmen oder für das Wohl der Bundesrepublik verbunden wäre (§ 286 HGB).

Wichtige Einzelangaben werden im Anhang verlangt. Dazu zählen:

- Bilanzierungs- und Bewertungsmethoden
- Währungsumrechnungsverfahren
- die Einbeziehung von Fremdkapitalzinsen in die Herstellungskosten
- die Entwicklung der Posten des Anlagevermögens
- eine Offenlegung wesentlicher Unternehmensverbindungen, Organbezüge und - kredite
- der Einfluss steuerlicher Vorschriften auf den Jahresabschluss
- finanzielle Verpflichtungen, die im Jahresabschluss noch keine Auswirkung haben.

Die dargestellten Informationen erhöhen die Transparenz des Jahresabschlusses.

Damit erfüllt der Anhang für die GuV-Rechnung sowie für die Bilanz eine Entlastungs-, Interpretations- und Ergänzungsfunktion (Zusatzinformation bezüglich der Finanz-, Vermögens- und Ertragslage).

01. Was ist die Zielsetzung des Anhangs?

Ziel der Erstellung des Anhanges ist es, einen sachverständigen Dritten über die angewandten Bilanzierungs- und Bewertungsmethoden und gegebenenfalls Abweichungen gegenüber dem Vorjahr sowie zugrunde gelegte Währungsumrechnungen zu informieren und Erläuterungen zu einzelnen Bilanzpositionen zu geben.

Vermittelt der Jahresabschluss kein den tatsächlichen Verhältnissen entsprechendes Bild der Vermögens-, Finanz- und Ertragslage, so sind gem. § 264 Abs. 2 Satz 2 HGB zusätzliche Angaben zu machen, um ein solches Bild wiederzugeben.

02. Was ist grundsätzlich bei der Anhangerstellung zu beachten?

Kapitalgesellschaften müssen gem. § 284 HGB einen Anhang erstellen. Der Anhang ist bei Kapitalgesellschaften als dritter Teil (§ 264 HGB) des Jahresabschlusses (§ 242 HGB) aufzustellen. Im Anhang sind diejenigen Angaben aufzunehmen, die zu den einzelnen Posten der Bilanz sowie der GuV vorgeschrieben oder die im Anhang zu machen sind, weil sie in Ausübung eines Wahlrechtes nicht in die Bilanz oder in die GuV aufgenommen worden sind.

Im Anhang müssen insbesondere die auf die Posten der Bilanz und GuV angewandten Bewertungsmethoden angegeben werden. Abweichungen davon müssen dargestellt und begründet werden. Ihr Einfluss auf die Vermögens-, Finanz- und Ertragslage ist gesondert darzustellen.

03. Was sind die wesentlichen Bestandteile des Anhangs und wie sind diese gegliedert?

▶ Die wesentlichen Vorschriften für den Anhang finden sich in den §§ 284 - 288 HGB. Die Angaben müssen den Grundsätzen ordnungsgemäßer Buchführung genügen und dementsprechend wahrheitsgemäß, klar und übersichtlich sein.

▶ Für den Aufbau des Anhangs gibt es keine vorgeschriebene Gliederung. Sobald sich das Unternehmen für ein Gliederungsschema entschieden hat, muss es aufgrund der Stetigkeitsforderung weiterhin beibehalten werden.

▶ Nach § 284 Abs. 1, 2 HGB sind Angaben zu machen

- bei denen eine weitere Erläuterung im Anhang vorgeschrieben ist oder die bei Ausübung eines Wahlrechtes nicht in der Bilanz oder GuV auftauchen
- über die angewandten Bewertungs- und Bilanzierungsgrundsätze
- über die Umrechnungsgrundlagen, die für die Umrechnung einer fremden Währung herangezogen worden sind
- über die Änderung von Methoden und ihr Einfluss auf die Vermögens-, Finanz- und Ertragslage
- über die Einbeziehung von Zinsen für Fremdkapital in die Herstellungskosten.

04. Welche sonstigen Pflichtangaben sind im Anhang darzustellen?

Nach § 285 HGB sind u. a. sonstige Angaben zu machen:

▶ zu den in der Bilanz ausgewiesenen Verbindlichkeiten Ausweis des Gesamtbetrages mit einer Restlaufzeit, die mehr als ein Jahr und die mehr als fünf Jahre beträgt (§ 268 Abs. 5 Satz 1 HGB).

Beispiel

Aufbau eines Verbindlichkeitenspiegels:

Verbindlichkeitenspiegel					
Vorgang:	Gesamt-betrag	davon mit einer Restlaufzeit von			Gesicherte Beträge	Art der Sicherheit
		≥1 Jahr	> 1 - 5 Jahre	> 5 Jahre		
		in €				
Verbindlichkeiten gegenüber Kreditinstituten						
Erhaltene Anzahlungen						
Verbindlichkeiten aus Lieferungen und Leistung						
Verbindlichkeiten gegenüber Gesellschaftern						
Sonstige Verbindlichkeiten						

- Belastung der Steuern vom Einkommen und Ertrag
- durchschnittliche Zahl der während des Geschäftsjahrs beschäftigten Arbeitnehmer nach Gruppen
- bei Anwendung des Umsatzkostenverfahrens (§ 275 Abs. 3 HGB):
  - Gliederung des Material- und Personalaufwandes nach dem Gesamtkostenverfahren (§ 275 Abs. 2 HGB)
- Einteilung der Mitglieder der Geschäftsführung, des Aufsichtsrats, eines Beirats oder einer ähnlichen Einrichtung in Gruppen und Angabe der Geltendmachung der Gesamtbezüge und Ansprüche
- Angabe der für diese Personengruppen gewährten Zuschüsse und Kredite inklusive Zinsen sowie die zurückgezahlten Beträge und die Haftungsverhältnisse, die für diese Personen eingegangen wurden
- Auflistung aller Mitglieder dieser Personengruppen mit vollständigem Namen und Beruf, sowie die besonderen Positionen, die diese im jeweiligen Rat einnehmen
- Name, Sitz, Eigenkapital, Ergebnis des letzten Jahresabschlusses, sowie Höhe der Anteile am Kapital der Unternehmen, an denen Anteile gehalten werden
- Name, Sitz und Rechtsform des Unternehmens, deren uneingeschränkt haftender Gesellschafter die Gesellschaft ist.

Folgende erweiterte Pflichtangaben werden zusätzlich verlangt:

- Angaben zu Art und Zweck sowie Risiken und Vorteile von nicht in der Bilanz erscheinenden Geschäften, soweit dies für die Beurteilung der Finanzlage von Bedeutung ist (nur für mittelgroße und große Kapitalgesellschaften)
- Angaben zu gebildeten Bewertungseinheiten
- Angaben zu Anteilen an inländischem Investmentvermögen oder vergleichbaren ausländischen Investmentanteilen von mehr als 10 %
- Angabe der einer Ausschüttungssperre unterliegenden Beträge gem. § 268 Abs. 8 HGB, aufgegliedert in Beträge aus der Aktivierung selbst geschaffener immaterieller Vermögensgegenstände des Anlagevermögens, Beträge aus der Aktivierung latenter Steuern und aus der Aktivierung von Vermögensgegenständen zum beizulegenden Zeitwert
- Angaben zu den für die Steuerabgrenzung relevanten temporären Differenzen und zu steuerlichen Verlustvorträgen einschließlich der angewandten Steuersätze, unabhängig von der Bilanzierung latenter Steuern (nur für große Kapitalgesellschaften).

05. Welche Erleichterungen gelten bei der Aufstellung des Anhangs?

Erleichterungen bei der Erstellung des Anhangs sind im § 288 HGB geregelt. Für kleine Kapitalgesellschaften (§ 267 Abs. 1 HGB) gelten die Erleichterungen nach § 288 Abs. 1 HGB, für mittelgroße Kapitalgesellschaften (§ 267 Abs. 2 HGB) gilt der § 288 Abs. 2 HGB.

06. Wie erfolgt die Informationsbeschaffung?

Zur Organisation der Informationsbeschaffung für die Erstellung von Jahresabschlüssen gehören Checklisten, die z. B. folgende Punkte enthalten sollten:

▸ Überblick über die

- Geschäftstätigkeit

- Abläufe im Unternehmen zur Erfassung und Verbuchung der Geschäftsfälle, über die angewendeten Grundsätze zur Abgrenzung wesentlicher Geschäftsfälle sowie über den Nachweis der Bestände an Vermögensgegenständen und Schulden zum Bilanzstichtag

▸ Vorliegen aktueller Gesellschaftsverträge und Protokolle der Gesellschafterversammlungen, Verträge für die Bereiche Beschaffung, Absatz, Personal (z. B. Pensionszusagen) und der allgemeinen Bereiche (z. B. Leasingverträge)

▸ Überblick über Bilanzierung- und Bewertungsmethoden

▸ Klären von Geschäftsfällen mit nahestehenden Personen

▸ Überblick über Abschreibungsmethoden, steuerliche Sondervorschriften

▸ Auflistung der Offenen Posten

▸ Vorlage von abgestimmten Banksalden (Auszüge von Kreditinstituten), Kreditsicherheiten, Darlehensverträge

▸ Vorlage Gewinnverteilungsbeschlüsse

▸ Überblick über Bildung von Rückstellungen, Rücklagen, latenten Steuern

▸ Nachfrage, ob angabepflichtige Haftungsverhältnisse aus Bürgschaften, Kreditaufträgen, Wechselindossierungen, Gewährleistungen und Sicherheitsbestellungen für fremde Verbindlichkeiten bestehen usw.

1.3.6 Lagebericht

01. Welche Unternehmen sind zur Erstellung des Lageberichtes verpflichtet?

Die Pflicht zur Aufstellung des Lageberichtes ist im § 264 HGB erläutert. Danach sind kleine Kapitalgesellschaften gem. § 267 Abs. 1 HGB von der Aufstellung des Lageberichtes befreit.

02. Welchen Inhalt hat der Lagebericht?

Der Lagebericht dient dem Zweck, Aufschlüsse über die gegenwärtigen und zukünftigen wirtschaftlichen Verhältnissen der rechnungslegenden Gesellschaft zu liefern, die dem Jahresabschluss so nicht zu entnehmen sind. Der Lagebericht ist in folgende Punkte gegliedert:

1. Geschäftsverlauf und Lage der Gesellschaft (Wirtschaftsbericht)

2. Soziale Verhältnisse und Leistungen (Sozialbericht)

3. Vorgänge von besonderer Bedeutung nach Schluss des Geschäftsjahres (Nachtrags-bericht)

4. Voraussichtliche Entwicklung der Gesellschaft

5. Aus dem Bereich Forschung und Entwicklung.

03. Welche Funktion hat der Lagebericht?

Der Lagebericht soll gem. § 289 Abs. 1 HGB den Geschäftsverlauf und die Lage der Ka-pitalgesellschaft darstellen, sodass ein den tatsächlichen Verhältnissen der Gesell-schaft gerecht werdendes Bild entsteht.

04. Auf welche Sachverhalte soll der Lagebericht eingehen?

Nach § 289 Abs. 2 HGB soll der Lagebericht u. a. eingehen auf:

- ▸ Geschäftsverlauf einschließlich Geschäftsergebnis und Lage mit Analyse unter Bezug-nahme auf finanzielle Leistungsindikatoren
- ▸ Voraussichtliche Entwicklung der Vermögens-, Finanz- und Ertragslage mit Chancen und Risiken sowie zusammenfassender Prognose
- ▸ Vorgänge nach dem Schluss des Geschäftsjahres
- ▸ Risikomanagementziele und -methoden, Änderungs-, Ausfall-, Liquiditäts- und Schwan-kungsrisiken unter Bezugnahme auf verwendete Finanzinstrumente
- ▸ Forschung und Entwicklung
- ▸ Zweigniederlassungen
- ▸ Grundzüge des Vergütungssystems
- ▸ nichtfinanzielle Leistungsindikatoren, Informationen über Umwelt- und Arbeitneh-merbelange, soweit sie für das Verständnis von Bedeutung sind – gilt nur für große Kapitalgesellschaften
- ▸ Entschädigungsvereinbarungen der Gesellschaft soweit die Angaben im Anhang nicht zu machen sind
- ▸ Beschreibung wesentlicher Merkmale des internen Kontroll- und Risikomanagement-systems im Hinblick auf den Rechnungslegungsprozess – gilt nur für kapitalmarkt-orientierte Kapitalgesellschaften nach § 264d HGB.

05. Welche Unternehmen sind zur Erklärung zur Unternehmensführung verpflichtet?

Gemäß § 289a Satz 1 HGB haben Aktiengesellschaften und Kommanditgesellschaften auf Aktien, die einen organisierten Markt im Sinne des § 2 Abs. 7 WpÜG durch von ih-nen ausgegebene stimmberechtigte Aktien in Anspruch nehmen, haben im Lagebericht außerdem anzugeben:

1. die Zusammensetzung des gezeichneten Kapitals unter gesondertem Ausweis der mit der Gattung verbundenen Rechte und Pflichten und des Anteils am Gesell-schaftskapital;

2. Beschränkungen, die Stimmrechte oder die Übertragung von Aktien betreffen, auch wenn sie sich aus Vereinbarungen zwischen Gesellschaftern ergeben können, soweit sie dem Vorstand der Gesellschaft bekannt sind;

3. direkte oder indirekte Beteiligungen am Kapital, die 10 % der Stimmrechte überschreiten;

4. die Inhaber von Aktien mit Sonderrechten, die Kontrollbefugnisse verleihen, und eine Beschreibung dieser Sonderrechte;

5. Die Art der Stimmrechtskontrolle, wenn Arbeitnehmer am Kapital beteiligt sind und ihre Kontrollrechte nicht unmittelbar ausüben;

6. die gesetzlichen Vorschriften und Bestimmungen der Satzung über die Ernennung und Abberufung der Mitglieder des Vorstands und über die Änderung der Satzung;

7. die Befugnisse des Vorstands insbesondere hinsichtlich der Möglichkeit, Aktien auszugeben oder zurückzukaufen;

8. wesentliche Vereinbarungen der Gesellschaft, die unter der Bedingung eines Kontrollwechsels infolge eines Übernahmeangebots stehen, und die hieraus folgenden Wirkungen;

9. Entschädigungsvereinbarungen der Gesellschaft, die für den Fall eines Übernahmeangebots mit den Mitgliedern des Vorstands oder mit Arbeitnehmern getroffen sind.

Gemäß § 289a Satz 2 HGB können die Angaben nach Nr. 1, 3 und 9 unterbleiben, soweit sie im Anhang zu machen sind.

Sind Angaben nach Satz 1 im Anhang zu machen, ist im Lagebericht darauf zu verweisen.

Gemäß § 289a Satz 4 HGB können die Angaben nach Satz 1 Nr. 8 unterbleiben, soweit sie geeignet sind, der Gesellschaft einen erheblichen Nachteil zuzufügen; die Angabepflicht nach anderen gesetzlichen Vorschriften bleibt unberührt.

1.3.7 Kapitalflussrechnung

01. Welches Ziel verfolgt die Kapitalflussrechnung?

Gemäß DRS 21.1 soll die Kapitalflussrechnung den Einblick in die Fähigkeit des Unternehmens verbessern, künftig finanzielle Überschüsse zu erwirtschaften, seine Zahlungsverpflichtungen zu erfüllen und Ausschüttungen an die Anteilseigner zu leisten. Für die Berichtsperiode werden die Zahlungsströme dargestellt. Es soll darüber Auskunft gegeben werden, wie das Unternehmen aus der laufenden Geschäftstätigkeit Finanzmittel erwirtschaftet hat und welche zahlungswirksamen Finanzierungsmaßnahmen vorgenommen wurden.

02. Welche Grundsätze gelten für die Erstellung der Kapitalflussrechnung?

Gemäß DRS 21.21 ist die Kapitalflussrechnung in Staffelform unter Beachtung der in diesem Standard enthaltenen Mindestgliederungen darzustellen. Die Mindestgliederungen sind ggf. entsprechend den weiteren Anforderungen dieses Standards zu ergänzen.

Es wird gem. DRS 21.22 empfohlen, Vergleichszahlen der Vorperiode anzugeben.

Für die Darstellung der Kapitalflussrechnung gilt gem. DRS 21.23 der Grundsatz der Stetigkeit.

03. Welche Methoden werden bei der Ermittlung des Cashflow unterschieden?

Der Cashflow aus laufender Geschäftstätigkeit kann:

- ► direkt

  oder

- ► indirekt

dargestellt werden.

Bei der Ermittlung des Cashflow aus Investitions- und Finanzierungstätigkeit wird immer die direkte Methode zur Darstellung angewandt (DRS 2 Punkt 12).

04. Welche Bestandteile gehören zu der Kapitalflussrechnung?

Die Kapitalflussrechnung nach DRS 21 setzt sich zusammen aus:

Cashflow aus laufender Geschäftstätigkeit	stammt aus der auf Erlöserzielung ausgerichteten Tätigkeit des Unternehmens, soweit er nicht dem Cashflow aus Investitions- oder Finanzierungstätigkeit zugeordnet werden kann.
Cashflow aus der Investitionstätigkeit	stammt aus den Zahlungsströmen im Zusammenhang mit den Ressourcen des Unternehmens, mit denen langfristig, meist länger als ein Jahr, ertragswirksam gewirtschaftet werden soll.
Cashflow aus Finanzierungstätigkeit	Zuordnung der Zahlungsströme, die aus Transaktionen mit den Unternehmenseignern und Minderheitsgesellschaftern konsolidierter Tochterunternehmen sowie aus der Aufnahme oder Tilgung von Finanzschulden resultieren.

05. Wie erfolgt die Gliederung des Cashflow aus laufender Geschäftätigkeit nach der direkten Methode?

Im DRS 21.39 ist das Gliederungsschema des Cashflow aus laufender Geschäftstätigkeit nach der direkten Methode wie folgt dargestellt (Mindestgliederung):

	Einzahlungen von Kunden für den Verkauf von Erzeugnissen, Waren und Dienstleistungen
-	Auszahlungen an Lieferanten und Beschäftigte
+	Sonstige Einzahlungen, die nicht der Investitions- oder Finanzierungstätigkeit zuzuordnen sind
-	Sonstige Auszahlungen, die nicht der Investitions- oder Finanzierungstätigkeit zuzuordnen sind
+/-	Ein- und Auszahlungen aus außerordentlichen Posten
+/-	Ertragsteuerzahlungen
=	**Cashflow aus laufender Geschäftstätigkeit**

06. Wie wird der Cashflow aus laufender Geschäftätigkeit nach der indirekten Methode ermittelt?

Die Darstellung des Cashflow aus laufender Geschäftstätigkeit bei Anwendung der indirekten Methode ist im DRS 21.40 schematisch festgelegt (Mindestgliederung):

1.		Periodenergebnis (Konzernjahresüberschuss/-fehlbetrag einschließlich Ergebnisanteile anderer Gesellschafter)
2.	+/-	Abschreibungen/Zuschreibungen auf Gegenstände des Anlagevermögens
3.	+/-	Zunahme/Abnahme der Rückstellungen
4.	+/-	sonstige zahlungsunwirksame Aufwendungen/Erträge
5.	-/+	Zunahme/Abnahme der Vorräte, der Forderungen aus Lieferungen und Leistungen sowie anderer Aktiva, die nicht der Investitions- oder der Finanzierungstätigkeit zuzuordnen sind
6.	+/-	Zunahme/Abnahme der Verbindlichkeiten aus Lieferungen und Leistungen sowie anderer Passiva, die nicht der Investitions- oder der Finanzierungstätigkeit zuzuordnen sind
7.	-/+	Gewinn/Verlust aus dem Abgang von Gegenständen des Anlagevermögens
8.	+/-	Zinsaufwendungen /Zinserträge
9.	-	sonstige Beteiligungserträge
10.	+/-	Aufwendungen/Erträge aus außerordentlichen Posten
11.	+/-	Ertragsaufwand/-ertrag
12.	+	Einzahlungen aus außerordentlichen Posten
13.	-	Auszahlungen aus außerordentlichen Posten
14.	-/+	Ertragsteuer Zahlungen
15.	**=**	**Cashflow aus der laufenden Geschäftstätigkeit (indirekte Methode)**

07. Wie erfolgt die Gliederung des Cashflow aus Investitionstätigkeit?

Gemäß DRS 21.46 ist der Cashflow nach der direkten Methode wie folgt zu gliedern (Mindestgliederung):

	Einzahlungen aus Abgängen von Gegenständen des immateriellen Anlagevermögens
-	Auszahlungen für Investitionen in das immaterielle Anlagevermögen
+	Einzahlungen aus Abgängen von Gegenständen des Sachanlagevermögens
-	Auszahlungen für Investitionen in das Sachanlagevermögen
+	Einzahlungen aus Abgängen von Gegenständen des Finanzanlagevermögens
-	Auszahlungen für Investitionen in das Finanzanlagevermögen
+	Einzahlungen aus Abgängen aus dem Konsolidierungskreis
-	Auszahlungen für Zugänge aus dem Konsolidierungskreis
+	Einzahlungen aufgrund von Finanzmittelanlagen im Rahmen der kurzfristigen Finanzdisposition
-	Auszahlungen aufgrund von Finanzmittelanlagen im Rahmen der kurzfristigen Finanzdisposition
+	Einzahlungen aus außerordentlichen Posten
-	Auszahlungen aus außerordentlichen Posten
+	erhaltene Zinsen
+	erhaltene Dividenden
=	**Cashflow aus der Investitionstätigkeit**

08. Welche Mindestgliederung gilt für die Ermittlung des Cashflow aus Finanzierungstätigkeit?

DRS 21.50 schreibt bei Anwendung der direkten Methode folgende Mindestgliederung vor:

	Einzahlungen aus Eigenkapitalzuführungen von Gesellschaftern des Mutterunternehmens
+	Einzahlungen aus Eigenkapitalzuführungen von anderen Gesellschaftern
-	Auszahlungen aus Eigenkapitalherabsetzungen an Gesellschafter des Mutterunternehmens
-	Auszahlungen aus Eigenkapitalherabsetzungen an andere Gesellschafter
+	Einzahlungen aus der Begebung von Anleihen und der Aufnahme von (Finanz-)Krediten
-	Auszahlungen aus der Tilgung von Anleihen und (Finanz-)Krediten
+	Einzahlungen aus erhaltenen Zuschüssen/Zuwendungen
+	Einzahlungen aus außerordentlichen Posten
-	Auszahlungen aus außerordentlichen Posten
-	gezahlte Zinsen
-	gezahlte Dividenden an Gesellschafter des Mutterunternehmens
-	gezahlte Dividenden an andere Gesellschafter
=	**Cashflow aus der Finanzierungstätigkeit**

1.3.8 Eigenkapitalspiegel

01. Welche Aussagen werden im Eigenkapitalspiegel getroffen?

Gemäß § 297 Abs. 1 HGB gehört zu dem Konzernabschluss die Aufstellung des Eigenkapitalspiegels. Mit Einführung des BilMoG wurde diese Aufstellungspflicht im § 264 Abs. 1 Satz 2 HGB auch für kapitalmarktorientierte Kapitalgesellschaften, die nicht zur Aufstellung eines Konzernabschlusses verpflichtet sind, ergänzt. Grundlagen und Darstellungsweisen sind im DRS 22 geregelt.

Der Eigenkapitalspiegel dient der Darstellung der Entwicklung der Eigenkapitalbewegungen. Er zeigt die Struktur der Veränderungen des Postens Eigenkapital, bestehend aus erfolgswirksamen Veränderungen und Veränderungen aus Geschäften mit Anteilseignern.

1.3.9 Segmentberichterstattung

01. Was ist das Ziel der Segmentberichterstattung?

Ziel der Segmentberichterstattung ist gem. DRS 28, Informationen über die wesentlichen Geschäftsfelder eines Unternehmens und sein Umfeld zur Verfügung zu stellen. Es soll der Einblick in die Vermögens-, Finanz- und Ertragslage und damit in die Chancen und Risiken der einzelnen Geschäftsfelder verbessert werden.

02. Wie werden die anzugebenden Segmente bestimmt?

Gemäß DRS 28.10 ist die Ausgangsbasis für die Segmentierung die nach dem Management Approach abgegrenzten operativen Segmente des Konzerns. Die Segmentierung ergibt sich somit gem. DRS 28.12 aus der internen Entscheidungs- und Berichtsstrukturen des Konzerns, da die für innerbetriebliche Zwecke optimierte Struktur, die interne Überwachung und Steuerung des Konzerns am besten widerspiegelt und damit auch den externen Abschlussadressaten die beste Entscheidungsgrundlage bietet.

Sofern in der internen Entscheidungs- und Berichtstruktur mehrere Segmentierungen bestehen, hat die Konzernleitung gem. DRS 28.13 bei der Segmentberichterstattung sich für diejenige Segmentierung zu entscheiden, nach der die Steuerung vorrangig erfolgte.

03. Wie werden die Segmentdaten ermittelt?

Die Segmentberichterstattung hat gem. 28.24 ff. im Sinne des Management Approachs in Übereinstimmung mit den Methoden und Wertansätzen zu erfolgen, welche der internen Berichterstattung zugrunde liegen, die von der Konzernleitung vorrangig für die Konzernsteuerung genutzt werden.

Verwendet die Konzernleitung mehr als ein Maß für das Segmentergebnis sowie für das Vermögen und die Schulden eines Segments, so sind jene Werte zu verwenden, die von der Konzernleitung vorrangig für die Steuerung des Segments verwendet werden.

Je Segment ist ein Maß für das Segmentergebnis als das (vorrangig genutzte) Segmentergebnis zu definieren. Für unterschiedliche Segmente können dabei auch jeweils unterschiedlichem Maße das relevante Segmentergebnis darstellen.

Ein kontern hat Informationen anzugeben, anhand derer die Abschlussadressaten die Art und die finanziellen Auswirkungen der von dem Konzern und seinen Segmenten ausgeübten Geschäftätigkeiten sowie das wirtschaftliche Umfeld, in dem er tätig ist, beurteilen zu können.

04. In welcher Form ist die Segmentberichterstattung darzustellen?

Für die Segmentberichterstattung sieht der DRS 28 keine bestimmte Darstellungsform vor.

Die gewählte Darstellung ist allerdings gem. DRS 28.42 stetig anzuwenden.

1.4 Internationale Rechnungslegung

01. Wer muss nach IFRS bilanzieren?

Nach Verabschiedung der Verordnung über die Anwendung internationaler Rechnungslegungsstandards Nr. 1606/2002/EG im Juni 2002 durch das Europäische Parlament und den Rat verpflichten sich alle kapitalmarktnotierten Unternehmen mit Sitz in der EU ihren konsolidierten Konzernabschluss ab 01.01.2005 nach IFRS aufzustellen, wenn am jeweiligen Bilanzstichtag ihre Wertpapiere in einem beliebigen Mitgliedstaat zum Handel in einem geregelten Markt zugelassen sind (Artikel 4). Diese Frist konnte in besonderen Ausnahmefällen bis zum 01.01.2007 verlängert werden.

Dabei gilt:

Geregelter Markt	definiert in MiFID-Richtlinie 2004/39/EG z. B. Börsen Berlin-Bremen, Frankfurter Wertpapierbörse etc. In Deutschland gehört der Freiverkehr nicht dazu.
Konsolidierter Abschluss	sofern der jeweilige Mitgliedstaat die IFRS nicht auch für Einzelabschlüsse zulässt.

Beispiele

Beispiel 1
Konzern Schmidt und Söhne finanziert sich am Kapitalmarkt über Schuldpapiere. Die eigens zu diesem Zweck gegründete Gesellschaft leitet die Erlöse der Emission als Genussrechte an den Konzern. Die Zweckgesellschaft ist somit kapitalmarktorientiert, nicht aber konsolidierungspflichtig. Aufgrund der Konstruktion des Konzernverbundes ist also das konsolidierungspflichtige Konzernunternehmen nicht kapitalmarktorientiert und somit nicht verpflichtet nach IFRS zu bilanzieren.

Beispiel 2
Das konsolidierungspflichtige Unternehmen Meierbaum notiert an der Frankfurter Wertpapierbörse mit Aktien. Die Frankfurter Wertpapierbörse gehört zum geregelten Markt. Die Aktien sind keine Schuldtitel. Das Unternehmen ist somit verpflichtet nach IFRS zu bilanzieren.

02. Wie entstehen neue IFRS-Standards?

Das Ergebnis des Standard Setting Process oder auch des Due Process sind die IFRS. Der Prozess vollzieht sich in sechs Schritten:

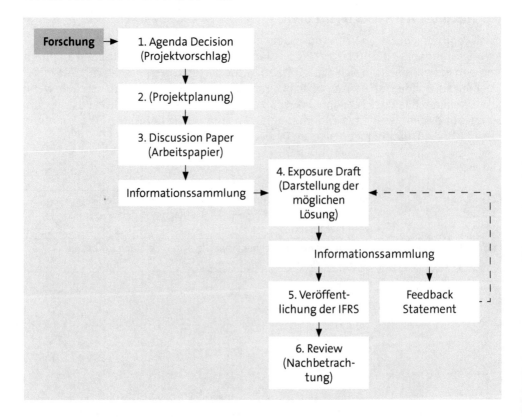

Die Vorschläge über mögliche Themen können dem IFRIC von allen Parteien vorgetragen werden.

► Eine einfache Mehrheit entscheidet, ob ein Vorschlag in die Agenda aufgenommen wird (1).

► In einem nächsten Schritt wird das Projekt als Einzelprojekt oder als Gemeinschaftsprojekt mit anderen standardsetter geplant; dazu wird eine Arbeitsgruppe gebildet (2).

► Anschließend wird ein Interpretationsentwurf veröffentlicht, der einen groben Überblick über das Thema sowie erste Lösungsvorschläge gibt (3).

► Zudem regt der IASB zur Diskussion dieses Vorschlages an. Anschließend erscheint ein Exposure Draft mit weiteren Stellungnahmen und Empfehlungen (4), für dessen Kommentierung der IASB in der Regel eine Frist von 60 Tagen ansetzt.

► Nach der Auswertung der Stellungnahmen verfasst der IFRIC die endgültige Interpretation (5), die dann vom IASB genehmigt und veröffentlicht wird oder zu einem neuen Exposure Draft führen kann. In einem ersten Schritt wird dann der neue IFRS elektronisch veröffentlicht.

► Nach der Festsetzung eines IFRS wird die Durchführung und Anwendung des Standards kontrolliert und auf seine Aktualität hinsichtlich der sich ändernden Rechnungslegungsstandards überprüft (6).

03. Was ist bei der Umstellung vom HGB auf IFRS zu beachten?

Der Übergang von der nationalen zur internationalen Rechnungslegung ist in IFRS 1 geregelt. Die Umstellung vom HGB auf IFRS beginnt damit, dass eine Eröffnungsbilanz zu erstellen ist. In der Eröffnungsbilanz sind alle Bilanzpositionen so anzusetzen und zu bewerten, wie es die IFRS vorschreiben. Wertunterschiede zwischen HGB und IFRS werden im Eigenkapital erfasst. Um eine ordnungsgemäße Werterfassung vornehmen zu können, ist eine Buchführung notwendig, die nach den GoB erstellt worden ist.

1.4.1 Ziele und Funktionen des Abschlusses nach IFRS

01. Welche Ziele verfolgt ein Abschluss nach IFRS?

Der Abschluss nach IFRS verfolgt folgende Zielsetzungen:

► Erleichterung der Vergleichbarkeit kapitalmarktorientierter Unternehmen weltweit – Verbesserung des Anlegerschutzes durch höhere Transparenz

► Vertrauen in die Finanzmärkte und den freien Kapitalverkehr durch Informationsvergleich

► Zulassung an den Börsen in der Welt und dadurch Erleichterung grenzüberschreitender Geschäfte.

02. Welche übergeordnete Funktion erfüllt der Abschluss nach IFRS?

Die Funktion des Abschlusses nach IFRS ist im Rahmenkonzept (framework) aus dem Jahr 1989 geregelt. Die Anforderungen an den Abschluss gehen im Wesentlichen aus dem IAS 1 hervor. Der Zweck ist:

► Bereitstellung von Informationen zur Vermögens-, Finanz- und Ertragslage und die Cashflows eines Unternehmens (IAS 1.7)

► charakteristisches Merkmal ist die „true and fair presentation" (tatsächliche Verhältnisse) des Unternehmens (IAS 1.13; 1.14)

► Auf diese Weise soll der Informationsbedarf der verschiedenen Adressatengruppen des Abschlusses, wie z. B. Lieferanten, Kunden, Regierungen, Aufsichts- und Steuerbehörden, Kreditgebern, insbesondere jedoch der Investoren befriedigt werden.

03. Welche Unterschiede bestehen zwischen den Abschlüssen nach HGB und IFRS?

Nach HGB §§ 238 Abs. 1, 289 Abs. 1 steht auch in der deutschen nationalen Rechnungslegung das Abbild der tatsächlichen Verhältnisse im Unternehmen im Zentrum des Unternehmensabschlusses. In der detaillierten Ausgestaltung zeigen sich jedoch Unterschiede zum Abschluss nach IFRS:

	HGB	IFRS
Zielsetzung	► Informationen primär für Stakeholder	► Informationen primär für Investoren (decision usefulness)
	► Traditionell gewachsener Gläubigerschutz	► Irrelevant für steuerliche Gewinnermittlung in Deutschland
Betrachtung	► Allgemeingültige Regelungen (code law)	► Einzelsachverhaltsregelung (case law)
Grundsatz	► Historisch betrachtet – Vorsichtsprinzip	► True and fair presentation
Steuerung des Unternehmens	► Vereinfachung durch Konsolidierung möglich	► Vereinfachung sehr eingeschränkt
Unternehmensformen	► Für alle Kaufleute, ggf. Befreiung für Einzelunternehmen gem. § 241a HGB – Einzel- und Konzernunternehmen	► Kapitalmarktorientierte Unternehmen
		► Einzel- und Konzernunternehmen

1.4.2 Struktur des IFRS

01. Was ist das framework?

Das framework (Rahmenkonzept) für die Aufstellung und Darstellung von Abschlüssen beschreibt die Leitlinien, die den IFRS zugrunde liegen. Das Rahmenkonzept als solches ist kein Standard oder eine Interpretation, dennoch gilt es für Einzel- und Konzernabschlüsse gleichermaßen. Das framework ist die Grundlage zur Ableitung künftiger und zur Überarbeitung bestehender IAS/IFRS und damit die Basis für die Lösung von Rechnungslegungsproblemen.

Das framework regelt folgende Sachverhalte:

- Zielsetzung von Abschlüssen
- qualitative Anforderungen, die den Nutzen der im Abschluss enthaltenen Informationen bestimmen
- Definition, Ansatz und Bewertung der Abschlussposten
- Kapital- und Kapitalerhaltungskonzepte.

Damit ist das framework systematisch vergleichbar mit den Grundsätzen ordnungsgemäßer Buchführung.

02. Wie sind die IFRS/IAS strukturiert?

Die einzelnen Standards werden fortlaufend nummeriert. Sie sind in der Regel nach einer einheitlichen Struktur aufgebaut: Einführung, Zielsetzung, Gegenstand und Geltungsbereich, Definitionen, Bilanzierungsregeln, Angabepflichten im Anhang, Inkrafttreten und Übergangsregelungen, Anhang mit Anwendungsbeispielen und Hintergrundinformationen. Zur Strukturierung werden die einzelnen Absätze der Standards laufend durchnummeriert.

03. Warum existieren die IFRIC/SIC?

Das IFRIC interpretiert die Anwendung der IFRS zur Sicherstellung einer einheitlichen Auslegung und Anwendung der IFRS. Ähnlich wie die Standards sind sie nummeriert, werden angepasst und verändert oder gegebenenfalls außer Kraft gesetzt. Auf diese Weise bemüht sich der IASB schnell auf aktuelle wirtschaftliche Entwicklungen zu reagieren.

1.4.3 Bestandteile des Jahresabschlusses nach IFRS

Der Jahresabschluss nach IFRS besteht für den Einzel- und den Konzernabschluss aus

- Bilanz
- Gewinn- und Verlustrechnung
- Gesamtergebnisrechnung
- Eigenkapitalveränderungsrechnung
- Kapitalflussrechnung
- Anhang.

1.5 Laufende Buchungen im Geschäftsjahr

1.5.1 Technik der Bildung von Buchungssätzen

01. Welchen Inhalt hat das Prinzip der doppelten Buchführung?

- ► Jeder Geschäftsfall wird auf mindestens zwei Konten erfasst.
- ► Jede Buchung wird in mindestens zwei Büchern erfasst – dem Grundbuch und dem Hauptbuch.
- ► Der Gewinn wird zweifach ausgewiesen – in der Bilanz und in der GuV.

02. Welche Kontengruppen gibt es?

Auf den **Sachkonten** werden die Geschäftsfälle nach sachlichen Gesichtspunkten gebucht. So erfasst z. B. das Konto „Forderungen aus Lieferungen und Leistungen" alle Ausgangsrechnungen und das Konto „Verbindlichkeiten aus Lieferungen und Leistungen" alle Eingangsrechnungen.

Um eine gewisse Übersicht zu gewährleisten, werden diese Konten für jeden Kunden und Lieferanten einzeln angelegt (**Personenkonten**).

Im Überblick:

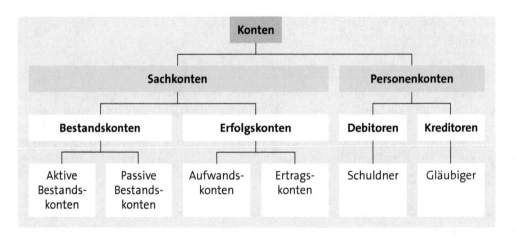

Bei den **Sachkonten** unterscheidet man:

A. Bestandskonten	
Sie weisen die Bestände an Vermögen und Kapital aus und erfassen die Veränderung dieser Bestände aufgrund von Geschäftsfällen.	
Aktivkonten	► Anfangsbestand auf der Sollseite
	► befinden sich auf der linken Seite der Bilanz
	► Mehrungen im Soll, Minderungen im Haben
Passivkonten	► Anfangsbestand auf der Habenseite
	► befinden sich auf der rechten Seite der Bilanz
	► Mehrungen im Haben, Minderungen im Soll

B. Erfolgskonten	
Es gibt Geschäftsfälle, bei denen neben der Umschichtung der Vermögens- und/oder Schuldenstruktur auch eine betragsmäßige Änderung des Eigenkapitals eintritt. Solche Geschäftsfälle beeinflussen unmittelbar den Erfolg eines Unternehmens (erfolgswirksame Buchungen).	
Beispiel: Zinsgutschrift, Barzahlung von Löhnen, Verkauf von Waren usw.	
Aus Gründen der Transparenz der Buchhaltungsvorgänge und zur Erhöhung der Transparenz der Erfolgsquellen eines Unternehmens werden für derartige Buchungen eigene **Erfolgskonten als Unterkonten des Eigenkapitalkontos** angelegt.	
Aufwandskonten	Aufwandskonten werden wie Aktivkonten behandelt: Ein Aufwand vermindert das Eigenkapital und muss daher im Soll gebucht werden.
Ertragskonten	Ertragskonten werden wie Passivkonten behandelt: Ein Ertrag vermehrt das Eigenkapital und muss daher im Haben gebucht werden.

03. In welchen Systembüchern werden die Geschäftsfälle dokumentiert?

Die Buchung der Geschäftsfälle erfolgt in verschiedenen „Büchern":

Inventar- und Bilanzbuch	Hier werden die jährlichen Inventare und Bilanzen festgehalten. Hierbei sind gesetzliche Aufbewahrungsfristen nach dem HGB zu beachten.
Grundbuch auch: Journal, Prima Nota	Es enthält alle Buchungen eines Geschäftsjahres in **zeitlicher** Reihenfolge. Erfasste Daten sind: Belegnummer, Buchungsdatum, Buchungssatz, Buchungsbeleg.
Hauptbuch	Es enthält die Daten des Grundbuches nach **sachlichen** Gesichtspunkten in Einzelkonten.
Nebenbücher	In den Nebenbüchern sind die Daten des Hauptbuches detaillierter festgehalten, z. B. Forderungen nach Kunden getrennt, Bestände nach einzelnen Rohstoffen, Anlagewerte für einzelne Maschinen usw. Beispiele: Kontokorrentbuchhaltung, Lagerbuchhaltung, Anlagenbuchhaltung, Lohn- und Gehaltsbuchhaltung.

Im Gegensatz zur traditionellen Buchhaltung erfordert die IT-gestützte Buchhaltung keine mehrmalige Erfassung der Geschäftsfälle in physisch getrennten „Büchern". Die Eingabedaten besitzen einen hohen Detaillierungsgrad (belegnah), sodass sich die Informationen des Hauptbuches durch Verdichtung und Sortierung nach sachlichen Gesichtspunkten, die Informationen des Grundbuches durch Verdichtung und Sortierung nach dem zeitlichen Gesichtspunkt bilden lassen.

04. Wie wird ein Buchungssatz gebildet?

Der Buchungssatz nennt die Konten, die bei dem betreffenden Geschäftsfall „angesprochen" werden. Dabei wird das Konto, auf dem im Soll gebucht wird, zuerst genannt und mit dem Konto, in dem im Haben gebucht wird, durch das Wort „an" verbunden. Außerdem sind noch Buchungsdatum, Art und Nummer des Belegs zu nennen.

► **Einfacher Buchungssatz**

Beispiel

Wareneinkauf auf Ziel (ohne USt)

Journal				
Datum	**Beleg**	**Buchungssatz**	**Soll**	**Haben**
15.12.20..	ER 87	Waren	5.000,00 €	
		an Verbindlichkeiten a. LL		5.000,00 €

► Beim **zusammengesetzten Buchungssatz** werden von dem betreffenden Geschäftsfall mehr als zwei Konten „angesprochen".

Beispiel

Bezahlung einer Eingangsrechnung (5.000 €) in Bar (2.000 €) und durch Banküberweisung (3.000 €)

Journal				
Datum	**Beleg**	**Buchungssatz**	**Soll**	**Haben**
15.12.20..	ER 87	Verbindlichkeiten a. LL	5.000,00 €	
	BA 33	an Bank		3.000,00 €
	KA 41	an Kasse		2.000,00 €

05. Welche Überlegungen sind bei der Bildung eines Buchungssatzes hilfreich?

▶ Welche Konten werden durch den Geschäftsfall angesprochen?

▶ Handelt es sich um Aktiv- oder Passivkonten?

▶ Liegt ein Zugang oder Abgang auf dem jeweiligen Konto vor?

▶ Auf welcher Kontoseite ist jeweils zu buchen?

06. Wie gelangt man von der Eröffnungsbilanz zur Schlussbilanz?

Zu Beginn des Jahres werden aus der Eröffnungsbilanz alle Aktiv- und Passivkonten übernommen. Die Geschäftsfälle während des laufenden Jahres verursachen sowohl auf diesen Konten Bewegungen als auch auf den jeweils zu eröffnenden Aufwands- und Ertragskonten.

Am Ende eines jeden Monats bzw. am Jahresende werden alle Aufwands- und Ertragskonten über das Gewinn- und Verlustkonto abgeschlossen, dieses über das Eigenkapitalkonto und alle Aktiv- und Passivkonten über die Schlussbilanz.

Das Schlussbilanzkonto bzw. die Schlussbilanz ergibt sich also aus der Eröffnungsbilanz unter Berücksichtigung aller in der Geschäftsperiode anfallenden Buchungsvorgänge.

07. Wie wird die Umsatzsteuer beim Einkauf und Verkauf gebucht?

Beispiele

Beschaffung von RHB-Stoffen (Wareneinkauf)	Geschäftsfall: Zieleinkauf von RHB-Stoffen, Eingangsrechnung über 1.190 € inkl. 19 % USt		
		S	H
	RHB-Stoffe (netto)	1.000,00 €	
	Vorsteuer	190,00 €	
	an Verbindlichkeiten a. LL		1.190,00 €
Absatz von Fertigerzeugnissen (Warenverkauf)	Geschäftsfall: Zielverkauf von Fertigerzeugnissen, Ausgangsrechnung über 119 € inklusive 19 % USt		
	Forderungen a. LL	119,00 €	
	an Umsatzerlöse (netto)		100,00 €
	an Umsatzsteuer		19,00 €

MERKE

- ▸ Die in der Eingangsrechnung ausgewiesene Umsatzsteuer – die sog. Vorsteuer – ist eine Forderung gegenüber dem Finanzamt und wird auf dem **Aktivkonto „Vorsteuer"** auf der Sollseite gebucht.
- ▸ Die in der Ausgangsrechnung ausgewiesene Umsatzsteuer ist eine Verbindlichkeit gegenüber dem Finanzamt und wird auf dem **Passivkonto „Umsatzsteuer"** gebucht

08. Wie wird die Zahllast bzw. der Vorsteuerüberhang ermittelt und bilanziert?

1. Ermittlung der **Zahllast:**

	Umsatzsteuer	500,00 €
-	Vorsteuer	100,00 €
=	Zahllast	400,00 €

Die Zahllast muss gem. § 18 Abs. 1 Satz 1 und 4 UStG bis zum 10. Tag nach Ablauf des Voranmeldezeitraums an das Finanzamt übermittelt und abgeführt werden.

Kontenbild: (Werte in €)

S	Vorsteuer		H	S	Umsatzsteuer		H
...	100,00	**Saldo**	100,00		100,00	...	500,00
					Zahllast	400,00	

Buchungssätze:

Umbuchung des Kontos „Vorsteuer" (Saldo) auf Konto „Umsatzsteuer"

Umsatzsteuer	100,00 €	an	**Vorsteuer**	100,00 €

Überweisung der Zahllast

Umsatzsteuer	400,00 €	an	**Bank**	400,00 €

2. Ermittlung des **Vorsteuerüberhangs:**

	Umsatzsteuer	200,00
-	Vorsteuer	500,00
=	Vorsteuerüberhang	300,00

Der Vorsteuerüberhang wird vom Finanzamt erstattet.

Kontenbild:

S	Vorsteuer		H	S	Umsatzsteuer		H
...	500,00	**Saldo**	500,00		500,00	...	200,00
					Überhang	300,00	

Buchungssätze:

Umbuchung des Kontos „Vorsteuer" (Saldo) auf Konto „Umsatzsteuer"

| Umsatzsteuer | 500,00 € | an | Vorsteuer | 500,00 € |

Überweisung des Vorsteuerüberhangs

| Bank | 300,00 € | an | Umsatzsteuer | 300,00 € |

09. Wie wird eine Zahllast bzw. ein Vorsteuerüberhang bilanziert?

Eine bestehende Zahllast ist am 31.12. d. J. als Sonstige Verbindlichkeit zu passivieren.

Ein bestehender Vorsteuerüberhang ist am 31.12. d. J. als Sonstige Forderung zu aktivieren.

Buchungssätze:

Passivierung der Zahllast

| Umsatzsteuer | 400,00 € | an | SBK | 400,00 € |

Aktivierung des Vorsteuerüberhangs

| SBK | 300,00 € | an | Vorsteuer | 300,00 € |

1.5.2 Buchungen anhand von Kontenplänen in Transaktionskreisen

01. Was ist ein Transaktionskreis?

Ein Transaktionskreis ist die Zusammenfassung logisch zusammengehöriger Geschäftsfälle und die damit verbundenen Verarbeitungs- und Kontrollsysteme. Zum Teil sind die Transaktionskreise eines Unternehmens mit den betrieblichen Funktionsbereichen identisch.

Die dabei dargestellten Buchungssätze legen den Industriekontenrahmen (IKR) zugrunde. Die Angaben sind in Euro.

02. Welche Buchungen sind im Transaktionskreis „Absatz" von besonderem Interesse?

1. Den Haupertrag eines Industriebetriebs bilden die **Umsatzerlöse** für eigene Erzeugnisse, z. B. Verkauf auf Ziel:

2400	Forderungen a. LL	11.900,00 €	an	5000	Umsatzerlöse für eigene Erzeugnisse	10.000,00 €
				4800	Umsatzsteuer	1.900,00 €

2. **Vertriebskosten**, die beim Absatz entstehen, werden in der Kontenklasse 6 erfasst (z. B. 6040 Verpackungsmaterial, 6140 Frachten und Fremdlager, 6150 Vertriebsprovisionen). Dem Kunden in Rechnung gestellte Vertriebskosten sind buchhalterisch und umsatzsteuerlich Bestandteil der Umsatzerlöse und unterliegen der Umsatzsteuer.

Beispiel

Dem Kunden wurden auf Ziel Erzeugnisse im Nettowert von 10.000 € zzgl. 1.000 € Frachtkosten netto verkauft.

2400	Forderungen a. LL	13.090,00 €	an	5000	Umsatzerlöse für eigene Erzeugnisse	11.000,00 €
				4800	Umsatzsteuer	2.090,00 €

3. **Nachlässe beim Absatz** schmälern die Umsatzerlöse; der Buchungsvorgang erfolgt über die Konten

   ▸ Erlösberichtigungen (Klasse 5, IKR)

   ▸ Forderungen (Klasse 2, IKR)

   ▸ Umsatzsteuer (Klasse 4, IKR).

Beispiele

Beispiel 1
Dem Kunden wird nachträglich ein Preisnachlass von 20 % auf den Zielverkaufspreis von netto 20.000 € gewährt.

5001	Erlösberichtigungen	4.000,00 €			
4800	Umsatzsteuer	760,00 €	an	2400 Forderungen	4.760,00 €

Umbuchung am Ende der Rechnungsperiode:

5000 Umsatzerlöse	4.000,00 €	an	5001 Erlösberichtigungen	4.000,00 €

Beispiel 2
Der Kunde begleicht eine Warenlieferung auf Ziel über 20.000 € netto unter Abzug von 3 % Skonto per Banküberweisung. Beim Nettoverfahren erfolgt eine sofortige USt-Berichtigung (20.000 € + 19 % = 23.800 €; 23.800 € - 3 % = 23.086 €). Der Bruttoskontobetrag von 714 € ist in den USt-Anteil von 114 € und den Erlösanteil von 600 € aufzuteilen.

2800 Bank	23.086,00 €			
5001 Erlösberichtigung	600,00 €			
4800 Umsatzsteuer	114,00 €	an	2400 Forderungen a. LL	23.800,00 €

4. **Rücksendungen von Kunden:**
   Die Berichtigung erfolgt direkt auf dem entsprechenden Erlöskonto. Die Umsatzsteuer ist zu berichtigen (im Soll).

   Beispiel

   Der Kunde erhält eine Gutschriftanzeige über 500 € netto.

5000 Umsatzerlöse für eigene Erzeugnisse	500,00 €			
4800 Umsatzsteuer	95,00 €	an	2400 Forderungen a. LL	595,00 €

5. **Bestandsveränderungen:**
   Wurde mehr hergestellt als verkauft:Herstellmenge > Absatzmenge
   SB > AB → **Mehrbestand**

   Wurde mehr verkauft als hergestellt:Herstellmenge < Absatzmenge
   SB < AB → **Minderbestand**

   Die Konten Fertige Erzeugnisse und Unfertige Erzeugnisse zeigen in der Regel drei Positionen:

   ▸ Anfangsbestand (AB) lt. EBK

   ▸ Schlussbestand (SB) lt. SBK

   ▸ Bestandsveränderung (Minder- oder Mehrbestand).

Die Mehr- bzw. Minderbestände der Fertige Erzeugnisse und Unfertige Erzeugnisse werden über das Konto Bestandsveränderungen gebucht.

Das Konto Bestandsveränderungen wird über das Gewinn- und Verlustkonto abgeschlossen:

- Mehrbestände erhöhen die Habenseite (Erträge) der GuV
  Buchungssatz: Bestandsveränderungen an Gewinn- und Verlustkonto
- Minderbestände erhöhen die Sollseite (Aufwendungen) der GuV
  Buchungssatz: Gewinn- und Verlustkonto an Bestandsveränderungen

(Werte in €)

Kontenbild:

S	Fertige Erzeugnisse	H		S	Unfertige Erzeugnisse	H	
AB	10.000,00	SB	20.000,00	AB	5.000,00	**Minder-bestand**	**2.000,00**
						SB	3.000,00
Mehr-bestand	**10.000,00**						

S	SBK	H		S	Bestandsveränderungen	H	
Fertige Erz.	20.000,00			Unfertige Erz.	2.000,00	Fertige Erz.	10.000,00
Unfertige Erz.	3.000,00			**GuV**	**8.000,00**		

S	GuV		H
Aufwen-dungen	180.000,00	Umsatz-erlöse	200.000,00
Betriebs-gewinn	28.000,00	**Bestands-ver.**	**8.000,00**

Buchungssätze auf den Konten Fertige bzw. Unfertige Erzeugnisse:

Buchen der Schlussbestände

SBK	20.000,00	an	Fertige Erzeugnisse	20.000,00

SBK	3.000,00	an	Unfertige Erzeugnisse	3.000,00

Mehrbestand buchen

Fertige Erzeugnisse	10.000,00	an	Bestandsveränderungen	10.000,00

Minderbestand buchen

Bestandsveränderungen	2.000,00	an	Unfertige Erzeugnisse	2.000,00

Konto Bestandveränderungen über Konto Gewinn- und Verlustrechnung abschließen (hier: Bestandsmehrung)

Bestandsveränderungen	8.000,00	an	GuV	8.000,00

03. Welche Buchungen sind im Transaktionskreis „Beschaffung" von besonderem Interesse?

Beim **Einkauf von RHB-Stoffen (Werkstoffen)** gibt es buchhalterisch zwei Verfahren:

1. **Buchung auf Bestandskonten (bestandsorientiertes Verfahren):**

   Die Werkstoffe werden nicht sofort verarbeitet sondern erst schrittweise mit dem Produktionsfortschritt dem Lager entnommen. Der Werkstoffverbrauch wird über Materialentnahmescheine oder per Inventur ermittelt.

   Beispiel

   Einkauf von Rohstoffen auf Ziel über 10.000 € netto

2000 Rohstoffe	10.000,00 €			
2600 Vorsteuer	1.900,00 €	an	4400 Verbindlichkeiten a. LL	11.900,00 €

   Der Verbrauch von Werkstoffen erfolgt über den Buchungssatz:

Werkstoffaufwandskonto der Klasse 6	an	Werkstoffbestandskonto der Klasse 2

2. **Direkte Buchung auf Aufwandskonten der Klasse 6 (aufwandsorientiertes Verfahren):**

   Die Werkstoffe werden sofort nach Eingang verarbeitet (bei Just-in-time-Anlieferung). Die Werkstoffbestandskonten der Klasse 2 weisen bei diesem Verfahren nur noch drei Posten aus: Anfangsbestand, Schlussbestand (lt. Inventur) und Bestandsmehrung/-minderung:

S	2000 Rohstoffe	H	S	2000 Rohstoffe	H
Anfangsbestand	Schlussbestand		Anfangsbestand	**Bestandsminderung**	
Bestandsmehrung				Schlussbestand	

   Um den tatsächlichen Werkstoffverbrauch zu ermitteln, muss die Bestandsveränderung des Werkstoffbestandskontos auf das Werkstoffaufwandskonto umgebucht werden. Die Werkstoffaufwandskonten (z. B. Aufwendungen für Rohstoffe: AfR) der Klasse 6 weisen daher bei einer Bestandsmehrung/-minderung folgende Posten aus:

S	6000 AfR	H	S	6000 AfR	H
Einkauf	**Bestandsmehrung**		Einkauf	Saldo (Verbrauch)	
	Saldo (Verbrauch)		**Bestandsminderung**		

Beispiele

Buchung eines Mehrbestandes von 20.000 €

2000 Rohstoffe	20.000,00 €	an	6000 Aufwendungen für Rohstoffe	20.000,00 €

Buchung eines Minderbestands von 15.000 €

6000 Aufwendungen für Rohstoffe	15.000,00 €	an	2000 Rohstoffe	15.000,00 €

Beide Verfahren gelten analog für die buchhalterische Erfassung von Handelswaren.

Buchung von Bezugskosten
Zu den Bezugskosten gehören alle Aufwendungen, die durch die Beschaffung von Waren, RHB-Stoffen verursacht werden. Bezugskosten unterliegen der Umsatzsteuer.

Bezugskosten sind z. B.:

► Verpackung

► Fracht

► Rollgeld

► Einfuhrzoll

► Transportversicherung.

Bezugskosten werden beim bestandsorientierten Verfahren auf Unterkonten der Bestandskonten (RHB-Stoffe) gebucht, z. B. 2011 Bezugskosten für Vorprodukte (vgl. IKR, Klasse 2). Alternativ können Bezugskosten direkt auf den Bestandskonten gebucht werden.

Die Bezugskosten-Unterkonten werden über die betreffenden Bestandskonten abgeschlossen. Die Bezugskosten gehören zu den Anschaffungskosten und werden aktiviert.

Buchungssätze (bestandsorientiertes Verfahren):

Buchen der Eingangsrechnung	Geschäftsfall: Eingangsrechnung über Rohstoffe, 40.000 € netto		
		S	H
	2000 Rohstoffe	40.000,00 €	
	2600 Vorsteuer	7.600,00 €	
	an 4400 Verbindlichkeiten aLL		47.600,00 €

Buchen der Bezugskosten	**Geschäftsfall:** **Barzahlung von Fracht und Rollgeld für gelieferte Rohstoffe, 500 € netto**		
	2001 Bezugskosten für Rohstoffe	500,00 €	
	2600 Vorsteuer	95,00 €	
	an 2880 Kasse		595,00 €
Abschluss des Unterkontos Bezugskosten über das entsprechende Bestandskonto	2000 Rohstoffe	500,00 €	
	an 2001 Bezugskosten für Rohstoffe		500,00 €

Bezugskosten werden beim aufwandsorientierten Verfahren analog auf Unterkonten der Werkstoffaufwandskonten der Klasse 6 gebucht, z. B. 6001 Bezugskosten f. Rohstoffe.

Nachlässe bei der Beschaffung:
Rabatte, Boni, Skonti, Minderungen aufgrund von Mängeln und Nachlässe von Lieferern (Beschaffung) mindern die Einstandspreise und werden

▸ beim bestandsorientierten Verfahren auf Unterkonten der entsprechenden Bestandskonten erfasst (z. B. 2022 Nachlässe für Hilfsstoffe)

▸ beim aufwandsorientierten Verfahren auf Unterkonten der entsprechenden Werkstoffaufwandskonten erfasst (z. B. 6002 Nachlässe).

▸ Die Unterkonten für Nachlässe werden über die entsprechenden Bestandskonten (bestandsorientiertes Verfahren) bzw. Aufwandskonten (aufwandsorientiertes Verfahren) abgeschlossen.

▸ Bei der Nettobuchung wird die anteilige Vorsteuer sofort berichtigt.

▸ Bei der Bruttobuchung werden die Nachlässe inklusive Mehrwertsteuer gebucht; die Berichtigung der Vorsteuer erfolgt am Monatsende (Verbindlichkeiten an Nachlässe, Nachlässe an Vorsteuer).

▸ Sofortrabatte werden buchhalterisch nicht erfasst; gebucht werden sofort die verminderten Beträge.

04. Welche Buchungen sind im Transaktionskreis „Lohn und Gehalt" von besonderem Interesse?

▸ Einbehaltene Steuerabzüge (LSt, KiSt, SolZ) werden auf dem Konto 4830 Sonstige Verbindlichkeiten gegenüber FB (Finanzbehörden) erfasst und bis zum 10. Tag nach Ablauf des Voranmeldezeitraums überwiesen.

▸ Der AG-Anteil zur SV wird mit dem einzubehaltenden AN-Anteil zur SV der Krankenkasse gemeldet und spätestens zum drittletzten Banktag des laufenden Monats per Bankeinzug erhoben. Diese Vorauszahlung wird auf dem Konto 2640 SV-Vorauszahlung erfasst.

▸ Der AG-Anteil zur SV wird zusätzlich auf dem Aufwandskonto 6400 Arbeitgeberanteil zur SV erfasst und auf dem Konto 2640 SV-Vorauszahlung gegengebucht.

1. **Buchung der Gehälter (Löhne):**
   Für die dargestellten Buchungssätze wird folgende (fiktive) Gehaltsabrechnung (in Euro) unterstellt:

Bruttogehalt	1.876,00 €
Lohnsteuer	159,50 €
Solidaritätszuschlag	9,70 €
Kirchensteuer	13,23 €
Sozialversicherungsbeitrag	371,35 €
Der Auszahlungsbetrag (in diesem Fall gleich dem Nettogehalt) beträgt also	1.322,22 €.

Der Arbeitgeberbeitrag zur SV beträgt 351,50 €.

1.1 **Geschäftsfall: Bankeinzug der SV-Beiträge (371,35 € + 351,50 € = 722,85 €)**

2640 SV-Vorauszahlung	722,85 €	an	2800 Bank	722,85 €

1.2 **Geschäftsfall: Buchung der Gehaltszahlung**

6300 Gehälter	1.876,00 €	an	4830 FB-Verbindlichkeiten	182,43 €
			2640 SV-Vorauszahlungen	371,35 €
			2800 Bank	1.322,22 €

1.3 **Buchung des AG-Anteils zur SV**

6400 AG-Anteil zur SV	351,50 €	an	2640 SV-Vorauszahlung	351,50 €

1.4 **Überweisung der FB-Verbindlichkeiten**

4830 FB-Verbindlichkeiten	182,43 €	an	2800 Bank	182,43 €

2. **Pfändungen:**
   Eventuell einbehaltene Beträge aufgrund von Pfändungen werden auf dem Konto 4890 Sonstige Verbindlichkeiten im Haben gebucht.

3. **Vorschüsse:**
   Vorschüsse an Mitarbeiter werden auf dem Konto 2650 Forderungen an Mitarbeiter im Soll gebucht und bei den nachfolgenden Gehaltszahlungen einbehalten (Minderung des Auszahlungsbetrages und Entlastung des Kontos 2650 im Haben).

4. **Einmalige Lohn-/Gehaltszahlungen:**
   Einmalige Lohn-/Gehaltszahlungen (z. B. Weihnachts-/Urlaubsgeld, 13. Gehalt) sind dem laufenden Arbeitslohn hinzuzurechnen. Sie erhöhen den Bruttolohn und sind lohnsteuer- und sv-pflichtig.

5. **Zuwendungen des Arbeitgebers, die im betrieblichen Interesse liegen:**
   Solche Zuwendungen (z. B. Zuschüsse zu Fortbildungsmaßnahmen, Betriebsveranstaltungen) gehören nicht zum laufenden Arbeitslohn. Sie sind als Aufwandsart unter Konto 6495 Sonstige soziale Aufwendungen zu erfassen.

6. **Die Gewährung geldwerter Vorteile (Sachbezüge):**
   Die private Nutzung eines Dienst-Pkws, freie/verbilligte Mahlzeiten/Wohnungen und Deputate erhöhen beispielsweise den laufenden Arbeitslohn und sind lohnsteuer- und sv-pflichtig. Für den Arbeitgeber ist die Abgabe umsatzsteuerpflichtig

Beispiel

Der Angestellte N. erhält zu seinem monatlichen Bruttogehalt von 3.000 € die kostenlose, private Nutzung eines Dienstwagens. Der Listenpreis des Pkws beträgt 41.328 € inkl. USt. Der Sachbezug ist mit 1 % des auf volle 100 € abgerundeten Bruttolistenpreises dem Arbeitslohn hinzuzurechnen: 1 % von 41.300 € ergibt abgerundet 413 €. Darin sind 65,94 € USt enthalten.

Es ergibt sich folgende (fiktive) Gehaltsabrechnung (in €):

	Bruttogehalt	3.000,00 €
+	Sachbezug	413,00 €
=	Bezüge (lohnsteuer- und sv-pflichtig)	3.413,00 €
-	Lohnsteuer, Solidaritätszuschlag, KSt	270,15 €
-	Sozialversicherungsbeitrag	690,25 €
-	Sachbezug	413,00 €
=	Auszahlungsbetrag	2.039,60 €

Geschäftsfall: Buchung der Gehaltszahlung inkl. einem Sachbezug von 413 € brutto

6300 Gehälter	3.413,00 €	an	4830	FB-Verbindlichkeiten	270,15 €
			2640	SV-Vorauszahlungen	690,25 €
			5430	**and. sonst. betr. Erträge**	**347,06 €**
			4800	**Umsatzsteuer**	**65,94 €**
			2800	Bank	1.322,22 €

7. **Erwerb betriebseigener Erzeugnisse/Waren durch Mitarbeiter und Verrechnung mit den Nettobezügen:**
   Der Nettowarenwert ist auf Konto 5000 Umsatzerlöse für eigene Erzeugnisse im Haben zu buchen und unterliegt der Umsatzsteuer. Das Nettogehalt wird um den Bruttowert des Warenbezugs vermindert.

8. **Vermögenswirksame Leistungen (VL):**
   Vermögenswirksame Leistungen des Arbeitgebers erhöhen die lohnsteuer- und sv-pflichtigen Bezüge. Der Anteil des Arbeitgebers zur VL wird auf dem Konto 6320 Sonstige tarifliche oder vertragliche Aufwendungen gebucht (oder direkt auf dem Lohn-/Gehaltskonto 6200/6300).

   Der Gesamtbetrag VL (AG- und AN-Anteil) wird vom Nettogehalt des Mitarbeiters einbehalten und auf dem Konto 4860 Verbindlichkeiten aus VL im Haben gegengebucht. Die Entlastung des Kontos 4860 erfolgt per Banküberweisung (4860 Verbindlichkeiten aus VL an 2800 Bank).

05. Welche Buchungen sind im Transaktionskreis „Finanzen" von besonderem Interesse?

1. **Zahlungsein- und ausgänge** werden über die Klasse 2 (Gruppe 28, IKR) gebucht.

2. **Schecks:**

   2.1 **Kundenschecks** werden

   ► sofort gebucht: 2860 Schecks an 2800 Forderungen a. LL

   ► oder nach Gutschrift durch die Bank gebucht: 2800 Bank an 2800 Forderungen a. LL.

   2.2 **Eigene Schecks** werden bei Lastschrift durch die Bank gebucht: 4400 Verbindlichkeiten a. LL an 2800 Bank

   2.3 Das Konto 2860 Schecks ist zum Bilanzstichtag zu aktivieren.

3. **Anzahlungen:**

   3.1 **Geleistete Anzahlungen** begründen eine Forderung. Sie werden erfasst auf den Bestandskonten 0900 Geleistete Anzahlungen auf Sachanlagen oder 2300 Geleistete Anzahlungen auf Vorräte.

   3.2 **Erhaltene Anzahlungen** begründen eine Schuld und werden erfasst auf dem Bestandskonto 4300 Erhaltene Anzahlungen.

   3.3 Anzahlungen sind umsatzsteuerpflichtig. Der Unternehmer hat daher eine gesonderte Rechnung mit USt-Ausweis zu erstellen. Bei der Endabrechnung sind die Bestandskonten 0900, 2300 bzw. 4300 zu entlasten und die Vorsteuer bzw. Umsatzsteuer zu berichtigen. Zum Bilanzstichtag sind

   ► geleistete Anzahlungen zu aktivieren (Forderungen)

   ► erhaltene Anzahlungen zu passivieren (Verbindlichkeiten).

   Geschäftsfall: Es werden Rohstoffe für 100.000 € netto geordert und eine Anzahlungsrechnung über 10.000 € netto zzgl. 19 % USt erstellt.

2300	geleistete Anzahlungen auf Vorräte	10.000,00 €				
2600	Vorsteuer	1.900,00 €	an	2800	Bank	11.900,00 €

   Geschäftsfall: Die Endabrechnung wird als Verbindlichkeit gebucht und der verbleibende Betrag per Banküberweisung bezahlt; die Konten 2300, 2600 werden entsprechend korrigiert.

6000	Aufwendungen für Rohstoffe	100.000,00 €				
2600	Vorsteuer	19.000,00 €	an	4400	Verbindlichkeiten a. LL	119.000,00 €

4400	Verbindlich-keiten a. LL	119.000,00 €	an	2800	Bank	107.100,00 €
				2300	geleistete Anzahlungen auf Vorräte	10.000,00 €
				2600	Vorsteuer	1.900,00 €

Das Beispiel für den Fall „Erhaltene Anzahlungen" lässt sich spiegelbildlich darstellen.

4. **Darlehensaufnahme:**

► Man unterscheidet kurz-, mittel- und langfristige Darlehen. Die Kontengruppe 42 „Verbindlichkeiten gegenüber Kreditinstituten" ist entsprechend gegliedert.

► Es gibt Fälligkeits-, Raten- und Annuitätendarlehen.

► Disagio (auch: Abgeld, Damnum) muss in der Steuerbilanz als Rechnungsabgrenzungsposten aktiviert und entsprechend der Laufzeit des Darlehens abgeschrieben werden. Für die Handelsbilanz besteht ein Wahlrecht: Disagio kann im Jahr der Darlehensaufnahme in voller Höhe als Zinsaufwand gebucht werden, oder über die Laufzeit verteilt werden.

4.1 **Geschäftsfall: Aufnahme eines endfälligen Darlehens über 200.000 € mit einer Laufzeit von fünf Jahren. Die Zinsen von 5 % werden jährlich nachträglich gezahlt. Es wird ein Disagio von 5 % vereinbart. Es soll eine Einheitsbilanz aufgestellt werden.**

2800	Bank	190.000,00 €				
2900	ARA	10.000,00 €	an	4250	Langfr. Bankverbindlichkeiten	200.000,00 €

4.2 **Geschäftsfall: Am Bilanzstichtag wird das Disagio zeitanteilig abgeschrieben: 10.000 € : 5 Jahre = 2.000 €.**

7510	Zinsaufwendungen	2.000,00 €	an	2900	ARA	2.000,00 €

4.3 **Geschäftsfall: Zum Jahresende erfolgt die Zinszahlung (5 % von 200.000 € = 10.000 €).**

7510	Zinsaufwendungen	10.000,00 €	an	2800	Bank	10.000,00 €

4.4 **Am Ende der Laufzeit erfolgt die Rückzahlung des Darlehens.**

4250	Langfr. Bankverbindlichkeiten	200.000,00 €	an	2800	Bank	200.000,00 €

5. **An- und Verkauf von Wertpapieren:**

Konto (IKR):

im Anlage- vermögen:	bei Beteiligungsabsicht	1300 Beteiligungen
	als langfristige Kapitalanlage	1500 Wertpapiere des AV
im Umlauf- vermögen:	als kurzfristige Kapitalanlage (Liquiditätsreserve)	2700 Wertpapiere des UV

▸ Wertpapiere sind in der Bilanz unterschiedlich zu berücksichtigen:

- Beim Ankauf sind Wertpapiere mit ihren Anschaffungskosten (= Kurswert + Provision + Maklergebühr) zu aktivieren.

- Beim Verkauf von Wertpapieren entstehen Gewinne oder Verluste (Differenz von Nettoerlös und Buchwert). Erträge werden über Konto 5460 (Erträge aus dem Abgang von Vermögensgenständen) gebucht. Verluste werden je nach Laufzeit der Anlage über Konto 7450 (Verluste aus dem Abgang von Finanzanlagen) oder Konto 7460 (Verluste aus dem Abgang von Wertpapieren des UV) erfasst.

06. Welche Buchungen sind im Transaktionskreis „Anlagenbuchhaltung" von besonderem Interesse?

Gegenstand der Anlagenbuchhaltung ist das Anlagevermögen. Darunter fallen alle **Vermögensgegenstände, die dem Unternehmen langfristig zur Verfügung stehen** (Grundstücke, Gebäude, technische Anlagen und Maschinen, Betriebs- und Geschäftsausstattung, Fuhrpark, langfristige Finanzanlagen). Nach IKR wird gegliedert:

▶ Gegenstände des Anlagevermögens sind beim Kauf mit ihren Anschaffungskosten zu aktivieren. Finanzierungskosten gehören nicht zu den Anschaffungskosten. Laut § 255 Abs. 1 HGB gehören zu den Anschaffungskosten sämtliche Aufwendungen, die geleistet werden, um einen Vermögensgegenstand zu erwerben und ihn in einen betriebsbereiten Zustand zu versetzen, sie müssen einzeln zuordenbar sein:

	Anschaffungspreis	(Nettowert)
+	Anschaffungsnebenkosten	Frachten, Provisionen, Versicherungen, Montage
-	Anschaffungspreisminderungen	Skonti, Rabatte, Boni, Preisnachlässe
+/-	Nachträgliche Anschaffungskosten	
=	**Anschaffungskosten**	

▶ Der **steuerliche** Anschaffungskostenbegriff stimmt mit dem **handelsrechtlichen überein**.

▶ Die Anschaffungskosten sind die Bemessungsgrundlage zur Berechnung der AfA.

▶ Die anrechenbare **Vorsteuer gehört nicht zu den Anschaffungskosten** (bei vorsteuerabzugsberechtigten Steuerpflichtigen).

1. **Eigenleistungen** sind zu aktivieren (z. B. Konto „Technische Anlagen und Maschinen") und als Ertrag auf Konto 5300 „Andere aktivierte Eigenleistungen" zu buchen.

2. Geleistete Anzahlungen auf „Sachanlagen und Anlagen im Bau" sind umsatzsteuerpflichtig und gesondert im Anlagevermögen zu erfassen (Konto 0900 bzw. 0950 nach IKR), da sie noch nicht der Abschreibung unterliegen.

   Geschäftsfall: Auf eine im Bau befindliche Anlage im Wert von 400.000 € netto wird eine Anzahlung von 25 % per Banküberweisung geleistet.

0950	Anlagen im Bau	100.000,00 €					
2600	Vorsteuer	19.000,00 €	an	2800	Bank		119.000,00 €

3. **Abgang von Anlagegütern:** Der Abgang von Anlagegütern (Verkauf oder Entnahme) ist umsatzsteuerpflichtig. Maßgeblich ist der Nettoverkaufspreis bzw. der Teilwert. Zur Ermittlung des Buchwertes ist das Anlagegut im Jahr des Abgangs noch zeitanteilig abzuschreiben (auf den vollen vorhergehenden Monat). Der Unterschied zwischen Nettoverkaufspreis (bzw. Teilwert) und Buchwert führt zu einem Gewinn oder Verlust.

   3.1 **Geschäftsfall: Eine Anlage hat zum Januar des Geschäftsjahres einen Buchwert von 40.000 €. Die jährliche AfA beträgt 4.000 €. Die Anlage soll zum 04.10. verkauft werden. Zu buchen ist die zeitanteilige AfA: 4.000 € • $^9/_{12}$ = 3.000 €**

6520	AfA auf Sachanlagen	3.000,00 €	an	0700	TA und Maschinen	3.000,00 €

3.2 **Geschäftsfall: Die Anlage wird im Oktober für 45.000 € netto verkauft. Der Kunde bezahlt per Banküberweisung (Buchwert < Nettoverkaufspreis).**

2800	Bank	53.550,00 €		5410	Erlöse aus Anlagenabgängen	45.000,00 €
			an	4800	Umsatzsteuer	8.550,00 €

3.3 **Geschäftsfall: Der Abgang des Buchwertes ist zu buchen.**

6979	Anlagenabgänge	37.000,00 €	an	0700	TA und Maschinen	37.000,00 €

Bei der unentgeltlichen Entnahme von Gütern des Anlagevermögens erfolgen die Buchungen analog. Berührt werden die Konten 3001 (Privat) und 5420 (Entnahme von Gegenständen und sonstigen Leistungen).

1.5.3 Abbildung von besonderen Sachverhalten in Buchungssätzen

01. Wie werden Leasinggeschäfte gebucht?

Beispiel

Zur Erweiterung des Fuhrparks benötigt die Mayer GmbH drei neue Pkws. Die betriebsgewöhnliche Nutzungsdauer der Pkws beträgt 6 Jahre.

Die Mayer GmbH (Leasingnehmer) hat sich entschieden die Pkw bei der WorldLease AG (Leasinggeber) ab Januar 2021 zu leasen. Die Anschaffungskosten für die drei Pkw betragen für die WorldLease AG 60.000 €. Die Finanzierungskosten für die WorldLease AG betragen 3.000 € (endfälliges Darlehen – 3 Jahre Laufzeit).

Für die Gestaltung des Leasingvertrages zwischen der Mayer GmbH und der WorldLease AG gibt es zwei Alternativen.

Variante A
Die Mayer GmbH least die drei Pkw für 36 Monate (unkündbare Grundmietzeit) für eine monatliche Leasingrate von 2.000 €. Am Ende der Leasingdauer werden die Pkw an die WorldLease AG zurückgegeben.

Variante B
Die Mayer GmbH least die drei Pkw für 72 Monate (unkündbare Grundmietzeit) für eine monatliche Leasingrate von 1.100 €. Am Ende der Leasingdauer werden die Pkw an die WorldLease AG zurückgegeben.

Für die Varianten A und B ist die bilanzielle Zurechnung zum Leasinggeber oder Leasingnehmer zu klären. Außerdem sind aus Sicht des Leasinggebers und Leasingnehmers die Buchungen für das Jahr 2021 vorzunehmen.

Auf die Umsatzsteuer ist nicht einzugehen.

Sowohl in der Variante A als auch in der Variante B übersteigen die gezahlten Leasingraten der Mayer GmbH (Leasingnehmer) die Anschaffungskosten und Finanzierungskosten der WorldLease AG (Leasinggeber). Es handelt sich somit um ein Finanzierungsleasing.

Lösung:

Variante A
Der Leasingvertrag zwischen der Mayer GmbH und der Worldlease AG hat eine Laufzeit (unkündbare Grundmietzeit) von 3 Jahren. Es besteht keine Kauf- oder Verlängerungsoption.

Nach dem Leasingerlass (BMF-Schreiben v. 19.04.1971) ist der Leasinggegenstand dem **Leasinggeber wirtschaftlich zuzurechnen**, wenn bei Leasingverträgen ohne Kauf- oder Verlängerungsoption die unkündbare Mietzeit zwischen 40 % - 90 % der betriebsgewöhnlichen Nutzungsdauer beträgt. Im vorliegenden Fall beträgt die unkündbare Grundmietzeit 50 % der betriebsgewöhnlichen Nutzungsdauer.

Die Pkws sind somit beim Leasinggeber (WorldLease AG) zu bilanzieren. Für die Mayer GmbH (Leasingnehmer) sind die Leasingraten aufwandsmäßig zu erfassen.

Buchung beim Leasinggeber in 2021:

Anschaffungsvorgang:

Fuhrpark	60.000 €	an	Darlehen	60.000

Abschreibung:

Abschreibung auf Sachanlagen	10.000 €	an	Fuhrpark	10.000 €

Lineare Abschreibung $\dfrac{AK\ 60.000\ €}{6\ Jahre\ Nutzungsdauer}$

Zinsen für endfälliges Darlehen:

Zinsaufwand	1.000 €	an	Bank	1.000 €

3.000 € Zinsaufwand für 3 Jahre; gleichmäßige Verteilung da endfälliges Darlehen

Vereinnahmung Leasingraten:

Bank	24.000 €	an	Umsatzerlöse	24.000 €

mtl. Leasingrate 2.000 € mal 12 Monate

Buchung beim Leasingnehmer in 2021:

Zahlung der Leasingraten:

Leasingaufwand	24.000 €	an	Bank	24.000 €

mtl. Leasingrate 2.000 € mal 12 Monate

Variante B
Der Leasingvertrag zwischen der Mayer GmbH und der Worldlease AG hat eine Laufzeit (unkündbare Grundmietzeit) von 6 Jahren. Es besteht keine Kauf- oder Verlängerungs-option.

Nach dem Leasingerlass (BMF – Schreiben v. 19.04.1971) ist der Leasinggegenstand dem **Leasingnehmer wirtschaftlich zuzurechnen**, wenn bei Leasingverträgen ohne Kauf- oder Verlängerungsoption die unkündbare Mietzeit unter 40 % oder mehr als 90 % der betriebsgewöhnlichen Nutzungsdauer beträgt. Im vorliegenden Fall beträgt die unkündbare Grundmietzeit 100 % der betriebsgewöhnlichen Nutzungsdauer.

Die Pkws sind somit bei der Mayer GmbH (Leasingnehmer) zu bilanzieren.

Buchung beim Leasinggeber in 2021:

Anschaffungsvorgang:

Fuhrpark	60.000 €	an	Darlehen	60.000

Übergabe an den Leasingnehmer:

Forderungen	60.000 €	an	Fuhrpark	60.000 €

Zinsen für endfälliges Darlehen:

Zinsaufwand	1.000 €	an	Bank	1.000 €

3.000 € Zinsaufwand für 3 Jahre; gleichmäßige Verteilung da endfälliges Darlehen

Vereinnahmung der Leasingraten:

Bank	13.200 €	an	Forderungen	7.370 €
			Zinserträge	5.830 €

Die Zahlung i. H. v. 13.200 € ist aufzuteilen in einen Tilgungsanteil der Forderung und in einen Zinsanteil.

Die Mayer GmbH zahlt über die Grundmietzeit 72 Monate á 1.100 € = 79.200 € an die WorldLease AG. Die Anschaffungskosten für die WorldLease AG betragen 60.000 €. Somit ergibt sich ein Zinsertrag für die WorldLease AG i. H. V. 19.200 €. Dieser Zinsertrag ist über die Grundmietzeit nach der Zinsstaffelmethode zu verteilen.

Für 2021 ergibt sich somit folgender Zinsanteil:

$$\text{Grundformel für Zinsanteil 2021} = \frac{\text{Summe der Zins- und Kostenanteile aller Leasingraten} \cdot \text{Anzahl der restlichen Raten}}{\text{Summe der Zahlenreihe}}$$

Summe der Zins- und Kostenanteile = 19.200 €
Anzahl der restlichen Raten = 798 (72 + 71 + ...61)
Summe der Zahlenreihe = 2.628 (72x73/2)

$$= \frac{19.200 € \cdot 798}{2.628} = 5.830 €$$

Buchung beim Leasingnehmer in 2021:

Aktivierung der Pkws:

Fuhrpark	60.000 €	an	Verbindlichkeiten	60.000 €

Da die Pkws der Mayer GmbH wirtschaftlich zuzuordnen sind, hat sie die Pkws mit den Anschaffungskosten des Leasinggebers (WordLease AG) zu aktivieren und über die Nutzungsdauer abzuschreiben.

Abschreibung:

Abschreibung auf Sachanlagen	10.000 €	an	Fuhrpark	10.000 €

$$\text{Lineare Abschreibung} \quad \frac{\text{AK 60.000 €}}{\text{6 Jahre Nutzungsdauer}}$$

Zahlung der Leasingraten:

Verbindlichkeiten	7.370 €			
Zinsaufwand	5.830 €	an	Bank	13.200 €

Die Zahlung der Leasingraten i. H. v. 13.200 € ist aufzuteilen in einen Tilgungsanteil der Verbindlichkeit und in einen Zins- und Kostenanteil.

Die Mayer GmbH zahlt über die Grundmietzeit 72 Monate á 1.100 € = 79.200 € an die WorldLease AG. Die Anschaffungskosten für die WorldLease AG betragen 60.000 €. Somit ergibt sich ein Zinsaufwand für die Mayer GmbH i. H. V. 19.200 €. Dieser Zinsaufwand ist über die Grundmietzeit nach der Zinsstaffelmethode zu verteilen.

Für 2021 ergibt sich somit folgender Zins- und Kostenanteil:

$$\text{Grundformel für Zinsanteil 2021} = \frac{\text{Summe der Zins- und Kostenanteile aller Leasingraten} \cdot \text{Anzahl der restlichen Raten}}{\text{Summe der Zahlenreihe}}$$

Summe der Zins- und Kostenanteile	= 19.200 €
Anzahl der restlichen Raten	= 798 (72 + 71 + ...61)
Summe der Zahlenreihe	= 2.628 (72x73/2)

$$= \frac{19.200 \, € \cdot 798}{2.628} = 5.830 \, €$$

02. Wie wird Sale and Lease back gebucht?

Beim Sale-and-Lease-back-Verfahren verkauft der Leasingnehmer an den Leasinggeber einen Gegenstand, den er zugleich von diesem zurückleast. Trotz Veräußerung bleibt dem Leasingnehmer der Gegenstand zur weiteren Nutzung. Es kommt zu einer Liquiditätsverbesserung. Mittel werden freigesetzt für Schuldentilgungen oder Neuinvestitionen. Weiterhin werden die Bilanzrelationen verbessert.

Beispiel

Ein Bauunternehmen veräußert einen Bagger an eine Leasinggesellschaft im Wert von 50.000 € netto, um dann diesen Bagger für 48 Monate ohne Optionen für monatlich 500 € zu leasen.

(alle Werte in €)

Buchmäßige Behandlung beim Bauunternehmen:

Verkauf:

Finanzkonto	59.500,00 €	an	Verkaufserlöse	50.000,00 €
			Umsatzsteuer	9.500,00 €

Leasingraten monatlich:

Leasingaufwand	500,00 €			
Vorsteuer	95,00 €	an	Finanzkonto	595,00 €

03. Wie erfolgt die Buchung einer Gewinnausschüttung bei einer Kapitalgesellschaft?

Beispiel

Die Gesellschafter der Sonnen GmbH beschließen im Geschäftsjahr 2021 eine Gewinnausschüttung in Höhe von 100.000 €. Es handelt sich um Gewinn, der aus dem Geschäftsjahr 2020 vorgetragen wurde.

Davon betragen 25 % Kapitalertragsteuer 25.000 € und 5,5 % Solidaritätszuschlag 1.375 €.

Es erfolgen folgende Buchungen:

Buchung bei Beschluss der Gewinnausschüttung

Gewinnvortrag vor Verwendung	100.000 €	an	Verbindlichkeiten ggü. Gesellschaftern für offene Ausschüttungen	73.625 €
			Verbindlichkeiten aus Einbehaltungen für offene Ausschüttungen	26.375 €

Buchung bei Auszahlung an die Gesellschafter

Verbindlichkeiten ggü. Gesellschaftern für offene Ausschüttungen	73.625 €	an	Bank	73.625 €

Buchung der Zahlung der Kapitalertragsteuer und des Solidaritätszuschlags

Verbindlichkeiten aus Einbehaltungen für offene Ausschüttungen	26.375 €	an	Bank	26.375 €

04. Wie wird bei teilweiser Ausschüttung und teilweiser Zuführung in die offenen Rücklagen gebucht?

Beispiel

Nach dem Beschluss der Hauptversammlung soll der Bilanzgewinn einer AG i. H. v. 200.000 € wie folgt verwendet werden:

- ▶ Zahlung einer Dividende von 15 % auf das Grundkapital von 1.000.000 €.
- ▶ Der Rest soll den anderen Gewinnrücklagen zugeführt werden.

Die Kapitalertragsteuer beträgt 37.500 €, der Solidaritätszuschlag 2.062,50 €.

Buchmäßige Behandlung:

Gewinnverwendungskonto	150.000,00 €	an	Finanzkonto (Gewinnanteil)	110.437,50 €
			Finanzkonto (Kap.ertragsteuer + SolZ)	39.562,50 €

Gewinnverwendungskonto	50.000,00 €	an	Andere Rücklagen	50.000,00 €

05. Wie erfolgt die Buchung bei der Währungsumrechnung?

Beispiel

Forderung an ein amerikanisches Unternehmen i. H. v. 80.000 USD, die am 28.01.01 fällig wird – Die Buchung erfolgt am 01.12.00 zu 1,20 USD/€ = 66.666,67 €.

(Werte in €)

Devisenkassamittelkurs am 31.12.00 – 1,00 USD/€ (Ertragsteuersatz beträgt 30 %) – Sicherungsgeschäfte wurden keine abgeschlossen.

Buchung am 01.12.00:

Forderung a. LL	66.666,67 €	an	Umsatzerlöse	66.666,67 €

Auf fremde Währung lautende Vermögensgegenstände sind am Abschlussstichtag zum Devisenkassamittelkurs umzurechnen.

Da gem. § 256a HGB bei Forderungen in fremder Währung mit einer Laufzeit von weniger als einem Jahr das Realisationsprinzip nicht zu beachten ist, müssen Gewinne aus der Änderung des Wechselkurses, auch wenn sie am Stichtag noch unrealisiert sind, in der Handelsbilanz angesetzt werden.

Buchung am 31.12.00:

| Forderung a. LL | 13.333,33 € | an | sonstige betriebliche Erträge | 9.333,33 € |
| | | | passive latente Steuern | 4.000,00 € |

In der Steuerbilanz bleibt es beim Ansatz von 66.666,67 € der Forderung.

06. Wie werden aktive und passive latente Steuern gebucht?

▸ **Aktive latente Steuern:**

Der Handelsbilanz-Gewinn einer Kapitalgesellschaft beträgt zum Bilanzstichtag 400.000 €. Bei der Ermittlung des Handelsbilanz-Gewinns war eine Rückstellung für drohende Verluste gem. § 249 Abs. 1 Satz 1 HGB i. H. v. 50.000 € zu bilden. Im Übrigen entspricht der Gewinn dem steuerlichen Ergebnis.

Drohverlustrückstellungen sind steuerlich nicht zulässig (§ 5 Abs. 4a, 6 EStG). Die tatsächliche Ertragsteuer ist höher, als dies dem Handelsbilanz-Ergebnis entspricht. Die Kapitalgesellschaft weist auf der Aktivseite in der Position D Aktive latente Steuern und zwar in Höhe der voraussichtlichen Steuerentlastung nachfolgender Geschäftsjahre aus (ertragsteuerlichen Belastung von 30 %).

Buchmäßige Behandlung:

| Aktive latente Steuern | 15.000,00 € | an | Ertragsteuern | 15.000,00 € |

▸ **Passive latente Steuern:**

Eine Kapitalgesellschaft veräußert ein nach § 6b EStG begünstigtes Grundstück zu einem Verkaufspreis von 400.000 € (Buchwert 200.000 €). Es werden stille Reserven von 200.000 € aufgedeckt. Vor der Bildung der § 6b-Rücklage beträgt der handels- und steuerrechtliche Gewinn 1.200.000 €.

Die Abbildung von steuerlichen Wahlrechten in der Handelsbilanz ist nicht möglich. Insofern weicht der Handelsbilanz-Gewinn von dem der Steuerbilanz ab. Das steuerliche Ergebnis beträgt nach der Inanspruchnahme der § 6b-Rücklage 1.000.000 €. Die Kapitalgesellschaft weist auf der Passivseite der Handelsbilanz in der Position E Passive latente Steuern aus und zwar in Höhe der Steuerbelastung (ertragsteuerliche Belastung 30 % von 200.000 €).

Buchmäßige Behandlung:

Latenter Steueraufwand	60.000,00 €	an	Passive latente Steuern	60.000,00 €

07. Was sind Bewertungseinheiten und wie werden sie in der Bilanz sowie in der Gewinn- und Verlustrechnung erfasst?

Eine Bewertungseinheit ist gem. § 254 HGB eine Zusammenfassung von Vermögensgegenständen, Schulden, schwebenden Geschäften oder mit hoher Wahrscheinlichkeit erwarteten Transaktionen (sog. Grundgeschäften) mit Finanzinstrumenten (sog. Sicherungsinstrumenten) zum Ausgleich gegenläufiger Wertänderungen oder Zahlungsströme aus dem Eintritt vergleichbarer Risiken, z. B. aus Zins- und Währungsrisiken in der Handelsbilanz.

Dies ist unter bestimmten Voraussetzungen zulässig, sodass die Risiken aus dem Grundgeschäft durch die gemeinsame Bewertung mit dem Sicherungsinstrument neutralisiert werden.

Bei der Bildung von Bewertungseinheiten werden, gem. § 254 Satz 1 Halbsatz 2 HGB, folgende Grundsätze bzw. Prinzipien nicht angewendet:

- § 249 Abs. 1 HGB
  Bildung von Rückstellungen aus schwebenden Geschäften
- § 252 Abs. 1 Nr. 3 HGB
  Grundsatz der Einzelbewertung
- § 252 Abs. 1 Nr. 4 HGB
  Grundsatz der Vorsicht (Imparitätsprinzip, Realisationsprinzip)
- § 256a HGB
  Währungsumrechnung.

Für die Erfassung von Bewertungseinheiten in der Bilanz und Gewinn- und Verlustrechnung sind grundsätzlich zwei Methoden zulässig:

- **Einfriermethode**
  Grund- und Sicherungsgeschäft werden zu einem Festwert zusammengefasst, der nicht verändert wird
- **Durchbuchungsmethode**
  die gegenläufigen Wertänderungen aus Grund- und Sicherungsgeschäft werden jeweils erfolgswirksam erfasst.

08. Wie erfolgt die Anpassung der Handelsbilanz an die Ergebnisse der steuerlichen Außenprüfung?

Die Anpassung nach einer durchgeführten steuerlichen Außenprüfung erfolgt über die Kapitalangleichsbuchungen.

Bei **Einzelunternehmen:**

Hier erfolgt die Angleichsbuchung über das Kapitalkonto. Es werden keine Erfolgs- oder Privatkonten angesprochen, sondern nur Bestandskonten. Die Kapitalangleichsbuchung ist immer erfolgsneutral.

Beispiel

Steuer- und Prüferbilanz			
Stand 31.12. vor Prüfung		Stand 31.12. nach Prüfung	
Anlagevermögen:		Anlagevermögen:	
Gebäude	70.000 €	Gebäude	80.000 €
Maschinen	20.000 €	Maschinen	22.500 €
Pkw	12.500 €	Pkw	12.500 €
Warenbestand	50.000 €	Warenbestand	55.000 €
Bank	12.000 €	Bank	12.000 €
Kasse	500 €	Kasse	500 €
Summe Aktiva	**165.000 €**	**Summe Aktiva**	**182.500 €**

Kapital	125.000 €	Kapital	140.500 €
Rückstellungen	10.000 €	Rückstellungen	12.000 €
Verbindlichkeiten	30.000 €	Verbindlichkeiten	30.000 €
Summe Passiva	**165.000 €**	**Summe Passiva**	**182.500 €**

Nach der Betriebsprüfung wurde festgestellt, dass im Bereich des Anlagevermögens, hier Gebäude und Maschinen, zu hoch abgeschrieben wurde und der Warenbestand trotz vorliegender Inventurlisten falsch bewertet wurde. Außerdem ist eine Rückstellung, die zu niedrig angesetzt wurde, um 2.000 € zu erhöhen.

Buchungen:

Gebäude	10.000,00 €			
Maschinen	2.500,00 €			
Bestand	5.000,00 €	an	Variables Kapital	17.500,00 €

Variables Kapital	2.000,00 €	an	Sonstige Rückstellungen	2.000,00 €

Bei **Kapitalgesellschaften:**

Kapitalangleichsbuchungen bei Kapitalgesellschaften erfolgen über das Gewinn- oder Verlustvortragskonto.

1.6 Grundlagen der Bilanzierung nach Handels- und Steuerrecht

1.6.1 Maßgeblichkeitsprinzip

01. Was besagt das Maßgeblichkeitsprinzip?

Das Maßgeblichkeitsprinzip besagt, dass die Grundsätze ordnungsgemäßer Buchführung des HGB auch für die Aufstellung der Steuerbilanz gelten. Die Maßgeblichkeit gilt aber nicht, wenn im Rahmen der Ausübung eines steuerlichen Wahlrechts ein anderer Ansatz als in der Handelsbilanz gewählt wird (§ 5 Abs. 1 Satz 1 2. Halbsatz EStG). Die Steuerbilanz ist von der Handelsbilanz insoweit unabhängig.

Mit dem BilMoG wurde die Umkehrung der Maßgeblichkeit durch die Streichung der §§ 247 Abs. 3, 273 und 279 Abs. 2 HGB sowie der Änderungen im § 5 Abs. 1 Satz 2 EStG abgeschafft. Ziele dabei sind, eine mögliche Informationsverzerrung des handelsbilanziellen Ergebnisses durch steuerrechtliche Besonderheiten zu vermeiden und eine Annäherung an die internationale Rechnungslegung zu erreichen.

Folglich ist die handelsrechtliche Übernahme steuerrechtlich zulässiger Abschreibungen künftig ebenso verboten wie die Passivierung von Sonderposten mit Rücklagenanteil.

Die Abschaffung der Umkehrung der Maßgeblichkeit ermöglicht die Ausübung steuerlicher Wahlrechte unabhängig von möglichen handelsrechtlichen Auswirkungen. Hierdurch werden die Unterschiede zwischen den Handels- und Steuerbilanzen größer und latente Steuern werden häufiger in den Handelsbilanzen erscheinen.

Voraussetzung für die Ausübung steuerlicher Wahlrechte ist, dass die Wirtschaftsgüter, die in der steuerlichen Gewinnermittlung nicht mit dem handelsrechtlich maßgeblichen Wert ausgewiesen werden gem. § 5 Abs. 1 Satz 2 EStG, in besondere, laufend zu führende Verzeichnisse aufgenommen werden.

Diese müssen folgende Angaben enthalten:

- der Tag der Anschaffung oder Herstellung
- die Anschaffungs- oder Herstellungskosten
- die Vorschrift des ausgeübten steuerlichen Wahlrechts
- die vorgenommene Abschreibung.

02. Wie erfolgt die Anwendung des Maßgeblichkeitsprinzip?

Die Anwendung des Maßgeblichkeitsprinzip wurde mit dem BMF-Schreiben vom 27.03.2010 konkretisiert.

Das Maßgeblichkeitsprinzip besagt:

- Handelsrechtliche Aktivierungsgebote führen zu steuerlichen Aktivierungsgeboten
- Handelsrechtliche Aktivierungswahlrechte führen zu steuerlichen Aktivierungsgeboten

▸ Handelsrechtliche Aktivierungsverbote führen zu steuerlichen Aktivierungsverboten

▸ Handelsrechtliche Passivierungsgebote führen zu steuerlichen Passivierungsgeboten

▸ Handelsrechtliche Passivierungswahlrechte führen zu steuerlichen Passivierungsverboten

▸ Handelsrechtliche Passivierungsverbote führen zu steuerlichen Passivierungsverboten.

Das Maßgeblichkeitsprinzip ist anzuwenden, solange keine steuerlichen Wahlrechte in Anspruch genommen werden bzw. steuerliche Vorschriften dem entgegenstehen.

03. Welche steuerlichen Wahlrechte können nach dem EStG in Anspruch genommen werden?

Durch die Aufhebung der umgekehrten Maßgeblichkeit dürfen steuerliche Sondervorschriften nicht mehr in der Handelsbilanz angewandt werden. Das bedeutet, dass u. a. die folgenden steuerlichen Wahlrechte nur noch in der **Steuerbilanz** eingestellt werden können.

▸ § 6b EStG – Übertragung stiller Reserven bei der Veräußerung bestimmter Anlagegüter

▸ R 6.6 EStR Rücklage für Ersatzbeschaffung.

04. Was bedeutet Durchbrechung der Maßgeblichkeit?

Gemäß § 5 Abs. 6 EStG sind in der Steuerbilanz die steuerlichen Bewertungen zwingend maßgebend, unabhängig davon, was das Maßgeblichkeitsprinzip aussagt.

Beispiel

In der Handelsbilanz sind gem. § 249 Abs. 1 Satz 1 HGB Rückstellungen für drohende Verluste aus schwebenden Geschäften anzusetzen. Es besteht Passivierungsgebot. Gemäß Maßgeblichkeitsprinzip führt ein handelsrechtliches Passivierungsgebot zu einem steuerlichen Passivierungsgebot. Allerdings sagt § 5 Abs. 4a, 6 EStG, dass in der Steuerbilanz ein Passivierungsverbot für Rückstellungen aus drohenden Verlusten aus schwebenden Geschäften gilt. Das Maßgeblichkeitsprinzip wird also durchbrochen.

1.6.2 Ansatzgrundsätze

01. Wie erfolgt die Zurechnung von Vermögensgegenständen, Wirtschaftsgütern und Schulden?

Gemäß § 246 Abs. 1 Satz 1 HGB sind im handelsrechtlichen Jahresabschluss sämtliche Vermögensgegenstände und Schulden anzusetzen, soweit gesetzlich nichts anderes bestimmt ist.

Vermögensgegenstände sind in der Bilanz des (rechtlichen) Eigentümers anzusetzen (§ 246 Abs. 1 Satz 2 HGB). Übt allerdings ein anderer als der rechtliche Eigentümer die tatsächliche Herrschaft über einen Vermögensgegenstand in der Weise aus, dass er den rechtlichen Eigentümer im Regelfall für die gewöhnliche Nutzungsdauer von der Einwirkung auf den Vermögensgegenstand ausschließen kann (sog. wirtschaftlicher Eigentümer), so ist ihm der Vermögensgegenstand zuzurechnen.

Schulden sind gem. § 246 Abs. 1 S. 3 HGB in der Bilanz des Schuldners aufzunehmen.

Diese Ansatzvorschriften gelten über das Maßgeblichkeitsprinzip gem. § 5 Abs. 1 Satz 1 EStG i. V.m § 39 AO grundsätzlich auch für die Wirtschaftsgüter und Schulden in der Steuerbilanz.

02. Wie werden Vermögensgegenstände und Schulden nach HGB definiert und welche Abgrenzung erfolgt nach IAS/IFRS?

Im **HGB** wird der Begriff Vermögensgegenstand verwendet, aber nicht definiert. Er ist daher mit Rückgriff auf die Grundsätze ordnungsgemäßer Buchführung zu ermitteln. Dem Grunde nach sind Vermögensgegenstände Güter, die

- ein wirtschaftliches Nutzungspotential darstellen
- greifbar und verkehrsfähig sind und
- selbstständig bewertbar sind.

Vermögensgegenstände umfassen im Wesentlichen das Anlage- und Umlaufvermögen auf der Aktivseite der Bilanz.

Nach **IAS/IFRS** wird der Begriff des Vermögenswertes verwendet. Die IAS/IFRS definieren im Framework einen Vermögenswert (Asset) wie folgt:

Ein Vermögenswert ist eine aufgrund eines Ereignisses in der Vergangenheit unter der Kontrolle der bilanzierenden Einheit stehende Ressource, von der zukünftiger wirtschaftlicher Nutzen erwächst.

Zu den Vermögenswerten können gehören:

- selbst erstellte oder erworbene Sachanlagen
- selbst erstellte oder erworbene immaterielle Vermögenswerte
- Geschäfts- und Firmenwerte (Goodwill).

Auch der Begriff der Schulden ist im HGB nicht definiert. Im § 240 schreibt das HGB vor, dass jeder Kaufmann im Inventar seine Schulden nach Art, Menge und Wert anzugeben hat. Nach dem Vollständigkeitsgebot des § 246 Abs. 1 HGB hat der Jahresabschluss sämtliche Schulden zu enthalten. Schulden sind die Verpflichtungen eines Unternehmens gegenüber Dritten.

Sie sind zu unterscheiden in Zahlungs- und Leistungsverpflichtungen, die – soweit sie gewiss sind – als Verbindlichkeiten und – soweit sie ungewiss sind – als Rückstellungen zu passivieren sind.

Nach den Vorschriften IAS/IFRS werden auf der Passivseite der Bilanz neben dem Eigenkapital die Schulden als Fremdkapital erfasst. Dabei definiert das Framework eine Schuld als gegenwärtige Verpflichtung des Unternehmens aus Ereignissen der Vergangenheit, bei deren Erfüllung voraussichtliche Ressourcen aus dem Unternehmen abfließen, die einen wirtschaftlichen Nutzen verkörpern.

Sind die Kriterien für den Bilanzansatz einer Schuld nicht erfüllt, kommt die Angabe einer Eventualschuld im Anhang in Betracht. Eine Bilanzierung ist dann ausgeschlossen.

03. Was sind Wirtschaftsgüter?

Wirtschaftsgüter sind gem. H 4.2 „Wirtschaftsgut" EStH Sachen, Rechte oder tatsächliche Zustände, konkrete Möglichkeiten oder Vorteile für den Betrieb, deren Erlangung der Kaufmann sich etwas kosten lässt, die einer besonderen Bewertung zugänglich sind und zumindest mit dem Betrieb übertragen werden können.

04. Gibt es Vermögensgegenstände, die keine Wirtschaftsgüter sind?

Ja, z. B. die Beteiligung an einer Personengesellschaft.

Die Beteiligung an einer Personengesellschaft ist ein **Vermögensgegenstand**, der gem. § 246 Abs. 1 Satz 1 HGB in der Handelsbilanz angesetzt werden muss, denn die Beteiligung ist ein wirtschaftlicher Vorteil der Einzel veräußerbar ist.

In der Steuerbilanz allerdings handelt es sich bei der Beteiligung an einer Personengesellschaft, **nicht um ein Wirtschaftsgut**. Der Gesellschafter ist gem. § 39 Abs. 2 AO bruchteilmäßig an allen positiven und negativen Wirtschaftsgütern beteiligt. Es wird die Spiegelmethode angewendet.

05. Was ist notwendiges Betriebsvermögen?

Gemäß R 4.2 Abs. 1 EStR bezeichnet notwendiges Betriebsvermögen alle Wirtschaftsgüter, die ausschließlich und unmittelbar eigenbetrieblichen Zwecken dienen. Wirtschaftsgüter, die nicht Grundstücke oder Grundstücksteile sind und zu mehr als 50 % eigenbetrieblich genutzt werden, sind stets notwendiges Betriebsvermögen.

Notwendiges Betriebsvermögen ist stets in der Bilanz des Steuerpflichtigen auszuweisen.

06. Was ist gewillkürtes Betriebsvermögen?

Bei einer betrieblichen Nutzung von mindestens 10 % bis 50 % ist gem. R 4.2 Abs. 1 Satz 6 EStR eine Zuordnung der Wirtschaftsgüter zum gewillkürten Betriebsvermögen möglich. Für diese Wirtschaftsgüter hat der Steuerpflichtige das Wahlrecht, diese Wirtschaftsgüter bei der Gewinnermittlung nach Betriebsvermögensvergleich bzw. Einnahmen-Überschussrechnung mit einzubeziehen.

07. Was ist notwendiges Privatvermögen?

Werden Wirtschaftsgüter zu weniger als 10 % eigenbetrieblich genutzt, liegt notwendiges Privatvermögen vor.

Diese Wirtschaftsgüter dürfen nicht angesetzt werden.

08. Welche Bilanzierungswahlrechte und -verbote gelten nach dem HGB?

In § 248 HGB sind die Bilanzierungswahlrechte und -verbote aufgeführt.

Bilanzierungsverbote	Bilanzierungswahlrechte
§ 248 Abs. 1 HGB 1) Aufwendungen für die Gründung eines Unternehmens, 2) Aufwendungen für die Beschaffung des Eigenkapitals und 3) Aufwendungen für den Abschluss von Versicherungsverträgen. § 248 Abs. 2 Satz 2 HGB Aktivierungsverbot für selbst geschaffene Marken, Druckartikel, Verlagsrechte, Kundenlisten oder vergleichbare immaterielle Vermögensgegenstände des Anlagevermögens. § 255 Abs. 2a HGB Für Kosten in der Forschungsphase gilt Ansatzverbot, wenn eine Abgrenzung zwischen Forschung und Entwicklung nicht verlässlich möglich ist.	§ 248 Abs. 2 Satz 1 HGB Ansatzwahlrecht für selbst erstellte immaterielle Vermögensgegenstände des Anlagevermögens, sofern sich die Herstellungskosten auf die Entwicklungsphase beziehen. (Voraussetzung: Beginn der Entwicklung nach dem 03.12.2009).

Im Steuerrecht gilt das Ansatzverbot für selbst geschaffene immaterielle Wirtschaftsgüter des Anlagevermögens.

09. Wie werden Emissionsrechte bilanziell behandelt?

Emissionsrechte werden als immaterielle Vermögensgegenstände behandelt und stellen Umlaufvermögen dar. Die Zuordnung erfolgt unabhängig davon, ob die Emissionsrechte zur Erfüllung von emissionsbedingten Verpflichtungen oder zu Handelszwecken gehalten werden.

10. Was ist bei Anzahlungen zu beachten?

Anzahlungen sind Vorleistungen im Rahmen eines schwebenden Vertrags (schwebenden Geschäfts).

Die Herstellung von Gebäuden, Industrieanlagen, Großmaschinen oder sonstigen Werkverträgen usw. erstreckt sich oft über einen längeren Zeitraum. In diesen Fällen ist es üblich, dass je nach Baufortschritt Anzahlungen oder Teilzahlungen vertragsmäßig zu leisten sind.

Soweit Anzahlungen am Bilanzstichtag noch nicht verrechnet sind (Anzahlungen und Endabrechnung liegen nicht im gleichen Jahr) gilt:

► **Geleistete Anzahlungen** sind grundsätzlich mit den Anschaffungskosten (d. h. dem Nennbetrag) zu bewerten. Da die in den Anzahlungen enthaltene Vorsteuer abzugsfähig ist, entspricht der beizulegende Wert dem Nettobetrag der Anzahlung.

► Bei **erhaltenen Anzahlungen** erhält der Unternehmer eine Anzahlung oder eine Vorauszahlung für eine noch zu erbringende Leistung. Der Unternehmer muss diesen Zahlungseingang als Verbindlichkeit auf dem Konto „Erhaltene Anzahlungen" buchen, da noch keine Gewinnrealisierung eingetreten ist.

Umsatzsteuerlich ist die enthaltene Umsatzsteuer auf erhaltene Anzahlungen gemäß dem Grundsatz der „Mindest-Ist-Besteuerung" (§ 13 Abs. 1 Nr. 1 Buchst. a Satz 4 UStG) bereits mit Ablauf des Voranmeldungszeitraums fällig, in dem das Entgelt vereinnahmt wurde.

Aus diesem Grund ist eine Umsatzsteuerverbindlichkeit gegenüber dem Finanzamt auszuweisen. Um diesen Vorgang in der Bilanz abzubilden sind grundsätzlich zwei Methoden denkbar: die Erfassung der Anzahlung des Kunden nach der **„Bruttomethode"** oder nach der **„Nettomethode"**.

Bei der **Nettomethode** wird auf dem Konto „erhaltene Anzahlungen" der Nettobetrag ausgewiesen. Dies wäre wirtschaftlich die richtige Darstellung, da sich der Leistungserbringer nur hinsichtlich des Nettobetrages im Erfüllungsrückstand befindet. Die Umsatzsteuer ist für den Unternehmer erfolgsneutral. Bei der Nettomethode wird die Umsatzsteuerschuld separat erfasst.

Bei Anwendung der **Bruttomethode** wird auf dem Konto „erhaltene Anzahlung" der Bruttobetrag ausgewiesen. Außerdem wird auf dem Konto „Umsatzsteuer" die Umsatzsteuerverbindlichkeit gegenüber dem Finanzamt ausgewiesen.

Hierdurch kommt es zu einer „Doppelbuchung" des Umsatzsteuerbetrags auf der Passivseite.

Zum Ausgleich dieser Aufwandsbuchung ist in der Steuerbilanz gem. § 5 Abs. 5 EStG zwingend ein aktiver Abgrenzungsposten zu bilden.

In der Handelsbilanz ist ein solcher aktiver Abgrenzungsposten **nicht zulässig**. Somit ist in der Handelsbilanz nur die Darstellung nach der Nettomethode zulässig.

Um eine Einheit zwischen Handels- und Steuerbilanz zu erreichen, wäre somit die **Nettomethode** zu wählen.

11. Welche Verfahren zur Bildung von Bewertungseinheiten sind im Handelsrecht zulässig?

Im § 254 HGB ist die Bildung von Bewertungseinheiten geregelt.

Zulässige Verfahren sind:

Microhedging	Sicherungsgeschäft, bei dem eine paarweise Verknüpfung von Grund- und Sicherungsgeschäft erfolgt.
Portfoliohedging	Gleichartige oder ähnliche Geschäfte werden in Gruppen zur gemeinsamen Steuerung zusammengefasst.
Macrohedging	Terminposition wird einer Schuld- und Forderungsposition, die nicht dem Basisobjekt der Terminposition entspricht, gegenübergestellt.

Voraussetzung ist eine nachweisliche Zusammenfassung. Gegenläufige Änderungen müssen aus gleichartigen Risiken resultieren.

Beispiel

Festzinsanleihe		AK: 100.000 €
Zur Absicherung der aus Zinsänderungen resultierenden Wertschwankungen wird ein Zinsswap abgeschlossen.		AK: 0 €
Am 31.12.	Kurs der Festzinsanleihe	90.000 €
	Wert Swap	7.000 €
nach HGB	Bewertungseinheit	
	Anleihe wird mit	97.000 € bewertet
	Aufwand	3.000 €

Über die Bildung von Bewertungseinheiten sind im **Anhang** umfangreiche Angaben zu machen:

▸ der jeweilige Betrag der in Bewertungseinheiten einbezogenen Grundgeschäfte

▸ die Art des abgesicherten Risikos

▸ die Art der gebildeten Bewertungseinheiten

▸ der Gesamtbetrag der abgesicherten Risiken.

12. Was bedeutet eine Ausschüttungssperre für Bilanzierungshilfen?

Eine Ausschüttungssperre nach § 268 Abs. 8 HGB gilt für Erträge aus

- der Aktivierung selbst geschaffener immaterieller Vermögensgegenstände des Anlagevermögens (§ 268 Abs. 8 Satz 1 HGB) abzüglich hierfür gebildeter passiver latenter Steuern
- dem ausgewiesenen Aktivüberhang latenter Steuern (§ 268 Abs. 8 Satz 2 HGB)
- über die Anschaffungskosten hinausgehende Bilanzierung zeitwertbewerteter Vermögensgegenstände zur Altersvorsorge nach § 246 Abs. 2 Satz 2 HGB (§ 268 Abs. 8 Satz 3 HGB) abzüglich hierfür gebildeter passiver latenter Steuern.

1.6.3 Wertbegriffe

01. Was sind Anschaffungskosten und wie werden sie berechnet?

Anschaffungskosten sind gem. § 255 Abs. 1 HGB alle Aufwendungen, die notwendig sind, um einen Vermögensgegenstand zu erwerben und in einen betriebsbereiten Zustand zu versetzen. Die Bestandteile müssen dem Vermögensgegenstand einzeln (direkt) zurechenbar sein.

Sie werden wie folgt ermittelt:

	Anschaffungspreis
+	Anschaffungsnebenkosten
-	Anschaffungspreisminderungen
=	Anschaffungskosten

Gemäß H 6.2 EStH gilt der handelsrechtliche Umfang der Anschaffungskosten auch im Steuerrecht.

Die Vorsteuer gehört gem. § 9b EStG nicht zu den Anschaffungskosten, wenn der Unternehmer vorsteuerabzugsberechtigt ist.

02. Welche Besonderheiten gelten für die Anschaffungskosten beim Tausch?

Besonderheiten liegen beim so genannten **Tauschvorgang** vor. Es handelt sich um ein Anschaffungsgeschäft, bei dem die Anschaffungskosten nicht in Geld, sondern in dem Wert des hingegebenen Vermögensgegenstands bestehen. Im Handelsrecht besteht keine gesetzliche Regelung. Danach besteht folgendes Wahlrecht:

- Gewinnrealisierung, d. h. Bewertung des durch Tausch erworbenen Vermögensgegenstands mit dem Zeitwert des hingegebenen Vermögensgegenstands

  oder

- erfolgsneutrale Behandlung, d. h. Bewertung des erworbenen Vermögensgegenstands mit den Anschaffungskosten des hingegebenen Vermögensgegenstands.

Steuerrechtlich erfolgt die Bewertung des erworbenen Wirtschaftsguts mit dem gemeinen Wert des hingegebenen Wirtschaftsguts gem. § 6 Abs. 6 EStG.

03. Wie werden die Anschaffungskosten beim Erwerb eines Betriebs bzw. Teilbetriebs gegen Rentenzahlung ermittelt?

Wird ein Betrieb bzw. ein Teilbetrieb u. a. gegen Zahlung einer Rente erworben, ergeben sich die Anschaffungskosten des Erwerbers wie folgt:

	Barwert der Rentenverpflichtung zum Zeitpunkt der Übernahme (inkl. Stiller Reserven, GoF, …) gem. R 6.2 S. 1 EStR
+	ggf. übernommene Verbindlichkeiten
+	Baraufzahlung
+	Anschaffungsnebenkosten (Grunderwerbsteuer, …)
=	**Anschaffungskosten**

 MERKE

Werden „nur" einzelne Wirtschaftsgüter gegen eine Rentenzahlung angeschafft, erfolgt die Berechnung der Anschaffungskosten nach gleichem Schema.

04. Was sind Herstellungskosten?

Herstellungskosten sind gem. § 255 Abs. 2 HGB; R 6.3 EStR alle Aufwendungen die entstehen,

► um einen Vermögensgegenstand/Wirtschaftsgut zu erstellen,

► einen Vermögensgegenstand/Wirtschaftsgut zu erweitern oder

► einen Vermögensgegenstand/Wirtschaftsgut über seinen ursprünglichen Zustand hinaus zu verbessern.

Von den Herstellungskosten sind Erhaltungsaufwendungen abzugrenzen, diese sind u. a. Instandhaltungsaufwendungen, die sofort als Aufwendungen bzw. Betriebsausgaben erfasst werden (R 21.1 EStR).

05. Welche Besonderheiten gibt es für anschaffungsnahe Herstellungskosten bei Gebäuden?

Bei Gebäuden zählen gem. § 6 Abs. 1 Nr. 1a EStG auch die Instandhaltungs- und Modernisierungsmaßnahmen zu den Herstellungskosten des Gebäudes,

► wenn sie innerhalb von drei Jahren nach der Anschaffung des Gebäudes durchgeführt werden und

► die Aufwendungen ohne Umsatzsteuer 15 % der Anschaffungskosten übersteigen.

Nicht zu den anschaffungsnahen Herstellungskosten gehören übliche Aufwendungen für Erhaltungsmaßnahmen.

06. Welche Bestandteile beinhalten die Herstellungskosten?

Bei der Ermittlung der Herstellungskosten sind in der Handels- und Steuerbilanz bestimmte Aktivierungsgebote, Aktivierungswahlrechte und Aktivierungsverbote zu beachten.

Die nachfolgende Tabelle zeigt dies für die einzelnen Bestandteile für die Handels- und Steuerbilanz auf.

Die gesetzlichen Grundlagen hierfür sind:

- **Handelsrecht**
  § 255 Abs. 2 HGB

- **Steuerrecht**
  § 6 Abs. 1 Nr. 1b EStG; R 6.3 EStR; H 6.3 EStH

Kostenarten	Handelsbilanz	Steuerbilanz
Materialeinzelkosten	Pflicht	Pflicht
Fertigungseinzelkosten	Pflicht	Pflicht
Sondereinzelkosten der Fertigung	Pflicht	Pflicht
Materialgemeinkosten	Pflicht	Pflicht
Fertigungsgemeinkosten	Pflicht	Pflicht
Verwaltungskosten Material/Fertigung	Pflicht	Pflicht
Werteverzehr selbst erstellter imm. VG	Pflicht	Pflicht
Werteverzehr des sonst. AV	Pflicht	Pflicht
	HK-Untergrenze	**HK-Untergrenze**
Aufwendungen für soz. Einrichtungen	Wahlrecht	Wahlrecht
Aufwendungen für freiwillige soziale Einrichtungen	Wahlrecht	Wahlrecht
Aufwendungen für betriebliche Altersversorgung	Wahlrecht	Wahlrecht
Fremdkapitalzinsen (für HK Zeitraum)	Wahlrecht	Wahlrecht
Allgemeine Verwaltungskosten	Wahlrecht	Wahlrecht
	HK-Obergrenze	**HK-Obergrenze**
Vertriebskosten	Verbot	Verbot
Forschungskosten	Verbot	Verbot

07. Was ist der Erfüllungsbetrag im Handelsrecht?

Gemäß § 253 Abs. 1 Satz 2 HGB gilt der Erfüllungsbetrag bei der Bewertung von Verbindlichkeiten.

Er entspricht

- bei Geldleistungsverpflichtungen dem **Rückzahlungsbetrag**
- bei Sachleistungs- oder Sachwertverpflichtungen dem im Erfüllungszeitpunkt voraussichtlich aufzuwendenden Geldbetrag.

Der Erfüllungsbetrag berücksichtigt auch künftige Preis- und Kostensteigerungen.

Bei Rückstellungen ist auf den „nach vernünftiger kaufmännischer Beurteilung notwendigen Erfüllungsbetrag" abzustellen. Damit soll eine willkürliche Einschätzung zukünftiger Kosten- und Preissteigerungen ausgeschlossen werden, der Bilanzierende soll auf Grundlage objektiver Hinweise bilanzieren

Unter Umständen ist eine Abzinsung gem. § 253 Abs. 2 HGB vorzunehmen.

08. Was ist der Barwert?

Der Barwert wird allgemein als eine auf einen Bezugszeitpunkt abgezinste Zahlungsreihe verstanden.

Im Rahmen der Bewertung der Rückstellungen wird z. B. der zukünftige Erfüllungsbetrag auf den aktuellen Bilanzstichtag abgezinst. Es ergibt sich der Barwert.

09. Was ist der gemeine Wert?

Der gemeine Wert wird in § 9 Bewertungsgesetz definiert.

„Der gemeine Wert wird durch den Preis bestimmt, der im gewöhnlichen Geschäftsverkehr nach der Beschaffenheit des Wirtschaftsgutes bei einer Veräußerung zu erzielen wäre. Dabei sind alle Umstände, die den Preis beeinflussen, zu berücksichtigen. Ungewöhnliche oder persönliche Verhältnisse sind nicht zu berücksichtigen."

10. Was ist der Teilwert?

Gesetzliche Grundlage: § 6 Abs. 1 Nr. 1 S. 3 EStG; R 6.7 EStR, H 6.7 EStH

Teilwert ist der Betrag, den ein Erwerber des ganzen Betriebs im Rahmen des Gesamtkaufpreises für das einzelne Wirtschaftsgut ansetzen würde. Dabei ist davon auszugehen, dass der Erwerber den Betrieb fortführt.

 INFO

BMF-Schreiben vom 02.09.2016 zum Thema „Teilwertabschreibung".

11. Was ist der beizulegende Wert?

Grundsätzlich entspricht der beizulegende Wert den Wiederbeschaffungskosten am Abschlussstichtag. Er ist allerdings nicht genau gesetzlich definiert. Er muss unternehmensindividuell für Anlage- und Umlaufvermögen ermittelt werden.

► Für das Anlagevermögen § 253 Abs. 3 HGB

- sind Anlagen betriebsnotwendig, entspricht der beizulegende Wert Reproduktionskosten (Wiederbeschaffungs-/Wiederherstellungskosten)
- bei gebrauchten Vermögensgegenständen, ist der Markt für gebrauchte Güter heranzuziehen, ersatzweise Neuwert abzgl. fiktive Abschreibung

► Für das Umlaufvermögen § 253 Abs. 4 Satz 2 HGB

- Bei Vermögensgegenständen des Umlaufvermögens hat ein Börsen- oder Marktpreis Vorrang, ist dieser nicht festzustellen, wird sich am Beschaffungs- bzw. Absatzmarkt orientiert.

12. Was ist der Nennbetrag?

Speziell bei Eigenkapital, ist es der Wert auf den die Kapitalanteile lauten. Bei Forderungen entspricht der Nennbetrag den Anschaffungskosten der Forderungen.

13. Was ist der Buchwert?

Hierunter wird in allen Rechnungslegungssystemen der Betrag verstanden, dem ein Bilanzierungsobjekt zum Bilanzstichtag nach den Vorschriften des jeweiligen Rechnungslegungsstandards zugewiesen wird.

14. Was ist der Fremdvergleichspreis?

Das ist der Preis, den unabhängige Dritte unter gleichen oder ähnlichen Bedingungen vereinbart hätten.

15. Wann wird nach dem Börsen- oder Marktpreis, dem beizulegenden Wert und dem steuerlichen Teilwert bewertet?

Börsen- oder Marktpreis	Bewertung der Vermögensgegenstände des Umlaufvermögens, wenn der Preis am Bilanzstichtag auch tatsächlich festgestellt worden und niedriger als die Anschaffungs- oder Herstellungskosten ist.
Beizulegender Wert	Bewertung der Vermögensgegenstände des Anlage- und Umlaufvermögens, wenn für die Bewertung der Beschaffungsmarkt maßgeblich (Wiederbeschaffungswert) und dieser Wert niedriger als die Anschaffungs- oder Herstellungskosten ist.
Steuerlicher Teilwert	Im Steuerrecht ist eine abweichende Bewertung nur auf den niedrigeren Teilwert möglich. Nach § 6 Abs. 1 Nr. 1 Satz 3 EStG handelt es sich um den Wert, den ein Erwerber eines ganzen Betriebs im Rahmen des Gesamtkaufpreises für das einzelne Wirtschaftsgut bei Fortführung des Betriebs ansetzen würde.

1.6.4 Fortgeführte Anschaffungs- bzw. Herstellungskosten

01. Welche Funktion haben Abschreibungen?

Durch Abschreibungen werden die rechnerischen Wertminderungen betrieblicher Vermögensgegenstände erfasst. Sie spiegeln den Verbrauch an Vermögensgegenständen des Anlagevermögens wider. Abschreibungen werden in der Gewinn- und Verlustrechnung als Aufwand erfasst und mindern somit den Gewinn. Sie dienen der richtigen Verteilung von Aufwand auf die Perioden, in denen der Wert des angeschafften Wirtschaftsguts verzehrt wurde.

02. Wie werden die abnutzbaren Vermögensgegenstände/Wirtschaftsgüter des Anlagevermögens nach Handels- und Steuerrecht unterschieden?

Nach Handelsrecht und Steuerrecht bestehen hinsichtlich der abnutzbaren Vermögensgegenstände/Wirtschaftsgüter folgende Unterschiede:

Handelsrecht § 253 Abs. 1 HGB	Steuerrecht § 6 Abs. 1 Nr. 1 und 1a EStG
Anschaffungs- oder Herstellungskosten	Anschaffungs- oder Herstellungskosten oder dem an deren Stelle tretenden Wert
vermindert um die	vermindert um die
Abschreibungen nach den Absätzen 3 bis 5 des § 253 HGB	▸ Absetzung für Abnutzung (AfA) ▸ erhöhten Absetzungen ▸ Sonderabschreibungen ▸ Abzüge nach § 6b und ähnliche Abzüge.

03. Welche Methoden werden bei der Absetzung für Abnutzung (AfA) unterschieden?

Voraussetzungen für die Absetzung für Abnutzung sind

▸ abnutzbare Wirtschaftsgüter des Anlagevermögens, die der Abnutzung unterliegen,

▸ der Erzielung von Einkünften dienen,

▸ und deren Nutzungsdauer mehr als ein Jahr beträgt.

Methoden der Absetzung für Abnutzung	
Lineare AfA § 7 Abs. 1 EStG	gleichmäßige Verteilung der Anschaffungs- oder Herstellungskosten nach der betriebsgewöhnlichen Nutzungsdauer (ND)
Leistungs-AfA § 7 Abs. 1 Satz 6 EStG nur für bewegliche Wirtschaftsgüter	Für das bewegliche Wirtschaftsgut wird die Gesamtleistung festgelegt (= 100 %), die jährliche tatsächliche Leistung wird ins Verhältnis zur Gesamtleistung gesetzt. Somit ergibt sich der jährliche Absetzungssatz.

Methoden der Absetzung für Abnutzung	
Degressive AfA § 7 Abs. 2 EStG	Bei beweglichen Wirtschaftsgütern des Anlagevermögens, die nach dem 31.12.2019 und vor dem 01.01.2022 angeschafft oder hergestellt worden sind, kann die Absetzung für Abnutzung in fallenden Jahresbeträgen bemessen werden. Die Absetzung für Abnutzung in fallenden Jahresbeträgen kann nach einem unveränderlichen Prozentsatz vom jeweiligen Buchwert (Restwert) vorgenommen werden; der dabei anzuwendende Prozentsatz darf höchstens das Zweieinhalbfache des bei der Absetzung für Abnutzung in gleichen Jahresbeträgen in Betracht kommenden Prozentsatzes betragen und 25 % nicht übersteigen.

 MERKE

Handelsrechtlich sind gem. § 253 Abs. 3 Satz 1 und 2 HGB planmäßige Abschreibungen über die Nutzungsdauer vorzunehmen. Es wird keine spezielle Methode vorgeschrieben. Handelsrechtlich sind somit auch die lineare, degressive Abschreibung, wie auch die Leistungsabschreibung möglich.

04. Welche Abschreibungsmethoden gelten für betrieblich genutzte Gebäude?

Gebäude können linear (§ 7 Abs. 4 EStG) bzw. degressiv (§ 7 Abs. 5 EStG) abgeschrieben werden.

Lineare Gebäudeabschreibung

Gemäß § 7 Abs. 4 Nr. 1 EStG sind Gebäude,

- die zum Betriebsvermögen des Steuerpflichtigen gehören,
- nicht Wohnzwecken dienen und
- für die nach dem 31.03.1985 ein Bauantrag gestellt wurde

jährlich mit 3 % abzuschreiben.

Sind die Voraussetzungen des § 7 Abs. 4 Nr. 1 EStG nicht erfüllt, gilt:

- Ist das Gebäude nach dem 31.12.1924 fertiggestellt, beträgt der jährliche Abschreibungssatz 2 %.
- Ist das Gebäude vor dem 01.01.1925 fertiggestellt, beträgt der jährliche Abschreibungssatz 2,5 %.

Im Jahr der Anschaffung oder Herstellung ist gem. § 7 Abs. 1 Satz 4 EStG die Abschreibung zeitanteilig zu erfassen.

Ist die tatsächliche Nutzungsdauer des Gebäudes geringer als die Nutzungsdauer, die sich nach Nr. 1 bzw. Nr. 2 ergibt, so kann diese kürzere Nutzungsdauer gem. § 7 Abs. 4 Satz 2 EStG für die Abschreibung herangezogen werden.

Eine ggf. längere Nutzungsdauer kann nicht bei der Berechnung der Abschreibung verwendet werden.

Degressive Abschreibung

Die degressive Gebäudeabschreibung gilt nur für Gebäude, für die vor dem 01.01.1994 ein Bauantrag gestellt wurde. Auf die degressive Gebäudeabschreibung wird deshalb an dieser Stelle nicht eingegangen.

05. Wann ist ein Wirtschaftsgut geringwertig und wie wird es abgeschrieben?

Ein geringwertiges Wirtschaftsgut muss selbstständig nutzbar, beweglich und abnutzbar sein.

Für die Abschreibungsmöglichkeiten gibt es laut Steuerrecht 2 Wahlrechte:

1. Die Anschaffungs- und Herstellungskosten (vermindert um die Vorsteuer) betragen zwischen 250 € und 1.000 €. Liegen die Voraussetzungen vor, wird nach § 6 Abs. 2a Satz 1 EStG jährlich ein Sammelposten (Pool) eingerichtet, der einheitlich über 5 Jahre abgeschrieben wird. Falls ein Wirtschaftsgut ausscheidet, wird dieser Sammelposten nicht wertberichtigt. Dieser Sammelposten muss bei Wahl dieser Methode jedes Jahr neu angelegt und abgeschrieben werden.

   Alle abnutzbaren, beweglichen Wirtschaftsgüter, die in der Anschaffung bzw. Herstellung die 250 €-Grenze unterschreiten, können sofort als Betriebsausgaben geltend gemacht werden.

2. Der Steuerpflichtige kann einen Sofortabzug bei selbstständig nutzbaren beweglichen Wirtschaftsgütern des Anlagevermögens vornehmen, deren Anschaffungs- oder Herstellungskosten 800 € nicht übersteigen. Für diese Wirtschaftsgüter, deren Wert 250 € übersteigt, ist eine Erfassung in einem laufend zu führenden Verzeichnis vorgeschrieben.

   Alle abnutzbaren, beweglichen Wirtschaftsgüter, die in der Anschaffung bzw. Herstellung die 250 €-Grenze unterschreiten, können sofort als Betriebsausgaben geltend gemacht werden.

Das Wahlrecht kann für alle in einem Wirtschaftsjahr angeschafften, hergestellten oder eingelegten Wirtschaftsgüter **nur einheitlich** ausgeübt werden.

Beispiel

Anschaffung eines Schreibtisches 390 € netto am 01.07.2020.

1. **Einstellung in den Sammelpool** für das Jahr 2020 Abschreibung beträgt 20 % für die Jahre 2020 - 2024 = 78 €/Jahr

   oder

2. **Sofortabschreibung:**
   Der Schreibtisch wird als GWG gebucht (Verzeichnis) und am Jahresende als GWG voll abgeschrieben.

   oder

3. **Abschreibung über 13 Jahre nach AfA Tabelle**, die jährliche Abschreibung beträgt für 2020 anteilig für 6 Monate 15 €.

Entscheidet sich der Steuerpflichtige für den Sofortabzug, kann er für dasselbe Wirtschaftsjahr auch andere GWG nicht mehr in den Sammelpool einstellen.

06. Wann wird außerplanmäßig im Handelsrecht abgeschrieben?

Für Vermögensgegenstände des Anlagevermögens besteht handelsrechtlich bei einer voraussichtlich dauernden Wertminderung ein Abschreibungsgebot (§ 253 Abs. 3 Satz 5 HGB). Nur bei Finanzanlagen des Anlagevermögens räumt das Handelsrecht ein Wahlrecht zur außerplanmäßigen Abschreibung auch bei voraussichtlich nicht dauernder Wertminderung ein (§ 253 Abs. 3 Satz 6 HGB).

Beispiel

Handelsrecht:
Ein Personenunternehmen erwirbt im Jahr 00 ein Grundstück für insgesamt 400.000 €. Wegen eines übergroßen Angebots an gewerblichen Grundstücken sinkt der Wert am Ende des Jahres 00 kurzfristig auf 300.000 €. Im Jahre 02 wird durch die Stadt bekannt gegeben, dass aufgrund der Änderung des Bebauungsplans das Grundstück nicht mehr uneingeschränkt gewerblich genutzt werden kann. Der Wert sinkt nachhaltig auf 200.000 €.

Der Lagerplatz ist beim Kauf mit den Anschaffungskosten nach § 255 Abs. 1 HGB i. H. v. 400.000 € zu aktivieren. Nach HGB besteht ein Verbot der Abschreibung bei vorübergehender Wertminderung auf den niedrigeren beizulegenden Wert. Im Jahr 00 ist somit in der Bilanz das Grundstück mit seinen Anschaffungskosten i. H. v. 400.000 € auszuweisen. Da durch die Änderung des Bebauungsplans von einer dauernden Wertminderung auszugehen ist, muss gem. § 253 Abs. 3 Satz 5 HGB auf den niedrigeren beizulegenden Wert abgeschrieben werden. Im Jahr 02 ist das Grundstück mit 200.000 € zu bilanzieren.

Für Vermögensgegenstände des Umlaufvermögens gilt grundsätzlich die Pflicht zur außerplanmäßigen Abschreibung, um diese mit dem niedrigeren Wert anzusetzen, der sich aus einem Börsen- oder Marktpreis am Abschlussstichtag bzw. dem beizulegenden Wert ergibt (§ 253 Abs. 4 HGB).

07. Was bedeutet Teilwertabschreibung im Steuerrecht?

Bei einer voraussichtlich dauernden Wertminderung gibt es gem. § 6 Abs. 1 Nr. 1 Satz 2 bzw. Nr. 2 Satz 2 EStG ein Abwertungswahlrecht, das Wirtschaftsgut mit dem niedriegeren Teilwert anzusetzen.

Der Teilwert ist gem. § 6 Abs. 1 Nr. 1 Satz 3 EStG der Wert, den ein Käufer des gesamten Unternehmens dem einzelnen Wirtschaftsgut zuordnet. Es gibt hierzu gem. R 6.7 EStR, H 6.7 EStH verschiedene Teilwertvermutungen.

Der Gesetzgeber hat mit dem BMF-Schreiben vom 02.09.2016 für die einzelnen Wirtschaftsgüter beschrieben, wann aus seiner Sicht eine voraussichtlich dauernde Wertminderung gegeben ist.

Wird eine Abwertung auf den niedrigeren Teilwert vorgenommen, erfolgt dies durch eine Teilwertabschreibung.

Die Aussagen des BMF-Schreibens werden bei den einzelnen Wirtschaftsgütern aufgezeigt.

08. Wie sind Teilwertabschreibung und Absetzung für außerplanmäßige Abnutzung (AfaA) im Steuerrecht abzugrenzen?

Das Wahlrecht zur Teilwertabschreibung besteht gem. § 6 Abs. 1 Nr. 1 Satz 2 bzw. Nr. 2 Satz 2 EStG bei Wirtschaftsgütern, wenn am Bilanzstichtag der Teilwert des Wirtschaftsgutes voraussichtlich dauernd gesunken ist. In welchem Umfang der Teilwert des Wirtschaftsgutes gesunken sein muss, um das Wahlrecht in Anspruch zu nehmen, hängt vom jeweiligen Wirtschaftsgut ab. Näheres hierzu regelt das BMF-Schreiben vom 02.09.2016.

Eine Absetzung für außerplanmäßige Abnutzung (AfaA) ist gem. § 7 Abs. 1 Satz 7 EStG zulässig, wenn die wirtschaftliche Nutzbarkeit des Wirtschaftsgutes beeinträchtigt ist. Sie kommt also in Betracht, wenn durch außergewöhnliche Umstände z. B. Brand, Beschädigung die Nutzbarkeit des Wirtschaftsgutes beeinträchtigt und somit der Wert gemindert wird.

09. Welche Regelungen gelten für die Wertaufholung?

Im HGB sind folgende Wertaufholungsgebote/-verbote geregelt:
Umfassendes und rechtsformunabhängiges **Wertaufholungsgebot** für alle Formen der außerplanmäßigen Abschreibungen (§ 253 Abs. 5 Satz 1 HGB). **Ausnahme:** Wertaufholungs**verbot** für Geschäfts- oder Firmenwert (§ 253 Abs. 5 Satz 2 HGB).

Für die Steuerbilanz gilt nach § 6 Abs. 1 Nr. 1 Satz 4 bzw. Nr. 2 Satz 3 EStG das **Wertaufholungsgebot**.

1.7 Bilanzierung von Vermögen, Schulden und Rechnungsabgrenzungsposten

01. Welche Vorgehensweise gibt es bei der Bilanzierung?

Bei der Bilanzierung von Vermögensgegenständen/Wirtschaftsgütern, Schulden und Rechnungsabgrenzungsposten ist immer ein bestimmter Algorithmus einzuhalten.

1. Bilanzierung dem Grunde nach
2. Bilanzierung dem Ausweis nach
3. Bilanzierung der Höhe nach (Bewertung).

02. Was bedeutet Bilanzierung dem Grunde nach?

Bei der Bilanzierung dem Grunde nach, wird die Bilanzierungsfähigkeit eines Vermögensgegenstandes, Schuldpostens oder Rechnungsabgrenzungspostens festgestellt.

Bei der Bilanzierungsfähigkeit wird zwischen

▸ **Bilanzierungsgebot**

§ 246 Abs. 1 Satz 1 HGB: „Der Jahresabschluss hat sämtliche Vermögensgegenstände, Schulden, Rechnungsabgrenzungsposten ... zu enthalten."

▸ **Bilanzierungswahlrecht**

z. B. § 248 Abs. 2 Satz 1 HGB: „Selbst geschaffene immaterielle Vermögensgegenstände des Anlagevermögens können als Aktivposten aufgenommen werden."

▸ **Bilanzierungsverbot**

z. B. § 248 Abs. 2 Satz 2 HGB „Nicht aufgenommen werden dürfen selbst geschaffene Marken, ..."

unterschieden.

Bei der Bilanzierungsfähigkeit wird zwischen der abstrakten und konkreten Bilanzierungsfähigkeit unterschieden.

Abstrakte Bilanzierungsfähigkeit für die Aktiva bedeutet, dass ein Vermögensgegenstand, der die entsprechenden Voraussetzungen besitzt, vorliegt.

Die Voraussetzungen für das Vorliegen eines Vermögensgegenstandes sind:

▸ es muss ein Vermögensvorteil vorliegen
▸ er muss einzeln bewertbar sein
▸ er muss verkehrsfähig sein.

Abstrakte Bilanzierungsfähigkeit für die Passiva bedeutet, dass ein Schuldposten, der die entsprechenden Voraussetzungen besitzt, vorliegt.

Die Voraussetzungen für das Vorliegen eines Schuldpostens sind:

- eine wirtschaftliche Belastung liegt vor
- sie ist einzeln (selbstständig) bewertbar
- sie erfordert eine Leistungsverpflichtung des Unternehmens.

Ist die abstrakte Bilanzierungsfähigkeit erfüllt, wird für den einzelnen Vermögensgegenstand, Schuldposten oder Rechnungsabgrenzungsposten die Bilanzierungsfähigkeit (konkrete Bilanzierungsfähigkeit) geprüft.

Die konkrete Bilanzierungsfähigkeit ist gegeben, wenn nachfolgende Anforderungen erfüllt sind:

- subjektive Zurechenbarkeit
- es muss sich um Betriebsvermögen handeln
- es besteht kein ausdrückliches Bilanzierungsverbot.

03. Was bedeutet Bilanzierung dem Ausweis nach?

Die im Jahresabschuss angesetzten Vermögensgegenstände, Schulden und Rechnungsabgrenzungsposten müssen einer Bilanzposition zugeordnet werden.

Die Bilanzgliederung ist im § 266 HGB dargestellt.

Bilanzierung dem Ausweis nach bedeutet, dass beschrieben werden muss, in welcher Bilanzposition der jeweilige Vermögensgegenstand, Schuldposten bzw. Rechnungsabgrenzungsposten ausgewiesen wird.

04. Was bedeutet Bilanzierung der Höhe nach?

Mit der Bilanzierung der Höhe nach ist die Bewertung der Vermögensgegenstände, Schulden und Rechnungsabgrenzungsposten bzw. Wirtschaftsgüter gemeint.

Die Bewertung erfolgt immer beim erstmaligen Ansatz in der Bilanz (Zugangsbewertung) und dann immer zum Bilanzstichtag (Folgebewertung).

Die Bilanzierung der Höhe nach bildet den Schwerpunkt in diesem Kapitel.

1.7.1 Bilanzierung Anlagevermögen

1.7.1.1 Grundlagen der Bilanzierung Anlagevermögen

01. Wie wird Anlagevermögen definiert?

Zum Anlagevermögen gehören alle Vermögensgegenstände/Wirtschaftsgüter, die dem Unternehmen langfristig dienen (§ 247 Abs. 2 HGB; R 6.1 Abs. 1 EStR). Langfristig dienen die Vermögensgegenstände/Wirtschaftsgüter, wenn sie dem Unternehmen länger als 1 Jahr zu Verfügung stehen sollen. Der Umfang des Anlagevermögens kann aus § 266 Abs. 2 A. HGB abgeleitet werden. Das Anlagevermögen unterteilt sich in abnutzbares (zeitlich begrenzt nutzbare) und nicht abnutzbare (zeitlich unbegrenzt nutzbare) Anlagegüter.

02. Wie erfolgt die grundsätzliche Bilanzierung von Anlagevermögen?

Die Bewertung von Vermögen, Schulden und Rechnungsabgrenzungsposten erfolgt im Grundsatz immer im gleichen Algorithmus. Beim erstmaligen Ansatz erfolgt die Zugangsbewertung und dann wird zu jedem Bilanzstichtag eine Folgebewertung vorgenommen.

Die nachfolgende Übersicht zeigt die grundsätzliche Zugangs- und Folgebewertung des Anlagevermögens:

Bewertung des Anlagevermögens (1/3)		
	Abnutzbare Anlagegüter	**Nicht abnutzbare Anlagegüter**
Zugangsbewertung	gemäß ▶ § 253 Abs. 1 Satz 1 HGB ▶ § 6 Abs. 1 Nr. 1 Satz 1 EStG mit den Anschaffungs- oder Herstellungskosten Anschaffungskosten gemäß ▶ § 255 Abs. 1 HGB ▶ R 6.2 EStR, H 6.2 EStH Herstellungskosten gemäß ▶ § 255 Abs. 2, 2a HGB ▶ § 6 Abs. 1 Nr. 1b EStG ▶ R 6.3 EStR/H 6.3 EStH	gemäß ▶ § 253 Abs. 1 Satz 1 HGB ▶ § 6 Abs. 1 Nr. 2 Satz 1 EStG mit den Anschaffungs- oder Herstellungskosten Anschaffungskosten gemäß ▶ § 255 Abs. 1 HGB ▶ R 6.2 EStR, H 6.2 EStH Herstellungskosten gemäß ▶ § 255 Abs. 2, 2a HGB ▶ § 6 Abs. 1 Nr. 1b EStG ▶ R 6.3 EStR, H 6.3 EStH
- planmäßige Abschreibung **(Folgebewertung)**	**Gebot** ▶ § 253 Abs. 3 Satz 1, 2 HGB ▶ § 6 Abs. 1 Nr. 1 EStG § 7 EStG	**Verbot** ▶ § 253 Abs. 3 Satz 1 HGB ▶ § 6 Abs. 1 Nr. 2 EStG

Bewertung des Anlagevermögens (2/3)			
	Abnutzbare Anlagegüter		**Nicht abnutzbare Anlagegüter**
- außerplanmäßige **Abschreibung** (Folgebewertung)	**Gebot (HGB)** § 253 Abs. 3 Satz 5 HGB	**bei voraussichtlich dauernder Wertminderung**	**Gebot (HGB)** § 253 Abs. 3 Satz 5 HGB
	Wahlrecht (EStG) § 6 Abs. 1 Nr. 1 Satz 2 EStG		**Wahlrecht (EStG)** § 6 Abs. 1 Nr. 2 Satz 2 EStG
	Verbot in Handels- und Steuerbilanz	**bei voraussichtlich nicht dauernder Wertminderung**	**Verbot** in Handels- und Steuerbilanz
		Ausnahme: bei voraussichtlich nicht dauernder Wertminderung im FAV	**Wahlrecht (HGB)** § 253 Abs. 3 Satz 6 HGB **Steuerlich Verbot**

Bewertung des Anlagevermögens (3/3)			
	Abnutzbare Anlagegüter		**Nicht abnutzbare Anlagegüter**
+ Zuschreibung (max. bis AK/HK) **(Folgebewertung)**	**Gebot** (Ausnahme: GoF) § 253 Abs. 5 HGB § 6 Abs. 1 Nr. 1 Satz 4 EStG		**Gebot** § 253 Abs. 5 HGB § 6 Abs. 1 Nr. 2 Satz 3 i. v. m. Nr. 1 Satz 4 EStG
= Bilanzansatz			

In den folgenden Abschnitten werden dann die speziellen Anforderungen an die Vermögensgegenstände bzw. Wirtschaftsgüter beschrieben.

1.7.1.2 Immaterielle Vermögensgegenstände/Wirtschaftsgüter

1.7.1.2.1 Immaterielle Vermögensgegenstände in der Handels-/Steuerbilanz

01. Wann liegen immaterielle Vermögensgegenstände/Wirtschaftsgüter vor?

Immaterielle Vermögensgegenstände/Wirtschaftsgüter liegen vor,

▶ bei Bestehen eines konkreten betrieblichen Vorteils, der länger als ein Jahr vorhanden ist

▶ wenn Verkehrsfähigkeit besteht und

▶ eine Abgrenzung zu anderen Wirtschaftsgütern möglich ist.

02. Was kann ein immaterieller Vermögensgegenstand/Wirtschaftsgut sein?

Immaterielle Vermögensgegenstände können sein

- ► Rechte,
- ► rechtsähnliche Werte und
- ► sonstige Vorteile.

03. Welche Aktivierungsgebote, -wahrechte oder -verbote gibt es für immaterielle Vermögensgegenstände/Wirtschaftsgüter?

In der Handelsbilanz gilt gem. § 246 Abs. 1 Satz 1 HGB ein **Aktivierungsgebot**, wenn die immateriellen Vermögensgegenstände/Wirtschaftsgüter entgeltlich erworben sind.

Es besteht ein Aktivierungswahlrecht in der Handelsbilanz gem. § 248 Abs. 2 Satz 1 HGB bei bestimmten selbst erstellten immateriellen Vermögensgegenständen.

In der Steuerbilanz besteht ein Aktivierungsgebot, wenn das immaterielle Wirtschaftsgut entgeltlich erworben worden ist (§ 5 Abs. 2 EStG).

Wird in der Handelsbilanz das Aktivierungswahlrecht für einen selbst erstellten immateriellen Vermögensgegenstand gewählt, besteht allerdings in der Steuerbilanz ein Aktivierungsverbot. Das Maßgeblichkeitsprinzip wird gem. § 5 Abs. 6 i. v. m. Abs. 2 EStG durchbrochen.

04. Welche Vermögensgegenstände können nicht als selbst erstellte immaterielle Vermögensgegenstände in der Handelsbilanz angesetzt werden?

Gemäß § 248 Abs. 2 Satz 2 HGB können Kundenlisten, Marken usw. nicht als selbst erstellter immaterieller Vermögensgegenstand angesetzt werden.

05. Wie werden selbst erstellte immaterielle Vermögensgegenstände in der Handelsbilanz bewertet?

Selbst erstellte immaterielle Vermögensgegenstände werden gem. § 255 Abs. 2, 2a HGB mit den Herstellungskosten bewertet.

Hierbei ist zu beachten, dass in die Herstellungskosten nur Aufwendungen eingehen dürfen, die bei der Entwicklung des selbst erstellten immateriellen Vermögensgegenstandes entstehen. Aufwendungen die in der Forschungsphase entstehen, dürfen nicht in die Herstellungskosten eingehen.

Ist eine klare Abgrenzung zwischen Forschung und Entwicklung nicht möglich, so dürfen die Kosten nicht berücksichtigt werden.

06. Was ist hinsichtlich der Nutzungsdauer von selbst erstellten immateriellen Vermögensgegenständen zu beachten?

Ist die Nutzungsdauer verlässlich schätzbar, so ist diese zugrunde zu legen. Ist die Nutzungsdauer nicht verlässlich schätzbar, so ist gem. § 253 Abs. 3 Satz 3 HGB eine Nutzungsdauer von zehn Jahren für die Berechnung der Abschreibung anzusetzen.

07. Wie lässt sich der originäre vom derivativen Geschäfts- oder Firmenwert abgrenzen?

Geschäfts- oder Firmenwert wird unterschieden in

- **originären** (selbst geschaffenen) Geschäfts- oder Firmenwert: Es besteht ein Bilanzierungsverbot nach Handels- und Steuerrecht.

- **derivativen** (entgeltlich erworbenen) Geschäfts- oder Firmenwert: Es besteht ein Bilanzierungsgebot nach Handels- und Steuerrecht.

08. Wie erfolgt der Ansatz eines entgeltlich erworbenen Geschäfts- oder Firmenwertes?

Durch das **BilMoG** wurde der entgeltlich erworbene Geschäfts- oder Firmenwert zum zeitlich begrenzt nutzbaren Vermögensgegenstand erhoben und damit aktivierungspflichtig.

Er ist gem. § 246 Abs. 1 Satz 4 HGB in Höhe des Unterschiedsbetrages anzusetzen, wenn die für die Übernahme eines Unternehmens bewirkte Gegenleistung den Wert der einzelnen Vermögensgegenstände abzüglich der Schulden im Zeitpunkt der Übernahme übersteigt.

Die ab 2016 gültige Regelung des § 253 Abs. 3 Satz 3 und 4 HGB sieht vor, dass sofern die Nutzungsdauer eines Firmenwerts in Ausnahmefällen nicht verlässlich geschätzt werden kann, die planmäßige Abschreibung über 10 Jahre vorzunehmen ist.

Zudem ist ab 2016 im Anhang bzw. Konzernanhang jeweils eine Erläuterung des Abschreibungszeitraums des Firmenwerts gefordert (§ 285 Nr. 13 HGB, § 314 Abs. 1 Nr. 20 HGB), d. h. nunmehr unabhängig von der Länge der angewendeten Nutzungsdauer.

Im **Steuerrecht** ist der entgeltlich erworbene Geschäfts- oder Firmenwert ebenfalls zu aktivieren (§ 5 Abs. 2 EStG). Er ist mit den Anschaffungskosten zu aktivieren (§ 6 Abs. 1 Nr. 1 Satz 1 EStG) und um Absetzungen für Abnutzungen zu vermindern. Als betriebsgewöhnliche Nutzungsdauer gilt ein Zeitraum von 15 Jahren (§ 7 Abs. 1 Satz 3 EStG).

	Handelsrecht	Steuerrecht
Ansatz	§ 246 Abs. 1 Satz 4 HGB	§ 5 Abs. 1 S. 1. i. V. m. § 5 Abs. 2 EStG
Zugangsbewertung	§ 253 Abs. 1 Satz 1 HGB mit den Anschaffungskosten gem. § 255 Abs. 1 HGB	§ 6 Abs. 1 Nr. 1 Satz 1 EStG mit den Anschaffungskosten gem. H 6.2 EStH
Folgebewertung	AfA gem. § 253 Abs. 3 Satz 4 HGB Nutzungsdauer 10 Jahre, abweichende Nutzungsdauer möglich ggf. außerplanmäßige Abschreibung gem. § 253 Abs. 3 Satz 5 HGB	§ 7 Abs. 1 Satz 3 EStG 15 Jahre ggf. Teilwertabschreibung gem. § 6 Abs. 1 Nr. 1 Satz 3 EStG
Wertaufholung	Keine Wertaufholung § 253 Abs. 5 Satz 2 HGB	ggf. Wertaufholung § 6 Abs. 1 Nr. 1 Satz 4 EStG

09. Welche Besonderheiten sind bei Software zu beachten?

Das Betriebssystem (Systemsoftware) eines Computers wird in der Regel einheitlich mit dem Computer bewertet.

Die Anwendungssoftware ist ein immaterieller Vermögensgegenstand/Wirtschaftsgut, für den in der Handels- und Steuerbilanz ein Aktivierungsgebot besteht.

Grundsätzlich handelt es sich um abnutzbare Vermögensgegenstände/Wirtschaftsgüter, die gemäß ihrer Nutzungsdauer abzuschreiben sind.

Bei Software mit Anschaffungskosten bis 800 € (Trivialsoftware) können die Regelungen, die für geringwertige Wirtschaftsgüter gelten, angewendet werden.

Updates, die bei aktivierter Software eingespielt werden, werden als Erhaltungsaufwand gebucht, wenn das Update kein eigenständiges lauffähiges Programm darstellt, sondern „nur" der Datenbestand aktualisiert wird.

Stellt das Update ein lauffähiges Programm dar, so wird das alte Programm ausgebucht und das neue Programm aktiviert.

1.7.1.2.2 Besonderheiten immaterieller Vermögenswerte im IFRS-Abschluss

01. Welche Kriterien zum Ansatz immaterieller Vermögenswerte müssen erfüllt sein?

Zum Ansatz immaterieller Vermögenswerte im IFRS-Abschluss müssen gemäß IAS 38.18 ff. folgende Definitionskriterien erfüllt sein:

- der immaterielle Vermögenswert muss identifizierbar sein (IAS 3818b)
- es muss die Wahrscheinlichkeit bestehen, dass zukünftiger wirtschaftlicher Nutzen zufließt (IAS 38.21a)
- die Anschaffungs- oder Herstellungskosten müssen verlässlich ermittelt werden können (IAS 38.21b).

02. Wie erfolgt die Zugangsbewertung bei immateriellen Vermögenswerten?

- beim Einzelerwerb (IAS 38.25)
  → Aktivierung zum Anschaffungspreis und direkt zurechenbarer Kosten
- Erwerb im Rahmen eines Unternehmenszusammenschlusses (IAS 38.33)
  → Aktivierung zum Fair Value
- Erwerb durch öffentliche Zuwendung (IAS 38.44)
  → Aktivierung gem. IAS 20 zum Fair Value.

03. Wie erfolgt die Folgebewertung von immateriellen Vermögenswerten?

Die Folgebewertung von immateriellen Vermögenswerten kann nach dem Anschaffungskostenmodell oder nach dem Neubewertungsmodell erfolgen.

Beim Anschaffungskostenmodell (IAS 38.74)

- erfolgen Planmäßige Abschreibungen
- sind Wertminderung gemäß IAS 36 zu erfassen.

Beim Neubewertungsmodell (IAS 38.75)

Durchführung der Neubewertung
- in regelmäßigen Abständen Kontrolle der Wertansätze
- es ist die gesamte Klasse an Vermögenswerten neu zu bewerten
- Erfassung der Wertänderungen
- planmäßige AfA/Wertminderung/Wertaufholungen wie bei AHK-Modell.

1.7.1.3 Sachanlagen

01. Welche Vermögensgegenstände/Wirtschaftsgüter umfassen Sachanlagen?

Sachanlagen umfassen

- ► unbewegliche Vermögensgegenstände/Wirtschaftsgüter
  - Grundstücke (Grund und Boden)
  - grundstücksgleiche Rechte
  - Bauten auf eigenen Grundstücken
  - Bauten auf fremden Grundstücken
- ► bewegliche Vermögensgegenstände/Wirtschaftsgüter
  - technische Anlagen und Maschinen
  - andere Anlagen, Betriebs- und Geschäftsausstattung
- ► geleistete Anzahlungen sowie Anlagen im Bau.

1.7.1.3.1 Grund und Boden

01. Was gehört zum Vermögensgegenstand/Wirtschaftsgut Grund und Boden?

Der Grund und Boden besteht nur aus dem Grundstück, ohne Gebäude, Anlagen usw.

Es handelt sich um einen nicht abnutzbaren, nicht beweglichen Vermögensgegenstand/Wirtschaftsgut.

02. Was ist bei der Bewertung von Grund und Boden zu beachten?

Er werden keine planmäßigen Abschreibungen vorgenommen, da es sich um einen nicht abnutzbaren Vermögensgegenstand/Wirtschaftsgut handelt.

Es besteht in der Handelsbilanz ein Gebot zur außerplanmäßigen Abschreibung bei voraussichtlich dauernder Wertminderung (§ 253 Abs. 3 Satz 5 HGB).

In der Steuerbilanz besteht ein Wahlrecht zur Teilwertabschreibung bei voraussichtlich dauernder Wertminderung (§ 6 Abs. 1 Nr. 1 Satz 2 EStG).

Eine Prüfung der voraussichtlich dauernden Wertminderung in der Steuerbilanz ist gemäß BMF-Schreiben vom 02.09.2016 Rz. 11 ff. vorzunehmen. Ab Rz. 12 stellt das BMF-Schreiben hierzu Beispiele vor.

Eine Wertaufholung ist gem. § 253 Abs. 5 HGB, § 6 Abs. 1 Nr. 2 Satz 3 EStG an jedem Bilanzstichtag zu prüfen. Es besteht hierzu in Handels- und Steuerbilanz ein Gebot.

1.7.1.3.2 Grundstücksgleiche Rechte

01. Was sind grundstücksgleiche Rechte?

Grundstücksgleiche Rechte sind Rechte, die wie Grundstücke behandelt werden, z. B.

- ► Erbbaurechte
- ► Abbaurechte.

02. Welche Kosten zählen zu den Anschaffungskosten eines Erbbaurechtes?

Gemäß H 6.2 EStH „Erbbaurecht" zählen zu den Anschaffungskosten einmalige Aufwendungen wie Grunderwerbsteuer, Maklerprovisionen, Notar- und Gerichtsgebühren.

Nicht zu den Anschaffungskosten zählen im Voraus oder in einem Einmalbetrag gezahlte Erbbauzinsen.

03. Welche Besonderheiten sind bei der Bewertung zu beachten?

Bei begrenzter Nutzungsdauer, z. B. Erbbaurecht, erfolgt eine planmäßige Abschreibung über die Nutzungsdauer (§ 253 Abs. 3 S. 1 HGB, § 6 Abs. 1 Nr. 2 Satz 1 EStG).

Ein Gebot zur außerplanmäßigen Abschreibung bei voraussichtlich dauernder Wertminderung besteht in der Handelsbilanz (§ 253 Abs. 3 Satz 5 HGB).

In der Steuerbilanz besteht ein Wahlrecht zur Teilwertabschreibung bei voraussichtlich dauernder Wertminderung (§ 6 Abs. 1 Nr. 1 Satz 2 EStG).

Gemäß § 253 Abs. 5 HGB, § 6 Abs. 1 Nr. 1 Satz 4 EStG ist an jedem Bilanzstichtag zu prüfen, ob eine Wertaufholung geboten ist.

Bei grundstücksgleichen Rechten können keine steuerlichen Wahlrechte gem. § 6b EStG in Anspruch genommen werden.

1.7.1.3.3 Gebäude

01. Wie ist ein Gebäude im Bilanzsteuerrecht definiert?

Ein Gebäude ist ein Bauwerk, das durch räumliche Umschließung Schutz gegen äußere Einflüsse gewährt, den nicht nur vorübergehenden Aufenthalt von Menschen gestattet, fest mit dem Grund und Boden verbunden und damit „ortsfest" ist sowie von einiger Beständigkeit und Standfestigkeit ist (vgl. *Frotscher*, EStG-Kommentar Rz. 114).

Ein einheitlich als Gebäude genutztes Bauwerk bildet grundsätzlich mit allen seinen Bestandteilen ein **einheitliches Wirtschaftsgut „Gebäude"**.

Welche Einzelteile zum Wirtschaftsgut „Gebäude" gehören, entscheidet sich weniger nach der bürgerlich-rechtlichen Zugehörigkeit als nach dem nach der Verkehrsauffassung zu beurteilenden **Nutzungs- und Funktionszusammenhang** (vgl. Haufe, Steuer-Office HI 2735204).

02. Wie wird der Abriss von Gebäuden in der Bilanz behandelt?

Werden Gebäude oder Gebäudeteile abgerissen, werden gemäß H 6.4 EStH folgende Fälle unterschieden:

▶ **Der Steuerpflichtige hat das Gebäude auf einem ihm bereits gehörenden Grundstück errichtet** (sog. bestehende Gebäude auf eigenem Grund und Boden).

Im Jahr des Abbruchs sind die Abbruchkosten und der Restbuchwert des Gebäudes als sofort abziehbare Betriebsausgaben zu behandeln.

▶ **Der Steuerpflichtige hat das Gebäude in der Absicht erworben, es als Gebäude zu nutzen** (beim Kauf des Gebäudes ging der Steuerpflichtige davon aus, das Gebäude auch tatsächlich zu nutzen).

Im Jahr des Abbruchs sind die Abbruchkosten und der Restbuchwert des Gebäudes als sofort abziehbare Betriebsausgaben zu behandeln.

Hinweis: Wird mit dem Abriss des Gebäudes innerhalb von drei Jahren nach dem Erwerb begonnen, spricht der Beweis des ersten Anscheins dafür, dass der Erwerber das Gebäude in der Absicht erworben hat, es abzureißen. Der Steuerpflichtige kann den Anscheinsbeweis durch einen Gegenbeweis entkräften.

▶ **Der Steuerpflichtige hat das Gebäude zum Zweck des Abbruchs erworben** (Erwerb mit Abbruchabsicht).

War das Gebäude technisch oder wirtschaftlich nicht verbraucht, gehören sein Buchwert und die Abbruchkosten, wenn der Abbruch des Gebäudes mit der Herstellung eines neuen Wirtschaftsgutes in einem engen wirtschaftlichen Zusammenhang steht, zu den Herstellungskosten des neuen Wirtschaftsgutes, sonst zu den Anschaffungskosten des Grund und Bodens.

Beispiel: Der Steuerpflichtige kauft ein Gebäude, welches voll nutzungsfähig ist. 10 % des Gebäudes werden von ihm abgerissen, um danach eine Erweiterung der Nutzungsfläche durch einen Anbau zu erreichen.

War das Gebäude zum Zeitpunkt des Erwerbs objektiv wertlos, entfällt der volle Anschaffungspreis auf den Grund und Boden.

Für die Abbruchkosten gilt: Wenn der Abbruch des Gebäudes mit der Herstellung eines neuen Wirtschaftsgutes in einem engen wirtschaftlichen Zusammenhang steht, gehören die Abbruchkosten zu den Herstellungskosten des neuen Wirtschaftsgutes, sonst zu den Anschaffungskosten des Grund und Bodens.

▶ **Der Steuerpflichtige plant den Abbruch eines zum Privatvermögen gehörenden Gebäudes und die Errichtung eines zum Betriebsvermögen gehörenden Gebäudes.**

Der Wert des abgebrochenen Gebäudes und die Abbruchkosten gehören zu den Herstellungskosten des neu zu errichtenden Gebäudes.

1.7.1.3.4 Gebäudebestandteile

01. Welcher Unterschied besteht zwischen selbstständigen und unselbstständigen Gebäudeteilen?

Unselbstständige Gebäudeteile

Sie stehen in einem einheitlichen Nutzungs- und Funktionszusammenhang mit dem Gebäude, gem. H 4.2 Abs. 5 EStH sind dies z. B. Sammelheizung, Rolltreppen, sanitäre Anlagen.

Die Bilanzierung erfolgt mit dem Gebäude, die unselbstständigen Gebäudeteile gehen in die Anschaffungs- oder Herstellungskosten des Gebäudes ein und werden über die Nutzungsdauer des Gebäudes abgeschrieben.

Werden die unselbstständigen Gebäudeteile in zukünftigen Geschäftsjahren repariert bzw. ersetzt und führt dies nicht zu einer wesentlichen Verbesserung, führt dies in den Folgejahren zu Erhaltungsaufwendungen.

Selbstständige Gebäudeteile

Sie stehen nicht in einem einheitlichen Nutzungs- und Funktionszusammenhang mit dem Gebäude. Es können unterschieden werden:

- **Betriebsvorrichtungen**; R 7.1 Abs. 3 EStR
  selbstständige bewegliche Wirtschaftsgüter

- **Einbauten für vorübergehende Zwecke**; R 7.1 Abs. 4 EStR
  selbstständigene, bewegliche Wirtschaftsgüter

- **Ladeneinbauten, ...**; H 7.4 EStH „Mietereinbauten", BMF-Schreiben, 30.05.1996
  Es handelt sich um selbstständige, unbewegliche Wirtschaftsgüter.

- **sonstige selbstständige Gebäudeteile**; R 4.2 Abs. 4 EStR
  Das Gebäude wird unterschiedlich genutzt, es wird unterschieden in eigenbetrieblich genutzt, fremdbetrieblich genutzt, zu fremden Wohnzwecken dienend und zu eigenen Wohnzwecken dienend. Unterschiedliche AfA-Methoden; § 7 Abs. 4, 5, 5a, R 7.4 Abs. 6 EStR.

Selbstständige Gebäudeteile werden als selbstständige Vermögensgegenstände/Wirtschaftsgüter bilanziert.

02. Wie werden Betriebsvorrichtungen definiert?

Betriebsvorrichtungen sind Vermögensgegenstände bzw. Wirtschaftsgüter, die nicht in einem einheitlichen Nutzungs- und Funktionszusammenhang mit dem Gebäude stehen. Es handelt sich um Gegenstände die fest mit dem Gebäude verbunden sind und die notwendig sind, damit der Kaufmann das Gebäude für seine geschäftlichen Zwecke nutzen kann.

Dies können z. B. der Lastenaufzug sein, um Güter zu heben, der Fettabscheider in der Küche eines Gastronomiebetriebes oder die Laderampe am Lager eines Großhändlers.

03. Was können Einbauten in Gebäude sein?

Vermögensgegenstände bzw. Wirtschaftsgüter, die nur zu einem vorübergehenden Zweck in ein Gebäude eingebaut werden und einem modischen Wandel bzw. dem schnellen technischen Fortschritt unterliegen, werden als Einbauten erfasst.

Dies können z. B. Raumteiler, nicht tragende Wände, Ladeneinbauten, Gaststätteneinbauten etc. sein.

04. Wie werden unterschiedlich genutzte Gebäudeteile bilanziert?

Werden Gebäude unterschiedlich genutzt, dürfen die Gebäude nicht als Einheit bilanziert werden. Jedes Gebäudeteil muss als einzelnes Wirtschaftsgut erfasst werden.

Gemäß R 4.2 (Abs. 4) EStR kann durch die folgende Nutzung je ein Wirtschaftsgut entstehen.

Gebäude können

- ► eigenbetrieblich genutzt werden
- ► fremdbetrieblich genutzt werden
- ► zu fremden Wohnzwecken genutzt werden oder
- ► zu eigenen Wohnzwecken genutzt werden.

Über die Bilanzierungsfähigkeit jedes einzelnen Wirtschaftsguts ist gesondert nach R 4.2 (Abs. 7) ff. EStR zu entscheiden.

1.7.1.3.5 Mietereinbauten und Mieterumbauten

01. Was sind Mietereinbauten und Mieterumbauten?

Mietereinbauten und Mieterumbauten sind solche Baumaßnahmen, die der Mieter eines Gebäudes oder Gebäudeteils auf seine Rechnung an dem gemieteten Gebäude oder Gebäudeteil vornehmen lässt, wenn die Aufwendungen des Mieters nicht Erhaltungsaufwand sind (BMF-Schreiben v. 15.01.1976).

02. In welche Bestandteile, lassen sich Mietereinbauten und Mieterumbauten einteilen?

Mietereinbauten und Mieterumbauten können sein:

- ► Scheinbestandteile
- ► Betriebsvorrichtungen
- ► Sonstige Mietereinbauten oder Mieterumbauten.

03. Was sind Scheinbestandteile?

Ein **Scheinbestandteil** entsteht, wenn durch die Baumaßnahmen des Mieters Sachen „zu einem vorübergehenden Zweck" in das Gebäude eingefügt werden (§ 95 BGB). Der Mieter ist rechtlicher und wirtschaftlicher Eigentümer des Scheinbestandteils. Dies ist anzunehmen, wenn

► Nutzungsdauer der Sache länger ist, als die voraussichtliche Mietdauer

► die Sachen nach Ausbau noch einen erheblichen Wiederverkaufswert besitzen und

► dass die eingebauten Sachen später nach Mietende, auch wieder entfernt werden und nicht weiter genutzt werden.

04. Wie werden Scheinbestandteile bilanziert?

► Der Mieter ist wirtschaftlicher Eigentümer, so dass sie bei ihm bilanziert werden

► Es handelt sich um bewegliche Vermögensgegenstände/Wirtschaftsgüter

► Abschreibungen erfolgen über die voraussichtliche Mietdauer; § 7 Abs. 4 EStG, H 7.4 EStH „Mietereinbauten".

05. Wie werden Betriebsvorrichtungen bilanziert?

► Der Mieter ist wirtschaftlicher Eigentümer der Betriebsvorrichtung

► Es handelt sich um bewegliche Vermögensgegenstände/Wirtschaftsgüter

► Die Abschreibung erfolgt über die voraussichtliche Nutzungsdauer; § 7 Abs. 1 EStG.

06. Was sind Mietereinbauten und Mieterumbauten und wie erfolgt die ertragsteuerliche Behandlung?

Die Definition und ertragsteuerliche Behandlung wird im BMF-Schreiben vom 15.01.1976 geregelt.

Mietereinbauten und Mieterumbauten werden definiert, als Baumaßnahmen, die der Mieter eines Gebäudes oder Gebäudeteils auf seine Rechnung an dem gemieteten Gebäude oder Gebäudeteil vornehmen lässt, wenn die Aufwendungen des Mieters nicht Erhaltungsaufwand sind.

Mietereinbauten und Mieterumbauten können sein:

a) Scheinbestandteile (Rz. 2)

b) Betriebsvorrichtungen (Rz. 3)

c) sonstige Mietereinbauten oder Mieterumbauten (Rz. 4).

Rz. 2. Ein **Scheinbestandteil** entsteht, wenn durch die Baumaßnahmen des Mieters Sachen „zu einem vorübergehenden Zweck" in das Gebäude eingefügt werden (§ 95 BGB). Der Mieter ist rechtlicher und wirtschaftlicher Eigentümer des Scheinbestandteils.

Rz. 3. Die Frage, ob durch die Aufwendungen des Mieters eine **Betriebsvorrichtung** des Mieters entsteht, ist nach den allgemeinen Grundsätzen zu entscheiden. Entsteht durch die Aufwendungen des Mieters eine Betriebsvorrichtung, so handelt es sich bei der Betriebsvorrichtung nicht um einen Teil des Gebäudes, sondern um ein besonderes Wirtschaftsgut.

Rz. 4. Aufwendungen des Mieters für Mietereinbauten oder Mieterumbauten, durch die weder ein Scheinbestandteil (vgl. Rz. 2) noch eine Betriebsvorrichtung (vgl. Rz. 3) entsteht, (**sonstige Mietereinbauten und Mieterumbauten**), sind Aufwendungen für die Herstellung eines materiellen **Wirtschaftsguts** des Anlagevermögens, wenn

a) entweder der Mieter wirtschaftlicher Eigentümer der von ihm geschaffenen sonstigen Mietereinbauten oder Mieterumbauten ist (vgl. Rz. 6) oder

b) die Mietereinbauten oder Mieterumbauten unmittelbar den besonderen betrieblichen oder beruflichen Zwecken des Mieters dienen und mit dem Gebäude nicht in einem einheitlichen Nutzungs- und Funktionszusammenhang stehen (vgl. Rz. 7).

Rz. 5. Durch Aufwendungen für Mietereinbauten oder Mieterumbauten, die weder Scheinbestandteile noch Betriebsvorrichtungen noch materielle Wirtschaftsgüter im vorstehenden Sinne sind, entsteht beim Mieter ein **immaterielles Wirtschaftsgut** des Anlagevermögens (vgl. Rz. 9).

Rz. 6. Der Mieter ist **wirtschaftlicher Eigentümer** eines sonstigen Mietereinbaus oder Mieterumbaus, wenn der mit Beendigung des Mietvertrages entstehende Herausgabeanspruch des Eigentümers zwar auch die durch den Einbau oder Umbau geschaffene Substanz umfasst, dieser Anspruch jedoch keine wirtschaftliche Bedeutung hat. Das ist in der Regel der Fall, wenn

a) die eingebauten Sachen während der voraussichtlichen Mietdauer technisch oder wirtschaftlich verbraucht werden oder

b) der Mieter bei Beendigung des Mietvertrags vom Eigentümer mindestens die Erstattung des noch verbliebenen gemeinen Wert des Einbaus oder Umbaus verlangen kann.

Rz. 7. Entsteht durch die Aufwendungen des Mieters weder ein Scheinbestandteil (vgl. Rz. 2) noch eine Betriebsvorrichtung (vgl. Rz. 3) noch ein dem Mieter als wirtschaftlichem Eigentümer zuzurechnendes Wirtschaftsgut (vgl. Rz. 6), so sind die durch solche Aufwendungen entstehenden Einbauten oder Umbauten dem Mieter als materielle Wirtschaftsgüter des Anlagevermögens zuzurechnen, wenn sie unmittelbar den besonderen betrieblichen oder beruflichen Zwecken des Mieters dienen und mit dem Gebäude nicht in einem einheitlichen Nutzungs- und Funktionszusammenhang stehen.

Mietereinbauten oder Mieterumbauten dienen unmittelbar den betrieblichen oder beruflichen Zwecken des Mieters, wenn sie eine unmittelbare sachliche Beziehung zum Betrieb aufweisen. Ein daneben bestehender Zusammenhang mit dem Gebäude tritt in diesen Fällen gegenüber dem Zusammenhang mit dem Betrieb des Mieters zurück.

Rz. 8. Ist der Mieter wirtschaftlicher Eigentümer von sonstigen Mietereinbauten oder Mieterumbauten (Rz. 6) oder sind sonstige Mietereinbauten oder Mieterumbauten nach den in Rz. 7 dargestellten Grundsätzen dem Mieter zuzurechnen, so ist es für die **Aktivierung als materielles Wirtschaftsgut des Anlagevermögens beim Mieter ohne Bedeutung, ob die Aufwendungen, hätte sie der Eigentümer getragen,** nach den Grundsätzen des Beschlusses des Großen Senats vom 26.11.1973 nicht zur Entstehung selbstständiger Gebäudeteile geführt hätten, sondern vom Eigentümer als unselbstständige Gebäudeteile einheitlich mit dem Gebäude abzuschreiben wären.

Rz. 9. Eine unmittelbare sachliche Beziehung zum Betrieb des Mieters (vgl. Rz. 7) liegt nicht vor, wenn es sich um Baumaßnahmen handelt, die auch unabhängig von der vom Mieter vorgesehenen betrieblichen oder beruflichen Nutzung hätten vorgenommen werden müssen. Das ist z. B. der Fall, wenn in ein Gebäude, für das von Anfang an der Einbau einer Zentralheizung vorgesehen war, anstelle des Eigentümers der Mieter die Zentralheizung einbaut. In diesen Fällen entsteht beim Mieter – soweit nicht ein Fall der Rz. 6 vorliegt – kein körperliches, sondern ein **immaterielles Wirtschaftsgut** des Anlagevermögens, so dass er nach § 5 Abs. 2 EStG für die Aufwendungen, sofern nicht wegen vereinbarter **Verrechnung mit der Miete** ein Rechnungsabgrenzungsposten zu bilden ist, in seiner Bilanz **keinen Aktivposten** ausweisen darf.

Rz 10. Entsteht durch die Baumaßnahme des Mieters ein **Scheinbestandteil** (vgl. Rz. 2) oder eine Betriebsvorrichtung (vgl. Rz. 3), so handelt es sich um ein **bewegliches Wirtschaftsgut** des Anlagevermögens. Ist das durch die Baumaßnahme entstandene materielle Wirtschaftsgut dem Mieter nach den Grundsätzen unter Rz. 6 oder Rz. 7 zuzurechnen, so handelt es sich um ein **unbewegliches Wirtschaftsgut.** Die Absetzungen für Abnutzung richten sich nach der voraussichtlichen Mietdauer; ist die voraussichtliche betriebsgewöhnliche Nutzungsdauer kürzer, so ist diese maßgebend.

1.7.1.3.6 Technische Anlagen und Maschinen/Betriebs- und Geschäftsausstattung

1.7.1.3.6.1 Besonderheiten der Zugangsbewertung

Die Zugangsbewertung von technischen Anlagen und Maschinen und der Betriebs- und Geschäftsausstattung erfolgt grundsätzlich mit den Anschaffungs- oder Herstellungskosten. Eine Besonderheit bei beweglichen Vermögensgegenständen/Wirtschaftsgütern des Anlagevermögens besteht in dem Wahlrecht der Festbewertung.

01. Wann entstehen nachträgliche Anschaffungskosten?

Entstehen im gleichen Geschäftsjahr bzw. in Folgejahren einer Anschaffung Aufwendungen, um eine erweiterte Nutzbarkeit des Vermögensgegenstands/Wirtschaftsguts zu erreichen, und sind die Kosten dem Vermögensgegenstand/Wirtschaftsgut einzeln zuordenbar, so liegen nachträgliche Anschaffungskosten vor, die aktiviert werden müssen.

Beispiel

Ein Unternehmen kauft im Oktober 2020 ein Förderband mit Anschaffungskosten in Höhe von 75.000 €. Um ein erhöhtes Transportvolumen zu erreichen, werden im Februar 2021 an das Förderband Behälter untrennbar mit dem Förderband installiert. Die Kosten hierfür betragen inklusive Montage 5.000 €. Bei den Kosten handelt es sich um nachträgliche Anschaffungskosten.

02. Was ist bei nachträglichen Anschaffungskosten bezüglich der Abschreibung im ersten Jahr zu beachten?

Nachträgliche Anschaffungskosten erhöhen den Buchwert und müssen auf die Restnutzungsdauer abgeschrieben werden. Meist treten die nachträglichen Anschaffungskosten nicht im ersten Monat des Jahres, sondern mitten im Jahr auf. Für die Berechnung der Abschreibung im Jahr der nachträglichen Anschaffungskosten gibt es gem. R 7.4 Abs. 9 Satz 3 EStR eine Vereinfachungsregel. Für die Berechnung der Abschreibung kann unterstellt werden, dass die nachträglichen Anschaffungs- oder Herstellungskosten im ersten Monat (am Anfang des Geschäftsjahres) entstanden sind.

1.7.1.3.6.2 Besonderheiten der Folgebewertung

01. Was ist bei einer dauernden Wertminderung in der Handels- und Steuerbilanz zu beachten?

Bei einer voraussichtlich dauernden Wertminderung ist gem. § 253 Abs. 3 Satz 5 HGB eine außerplanmäßige Abschreibung auf den niedrigeren Wert vorzunehmen.

In der Steuerbilanz besteht gem. § 6 Abs. 1 Nr. 1 Satz 2 EStG ein Wahlrecht zum Ansatz des niedrigeren Teilwerts.

02. Wann ist eine voraussichtlich dauernde Wertminderung bei abnutzbaren Wirtschaftsgütern gegeben?

Eine voraussichtlich dauernde Wertminderung ist gemäß BMF-Schreiben vom 02.09.2016 Rz. 8 gegeben, wenn der Wert des jeweiligen Wirtschaftsgutes zum Bilanzstichtag mindestens für die halbe Restnutzungsdauer unter dem planmäßigen Restbuchwert liegt.

Beispiel

Eine Technische Anlage hat zum 31.12.2020 eine Restnutzungsdauer von 8 Jahren. Die jährliche Abschreibung beträgt 10.000 €. Der Teilwert der Technischen Anlage beträgt zum Bilanzstichtag 30.000 €.

Der Buchwert der Technischen Anlage nach der halben Restnutzungsdauer (4 Jahre) beträgt 40.000 €. Der Teilwert liegt unter dem Buchwert nach der halben Restnutzungsdauer, so dass eine voraussichtliche dauernde Wertminderung gegeben ist und somit ein Wahlrecht zur Teilwertabschreibung besteht.

1.7.1.3.7 Leasing

01. Was ist Leasing?

Beim Leasing handelt es sich um die Vermietung von Vermögensgegenständen/Wirtschaftsgütern auf Zeit, gegen eine Gebühr.

Das zivilrechtliche Eigentum verbleibt beim Leasinggeber, für die Bilanzierung (Zurechnung beim Leasingnehmer oder Leasinggeber) ist allerdings das wirtschaftliche Eigentum entscheidend.

Es werden verschiedene Arten von Leasingverträgen unterschieden, für die jeweils, meist durch BMF-Schreiben, die wirtschaftliche Zugehörigkeit entschieden werden muss.

Der wirtschaftliche Eigentümer hat den Leasinggegenstand in seiner Bilanz auszuweisen.

02. Welche Arten werden beim Leasing unterschieden?

- **Operate-Leasing**
  (Zurechnung regelmäßig beim Leasinggeber)
- **Spezial-Leasing**
  (Zurechnung regelmäßig beim Leasingnehmer)
- **Finanzierungsleasing**
  - als Vollamortisationsleasing
  - als Teilamortisationsleasing.

Zurechnung durch folgende BMF-Schreiben geregelt:

- BMF-Schreiben v. 19.04.1971
  Vollamortisationsverträge über bewegliche WG

- BMF-Schreiben v. 21.03.1972
  Vollamortisationsverträge über unbewegliche WG

- BMF-Schreiben v. 22.12.1975
  Teilamortisationsverträge über bewegliche WG

- BMF-Schreiben v. 23.12.1991
  Teilamortisationsverträge über unbewegliche WG.

03. Wie erfolgt die Bilanzierung beim Auseinanderfallen von wirtschaftlichem und rechtlichem Eigentum?

Folgende Sonderfälle der Zurechnung sind bei der Bilanzierung zu beachten:

- Eigentumsvorbehalt → Bilanzierung beim Erwerber

- Sicherungsübereignung → Bilanzierung beim Sicherungsgeber

- Treuhandverhältnisse → Bilanzierung beim Treugeber.

Bei der Bilanzierung von Leasingverträgen muss zwischen rechtlichem und wirtschaftlichem Eigentum unterschieden werden. Beim Operate-Leasing ist der Leasinggeber rechtlicher und wirtschaftlicher Eigentümer. Folglich wird das Leasingobjekt beim Leasinggeber bilanziert.

Bei den meisten Finanzierungs-Leasingverträgen trägt der Leasingnehmer das Investitionsrisiko. Damit wird er zum wirtschaftlichen Eigentümer, während das rechtliche Eigentum beim Leasinggeber verbleibt.

Um eine genaue Zuordnung treffen zu können, wurde von der Finanzverwaltung der sog. Leasingerlass herausgegeben:

Leasingerlass		
Art des Leasing-Vertrages	Der Leasinggegenstand wird zugerechnet dem …	
	Leasinggeber (LG)	**Leasingnehmer (LN)**
Vertrag ohne Option	Grundmietzeit von 40 % bis 90 % der Nutzungsdauer	Grundmietzeit < 40 % oder >90 %
Kaufoption (nach Grundmietzeit von 40 % bis 90 % der Nutzungsdauer)	Kaufpreis ≥ Restbuchwert	Kaufpreis < Restbuchwert

Leasingerlass		
Art des Leasing-Vertrages	Der Leasinggegenstand wird zugerechnet dem ...	
	Leasinggeber (LG)	**Leasingnehmer (LN)**
Verlängerungsoption (nach Grundmietzeit von 40 % bis 90 % der Nutzungsdauer)	Summe der Anschlussmieten ≥ Werteverzehr für den Zeitraum der Anschlussmiete	Summe der Anschlussmieten < Werteverzehr für den Zeitraum der Anschlussmiete
Spezialleasing	-	in jedem Fall

Erfolgt die Aktivierung des Leasinggegenstandes beim Leasingnehmer, wird die Leasingrate aufgeteilt:

- ▶ Aufwandsanteil: gewinnmindernd als Aufwand zu buchen (Zins, Kosten)
- ▶ Tilgungsanteil: Mindert passivierte Verbindlichkeit gegenüber dem LG erfolgsneutral.

Summe der Zins- u. Kostenanteile = Summe aller Leasing-Raten - Anschaffungskosten

$$\text{Zins- und Kostenanteile des Jahres} = \frac{\text{Summe der Zins- und Kostenateile}}{(1 + 2 + 3 \dots + n) \cdot (1 + \text{Anzahl}) \text{ der restlichen Raten}}$$

1.7.1.3.8 Besonderheiten im IFRS-Abschluss

01. Was bedeutet Komponentenansatz im Rahmen der Zugangsbewertung von Sachanlagen?

Der Komponentenansatz im Bereich der Sachanlagen erfolgt gem. IAS 16.12-14,43.

Besteht ein Vermögenswert aus verschiedenen Komponenten mit unterschiedlichen Nutzungsdauern und müssen einzelne Komponenten innerhalb der Gesamtnutzungsdauer mehrmals ggf. regelmäßig ersetzt werden, so sind die einzelnen Komponenten des Vermögenswertes in der Bilanz anzusetzen, wenn die einzelnen Komponenten einen erheblichen Anteil an den gesamten Anschaffungs- oder Herstellungskosten ausmachen.

Wird eine Komponente ersetzt, ist für den Restbuchwert der Komponente ein Abgang darzustellen und für den Einbau der neuen Komponente ein entsprechender Zugang zu aktivieren.

Nicht nach dieser Methode zu bilanzieren, sind die kleineren Wartungs- und Reparaturarbeiten an einem Vermögenswert.

02. Wie wird die Folgebewertung von Sachanlagen durchgeführt?

Bei Sachanlagen – property, plants and equipment – ist nach IAS 16 jeder wesentliche Bestandteil separat zu erfassen; z. B. für ein Gebäude: Rohbau, Verglasung, Stromnetz etc. (im Gegensatz dazu sieht das HGB einen Ansatz als Einheit vor). Für die Folgebewertung existieren nach IAS 16.29 zwei Methoden:

Folgebewertung	
Anschaffungskostenmodell	**Neubewertungsmodell**

► Bewertung mit Anschaffungs-bzw. Herstellungskosten
 	
  - kumulierte planmäßige Abschreibung (IAS 16.30)
 	
  - außerplanmäßige Abschreibung (IAS 36)
 	
► Komponentenansatz, d. h. getrennte Abschreibung aller wesentlichen Komponenten inkl. Bildung von Abschreibungsgruppen bei Komponenten mit gleicher Nutzungsdauer (IAS 16.43).
 	
► Wiedergabe des Nutzungsverlaufs des Vermögenswertes im Unternehmen durch Wahl einer geeigneten Abschreibungsmethode (IAS 16.56); zulässige Methoden sind lineare, degressive, verbrauchskonforme Abschreibung (IAS 16.62)
 	
► Wahl der Methode ist beizubehalten, sofern sich der Nutzungsverlauf des Vermögenswertes nicht ändert (IAS 16.60).
	► Bewertung mit dem Neubewertungsbetrag (IAS 16.31) zum Fair Value
	
	► Revaluation model, d. h. regelmäßige Durchführung von Neubewertungen (IAS 16.34) mit zwischenzeitlicher planmäßiger Abschreibung nach Komponentenansatz (IAS 16.35)
	
	► Wahlrecht der Neubewertung gilt ausschließlich für eine gesamte Vermögens Kategorie (IAS 16.36), d. h. alle Grundstücke oder alle Gebäude
	
	  - Neutraler Ansatz von Aufwertungen der fortgeschriebenen Anschaffungskosten über die Neubewertungsrücklage bzw. Aufholung von aufwandswirksamen Abwertungen
	
	  - Erfassung der Abwertungen als Minderung der Neubewertungsrücklage bzw. nach Aufbrauch der Rücklage als aufwandswirksam.
	
	► Abgang des Vermögenswerts geht als Neubewertungsrücklage in Gewinnrücklage über
	
	► Berücksichtigung außerplanmäßiger Abschreibungen (IAS 36).

03. Wie erfolgt die Folgebewertung im Rahmen des Anschaffungskostenmodells?

Im Rahmen der Folgebewertung wird zwischen dem Anschaffungskosten- und dem Neubewertungsmodell unterschieden.

Die Bewertung erfolgt gem. IAS 16.30 zu Anschaffungs- oder Herstellungskosten abzüglich planmäßiger Abschreibungen und Wertminderungen.

Als Abschreibungsmethoden kommen gem. IAS 16.61

- die lineare,
- degressiv oder
- die Abschreibung nach Leistungsverbrauch

in Frage. Es ist die Methode zu wählen, die den Wertverzehr am besten darstellt.

Als Abschreibungsdauer ist gem. IAS 16.50 die voraussichtliche unternehmensspezifische Nutzungsdauer anzusetzen.

Das Abschreibungsvolumen ergibt sich aus den Anschaffungs- oder Herstellungskosten abzüglich des geschätzten Restwerts (IAS 16.53).

Zum Bilanzstichtag sind die Sachanlagen auf Wertminderungen bzw. Wertaufholungen gem. IAS 36 Abs. 63 zu prüfen.

04. Wie erfolgt die Folgebewertung nach der Neubewertungsmethode?

Beim Neubewertungsmodell erfolgt die Bewertung zum Fair Value, festgestellt in der letzten durchgeführten Neubewertung, abzgl. zwischenzeitlicher Abschreibungen und Wertminderungen. (IAS 16.31-40)

Die Neubewertung erfolgt grundsätzlich alle 3 bis 5 Jahre, bei schwankenden Vermögenswerten häufiger.

Wenn eine Neubewertung durchgeführt wird, muss die gesamte Klasse an Vermögenswerten neu bewertet werden.

Bei Aufwertungen werden die Wertänderungen im sonstigen Ergebnis erfasst, außer wenn es sich um Rückgängigmachung früherer Abwertung handelt.

Bei Abwertungen werden die Wertänderungen im Gewinn oder Verlust erfasst, außer wenn es sich um Rückgängigmachung früherer Werterhöhung handelt.

Die planmäßigen Abschreibungen, Wertminderungen bzw. Wertaufholungen werden wie beim Anschaffungskostenmodell behandelt.

05. Wann werden Wertminderungen gemäß IAS 36 erfasst?

Wertminderungen gem. IAS 36 betreffen hauptsächlich die Sachanlagen und Immaterielle Vermögenswerten.

Wertminderungen sind gegeben, wenn der Buchwert größer als der Erzielbare Betrag ist.

Der Erzielbare Betrag ist der höhere Wert aus Fair Value abzüglich Veräußerungskosten (IAS 36.25-29) und dem Nutzungswert (IAS 36.30-57 Diskontierte Netto-Cashflows aus bestimmungsgemäßer Nutzung und aus Verkauf).

Zu jedem Bilanzstichtag ist zu überprüfen, ob noch eine Wertminderung besteht, ansonsten ist eine Zuschreibung vorzunehmen.

1.7.1.4 Finanzanlagen

01. In welche Bestandteile lassen sich Finanzanlagen einteilen?

Finanzanlagen stellen Unternehmensverbindungen, wirtschaftliche Verflechtungen und Abhängigkeiten (Konzerne) zwischen Unternehmen da.

Diese Sachverhalte werden in folgende Bilanzpositionen gegliedert:

1. Anteile an verbundenen Unternehmen
2. Ausleihungen an verbundene Unternehmen
3. Beteiligungen
4. Ausleihungen an Unternehmen, mit denen ein Beteiligungsverhältnis besteht
5. Wertpapiere des Anlagevermögens/Umlaufvermögens
6. Sonstige Ausleihungen.

02. Was sind verbundene Unternehmen?

Verbundene Unternehmen sind gem. § 271 Abs. 2 HGB Unternehmen, bei denen ein Mutter-/Tochterverhältnis besteht. Es besteht eine Beteiligung von mehr als 50 %.

03. Was sind Beteiligungen?

Beteiligungen sind gem. § 271 Abs. 1 HGB Anteile, die gehalten werden, um eine langfristige Geschäftsbeziehung zu begründen; im Zweifelsfall, wenn der Anteil > 20 % ist.

04. Wie werden sonstige Wertpapiere und Ausleihungen abgegrenzt?

Sonstige Wertpapiere des Anlagevermögens sind alle anderen Wertpapiere, die langfristig gehalten werden, ohne dass eine Beteiligungsabsicht besteht.

Ausleihungen sind langfristige Forderungen die gegenüber einem anderen Unternehmen bestehen, diese werden unterschieden in:

a. Ausleihungen mit verbundenen Unternehmen
b. Ausleihungen mit Unternehmen mit denen ein Beteiligungsverhältnis besteht
c. Sonstige Ausleihungen.

05. Was zählt zu den Anschaffungskosten von Wertpapieren?

Zu den Anschaffungskosten von Wertpapieren gehören der Anschaffungspreis der Wertpapiere selbst sowie die Anschaffungsnebenkosten wie z. B. Maklergebühren, Bankspesen etc.

Nicht in die Anschaffungskosten gehören Stückzinsen. Hierbei handelt es sich um Zinsen die bis zum Kauf aufgelaufen sind. Diese stehen dem Wertpapierverkäufer zu. Die Zinsen werden dem Käufer allerdings in voller Höhe zum nächsten Zinstermin zugewiesen, also auch der Anteil der vor dem Kauftermin liegt. Die Zinserträge die vor dem Kauftermin entfallen werden als negative Zinserträge behandelt und als Zinsaufwand gebucht.

06. Welche Besonderheiten sind bei der Folgebewertung zu beachten?

Handelsbilanz
Gemäß § 253 Abs. 3 Satz 5 HGB besteht ein **Gebot** zur außerplanmäßigen Abschreibung bei **dauernder** Wertminderung der Finanzanlagen.

Eine voraussichtlich dauernde Wertminderung bei Wertpapieren liegt laut Institut der Wirtschaftsprüfer (IdW) vor, wenn der Wert der Aktien in den vergangenen 6 Monaten vor Bilanzstichtag, um mehr als 20 % tagesdurchschnittlich oder in den letzten 12 Monaten um mehr als 10 % gesunken ist.

Gemäß § 253 Abs. 3 Satz 6 HGB, besteht ein **Wahlrecht** zur außerplanmäßigen Abschreibung bei nur **vorübergehender** Wertminderung (gemildertes Niederstwertprinzip).

Steuerbilanz
Gemäß § 6 Abs. 1 Nr. 2 Satz 2 EStG besteht ein **Wahlrecht** zur Teilwertabschreibung bei einer **voraussichtlich dauernden Wertminderung.**

Im BMF-Schreiben vom 02.09.2016 ist ab Rz. 17 geregelt, wann aus Sicht des BMF eine voraussichtlich dauernde Wertminderung vorliegt. Bei aktienbasierten Wertpapieren liegt bspw. eine dauernde Wertminderung vor, wenn der Wert am Bilanzstichtag um mehr als 5 % unter dem Wert zum Erwerbszeitpunkt liegt. Ist in den Vorjahren bereits eine Teilwertabschreibung vorgenommen worden. Gilt als Vergleichswert der Wert des Vorjahres.

Bei festverzinslichen Wertpapieren darf eine Teilwertabschreibung alleine aufgrund von gesunkenen Kursen nicht vorgenommen werden, weil die Wertpapiere eine Forderung in Höhe des Nennwertes verbrieft. Eine Teilwertabschreibung ist nur zulässig, wenn ein Bonitäts- oder Liquiditätsrisiko hinsichtlich der Rückzahlung der Nominalbeträge besteht und die Wertpapiere bei Endfälligkeit nicht zu ihrem Nennbetrag eingelöst werden können. (BMF-Schreiben vom 02.09.2016 Rz. 21)

07. Wie erfolgt die Erfassung der Ausschüttungen von Kapitalgesellschaften auf Ebene der Anteilseigner?

Anteilseigner einer Kapitalgesellschaft können u. a.

► Privatpersonen

► gewerbliche Unternehmen, die den Anteil im Betriebsvermögen halten oder

► Kapitalgesellschaften

sein.

Anteile im Privatvermögen
Die Beteiligungserträge unterliegen gem. § 20 EStG den Einkünften aus Kapitalvermögen.

Anteile im Betriebsvermögen eines Gewerbebetriebes
Die Beteiligungserträge müssen voll erfolgswirksam erfasst werden, die einbehaltene Kapitalertragsteuer wird als Privatentnahme erfasst. Außerbilanzielle Anwendung des Teileinkünfteverfahrens (§ 3 Nr. 40 EStG) auf Ebene der Gesellschafter.

Anteile im Betriebsvermögen einer Kapitalgesellschaft
Gemäß § 8b KStG sind die Einnahmen grundsätzlich steuerfrei, wobei 5 % als nicht abziehbare Betriebsausgabe erfasst werden müssen. Liegt das Beteiligungsverhältnis unter 10 %, sind die Ausschüttungen gem. § 8b Abs. 4 KStG bei der empfangenden Gesellschaft, der Körperschaftssteuer voll zu unterwerfen.

08. Wie werden Dividenden beim Empfänger gebucht, wenn diese im Betriebsvermögen gehalten werden?

Dividenden die im Betriebsvermögen gehalten werden, müssen beim Empfänger brutto erfasst werden.

Wie die Kapitalertragsteuer und der Solidaritätszuschlag erfasst werden ist von der Rechtsform abhängig.

Buchung bei Personenunternehmen
Werden die Anteile an einer Kapitalgesellschaft im Betriebsvermögen eines Einzelunternehmens oder einer Personengesellschaft gehalten, wird die Kapitalertragsteuer auf den Privatkonten der Gesellschafter bzw. des Inhabers erfasst, da diese die Steuerpflichtigen sind.

In diesem Fall kommt das Teileinkünfteverfahren zur Anwendung. Der Steuerpflichtige versteuert 60 % der Gewinnausschüttung mit seinem persönlichen Steuersatz, die restlichen 40 % sind steuerfrei.

Beispiel

Friedrich Franzen betreibt in Rostock ein Einzelunternehmen. Er hält in seinem Betriebsvermögen eine Beteiligung an der Sonnen GmbH. Er erhält eine Dividende in Höhe von 10.000 €. Es erfolgt folgende Abrechnung (Steuerbescheinigung).

	Dividende	10.000,00 €
	abzgl. 25 % KapESt	2.500,00 €
	abzgl. 5,5 % SolZ	137,50 €
=	Auszahlung	7.362,50 €

Die Dividende muss in voller Höhe (10.000,00 €) als Ertrag gebucht werden. Die einbehaltenden Steuern müssen auf das Privatkonto des Friedrich Franzen gebucht werden.

Bank	7.362,50 €			
Privat (Private Steuern)	2.637,50 €	an	Erträge aus Beteiligungen	
			§ 3 Nr. 40 EStG	10.000,00 €

Buchung bei Kapitalgesellschaften

Werden die Anteile an Kapitalgesellschaften im Betriebsvermögen einer Kapitalgesellschaft gehalten, werden die einbehaltene Kapitalertragsteuer und der Solidaritätszuschlag als Aufwand in der Gewinn- und Verlustrechnung erfasst.

Es gilt zu beachten, ob die Beteiligung zu Beginn des Geschäftsjahres unter 10 % oder über 10 % beträgt. Beträgt die Beteiligung zu Beginn des Geschäftsjahres weniger als 10 %, ist der gesamte Beteiligungsertrag steuerpflichtig, ansonsten gilt, dass der Beteiligungsertrag steuerfrei ist, wobei 5 % als nicht abziehbare Betriebsausgabe gemäß § 8b KStG erfasst werden müssen.

Beispiel

Die Hansen GmbH mit Sitz in Berlin, hält in ihrem Betriebsvermögen eine Beteiligung an der Mond GmbH. Sie erhält eine Dividende in Höhe von 10.000 €. Es erfolgt folgende Abrechnung (Steuerbescheinigung).

	Dividende	10.000,00 €
	abzgl. 25 % KapESt	2.500,00 €
	abzgl. 5,5 % SolZ	137,50 €
=	Auszahlung	7.362,50 €

Die Dividende muss in voller Höhe (10.000,00 €) als Ertrag gebucht werden. Die einbehaltenden Steuern werden als Aufwand gebucht.

Bank	7.362,50 €			
Kapitalertragssteuer 25 %	2.500,00 €			
Solidaritätszuschlag	137,50 €	an	Erträge aus Beteiligungen	
			§ 8b KStG	10.000,00 €

1.7.1.5 Anlagenspiegel

01. Was beinhaltet der Anlagenspiegel?

Der Anlagenspiegel (Anlagengitter) ist eine Darstellung über die Entwicklung der einzelnen Posten des Anlagevermögens.

Er enthält

► die historischen Anschaffungs- und Herstellungskosten der einzelnen Posten

► die (kumulierten) Abschreibungen

► die Geschäftsjahresabschreibungen

► die geschäftsjahresbezogenen Zuschreibungen

► Umbuchungen, Abgänge und Zugänge

► Buchwerte.

02. Besteht eine Aufstellungspflicht für den Anlagenspiegel?

Aufstellungspflicht für den Anlagenspiegel besteht für

► große und mittelgroße Kapitalgesellschaften (§ 284 Abs. 3 HGB)

► dem Publizitätsgesetz unterliegende Unternehmen (§ 5 Abs. 1 PublG)

► sowie haftungsbeschränkte Personengesellschaften.

Kleine Kapitalgesellschaften sind von dieser Pflicht befreit (§ 288 HGB).

1.7.1.6 Steuerliche Wahlrechte im Anlagevermögen

Gemäß § 5 Abs. 1 Satz 1 EStG sind in der Steuerbilanz aufgrund des Maßgeblichkeitsprinzip die handelsrechtlichen Wertansätze zu übernehmen. Es sei denn, der Steuerpflichtige wählt einen anderen Ansatz in der Steuerbilanz (steuerliches Wahlrecht) oder in der Steuerbilanz ist gem. § 5 Abs. 6 EStG zwingend ein anderer Ansatz geboten (Durchbrechung der Maßgeblichkeit).

Im folgenden Abschnitt sollen die steuerlichen Wahlrechte dargestellt werden. Diese sind nicht in der Handelsbilanz darstellbar, sondern nur in der Steuerbilanz.

Wird ein steuerliches Wahlrecht gewählt, sind gem. § 5 Abs. 1 Satz 2 EStG diese Wirtschaftsgüter, die nicht mit dem handelsrechtlichen Wertansatz übereinstimmen, in einem gesonderten Verzeichnis zu führen.

Schwerpunktmäßig wird im Weiteren auf folgende steuerlichen Wahlrechte eingegangen:

- ► Übertragung stiller Reserven gem. § 6bEStG
- ► Rücklage für Ersatzbeschaffung gem. R 6.6 EStR
- ► Zuschüsse gem. R 6.5 EStR
- ► Investitionsabzugsbetrag gem. § 7 g EStG.

1.7.1.6.1 Übertragung stiller Reserven gemäß § 6b EStG

01. Welchem Zweck dient die Übertragung stiller Reserven gem. § 6b EStG?

Aufgedeckte stille Reserven erhöhen den steuerpflichtigen Gewinn. Der Gesetzgeber möchte unter bestimmten Voraussetzungen die Besteuerung der stillen Reserven verzögern.

Stille Reserven aus dem Verkauf bestimmter Wirtschaftsgüter können unter bestimmten Voraussetzungen auf neu zu beschaffene Wirtschaftsgüter übertragen werden. Dies soll es den Unternehmen erleichtern, Umstrukturierungen vorzunehmen. Die stillen Reserven müssen dann nicht im Jahr ihrer Aufdeckung versteuert werden.

Die aufgedeckten stillen Reserven können gem. § 6b Abs. 1 Satz 1 EStG im Veräußerungsjahr auf bestimmte Wirtschaftsgüter, die im Veräußerungsjahr angeschafft oder hergestellt worden sind oder im vorangegangenen Wirtschaftsjahr angeschafft oder hergestellt worden sind, bis zur Höhe des bei der Veräußerung entstandenen Gewinns abgezogen werden.

Kann eine Übertragung im Veräußerungsjahr nicht vorgenommen werden, kann gem. § 6b Abs. 3 EStG eine steuerfreie Rücklage gebildet werden.

Diese Rücklage kann in den folgenden vier Wirtschaftsjahren, bei Gebäuden sechs Jahre, gebildet werden, wenn bis zum Schluss des vierten auf das Veräußerungsjahr folgende Jahr mit der Herstellung begonnen wurde.

Bei aufgedeckten stillen Reserven gem. § 6b Abs. 10 EStG gilt eine Frist für die Übertragung von zwei Jahren, die auf das Wirtschaftsjahr folgen, in der die stille Reserve aufgedeckt wurde.

Durch die Übertragung der stillen Reserven kommt es zu keiner Besteuerung im Jahr der Aufdeckung der stillen Reserven.

02. Für welche Wirtschaftsgüter können stille Reserven gemäß § 6b EStG übertragen werden?

Gemäß § 6b Abs. 1 Satz 1 EStG können stille Reserven aus der Veräußerung folgender Wirtschaftsgüter übertragen werden:

- ► Grund und Boden
- ► Aufwuchs auf Grund und Boden
- ► Gebäude
- ► Binnenschiffe.

Außerdem können Steuerpflichtige, die keine Körperschaften, Personenvereinigungen oder Vermögensmassen sind, gem. § 6b Abs. 10 EStG, Gewinne aus der Veräußerung von Anteilen an Kapitalgesellschaften bis zu einem Betrag von 500.000 € übertragen.

03. Auf welche Wirtschaftsgüter können diese aufgedeckten stillen Reserven übertragen werden?

Der Abzug ist gem. § 6b Abs. 1 Satz 2 EStG zulässig bei den Anschaffungs- oder Herstellungskosten von

1. Grund und Boden, soweit der Gewinn bei der Veräußerung von Grund und Boden entstanden ist.

2. Aufwuchs auf Grund und Boden mit dem dazugehörigen Grund und Boden, wenn der Aufwuchs zu einem land- und forstwirtschaftlichen Betriebsvermögen gehört, soweit der Gewinn bei der Veräußerung von Grund und Boden oder Veräußerung von Aufwuchs auf Grund und Boden mit dem dazugehörigen Grund und Boden entstanden ist.

3. Gebäuden, soweit der Gewinn bei der Veräußerung von Grund und Boden, von Aufwuchs auf Grund und Boden mit dem dazugehörigen Grund und Boden oder Gebäuden entstanden ist.

4. Binnenschiffen, soweit der Gewinn bei der Veräußerung von Binnenschiffen entstanden ist.

5. Anteile an Kapitalgesellschaften, angeschafften oder hergestellten abnutzbaren Wirtschaftsgüter oder die im Veräußerungsjahr oder in den vier folgenden Wirtschaftsjahren angeschafften oder hergestellten Gebäuden, soweit die Gewinne aus der Veräußerung von Anteilen an Kapitalgesellschaften (§ 6b Abs. 10 EStG) entstanden sind.

04. Welche Voraussetzungen müssen erfüllt sein, um die Übertragung stiller Reserven gemäß § 6b EStG vornehmen zu können?

Gemäß § 6b Abs. 4 EStG müssen folgende Voraussetzungen erfüllt sein, um die Übertragung der stillen Reserven gem. § 6b EStG vornehmen zu können:

- ► der Steuerpflichtige ermittelt seinen Gewinn nach § 4 Abs. 1 EStG oder nach § 5 EStG.

- ► die veräußerten Wirtschaftsgüter müssen im Zeitpunkt der Veräußerung mindestens 6 Jahre ununterbrochen zum Anlagevermögen einer inländischen Betriebsstätte gehört haben.

- ► die angeschafften oder hergestellten Wirtschaftsgüter müssen zum Anlagevermögen einer inländischen Betriebsstätte gehören.

- ► der bei der Veräußerung entstandene Gewinn muss bei der Ermittlung des im Inland steuerpflichtigen Gewinns nicht außer Ansatz bleiben.

- ► der Abzug, die Bildung und Auflösung der Rücklage in der Buchführung kann nachverfolgt werden.

1.7.1.6.2 Rücklage für Ersatzbeschaffung gemäß R 6.6 EStR

01. Wann kann die Rücklage gemäß R 6.6 EStR in Anspruch genommen werden?

Eine Anwendung kommt in Betracht, wenn ein Wirtschaftsgut des Anlage- oder Umlaufvermögens infolge höherer Gewalt oder zur Vermeidung eines behördlichen Eingriffs aus dem Betriebsvermögen ausscheidet und hierbei stille Reserven aufgedeckt werden.

Die aufgedeckten stillen Reserven müssen nicht sofort versteuert werden. Die stillen Reserven dürfen auf ein Ersatzwirtschaftsgut übertragen werden.

Erfolgt die Investition nicht in dem Jahr, in dem die stillen Reserven aufgedeckt werden, kann eine steuerfreie Rücklage gebildet werden. Eine Nachholung der Bildung einer steuerfreien Rücklage in einem späteren Wirtschaftsjahr ist nicht zulässig. Erfolgt keine Ersatzbeschaffung muss die Rücklage erfolgswirksam aufgelöst werden.

02. Was ist höhere Gewalt?

Höhere Gewalt liegt gem. R 6.6 Abs. 2 EStR vor, wenn ein Wirtschaftsgut infolge von Elementarereignissen wie z. B. Brand, Sturm oder Überschwemmung sowie andere unabwendbare Ereignisse wie z. B. Diebstahl oder unverschuldeten Unfall ausscheidet.

03. Wann liegt ein behördlicher Eingriff vor?

Ein behördlicher Eingriff liegt gem. H 6.6 Abs. 2 EStH z. B. bei Enteignung, bei behördlichen Bauverboten oder bei behördlich angeordneter Betriebsunterbrechung vor.

04. In welchen Zeitraum muss die Rücklage für Ersatzbeschaffung auf ein neues Wirtschaftsgut übertragen werden?

Grundsätzlich muss die Rücklage gem. R 6.6 Abs. 4 EStR am Ende des ersten Folgejahres nach ihrer Bildung aufgelöst werden.

Die Frist verlängert sich bei

► Grund und Boden

► Aufwuchs auf Grund und Boden

► Gebäuden und

► Binnenschiffen

auf vier Jahre, bei neu hergestellten Gebäuden auf sechs Jahre.

Die Frist von einem Jahr kann im Einzelfall angemessen auf vier Jahre verlängert werden, wenn der Steuerpflichtige glaubhaft macht, dass die Ersatzbeschaffung ernsthaft noch geplant ist.

1.7.1.6.3 Zuschüsse gemäß R 6.5 EStR

01. Was sind Zuschüsse?

Zuschüsse sind gem. R 6.5 Abs. 1 EStR Vermögensvorteile, den ein Zuschussgeber zur Förderung eines zumindest in seinem Interesse liegenden Zwecks dem Zuschussempfänger zuwendet. Fehlt ein Eigeninteresse, liegt kein Zuschuss vor. In der Regel wird ein Zuschuss auch nicht vorliegen, wenn ein unmittelbarer wirtschaftlicher Zusammenhang mit einer Leistung des Zuschussempfängers feststellbar ist.

Beispiel

Gibt das Land einem Unternehmer einen Investitionszuschuss, um die Infrastruktur zu verbessern, liegt grundsätzlich ein Zuschuss gem. R 6.5 Abs. 1 EStR vor. Wenn ein Lieferant seinem Kunden einen Investitionszuschuss gibt, mit der Bedingung einer bestimmten Abnahmeverpflichtung für die nächsten fünf Jahre, liegt gem. R 6.5 Abs. 1 Satz 3 EStR kein Zuschuss vor.

02. Welches Wahlrecht hat der Steuerpflichtige bei Investitionszuschüssen?

Der Steuerpflichtige hat gem. R 6.5 Abs. 2 EStR das Wahlrecht

► die Zuschüsse als **Betriebseinnahmen** anzusetzen

► AHK werden nicht berührt

► die Zuschüsse als **erfolgsneutral** zu behandeln. Die Anlagegüter, für die die Zuschüsse gewährt worden sind, werden nur mit den Anschaffungs- oder Herstellungskosten bewertet, die der Steuerpflichtige selbst, aufgewendet hat.

03. Wie werden nachträglich Zuschüsse bilanziell behandelt?

Werden Zuschüsse, die erfolgsneutral behandelt werden sollen, erst nach der Anschaffung oder Herstellung des neuen Wirtschaftsgutes gewährt, werden diese gem. R 6.5 Abs. 3 EStR von den gebuchten Anschaffungs- oder Herstellungskosten abgesetzt.

04. Wie werden im Voraus gewährte Zuschüsse bilanziell behandelt?

Werden die Zuschüsse vor Anschaffung oder Herstellung des neuen Wirtschaftsgutes gewährt und sollen die Zuschüsse erfolgsneutral behandelt werden, so kann der Steuerpflichtige gem. R 6.5 Abs. 4 EStR für die noch nicht verwendeten Zuschüsse eine steuerfreie Rücklage bilden. Im Jahr der Anschaffung oder Herstellung wird diese steuerfreie Rücklage dann auf das Wirtschaftsgut übertragen.

1.7.1.6.4 Investitionsabzug gemäß § 7g EStG

01. Welche Bedeutung hat allgemein der Investitionsabzugsbetrag?

Durch den Investitionsabzugsbetrag kann der Steuerpflichtige im laufenden Wirtschaftsjahr den Gewinn, außerhalb der Bilanz bezogen, auf eine zukünftige Investition mindern. Durch die Minderung des Gewinns soll der Steuerpflichtige in seiner Investitionsneigung durch den Fiskus unterstützt werden. Der Investitionsabzugsbetrag ist in seiner Höhe begrenzt und erfordert in seiner Anwendung bestimmte Voraussetzungen.

02. Für welche Wirtschaftsgüter kann ein Investitionsabzugsbetrag geltend gemacht werden?

Der Investitionsabzugsbetrag kann für abnutzbare bewegliche Wirtschaftsgüter des Anlagevermögens, die mindestens bis zum Ende des dem Wirtschaftsjahres der Anschaffung oder Herstellung folgenden Wirtschaftsjahres, vermietet oder in einer inländischen Betriebsstätte des Betriebes ausschließlich oder fast ausschließlich betrieblich genutzt werden, gebildet werden.

03. In welcher Höhe können Investitionsabzugsbeträge geltend gemacht werden?

Als Investitionsabzugsbetrag können gem. § 7g Abs. 1 EStG 50 % der zukünftigen Anschaffungs- oder Herstellungskosten geltend gemacht werden. Die Höchstgrenze pro Betrieb beträgt 200.000 €.

04. Welche Voraussetzungen sind notwendig, um Investitionsabzugsbeträge geltend machen zu können?

Es sind folgende Voraussetzungen zu erfüllen:

1. Der Gewinn

    a) Nach § 4 oder § 5 EstG ermittelt wird,

    b) Im Wirtschaftsjahr, in dem die Abzüge vorgenommen werden sollen, ohne Berücksichtigung der Investitionsabzugsbeträge nach Satz 1 und der Hinzurechnungen nach Abs. 2 200.000 € nicht überschreitet

    und

2. der Steuerpflichtige übermittelt die Summen der Abzugsbeträge und der hinzurechnenden oder rückgängig zu machenden Beträge nach amtlich vorgeschriebenen Datensätzen durch Datenfernübertragung.

05. Was passiert, wenn der Investitionsabzugsbetrag nicht in Anspruch genommen wurde?

Wird der Investitionsabzugsbetrag nicht bis zum Ende des dritten Jahres, welches auf die Bildung folgt, in Anspruch genommen, ist der Abzug rückgängig zu machen. Der steuerliche Gewinn im Abzugsjahr ist zu korrigieren.

Besteht bereits eine Steuerfestsetzung oder gesonderte Feststellung, sind diese Bescheide insoweit zu ändern.

06. Welche Möglichkeiten der Sonderabschreibungen gibt es im § 7g EStG?

Bei abnutzbaren beweglichen Wirtschaftsgütern des Anlagevermögens können Sonderabschreibungen bis zu insgesamt 20 % der Anschaffungs- oder Herstellungskosten in Anspruch genommen werden.

Die Sonderabschreibung kann im Jahr der Anschaffung bzw. Herstellung voll oder verteilt auf die folgenden vier Wirtschaftsjahre in Anspruch genommen werden.

Voraussetzungen für die Inanspruchnahme sind:

▸ die Größenmerkmale wie beim Investitionsabzug sind einzuhalten und

▸ das Wirtschaftsgut muss im Jahr der Anschaffung oder Herstellung und im darauffolgenden Wirtschaftsjahr betrieblich bzw. fast ausschließlich betrieblich genutzt werden.

Die Sonderabschreibung kann neben dem Investitionsabzugsbetrag allerdings auch ohne diesen in Anspruch genommen werden.

1.7.2 Umlaufvermögen

01. Wie wird Umlaufvermögen definiert?

Handelsrechtlich gibt es für das Umlaufvermögen keine eindeutige gesetzliche Definition. Es wird aus dem Umkehrschluss des § 247 Abs. 2 HGB abgeleitet. Die Vermögensgenstände, die dem Unternehmen nicht dauernd dienen, sind dem Umlaufvermögen zuzuordnen.

 RECHTSGRUNDLAGEN

Steuerrechtlich regelt R 6.1 Abs. 2 EStR
„Zum Umlaufvermögen gehören die Wirtschaftsgüter, die zur Veräußerung, Verarbeitung oder zum Verbrauch angeschafft oder hergestellt worden sind, insbesondere Roh-, Hilfs- und Betriebsstoffe, Erzeugnisse und Waren, Kassenbestände.“

Der Umfang des Umlaufvermögens ist gem. H 6.1 EStH aus der Bilanzgliederung des § 266 Abs. 2 B HGB abzuleiten.

Gemäß § 266 Abs. 2 HGB gehören zum Umlaufvermögen

- Vorräte
- Forderungen und sonstige Vermögensgegenstände
- Wertpapiere
- Schecks, Kassenbestand und Guthaben bei …

02. Wie lassen sich Anlage- und Umlaufvermögen abgrenzen?

Anlagevermögen	Umlaufvermögen
§ 247 Abs. 2 HGB R 6.1 Abs. 1 EStR	§ 247 Abs. 2 HGB Umkehrschluss R 6.1 Abs. 2 EStR
► Mehrfachnutzung durch: - Gebrauch - langfristige Nutzung durch das Unternehmen	► Einmalnutzung durch: - Verbrauch/Umwandlung - Verwertung
Gebrauchsgüter	**Hauptsächlich Verbrauchsgüter**

03. Warum ist die Zuordnung zum Anlage- oder Umlaufvermögen wichtig?

Die Einordnung von Vermögensgegenständen/Wirtschaftsgüter zum Anlage- bzw. Umlaufvermögen ist u. a. wichtig,

- ▶ da es grundsätzlich für das Umlaufvermögen keine steuerlichen Vergünstigungen gibt,
- ▶ keine planmäßigen Abschreibungen vorgenommen werden,
- ▶ da im Umlaufvermögen u. a. das strenge Niederstwertprinzip wirkt.

04. Wie erfolgt die grundsätzliche Zugangs- und Folgebewertung im Umlaufvermögen?

Bewertung des Umlaufvermögens		
	Handelsrecht	**Steuerrecht**
Zugangsbewertung	Ansatz gem. § 253 Abs. 1 Satz 1 HGB mit den	Ansatz gem. § 6 Abs. 1 Nr. 2 Satz 1 EStG mit den
	▶ Anschaffungskosten (§ 255 Abs. 1 HGB) oder	▶ Anschaffungskosten (R 6.2 EStR, H 6.2 EStH) oder
	▶ Herstellungskosten (§ 255 Abs. 2 HGB)	▶ Herstellungskosten (R 6.3 EStR, H 6.3 EStH, § 6 Abs. 1 Nr. 1b EStG)
	ggf. mithilfe von Bewertungsvereinfachungsverfahren	ggf. mithilfe von Bewertungsvereinfachungsverfahren
Folgebewertung	Anwendung des strengen Niederstwertprinzips gem. § 253 Abs. 4 HGB	Wahlrecht zur Teilwertabschreibung bei voraussichtlich dauernder Wertminderung gem. § 6 Abs. 1 Nr. 2 Satz 2 EStG
	Abwertungsgebot	Abwertungswahlrecht
Zuschreibung	Zuschreibungsgebot gem. § 253 Abs. 5 HGB, maximal bis zu den Anschaffungs- oder Herstellungskosten	Zuschreibungsgebot gem. § 6 Abs. 1 Nr. 2 Satz 3 EStG, maximal bis zu den Anschaffungs- oder Herstellungskosten
= Bilanzansatz		

1.7.2.1 Vorräte

01. Wie werden Vorräte definiert?

Vorräte sind Vermögensgegenstände/Wirtschaftsgüter, die zum Verbrauch in der Produktion, zur Erbringung von Dienstleistungen oder zum Verkauf angeschafft oder hergestellt werden.

Umfang:

- ► Roh-, Hilfs- und Betriebsstoffe
- ► unfertige Erzeugnisse, unfertige Leistungen
- ► fertige Erzeugnisse und Waren
- ► geleistete Anzahlungen.

1.7.2.1.1 Zugangsbewertung von Vorräten

01. Wie erfolgt die Zugangsbewertung von Vorräten?

Die Zugangsbewertung erfolgt grundsätzlich mit den Anschaffungs- oder Herstellungskosten

- ► Anschaffungskosten gem. § 255 Abs. 1 HGB, R 6.2 EStR, H 6.2 EStH
- ► Herstellungskosten gem. § 255 Abs. 2 HGB, § 6 Abs. 1 Nr. 1b EStG, R 6.3 EStR, H 6.3 EStH.

Es gilt der Grundsatz der Einzelbewertung, § 252 Abs. 1 Nr. 3 HGB. Das heißt es müssen grundsätzlich alle Vorräte einzeln mit ihren Anschaffungs- oder Herstellungskosten bewertet werden. Da es u. U. nicht wirtschaftlich ist, gibt es im Handels- und Steuerrecht diverse Ausnahmen vom Grundsatz der Einzelbewertung abzuweichen und ein Bewertungsvereinfachungsverfahren zu wählen. Dies sind u. a. folgende Verfahren:

- ► Retrograde Methode
- ► Durchschnittsmethode
- ► Gruppenbewertung
- ► Festbewertung
- ► Verbrauchsfolgeverfahren.

1.7.2.1.1.1 Bewertungsvereinfachungsverfahren

01. Wozu dienen Bewertungsvereinfachungsverfahren?

Grundsätzlich sind die Anschaffungs- oder Herstellungskosten einzeln zu ermitteln. Dies ist allerdings in manchen Fällen schwierig bzw. nicht wirtschaftlich. Daher gibt es aus Vereinfachungsgründen bestimmte Verfahren, die abweichend vom Grundsatz der Einzelbewertung in der Handels- und Steuerbilanz zur Ermittlung der Anschaffungskosten eingesetzt werden dürfen.

1.7.2.1.1.2 Retrograde Methode

01. Bei welchen Vermögensgegenständen/Wirtschaftsgütern kann die retrograde Methode angewendet werden?

Die retrograde Methode zur Ermittlung der Anschaffungskosten kann bei Handelswaren angewendet werden. Im Handelsrecht gibt es hierfür keine gesetzliche Grundlage, es handelt sich um ein ungeschriebenen GoB. Im Steuerrecht kann die retrograde Methode gem. H 6.8 EStH angewendet werden.

02. Wie erfolgt die Ermittlung der Anschaffungskosten mit Hilfe der retrograden Methode?

Bei der retrograden Methode wird der Rohgewinnaufschlagssatz vom Verkaufspreis subtrahiert, hierdurch erhält man die Anschaffungskosten.

Beispiel

Der Verkaufspreis für eine Ware beträgt 325 €. Der Rohgewinnaufschlagsatz beträgt 30 %.

	Verkaufspreis	325 €	= 130 %
-	Rohgewinnaufschlag	75 €	= 30 %
=	Anschaffungskosten	250 €	= 100 %

1.7.2.1.1.3 Durchschnittsmethode

01. Bei welchen Vermögensgegenständen/Wirtschaftsgütern kann die Durchschnittsmethode angewendet werden?

Die Durchschnittsmethode kann bei vertretbaren Sachen angewendet werden. Es handelt sich im Handelsrecht um ein ungeschriebenen GoB, die gesetzliche Grundlage im Steuerrecht ist R 6.8 Abs. 3 EStR.

02. Wie erfolgt die Ermittlung der Anschaffungskosten mithilfe der Durchschnittsmethode?

Bei der Durchschnittsmethode wird der gewogene Mittelwert aus dem im Laufe des Wirtschaftsjahres erworbenen Vermögensgegenständen/Wirtschaftsgütern und ggf. des zu Beginn des Wirtschaftsjahres vorhandenen Anfangsbestand an Vermögensgegenständen/Wirtschaftsgütern ermittelt.

03. Wie wird der gewogene Durchschnitt ermittelt?

Nachdem die tatsächliche Menge inventurmäßig erfasst wurde, erfolgt die Bewertung nach dem gewogenen Durchschnitt (R 6.8 Abs. 3 Satz 3 EStR). Zur Ermittlung des gewogenen Durchschnittswerts werden die Anschaffungs- oder Herstellungskosten des

Anfangsbestands und der Zu- und Abgänge durch die Gesamtmenge dividiert. Es kann aber auch eine gleitende oder permanente Durchschnittsbewertung erfolgen, in dem entweder in bestimmten Zeiträumen oder bei jedem Zu- oder Abgang ein neuer Durchschnittswert berechnet wird.

Beispiel

	Anfangsbestand	150 Einheiten à 40,00 € = 6.000,00 €
+	Zugang	250 Einheiten à 42,00 € = 10.500,00 €
+	Zugang	200 Einheiten à 38,00 € = 7.600,00 €
+	Zugang	150 Einheiten à 43,00 € = 6.450,00 €
		750 Einheiten = 30.550,00 €
-	Abgänge	550 Einheiten à 40,73 € = 22.403,32 €
=	Endbestand	200 Einheiten à 40,73 € = 8.146,67 €

Der Durchschnittspreis beträgt: 30.550 € : 750 Einheiten = 40,73 €/Einheit.

1.7.2.1.1.4 Gruppenbewertung

01. Bei welchen Vermögensgegenständen/Wirtschaftsgütern kann die Gruppenbewertung angewendet werden?

Die Gruppenbewertung kann gem. § 256 Satz 2 HGB i. V. m. § 240 Abs. 4 HGB, R 6.8 Abs. 4 EStR auf gleichartige Vermögensgegenstände des Vorratsvermögens angewendet werden.

02. Wie erfolgt die Ermittlung der Anschaffungskosten mit Hilfe der Gruppenbewertung?

Gleichartige Vermögensgegenstände/Wirtschaftsgüter (z. B. Kleider unterschiedlicher Größe) können zu einer Gruppe zusammengefasst werden und mit dem gewogenen Durchschnitt angesetzt werden.

1.7.2.1.1.5 Festwert

01. Was ist ein Festwert?

Für bestimmte Vermögensgegenstände/Wirtschaftsgüter kann ein bestimmter Wertansatz in der Bilanz angesetzt werden und über mehrere Geschäftsjahre beibehalten werden. Tatsächliche Zugänge werden direkt als Aufwand/Betriebsausgabe erfasst.

02. Für welche Vermögensgegenstände/Wirtschaftsgüter ist das Festwertverfahren zulässig?

Das Festwertverfahren ist gem. § 240 Abs. 3 Satz 1 HGB; H 6.8 EStH zulässig (*Adler/Düring/Schmaltz,* HGB, § 240 Rz. 75 ff.),

- ► für bewegliche Vermögensgegenstände/Wirtschaftsgüter des Anlagevermögens oder Roh-, Hilfs- oder Betriebsstoffe
- ► wenn die Vermögensgegenstände/Wirtschaftsgüter funktionsgleich oder funktionsverbunden sind
- ► wenn die Vermögensgegenstände/Wirtschaftsgüter regelmäßig ersetzt werden
- ► der Gesamtwert der Vermögensgegenstände/Wirtschaftsgüter von nachrangiger Bedeutung ist
- ► der Bestand der Vermögensgegenstände/Wirtschaftsgüter in seiner Größe, seinem Wert und seiner Zusammensetzung nur geringen Veränderungen unterliegt
- ► steuerlich darüber hinaus ist erforderlich, dass der Festwert schon in der Handelsbilanz gewählt worden ist, vgl. *Frotscher,* EStG – Kommentar, Rz. 50 ff.

03. Für welche Vermögensgegenstände/Wirtschaftsgüter kann kein Festwert gebildet werden?

Festwerte können nicht gebildet werden für:

- ► Handelswaren
- ► Halb- und Fertigerzeugnisse
- ► immaterielle Wirtschaftsgüter
- ► unbewegliche Wirtschaftsgüter
- ► Beteiligungen
- ► kurzlebige Wirtschaftsgüter.

04. In welchen Zeitabständen muss der Festwert überprüft werden?

Der Festwert muss gem. § 240 Abs. 3 Satz 2 HGB handelsrechtlich alle drei Jahre überprüft werden. Steuerrechtlich muss er gem. R 5.4 Abs. 3 Satz 1 EStR alle drei Jahre spätestens aber nach fünf Jahren überprüft werden.

05. Wann muss die Höhe des Festwertes angepasst werden?

Ist der Wert der durchgeführten Inventur um mehr als 10 % vom bilanzierten Festwert höher, so gilt der Inventurwert als neuer Festwert, auf den aufgestockt werden muss. Reichen die Zugänge des laufenden Wirtschaftsjahres nicht aus, um vom „alten" auf den „neuen" Festwert aufzustocken, so sind die Zugänge späterer Wirtschaftsjahre zur Aufstockung zu verwenden. Ist der Inventurwert kleiner als 10 %, so kann der „alte" Festwert beibehalten werden.

Ist der Wert der durchgeführten Inventur niedriger als der „alte" Festwert, ist handelsrechtlich, gemäß dem Grundsatz der Vorsicht, der niedrigere Festwert anzusetzen. Steuerrechtlich kann gem. R 5.4 Abs. 3 Satz 4 EStR der niedrigere Festwert angesetzt werden.

1.7.2.1.1.6 Verbrauchsfolgeverfahren

01. Welche Verbrauchsfolgeverfahren können in der Handels- und Steuerbilanz angesetzt werden?

Handelsrechtlich kann gem. § 256 HGB bei gleichartigen Vermögensgegenständen soweit es nicht gegen GoB's verstößt,

- ► die Lifo-Methode (last in – first out) oder
- ► die Fifo-Methode (first in – first out)

angewendet werden.

Bei der Lifo-Methode wird unterstellt, dass die zuletzt angeschafften Vermögensgegenstände zuerst verbraucht werden, z. B. bei Schüttgut (Kies, Steine).

Bei der Fifo-Methode wird unterstellt, dass die zuerst angeschafften Vermögensgegenstände zuerst verbraucht werden, z. B. bei Lebensmitteln in der Gastronomie.

Die Lifo- und Fifo-Methoden können als permanente bzw. perioden Lifo-/Fifo Verfahren durchgeführt werden.

Beim perioden Lifo- bzw. Fifo-Verfahren wird am Periodenende das Lifo- bzw. Fifo-Verfahren angewendet.

Beim permanenten Lifo- bzw. Fifo -Verfahren wird bei jeder Entnahme das Lifo- bzw. Fifo-Verfahren angewendet.

Die Anwendung der Verbrauchsfolgeverfahren ist unzulässig, wenn objektiv die tatsächliche Verbrauchsfolge gegen eine gewählte Verbrauchsfolgefiktion spricht.

Steuerrechtlich ist nur das Lifo-Verfahren zulässig, § 6 Abs. 1 Nr. 2a EStG; R 6.9 EStR

- ► Voraussetzungen für die Anwendung des Lifo-Verfahrens sind
  - eine Gewinnermittlung nach **§ 5 EStG**
  - gleichartige Wirtschaftsgüter des Vorratsvermögens. Die Gleichartigkeit kann sich aus der Art der Warengattung oder der Funktionsgleichheit ergeben bei jeweils annähernder Preisgleichheit

- eine unterstellte Verbrauchs- oder Veräußerungsfolge, die zwar nicht der tatsächlichen Reihenfolge entsprechen muss, aber auch nicht völlig unvereinbar mit dem betrieblichen Geschehensablauf sein darf.

► Bei der Anwendung der Lifo-Methode

  - können einzelne Arten gleichartiger Wirtschaftsgüter zu Gruppen zusammengefasst werden,

  - kann nur ein Teil des Vorratsvermögens nach diesem Verfahren bewertet werden

  vgl. *Frotscher* EStG – Kommentar, Rz. 65 ff.

02. Wie erfolgt die Bewertung nach dem Lifo-Verfahren?

Lifo-Verfahren (Last in First out) bedeutet, dass zuletzt gekaufte Waren als erste verkauft werden. Der Schlussbestand wird mit den Preisen des Anfangsbestandes der ersten Zugänge bewertet.

Beispiel

	Anfangsbestand	3.000 Einheiten à 4,80 €		
+	Zugang	1.000 Einheiten à 5,10 €		
+	Zugang	2.000 Einheiten à 4,70 €		
	Verbrauch	2.700 Einheiten		
=	Endbestand	3.300 Einheiten	3.000 Einheiten à 4,80 € =	14.400,00 €
			300 Einheiten à 5,10 € =	1.530,00 €
			3.300 Einheiten =	15.930,00 €
			→ **4,83 €/Einheit**	

Vergleich mit dem Marktpreis von 4,82 €: 3.300 • 4,82 € = 15.906 €
→ Ansatz nach Niederstwertprinzip mit 15.906 €.

Buchung:

Warenaufwand	24,00 €	an	Bestand (Waren)	24,00 €

03. Wie wird das Fifo-Verfahren durchgeführt?

Nach dem Fifo-Verfahren (First in First out) werden erste Waren zuerst verbraucht. Der Schlussbestand wird mit den Preisen der letzten Zugänge bewertet. Steuerrechtlich ist diese Methode nicht zulässig.

Beispiel

Anfangsbestand		150 Einheiten à 40,00 €		
+	Zugang	250 Einheiten à 42,00 €		
+	Zugang	200 Einheiten à 38,00 €		
+	Zugang	150 Einheiten à 43,00 €		
		750 Einheiten		
Verbrauch		550 Einheiten		
=	Endbestand	200 Einheiten	150 Einheiten à 43,00 € =	6.450,00 €
			50 Einheiten à 38,00 € =	1.900,00 €
			200 Einheiten =	8.350,00 €
			→ **41,75 €/Einheit**	

1.7.2.1.2 Folgebewertung von Vorräten

01. Was ist bei der Folgebewertung der Vorräte zu beachten?

Im Rahmen der Folgebewertung müssen die Wertverhältnisse am Abschlussstichtag ermittelt werden, es gilt im **Handelsrecht** das strenge Niederstwertprinzip (§ 253 Abs. 4 HGB).

Es ist zwingend auf einen niedrigeren Marktpreis, wenn dieser nicht ermittelbar ist, auf den niedrigeren beizulegenden Wert am Bilanzstichtag abzuwerten (Abwertungsgebot).

Zur Ermittlung des beizulegenden Wertes, aus verlustfreier Bewertung, ist je nach Vorratskategorie auf die Beschaffungs- oder Absatzmärkte abzustellen.

Im **Steuerrecht** kann bei einer voraussichtlich dauernden Wertminderung auf den niedrigeren Teilwert abgewertet werden (Abwertungswahlrecht).

Der Teilwert entspricht gem. H 6.7 EStH „Teilwertvermutungen" grundsätzlich dem Marktpreis, ist dieser nicht ermittelbar, kann dieser u. a. gem. R 6.8 Abs. 2 EStR mit der Subtraktionsmethode bzw. der Formelmethode ermittelt werden.

02. Wie wird der beizulegende Wert, bezogen auf die Absatzseite, ermittelt?

Der beizulegende Wert ergibt sich, in dem von dem voraussichtlichen Verkaufserlös, die Kosten (Selbstkosten) die nach dem Bilanzstichtag anfallen, subtrahiert werden.

	voraussichtlicher Verkaufserlös
-	Kosten die nach dem Bilanzstichtag anfallen
=	beizulegender Wert

03. Wie ermittelt sich der Teilwert nach der Subtraktionsmethode auf der Absatzseite?

Der Teilwert nach der Subtraktionsmethode ergibt sich gem. R 6.8 Abs. 2 Satz 3 EStR, in dem vom voraussichtlichen Verkaufspreis, die Kosten (Selbstkosten) die nach dem Bilanzstichtag anfallen und der durchschnittliche Unternehmerlohn subtrahiert werden.

	voraussichtlicher Verkaufserlös
-	Kosten die nach dem Bilanzstichtag anfallen
-	durchschnittlicher Unternehmergewinn
=	Teilwert

04. Wie ermittelt sich der Teilwert nach der Formelmethode auf der Absatzseite?

Der Teilwert am Bilanzstichtag nach der Formelmethode ergibt sich gem. R 6.8 Abs. 2 Satz 5, 6 EStR nach folgender Formel:

$$\text{Teilwert} = \frac{Z}{(1 + Y1 + Y2 \cdot W)}$$

▶ Z = der erzielbare Verkaufspreis

▶ Y1 = durchschnittliche Unternehmergewinnsatz (bezogen auf AK)

▶ Y2 = der Rohgewinnaufschlagsrest

▶ W = der Prozentsatz an Kosten, der nach Abzug des durchschn. Unternehmergewinnsatz vom Rohgewinnaufschlag nach dem Bilanzstichtag anfällt.

05. Was ist bei einer Werterholung nach einer vorgenommenen Abwertung zu beachten?

Sind Vorräte abgewertet worden, so ist in jedem folgenden Geschäftsjahr zu überprüfen, ob die Gründe die zu einer Abwertung geführt haben noch bestehen. Bestehen diese Gründe nicht mehr, so ist sowohl in der Handelsbilanz gem. § 253 Abs. 5 HGB, als auch in der Steuerbilanz gem. § 6 Abs. 1 Nr. 2 Satz 3 EStG eine Zuschreibung auf den neuen Marktwert vorzunehmen, allerdings maximal bis zu den Anschaffungs- oder Herstellungskosten.

1.7.2.1.3 Besonderheiten im IFRS-Abschluss

01. Welche Bewertungsvereinfachungsverfahren sind nach IAS/IFRS erlaubt?

Nach IAS 2.21 ff. sind folgende Bewertungsvereinfachungsverfahren erlaubt:

a) Gewogene Durchschnittsmethode

b) Fifo-Methode

c) Retrograde Methode

d) Standardkostenmethode

02. Wie werden Vorräte nach IFRS bewertet?

Unter den Begriff Vorrat – inventory – fasst IAS 2 verschiedene Vorratskategorien zusammen:

- ► Handelswaren – merchandise
- ► Roh-, Hilfs- und Betriebsstoffe – raw materials, production supplies
- ► Halbfertige Erzeugnisse, nicht abrechenbare Dienstleistungen – work in progress – Fertigerzeugnisse – finished goods

Die Erstbewertung erfolgt nach Anschaffungs- oder Herstellungskosten oder mit dem niedrigeren Nettoveräußerungswert; die Folgebewertung gegengleich (IAS 2.9). Der Werthaltigkeitstest findet auf Vorräte keine Anwendung (IAS 36):

Anschaffungs- oder Herstellungskosten	Nettoveräußerungswert
= alle Kosten des Erwerbs, der Be- und Verarbeitung und sonstige Kosten, um die Vorräte in den Zustand und den Lagerort am Bilanzstichtag zu versetzen (IAS 2.10)	= geschätzter, im normalen Geschäftsgang erzielbarer Verkaufserlös abzüglich geschätzter Fertigstellungs- und Vertriebskosten (IAS 2.6)
Einzelbewertung, bei nicht austauschbaren Vorräten nach Identitätspreisverfahren (IAS 2.23)	Einzelbewertung
Gruppenbewertung bei homogenen und in großer Menge vorhandenen Vorräten (IAS 2.24 ff.)	Gruppenbewertung, wenn Trennung nicht praktikabel (IAS 2.26)
	Wertaufholungsgebot bis maximal zu Anschaffungs- oder Herstellungskosten (IAS 2.33)

03. Was ist bei der Folgebewertung von Vorräten zu beachten?

Auf Vorräte sind Abschreibungen auf den Nettoveräußerungswert vorzunehmen, sofern dieser niedriger als der Buchwert ist (IAS 2.9).

Der Nettoveräußerungswert ist der geschätzte, im normalen Geschäftsgang erzielbare Verkaufserlös, abzüglich noch anfallender geschätzter Kosten für die Fertigstellung und noch anfallende geschätzte Kosten für den Vertrieb.

In der folgenden Periode ist zu überprüfen, ob der Grund für die Wertminderung noch vorliegt.

Es sind Zuschreibungen vorzunehmen, sofern der Nettoveräußerungswert wieder gestiegen ist (IAS 2.33). Die Zuschreibung erfolgt maximal auf die Anschaffungs- oder Herstellungskosten.

1.7.2.2 Forderungen

01. Wie werden Forderungen definiert?

Forderungen

▸ stellen Ansprüche eines Gläubigers gegenüber einem Schuldner dar

▸ können neben zivilrechtlichen auch öffentlich – rechtliche Ansprüche darstellen

▸ sind anzusetzen, wenn die vereinbarte Lieferung oder Leistung seitens des Unternehmers erbracht ist, und ein Anspruch auf Gegenleistung besteht.

02. In welchen Bereichen können Forderungen entstehen?

Forderungen entstehen u. a. als:

▸ Forderungen aus Lieferungen und Leistungen

▸ Kurzfristige Forderungen an verbundene Unternehmen

▸ Forderungen aus Schadensersatzansprüchen, Steuererstattungen oder Dividendenansprüchen

▸ Guthaben an Kreditansprüchen.

03. Welche Besonderheiten sind bei Forderungen ggü. Gesellschaftern einer GmbH zu beachten?

Ausleihungen, Forderungen oder Verbindlichkeiten gegenüber Gesellschaftern sind gem. § 42 Abs. 3 GmbHG gesondert auszuweisen bzw. im Anhang anzugeben.

1.7.2.2.1 Zugangsbewertung von Forderungen

01. Wie erfolgt die Zugangsbewertung von Forderungen im Handels- und Steuerrecht?

Die Zugangsbewertung der Forderungen erfolgt gem. § 253 Abs. 1 Satz 1 HGB bzw. § 6 Abs. 1 Nr. 2 EStG mit den Anschaffungskosten, diese entsprechen grundsätzlich dem Nennbetrag der Forderung (bei Forderungen a. LL i. d. R. dem Rechnungsbetrag).

02. Was ist bei nicht verzinsten Forderungen zu beachten?

Werden langfristige Forderungen nicht verzinst, so sind diese in der Bilanz abzuzinsen und mit dem Barwert anzusetzen.

In der Praxis kann dies z. B. im Unternehmensverbund vorkommen. Eine Muttergesellschaft gibt z. B. einem Tochterunternehmen ein Darlehen, welches nicht verzinst wird.

03. Was ist bei der Zugangsbewertung von Fremdwährungsforderungen zu beachten?

Fremdwährungsforderungen werden ergebnisneutral in die Handels- und Steuerbilanz eingebucht. Es ist der Kurswert zum Tag der wirtschaftlichen Entstehung der Forderung entscheidend.

1.7.2.2.2 Folgebewertung von Forderungen

01. Wie werden Forderungen im Rahmen der Folgebewertung eingeteilt?

Im Rahmen der Folgebewertung müssen Forderungen nach ihrer Werthaltigkeit geprüft werden, es gilt das strenge Niederstwertprinzip in der Handelsbilanz (§ 253 Abs. 4 HGB), nicht werthaltige Forderungen müssen abgewertet werden. In der Steuerbilanz kann bei einer voraussichtlich dauernden Wertminderung gem. § 6 Abs. 1 Nr. 2 Satz 2 EStG eine Abwertung vorgenommen werden.

Die Forderungen werden im Rahmen der Folgebewertung hierzu eingeteilt in

- ► einwandfreie Forderungen
- ► zweifelhafte (dubiose) Forderungen
- ► uneinbringbare Forderungen.

02. Was versteht man unter Zweifelhaften Forderungen und wie werden sie bewertet?

Eine Forderung ist zweifelhaft, wenn

► Kunden sich in Zahlungsverzug befinden und der Eingang ungewiss ist

► ein Insolvenzverfahren beim Kunden anhängig ist und mit einem Ausfall in geschätzter Höhe zu rechnen ist.

Gemäß § 252 Abs. 1 Nr. 4 HGB sind alle vorhersehbaren Risiken und Verluste, die bis zum Abschlussstichtag entstanden sind, zu berücksichtigen. Das bedeutet, dass die zweifelhaften Forderungen wertberichtigt werden müssen.

Da zum Abschlussstichtag der endgültige Forderungsausfall noch nicht feststeht, muss der vermutete Ausfall geschätzt werden. Der Forderungsbestand ist zu korrigieren und diese Forderung muss im Einzelnen um den vermuteten Ausfall berichtigt werden. Eine Umsatzsteuerkorrektur darf nicht vorgenommen werden.

Beispiel

Über das Vermögen eines Kunden wird zum 01.12.00 das Insolvenzverfahren eröffnet. Die Forderung beträgt 11.900 € brutto. Es wird mit einem Ausfall von 80 % gerechnet.

Buchung am 01.12.00

Zweifelhafte Forderungen	11.900,00 €	an	Forderungen a. LL (Debitor)	11.900,00 €

Buchung am 31.12.00

Einstellung in Einzelwertberichtigung	8.000,00 €	an	Einzelwertberichtigung auf Forderungen	8.000,00 €

Fall 1: Wird in dem nächsten Geschäftsjahr ein Betrag gezahlt, wird wie folgt gebucht:

Bank	9.520,00 €			
Forderungsverluste 19 %	2.000,00 €			
Umsatzsteuer	380,00 €	an	Zweifelhafte Forderungen	11.900,00 €

Die Umsatzsteuer wird für den uneinbringlichen Betrag berichtigt. Die Einzelwertberichtigung muss korrigiert werden:

Einzelwertberichtigung auf Forderungen	8.000,00 €	an	Erträge Herabsetzung von Wertberichtigungen auf Forderungen	8.000,00 €

Fall 2: Wird bekannt, dass ein Insolvenzverfahren anhängig ist und die Forderung zu 100 % uneinbringlich wird, sind folgende Buchungen vorzunehmen:

Forderungsverluste 19 % Umsatzsteuer	10.000,00 € 1.190,00 €	an	Zweifelhafte Forderungen	11.900,00 €

Die Einzelwertberichtigung wird wie in Fall 1 korrigiert.

03. Wie erfolgt die Pauschalwertberichtigung von Forderungen in der Handelsbilanz?

Die Bemessungsgrundlage für die Pauschalwertberichtigung ist der gesamte Forderungsbestand (netto) **zum Ende des Geschäftsjahres (Bilanzstichtag)** abzüglich der uneinbringbaren und der bereits einzelwertberichtigten Forderungen. Auf die Bemessungsgrundlage ist ein aufgrund vorliegender Erfahrungswerte geschätzter Prozentsatz anzuwenden.

Beispiel

Buchwert der Forderungen zum 31.12.		357.000,00 €
davon einzelwertberichtigt		23.800,00 €
= sichere Forderungen		333.200,00 €
netto	280.000,00 €	
davon 2 % Ausfallrisiko geschätzt		**5.600,00 €**

Buchung:

Einstellung in die Pauschalwertberichtigung auf Forderungen	5.600,00 €	an	Pauschalwertberichtigung auf Forderungen	5.600,00 €

04. Wie erfolgt die Pauschalwertberichtigung von Forderungen in der Steuerbilanz?

Die Bemessungsgrundlage für die Pauschalwertberichtigung ist der Forderungsbestand (netto) zum **Tag der Bilanzaufstellung** abzüglich der uneinbringaren und der bereits einzelwertberichtigten Forderungen. Auf die Bemessungsgrundlage kann ein Pauschalwertsatz von 1 % angesetzt werden. Aufgrund vorliegender Erfahrungswerte kann ein höherer Prozentsatz anzuwenden.

Beispiel

Buchwert der Forderungen zum 31.12.	357.000,00 €
davon offen am Tag der Bilanzaufstellung	59.500,00 €
netto	50.000,00 €
davon 2 % Ausfallrisiko geschätzt	**1.000,00 €**

Buchung:

Einstellung in die Pauschal-wertberichtigung auf Forderungen	1.000,00 €	an	Pauschalwertberichtigung auf Forderungen	1.000,00 €

05. Wie erfolgt die Bewertung von Forderungen in fremder Währung in der Handelsbilanz zum Bilanzstichtag?

Die Bewertung von Fremdwährungsforderungen in der Handelsbilanz erfolgt gem. § 256a HGB. Dabei ist zu unterscheiden, ob die Restlaufzeit

► höchstens ein Jahr oder

► mehr als ein Jahr

beträgt.

Beträgt die **Restlaufzeit höchstens ein Jahr**, wird am Bilanzstichtag zum Devisenkassamittelkurs umgerechnet. Ergibt sich ein Währungsverlust, wird dieser ausgewiesen (Vorsichtsprinzip). Ergibt sich ein Währungsgewinn wird dieser ebenfalls ausgewiesen. Das Anschaffungskostenprinzip wird dann gem. § 256a Satz 2 HGB nicht angewendet.

Beträgt die **Restlaufzeit mehr als ein Jahr**, so kommt der Devisenkassamittelkurs nur zum Ansatz, wenn sich ein Währungsverlust ergibt. Währungsgewinne werden bei Restlaufzeit über einem Jahr **nicht** ausgewiesen.

06. Wie erfolgt die Bewertung von Forderungen in fremder Währung in der Steuerbilanz zum Bilanzstichtag?

Für die Steuerbilanz gilt, dass die ursprünglichen Anschaffungskosten der Forderungen nicht überschritten werden dürfen (Anschaffungskostenprinzip). Währungsgewinne werden nicht ausgewiesen.

Tritt durch den Wechselkurs zum Bilanzstichtag eine Wertminderung der Forderung ein, gilt gem. § 6 Abs. 1 Nr. 2 Satz 2 EStG ein Abwertungswahlrecht (Teilwertabschreibung) bei einer voraussichtlich dauernden Wertminderung.

Bei kurzfristigen Forderungen ist die Kursentwicklung bis zum Zeitpunkt der Aufstellung der Bilanz bzw. der vorherigen Tilgung der Forderung wichtig. Hält der Kursverlust bis zum Zeitpunkt der Aufstellung der Bilanz bzw. bis zur vorherigen Tilgung der Forderung an, so kann von einer dauernden Wertminderung ausgegangen werden.

1.7.2.3 Wertpapiere des Umlaufvermögens

01. Wie erfolgt die Abgrenzung zwischen Wertpapieren des Anlagevermögens zu Wertpapieren des Umlaufvermögens?

Wertpapiere des Anlagevermögens sollen langfristig gehalten werden. Wertpapiere des Umlaufvermögens sollen kurzfristig gehalten werden. Je nachdem, wie die Wertpapiere gewidmet werden, erfolgt die Zuordnung zum Anlage- bzw. zum Umlaufvermögen.

02. Wie erfolgt die Zugangsbewertung von Wertpapieren des Umlaufvermögens?

Handelsrechtlich erfolgt die Zugangsbewertung gem. § 253 Abs. 1 Satz 1 HGB mit den Anschaffungskosten gem. § 255 Abs. 1 HGB.

In der Steuerbilanz erfolgt die Zugangsbewertung gem. § 6 Abs. 1 Nr. 2 Satz 1 EStG mit den Anschaffungskosten gem. H 6.2 EStH.

03. Wie erfolgt die Folgebewertung von Wertpapieren des Umlaufvermögens?

In der Handelsbilanz gilt das strenge Niederstwertprinzip gem. § 253 Abs. 4 HGB. Ist der Kurswert der Wertpapiere am Bilanzstichtag geringer als der Kurswert bei Anschaffung, ist zwingend der niedrigere Kurswert anzusetzen, unabhängig wie sich der Kurs nach dem Bilanzstichtag entwickelt.

In der Steuerbilanz besteht gem. § 6 Abs. 1 Nr. 2 Satz 2 EStG ein Wahlrecht zur Teilwertabschreibung auf den niedrigeren Kurswert am Bilanzstichtag, wenn es sich um eine voraussichtlich dauernde Wertminderung handelt.

Wann eine voraussichtlich dauernde Wertminderung vorliegt, wird im Teilwerterlass (BMF-Schreiben vom 02.09.2016) ab Rz. 17 beschrieben.

Bei Börsen- und aktienbasierten Wertpapieren liegt eine voraussichtlich dauernde Wertminderung vor, wenn der Kurswert am Bilanzstichtag um mehr als 5 % unter den Kurswert bei Anschaffung gesunken ist. Ist in den vorangegangenen Geschäftsjahren bereits eine Teilwertabschreibung vorgenommen worden, ist zur Prüfung der 5 % Grenze der vorher angesetzte Teilwert als Vergleichswert anzusetzen.

Bei festverzinslichen Wertpapieren, die eine Forderung in Höhe des Nominalwerts verbriefen, ist gem. Rz. 21 regelmäßig keine Teilwertabschreibung möglich, es sei denn, es besteht ein Bonitäts- und Liquiditätsrisiko bezüglich der Rückzahlung des Nennwerts der Wertpapiere.

Sowohl in der Handels- als auch in der Steuerbilanz gilt, sofern sich der Kurs der Wertpapiere erholt, ist zwingend zuzuschreiben (Wertaufholungsgebot), allerdings maximal bis zu den Anschaffungskosten (§ 253 Abs. 5 HGB; § 6 Abs. 1 Nr. 2 Satz 3 EStG). Die Bagatellgrenze i. H. v. 5 % ist bei der Zuschreibung in der Steuerbilanz nicht anzuwenden.

1.7.3 Rechnungsabgrenzungsposten

01. Wozu dienen Rechnungsabgrenzungsposten?

Rechnungsabgrenzungsposten (RAP) dienen der periodengerechten Gewinnermittlung.

Die Aufwendungen und Erträge sollen dem Geschäftsjahr zugeordnet werden, in dem sie wirtschaftlich verursacht worden sind, unabhängig von Zeitpunkt ihrer Zahlungen (§ 252 Abs. 1 Nr. 5 HGB, § 5 Abs. 5 EStG).

Im Rahmen der periodengerechten Gewinnermittlung werden

▸ Transitorische Posten (Aktive und passive RAP) und

▸ Antizipative Posten (sonst. Forderungen/sonstige Verbindlichkeiten)

unterschieden.

02. Welche Ausprägungen von transitorischen und antizipativen Posten werden bei der zeitlichen Abgrenzung unterschieden?

In der nachfolgenden Übersicht sind Fälle der zeitlichen Abgrenzung dargestellt:

Zeitliche Abgrenzungen					
Art	Tatbestand		Altes Geschäftsjahr	Neues Geschäftsjahr	Buchung (im alten Jahr)
Antizipative Rechnungs- abgrenzung	Einnahmen im neuen Jahr betreffen wirtschaftlich das alte Jahr und müssen dort als Ertrag gebucht werden		Ertrag	Einnahme	Sonst. Forderung an Ertrag
	Ausgaben im neuen Jahr betreffen wirtschaftlich das alte Jahr und müssen dort als Aufwand ge- bucht werden	Höhe und Fäl- ligkeit des Be- trages stehen fest	Aufwand	Ausgabe	Aufwand an sonst. Verbind- lichkeit
		Höhe und Fälligkeit stehen zum Jahresende nicht fest			Aufwand an Rück- stellungen (z. B. Pensionsrückstel- lung, sonst. Rück- stellungen)
Transitorische Rechnungs- abgrenzung	Ausgaben des alten Jahres betreffen wirtschaftlich das neue Jahr und müssen dort gebucht werden.		Ausgabe	Aufwand	Aktive Rechnungs- abgrenzung an Aufwand
	Einnahmen des alten Jahres betreffen wirtschaftlich das neue Jahr und müssen dort gebucht werden		Einnahme	Ertrag	Ertrag an Passive Rechnungs- abgrenzung

03. Was wird als Rechnungsabgrenzungsposten angesetzt?

Als Rechnungsabgrenzungsposten werden gem. § 250 HGB; § 5 Abs. 5 EStG, R, H 5.6 EStR/EStH angesetzt

▶ **auf der Aktiva der Bilanz (ARAP)**

Ausgaben vor dem Abschlussstichtag, soweit sie Aufwand für eine bestimmte Zeit nach dem Abschlussstichtag darstellen

▶ **auf der Passiva der Bilanz (PRAP)**

Einnahmen vor dem Abschlussstichtag, soweit sie Ertrag für eine bestimmte Zeit nach diesem Tag darstellen

Für Rechnungsabgrenzungsposten besteht gem. § 246 Abs. 1 Satz 1 HGB, § 5 Abs. 1 Satz 1 EStG grundsätzlich im Handels- und Steuerrecht ein Bilanzierungsgebot.

04. Welche Sonderformen für Rechnungsabgrenzungsposten gibt es für die Handels- bzw. Steuerbilanz?

Handelsrechtliche Sonderform

Gemäß § 250 Abs. 3 HGB besteht ein **Aktivierungswahlrecht** für das Disagio (der Erfüllungsbetrag einer Verbindlichkeit übersteigt den Ausgabebetrag).

Das Disagio kann als aktiver Rechnungsabgrenzungsposten angesetzt werden und über die Laufzeit bzw. bei einer Zinsfestschreibung über die Zinsfestschreibungsdauer abgeschrieben werden **oder** direkt als Aufwand gebucht werden.

In der Steuerbilanz besteht gem. H 6.10 EStH ein Aktivierungsgebot für das Disagio.

Steuerrechtliche Sonderformen

Gemäß § 5 Abs. 5 EStG besteht ein **Bilanzierungsgebot für**

- als Aufwand berücksichtigte Zölle und Verbrauchsteuern, soweit sie auf am Bilanzstichtag auszuweisende WG des Vorratsvermögens entfallen
- als Aufwand berücksichtigte Umsatzsteuer auf am Bilanzstichtag auszuweisende Anzahlungen.

Handelsrechtlich besteht jeweils Bilanzierungsverbot.

05. Wie erfolgt die Auflösung eines aktivierten Disagio?

Die Auflösung eines aktivierten Disagio's muss gem. H 5.6 EStH; H 6.10 EStH periodengerecht erfolgen. Es werden zwei Methoden der Auflösung unterschieden:

- die **lineare Auflösung** bei Endfälligkeitsdarlehen d. h. gleichmäßige Verteilung auf die Laufzeit bzw. wenn vorhanden über die Zinsfestschreibungsdauer
- nach der **Zinsstaffelmethode** bei Tilgungs- und Abzahlungsdarlehen.

Wenn das Aktivierungswahlrecht für die Handelsbilanz in Anspruch genommen wurde, erfolgt die Auflösung identisch wie in der Steuerbilanz.

06. Wie berechnet sich der jährliche Auflösungsbetrag nach der Zinsstaffelmethode?

$$\text{Jährlicher Anteil} = \frac{\text{Anzahl der restlichen Raten}}{\text{Summe der Zahlenreihe}} \cdot \text{Disagio}$$

$$\text{Summe der Zahlenreihe} = \frac{\text{Anzahl der Raten} \cdot (\text{Anzahl der Raten} + 1)}{\text{Summe der Zahlenreihe}}$$

Beispiel

Ein Darlehen hat eine Laufzeit von 10 Jahren mit halbjähriger Tilgung. Es sind 20 Raten zu zahlen.

$$\text{Summe der Zahlenreihe} = \frac{20 \cdot 21}{2} = 210$$

 MERKE

Es ist zusätzlich eine periodengerechte Abgrenzung vorzunehmen, wenn eine Rate zwei Wirtschaftsjahre betrifft! Zum Beispiel Zahlungstermin 01.04. und 01.10. des jeweiligen Jahres. Wird der Auflösungsbetrag ermittelt, ist zu beachten, dass der Zeitraum zwischen der Rate 01.10. und 01.04. des Folgejahres periodengerecht aufgeteilt werden muss.

1.7.4 Latente Steuern

01. Wann entstehen „latente Steuern" nach HGB und wie erfolgt die Berechnung?

Aktive und passive latente Steuern entstehen:

	Aktive latente Steuern	**Passive latente Steuern**
Vermögensgegenstand	Handelsbilanz < Steuerbilanz	Handelsbilanz > Steuerbilanz
Schulden	Handelsbilanz > Steuerbilanz	Handelsbilanz < Steuerbilanz

Folgende Vorschriften gelten nach dem HGB für die latenten Steuern:

Mittelgroße und große Kapitalgesellschaften (§ 274 HGB)	Ansatzwahlrecht – aktive latente Steuern Ansatzpflicht – passive latente Steuern
Kleine Kapitalgesellschaften (§ 274a HGB)	Befreiung = Ansatzwahlrecht, jedoch Passivierungspflicht, wenn Tatbestandvoraussetzungen für den Ansatz einer Rückstellung nach § 249 Abs. 1 Satz 1 HGB vorliegen
Sonstige Kaufleute	Keine Anwendung

Die Bewertung der latenten Steuern erfolgt zum unternehmensindividuellen Steuersatz im Zeitpunkt der Umkehrung der Differenz (i. d. R. Steuersätze am Bilanzstichtag). Eine Abzinsung der latenten Steuern ist nicht zulässig.

Eine Berücksichtigung steuerlicher Verlustvorträge bei der Ermittlung aktiver latenter Steuern erfolgt nur, soweit mit ihrer Nutzung innerhalb der auf den Abschlussstichtag folgenden fünf Jahre zu rechnen ist.

Für den Ausweis in der **Bilanz** gibt es ein Wahlrecht: Bruttoausweis oder Saldierung. In der **Gewinn- und Verlustrechnung** werden die latenten Steuern unter „Steuern vom Einkommen und Ertrag" (§ 274 Abs. 2 Satz 3 HGB) ausgewiesen.

Nach § 285 Nr. 29 HGB besteht die Verpflichtung für Kapitalgesellschaften im **Anhang** anzugeben, auf welchen Differenzen oder steuerlichen Verlustvorträgen die latenten Steuern beruhen und mit welchen Steuersätzen die Bewertung erfolgt.

Beispiel

Berechnung aktiver latenter Steuern: Pensionsrückstellungen:

Ausweis in der Handelsbilanz inkl. Gehalts- und Rentensteigerung / Marktzinssatz < 5 % = 600.000 €

Ausweis in der Steuerbilanz gem. § 6a EStG Diskontierungssatz 6 % =550.000 €

Steuersatz 30 %

Ausweis Aktiver latenter Steuern: 50.000 € • 30 % = 15.000 €

Buchung:

Aktive latente Steuern	15.000,00 €	an	Latenter Steuerertrag	15.000,00 €

1.7.5 Aktiver Unterschiedsbetrag aus Vermögensverrechnung

Handelsrecht

Hat der Kaufmann gegenüber seinen Arbeitnehmern Verpflichtungen übernommen aus Pensionszusagen, Vereinbarungen aus Altersteilzeit oder Lebensarbeitszeitmodellen sowie andere vergleichbare langfristige Verpflichtungen, sind die Vermögensgegenstände, die ausschließlich zur Erfüllung dieser Verpflichtungen dienen, mit den Verpflichtungen (z. B. Pensionsrückstellungen) zu saldieren (**Ausnahme**). Die Saldierung gilt auch für die Gewinn- und Verlustrechnung.

Voraussetzung ist das, dass Vermögen dem Zugriff aller Gläubiger entzogen ist und nur zur Erfüllung der Verpflichtungen dient (§ 246 Abs. 2 Satz 2 HGB).

Ist das Deckungsvermögen > als die Verpflichtungen, entsteht ein Aktiver Unterschiedsbetrag aus Vermögensverrechnung.

Ist die Verpflichtung > das Deckungsvermögen, soll der Kaufmann nur die Verbindlichkeiten ausweisen, die ihn tatsächlich wirtschaftlich belasten.

Im Handelsrecht stellt diese Position keinen Vermögensgegenstand dar, sondern einen Verrechnungsposten. Der Betrag des Verrechnungspostens unterliegt der Ausschüttungssperre (§ 268 Abs. 8 HGB).

Steuerrecht
In der Steuerbilanz gilt gem. § 5 Abs. 1a Satz 1 EStG ein striktes Saldierungsverbot für das Planvermögen.

1.7.6 Eigenkapital

Bilanzsteuerlich wird im Eigenkapital der Unterschiedsbetrag zwischen den Vermögensgegenständen und den Schulden gesehen.

Im Gesellschaftsrecht ist es das Kapital, welches der/die Gesellschafter dem Unternehmen dauerhaft zugeführt haben der freien Kündigung entzogen ist und durch Verluste gemindert werden kann. Im Insolvenzfall wird es nicht zurückgezahlt

1.7.6.1 Eigenkapital bei Personenunternehmen

01. Wie erfolgt die Bewertung des Eigenkapitals bei Personenunternehmen?

Bei Personenunternehmen ist handelsrechtlich eine Gesamthandelsbilanz zu erstellen. Das Eigenkapital zum Ende des Geschäftsjahres ermittelt sich grundsätzlich nach folgendem Schema.

	Eigenkapital zum 01.01.
+	Gewinn (-anteile)
-	Verlust (-anteile)
+	Einlagen
-	Entnahmen
=	Eigenkapital zum 31.12.

Im Steuerrecht ist der jeweilige Mitunternehmer (Gesellschafter) Subjekt der Besteuerung. Die Gesellschaft (Personenunternehmen) ist „lediglich" Objekt der Gewinnermittlung.

Die handelsrechtliche Gesamthandelsbilanz wird über das Maßgeblichkeitsprinzip in das Steuerrecht als Steuerbilanz übernommen. Es werden ggf. steuerliche Korrekturen erfolgen.

Zusätzlich kann es erforderlich sein, für die Mitunternehmer Sonder- und/oder Ergänzungsbilanzen aufzustellen.

02. Wie werden Entnahmen definiert?

Entnahmen sind gem. § 4 Abs. 1 Satz 2 EStG alle Wirtschaftsgüter (Barentnahmen, Waren, Erzeugnisse, Nutzungen und Leistungen), die der Steuerpflichtige dem Betrieb für sich, für seinen Haushalt oder für andere betriebsfremde Zwecke im Laufe des Wirtschaftsjahres entnommen hat.

Es werden folgende Arten von Entnahmen unterschieden:

► Barentnahme
► Sachentnahme
► Nutzugsentnahme
► Leistungsentnahme.

03. Welche Wirtschaftsgüter können entnommen werden?

Entnommen können nur Wirtschaftsgüter werden, die entnahmefähig sind.

► Entnahmefähig sind:
  - Gewillkürtes Betriebsvermögen
  - Wirtschaftsgüter, die aufgrund einer Nutzungsänderung nicht mehr notwendiges Betriebsvermögen darstellen, sondern zu gewillkürten Betriebsvermögen werden.
► Ein Wirtschaftsgut, welches notwendiges Betriebsvermögen darstellt, ist nicht entnahmefähig
► Wirtschaftsgüter des notwendigen Privatvermögens sind nicht entnahmefähig, auch nicht dann, wenn sie fälschlich als Betriebsvermögen behandelt werden. Hierbei ist die Bilanz zu berichtigen (vgl. § 4 Abs. 2 EStG)
► Nicht entnahmefähig für sich allein ist der Geschäfts- oder Firmenwert.

04. Wie werden Entnahmen bewertet?

Die Bewertung von Entnahmen erfolgt gem. § 6 Abs. 1 Nr. 4 Satz 4 EStG grundsätzlich zum Teilwert.

Bei einer Entnahme aufgedeckte stille Reserven können nicht in eine Rücklage eingestellt werden § 6b Abs. 3 EStG.

Wird ein fälschlich bilanzierter Gegenstand ausgebucht, erfolgt dies zum Buchwert und nicht zum Teilwert, da es sich bei dem Wirtschaftsgut um Privatvermögen handelt (§ 4 Abs. 2 EStG).

 INFO

Ein Sonderfall der Entnahme gibt es bei der Betriebsaufgabe.

Grundsätzlich wird bei einer Entnahme vom weiterbestehen des Unternehmens ausgegangen. Die Betriebsaufgabe stellt allerdings einen Sonderfall dar, hierbei wird anstelle des Teilwerts, der gemeine Wert angesetzt (§ 16 Abs. 3 EStG).

Zur Ermittlung des niedrigeren Teilwerts gelten folgende Teilwertvermutungen:

- ► Zum Zeitpunkt des Erwerbs oder der Fertigstellung eines Wirtschaftsguts entspricht der Teilwert den Anschaffungs-/Herstellungskosten
- ► Bei nicht abnutzbaren Wirtschaftsgütern des Anlagevermögens entspricht der Teilwert auch zu späteren, dem Zeitpunkt der Anschaffung/Herstellung nachfolgenden Bewertungsstichtagen den Anschaffungs-/Herstellungskosten
- ► Bei abnutzbaren Wirtschaftsgütern des Anlagevermögens entspricht der Teilwert zu späteren, dem Zeitpunkt der Anschaffung/Herstellung nachfolgenden Bewertungsstichtagen, den um die lineare AfA verminderten Anschaffungs-/Herstellungskosten
- ► Bei Wirtschaftsgütern des Umlaufvermögens entspricht der Teilwert grundsätzlich den Wiederbeschaffungskosten (Teilwert von zum Absatz bestimmter Ware hängt auch von deren voraussichtlichem Verkaufserlös – Börsen- oder Marktpreis – ab)
- ► Verbindlichkeiten sind nach R 4.2 Abs. 15 EStR wie folgt zu bewerten:
  - mit der Entnahme eines fremdfinanzierten Wirtschaftsgutes des Anlagevermögens wird die Finanzierung zu einer privaten Schuld (Bewertung der Schuld nach § 253 Abs. 1 HGB/§ 6 Abs. 1 Nr. 3 EStG).

05. Wie werden Einlagen definiert?

Einlagen sind gem. § 4 Abs. 1 Satz 8 EStG alle Wirtschaftsgüter (Bareinzahlungen und sonstige Wirtschaftsgüter), die der Steuerpflichtige dem Betrieb im Laufe des Wirtschaftsjahres zugeführt hat.

Es werden folgende Arten von Einlagen unterschieden:

- ► Bareinlagen
- ► Sacheinlagen.

Keine Einlagen sind sog. Aufwandseinlagen. Einlagen haben keinen Einfluss auf den Gewinn.

06. Wie werden Einlagen bewertet?

Die Bewertung erfolgt gem. § 6 Abs. 1 Nr. 5, 5a EStG; R 4.3 EStR und R 6.12 EStR.

Die Bewertung erfolgt grundlegend mit dem Teilwert, hierbei ist es prinzipiell unerheblich, ob der Teilwert größer oder kleiner als die Anschaffungs- oder Herstellungskosten ist.

Von der Bewertung zum Teilwert gibt es Ausnahmen, z. B.:

1. wenn das zugeführte Wirtschaftsgut innerhalb der letzten 3 Jahre vor dem Zeitpunkt der Einlage angeschafft oder hergestellt worden ist (§ 6 Abs. 1 Nr. 5a EStG) oder
2. wenn es ein Anteil an einer Kapitalgesellschaft ist und der Steuerpflichtige an der Gesellschaft i. S. d. § 17 Abs. 1 EStG beteiligt ist (§ 6 Abs. 1 Nr. 5b EStG).

1.7.6.1.1 Sonderbilanzen

01. Wodurch entstehen Sonderbilanzen?

Handelsrechtlich dürfen nur Vermögensgegenstände und Schulden bilanziert werden, die im Gesamthandseigentum stehen.

Im Einkommensteuerrecht gilt allerdings das Transparenzprinzip. Es wird nicht die Personengesellschaft besteuert, sondern der jeweilige Gesellschafter.

Daraus ergibt sich, dass nicht nur der Gewinnanteil am Gesamthandsvermögen, sondern alle Gewinnanteile des Steuerpflichtigen besteuert werden.

Sonderbilanzen weisen die positiven und negativen Wirtschaftsgüter des jeweiligen Steuerpflichtigen (Mitunternehmers) aus, die nicht im Gesamthandseigentum der Gesellschaft stehen.

Sonderbilanzen ergeben sich nur im Steuerrecht.

02. Wie wird Sonderbetriebsvermögen definiert?

Das Sonderbetriebsvermögen wird gem. R 4.2 Abs. 2 EStR unterschieden in

▸ Sonderbetriebsvermögen I und
▸ Sonderbetriebsvermögen II.

Sonderbetriebsvermögen I umfasst alle Wirtschaftsgüter, die einem, mehreren oder allen Mitunternehmern gehören und die nicht im Gesamthandseigentum stehen, wenn sie unmittelbar dem Betrieb der Personengesellschaft dienen.

Beispiel

In der Müller und Meyer OHG sind Peter Müller und Hans Meyer Gesellschafter. Peter Müller verpachtet der OHG ein unbebautes Grundstück für 5.000 € monatlich. Da das Grundstück nicht im Gesamthandseigentum der Müller und Meyer OHG steht, darf es nicht in der Gesamthandsbilanz erfasst werden.

Peter Müller muss das Grundstück in seiner Sonderbilanz erfassen.

Sonderbetriebsvermögen II umfasst alle Wirtschaftsgüter, die einem, mehreren oder allen Mitunternehmern gehören und die nicht im Gesamthandseigentum stehen, wenn sie unmittelbar zur Begründung oder Stärkung der Beteiligung des Mitunternehmers an der Personengesellschaft eingesetzt werden.

Beispiel

Zur Finanzierung seines Kapitalanteils an der Müller und Meyer OHG nimmt der Gesellschafter Hans Meyer einen Kredit bei seiner Hausbank auf. Der Kredit ist als Sonderbetriebsvermögen II zu erfassen.

 INFO

Das Thema Sonderbilanzen wird ausführlich im Bereich Einkommensteuer behandelt.

1.7.6.1.2 Ergänzungsbilanzen

Ergänzungsbilanzen sind reine Steuerbilanzen (sog. Korrekturbilanzen) (§ 15 Abs. 1 Satz 1 Nr. 2 1 Hs. EStG).

Sie werden für einzelne Personengesellschafter für Zwecke der Besteuerung geführt.

Sie enthalten keine Wirtschaftsgüter, lediglich Wertkorrekturen zu den Steuerbilanzansätzen.

Anwendungsfälle

► Anteilserwerb

► Einbringung von Wirtschaftsgütern

► Personenbezogene Steuervergünstigungen.

INFO

Im Fachgebiet Einkommensteuer wird das Thema Sonder- und Ergänzungs-bilanzen tiefgründig behandelt.

1.7.6.2 Eigenkapital bei Kapitalgesellschaften

01. Was beinhalten die einzelnen Positionen des Eigenkapitals bei Kapitalgesellschaften?

Die Gliederung des Eigenkapitals ist in den §§ 266, 272 HGB geregelt:

Gezeichnetes Kapital	Grundkapital von Aktiengesellschaften und Stammkapital von GmbH: Ausstehende Einlagen müssen nach BilMoG offen vom gezeichneten Kapital abgesetzt werden (Nettoausweis).
Kapitalrücklage	Hier fließen Disagio-Beträge bei der Ausgabe von Anteilen, Bezugsanteilen, Wandelschuldverschreibungen und Zuzahlungen von Gesellschaftern für Vorzugsrechte ein.

Gewinnrücklage	▸ Rücklage aus Jahresüberschüssen
	
	▸ Unterteilung:
	
	  - gesetzliche Rücklage
	
	  - Rücklagen für Anteile an einem herrschenden oder mehrheitlich beteiligten Unternehmen
	
	  - Satzungsmäßige Rücklagen
	
	  - andere Gewinnrücklagen.

Gewinnvortrag/ Verlustvortrag	Verlustvorträge sind offen in der Bilanz von den übrigen Eigenkapitalpositionen abzusetzen.
Jahresüberschuss/ Jahresfehlbetrag	Jahresfehlbeträge sind offen in der Bilanz von den übrigen Eigenkapitalpositionen abzusetzen.

Die gesetzliche Rücklage ist nach § 150 AktG bereits bei Aufstellung des Jahresab-schlusses zu bilden, in die 5 % (der zwanzigste Teil) des ggf. um einen Verlustvortrag aus dem Vorjahr geminderten Jahresüberschusses einzustellen sind, bis sie zusammen mit der Kapitalrücklage 10 % oder den satzungsmäßig höheren Teil des Grundkapitals erreichen.

Beispiel

Die X-AG weist ein Grundkapital von 5 Mio. € aus. Die gesetzliche Rücklage einschließ-lich der Kapitalrücklage beträgt am Schluss des Vorjahres 300.000 €. Am Ende des Ge-schäftsjahres haben die Erträge 20 Mio. € und die Aufwendungen 19 Mio. € betragen. Es ist ein Verlustvortrag aus dem Vorjahr von 200.000 € vorhanden.

Berechnung:

	Erträge	20.000.000,00 €
-	Aufwendungen	19.000.000,00 €
=	Jahresüberschuss	1.000.000,00 €
-	Verlustvortrag	200.000,00 €
=	Berechnungsgrundlage	800.000,00 €
	davon 5 % Einstellung in die gesetzliche Rücklage	40.000,00 €

40.000 € sind einzustellen, da die bisher gebildete Rücklage einschließlich Kapitalrücklage den zehnten Teil des Grundkapitals (500.000 €) noch nicht erreicht hat.

02. Wie wird die Gewinnverwendung bzw. der Bilanzverlust ermittelt?
Die Gewinnverwendung bzw. der Bilanzverlust wird wie folgt errechnet:

	Gewinnvortrag aus dem Vorjahr
-	Verlustvortrag aus dem Vorjahr
+	Entnahmen aus der Kapitalrücklage
+	Entnahmen aus der Gewinnrücklage
-	Einstellungen in die Gewinnrücklagen
=	Bilanzgewinn/Bilanzverlust

03. Welche Besonderheiten gelten für ausstehende Einlagen?

Bei ausstehenden Einlagen handelt es sich um Einlageverpflichtungen der Gesellschafter bzw. um Ansprüche der Kapitalgesellschaft auf Einlageleistung.

Ausstehende Einlagen werden unterschieden in ausstehende nicht eingeforderte Einlagen und ausstehende eingeforderte ausstehende Einlagen.

Gemäß § 272 Abs. 1 Satz 2 HGB sind nicht eingeforderte ausstehende Einlagen von dem Posten „Gezeichnetes Kapital" offen abzusetzen.

Der verbleibende Betrag ist als „eingefordertes Kapital" in der Hauptspalte der Passivseite auszuweisen.

Sind ausstehende Einlagen eingefordert, allerdings noch nicht eingezahlt ist der Betrag unter den Forderungen gesondert auszuweisen und zu bezeichnen.

Beispiel

Die Hauptversammlung der Sonnen AG hat beschlossen, ihr Kapital durch Ausgabe von 1 Mio. Aktien zum Nennwert von 10 €/Aktie zu erhöhen. Vom Ausgabepreis von 40 €/ Aktie sind 34 € sofort einzuzahlen. Der Restbetrag kann vom Vorstand bei Bedarf eingefordert werden.

- Die Sonnen AG setzt die ausstehenden Einlagen i. H. v. 6 Mio. € offen vom gezeichneten Kapital ab.

- Der verbleibende Betrag i. H. v. 4 Mio. € ist als Posten „Eingefordertes Kapital" auf der Passivseite auszuweisen.

- Werden ausstehende Einlagen eingefordert, sind die Beträge unter den „Forderungen" gesondert auszuweisen.

AKTIVA	Bilanz der Sonnen AG ...		PASSIVA
	A. Eigenkapital		
	I. Gezeichnetes Kapital		10 Mio.
B. Umlaufvermögen	- Nicht eingefordertes Kapital		6 Mio.
IV. liquide Mittel	34 Mio.	= Eingefordertes Kapital	4 Mio.
	II. Kapitalrücklage		30 Mio.

04. Wie werden „Eigene Anteile" behandelt?

Im HGB werden eigene Anteile wie folgt behandelt:

- **Erwerb** = Eigenkapitalminderung (§ 272 Abs. 1a HGB):
  - Nennbetrag oder rechnerischer Betrag – offene Absetzung vom gezeichneten Kapital
  - Unterschiedsbetrag zwischen Nennbetrag und Kaufpreis – Verrechnung mit den frei verfügbaren Rücklagen
  - Anschaffungsnebenkosten – Behandlung als Aufwand der Periode
- **Veräußerung** = Eigenkapitalzuführung (§ 272 Abs. 1b HGB):
  - Rückgängigmachung der Verrechnung des Nennbetrages bzw. rechnerischen Werts der Anteile mit dem gezeichneten Kapital
  - Erhöhung der frei verfügbaren Rücklagen um den ursprünglich verrechneten Betrag
  - Erhöhung der Kapitalrücklage um einen etwaigen Mehrbetrag aus der Veräußerung
  - Veräußerungsnebenkosten – Behandlung als Aufwand der Periode.

05. Welche Ausschüttungssperren sind in § 268 HGB u. a. geregelt?

Der § 268 Abs. 8 HGB stellt sicher, dass das Ausschüttungspotenzial von Kapitalgesellschaften um die im Abschluss berücksichtigten Beträge bestimmter als unsicher geltender Bestandteile des bilanziellen Vermögens gekürzt wird.

Es handelt sich um folgende Anwendungsfälle:

- § 268 Abs. 8 Satz 1 HGB; aktiviert selbst geschaffene immaterielle Vermögensgegenstände: gesperrt für die Ausschüttung- und Abführung ist der Betrag der aktivierten Vermögensgegenstände abzüglich der hierfür gebildeten passiven latenten Steuern

- § 268 Abs. 8 Satz 2 HGB; Aktive latente Steuern: gesperrt für die Ausschüttung- und Abführung ist der Betrag, um den die aktiven latenten Steuern die passiven latenten Steuern übersteigen

- § 268 Abs. 8 Satz 3 HGB; zum beizulegenden Zeitwert bewertete Vermögensgegenstände: gesperrt für die Ausschüttung- und Abführung ist der die Anschaffungskosten der Vermögensgegenstände übersteigende Betrag abzüglich der hierfür gebildeten passiven latenten Steuern.

06. Welche Formen der Kapitalerhöhung bei Aktiengesellschaften werden unterschieden?

Bei Aktiengesellschaften werden folgende Formen der Kapitalerhöhung unterschieden:

- ordentliche Kapitalerhöhung, §§ 182 - 191 AktG
  - Grundfall der Erhöhung des gezeichneten Kapitals
  - es erfolgt auch eine Erhöhung des Eigenkapitals
  - bisherige Aktionäre haben ein Bezugsrecht

- bedingte Kapitalerhöhung, §§ 192 - 201 AktG
  - es erfolgt eine zweckgebundene Erhöhung des gezeichneten Kapitals
  - es erfolgt auch eine Erhöhung des Eigenkapitals
  - bisherige Aktionäre haben kein Bezugsrecht

- genehmigte Kapitalerhöhung, §§ 202 - 206 AktG
  - Vollmacht der Hauptversammlung zur späteren Kapitalerhöhung
  - es erfolgt auch eine Erhöhung des Eigenkapitals
  - die bisherigen Aktionäre haben ein Bezugsrecht

- Kapitalerhöhung aus Gesellschaftsmitteln
  - Erhöhung des gezeichneten Kapitals zu Lasten der Gewinnrücklage
  - das Eigenkapital erhöht sich hierbei nicht
  - bisherige Aktionäre haben Recht auf Zusatz- oder Gratisaktien.

07. Was ist ein Bezugsrecht?

Ein Bezugsrecht ist das gesetzlich verbriefte Recht eines Aktionärs auf Bezug neuer Aktien (§ 186 AktG).

Gründe hierfür sind:

► Das Bezugsrecht soll sicherstellen, dass sich bei ordentlicher Kapitalerhöhung das Verhältnis der Stimmrechte nicht verändert

► Es sollen ggf. Vermögensnachteile ausgeglichen werden, die eventuell entstehen würden, wenn neue Aktien unter dem Bilanzkurs bzw. dem Börsenkurs ausgegeben werden.

Bezugsrechte werden an der Börse gehandelt und sind selbstständig notiert, sie können durch Aktionäre somit selbst genutzt oder verkauft werden.

08. Wie wird der Wert des Bezugsrechts rechnerisch ermittelt?

Der rechnerische Wert des Bezugsrechts ermittelt sich nach folgender Formel:

$$\text{Bezugsrecht} = \frac{\text{Kurs der alten Aktien - Kurs der neuen Aktien}}{\dfrac{\text{Anzahl der alten Aktien}}{\text{Anzahl der neuen Aktien}} + 1}$$

Der tatsächliche Wert ergibt sich aus Angebot und Nachfrage an der Börse.

09. Welche Gründe und Formen der Kapitalherabsetzung gibt es?

Kapitalherabsetzung bedeutet Minderung des Eigenkapitals. Gründe für eine Kapitalherabsetzung können u. a. sein:

► Entnahmen durch Gesellschafter

► Ausscheiden von Gesellschaftern

► Sanierung des Unternehmens.

10. Wie erfolgt die Kapitalherabsetzung bei den einzelnen Rechtsformen?

Die Kapitalherabsetzung erfolgt:

► bei Einzelunternehmen, durch Privatentnahmen des Unternehmers

► bei Offenen Handelsgesellschaften (OHG)

  - Entnahme bis zu 4 % der Kapitalanteile des Vorjahres

  - darüberhinausgehende Entnahmen von Gewinnanteilen, sofern dies nicht zum Schaden der Gesellschaft führt

- ► bei Kommanditgesellschaften (KG)
  - Entnahme bis zu 4 % der Kapitalanteile des Vorjahres
  - darüberhinausgehende Entnahmen von Gewinnanteilen, sofern dies nicht zum Schaden der Gesellschaft führt
  - Kommanditisten können Gewinnanteile nur auszahlen, sofern ein Verlust den Kapitalanteil nicht gemindert hat
  - Herabsetzung eines Kapitalanteils eines Kommanditisten bedarf dem Beschluss aller Gesellschafter und Eintragung im Handelsregister
- ► bei Gesellschaft mit beschränkter Haftung (GmbH)
  - Herabsetzung gesetzlich geregelt in § 58 GmbHG
  - Herabsetzung des Stammkapitals bedeutet Minderung des Haftungskapitals
- ► bei Aktiengesellschaften (AG), §§ 222 - 239 AktG
  - ordentliche Kapitalherabsetzung
    - ¾ Mehrheit der Hauptversammlung notwendig
    - Durchführung indem der Nennwert je Aktie herabgesetzt wird oder Aktien zusammengelegt werden
  - vereinfachte Kapitalherabsetzung
    - dient der buchmäßigen Sanierung
    - besondere Vorschriften sind nicht zu beachten
    - dient z. B. zur Einstellung in die Kapitalrücklage oder zum Ausgleich von Verlusten
  - Kapitalherabsetzung durch Einziehung von Aktien
    - Möglichkeit der Sanierung
    - Vorschriften wie bei ordentlicher Kapitalherabsetzung sind zu beachten
    - Möglichkeiten
      - › Einziehung eigener Aktien nach Erwerb durch Gesellschaft
      - › Zwangseinziehung der Aktien durch Gesellschaft, sofern in der Satzung gestattet.

1.7.7 Rückstellungen

1.7.7.1 Rückstellungen nach Handels- und Steuerrecht

01. Was sind Rückstellungen?

Rückstellungen sind Verpflichtungen, die dem Grunde, der Höhe bzw. dem Zeitpunkt nach noch nicht sicher feststehen. Sie nehmen künftige Risiken vorweg und werden als Fremdkapital auf der Passivseite ausgewiesen. Sie decken Schulden ab, die wirtschaftlich in der laufenden Periode verursacht worden sind, rechtlich jedoch erst in der Zukunft fällig werden.

Rückstellungen unterscheiden sich von anderen Schuldposten insbesondere durch das Hauptmerkmal der Ungewissheit.

Es bestehen erhebliche Unterschiede zwischen der Bildung und Bewertung von Rückstellungen in der Handels- und Steuerbilanz.

02. Welche Kriterien müssen zum Ansatz von Rückstellungen für ungewisse Verbindlichkeiten in der Handels- und Steuerbilanz erfüllt sein?

Im HGB gibt es keine beschriebenen Ansatzkriterien für Rückstellungen. Im Steuerrecht sind die Ansatzkriterien in R 5.7 Abs. 2 EStR benannt. Diese Ansatzkriterien gelten auch für die Handelsbilanz.

Rückstellungen für ungewisse Verbindlichkeiten sind anzusetzen, wenn

- es sich um eine Verbindlichkeit gegenüber einem anderen oder einer öffentlich – rechtlichen Verpflichtung handelt
- die Verpflichtung vor dem Bilanzstichtag wirtschaftlich verursacht worden ist
- mit einer Inanspruchnahme aus einer nach ihrer Entstehung oder Höhe ungewissen Verbindlichkeit ernsthaft zu rechnen ist und
- die Aufwendungen in künftigen Wirtschaftsjahren nicht zu Anschaffungs- oder Herstellungskosten für ein Wirtschaftsgut führen.

03. Welche Rückstellungen werden im Handelsrecht unterschieden?

Im Handelsrecht werden Rückstellungen unterschieden in

- Rückstellungen für **ungewisse Verbindlichkeiten**
- Rückstellungen für **drohende Verluste aus schwebenden Geschäften**
- Rückstellungen für **unterlassene Aufwendungen für Instandhaltungen**, die im folgenden Geschäftsjahr innerhalb von 3 Monaten nachgeholt werden
- Rückstellungen für **Abraumbeseitigung**, die im folgenden Geschäftsjahr nachgeholt wird sowie
- Rückstellungen für **Gewährleistungsaufwand**, der ohne rechtliche Verpflichtung erbracht wird.

04. Wie ist der Zusammenhang zwischen Handelsrecht und Steuerrecht bei Rückstellungen?

Grundsätzlich gilt gem. § 5 Abs. 1 Satz 1EStG das Maßgeblichkeitsprinzip. Handelsrechtliche Passivierungsgebote führen zu steuerlichen Passivierungsgeboten.

Im Bereich der Rückstellungen gibt es hierbei allerdings starke Einschränkungen, z. B. § 5 Abs. 2a - 4b EStG.

a) Rückstellungen wegen **Verletzung fremder Patent-, Urheber- oder ähnlicher Rechte** dürfen in der Steuerbilanz erst gebildet werden, wenn der Rechtsinhaber entsprechende Ansprüche geltend gemacht hat oder mit einer Inanspruchnahme ernsthaft zu rechnen ist;

b) steuerliche Einschränkungen für die Bildung von **Jubiläumsrückstellungen**;

c) steuerliches Ansatzverbot einer **Rückstellung für drohende Verluste aus schwebenden Geschäften**;

d) steuerliches Ansatzverbot einer Rückstellung für Aufwendungen, die in künftigen Wirtschaftsjahren als **Anschaffungs- oder Herstellungskosten** dem Aktivierungsgebot unterliegen.

05. Wie werden Rückstellungen im Handels- und im Steuerrecht behandelt?

Für Rückstellungen, die handelsrechtlich gebildet werden müssen, besteht im Steuerrecht eine Passivierungspflicht, soweit steuerliche Sondervorschriften, wie z. B. § 5 Abs. 3 EStG (Rückstellungen wegen Verletzung fremder Patent-, Urheber,- oder ähnlicher Schutzrechte), § 6a EStG (Pensionsrückstellungen) dem nicht entgegenstehen.

Rückstellungen nach Handels- und Steuerrecht		
	HGB	**Steuerrecht**
ungewisse Verbindlichkeiten (z. B. zu erwartende Steuernachzahlungen, Jahresabschlusskosten)	**Pflicht** § 249 Abs. 1 Satz 1 HGB	**Pflicht** § 5 Abs. 1 Satz 1 EStG R 5.7 Abs. 1 EStR
unterlassene Aufwendungen für Instandhaltung, wenn im folgenden Geschäftsjahr innerhalb von 3 Monaten nachgeholt	**Pflicht** § 249 Abs. 1 Satz 2 Nr. 1 HGB	**Pflicht** § 5 Abs. 1 Satz 1 EStG R 5.7 Abs. 1 EStR
unterlassene Abraumbeseitigung, wenn im folgenden Geschäftsjahr nachgeholt	**Pflicht** § 249 Abs. 1 Satz 2 Nr. 1 HGB	**Pflicht** § 5 Abs. 1 Satz 1 EStG R 5.7 Abs. 1 EStR
Gewährleistungen ohne rechtliche Verpflichtung	**Pflicht** § 249 Abs. 1 Satz 2 Nr. 2 HGB	**Pflicht** § 5 Abs. 1 Satz 1 EStG R 5.7 Abs. 1 EStR
drohende Verluste aus schwebenden Geschäften	**Pflicht** § 249 Abs. 1 Satz 1 HGB	**Verbot** § 5 Abs. 4a EStG i. v. m. Abs. 6 EStG
für alle nicht in § 249 Abs. 1 HGB bezeichneten Zwecke	**Verbot** § 249 Abs. 2 HGB	**Verbot** § 5 Abs. 1 Satz 1 EStG
Abzinsung	**Abzinsungspflicht** RLZ > 1 Jahr Marktzinssatz § 253 Abs. 2 Satz 1 HGB	**Abzinsungspflicht** RLZ > 1 Jahr 5,5 % § 6 Abs. 1 Nr. 3a Buchst. e EStG
Preis- und Kostensteigerung	**Pflicht** § 253 Abs. 1 Satz 2 HGB	**Verbot** § 6 Abs. 1 Nr. 3a Buchst. f EStG – Stichtagsprinzip für die Steuerbilanz

Beispiele

Beispiel 1

Rückstellung für öffentlich-rechtliche Verpflichtungen

Handelsrechtlich handelt es sich um ungewisse Verbindlichkeiten (§ 249 Abs. 1 Satz 1 HGB). Die Verpflichtung für die Aufstellung des Jahresabschlusses ist in dem abzurechnenden Jahr entstanden (öffentlich-rechtliche Verpflichtung).

Für die Aufwendungen des Jahresabschlusses sind in der Steuerbilanz Rückstellungen zu bilden (R 5.7 Abs. 2, 4 EStR und H 5.7 Abs. 4 EStH Rückstellungen für „öffentlich-rechtliche Verpflichtungen"):

- ▶ Verpflichtung zur Aufstellung der Jahresabschlüsse
- ▶ Verpflichtung zur Buchung laufendender Geschäftsfälle
- ▶ Verpflichtung zur Prüfung der Jahresabschlüsse
- ▶ Veröffentlichung der Jahresabschlüsse im Bundesanzeiger
- ▶ Erstellung der Steuererklärungen für die Betriebssteuern
- ▶ Verpflichtung zur Aufbewahrung der Geschäftsunterlagen.

Beispiel 2

Rückstellung für Garantieleistungen mit Einzelbewertung

Garantieverpflichtungen können sich aus gesetzlichen und aus vertraglichen Gewährleistungspflichten ergeben. Der Aufwand gilt mit dem jeweiligen abgelaufenen Wirtschaftsjahr als verursacht. Da die Ausgaben in späteren Wirtschaftsjahren anfallen, handelt es sich um ungewisse Verbindlichkeiten (§ 249 Abs. 1 Satz 1 HGB), für die eine Rückstellung sowohl in der Handels- als auch in der Steuerbilanz zu bilden ist (R 5.7 Abs. 2 EStR und H 5.7 Abs. 5 EStH).

Die Berechnung der Rückstellung ist davon abhängig, ob:

- ▶ eine Einzelbewertung
- ▶ eine Pauschalbewertung nach vorheriger buchtechnischer Erfassung der tatsächlichen Garantieaufwendungen mit zeitlicher Zuordnung oder
- ▶ eine Pauschalbewertung ohne vorherige buchtechnische Erfassung der tatsächlichen Garantieaufwendungen oder ohne zeitliche Zuordnung

erfolgt.

Daraus resultiert:

▸ Bei der Einzelbewertung werden für einen bestimmten Garantiefall die voraussichtlich entstehenden Kosten (Einzel- und Gemeinkosten) ermittelt.

▸ Während handelsrechtlich Einzel- und Gemeinkosten anzusetzen sind, gilt für die Steuerbilanz der Ansatz der Einzelkosten und angemessener Teile der notwendigen Gemeinkosten (§ 6 Abs. 1 Nr. 3a Buchst. b EStG).

06. Wie werden Rückstellungen bewertet, gebucht und aufgelöst?

Grundsätzlich ist nach § 252 Abs. 1 Nr. 4 HGB vorsichtig zu bewerten (Imparitätsprinzip). Rückstellungen sind in Höhe des notwendigen Erfüllungsbetrags anzusetzen, der nach vernünftiger kaufmännischer Beurteilung notwendig ist (§ 253 Abs. 1 Satz 2 HGB) einschließlich zukünftiger Kosten- und Preissteigerungen. Es werden die Rückstellungen im Allgemeinen also geschätzt. Diese Schätzungen müssen aber objektiv nachprüfbar sein. Im Allgemeinen wird die Höhe der Rückstellungen durch die voraussichtlichen Aufwendungen bestimmt.

Beispiel

Für die Erstellung des Jahresabschlusses 2020 wird mit einem Rechnungsbetrag i. H. v. 3.000 € gerechnet. Der Betrag stellt in 2020 einen Aufwand dar und auf der Passivseite der Bilanz erscheint in der Position Rückstellung ein Betrag von 3.000 €.

Buchung:

Jahresabschlusskosten	3.000,00 €		
		an	Rückstellung für Jahresabschlusskosten 3.000,00 €

Im Folgejahr wird die Rechnung ausgestellt. Die Rückstellungen müssen aufgelöst werden (§ 249 Abs. 2 HGB; Auflösung, wenn Grund für die Bildung entfallen ist). Da es sich um eine Schätzung handelt, gibt es bei der Auflösung der Rückstellung drei Fälle:

1. Rückstellung *ist so hoch* wie die tatsächliche Zahlung

2. Rückstellung *ist höher* als die tatsächliche Zahlung

3. Rückstellung *ist niedriger* als die tatsächliche Zahlung.

Buchung bei Auflösung, Bezahlung erfolgt über Bank:

zu 1.

Rückstellung für Jahresabschlusskosten	3.000,00 €	an	Bank	3.000,00 €

zu 2.

Rückstellung für Jahresabschlusskosten	3.000,00 €	an	Bank	2.800,00 €
			Erträge aus Auflösung von Rückstellungen	200,00 €

zu 3.

Rückstellung für Jahresabschlusskosten	3.000,00 €			
Jahresabschlusskosten	100,00 €	an	Bank	3.100,00 €

07. Wie werden Pensionsrückstellungen bewertet?

Bei der Bewertung von Pensionsrückstellungen nach Handels- bzw. Steuerrecht ergeben sich erhebliche Unterschiede:

Pensionsrückstellungen	
Bewertung nach Handelsrecht	**Bewertung nach Steuerrecht**
► Passivierungspflicht mit dem Erfüllungsbetrag ► Keine Vorschrift über die Anwendung eines bestimmten versicherungsmathematischen Verfahrens (z. B. Teilwertverfahren) ► Anwendung der allgemeinen Grundsätze der Rückstellungsbewertung ► Abzinsung mit einem über sieben Jahre verteilten Marktzinssatz (§ 253 Abs. 2 Satz 1 HGB) oder mit einem durchschnittlichen Marktzinssatz bei einer angenommenen Restlaufzeit von 15 Jahren – Wahlrecht (§ 253 Abs. 2 Satz 2 HGB) ► Berücksichtigung von künftigen Preis- und Kostensteigerungen.	► Teilwertmethode ► Bei Berechnung des Teilwerts ist ein Rechnungszinsfußsatz von 6 % und die anerkannten Regeln der Versicherungsmathematik anzuwenden (§ 6a Abs. 3 Satz 3 EStG) ► Teilwert ist zu jedem Bilanzstichtag neu zu ermitteln ► Keine Berücksichtigung von künftigen Preissteigerungen (§ 6a Abs. 3 Nr. 1 EStG).

Die Bundesregierung hat am 27.01.2016 einen Gesetzentwurf zur Umsetzung der Wohnimmobilienkreditrichtlinie, der auch eine Änderung handelsrechtlicher Vorschriften, die die Anpassung der Regelungen zum Rechnungszins für Altersvorsorgerückstellungen zum Inhalt haben, beschlossen.

► Der Zeitraum für die Durchschnittsbildung des Rechnungszinses für Altersvorsorge Rückstellungen (Pensionsrückstellungen) wird von 7 auf 10 Jahre ausgedehnt.

► Der Differenzbetrag zwischen dem Barwert bei Sieben- und Zehnjahreszins wird ausschüttungsgesperrt, und zwar nicht nur in der laufenden, sondern über alle zukünftigen Perioden.

► Der ausschüttungsgesperrte Betrag muss in jedem Jahr unter der Bilanz oder im Anhang angegeben werden.

► Die Regelung gilt für Abschlüsse, deren Geschäftsjahr nach dem 31.12.2015 endet. Es besteht ein Wahlrecht, diese Regelung auch auf den Abschluss für das Geschäftsjahr 2015 anzuwenden.

► Wenn mittelgroße und große Kapitalgesellschaften davon Gebrauch machen, ist es im Anhang anzugeben.

► **Ausweis in der Gewinn- und Verlustrechnung (§ 277 Abs. 5 HGB):**

Erträge und Aufwendungen aus der Abzinsung sind gesondert unter „Sonstige Zinsen und ähnliche Erträge" und „Zinsen und ähnliche Aufwendungen" als Bestandteil des „Finanzergebnisses" zu zeigen.

► **Anhang (§ 285 Nr. 24 HGB):**

Das angewandte versicherungsmathematische Berechnungsverfahren und die grundlegenden Annahmen der Berechnung (wie Zinssatz, erwartete Lohn- und Gehaltssteigerungen, Sterbetafeln) sind anzugeben.

► Gemäß § 6a Abs. 4 EStG gilt ein **Nachholungsverbot für unterlassene Zuführungen**. Es darf nur der Unterschiedsbetrag des aktuellen Teilwerts gegenüber dem Teilwert des Vorjahres zugeführt werden.

► Es gilt ein **Verrechnungsgebot** für Schulden aus:

- Pensions- und Altersteilzeitverpflichtungen

- Verpflichtungen aus Lebensarbeitszeitmodellen

- anderen vergleichbaren langfristig fälligen Verpflichtungen.

1.7.7.2 Besonderheiten im IFRS-Abschluss

01. Wie werden Rückstellungen bewertet?

Rückstellungen – provisions – sind in IAS 37 geregelt. Da die Rückstellungen unter die Definition der Schulden fallen, muss eine Verpflichtung gegenüber Dritten bestehen, sodass Aufwandsrückstellungen nicht zulässig sind (IAS 37.18 ff.). Der Ansatz der Rückstellungen erfolgt abhängig von der Wahrscheinlichkeit des Eintritts:

	Wahrscheinlicher Ressourcenabfluss – probable –	Möglicher Ressourcenabfluss – possible –	Unwahrscheinlicher Ressourcenabfluss – remote –
Eintrittswahrscheinlichkeit	> 50 %	< 50 %, aber > 10 %	< 10 %
Ansatz als Rückstellung	Ja	Kein Ansatz	
Angabe im Anhang	Ja, nach IAS 37.84 f.	Ja, nach IAS 37.86	Nein

Bei der Bewertung der Rückstellungen verlangt IAS 37.36 eine bestmögliche Schätzung der zukünftigen Ausgabe – best estimate, d. h. wird die Rückstellung für eine Vielzahl von Einzelsachverhalten gebildet, dann wird der Erwartungswert der Ausgabe (IAS 37.39) genutzt.

Beispiel

Ein Unternehmen verkauft Güter mit Gewährleistungsanspruch, nachdem die Kunden eine Erstattung der Reparaturkosten für Produktionsfehler erhalten, die innerhalb der ersten zwölf Monate nach Kauf entdeckt werden; zwei Jahre nach BGB.

Das Unternehmen rechnet erwartungsgemäß damit, dass 25 % der Produkte einen kleinen Fehler, 5 % einen mittleren und 70 % keinen Fehler besitzen. Als anfallende Reparaturkosten für alle verkauften Produkte wurde geschätzt: 10.000 € für die Beseitigung kleiner Fehler und 15.000 € für die Beseitigung der mittleren Fehler. Nach IAS 37.24 bestimmt das Unternehmen die Wahrscheinlichkeit eines Abflusses der Verpflichtungen aus Gewährleistungen insgesamt. Der Erwartungswert für die Reparaturkosten beträgt:

70 % · 0 € + 25 % · 10.000 € + 5 % · 15.000 € = 3.250 €

Für ein einzelnes Ergebnis gebildet, dann nach dem wahrscheinlichsten Wert der zukünftigen Ausgabe (IAS 37.40).

Bei einem wesentlichen Zinseffekt, z. B. bei langfristigen Rückstellungen, sind Rückstellungen grundsätzlich abzuzinsen (IAS 37.45 ff.).

Zusammenfassend ergibt sich bei den Rückstellungen eine relativ ähnliche Regelung nach IFRS und HGB:

	IFRS	HGB
Aufwandsrückstellungen	Verbot	Verbot
Pensionsrückstellung	Pflicht	Pflicht
Instandhaltungsrückstellung	Pflicht	Pflicht, sofern im folgenden Geschäftsjahr innerhalb von drei Monaten nachgeholt
Vorsichtsprinzip	–	Berücksichtigung

1.7.8 Verbindlichkeiten

1.7.8.1 Verbindlichkeiten nach Handels- und Steuerrecht

01. Was sind Verbindlichkeiten?

Verbindlichkeiten sind Fremdkapital (Gläubigerkapital) eines Unternehmens. In Abgrenzung zu Rückstellungen, stellen sie Schulden dar, die in ihrer Höhe und Fälligkeit bekannt sind.

Ihre Rechtsgrundlage haben sie im privaten und öffentlichen Recht.

Grundsätzlich sind Verbindlichkeiten Geldschulden, es können allerdings auch Sachleistungen geschuldet werden.

Verbindlichkeiten müssen folgende Tatbestandsmerkmale erfüllen:

► es besteht ein Leistungszwang gegenüber einem Dritten
► die Erfüllung stellt eine wirtschaftliche Belastung dar
► die Inanspruchnahme ist wahrscheinlich
► die Verpflichtung ist quantifizierbar
► die Verbindlichkeit muss rechtlich bzw. wirtschaftlich am Bilanzstichtag verursacht worden sein.

02. Welche Ansatzgrundsätze sind in Handels- und Steuerbilanz zu beachten?

In der Handelsbilanz sind sämtliche Schulden des Kaufmanns auszuweisen und hinreichend aufzugliedern (§§ 246 Abs. 1; 247 Abs. 1 HGB). Eine Verrechnung (Saldierung) ist nicht gestattet.

Für die Steuerbilanz gilt gem. § 5 Abs. 1 Satz 1 EStG das Maßgeblichkeitsprinzip. Schulden sind im Steuerrecht grundsätzlich neutrale Wirtschaftsgüter.

Es sind nur betriebliche Schulden zu erfassen. In Personenunternehmen ist eine Abgrenzung zwischen betrieblichen Schulden und privaten Schulden notwendig.

a.   Grundsatz „Schuld folgt Wirtschaftsgut"; H 4.2 Abs. 15 EStH.
b.   Hieraus lässt sich ableiten, ob eine betriebliche Schuld besteht.

Bei KapG gibt es keine Privatsphäre, somit sind Schulden der KapG immer betriebliche Schulden.

03. Wie werden Verbindlichkeiten eingeteilt?

Nach ihrer Restlaufzeit lassen sich Verbindlichkeiten einteilen in

- ► Kurzfristige Verbindlichkeiten
  - Verbindlichkeiten aus Lieferung und Leistungen
  - Verbindlichkeiten aus Wechsel
  - Kontokorrentverbindlichkeiten
  - Erhaltene Anzahlungen
  - Sonstige kurzfristige Verbindlichkeiten
- ► Langfristige Verbindlichkeiten
  - Verbindlichkeiten mit RLZ von 1 - 5 Jahren
  - Verbindlichkeiten mit RLZ von mehr als 5 Jahren.

Sondervorschriften im Handelsrecht für KapG

- ► KapG haben Betrag von Verbindlichkeiten mit RLZ von mehr als 1 Jahr zu jedem Posten in der Handelsbilanz zu erfassen (§ 268 Abs. 5 Satz 1 HGB)
- ► Verbindlichkeiten mit RLZ von 5 Jahren von KapG sind im Anhang darzustellen (§ 285 Satz 1 Nr. 1a, Nr. 2 HGB).

04. Wie werden Verbindlichkeiten bewertet?

- ► **Handelsrecht**

  Die Bewertung von Verbindlichkeiten erfolgt gem. § 253 Abs. 1 Satz 2 HGB mit dem Erfüllungsbetrag. Die Bewertung erfolgt nach dem Höchstwertprinzip. Als Wertuntergrenze gilt nach Handelsrecht der Erfüllungsbetrag. (Ausnahme § 256a Satz 2 HGB)

- ► **Steuerrecht**

  Als Bewertungsmaßstäbe kommen die Anschaffungskosten oder der Teilwert (§ 6 Abs. 1 Nr. 2 EStG) in Betracht. Die Anschaffungskosten einer Verbindlichkeit entsprechen gemäß H 6.10 EStH dem Rückzahlungsbetrag. Eine Abweichung bei der Bewertung im Steuerrecht (§ 6 Abs. 1 Nr. 3 EStG) ist, dass Verbindlichkeiten mit 5,5 % abzuzinsen sind.

  Ausgenommen von der Abzinsung gem. § 6 Abs. 1 Nr. 3 Satz 2 sind Verbindlichkeiten,

  - deren Laufzeit am Bilanzstichtag weniger als 12 Monate beträgt
  - die verzinslich sind oder
  - auf einer Anzahlung oder Vorauszahlung beruhen.

Beispiel

Das Höchstwertprinzip

Ein Unternehmer hat im Jahr 00 ein Darlehen i. H. v. 150.000 $ aufgenommen. Bei Darlehensaufnahme betrug der Kurs 1,19 €/$. Am 31.12.00 beträgt der Kurs 1,16 €/$ und am Ende des Folgejahrs 1,21 €/$.

► Bei Kreditaufnahme ist das Darlehen mit 178.500 € zu bilanzieren. Dieser Wert ist ebenfalls in der Bilanz zum 31.12.00 auszuweisen.

► Zum 31.12.01 ist die Darlehnsverbindlichkeit mit 181.500 € (1,21 € · 150.000 €) zu bilanzieren (Höchstwertprinzip).

Werden Kredite aufgenommen, bei denen ein Damnum/Disagio einbehalten wird, erfolgt die Bilanzierung zum Erfüllungsbetrag.

Beispiel

Darlehensaufnahme 100.000 € bei einem Auszahlungskurs von 95 % Buchung der Darlehensaufnahme: (Einheitsbilanz)

Bank	95.000,00 €			
Aktive Rechnungs-abgrenzung	5.000,00 €	an	Verbindlichkeiten gegen-über Kreditinstituten	100.000,00 €

05. Was ist bei der Folgebewertung von Fremdwährungsverbindlichkeiten in der Handelsbilanz zu beachten?

Bei der Folgebewertung von Verbindlichkeiten in Fremdwährung ist gemäß § 256a HGB die Fremdwährungsverbindlichkeit zum Devisenkassamittelkurs am Bilanzstichtag umzurechnen.

Bei Fremdwährungsverbindlichkeiten am Bilanzstichtag, die eine Restlaufzeit bis zu einem Jahr haben, ist sowohl ein Währungsverlust, als auch ein sich ergebener Währungsgewinn auszuweisen (§ 256a Satz 2 HGB).

Hat die Fremdwährungsverbindlichkeit eine Restlaufzeit von über einem Jahr am Bilanzstichtag, ist ein Währungsverlust auszuweisen, ein sich ergebener Währungsgewinn ist nicht auszuweisen.

06. Was ist bei der Folgebewertung von Fremdwährungsverbindlichkeiten in der Steuerbilanz zu beachten?

Bei Fremdwährungsverbindlichkeiten müssen die Verbindlichkeiten in

▶ Verbindlichkeiten des laufenden Geschäftsverkehrs und

▶ „sonstige" Verbindlichkeiten eingeteilt werden.

Verbindlichkeiten des laufenden Geschäftsverkehrs werden in Rz. 35 des BMF-Schreibens vom 02.09.2016 wie folgt definiert:

„Nach der Rechtsprechung des BFH (vgl. z. B. BFH vom 31.10.1990 – R 77/86, BStBl 1991 II S. 471) ist der Begriff „Verbindlichkeit des laufenden Geschäftsverkehrs" durch folgende Merkmale gekennzeichnet:

▶ Ihr Entstehen hängt wirtschaftlich eng mit einzelnen bestimmbaren, nach Art des Betriebs immer wiederkehrenden und nicht die Anschaffung oder Herstellung von Wirtschaftsgütern des Anlagevermögens betreffenden laufenden Geschäftsvorfällen zusammen.

▶ Dieser Zusammenhang bleibt bis zur Tilgung der Verbindlichkeit erhalten.

▶ Die Verbindlichkeit wird innerhalb der nach Art des laufenden Geschäftsvorfalls allgemein üblichen Frist getilgt."

Gemäß Rz. 31 des BMF-Schreibens vom 02.09.2016 sind Verbindlichkeiten mit ihrem Erfüllungsbetrag anzusetzen (§ 5 Abs. 1 Satz 1 EstG i. V. m. § 253 Abs. 1 Satz 2 HGB).

Ist die Höhe der Zahlungsverpflichtung von einem bestimmten Kurswert abhängig (z. B. Fremdwährungsverbindlichkeiten), ist grundsätzlich der Wert zum Zeitpunkt des Entstehens der Verbindlichkeit maßgebend (bei Fremdwährungsverbindlichkeiten der entsprechende Wechselkurs). Nur unter der Voraussetzung einer voraussichtlich dauernden Erhöhung des Kurswertes kann an den nachfolgenden Bilanzstichtagen der höhere Wert angesetzt werden (§ 6 Abs. 1 Nr. 3 Satz 1 i. V. m. Nr. 2 Satz 2 EStG).

Das BMF-Schreiben sagt in Rz. 32 aus, dass bei Verbindlichkeiten mit einer Restlaufzeit von mehr als 10 Jahren ein Kursanstieg nicht zu einem höheren Ansatz der Fremdwährungsverbindlichkeit berechtigt ist. Ist die Restlaufzeit darunter muss für einen nachhaltigen Kursanstieg mehr dafür als dagegen sprechen. Eindeutige Aussagen liefert das BMF-Schreiben hierzu nicht.

Bei Verbindlichkeiten des laufenden Geschäftsverkehrs kommt der Frage der dauernden Werterhöhung der Fremdwährungsverbindlichkeit gem. Rz. 36 des BMF-Schreiben die Kursentwicklung zwischen Bilanzstichtag und Tag der Bilanzaufstellung bzw. Tag der Entnahme, Tilgung besondere Bedeutung zu. Hält die Wechselkurserhöhung bis zum Zeitpunkt der Bilanzaufstellung bzw. bis zum Zeitpunkt der Entnahme bzw. Tilgung an, ist von einer dauernden Werterhöhung auszugehen und es besteht ein Wahlrecht zur Teilwerterhöhung.

Führt die Wechselkursentwicklung zu einem Währungsgewinn, darf dieser bei keiner Verbindlichkeit ausgewiesen werden (Anschaffungskostenprinzip) (§ 6 Abs. 1 Nr. 3 i. V. m. Nr. 2 Satz 1 EStG).

07. Wie erfolgt die Zugangsbewertung einer Rentenverbindlichkeit?

Gemäß § 253 Abs. 1 Satz 2 HGB; § 6 Abs. 1 Nr. 3 i. V. m. Nr. 2 EStG, H 6.10 ESH sind die Rentenverbindlichkeiten in der Handels- und Steuerbilanz mit dem Barwert zum Zeit des Erwerbs zu passivieren.

08. Wie erfolgt die Folgebewertung von Rentenverbindlichkeiten?

Die Auflösung einer Rentenverbindlichkeit erfolgt in der Handels- und Steuerbilanz nach der versicherungsmathematischen Methode.

Das heißt der Rentenbarwert des jeweiligen Geschäftsjahres bildet den Bilanzansatz der Rentenverbindlichkeit. Die Rentenzahlungen müssen in einen Zins- und einen Tilgungsanteil aufgeteilt werden.

Die laufenden Rentenzahlungen werden zunächst voll als Aufwand gebucht. Im Rahmen der Erstellung des Jahresabschlusses wird die Differenz des Rentenbarwerts zu Beginn des Geschäftsjahres und zu Ende des Geschäftsjahres ermittelt. Dieser Betrag wird dann als Tilgungsanteil aus dem Aufwand gegen die Rentenverbindlichkeit gebucht.

Beispiel

Zum Beginn (01.01.) des Geschäftsjahres betrug der Barwert der Rentenverbindlichkeit 100.000 €. Zum Ende des Geschäftsjahres (31.12.) betrug der Barwert der Rentenverbindlichkeit 88.000 €. Die monatliche Rentenzahlung beträgt 1.500 €.

Die laufende (monatliche) Rentenzahlung wird zunächst voll als Aufwand gebucht.

sonstiger betrieblicher Aufwand	1.500,00 €	an	Bank	1.500,00 €

Am Ende des Geschäftsjahres wird der Tilgungsanteil ermittelt:

	Barwert der Rentenverbindlichkeit 31.12.	88.000 €
-	Barwert der Rentenverbindlichkeit 01.01.	100.000 €
=	**Tilgung**	**12.000 €**

Der Tilgungsanteil in Höhe von 12.000 € muss im Rahmen der Erstellung des Jahresabschlusses aus den Aufwendungen heraus gebucht werden.

Rentenverbindlichkeiten	12.000,00 €	an	sonstiger betrieblicher Aufwand	12.000,00 €

Im laufenden Geschäftsjahr wurden Zahlungen in Höhe von 18.000 € (12 · 1.500 €) geleistet. Diese teilen sich auf in

- 12.000 € Tilgung und
- 6.000 € Zins-(Kosten)anteil.

1.7.8.2 Besonderheiten im IFRS-Abschluss

01. Wie werden finanzielle Verbindlichkeiten bewertet?

Für Geschäftsjahre die am bzw. ab dem 01.01.2018 beginnen ist für die Bewertung im IFRS – Abschluss zwingend der IFRS 9 anzuwenden.

Zugangsbewertung

Gemäß IFRS 9.5.1.1 ist beim erstmaligen Ansatz einer finanziellen Verbindlichkeit diese zum beizulegenden Zeitwert zu bewerten sowie bei finanziellen Verbindlichkeiten, die nicht erfolgswirksam zum beizulegenden Zeitwert bewertet werden, zuzüglich oder abzüglich von Transaktionskosten, die direkt dem Erwerb oder der Ausgabe der finanziellen Verbindlichkeit zuzurechnen sind.

Folgebewertung

Ein Unternehmen hat gemäß IFRS 9.4.2.1 alle finanziellen Verbindlichkeiten für die Folgebewertung zu fortgeführten Anschaffungskosten (nach der Effektivzinsmethode) zu bewerten. Davon ausgenommen sind

a) *erfolgswirksam zum beizulegenden Zeitwert bewertete finanzielle Verbindlichkeiten.* Solche Verbindlichkeiten, einschließlich Derivate mit negativem Marktwert, sind in den Folgeperioden zum beizulegenden Zeitwert zu bewerten.

b) *finanzielle Verbindlichkeiten*, die entstehen, wenn die Übertragung eines finanziellen Vermögenswerts nicht die Bedingungen für eine Ausbuchung erfüllt oder die Bilanzierung unter Zugrundelegung eines anhaltenden Engagements erfolgt. Bei der Bewertung derartiger finanzieller Verbindlichkeiten ist gem. IFRS 9.3.2.15 und IFRS 9.3.2.17 zu verfahren.

c) *finanzielle Garantien.* Nach dem erstmaligen Ansatz hat der Emittent eines solchen Vertrags (außer für den Fall, dass IFRS 9.4.2.1(a) oder (b) Anwendung findet) bei dessen Folgebewertung den höheren der beiden folgenden Beträge zugrunde zu legen:

   i) den gemäß IFRS 9.5.5 bestimmten Betrag der Wertberichtigung und

   ii) den ursprünglich erfassten Betrag (siehe IFRS 9.5.1.1), gegebenenfalls abzüglich der gemäß den Grundsätzen von IFRS 15 erfassten kumulierten Erträge;

d) Zusagen, einen Kredit unter dem Marktzinssatz zur Verfügung zu stellen. Ein Unternehmen, das eine solche Zusage erteilt (außer für den Fall, dass IFRS 9.4.2.1(a) Anwendung findet), hat bei deren Folgebewertung den höheren der beiden folgenden Beträge zugrunde zu legen:

   i) den gem. IFRS 9.5.5 bestimmten Betrag der Wertberichtigung und

   ii) den ursprünglich erfassten Betrag (siehe IFRS 9.5.1.1), gegebenenfalls abzüglich der gemäß den Grundsätzen von IFRS 15 erfassten kumulierten Erträge;

e) eine bedingte Gegenleistung, die von einem Erwerber im Rahmen eines Unternehmenszusammenschlusses gem. IFRS 3 angesetzt wird. Eine solche bedingte Gegenleistung ist in den Folgeperioden zum beizulegenden Zeitwert zu bewerten, wobei Änderungen erfolgswirksam erfasst werden.

1.8 Bilanzberichtigung/Bilanzänderung

01. In welchen Fällen darf eine Bilanz berichtigt werden?

Eine Bilanzberichtigung darf nur vorgenommen werden, wenn die Bilanz an sich objektiv fehlerhaft ist und nicht den Grundsätzen ordnungsgemäßer Buchführung entspricht. Die Möglichkeiten einer Bilanzberichtigung sind im § 4 Abs. 2 Satz 1 EStG i. V. m. R 4.4 Abs. 1 EStR geregelt.

Die Unrichtigkeit der Bilanz muss sich nicht nur auf aktive oder passive Wirtschaftsgüter oder Rechnungsabgrenzungsposten beziehen. Auch unterlassene oder fehlerhafte Verbuchungen im Bereich der Entnahmen und Einlagen stellen Fehler dar (BFH-Urteil vom 31.05.2007, IV R 54/05).

Ist ein Fehler innerhalb der Bilanz gegeben, so besteht bis zur Einreichung beim Finanzamt die Pflicht zur Korrektur. Ist die Steuerfestsetzung bereits bestandskräftig, so kann eine Änderung aufgrund eines Fehlers nur noch nach den allgemeinen Änderungsregeln für die Veranlagung erfolgen (§§ 129, 164 f., 172 ff. AO).

Beispiele für fehlerhafte oder fehlende Bilanzansätze können u. a. sein:

▸ Bei einem abnutzbaren Vermögensgegenstand wurde die Abschreibung unterlassen.

▸ Eine betrieblich genutzte Immobilie wurde als notwendiges Privatvermögen behandelt.

▸ Falsche Wertansätze beim Umlaufvermögen.

02. Wann wird von einer Bilanzänderung gesprochen?

Von einer Bilanzänderung wird gesprochen, wenn ein steuerlich zulässiger Bilanzansatz mit einem anderen, ebenfalls steuerlich zulässigen Bilanzansatz ausgetauscht wird.

03. Welche Unterschiede bestehen zwischen der Bilanzberichtigung und der Bilanzänderung?

Bilanzberichtigung	Bilanzänderung
§ 4 Abs. 2 Satz 1 EStG; R 4.4 Abs. 1 EStR	§ 4 Abs. 2 Satz 2 EStG; R 4.4 Abs. 2 EStR
Nachträgliche Korrektur, soweit sie den Grundsätzen ordnungsmäßiger Buchführung und den Vorschriften des EStG nicht entspricht. Berichtigung eines objektiv falschen und unzulässigen Wertansatzes.	**Nachträgliche** andere Ausübung eines Bewertungs**wahlrechtes**.
Nachträglich bedeutet – nach Einreichung der Bilanz beim Finanzamt bis zur Bestandskraft der Steuerfestsetzung.	**Voraussetzung:** Die Änderung steht in einem engen **zeitlichen** und **sachlichen** Zusammenhang mit einer Bilanzberichtigung mit Auswirkung auf den Gewinn.

Beispiel

Im Rahmen einer Außenprüfung wurden folgende Feststellungen getroffen:

Im Prüfungszeitraum 01 - 03 befanden sich im Betriebsvermögen des Unternehmers zwei Pkw. Für einen Pkw wurde der Privatanteil der Fahrzeugnutzung nach der 1 %-Regel abgerechnet. Der zweite Pkw wurde laut Aussagen des Unternehmers u. a. auch von dem dort angestellten Sohn genutzt. Eine Versteuerung über den Lohn wurde nicht vorgenommen. Folgende Kfz Kosten waren auf den Prüfungszeitraum entfallen:

	01	02	03
Kfz-Kosten	8.000 €	12.000 €	13.500 €

Nach Betriebsprüfung wurde für das zweite Fahrzeug der Privatanteil versteuert, da ein Nachweis der Widerlegung der Privatnutzung nicht vorgelegt werden konnte. Die Betriebsprüfung legte den Anteil der privaten Nutzung i. H. v. 20 % fest.

Änderungen nach BP	Jahr, Angaben in €		
	01	02	03
20 % Privatanteil	1.600,00	2.400,00	2.700,00
davon 80 % steuerpflichtig	1.280,00	1.920,00	2.160,00
- USt	243,20	364,80	410,40
davon 20 % steuerfrei	320,00	480,00	540,00
Mehrentnahmen lt. BP	1.843,20	2.764,80	3.110,40
- USt-Verbindlichkeit	243,20	364,80	410,40
= Gewinnänderung	**1.600,00**	**2.400,00**	**2.700,00**

Am 31.05.01 wurde ein Betrag i. H. v. 10.000 € in das Betriebsvermögen eingelegt. Der Nachweis dieser Einlagenbuchung konnte bis zum Tag der Berichterstellung nicht ein-

gebracht werden. Ungeklärte Einlagen rechtfertigen gem. § 162 Abs. 2 AO eine Hinzu-schätzung, wenn der Steuerpflichtige über seine Angaben keine ausreichenden Aufklä-rungen zu geben vermag. Gemäß § 10 Abs. 1 Satz 2 UStG ist die Umsatzsteuer aus dem Hinzurechnungsbetrag herauszurechnen.

Daraus ergeben sich folgende Änderungen nach BP:

	Minderung Einlagen	10.000,00 €
-	Erhöhung USt-Verbindlichkeit	1.596,64
=	**Gewinnänderung**	**8.403,36 €**

Nach der Prüfung wird vom Finanzamt eine Steuer- und Prüferbilanz erstellt, in der die Bilanzwerte vor der Prüfung und nach der Prüfung gegenübergestellt werden.

Die **Mehr- und Wenigerrechnung** (als Muster) ohne Gewinnangaben und Steuerrück-stellungen ergibt:

Mehr- und Wenigerrechnung			
Bezeichnung	**01**	**02**	**03**
		Angaben in €	
Mehrentnahmen laut BP	1.843,20	2.764,80	3.110,40
Minderung Einlagen nach BP	10.000,00		
Gewinnänderung lt. Prüfung vor Rst./Ford.	11.843,20	2.764,80	3.110,40
GewSt-Ford. lt. Prüfung			
USt-Verbindlichkeit lt. Prüfung	-1.839,84	-364,80	-410,40
Gew.St.Rück. lt. Prüfung			
Zins-Rück. § 233a AO lt. Prüfung			
Gewinnänderung lt. Prüfung	10.003,36	2.400,00	2.700,00
Gewinn/Verlust lt. Prüfung			

1.9 Bilanzpolitik

01. Was ist Bilanzpolitik im Handelsrecht?

Bilanzpolitik ist die zweckorientierte Beeinflussung von Form und Inhalt des Jahresab-schlusses im Sinne der Unternehmensziele, unter Beachtung der gesetzlichen Regelungen.

02. Welche Ziele verfolgt die Bilanzpolitik?

Die Bilanzpolitik verfolgt vielfältige Ziele, u. a.:

► **Ausschüttungsziele**

Die Gesellschafter haben das Ziel möglichst eine hohe Gewinnausschüttung zu er-reichen.

- **Bonitätsziele**

  Die kreditgegebenen Banken der Unternehmen begutachten den Jahresabschluss im Rahmen des Ratings, um die Bonität des Unternehmens festzustellen. Die Bonität ist entscheidend, ob und zu welchen Konditionen ein Kredit gewährt wird.

- **Informationsziele**

  Die Stakeholder eines Unternehmens sollen durch den Jahresabschluss informiert und beeinflusst werden.

- **Minimierung der Steuerbelastung**

  Unternehmen haben die Zielsetzung die Steuerlast für das Unternehmen so gering wie möglich zu gestalten.

03. Welche Formen der Bilanzpolitik können unterschieden werden?

Die Bilanzpolitik kann in folgenden Formen durchgeführt werden:

- als zeitliche Bilanzpolitik
- als materielle Bilanzpolitik
- als formelle Bilanzpolitik.

04. Welche Instrumente können im Rahmen der zeitlichen Bilanzpolitik angewendet werden?

Es können u. a. folgende Instrumente im Rahmen der zeitlichen Bilanzpolitik unterschieden werden:

- Wahl des Bilanzstichtages

  Die meisten Unternehmen wählen das Wirtschaftsjahr gleich dem Kalenderjahr. Es gibt aber auch Gründe ein abweichendes Wirtschaftsjahr zu wählen, z. B. Landwirtschaftsbetrieb, Autohäuser, ...

- Wahl des Bilanzaufstellungstermins/Tag der Veröffentlichung

  Wenn der Jahresabschluss positive Informationen für z. B. Kreditgeber beinhaltet ist es sinnvoll den Jahresabschluss relativ zeitnah nach dem Abschlussstichtag aufzustellen.

05. Welche Instrumente können im Rahmen der materiellen Bilanzpolitik angewendet werden?

Instrumente der materiellen Bilanzpolitik sind u. a.:

- die Gestaltung von Sachverhalten
- Ausübung von Wahlrechten und Ermessensspielräumen.

06. Was bedeutet Gestaltung von Sachverhalten im Rahmen der materiellen Bilanzpolitik?

Die Gestaltung von Sachverhalten soll die im Jahresabschluss abzubildende Realität verändern.

Dies kann z. B. geschehen indem

- ▶ Geschäftsvorfälle vorverlagert werden
  - Anlagegüter werden z. B. noch im alten Geschäftsjahr angeschafft und nicht erst im neuen Geschäftsjahr. Somit wird ein höherer Vermögensausweis erreicht.
  - Erhöhung der Produktion um die Lagerbestände zu erhöhen. Dadurch können z. B. Gemeinkosten aktiviert werden und somit der Gewinn beeinflusst werden.
- ▶ Geschäftsfälle nachverlagert werden
  - Nicht mehr benötigte Vermögensgegenstände werden erst im neuen Geschäftsjahr veräußert, um einen entstehenden Buchgewinn im neuen Geschäftsjahr zu realisieren.
  - Reparaturen werden erst im neuen Geschäftsjahr durchgeführt, um den Gewinn des alten Geschäftsjahres nicht zu mindern.

07. Was bedeutet die Ausübung von Wahlrechten und Ermessensspielräumen im Rahmen der materiellen Bilanzpolitik?

Wahlrechte
Bei Wahlrechten gibt der Gesetzgeber dem Kaufmann die Möglichkeit, aus mindestens zwei Alternativen eine auszuwählen. Wahlrechte werden unterschieden in:

- ▶ Ansatzwahlrechte
- ▶ Bewertungswahlrechte.

Ansatzwahlrechte
Bei Ansatzwahlrechten gibt das Handelsrecht dem Kaufmann die Alternative einen Vermögensgegenstand, Schuldposten oder Rechnungsabgrenzungsposten im Jahresabschluss anzusetzen oder nicht.

Beispiel

Gemäß § 248 Abs. 2 Satz 1 HGB hat der Kaufmann das Wahlrecht, einen selbst erstellten immateriellen Vermögensgegenstand des Anlagevermögens in der Bilanz anzusetzen oder die Aufwendungen hierfür in der Gewinn- und Verlustrechnung zu belassen.

Bewertungswahlrechte
Bei Bewertungswahlrechten wird dem Kaufmann im Rahmen der Bilanzierung der Höhe eine Alternative zum Ansatz (Aktivierung) bestimmter Kosten gegeben.

Beispiel

Gemäß § 255 Abs. 2 Satz 3 HGB hat der Kaufmann das Wahlrecht, in die Herstellungskosten angemessene Anteile der allgemeinen Verwaltungskosten mit einzubeziehen oder diese in der Gewinn- und Verlustrechnung zu belassen.

Ermessensspielräume

Bei Ermessensspielräumen gibt das Handelsrecht dem Kaufmann Spielraum für den Umfang der anzusetzenden Kosten.

Beispiel

Gemäß § 255 Abs. 2 Satz 2 HGB sind angemessene Teile der Materialgemeinkosten in die Herstellungskosten mit einzubeziehen. Wie hoch der angemessene Anteil ist, ist für den Kaufmann ein gewisser Spielraum, durch den die Höhe der Herstellungskosten durch den Kaufmann beeinflusst werden kann.

08. Welche Instrumente können im Rahmen der formellen Bilanzpolitik angewendet werden?

Die Instrumente der formellen Bilanzpolitik sollen hauptsächlich die Informationsversorgung der Stakeholder im Rahmen der unternehmerischen Zielsetzungen beeinflussen.

Instrumente der formellen Bilanz sind u. a.:

▶ **Anwendung des Gesamtkostenverfahrens oder des Umsatzkostenverfahrens in der Gewinn- und Verlustrechnung**

Sollen die Aufwendungen und Erträge sachlich geordnet ausgewiesen werden (Gesamtkostenverfahren) oder sollen die umsatzbezogenen Kosten den Umsatzerlösen (Umsatzkostenverfahren) gegenübergestellt werden.

▶ **Aufgliederung der Umsatzerlöse nach Geschäftssegmenten**

Eine Aufspaltung der Umsatzerlöse lässt die Stakeholder die Umsatzstärke bestimmter Geschäftssegmente nachvollziehen.

▶ **Widmung von Wertpapieren zum Anlage- oder Umlaufvermögen**

Werden Wertpapiere dem Umlaufvermögen zugewiesen könnten dadurch u. a. die Liquiditätsgrade verbessert werden.

▶ **Verzicht auf größenklassenabhängige Erleichterung**

Das Unternehmen kann den Stakeholdern mehr Informationen z. B. im Anhang zur Verfügung stellen, als das HGB es verlangt.

1.10 Konzern

1.10.1 Konzern nach HGB

01. Wer ist verpflichtet einen Konzernabschluss aufzustellen?

Die gesetzlichen Vertreter einer Kapitalgesellschaft (Mutterunternehmen) mit Sitz im Inland haben gem. § 290 Abs. 1 Satz 1 HGB in den ersten fünf Monaten des Konzerngeschäftsjahrs für das vergangene Konzerngeschäftsjahr einen Konzernabschluss und einen Konzernlagebericht aufzustellen, wenn diese auf ein anderes Unternehmen (Tochterunternehmen) unmittel- oder mittelbar einen beherrschenden Einfluss ausüben kann.

Kapitalmarktorientierte Muttergesellschaften haben gem. § 290 Abs. 1 Satz 2 HGB den Konzernabschluss innerhalb von 4 Monaten aufzustellen.

02. Was heißt beherrschenden Einfluss auf ein anderes Unternehmen ausüben?

Beherrschender Einfluss besteht gem. § 290 Abs. 2 HGB „Beherrschender Einfluss eines Mutterunternehmens besteht stets, wenn

1. ihm bei einem anderen Unternehmen die Mehrheit der Stimmrechte der Gesellschafter zusteht

2. ihm bei einem anderen Unternehmen das Recht zusteht, die Mehrheit der Mitglieder des die Finanz- und Geschäftspolitik bestimmenden Verwaltungs-, Leitungs- oder Aufsichtsorgans zu bestellen oder abzuberufen, und es gleichzeitig Gesellschafter sind

3. ihm das Recht zusteht, die Finanz- und Geschäftspolitik auf Grund eines mit einem anderen Unternehmen geschlossenen Beherrschungsvertrages oder auf Grund einer Bestimmung in der Satzung des anderen Unternehmens zu bestimmen, oder

4. es bei wirtschaftlicher Betrachtung die Mehrheit der Risiken und Chancen eines Unternehmens trägt, das zur Erreichung eines eng begrenzten und genau definierten Ziels des Mutterunternehmens dient (Zweckgesellschaft). Neben Unternehmen können Zweckgesellschaften auch sonstige juristische Personen des Privatrechts oder unselbständige Sondervermögen des Privatrechts, ausgenommen Spezial-Sondervermögen im Sinn des § 2 Abs. 3 des Investmentgesetzes oder vergleichbare ausländische Investmentvermögen, sein."

03. Aus welchen Bestandteilen besteht ein Konzernabschluss?

Der Konzernabschluss besteht gem. § 297 Abs. 1 HGB aus

► Konzernbilanz

► Konzern-Gewinn- und Verlustrechnung

► Konzernanhang

► Kapitalflussrechnung

► Eigenkapitalspiegel

- ▸ Optional: Segmentberichterstattung
- ▸ Konzernlagebericht gem. § 290 Abs. 1 HGB i. V. m. § 315 HGB.

04. Welche Befreiungsvorschriften gibt es für Konzernabschlüsse?

Eine Befreiung vom Konzernabschluss kann nach § 291 HGB erfolgen, wenn ein Mutterunternehmen, das zugleich Tochterunternehmen eines Mutterunternehmens mit Sitz im Inland oder einem EU/EWR Staat ist, wenn der Konzernabschluss und Konzernlagebericht von einem oberen Mutterunternehmen aufgestellt, in deutscher Sprache ausgegeben ist und das untere Mutterunternehmen keine Wertpapiere auf einem organisierten Markt emittiert hat.

Außerdem kann eine Befreiung nach § 293 HGB eintreten, wenn bestimmte Größenklassen nicht überschritten worden sind.

1. Am Abschlussstichtag seines Jahresabschlusses und am vorhergehenden Abschlussstichtag mindestens zwei der drei nachstehenden Merkmale zutreffen:

   a) Die Bilanzsummen in den Bilanzen des Mutterunternehmens und der Tochterunternehmen, die in den Konzernabschluss einzubeziehen wären, übersteigen insgesamt nicht 24.000.000 €.

   b) Die Umsatzerlöse des Mutterunternehmens und der Tochterunternehmen, die in den Konzernabschluss einzubeziehen wären, übersteigen in den zwölf Monaten vor dem Abschlussstichtag insgesamt nicht 48.000.000 €.

   c) Das Mutterunternehmen und die Tochterunternehmen, die in den Konzernabschluss einzubeziehen wären, haben in den zwölf Monaten vor dem Abschlussstichtag im Jahresdurchschnitt nicht mehr als 250 Arbeitnehmer beschäftigt;

   oder

2. am Abschlussstichtag eines von ihm aufzustellenden Konzernabschlusses und am vorhergehenden Abschlussstichtag mindestens zwei der drei nachstehenden Merkmale zutreffen:

   a) Die Bilanzsumme übersteigt nicht 20.000.000 €.

   b) Die Umsatzerlöse in den zwölf Monaten vor dem Abschlussstichtag übersteigen nicht 40.000.000 €.

   c) Das Mutterunternehmen und die in den Konzernabschluss einbezogenen Tochterunternehmen haben in den zwölf Monaten vor dem Abschlussstichtag im Jahresdurchschnitt nicht mehr als 250 Arbeitnehmer beschäftigt.

05. Welche Konsolidierungsarten werden bei der Aufstellung des Konzernabschlusses unterschieden?

Art	Inhalt	Gesetzliche Grundlage
Kapitalkonsolidierung	Aufrechnung der Beteiligungsbuchwerte mit dem Eigenkapital der einbezogenen Tochterunternehmen	§§ 301, 307, 309 HGB

Art	Inhalt	Gesetzliche Grundlage
Schuldenkonsolidierung	Weglassen von Forderungen und Verbindlichkeiten zwischen den einbezogenen Konzernunternehmen	§ 303 HGB
Erfolgskonsolidierung	Eliminierung von Erfolgen (Gewinne, Verluste) aus Lieferungen und Leistungen zwischen den einbezogenen Konzernunternehmen	§ 304 HGB
Aufwands- und Ertrags-konsolidierung	Eliminierung von Umsatzerlösen, Aufwendungen und Erträgen aus Lieferungen und Leistungen usw. zwischen den einbezogenen Konzernunternehmen	§ 305 HGB

1.10.2 Konzern nach IFRS

01. Wie ist ein Konzern nach IFRS definiert?

Nach IFRS 10.2 liegt ein Konzern vor, wenn ein Unternehmen (Mutterunternehmen) mindestens ein anderes Unternehmen (Tochterunternehmen) beherrscht.

Eine Beherrschung liegt nach IFRS 10.7 vor, wenn alle nachfolgenden Eigenschaften erfüllt sind:

a) die Verfügungsgewalt über das Beteiligungsunternehmen (Tochterunternehmen)

b) eine Risikobelastung durch oder Anrechte auf schwankende Renditen aus seinem Engagement in dem Beteiligungsunternehmen

c) die Fähigkeit, seine Verfügungsgewalt über das Beteiligungsunternehmen dergestalt zu nutzen, dass dadurch die Höhe der Rendite des Beteiligungsunternehmens beeinflusst wird.

02. Was ist ein Konzernabschluss?

Der Konzernabschluss soll alle Vermögenswerte, Schulden, Eigenkapital, Erträge, Aufwendungen und Zahlungsströme des Mutterunternehmens und seiner Tochtergesellschaften so darstellen, als gehörten sie zu einer einzigen wirtschaftlichen Einheit. Der Konzernabschluss umfasst alle Konzernunternehmen.

Den Prozess der Zusammenfassung der Einzelabschlüsse zu einem Konzernabschluss heißt Konsolidierung.

03. Welche Verrechnungen werden im Rahmen der Konsolidierung vorgenommen?

Im Rahmen der Konsolidierung werden gem. IFRS 10.B86:

▸ gleichartige Posten an Vermögenswerten, Schulden, Eigenkapital, Erträgen, Aufwendungen und Zahlungsströmen des Mutterunternehmens mit allen Tochterunternehmen zusammengefasst

▶ die Beteiligungsbuchwerte des Mutterunternehmens an jedem Tochterunternehmen mit dem Anteil an Eigenkapitals des Mutterunternehmens am Tochterunternehmen saldiert (eliminiert)

▶ die konzerninternen Vermögenswerte und Schulden, Eigenkapital, Aufwendungen und Erträge sowie Zahlungsströme aus Geschäftsfällen, die zwischen den Konzernunternehmen stattfinden, vollständig eliminiert.

Diese Verrechnungen basieren auf dem Grundsatz, dass ein einheitliches Unternehmen nicht bei sich selbst Forderungen, Verbindlichkeiten oder Gewinne realisieren kann.

04. Wie wird die Kapitalkonsolidierung durchgeführt?

Für Konzernabschlüsse und andere Unternehmenszusammenschlüsse verlangt IFRS 3 die Anwendung der Kapitalkonsolidierung nach der Erwerbsmethode – purchase method. Bei dieser Methode existiert immer ein Erwerber (Gesellschaft mit Kontrollfunktion) und ein Erworbener. Im Rahmen der Konsolidierung sind dann die Anschaffungskosten der Beteiligung inkl. der Anschaffungsnebenkosten zu ermitteln. Als Gegenleistung sind z. B. Zahlungsmittel, die Gewährung von Anteilen oder anderen Vermögensgegenständen denkbar.

05. Wie erfolgt die Schuldenkonsolidierung?

Bei der Schuldenkonsolidierung finden nur gegenseitige schuldrechtliche Verpflichtungen zwischen den Konzernunternehmen Eingang. Im Einzelabschluss ausweispflichtige Forderungen und Verbindlichkeiten dürfen im Konzernabschluss nicht erscheinen, sie werden folglich eliminiert.

06. Wie erfolgt die Aufwands- und Ertragskonsolidierung?

Innerhalb der Aufwands- und Ertragskonsolidierung werden alle konzerninternen Aufwendungen und Erträge eliminiert. Dabei werden die Aufwendungen und Erträge eines Tochterunternehmens bei Erstkonsolidierung erst ab dem Erwerb der Kontrolle in die Konzerngewinn- und -verlustrechnung aufgenommen.

07. Was ist eine Zwischenergebniseliminierung?

Die Zwischenergebniseliminierung bereinigt alle Gewinne und Verluste aus konzerninternen Transaktionen. Die konzerninternen Vorgänge werden in

▶ upstream (Tochter an Mutter),

▶ downstream (Mutter an Tochter) und

▶ sidestream (zwischen Schwestergesellschaften)

unterschieden.

1.11 Abschluss der Konten und Darstellung des steuerlichen Betriebsvermögensvergleichs, Vorbereitung der Jahresabschlussprüfung

1.11.1 Abschluss der Nebenbücher und Abstimmung zwischen Hauptbuch und Nebenbüchern

01. Wie erfolgt der Abschluss des Kassenbuches?

Im Kassenbuch werden die täglichen Bareinnahmen und Barausgaben erfasst. Der Saldo daraus und dem Bestand des Vortags ergibt den Kassenbestand. Die einzelnen Buchungen erscheinen somit nicht im Hauptbuch, sondern nur der Saldo.

02. Wie werden Material- und Warenbestände kontrolliert?

Für die mengenmäßige Kontrolle der Material- und Warenbestände werden Lagerbücher als Nebenbücher geführt. In den Lagerbüchern werden für Erzeugnisse, Handelswaren, Roh-, Hilfs- und Betriebsstoffe u. a. eigene Konten geführt und die Bestandsminderungen und -mehrungen auf diesen Konten erfasst. Die Endbestände erscheinen im Hauptbuch.

03. Wie werden Wareneingang und -ausgang erfasst?

Die Warenein- und -ausgänge werden über die Rechnungseingangs- und -ausgangsbücher erfasst. Sie gehören ebenfalls zu den Nebenbüchern. Hier werden alle einzelnen Vorgänge im Bereich Einkauf und Verkauf aufgenommen. Sie sind eine wichtige Grundlage zur ordentlichen Verbuchung im Hauptbuch.

04. Welche Bedeutung hat das Anlagenbuch?

Im Anlagenbuch werden die einzelnen Anlagegüter fortgeschrieben. Es werden alle Zugänge, Abgänge, Zuschreibungen und Abschreibungen erfasst. Der Endbestand aller Anlagegüter erscheint im Hauptbuch auf den entsprechenden Bestandskonten.

Die Aufwendungen (z. B. Abschreibungen) werden unter dem entsprechenden Erfolgskonto im Hauptbuch zusammengefasst und verbucht.

05. Was enthält das Kontokorrentbuch und wie wird es gebucht?

Im Kontokorrentbuch werden Personenkonten für jeden einzelnen Kunden und Lieferanten geführt. Die Salden der einzelnen Personenkonten entsprechen denen der Sachkonten (Forderungen aus Lieferungen und Leistungen/Verbindlichkeiten aus Lieferungen und Leistungen).

06. Warum wird ein Lohn- und Gehaltsbuch geführt?

Die Arbeitnehmer haben unterschiedliche Verdienste. Durch die verschiedenen Lohn-steuerklassen und die unterschiedlichen Sozialversicherungsabgaben ist eine Verbu-chung über das Hauptbuch unmöglich. Dafür wird ein Lohn- und Gehaltsbuch als Ne-benbuch geführt. Dabei wird für jeden Arbeitnehmer ein Lohn- oder Gehaltskonto mit folgenden Angaben geführt:

- ▶ Steuerklasse
- ▶ Bruttoverdienst
- ▶ Steuerabzüge
- ▶ Sozialversicherungsabgaben
- ▶ Auszahlungsbetrag.

Im Hauptbuch stehen dann die zusammengefassten Aufwendungen aller Arbeitneh-mer auf dem entsprechenden Sachkonto.

1.11.2 Abschlussbuchungen anhand von Kontenplänen

01. Was sind Abschlussbuchungen?

Abschlussbuchungen stehen in direktem Zusammenhang mit dem Jahresabschluss. Man unterscheidet:

- ▶ **Vorbereitende Abschlussbuchungen** sind alle Buchungen, die Wertbewegungen am Jahresende aufgrund spezifischer Rechtsvorschriften aufbereitet, die im Jahresab-schluss berücksichtigt sein müssen, im Laufe des Geschäftsjahres aber (noch) nicht berücksichtigt werden konnten.
- ▶ **Durchführende Abschlussbuchungen** sind alle Buchungen, die den Jahresabschluss tatsächlich erstellen.

02. Welches sind die wichtigsten vorbereitenden Abschlussbuchungen?

1 Bestandsdifferenzen

Die Inventur stellt den tatsächlichen Bestand des Vermögens und der Schulden fest. Die in das Inventar aufgenommenen Bestände werden nach den Grundsätzen ord-nungsmäßiger Buchführung bewertet und Differenzen zwischen Soll- und Istbe-stand erfolgswirksam ausgebucht.

Beispiele

Beispiel 1: Die Inventur ergibt beim Rohstoffkonto Holz einen Minderbestand.

Aufwendungen für RHB-Stoffe	an	Rohstoffkonto Holz

Beispiel 2: Die Inventur ergibt beim Rohstoffkonto Holz einen Mehrbestand.

Rohstoffkonto Holz	an	Sonstige Erträge

2 Abschreibungen

2.1 Abschreibungen auf Anlagen

Durch die Ermittlung und Buchung von Abschreibungen fließen Wertminderungen des Anlagevermögens entsprechend der Nutzungsdauer der einzelnen Anlagegegenstände in den Jahresabschluss ein. Gegebenenfalls sind Abschreibungen auch auf das Umlaufvermögen erforderlich. Die Buchung der Abschreibungen erfolgt direkt über das entsprechende Anlagekonto.

Beispiel

AfA	an	Aktivkonto

2.2 Abschreibungen auf Vorräte

Gegenstände des Vorratsvermögens unterliegen keiner Abnutzung, trotzdem kann eine Abschreibung erforderlich werden (z. B. Diebstahl, Preisverfall): Entsteht zwischen der Anschaffung/Herstellung und der Nutzbarmachung eine Wertminderung bei Gegenständen des Vorratsvermögens, so ist diese durch eine Abschreibung zu dokumentieren.

Materialaufwand (RHB) o. Bestandsveränderungen (UE/FE)	an	Vorratsvermögen

2.3 Abschreibungen auf Forderungen

Forderungen müssen auf ihre Bonität hin geprüft und bewertet werden. Erkennbare Risiken des Forderungsausfalls werden durch die Buchung von Einzel- und Pauschalwertberichtigungen (EWB/PWB) berücksichtigt.

- ► Direkte Abschreibung mit USt-Korrektur bei uneinbringlichen Forderungen
- ► Bildung von EWB bei zweifelhaften Forderungen
- ► Bildung der PWB auf die Forderungsbestände aus Lieferung und Leistung
- ► EWB und PWB werden auf die Nettobeträge der Forderungen berechnet.

3 Rechnungsabgrenzungen

Die periodengerechte Erfolgsermittlung wird durch die zeitliche Rechnungsabgrenzung und die Bildung von Rückstellungen gewährleistet. Rückstellungen dienen der Erfassung von Aufwendungen, deren Ursache bereits fest steht, nicht aber die genaue Höhe und der genaue Fälligkeitszeitpunkt der zukünftigen Auszahlung.

Antizipation (Vorwegnahme):

Aufwandskonten	an	Sonstige Verbindlichkeiten

Sonstige Forderungen	an	Ertragskonten

Aufwandskonto	an	Rückstellungen

Transitorien (Herübernahme):

AfA	an	Aufwandskonto

Ertragskonto	an	PRA

4 Abschluss der Unterkonten auf Hauptkonten:

Oft sind wichtige Konten der Übersichtlichkeit wegen in Unterkonten aufgesplittet. Deren Salden müssen im Jahresabschluss in den zugehörigen Hauptkonten zusammengeführt werden (z. B. Skonti).

Beispiele

Beispiel 1: Umbuchung der Bezugskosten auf das Wareneingangskonto (bzw. RHB-Konto)

Wareneingang (RHB-Stoffe)	an	Bezugskosten

Beispiel 2: Umbuchung der Preisnach lässe (Verkaufsseite)

Umsatzerlöse	an	Gewährte Skonti
		Gewährte Boni

Beispiel 3: Umbuchung der Preisnach lässe (Einkaufseite)

Erhaltene Skonti		
Erhaltene Boni	an	Wareneingang

Beispiel 4: Umbuchung der Vorsteuer auf das Umsatzsteuerkonto

Umsatzsteuer	an	Vorsteuer

Beispiel 5: Umbuchung des Privatkontos

Entnahme > Einlagen:

Eigenkapital	an	Privat

Entnahme < Einlagen:

Privat	an	Eigenkapital

5 Rücklagen

Ebenfalls zu den vorbereitenden Abschlussbuchungen zählt die Einstellung gesetzlich vorgeschriebener oder freiwilliger Rücklagen.

Beispiele

GuV-Konto	an	Gesetzliche Rücklagen

GuV-Konto	an	Andere Gewinnrücklagen

6 Sonstige Korrekturen

Neben den genannten Schritten können zahlreiche weitere Korrekturen erforderlich sein. Dazu zählt etwa die Abgrenzung des privaten vom geschäftlichen Bereich (Eigenverbrauch) und die sachliche Abgrenzung betriebsfremder Aufwendungen und Erträge (z. B. Spenden) sowie sonstige Bewertungskorrekturen.

03. Welche durchführende Abschlussbuchungen sind erforderlich?

Auch die Hauptkonten werden abgeschlossen, indem ihre Salden gezogen und über das Schlussbilanzkonto in die Bilanz oder über das Gewinn- und Verlustkonto in die Gewinn- und Verlustrechnung übertragen werden. Häufig ist dabei die Aufsplittung des Ergebnisses in ein Betriebsergebnis notwendig, das aus der betrieblichen Leistungserstellung entstanden ist und weitere Ergebnisstufen, die betriebsfremde oder neutrale Erträge und Aufwendungen ausweisen.

1. Die Erfolgskonten werden zuerst auf das Sammelkonto GuV abgeschlossen:

GuV-Konto	an	Aufwandskonten

Ertragskonten	an	GuV-Konto

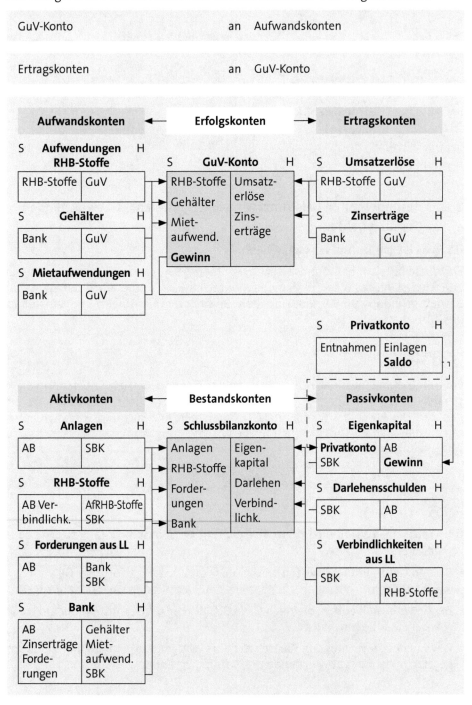

2. Abschluss der Bestandskonten über das SBK:
   Beim Abschluss der Bestandskonten wird ähnlich vorgegangen wie beim Abschluss des Gewinn- und Verlustkontos . Das Schlussbilanzkonto (SBK) wird aufgrund des Inventars bzw. der Schlussbestände der einzelnen Konten erstelllt.

SBK	an	Bestandskonten

Passive Bestandskonten	an	SBK

3. Abschluss des Eigenkapitalkontos:

Eigenkapitalkonto	an	SBK

1.11.3 Besonderheiten bei Rumpfwirtschaftsjahren oder abweichenden Geschäftsjahren

01. Was ist ein Rumpfwirtschaftsjahr?

Ein Wirtschaftsjahr hat grundsätzlich zwölf Monate. Ausnahme hiervon ist das Rumpfwirtschaftsjahr, das weniger als zwölf Monate hat. Das Rumpfwirtschaftsjahr fällt bei Betriebsgründungen, Betriebsaufgaben, Betriebsveräußerungen und Umstellungen des Wirtschaftsjahrs an.

Beispiel

Ein Unternehmer eröffnet zum 01.10.00 einen Gewerbebetrieb. Er bestimmt als Wirtschaftsjahr das Kalenderjahr. Im Jahr 00 werden die Monate Oktober bis Dezember gebucht. Der Abschluss wird zum 31.12.00 erstellt. Alle Buchungsvorgänge betreffen nur die drei Monate. Dies gilt auch für die Abschreibung des Anlagevermögens und die Abgrenzungen.

02. Welcher Gewinn wird beim abweichenden Wirtschaftsjahr zugrunde gelegt?

- Bei den **Land- und Forstwirten** wird gem. § 4a Abs. 2 Nr. 1 EStG der Gewinn des abweichenden Wirtschaftsjahrs zeitanteilig dem betroffenen Kalenderjahr zugeordnet.

- Bei **Gewerbetreibenden**, die nach § 15 EStG den Gewinn ermitteln und im Handelsregister eingetragen sind gilt:

  Gewinn des abweichenden Wirtschaftsjahrs wird in dem Veranlagungszeitraum angesetzt, in dem das abweichende Wirtschaftsjahr endet.

Beispiel

Der Unternehmer X erstellt seinen Jahresabschluss per 31.07. eines Jahres. Das Unternehmen ist im Handelsregister eingetragen. Im Wirtschaftsjahr 01.08.00 - 31.07.01 erzielt er einen Gewinn von 60.000 € und im Wirtschaftsjahr 01.08.01 - 31.07.02 einen Gewinn von 50.000 €.

$\rightarrow$ Gewinn Veranlagungszeitraum 01 = 60.000 €
Gewinn Veranlagungszeitraum 02 = 50.000 €.

03. Wie werden Abschreibungen beim abweichenden Wirtschaftsjahr gebucht?

Da das Wirtschaftsjahr trotz Abweichung zwölf Monate beträgt, werden die Abschreibungen genauso gebucht, wie beim Kalenderjahr.

Beispiel

Abweichendes Wirtschaftsjahr vom 01.07.00 - 30.06.01
Anschaffung eines Pkw am 20.12.00; Kaufpreis 20.000 € netto. Die Abschreibung wird zeitanteilig berechnet (§ 7 Abs. 1 EStG): von Monat Dezember 00 - Monat Juni 01, sechs Monate:

	AK	20.000,00 €
-	Abschreibung (16,67 %) für 7 Monate	- 1.945,00 €
=	Buchwert am 30.06.01	18.055,00 €

Abschreibung auf Fuhrpark	1.945,00 €	an	Fuhrpark	1.945,00 €

04. Wie erfolgt die Buchung von Abgrenzungen beim abweichenden Wirtschaftsjahr?

Wie auch bei den Abschreibungen werden Abgrenzungen nach dem festgestellten Wirtschaftsjahr vorgenommen.

Beispiel

für aktive Rechnungsabgrenzung:

Abweichendes Wirtschaftsjahr vom 01.07.00 - 30.06.01: Kfz-Steuer i. H. v. 120 € ist für den Zeitraum 01.01.01 - 31.12.01 am 15.01.01 fällig.

Der Aufwand für das Wirtschaftsjahr beträgt 60 € für den Zeitraum 01.01.01 - 30.06.01. Die anderen 60 € werden in den aktiven Rechnungsabgrenzungsposten eingestellt und in dem Wirtschaftsjahr 01.07.01 - 30.06.02 als Aufwand gegen den aktiven Rechnungsabgrenzungsposten gebucht.

Buchung am 15.01.01

Kfz-Steuer	120,00 €	an	Finanzkonto	120,00 €

Buchung am 30.06.01

Aktiver RAP	60,00 €	an	Kfz-Steuer	60,00 €

1.11.4 Vorbereitung der Jahresabschlussprüfung

01. Wer ist gesetzlich zur Jahresabschlussprüfung verpflichtet?

Die gesetzliche Verpflichtung zur Jahresabschlussprüfung ist geregelt im § 316 Abs. 1 Satz 1 HGB. Danach sind der Jahresabschluss und der Lagebericht von Kapitalgesellschaften, die nicht kleine i. S. d. § 267 Abs. 1 HGB sind durch einen Abschlussprüfer zu prüfen.

Die §§ 317 - 319 HGB regeln:

► Gegenstand und Umfang der Prüfung (§ 317 HGB)

► Bestellung und Abberufung des Abschlussprüfers (§ 318 HGB)

► Auswahl der Abschlussprüfer und Ausschlussgründe (§ 319 HGB).

02. Wer kann freiwillig eine Jahresabschlussprüfung durchführen?

Alle Kapitalgesellschaften, die gem. § 316 Abs. 1 HGB i. V. m. § 267 Abs. 1 HGB nicht gesetzlich verpflichtet sind, den Jahresabschluss und den Lagebericht prüfen zu lassen, haben die Möglichkeit einer Prüfung. Allerdings ist zu bedenken, dass diese mit erheblichen Mehraufwendungen verbunden ist.

03. Welche Bestätigungen sind für die Erstellung des Jahresabschlusses notwendig?

Für die Erstellung des Jahresabschlusses müssen folgende Bestätigungen vorliegen:

- ▶ Saldenbestätigungen – abgestimmte Personen- und Sachkonten
- ▶ letzter Kontostand der geschäftlichen Bankkonten (Kontoauszug Stand 31.12.)
- ▶ Saldenbestätigungen für Verbindlichkeiten gegenüber Kreditinstituten
- ▶ Nachweise für Garantieleistungen
- ▶ Rechtsanwaltsbestätigungen für Wertberichtigungen auf Forderungen, Rückstellungen Prozesskosten usw.

04. Was ist bei der Dokumentation des Jahresabschlusses zu beachten?

Nach dem Schreiben der Bundessteuerberaterkammer vom 23.10.2001 werden drei Grundfälle für die Erstellung des Jahresabschlusses unterschieden:

- ▶ Erstellung ohne Prüfungshandlungen
- ▶ Erstellung mit Plausibilitätsbeurteilung
- ▶ Erstellung mit umfassenden Prüfungshandlungen.

Aus der Dokumentation muss erkennbar sein, ob die Buchführung vom Unternehmen selbst oder durch einen Steuerberater durchgeführt wurde.

1.12 Buchhaltung unter Anwendung von IT-Verfahren

1.12.1 IT-Verfahren

01. Welche Wirkungen ergeben sich durch die Einführung der EDV-Buchhaltung am Arbeitsplatz?

Durch die Einführung der EDV in der Finanzbuchhaltung wurden wesentliche Erleichterungen geschaffen. So sind manuelle Erfassungen über Grund- und Hauptbuch entfallen. Durch die EDV-Buchhaltung wird das Grundbuch nur noch durch die Eingabe von Buchungssätzen geführt. Konten des Hauptbuchs werden automatisch vom Programm geführt. Wichtig ist die Pflege der Stammdaten und die Konteneinrichtung. Hierbei ist Voraussetzung, dass der entsprechende Kontenrahmen bekannt ist und auch richtig angewandt wird. Der Vorteil der Anwendung von IT-Verfahren am Arbeitsplatz ist u. a., dass die Daten der Buchhaltung jederzeit abgerufen werden können.

02. Was sind Serverlösungen?

Ein Server ist ein Programm oder Rechner in einem Netzwerk, mit dem anderen Netzwerkmitgliedern Dienste (Drucker, E-Mail-Dienste, Speicherplatz, Lizenzen) zur Verfügung gestellt werden. Im Gegensatz zur Einzelplatzlösung handelt es sich hier um die Ausnutzung der EDV für mehrere Arbeitsplätze. Das ist vorteilhaft in Büros mit mehreren Arbeitsplätzen in der Buchhaltung.

Beispiel

für Serverfunktionen:

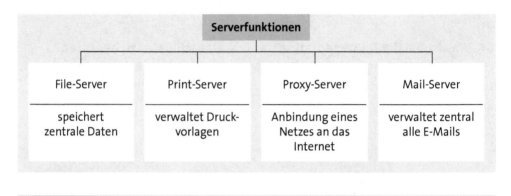

03. Was ist ein Rechenzentrum?

Als Rechenzentrum (RZ) bezeichnet man sowohl das **Gebäude**, in denen die zentrale Rechentechnik untergebracht ist (Rechner und zum Betrieb notwendige Infrastruktur, z. B. Energieversorgung und Klimatisierung) als auch die **Organisation** selbst, die die Hochleistungsrechner betreut.

Man unterscheidet im Wesentlichen:

▸ **Betriebseigenes Rechenzentrum:**

Große und mittlere Unternehmen verfügen i. d. R. über eine IT-Abteilung, der ein betriebseigenes Rechenzentrum angeschlossen ist. Teilweise geht der Trend allerdings in Richtung „Outsourcen von Rechenzentren" wegen der hohen Fixkostenbelastung.

▸ **Gemeinschaftsrechenzentrum:**

Mittlere und kleine Unternehmen schließen sich mit einem oder mehreren Betrieben zusammen und betreiben ein gemeinsames Rechenzentrum.

▸ **Externes Rechenzentrum:**

Häufig nutzen mittlere Unternehmen auch den Voll- oder Teilservice eines externen Rechenzentrums. Die Träger dieser RZ sind überwiegend Hardwareunternehmen und Unternehmensberatungen, z. B. Rechenzentrum von DATEV und Lexware.

04. Welche Merkmale sind charakteristisch für ein Rechenzentrum?

Hochredundante Infrastruktur	Sämtliche für den Betrieb benötigten Anlagen sind mehrfach vorhanden Infrastruktur (z. B. Rechner und Klimageräte). Damit wird gewährleistet, dass bei Wartung oder Fehlfunktionen nur minimale Ausfallzeiten entstehen.
Aufwändige Stromversorgung	Modeme Server besitzen üblicherweise zwei Netzteile , die unabhängig voneinander den gesamten Server versorgen können. Jede Stromversorgung umfasst eine eigene USV (unterbrechungsfreie Stromversorgung) und eigene Netzersatzanlagen.
Hoher Raumbedarf	für Rechnerraum , Arbeitsvor- und -nachbereitung, Datenerfassung und -archiv, Lager für Formulare und Papier, Arbeits- und Sozialräume.
Bauliche Anforderungen	Geschosshöhe mind. 3,5 - 5,0 m, hohe Bodenbelastung , doppelter Boden für Versorgungsleitungen, Schalldämmung, Klimatisierung.
Datenschutz	„Closed-Shop-Betrieb": Nur Mitarbeiter des RZ haben Zugang; weiterhin Maßnahmen gegen unberechtigtes Eindringen (Alarmanlage, Panzerglas)
Schichtbetrieb	Der Betrieb eines RZ in nur acht Stunden ist wegen der zu geringen Auslastung der Anlagen unwirtschaftlich . Daher ist der Betrieb im 2-Schicht-System der Normalfall.

05. Welche Anforderungen muss ein Rechenzentrum erfüllen?

Bei der Auswahl eines Rechenzentrums sind mindestens folgende Anforderungen zu prüfen:

- ► fehlerfreie Durchführung der Datenverarbeitung
- ► Termintreue bei Stapelverarbeitung (sequenzielle Bearbeitung von Aufträgen; in den Ablauf der Programme kann nicht eingegriffen werden)
- ► kurze Antwortzeiten bei Dialogverarbeitung
- ► Gewährleistung von Datenschutz und Datensicherheit
- ► wirtschaftliche Durchführung der Datenverarbeitung (marktgerechte Preisgestaltung).

06. Welche Vor- und Nachteile sind mit einem betriebsinternen Rechenzentrum verbunden?

Betriebsinternes Rechenzentrum	
Vorteile, z. B.	**Nachteile**, z. B.
► sehr gute Möglichkeit, den Datenschutz zu gewährleisten ► sehr hohe Planungs- und Dispositionsmöglichkeit.	► erheblicher Aufwand bei der Errichtung ► der Betrieb trägt das Verarbeitungsrisiko allein ► hohe Fixkostenbelastung ► problematisch ist die schwankende Auslastung der Anlage.

07. Wie kann der elektronische Belegaustausch mit einem Rechenzentrum effizient gestaltet werden?

1. Wenn der Unternehmer eine Rechnung erhält, leitet er sie an das RZ weiter (per Faxübertragung oder per Scan). Unternehmer und Steuerberater müssen beide an das RZ (z. B. DATEV) angeschlossen sein.

2. Im RZ wird die Rechnung elektronisch archiviert. Hierfür steht ein persönliches Belegarchiv für den Unternehmer zur Verfügung. Auf dieses hat auch der Steuerberater direkten Zugriff und kann die Belege auswerten oder bearbeiten. Das Belegarchiv ist mit einer Suchfunktion ausgestattet. Zeitaufwändiges Suchen nach Belegen in Ordnern entfällt.

3. Auch Kontoauszüge können von der Bank direkt elektronisch an das RZ weitergeleitet werden. Der Unternehmer muss dafür seine Zustimmung erteilen.

4. Damit kann der Steuerberater die Unterlagen zeitnah bearbeiten. Die Originale bleiben im Unternehmen; das Überbringen zum Steuerberater entfällt; ebenso das lästige Kopieren.

5. Durch den elektronischen Belegaustausch ergeben sich also zahlreiche Vorteile für Unternehmer und Steuerberater.

08. Welche Leistungen erbringt das DATEV- Rechenzentrum?[1]

- ► Einrichtung der IT-Infrastruktur
- ► Leistungserstellung für Mandanten
- ► Bereitstellung der Daten für weitere Analysen
- ► Übermittlung von Daten und Auswertungen an Dritte, - Sicherung und Archivierung der Arbeitsergebnisse
- ► Sicherheit und Aktualität sämtlicher Anwendungen
- ► Software-Bereitstellung, Security-Dienste, Anwendungshosting, - Prozessübergreifendes Informationsmanagement
- ► Support-Informationen zu allen DATEV-Programmen, Informations-Datenbank und
- ► DATEV-Briefkasten.

1.12.2 Auswirkungen der Anwendung von IT-Verfahren

01. Was bedeutet Datensicherheit?

Datensicherheit dient dazu, Daten in der EDV vor Datenverlust sowie unberechtigter Einsicht und Manipulation zu schützen. Die Datensicherheit muss den Schutz vor fahrlässigen bzw. technischen Fehlern, physikalischen Schäden, externen Schadensquellen und durch Spionage bzw. Sabotage garantieren. Eines der wichtigsten Mittel ist die Datensicherung. Sie umfasst organisatorische, technische und programmtechnische

---

[1] Quelle: www.datev.de

Maßnahmen zur Sicherung der Daten, Datenträger, Dateien und Datenbanken vor unbefugtem Lesen, Verändern, Löschen und Ergänzen sowie alle organisatorischen und technischen Maßnahmen zum Schutz von EDV-Einrichtungen und Systemen vor Beschädigung und Zerstörung.

Ebenso gehört der Virenschutz mithilfe von Anti-Virenprogrammen zu den präventiven Maßnahmen, um die Datensicherheit zu erhöhen.

02. Was bezeichnet man als Datenorganisation?

Die wesentlichen Aspekte der Datenorganisation sind:

► **Strukturierung der Daten:**
  - Wie werden Daten erfasst und strukturiert?
  - Wie vermeidet man redundante Daten?
  - Welche Beziehungen (Relationen) unter den einzelnen Datensätzen werden hergestellt?

► **Datenspeicherung:**
  Es geht hier um die Auswahl einer sequenziellen, gestreuten oder indexsequenziellen Speicherform.

► **Datensicherung und -schutz.**

03. Was ist bei der Auswahl von IT-Verfahren zu berücksichtigen?

Je nach betrieblicher Situation können folgende Aspekte bei der Auswahl von IT-Verfahren eine Rolle spielen:

► Kosten

► Information über das IT-System

► Verfügbarkeit der Software

► Hardware-Voraussetzungen

► Schulungsangebot

► Software-Kompatilität

► Bearbeitungsgeschwindigkeit

► Datenschutz/Datensicherheit

► Information über den Hersteller

► Dokumentation

► Software-Ergonomie

► Netzwerkfähigkeit

- Pflege der Software
- Leistungsumfang
- Bearbeitungsgeschwindigkeit.

04. Welche Auswirkungen ergeben sich durch die Anwendung von IT-Verfahren auf den Betriebsablauf?

Eine erschöpfende Antwort ist wegen der Komplexität des Themas nicht möglich. Es folgen einige, markante Beispiele:

Der **Betriebsablauf** lässt sich umschreiben mit der Aussage: „Wer macht was, wie, bis wann und wo?" Der Fachbegriff ist **Ablauforganisation** bzw. (neu) **Prozessorganisation**. Bei der Einrichtung von IT-Verfahren ist zu prüfen, ob die vorhandene Organisation für die strukturierte Bearbeitung von Vorgängen tauglich ist. Zum anderen lässt sich eine vorhandene Organisation mithilfe der IT strukturieren und unterstützen. Dabei folgt die EDV-gerechte Struktur grundsätzlich dem Ablauf: Daten erfassen → verarbeiten → speichern → kommunizieren.

Beispiel

Bei der Reorganisation der Logistikprozesse im Rahmen der Implementierung moderner IT-Verfahren in einem Krankenhaus (Internet, Intranet, Schnittstellen Lieferant/Kunde usw.) wurde u. a. eine Ablauf- und Kostenminimierung sowie eine weitgehend papierlose Verknüpfung aller Glieder in einer geeigneten IT-Struktur angestrebt. Im Ergebnis entstand folgende Logistikprozesskette:

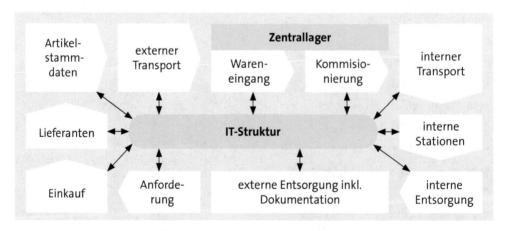

Im Gegensatz zur traditionellen Buchhaltung erfordert z. B. die IT-gestützte Buchhaltung keine mehrmalige Erfassung der Geschäftsvorfälle in physisch getrennten „Büchern". Die Eingabedaten besitzen einen hohen Detaillierungsgrad (belegnah), sodass sich die Informationen des *Hauptbuchs* durch Verdichtung und Sortierung nach sachlichen Gesichtspunkten, die Informationen des *Grundbuchs* durch Verdichtung und Sortierung nach dem zeitlichen Gesichtspunkt bilden lassen. Insbesondere die Online-Buchhaltung ermöglicht eine umfassende Prüfung auf Eingabefehler. Neben der Rationalisierung der Erfassung ergeben sich zahlreiche Vorteile bei der Bearbeitung und Auswertung der Buchungsdaten, insbesondere auch bei den Abschlüssen.

Damit werden Geschäftsabläufe automatisiert, Routinearbeiten entfallen, Durchlaufzeiten werden verkürzt und die Arbeiten durch dv-gestützte Plausibilitätsprüfungen qualitativ verbessert.

Durch den Einsatz von IT-Verfahren verändern sich nicht nur die **räumlichen Einsatzmöglichkeiten und die Verfügbarkeit von Arbeitskräften**, ein Wandel ergibt sich auch in **zeitlicher Hinsicht**. Informations- und Kommunikationstechnologien ermöglichen es, dass betriebliche Abläufe auch dann noch reibungslos funktionieren, wenn nicht alle Mitarbeiter an ihrem Arbeitsplatz sind (Übergabeprotokolle, Dokumentation erledigter/offener Arbeitsgänge u. Ä.). Auch aus diesem Grund konnten viele Firmen **flexible Arbeitszeiten** einführen. Ebenfalls hat die Anzahl der **Teilzeit- und Telearbeitsplätze** unter diesen Bedingungen zugenommen.

Für den einzelnen Arbeitsplatz bedeutet die Ausweitung der Informationsfülle ein **Job Enrichment** bzw. ein **Job Enlargement**. Da sich die Prozesse nicht nur verkürzen, sondern auch verbessern, führt dies auch zu einem **Total Quality Management** und wegen der Ausdünnung der Mitarbeiterschicht zum **Lean-Ansatz**.

▶ **Antithese:** Der Einsatz von IT-Verfahren zwingt den Menschen zu „08/15- bzw. Schema-F-Verhalten". Der Mensch wird heutzutage im Büro durch die Geräte genauso diszipliniert und kontrolliert wie seinerzeit bei *Taylor* (vgl. Taylorismus) in der Werkstatt.

Wenn immer weniger Mitarbeiter immer mehr und Besseres unter Einsatz der entsprechenden EDV-Technik leisten sollen, dann **nimmt die Belastung und die Konzentrationsanforderung im Ganzen zu**.

▶ **Softwarelösungen** (Standardsoftware) verlangen meist eine Orientierung der betrieblichen Abläufe an der Struktur der Software selbst, da eine an individuellen betrieblichen Bedürfnissen orientierte und entwickelte Software (Individualsoftware) entweder nicht angeboten wird oder für kleine und mittlere Unternehmen zu teuer ist.

1.13 Bilanzielle Auswirkungen unterschiedlicher Gesellschaftsformen im Handels- und Steuerrecht berücksichtigen

1.13.1 Personenunternehmen

01. Welche Personenunternehmen gibt es?

Zu den Personenunternehmen zählen der Einzelunternehmer sowie Personengesellschaften.

Da der Einzelunternehmer alleine agiert, ist er auch selbst für die Geschäftsführung zuständig und haftet unbeschränkt mit seinem Geschäfts- und Privatvermögen. Ein Gewinn oder Verlust wird in der Einkommensteuer angegeben und versteuert.

Bei Personengesellschaften werden folgende Unternehmensformen unterschieden:

GbR	OHG	KG	Stille Gesellschaft	GmbH & Co.KG
Gesellschaft bürgerlichen Rechts (auch BGB-Gesellschaft)	Offene Handelsgesellschaft	Kommanditgesellschaft		

In diesem Kapitel werden die wichtigsten von ihnen mit ihren jeweiligen Merkmalen vorgestellt.

02. Welche Anforderungen werden an den Jahresabschluss von Personengesellschaften gestellt?

Im Jahresabschluss einer Personalgesellschaft müssen Bilanz und GuV-Rechnung nicht nach bestimmten Vorschriften gegliedert werden (Ausnahme: große Unternehmen, siehe unten). Häufig wird trotzdem die Bilanzgliederung nach § 266 Abs. 1 HGB wie auch bei kleinen Kapitalgesellschaften gewählt. Die Darstellung der GuV-Rechnung ist in Staffel- oder Kontoform zulässig.

Generell müssen Personengesellschaften ihren Jahresabschluss nicht veröffentlichen. Eine Ausnahme davon bilden besonders große Personengesellschaften. Sie sind lt. Publizitätsgesetz zur Veröffentlichung im Bundesanzeiger verpflichtet, wenn mindestens zwei der folgenden Merkmale an drei aufeinanderfolgenden Bilanzstichtagen erfüllt sind (§ 1 PublG):

- Bilanzsumme > 65 Mio. €
- Umsatzerlöse jährlich > 130 Mio. €
- Beschäftigtenzahl durchschnittlich > 5.000 Arbeitnehmer

Dann ist auch die Bilanzgliederung wie bei Kapitalgesellschaften gem. § 266 Abs. 2 und 3 HGB verpflichtend.

Die Frist zur Erstellung des Jahresabschlusses sowie zur ggf. notwendigen Veröffentlichung beträgt 12 Monate nach Bilanzstichtag.

03. Was sind die charakteristischen Merkmale der GbR?

GbR – Gesellschaft bürgerlichen Rechts (BGB-Gesellschaft) – Merkmale	
Zweck	Sie ist eine Personengesellschaft und nicht im Handelsregister eingetragen. Gegenstand ist der Zusammenschluss mehrerer Personen, die beabsichtigen, ein gemeinsames Ziel zu verfolgen (kein Handelsgewerbe). Von daher kann zu jedem gesetzlich zulässigen Zweck ein BGB-Gesellschaft gegründet werden.
Gründung	§§ 705 ff. BGB Entsteht durch Gesellschaftsvertrag von mindestens zwei Gesellschaftern (kein Formzwang); Durch Gesellschaftsvertrag verpflichten sich die Gesellschafter ▸ die Erreichung des gemeinsamen Zieles zu fördern (z. B. Arbeitsgemeinschaft, sog. „Arge" bei einem Bauvorhaben) ▸ die vereinbarten Beiträge zu leisten (z. B. Mietanteile für ein gemeinsames Büro) ▸ Mindestkapital nicht erforderlich.
Firma	Kann keine Firma führen (Gesellschafter sind keine Kaufleute). Tritt im Geschäftsverkehr unter dem Namen ihrer Gesellschaft auf (oder unter einer anderen Bezeichnung). Der Zusatz GbR ist nicht erforderlich.
Vertretung	▸ Geschäftsführung und Vertretung: i. d. R. gemeinschaftlich ▸ abweichende Regelung im Gesellschaftsvertrag möglich
Haftung	Die Haftung der GbR ist wie bei der OHG: unbeschränkt, unmittelbar und solidarisch.
Ergebnis-verteilung	▸ gleiche Anteile an Gewinn und Verlust ▸ abweichende Regelung im Gesellschaftsvertrag möglich
Auflösung	Auflösungsgründe sind u. a.: ▸ Auflösungsvertrag ▸ Erreichen des vereinbarten Ziels ▸ Tod und die Kündigung eines Gesellschafters ▸ Insolvenzeröffnung über das Vermögen eines Gesellschafters ▸ Ist für die Gesellschaftsdauer eine Zeitdauer bestimmt, kann die Kündigung nur aus wichtigem Grund erfolgen. Der Gesellschaftsvertrag kann für den Fall des Todes eines Gesellschafters auch den Fortbestand der GbR regeln.
Liquidation	vgl. §§ 733 ff. BGB

04. Was sind die charakteristischen Merkmale der offenen Handelsgesellschaft?

OHG – Offene Handelsgesellschaft – Merkmale	
Zweck	Eine OHG ist eine **Personengesellschaft**, deren Zweck auf den Betrieb eines **Handelsgewerbes** unter gemeinschaftlicher Firma gerichtet ist.
Gründung	§§ 105 ff. HGB; ergänzend §§ 705 ff. BGB (bitte lesen) Gründung durch zwei oder mehr Gesellschafter; Gesellschaftsvertrag ist nicht zwingend vorgeschrieben; wichtige Regeln der Geschäftsführung sollten jedoch schriftlich fixiert werden. Mindestkapital ist nicht erforderlich. Die OHG entsteht mit der Aufnahme der Geschäfte oder mit der Eintragung der Gesellschaft in das HR. Sie ist nicht rechtsfähig, aber teilrechtsfähig, das heißt, sie kann ▸ eigene Rechte erwerben ▸ Verbindlichkeiten eingehen ▸ klagen und verklagt werden.
Firma	muss den Zusatz „offene Handelsgesellschaft" oder „OHG" o. Ä. enthalten.
Geschäftführung/ Vertretung	▸ gewöhnliche Geschäfte: Einzelgeschäftsführung aller Gesellschafter mit Vetorecht der anderen ▸ außergewöhnliche Geschäfte: Gesamtgeschäftsführung ▸ der Gesellschaftervertrag kann Abweichungen vorsehen ▸ grundsätzlich: Einzelvertretung aller Gesellschafter ▸ Vertretungsmacht kann (inhaltlich) nicht beschränkt werden ▸ Gesamtvertretung (aller/einzelner) Gesellschafter kann vereinbart werden und ist im HR einzutragen Die Gesellschafter der OHG haben Wettbewerbsverbot, d. h. ohne Einwilligung des anderen Gesellschafters dürfen im gleichen Handelszweig keine Geschäfte auf eigene Rechnung durchgeführt oder in anderen Unternehmen der Branche Beteiligungen aufgenommen werden. Ansonsten entstehen ein Schadenersatzanspruch und die Ausschlussmöglichkeit.
Haftung	▸ OHG selbst: mit Gesellschaftsvermögen ▸ jeder Gesellschafter: unbeschränkt, unmittelbar, gesamtschuldnerisch
Ergebnisverteilung	▸ Jeder Gesellschafter erhält zunächst 4 % seines Kapitalanteils, der verbleibende Gewinn wird gleichmäßig nach Köpfen verteilt. ▸ Der Verlust wird nach Köpfen verteilt.
Auflösung	Auflösungsgründe sind u. a.: ▸ Ablauf der vereinbarten Zeit ▸ Auflösungsbeschluss der Gesellschafter ▸ Eröffnung des Insolvenzverfahrens ▸ Kündigung eines Gesellschafters bei einer 2-Mann-OHG Der Tod eines Gesellschafters führt nicht zur Auflösung der OHG.
Liquidation	vgl. §§ 145 ff. HGB

05. Was sind die charakteristischen Merkmale der Kommanditgesellschaft?

KG – Kommanditgesellschaft – Merkmale	
Zweck	wie OHG
Gründung	§§ 161 ff. HGB; mit vielen Verweisen zur OHG (bitte lesen)
	Die KG ist eine Handelsgesellschaft, deren Gesellschafter teils unbeschränkt (Vollhafter, Komplementär), teils beschränkt (Teilhafter, Kommanditist) haften. Die Kommanditgesellschaft muss mindestens einen Komplementär und mindestens einen Kommanditisten (haftet nur mit seiner Kapitaleinlage) haben. Abschluss eines Gesellschaftsvertrages. im Übrigen: wie OHG
Firma	muss den Zusatz „Kommanditgesellschaft" oder „KG" o. Ä. enthalten.
Geschäfts-führung/ Vertretung	► Komplementär: wie OHG ► Kommanditist: keine Vertretung/Geschäftsführung, nur Kontrollrechte; nur bei außergewöhnlichen Geschäften besteht ein Widerspruchsrecht (im Außenverhältnis ohne Wirkung); der Gesellschaftsvertrag kann die Kommanditisten an der Geschäftsführung beteiligen.
Haftung	► KG selbst: mit Gesellschaftsvermögen ► Komplementär: wie OHG ► Kommanditist: nur mit Einlage ► Klagemöglichkeiten: wie OHG
Ergebnis-verteilung	► Gewinn: 4 % der Einlage, der Rest in angemessenem Verhältnis (z. B. Höhe der Einlage und Arbeitsleistung) ► Verlust: in angemessenem Verhältnis ► der Gesellschaftsvertrag kann etwas Anderes regeln
Auflösung	Auflösungsgründe sind u. a.: ► Ablauf der vereinbarten Zeit ► Auflösungsbeschluss der Gesellschafter ► Eröffnung des Insolvenzverfahrens ► Kündigung des einzigen Komplementärs/Kommanditisten ► Der Tod eines Gesellschafters führt nicht zurAuflösung der KG.
Liquidation	wie OHG

06. Welche Besonderheiten der KG gegenüber der OHG gibt es?

► Die Kommanditgesellschaft ist eine besondere Form der OHG. Sie unterscheidet sich von der OHG durch eine Aufspaltung von Haftung und Entscheidung zwischen den Gesellschaftern.

► Die Komplementäre haften genauso wie die Gesellschafter der OHG.

► Die Kommanditisten haften nur mit ihrer Einlage (§ 161 Abs. 1 HGB). Genau genommen haften sie soweit, wie sie zur Einlage verpflichtet sind. Denn wenn die Einlage in das Gesellschaftsvermögen geleistet ist, dann sind die Kommanditisten von ihrer

Verpflichtung frei (§ 171 Abs. 1 HGB). Es ist daher vor der Inanspruchnahme der Kommanditisten zu prüfen, ob sie ihre Einlage geleistet haben.

07. Was sind die charakteristischen Merkmale der stillen Gesellschaft?

Eine stille Gesellschaft (§§ 230 - 236 HGB; bitte lesen) ist nach außen nicht erkennbar. Sie entsteht, indem sich ein stiller Gesellschafter an dem Handelsgewerbe eines anderen mit einer Einlage beteiligt, die in das Vermögen des Inhabers des Handelsgewerbes übergeht. Der stille Gesellschafter wird nicht Miteigentümer am Vermögen des anderen. Er erhält vertraglich einen Anteil des Gewinns. Eine Verlustbeteiligung kann ausgeschlossen werden oder bis zur Höhe der Einlage vereinbart werden. Wird sie ausgeschlossen, kann der stille Gesellschafter im Insolvenzfall die Einlage als Insolvenzforderung geltend machen.

Der stille Gesellschafter ist an der Geschäftsführungsbefugnis nicht beteiligt, falls nichts anderes vereinbart wird. Ist der stille Gesellschafter an der Gesellschaft beteiligt, liegt der Fall einer atypischen stillen Gesellschaft vor. Der stille Gesellschafter hat dann Kontrollrechte wie ein Kommanditist. Durch den Tod des stillen Gesellschafters wird die Gesellschaft nicht aufgelöst.

Auf die Kündigung der Gesellschaft durch einen der Gesellschafter finden die Vorschriften der §§ 132, 134 und 135 HGB entsprechende Anwendung. So kann z. B. die Kündigung durch einen Gesellschafter entweder am Schluss eines Geschäftsjahres erfolgen, wenn eine Gesellschaft für unbestimmte Zeit eingegangen wurde.

Auflösungsgründe sind z. B. ein Auflösungsvertrag, Kündigung, Eröffnung des Insolvenzverfahrens, Tod des Geschäftsinhabers (*nicht:* Tod des stillen Gesellschafters).

1.13.2 Kapitalgesellschaften

01. Welche Kapitalgesellschaften gibt es?

Bei Kapitalgesellschaften werden folgende Unternehmensformen unterschieden:

GmbH	AG	UG	SE
Gesellschaft mit beschränkter Haftung	Aktiengesellschaft	Unternehmergesellschaft („Mini-GmbH")	Societas €paea, €pa AG

02. Welche grundlegenden Anforderungen werden an den Jahresabschluss von Kapitalgesellschaften gestellt?

Unabhängig von Art und Größe der Kapitalgesellschaft werden im HGB folgende allgemeinen Grundsätze für die Erstellung des Jahresabschlusses genannt (vgl. § 265 HGB):

► Bestandteile: Bilanz, GuV, Anhang (ggf. Lagebericht; größenabhängig)

► Bilanz in Kontoform

- GuV-Rechnung in Staffelform
- Beträge des vorangegangenen Geschäftsjahres sind zusätzlich zum aktuellen Jahr auszuweisen
- Darstellung und Gliederung sollte über die Jahre beibehalten werden (Änderungen mit Begründung möglich)
- Neue Posten dürfen gebildet werden
- Eine weitere Untergliederung von Posten ist möglich, wenn die vorgeschriebene Gliederung dadurch nicht verworfen wird
- Posten, die wiederholt (d. h. auch im Vorjahr) keinen Betrag aufweisen, müssen nicht geführt werden.

Die verpflichtende Veröffentlichung des Jahresabschlusses muss innerhalb von zwölf Monaten erfolgen.

03. Welche Unterschiede gibt es in Abhängigkeit von der Größe einer Kapitalgesellschaft?

Je nach Größe einer Kapitalgesellschaft gelten verschiedene Regelungen für die Gliederung der Bilanz sowie die Erstellung des Jahresabschlusses. Es werden kleine, mittelgroße und große Kapitalgesellschaften unterschieden. Dabei müssen mindestens zwei der folgenden Merkmale erfüllt werden:

Größe	Bilanzsumme in €	Umsatzerlöse in €	Anzahl Arbeitnehmer
Klein	bis 6 Mio.	bis 12 Mio.	bis 50
Mittel	bis 20 Mio.	bis 40 Mio.	bis 250
Groß	über 20 Mio.	über 40 Mio.	über 250

Bei **kleinen** Kapitalgesellschaften gelten die Vorschriften für die Gliederung der Bilanz nach § 266 Abs. 1 HGB und der Jahresabschluss muss innerhalb von sechs Monaten erstellt werden. Bei der Veröffentlichung reicht eine Offenlegung von Bilanz und Anhang aus (nicht: GuV, vgl. § 326 HGB).

Mittelgroße und **große** Kapitalgesellschaften haben dagegen nur drei Monate zur Erstellung des Jahresabschlusses Zeit. Er umfasst neben Bilanz, GuV-Rechnung und Anhang auch den Lagebericht. Die Gliederung der Bilanz ist ausführlicher als bei den kleinen Unternehmen und erfolgt gem. § 266 Abs. 2 und Abs. 3 HGB. Mittelgroße Kapitalgesellschaften müssen allerdings nur eine verkürzte Variante von Bilanz und Anhang veröffentlichen (vgl. § 327 HGB).

04. Was sind die charakteristischen Merkmale der Gesellschaft mit beschränkter Haftung?

GmbH – Gesellschaft mit beschränkter Haftung – Merkmale	
Zweck	▸ ist eine juristische Person (Formkaufmann; wie bei AG) ▸ im Unterschied zur AG ist das Stammkapital nicht in Aktien verbrieft ▸ kann jeden beliebigen (rechtlich zulässigen) Zweck verfolgen
Gründung	GmbH-Gesetz (GmbHG) Eine GmbH kann auch durch eine einzige Person gegründet werden. Das Stammkapital beträgt mindestens 25.000 €. Sollen Sacheinlagen geleistet werden, so sind im Gesellschaftsvertrag (notarielle Beurkundung) der Gegenstand der *Sacheinlage* sowie der Betrag der **Stammeinlage**, auf die sich die Sacheinlage bezieht, festzustellen. ▸ Mit der Kapitalaufbringung ist die GmbH errichtet, aber noch nicht gegründet (GmbH i. G). Wer die „werdende GmbH" im Geschäftsverkehr vertritt, haftet persönlich. ▸ Die Gesellschafter müssen einen (oder mehrere) Geschäftsführer bestellen. – Der Antrag auf Eintragung in das HR ist zu stellen. ▸ Mit der Eintragung entsteht die GmbH als juristische Person.
HR-Eintragung	Eintragung ist Pflicht (Formkaufmann)
Firma	muss den Zusatz „Gesellschaft mit beschränkter Haftung" oder „GmbH" o. Ä. enthalten.
Organe	Die **Gesellschafterversammlung** ist das Beschlussorgan; Beschlüsse mit einfacher Mehrheit. Bei Änderung des Gesellschaftsvertrages ist eine 3/4-Mehrheit erforderlich. Aufgaben: ▸ Bestellung/Abberufung von Geschäftsführern (GF) ▸ Weisungsrecht gegenüber GF ▸ Beschluss über Ergebnisverwendung und ▸ Erteilung von Handlungsvollmacht/Prokura. Die **Geschäftsführung** ist das Leitungsorgan und der gesetzliche Vertreter der GmbH. ▸ In einzelnen Fällen ist auch ein Aufsichtsrat vorgesehen und zwar nach dem Betriebsverfassungsgesetz bei mehr als 500 Arbeitnehmern.
Geschäftsführung/Vertretung	▸ **Gesamt**geschäftsführung/-vertretung ▸ Die Vertretungsmacht ist nach außen unbeschränkbar.
Haftung	Den Gläubigern haftet ausschließlich das Gesellschaftsvermögen. Nur im Innenverhältnis kann eine Nachschusspflicht vorgesehen sein.

GmbH – Gesellschaft mit beschränkter Haftung – Merkmale	
Ergebnis-verwen-dung	▸ Die Verwendung eines Jahresüberschusses (Rücklage, Ausschüttung, Gewinnvortrag) unterliegt dem Beschluss der Gesellschafterversammlung.
	▸ Die Gewinnverteilung erfolgt nach dem Anteil der Geschäftsanteile.
	▸ Ein Verlust wird aus den Rücklagen gedeckt oder vorgetragen.
Auflösung	Auflösungsgründe sind u. a.:
	▸ Ablauf der Zeit lt. Gesellschaftsvertrag
	▸ Auflösungsbeschluss der Gesellschafterversammlung (³/₄-Mehrheit)
	▸ gerichtliches Urteil
	▸ Eröffnung des Insolvenzverfahrens
	▸ Verfügung des Registergerichts (Mangel im Gesellschaftervertrag, Nichteinhalten von Verpflichtungen)
Liquidation	vgl. §§ 70 ff. GmbHG

05. Welche Regelungen enthält das MoMiG über die Unternehmergesellschaft (UG)?

Der Bundestag hat am 26.06.2008 die Änderung des GmbHG beschlossen (MoMiG, Gesetz zur Modernisierung des GmbH-Rechts und zur Bekämpfung von Missbräuchen). Es handelt sich um die bislang umfangreichste Erneuerung des Gesetzes. Kernanliegen der Novelle ist die Erleichterung und Beschleunigung von Unternehmensgründungen.

Das Gesetz ist am 01.11.2008 in Kraft getreten. Das GmbHG bleibt in vielen Punkten bestehen, erlaubt aber eine GmbH-Variante ohne Mindeststammkapital (Unternehmergesellschaft, UG; auch: „Mini GmbH") und bietet ein Musterprotokoll für die Standard-GmbH-Gründung. Damit soll die GmbH-Rechtsform attraktiver gemacht und ein Gegengewicht zur englischen Limited Company (Ltd.) geschaffen werden. Entfallen ist die Vorschrift, nach der eine deutsche GmbH ihren Sitz nicht im Ausland haben kann.

In Zukunft ist die Gründung der sog. **Unternehmergesellschaft (UG) ohne ein Mindeststartkapital möglich.** Wird bei der Gründung das Gesellschaftskapital von 25.000 € unterschritten, muss die Firma den Firmenzusatz „Unternehmergesellschaft (haftungsbeschränkt)" führen. 25 % des Jahresüberschusses müssen jährlich in eine Rücklage eingestellt werden bis das volle Haftungskapital der GmbH erreicht ist. Für die GmbH mit maximal drei Gesellschaftern und einem Geschäftsführer gibt es ein gesetzliches Musterprotokoll mit einer Standardlösung und ein vereinfachtes Gründungsverfahren. Kosten und Zahl der beizubringenden Dokumente sind hierbei reduziert. Um diese Vereinfachungen nutzen zu können, dürfen an der Standardsatzung keine Änderungen vorgenommen werden. Auch dieses Musterprotokoll muss notariell beurkundet werden.

Die Gesellschafter werden in Zukunft stärker in die Haftung genommen. Dies gilt insbesondere für die Einzahlung und den Erhalt des vollen Einlagekapitals. Die verdeckte Sacheinlage wird zukünftig strenger sanktioniert. Auch die Vorschriften gegen die **missbräuchliche „Bestattung"** der GmbH werden verschärft. Zukünftig müssen die Gesellschafter bei „Führungslosigkeit" selbst Insolvenzantrag stellen. Die Gesellschafter dürfen für die Dauer des Insolvenzverfahrens – höchstens für ein Jahr – nicht ihr Aussonderungsrecht an zum Gebrauch überlassenen Gegenständen geltend machen, wenn diese zur Betriebsfortführung der GmbH von erheblicher Bedeutung sind.

Die Sonderregelungen für die UG gelten dann nicht mehr, wenn das Stammkapital mindestens 25.000 € beträgt. Die Gesellschaft kann dann in eine GmbH umfirmiert oder die Rechtsform UG beibehalten werden.

06. Was sind die charakteristischen Merkmale der Aktiengesellschaft?

AG – Aktiengesellschaft – Merkmale	
Zweck	Die AG ist eine **Kapitalgesellschaft** mit eigener Rechtspersönlichkeit (juristische Person). Die Aktiengesellschaft hat ein in Aktien (Urkunden) zerlegtes **Grundkapital**. Die Aktiengesellschaft ist die typische Rechtsform der Großbetriebe. Für die Kapitalaufbringung ist die Zerlegung in eine Vielzahl kleiner Anteile mit leichter Veräußerung und die Börsenzulassung besonders günstig. Die Beschränkung der Haftung auf das Gesellschaftsvermögen, die eindeutige Trennung von Geschäftsführung und Beteiligung sowie die gesetzlich erzwungene Transparenz durch umfangreiche Publizitäts-, Rechnungslegungs- und Prüfungspflichten sind weitere Gesichtspunkte. Das Mitbestimmungsrecht ist bei der AG am weitesten entwickelt (vgl. §§ 95 ff. AktG, MitbestG, MontanMitbestG). Aktiengesellschaften als Großbetriebe sind in der Industrie, im Handel, in der Bank- und Versicherungswirtschaft zu finden. Auch bei Holdinggesellschaften und Betrieben der öffentlichen Hand sind sie anzutreffen. Aber auch Familienaktiengesellschaften und die seit dem Jahre 1995 zugelassenen 1-Personen-Aktiengesellschaften (§ 2 AktG) nutzen die Vorteile einer kleinen AG in der Hinsicht, dass die Haftung als „eigener Aktionär" der Unternehmung beschränkt und überschaubar bleibt sowie die Leitungsbefugnisse unkompliziert sind.
Gründung	Aktiengesetz (AktG) Das Grundkapital ist das in der Satzung der AG ziffernmäßig festgelegte Geschäftskapital, dass durch die Einlagen der Aktionäre aufgebracht wird. Der Mindestnennbetrag ist Gründungsvoraussetzung: ▸ es genügt ein Gründer ▸ Mindestkapital: 50.000 €. ▸ notariell beurkundete Satzung ▸ der Gründungsvorgang ist stark reglementiert (vgl. §§ 8 f. AktG)

AG – Aktiengesellschaft – Merkmale	
HR-Eintragung	Eintragung ist Pflicht (Formkaufmann)
Firma	muss den Zusatz „Aktiengesellschaft" oder „AG" enthalten.
Organe	Eine Aktiengesellschaft hat drei Organe: ▸ den Vorstand, d. h. die Unternehmensleitung ▸ den Aufsichtsrat als Überwachungsorgan (vier Jahre) und ▸ die Hauptversammlung (HV) als die Vertretung der Kapitaleigner. ▸ Die Gründer bestellen den Aufsichtsrat, dieser ernennt den Vorstand (notarielle Beurkundung).
Geschäftsführung/ Vertretung	Der Vorstand ist Leitungsorgan und gesetzlicher Vertreter (Amtszeit: fünf Jahre).
Haftung	▸ Die AG haftet gegenüber Dritten nur mit dem Gesellschaftsvermögen (Summe der Aktiva; nicht Grundkapital). ▸ Die Aktionäre der Gesellschaft gegenüber Dritten nur mit dem Nennwert der Aktien (bei Stückaktien nach der Zahl der Aktien). ▸ Nach § 41 Abs. 1 AktG haftet persönlich, wer vor Eintragung der AG handelt (wie GmbH).
Ergebnisverwendung	Bei **Jahresüberschuss:** ▸ Ausgleich eines Verlustvortrags ▸ vom verbleibenden Rest sind 5 % in die gesetzliche Rücklage einzustellen (soweit noch erforderlich) ▸ vom dann verbleibenden Betrag: Einstellung in die satzungsmäßigen Rücklagen ▸ über die Verwendung des Bilanzgewinns entscheidet die HV (z. B. Gewinnrücklage, Dividendenzahlung, Gewinnvortrag). Bei **Jahresfehlbetrag:** Ausgleich durch Rücklagen und ggf. Verlustvortrag
Auflösung	Auflösungsgründe sind u. a.: ▸ Beschluss der Hauptversammlung ($^3/_4$-Mehrheit) ▸ Eröffnung des Insolvenzverfahrens ▸ satzungsmäßige Auflösungsgründe ▸ rechtskräftige Verfügung des Registergerichts.
Liquidation	vgl. §§ 264 f. AktG

07. Welche europäischen Gesellschaften gibt es?

Bekannt sind vor allem die SE (Societas Europaea; auch: Europa AG) und die EWIV (europäische wirtschaftliche Interessenvereinigung). Es gibt folgende, charakteristischen Merkmale der SE:

Merkmale der SE	
Rechtsgrundlage	VO 2157/2001, Richtlinie 2001/86
Gründungsvoraussetzungen	Gesellschaften aus mindestens zwei EU-Staaten
Gründungsvarianten (Beispiele)	▸ Fusion ▸ Holding ▸ gemeinsame Tochtergesellschaft - Umwandlung einer AG in eine SE
Mindestkapital	120.000 €
Leitung, Organe	▸ Vorstand und Aufsichtsrat oder ▸ Board of Directors (nach britischem Vorbild, ähnlich dem deutschen Verwaltungsrat)
Mitbestimmung	▸ Einigungsmodell bei Gründung oder ▸ höchste Mitbestimmungsform bei Nichteinigung oder ▸ Abschaffung der Mitbestimmung bei Gründung
Satzung	muss schriftlich erstellt werden und geht nationalen Bestimmungen vor

1.13.3 Genossenschaften

01. Was ist eine Genossenschaft?

e. G. – eingetragene Genossenschaft Merkmale	
Zweck	Die eingetragene Genossenschaft ist eine Gesellschaft von nicht geschlossener Mitgliederzahl, die den Erwerb oder die Wirtschaft ihrer Mitglieder mittels gemeinschaftlichen Geschäftsbetriebes fördert (Gewinnmaximierung ist nicht im Fokus). Sie agiert als juristische Person.
Gründung	▸ durch schriftliche Satzung von mind. drei Mitgliedern ▸ anschließend Wahl des Vorstands und Aufsichtsrats ▸ Mindestkapital gesetzl. nicht vorgeschrieben, kann aber in der Satzung vereinbart werden
Eintragung	in das Genossenschaftsregister (Formkaufmann)
Firma	muss den Zusatz „eingetragenen Genossenschaft" oder „eG" enthalten
Mitgliedschaft	Jede natürliche oder juristische Person kann durch eine schriftliche Beitrittserklärung und den Erwerb von mind. einem Genossenschaftsanteil Mitglied werden. Die Mitgliedschaft wird durch Eintragung in der Mitgliederliste wirksam. Die Kündigung ist zum Ende eines Geschäftsjahres mit einer Frist von drei Monaten möglich.

e. G. – eingetragene Genossenschaft Merkmale	
Organe	‣ Vorstand ‣ Aufsichtsrat (mind. drei Mitglieder) ‣ Generalversammlung (ähnlich der Hauptversammlung bei der AG, aber mit mehr Rechten; wählen Vorstand und Aufsichtsrat)
Geschäfts-führung/ Vertretung	gemeinschaftlich durch den Vorstand (muss aus Mitgliedern der eG bestehen); Änderungen durch die Satzung möglich
Haftung	Mitglieder haften für die Verbindlichkeiten der Genossenschaft; dies gilt auch für zum Zeitpunkt des Eintritts bereits bestehende Verbindlichkeiten
Ergebnis-verteilung	an Mitglieder entsprechend des Geschäftsguthabens bis zur Höhe des Geschäftsanteils bzw. nach Beschluss der Generalversammlung
Auflösung	Auflösungsgründe sind u. a.: ‣ Ablauf der Zeit lt. Satzung ‣ Beschluss der Generalversammlung ‣ gerichtliches Urteil (bei weniger als drei Mitgliedern von Amts wegen) ‣ Eröffnung des Insolvenzverfahrens.
Liquidation	vgl. §§ 83 f. GenG

02. Wie wird eine Genossenschaft besteuert?

Je nach Tätigkeit der Genossenschaft kann sich die Besteuerung unterscheiden. Erwerbs- und Wirtschaftsgenossenschaften sind generell **körperschafts- und gewerbesteuerpflichtig**. Sogenannte Realgemeinden (Besitz und Nutzung land- oder forstwirtschaftlicher Grundstücke) müssen nur Körperschafts- und Gewerbesteuer zahlen, wenn ihr Betrieb über den eines Nebenbetriebes hinausgeht.

Unabhängig von ihrer Tätigkeit sind Genossenschaften **umsatzsteuerpflichtig**, sofern die Umsätze nicht nach § 4 UStG steuerbefreit sind.

2. Jahresabschlüsse auswerten und aufbereiten

2.1 Jahresabschlüsse aufbereiten

2.1.1 Notwendigkeit und Anliegen der Analyse von Jahresabschlüssen

01. Was ist die Jahresabschlussanalyse?

Die Jahresabschlussanalyse befasst sich mit der Auswertung von Jahresabschlüssen. Sie bereitet Bilanz und Gewinn- und Verlustrechnung auf und ermittelt sowie beurteilt Kennzahlen wie Kapitalausstattung, Vermögensaufbau, Rentabilität, Liquidität oder Quotienten für Finanzierung und Investition.

Als Informationsquellen dienen:

- **Bilanz:** Aufstellung der Vermögenswerte (Mittelverwendung) und der Herkunft des eingesetzten Kapitals (Mittelherkunft).
- **GuV-Rechnung:** Gegenüberstellung der Aufwendungen und Erträge einer Periode.
- **Anhang:** Ergänzende Informationen zum Zahlenwerk, die zum Verständnis notwendig sind.
- **Lagebericht:** Informationen über die gegenwärtigen und zukünftigen wirtschaftlichen Verhältnisse der rechnungslegenden Gesellschaft, die dem Jahresabschluss so nicht zu entnehmen sind.

02. Welche Aufgaben erfüllt die Jahresabschlussanalyse?

Die Jahresabschlussanalyse hat folgende Funktionen:

- **Information** über die Entwicklung und Lage des Unternehmens durch eine bedarfsgerechte Aufbereitung des Zahlenmaterials. Die **Adressaten** sind: tatsächliche und potenzielle Anteilseigner, Arbeitnehmer und deren Vertreterorganisationen (Gewerkschaften, Betriebsräte), Kunden und Lieferanten, Kreditinstitute, Unternehmensleitung.
- **Kontrolle und Steuerung:** Die Jahresabschlussanalyse liefert Kennzahlen zur Kontrolle und Steuerung des Unternehmens, z. B. Grad der Zielerreichung bezüglich Erfolg und Liquidität. Hier sind besonders die Unternehmensleitung bzw. der Unternehmensinhaber und das jeweilige Kontrollorgan (z. B. Aufsichtsrat) angesprochen. Analog gilt dies für Wirtschaftsprüfer, Unternehmens- und Steuerberater.
- **Sicherung einer ausgewogenen Finanzierung:** Aus der Jahresabschlussanalyse können die Kreditinstitute Erkenntnisse über die Eigenkapitalbasis, die Liquidität, die Vermögensstruktur, die Stabilität und Sicherheit des Unternehmens usw. ableiten und verfügen somit über eine geeignete Basis bei der Entscheidung über die Kreditvergabe und bei der Festlegung der Kreditkonditionen.

03. Wer sind die Interessenten eines Jahresabschlusses?

Es gibt verschiedene externe und interne Personengruppen, die ein Interesse am Jahresabschluss eines Unternehmens haben können, z. B.:

- ► Unternehmensführung
- ► Gläubiger (Lieferanten u. a., Kreditgeber)
- ► Banken
- ► Finanzamt
- ► Mitarbeiter.

Diese Personen und Einrichtungen haben meist aus **finanziellen Gründen** Interesse am Jahresabschluss (z. B. weil sie das Unternehmen führen und dafür den aktuellen Stand wissen müssen). Eher **informative Zwecke** erfüllt der Jahresabschluss für z. B.:

- ► Kunden
- ► Konkurrenten
- ► Gewerkschaften
- ► Ministerien
- ► Wissenschaft.

04. Welchen Zweck hat die Steuerbilanz?

Für die Erstellung der Steuerbilanz gelten die steuerrechtlichen Vorschriften. Die Wertansätze der Handelsbilanz sind grundsätzlich maßgebend für die Steuerbilanz. Von diesem Maßgeblichkeitsprinzip gibt es im Steuerrecht in Einzelfällen Abweichungen. Die Steuerbilanz enthält eine Vermögensübersicht (Ermittlung des tatsächlich erwirtschafteten Periodengewinns) zum Zweck der Steuerveranlagung (Gewerbe-, Körperschaft- und Einkommensteuer) beim Finanzamt.

05. Aus welchen Gründen kann eine Rechnungslegung nach internationalen Normen erforderlich sein?

Die Rechnungslegung nach HGB und IFRS unterscheiden sich erheblich in ihrer Zielsetzung: Nach HGB stehen Gläubigerschutz und Gewinnfeststellung im Vordergrund, während nach IFRS die Information tatsächlicher und potenzieller Investoren vorherrschend ist. Mit der Einführung des BilMoG haben sich die Bestimmungen der nationalen Rechnungslegung denen nach IFRS angenähert (vgl. >> Kapitel 1.4.1, Frage 03.).

Für die (zusätzliche) Rechnungslegung nach IFRS können folgende Gründe bestimmend sein:

- ► Internationale Vergleichbarkeit der Rechnungslegung im Interesse der global ansässigen Anteilseigner, Kunden, Lieferanten, Investoren und Kreditinstitute.
- ► Global operierende Unternehmen orientieren sich an einem einheitlich eingeführten Berichtsformat (Reduzierung der Berichtskosten und Image als Global Player).

06. In welchen Schritten erfolgt die Analyse des Jahresabschlusses?

Bei der Analyse von Jahresabschlüssen empfiehlt sich z. B. folgender, logischer Ablauf:

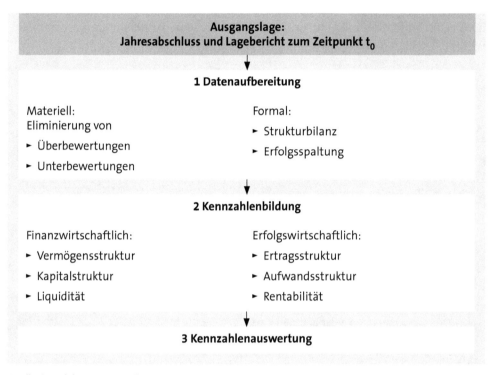

Quelle: in Anlehnung an: *Wöhe, G.,* a. a. O.

2.1.2 Strukturbilanz aus der Handelsbilanz entwickeln

01. Was ist eine Strukturbilanz?

Die Strukturbilanz ist eine nach bestimmten Gesichtspunkten **aufbereitete Bilanz**. Einzelne Positionen des Jahresabschlusses werden zu geeigneten Größen zusammengefasst und mit aussagefähigen Kennzahlen versehen. Eine Strukturbilanz hat folgende, vereinfachte **Grundstruktur:**

AKTIVA		Strukturbilanz		PASSIVA	
	T€	%		T€	%
Anlagevermögen (AV)	120	60	Eigenkapital (EK)	160	80
Umlaufvermögen (UV)	80	40	Fremdkapital (FK)	40	20
Gesamtvermögen (Bilanzsumme)	200	100	Gesamtvermögen (Bilanzsumme)	200	100

Die Ableitung einer Strukturbilanz aus der Ausgangsbilanz unterliegt keiner gesetzlichen Regelung und ist an keine Norm gebunden. Aufbau und Methoden richten sich nach der jeweiligen Zielsetzung (Information der Kreditgeber, der Kunden und Investoren bzw. Darstellung der Vermögensstruktur oder der Liquidität u. Ä.). Im Vordergrund der Zielsetzung stehen die Aufdeckung stiller Reserven und die Eliminierung nicht werthaltiger Positionen.

02. Welche Maßnahmen sind bei der Bilanzaufbereitung üblich?

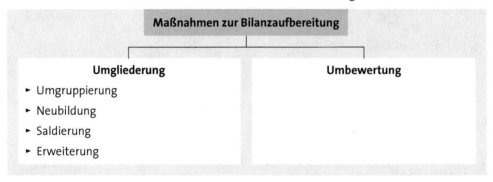

Umgruppierung	Vorhandene Positionen werden einer anderen Kategorie zugeordnet. Die Bilanzsumme ändert sich nicht.	**Beispiele**
		▸ Sachanlagen + Eiserner Bestand
		▸ Bilanzgewinn → kurzfr. Verbindlichkeiten
		▸ aRAP → UV
		▸ Aufwandsrückstellungen: vom FK zum EK
		▸ den Teil des Bilanzgewinns, der zur Ausschüttung vorgesehen ist, vom EK subtrahieren und dem FK zuordnen
		▸ passivierte latente Steuern → EK
		▸ pRAP → FK
Neubildung	Es werden bisher nicht vorhandene Positionen/Gruppen gebildet. Die Bilanzsumme ändert sich nicht.	
Saldierung	Positionen (oder Teile davon) einer Bilanzseite werden mit Positionen der anderen Seite verrechnet. Die Bilanzsumme verringert sich.	**Beispiele**
		▸ Anzahlungen + Vorräte
		▸ Ein aktiviertes Disagio ist vom EK zu subtrahieren.
		▸ Ein aktivierter Firmenwert ist vom EK und vom Anlagevermögen zu subtrahieren.
		▸ Erweiterung des Geschäftsbetriebes → EK
		▸ aktivierte latente Steuern → EK

Erweiterung	ist die Gegenrechnung der Saldierung. Bestehende Saldierungen werden aufgehoben und in Einzelpositionen dargestellt. Die Bilanzsumme erhöht sich.	**Beispiel** ► Liquide Mittel werden nach Fristigkeit geordnet.
Umbewertung	Die Vorschriften des Handels- und Steuerrechts führen oftmals zu stillen Reserven. Die abweichende Bewertung soll den realen Wert wiedergeben und somit stille Reserven aufdecken. Die Umbewertung führt zu einer Änderung der Bilanzsumme.	**Beispiele** ► Abweichung vom Anschaffungswert ► unterlassene Zuschreibungen ► aktive latente Steuern im Einzelabschluss ► Disagio ► Aktivierung von selbst geschaffenen immateriellen Vermögensgegenständen

03. Was ist eine finanzwirtschaftliche Strukturbilanz?

Bei der finanzwirtschaftlichen Strukturbilanz werden die Aktiva und Passiva fristenmäßig geordnet.

► Die Vermögensseite wird nach **Liquiditätsmerkmalen** und

► die Kapitalseite nach **Herkunft und Fristigkeit** des Kapitals gruppiert.

Für die einzelnen Gruppen von Bilanzpositionen werden die prozentualen Verhältnisse zur Bilanzsumme ermittelt, um so eine Vergleichbarkeit zu ermöglichen.

Beispiel

AKTIVA			Strukturbilanz		PASSIVA
	T€	%		T€	%
Anlagevermögen			**Eigenkapital**	90	40,9
Sachanlagen	70	31,8			
Finanzanlagen	20	9,1			
(gesamt)	(90)	(40,9)			
Umlaufvermögen			**Fremdkapital**		
Vorräte	90	40,9	langfristig	90	40,9
Forderungen	30	13,6	mittelfristig	30	13,6
flüssige Mittel	10	4,6	kurzfristig	10	4,6
(gesamt)	(130)	(59,1)	(gesamt)	(130)	(59,1)
Gesamtvermögen	220	100,0	**Gesamtkapital**	220	100,0

Die Strukturbilanz wird aus der Handelsbilanz abgeleitet. Dabei sind bilanzpolitische Maßnahmen (z. B. Wahlrechte) zu bereinigen, um die Vergleichbarkeit zu gewährleisten. Außerdem werden die **Maßnahmen zur Bilanzaufbereitung** angewendet (vgl. Frage 02; z. B. Verminderung des EK um aktivierten Firmenwert, um aktiviertes Disagio und Ausschüttungsbetrag).

2.1.3 Ermittlung der Gewinn- und Verlustrechnung

01. Wie werden in der Jahresabschlussanalyse das Ergebnis der gewöhnlichen Geschäftstätigkeit, das außerordentliche Ergebnis und das Ergebnis vor und nach Steuern berechnet?

Besonders eine nach dem Umsatzkostenverfahren aufgestellte GuV kann nur in sehr beschränktem Maße für betriebswirtschaftliche Auswertungen Verwendung finden. Deshalb wird die GuV aufbereitet um die Einzelbestandteile des Unternehmenserfolges transparent zu machen (**Erfolgsspaltung**). Im Folgenden ist die Grundstruktur der GuV mit Orientierung am Gesamtkostenverfahren nach § 275 Abs. 2 HGB dargestellt:

	Gesamtkostenverfahren	**Weitere Erfolgsspaltung**
	Umsatzerlöse	**Ordentliches Betriebsergebnis (Operating Profit),** leistungsbedingt und nicht ungewöhnlich
+/-	Erhöhung oder Verminderung des Bestands an fertigen und unfertigen Erzeugnissen	
+	andere aktivierte Eigenleistungen	
+	sonstige betriebliche Erträge	
-	Materialaufwand	
-	Personalaufwand	
-	betriebliche Abschreibungen	
-	sonstige betriebliche Aufwendungen	
+	Erträge aus Beteiligungen und Wertpapieren	**Finanzergebnis,** ergibt sich aus Aktivitäten auf dem Geld- und Kapitalmarkt
+	sonstige Zinsen und ähnliche Erträge	
-	Abschreibungen auf Finanzanlagen und Wertpapiere des UV	
-	Zinsen und ähnliche Aufwendungen	
=	**Ergebnis der gewöhnlichen Geschäftstätigkeit**	
+	außerordentliche Erträge	**Außerordentliches Ergebnis,** erfasst alle periodenfremden, ungewöhnlichen, zufälligen und seltenen Komponenten
-	außerordentliche Aufwendungen	
-	Steuern vom Einkommen und Ertrag	
=	**Ergebnis nach Steuern**	
-	sonstige Steuern	
=	**Jahresüberschuss/Jahresfehlbetrag,** Folge von handels- und steuerrechtlichen Bewertungsmethoden	

Das ordentliche Betriebsergebnis wird nach dem Umsatzkostenverfahren wie folgt berechnet:

	Umsatzkostenverfahren
	Umsatzerlöse
-	Herstellungskosten der zur Erzielung der Umsatzerlöse erbrachten Leistungen
=	**Bruttoergebnis vom Umsatz**
-	Vertriebskosten
-	allgemeine Verwaltungskosten
+	sonstige betriebliche Erträge
-	sonstige betriebliche Aufwendungen
=	ordentliches Bertiebsergebnis (operatives Ergebnis)

Um aussagekräftige Ergebnisse zu erzielen, ist es wichtig mehrere Jahre miteinander zu vergleichen (i. d. R. drei).

02. Wie berechnen sich EBITDA, EBIT und EBT?

Die Kennzahlen EBT, EBIT und EBITDA spielen vor allem im internationalen Vergleich von Unternehmen eine wichtige Rolle. Sie geben ein jeweils um bestimmte Posten korrigiertes Ergebnis an. Dadurch können Unternehmen oder auch verschiedene Standorte ihre Leistung unabhängig von den geltenden Steuersätzen oder angewandten Abschreibungsmethoden und Nutzungsdauern angeben und vergleichen. EBIT entspricht dabei i. d. R. dem ordentlichen Betriebsergebnis. Das EBITDA ist außerdem für die Berechnung der Zinsschranke nach § 4 h EStG maßgebend. Die Berechnung der Kennzahlen ist in folgender Übersicht dargestellt:

	Jahresüberschuss/-fehlbetrag
+	Steuern vom Einkommen und Ertrag
=	**EBT (Earnings before Taxes)**
+	außerordentliche Aufwendungen
-	außerordentliche Erträge
+	Zinsen und ähnliche Aufwendungen
+	Abschreibungen auf Finanzanlagen und Wertpapiere des Umlaufvermögens
-	Zinsen und ähnliche Erträge
+	Erträge aus Wertpapieren
=	**EBIT (Earnings before Interests and Taxes; ordentliches Betriebsergebnis)**
+	sonstiger betrieblicher Aufwand
+	betriebliche Abschreibungen
=	**EBITDA (Earnings before Interests, Taxes, Depreciation and Amortization)**

Mithilfe des EBIT lässt sich die EBIT-Marge ermitteln. Sie stellt eine besondere Form der Umsatzrentabilität dar und berechnet sich aus dem Verhältnis von EBIT zu Umsatz. Da weder Steuer- noch Finanzierungseffekte berücksichtigt werden, können Unternehmen mit dieser Kennzahl häufig einfacher verglichen werden.

$$\text{EBIT-Marge} = \frac{\text{EBIT}}{\text{Umsatz}} \cdot 100$$

2.2 Jahresabschlüsse mithilfe von Kennzahlen und Cashflow-Rechnungen analysieren und interpretieren

2.2.1 Kennzahlen nach verschiedenen Merkmalen einordnen

01. Was sind Kennzahlen?

Kennzahlen sind **quantitative Größen**, die über interessierende Sachverhalte (statistisch: Massen) charakteristische Aussagen treffen, indem z. B. Einzel- oder Mittelwerte stellvertretend für die Entwicklung einer Gesamtmasse genommen werden.

Sachverhalt/Masse:		Kennzahl, z. B.:	
Durchschnittliche Kosten eines Unternehmens pro Monat in der Periode t	$x_1 = 10.000$, $x_2 = 12.000$, $x_3 = 14.000$, ... $x_{11} = 9.000$, $x_{12} = 11.000$	**Mittelwert**	$\emptyset K = \frac{\sum x_i}{n}$ $= 10.000\ €$ dabei ist: $i = 1, ..., 12$ $n = 12$ $\emptyset = \text{Durchschnitt}$
Anteil des Eigenkapitals zum Gesamtkapital	EK = 100.000 GK = 500.000	**Gliederungszahl**	$= \frac{EK}{GK} \cdot 100$ $= 20\ \%$
Bilanzsumme zum Zeitpunkt t_0, t_1	$t_0 = 500.000$ $t_1 = 600.000$	**Einzelwert**	
Änderung der Bilanzsumme von t_0 zu t_1	siehe oben	**Verhältniszahl (Änderungsrate)**	$\Delta = \frac{t_1 - t_0}{t_0} \cdot 100$ $= \frac{(600.000 - 500.000)}{500.000} \cdot 100$ $= 20\ \%$

02. Welche Arten von Kennzahlen gibt es?

Es gibt in der Betriebswirtschaftslehre eine nicht zu überblickende Anzahl von Kennzahlen. Dies gilt insbesondere für Beziehungszahlen (Masse X : Masse Y). Im Grunde genommen ist jede Kennzahl/jede Zahlenrelation denkbar, sofern sie sinnvoll und der betriebswirtschaftlichen Fragestellung angemessen ist. Generell unterscheidet man (in der Statistik) bei der Analyse von Ausgangsdaten folgende Möglichkeiten:

Bestandsmasse ↓ Zeitpunkt-untersuchung	Eine statistische Masse, deren Einheiten für eine gewisse Zeit dieser Masse angehören, also zu einem bestimmten Zeitpunkt in die Masse eintreten und zu einem späteren Zeitpunkt aus der Masse ausscheiden, heißt Bestandsmasse. Die Erfassung erfolgt zu einem Zeitpunkt (Stichtag) und ist insofern **einmalig**. Es erfolgt eine **Zeitpunktuntersuchung**.
Bewegungsmasse ↓ Zeitraum-untersuchung	Eine statistische Masse, deren Einheiten Ereignisse sind, die zu bestimmten Zeitpunkten innerhalb einer bestimmten Zeitspanne auftreten, heißt Bewegungsmasse. Es erfolgt eine **Zeitraumuntersuchung**.

Formal unterscheidet man Kennzahlen nach folgenden Kriterien:

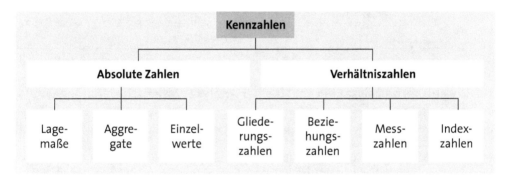

03. Welche absoluten Zahlen sind bei der Analyse statistischer Massen relevant?

Lagemaße		
Beschreibung	Lagemaße geben Auskunft über die Lage einer Verteilung von Einzelwerten. Lageparameter können daher Häufigkeitsverteilungen in knapper Form charakterisieren. **Beispiele** Mittelwert, Modalwert (Modus: häufigster Wert; Median: der in der Mitte stehende Wert).	
Formel, Beispiele	Arithmetisches Mittel: $$\frac{\sum x_i}{n} = \mu$$	Mittelwert: ► ø Kosten pro Monat ► ø Lohnkosten pro Stunde Modalwert: ► der am häufigsten gezahlte Lohn ► die am häufigsten auftretende Kostenart

Aggregate	
Beschreibung	Aggregate sind Summen oder Differenzen von Einzelwerten.
Formel, Beispiele	$\Sum x_i$ ▸ Anzahl aller Mitarbeiter im Unternehmen ▸ Soll-Ist-Abweichungen (absolut) ▸ Summe der Kosten je Kostenstelle $\Sum (x_i - y_i)$ ▸ Bilanzsumme zum Zeitpunkt t_0

Einzelwerte	
Beschreibung	Einzelwerte sind Zahlen, die der statistischen Masse direkt entnommen sind und real existieren. Sie sind bei der Analyse von Massenerscheinungen nur in Einzelfällen interessant.
Formel, Beispiele	$x_1, ..., x_{12}, ...$ ▸ Gehalt des Vorstandsvorsitzenden x_i: Merkmalsausprägungen ▸ km-Stand des Fahrzeugs zum Zeitpunkt t_0 ▸ Maschinenstundenzahl von Automat Z zum Zeitpunkt t_0

04. Welche Verhältniszahlen sind bei der Analyse statistischer Massen von Interesse?

Gliederungszahlen (g)	
Beschreibung	Bei *Gliederungszahlen* (g) werden Teilgesamtheiten X_1 (z. B. männliche Mitarbeiter) auf die dazugehörige Grundgesamtheit X (Mitarbeiter gesamt) bezogen. Sowohl Teilgesamtheit als auch Grundgesamtheit beziehen sich dabei auf den **gleichen Zeitpunkt**. Typisches Anwendungsgebiet für Gliederungszahlen sind Strukturvergleiche. In der Regel wird mit 100 multipliziert.
Formel, Beispiel	$g = \dfrac{\text{Teilmasse}}{\text{Gesamtmasse}} \cdot 100$ Anteil der Arbeiter an der Gesamtbelegschaft: $= \dfrac{900}{1.200} \cdot 100$ $= 75\ \%$

Beziehungszahlen (b)	
Beschreibung	Bei *Beziehungszahlen* werden die Merkmalsbeträge zweier völlig verschiedener Grundgesamtheiten X, Y aufeinander bezogen (z. B. Umsatz : Verkaufsfläche). Beziehungszahlen sind **dimensionsbehaftete Werte** (z. B. €/m²) und stellen die **Mehrheit betrieblicher Kennzahlen** dar. Als Hauptregel bei der Bildung von Beziehungszahlen gilt: Zähler und Nenner müssen sich **auf den gleichen Zeitpunkt/Zeitraum beziehen**; die gebildete Relation muss sinnvoll und den betriebswirtschaftlichen Fragestellungen angemessen sein.

Beziehungszahlen (b)		
Formel, Beispiel	$g = \dfrac{\text{Masse X}}{\text{Masse Y}}$	Umsatz pro Mitarbeiter p. a. $$g = \dfrac{66 \text{ Mio. € p. a.}}{300 \text{ Mitarbeiter}}$$ = 220.000 €/Mitarbeiter p. a.

Messzahlen (m)	
Beschreibung	*Messzahlen* werden dadurch gebildet, dass man eine Grundgesamtheit X (z. B. Mitarbeiter gesamt) in zwei Teilgesamtheiten X_1, X_2 zerlegt und diese beiden Teilgesamtheiten aufeinander bezieht (z. B. weibliche Mitarbeiter : männliche Mitarbeiter). In der Regel wird die Messzahl so gebildet, dass der größere Wert im Zähler steht.
Formel, Beispiel	$m = \dfrac{\text{Teilmasse } X_1}{\text{Teilmasse } X_2}$ Verhältnis von Arbeitern zu Angestellten: $$= \frac{900}{600} = \frac{3}{2} = \frac{1{,}5}{1}$$

05. Was sind Indexzahlen?

In Frage 04. (Verhältniszahlen) wurde herausgestellt, dass sich die dort gebildeten Relationen immer auf einen Zeitpunkt oder Zeitraum beziehen. Es gibt aber eine Fülle von Fragestellungen, bei denen der Vergleich eines Merkmals zum Zeitpunkt t_i (Berichtsperiode) und zum Zeitpunkt t_o (Basisperiode) von Interesse ist. Es geht also um die **zeitliche Veränderung von Durchschnittswerten**. Diese **Berechnung von Mittelwerten im Zeitablauf ist Gegenstand der Indexlehre**. Aus der Fülle der Indexzahlen werden hier kurz behandelt:

- Messziffern
- ungewogene Indizes.

Auf die Darstellung gewogener Indizes nach *Laspeyres* und *Paasche* wird hier verzichtet.

Beispiel

Für drei Produktgruppen liegen für die Jahre 01 - 05 folgende Umsatzwerte vor:

Produktgruppe	01	02	03	04	05
Fahrräder	3.000	4.500	6.000	9.000	12.000
Dreiräder	1.000	2.000	3.000	4.000	5.000
Roller	2.000	2.600	2.000	6.000	5.400
∑	6.000	9.100	11.000	19.000	22.400

Indexzahlen I: Messziffer (M)	
Beschreibung	Die Messziffer ist ein Vorläufer des Index. Man bezeichnet die Messziffer häufig auch als **Einzelindex**. Dazu werden die Werte von unterschiedlichen Berichtsjahren t_i in Beziehung zum Wert des Basisjahres t_0 gesetzt:
Berechnung	$$M = \frac{Umsatz_{04}}{Umsatz_{01}} \cdot 100 \quad = \frac{9.000}{3.000} \cdot 100 = 300$$ Das heißt der Umsatzanstieg der Produktgruppe „Fahrräder" betrug im Jahr 04 (in Relation zu 01) 200 % (= Index - 100 = 300 - 100 = 200).

Indexzahlen II: Ungewogener Index ($I_{ungew.}$)	
Beschreibung	Angenommen, es geht um die Fragestellung „Wie haben sich die durchschnittlichen Umsatzwerte (= Mittelwert über alle drei Produktgruppen) der Jahre 02 bis 05 zur Basis 01 verändert?", so berechnet man den sog. „ungewogenen Index". Er ist das Verhältnis zweier Mittelwerte.
Berechnung	Zur Ermittlung der Lösung werden zuerst die arithmetischen Mittelwerte pro Jahr über alle drei Produktgruppen berechnet: $$\mu_t = \frac{\sum x_i}{n}$$ $$\mu_{01} = \frac{6.000}{3} = 2.000$$ Anschließend wird der Mittelwert pro Berichtsperiode in Relation zur Basis 01 gesetzt: $$\frac{\frac{\sum x_t}{n}}{\frac{\sum x_0}{n}} \cdot 100 = \frac{\sum x_t}{\sum x_0} \cdot 100$$ mit t: Berichtsperiode 0: Basisperiode z. B. $$Index_{05/01} = \frac{12.000 + 5.000 + 5.400}{3.000 + 1.000 + 2.000} \cdot 100 = 373,33$$ Das heißt der Umsatz des Jahres 05 hat sich gegenüber der Basis 01 um durchschnittlich 273,33 % (= 373,33 - 100) erhöht.

06. Welchen Zweck erfüllen Richtzahlen?

Als Richtzahlen kann man branchentypische Kennzahlen bezeichnen. Sie dienen im externen Unternehmensvergleich der Orientierung, indem die eigenen Unternehmensdaten mit branchentypischen Durchschnittswerten oder auch mit den Kennzahlen des „Branchenprimus" (Benchmarking) verglichen werden.

Auf diese Weise lassen sich z. B. in einem Einzelhandelsunternehmen die Größen Nettoumsatzrendite, Eigenkapitalquote u. Ä. mit den Durchschnittsgrößen der Branche in Deutschland vergleichen.

07. Was ist ein Kennzahlensystem?

Ein Kennzahlensystem ist eine Gesamtheit von Kennzahlen, die geordnet und zielgerichtet verknüpft sind.

Beispiele

Bekannte Beispiele sind:

- ► das Kennzahlensystem nach *Du Pont* (ROI; vgl. ausführlich unter ›› Kapitel 2.2.5)
- ► das Cashflow-Kennzahlensystem (vgl. ›› Kapitel 1.3.7, ›› Kapitel 2.2.5)
- ► die Balanced Scorecard (Struktur zur Steuerung strategischer Größen).

2.2.2 Kennzahlen zur Beurteilung der Vermögensstruktur und Vermögensentwicklung

01. Welche Kennzahlen sind zur Beurteilung der Vermögenslage geeignet?

Kennzahlen zur Beurteilung der Vermögenslage sind **vertikale Betrachtungen der Aktivseite der Bilanz:** Bestimmte Positionen der Aktivseite werden zueinander oder zur Bilanzsumme in Beziehung gesetzt.

Aktiva		Passiva
↕	AV	EK
	UV	FK

$$\text{Anlagenintensität} = \frac{\text{Anlagevermögen}}{\text{Gesamtvermögen}} \cdot 100$$

Die Anlagenintensität (A.) zeigt den Anteil des in Vorräten gebundenen Kapitals. Ein hohes Anlagevermögen führt tendenziell zu einer Inflexibilität und hohen Fixkosten. Eine unzureichende Auslastung der Kapazitäten hat finanzielle Belastungen zur Folge. Die A. ist niedrig, wenn ein hoher Teil der Anlagegüter bereits abgeschrieben ist. Sie ist hoch, wenn die Anlagen erst vor Kurzem angeschafft wurden. Sind die Anlagen geleast, so sind sie nicht zu aktivieren und in der A. nicht ersichtlich.

$$\text{Vorratsintensität} = \frac{\text{Vorräte}}{\text{Gesamtvermögen}} \cdot 100$$

oder

$$\text{Vorratsintensität} = \frac{\text{Vorräte}}{\text{Umsatzerlöse}} \cdot 100$$

Die Vorratsintensität zeigt die Kapitalbindung in den RHB-Stoffen sowie fertigen/unfertigen Erzeugnissen. Eine hohe Vorratsintensität kann begründet sein im Einkauf großer Mengen (Einkaufsbedingungen), unzureichender Lagerorganisation, längeren Produktionszeiten bei materialintensiver Herstellung oder Absatzproblemen (Lageranstieg der fertigen/unfertigen Erzeugnisse).

$$\frac{\text{Umlaufintensität}}{\text{auch: Arbeitsintensität}} = \frac{\text{Umlaufvermögen}}{\text{Gesamtvermögen}} \cdot 100$$

Eine hohe Umlaufintensität lässt auf materialintensive Herstellung schließen und bedingt damit hohe Lagerkosten. Sie kann jedoch auch in einem hohen Forderungsstand begründet sein.

$$\text{Forderungsintensität} = \frac{\text{Forderungen}}{\text{Gesamtvermögen}} \cdot 100$$

Eine hohe Forderungsintensität ist in hohen Außenständen begründet und beeinträchtigt die Liquidität.

$$\frac{\text{Debitorenziel}}{\text{(auch: Kundenkreditlaufzeit)}} = \frac{(\text{Forderungen} + \text{fertige und halbfertige Arbeiten} - \text{Anzahlungen})}{\text{Umsatzerlöse brutto}} \cdot 365$$

oder

$$\text{Debitorenziel} = \frac{\text{durchschnittliche Forderungen}}{\text{Umsatzerlöse brutto}} \cdot 365$$

dabei ist: $\quad \emptyset \text{ Forderungen} = \dfrac{AB + EB}{2}$

Das Debitorenziel drückt aus, wie lange sich die Kunden Zeit lassen, um ihre Rechnungen zu bezahlen (in Tagen).

$$\text{Kreditorenziel (auch: Lieferantenkreditlaufzeit)} = \dfrac{(\text{Lieferantenverbindlichkeiten} + \text{Wechsel})}{\text{Wareneinsatz brutto}} \cdot 365$$

oder

$$\text{Kreditorenziel} = \dfrac{\text{durchschnittliche Verbindlichkeiten}}{\text{Wareneinsatz brutto}} \cdot 365$$

dabei ist: $\quad \emptyset \text{ Verbindlichkeiten} = \dfrac{AB + EB}{2}$

Das Kreditorenziel drückt die Verschuldung bei Lieferanten in Tagen aus.

$$\text{Umschlagshäufigkeit} = \dfrac{\text{Umsatz}}{\text{Gewählte Größe X}}$$

Die Umschlagshäufigkeit (UH) setzt eine **gewählte Größe X** in Beziehung zum Umsatz und zeigt für einen bestimmte Periode, wie oft diese Größe X umgeschlagen wurde. Je größer die UH ist, desto geringer ist die Dauer der Kapitalbindung.

$$\text{Umschlagshäufigkeit des Gesamtvermögens} = \dfrac{\text{Umsatz}}{\text{Gesamtvermögen}}$$

$$\text{Umschlagshäufigkeit des Sachanlagevermögens} = \dfrac{\text{Umsatz}}{\emptyset \text{ Bestand Sachanlagevermögen}}$$

$$\text{Umschlagshäufigkeit der Forderungen} = \dfrac{\text{Umsatz}}{\emptyset \text{ Bestand an Forderungen}}$$

Der Forderungsumschlag sollte möglichst hoch sein: Dies deutet auf einen niedrigen durchschnittlichen Forderungsbestand hin bzw. kurze Zahlungsziele für die Kunden und zeigt ein effizientes Forderungsmanagement (durchschnittlich wenig Außenstände).

$$\text{Umschlagsdauer der Vorräte} = \frac{\text{durchschnittliche Vorräte}}{\text{Materialaufwand netto}} \cdot 365$$

dabei ist:
$$\text{ø Vorräte} = \frac{\text{AB - Anzahlungen}_{AB} + \text{EB - Anzahlungen}_{EB})}{2}$$

$$\text{Investitionsquote} = \frac{\text{Nettoinvestition bei Sachanlagen}}{\text{Anfangsbestand der Sachanlagen}} \cdot 100$$

Die Investitionsquote zeigt die Investitionsneigung des Unternehmens. Der Zeit-vergleich gibt Aufschluss darüber, ob sich die Investitionstätigkeit verändert hat (**Netto-investition** = Gründungsinvestition + Erweiterungsinvestition bzw. Zugänge AHK - Rest-buchwert der Anlagenabgänge).

$$\text{Investitionsdeckung} = \frac{\text{Abschreibungen auf Sachanlagen}}{\text{Zugänge an Sachanlagen}} \cdot 100$$

Die Kennzahl zeigt, in welcher Höhe Zugänge zu Sachanlagen aus Abschreibungen fi-nanziert werden. Bei einem Ergebnis größer 100 % wurden nicht alle Abschreibungen investiert.

$$\text{Abschreibungsquote} = \frac{\text{Nettoinvestition bei Sachanlagen}}{\text{Endbestand an Sachanlagen}} \cdot 100$$

Bei steigender Quote (über mehrere, aufeinander folgende Perioden) werden stille Re-serven zulasten des Gewinns gebildet und bei sinkender Quote zugunsten des Gewinns aufgelöst.

$$\text{Anlagennutzungsgrad} = \frac{\text{Umsatz}}{\text{Sachanlagen}} \cdot 100$$

Die Kennzahl soll Aufschluss geben, in welchem Maß eine Ausnutzung der Sachanlagen gegeben ist. Bei steigendem Wert (im Zeitvergleich) kann davon ausgegangen werden, dass die Sachanlagen eine verbesserte Ausnutzung erfahren.

$$\text{Anlagenabnutzungsgrad} = \frac{\text{kumulierte Abschreibungen auf Sachanlagen}}{\text{Sachanlagenendbestand zu Anschaffungskosten}} \cdot 100$$

Je höher die Kennzahl ist, desto älter sind im Durchschnitt die Sachanlagen.

Beispiel

kumulierte Abschreibungen = 6.500.000 € (lt. Anlagenspiegel)

	Sachanlagenbestand (01.01.20..)	10.800.000 €
+	Zugänge	220.000 €
-	Abgänge	60.000 €
=	Sachanlagenbestand (31.12.20..)	10.960.000 €

$$\text{Anlagenabnutzungsgrad} = \frac{6.500.000\ €}{10.960.000\ €} \cdot 100 = 59{,}3\ \%$$

Kommentar:
Der Anlagenabnutzungsgrad liegt bei fast 60 %. Damit ist das Sachanlagevermögen schon relativ alt, denn mehr als die Hälfte der Nutzungsdauer wurde bereits erreicht.

2.2.3 Kennzahlen zur Beurteilung der Kapitalstruktur und der Kapitalentwicklung

01. Welche Kennzahlen sind zur Beurteilung der Kapitalstruktur geeignet?

► Bei der **horizontalen Analyse** (Relationen von Aktiv- und Passivpositionen) steht die Fristenkongruenz im Vordergrund.

► Die **vertikale Analyse** untersucht die Vermögens- und Kapitalstruktur. Die Eigenkapitalausstattung steht im Mittelpunkt der Betrachtung. Das Eigenkapital hat eine Investitions-, Kredit-, Liquiditäts- und Haftungsfunktion.

$$\text{Eigenkapitalquote} = \frac{\text{Eigenkapital}}{\text{Gesamtkapital}} \cdot 100$$

Zu beachten ist, dass sich das Eigenkapital aus mehreren Bilanzpositionen zusammensetzen kann (Gezeichnetes Kapital: Grundkapital bei der AG/Stammkapital bei der GmbH, Kapitalrücklagen usw.; vgl. § 272 Abs. 2 - 3 HGB). Die Eigenkapitalquote sollte möglichst hoch sein (vgl.: Funktionen des EK).

 MERKE

Das bilanzanalytische EK unterscheidet sich vom EK nach HGB (§ 272 Abs. 2 - 3 HGB): Nicht die formale Zuordnung nach § 272 Abs. 2 - 3 HGB ist maßgebend, sondern der Charakter bestimmter Bilanzpositionen, die dem Eigenkapital zugerechnet oder in Abzug gebracht werden (vgl. » Kapitel 2.1.2, Strukturbilanz).

Das **bilanzanalytische Eigenkapital** wird nach folgendem Schema (Korrekturen) ermittelt:

	Gezeichnetes Kapital
-	nicht eingeforderte ausstehende Einlagen
-	Geschäfts- oder Firmenwert
+	Gewinnrücklagen
-	eigene Anteile
+	stille Reserven
+	Eigenkapitalanteil des Sonderpostens mit Rücklageanteil (§§ 273, 281 Abs. 1 Satz 1 HGB a. F.)
	Aktivierung selbst geschaffener immaterieller Vermögensgegenstände
+	Jahresüberschuss
-	Jahresfehlbetrag
+	Gewinnvortrag
-	Verlustvortrag
-	aktive latente Steuern
+	passive latente Steuern
-	Ausschüttung (in Prozent vom gez. Kapital)
=	**Bilanzanalytisches Eigenkapital**

Demnach wird dann die EK-Quote ermittelt als:

$$\text{EK-Quote} = \frac{\text{bilanzanalytisches EK}}{\text{bilanzanalytisches GK}^1} \cdot 100$$

$$\frac{\text{Fremdkapitalquote}}{\text{auch: Anspannungskoeffizient}} = \frac{\text{Fremdkapital}}{\text{Gesamtkapital}} \cdot 100$$

---

[1] Vgl. Korrekturen für bilanzanalytisches Eigenkapital (ohne Ausschüttung).

Die Fremdkapitalquote ist eine Bonitätsgröße und je nach Größe und Branche des Unternehmens unterschiedlich.

$$\text{Verschuldungskoeffizient} \atop \text{auch: Verschuldungsgrad} = \frac{\text{Fremdkapital}}{\text{Eigenkapital}} \cdot 100$$

Der Verschuldungsgrad gibt an, inwieweit das Unternehmen von außenstehenden Dritten in Relation zu den Eigenmitteln finanziert wurde und ist eine wichtige Kennzahl der Banken bei der Kreditwürdigkeitsprüfung.

Zu beachten sind folgende vertikale Finanzierungsregeln:

1 : 1-Regel   FK : EK ≤ 1   Gilt als **erstrebenswert**.
1 : 2-Regel   FK : EK ≤ 2   Gilt als **gesund**.
1 : 3-Regel   FK : EK ≤ 3   Gilt als **noch zulässig**.

$$\text{Selbstfinanzierungsgrad} = \frac{\text{Gewinnrücklagen}}{\text{Eigenkapital}} \cdot 100$$

oder

$$\text{Selbstfinanzierungsgrad} = \frac{\text{Gewinnrücklagen}}{\text{Gesamtkapital}} \cdot 100$$

Die Kennzahl gibt an, in welchem Maße die Gewinnrücklagen zur Bildung des Eigenkapitals bzw. des Gesamtkapitals beigetragen haben.

2.2.4 Finanzierungsregeln und Kennzahlen zur Beurteilung der Finanzstruktur

01. Welche horizontalen Finanzierungsstrukturen und -regeln sind relevant?

Zur Ableitung horizontaler Finanzierungsregeln werden Aktiv- und Passivseite der Bilanz betrachtet. Es werden Verhältniszahlen gebildet, die Aussagen erlauben, welche Vermögenswerte in welcher Form finanziert sind. Damit soll u. a. sichergestellt werden, dass langfristiges Vermögen auch langfristig finanziert ist.

Statische Liquiditätsanalyse – kurzfristig	
$\text{Liquidität 1. Grades} \atop \text{auch: Barliquidität} = \dfrac{\text{flüssige Mittel}}{\text{kurzfr. Verbindlichkeiten}} \cdot 100$	Kann unter 100 % liegen.
$\text{Liquidität 2. Grades} \atop \text{auch: Einzugsliquidität} = \dfrac{\text{flüssige Mittel + kurzfr. Forderungen}}{\text{kurzfr. Verbindlichkeiten}} \cdot 100$	Soll 100 % erreichen.

Statische Liquiditätsanalyse – kurzfristig		
Liquidität 3. Grades auch: Umsatzliquidität	$= \dfrac{\text{flüssige Mittel} + \text{kurzfr. Ford.} + \text{Vorräte}}{\text{kurzfr. Verbindlichkeiten}} \cdot 100$	Soll 200 % erreichen.
Working Capital $=$	kurzfristiges Umlaufvermögen - kurzfristige Verbindlichkeiten	Soll positiv sein.

Statische Liquiditätsanalyse – langfristig Das Prinzip der Fristenkongruenz ist zu beachten.		
Goldene Bilanzregel I Deckungsgrad I Anlagendeckung I	$= \dfrac{\text{EK}}{\text{AV}} \geq 1$	AV soll zu 100 % durch EK gedeckt sein.
Goldene Bilanzregel II Deckungsgrad II Anlagendeckung II	$= \dfrac{\text{EK} + \text{langfr. FK}}{\text{AV}} \geq 1$	AV soll zu 100 % langfristig finanziert sein.
Goldene Bilanzregel III Deckungsgrad III Anlagendeckung III	$= \dfrac{\text{EK} + \text{langfr. FK}}{\text{AV} + \text{langfr. UV}} \geq 1$	AV + langfr. UV sollen zu 100 % langfristig finanziert sein.
Goldene Finanzierungsregeln auch: Goldene Bankregeln	$= \dfrac{\text{kurzfr. Vermögen}}{\text{kurzfr. Kapital}} \geq 1$	Mittelbindung und Kapitalverfügbarkeit sollen sich entsprechen.
Goldene Finanzierungsregeln auch: Goldene Bankregeln	$= \dfrac{\text{langfr. Vermögen}}{\text{langfr. Kapital}} \leq 1$	

Sollte das Anlagevermögen nicht ausreichend gedeckt sein, bieten sich verschiedene Möglichkeiten an, dies zu verbessern, z. B.

- ► die Reduzierung der Finanzanlagen
- ► eine Umschuldung von kurzfristigem in langfristiges Fremdkapital
- ► die Aufnahme von Mezzanine-Kapital (vgl. >> Kapitel 4.3.11).

Dynamische Liquiditätsanalyse	
Cashflow-Analyse	Mithilfe der Cashflow-Analyse können zusätzliche Aussagen über die Finanz- und Ertragskraft des Unternehmens getroffen werden. Der Cashflow (Kassenfluss; auch: Einzahlungsüberschuss) ist der frei verfügbare Mittelstrom einer bestimmten Periode des Unternehmens. Die Definition und Berechnungsmethode ist nicht einheitlich. Im einfachen Fall wird der Cashflow ermittelt als Überschuss der Einnahmen über die Ausgaben.
Dynamischer Verschuldungsgrad	Die Kennziffer zeigt, in wie vielen Jahren die Verbindlichkeiten durch den Cashflow zurückgezahlt werden können (Entschuldungsdauer). Empfehlung: FK : Cashflow ≤ 3,5
Netto Working Capital	Es wird aus dem Working Capital durch Abzug der liquiden Mittel berechnet und zeigt an, welcher Teil des kfr. UV langfristig finanziert ist; der Wert sollte möglichst klein sein. = kurzfristiges Umlaufvermögen - kurzfristige Verbindlichkeiten - liquide Mittel

2.2.5 Cashflow-Rechnungen und Kennzahlen zur Beurteilung der Ertragslage

01. Welche Aussagefähigkeit hat die Cashflow-Analyse? » 1.3.7, 2.2.6

Der Cashflow zeigt, wie viel Geld das Unternehmen erwirtschaftet hat. Die **einfache Definition** für die Ermittlung des Cashflow lautet:

Cashflow = Einzahlungen - Auszahlungen

Mithilfe der Cashflow-Analyse können zusätzliche Aussagen über die Finanz- und Ertragskraft des Unternehmens getroffen werden (z. B. Maß der Selbstfinanzierung). Sie ist in ihrer Aussage genauer als andere Kennzahlen, da z. B. Wertansätze für Vermögensgegenstände, Bewertungswahlrechte, Bewertungsspielräume bei Abschreibungen und Rückstellungen aus dem Jahresüberschuss herausgerechnet werden.

Es werden folgende Arten des Cashflows unterschieden:

► Cashflow aus laufender Geschäftstätigkeit (operativer Cashflow)

► Cashflow aus Investitionstätigkeit

► Cashflow aus Finanzierungstätigkeit

► Brutto- und Netto-Cashflow

► Freier Cashflow (Free Cashflow).

Zur Berechnung der ersten drei Positionen vgl. >> Kapitel 1.3.7 und >> Kapitel 2.2.6, Frage 02. Der Brutto-Cashflow erfasst den gesamten Kapitalfluss des Unternehmens, während der Netto-Cashflow um Positionen wie Steuer, Finanzierungskosten oder Änderungen in den Rücklagen bereinigt ist. Beide werden aufeinander aufbauend berechnet:

Jahresüberschuss/-fehlbetrag
+ Abschreibungen
- Zuschreibungen

= Cashflow (einfachste Berechnungsmethode)
+ Zunahme der langfristigen Rückstellungen (inklusive Pensionsrückstellungen)
- Abnahme der langfristigen Rückstellungen (inklusive Pensionsrückstellungen)

= Brutto-Cashflow
- Steuern
- Privatentnahmen bei Personengesellschaften
+ Rücklagenzuführung
- Rücklagenauflösung

= Netto-Cashflow

Allgemein gilt: Je höher der Cashflow, desto günstiger ist die Liquiditätslage. Mithilfe des Cashflows lassen sich wiederum Kennzahlen bilden, die sowohl im Zeitablauf als auch im Vergleich mit anderen Unternehmen von Interesse sein können:

$$\text{Cashflow-Ratio (-Umsatzrendite)} = \frac{\text{Cashflow}}{\text{Umsatz}} \cdot 100$$

$$\text{Schuldentilgungsdauer (in Jahren)} = \frac{\text{Fremdkapital - flüssige Mittel}}{\text{Cashflow}}$$

$$\text{Investitionsinnenfinanzierungsgrad} = \frac{\text{Cashflow}}{\text{Nettoinvestitionen}} \cdot 100$$

02. Welche Aussagen lassen sich aus der Darstellung der Aufwandsstruktur ableiten?

Im Rahmen der Ergebnisanalyse lassen sich z. B. Relationen herstellen, in denen Teile des Aufwands dem Gesamtaufwand bzw. der Gesamtleistung gegenübergestellt werden. Kennzahlen zur Aufwandsstruktur haben nur bei einer Analyse über mehrere Jahre einen Aussagewert.

$$\text{Personalintensität} = \frac{\text{Personalaufwand}}{\text{Gesamtaufwand}} \cdot 100$$

Die Kennzahl zeigt den prozentualen Anteil des Personalaufwands am Gesamtaufwand. Dabei umfasst der Personalaufwand: Löhne, Gehälter, gesetzliche Sozialabgaben und betriebliche Sozialleistungen.

$$\emptyset \, \text{Personalaufwand} = \frac{\text{Personalaufwand}}{\emptyset \, \text{Anzahl der Beschäftigten}}$$

$$\begin{array}{c}\text{Materialintensität} \\ \text{auch: Materialaufwandsquote}\end{array} = \frac{\text{Materialaufwand}}{\text{Gesamtaufwand}} \cdot 100$$

Die Kennzahl zeigt den prozentualen Anteil des Materialaufwands am Gesamtaufwand. Dabei umfasst der Materialaufwand: RHB-Stoffe und bezogene Ware.

$$\text{Abschreibungsintensität} = \frac{\text{Abschreibungsaufwand}}{\text{Gesamtaufwand}} \cdot 100$$

Die Kennzahl zeigt den prozentualen Anteil des Abschreibungsaufwands am Gesamtaufwand. Zu beachten ist dabei, dass der Abschreibungsaufwand bilanzpolitischen Veränderungen unterliegt.

03. Welcher grundsätzliche Unterschied besteht zwischen den Kennzahlen „Produktivität, Wirtschaftlichkeit und Rentabilität"?

 MERKE

Die Darstellung der Unterschiede zwischen diesen Kennzahlen erscheint den Autoren notwendig, weil die Abgrenzung und Anwendung in der Praxis nicht immer „sauber" ist.

A.

$$\text{Produktivität} = \frac{\text{Mengengröße}}{\text{Mengengröße}}$$

Die Produktivität ist eine **Mengenkennziffer**. Sie zeigt die **mengenmäßige Ergiebigkeit eines Faktoreinsatzes** (z. B. Anzahl der Maschinenstunden, Anzahl der Mitarbeiterstunden, Menge des verbrauchten Rohstoffes) zur erzeugten Menge (in

Stückzahlen, in Einheiten u. Ä.). Als Einzelwert hat die Produktivität keine Aussagekraft; dies wird erst im Vergleich mit innerbetrieblichen Ergebnissen (z. B. der Vorperiode) oder im zwischenbetrieblichen Vergleich erreicht.

Wichtige **Teilproduktivitäten** sind:

A.1

$$\text{Arbeitsproduktivität} = \frac{\text{Erzeugte Menge (Stk., E)}}{\text{Arbeitsstunden (h)}}$$

A.2

$$\text{Maschinenproduktivität} = \frac{\text{Erzeugte Menge (Stk., E)}}{\text{Maschinenleistung (h, d, u. Ä.)}}$$

A.3

$$\text{Materialproduktivität} = \frac{\text{Erzeugte Menge (Stk., E)}}{\text{Materialeinsatz (t, kg, u. Ä.)}}$$

B.

$$\text{Wirtschaftlichkeit} = \frac{\text{Leistungen}}{\text{Kosten}}$$

oder:

$$\text{Wirtschaftlichkeit} = \frac{\text{Ertrag}}{\text{Aufwand}}$$

Die Wirtschaftlichkeit ist eine **Wertkennziffer**. Sie misst die Einhaltung des ökonomischen Prinzips und ist der Quotient aus Leistungen und Kosten oder Ertrag und Aufwand. Ist der Quotient kleiner Eins, so arbeitet das Unternehmen unwirtschaftlich.

C.

$$\text{Rentabilität} = \frac{\text{Periodenerfolg}}{\text{gewählte Größe X}} \cdot 100$$

Die Rentabilität (auch: Rendite) ist eine **Wertkennziffer** und misst die **Ergiebigkeit des Kapitaleinsatzes** (oder des Umsatzes) zum Periodenerfolg. Als Größen für den Periodenerfolg werden verwendet: Gewinn, Return (Gewinn + Fremdkapitalzinsen), Cashflow.

Es werden vor allem folgende **Rentabilitätszahlen** betrachtet:

C.1

$$\text{Eigenkapitalrentabilität} = \frac{\text{Gewinn}}{\text{Eigenkapital}} \cdot 100$$

Zeigt die Beziehung von Gewinn (= Jahresüberschuss) zum Eigenkapital (= Grundkapital + offene Rücklagen); je nach Fragestellung ist dabei auch die Verwendung des bilanzanalytischen EK oder eine Betrachtung über mehrere Jahre hinweg möglich (ø EK).

C.2

$$\text{Gesamtkapitalrentabilität} = \frac{\text{Gewinn} + \text{Fremdkapitalzinsen}}{\text{Gesamtkapital}} \cdot 100$$

Zeigt die Beziehung von Gewinn und Fremdkapitalzinsen zum Gesamtkapital; die Verzinsung des Gesamtkapitals zeigt die Leistungsfähigkeit des Unternehmens (vgl. Leverage-Effekt). Aus dieser Größe lässt sich durch Erweiterung des Quotienten mit dem Faktor Umsatz der Return on Investment (ROI) ableiten.

C.3

$$\text{Umsatzrentabilität} = \frac{\text{Gewinn}}{\text{Umsatz}} \cdot 100$$

Zeigt die relative Erfolgssituation des Unternehmens: Niedrige Umsatzrenditen bedeuten i. d. R. eine ungünstige wirtschaftliche Entwicklung (siehe: Branchenvergleich und Zeitvergleich über mehrere Jahre).

C.4

$$\text{Return on Investment} = \text{Umsatzrendite} \cdot \text{Kapitalumschlag}$$

Rein rechnerisch ist der ROI (Return on Investment) identisch mit der Gesamtkapitalrentabilität. Die Aufspaltung in zwei Kennzahlen erlaubt eine genauere Analyse der Ursachen für Verbesserungen/Verschlechterungen der Gesamtkapitalrendite (vgl. Kennzahlensystem nach *Du Pont*).

04. Welches Schema hat das Kennzahlensystem nach Du Pont?

Das Kennzahlensystem ROI ist vom amerikanischen Chemieunternehmen *Du Pont* entwickelt worden. Es ermöglicht – im Gegensatz zur Kennzahl Gesamtkapitalrentabilität – die Aussage, ob Veränderungen in der Verzinsung des eingesetzten Kapitals auf einer Veränderung der Umsatzrendite oder des Kapitalumschlags beruhen.

Die Gesamtkapitalrentabilität ist definiert als:

$$
\begin{aligned}
\textbf{Gesamtkapitalrentabilität} &= (\text{Gewinn} + \text{Fremdkapitalzinsen}) : \text{Gesamtkapital} \cdot 100 \\
&= \text{Return}^{[1]} : \text{Gesamtkapital} \cdot 100 \\
&= R : K \cdot 100
\end{aligned}
$$

---

[1] Return (R) = Gewinn + FK-Zinsen

Durch die Erweiterung des Quotienten (R • 100 : K) mit der Größe Umsatz (U) entsteht eine differenzierte Berechnungsgröße, die sich aus den Faktoren *Umsatzrendite* und *Kapitalumschlag* zusammensetzt:

$$\text{ROI} = \frac{R \cdot 100 \cdot U}{K \cdot U} \quad \rightarrow \quad = \frac{R \cdot 100}{U} \cdot \frac{U}{K}$$

$$\text{Return on Investment (ROI)} = \frac{\text{Return}}{\text{Umsatz}} \cdot \frac{\text{Umsatz}}{\text{investiertes Kapital}^1} \cdot 100$$

$$\text{Return on Investment (ROI)} = \text{Umsatzrendite} \cdot \text{Kapitalumschlag}$$

Der ROI lässt sich auf folgendes Schema erweitern (Kennzahlensystem nach *Du Pont*):

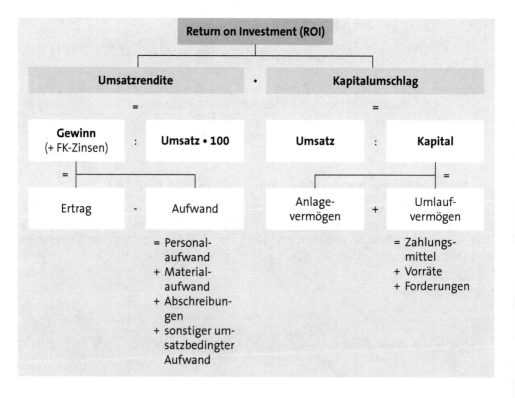

Aus dem Kennzahlensystem von *Du Pont* lassen sich Maßnahmen zur Verbesserung des ROI ableiten; die nachfolgenden Beispiele gelten unter der Voraussetzung, dass alle anderen Größen jeweils unverändert bleiben:

Der ROI steigt, wenn

- die Umsatzrendite steigt
- der Kapitalumschlag steigt
- der Kapitaleinsatz sich verringert
- die Verbindlichkeiten steigen
- die Forderungsbestände sinken
- der Gewinn steigt
- der Aufwand sinkt.

05. Wie ist die Kennzahl „Return on Capital Employed" definiert?

Der Return on Capital Employed (ROCE) wird berechnet als Quotient aus dem Net Operating Profit after Taxes (NOPAT; Netto-Betriebsergebnis nach Steuern) und dem Gesamtkapital abzüglich kurzfristiger, nicht zinstragender Verbindlichkeiten und liquider Mittel.

$$ROCE = \frac{NOPAT}{Gesamtkapital - kurzfristiges\ Fremdkapital - liquide\ Mittel}$$

Gebräuchlich ist in der Literatur auch die Definition:

$$ROCE = \frac{EBIT}{Capital\ Employed}$$

Diese Kennzahl ähnelt dem ROI mit dem Unterschied, dass sich der **ROCE nur auf das eingesetzte und gebundene Kapital bezieht**. Daher sind kurzfristige Verbindlichkeiten wie z. B. Lieferantenkredite und kurzfristige Forderungen sowie Kassen- und Bankbestände herauszurechnen, da diese Positionen den Charakter liquider Mittel haben.

06. Wie wird die Kennzahl „EVA" berechnet?

EVA (= Economic Value Added) ist der Residualgewinn nach Bedienung der Verzinsung von Eigenkapital und Fremdkapital. Die Kennzahl wird wie folgt berechnet (hier in Mio. €):

$$EVA = NOPAT - (Kapital \cdot \text{ø Kapitalkostensatz})$$

Beispiel

EK	300	Die Eigenkapitalgeber erwarten eine Verzinsung von 15 %.
FK	900	Die Fremdkapitalverzinsung liegt bei durchschnittlich 7 %.
NOPAT	150	Nettobetriebsergebnis nach Steuern

$$\text{ø Kapitalkostensatz} = \frac{EK}{Gesamtkapital} \cdot i_{EK} + \frac{FK}{Gesamtkapital} \cdot i_{FK}$$

$$= 0{,}25 \cdot 15\,\% + 0{,}75 \cdot 7\,\% = 3{,}75 + 5{,}25 = 9\,\%$$

Daraus folgt:

$$
\begin{aligned}
EVA &= 150 - 1.200 \cdot 9\,\% \\
&= 150 - 108 \\
&= 42
\end{aligned}
$$

2.2.6 Bewegungsbilanz und Kapitalflussrechnungen

01. Wie wird eine Bewegungsbilanz erstellt und welche Aussagekraft hat sie?

Die Bewegungsbilanz ist ein ergänzender Bericht zur Beurteilung der Finanzlage. In der Bewegungsbilanz werden die einzelnen Veränderungen der Bilanzposten von einem Bilanzstichtag t_0 zum anderen t_1 dargestellt. Es werden Veränderungen der Mittel- bzw. Kapitalaufbringung und der Mittel- bzw. Kapitalverwendung aufgezeigt. Mittelverwendung und Mittelherkunft müssen sich (selbstverständlich) entsprechen.

Bewegungsbilanz	
Mittelverwendung	**Mittelherkunft**
Wohin sind die Mittel geflossen?	*Woher stammen die Mittel?*
Zunahme der Aktiva	Zunahme der Passiva
Abnahme der Passiva	Abnahme der Aktiva

Mittelverwendung – Beispiele	Mittelherkunft – Beispiele
Die **Aktivposten** können z. B. **zunehmen** durch	Die **Passivposten** können z. B. **zunehmen** durch
► Anschaffung einer Fertigungsanlage	► Aufnahme eines Kredits
► Kauf von Aktien.	► Zieleinkauf (Zunahme der Verbindlichkeiten aus Lieferungen und Leistungen).
Die **Passivposten** können z. B. **abnehmen** durch	Die **Aktivposten** können z. B. **abnehmen** durch
► Rückzahlung eines Bankkredits	► Verringerung des Kassenbestandes
► Begleichen von Verbindlichkeiten.	► Verringerung des Bankguthabens.

Beispiel

Vereinfachtes Beispiel

AKTIVA	t_0		PASSIVA
V_1	10.000	EK	80.000
V_2	50.000	FK_1	40.000
V_3	100.000	FK_2	60.000
RAP	40.000	RAP	20.000
	200.000		200.000

AKTIVA	t_1		PASSIVA
V_1	18.000	EK	95.000
V_2	46.000	FK_1	20.000
V_3	110.000	FK_2	45.000
RAP	16.000	RAP	30.000
	190.000		190.000

AKTIVA	Bewegungsbilanz		PASSIVA
V_1	8.000	V_2	4.000
V_3	10.000	RAP	24.000
FK_1	20.000	EK	15.000
FK_2	15.000	RAP	10.000
	53.000		53.000

02. Wie wird die Kapitalflussrechnung erstellt und welche Aussagekraft hat sie?

Die Kapitalflussrechnung ist eine verfeinerte Bewegungsbilanz, die der **dynamischen Liquiditätsanalyse** dient. Sie zeigt die Veränderung des Liquiditätspotenzials und stellt die Ursachen dieser Veränderung heraus.

Mit der Einführung der Deutschen Rechnungslegungsstandards (DRS) wurde für Geschäftsjahre, die nach dem 31.12.1998 begannen, eine IAS-ähnliche deutsche Kapitalflussrechnung eingeführt. Analog zur indirekten Ermittlung des Cashflows werden Einzahlungen und Auszahlungen der Posten zweier aufeinander folgender Bilanzen bzw. GuV-Rechnungen gegenübergestellt. Nach § 297 Abs. 1 HGB sind börsennotierte Konzerne zur Erstellung und Veröffentlichung einer Kapitalflussrechnung verpflichtet.

Die **Grobstruktur der Kapitalflussrechnung** hat nach IAS drei Teile (vgl. ≫ Kapitel 1.3.7):

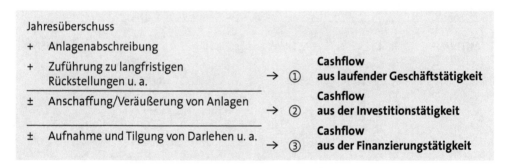

Der Abschluss der Kapitalflussrechnung wird wie folgt gebildet:

	Finanzmittelbestand am Anfang der Periode
±	zahlungswirksame Veränderungen des Finanzmittelbestands (Summe Cashflows 1, 2, 3)
=	Finanzmittelbestand am Ende der Periode

Nach DRS 2, 52 sind im Konzernanhang zusätzlich bestimmte Erläuterungen der Cashflow-Rechnung darzustellen (z. B. Methode der Ermittlung).

2.3 Zeitliche und betriebliche Vergleiche von Jahresabschlüssen durchführen und die Einhaltung von Plan- und Normwerten überprüfen

2.3.1 Zwischenbetriebliche Vergleiche, Perioden-, Planzahlen- und Branchenvergleiche

01. Welche Arten der Analyse von Jahresabschlüssen lassen sich unterscheiden?

Analyse von Jahresabschlüssen – Beispiele		
Die **interne Analyse**	wird im eigenen Unternehmen erstellt und schafft als verdichtete Information die Basis für Unternehmensentscheidungen. Die Analysten haben eine vollständige Information.	
Die **externe Analyse**	wird von Dritten außerhalb des Unternehmens vorgenommen (Kunden, Öffentlichkeit, Presse usw.). Die Informationsbasis ist eingeschränkt und die Analyse ist daher ungenauer.	
Die **statische Analyse**	untersucht den Jahresabschluss zu einem bestimmten **Zeitpunkt** t_0.	
Die **dynamische Analyse**	untersucht den Jahresabschluss im **Zeitablauf** von t_0 bis t_n.	
Die **Vergleichsanalyse**	kann statisch oder dynamisch ausgerichtet sein.	**Beispiele** ► Zeitvergleich ► inner-/zwischenbetrieblicher Vergleich ► Branchenvergleich ► Segmentvergleich ► Soll-Ist-Vergleich.

Die statische Analyse eines Jahresabschlusses hat nur begrenzten Aussagewert. Eine verbesserte Bewertung und Entscheidungsgrundlage gewinnt man, indem **Vergleichsanalysen** erstellt werden:

Vergleichsanalysen	
Zeitvergleich	Vergleich der Kennzahlen des Unternehmens mit denen der Vorperiode(n).
Segmentvergleich	Von Interesse kann auch die Darstellung und Analyse von Segmenten im Zeitablauf sein (z. B. Entwicklung der Sparten 1 bis n im Intervall t_0 bis t_n).
Branchenvergleich (Benchmarking)	Vergleich der Kennzahlen des Unternehmens mit den Durchschnittswerten der Branche bzw. mit dem Zahlengerüst des „Branchenprimus" (Benchmarking).
Soll-Ist-Vergleich	Vergleich der Ist-Werte mit vorgegebenen Soll-Werten, die z. B. aus der Erfahrung, aus der Zielgröße oder aus alternativen Anlagemöglichkeiten abgeleitet werden.

02. Wie kann ein zwischenbetrieblicher Vergleich durchgeführt werden?

Ein zwischenbetrieblicher Vergleich ist eine Form des Betriebsvergleiches von Ist-Ist-Kennzahlen, der oft von Verbänden und sonstigen Unternehmungsvereinigungen durchgeführt wird. Anhand von Kennzahlen werden vergleichbare Betriebe einer Branche gegenübergestellt. Beim zwischenbetrieblichen Vergleich muss beachtet werden, dass die Unternehmen auch vergleichbar sind und die Kennzahlen in einheitlicher Form erhoben wurden.

Beispiel

Aus dem vorliegenden Material (Auszug) soll ein zwischenbetrieblicher Vergleich der Unternehmen 1 - 3 durchgeführt werden (Angaben in T€):

	Unternehmen 1	Unternehmen 2	Unternehmen 3
Umsatzerlöse	4.200	2.800	2.700
Gewinn	252	140	270
Bilanzsumme	1.200	1.400	1.800

Dazu ist ein Ranking der drei Unternehmen jeweils anhand der Kennzahlen

- Gewinn
- Kapitalumschlagshäufigkeit
- Umsatzrentabilität
- ROI

zu erstellen.

Lösung:

	Unternehmen 1	Unternehmen 2	Unternehmen 3
Gewinn	252	140	270
Ranking	**2.**	**3.**	**1.**

	Unternehmen 1	Unternehmen 2	Unternehmen 3
Kapitalumschlagshäufigkeit	3,5	2,0	1,5
Ranking	**3.**	**2.**	**1.**

	Unternehmen 1	Unternehmen 2	Unternehmen 3
Umsatzrentabilität	6 %	5 %	10 %
Ranking	**2.**	**3.**	**1.**

	Unternehmen 1	Unternehmen 2	Unternehmen 3
ROI	21 %	10 %	15 %
Ranking	**1.**	**3.**	**2.**

03. Wie kann ein Branchenvergleich durchgeführt werden?

Ein Branchenvergleich ist der Vergleich des eigenen Unternehmens mit anderen Unternehmen der gleichen Branche. Er kann wertvolle Ansatzpunkte zur Optimierung geben. Das Ergebnis des Branchenvergleichs ist abhängig von der Verfügbarkeit und Qualität der Vergleichszahlen. Vergleichszahlen liefern Verbände, Banken und börsennotierte Unternehmen.

Beispiel

Branchenvergleich (Auszug)

$$\text{Abweichung in \%} = \frac{\text{Unternehmenswert - Branchenwert}}{\text{Branchenwert}} \cdot 100$$

Merkmal	Branche	eigenes Unternehmen	Abweichung in %
Anlagenintensität	60 %	60 %	–
Anteil des Umlaufvermögens	40 %	39 %	-2,5 %
Grad der Verschuldung	50 %	70 %	40 %

Auswertung:

▶ Die Anlagenintensität liegt auf dem Niveau der Branche.

▶ Der Anteil des Umlaufvermögens liegt leicht unterhalb des Branchenwertes.

▶ Der Grad der Verschuldung liegt mit 70 % deutlich über dem Branchenwert.

2.3.2 Innerbetriebliche Vergleiche

01. Wie kann der innerbetriebliche Vergleich durchgeführt werden?

Der innerbetriebliche Vergleich kann durchgeführt werden

► als Zeitvergleich mit dem Ziel eines Ist-Ist-Vergleichs oder

► als Kontrollrechnung mit dem Ziel eines Soll-Ist-Vergleichs.

Beispiele

Beispiel 1: Ist-Ist-Vergleich

Der Buchhaltung liegen folgende Zahlen des Produktes X vor:

	Absatz in Stück	Umsatz in €
Jahr 01	450	40.400
Jahr 02	480	40.800

Zu vergleichen sind beide Jahre mengen- und wertmäßig.

Lösung:

	Absatz in Stück	Änderung mengenmäßig		Umsatz in €	Änderung wertmäßig	
		absolut	in %		absolut	in %
Jahr 01	450	–	–	40.400	–	–
Jahr 02	480	30	6,7	40.800	400	1,0

Beispiel 2: Soll-Ist-Vergleich (Auszug)

	Plan (Soll)		Ist				Soll - Ist (01. - 03. aufgel.)	
Kostenart	p. a.	∑ aufgel.	Jan.	Feb.	März	aufgel.	absolut	in %
Materialkosten	300	75	25	32	28	85	10	13,33
Personalkosten	288	72	24	25	26	75	3	4,17
Sachkosten	36	9	1	2	2	7	- 2	- 22,22
Umlage	60	15	5	5	5	15	0	0
	...	...	...	...	...	...	...	...
Gesamtkosten	768	192				192	0	0

Kommentar, z. B.:

- Die Materialkosten sind um rd. 13 % überschritten; mögliche Ursachen: Preisanstieg, Mengenanstieg, Anstieg der Gemeinkosten. Korrekturmaßnahmen z. B.: Lieferantenwechsel, Material besser nutzen, evtl. Korrektur des Planansatzes.

- usw.

02. Was ist ein Segment?

Ein Segment (im Sinne des Marketings) ist ein Teilmarkt auf dem eine bestimmte Produktgruppe/eine bestimmte Dienstleistung angeboten wird. Es ist das Ergebnis einer Marktsegmentierung (z. B. nach demografischen Aspekten, „Markt der Ü60" – Markt der über 60-Jährigen).

03. Welche Möglichkeiten der Segmentbildung (Segmentierung) gibt es?

Ein Markt kann nach unterschiedlichen Merkmalen eingeteilt werden:

- geografische Kriterien, z. B. Bundesland, Region, Städten, Gemeinden
- demografische Kriterien, z. B. Geschlecht, Alter, Einkommen, Beruf
- psychografische Kriterien, z. B. Lebensstil, soziale Schicht, allgemeine Einstellung
- verhaltensorientierte Merkmale, z. B. Verhaltensmuster, Verwendung, Markentreue.

Für die Anforderungen an die Segmentbildung gem. DRS 3 vgl. >> Kapitel 1.3.9 Frage 02.

04. Welche Aufgabe hat die Segmentberichterstattung?

Die Segmentberichterstattung erweitert den Informationsgehalt des Jahresabschlusses um Informationen über **Teileinheiten des Unternehmens (Segmente)**. Der Begriff „Segment" deckt sich dabei im weiteren Sinne mit dem der strategischen Geschäftseinheit (vgl. dazu die Definition in den IAS unter >> Kapitel 1.3.9).

Die Wahl der Segmentierung nach Produkten, Geschäftsfeldern, geografischen Gebieten oder Kundenbereichen liegt im Ermessen des Bilanzierenden.

Die einfache Form der Segmentberichterstattung (Aufteilung der Umsätze nach Tätigkeitsbereichen sowie nach geografisch bestimmten Märkten) ist für den Einzelabschluss großer Kapitalgesellschaften nach § 285 Nr. 4 HGB bzw. für den Konzernabschluss nach § 314 Abs. 1 Nr. 3 HGB zwingend vorgeschrieben (vgl. auch § 297 Abs. 1 Satz 2 HGB).

05. Was ist ein Segmentvergleich?

Ein Segmentvergleich ist

► der innerbetriebliche Vergleich von Segmenten des eigenen Unternehmens oder

► der Vergleich eigener Segmente mit denen anderer Unternehmen,

um daraus Schlüsse für den Einsatz von Ressourcen oder die Kapitalverzinsung zu ziehen.

Beispiel

Innerbetrieblicher Segmentvergleich

Ein Getränkehersteller will einen Vergleich seiner eigenen Segmente durchführen. Er vertreibt seine Produkte in folgenden Segmenten:

► Getränk mit Kohlensäure

► Getränk mit Zitronengeschmack

► Getränk mit Süßstoff

► Getränk mit Bier versetzt.

Die Segmente sind bezüglich der Umsatzrentabilität und der Kapitalrentabilität (ohne Beachtung der Zinsen) zu vergleichen.

Lösung:

	Segment 1 Getränk mit Kohlensäure	Segment 2 Getränk mit Zitronengeschmack	Segment 3 Getränk mit Süßstoff	Segment 4 Getränk mit Bier versetzt
Umsatz in T€	400.000	300.000	250.000	120.000
Gewinn in T€	80.000	50.000	30.000	10.000
Kapitaleinsatz in T€	1.200.000	600.000	500.000	800.000
Umsatzrentabilität	20 %	16,7 %	12,0 %	8,3 %
Kapitalrentabilität	6,7 %	8,3 %	6,0 %	1,25 %

Auswertung, Empfehlung, z. B.:

► Das Segment 4 hat eine nicht so gute Umsatzrentabilität und eine sehr schlechte Kapitalrentabilität. Es sollte geprüft werden, ob das Produkt vom Markt zu nehmen ist bzw. diesen Teilmarkt nicht mehr zu bedienen.

► Die Segmente 1 - 3 haben eine ausreichende Umsatzrentabilität, aber eine nicht befriedigende Kapitalrentabilität. Es sollte geprüft werden, ob der Kapitaleinsatz verringert werden kann.

2.4 Bedeutung von Ratings erkennen und Maßnahmen zur Verbesserung für das Unternehmen vorschlagen

2.4.1 Anforderungen der Richtlinien nach dem Baseler Akkord

01. Welche Zielsetzung hat der Baseler Akkord II?

Mit dem Begriff „Baseler Akkord II" (kurz: **Basel II**) bezeichnet man die internationalen Vereinbarungen zur Bankenaufsicht, die von einem Ausschuss der **Bank für Internationalen Zahlungsausgleich (BIZ) mit Sitz in Basel** entwickelt wurden.[1] Vorausgegangen waren die Standards **Baseler Akkord I** von 1988, die in Bankengesetze übernommen wurden (Gesetz über das Kreditwesen; KWG). Auf europäischer Ebene wurde Basel II im Jahr 2006 umgesetzt (2006/48/EG; 2006/49/EG). Kern der Standards ist die **Unterlegung von Bankkrediten mit Eigenkapital der Bank**. Damit sollen die Einlagen der Bankkunden geschützt und das Bankensystem sowie die internationalen Finanzmärkte stabilisiert werden. Der Baseler Akkord II hat drei Ziele:

▸ Weiterentwicklung der bankaufsichtlichen Überprüfung

▸ Marktdisziplin über erweiterte Publizitätsanforderungen

▸ Fortentwicklung der Mindestkapitalanforderungen.

02. Auf welchen drei Säulen ruht die Eigenkapitalrichtlinie Basel II?

Basel II		
Stabilisierung des Bankensektors und der Finanzmärkte		
Säule 1	**Säule 2**	**Säule 3**
Mindestkapital-anforderungen	**Aufsichtsrechtlicher Überprüfungsprozess**	**Marktdisziplin**
Mindeststandards für: ▸ Kreditausfallrisiken ▸ Marktpreisrisiken ▸ operationelle Risiken.	Vier Grundprinzipien einer qualitativen Bankenaufsicht	Förderung der Offenlegung und Transparenz von Unternehmens-informationen

---

[1] Dem Baseler Ausschuss für Bankenaufsicht (Basel Committee on Banking Supervision) gehören Vertreter der Zentralbanken und der Bankenaufsichtsbehörden aller wichtigsten Industriestaaten an.

▶ Ziel der **Säule 1** ist die angemessene Berücksichtigung der Risiken einer Bank bei der Bemessung ihrer Eigenkapitalausstattung. Dabei finden folgende Größen Eingang:

Kreditausfall-risiken	Sie werden durch internes Rating (Bank bewertet sich selbst; bedarf der Zustimmung durch die Bankenaufsicht) oder durch externes Rating (Agenturen, z. B. Moody's, Fitch oder Standard & Poor's) ermittelt. Damit soll erreicht werden, dass erwartete Verluste direkt das Eigenkapital belasten und unerwartete Verluste über Eigenmittel abgesichert sind.
Marktpreis-risiken	ergeben sich aus der Änderung der Zinssätze sowie den sonstigen Preisen des Geldmarktes.
Operationelle Risiken	sind Verluste aufgrund fehlender oder unzureichender interner Verfahren (Systeme, Prozesse, Mitarbeiter).

▶ **Säule 2** stellt qualitative Anforderungen an die Bank (Einhaltung der Anforderungen an Methodik und Offenlegung). Die Beurteilung und Überwachung erfolgt durch die Bankenaufsicht in Deutschland (BAFIN) gemeinsam mit der Deutschen Bundesbank. Die Umsetzung in deutsches Recht erfolgte durch die Mindestanforderungen an das Risikomanagement (MaRisk) für Banken: Die internen Kontrollverfahren bestehen aus dem internen Kontrollsystem (IKS) und der Internen Revision. Das IKS umfasst insbesondere

- Regelungen zur Aufbau- und Ablauforganisation

- Prozesse zur Identifizierung, Beurteilung, Steuerung, Überwachung sowie Kommunikation der Risiken

- eine Risikocontrolling-Funktion.

▶ Ziel der **Säule 3** ist die Stärkung der Marktdisziplin durch eindeutige Vorgaben an Offenlegung und Transparenz im Rahmen der externen Rechnungslegung (z. B. klare Darstellung der Eigenkapitalstruktur und der Angemessenheit der Eigenmittelausstattung). Eine Umsetzung in deutsches Recht erfolgte sowohl für Säule 1 als auch für Säule 3 durch die Solvabilitätsverordnung (SolvV – Verordnung über die angemessene Eigenmittelausstattung von Instituten, Institutsgruppen und Finanzholding-Gruppen).

2.4.2 Ratingverfahren

01. Wie kann ein Rating-System ausgestaltet sein?

Es gibt in Deutschland kein einheitliches Bewertungsverfahren. Weit verbreitet ist ein Ratingsystem, dass die Analyse der Kreditwürdigkeit des Kunden in die Untersuchung und Bewertung **quantitativer und qualitativer Faktoren** gliedert:

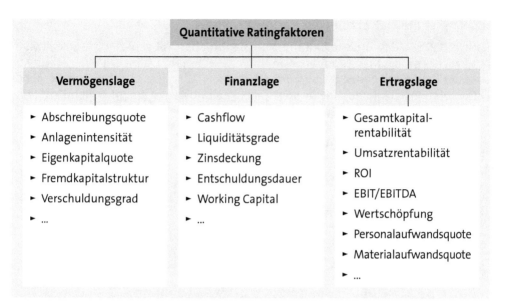

Quantitative Ratingfaktoren

Vermögenslage	Finanzlage	Ertragslage
► Abschreibungsquote	► Cashflow	► Gesamtkapital-rentabilität
► Anlagenintensität	► Liquiditätsgrade	► Umsatzrentabilität
► Eigenkapitalquote	► Zinsdeckung	► ROI
► Fremdkapitalstruktur	► Entschuldungsdauer	► EBIT/EBITDA
► Verschuldungsgrad	► Working Capital	► Wertschöpfung
► …	► …	► Personalaufwandsquote
		► Materialaufwandsquote
		► …

Qualitative Ratingfaktoren

Management-konzept	Rechnungs- und Berichtswesen	Anlagen, Produkte, Organisation	Markt und Wettbewerb
► Unternehmens-konzept	► Aktualität	► Innovations-kraft	► Branchen-entwicklung
► Nachfolge-regelung	► Erfolgsrech-nung	► Investitions-tätigkeit	► Markt-entwicklung
► Qualifikationen	► Planungs- und Kontrollrech-nung	► Marketing	► Marktposition
► Informations-bereitschaft	► Mahn- und Inkassowesen	► Produktqualität	► Wettbewerbs-fähigkeit
► Kooperation mit der Bank	► …	► Abhängigkeit von Kunden und Lieferanten	► Produkt-perspektiven
► …		► …	► …

02. Was ist die Zielsetzung des Ratingverfahrens?

Rating ist die Kreditwürdigkeitsprüfung des Bankkunden mit dem Ziel, die Ausfallwahrscheinlichkeit eines Kredits anhand von Noten zu ermitteln. Damit soll erreicht werden, dass **der Kredit risikoadäquat bepreist wird**. Vereinfacht gesagt, führt also ein hohes Unternehmensrisiko und eine geringe Eigenkapitalbasis zu einem hohen Kreditzins (oder ggf. auch zu einer Ablehnung) und umgekehrt.

Bonitätsadäquater Kreditzins

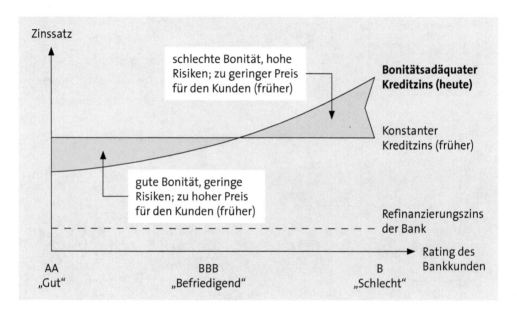

03. Wie wird das Rating durchgeführt?

Die konkrete Ausgestaltung eines Ratingprozesses hängt unmittelbar von den verfügbaren Daten ab und kann sich deshalb zum Teil stark unterscheiden. Für unterschiedliche Kundengruppen wurden verschiedene Ratingverfahren eingeführt, um die Besonderheiten der jeweiligen Gruppe zu berücksichtigen. Dazu gehören etwa Groß- und Kleinunternehmen, Freiberufler oder Existenzgründer. Die Kriterien für Großunternehmen sind dementsprechend andere als bei einer Existenzgründung.

Es wird zwischen dem **Antragsrating**, das vor der Kreditvergabe durchgeführt wird, und dem **Bestandsrating** während der Kreditlaufzeit unterschieden. Letzteres kann turnusmäßig oder aus einem konkreten Anlass erfolgen. Einmal jährlich sowie bei neuen Informationen über den Kreditnehmer ist die Aktualisierung des Ratingergebnisses jedoch vorgeschrieben.

Ein Ratingverfahren hängt somit stark vom Kreditnehmer wie auch Kreditgeber ab, hat aber meist folgende Bestandteile:

► Rating der Hardfacts (Quantitative Faktoren)

► Rating der Softfacts (Qualitative Faktoren)

► Branchenrating

► Individuelle Rating-Komponente.

Im Gegensatz zu den anderen Bestandteilen ist das Branchenrating für alle Unternehmen einer Branche gleich und soll dazu dienen, branchenspezifische Risikofaktoren zu berücksichtigen. Eine individuelle Rating-Komponente kann bei bonitätsrelevanten Besonderheiten erforderlich sein, die im bisherigen Verfahren nicht (ausreichend) berücksichtigt wurden. Dieser Schritt wird auch als „Overruling" bezeichnet und ist in der Praxis an strenge Vorgaben geknüpft.

Anhand der Ergebnisse des Ratings wird der Kreditnehmer nach einer Skala bewertet und einer Rating-Klasse zugeordnet. Dieses Bewertungsschema ist in Deutschland nicht einheitlich, wodurch der Vergleich verschiedener Rating-Ergebnisse abgesehen von den unterschiedlichen Verfahren zusätzlich erschwert wird. Eine mögliche Skala zur Bewertung wird von einigen Banken der „Initiative Finanzstandort Deutschland (IFD)" vorgeschlagen:

Rating-Stufe	Beschreibung	PD^1-Bereich
I	Unternehmen mit sehr guter bis guter Bonität	bis 0,3 %
II	Unternehmen mit guter bis zufriedenstellender Bonität	0,3 bis 0,7 %
III	Unternehmen mit befriedigender bzw. noch guter Bonität	0,7 bis 1,5 %
IV	Unternehmen mit durchschnittlichem bis hohem Risiko	1,5 bis 3,0 %
V	Unternehmen mit hohem Risiko	3,0 bis 8,0 %
VI	Unternehmen mit sehr hohem Risiko	ab 8, %

Quelle: *Bundesverband deutscher Banken*, fokus:unternehmen - „Rating", S. 15.

Zur Vorbereitung auf ein Ratingverfahren sind im Internet inzwischen verschiedenste Checklisten verfügbar. Im Programm „IHK-Win-Rating" ist ein Selbstcheck für die qualitativen Ratingfaktoren enthalten. Der nachfolgende Auszug aus diesem Programm verdeutlicht beispielhaft, wie die Bewertung innerhalb eines Ratingverfahrens erfolgen kann.

Beispiel

Der gesamte Fragenkatalog von mehr als 36 Fragen ist in **Bereiche** (z. B. G1 ... G5), **Themen** (z. B. B01 ... B15) und **Fragen** (z. B. F01 ... F10) eingeteilt. Pro Frage ist ein Ranking von sechs Alternativen von sehr gut bis schlecht vorgegeben. Jeder Alternative ist eine

---

[1] PD = Probability of Default; gibt die Wahrscheinlichkeit an, mit der ein Kreditnehmer innerhalb eines Jahres ausfällt.

Punktzahl von 1 (sehr gut) bis 6 (sehr schlecht) zugeordnet. Im Ergebnis führt eine **geringe Punktzahl zu einem guten Ranking** bzw. eine hohe Punktzahl zu einem schlechten Ranking.

Rating (Beispiel für Fragenkatalog)

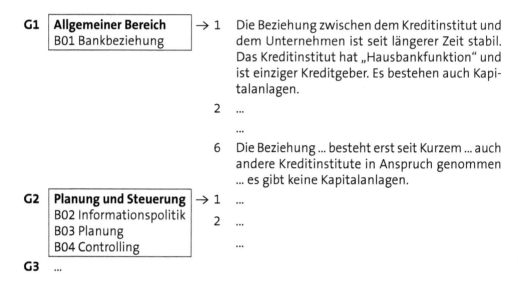

G1	**Allgemeiner Bereich** B01 Bankbeziehung	→ 1	Die Beziehung zwischen dem Kreditinstitut und dem Unternehmen ist seit längerer Zeit stabil. Das Kreditinstitut hat „Hausbankfunktion" und ist einziger Kreditgeber. Es bestehen auch Kapitalanlagen.
		2	...
			...
		6	Die Beziehung ... besteht erst seit Kurzem ... auch andere Kreditinstitute in Anspruch genommen ... es gibt keine Kapitalanlagen.
G2	**Planung und Steuerung** B02 Informationspolitik B03 Planung B04 Controlling	→ 1 2	... ...
G3	...		

2.4.3 Auswirkungen der Richtlinie auf Unternehmen, Industrie und Handel

01. Welche Auswirkungen hat Basel II auf die Kreditvergabe, die Zinskonditionen und die Hinterlegung von Sicherheiten für den Kreditnehmer?

Wie bisher sollen Banken die Hardfacts bei der Kreditvergabe sorgfältig prüfen und gewichten. **Zusätzlich werden die Softfacts mit einbezogen** und erhalten bei der Kreditvergabe ein deutliches Gewicht.

Für den Kreditsuchenden kann dies zu der Konsequenz führen, dass er **bei geringer Eigenkapitalunterlegung mit Risikozuschlägen** und daher mit **höheren Kreditkosten** rechnen muss. Außerdem ist der Mittelstand gut beraten, **das Rating seines Unternehmens sorgfältig vorzubereiten** und die erforderlichen Unterlagen in geeigneter Weise vorzulegen. Dies gilt gleichermaßen für das Kreditvergabegespräch.

Der Baseler Akkord kann auch als Chance gesehen werden: Durch die Beschäftigung des Unternehmers mit seiner Liquiditäts-, Vermögens- und Ertragslage anhand der

Ratingmerkmale können auch **Potenziale zur Steuerung des Unternehmens** aufgedeckt werden. Die bisherige Praxis der Subventionierung schlechter Kredite durch solche mit guter Bonität wird vermieden.

02. Welche Auswirkungen hat Basel III auf die Kreditvergabe?

Kreditinstitute sollen nach Basel III mehr und qualitativ besseres **Eigenkapital** zur Absicherung eines Kreditausfalls zurücklegen. Um also die Kreditvergabemöglichkeiten in der heutigen Größenordnung aufrecht erhalten zu können, müssen Banken ihre Eigenkapitalausstattung erheblich verbessern.

Die Eigenkapitalausstattung betrifft dabei sowohl Höhe als auch Definition des sogenannten Kernkapitals:

$$Kernkapitalquote = \frac{Kernkapital}{Gesamtforderungsbetrag\ (inkl.\ Risikogewichtung)}$$

Die Kernkapitalquote unterscheidet sich dabei fundamental von der üblichen Eigenkapitalquote. Letztere beruht nicht auf einer Risikogewichtung der Aktiva.

Das Kernkapital sollte bis zum Jahr 2018 schrittweise von zuvor 4 % auf 6 % erhöht werden. Davon entfallen 4,5 % auf das harte und 1,5 % auf das weiche Kernkapital. Zusätzlich dazu werden 2 % Ergänzungskapital gefordert, sodass das gesamte Eigenkapital einer Bank auf 8 % steigt. Zum Ergänzungskapital können z. B. Genussrechte oder langfristige nachrangige Verbindlichkeiten zählen.

Als weiterer Baustein für mehr Sicherheit soll zusätzlich zum Eigenkapital ein zweiteiliger Puffer aufgebaut werden, um Risiken besser abfangen zu können. Der Kapitalerhaltungspuffer beträgt 2,5 % und soll verhindern, dass das vorhandene Kapital im Fall einer Krise zu schnell aufgebraucht wird. Wird der Wert unterschritten, kann das zu Sanktionen führen. In wirtschaftlich besseren Zeiten sollen außerdem bis zu 2,5 % antizyklischer Kapitalpuffer aufgebaut werden, um Verluste in wirtschaftlich schwierigen Zeiten auszugleichen. Die konkrete Umsetzung kann hier je Land unterschiedlich sein.

Hartes Kernkapital (z. B. Grundkapital bei Aktiengesellschaften und einbehaltene Gewinne) steht dem Institut dauerhaft zur Verfügung. Durch die uneingeschränkte Verlustübernahme ist es für die Stabilität der Institute von besonderer Bedeutung.

Die **Bonität** der Darlehensnehmer wird auch künftig mithilfe von Rating-Verfahren ermittelt. Mit einer Optimierung des Ratings, einer hohen Eigenkapitalquote und werthaltigen Sicherheiten lassen sich Kreditkosten also auch künftig steuern.

2.4.4 Möglichkeiten der Beeinflussung und Steuerung der Ratingergebnisse >> Kapitel 2.2

01. Durch welche Maßnahmen kann das Rating eines Unternehmens verbessert werden?

Grundsätzlich kann das Rating eines Unternehmens durch Optimierung der Kennzahlen verbessert werden. Dafür sind vor allem die Kennzahlen der Vermögens-, Finanz- und Ertragslage wichtig. Diese werden ausführlich im >> Kapitel 2.2 dieses Buches behandelt, weshalb an dieser Stelle nicht näher darauf eingegangen wird.

Weitere Maßnahmen, die sich positiv auf das Unternehmen und damit auf das Rating auswirken, sind z. B.:

- ► Steigerung von Umsatz und Gewinn
- ► Reduzierung der Kosten
- ► Erhöhung der Rentabilität
- ► Entwicklung und Einführung neuer Produkte
- ► Verbesserung der Abläufe und Prozesse
- ► geeignete Dokumentation wichtiger Inhalte.

Bei der Umsetzung dieser Maßnahmen kann unter anderem ein internes Kontrollsystem helfen (vgl. >> Kapitel 6). Ist dieses nicht vorhanden, können auf Grundlage einer Unternehmensanalyse Schwachstellen herausgefunden und entsprechende Lösungsansätze erarbeitet werden. Die Unternehmensanalyse kann intern von einer Abteilung oder auch extern von entsprechenden Dienstleistern ausgeführt werden.

3. Betriebliche Sachverhalte steuerlich darstellen

3.1 Steuerliches Ergebnis aus dem handelsrechtlichen Ergebnis ableiten

3.1.1 Maßgeblichkeitsprinzip >> 1.6.1

01. Was besagt das Maßgeblichkeitsprinzip?

Das Maßgeblichkeitsprinzip besagt, dass die Grundsätze ordnungsgemäßer Buchführung des HGB auch für die Aufstellung der Steuerbilanz gelten. Die Maßgeblichkeit gilt aber nicht, wenn im Rahmen der Ausübung eines steuerlichen Wahlrechts ein anderer Ansatz als in der Handelsbilanz gewählt wird (§ 5 Abs. 1 Satz 1 EStG). Die Steuerbilanz ist von der Handelsbilanz insoweit unabhängig.

Diese Ausnahmeregelung betrifft u. a. folgende Wahlrechte:

► **GoB-konforme Wahlrechte:**

Ansatz- und Bewertungswahlrechte, die auch in der Handelsbilanz im Rahmen der GoB auftreten, wie Wahlrecht zur Vornahme planmäßiger Abschreibungen oder zur Ermittlung der Herstellungskosten.

► **GoB-inkonforme Wahlrechte:**

Wahlrechte, die nur im Steuerrecht vorhanden sind, wie Sonderabschreibung (z. B. § 7g EStG), Rücklagenübertragungen (§ 6b EStG) und vergleichbare Steuerbegünstigende Sachverhalte.

Die Abschaffung der Umkehrmaßgeblichkeit durch das BilMOG ermöglicht die Ausübung steuerlicher Wahlrechte unabhängig von möglichen handelsrechtlichen Auswirkungen. Künftig werden die Unterschiede zwischen den Handels- und Steuerbilanzen größer.

Voraussetzung für die Ausübung steuerlicher Wahlrechte ist, dass die Wirtschaftsgüter, die in der steuerlichen Gewinnermittlung nicht mit dem handelsrechtlich maßgeblichen Wert ausgewiesen werden gem. § 5 Abs. 1 EStG, in besondere, laufend zu führende Verzeichnisse aufgenommen werden.

Diese müssen folgende Angaben enthalten:

► der Tag der Anschaffung oder Herstellung

► die Anschaffungs- oder Herstellungskosten

► die Vorschrift des ausgeübten steuerlichen Wahlrechts

► die vorgenommene Abschreibung.

02. Welche Bestimmungen zur Buchführungspflicht gelten im Steuerrecht? >> 1.1.2

Wer nach anderen Gesetzen als den Steuergesetzen Bücher und Aufzeichnungen zu führen hat, die für die Besteuerung von Bedeutung sind, hat die Verpflichtungen, die ihm nach den anderen Gesetzen obliegen, auch für die Besteuerung zu erfüllen (§ 140 AO).

Dies bedeutet:

Wer nach § 238 HGB buchführungspflichtig ist, ist dies auch nach Steuerrecht.

Darüber hinaus ist jeder andere Unternehmer zur Buchführung verpflichtet, wenn er folgende Voraussetzungen gem. § 141 AO erfüllt:

► Umsätze einschließlich der steuerfreien Umsätze von mehr als 600.000 € im Kalenderjahr
► selbstbewirtschaftete land- und forstwirtschaftliche Flächen mit einem Wirtschaftswert von mehr als 25.000 € (§ 46 Bewertungsgesetz)
► Gewinn aus Gewerbebetrieb von mehr als 60.000 € im Wirtschaftsjahr
► Gewinn aus Land- und Forstwirtschaft von mehr als 60.000 € im Kalenderjahr.

Weitere steuerrechtliche Vorschriften über die Buchführung sind in den jeweiligen Einzelgesetzen enthalten.

3.1.2 Gewinn aus der Handelsbilanz steuerrechtlich ableiten

01. Welche Grundsätze gelten für den Betriebsvermögensvergleich nach § 5 EStG?

Nach §§ 140 ff. AO: Gewerbetreibende, die Bücher führen und regelmäßig Abschlüsse machen, ermitteln ihren Gewinn durch Vergleich ihres Betriebsvermögens, das nach handelsrechtlichen Grundsätzen ordnungsgemäßer Buchführung (§§ 242 ff. HGB) anzusetzen ist.

Maßgeblichkeitsgrundsatz des § 5 Abs. 1 EStG lautet: **Die Handelsbilanz ist maßgeblich für die Steuerbilanz.**

Grundlage ist somit der Gewinn bzw. das Betriebsvermögen, der bzw. das nach Berücksichtigung der steuerrechtlichen Bilanzierungs- und Bewertungsvorschriften (§§ 4 - 7k EStG) zum Gewinn bzw. Betriebsvermögen lt. Steuerbilanz führt.

02. Welche Aktivierungsgebote/-verbote, Passivierungsgebote/-verbote sind im EStG geregelt?

§ 5 Abs. 2 EStG	Immaterielle WG, wenn sie entgeltlich erworben sind.
§ 5 Abs. 2a EStG	Verpflichtungen, die nur zu erfüllen sind (künftige Einnahmen und Gewinne), wenn Einnahmen und Gewinne angefallen – Rückstellungen oder Verbindlichkeiten.
§ 5 Abs. 3 EStG	Rückstellungen wegen Verletzung fremder Patent-, Urheber- oder ähnlicher Schutzrechte, wenn Voraussetzung Nr. 1 und 2 erfüllt.
§ 5 Abs. 4 EStG	Rückstellungen für Verpflichtung zu einer Zuwendung anlässlich eines Dienstjubiläums wenn Voraussetzung erfüllt (Dienstverhältnis mind. 10 Jahre, das Dienstjubiläum, das Bestehen eines Dienstverhältnisses von mind. 15 Jahren voraussetzt, schriftlich, Anwartschaft 31.12.1992).
§ 5 Abs. 4a EStG	Rückstellungen für drohende Verluste dürfen nicht gebildet werden.
§ 5 Abs. 4b EStG	Rückstellungen für Aufwendungen, die in den künftigen Wirtschaftsjahren als AK/HK eines Wirtschaftsgutes zu aktivieren sind, dürfen nicht gebildet werden.
§ 5 Abs. 5 EStG	Rechnungsabgrenzungen nur, wenn: 1. Aktivseite-Ausgaben vor dem Abschlussstichtag, soweit sie Ausgaben nach diesem Tag darstellen 2. Passivseite-Einnahmen vor dem Abschlussstichtag, soweit sie Ertrag nach diesem Tag darstellen.

3.2 Datensätze für das Verfahren zur elektronischen Übermittlung von Jahresabschlüssen nach dem Einkommensteuergesetz ableiten

3.2.1 Verfahrensrechtliche Vorschriften

01. Welche Vorschriften regeln die elektronische Übermittlung von Bilanzen und GuV?

§ 5b EStG regelt die elektronische Übermittlung des Inhalts von Bilanzen und GuV.

Die BMF-Schreiben vom 19.01.2010 und vom 28.09.2011 zeigen die grundlegenden Anforderungen an Inhalt und Form der Datenübermittlung der steuerlichen Gewinnermittlungen auf.

Darin wurde auch das Format XBLR (e**X**tensible **B**usiness **R**eporting **L**anguage) als einziger Übermittlungsstandard festgelegt. Das XBLR-Format ist ein international weitverbreiteter Standard für den elektronischen Austausch von Unternehmensinformationen im Bereich der Finanzberichterstattung.

Für die Jahresabschlussdaten gibt es ein Datenschema, die Taxonomie. Diese Taxonomien definieren die verschiedenartigen Positionen der Bilanz oder GuV und ordnen diese entsprechend ihrer Beziehungen zueinander zu.

3.2.2 Konten im Sinne der Taxonomie

01. Was beschreiben die Taxonomien?

Nach § 5b EStG wird das Datenschema der Taxonomien als amtlich vorgeschriebener Datensatz veröffentlicht. Die Grundlage des Datenaustausches in XBLR sind gegliederte Datenschemata. Diese Taxonomien beschreiben Inhalt und Struktur von Finanzberichten und dienen zugleich als Vorlage für einen individuellen Abschluss. Die Taxonomie wird vom Bundesministerium der Finanzen vorgegeben. Eine Taxonomie gilt nur so lange, bis das Ministerium eine neue Taxonomie herausgibt. Eine neue Taxonomie veröffentlicht das Ministerium jährlich im November mit der Freigabe (Release) des Elster Rich Client (ERiC).

Mit Erscheinen einer neuen Taxonomie dürfen Unternehmen keine andere Taxonomie mehr für die E-Bilanz verwenden. Umgekehrt darf ein Unternehmen eine aktuelle Taxonomie jedoch auch für die Zahlen zurückliegender Jahre verwenden. Das erklärt das Bundesfinanzministerium in einem Anwendungsschreiben zur E-Bilanz vom 28.09.2011. Erscheint in einem Jahr keine neue Version, dann müssen die Unternehmen die letzte Version weiter verwenden.

3.3 Den zu versteuernden Gewinn nach den einzelnen Gewinnermittlungsarten bestimmen

3.3.1 Einkünfte und Sachverhalte den Einkunftsarten zuordnen und Gewinn-/Überschusseinkunftsarten unterscheiden

01. Welche Einkunftsarten gibt es und wie werden sie unterteilt?

Der Einkommensteuer unterliegen gem. § 2 Abs. 1 EStG folgende sieben Einkunftsarten:

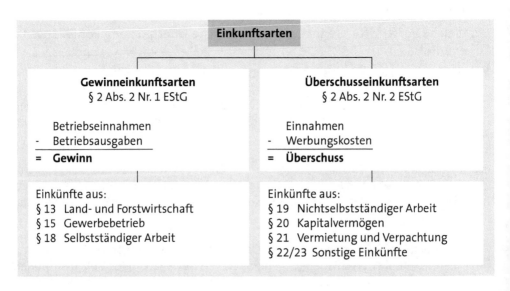

02. Was sind Betriebsausgaben?

Betriebsausgaben **sind Aufwendungen, die durch den Betrieb veranlasst** sind. Hierzu sind objektive Zusammenhänge mit dem Betrieb zu sehen und müssen subjektiv zur Förderung des Betriebes erfolgen (§ 4 Abs. 4 EStG). Sie mindern den **Gewinn**, z. B.:

► Wareneinkauf

► Löhne und Gehälter

► Büromaterial

► Porto, Telefon.

03. Was sind Werbungskosten?

Werbungskosten sind Aufwendungen zum Erwerb, zur Sicherung und Erhaltung der Einnahmen. Unter Werbungskosten sind solche Aufwendungen zu verstehen, die in einem finanziellen (zweckbestimmten) Zusammenhang mit den Einnahmen stehen (§ 9 Abs. 1 EStG).

Sie mindern die Einkünfte, z. B.:

► Einkünfte aus nicht selbstständige Tätigkeit nach § 19 EStG:
  - Fahrten Wohnung/Arbeitsstätte
  - Berufsbekleidung (typisch)
  - Verpflegungsmehraufwendungen
  - Fortbildungskosten im ausgeübten Beruf
► Einkünfte aus Kapitalvermögen nach § 20 EStG:
  - Depotgebühren (Sparer-Pauschbetrag 801/1.602 €).

3.3.2 Gewinnermittlungsmethoden   ≫ 1.5.1
01. Welche Arten der Gewinnermittlung werden angewandt?

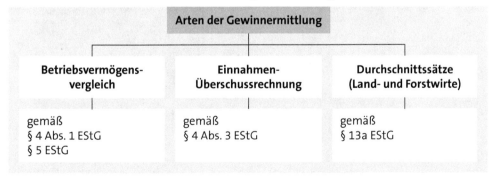

Arten der Gewinnermittlung		
Betriebsvermögens-vergleich	**Einnahmen-Überschussrechnung**	**Durchschnittssätze (Land- und Forstwirte)**
gemäß § 4 Abs. 1 EStG § 5 EStG	gemäß § 4 Abs. 3 EStG	gemäß § 13a EStG

3.3.2.1 Gewinnermittlung durch Bestandsvergleich

01. Was versteht man unter dem allgemeinen Betriebsvermögensvergleich?

▶ Die wichtigste und genaueste Gewinnermittlungsart ist der **Betriebsvermögensvergleich** (§ 4 Abs. 1 Satz 1 EStG/R 4.1 EStR).

▶ Der Gewinn ist danach in zwei Stufen zu ermitteln:

1. Ermittlung des Unterschiedsbetrages zwischen dem Betriebsvermögen am Schluss des Wj und dem Betriebsvermögen am Schluss des vorangegangenen Wj;

2. Hinzurechnung des Wertes der Entnahmen im Laufe des Wj und Verminderung um den Wert der im Wj erfolgten Einlagen.

Beispiel

Das Betriebsvermögen beträgt ausweislich in der Bilanz zum 31.12.00 = 120.000 € und der Bilanz zum 31.12.01 = 190.000 €.

Im abgelaufenen Kj 01 betrugen die Entnahmen = 40.000 €

Und die Einlagen = 2.000 €.

BV zum 31.12.01		190.000,00 €
BV zum 31.12.00		120.000,00 €
Unterschied	+	70.000,00 €
Entnahmen	+	40.000,00 €
		110.000,00 €
Einlagen	-	2.000,00 €
Gewinn		108.000,00 €

Voraussetzung für die Gegenüberstellung zweier Betriebsvermögen ist, dass das Betriebsvermögen zu Beginn der Tätigkeit und zum Schluss des Wirtschaftsjahres durch Bestandsaufnahme (Inventur) mengenmäßig festgestellt, bewertet und dargestellt wird.

02. Welche Arten des Betriebsvermögensvergleiches werden unterschieden?

1. Betriebsvermögensvergleich nach § 4 Abs. 1 EStG

2. Betriebsvermögensvergleich nach § 5 Abs. 1 Satz 1 EStG.

Beide Arten haben als Grundlage den Gewinnbegriff des § 4 Abs. 1 EStG.

§ 4 Abs. 1 EStG	§ 5 EStG
Die handelsrechtlichen Bilanzierungsvorschriften sind nur sinngemäß zu beachten (§ 141 Abs. 1 Satz 2 AO). Allgemein ist der Steuerpflichtige nur an die einkommensteuerlichen Bewertungsvorschriften gebunden.	Beachtung der Bewertungsvorschriften des Handelsrechts, soweit das Steuerrecht keine andere Bewertung vorschreibt.

Durch die Abschaffung der umgekehrten Maßgeblichkeit (§ 5 Abs. 1 Satz 2 EStG) ist die handelsrechtliche Übernahme steuerrechtlich zulässiger Abschreibungen und die Passivierung von Sonderposten mit Rücklageanteil verboten.

03. Welcher Personenkreis ermittelt den Gewinn nach § 5 EStG?

Nach § 5 EStG ist der Gewinn von allen Gewerbetreibenden, zu ermitteln

- die aufgrund gesetzlicher Vorschriften verpflichtet sind, Bücher zu führen und regelmäßig Abschlüsse zu machen
- oder dies ohne eine solche Verpflichtung tun.

04. Was gehört zum Betriebsvermögen bei Einzelunternehmen?

Laut Steuerrecht gibt es hierzu drei Kategorien (R 4.2 EStR):

- notwendiges Betriebsvermögen, das bilanziert werden muss
- gewillkürtes Betriebsvermögen, das bilanziert werden kann
- notwendiges Privatvermögen, das nicht bilanziert werden darf.

Die Zuordnung richtet sich nach der Bindung der Wirtschaftsgüter (WG) an den Betrieb:

- Notwendiges Betriebsvermögen sind solche WG, die ausschließlich und unmittelbar betrieblichen Zwecken dienen und dazu bestimmt sind (> 50 %).
- Gewillkürtes Betriebsvermögen sind solche WG, die in einem gewissen objektiven Zusammenhang zum Betrieb stehen und ihn zu fördern bestimmt und geeignet sind (> 10 - 50 %).
- Notwendiges Privatvermögen sind die WG, die ausschließlich der privaten Lebensführung dienen und keinen Bezug zum Betrieb haben (< 10 %).

Für Gebäude gilt steuerlich eine andere Betrachtungsweise. Sie werden in verschiedene selbstständige WG zerlegt, selbstständig bilanziert und separat abgeschrieben (R 4.2 Abs. 3 EStR):

- Betriebsvorrichtungen
- Scheinbestandteile
- Laden- und ähnliche Einbauten
- Mietereinbauten
- sonstige selbstständige Gebäudeteile.

Grundstücksteile von untergeordnetem Wert (R 4.2 Abs. 8 EStR) – eigenbetrieblich genutzte Grundstücke – brauchen nicht als Betriebsvermögen bilanziert zu werden, wenn der Wert nicht mehr als 1/5 des Wertes des gesamten Grundstücks und nicht mehr als 20.500 € beträgt.

3.3.2.2 Einnahmen-Überschussrechnung

01. Welche Unternehmen wenden die Einnahmen-Überschussrechnung an?

- Gewerbetreibende, die weder nach Handelsrecht noch nach Steuerrecht verpflichtet sind, Bücher zu führen.
- Selbstständige, die nicht freiwillig Bücher führen.
- Land- und Forstwirte, die nicht zur ordnungsgemäßen Buchführung verpflichtet sind.

02. Was ist grundsätzlich bei der Einnahmen-Überschussrechnung zu beachten?

Die Betriebseinnahmen und Betriebsausgaben sind im Zeitpunkt des Zu- und Abflusses der Beträge zu erfassen (§ 11 EStG, R 4.5 Abs. 2 EStR). Unbeachtlich sind dabei der Zeitpunkt der Leistungserbringung und das Datum der Rechnungslegung.

Bei der Einnahmen-Überschussrechnung stellt

- die vereinnahmte Umsatzsteuer eine Betriebseinnahme und
- die verausgabte Vorsteuer eine Betriebsausgabe (Ausnahme § 9b EStG) dar.

03. Wie wird der Gewinn/Verlust ermittelt?

	Summe der Betriebseinnahmen
-	Summe der Betriebsausgaben
=	Gewinn/Verlust

04. Welche Betriebsausgaben können bei der Einnahmen-Überschussrechnung erfasst werden?

Für die Betriebsausgaben gilt das Abflussprinzip (§ 11 Abs. 2 EStG). Zu den grundlegenden Betriebsausgaben gehören:

► laufende betriebliche Kosten

► Anschaffungskosten für Wirtschaftsgüter des abnutzbaren Anlagevermögens im Wege der Abschreibung (§ 7 EStG)

► Zahlungen betrieblicher Steuern

► betrieblich veranlasste Schuldzinsen

► an das Finanzamt abzuführende Umsatzsteuer

► die abzugsfähige Vorsteuer (§ 15 UStG).

Besonderheiten gelten nach § 4 Abs. 3 Satz 4 EStG bei:

► Kauf von Gegenständen des nicht abnutzbaren Anlagevermögens: Betriebsausgabe = Anschaffungs- und Herstellungskosten im Zeitpunkt des Verkaufs bzw. der Entnahme

► Kauf von Gegenständen des Umlaufvermögens

► Betriebsausgabe = Anschaffungs- und Herstellungskosten erst im Zeitpunkt des Zuflusses des Veräußerungserlöses oder im Zeitpunkt der Entnahme.

05. Was besagt das Zu- und Abflussprinzip nach § 11 EStG?

Nach § 11 Abs. 1 Satz 1 und Abs. 2 Satz 1 EStG sind Beträge in dem Jahr anzusetzen, in dem sie zugeflossen sind.

Zugeflossen ist ein Betrag dann, wenn der Steuerpflichtige über den Betrag wirtschaftlich verfügen kann. Ein Abfluss ist dann entstanden, wenn der Betrag die Vermögenssphäre des Steuerpflichtigen verlassen hat.

Eine Ausnahme ist im § 11 Abs. 1 Satz 2 und Abs. 2 Satz 2 EStG geregelt: Danach sind Beträge in dem Jahr anzusetzen, für welches Jahr sie gezahlt werden. Das betrifft:

► regelmäßig wiederkehrende Beträge

► Zu- bzw. Abfluss innerhalb der 10 Tage vor oder nach dem 31.12.

Beispiel

Die Miete für den Monat Dezember 00 geht am 04.01.01 ein.

Wirtschaftliche Verursachung: Miete = regelmäßig wiederkehrender Bezug innerhalb der 10 Tage → Ansatz in 00 nach § 11 Abs. 1 Satz 2.

06. Was besagt das Subsidiaritätsprinzip?

Das Subsidiaritätsprinzip (subsidiäres Rechtersatz- bzw. hilfsweise geltende gesetzliche Vorschrift) besagt, dass Einkünfte aus Kapitalvermögen nach § 20 EStG, Einkünfte aus Vermietung und Verpachtung nach § 21 EStG oder sonstige Einkünfte nach § 22 EStG genannten Art nur dann diesen Einkünften zuzurechnen sind, wenn sie nicht vorrangig einer anderen Einkunftsart (Einkünfte aus Land- und Forstwirtschaft, Einkünfte aus Gewerbebetrieb und Einkünfte aus selbstständiger Arbeit) zuzuordnen sind.

Beispiel

Befindet sich eine Immobilie, die ganz oder teilweise vermietet wird, im Betriebsvermögen eines Gewerbetreibenden, dann sind die hieraus erzielten Mieteinnahmen den Betriebseinnahmen und die abzugsfähigen Aufwendungen den Betriebsausgaben des Gewerbebetriebes zuzurechnen – Zuordnung zu den Einkünften aus Gewerbebetrieb nach § 15 EStG.

Die Zuordnung zu den Einkünften aus Vermietung und Verpachtung erfolgt nur, wenn sich die Immobilie im Privatvermögen des Steuerpflichtigen befindet.

3.3.2.3 Übergang von Einnahmen-Überschussrechnung zum Bestandsvergleich und umgekehrt   ≫ 1.5.2

01. Wann kann ein Wechsel der Gewinnermittlungsart erfolgen?

Der Wechsel von der Gewinnermittlung des § 4 Abs. 3 EStG zur Gewinnermittlung durch den Betriebsvermögensvergleich (§ 4 Abs. 1 und § 5 Abs. 1 EStG) kann einerseits

► freiwillig oder

► zwangsweise (Buchführungspflicht beginnt, da eine Grenze des § 141 AO überschritten wird) erfolgen.

02. Wie wird der Übergangsgewinn ermittelt?

Der Wechsel der Gewinnermittlungsart ist in R 4.6 EStR geregelt. In der Übersicht werden einige Gewinnkorrekturen dargestellt:

§ 4 Abs. 1 und § 5 Abs. 1 → § 4 Abs. 3 EStG	§ 4 Abs. 3 → § 4 Abs. 1 und § 5 Abs. 1 EStG
- Forderungen	+ Forderungen
- Warenbestände	+ Warenbestände + Anzahlungen
- Anzahlungen	- Verbindlichkeiten a LL
+ Verbindlichkeiten a LL	- Passive Rechnungsabgrenzungen
+ Passive Rechnungsabgrenzungen	+ Aktive Rechnungsabgrenzungen
- Aktive Rechnungsabgrenzungen	- Rückstellungen
+ Rückstellungen	

§ 4 Abs. 1 und § 5 Abs. 1 → § 4 Abs. 3 EStG	§ 4 Abs. 3 → § 4 Abs. 1 und § 5 Abs. 1 EStG
	Wirtschaftsgüter sind mit den Werten anzusetzen, mit denen sie zu Buche stehen würden, wenn sie von Anfang an wie beim Betriebsvermögensvergleich ermittelt worden wären (H 4.6 EStH).
= Saldo Zu- und Abrechnungen	= Saldo Zu- und Abrechnungen
= **Übergangsverlust-/gewinn**	= **Übergangsverlust-/gewinn** Der Übergangsverlust-/gewinn kann auf Antrag auf das Übergangsjahr und das folgende bzw. die beiden folgende Jahre gleichmäßig verteilt werden (R 4.6 Abs. 1 EStR).

3.3.3 Gewinnermittlungszeiträume

01. Welche Zeiträume sind maßgeblich für die Gewinnermittlung?

Die maßgeblichen Zeiträume sind im § 4a EStG und §§ 8b und c der EStDV geregelt:

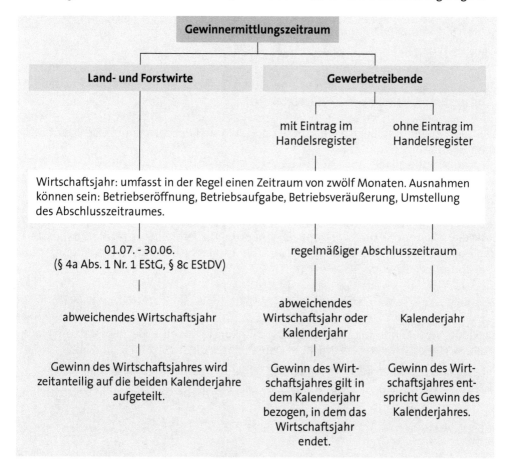

Die Umstellung auf ein abweichendes Wirtschaftsjahr kann nur mit Zustimmung des Finanzamtes vorgenommen werden (§ 4a Abs. 1 Nr. 2 Satz 2 EStG).

3.4 Das körperschaftsteuerlich zu versteuernde Einkommen, die festzusetzende Körperschaftsteuer sowie die Abschlusszahlung und Erstattung der Körperschaftsteuer berechnen

3.4.1 Anwendungsbereiche der Körperschaftsteuer

01. Wer unterliegt der unbeschränkten KSt-Pflicht?

Die unbeschränkte KSt-Pflicht erfasst die in § 1 Abs. 1 Nr. 1 - 6 KStG genannten Rechtssubjekte. Dazu gehören sowohl juristische Personen des Privatrechts und des öffentlichen Rechts, sowie auch nicht rechtsfähige Organisationsformen (nicht rechtsfähige Vereine, Anstalten, Stiftungen und andere Zweckvermögen des privaten Rechts).

Voraussetzungen für die unbeschränkte KSt-Pflicht sind:

Die genannten Rechtssubjekte haben

- ihren Sitz im Inland Inlandsbegriff analog § 1 EStG oder
- ihre Geschäftsleitung im Inland.

Der Sitz ist nach § 11 AO an dem Ort, der durch Gesetz, Gesellschaftsvertrag oder Satzung bestimmt ist (förmlich festgelegter Ort).

Die Geschäftsleitung liegt nach § 10 AO dort, wo sich der Mittelpunkt der geschäftlichen Oberleitung befindet.

02. Welchen Umfang nimmt die unbeschränkte KSt-Pflicht ein?

Die unbeschränkte KSt-Pflicht erstreckt sich nach § 1 Abs. 2 KStG auf sämtliche Einkünfte (Welteinkommen). Um eine Doppelbesteuerung zu vermeiden, sind die entsprechenden Doppelbesteuerungsabkommen (DBA) der Länder zu beachten (Freistellungs- oder Anrechnungsmethode).

Beispiel

Die deutsche X-GmbH (Sitz in Berlin) erzielt Einkünfte aus einer Betriebsstätte in Frankreich. → Unbeschränkte KSt-Pflicht in Deutschland, da der Sitz im Inland ist,

- beschränkte Steuerpflicht in Frankreich,
- nach DBA mit Frankreich hat Deutschland den Betriebsstättengewinn freizustellen.

3.4.2 Zu versteuerndes Einkommen

3.4.2.1 Ausgangsgröße handelsrechtlicher Jahresabschluss

01. Welche Ausgangsgrößen sind für die Berechnung des zu versteuernden Einkommens von Bedeutung?

Für die Berechnung des zu versteuernden Einkommens gem. § 7 Abs. 1 KStG ist der handelsrechtliche Jahresüberschuss/Jahresfehlbetrag nach § 5 Abs. 1 EStG die Grundlage. Die Ermittlung des Gewinns/Verlustes erfolgt gem. § 7 Abs. 3 KStG nach dem Wirtschaftsjahr.

Das Einkommen bemisst sich nach § 8 Abs. 1 KStG nach dem Einkommensteuergesetz.

02. Wie erfolgt die Ermittlung des zu versteuernden Einkommens?

	Handelsrechtliches Ergebnis
+/-	Korrekturen zur Anpassung an steuerliche Vorschriften gem. § 60 Abs. 2 EStDV
=	**Steuerbilanz-Ergebnis**
+/-	Einkommensteuerliche Korrekturen (z. B. nicht abziehbare Betriebsausgaben)
-	Nicht abziehbare Aufwendungen gem. § 10 KStG
+/-	Sonstige steuerliche Korrekturen (z. B. Steuerfreiheit von Investitionszulagen gem. § 9 InvZulG oder von ausländischen Betriebsstättengewinnen gem. DBA-Vorschriften)
+	Verdeckte Gewinnausschüttungen gem. § 8 Abs. 3 Satz 2, § 8a KStG
-	Verdeckte Einlagen (§ 8 Abs. 3 Satz 3 KStG)
+/-	Ergebnisse aus Beteiligungen gem. § 8b KStG
+	Nichtabziehbare Spenden gem. § 9 Abs. 1 Nr. 2 KStG
=	Gesamtbetrag der Einkünfte
-	Verlustabzug gem. § 8 Abs. 4 KStG i. V. m. § 10d EStG
=	**Einkommen/zu versteuerndes Einkommen**

3.4.2.2 Außerbilanzielle Korrekturen

§ 60 Abs. 2 Satz 1 EStDV: „Enthält die Bilanz Ansätze oder Beträge, die den steuerlichen Vorschriften nicht entsprechen, so sind diese Ansätze oder Beträge durch Zusätze oder Anmerkungen den steuerlichen Vorschriften anzupassen."

Das bedeutet, dass Sachverhalte, die steuerlich von der Handelsbilanz abweichen, zu außerbilanziellen Korrekturen führen.

01. Welche Aufwendungen sind nicht abzugsfähig?

Nicht abziehbare Aufwendungen sind:

► Aufwendungen gem. § 4 Abs. 5 EStG

► Aufwendungen nach § 10 KStG.

Zu § 10 KStG gehören:

▶ Aufwendungen zur Erfüllung von Satzungspflichten (§ 10 Nr. 1 KStG)

▶ Steueraufwendungen (§ 10 Nr. 2 KStG):

- inländische und ausländische Körperschaftsteuer

- Umsatzsteuer für Umsätze, die Entnahmen oder verdeckte Gewinnausschüttungen (vgA) darstellen

- Vorsteuerbeträge auf Aufwendungen, die nach § 4 Abs. 5 Nr. 1 - 4 und 7 oder Abs. 7 EStG nicht abzugsfähig sind

- steuerliche Nebenleistungen auf oben genannte Steuern

▶ im Strafverfahren festgesetzte Geldstrafen und deren Rechtsfolgen (§ 10 Nr. 3 KStG)

▶ die Hälfte der Aufsichtsratsvergütungen (§ 10 Nr. 4 KStG):

- Vergütung für die Überwachung der Geschäftsführung,

- Tagegelder, Sitzungsgelder, Reisegelder, Aufwandsentschädigungen nach R 10.3 Abs. 1 KStR.

02. Wie erfolgt die Berechnung der abzugsfähigen Spenden?

Gemäß § 9 Abs. 1 Nr. 2 KStG dürfen bei der Ermittlung des zu versteuernden Einkommens Spenden berücksichtigt werden, wenn sie der Förderung der Allgemeinheit i. S. d. §§ 52 - 54 AO dienen und die Voraussetzung einer ordnungsgemäßen Zuwendungsbescheinigung gem. § 50 Abs. 1 EStDV erfüllen.

Für den Spendenabzug sind Grenzen vorgegeben. Gemäß § 9 Abs. 1 Nr. 2 KStG gibt es zwei Möglichkeiten:

1. bis 20 % des Einkommens oder

2. bis 4 ‰ der Summe von Umsatz und Löhnen/Gehältern.

Bei der Berechnung sind die Spenden, die gewinnmindernd berücksichtigt wurden wieder zuzurechnen:

	Jahresüberschuss
+	Nichtabzugsfähige Aufwendungen
-	Steuerfreie Erträge
+	Spenden
=	Einkommen – entweder max. 20 % hiervon oder max. 4 ‰ der Summe von Umsatz und Löhnen/Gehältern.

Beispiel

Eine GmbH hat ein Einkommen von 20.000 € erzielt. Die Summe von Umsatz und Löhnen/Gehältern beträgt 1.000.000 €. Die GmbH hat begünstigte Zuwendungen i. H. v. 4.000 € getätigt.

Berechnung:

1. 20 % von 20.000 € = 4.000 € oder

2. 4 ‰ von 1.000.000 € = 4.000 € → die Zuwendungen sind in voller Höhe abzugsfähig.

Werden die Höchstbeträge überschritten, können die in diesem Jahr nicht abzugsfähigen Zuwendungen gem. § 9 Abs. 1 Nr. 2 Satz 3 KStG in den folgenden Veranlagungsjahren im Rahmen der Höchstbeträge zeitlich unbegrenzt vorgetragen werden.

Spenden an politische Parteien sind nicht abzugsfähig.

03. Wann liegt eine verdeckte Gewinnausschüttung vor?

Eine verdeckte Gewinnausschüttung (vGA) liegt vor (R 8.5 KStR):

► bei einer Vermögensminderung oder unterlassenen Vermögensmehrung

► wenn durch das Gesellschaftsverhältnis veranlasst

► wenn sich diese auf die Höhe des Einkommens auswirkt und nicht auf einem den gesellschaftsrechtlichen Vorschriften entsprechenden Gewinnverteilungsbeschluss beruht.

Eine Vermögensminderung kann nur zu einer verdeckten Gewinnauschüttung führen, wenn sie durch das Gesellschaftsverhältnis und nicht durch ein anderes Schuldverhältnis veranlasst ist.

Eine Veranlassung durch das Gesellschaftsverhältnis liegt vor, wenn ein ordentlicher und gewissenhafter Geschäftsleiter die Vermögensminderung oder verhinderte Vermögensmehrung gegenüber einer Person, die nicht Gesellschafter ist, unter sonst gleichen Umständen nicht hingenommen hätte (Fremdvergleich).

Beispiel

Erhält eine Gesellschafterin, die in der Gesellschaft als Bürokraft tätig ist, ein marktübliches Gehalt i. H. v. 1.800 €, so ist dieses durch das Arbeitsverhältnis veranlasst. Werden ihr aber 5.000 € für ihre Arbeit gezahlt, erhält sie diesen Betrag nur, weil sie Gesellschafterin des Unternehmens ist. Die Zahlung der 5.000 € ist durch das Gesellschaftsverhältnis veranlasst.

Eine Veranlassung durch das Gesellschaftsverhältnis wird vermutet, wenn an einen Gesellschafter mit beherrschendem Einfluss (i. d. R. bei einem Beteiligungsverhältnis von mehr als 50 %) ohne klare, im Voraus getroffene, zivilrechtlich wirksame Vereinbarung, Entgelte für eine Leistung des Gesellschafters bezahlt werden.

Die Leistung kann in Form von

► Dienstverhältnissen,

► Lieferverhältnissen,

► Darlehensverhältnissen,

► Beratungsverhältnissen,

► Miet- und Pachtverhältnissen,

► Rechtsverzichte

bestehen.

Die Beweislast für das Vorliegen einer verdeckten Gewinnausschüttung trägt das Finanzamt.

04. Wie wirkt sich eine verdeckte Gewinnausschüttung aus?

auf der Ebene der Kapitalgesellschaft	auf der Ebene des Gesellschafters
Erhöhung des zu versteuernden Einkommens durch außerbilanzielle Hinzurechnung gem. § 8 Abs. 3 Satz 2 KStG	Beim Zufluss hat Gesellschafter Einkünfte aus Kapitalvermögen nach § 20 Abs. 1 Nr. 1 Satz 2 EStG, wenn nicht nach § 20 Abs. 8 EStG eine andere Einkunftsart vorliegt
Körperschaftsteuererhöhung	Teileinkünfteverfahren /Abgeltungssteuer
Gewerbesteuererhöhung	
Umsatzsteuererhöhung, wenn vGA die Voraussetzungen eines steuerbaren Umsatzes i. S. d. § 1 UStG erfüllt.	

05. Was sind verdeckte Einlagen und wie wirken sich diese steuerlich aus?

Verdeckte Einlagen sind Leistungen, die von einem Gesellschafter der Gesellschaft ohne Gegenleistung zugeführt werden. Eine verdeckte Einlage liegt vor, wenn ein Gesellschafter oder eine ihm nahe stehende Person der Körperschaft einen einlagefähigen Vermögensvorteil zuwendet und diese Zuwendung durch das Gesellschaftsverhältnis veranlasst ist. Veranlasst durch das Gesellschaftsverhältnis ist die Zuwendung, wenn ein Nichtgesellschafter den Vermögensvorteil nicht eingeräumt hätte (R 8.9 Abs. 1 KStR).

Steuerrechtlich erhöht eine verdeckte Einlage den Gewinn nicht (§ 8 Abs. 3 Satz 3 KStG), d. h. die verdeckte Einlage beeinflusst das Einkommen nicht – weder beim einlegenden Gesellschafter – noch bei der empfangenden Körperschaft.

Wenn aber die verdeckte Einlage das Einkommen des Gesellschafters gemindert hat und eine Berichtigung nicht mehr möglich ist, erhöht sich das Einkommen bei der empfangenden Körperschaft (§ 8 Abs. 3 Satz 4 KStG).

Zu bewerten ist eine verdeckte Einlage mit dem Teilwert gem. R 8.9 Abs. 4 Satz 1 KStR.

06. Welche Besonderheiten gibt es bei Beteiligungen an anderen Kapitalgesellschaften?

Ausschüttungen von ausländischen und inländischen Körperschaften an andere Körperschaften sind steuerfrei (§ 8b Abs. 1 KStG).

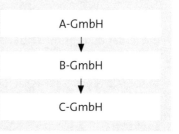

Bei Ausschüttung von C an B und von B an A soll verhindert werden, dass eine Versteuerung auf jeder Stufe stattfindet.

A-GmbH
↓
B-GmbH
↓
C-GmbH

- ▶ Abs. 1: Steuerfreiheit der Dividenden, aber Hinzurechnung von 5 % (§ 8b Abs. 5 KStG) als nichtabziehbare Betriebsausgabe
- ▶ Abs. 2: Steuerfreiheit des Veräußerungsgewinns, aber Hinzurechnung von 5 % (§ 8b Abs. 3 KStG) als nichtabziehbare Betriebsausgabe
- ▶ Abs. 3: Verluste aus Veräußerung bleiben unberücksichtigt und Teilwertabschreibung ohne steuerliche Wirkung
- ▶ Abs. 4: sind Gewinnausschüttungen von Gesellschaften, an denen zu Beginn des Kalenderjahres eine unmittelbare Beteiligung von unter 10 % besteht, in vollem Umfang körperschaftsteuerpflichtig. Die Beteiligung gilt auch dann als unmittelbar, wenn sie über eine Mitunternehmerschaft gehalten wird.

§ 3c Abs. 1 EStG ist nicht anzuwenden. Die Aufwendungen im Zusammenhang mit den Erträgen sind mit Ausnahme der 5 % **abziehbar**.

07. Welche Erträge sind nach dem KStG steuerfrei?

Folgende Erträge sind steuerfrei:

- ▶ Investitionszulagen
- ▶ ausländische Einkünfte nach Doppelbesteuerungsabkommen,
- ▶ nach § 3 EStG nicht steuerpflichtige Bezüge
- ▶ Dividenden und Veräußerungsgewinne nach § 8b KStG (mit Einschränkungen)
- ▶ Erträge aus nichtabziehbaren Aufwendungen.

3.4.3 Verluste, Rückträge und Verlustvorträge

01. Welche Einschränkungen gibt es beim Verlustabzug nach dem Mantelkauf?

Das BVerfG hat mit Beschluss vom 29.03.2017, 2 BvL 6/11, entschieden, dass § 8c Satz 1 KStG i. d. F. vom 14.08.2007 sowie § 8c Abs. 1 Satz 1 KStG i. d. F. vom 12.08.2008 und die späteren Fassungen bis zum Inkrafttreten des Gesetzes zur Weiterentwicklung der steuerlichen Verlustverrechnung bei Körperschaften 2016 (Einführung § 8d KStG, 2) verfassungswidrig sind.

In der aktuell gültigen Fassung kommt es gem. § 8c Abs. S. 1 KStG zu einer Verlustabzugsbeschränkung, wenn:

- mehr als 50 % der Anteils-/Stimmrechte an einer Gesellschaft
- mittelbar oder unmittelbar an
- einen Erwerber oder ihm nahestehende Person
- innerhalb eines 5-Jahreszeitraumes übergehen.

Als ein Erwerber in diesem Sinne gilt auch eine Gruppe von Erwerbern mit gleichgerichteten Interessen.

Ein schädlicher Beteiligungserwerb liegt allerdings nicht vor, wenn

1. an dem übertragenden Rechtsträger der Erwerber zu 100 % mittelbar oder unmittelbar beteiligt ist und der Erwerber eine natürliche oder juristische Person oder eine Personenhandelsgesellschaft ist,
2. an dem übernehmenden Rechtsträger der Veräußerer zu 100 % mittelbar oder unmittelbar beteiligt ist und der Veräußerer eine natürliche oder juristische Person oder eine Personenhandelsgesellschaft ist oder
3. an dem übertragenden und an dem übernehmenden Rechtsträger dieselbe natürliche oder juristische Person oder dieselbe Personenhandelsgesellschaft zu jeweils 100 % mittelbar oder unmittelbar beteiligt ist.

02. Wie wird der Verlustabzug bei Körperschaften berücksichtigt?

Ein Verlustrücktrag oder -vortrag gilt gem. § 8 Abs. 1 KStG auch für Körperschaften (siehe § 10d EStG).

Bei Körperschaften ist ein Verlustausgleich nicht möglich, da nur eine Einkunftsart (Einkünfte aus Gewerbebetrieb) vorliegt (§ 8 Abs. 2 KStG).

Der Verlust aus der Steuerbilanz ist in der Regel nicht identisch mit dem maßgeblichem Verlustabzug wegen der nichtabziehbaren Aufwendungen und den steuerfreien Erträgen.

Der Verlust kann gem. § 10d Abs. 1 EStG bis zu einem Betrag von insgesamt 1.000.000 € vom Einkommen des Vorjahres abgezogen werden. Der danach verbleibende Verlustvortrag ist gem. § 10d Abs. 2 EStG zeitlich unbegrenzt und vollständig in den folgenden Veranlagungszeiträumen abzugsfähig bis zu einer Höhe von 1 Mio. €. Über 1 Mio. € hinaus gilt eine Begrenzung von 60 % pro Jahr.

Neben den Ausnahmen des § 8c Abs. 1 Satz 4 KStG, soll ebenso kein Verlustuntergang eintreten bei einer geplanten Fortführung des verlustträchtigen Unternehmens. Hierzu wurde § 8d KStG installiert.

Die Einschränkungen des § 8c KStG sind nach einem schädlichen Beteiligungserwerb auf Antrag nicht anzuwenden, wenn die Körperschaft seit ihrer Gründung oder zumindest seit dem Beginn des dritten Veranlagungszeitraums, der dem Veranlagungszeitraum nach § 8d Abs. 1 Satz 5 vorausgeht, ausschließlich denselben Geschäftsbetrieb unterhält und in diesem Zeitraum bis zum Schluss des Veranlagungszeitraums des schädlichen Beteiligungserwerbs kein Ereignis im Sinne von § 8d Abs. 2 stattgefunden hat.

Dies gilt wiederum nicht:

1. für Verluste aus der Zeit vor einer Einstellung oder Ruhendstellung des Geschäftsbetriebs oder

2. wenn die Körperschaft zu Beginn des dritten Veranlagungszeitraums, der dem Veranlagungszeitraum nach § 8d Abs. 1 Satz 5 vorausgeht, Organträger oder an einer Mitunternehmerschaft beteiligt ist.

 MERKE

Die Regelung des fortführungsgebundenen Verlustvortrages ist im Ergebnis zu begrüßen, wirft aber gleichzeitig auch Zweifelsfragen auf. Die Anwendung der §§ 8c und 8d KStG sind im Einzelfall zu würdigen. Die unterschiedlichen Auffassungen von Rechtsprechung und Finanzverwaltung sind mit Spannung zu beobachten.

3.4.4 Tarifbelastung

01. Wie hoch ist der Körperschaftsteuertarif?

Ab dem Veranlagungszeitraum 2008 beträgt der Körperschaftsteuertarif (§ 23 KStG) 15 % zuzüglich 5,5 % Solidaritätszuschlag.

Beispiel

Zu versteuerndes Einkommen	10.000,00 €
KSt 15 %	1.500,00 €
SolZ hierauf 5,5 %	82,50 €

3.4.5 Steuerliches Einlagekonto

01. Wie setzt sich das steuerliche Eigenkapital zusammen?

Das steuerliche Eigenkapital setzt sich zusammen aus dem

▸ ausschüttbaren Gewinn

▸ Einlagekonto gem. § 27 Abs. 1 Satz 1 KStG

▸ gezeichnetem Kapital gem. § 27 Abs. 1 Satz 5 KStG.

Beispiel

Bei der X-AG umfasst das Eigenkapital zum 31.12.00 folgende Positionen:

Gezeichnetes Kapital	500.000,00 €
Steuerliches Einlagekonto	100.000,00 €
Gewinnrücklagen	300.000,00 €
Gesamt	900.000,00 €

Es ist geplant im Jahr 01 für das Jahr 00 eine offene Gewinnausschüttung i. H. v. 350.000 € vorzunehmen.

Geplante Gewinnausschüttung		350.000,00 €
Eigenkapital 31.12.00	900.000,00 €	
Gezeichnetes Kapital 31.12.00	- 500.000,00 €	
Verwendbares Eigenkapital 31.12.00	= 400.000,00 €	
Steuerliches Einlagekonto 31.12.00	- 100.000,00 €	
Ausschüttbarer Gewinn		= 300.000,00 €
Verwendung aus dem steuerlichen Einlagekonto		**50.000,00 €**
Fortschreibung des steuerlichen Einlagekontos:		
Bestand Steuerliches Einlagekonto 01.01.01		100.000,00 €
für Ausschüttung verwendbarer Betrag		- 50.000,00 €
Bestand steuerliches Einlagekonto 31.12.01		= 50.000,00 €

02. Welche Bedeutung hat das steuerliche Einlagekonto?

Einlagen, die nicht in das gezeichnete Kapital geleistet werden, müssen in dem steuerlichen Einlagekonto ausgewiesen werden. Das ist jeweils um die Zu- und Abgänge der folgenden Wirtschaftsjahre fortzuschreiben. Das Einlagekonto ist gem. § 27 Abs. 2 Satz 1, 2 KStG gesondert festzustellen.

03. Wie wirken sich Ausschüttungen steuerlich aus?

Körperschaft	Natürliche Person
zu 95 % steuerfrei	Abgeltungsteuer oder Teileinkünfteverfahren
bei Ausschüttung aus dem Einlagekonto: keine steuerlichen Folgen	bei Ausschüttung aus dem Einlagekonto: keine steuerlichen Folgen

3.4.6 Steuerberechnung zum Zwecke der Rückstellungsbildung oder zur Ermittlung eines Erstattungsanspruchs

01. Wie wird die Körperschaftsteuerrückstellung berechnet?

Die Berechnung der Körperschaftsteuerzahlung und -rückstellung erfolgt nach dem Schema unter Ziffer 3.4.2.1.

An einem Beispiel soll die Berechnung der KSt-Rückstellung verdeutlicht werden:

Beispiel

	Gewinn einer GmbH:	
	Steuervorauszahlungen:	200.000,00 €
-	KSt:	10.000,00 €
-	SolZ:	550,00 €
-	GewSt	10.000,00 €
	Ermittlung der BMG	200.000,00 €
+	KSt-VZ	10.000,00 €
+	SolZ	550,00 €
+	GewSt ab 2008	10.000,00 €
=	Zwischensumme	220.550,00 €
	KSt auf z. v. E. (15 % gem. § 23 Abs. 1 KStG)	33.082,00 €
	SolZ 5,5 %	1.819,00 €
-	Vorauszahlungen	10.550,00 €
=	**KSt-Rückstellung**	**24.351,00 €**

Nach dieser Berechnung hat die GmbH 24.351 € nachträglich an das Finanzamt abzuführen. Der Betrag wird in der Bilanz als KSt-Rückstellung passiviert.

02. Wie werden zu viel abgeführte Körperschaftsteuern behandelt?

Hat eine Körperschaft zu viel Steuern in einem Wirtschaftsjahr vorausbezahlt, wird die zu viel gezahlte Steuer vom Finanzamt erstattet. Die Einstellung in die Bilanz erfolgt über eine Aktivierung als Körperschaftsteuerforderung.

3.5 Regelungen des Körperschaftsteuerrechts und des Einkommensteuerrechts in Abhängigkeit von der Rechtsform eines Unternehmens erläutern

3.5.1 Unterschiede von Einzelunternehmen, Personengesellschaften und Kapitalgesellschaften

01. Welches sind die wichtigsten Einkünfte aus Gewerbebetrieb?

Hauptarten sind gem. § 15 EStG:

- Einkünfte aus gewerblichen Unternehmen (z. B. Handwerks- oder Handelsbetriebe)
- Gewinne der Gesellschafter aus Personengesellschaften (z. B. OHG, KG, atypische stille Gesellschaft) und die Vergütungen (Gehalt, Zinsen, Miete), die der Gesellschafter von der Gesellschaft erhält
- Gewinnanteile der persönlich haftenden Gesellschafter einer KGaA, soweit sie nicht auf Anteile am Grundkapital entfallen und die Vergütungen, die der persönlich haftenden Gesellschafter erhält.

Folgende Merkmale müssen für das Bestehen eines Gewerbebetriebes erfüllt sein:

- Selbstständigkeit/Handeln auf eigene Rechnung
- Nachhaltigkeit – Tätigkeit mit Wiederholungsabsicht
- Gewinnerzielungsabsicht – Streben nach Gewinn
- Beteiligung am allgemeinen wirtschaftlichen Verkehr – Anbieten seiner Leistungen nach außen erkennbar gegen Entgelt
- keine Land- und Forstwirtschaft, keine freie Berufstätigkeit und keine andere selbstständige Arbeit.

Bloße Vermögensverwaltung ist regelmäßig keine gewerbliche Tätigkeit. Es dürfen jedoch die Grenzen der bloßen Vermögensverwaltung nicht nachhaltig überschritten werden.

Auch eine gelegentliche Umschichtung des Vermögens durch Verkauf ist nicht schädlich, es sei denn, das Vermögen wird durch häufiges Umschichten vergrößert. Dann liegt ein Gewerbebetrieb vor.

02. Wie wird der Gewinn bei einer Personengesellschaft ermittelt?

Personengesellschaften wie GbR, OHG und KG als solche sind nicht steuerrechtsfähig, sondern die an ihnen beteiligten Mitunternehmer.

Ein Gesellschafter ist dann Mitunternehmer einer Personengesellschaft, wenn er Unternehmerinitiative und -risiko trägt § 15 Abs. 1 Nr. 2 EStG i. V. m. H 15.8 EStR. Das ist

i. d. R. der Fall, wenn eine Beteiligung am Gewinn oder Verlust und an den stillen Reserven gegeben ist.

Das Vermögen der Gesellschaft ist als Gesamthandsvermögen in der handelsrechtlichen Bilanz auszuweisen (§ 238 HGB) und durch den Maßgeblichkeitsgrundsatz des § 5 Abs. 1 EStG Grundlage für die Steuerbilanz.

Neben dem Gewinnanteil des Gesellschafters gehören zu den Einkünften aus Gewerbebetrieb i. S. d. § 15 Abs. 1 Nr. 2 EStG noch die Vergütungen, die der Gesellschafter von der Gesellschaft erhält

► für seine Tätigkeit im Dienst der Gesellschaft oder

► für die Hingabe von Darlehen oder

► für die Überlassung von Wirtschaftsgütern an die Gesellschaft.

Diese Sondervergütungen – Sonderbetriebseinnahmen – werden vorab den einzelnen Gesellschaftern und den dazu gehörigen Aufwendungen, die den Gesellschaftern im Zusammenhang mit Sondervergütungen entstehen (z. B. Zinsen für das Darlehen, Aufwendungen für das Grundstück) gegenübergestellt.

Beispiel

An der X-OHG sind Mitunternehmer A, B und C in mit einem Verhältnis von 50:30:20.

A erhält laut Gesellschaftsvertrag eine Geschäftsführervergütung von monatlich 5.000 €, die darauf anfallenden Arbeitgeberanteile in Höhe von monatlich 1.500 € werden ebenfalls von der OHG getragen. Jeder der Gesellschafter hat 100.000 € Gesellschafterdarlehen an die Gesellschaft gegeben mit einer Verzinsung von 8 %, die als Aufwand verbucht wurden. Von C hat die Gesellschaft ein Grundstück gepachtet, die OHG zahlt monatlich 10.000 € Pacht (als Aufwand gebucht). Die Grundstücksaufwendungen, die C im Jahr privat trägt, betragen 40.000 €. Der laut Handelsbilanz ermittelte Gewinn beträgt 100.000 €.

Feststellung des steuerlichen Gewinns, in dem alle Vergütungen hinzugerechnet werden, die gewinnmindernd gebucht worden sind, aber steuerlich nach § 15 Abs. 1 Nr. 2 EStG als gewerbliche Einkünfte behandelt werden müssen.

+	Handelsbilanzgewinn	100.000 €
+	Tätigkeitsvergütung für A	60.000 €
+	Arbeitgeberanteile	18.000 €
+	Zinsen für A, B,C	24.000 €
+	an C gezahlte Pacht	120.000 €
-	Grundstückskosten C	40.000 €
=	**Steuerlicher Gewinn**	**282.000 €**

Dieser Gewinn wird im Rahmen der einheitlichen und gesonderten Feststellung (§§ 179, 180 AO) anschließend auf die Gesellschafter verteilt:

Gewinnverteilungstabelle					
Gesell-schafter	Sonderbetriebseinnahmen		Sonder-betriebs-ausgaben	Anteil am Restgewinn	Gesamter Gewinn-anteil
	Tätigkeitsver-gütung/Zinsen	Miete/Pacht			
A	60.000 € 18.000 € 8.000 €			50.000 €	136.000 €
B	8.000 €			30.000 €	38.000 €
C	8.000 €	120.000 €	40.000 €	20.000 €	108.000 €
	102.000 €	120.000 €	40.000 €	100.000 €	282.000 €

Im Ergebnis haben also vom steuerlichen Gewinn in Höhe von 282.000 €

▸ A: 136.000 €

▸ B: 38.000 €

▸ C: 108.000 €

als gewerbliche Einkünfte zu versteuern.

03. Wie werden die Sonderbetriebseinnahmen bzw. -ausgaben erfasst?

Die Sonderbetriebseinnahmen bzw. -ausgaben werden für die einzelnen Gesellschafter in der Sonder-Gewinn- und Verlustrechnung erfasst:

Beispiel

Ein Gesellschafter A erhält für sein Grundstück, dass er der OHG zur Verfügung stellt, monatlich eine Pacht i. H. v. 2.000 €. Für das Darlehen, das er für den Erwerb des Grundstücks aufgenommen hat, zahlt er jährlich 8.000 € Zinsen. Weiterhin erhält dieser Gesellschafter eine Tätigkeitsvergütung im Jahr i. H. v. 30.000 €.

S	Sonder-Gewinn- und Verlust Gesellschafter A		H
Zinsen	8.000,00 €	Pachterträge	24.000,00 €
Gewinn	46.000,00 €	Tätigkeitsvergütung	30.000,00 €
	54.000,00 €		54.000,00 €

04. Was ist das Sonderbetriebsvermögen?

In der Handelsbilanz darf nur das Gesamthandvermögen ausgewiesen werden.

In der Steuerbilanz sind neben dem Gesamthandvermögen auch Vermögensgegenstände, die nicht der Personengesellschaft, sondern nur einem einzelnen oder mehreren Gesellschaftern gehören, jedoch dem Betrieb der Personengesellschaft dienen, als Sonderbetriebsvermögen in Sonderbilanzen auszuweisen (R 4.2 Abs. 2 EStR).

Auch hier wird unterschieden zwischen notwendigen und gewillkürten Sonderbetriebsvermögen.

Beim gewillkürten Sonderbetriebsvermögen wird vorausgesetzt, dass auch ein Alleinunternehmer diese Wirtschaftsgüter zu gewillkürten Betriebsvermögen macht.

Beim notwendigen Sonderbetriebsvermögen wird unterschieden (R 4.2 Abs. 2 EStR):

► Sonderbetriebsvermögen I: Da es einzig und allein der Gesellschaft unmittelbar dient.
► Sonderbetriebsvermögen II: Da zwar keine unmittelbare Nutzung für betriebliche Zwecke der Personengesellschaft vorliegt, aber ein unmittelbarer Zusammenhang mit der Beteiligung des Gesellschafters an der Personengesellschaft gegeben ist.

Beispiele

Beispiel 1
Ein Gesellschafter einer OHG vermietet ein ihm gehörendes Grundstück an die Gesellschaft, die dieses für ihre Verwaltung nutzt.

Miete = Sonderbetriebseinnahmen Gesellschafter
Grundstücksaufwendungen = Sonderbetriebsausgaben Gesellschafter
Grundstück = Sonderbetriebsvermögen I

Beispiel 2
Ein Gesellschafter einer OHG nimmt ein Darlehen zur Finanzierung seiner Beteiligung auf.

Darlehenszins = Sonderbetriebsausgaben Gesellschafter
Darlehen = Sonderbetriebsvermögen II

05. Wo wird das Sonderbetriebsvermögen erfasst?

Die Wirtschaftsgüter des Sonderbetriebsvermögens jedes Gesellschafters sind in eigenständigen Sonderbilanzen zu erfassen. Die Sonderbilanzen sind Steuerbilanzen.

Beispiel

Ein Gesellschafter A stellt der OHG im Jahr 00 sein Grundstück (Wert 480.000 €) zur Nutzung zur Verfügung. Die Verbindlichkeiten gegenüber der Bank für die Aufnahme eines Darlehens für das Grundstück betragen 400.000 € zum 31.12.00.

AKTIVA	Sonderbilanz Gesellschafter A		PASSIVA
Grundstück	480.000,00 €	Kapital A	80.000,00 €
		Verbindlichkeiten	400.000,00 €
	480.000,00 €		480.000,00 €

06. Wann sind Ergänzungsbilanzen aufzustellen?

Ergänzungsbilanzen enthalten Korrekturen der Wertansätze in der Steuerbilanz in Bezug auf den einzelnen Gesellschafter.

Sie sind zu erstellen:

▶ bei einem Gesellschafterwechsel bei einer Mitunternehmerschaft

▶ bei Einbringung eines Betriebes, Teil-Betriebes oder Mitunternehmeranteils (§ 24 UmwStG)

▶ bei Einbringung einzelner Wirtschaftsgüter in eine Personengesellschaft

▶ bei einer anteiligen Inanspruchnahme personenbezogener Steuervergünstigungen durch eine Personengesellschaft für einzelne Gesellschafter.

Beispiel

Unternehmer A erwirbt am 01.01.00 vom Gesellschafter B der XY OHG einen Geschäftsanteil von 600.000 €. Gegen einen Kaufpreis von 800.000 € hat sich A verpflichtet, den Gesellschaftsanteil des B i. H. v. 600.000 € fortzuführen. Den Unterschiedsbetrag zwischen Kaufpreis und Höhe des Kapitalkontos des B zahlt A für stille Reserven in den Fuhrpark i. H. v. 150.000 € sowie für einen Geschäftswert von 50.000 €.

AKTIVA	Ergänzungsbilanz A 01.01.00		PASSIVA
Stille Reserven Fuhrpark	150.000,00 €	Mehrkapital	200.000,00 €
erworbener Geschäftswert	50.000,00 €		
	200.000,00 €		200.000,00 €

Aufwand	Ergänzung GuV A 01.01. - 31.12.00		Ertrag
Abschreibung Fuhrpark	30.000,00 €	Verlust	33.333,00 €
Abschreibung Geschäftswert	3.333,00 €		
	33.333,00 €		33.333,00 €

Ergänzungsbilanz A 01.12.00			
Stille Reserven Fuhrpark	120.000,00 €	Mehrkapital	200.000,00 €
erworbener Geschäftswert	46.667,00 €	Verlust 00	- 33.333,00 €
	166.667,00 €		166.667,00 €

3.5.2 Besteuerungsunterschiede bei Gesellschaft und Gesellschaftern

01. Was sind Betriebsveräußerungen i. S. d. Einkommensteuerrechts?

Die Betriebsveräußerung ist im § 16 EStG geregelt. Danach können veräußert werden:

- ganze Betriebe (§ 16 Abs. 1 Nr. 1 EStG)
- Teilbetriebe (§ 16 Abs. 1 Nr. 1 EStG)
- ganze Mitunternehmerteile (§ 16 Abs. 1 Nr. 2 EStG).

02. Welche Voraussetzungen müssen für Betriebsveräußerungen erfüllt sein?

- Übertragung aller wesentlichen Grundlagen des Betriebes
- in einem einheitlichen Vorgang (nicht länger als zwei Jahre)
- gegen Entgelt (Bar, Schuldübernahme, Raten, Rente, Tausch)
- an einen Erwerber
- bisheriger Eigentümer stellt betriebliche Tätigkeit ein.

03. Was versteht man unter einem Teilbetrieb?

Nach R 16 Abs. 3 EStR ist ein Teilbetrieb ein mit einer gewissen Selbstständigkeit ausgestatteter, organisatorisch geschlossener Teil des Gesamtbetriebs, der für sich betrachtet alle Merkmale eines Betriebs im Sinne des EStG aufweist und für sich lebensfähig ist.

Ein Teilbetrieb ist auch eine zum Betriebsvermögen gehörende 100 % Beteiligung an einer Kapitalgesellschaft. Bei einer Beteiligung < 100 % ist die Veräußerung als laufender Gewinn zu behandeln.

04. Wie wird der Veräußerungsgewinn nach § 16 Abs. 2 EStG ermittelt?

	Veräußerungspreis
-	Veräußerungskosten
-	Buchwert des Kapitalkontos
=	**Veräußerungsgewinn**

Der ermittelte Veräußerungsgewinn wird jedoch nur insoweit der Besteuerung unterworfen, als er die Freibeträge in § 16 Abs. 4 EStG übersteigt.

	Veräußerungsgewinn
-	Freibetrag
=	**steuerpflichtiger Veräußerungsgewinn**

Auf Antrag wird ein Freibetrag nach § 16 Abs. 4 EStG i. H. v. 45.000 € gewährt, wenn der Veräußerer im Zeitpunkt der Veräußerung entweder dauernd berufsunfähig im sozialversicherungsrechtlichen Sinne ist oder das 55. Lebensjahr vollendet hat. Dieser Freibetrag ermäßigt sich jedoch um den Betrag, um den der Veräußerungsgewinn 136.000 € übersteigt.

Als Veräußerung gilt auch die Aufgabe des Gewerbebetriebes – § 16 Abs. 3 Satz 1 EStG, d. h. auch er ist steuerbegünstigt nach § 34 EStG.

	Einzelveräußerungspreise
+	gemeiner Wert der ins Privatvermögen überführten Wirtschaftsgüter Zwischensumme
-	Buchwert des Betriebsvermögens
-	Aufgabekosten
=	Aufgabegewinn
-	Freibetrag gem. § 16 Abs. 4 EStG
=	**steuerpflichtiger Veräußerungsgewinn**

Beispiel

Der Steuerpflichtige A, 60 Jahre alt, betreibt seit 25 Jahren ein Schuhwarengeschäft. Zum 30.09.00 veräußert er seinen Betrieb im Ganzen. Der Kaufpreis beträgt 200.000 €. Der Wert des Betriebsvermögens betrug zum Zeitpunkt des Verkaufes 35.000 €, Veräußerungskosten sind i. H. v. 5.000 € angefallen.

	Veräußerungspreis	200.000,00 €		
-	Veräußerungskosten	5.000,00 €		
-	Wert des Betriebsvermögens	35.000,00 €		
=	Veräußerungsgewinn	160.000,00 €		
	Veräußerungsgewinn			160.000,00 €
	ungekürzter Freibetrag		45.000,00 €	
	(160.000 € - 136.000 €)	24.000,00 €		
			-24.000,00 €	
	gekürzter Freibetrag		21.000,00 €	- 21.000,00 €
=	**steuerpflichtiger Veräußerungsgewinn**			**139.000,00 €**

05. Wie erfolgt die Betriebsveräußerung gegen wiederkehrende Bezüge?

Bei der Veräußerung gegen eine Leibrente hat der Steuerpflichtige ein Wahlrecht:

1. Er kann den Gewinn nach Vorschrift § 16 EStG sofort versteuern, dann gelten die Freibeträge und die Tarifermäßigung. Der Veräußerungsgewinn errechnet sich dann aus dem Unterschiedsbetrag zwischen dem Barwert der Rente vermindert um die Veräußerungskosten und dem Buchwert des steuerlichen Kapitalkontos. Die Ertragsanteile der Rente sind sonstige Einkünfte i. S. d. § 22 Nr. 1 Satz 3a EStG.

2. Die Rentenzahlungen können als nachträgliche Betriebseinnahmen i. S. d. § 15 EStG i. V. m. § 24 Nr. 2 EStG behandelt werden. Es besteht kein Anspruch auf den Freibetrag und die Tarifbegünstigung.

06. Wie wird die Veräußerung von in Privatvermögen befindlichen Anteilen an Kapitalgesellschaften einkommensteuerrechtlich behandelt?

Zu prüfen ist ob:

▸ die veräußerten Anteile im Betriebsvermögen gehalten wurden
  → laufender Gewinn oder § 16 EStG

▸ die Anteile zum Privatvermögen gehören und ein Spekulationsgeschäft vorliegt
  → § 23 EStG

▸ die Anteile zum Privatvermögen gehören und kein Spekulationsgeschäft vorliegt
  → Prüfung § 17 EStG.

Voraussetzungen für die Anwendung des § 17 EStG sind weiterhin:

Veräußerer war innerhalb der letzten fünf Jahre am Kapital mittelbar oder unmittelbar zu > 1 % beteiligt (R 17 Abs. 2 EStR).

Der steuerpflichtige Veräußerungsgewinn wird wie folgt errechnet (Teileinkünfteverfahren):

	Veräußerungspreis (nach § 3 Nr. 40c EStG bleiben 40 % des Veräußerungsgewinns steuerfrei)
-	Veräußerungskosten
-	Anschaffungskosten der Anteile (60 % nach § 3c Abs. 2 EStG)
=	Veräußerungsgewinn
-	Freibetrag nach § 17 Abs. 3 EStG Satz 1 (9.060 €)
=	**steuerpflichtiger Veräußerungsgewinn**

Der Freibetrag wird anteilig gewährt, je nach Höhe der Beteiligung. Nach § 17 Abs. 3 Satz 2 wird der Veräußerungsgewinn nach Abzug des Freibetrages um den Betrag vermindert, um den der Veräußerungsgewinn 36.100 € übersteigt.

Mit dem Jahressteuergesetz 2019 wurden die früher bekannten BFH-Grundsätze wiederhergestellt. Erstmals wurden (nachträgliche) Anschaffungskosten für eine Beteiligung im Sinne des § 17 EStG definiert. Zu den (nachträglichen) Anschaffungskosten sollen gem. § 17 Abs. 2a EStG insbesondere gehören:

1. Offene und verdeckte Einlagen

2. Darlehensverluste, soweit die Gewährung oder das Stehenlassen des Darlehens mit der Krise der Gesellschaft gesellschaftsrechtlich veranlasst war und

3. Ausfälle von Bürgschaftsregressforderungen und vergleichbaren Forderungen, soweit die Hingabe oder das Stehenlassen der betreffenden Sicherheit gesellschaftsrechtlich veranlasst war.

Von einer gesellschaftsrechtlichen Veranlassung ist immer dann auszugehen, wenn ein fremder Dritter das Darlehen oder die Bürgschaft im Sinne der Nummern 2 und 3 bei sonst gleichen Umständen zurückgefordert oder nicht gewährt hätte.

Die Neuregelung zu den (nachträgliche) Anschaffungskosten ist nach § 52 Abs. 25a EStG in der Fassung des Jahressteuergesetzes 2019 grundsätzlich erstmals für Veräußerungen bzw. für einen der Veräußerung gleichgestellten Fall ab dem 31.07.2019 anzuwenden. Auf Antrag des Steuerpflichtigen ist diese Neuregelung voraussichtlich auch vor dem 31.07.2019 gültig.

Beispiel

A hat am 11.03.2011 einen Geschäftsanteil an einer GmbH im Nennwert von 75.000 € für 100.000 € erworben. Seine Beteiligung betrug 30 %. Am 22.01.2017 verkauft A für 120.000 € seinen Geschäftsanteil.

	Erlös (60 %)			72.000,00 €
-	Anschaffungskosten (60 %)			- 60.000,00 €
=	Veräußerungsgewinn			12.000,00 €
-	Freibetrag anteilig (9.060 € • 30 %)		2.718,00 €	
	Veräußerungsgewinn	12.000,00 €		
-	anteilige Abschmelzungsgrenze			
	(36.100 € • 30 %)	- 10.830,00 €	- 1.170,00 €	- 1.548,00 €
= steuerpflichtiger Veräußerungsgewinn				**10.452,00 €**

07. Was sind Entnahmen und wie werden sie bewertet?

Entnahmen sind alle Wirtschaftsgüter, die der Steuerpflichtige nach § 4 Abs. 1 Satz 2 EStG dem Betrieb für sich, für seinen Haushalt oder für andere betriebsfremde Zwecke im Laufe des Wirtschaftsjahres entnommen hat, z. B. Geld, Waren, Erzeugnisse des Betriebes, Inventar, Wertpapiere sowie Bezahlung persönlicher Steuern (Einkommensteuer).

Eine Entnahme liegt auch vor, wenn ein im Unternehmen beschäftigter Arbeitnehmer für den privaten Bereich des Steuerpflichtigen tätig wird oder wenn der Steuerpflichtige Wirtschaftsgüter des Betriebes, z. B. einen Pkw privat nutzt.

Entnahmen sind nach § 6 Abs. 1 Nr. 4 EStG mit dem Teilwert anzusetzen.

Zur Ermittlung des niedrigeren Teilwerts gelten folgende Teilwertvermutungen:

▸ Zum Zeitpunkt des Erwerbs oder der Fertigstellung eines Wirtschaftsgutes entspricht der Teilwert den Anschaffungs-/Herstellungskosten.

▸ Bei nicht abnutzbaren Wirtschaftsgütern des Anlagevermögens entspricht der Teilwert auch zu späteren, dem Zeitpunkt der Anschaffung/Herstellung nachfolgenden Bewertungsstichtagen den Anschaffungs-/Herstellungskosten.

▸ Bei abnutzbaren Wirtschaftsgütern des Anlagevermögens entspricht der Teilwert zu späteren, dem Zeitpunkt der Anschaffung/Herstellung nachfolgenden Bewertungsstichtagen den um die lineare AfA verminderten Anschaffungs-/Herstellungskosten.

▸ Bei Wirtschaftsgütern des Umlaufvermögens entspricht der Teilwert grundsätzlich den Wiederbeschaffungskosten (Teilwert von zum Absatz bestimmter Waren hängt auch von deren voraussichtlichem Verkaufserlös – Börsen- oder Marktpreis – ab).

Verbindlichkeiten sind nach R 4.2 Abs. 15 EStR wie folgt zu bewerten:

Mit der Entnahme eines fremdfinanzierten Wirtschaftsgutes des Anlagevermögens wird die Finanzierung zu einer privaten Schuld (Bewertung der Schuld nach § 253 Abs. 1 HGB bzw. § 6 Abs. 1 Nr. 3 EStG).

08. Wie werden Einlagen bewertet?

Einlagen sind alle Wirtschaftsgüter, die der Steuerpflichtige im Laufe eines Wirtschaftsjahres dem Betrieb aus seinem Privatvermögen zugeführt hat (§ 4 Abs. 1 Satz 7 EStG). Die Einlagen können in Geld oder geldwerten Gütern bestehen, z. B. Grundstücke, Einrichtungsgegenstände oder Leistungen. Es darf sich aber nicht um notwendiges Privatvermögen handeln. Einlagen werden lt. § 6 Abs. 1 Nr. 5 EStG mit dem Teilwert für den Zeitpunkt der Zuführung angesetzt, höchstens jedoch mit den Anschaffungs-/Herstellungskosten, wenn das zugeführte Wirtschaftsgut

▶ innerhalb der letzten drei Jahre vor dem Zeitpunkt der Zuführung angeschafft oder hergestellt wurde und

▶ ein Anteil an einer Kapitalgesellschaft ist und der Steuerpflichtige an der Gesellschaft beteiligt ist (§ 17 Abs. 1 EStG).

Wie auch bei den Entnahmen, wird bei den Einlagen eines fremdfinanzierten Wirtschaftsgutes die private Schuld zu einer betrieblichen Schuld (R 4.2 Abs. 15 EStR).

3.6 Die gewerbesteuerliche Bemessungsgrundlage entwickeln und für die Gewerbesteuererklärung aufbereiten sowie die Gewerbesteuer und die Gewerbesteuerrückstellung berechnen

3.6.1 Anwendungsbereiche Gewerbesteuer

01. Wer unterliegt der Gewerbesteuer?

Der Gewerbesteuer unterliegt ein Gewerbebetrieb, soweit er im Inland betrieben wird.

Dazu gehören natürliche Gewerbebetriebe gem. § 2 Abs. 1 GewStG. Der Gewerbesteuer unterliegt jeder stehende Gewerbebetrieb, soweit er im Inland betrieben wird.

Ein stehender Gewerbebetrieb ist jeder Gewerbebetrieb, der kein Reisegewerbebetrieb i. S. d. § 35a Abs. 3 GewStG darstellt.

Die Abgrenzung ist notwendig, weil eine unterschiedliche Besteuerung vorliegt (unterschiedlich geregelte Erhebungszuständigkeit der Gemeinden).

Der Mittelpunkt der gewerblichen Tätigkeit ist die Gemeinde, von der aus die gewerbliche Tätigkeit vorwiegend ausgeübt wird.

Beim Reisegewerbe ist die Gemeinde hebeberechtigt, in der sich der Mittelpunkt des Gewerbes befindet (§ 35a Abs. 3 GewStG).

02. Welche Voraussetzungen müssen für das Vorliegen eines Gewerbebetriebes erfüllt sein?

Zwingend für das Vorliegen eines Gewerbebetriebes ist die gewerbliche Tätigkeit. Der Begriff ist abzuleiten aus dem EStG → R 11 GewStR:

- Selbstständigkeit (R 15.1 EStR)
- Nachhaltigkeit (H 15.2 EStH)
- Gewinnerzielungsabsicht (H 15.3 EStH)
- Beteiligung am wirtschaftlichen Verkehr (H 15.4 EStH)
- keine Land- und Forstwirte, keine Selbstständigkeit und keine Vermögensverwaltung.

Gewerbebetrieb bei Gesellschaften

Kraft gewerblicher Betätigung	Kraft Rechtsform	Kraft wirtschaftlichen Geschäftsbetriebes
§ 2 Abs. 1 Satz 1, 2 GewStG Einzelunternehmen § 15 Abs. 1 Satz 1, Abs. 2 EStG R 8 Abs. 2 GewStR	§ 2 Abs. 2 GewStG insbes. Kapitalges. (AG, GmbH) und über § 15 Abs. 3 Nr. 2 GmbH & Co. KG, R 16 Abs. 5 GewStG	§ 2 Abs. 3 GewStG eingetragene Vereine, nicht rechtsfähige Vereine, R 18 GewStR
Natürliche Gewerbebetriebe	**Fingierte Gewerbebetriebe**	

03. Wer ist von der Gewerbesteuer befreit?

Die Gewerbesteuerbefreiungen sind im § 3 GewStG geregelt.

04. Wer ist für die Gewerbesteuer zuständig?

Für die Verwaltung ist im Wesentlichen das Finanzamt zuständig – ihm obliegt die Feststellung der Besteuerungsgrundlage (Gewerbeertrag):

- Feststellung des Steuermessbetrages
- Zerlegung des Gewerbesteuermessbetrages gem. § 28 Abs. 1 GewStG.

05. Wer ist Steuergläubiger und was ist der Hebesatz?

Die Gewerbesteuer ist eine Gemeindesteuer.

Die Gemeinde ist Steuergläubiger (§ 1 GewStG) – ihr obliegt die

- Festsetzung des Hebesatzes
- Ermittlung des Steuerschuldners
- Erhebung der Gewerbesteuer, Stundung und Erlass.

Der Hebesatz ist von der hebeberechtigten Gemeinde zu bestimmen und kann für ein oder mehrere Jahre festgesetzt werden. Er muss für alle Unternehmen in einer Gemeinde der gleiche sein. Die Untergrenze beträgt 200 % (§ 16 Abs. 4 GewStG).

06. Wer ist Steuerschuldner?

Steuerschuldner ist grundsätzlich der Unternehmer (§ 5 Abs. 1 GewStG).

Bei Personengesellschaften (Gesellschafter sind Unternehmer) ist kraft ausdrücklicher Anordnung die Gesellschaft Steuerschuldner. Bei juristischen Personen ist diese Person als Unternehmerin Steuerschuldnerin.

Beim Unternehmerwechsel nach § 2 Abs. 5 GewStG gilt der Gewerbebetrieb als durch den bisherigen Unternehmer eingestellt, wenn der Betrieb im Ganzen auf einen anderen Unternehmer übergeht. Der andere Unternehmer ist von diesem Zeitpunkt an Steuerschuldner.

Beispiel

Herr M. betrieb bis zu seinem Tod am 17.07.01 ein Einzelhandelsgeschäft – Fortführung des Geschäftes durch die Erbengemeinschaft – es liegt ein Unternehmerwechsel vor – zwei Betriebe – zwei Gewerbesteuermessbeträge durch getrennte Bescheide.

3.6.2 Gewerbeertrag als Bemessungsgrundlage unter Beachtung wesentlicher Hinzurechnungs- und Kürzungsvorschriften

01. Was sind die Grundlagen der Besteuerung?

Die Ertragskraft des Unternehmens soll besteuert werden. Diese drückt sich im Gewerbeertrag aus.

Der Gewerbeertrag ist nicht identisch mit dem Gewinnbegriff, sondern ergibt sich nach Hinzurechnungen und Kürzungen.

02. Wie wird der Gewinn nach § 7 GewStG ermittelt?

Bei Kapitalgesellschaften ist das körperschaftsteuerliche Einkommen vor Verlustabzug zu ermitteln. Darin enthalten sind z. B. verdeckte Gewinnausschüttungen (die den Gewinn nicht mindern dürfen) und nicht abziehbare Betriebsausgaben. Nicht enthalten sind z. B. verdeckte Einlagen oder Kürzungen nach § 8b KStG.

Bei Einzelgewerbetreibenden und Personengesellschaften sind dem laufenden Gewinn oder Verlust z. B. nichtabzugsfähige Betriebsausgaben und Zinsen (§ 4 Abs. 4a EStG) hinzuzurechnen.

Bei Personengesellschaften gehören auch Sonderbilanzergebnisse und Ergebnisse aus Ergänzungsbilanzen dazu.

Nicht zu berücksichtigende Einkünfte bei der Berechnung der Gewerbesteuer sind:

- Betriebsaufgabe- und Veräußerungsgewinne (§ 16 EStG) (außer Gewinne aus Veräußerung einer 100 %-igen Beteiligung an einer Kapitalgesellschaft)
- Gewinne i. S. d. § 17 EStG (Veräußerung von Beteiligungen an Kapitalgesellschaften)
- Einkünfte aus Verpachtung eines Gewerbebetriebes im Ganzen
- Einkünfte aus einer ehemaligen gewerbliche Tätigkeit i. S. d. § 24 Nr. 2 EStG (Leibrenten für Veräußerung).

03. Was sind Hinzurechnungen nach § 8 GewStG?

Hinzurechnungspflichten zur Gewerbesteuer	
Entgelt für Zinsen	Hinzurechnung **von 25 %** aller Zinsen
Renten, dauernde Lasten, Gewinnanteile stiller Gesellschafter	Hinzurechnung **von 25 %** der gesamten Aufwendungen
Mieten, Pachten und Leasingraten	▸ Hinzurechnung des pauschalisierten Finanzierungsanteils **i. H. v. 25 % bei beweglichen Wirtschaftsgütern mit einem Finanzierungsanteil von 20 %** ▸ Hinzurechnung des pauschalisierten Finanzierungsanteils **i. H. v. 25 % bei unbeweglichen Wirtschaftsgütern mit einem Finanzierungsanteil von 50 %**
Lizenzen und Konzessionen	▸ Hinzurechnung des pauschalisierten Finanzierungsanteils **i. H. v. 25 % bei einem Finanzierungsanteil von 25 %** ▸ Ausnahme: Vertriebslizenzen u. a.
Freibetrag bei Hinzurechnungen	**Freibetrag von 100.000 € für die Summe** der Finanzierungsanteile

Änderungen Jahressteuergesetz 2019:
die Halbierung der Hinzurechnung bei der Gewerbesteuer für gemietete oder geleaste Elektrofahrzeuge oder Hybridelektrofahrzeuge sowie für angemietete Fahrräder, die keine Kraftfahrzeuge sind, bis 2030.

Beispiel

Gewinn		250.000,00 €
Zinsen: 110.000 € davon 100 %	110.000,00 €	
Renten und dauernde Lasten: 30.000 € davon 100 %	30.000,00 €	

Leasingzahlungen für bewegliche Wirtschaftsgüter: 60.000 € davon 20 %	12.000,00 €	
Miete für Büroräume: 90.000 € davon: 50 %	45.000,00 €	
Lizenzzahlungen: 70.000 € davon 25 %	17.500,00 €	
Summe der für die Hinzurechnung infrage kommenden Aufwendungen	204.500,00 €	
- Freibetrag	- 100.000,00 €	
Summe nach Freibetrag	104.500,00 €	
davon 25 % Hinzurechnung		26.125,00 €
= **Gewerbeertrag**		**276.125,00 €**

04. Welche Kürzungen werden nach § 9 GewStG zum Ansatz gebracht?

Kürzungspflichten zur Gewerbesteuer	
Grundstücke	1,2 % des Einheitswertes von Grundstücken des Betriebsvermögens soweit der Grundbesitz nicht von der Grundsteuer befreit ist.
Gewinnanteile	► Gewinnanteile aus Mitunternehmerschaften ► Gewinne aus Schachtelbeteiligungen (Mindestbeteiligung = 15 %) ► Hinzugerechnete Gewinnanteile bei KGaA, falls bei der Gewinnermittlung berücksichtigt.
Ausländische Betriebsstätten	Anteiliger Gewerbeertrag ausländischer Betriebsstätten muss eliminiert werden.
Spenden	Es muss sich um begünstigte Aufwendungen i. S. d. § 10b Abs. 1 EStG bzw. § 9 Abs. 1 Nr. 2 KStG handeln (aus betrieblichen Mitteln geleistet). Die in § 9 Abs. 5 Sätze 1 - 3 GewStG genannten Höchstbeträge dürfen nicht überschritten werden.
Ausländische Beteiligungen	Gewinne aus ausländischen Beteiligungen bei DBA-Freistellung werden dann gekürzt, wenn die Beteiligung mindestens 15 % beträgt und die Gewinnanteile bei der Ermittlung des Gewinns nach § 7 GewStG angesetzt worden sind. Ist im DBA eine niedrigere Mindestbeteiligung vereinbart, ist diese maßgebend.

3.6.3 Gewerbeverluste

01. Wie wird der Gewerbeverlust steuerlich behandelt?

Nach § 10a GewStG/R 10a.1 GewStR wird der maßgebende Gewerbeertrag bis zu einem Betrag von 1 Mio. € uneingeschränkt um die Fehlbeträge gekürzt, die sich bei der Ermittlung des maßgebenden Gewerbeertrags für die vorangegangenen Erhebungszeiträume ergeben haben, soweit diese nicht bei der Ermittlung des Gewerbeertrags für die vorangegangen Erhebungszeiträume berücksichtigt worden sind. Über den vorgenannten Betrag hinausgehende Fehlbeträge werden nur bis zu 60 % des Gewerbeertrages berücksichtigt.

Es gibt nur einen Verlustvortrag auf die folgenden Erhebungszeiträume. Der Fehlbetrag wird zwingend (in den o. g. Grenzen) mit den positiven Gewerbeerträgen bis er aufgezehrt ist verrechnet, unter Berücksichtigung der Hinzurechnungen und Kürzungen, der folgenden Erhebungszeiträume.

Eine Beschränkung des Verlustabzugs (z. B. zur Ausnutzung des Freibetrages gem. § 11 Abs. 1 Satz 3 GewStG) ist nicht möglich.

Beispiel

Berechnung	00	01	02
Gewinn/Verlust	- 150.000,00 €	- 20.000,00 €	+ 250.000,00 €
+ Hinzurechnungen	+ 40.000,00 €	+ 45.000,00 €	+ 50.000,00 €
- Kürzungen	- 10.000, 00 €	- 9.000,00 €	- 12.000,00 €
Gewerbeertrag vor Verlustabzug	- 100.000,00 €	+ 16.000,00 €	+ 288.000,00 €
- Gewerbeverlust	0,00 €	- 16.000,00 €	- 84.000,00 €
Maßgeblicher Gewerbeertrag	0,00 €	0,00 €	+ 204.000,00 €

3.6.4 Zerlegung

01. In welchen Fällen wird der einheitliche Gewerbesteuermessbetrag zerlegt?

Die Zerlegung des Steuermessbetrages ist geregelt in den §§ 28 - 31 GewStG. So muss eine Zerlegung erfolgen, wenn

► ein Gewerbebetrieb Betriebsstätten in mehreren Gemeinden unterhält

► eine Betriebsstätte sich über mehrere Gemeinden erstreckt

► eine Betriebsstätte während des Erhebungszeitraumes in eine andere Gemeinde verlegt wird.

02. Nach welchem Maßstab erfolgt die Zerlegung?

Die Zerlegung erfolgt nach dem Verhältnis der Arbeitslöhne. Maßgeblich ist das Verhältnis der in den einzelnen Gemeinden gezahlten Arbeitslöhne zur Summe der insgesamt an alle in den einzelnen Betriebsstätten beschäftigten Arbeitnehmer gezahlten Arbeitslöhne (§ 29 Abs. 1 GewStG). Die Arbeitslöhne sind auf volle 1.000 € abzurunden.

MERKE

Maßstab der Zerlegung ist das Verhältnis der gezahlten Arbeitslöhne zur Gesamt-Arbeitslohnsumme.

03. Wie sind die Arbeitslöhne für die Zerlegung im GewStG definiert?

§ 31 Abs. 1 GewStG	Vergütungen nach § 19 Abs. 1 Nr. 1 EStG
§ 31 Abs. 2 GewStG	Ausbildungsvergütungen sind nicht einzubeziehen.
§ 31 Abs. 3 GewStG	Kein Ansatz bei Arbeitnehmern, die nicht dauernd im Unternehmen beschäftigt sind (z. B. Aushilfen).
§ 31 Abs. 4 GewStG	Einmalige Vergütungen, z. B. Tantiemen, Gratifikationen, sind nicht einzubeziehen. Sonstige Vergütungen sind nur anzusetzen, wenn > 50.000 € bei dem einzelnen Arbeitnehmer.
§ 31 Abs. 5 GewStG	Bei Unternehmen, die keine juristischen Personen sind, sind für den im Betrieb tätigen Unternehmer (Mitunternehmer) insgesamt 25.000 € anzusetzen.

Beispiel

Die gewerblich tätige X-OHG unterhält Betriebsstätten in den Gemeinden Rostock und Berlin. In Rostock gilt ein Hebesatz von 350 %, in Berlin von 400 %. Der steuerpflichtige Gewerbeertrag der X-OHG liegt am Ende des Jahres 2016 bei 500.000 €. In A wurden Gelder als Vergütung i. H. v. 300.000 € gezahlt, in Berlin insgesamt 400.000 €. Hiervon beziehen sich 10 % auf Gehälter für Auszubildende. Der Leiter der Filiale Berlin, der als Mitunternehmer anzusehen ist, erhielt eine gewinnabhängige Gratifikation in Höhe von 40.000 €.

Positionen	Gesamt	Rostock	Berlin
Arbeitslöhne gesamt	700.000 €	300.000 €	400.000 €
abzgl. Ausbildungsvergütung	- 70.000 €	- 30.000 €	- 40.000 €
abzgl. gewinnabhängige Gratifikation § 31 Abs. 4 GewStG	- 40.000 €	-	- 40.000 €
zzgl. § 31 Abs. 5 GewStG	25.000 €	-	25.000 €
Summe	615.000 €	270.000 €	345.000 €
Anteile	100,00 %	43,90 %	56,10 %
Gewerbeertrag (auf volle 100 € gerundet)	500.000 €	219.500 €	280.500 €
Steuermessbetrag (Gewerbeertrag • 3,5 %)		7.682,50 €	9.817,50 €
Hebesatz		350 %	400 %
Steuer		26.888,75 €	39.270 €

3.6.5 Steuerzahllast, Steuererstattung, Rückstellung

01. Was bedeutet der maßgebende Gewerbeertrag?

Der maßgebende Gewerbeertrag ist in § 10 GewStG definiert. Danach ist er das Ergebnis, das sich aus den Hinzurechnungen und Kürzungen ergibt.

Maßgebend für die Besteuerung ist der Gewerbeertrag, der im Erhebungszeitraum bezogen worden ist (§ 10 Abs. 1 GewStG).

Bei abweichendem Wirtschaftsjahr gilt der Gewerbeertrag in dem Kalenderjahr bezogen, in dem das Wirtschaftsjahr endet (§ 10 Abs. 2 GewStG).

02. Wie wird der Gewerbeertrag ermittelt?

Der § 6 GewStG – Gewerbeertrag – stellt die erste Besteuerungsgrundlage nach dem GewStG dar:

	Gewinn	§ 7 GewStG
+	Hinzurechnungen	§ 8 GewStG
-	Kürzungen	§ 9 GewStG
=	maßgebender Gewerbeertrag vor Rundung	
-	Gewerbeverlustabzug	§ 10a GewStG
=	verbleibender Gewerbeertrag/Abrundung auf volle 100 €	§ 11 Abs. 1 GewStG
-	Freibetrag von 24.500 € (natürliche Personen und Personengesellschaften)/5.000 € (gem. § 11 Abs. 1 Nr. 2)	§ 11 Abs. 1 GewStG
=	**Gewerbeertrag**	

03. Wie hoch ist die Steuermesszahl?

Die Steuermesszahl (§ 11 GewStG) beträgt einheitlich 3,5 % für Kapitalgesellschaften und Einzelunternehmen/Personengesellschaften. Die Berechnung erfolgt nach der Ermittlung des maßgeblichen Gewerbeertrages (Abrundung auf volle 100 €) und nach Abzug des Freibetrages von 24.500 € bzw. 5.000 € (Einzelunternehmen/Personengesellschaften bzw. Vereine).

04. Wie wird der Steuermessbetrag errechnet?

Nach R 11.1 GewStR wird der Steuermessbetrag wie folgt errechnet:

Steuermessbetrag = Gewerbeertrag • Steuermesszahl

Beispiel

Gewerbeertrag bei einem Einzelunternehmer	60.000,00 €
abzüglich Freibetrag	- 24.500,00 €
	= 35.500,00 €
Steuermesszahl	3,5 %
Steuermessbetrag	= 1.242,50 €

05. Wie wird die Gewerbesteuer bei der Ermittlung des Gewinns berücksichtigt?

Ab dem Veranlagungszeitraum 2008 ist die Gewerbesteuer gem. § 4 Abs. 5b EStG nicht mehr als Betriebsausgabe abzugsfähig. Sie ist außerhalb der Steuerbilanz bei der Gewinnermittlung wieder hinzuzurechnen.

Ausnahmen bilden nur Gewerbesteuernachzahlungen bzw. Gewerbesteuererstattungen der Veranlagungszeiträume, die vor 2008 liegen.

Auch steuerliche Nebenleistungen zur Gewerbesteuer (z. B. Nachzahlungszinsen, Säumniszuschläge und Verspätungszuschläge) sind nicht mehr abzugsfähig.

06. Wie erfolgt die Berechnung der Gewerbesteuerrückstellung?

Da die Gewerbesteuer eine Betriebssteuer darstellt, die nicht mehr abzugsfähig ist, muss sie in der Handelsbilanz gem. § 249 Abs. 1 HGB und in der Steuerbilanz gem. § 5 Abs. 1 EStG passiviert werden.

Die Berechnung erfolgt:

Gewerbesteuer - Vorauszahlungen = Gewerbesteuerrückstellung

3.6.6 Entstehung, Festsetzung, Erhebung

01. Wann ist mit einer Gewerbesteuerschuld zu rechnen?

Die Gewerbesteuerpflicht beginnt mit der Aufnahme der betrieblichen Tätigkeit bei Einzelunternehmern/Personengesellschaften und bei den Kapitalgesellschaften regelmäßig mit der Eintragung in das Handelsregister.

Übersteigt der Gewerbeertrag bei Einzelunternehmen/Personengesellschaften bzw. Vereinen mit wirtschaftlichem Zweckbetrieb die Freibeträge, ist mit einer Gewerbesteuerzahlung zu rechnen. Bei Kapitalgesellschaften fällt die Gewerbesteuerschuld mit positivem Gewerbeertrag ohne Freibeträge sofort an.

Die Gewerbesteuerschuld nach § 16 GewStG wird wie folgt berechnet:

> Gewerbesteuerschuld = Steuermessbetrag • Hebesatz der Gemeinde

Beispiel

Steuermessbetrag	1.242,50 €
Die zuständige Gemeinde A hat einen Hebesatz von 400 %	• 400 %
= **Gewerbesteuer**	= **4.970,00 €**

02. Wer ist für die Festsetzung und Erhebung der Gewerbesteuer zuständig?

Für die Feststellung der Besteuerungsgrundlagen, die Festsetzung des Steuermessbetrages und den Erlass des Gewerbesteuermessbescheides ist das Finanzamt zuständig, in dessen Bezirk sich der Gewerbebetrieb befindet.

Unterhält ein Gewerbebetrieb mehrere Betriebsstätten in unterschiedlichen Gemeinden, wird der Gewerbesteuermessbetrag nach einem besonderen Maßstab zerlegt.

Die Gewerbesteuer selbst wird von der jeweiligen Gemeinde durch den Gewerbesteuerbescheid festgesetzt.

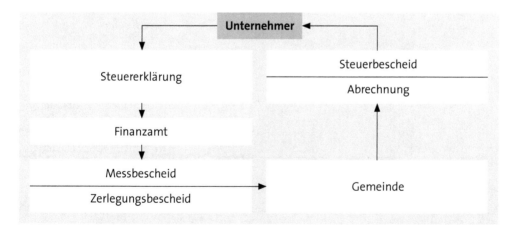

3.7 Geschäftsvorfälle auf ihre umsatzsteuerliche Relevanz und auf ihre Vorsteuer prüfen sowie die Umsatzsteuervoranmeldungen und Umsatzsteuererklärungen vorbereiten

3.7.1 Allphasen-Netto-Umsatzsteuersystem

01. Was bedeutet das Allphasen-Netto-Umsatzsteuersystem?

Nach dem in Deutschland gültigen Umsatzsteuersystem werden die Umsätze von Unternehmen in allen Wirtschaftsstufen der Umsatzsteuer unterworfen (Allphasen). Bemessungsgrundlage für die Berechnung der Umsatzsteuer ist der Netto-Kaufpreis (ohne Umsatzsteuer-Netto-Umsatzsteuersystem). Der Unternehmer kann die in Rechnung gestellte Umsatzsteuer als Vorsteuer abziehen, sodass die Differenz aus Umsatzsteuer und Vorsteuer die eigentliche Steuerschuld ergibt – Umsatzsteuerzahllast.

Beispiel

Unternehmer 1 – U 1	Unternehmer 2 – U 2	Unternehmer 3 – U 3
1. Umsatz	2. Umsatz	3. Umsatz
Nettoverkaufpreis 1.000 € + 190 € USt	Nettoverkaufpreis 2.000 € + 380 € USt	Nettoverkaufpreis 4.000 € + 760 € USt
	Nettoeinkauf von U 1 1.000 € + 190 € VSt	Nettoeinkauf von U 2 2.000 € + 380 € VSt
Berechnung der Zahllast USt 190 € VSt 0 €	Berechnung der Zahllast USt 380 € VSt - 190 €	Berechnung der Zahllast USt 760 € VSt - 380 €
Zahllast 190 €	**Zahllast 190 €**	**Zahllast 380 €**

→ an das Finanzamt
    abzuführen
	→ an das Finanzamt
	    abzuführen
		→ an das Finanzamt
		    abzuführen
		↓
		Bruttoverkaufspreis
		4.760 €
		↓
		Endverbraucher E zahlt den vollen Preis und kann keine VSt geltend machen und wird somit mit der USt belastet.

02. Wie werden die Begriffe Inland, Gemeinschaftsgebiet und Drittland definiert?

Inland: Der § 1 Abs. 2 Satz 1 UStG beschreibt das Inland als das Gebiet der Bundesrepublik Deutschland mit Ausnahme des Gebiets von Büsingen, der Insel Helgoland, der

Freizonen des Kontrolltyps I nach § 1 Abs. 1 Satz 1 des Zollverwaltungsgesetzes (Freihäfen), der Gewässer und Watten zwischen der Hoheitsgrenze und der jeweiligen Strandlinie sowie der deutschen Schiffe und der deutschen Luftfahrzeuge in Gebieten, die zu keinem Zollgebiet gehören.

Gemeinschaftsgebiet: Das Gemeinschaftsgebiet umfasst das Inland i. S. d. § 1 Abs. 2 Satz 1 UStG und die Gebiete der übrigen Mitgliedstaaten der EG, die nach dem Gemeinschaftsrecht als Inland dieser Staaten gelten.

Drittland: Im § 1 Abs. 2a Satz 3 UStG ist unter Drittland das Gebiet zu verstehen, das nicht Gemeinschaftsgebiet ist.

3.7.2 Steuerbarkeit

3.7.2.1 Unternehmereigenschaft im Rahmen des Unternehmens

01. Wer ist nach Umsatzsteuerrecht Unternehmer?

Unternehmer gem. § 2 Abs. 1 UStG ist, wer eine gewerbliche oder berufliche Tätigkeit selbstständig und nachhaltig zur Erzielung von Einnahmen ausübt (Gewinnerzielungsabsicht kann fehlen).

Die Einteilung erfolgt in drei Gruppen:

- natürliche Personen
- Personenzusammenschlüsse ohne eigene Rechtsfähigkeit
- juristische Personen.

02. Wann ist eine Leistung steuerbar?

Eine Leistung ist gem. § 1 Abs. 1 Nr. 1 UStG steuerbar, wenn

- ein Unternehmer
- eine Lieferung oder sonstige Leistung
- gegen Entgelt
- im Rahmen seines Unternehmens
- im Inland ausführt.

Ergänzungstatbestände gelten für

- unentgeltliche Wertabgaben
- Einfuhr
- innergemeinschaftlichen Erwerb.

3.7.2.2 Lieferungen und sonstige Leistungen

01. Was versteht das UStG unter einer Lieferung?

Gemäß § 3 Abs. 1 UStG sind Lieferungen eines Unternehmers Leistungen, durch die ein Unternehmer oder in seinem Auftrag ein Dritter dem Abnehmer oder in dessen Auftrag einen Dritten befähigt, im eigenen Namen über einen Gegenstand zu verfügen – Verschaffung der Verfügungsmacht.

Eine Lieferung liegt auch vor, wenn nur der Besitz, nicht aber das bürgerliche Eigentum übertragen wird.

Beispiel

X liefert am 02.02. an Y einen Lkw unter Eigentumsvorbehalt. Es liegt eine Lieferung am 02.02. vor.

02. Wo befindet sich der Ort der Lieferung?

Für die Besteuerung einer Lieferung ist die Bestimmung des Orts, an dem diese Lieferung ausgeführt wird, von erheblicher Bedeutung. Nur Lieferungen, die im Inland ausgeführt werden, unterliegen der deutschen USt.

Der Ort der Lieferung ist abhängig von der Lieferungsart:

- ▸ Beförderungs- und Versendungslieferung (bewegte Lieferung)
- ▸ unbewegte Lieferung (ohne Warenbewegung).

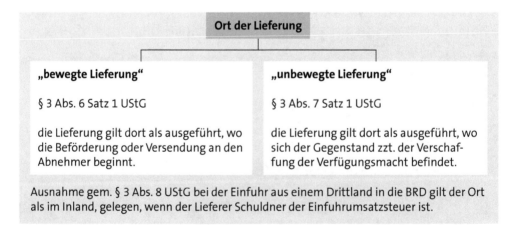

Ort der Lieferung	
„bewegte Lieferung"	**„unbewegte Lieferung"**
§ 3 Abs. 6 Satz 1 UStG	§ 3 Abs. 7 Satz 1 UStG
die Lieferung gilt dort als ausgeführt, wo die Beförderung oder Versendung an den Abnehmer beginnt.	die Lieferung gilt dort als ausgeführt, wo sich der Gegenstand zzt. der Verschaffung der Verfügungsmacht befindet.

Ausnahme gem. § 3 Abs. 8 UStG bei der Einfuhr aus einem Drittland in die BRD gilt der Ort als im Inland, gelegen, wenn der Lieferer Schuldner der Einfuhrumsatzsteuer ist.

03. Welche Sonderfälle gibt es bei der Bestimmung des Ortes der Lieferung?

§ 3c UStG – Innergemeinschaftlicher Versandhandel:

Voraussetzungen:

► Lieferer (oder ein von ihm Beauftragter) befördert oder versendet in einen anderen Mitgliedstaat

► Abnehmer ist Privatperson oder Unternehmer, der nur steuerfreie Umsätze ausführt.

Der Ort der Lieferung ist dort, wo die Beförderung oder Versendung endet. Dabei ist Voraussetzung, dass die Lieferschwelle in dem betreffenden Land überschritten sein muss und die Erwerbsschwelle nicht überschreitet.

Die Lieferschwelle in Deutschland beträgt 100.000 €, die anderen Länder sind im Abschnitt 3c.1.UStAE geregelt. Wird die Lieferschwelle nicht überschritten, ist eine Option bei einer Bindung für zwei Jahre gem. § 3c Abs. 4 UStG möglich.

Gesetzesänderung ab 01.07.2021
Die notwendigen Gesetze zur Abschaffung der Lieferschwellen und Einführung des **One-Stop-Shops (OSS)** wurden in Deutschland mit dem Entwurf zum Jahressteuergesetz 2020 bereits schriftlich fixiert.

Mit der Einführung des One-Stop-Shop entfallen die bisher bekannten Regelungen zu oben dargestellten Lieferschwellen. Die bekannte Versandhandel Regelung wird durch die sogenannte **Fernverkaufsregelung** ersetzt. Damit kommt es weiterhin zur Verlagerung des Lieferorts und damit der Umsatzsteuer in den Staat, in den die Ware gesandt wird. Jedoch gilt diese Regelung gänzlich unabhängig von den bisherigen Lieferschwellen. Es greift nur noch eine einheitliche, neue Schwellenwertregelung von 10.000 € pro Jahr.

Nicht unter diese Fernverkaufsregelungen fallen (wie bisher auch für die Lieferschwellenregelung ausgenommen) Lieferungen von Gebrauchtgegenständen, Kunstgegenständen, Sammlungsstücken und Antiquitäten sowie die Lieferungen von Gebrauchtfahrzeugen, die den eigens für diese geltenden Differenzbesteuerungsregelungen unterliegen.

§ 3g UStG – Lieferung von Gas und Elektrizität

Ort der Lieferung ist bei Lieferung an Wiederverkäufer deren Sitz und bei der Lieferung an andere Abnehmer der Ort der Nutzung oder des Verbrauchs.

§ 3f UStG – fiktive Lieferung i. S. d. § 3 Abs. 1b UStG
(Streichung des § 3f durch das Jahressteuergesetz 2019 ab 01.01.2020)

Ziel ist es, dass ein Unternehmer zur USt herangezogen wird, wenn er sich aus seinem Unternehmen selbst für private Zwecke versorgt. In diesem Fall ist der Ort der gegen Entgelt gleichgestellten Lieferungen derjenige, von dem aus der Unternehmer sein Unternehmen betreibt (Unternehmenssitzprinzip).

§ 3 Abs. 6 Satz 5 und 6/Abs. 7 Satz 2 UStG – Reihengeschäft

Schließen mehrere Unternehmer über denselben Gegenstand Umsatzgeschäfte ab, bei denen der Gegenstand unmittelbar vom ersten Unternehmer an den letzten Abnehmer gelangt, gibt es Sonderregelungen hinsichtlich des Orts der Lieferung.

Das so genannte Reihengeschäft ist gem. § 3 Abs. 6a UStG aufzuteilen in

- eine bewegte Lieferung (mit Warenbewegung)
- eine unbewegte Lieferung (ohne Warenbewegung).

Der Ort der Lieferung befindet sich bei der

- bewegten Lieferung am Beginn der Beförderung oder Versendung (§ 3 Abs. 6 Satz 1 UStG)
- unbewegten Lieferung:
  - wenn sie der Beförderungs- oder Versendungslieferung vorangeht, am Beginn der Beförderung oder Versendung (§ 3 Abs. 7 Satz 2 Nr. 1 UStG)
  - wenn sie der Beförderungs- oder Versendungslieferung folgt, am Ende der Beförderung oder Versendung (§ 3 Abs. 7 Satz 2 Nr. 2 UStG).

Änderungen Jahressteuergesetz 2019:
Nach § 3 Absatz 6 wird ein Absatz 6a eingefügt. Danach werden als Reihengeschäfte mehrere aufeinanderfolgende Lieferungen von Gegenständen bezeichnet, im Rahmen derer dieselben Gegenstände aus einem Mitgliedstaat in einen anderen Mitgliedstaat unmittelbar vom ersten Lieferer bis zum letzten Erwerber in der Reihe versandt oder befördert werden und somit eine einzige innergemeinschaftliche Beförderung bewirken. Zur Zuordnung der warenbewegten innergemeinschaftlichen Lieferung zu einer dieser Lieferungen wird auf die Transportveranlassung abgestellt.

04. Wie werden sonstige Leistungen im Umsatzsteuerrecht definiert?

Die sonstigen Leistungen sind im § 3 Abs. 9 UStG definiert. Eine sonstige Leistung ist jedes Tun, Dulden oder Unterlassen, das keine Lieferung ist.

Beispiele

- Dienstleistungen
- Vermittlungsleistungen
- Übertragung von Rechten
- Vermietung und Verpachtung, - Lizenzvergaben
- Werbung
- u. v. a. m.

05. Wo befindet sich der Ort der sonstigen Leistung?

Der Ort der sonstigen Leistung befindet sich gem. § 3a Abs. 1 UStG im Grundfall an dem Ort, von dem aus der Unternehmer sein Unternehmen betreibt. Jedoch sind in den § 3a Abs. 3 - 8 UStG viele Ausnahmen geregelt. Auszugsweise sind einige in der folgenden Übersicht dargestellt:

Ort der sonstigen Leistungen	
Grundsatz	**Ausnahmen**
Ort der sonstigen Leistung am Sitzort oder der Betriebsstätte des leistenden Unternehmers bei Leistungen an Nichtunternehmer (§ 3a Abs. 1 UStG) Ort der sonstigen Leistung am Sitzort der Betriebsstätte des Leistungsempfängers (§ 3a Abs. 2 UStG bei Leistungen an Unternehmer und diesen gleichgestellten juristischen Personen)	▸ Ort der sonstigen Leistung im Zusammenhang mit einem Grundstück (§ 3a Abs. 3 Nr. 1 UStG) ▸ Ort der kurzfristigen Vermietung eines Beförderungsmittels (§ 3a Abs. 3 Nr. 2 UStG) ▸ Ort der Tätigkeit (§ 3a Abs. 3 Nr. 3 UStG) ▸ Ort der Vermittlungsleistungen (§ 3a Abs. 3 Nr. 4 UStG) ▸ Ort der in § 3a Abs. 4 Satz 2 UStG bezeichneten sonstigen Leistungen ▸ Leistungskatalog des § 3a Abs. 4 Satz 2 Nr. 1 - 14 UStG ▸ Sonderfälle des Orts der sonstigen Leistung (§ 3a Abs. 6 - 8 UStG) a) Nutzung und Auswertung bestimmter sonstiger Leistungen im Inland (§ 3a Abs. 6 UStG) b) Kurzfristige Fahrzeugvermietung zur Nutzung im Drittlandsgebiet (§ 3a Abs. 7 UStG) c) Güterbeförderung, Beladen, Entladen, Umschlagen oder ähnliche mit der Beförderung eines Gegenstands im Zusammenhang stehende Leistungen, Arbeit an beweglichen körperlichen Gegenständen oder Begutachtung dieser Gegenstände, Reisevorleistungen i. S. d. § 25 Abs. 1 Satz 5 UStG, Veranstaltungsleistungen und Ausstellungen, Leistungen auf dem Gebiet der Telekommunikation (§ 3a Abs. 8 UStG).

Weitere Ausnahmen regeln die §§ 3b und 3e UStG:

- ▶ Ort der Beförderungsleistung und der damit zusammenhängenden sonstigen Leistung (§ 3b UStG):
  a) Ort einer Personenbeförderung und Ort der Güterbeförderung, die keine innergemeinschaftliche Güterbeförderung ist (§ 3b Abs. 1 UStG)
  b) Ort der Leistung, die im Zusammenhang mit einer Güterbeförderung steht (§ 3b Abs. 2 UStG)
  c) Ort der innergemeinschaftlichen Güterbeförderung (§ 3b Abs. 3 UStG).

- ▶ Ort der Restaurationsleistungen während einer Beförderung eines Schiffs, in einem Luftfahrzeug oder in einer Eisenbahn (§ 3e UStG).

06. Wie erfolgt die Klassifizierung als Lieferung oder sonstige Leistung?

3.7.2.3 Einfuhr von Gegenständen aus dem Drittland

01. Wie wird die Einfuhr von Gegenständen aus einem Drittland versteuert?

Bei der Einfuhr von Gegenständen aus einem Drittland in das inländische Zollgebiet wird die Einfuhr-Umsatzsteuer gem. § 1 Abs. 1 Nr. 4 UStG erhoben. Zollgebiet ist nach § 2 Abs. 1 Satz 2 Zollgesetz das deutsche Hoheitsgebiet, jedoch ohne die Zollausschlüsse, ohne die Zollfreigebiete und zuzüglich der österreichischen Gebiete Jungholz und Mittelberg (Zollanschlüsse). Es gelten die deutschen Steuersätze von derzeit 19 % bzw. 7 %. Die Einfuhr-Umsatzsteuer hat der deutsche Unternehmer an die zuständigen Zollbehörden zu zahlen. Ist der Unternehmer zur Vorsteuer abzugsberechtigt, kann er die gezahlte Einfuhr-Umsatzsteuer wie eine Vorsteuer von seiner Umsatzsteuerschuld abziehen.

3.7.2.4 Innergemeinschaftlicher Erwerb

01. Wann liegt ein innergemeinschaftlicher Erwerb vor und wie erfolgt die Besteuerung?

Ein innergemeinschaftlicher Erwerb liegt gem. § 1a UStG vor, wenn

- ▸ gem. § 1a Abs. 1 Nr. 1 UStG eine Warenbewegung von einem EU-Staat in einen anderen EU-Staat erfolgt beim Erwerb eines Gegenstandes und
- ▸ gem. § 1a Abs. 1 Nr. 2 der Erwerber Unternehmer ist und der Gegenstand für sein Unternehmen erworben wird und
- ▸ gem. § 1a Abs. 1 Nr. 3 UStG der Lieferer Unternehmer ist und die Lieferung im Rahmen seines Unternehmens gegen Entgelt erfolgt.

Nach § 3d UStG gelten für den innergemeinschaftlichen Erwerb zwei Erwerbsorte. Der innergemeinschaftliche Erwerb wird bewirkt:

1. in dem Gebiet des Mitgliedstaates, in dem sich der Gegenstand am Ende der Beförderung oder Versendung befindet (§ 3d Satz 1 UStG), und auch
2. in dem Gebiet eines anderen Mitgliedstaates, wenn der Erwerber gegenüber dem Lieferer eine UStIdNr. dieses Mitgliedstaates verwendet hat, bis der Erwerber nachweist, dass der Erwerb durch den in § 3d Satz 1 UStG bezeichneten Mitgliedstaat besteuert worden ist (§ 3d Satz 2 UStG).

02. Welche Ausnahmen sind beim innergemeinschaftlichen Erwerb zu beachten?

Bei einem bestimmten Erwerberkreis wird ein innergemeinschaftlicher Erwerb nicht angenommen, wenn ihr Erwerb unter einer Bagatellgrenze (Erwerbsschwelle) liegt. Die Erwerbsschwelle beträgt 12.500 € für den Gesamtbetrag der Entgelte für die Erwerbe aus allen Mitgliedstaaten (§ 1a Abs. 1 und 2 UStG).

Auf die Anwendung der Erwerbsschwelle kann gem. § 1a Abs. 4 UStG verzichtet werden. Eine entsprechende Erklärung bindet den Erwerber für zwei Jahre.

Unabhängig von der Erwerbsschwelle unterliegen die innergemeinschaftlichen Erwerbe neuer Fahrzeuge und verbrauchsteuerpflichtiger Waren (Mineralöle, Alkohol, alkoholische Getränke, Tabakwaren) stets der Erwerbsbesteuerung. Diese Erwerbe sind nicht in den Gesamtbetrag der Erwerbe aus allen Mitgliedstaaten einzubeziehen (§ 1a Abs. 5 UStG).

3.7.3 Steuerbefreiungen

01. Wie werden Steuerbefreiungen unterschieden?

Die meisten Steuerbefreiungen sind im § 4 UStG aufgeführt. Steuerbefreiungen werden nur dann wirksam, wenn sie an den Endverbraucher weitergegeben werden. Wird eine Lieferung oder sonstige Leistung an den Endverbraucher besteuert, werden alle Steuerbefreiungen auf den vorangegangenen Wirtschaftsstufen aufgehoben. Unterschieden werden folgende Steuerbefreiungen:

Mit Vorsteuerabzug:
Dazu gehören gem. § 15 Abs. 3 Nr. 1a UStG die Umsätze nach § 4 Nr. 1 - 7 UStG wie

▶ innergemeinschaftliche Lieferung (§ 6a UStG)

▶ befreite Ausfuhrlieferung (§ 6 UStG)

▶ grenzüberschreitender Güterbeförderungsverkehr

▶ Umsätze für Seeschifffahrt und Luftfahrt

▶ Leistungen an bestimmte internationale Organisationen.

Ohne Vorsteuerabzug und mit Optionsmöglichkeit:
(§ 15 Abs. 2 Nr. 1 UStG):
Dazu gehören gem. § 9 Abs. 1 UStG die Umsätze nach § 4 Nr. 8a - g, 9a, 12, 13 und 19 UStG wie:

▶ Umsätze im Geld- und Kapitalverkehr

▶ Umsätze, die unter das Grunderwerbsteuergesetz fallen

▶ Vermietung und Verpachtung von Grundstücken

▶ Leistungen im Zusammenhang mit Wohnungseigentum

▶ Umsätze der Blinden und Blindenwerkstätten.

Ohne Vorsteuerabzug und ohne Optionsmöglichkeit:
Dazu gehören gem. § 15 Abs. 2 UStG die Umsätze nach § 4 Nr. 8 - 28 UStG wie:

▶ Umsätze, die unter das Rennwett- und Lotteriegesetz fallen

▶ Leistungen aufgrund eines Versicherungsverhältnisses

▶ Umsätze der Bausparkassen- und Versicherungsvertreter

▶ Umsätze aus einer heilberuflichen Tätigkeit

▶ Umsätze der Krankenhäuser und ähnlicher Einrichtungen

▶ Lieferung von menschlichen Organen und Blut

▶ Lieferung von Gegenständen, für die der Vorsteuerabzug gem. § 15 Abs. 1a UStG ausgeschlossen ist oder wenn der Unternehmer die gelieferten Gegenstände ausschließlich für eine nach § 4 Nr. 8 - 27 UStG befreite Tätigkeit verwendet hat.

02. Wann liegt eine innergemeinschaftliche steuerfreie Lieferung vor?

Eine innergemeinschaftliche Lieferung ist steuerfrei gem. § 4 Nr. 1b UStG. Nach § 6a UStG müssen für die innergemeinschaftliche Lieferung folgende Voraussetzungen erfüllt werden:

- ▶ der Unternehmer oder Abnehmer befördert oder versendet den Gegenstand in das übrige Gemeinschaftsgebiet
- ▶ der Abnehmer ist ein Unternehmer, der den Gegenstand für sein Unternehmen erwirbt – davon ist i. d. R. auszugehen, wenn der Abnehmer seine USt-ID-Nummer. angibt und Art und Menge der erworbenen Gegenstände keinen Zweifel an der unternehmerischen Verwendung haben/oder Privatperson bei Erwerb eines Neufahrzeuges (§ 1b UStG)
- ▶ der Erwerb des Gegenstandes unterliegt beim Abnehmer der USt (als innergemeinschaftlicher Erwerb)
- ▶ ab 01.01.2020 ist die Angabe und Aufzeichnung der korrekten USt-ID-Nummer materiell-rechtliche Voraussetzung sowie die Abgabe einer zutreffenden ZM-Meldung.

Einer innergemeinschaftlichen Lieferung ist nach § 6 Abs. 2 UStG das innergemeinschaftliche Verbringen eines Gegenstandes in das übrige Gemeinschaftsgebiet gleichgestellt (§ 3a Abs. 1a UStG).

03. Welche Bedeutung hat die „einer Einfuhr vorangehende Lieferung" nach § 4 Nr. 4b UStG?

Steuerbefreit ist „die einer Einfuhr vorangehende Lieferung von Gegenständen, wenn der Abnehmer oder dessen Beauftragter den Gegenstand der Lieferung einführt".

Mit dieser Regelung werden Lieferungen befreit, die sich im Zollverfahren befinden, wenn der Abnehmer der Lieferung oder ein späterer Abnehmer dieses Zollverfahren beendet und den Gegenstand in das Inland einführt. Für den Abnehmer entsteht in diesem Zeitpunkt Einfuhrumsatzsteuer. Die wiederum ist nach § 15 Abs. 1 Satz 1 Nr. 2 UStG abzugsfähig. Die Besteuerung der vorangegangenen Lieferung wird letztlich durch die Erhebung der Einfuhrumsatzsteuer sichergestellt.

Die Voraussetzungen für die Steuerfreiheit müssen vom Unternehmer nachgewiesen werden.

04. Welche Sonderregelung gilt für den Versandhandel?

Nach § 3c UStG gilt für den Versandhandel eine Sonderregelung. Da bei den Abnehmern (Privatpersonen) des Versandhandels i. d. R. keine Besteuerung des innergemeinschaftlichen Erwerbs möglich ist, befindet sich der Ort der Lieferung dort, wo die Beförderung oder Versendung endet (Bestimmungslandprinzip). Die innergemeinschaftliche Lieferung wird im Bestimmungsland steuerbar. Steuerschuldner ist jedoch der Lieferer aus dem Ursprungsland. Diese Vorschrift ist nicht anzuwenden bei der Selbstabholung und bei der Lieferung neuer Fahrzeuge. Folgende Voraussetzungen müssen erfüllt sein:

- ▶ Lieferung aus einem Mitgliedstaat in einen anderen
- ▶ der Abnehmer muss entweder eine Privatperson oder ein Unternehmer, der nur steuerfreie Umsätze ausführt, oder ein Kleinunternehmer sein

▸ der Abnehmer darf, wenn er Unternehmer ist, weder die Erwerbsschwelle von 12.500 € überschreiten, noch auf ihre Anwendung verzichten

▸ der Gesamtbetrag der Entgelte, der den Lieferungen in einen Mitgliedstaat zuzurechnen ist, muss bei dem Lieferer im vorangegangenen oder voraussichtlich im laufenden Jahr die maßgebliche Lieferschwelle (in Deutschland 100.000 €) überschreiten.

 MERKE

Diese Neuerungen können allerdings erst dann umgesetzt werden, wenn auch die technischen Voraussetzungen geschaffen wurden. Ziel ist es, dass Unternehmer ihre im europäischen Ausland erzielten Umsätze über das OSS-Verfahren beim Bundeszentralamt für Steuern anmelden und die ausländische Umsatzsteuer über die deutsche Behörde abführen können. Voraussichtlich könnte eine Umsetzung der technischen Möglichkeiten bis zum 01.07.2021 erfolgen.

05. Wann gilt eine Lieferung als steuerfreie Ausfuhrlieferung?

Folgende Bedingungen müssen für eine steuerfreie Ausfuhrlieferung nach § 4 Nr. 1a und § 6 UStG erfüllt sein:

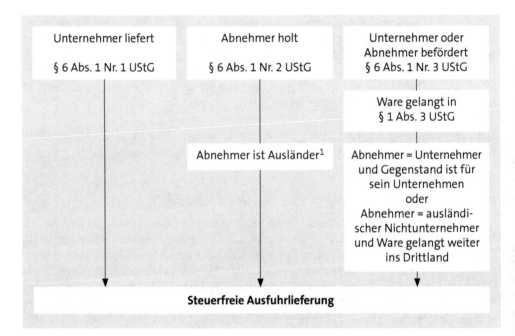

₁ Ein ausländischer Abnehmer ist nach § 6 Abs. 2 UStG ein Abnehmer, der seinen Wohnort oder Sitz im Ausland hat. Im Falle der Lieferung durch den Unternehmer liegt auch dann eine Ausfuhrlieferung vor, wenn der Wohnort oder Sitz des Abnehmers im Inland liegt.

Beispiel

Ein Fensterbauunternehmen in München hat an eine Berliner Baugesellschaft Fenster geliefert. Das Münchener Unternehmen befördert dabei die Fenster mit eigenem Fahrzeug direkt zu einer Baustelle der Berliner Baufirma in die Schweiz. Obwohl der Abnehmer seinen Sitz im Inland hat, liegt trotzdem eine Ausfuhrlieferung vor.

Für das Vorliegen einer steuerfreien Ausfuhrlieferung hat der Unternehmer Nachweise zu erbringen.

06. Was bedeutet „Lohnveredelungen an Ausfuhrgegenständen"?

Neben den Ausfuhrlieferungen sind nach § 4 Nr. 1a UStG auch Lohnveredelungen an Ausfuhrgegenständen steuerfrei. Eine Lohnveredelung liegt nach § 7 Abs. 1 UStG vor, wenn:

► der Auftraggeber einen Gegenstand zum Zweck der Be- oder Verarbeitung in das Gemeinschaftsgebiet eingeführt oder im Gemeinschaftsgebiet erworben hat und

► der Unternehmer den be- oder verarbeiteten Gegenstand in das übrige Drittland befördert oder versendet, oder

► der Auftraggeber den be- oder verarbeiteten Gegenstand in das übrige Drittland befördert oder versendet und ein ausländischer Auftraggeber ist, oder

► der Unternehmer den be- oder verarbeiteten Gegenstand in einen Freihafen befördert oder versendet und der Auftraggeber ein ausländischer Auftraggeber ist oder ein Unternehmer ist, der im Inland ansässig ist und den be- oder verarbeiteten Gegenstand für Zwecke seines Unternehmens verwendet.

Beispiel

Ein Unternehmen mit Sitz in der Schweiz exportiert Stoffe nach Deutschland und lässt diese in Stuttgart zu Planen verarbeiten. Der Stuttgarter Unternehmer versendet die fertigen Planen an seinen Auftraggeber in der Schweiz. Lohnveredeler ist der Stuttgarter Unternehmer. Er kann für seine Leistung die Steuerfreiheit nach § 4 Abs. 1a UStG i. V. m. § 7 UStG in Anspruch nehmen, wenn er die Voraussetzungen nachweist.

07. Wie wird der grenzüberschreitende Güterbeförderungsverkehr nach UStG behandelt?

Die grenzüberschreitende Beförderung von Gegenständen ist nach § 4 Nr. 3a UStG steuerfrei. Die Steuerbefreiung bezieht sich auf alle Beförderungsmittel. Dabei sind nur die inländischen Streckenabschnitte steuerbar aber steuerfrei. Dies betrifft sowohl die Beförderung vom Drittland in das Inland als auch umgekehrt.

Davon ausgenommen ist die innergemeinschaftliche Beförderung von Gegenständen nach § 3b Abs. 3 UStG, wenn die Beförderung in einem Mitgliedstaat beginnt und in einem anderen Mitgliedstaat endet. Diese wird an dem Ort ausgeführt, an dem die Beförderung beginnt.

08. Was bedeutet das Optionsrecht?

Unternehmer können steuerfreie Umsätze als steuerpflichtig behandeln, wenn die Umsätze an einen anderen Unternehmer für dessen Unternehmen ausgeführt werden. Die Option nach § 9 Abs. 1 UStG ist an keine Form oder Frist gebunden. Das bedeutet, eine Erklärung gegenüber dem Finanzamt ist nicht erforderlich. Aus den Aufzeichnungen muss jedoch ersichtlich sein, ob ein steuerfreier Umsatz als steuerpflichtig behandelt wurde. Der Unternehmer hat bei diesen Steuerbefreiungen (Umsätze nach § 4 Nr. 8a - g, 9a, 12, 13, 19 UStG) die Möglichkeit, seine Entscheidung jeweils für den einzelnen Umsatz zu treffen. Optiert der Unternehmer bei einem bestimmten Umsatz zur Steuerpflicht, ist er auch zum Vorsteuerabzug berechtigt.

Von der Optionsmöglichkeit sind ausgeschlossen:

- ▶ Kleinunternehmer, die für ihre Umsätze den § 19 Abs. 1 UStG in Anspruch nehmen
- ▶ Land- und Forstwirte, die ihre Umsätze nach § 24 UStG versteuern.

Bei Grundstücksvermietungen i. S. d. § 4 Nr. 12a UStG ist die Optionsmöglichkeit gem. § 9 Abs. 2 UStG zusätzlich eingeschränkt.

Ferner ist der § 9 UStG in den Fällen der unentgeltlichen Wertabgaben nicht anzuwenden.

Beispiele

- ▶ Vermietung eines Büros ein an ein Bauunternehmen – Option möglich
- ▶ Vermietung eines Büros an einen Heilberufler – keine Option möglich
- ▶ Vermietung von Wohnungen an Nichtunternehmer – keine Option möglich.

3.7.4 Bemessungsgrundlage für das Entgelt

01. Was ist die Bemessungsgrundlage bei Lieferungen und sonstigen Leistungen?

Die Bemessungsgrundlage bei Lieferungen und sonstigen Leistungen i. S. d. § 1 Abs. 1 Nr. 1 UStG ist das Nettoentgelt gem. § 10 Abs. 1 UStG.

02. Wie wird das Entgelt ermittelt?

Gemäß § 10 Abs. 1 Satz 2 UStG ist das Entgelt alles, was den Wert der Gegenleistung bildet, die der leistende Unternehmer vom Leistungsempfänger oder von einem anderen als dem Leistungsempfänger für die Leistung erhält oder erhalten soll, jedoch abzüglich der für diese Leistung gesetzlich geschuldeten Umsatzsteuer. Auch unmittelbar mit dem Preis dieser Umsätze zusammenhängenden Subventionen gehören zum Entgelt. Nicht zum Entgelt gehören Zahlungsabzüge sowie durchlaufende Posten.

Das Entgelt muss in einem inneren Zusammenhang zu der empfangenen Leistung stehen (beim echten Schadensersatz oder Mitgliedsbeiträgen fehlen z. B. innere Zusammenhänge).

Die Höhe der Gegenleistung richtet sich nach der gesamten Gegenleistung, einschließlich etwaiger Nebenleistungen. Zuzahlungen seitens eines Dritten gehören nach § 10 Abs. 1 Satz 3 UStG ebenfalls zum Entgelt. Auch vom Erwerber geschuldete oder entrichtete Verbrauchssteuern werden in das Entgelt mit einbezogen.

03. Was gehört zum Entgelt bei einer unentgeltlichen Lieferung/sonstigen Leistung?

Bei unentgeltlicher Lieferung nach § 3 Abs. 1b UStG (Gegenstandsentnahme, Sachzuwendungen an Personal u. a.) richtet sich die Bemessungsgrundlage gem. § 10 Abs. 4 Nr. 1 UStG nach:

▸ dem Einkaufspreis zuzüglich der Nebenkosten für den entnommenen oder zugewendeten Gegenstand

▸ den Selbstkosten zum Zeitpunkt des Umsatzes, wenn kein Einkaufspreis vorliegt.

Dies gilt nur, wenn für den Gegenstand oder seine Bestandteile der volle oder teilweise Vorsteuerabzug in Anspruch genommen wurde.

Bei unentgeltlichen sonstigen Leistungen nach § 3 Abs. 9a Nr. 1 UStG (Verwendung eines dem Unternehmen zugehörigen Gegenstandes) gehören in die Bemessungsgrundlage solche Ausgaben, die zum vollen oder teilweisen Vorsteuerabzug berechtigt haben (§ 10 Abs. 4 Nr. 2 UStG).

Für die unentgeltlichen sonstigen Leistungen nach § 3 Abs. 9a Nr. 2 UStG sind in die Bemessungsgrundlage alle bei der Ausführung entstandenen Ausgaben, einschließlich der Ausgaben, die nicht mit Vorsteuer behaftet waren, gem. § 10 Abs. 4 Nr. 3 UStG einzubeziehen.

Beispiel

Ein Arbeitnehmer wird mit Arbeiten im privaten Haus des Unternehmers beauftragt. Die anfallenden Lohnkosten sind mit in die Bemessungsgrundlage einzubeziehen.

04. Was ist bei der privaten Kfz-Nutzung umsatzsteuerlich zu beachten?

Liegt eine nichtunternehmerische Nutzung von Fahrzeugen, die dem Unternehmensvermögen zugeordnet wurden, durch den Unternehmer vor, ist eine unentgeltliche Wertabgabe nach § 3 Abs. 9a Nr. 1 UStG zu versteuern.

Zur Ermittlung der Aufwendungen, die auf die private Nutzung entfallen, kann der Unternehmer

1. ein Fahrtenbuch führen oder

2. die 1 %-Regelung anwenden oder

3. es werden die Aufwendungen geschätzt (Verwaltungsvorgabe mit mindestens 50 %igem Privatanteil).

Fahrtenbuchregelung:
Führt der Unternehmer ordnungsgemäß ein Fahrtenbuch, so können die nachgewiesenen tatsächlichen Kosten anhand des Verhältnisses der unternehmerischen Nutzung zur privaten Nutzung aufgeteilt werden. Dabei ist zu prüfen, ob alle Kosten zum Vorsteuerabzug berechtigt sind. So werden z. B. Kfz-Steuer oder Versicherungen nicht in die Bemessungsgrundlage einbezogen. Wurde das Fahrzeug von einem Privatmann oder einem Kleinunternehmer gem. § 19 UStG erworben, wird die Abschreibung ebenfalls nicht in die Bemessungsgrundlage einbezogen.

Beispiel

Gesamtaufwendungen eines Betriebs-Pkw im Jahr:
Abschreibung	6.600 €
Laufende Kfz-Aufwendungen/Jahr	5.600 €
Versicherung/Jahr	1.100 €
Kfz-Steuern/Jahr	500 €

Das Fahrzeug wurde zu 30 % privat genutzt. Die Anschaffung erfolgte über ein Autohaus.

Die mit USt belasteten Aufwendungen - 12.200 € • 30 % Privatnutzung = 3.660 € • 19 % USt von 3.660 € = 586 €.

1 %-Regelung (nur anwendbar bei Privatnutzung < 50 %):
Liegt kein Fahrtenbuch oder sonstige geeignete Unterlagen vor, wird aus Vereinfachungsgründen die so genannte 1 %-Regelung angewandt. Dazu wird nach § 6 Abs. 1 Nr. 4 Satz 2 EStG 1 % des auf 100 € abgerundeten inländischen Bruttolistenpreises des Neufahrzeuges zuzüglich der Kosten für Sonderausstattungen pro Monat herangezogen. Da nicht alle Kfz-Kosten mit Vorsteuer belastet sind, wird ein pauschaler Abschlag von 20 % gewährt.

(Halbierung bzw. Viertelung der Bemessungsgrundlage bei Elektrofahrzeugen oder extern aufladbaren Hybridelektrofahrzeugen)

Beispiel

Der Bruttolistenpreis beträgt bei einem Betriebs-Pkw	40.000,00 €
davon 1 % 400 € • 12 Monate =	4.800,00 €
davon 80 %	3.840,00 €
+ 19 % USt	+ 729,60 €

Die USt beträgt monatlich 60,80 €.

Analog sind die drei Methoden bei der Berechnung der Bemessungsgrundlage bei Überlassung von Fahrzeugen an das Personal anzuwenden, aber die USt wird auf 100 % angerechnet.

05. Für welche Umsätze gilt die Mindestbemessungsgrundlage?

Ist das für bestimmte Umsätze zu entrichtende Entgelt niedriger als die nach § 10 Abs. 4 UStG in Betracht kommenden Werte oder Kosten für gleichartige unentgeltliche Leistungen, so ist als Mindestbemessungsgrundlage nach § 10 Abs. 5 UStG anzusetzen:

► der Einkaufspreis für den Gegenstand zuzüglich der Nebenkosten oder
► die Selbstkosten zum Zeitpunkt des Umsatzes, wenn kein Einkaufspreis vorliegt.

Die Mindestbemessungsgrundlage gilt nur für folgende Umsätze:

► Umsätze von Körperschaften und Personenvereinigungen an ihre Anteilseigner
► Gesellschafter, Mitglieder und Teilhaber oder diesen nahe stehende Personen
► Umsätze von Einzelunternehmern an ihnen nahe stehende Personen
► Umsätze von Unternehmern an ihr Personal oder dessen Angehörige aufgrund eines Dienstverhältnisses.

Diese Regelung stellt Umsätze an einen bestimmten Abnehmerkreis den unentgeltlichen Wertabgaben gleich.

06. Wie wird die Bemessungsgrundlage beim innergemeinschaftlichen Erwerb, innergemeinschaftlichen Verbringen und bei der Einfuhr ermittelt?

Innergemeinschaft-licher Erwerb	▶ wird nach dem Entgelt bemessen
	▶ Verbrauchsteuern, die nicht im Entgelt enthalten sind, aber vom Erwerber geschuldet oder entrichtet werden, sind in die Bemessungsgrundlage mit einzubeziehen.
Innergemeinschaft-liches Verbringen	▶ Umsatz wird nach den gleichen Grundsätzen wie bei unentgeltlichen Wertabgaben bemessen.
	▶ Bemessungsgrundlage ist der Einkaufspreis zuzüglich Nebenkosten oder Selbstkosten im Zeitpunkt der Verbringung.
3. Einfuhr	▶ Einfuhrumsatzsteuer wird nach § 11 UStG nach dem Zollwert bzw. im Falle der Veredelung nach dem zu zahlenden Entgelt bemessen.
	▶ Hinzuzurechnen sind, soweit noch nicht enthalten, die auf den Gegenstand entfallenden Kosten für Vermittlung der Lieferung und Kosten für die Beförderung sowie für andere sonstige Leistungen bis zum ersten Bestimmungsort im Gemeinschaftsgebiet, sofern dieser im Zeitpunkt des Entstehens der Einfuhrumsatzsteuer feststeht und die geschuldeten Beträge an Einfuhrabgaben, Steuern und sonstige Abgaben.

3.7.5 Steuersätze

01. Wie hoch ist der allgemeine Steuersatz?

Der Regelsteuersatz, der grundsätzlich auf die Bemessungsgrundlage anzuwenden ist, beträgt 19 % gem. § 12 Abs. 1 UStG.[1]

02. Für welche Umsätze gilt der ermäßigte Steuersatz?

Der ermäßigte Steuersatz beträgt 7 % und gilt für alle im § 12 Abs. 2 UStG aufgeführten Umsätze. Der ermäßigte Steuersatz gilt auch für unselbstständige Nebenleistungen einer Hauptleistung, die unentgeltliche Wertabgabe, die Einfuhr und den innergemeinschaftlichen Erwerb, der in der Anlage 2 UStG bezeichneten Gegenstände.

3.7.6 Entstehung und Fälligkeit der Steuer

01. Was ist die „Besteuerung nach vereinbarten Entgelten"?

Die Besteuerung nach vereinbarten Entgelten (§ 16 Abs. 1 Satz 1 UStG), die sog. **Sollversteuerung**, entsteht grundsätzlich mit Ablauf des Voranmeldungszeitraumes, in dem die Lieferung oder sonstige Leistung ausgeführt worden ist (§ 13 Abs. 1 Nr. 1a Satz 1).

---

[1] Als kurzfristige Maßnahmen zur Eindämmung der wirtschaftlichen Auswirkungen der COVID-19 Pandemie, wurden die Steuersätze von 19 % und 7 % auf 16 % und 5 % herabgesetzt. Da für die überwiegenden Lieferungen und Leistungen ab dem 01.01.2021 wieder die bekannten Steuersätze gelten wird dies nicht vertiefend erläutert.

Das gilt auch für Teilleistungen, wenn für bestimmte Teile einer wirtschaftlich teilbaren Leistung das Entgelt besonders vereinbart wird (§ 13 Abs. 1 Nr. 1a Sätze 2 und 3).

Bei der Sollversteuerung ist allein der Zeitpunkt der Leistung entscheidend. Die Entrichtung der Gegenleistung (Entgelt) ist ohne Bedeutung.

Wird jedoch vor Ausführung der Leistung oder Teilleistung das Entgelt oder ein Teil des Entgelts vereinnahmt, so entsteht die Steuer mit Ablauf des Voranmeldungszeitraums, in dem das Entgelt oder Teilentgelt vereinnahmt worden ist.

02. Wie erfolgt die Berechnung der Steuer „nach vereinnahmten Entgelten"?

Die Entstehung der Steuer nach vereinnahmten Entgelten (§ 20 UStG), die sog. **Istversteuerung**, beginnt mit Ablauf des Voranmeldungszeitraums, in dem die Entgelte vereinnahmt worden sind (§ 13 Abs. 1 Nr. 1b UStG).

Das Finanzamt kann nach § 20 Abs. 1 UStG auf Antrag die Istversteuerung gestatten, wenn

- der Gesamtumsatz im vorangegangenen Kalenderjahr nicht mehr als 500.000 € betrug oder
- der Unternehmer von der Verpflichtung, Bücher zu führen und Abschlüsse aufzustellen nach § 148 AO befreit ist oder
- der Unternehmer Umsätze aus einer Tätigkeit als Angehöriger eines freien Berufes i. S. d. § 18 Abs. 1 Nr. 1 EStG erzielt und die Steuer nach den vereinnahmten Entgelten berechnet.

03. Welche sonstigen Tatbestände sind bei der Entstehung der Steuer zu berücksichtigen?

Im Übrigen entsteht die Steuer:

- bei unentgeltlichen Wertabgaben i. S. d. § 3 Abs. 1b und 9a UStG mit Ablauf des Voranmeldungszeitraums, in dem diese Leistung ausgeführt worden ist (§ 13 Abs. 1 Nr. 2 UStG).
- für den innergemeinschaftlichen Erwerb i. S. d. § 1a UStG mit Ausstellung der Rechnung, spätestens jedoch mit Ablauf des dem Erwerb folgenden Monats (§ 13 Abs. 1 Nr. 6 UStG).

Beispiel

Der innergemeinschaftliche Erwerb wird am 20.04.01 bewirkt. Die Rechnung wird erst am 30.06.01 ausgestellt. Die Steuerschuld entsteht mit Ablauf des 31.05.01.

- für den innergemeinschaftlichen Erwerb neuer Fahrzeuge durch Privatpersonen i. S. d. § 1b UStG am Tag des Erwerbs (§ 13 Abs. 1 Nr. 7 UStG)

- im Fall des § 6a Abs. 4 Satz 2 UStG in dem Zeitpunkt, in dem die innergemeinschaftliche Lieferung ausgeführt wird (§ 13 Abs. 1 Nr. 8 UStG).

3.7.7 Steuerschuldner

01. Wer ist Steuerschuldner nach § 13a UStG?

Schuldner der Umsatzsteuer gegenüber dem Steuergläubigern (Bund und Länder) ist gem. § 13a UStG:

- bei Lieferungen und sonstigen Leistungen nach § 1 Abs. 1 Nr. 1 UStG und beim erhöhten Steuerausweis nach § 14c Abs. 1 UStG der Unternehmer

- bei zu Unrecht ausgewiesener Umsatzsteuer nach § 14c Abs. 2 UStG der Aussteller der Rechnung

- beim innergemeinschaftlichem Erwerb nach § 1 Abs. 1 Nr. 5 UStG der Erwerber

- im Fall des § 6a Abs. 4 UStG der Abnehmer der innergemeinschaftlichen Lieferung

- beim innergemeinschaftlichem Dreiecksgeschäft nach § 25b Abs. 2 UStG der letzte Abnehmer

- beim Umsatzsteuerlager nach § 4 Nr. 4a Buchst. a UStG der Auslagerer und ggf. auch der Lagerhalter, wenn der seinen Aufzeichnungspflichten nicht oder nicht zutreffend nachkommt.

02. Was bedeutet Steuerschuldnerschaft des Leistungsempfängers?

Abweichend vom § 13a UStG regelt der § 13b UStG eine gesonderte Steuerschuldnerschaft des Leistungsempfängers. Das gilt für folgende steuerpflichtige Umsätze:

- Werklieferungen und sonstige Leistungen eines im Ausland ansässigen Unternehmers

- Lieferung sicherungsübereigneter Gegenstände

- Umsätze, die unter das Grunderwerbsteuergesetz fallen (im Falle einer wirksamen Option zur Steuerpflicht durch den Lieferer)
  - Leistungsempfänger = Unternehmer oder juristische Person des öffentlichen Rechts

- Werklieferungen und sonstige Leistungen, die in der Herstellung, Instandsetzung, Instandhaltung, Änderung oder Beseitigung von Bauwerken dienen, mit Ausnahme von Planungs- und Überwachungsleistungen
  - Leistungsempfänger = bauleistender Unternehmer

- Lieferungen von Gas und Elektrizität eines im Ausland ansässigen Unternehmers unter den Bedingungen des § 3g UStG
  - Leistungsempfänger = Unternehmer

- ► Übertragung von Berechtigungen (§ 13b Abs. 2 Nr. 6 UStG)

- ► Reinigen von Gebäuden und Gebäudeteilen (§ 13b Abs. 2 Nr. 8 UStG)

- ► Lieferung von Gold (§ 13b Abs. 2 Nr. 9 UStG)

- ► Lieferung von Mobilfunkgeräten (§ 13b Abs. 2 Nr. 10 UStG).

Diese Regelung gilt auch für Kleinunternehmer nach § 19 UStG, pauschalisierende Land- und Forstwirte nach § 24 UStG und Unternehmer, die steuerfreie Umsätze tätigen und auch, wenn die Leistung für den nichtunternehmerischen Bereich bezogen wird.

Der UStAE wird durch das „Kroatien-Gesetz" an die Modifikationen bei der Steuerschuldnerschaft bei Bauleistungen angepasst, die seit 01.10.2014 unabhängig davon auf den bauleistenden Unternehmer als Leistungsempfänger übergeht, ob dieser die erhaltene Bauleistung für von ihm erbrachte Bauleistungen verwendet. Maßgeblich ist ausschließlich, ob der Leistungsempfänger als Unternehmer nachhaltig Bauleistungen erbringt. In der Anlage 4 des UStG sind die Edelmetalle und unedlen Metalle aufgelistet, deren Lieferung an einen Unternehmer zum Übergang der Steuerschuldnerschaft führt.

Zudem wird im Gesetz geklärt, wie die seit 01.10.2014 geltende Neuregelungen sowohl bei Lieferung von Edelmetallen/unedlen Metallen (sowie bei Tablet-Computern und Spielekonsolen) und bei Bauleistungen im Falle von Abrechnungen über Abschlagszahlungen bzw. deren Berichtigung vor dem 01.10.2014 oder im Falle von Abrechnungen nach dem 30.09.2014 für vor dem 01.10.2014 erbrachte Leistungen anzuwenden ist.

03. Wann entsteht die Steuer nach § 13b UStG?

Die vom Leistungsempfänger geschuldete Steuer entsteht mit Ausstellung der Rechnung, spätestens mit Ablauf des Kalendermonats, der auf die Ausführung der Leistung folgt (§ 13b Abs. 1 Satz 1 UStG). Das gilt auch für Teilleistungen. Bemessungsgrundlage ist der in der Rechnung oder Gutschrift ausgewiesene Betrag ohne Umsatzsteuer. Bei der Berechnung ist der Steuersatz zu berücksichtigen, der sich für den maßgeblichen Umsatz nach § 12 UStG ergibt.

Der Leistungsempfänger kann die von ihm nach § 13b Abs. 2 UStG errechnete und geschuldete Umsatzsteuer gem. § 15 UStG als Vorsteuer abziehen, wenn er die Lieferung oder sonstige Leistung für sein Unternehmen bezieht und zur Ausführung von Umsätzen verwendet, die den Vorsteuerabzug nicht ausschließen.

Nach § 14a Abs. 4 UStG muss der Leistende eine Rechnung mit Hinweis auf die Steuerschuldnerschaft des Empfängers ausstellen.

04. Wer haftet bei Abtretung, Verpfändung oder Pfändung von Forderungen für die in der Forderung enthaltene Umsatzsteuer?

Die Haftungstatbestände sind im § 13c UStG geregelt. Danach haftet der Abtretungsempfänger (§ 13c Abs. 1 UStG), wenn:

- ► ein leistender Unternehmer den Anspruch auf die Gegenleistung für einen steuerpflichtigen Umsatz an einen anderen Unternehmer abgetreten hat und

- ► die festgesetzte Steuer, bei deren Berechnung dieser Umsatz berücksichtigt worden ist, bei Fälligkeit nicht oder nicht vollständig entrichtet hat.

3.7.8 Ausstellung von Rechnungen

01. Wie definiert das Umsatzsteuerrecht den Begriff „Rechnung"?

Eine Rechnung ist nach § 14 Abs. 1 Satz 1 UStG jedes Dokument, mit dem über eine Lieferung oder sonstige Leistung abgerechnet wird, gleichgültig, wie diese Urkunde im Geschäftsverkehr bezeichnet wird.

02. Welche Angaben muss eine Rechnung enthalten?

Folgende Angaben müssen nach § 14 Abs. 4 UStG in einer Rechnung enthalten sein:

1. vollständiger **Name** und vollständige **Anschrift des leistenden Unternehmers** und des **Leistungsempfängers**

2. die dem leistenden Unternehmer vom Finanzamt erteilte **Steuernummer** oder die vom Bundesamt für Finanzen erteilte **UStIdNr.**

3. das **Ausstellungsdatum**

4. eine **fortlaufende Rechnungsnummer**

5. die **Menge und die Art** (handelsübliche Bezeichnung) der gelieferten Gegenstände oder den Umfang und die Art der sonstigen Leistung

6. der **Zeitpunkt der Lieferung** oder der sonstigen Leistung oder der Vereinnahmung des Entgelts oder eines Teils des Entgelts in den Fällen des § 14 Abs. 5 Satz 1 UStG, sofern dieser Zeitpunkt feststeht und nicht mit dem Ausstellungsdatum identisch ist

7. das nach Steuersätzen und einzelnen Steuerbefreiungen aufgeschlüsselte **Entgelt für die Lieferung** oder sonstige Leistung (§ 10 UStG) sowie jede im Voraus vereinbarte Minderung des Entgelts, sofern sie nicht im Entgelt berücksichtigt ist

8. der anzuwendende **Steuersatz** sowie der auf das Entgelt entfallende Steuerbetrag oder im Fall der Steuerbefreiung einen Hinweis darauf, dass für die Lieferung oder sonstige Leistung eine Steuerbefreiung gilt

9. in den Fällen des § 14b Abs. 1 Satz 5 UStG einen **Hinweis auf die Aufbewahrungspflicht** des Leistungsempfängers.

Der § 14 Abs. 6 UStG regelt i. V. m. den §§ 31 - 34 UStDV allgemeine Erleichterungen für die Angaben in der Rechnung und spezielle Erleichterungen für die Rechnungsausstellung bei Rechnungen über Kleinbeträge, die 250 € nicht übersteigen, und Fahrausweisen.

03. Wann kann eine Rechnung berichtigt werden?

Eine Rechnung kann gem. § 14 Abs. 6 Nr. 5 UStG i. V. m. § 31 Abs. 5 UStDV berichtigt werden, wenn:

► sie nicht alle Angaben nach § 14 Abs. 4 oder § 14a UStG enthält

  oder

► Angaben in der Rechnung unzutreffend sind.

Die Berichtigung kann nur durch den Rechnungsaussteller selbst vorgenommen werden und muss durch ein Dokument erfolgen, das sich spezifisch und eindeutig auf die Ursprungsrechnung bezieht.

Mit dem Jahressteuergesetz 2020 hat der Gesetzgeber eine Neuregelung in § 14 Abs. 4 Satz 4 UStG geschaffen. Die Neuregelung stellt klar, dass „die Berichtigung einer Rechnung um fehlende oder unzutreffende Angaben" kein rückwirkendes Ereignis i. S. d. § 175 Abs. 1 Satz 1 Nr. 2 AO und § 233a Abs. 2a AO darstellt.

04. Welche Besonderheiten gelten bei Gutschriften?

Seit dem 01.07.2013 soll die Rechnungskorrektur nicht mehr Gutschrift heißen. Das betrifft eine zuvor ergangene Rechnung. Eine teilweise oder ganze Rücknahme einer zuvor ergangenen höheren Abrechnung führt zu einer normalen Rechnungsberichtigung (BMF-Schreiben vom 25.10.2013 – IV D 2 – S 7280/12/10002).

Diese Rechnungskorrekturen sollten künftig als Rechnungsberichtigung, Teilstorno- bzw. Stornorechnung bezeichnet werden.

Ausnahme von dieser Regelung ist, wenn der Leistungsempfänger die Abrechnung selbst schreibt. In diesem Fall muss die „Gutschrift" als Pflichtangabe auf der Rechnung stehen.

Eine Gutschrift des Leistungsempfängers gilt als Rechnung, wenn folgende Voraussetzungen nach § 14 Abs. 2 Satz 3 UStG erfüllt sind:

► Aussteller und Empfänger sind sich einig, dass mit der Gutschrift abgerechnet wird.
► Alle Angaben nach § 4 Abs. 4 UStG müssen in der Gutschrift enthalten sein.
► Die Gutschrift muss dem leistenden Unternehmer zugeleitet worden sein.
► Der Empfänger widerspricht der Gutschrift nicht.

05. Welche zusätzlichen Pflichten sind bei der Ausstellung von Rechnungen in besonderen Fällen zu beachten?

Die Ausstellung von Rechnungen in besonderen Fällen ist im § 14a UStG geregelt.

Für folgende Lieferungen und sonstige Leistungen schreibt das UStG zusätzliche Angaben vor:

- bei innergemeinschaftlichen Lieferungen i. S. d. § 6a UStG hat der innergemeinschaftliche Lieferer zusätzlich seine eigene UStIDNr. und die des Abnehmers anzugeben und auf die Steuerfreiheit hinzuweisen

- bei Lieferungen im Rahmen der sogenannten Versandhandelsregelung i. S. d. § 3c UStG, die im Inland zu versteuern sind, muss die Rechnungsausstellung mit gesondert ausgewiesener deutscher USt erfolgen, auch wenn der Abnehmer kein Unternehmer ist

- bei innergemeinschaftlichen Lieferungen von neuen Fahrzeugen an Privatpersonen müssen zusätzliche Angaben, wie z. B. der Tag der ersten Inbetriebnahme und Kilometerstand beim Erwerb, enthalten sein

- beim innergemeinschaftlichen Dreiecksgeschäft (§ 25b UStG) muss ein Hinweis auf ein Dreiecksgeschäft gegeben sein und, dass der letzte Abnehmer Steuerschuldner ist.

06. Welche Fristen gelten für die Aufbewahrung von Rechnungen?

Nach § 14b Abs. 1 Satz 1 UStG ist der Unternehmer verpflichtet, ein Doppel der Rechnungen, die er selbst ausgestellt hat, sowie Rechnungen, die er erhalten hat, zehn Jahre lang aufzubewahren.

Empfänger einer steuerpflichtigen Werklieferung oder sonstigen Leistung im Zusammenhang mit einem Grundstück sind gem. § 14b Abs. 1 Satz 5 UStG verpflichtet, die Rechnung, einen Zahlungsbeleg oder eine andere beweiskräftige Urkunde zwei Jahre aufzubewahren, soweit er

- nicht Unternehmer ist oder

- Unternehmer ist, aber die Leistung für seinen nichtunternehmerischen Bereich verwendet.

07. Wann liegt der Tatbestand eines unrichtigen Steuerausweises vor?

Ein unrichtiger Steuerausweis liegt vor, wenn ein Unternehmer in einer Rechnung für eine Lieferung oder sonstige Leistung einen höheren Steuerbetrag gesondert ausweist, als er nach dem UStG für diesen Umsatz schuldet. Liegt dieser Tatbestand vor, so schuldet der Unternehmer auch diesen Mehrbetrag nach § 14c Abs. 1 Satz 1 UStG. Dies gilt auch, wenn ein Steuerausweis bei steuerfreien oder nicht steuerbaren Leistungen erfolgt (Abschnitt 14c.1 Abs. 1 Satz 5 und 6 UStAE).

08. Wie erfolgt die Berichtigung des unrichtigen Steuerausweises?

Nach § 14c Abs. 1 Satz 2 besteht die Möglichkeit, einen zu hoch ausgewiesenen Steuerbetrag gegenüber dem Leistungsempfänger zu berichtigen (§ 17 UStG). Die Berichtigung ist schriftlich zu erklären.

Beispiel

Ein Unternehmer berechnet für eine Lieferung die Umsatzsteuer mit 19 %, obwohl er nach § 12 Abs. 2 UStG nur 7 % schuldet.

	Ausgangsrechnung:	
	Entgelt	100,00 €
+	19 % USt	19,00 €
=	Rechnungsbetrag	119,00 €.

a) Wird der Rechnungsbetrag um die zu hoch ausgewiesene Steuer herabgesetzt, ergibt sich folgende berichtigte Rechnung:

	Entgelt	100,00 €
+	7 % USt	7,00 €
=	Rechnungsbetrag	107,00 €.

b) Bleibt der Rechnungsbetrag in der berichtigten Rechnung unverändert, muss die richtige Steuer aus der Ausgangsrechnung herausgerechnet werden:

	Rechnungsbetrag	119,00 €
	daraus 7 % USt	7,79 €
=	Rechnungsbetrag ohne Steuer	111,21 €

Berichtigte Rechnung:

	Entgelt	111,21 €
+	7 % USt	7,79 €
=	Rechnungsbetrag	119,00 €.

Wird die Option nach § 9 UStG rückgängig gemacht oder Umsatzsteuer im Rahmen einer nicht steuerbaren Geschäftsveräußerung ausgewiesen, muss die Zustimmung des Finanzamtes nach § 14c Abs. 1 Satz 3 (Berichtigung des Steuerbetrages nur im Falle der Beseitigung der Gefährdung des Steueraufkommens) eingeholt werden.

09. Was ist unberechtigter Steuerausweis und wie erfolgt die Berichtigung?

Ein unberechtigter Steuerausweis liegt vor, wenn jemand in einer Rechnung einen Steuerbetrag gesondert ausweist, obwohl er dazu nicht berechtigt ist.

Dieser Steuerbetrag wird geschuldet nach § 14c Abs. 2 Satz 1 UStG.

Diese Regelung betrifft Kleinunternehmer und Nichtunternehmer, aber auch Unternehmer, die Rechnungen mit gesondertem Steuerausweis erteilen für Leistungen, die nicht im Rahmen der Unternehmung ausgeführt worden sind (z. B. Verkauf eines Gegenstandes aus dem Privatbereich).

Der unberechtigte Steuerausweis kann nach § 17 Abs. 1 UStG berichtigt werden, wenn und soweit die Gefährdung des Steueraufkommens beseitigt wurde (Vorsteuerabzug beim Empfänger der Rechnung wurde nicht durchgeführt oder die geltend gemachte Vorsteuer zurückgezahlt). Hierzu ist ein schriftlicher Antrag beim Finanzamt und dessen Zustimmung erforderlich (§ 14c Abs. 2 Sätze 3 - 5).

Die wegen unrichtigen (§ 14c Abs. 1 UStG) bzw. unberechtigten (§ 14c Abs. 2 UStG) Steuerausweises geschuldete Steuer entsteht im **Zeitpunkt der Ausgabe der Rechnung**.

3.7.9 Steuerberechnung, Besteuerungszeitraum und Einzelbesteuerung

01. Nach welchen Arten erfolgt die Steuerberechnung?

Die Entstehung der Steuerschuld ist im § 13 UStG geregelt:

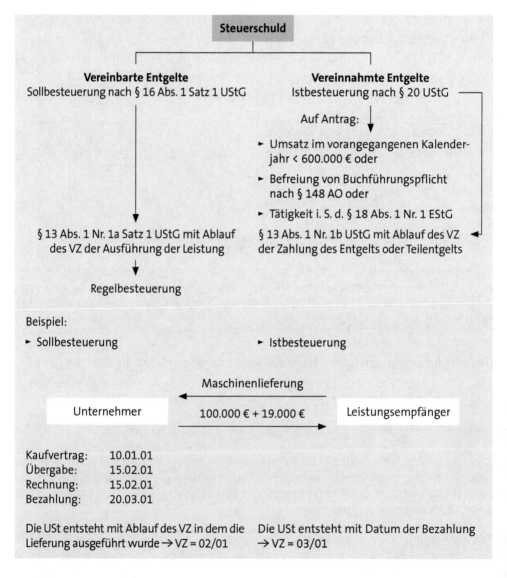

02. Welche Besonderheiten müssen bei Anzahlungen beachtet werden?

Anzahlungen sind Entgelte oder Teilentgelte, die der Unternehmer von seinem Kunden vereinnahmt, bevor er die Leistung vollendet hat. Anzahlungen sind gem. § 13 Abs. 1 Nr. 1a) nach dem Prinzip der Istbesteuerung zu versteuern.

Erfolgt die Endrechnung, mit der ein Unternehmer über die ausgeführte Leistung insgesamt abrechnet, müssen die vor Ausführung der Leistung vereinnahmten Entgelte oder Teilentgelte sowie die hierauf entfallenden Steuerbeträge abgesetzt werden, wenn über diese Entgelte oder Teilentgelte Rechnungen mit gesondertem Steuerausweis erteilt worden sind (Abschnitt 13.1 UStAE).

03. Wann erfolgt eine Änderung der Bemessungsgrundlage?

Bei der Regelbesteuerung unterliegt ein Umsatz bereits dann der Umsatzsteuer, wenn die Leistung ausgeführt worden ist, ohne Rücksicht darauf, ob die Gegenleistung erfolgt ist (§ 13 Abs. 1 Nr. 1 UStG). Das Entgelt kann sich jedoch nach der Besteuerung erhöhen, z. B. durch Preiszuschläge oder vermindern, z. B. durch Rabatte, Skonti und Preisnachlässe. Im § 17 UStG wird die Rechtsfolge der Änderung der Bemessungsgrundlage geregelt.

Hat sich die Bemessungsgrundlage für einen steuerpflichtigen Umsatz i. S. d. § 1 Abs. 1 Nr. 1 UStG nachträglich geändert, so haben zu berichtigen:

▸ der Unternehmer, der diesen Umsatz ausgeführt hat, den dafür geschuldeten Steuerbetrag (§ 17 Abs. 1 Satz 1 UStG) und

▸ der Unternehmer, an den dieser Umsatz ausgeführt worden ist, den in Anspruch genommenen Vorsteuerabzug (§ 17 Abs. 1 Satz 2 UStG).

Nach § 17 Abs. 2 UStG gilt diese Regelung sinngemäß, wenn:

▸ das vereinbarte Entgelt für eine steuerpflichtige Lieferung, sonstige Leistung oder einen steuerpflichtigen innergemeinschaftlichen Erwerb uneinbringlich geworden ist (bei nachträglicher Vereinnahmung des Entgelts – erneute Berichtigung)

▸ für eine vereinbarte Lieferung oder sonstige Leistung bereits Entgelt erhalten, aber die Leistung nicht ausgeführt worden ist

▸ eine steuerpflichtige Lieferung oder sonstige Leistung oder ein steuerpflichtiger innergemeinschaftlicher Erwerb rückgängig gemacht worden ist

▸ im Falle des innergemeinschaftlichen Erwerbs der Erwerber nachweist, dass der Erwerb durch den anderen Mitgliedstaat besteuert worden ist, in dem sich der Gegenstand am Ende der Beförderung befindet oder nach § 25b Abs. 3 UStG als besteuert gilt

▸ Aufwendungen i. S. d. § 15 Abs. 1a Nr. 1 UStG getätigt werden.

Die Berichtigung erfolgt in dem Besteuerungszeitraum, in dem die Änderung eingetreten ist.

04. Welchen Besteuerungszeitraum schreibt das Umsatzsteuerrecht vor?

Der Besteuerungszeitraum ist nach § 16 Abs. 1 Satz 2 UStG das Kalenderjahr. Der Steuerveranlagung geht das Voranmeldungsverfahren voraus. Der Voranmeldungszeitraum ist i. d. R. das Kalendervierteljahr (§ 18 Abs. 2 Satz 1 UStG).

Beträgt die Steuer für das vorangegangene Kalenderjahr:

> 7.500 € – VZ = monatlich (§ 18 Abs. 2 Satz 2 UStG)
< 1.000 € – VZ = Befreiung von der Verpflichtung der Abgabe der Voranmeldungen
       (§ 18 Abs. 2 Satz 3 UStG).

Unternehmer, die ihre gewerbliche Tätigkeit oder berufliche Tätigkeit neu aufgenommen haben und mit einem Umsatz bei Aufnahme ihrer Tätigkeit von mehr als 22.000 € rechnen, sind im laufenden und folgenden Kalenderjahr zur monatlichen Abgabe verpflichtet (§ 18 Abs. 2 Satz 4 UStG).

05. Welcher Abgabezeitpunkt gilt für die Voranmeldung?

Der Unternehmer muss die Voranmeldung bis zum 10. Tag nach Ablauf des Voranmeldungszeitraums beim Finanzamt einreichen und zugleich die Steuer entrichten (§ 18 Abs. 1 UStG).

Bei verspäteter Abgabe setzt das Finanzamt einen Verspätungszuschlag fest (siehe § 152 AO) und bei verspäteter Zahlung werden Säumniszuschläge (siehe § 240 AO) berechnet. Alle im Kalenderjahr geleisteten Vorauszahlungen werden mit der Jahressteuer verrechnet.

06. Wie unterscheiden sich Dauerfristverlängerung und Sondervorauszahlung?

Dauerfristverlängerung § 46 UStDV	Sondervorauszahlung § 47 UStDV
► auf Antrag des Unternehmers sind die Fristen für die Voranmeldungen und für die Entrichtung der Vorauszahlungen um einen Monat zu verlängern ► Rechtsanspruch, aber der Steueranspruch darf nicht gefährdet erscheinen (Abschnitt 18.4. UStAE).	► bei monatlicher Voranmeldung – Gewährung der Fristverlängerung nur unter der Auflage, dass der Unternehmer eine Sondervorauszahlung auf die Steuer des jeweiligen Kalenderjahres entrichtet (1/11 der Summe der Vorauszahlungen für das vorangegangene Kalenderjahr). ► bei vierteljährlicher Voranmeldung – keine Vorauszahlung, Antrag wird einmal gestellt.

3.7.10 Zusammenfassende Meldung

01. Wer ist zur Abgabe einer „Zusammenfassenden Meldung (ZM)" verpflichtet?

Zur Abgabe einer ZM ist jeder Unternehmer nach § 18a UStG verpflichtet, der während eines Meldezeitraumes (Kalendervierteljahr)

► steuerfreie innergemeinschaftliche Warenlieferungen und/oder

► Lieferungen im Rahmen von innergemeinschaftlichen Dreiecksgeschäften nach § 25b Abs. 2 UStG und/oder

► sonstige Leistungen ausgeführt hat.

02. Was ist bei der „Zusammenfassenden Meldung" (ZM) zu melden?

1. **Innergemeinschaftliche Warenlieferungen (§ 18a Abs. 7 Satz 1 Nr. 1 und 2 UStG)**

   ► innergemeinschaftliche Lieferungen i. S. d. § 6a Abs. 1 UStG mit Ausnahme der Lieferungen neuer Fahrzeuge an Abnehmer ohne USt-IdNr.

   ► als innergemeinschaftliche Lieferung gleichgestellte Verbringung eines Gegenstandes i. S. d. § 3 Abs. 1a i. V. m. § 6a Abs. 2 UStG.

   Maßgeblich ist stets die umsatzsteuerliche Beurteilung des Vorgangs.

2. **Innergemeinschaftliche sonstige Leistungen (§ 18a Abs. 7 Satz 1 Nr. 3 UStG)**

   Innergemeinschaftliche sonstige Leistungen nach § 3a Abs. 2 UStG: Das sind im übrigen Gemeinschaftsgebiet ausgeführte steuerpflichtige sonstige Leistungen, für die der in einem anderen Mitgliedstaat ansässige Leistungsempfänger die Steuer dort schuldet.

3. **Lieferungen im Rahmen von innergemeinschaftlichen Dreiecksgeschäften (§ 25b Abs. 2, § 18a Abs. 7 Satz 1 Nr. 4 UStG)**

   Lieferungen im Rahmen von innergemeinschaftlichen Dreiecks geschäften liegen vor wenn:

   ► drei in verschiedenen EU-Mitgliedstaaten für Zwecke der Umsatzsteuer erfasste Unternehmer (erster Lieferer, erster Abnehmer, letzter Abnehmer) über einen Gegenstand Umsatzgeschäfte abschließen

   ► dieser Gegenstand unmittelbar vom Ort der Lieferung des ersten Lieferers an den letzten Abnehmer befördert oder versendet wird

   ► der Liefergegenstand von dem Gebiet eines EU-Mitgliedstaates in das Gebiet eines anderen EU-Mitgliedstaates gelangt und

   ► der Liefergegenstand durch den ersten Lieferer oder den ersten Abnehmer befördert oder versendet wird

   ► Bei einem derartigen innergemeinschaftlichen Dreiecksgeschäft sind in der ZM zu melden:

   - vom ersten Lieferer eine innergemeinschaftliche Warenlieferung an den ersten Abnehmer

- vom ersten Abnehmer eine Lieferung i. S. d. § 25b Abs. 2 UStG an den letzten Abnehmer, wenn die darauf entfallende Steuerschuld auf den letzten Abnehmer übertragen wird.

3.7.11 Vorsteuerabzug

01. Was sind die Voraussetzungen für den Vorsteuerabzug?

Voraussetzungen für den Vorsteuerabzug sind nach § 15 Abs. 1 UStG:

► Unternehmereigenschaft des Leistungsempfängers

► die Lieferung oder sonstige Leistung muss für sein Unternehmen ausgeführt worden sein

► die Lieferung oder sonstige Leistung muss von einem Unternehmer ausgeführt worden sein

► Vorliegen einer Rechnung nach §§ 14, 14a UStG

► die Steuer muss gesondert ausgewiesen sein

► Ausschluss vom Vorsteuerabzug i. S. d. § 15 Abs. 1a und 2 UStG darf nicht vorliegen.

02. Wer ist zum Vorsteuerabzug berechtigt?

Zum Vorsteuerabzug sind ausschließlich Unternehmer im Rahmen ihrer unternehmerischen Tätigkeit berechtigt. Sie müssen der Regelbesteuerung unterliegen.

03. Welche Steuern sind abziehbar?

Abziehbar sind:

► die Vorsteuer aus Rechnungen i. S. d. § 14 UStG (§ 15 Abs. 1 Nr. 1 UStG)

► die entrichtete Einfuhrumsatzsteuer (§ 15 Abs. 1 Nr. 2 UStG)

► die Steuer für den innergemeinschaftlichen Erwerb (§ 15 Abs. 1 Nr. 3 UStG)

► die Steuer für Leistungen i. S. d. § 13b Abs. 1 UStG (§ 15 Abs. 1 Nr. 4 UStG)

► die nach § 13a Abs. 1 Nr. 6 UStG geschuldete Steuer (§ 15 Abs. 1 Nr. 5 UStG).

04. Für welche Rechnungen können Vereinfachungen angewandt werden?

Bei Kleinbetragsrechnungen i. S. d. § 33 UStDV – Rechnungen unter 250 € – reicht es aus, wenn in der Rechnung das Bruttoentgelt und der Steuersatz angegeben sind.

Bei Fahrausweisen im Eisenbahnverkehr kann anstelle des Steuersatzes auch die Angabe der Tarifentfernung treten. Eine Tarifentfernung unter 50 km entspricht dem ermäßigten Steuersatz und bei einer Tarifentfernung von über 50 km ist der Regelsteuersatz anzuwenden. Eine Ausnahme bilden Fahrausweise im Luftverkehr. Hier kann der Vorsteuerabzug nur in Anspruch genommen werden, wenn der Steuersatz nach § 12 Abs. 1 UStG im Fahrausweis angegeben ist.

05. Wann ist ein Vorsteuerabzug ausgeschlossen?

Vorsteuer kann nicht abgezogen werden (Ausschluss):

- für Gegenstände, die zu weniger als 10 % für das Unternehmen genutzt werden (§ 15 Abs. 1 Satz 2 UStG)
- für Aufwendungen, die nach § 4 Abs. 5 Nr. 1 - 4 und 7, § 4 Abs. 7 sowie § 12 Nr. 1 EStG nicht abziehbar sind (§ 15 Abs. 1a UStG), außer Bewirtungsaufwendungen (§ 4 Abs. 5 Satz 1 Nr. 2 EStG)
- für Leistungen, die verwendet werden für sogenannte Ausschlussumsätze i. S. d. § 15 Abs. 2 UStG).

Ausnahmen vom Ausschluss des Vorsteuerabzuges gem. § 15 Abs. 3 UStG sind steuerfreie Ausgangsumsätze nach § 4 Nr. 1 - 7, § 25 Abs. 2, § 26 Abs. 5, § 4 Nr. 8 a - g, § 4 Nr. 10a UStG mit Drittlandsbezug.

06. Wann ist der Vorsteuerabzug zu berichtigen?

Das Recht des Unternehmers auf den Vorsteuerabzug für seine unternehmerischen Zwecke entsteht bereits im Zeitpunkt des Leistungsbezuges oder bei Voraus- oder Anzahlungen im Zeitpunkt der Zahlungen (§ 15 UStG). Ändern sich die für den ursprünglichen Vorsteuerabzug maßgebenden Verhältnisse, ist der Vorsteuerabzug zu berichtigen (§ 15a UStG).

07. Wann liegt eine Änderung der Verhältnisse vor?

Maßgebend für die Vorsteuerberichtigung ist eine Änderung der tatsächlichen Verwendung der bezogenen Leistung gegenüber der ursprünglichen Verwendungsabsicht. Verwendung i. S. d. § 15a UStG ist die tatsächliche Nutzung des Wirtschaftsguts zur Erzielung von Umsätzen.

Beispiel

Ein Unternehmer erstellt ein Bürogebäude mit der Absicht, es an einen Architekten zu vermieten. Nach einem Jahr zieht der Architekt aus und das Gebäude wird an einen Versicherungsvertreter vermietet, der ausschließlich umsatzsteuerfreie Umsätze tätigt. Der Unternehmer ist verpflichtet, den ursprünglich vorgenommenen Vorsteuerabzug zu berichtigen.

Eine Änderung der Verhältnisse ist auch beim Übergang von der Regelbesteuerung zur Kleinunternehmerregelung sowie zur Durchschnittsbesteuerung (Land- und Forstwirte) und umgekehrt gegeben.

08. Für welche Vorgänge gilt die Vorsteuerberichtigung?

Die Grundsätze der Vorsteuerberichtigung gelten für bewegliche und unbewegliche Wirtschaftsgüter:

► für Investitionsgüter

► für Wirtschaftsgüter, die nur einmalig zur Ausführung eines Umsatzes verwendet werden

► bei Bestandteilen und sonstigen Leistungen an Gegenständen,

► bei sonstigen Leistungen, die nicht an einem Wirtschaftsgut ausgeführt werden (z. B. Beratungsleistungen, Anmietung, Patente, Lizenzen)

► für nachträgliche Anschaffungs- und Herstellungskosten.

09. In welchem Zeitraum ist die Vorsteuerberichtigung vorzunehmen?

Der Zeitraum, für den eine Berichtigung des Vorsteuerabzugs durchzuführen ist, beträgt grundsätzlich fünf Jahre ab Beginn der ersten Verwendung (§ 15a Abs. 1 Satz 1 UStG). Bei Grundstücken einschließlich ihrer wesentlichen Bestandteile, bei Berechtigungen, für die die Vorschriften des bürgerlichen Rechts gelten, und bei Gebäuden auf fremdem Grund und Boden verlängert sich der Berichtigungszeitraum auf 10 Jahre (§ 15a Abs. 1 Satz 2 UStG).

Beispiel

Die X-GmbH errichtet im Jahr 01 ein Verwaltungsgebäude, das sie umsatzsteuerpflichtig an einen Malerbetrieb vermieten möchte. Im Zusammenhang mit der Errichtung des Gebäudes sind der X-GmbH von verschiedenen Baufirmen ordnungsgemäße Rechnungen erteilt worden. Die gesamte Vorsteuer nach § 15 Abs. 1 UStG addiert sich auf 150.000 €. Die X-GmbH hat sich die gesamte Vorsteuer im Jahr 01 vom Finanzamt gem. § 15 Abs. 1 UStG zurückgeholt. Nach längerem Leerstand nach Fertigstellung konnte die X-GmbH das Gebäude ab dem 01.01.03 steuerfrei an die Stadtverwaltung vermieten. Die X-GmbH hat zu Recht im Jahr 01 den Vorsteuerabzug in voller Höhe geltend gemacht, weil sie eine steuerpflichtige Vermietung beabsichtigte. Ab Anfang 03 haben sich die für den Vorsteuerabzug maßgebenden Verhältnisse in der Form geändert, dass der X-GmbH ab 03 der Vorsteuerabzug nicht mehr zusteht.

Aus diesem Grund muss die X-GmbH ab der tatsächlichen Nutzung 03 jährlich bis zum Ende des 10-jährigen Berichtigungszeitraums eine Vorsteuerberichtigung nach § 15a UStG zu ihren Ungunsten in Höhe von 1/10 der Vorsteuer = 15.000 € vornehmen.

Bei Wirtschaftsgütern mit kürzerer Verwendungsdauer ist der entsprechend kürzere Berichtigungszeitraum anzusetzen.

Bei Wirtschaftsgütern, die nur einmalig zur Ausführung verwendet werden, ist kein Berichtigungszeitraum vorgegeben. Die Berichtigung erfolgt nach § 15a Abs. 2 Satz 2 UStG für den Zeitraum, in dem das Wirtschaftsgut verwendet wurde.

10. Welche Vereinfachung gilt für die Berichtigung des Vorsteuerabzugs?

Die Berichtigung des Vorsteuerabzugs entfällt, wenn die auf die Anschaffungs- oder Herstellungskosten eines Wirtschaftsgutes entfallende gesamte Vorsteuer 1.000 € nicht überstiegen hat (§ 44 Abs. 1 UStDV).

Die Grenze gilt auch für die unter Frage 08. aufgeführten Vorgänge (§ 44 Abs. 5 UStDV). Gemäß § 44 Abs. 2 UStDV wird keine Berichtigung bei Änderung der Verhältnisse um weniger als 10 % durchgeführt.

3.7.12 Besteuerung von Kleinunternehmern

01. Wie erfolgt die Besteuerung der Kleinunternehmer?

Im § 19 UStG wird geregelt, dass für im Inland ansässige Unternehmer mit geringen Umsätzen keine Steuer erhoben wird, wenn sie folgende Voraussetzungen erfüllen:

Der Bruttoumsatz nach vereinnahmten Entgelten

▸ im Vorjahr 22.000 €[1] nicht überstiegen hat und
▸ im laufenden Kalenderjahr 50.000 € voraussichtlich nicht übersteigen wird.

Beispiel

Jahr	Maßgeblicher Bruttoumsatz	Kleinunternehmer?
01	15.000 €	Ja
02	2.000 €	Ja
03	35.000 €	Ja
04	12.000 €	Nein

Option: Bindung für fünf Jahre.

---

[1] Mit dem Bürokratieentlastungsgesetz III wurde dieser Betrag ab 01.01.2020 von 17.500 € auf 22.000 € angehoben. Der Betrag von 50.000 € bleibt weiterhin bestehen.

3.7.13 Aufzeichnungspflichten

01. Was muss aus den Aufzeichnungen ersichtlich sein?

Aus den Aufzeichnungen muss zu ersehen sein (§ 22 UStG i. V .m. § 63 UStDV):

► die vereinbarten bzw. vereinnahmten Entgelte

► die vereinnahmten Entgelte oder Teilentgelte für noch nicht ausgeführte Leistungen

► die Bemessungsgrundlage für die unentgeltlichen Wertabgaben

► die nach § 14c UStG unrichtigen bzw. unberechtigt ausgewiesenen Steuerbeträge

► die Entgelte für steuerpflichtige Leistungen, die an den Unternehmer für sein Unternehmen ausgeführt worden sind

► die Bemessungsgrundlage für die Einfuhr und die entrichtete Einfuhrumsatzsteuer

► die Bemessungsgrundlage für den innergemeinschaftlichen Erwerb von Gegenständen sowie die hierauf entfallenden Steuerbeträge

► die Entgelte für die er nach § 13b UStG als Leistungsempfänger Steuerschuldner ist

► die Bemessungsgrundlage und der Steuerbetrag für Umsätze im Sinne des § 4 Nr. 4a Buchst. a Satz 2 UStG.

3.7.14 Besonderheiten einer Organschaft

01. Was bedeutet die umsatzsteuerliche Organschaft?

Beispiel

Einzelunternehmer A gründet die B-GmbH, in der er als alleiniger Gesellschafter-Geschäftsführer tätig ist.

Bei der Organgesellschaft ist die juristische Person nach § 2 Abs. 2 Nr. 2 UStG nicht selbstständig, wenn sie nach dem Gesamtbild der tatsächlichen Verhältnisse finanziell, wirtschaftlich und organisatorisch in das Unternehmen des Organträgers eingebunden ist.

Der Organträger kann jeder Unternehmer sein, also jedes unternehmensfähige Gebilde, wie natürliche Personen, Personenzusammenschlüsse oder juristische Personen.

Organgesellschaft kann nach § 2 Abs. 2 Nr. 2 UStG nur eine juristische Person sein.

Steuerschuldner für die Umsätze, die der Organträger oder die Organgesellschaft tätigt, ist ausschließlich der Organträger. Er hat die Erklärungspflichten nach § 18 UStG für den gesamten Organkreis zu erfüllen. Umsätze zwischen Organgesellschaft und Organträger sind nicht steuerbare Innenumsätze.

Die Wirkungen der Organschaft sind auf Innenleistungen zwischen den im Inland gelegenen Unternehmensteilen nach § 2 Abs. 2 Nr. 2 Satz 3 UStG beschränkt.

3.7.15 Innergemeinschaftliches Dreiecksgeschäft

01. Welche Voraussetzungen müssen für ein innergemeinschaftliches Dreiecksgeschäft vorliegen?

Nach § 25b UStG liegt ein innergemeinschaftliches Dreiecksgeschäft vor, wenn:

► mindestens drei Unternehmer über denselben Gegenstand Umsatzgeschäfte abschließen

► dieser Gegenstand unmittelbar vom ersten Lieferer an den letzten Abnehmer gelangt

► die Unternehmer in jeweils verschiedenen Mitgliedstaaten für Zwecke der Umsatzsteuer erfasst sind

► der Gegenstand der Lieferungen aus dem Gebiet eines Mitgliedstaates in das Gebiet eines anderen Mitgliedstaates gelangt

► der Gegenstand der Lieferungen durch den ersten Lieferer oder den ersten Abnehmer befördert oder versendet wird.

02. Wer schuldet die Steuer beim innergemeinschaftlichen Dreiecksgeschäft?

Die Steuer wird vom letzten Abnehmer geschuldet, wenn folgende Voraussetzungen erfüllt sind:

► Der Lieferung des letzten an den ersten Unternehmer ist ein innergemeinschaftlicher Erwerb vorausgegangen.

► Der erste Abnehmer ist in dem Mitgliedstaat, in dem die Beförderung oder Versendung endet, nicht ansässig. Er verwendet gegenüber dem ersten Lieferer und dem letzten Abnehmer dieselbe UStIdNr., die ihm von einem anderen Mitgliedsstaat erteilt worden ist als dem, in dem die Beförderung oder Versendung beginnt oder endet.

Beispiel

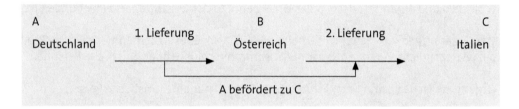

§ 25b UStG ist erfüllt:

1. Lieferung = bewegte Lieferung nach § 3 Abs. 6 Satz 1 UStG – steuerbar, aber steuerfrei nach § 4 Abs. 1 i. V. m. § 6a UStG.

2. Lieferung = unbewegte Lieferung – Ort ist in Italien (§ 3 Abs. 7 Satz 2 UStG)
   - ► in Deutschland nicht steuerbar.
   - ► § 25b Abs. 2 UStG ist erfüllt, d. h. C schuldet die Steuer des B in Italien.
   - ► § 25b Abs. 3 UStG – innergemeinschaftlicher Erwerb des B in Italien gilt als besteuert.
   - ► § 25b Abs. 2 Satz 2 UStG – B stellt an C eine Rechnung ohne gesonderten Ausweis der Umsatzsteuer.

3.7.16 Umsatzsteuer-Voranmeldung

01. Was muss bei der Erstellung der Buchhaltung unbedingt eingehalten werden?

Nach den Grundsätzen der ordnungsgemäßen Buchführung müssen folgende Regeln hinsichtlich der Umsatzsteuer eingehalten werden:

- ► Keine Buchung ohne Beleg.
- ► Beim Buchen muss immer auf den richtigen Steuerschlüssel (Umsatzsteuer oder Vorsteuer) geachtet werden.
- ► Auf die richtige Rechnungsausstellung muss geachtet werden (Rechnungsvorschriften).
- ► Beim Erfassen der Buchungen muss auf den richtigen Buchungsmonat geachtet werden.
- ► Es sollte eine Umsatzsteuerverprobung vorgenommen werden.

02. Wie wird eine Umsatzsteuerverprobung durchgeführt?

Bei der Umsatzsteuerverprobung soll überprüft werden, ob der Buchhaltung Fehler unterlaufen sind. Bei der Verprobung der Vorsteuer wird der zulässige Vorsteuerabzug der einzelnen Aufwandskonten aufaddiert und mit dem Saldo der Vorsteuerkonten verglichen. Bei diesem direkten Vergleich darf es zu keinen großen Abweichungen kommen.

Bei der Umsatzsteuerverprobung wird ebenso vorgegangen, so dass zunächst alle Ertragskonten zu überprüfen sind und daraus die Gesamtumsatzsteuer ermittelt wird. Diese wird dann mit den Umsatzsteuerkonten verglichen.

Beim Jahresabschluss werden die regelmäßigen Umsatzsteuerzahlungen und die dazugehörigen Umsatzsteuerberechnungen sowie die jährliche Umsatzsteuerendberechnung mit den vom Finanzamt geführten Aufzeichnungen und den dort eingegangenen Zahlungen verglichen und geprüft.

03. Wie ist die Umsatzsteuer-Voranmeldung aufgebaut?

Die Umsatzsteuer-Voranmeldung ist wie folge aufgebaut (Auszug):

I. Anmeldung der Umsatzsteuer-Vorauszahlung

Lieferungen und sonstige Leistungen
- ▶ Steuerfreie Umsätze mit Vorsteuerabzug
- ▶ Steuerfreie Umsätze ohne Vorsteuerabzug
- ▶ Steuerpflichtige Umsätze

Innergemeinschaftliche Erwerbe
- ▶ Steuerfreie innergemeinschaftliche Erwerbe
- ▶ Steuerpflichtige innergemeinschaftliche Erwerbe

Ergänzende Angaben zu Umsätzen, z. B.
- ▶ Innergemeinschaftliche Dreiecksgeschäfte
- ▶ Steuerschuldnerschaft § 13b Abs. 5 UStG
- ▶ Nicht steuerbare sonstige Leistungen gem. § 18b Satz 1 Nr. 2 UStG
- ▶ Übrige nicht steuerbare Umsätze (Leistungsort nicht im Inland)

Leistungsempfänger als Steuerschuldner (§ 13b UStG)

Umsatzsteuer

Abziehbare Vorsteuerbeträge

Andere Steuerbeträge

3.8 Vorschriften zum Verfahrensrecht anwenden und notwendige Anträge stellen

3.8.1 Systematik des Verfahrensrechts

Die Abgabenordnung dient der Zusammenfassung und Vereinheitlichung der wichtigsten und grundlegenden Regelungen für alle oder mehrere Steuern. Sie dient der „Entlastung" der Einzelsteuergesetze, so z. B. bei Begriffsdefinitionen, auf die mehrere Einzelsteuergesetze zurückgreifen können.

Auch allgemeine Verfahrensabläufe (wie das Ermittlungsverfahren, Festsetzung, Bekanntgabe, Einspruch, Erhebung, Vollstreckung), die für alle oder mehrere Steuergesetze gelten, sind in der AO zusammengefasst.

Sie enthält:

Verfahrensrechtliche Vorschriften (formelles Recht) = Regeln über den Ablauf des Besteuerungsverfahrens (Ermittlung, Festsetzung, Erhebung, außergerichtliche Rechtsbehelfsverfahren).

Materiell-rechtliche Vorschriften (materielles Recht) = Regelungen über das Entstehen, Verändern und Erlöschen von Rechtsansprüchen (Säumniszuschläge, § 240 AO; Zinsen, §§ 233 ff. AO; Haftungsansprüche, z. B. §§ 69 ff. AO).

01. Was versteht man unter dem Begriff „Steuern"?

Gemäß § 3 Abs. 1 AO sind Steuern:

- ► Geldleistungen ohne Gegenleistung,
- ► die von einem öffentlich-rechtlichen Gemeinwesen zur Erzielung von Einnahmen auferlegt werden und
- ► an den gesetzlichen Tatbestand anknüpfen.

02. Was sind steuerliche Nebenleistungen?

Zu den steuerlichen Nebenleistungen gehören nach § 3 Abs. 4 AO:

Verspätungs-zuschläge[1]	§ 152 Abs. 2 AO	< 10 % höchstens 25.000 € – Ermessen	Verspätete bzw. nicht abgegebene Steuererklärung
Säumnis-zuschläge	§ 240 Abs. 1 AO	1 % je angefangene(n)r Monat	festgesetzte bzw. angemeldete Steuern werden nicht bis zum Ablauf des Fälligkeitstages entrichtet

---

[1] Nach § 152 Abs. 1 AO kann die Festsetzung eines Verspätungszuschlags im Rahmen einer „Kann-Regelung" weiterhin Ermessenssache sein. § 152 Abs. 2 AO regelt aber Fälle, nach denen ein Verspätungszuschlag zwingend festgesetzt werden muss. Ausnahmen zur „Muss-Regelung" sind wiederum in § 152 Abs. 3 AO zu finden.

Zinsen	§§ 233 ff. AO	0,5 % pro Monat – für volle Monate	Nur Verzinsung von Ansprüchen aus dem Steuerschuldverhältnis, soweit dies gesetzlich vorgeschrieben ist.
► **Voll-verzinsung**	§ 233a AO		Verzinsung des Unterschiedsbetrages zwischen festgesetzter und anzurech-nender Steuer – Zinslauf ab Ablauf der Karenzzeit (15 Monate), Ende Zinslauf bei Bekanntgabe Steuerfestsetzung
► **Stundungs-zinsen**	§ 234 AO		Festsetzung zusammen mit Stundungs-verfügung
► **Hinter-ziehungs-zinsen**	§ 235 AO		Abschöpfung der Zinsvorteile der Hinterziehung, Zinslauf von Eintritt der Steuerverkürzung bis Zahlung der hinterzogenen Steuern
► **Prozess-zinsen**	§ 236 AO		Nur bei Steuererstattungen, Steuerher-absetzung durch Gerichtsurteil, Beginn Zinslauf bei Rechtshängigkeit bis Aus-zahlung des Erstattungsbetrages

Beispiel

Ein Steuerpflichtiger ohne steuerliche Beratung hat seine Einkommensteuererklärung 2018 erst am 12.04.2020 abgegeben (ohne Fristverlängerung). Das Finanzamt errech-nete nach Abzug von Steuerabzugsbeträgen (keine Vorauszahlungen) eine Nachzah-lung i. H. v. 13.000 €.

Wenn die Einkommensteuererklärung erst nach dem 29.02.2020 abgegeben wird (14 Monate nach Ablauf des Kalenderjahres 2018) und wie hier die festzusetzende Steuer die anzurechnenden Steuerabzugsbeträge übersteigt, ist zwingend ein Verspätungs-zuschlag festzusetzen, welcher wie folgt berechnet wird:

► Verbleibende Steuer 13.000 € • 0,25 % = 32,50 €

► • 9 Monate Verspätung (**31.07.2019 neue gesetzliche Abgabefrist** nach § 149 Abs. 2 Satz 1 AO bei nicht beratenen Steuerpflichtigen) = 292,50 €

► Abrundung nach § 152 Abs. 10 AO auf volle Euro = 292,00 €.

03. Was bedeutet „Ermessen" laut AO?

Im § 5 AO ist festgelegt, dass die Finanzbehörde ermächtigt ist, nach ihrem Ermessen zu handeln, jedoch hat sie ihr Ermessen entsprechend dem Zweck der Ermächtigung auszuüben und die gesetzlichen Grenzen des Ermessens einzuhalten.

04. Wie definiert die AO die Begriffe „Wohnsitz" und „gewöhnlicher Aufenthalt"?

Der § 8 AO definiert den Wohnsitz dort, wo jemand eine Wohnung unter Umständen innehat, die darauf schließen lassen, dass er die Wohnung beibehalten und benutzen wird.

Der gewöhnliche Aufenthalt ist im § 9 AO geregelt. Als gewöhnlicher Aufenthalt wird angesehen, wenn jemand stets und von Beginn an einen zeitlich zusammenhängenden Aufenthalt von mehr als sechs Monaten Dauer nachweisen kann.

Kurzfristige Unterbrechungen bleiben unberücksichtigt.

05. Was ist eine Betriebsstätte?

Betriebsstätte nach § 12 AO ist jede feste Geschäftseinrichtung oder Anlage, die der Tätigkeit eines Unternehmens dient:

- ► Stätte der Geschäftsleitung
- ► Zweigniederlassungen
- ► Geschäftsstellen
- ► Fabrikations- oder Werkstätten
- ► Warenlager
- ► Ein- oder Verkaufsstellen
- ► Bergwerke, Steinbrüche
- ► Bauausführungen oder Montage (Dauer länger als sechs Monate).

06. Wie ist die Zuständigkeit der Finanzbehörden geregelt?

In den §§ 16 und 17 AO wird die sachliche und örtliche Zuständigkeit direkt angesprochen. In den nachfolgenden §§ 18 - 29 AO werden die Zuständigkeiten im Einzelnen geklärt.

Nach der Steuerart:

Steuerart	Zuständiges Finanzamt	
Steuern vom Einkommen natürlicher Personen	Wohnsitzfinanzamt	§ 19 Abs. 1 AO
Umsatzsteuer natürlicher Personen, die keine Unternehmer sind.	Wohnsitzfinanzamt	§ 21 Abs. 2 AO
Steuern vom Einkommen juristischer Personen	Geschäftsleitungsfinanzamt	§ 20 Abs. 1 AO
Grundsteuer – nur Steuermessbeträge	Lagefinanzamt	§ 22 Abs. 1 AO
Umsatzsteuer der inländischen Unternehmen	Betriebsfinanzamt	§ 21 Abs. 1 AO
Gewerbesteuer – nur Steuermessbeträge	Betriebsfinanzamt	§ 22 Abs. 1 AO

Nach der gesonderten und einheitlichen Feststellung:

Gesonderte Feststellung	Zuständiges Finanzamt	
Einheitswerte der Grundstücke	Lagefinanzamt	§ 18 Abs. 1 Nr. 1 AO
Einkünfte aus Land- und Forstwirtschaft	Lagefinanzamt	§ 18 Abs. 1 Nr. 1 AO
Gewinn aus Gewerbebetrieb	Geschäftsleitungsfinanzamt	§ 18 Abs. 1 Nr. 2 AO
Einkünfte aus selbstständiger Arbeit	Tätigkeitsfinanzamt	§ 18 Abs. 1 Nr. 3 AO
Beteiligung mehrerer Personen an anderen Einkünften als Land- und Forstwirtschaft, Gewerbebetrieb und selbstständiger Arbeit	Verwaltungsfinanzamt	§ 18 Abs. 1 Nr. 4 AO

07. Wie ist die Finanzgerichtsbarkeit aufgebaut?

Die Finanzgerichtsbarkeit ist zweistufig aufgebaut:

▸ Finanzgerichte

▸ Bundesfinanzhof.

Die Finanzgerichte sind obere Landesgerichte. Die Verfahren finden nach den Vorschriften der FGO statt (Klageerhebung durch Verwaltungsakt z. B. Ablehnung von Steuerbescheiden – § 40 FGO). Vor den Finanzgerichten besteht kein Vertreterzwang, anders als beim Bundesfinanzhof (§ 62 Abs. 1 FGO).

Vertretungsbefugt sind Rechtsanwälte, Steuerberater und Wirtschaftsprüfer (§ 62 Abs. 2 FGO).

Einziges Rechtsmittel gegen das Urteil ist die Revision.

Sie ist zulässig,

- ► wenn das Finanzgericht sie im Urteil bzw. Gerichtsbescheid zugelassen hat (§ 115 FGO) oder
- ► wenn sie der Bundesfinanzhof aufgrund einer Beschwerde gegen die Nichtzulassung der Revision zulässt (§ 116 FGO).

08. Was sind die Besteuerungsgrundsätze laut AO?

Die Besteuerungsgrundsätze sind im § 85 AO geregelt. Danach hat die Finanzbehörde die Steuern nach Maßgabe der Gesetze gleichmäßig festzusetzen und zu erheben und sicherzustellen, dass Steuern nicht verkürzt, zu Unrecht erhoben oder Steuererstattungen und Steuervergütungen nicht zu Unrecht gewährt oder versagt werden.

09. Welche Beweismittel kann das Finanzamt einholen?

Beweismittel gem. § 92 AO sind:

- ► Auskünfte
- ► Sachverständige
- ► Urkunden und Akten
- ► Augenschein.

10. Welche Pflichten haben das Finanzamt und der Steuerpflichtige?

Finanzamt:
§ 88 AO: Untersuchungspflicht
§ 89 AO: Beratungs- und Auskunftspflicht
§ 91 AO: Anhörungspflicht

Steuerpflichtiger:
§ 90 AO: Mitwirkungspflicht
§ 93 AO: Auskunftspflicht
§ 149 AO: Abgabepflicht

11. Welche Anzeige- und Mitwirkungspflichten hat ein Steuerpflichtiger?

Anzeigepflicht § 138 AO:
Die land- und forstwirtschaftliche, gewerbliche und freiberufliche Tätigkeit muss angezeigt werden.

Mitwirkungspflichten:

Buchführungspflicht § 140 AO:

- ► Buchführungs- und Aufzeichnungspflicht nach anderen Gesetzen auch für Zwecke der Besteuerung

- ► Pflicht zur Führung ordnungsgemäßer Bücher, wenn bestimmte Steuerpflichtige folgende Grenzen überschreiten: nach § 141 Abs. 1 AO, wobei die Überschreitung einer Grenze zur Buchführungspflicht ausreicht.

	Umsatz	Vermögen/ Wirtschaftswert	Gewinn
Land- und Forstwirte	600.000 €	25.000 €	60.000 €
Gewerbetreibende	600.000 €		60.000 €

12. Was ist neu zu beachten bei den elektronischen Aufzeichnungssystemen (z. B. elektronische Registrierkassen)?

Seit dem 01.01.2017 müssen Unterlagen im Sinne des § 147 Abs. 1 AO, die mittels elektronischer Registrierkassen, Waagen mit Registrierkassenfunktion, Taxametern und Wegstreckenzähler erstellt worden sind, für die Dauer der Aufbewahrungsfrist jederzeit verfügbar, unverzüglich lesbar und maschinell auswertbar aufbewahrt werden (§ 147 Abs. 2 AO).

Das Gesetz zum Schutz vor Manipulationen an digitalen Grundaufzeichnungen sieht eine Einzelaufzeichnungspflicht vor. Diese Einzelaufzeichnungspflicht bedeutet, dass aufzeichnungspflichtige Geschäftsvorfälle laufend zu erfassen, einzeln festzuhalten sowie aufzuzeichnen und aufzubewahren sind, so dass sich die einzelnen Geschäftsvorfälle in ihrer Entstehung und Abwicklung verfolgen lassen können. Eine Ausnahme von der Einzelaufzeichnungspflicht besteht aus Zumutbarkeitsgründen bei Verkauf von Waren an eine Vielzahl von nicht bekannten Personen gegen Barzahlung.

Ab dem 01.01.2018 wird die Möglichkeit der Kassen-Nachschau eingeführt.

Elektronische Aufzeichnungssysteme müssen ab dem 01.01.2020 über eine zertifizierte technische Sicherheitseinrichtung verfügen, die aus drei Bestandteilen besteht: einem Sicherheitsmodul, einem Speichermedium und einer digitalen Schnittstelle.

3.8.2 Steuererklärung

01. Wer ist erklärungspflichtig und welche Folgen ergeben sich bei einer Pflichtverletzung?

Die Steuergesetze bestimmen, wer zur Abgabe einer Steuererklärung verpflichtet ist. Zur Abgabe einer Steuererklärung ist auch verpflichtet, wer hierzu von der Finanzbehörde aufgefordert wird. Die Aufforderung kann durch öffentliche Bekanntmachung erfolgen. Die Verpflichtung zur Abgabe einer Steuererklärung bleibt auch dann bestehen, wenn die Finanzbehörde die Besteuerungsgrundlagen geschätzt hat (§ 162 AO).

Die Verpflichtung zur Abgabe einer Steuererklärung ergibt sich aus den sogenannten Einzelsteuergesetzen (§ 149 Abs. 1 Satz 1 AO). Ebenfalls besteht eine Verpflichtung zur Abgabe, wenn das Finanzamt (FA) den Steuerpflichtigen dazu auffordert. Sie besteht auch dann noch, wenn das FA die Besteuerungsgrundlagen geschätzt hat (§ 149 Abs. 1 Satz 4 AO).

Soweit die Steuergesetze nichts anderes bestimmen, sind Steuererklärungen, die sich auf ein Kalenderjahr oder einen gesetzlich bestimmten Zeitpunkt beziehen, spätestens sieben Monate danach abzugeben. Bei Steuerpflichtigen, die den Gewinn aus Land- und Forstwirtschaft nach einem vom Kalenderjahr abweichenden Wirtschaftsjahr ermitteln, endet die Frist nicht vor Ablauf des siebenten Monats, der auf den Schluss des in dem Kalenderjahr begonnenen Wirtschaftsjahrs folgt.

Die Steuererklärungen sind – vorbehaltlich von Sonderregelungen wie z. B. § 18 Abs. 1 UStG, § 41a Abs. 1 EStG – spätestens sieben Monate nach Ablauf des Kalenderjahres oder des Stichtages abzugeben (§ 149 Abs. 2 AO).

Sind Personen, Gesellschaften oder Körperschaften im Sinne der §§ 3 und 4 des Steuerberatungsgesetzes beauftragt mit der Erstellung von Steuererklärungen, so sind diese Erklärungen vorbehaltlich des Abs. 4 spätestens bis zum letzten Tag des Monats Februar und in den Fällen des Abs. 2 Satz 2 bis zum 31.07. des zweiten auf den Besteuerungszeitraum folgenden Kalenderjahres abzugeben (§ 149 Abs. 3 AO).

Gemäß § 149 Abs. 4 AO kann das Finanzamt anordnen, dass Erklärungen im Sinne des Abs. 3 vor dem letzten Tag des Monats Februar des zweiten auf den Besteuerungszeitraum folgenden Kalenderjahres abzugeben sind, wenn:

- für den betroffenen Steuerpflichtigen für den vorangegangenen Besteuerungszeitraum Erklärungen nicht oder verspätet abgegeben wurden,
- für den vorangegangenen Besteuerungszeitraum innerhalb von drei Monaten vor Abgabe der Steuererklärung oder innerhalb von drei Monaten vor dem Beginn des Zinslaufs im Sinne des § 233a Abs. 2 Satz 1 AO nachträgliche Vorauszahlungen festgesetzt wurden,
- Vorauszahlungen für den Besteuerungszeitraum außerhalb einer Veranlagung herabgesetzt wurden,
- die Veranlagung für den vorangegangenen Veranlagungszeitraum zu einer Abschlusszahlung von mindestens 25 % der festgesetzten Steuer oder mehr als 10.000 € geführt hat,
- die Steuerfestsetzung aufgrund einer Steuererklärung im Sinne des Abs. 3 Nr. 1, 2 oder 4 voraussichtlich zu einer Abschlusszahlung von mehr als 10.000 € führen wird oder
- eine Außenprüfung vorgesehen ist,
- der betroffene Steuerpflichtige im Besteuerungszeitraum einen Betrieb eröffnet oder eingestellt hat oder
- für Beteiligte an Gesellschaften oder Gemeinschaften Verluste festzustellen sind.

Diese Erklärungsfristen können generell oder im Einzelfall verlängert werden (§ 109 Abs. 1 AO).

Gibt der Steuerpflichtige die Erklärung nicht oder nicht fristgerecht ab, kann die Abgabe nach §§ 328 ff. AO erzwungen werden. Unberührt hiervon bleiben die Schätzung nach § 162 AO und die Festsetzung eines Verspätungszuschlags (§ 152 AO).

Pflicht zur Abgabe der Steuererklärung § 150 AO:
Eine Steuererklärung ist nach amtlich vorgeschriebenem Vordruck abzugeben, wenn:

1. keine elektronische Steuererklärung vorgeschrieben ist,

2. nicht freiwillig eine gesetzlich oder amtlich zugelassene elektronische Steuererklärung abgegeben wird,

3. keine mündliche oder konkludente Steuererklärung zugelassen ist und

4. eine Aufnahme der Steuererklärung an Amtsstelle nach § 151 nicht in Betracht kommt.

3.8.3 Steuerfestsetzung

01. Was ist unter einem Verwaltungsakt zu verstehen und welche Formen der Bekanntgabe gibt es?

Nach § 118 AO ist der Verwaltungsakt eine hoheitliche Maßnahme einer Behörde zur Regelung eines Einzelfalls auf dem Gebiet des öffentlichen Rechts mit unmittelbarer Rechtswirkung nach außen.

Verwaltungsakte sind:

► Steuerbescheide nach § 155 Abs. 1 AO

► sonstige Verwaltungsakte, wie z. B. Anordnung einer Außenprüfung (§ 196 AO), Aussetzung der Vollziehung (§ 361 Abs. 2 AO).

02. Was muss ein Steuerbescheid enthalten?

Ein Steuerbescheid muss folgenden Inhalt haben:

► erlassende Behörde

► Steuerart

► Steuerbetrag

► Steuerschuldner

► Rechtsbehelfsbelehrung

► Besteuerungsgrundlagen.

03. Was ist ein Grundlagenbescheid?

Der Grundlagenbescheid ist wie jeder Bescheid ein Verwaltungsakt. Die darin getroffenen Regelungen sind Grundlage für einen Folgebescheid.

Der Feststellungsbescheid (§ 179 AO) ist ein Grundlagenbescheid. Dabei ist zu unterscheiden:

Feststellungbescheid über Einkünfte mehrerer Personen aus gemeinsamer Quelle (Einkünfte aus §§ 13, 15, 18, 21, 22 EStG, z. B. Personengesellschaften)	Feststellungsbescheid über Gewinneinkünfte einer Person (Einkünfte §§ 13, 15, 18 EStG), wenn Wohnsitz- und Betriebs-/Tätigkeits-/Lagefinanzamt nicht übereinstimmen
↓	↓
§ 180 Abs. 1 Nr. 2a AO Gesonderte und einheitliche Feststellung	§ 180 Abs. 1 Nr. 2b AO Gesonderte Feststellung

Beispiel

für § 180 Abs. 1 Nr. 2a AO:
Eine OHG mit drei Gesellschaftern (Gewinnverteilung 50:30:20) hat einen Gewinn von 100.000 € erwirtschaftet. In der gesonderten und einheitlichen Feststellung wird für jeden einzelnen Gesellschafter der Gewinnanteil (evtl. Sonderbetriebsausgaben und -einnahmen müssen berücksichtigt werden) festgestellt. Darüber ergeht der Feststellungsbescheid:

Gesamtgewinn:	100.000 €
Gesellschafter 1:	50.000 €
Gesellschafter 2:	30.000 €
Gesellschafter 3:	20.000 €

Dieser Feststellungsbescheid ist Grundlage für die persönliche Steuererklärung jedes einzelnen Gesellschafters. Die Gesellschafter erhalten dann ihre Einkommensteuerbescheide als Folgebescheide.

Weitere Grundlagenbescheide sind:

► Einheitswertbescheid

► Grundsteuermessbescheid

► Gewerbesteuermessbescheid.

In diesen Bescheiden werden die Einheitswerte bzw. Steuermessbeträge festgesetzt.

Einsprüche müssen gegen die Feststellungsbescheide nicht gegen die Folgebescheide gerichtet sein (§ 351 Abs. 2 AO).

04. Was ist eine Steuerfestsetzung unter dem Vorbehalt der Nachprüfung?

Der Vorbehalt der Nachprüfung (§ 164 AO) ist eine Nebenbestimmung zum Steuerbescheid. Sie bedeutet, dass der Steuerbescheid jederzeit bis zum Ablauf der Festsetzungsfrist aufgehoben oder geändert werden kann.

Das kann einerseits durch die Finanzverwaltung (§ 164 Abs. 2 Satz 1 AO) oder andererseits auf Antrag des Steuerpflichtigen (§ 164 Abs. 2 Satz 2 AO) erfolgen.

Der Vorbehalt der Nachprüfung entfällt:
- durch ausdrückliche Aufhebung (§ 164 Abs. 3 Satz 1 AO)
- durch Ablauf der Festsetzungsfrist (§ 164 Abs. 4 AO).

Die Folgebescheide enthalten dann die Festsetzung

05. Welche Vorschriften gelten für die Schätzung von Besteuerungsgrundlagen?

Können die Besteuerungsgrundlagen von der Finanzbehörde nicht ermittelt werden, ist sie berechtigt und gleichzeitig verpflichtet nach § 162 AO die Besteuerungsgrundlagen zu schätzen. Dabei sind alle Umstände, die für die Schätzung von Bedeutung sind, zu berücksichtigen. Eine Schätzung wird meist dann vorgenommen, wenn der Steuerpflichtige seiner Mitwirkungspflicht (z. B. Abgabe der Steuererklärungen) gem. § 90 Abs. 2 AO nicht nachkommt.

06. Was ist eine vorläufige Steuerfestsetzung?

Laut § 165 AO werden Steuern vorläufig festgesetzt, wenn ungewiss ist, ob die (die) Voraussetzung(en) für die Entstehung der Steuer eingetreten sind.

Umfang und Grund der Vorläufigkeit sind anzugeben. Die Vorläufigkeit wirkt nur punktuell (nur insoweit die Ungewissheit reicht), d. h. nur ein Teil des Steuerbescheides ist vorläufig.

Bei Beseitigung der Ungewissheit besteht die Pflicht von Seiten der Finanzbehörde zur Aufhebung, Änderung oder Endgültigkeitserklärung.

07. Wann verjährt eine Festsetzung?

Eine Steuerfestsetzung, Aufhebung oder Änderung ist nur innerhalb bestimmter Fristen möglich (§ 169 Abs. 1 AO).

Die Festsetzungsfristen betragen:

- Zölle und Verbrauchsteuern: 1 Jahr (§ 169 Abs. 2 Nr. 1 AO)
- übrige Steuern: 4 Jahre (§ 169 Abs. 2 Nr. 2 AO)
- leichtfertig verkürzte Steuern: 5 Jahre (§ 169 Abs. 2 Satz 2 AO)
- hinterzogene Steuern: 10 Jahre (§ 169 Abs. 2 Satz 2 AO).

Die Festsetzungsfrist beginnt mit Ablauf des Kalenderjahres, in dem die Steuer entstanden ist (§ 170 Abs. 1 AO) oder abweichend mit Ablauf des Kalenderjahres, in dem die Steuererklärung oder Steueranmeldung eingereicht wurde, spätestens mit Ablauf des 3. Kalenderjahres nach Entstehung der Steuer (§ 170 Abs. 2 AO).

Beispiel

Ein Steuerpflichtiger gibt seine Steuererklärung für das Jahr 2019 im April 2021 ab. Die Festsetzungsfrist beginnt am 31.12.2021 und endet am 31.12.2025.

09. Wann ist ein Verwaltungsakt bestandskräftig?

Es ist zwischen der formellen und der materiellen Bestandskraft zu unterscheiden (AEAO vor §§ 172 - 177 AO):

- Formelle Bestandskraft bedeutet Unanfechtbarkeit des Verwaltungsaktes mit förmlichem Rechtsbehelf:
  - Rechtsbehelfsverzicht
  - Ablauf der Rechtsbehelfsfrist
  - Rücknahme des Rechtsbehelfs
  - Ausschöpfung der gerichtlichen Instanzen.
- Materielle Bestandskraft liegt vor, wenn ein Steuerbescheid unter Vorbehalt der Nachprüfung ergeht. Der Vorbehalt der Nachprüfung muss von der Finanzbehörde ausdrücklich aufgehoben werden. Geschieht dies nicht, tritt die materielle Bestandskraft nicht ein.

 MERKE

Materielle Bestandskraft = Verbindlichkeit einer Verwaltungsentscheidung

10. Was ist eine Steueranmeldung und welche Anwendungsfälle gibt es?

Die Steueranmeldung ist eine Steuererklärung, in der die Steuer vom Steuerpflichtigen selbst errechnet wird (§ 167 AO).

Eine Steueranmeldung steht einer Steuerfestsetzung unter Vorbehalt der Nachprüfung gleich (§ 168 AO). Die Vorschriften des Rechtsbehelfsverfahrens gem. § 347 AO finden auch auf Steueranmeldungen Anwendung.

Anwendungsfälle:

- ▶ Umsatzsteuervoranmeldung (§ 18 Abs. 1 UStG)
- ▶ Umsatzsteuerjahreserklärung (§ 18 Abs. 3 UStG)
- ▶ Lohnsteueranmeldung (§ 41a EStG)
- ▶ Steuerabzug bei Bauleistungen (§§ 48, 48a EStG).

3.8.4 Steuererhebungsverfahren

01. Wann ist ein Steueranspruch fällig?

Die Fälligkeit von Steueransprüchen ist gem. § 220 AO nach den jeweiligen Einzelsteuergesetzen geregelt. Danach wird eine Aufteilung in

- ▶ **Vorauszahlungen**
- ▶ ESt 10.03./10.06./10.09./10.12. (§ 37 Abs. 1 EStG)
- ▶ KSt 10.03./10.06./10.09./10.12. (§ 31 Abs. 1 KStG, § 37 Abs. 1 EStG)
- ▶ GewSt 15.02./15.05./15.08./15.11. (§ 19 Abs. 1 GewStG)
- ▶ USt bis zum 10. Tag nach Ablauf des Voranmeldungszeitraumes bei monatlicher Abgabe (§ 18 UStG)
- ▶ und **Abschlusszahlungen**
- ▶ ESt nach 1 Monat (§ 36 Abs. 4 EStG)
- ▶ KSt nach 1 Monat (§ 31 Abs. 1 KStG, § 36 Abs. 4 EStG)
- ▶ GewSt nach 1 Monat (§ 20 Abs. 2 GewStG)
- ▶ USt nach 1 Monat (§ 18 Abs. 4 UStG).

vorgenommen.

Ein Hinausschieben der Fälligkeit ist durch einen Stundungsantrag und den Antrag auf Aussetzung der Vollziehung möglich.

02. Was sind Fristen und Termine?

In den AEAO zu § 108 AO sind die Begriffe wie folgt definiert:

- ► Fristen sind abgegrenzte, bestimmte oder jedenfalls bestimmbare Zeiträume.
- ► Termine sind bestimmte Zeitpunkte, an denen etwas geschehen soll oder zu denen eine Wirkung eintritt.
- ► „Fälligkeitstermine" geben das Ende einer Frist an.

Sämtliche Fristen und Termine nach dem BGB werden nach §§ 186 ff. BGB berechnet.

Fristbeginn:
Ereignis als Fristanfang, § 187 Abs. 1 BGB

Der Fristbeginn regelt sich grundsätzlich nach § 187 Abs. 1 BGB. Der Tag, an dem das Ereignis stattfindet, das die Frist beginnen lässt, wird nicht mitgezählt.

Tagesbeginn als Fristanfang, § 187 Abs. 2 Satz 1 BGB.

Soll der Beginn eines Tages Fristbeginn sein, wird der Tag bei der Berechnung der Frist mitgezählt.

Fristende:
Grundsatz: Die Frist endet nach § 188 Abs. 1 BGB mit dem Ablauf des letzten Tages.

Der Tag, in den das Ereignis fällt, ist gleichfalls der letzte Tag der Frist (§ 188 Abs. 2 BGB).

Feiertage, die innerhalb des Fristlaufes liegen, werden bei der Fristberechnung immer mitgezählt. Ausnahmen gibt es nur, wenn der letzte Tag der Frist auf einen Sonntag, staatlich anerkannten Feiertag oder einen Sonnabend fällt.

03. In welchen Fällen kann ein Steueranspruch gestundet werden?

Durch eine Stundung wird die Fälligkeit des Steueranspruches hinausgeschoben und damit die Zahlungsfrist verlängert.

Geregelt ist die Stundung im § 222 AO. Danach können Ansprüche aus einem Steuerschuldverhältnis (z. B. Steueransprüche, Haftungsansprüche, Ansprüche aus steuerlichen Nebenleistungen) ganz oder teilweise gestundet werden, wenn:

- ► ihre Einziehung bei Fälligkeit mit einer erheblichen Härte für den Schuldner verbunden ist und
- ► der Steueranspruch durch die Stundung nicht gefährdet ist.

Eine erhebliche Härte für den Schuldner ist gegeben, wenn er unverschuldet in Zahlungsschwierigkeiten geraten ist und die sofortige Einziehung des Steuerbetrages die Existenz des Schuldners gefährden würde.

Die Stundung erfolgt i. d. R. auf Antrag und gegen Sicherheitsleistung. Ihre Bewilligung bewirkt, dass für den Zeitraum der Stundung keine Säumniszuschläge (1 % je angefangenen Monat) entstehen. Zinsen gem. § 234 Abs. 1 AO (0,5 % für vollen Monat) sind jedoch zu erheben.

 MERKE

Lohnsteuer kann nicht gestundet werden.

04. Was ist eine Verrechnungsstundung?

Eine Verrechnungsstundung bedeutet, dass der Steuerpflichtige Ansprüche aus einem Steuerschuldverhältnis mit Zahlungsverpflichtungen verrechnen kann.

Beispiel

Ein Steuerpflichtiger hat einen Erstattungsanspruch aus seiner USt-Voranmeldung 05/2017 i. H. v. 5.000 €. Zum gleichen Zeitpunkt ergeht sein Einkommensteuerbescheid 2016 mit einer Nachzahlung i. H. v. 5.000 €. Er stellt den Antrag auf Verrechnung und beantragt gleichzeitig die Stundung.

05. Wann gilt eine Zahlung als entrichtet?

Für die Zahlungen an die Finanzbehörden ist die Kasse zuständig. Eine wirksam geleistete Zahlung gilt gem. § 224 AO als entrichtet:

► bei Übergabe oder Übersendung von Zahlungsmitteln am Tag des Eingangs

► bei Hingabe von Schecks drei Tage nach dem Tag des Eingangs

► bei Überweisung oder Einzahlung am Tag, an dem der Betrag der Finanzbehörde gutgeschrieben wird

► bei Vorliegen einer Einzugsermächtigung am Fälligkeitstag.

Mit der Zahlung erlischt der Steueranspruch.

06. Kann ein Steueranspruch erlassen werden?

Ein Erlöschen des Steueranspruchs gem. § 227 AO ist möglich. Es handelt sich hier um eine Ermessensentscheidung.

Voraussetzung für den Erlass ist, dass die Einziehung der Steueransprüche nach Lage des einzelnen Falls unbillig wäre.

07. Wie ist die Zahlungsverjährung geregelt?

Die Zahlungsverjährung behandelt den bereits durch Steuerbescheid festgesetzten Steueranspruch und regelt, wie lange dieser Anspruch noch besteht.

Die Zahlungsverjährungsfrist beträgt gem. § 228 AO fünf Jahre. Das gilt sowohl für Ansprüche gegen den Steuerpflichtigen als auch für Erstattungsansprüche gegen das Finanzamt.

Die Verjährungsfrist beginnt mit Ablauf des Jahres, in dem der Anspruch erstmalig fällig geworden ist (§ 229 Abs. 1 AO).

Unterbrechungen der Verjährung sind gem. § 231 Abs. 1 AO:

- Mahnung
- Zahlungsaufschub
- Stundung
- Aussetzung der Vollziehung
- Vollstreckungsaufschub
- Vollstreckungsmaßnahmen.

3.8.5 Korrektur von Verwaltungsakten

01. Was ist unter offenbarer Unrichtigkeit zu verstehen?

Offenbare Unrichtigkeiten sind gem. § 129 AO:

- mechanische Versehen, z. B. Schreib-, Rechen- oder Übertragungsfehler
- Versehen der Finanzbehörde.

Dazu gehören nicht falsche Rechtsanwendung, Schlussfolgerung oder Beurteilung.

Es besteht eine Berichtigungspflicht bei berechtigtem Interesse. Die Berichtigung ist jederzeit möglich, aber nur bis zum Ablauf der Festsetzungsfrist.

Die Vorschrift gilt auch, wenn die Behörde erkennbare Fehler des Steuerpflichtigen übernimmt.

02. Wann kann ein Steuerbescheid aufgehoben oder geändert werden?

Rechtswidrigkeit (§ 172 AO) nicht nur bei rechtswidrigen Bescheiden anwendbar	► für Verbrauchsteuern: innerhalb eines Jahres § 172 Abs. 1 Nr. 1 AO ► für Besitz- und Verkehrssteuern § 172 Abs. 1 Nr. 2 AO Nr. 2a: Antrag auf schlichte Änderung Nr. 2b: sachlich unzuständige Behörde Nr. 2c: durch unlautere Mittel erwirkte Bescheide Nr. 2d: sonstige Korrekturen, z. B. § 10d EStG, § 15a UStG
Neue Tatsachen (§ 173 AO)	► Vorliegen neuer Tatsachen oder Beweismittel z. B. Sachverhalte, Zustände, Eigenschaften ► Aufhebung und Änderung zu Ungunsten des Steuerpflichtigen immer und ohne Einschränkung möglich (§ 173 Abs. 1 Nr. 1 AO) ► Aufhebung und Änderung zugunsten des Steuerpflichtigen nur möglich, wenn Steuerpflichtigen kein grobes Verschulden daran trifft, dass die Tatsache der Behörde bislang nicht bekannt war, außer die Tatsachen stehen in Zusammenhang mit Nr. 1 (§ 173 Abs. 1 Nr. 2 AO) ► Einschränkung der Änderungsmöglichkeiten nach Außenprüfung (§ 173 Abs. 2 AO)
Änderung eines Grundlagenbescheides (§ 175 AO)	Korrektur möglich, wenn Grundlagenbescheid erlassen, aufgehoben oder geändert wird

03. Was bedeutet „Wiedereinsetzung in den vorigen Stand"?

Wiedereinsetzung in den vorigen Stand ist vom Gesetzgeber für den Fall geschaffen, dass eine Frist (z. B. Einspruchsfrist) schuldlos versäumt wird (§ 110 Abs. 1 AO).

Schuldlose Versäumnisse können z. B. sein:

► plötzliche Krankheit z. B. durch Unfall

► erzwungener längerer Aufenthalt im Ausland

► Katastrophenfälle.

Die Antragstellung muss innerhalb eines Monats nach Wegfall des Hindernisses erfolgen und die versäumte Handlung muss innerhalb der Frist nachgeholt werden.

 MERKE

Ist die Schuld noch so klein, kann es keine Wiedereinsetzung sein.

3.8.6 Rechtsbehelfsverfahren/Einspruchsverfahren

01. Welche Rechtsbehelfsmöglichkeiten hat ein Steuerpflichtiger?

Der Steuerpflichtige hat die Möglichkeit, gegen einen Verwaltungsakt Einspruch nach § 347 AO einzulegen.

Die Einspruchsfrist beträgt einen Monat (§ 355 Abs. 1 AO) nach Bekanntgabe (am dritten Tag nach Aufgabe zur Post).

Voraussetzung ist, dass der Bescheid eine Rechtsbehelfsbelehrung (§ 356 AO) enthält. Ohne diese verlängert sich die Frist auf ein Jahr.

Der Einspruch hat in Schriftform per Brief, Telegramm, Telefax oder E-Mail zu erfolgen.

Der Einspruch ist bei der Behörde einzulegen, deren Verwaltungsakt angefochten wird. Es soll eine Begründung angegeben werden.

 MERKE

Unrichtige Bezeichnung (z. B. Widerspruch) ist unschädlich (§ 357 AO).

Die Finanzbehörde hat die Zulässigkeit (Form, Frist, Statthaftigkeit, Einspruchsbefugnis) zu prüfen (§ 358 AO). Die Zulässigkeit des Einspruchs bewirkt die erneute Überprüfung der Sache in vollem Umfang gem. § 367 Abs. 2 AO.

Weiterhin muss das Finanzamt auf die Absicht der Verböserung hinweisen. Der Steuerpflichtige kann dann den Einspruch zurücknehmen. Dann wäre das Einspruchsverfahren beendet.

Stellt das Finanzamt andere Gründe zur Änderung fest, ist die Rücknahme des Einspruches ohne Bedeutung.

02. Was bedeutet die Aussetzung der Vollziehung?

Wichtige Voraussetzungen für die Aussetzung der Vollziehung sind gem. § 361 AO:

► Anfechtung des Verwaltungsakts (Einspruch),

► ernstliche Zweifel an der Rechtmäßigkeit des angefochtenen Verwaltungsakts oder

► unbillige Härte der Vollziehung.

Wird der Aussetzung der Vollziehung stattgegeben, ist die Vollziehung des durch Einspruch oder Klage angefochtenen Bescheids auszusetzen. Das bedeutet einen vorläufigen Rechtschutz und Zahlungsaufschub für die Dauer des Einspruchsverfahrens.

Ist der Verwaltungsakt erfolglos, fallen Aussetzungszinsen gem. § 237 AO an.

Der Beginn der Aussetzung der Vollziehung ist i. d. R. die Fälligkeit der Steuer und beendet wird sie mit der datumsmäßigen Befristung oder einen Monat nach Bekanntgabe der Einspruchsentscheidung.

03. Wann wird ein Verfahren ausgesetzt bzw. ruht es?

Ein Verfahren wird ausgesetzt, wenn die Entscheidung über den Einspruch von Bestehen oder Nichtbestehen eines Rechtsverhältnisses abhängt (§ 363 Abs. 1 AO).

Verfahren ruhen in Erwartung einer Entscheidung des BFH oder bei Verfahren wegen Verfassungsmäßigkeit einer Rechtsnorm beim EuGH, BVerfG oder einem obersten Bundesgericht.

04. Welche Bestandteile muss eine Einspruchsentscheidung enthalten?

Die Einspruchsentscheidung hat schriftlich zu erfolgen, muss begründet sein, eine Rechtsbehelfsbelehrung enthalten und dem Beteiligten bekannt gegeben werden (§ 366 AO). Die Bekanntgabe erfolgt gem. § 122 AO.

Die Entscheidung über den Einspruch fällt gem. § 367 AO die zuständige Finanzbehörde, die den Verwaltungsakt erlassen hat.

3.8.7 Gerichtliches Rechtsbehelfsverfahren

01. Wann kommt es zum Klageverfahren?

Gegen die vollständige bzw. teilweise Ablehnung des Einspruches von Seiten der Finanzbehörde ist kein weiterer Einspruch möglich.

Ist der Steuerpflichtige mit der Einspruchsentscheidung nicht einverstanden, kann er beim Finanzgericht klagen. Während der Einspruch bei der Finanzbehörde nicht mit Kosten verbunden ist, wird das Klageverfahren kostenpflichtig, wobei derjenige die Kosten trägt, der im Endergebnis unterliegt.

Die Frist zur Erhebung der Klage beträgt einen Monat nach § 47 FGO.

Welches Finanzgericht zuständig ist, steht in der Rechtsbehelfsbelehrung am Ende der Einspruchsentscheidung. Die sachliche und örtliche Zuständigkeit ist in den §§ 35 und 38 FGO geregelt.

Auch hier sind bestimmte Form- und Inhaltsvorschriften gem. §§ 64 und 65 FGO einzu-halten:

- schriftlich oder zur Niederschrift
- mit Unterschrift
- Kopie der Klage, des Verwaltungsaktes und der Einspruchsentscheidung
- Angabe des Klägers und des Beklagten
- Angabe des Gegenstandes des Klagebegehrens
- Klageantrag mit Begründung.

Auch im Klageverfahren ist eine Aussetzung der Vollziehung auf Antrag möglich. Es besteht kein Vertreterzwang.

02. Welche Bedeutung hat die Revision beim Bundesfinanzhof?

Fällt das Urteil beim Finanzgericht zu Ungunsten des Steuerpflichtigen aus, kann gegen dieses Urteil Revision nach § 115 FGO eingelegt werden, soweit das Urteil des Finanz-gerichtes dieses zulässt. Ist keine Revision zulässig, gibt es die Möglichkeit der Nicht-zulassungsbeschwerde gem. § 116 FGO.

Der Bundesfinanzhof entscheidet in der Revision nur über die richtige Anwendung der bundesrechtlichen Rechtsvorschriften, ermittelt nicht selbst und erhebt keine Beweise.

Wird festgestellt, dass bei richtiger Rechtsanwendung weitere Beweise erhoben wer-den müssen, wird das Verfahren wieder an das Finanzgericht zur erneuten Sachver-haltsermittlung zurückgewiesen. Beim Bundesfinanzhof besteht Vertreterzwang.

3.9 Grundlegende nationale und binationale Verfahren zur Vermeidung einer Doppelbesteuerung im Ertragssteuerrecht

3.9.1 Problematik der Doppelbesteuerung aufgrund von Welteinkommensprinzip und Territorialprinzip

01. Welche Probleme werden durch das internationale Steuerrecht beseitigt?

Das internationale Steuerrecht regelt folgende Bereiche (Territorialprinzip):

- Allgemeine Vorschriften der Einzelsteuergesetze (z. B. §§ 1, 34c, 49 ff. EStG, §§ 1, 26 KStG, §§ 2, 21 ErbStG)
- Spezielle Vorschriften zur Vermeidung der Steuerflucht (Außensteuergesetz)
- Spezielle Vorschriften zur Vermeidung von Doppelbesteuerung (bilaterale DBA).

02. Was sind die Ursachen der Doppelbesteuerung?

Ursachen für eine Doppelbesteuerung sind, dass der Steuerpflichtige in mehreren Staaten gleichzeitig die Voraussetzungen der unbeschränkten bzw. beschränkten Steuerpflicht erfüllt.

1. Unbeschränkte Steuerpflicht im Wohnsitzstaat und beschränkte Steuerpflicht im Quellenstaat

   Beispiel

   Herr X mit Wohnsitz in Berlin bezieht Einkünfte aus einer in der Schweiz belegenen Immobilie.

   Herr X ist in Deutschland unbeschränkt steuerpflichtig – Universalitätsprinzip. In der Schweiz ist Herr X mit den Pachteinnahmen beschränkt steuerpflichtig – Territorialprinzip.

2. Zwei unbeschränkte Steuerpflichten in unterschiedlichen Staaten

   Beispiel

   Herr Y wohnt zusammen mit seiner Familie in München. Aufgrund eines Arbeitsangebotes ging Herr Y für mehrere Jahre in die Schweiz und mietete sich dort eine Wohnung. Seinen Wohnsitz behielt er in München bei und nutzte ihn i. d. R. etwa 10 - 12 Wochen im Jahr.

   Nach § 1 Abs. 1 EStG unterliegt jede natürliche Person mit Wohnsitz oder gewöhnlichem Aufenthalt im Inland der unbeschränkten Steuerpflicht. Herr Y ist in beiden Staaten unbeschränkt steuerpflichtig (Welteinkommensprinzip).

3. Zwei beschränkte Steuerpflichten in unterschiedlichen Staaten

   Beispiel

   Der in Berlin ansässige Herr Z gründet in der Schweiz eine Betriebsstätte. In ihrem Vermögen hält die Betriebsstätte Anteile an einer Kapitalgesellschaft, die sich in den USA befindet.

   Eine Doppelbesteuerung entsteht, wenn die USA für die Dividende der Kapitalgesellschaft eine Quellensteuer erhebt, und die Schweiz die Erträge aus der Beteiligung den Einkünften aus der Betriebsstätte zurechnet.

3.9.2 Systematik der unbeschränkten und beschränkten Steuerpflicht
01. Welche Grundprinzipien gelten bei der Besteuerung?

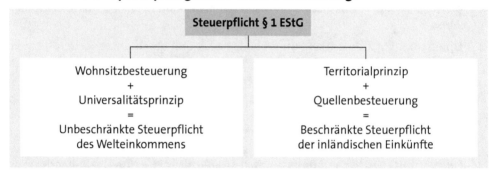

02. Wer ist unbeschränkt steuerpflichtig?

Unbeschränkte Einkommensteuerpflicht (§§ 1 und 1a EStG i. V. m. §§ 8 und 9 AO):

Nach § 1 Abs. 1 EStG liegt unbeschränkte Einkommensteuerpflicht vor, wenn eine natürliche Person ihren Wohnsitz oder gewöhnlichen Aufenthalt im Inland hat.

Die unbeschränkte Einkommensteuerpflicht umfasst das Welteinkommen. Sie beginnt mit der Vollendung der Geburt und endet mit dem Tod. Der Wohnsitzbegriff ist im § 8 AO erläutert.

Wesentlich für den Wohnsitzbegriff ist das tatsächliche Innehaben einer Wohnung, d. h. dass der Steuerpflichtige über eine Wohnung tatsächlich oder rechtlich verfügt, sie also jederzeit benutzen kann. Er ist nicht erfüllt, wenn lediglich betriebliche oder geschäftliche Räume, Gemeinschaftslager oder z. B. Notunterkünfte (Einrichtung nur für vorübergehende Nutzung) genutzt werden.

Einkommensteuerrechtlich kann eine Person mehrere Wohnsitze haben.

Ein Wohnsitz im Inland begründet bereits die unbeschränkte Einkommensteuerpflicht.

Der gewöhnliche Aufenthalt ist im § 9 AO geregelt. Das bedeutet, es handelt sich um einen Aufenthalt, der erkennen lässt, dass es sich nicht nur um eine vorübergehende Verweildauer handelt.

Ein zeitlich zusammenhängender Aufenthalt von mehr als sechs Monaten im Inland gilt stets und von Beginn an als gewöhnlicher Aufenthalt (kurzfristige Unterbrechungen bleiben unberücksichtigt). Die genannten Zeiträume müssen nicht in einem Jahr liegen.

Inlandsbegriff im Einkommensteuerrecht § 1 Abs. 1 Satz 2 EStG:

Bundesrepublik Deutschland einschließlich der Zollausschlussgebiete. Zum Inland im Sinne des EStG gehört auch der BRD zustehende Teil.

1. an der ausschließlichen Wirtschaftszone, soweit dort

   a) die lebenden und nicht lebenden natürlichen Ressourcen der Gewässer über dem Meeresboden, des Meeresbodens und seines Untergrunds erforscht, ausgebeutet, erhalten oder bewirtschaftet werden

   b) andere Tätigkeiten zur wirtschaftlichen Erforschung oder Ausbeutung der ausschließlichen Wirtschaftszone ausgeübt werden, wie beispielsweise die Energieerzeugung aus Wasser, Strömung und Wind oder

   c) künstliche Inseln errichtet oder genutzt werden und Anlagen und Bauwerke für die in den Buchstaben a) und b) genannten Zwecke errichtet oder genutzt werden, und

2. am Festlandsockel, soweit dort

   a) dessen natürliche Ressourcen erforscht oder ausgebeutet werden; oder

   b) künstliche Inseln errichtet oder genutzt werden und Anlagen und Bauwerke für die in Buchstabe a) genannten Zwecke errichtet oder genutzt werden.

Erweiterte unbeschränkte Einkommensteuerpflicht § 1 Abs. 2 EStG:

Betrifft deutsche Staatsangehörige, die in einem Dienstverhältnis mit einer inländischen juristischen Person des öffentlichen Rechts (Botschaften, Konsulate) stehen und Arbeitslohn aus einer inländischen Kasse beziehen und beschränkt im Ausland steuerpflichtig sind.

Die erweiterte unbeschränkte Einkommensteuerpflicht erstreckt sich auch auf zum Haushalt gehörende Familienangehörige der Auslandsbediensteten, wenn diese die deutsche Staatsbürgerschaft besitzen oder keine ausländischen Einkünfte erzielen.

Die **unbeschränkte KSt-Pflicht** erfasst die in § 1 Abs. 1 Nr. 1 - 6 KStG genannten Rechtssubjekte. Dazu gehören sowohl juristische Personen des Privatrechts und des öffentlichen Rechts, sowie auch nicht rechtsfähige Organisationsformen (nicht rechtsfähige Vereine, Anstalten, Stiftungen und andere Zweckvermögen des privaten Rechts).

Voraussetzungen für die unbeschränkte KSt-Pflicht sind:

Die genannten Rechtssubjekte haben

▸ ihren Sitz im Inland Inlandsbegriff analog § 1 EStG oder

▸ ihre Geschäftsleitung im Inland.

Der Sitz ist nach § 11 AO an dem Ort, der durch Gesetz, Gesellschaftsvertrag oder Satzung bestimmt ist (förmlich festgelegter Ort).

Die Geschäftsleitung liegt nach § 10 AO dort, wo sich der Mittelpunkt der geschäftlichen Oberleitung befindet.

Die unbeschränkte KSt-Pflicht erstreckt sich nach § 1 Abs. 2 KStG auf sämtliche Einkünfte (Welteinkommen). Um eine Doppelbesteuerung zu vermeiden, sind die entsprechenden Doppelbesteuerungsabkommen (DBA) der Länder zu beachten (Freistellungs- oder Anrechnungsmethode).

Beispiel

Die deutsche X-GmbH (Sitz Berlin) erzielt Einkünfte aus einer Betriebsstätte in Frankreich.

- ► Unbeschränkte KSt-Pflicht in Deutschland, da der Sitz im Inland ist
- ► beschränkte Steuerpflicht in Frankreich
- ► nach DBA mit Frankreich hat Deutschland den Betriebsstättengewinn freizustellen.

03. Wer unterliegt der beschränkten Einkommensteuer- bzw. Körperschaftsteuerpflicht?

Beschränkt **einkommensteuerpflichtig** sind natürliche Personen, die im Inland

- ► weder einen Wohnsitz
- ► noch ihren gewöhnlichen Aufenthalt haben,

jedoch inländische Einkünfte i. S. d. § 49 EStG erzielen (§ 1 Abs. 4 EStG). Die beschränkte Einkommensteuerpflicht hat zur Folge, dass nur die inländischen Einkünfte i. S. d. § 49 EStG der Einkommensteuer unterliegen.

Betriebsausgaben oder Werbungskosten dürfen nur insoweit abgezogen werden, als sie mit den inländischen Einkünften im wirtschaftlichen Zusammenhang stehen (§ 50 Abs. 1 Satz 1 EStG). Das Gleiche trifft auch auf den Verlustabzug nach § 10d EStG zu.

Eine **Körperschaft** ist gem. § 2 Nr. 1 KStG mit ihren inländischen Einkünften **beschränkt steuerpflichtig**, wenn sie

- ► weder ihren Sitz,
- ► noch ihre Geschäftsleitung im Inland hat.

Sonstige nicht unbeschränkt steuerpflichtige Körperschaften, Personenvereinigungen und Vermögensmassen (hauptsächlich Körperschaften des öffentlichen Rechts) sind mit ihren inländischen Einkünften beschränkt steuerpflichtig, die dem Steuerabzug ganz oder teilweise unterliegen.

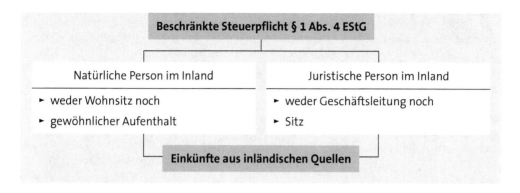

Die Besteuerungshoheit eines Staates ist nicht auf die Besteuerung von Steuerinländern beschränkt. Die Steuerpflicht einer Person kann auch aufgrund der sachlichen Beziehung zum Territorium des steuererhebenden Staates eintreten. Der Umfang der beschränkten Steuerpflicht richtet sich nach den aus inländischen Quellen stammenden Einkünften.

04. Was legt der § 49 EStG fest?

Der § 49 Abs. 1 EStG legt abschließend fest, welche inländischen Einkünfte der beschränkten Einkommensteuerpflicht unterliegen.

Die Aufzählung der inländischen Einkünfte im Sinne der beschränkten Steuerpflicht lehnt sich an die der sieben Einkunftsarten des § 2 Abs. 1 EStG an, enthält aber Einschränkungen.

Der Katalog gilt über §§ 2, 8 Abs. 1 KStG auch für das Einkommen juristischer Personen.

3.9.3 Aufbau und Systematik des OECD-Musterabkommens

01. Wie ist das OECD-MA aufgebaut und welchen Inhalt haben die einzelnen Artikel?

DBA sind völkerrechtliche Verträge zwischen zwei souveränen Staaten. Sie begründen keine Besteuerungsansprüche, sondern schränken bestehende innerstaatliche Besteuerungsrechte ein.

DBA haben Vorrang vor nationalen Steuergesetzen und sind folgendermaßen gegliedert:

Abschnitt I: Geltungsbereich des Abkommens (Artikel 1 und 2)	Definiert, welche Personen sich auf die Regelungen des DBA berufen können.
	Definiert, für welche Steuern das Abkommen gilt.

Abschnitt II: Begriffsbestimmungen (Artikel 3 - 5)	Definieren entsprechend ihrer Funktionen als eigenständige Regelungskreise mit eigenständiger Begriffssprache die im Abkommen verwendeten Begriffe.
Abschnitt III: Zuweisung der Besteuerungsrechte an den Einkünften (Artikel 6 - 21)	Bestimmen, inwieweit das Besteuerungsrecht des Quellenstaates hinsichtlich der aufgeführten Einkunftsarten aufrechterhalten oder beschränkt wird („Schrankennormen").
Abschnitt IV: Zuweisung der Besteuerungsrechte am Vermögen (Artikel 22)	Bezieht sich auf die Besteuerung des Vermögens: ► unbewegliches Vermögen im Belegenheitsstaat ► bewegliches Vermögen einer Betriebsstätte oder einer festen Einrichtung im Betriebsstättenstaat.
Abschnitt V: Methoden zur Vermeidung der Doppelbesteuerung (Artikel 23)	Definiert die beiden Methoden zur Vermeidung der Doppelbesteuerung: ► Anrechnungsmethode ► Freistellungsmethode.
Abschnitt VI: Besondere Bestimmungen (Artikel 24 - 29)	Regeln bestimmte Sondertatbestände, wie z. B. Verständigungsverfahren zwischen den Behörden.
Abschnitt VII: Schlussbestimmungen (Artikel 30 und 31)	Regelt das Inkrafttreten. Regelt die Kündigungsmöglichkeiten.

3.9.4 Methoden zur Vermeidung einer Doppelbesteuerung

01. Welche Zielsetzung hat die Freistellungsmethode?

Die Freistellungsmethode nach Art. 23 A OECD-MA zielt darauf ab, die Doppelbesteuerung gar nicht erst zur Wirkung kommen zu lassen. Einkünfte, die der Steuerpflichtige bereits im anderen Staat versteuert hat, werden im Ansässigkeitsstaat von der Besteuerung freigestellt. Sie sind von der Bemessungsgrundlage ausgenommen. Es ergibt sich für den Steuerpflichtigen ein Vorteil, wenn das Steuerniveau im Ausland niedriger ist als in seinem Ansässigkeitsstaat.

Beispiel

Herr X ist im Staat A ansässig. Der Steuersatz beträgt dort 30 %. Im Staat B erzielt er Einkünfte i. H. v. 1.000 €, die dort einer 20 %igen Besteuerung unterliegen. Das DBA zwischen Staat A und B sieht für diese Einkünfte die Anwendung der Freistellungsmethode vor. Da Herr X im Staat A unbeschränkt einkommensteuerpflichtig ist, müsste er die 1.000 € aus dem Staat B auch in seinem Ansässigkeitsstaat versteuern. Um diese Doppelbesteuerung zu vermeiden, sind die 1.000 € aus Staat B im Ansässigkeitsstaat von der Besteuerung freigestellt. Der Ansässigkeitsstaat verzichtet insoweit auf sein Besteuerungsrecht.

02. Welche Besonderheit ist bei der Freistellungsmethode zu beachten?

Die Freistellungsmethode wird nur mit dem Progressionsvorbehalt nach § 32b Abs. 1 Nr. 3 EStG angewendet. Die inländische Steuer in Deutschland wird aufgrund eines progressiven Steuertarifs ermittelt. So muss für die Ermittlung des Steuersatzes das ausländische Einkommen im Wohnsitzstaat (hier Deutschland) berücksichtigt werden.

Es wird der inländische Steuersatz ermittelt als wenn auch das ausländische Einkommen im Inland zu versteuern wäre. Dabei wird dieser Steuersatz aber nur auf das übrige Einkommen (ohne das freigestellte ausländische Einkommen) angewendet.

03. Welche Wirkung hat die Anrechnungsmethode?

Wenn kein DBA besteht oder das DBA keine Regelung zur Vermeidung der Doppelbesteuerung enthält, kann gem. § 34c EStG eine Entlastung im Wesentlichen durch die Anrechnung der Steuer aus dem Quellenstaat erfolgen.

Bei dieser Methode wird zunächst die Einkommensteuer gem. § 34c Abs. 1 EStG auf das Welteinkommen ermittelt. Anschließend wird die im Ausland gezahlte Steuer auf die inländische Steuer angerechnet.

Nach der Höhe des Anrechnungsbetrages der ausländischen Steuer wird zwischen unbegrenzter und begrenzter Anrechnung unterschieden:

Unbegrenzte Anrechnung	Begrenzte Anrechnung
Die inländische Steuerschuld ermäßigt sich um den gesamten im ausländischen Quellenstaat entrichteten Steuerbetrag.	► Die Anrechnung erfolgt bis zur Höhe, in der die ausländischen Einkünfte mit deutscher Steuer belastet sind. ► Diese Methode findet in Deutschland Anwendung. Anrechnungshöchstbetrag = deutsche ESt · ausl. Einkünfte im jew. ausl. Staat
	Welteinkommen

04. Wie wird die Abzugsmethode durchgeführt?

Die Steuerabzugsmethode nach § 34c Abs. 2 EStG bewirkt eine Minderung der Doppelbesteuerung durch Abzug der ausländischen Steuer als Werbungskosten oder Betriebsausgaben bei der jeweiligen Einkunftsermittlung. Die geschuldete deutsche Einkommensteuer berechnet sich durch die Anwendung des persönlichen Steuersatzes des Steuerschuldners auf die reduzierte Bemessungsgrundlage.

Die Abzugsmethode erfolgt durch

► Abzug auf Antrag nach § 34c Abs. 2 EStG

► Abzug von Amts wegen nach § 34c Abs. 3 EStG.

Der **Abzug auf Antrag** kann erfolgen, wenn die Voraussetzungen des § 34 Abs. 1 EStG erfüllt sind und der Steuerpflichtige als Alternative zur direkten Anrechnung die Abzugsmethode wählt.

Der **Abzug von Amts** wegen ist vorgeschrieben, wenn

► die ausländische Steuer nicht der deutschen Einkommensteuer entspricht

► die ausländische Steuer nicht in dem Staat erhoben wird, aus dem die Einkünfte stammen

► die ausländische Steuer für Sachverhalte erhoben wird, die keine ausländischen Einkünfte i. S. d. § 34d EStG darstellen.

05. Welche Regelung trifft der Pauschalisierungserlass nach § 34c Abs. 5 EStG?

Gemäß § 34c Abs. 5 EStG ist es nach Antrag gestattet, die auf ausländische Einkünfte entfallende deutsche Einkommensteuer

► ganz oder teilweise zu erlassen oder

► diese in einem Pauschbetrag festzusetzen.

Diese Methode wird angewandt, wenn sie aus volkswirtschaftlichen Gründen zweckmäßig erscheint oder die Anwendung der Anrechnungsmethode besonders schwierig erscheint.

Begünstigungsfähige Einkünfte i. S. d. Erlasses sind:

► Einkünfte aus Gewerbebetrieb, die aus einer aktiven Tätigkeit einer im Ausland belegenen Betriebsstätte stammen

► Einkünfte aus der Beteiligung an einer aktiv tätigen ausländischen Mitunternehmerschaft, wenn die Beteiligung zum Betriebsvermögen eines inländischen gewerblichen Unternehmens gehört

► Einkünfte aus selbstständiger Arbeit, wenn diese aus einer auf ausländischem Staatsgebiet befindlichen festen Einrichtung stammen und durch technische Beratung, Planung bzw. Überwachung einer Anlagenerrichtung erzielt werden.

Die im Ausland von den begünstigten Einkünften erhobene Steuer kann im Inland weder angerechnet noch bei der Einkunftsermittlung abgezogen werden.

3.10 Lohnsteuer, Grunderwerbsteuer und Grundsteuer in das betriebliche Geschehen einordnen

3.10.1 Lohnarten nach dem Umfang Abgabenerhebung

01. Was versteht das Steuerrecht unter Lohnsteuer?

Lohnsteuer ist die Erhebung der Einkommensteuer im Wege des Lohnsteuerabzugsverfahrens.

Die Lohnsteuer ist keine selbstständige Steuerart, sondern stellt Einkommensteuer dar, die nicht im Veranlagungsverfahren erhoben wird, sondern als eine Art Quellensteuer durch Abzug vom Arbeitslohn.

02. Was sind die Rechtsgrundlagen?

Das Lohnsteuerabzugsverfahren ist in den §§ 38 - 42 f. EStG geregelt, ergänzt durch die Bestimmungen der LStDV.

Die o. g. Paragrafen regeln also das Verfahren zur Durchführung des Lohnsteuerabzugs ohne dass dadurch die materiell-rechtlichen Bestimmungen des Einkommensteuerrechts berührt werden.

Diese gelten in vollem Umfang – allerdings beschränkt auf die Einkünfte aus nicht selbstständiger Arbeit – nicht nur für das Lohnsteuerabzugsverfahren, sondern auch für dessen Abschluss in bestimmten Fällen durch die Veranlagung des Arbeitnehmers zur Einkommensteuer.

03. Wie sind Arbeitnehmer und Arbeitgeber definiert?

Arbeitnehmer

- Arbeitnehmer sind natürliche Personen, die im öffentlichen oder privaten Dienst angestellt oder beschäftigt sind oder waren und die aus diesem Dienstverhältnis oder einem früheren Dienstverhältnis Arbeitslohn beziehen § 1 Abs. 1 LStDV.
- Arbeitnehmer sind auch die Rechtsnachfolger dieser Personen, soweit sie Arbeitslohn aus dem früheren Dienstverhältnis ihres Rechtsvorgängers beziehen (Beispiel: Witwe eines Beamten bezieht als Pension bezeichneten Arbeitslohn – sie ist Arbeitnehmerin im Sinne des Lohnsteuerrechts).
- Nach § 2 Abs. 2 LStDV schuldet ein Arbeitnehmer seine Arbeitskraft dem Arbeitgeber, d. h. er ist unselbstständig tätig und weisungsgebunden in den Betrieb des Arbeitgebers eingegliedert.

Arbeitgeber

▶ Arbeitgeber ist jemand, der in der bezeichneten Weise (in einem persönlichen Abhängigkeitsverhältnis) jemand anderen beschäftigt.

Die Einstufung als Arbeitgeber ist für die Frage wichtig, wer die Pflichten beim Abzug der Lohnsteuer und ihrer Abführung an das Finanzamt zu erfüllen hat.

3.10.2 Steuerpflichtiger Lohn

01. Wie ist der Arbeitslohn definiert?

Der Begriff ist im § 2 Abs. 1 der LStDV definiert. Zum Arbeitslohn gehören alle Einnahmen, d. h. alle in Geld und Geldeswert bestehenden Güter, die dem Arbeitnehmer aus einem bestehenden oder früheren Dienstverhältnis zufließen.

Dabei ist es gleichgültig, ob es sich um einmalige oder laufende Einnahmen handelt, ob ein Rechtsanspruch besteht und unter welcher Bezeichnung oder in welcher Form sie gewährt werden.

02. Was ist unter Sachbezügen und anderen geldwerten Vorteilen zu verstehen?

Unter Sachbezügen/geldwertem Vorteil versteht man alle Zuwendungen des Arbeitgebers, die nicht in Geld bestehen.

§ 8 Abs. 2 EStG nennt ausdrücklich die Überlassung von Wohnung, Kost und Waren.

Nach § 8 Abs. 2 EStG erfolgt die Bewertung der Sachbezüge mit den üblichen Endpreisen des Abgabeortes gemindert um übliche Preisnachlässe.

Das ist nach R 8.1 Abs. 2 LStR der Preis, den der Letztverbraucher zu bezahlen hat, wobei aus Vereinfachungsgründen 96 % des Ladenverkaufspreises angesetzt werden können (R 8.1 Abs. 2 LStR).

Für bestimmte Sachbezüge, insbesondere für Unterkunft und Verpflegung, werden seit Langem im Bereich der Sozialversicherung amtliche Sachbezugswerte festgesetzt, die auch für die Besteuerung maßgebend sind.

Darüber hinaus werden für bestimmte Sachbezüge steuerliche Durchschnittswerte durch die obersten Finanzbehörden der Länder festgesetzt.

Eine Bewertung dieser Sachbezüge (geldwerter Vorteil) erfolgt nicht nach § 8 Abs. 2 Satz 1 EStG mit den üblichen Endpreisen des Abgabeortes, sondern unter Anwendung der steuerlichen Begünstigungen nach § 8 Abs. 3 EStG, wenn der Arbeitnehmer die Waren oder Dienstleistungen aufgrund eines Dienstverhältnisses erhält. Es handelt sich um Waren oder Dienstleistungen, die der Arbeitgeber nicht überwiegend für den Bedarf der Arbeitnehmer hergestellt, vertrieben oder erbracht hat.

Diese Sachbezüge müssen nicht nach § 40 Abs. 1 oder 2 Nr. 1 oder 2 EStG pauschal versteuert werden (R 8.2 Abs. 1 LStR).

Die Begünstigung des § 8 Abs. 3 EStG gilt sowohl für verbilligte als auch für unentgeltliche Sachbezüge.

Die Bewertung dieser Sachbezüge erfolgt mit den Endpreisen einschließlich Umsatzsteuer, zu denen der Arbeitgeber die Waren oder Dienstleistungen fremden Endverbrauchern im allgemeinen Geschäftsverkehr anbietet unter Ansatz eines Preisabschlags von 4 % (R 8.2 Abs. 2 LStR).

Als Einnahme aus nicht selbstständiger Arbeit ist der Unterschiedsbetrag zwischen dem Geldwert des Sachbezuges und dem vom Arbeitnehmer gezahlten Entgelt anzusetzen.

Dieser Unterschiedsbetrag ist zur Ermittlung der steuerpflichtigen Einnahme um den Rabattfreibetrag i. H. v. 1.080,00 € zu mindern (§ 8 Abs. 3 Satz 2 EStG).

Beispiel

	Personal-Abgabepreis eines Pkw		15.000,00 €
	Endpreis im Einzelhandel	18.000,00 €	
-	Preisabschlag 4 %	- 720,00 €	17.280,00 €
=	Einnahme/geldwerter Vorteil		2.280,00 €
-	Rabattfreibetrag		1.080,00 €
=	steuerpflichtige Einnahme/zu versteuernder geldwerter Vorteil		1.200,00 €

Gemäß § 8 Abs. 2 Satz 11 EStG bleiben Sachbezüge, die nach Satz 1 zu bewerten sind, außer Ansatz, wenn die sich nach Anrechnung der vom Steuerpflichtigen gezahlten Entgelte ergebenden Vorteile insgesamt 44 € im Kalendermonat nicht übersteigen; die nach § 8 Abs. 1 Satz 3 nicht zu den Einnahmen in Geld gehörenden Gutscheine und Geldkarten bleiben nur dann außer Ansatz, wenn sie zusätzlich zum ohnehin geschuldeten Arbeitslohn gewährt werden.

Gutscheine und Geldkarten Fallen nur noch dann unter die 44 € Grenze, wenn sie ausschließlich zum Bezug von Waren oder Dienstleistungen berechtigen und die Kriterien des § 2 Abs. 1 Nr. 10 des Zahlungsdiensteaufsichtsgesetzes erfüllen.

Wird dem Arbeitnehmer kostenlos oder verbilligt eine Wohnung zur Verfügung gestellt, so wird als geldwerter Vorteil nicht der Sachbezugswert, sondern die ortsübliche Miete für eine derartige Wohnung angesetzt (R 8.1 Abs. 5 und 6 LStR).

Die Möglichkeit, das Mittagessen verbilligt oder umsonst einzunehmen, ist ein häufig gewährter Vorteil.

Da der Wertansatz einer Mahlzeit sehr schwierig zu ermitteln ist, wird in diesem Fall der anteilige Sachbezugswert zugrunde gelegt.

Dieser Wertansatz erfolgt völlig unabhängig davon, wie viel der Arbeitgeber für die Mahlzeit aufgewendet hat.

Vom Sachbezugswert ist dann der Eigenanteil des Arbeitnehmers abzuziehen. Der verbleibende Teil ist steuerpflichtiger Arbeitslohn (R 8.1 Abs. 7 LStR).

03. Wie erfolgt die Besteuerung bei der Kraftfahrzeuggestellung?

Überlässt ein Arbeitgeber einem Arbeitnehmer ein Kfz zur kostenlosen Benutzung, so kann der darin liegende geldwerte Vorteil mit monatlich 1 % des auf volle Hundert Euro abgerundeten Listenpreis des Firmenwagens berechnet werden (§ 8 Abs. 2 Satz 2 EStG). Zum Listenpreis und zur Sonderausstattung ist die Umsatzsteuer auch dann hinzuzurechnen, wenn beim tatsächlichen Erwerb keine USt angefallen ist. Maßgebend ist der Listenpreis zum Zeitpunkt der Erstzulassung. Das gilt auch für Gebrauchtwagen (auch bei Leasingfahrzeugen).

Bei Sonderausstattungen gilt es zu differenzieren:

- ► Autotelefon nach § 3 Nr. 45 EStG – nicht einbezogen
- ► Navigationssysteme wie auch alle anderen Sonderausstattungen, die bereits von Anfang an im Pkw enthalten sind, gehören zum Listenpreis
- ► nachträgliche Einbauten – ab Monat Einbau – Erhöhung des Listenpreises
- ► Winterreifen gehören nach R 8.1 Abs. 9 Nr. 1 Satz 6 LStR nicht zum Listenpreis
- ► transportable Navigationssysteme bleiben außer Ansatz.

Die ggf. niedrigeren tatsächlichen Anschaffungskosten des Arbeitgebers sind nicht zu berücksichtigen (z. B. Händlerrabatte).

Im Rahmen der Förderung der Elektromobilität wurden steuerliche Anreize geschaffen. Diese Maßnahmen gelten bis einschließlich 2030 und führen zur Herabsetzung der Bemessungsgrundlagen für Elektrofahrzeuge. (§ 6 Abs. 1 Nr. 4 Satz 2 Nr. 3 und Satz 3 Nr. 3 EStG)

- ► Die Viertel-Regelung gilt ab 2020, wenn das Kraftfahrzeug keine Kohlenstoffdioxidemission je gefahrenen Kilometer hat und der Bruttolistenpreis des Kraftfahrzeugs nicht mehr als 60.000 € beträgt.
- ► Erfüllt ein Elektrofahrzeug nicht die vorstehenden Voraussetzungen oder handelt es sich um ein extern aufladbares Elektro-Hybridfahrzeug, kommt eine Halbierung der Bemessungsgrundlage in Betracht.

Die bekannten Grundsätze und Regelungen zur Besteuerung der Fahrzeuggestellung sind auf die reduzierten Bemessungsgrundlagen analog anzuwenden.

Kann der Arbeitnehmer das Kfz auch für Fahrten zwischen Wohnung und Arbeitsstätte nutzen, so ist für jeden Entfernungskilometer 0,03 % des Listenpreises pro Kalendermonat zusätzlich als geldwerter Vorteil anzusetzen.

Abweichend von der 1 %-Regelung kann der private Nutzungswert erfasst werden, indem die für den Pkw insgesamt entstehenden Aufwendungen durch Beleg und das Verhältnis der privaten zu den übrigen Fahrten durch ein zeitnah und ordnungsgemäß geführtes Fahrtenbuch nachgewiesen werden.

Dabei sind die dienstlich und privat zurückgelegten Fahrtstrecken gesondert und laufend im Fahrtenbuch nachzuweisen.

Für dienstliche Fahrten sind mindestens folgende Angaben erforderlich:

► Datum und Kilometerstand zu Beginn und am Ende jeder Auswärtsfahrt

► Reiseziel und Route, Reisezweck und aufgesuchte Geschäftspartner (R 8.1 Abs. 9 Nr. 2 LStR).

Der Arbeitgeber kann gem. § 40 Abs. 2 Satz 2 EStG die Lohnsteuer mit einem Pauschalsteuersatz von 15 % für den privaten Nutzungswert von Firmenwagen für Fahrten Wohnung-Arbeitsstätte erheben.

Die Pauschalisierung bewirkt, dass keine SV-Beiträge anfallen. Dabei darf unterstellt werden, dass der Pkw an 15 Tagen im Monat (180 Tage im Jahr) zu diesen Fahrten genutzt wird. Bei Körperbehinderten kann der Nutzungswert in vollem Umfang pauschal versteuert werden.

04. Wie werden Verpflegungsmehraufwendungen steuerlich behandelt?

Verpflegungsmehraufwanden können steuerfrei gewährt werden, abhängig von der täglichen Abwesenheit des Arbeitnehmers von seiner Wohnung und seiner ersten Tätigkeitsstätte.

Für das Inland gelten folgende Sätze:

► *14 €* bei einer Abwesenheit über 8 Stunden sowie bei mehrtägigen Reisen jeweils für den An- und Abreisetag.

► *28 €* bei einer Abwesenheit von 24 Stunden.

Für beruflich veranlasste Auslandsreisen gelten für jedes Land spezielle Verpflegungspauschalen, die vom Bundesministerium für Finanzen festgesetzt werden.

Verpflegungsmehraufwanden können für längstens drei Monate an derselben Tätigkeitsstätte gewährt werden. Der Arbeitgeber kann neben dem steuerfreien Höchstbetrag zusätzlich einen mit 25 % pauschal versteuerten Betrag in gleicher Höhe gewähren.

Beispiel

Arbeitnehmer A tritt am ersten Tag seine Inlandsreise um 16 Uhr an und kehrt am übernächsten Tag um 18 Uhr zurück. Steuerfrei ersetzt werden können:

Am ersten Tag (Anreisetag): *14 €*
Am zweiten Tag: *28 €*
Am letzten Tag (Abreisetag): *14 €*

Führt der Arbeitnehmer an einem Kalendertag mehrere Auswärtstätigkeiten durch, sind die Abwesenheitszeiten an diesem Kalendertag zusammenzurechnen. Bei einer betrieblich veranlassten Auswärtstätigkeit bestimmt sich die Abwesenheitsdauer nach der Abwesenheit von der Wohnung und der ersten Tätigkeitsstätte.

05. Wie erfolgt der Lohnsteuerabzug bei unbeschränkt Steuerpflichtigen?

Lohnsteuer vom Arbeitslohn bei unbeschränkt Steuerpflichtigen wird nach § 39b EStG erhoben.

Für den jeweiligen Arbeitnehmer ergibt sich auf die in einem Veranlagungszeitraum (= Kalenderjahr) zugeflossenen Einkünfte aus nicht selbstständiger Tätigkeit eine Jahreslohnsteuer.

Von dem hochgerechneten Jahresarbeitslohn sind Freibeträge, wie Versorgungsfrei- oder Altersentlastungsbeträge, eingetragene Freibeträge oder Hinzurechnungsbeträge (§ 39a Abs. 1 Nr. 7 EStG) zu berücksichtigen.

Die Jahreslohnsteuer wird nach § 38a Abs. 2 EStG so bemessen, dass sie der Einkommensteuer entspricht (Berücksichtigung des Werbungskostenpauschbetrages, Sonderausgaben, Steuerklassen nach § 39b Abs. 2 EStG), die der Arbeitnehmer schuldet, wenn er ausschließlich Einkünfte aus nicht selbstständiger Tätigkeit erzielen würde. Die Jahreslohnsteuer wird in (monatlichen) Teilbeträgen erhoben.

06. Welche Varianten der Lohnsteuerpauschalierung gibt es?

Im Überblick:

Pauschalisierung der Lohnsteuer von Teilen des Arbeitslohnes mit festen Pauschsteuersätzen	Pausch-steuersatz § 40 EStG
▸ Fahrtkostenzuschüsse für Fahrten zwischen Wohnung und Arbeitsstätte bis zu dem Betrag, den der Arbeitnehmer als Werbungskosten geltend machen kann	15 %
▸ Job-Tickets für Fahrten zwischen Wohnung und Arbeitsstätte	15 %
▸ Nutzung Firmenwagen für Fahrten zwischen Wohnung und Arbeitsstätte	15 %
▸ bei unentgeltlicher Gewährung von Mahlzeiten oder wo der Zuzahlungsbetrag des Arbeitnehmers unter dem jeweiligen Sachbezugswert liegt	25 %
▸ Aufwendungen für Betriebsveranstaltungen, wenn Freigrenze von 110 €/Arbeitnehmer bei max. zwei Betriebsveranstaltungen überschritten wird	25 %
▸ Steuerpflichtiger Ersatz von Verpflegungsmehraufwendungen, wenn die steuerfreien Pauschbeträge zu 100 % überschritten werden	25 %
▸ für Beiträge zu einer Direktversicherung, die vor dem 01.01.2005 abgeschlossen wurde	20 %
▸ Beiträge zu einer Gruppenunfallversicherung (Teil der Gesamtprämie für einen Arbeitnehmer darf max. 62 €/Kalenderjahr betragen)	20 %
Pauschalisierung der Lohnsteuer für bestimmte Sachzuwendungen (10.000 € Höchstbetrag) nach § 37b EStG	**Pausch-steuersatz**
▸ Sachgeschenke	30 %
▸ Belohnungsessen beim Überschreiten der 60 €-Freigrenze	30 %
▸ Einladung und Beköstigung in VIP-Logen	30 %
▸ Incentive-Reisen (wenn keine typische Geschäftsreise)	30 %
▸ Besuch von sportlichen und kulturellen Veranstaltungen	30 %
Pauschalisierung der Lohnsteuer für den gesamten Arbeitslohn mit festen Pauschsteuersätzen	**Pausch-steuersatz**
▸ für Teilzeitkräfte auf 450 €-Basis (Minijob) – Meldung über die Minijobzentrale	2 %
▸ für Teilzeitkräfte auf 450 €-Basis, für die Voraussetzung der 2 % nicht vorliegen (z. B. mehrere sogenannte Aushilfsjobs) – Meldung an das Betriebsstättenfinanzamt	20 %
▸ für kurzfristig beschäftigte Aushilfskräfte	25 %
▸ für kurzfristig beschäftigte Aushilfskräfte in der Land- und Forstwirtschaft	5 %

07. Wie erfolgt die Pauschalierung der Lohnsteuer durch das Finanzamt (Nachholung/Nacherhebung von Lohnsteuer)?

Die Nachholung/Nacherhebung von Lohnsteuer kommt aufgrund einer Lohnsteueraußenprüfung durch das Finanzamt zustande. Dabei überprüft das Finanzamt die Rechtmäßigkeit der abgeführten Lohnsteuer.

Sind viele Arbeitnehmer von einer nicht vorschriftsmäßigen Abrechnung der Lohnsteuer betroffen, so kann diese mit einem zu ermittelnden Pauschsteuersatz erhoben werden (§ 40 Abs. 1 EStG), wenn nicht ein fester Pauschsteuersatz in Betracht kommt (§ 40 Abs. 2 EStG, § 40a und b EStG).

Voraussetzung für die Anwendung eines Pauschsteuersatzes ist ein entsprechender Antrag des Arbeitgebers.

3.10.3 Grundzüge der Grunderwerbsteuer

01. Wofür ist die Grunderwerbsteuer zu zahlen und wann entsteht sie?

Grunderwerbsteuer fällt an beim Erwerb von unbebauten sowie bebauten Grundstücken, Gebäuden, Gebäudeteilen und Rechten an Grundstücken und Gebäuden (§ 1 Abs. 1 GrEStG), die im Inland gelegen sind.

Die Grunderwerbsteuer entsteht mit Verwirklichung eines rechtskräftigen Erwerbsvorgangs (§ 14 GrEStG i. V. m. § 38 AO) und ist grundsätzlich einen Monat nach Bekanntgabe fällig.

02. Was ist die Bemessungsgrundlage für die Grunderwerbsteuer und wie wird sie berechnet?

Bemessungsgrundlage der Grunderwerbsteuer ist der Wert der Gegenleistung (u. a. Kaufpreis, Übernahme von Belastungen, Gewährung von Wohn-/Nutzungsrechten).

Der Steuersatz für Erwerbsvorgänge wird von den Bundesländern festgelegt (Art. 105 Abs. 2a GG).

03. Wer ist Steuerschuldner?

Persönlich steuerpflichtig und damit Steuerschuldner sind die am Erwerbsvorgang als Vertragspartner beteiligten Personen (Erwerber und Veräußerer). In den meisten Fällen wird vereinbart, dass der Erwerber die Grunderwerbsteuer zu tragen hat.

04. Welche Grundstücksübertragungen sind steuerbefreit?

Ausnahmen von der Besteuerung sind im § 3 Nr. 1 - 3 GrEStG geregelt.

Erwerbsvorgänge mit einer Bagatellgrenze von 2.500 € sind steuerbefreit. Übersteigt die Gegenleistung diesen Betrag, wird die Grunderwerbsteuer für die gesamte Gegenleistung erhoben.

Weitere Ausnahmen sind u. a.:

► Erbschaften

► Schenkungen

► Erwerbsvorgänge zwischen Ehepartnern oder Personen, die in gerader Linie verwandt sind.

3.10.4 Grundzüge der Grundsteuer

01. Was wird bei der Grundsteuer versteuert?

Die Grundsteuer knüpft an das Vorhandensein einer Sache (wirtschaftliche Einheiten des Grundbesitzes i. S. d. BewG) an und belastet diese ohne Rücksicht auf die persönlichen Verhältnisse des Eigentümers (§ 17 Abs. 2 BewG). Die Grundsteuer wird von den Städten und Gemeinden erhoben.

Grundstücke von Betrieben der Land- und Forstwirtschaft unterliegen der Grundsteuer A, andere Grundstücke unterliegen der Grundsteuer B.

02. Wonach richtet sich die Höhe der Grundsteuer?

Die Höhe der Grundsteuer richtet sich nach dem Einheitswert des Grundbesitzes, der vom Finanzamt festgestellt wird. Als Bewertungsgrundsatz gilt der Verkehrswert ABL 01.01.1964/NBL 01.01.1935. Für land- und forstwirtschaftliches Vermögen gilt in den neuen Bundesländern ein sogenannter Ersatzwirtschaftswert als Bemessungsgrundlage.

03. Wie wird die Grundsteuer berechnet?

Es wird ein Steuermessbetrag errechnet, der durch die Anwendung der Steuermesszahl auf den Einheitswert ermittelt wird. Die Steuermesszahlen sind in den §§ 13 - 18 GrStG geregelt.

Der errechnete Grundsteuermessbetrag wird mit dem Hebesatz der Gemeinde multipliziert.

Die Festlegung des Hebesatzes erfolgt durch die jeweilige Gemeinde.

Beispiel

Eigentumswohnung mit einem Einheitswert (vom Finanzamt festgestellt) von 50.000 € in einer Gemeinde mit einem Hebesatz von 300 %:

Einheitswert	50.000 €
Steuermessbetrag 3,5 ‰	
(lt. GrStG für alle restlichen Grundstücke)	175 €

Die Jahresgrundsteuer ergibt sich durch die Anwendung des Hebesatzes auf den Steuermessbetrag:

175 € · 300 % = 525 €.

4. Finanzmanagement des Unternehmens wahrnehmen, gestalten und überwachen

4.1 Ziele, Aufgaben und Instrumente des Finanzmanagements beschreiben und deren Einhaltung anhand ausgewählter Kennzahlen und Finanzierungsregeln beurteilen

4.1.1 Ziele und Aufgaben des Finanzmanagements

01. Welche Ziele verfolgt die Finanzwirtschaft?

Ziele der Finanzwirtschaft			
Liquidität	**Rentabilität**	**Sicherheit**	**Unabhängigkeit**
▸ Statische Liquidität	▸ Eigenkapitalrentabilität	▸ Eigenkapitalquote	Grad der Dispositionsfreiheit bei Fremdfinanzierung
▸ Dynamische Liquidität	▸ Gesamtkapitalrentabilität	▸ Verschuldungskoeffizient	
▸ Working Capital	▸ Umsatzrentabilität	▸ Vertikale Finanzierungsregeln	
▸ Goldene Bilanzregel	▸ Goldene Finanzregel		

▸ **Liquidität** (= Zahlungsfähigkeit: Zeitpunkt + Höhe):

Unter Liquidität versteht man die Fähigkeit, zu jeder Zeit den Zahlungsverpflichtungen nachkommen zu können. Je höher die Liquidität, desto sicherer das Unternehmen.

▸ **Rentabilität:**

Die Rentabilität misst die Ergiebigkeit des Kapitaleinsatzes. Die Kennziffer wird gebildet als Verhältniszahl von Gewinn (auch: Ertrag, Return) und Kapitaleinsatz. Die Rentabilität ist eine wichtige Betrachtungsgröße im Rahmen der Investitionsrechnung.

▸ **Sicherheit:**

Das finanzwirtschaftliche Ziel der Sicherheit ist unter mehreren Aspekten zu betrachten.

- **Für den Kapitalnehmer** bedeutet „Sicherheit", dass

  · die Kapitalverwendung mit möglichst geringen Risiken verbunden ist (→ zukünftige Erträge von Investitionen, Geldwertschwankungen, vorzeitige technologische Überalterung)

  · die Form der Finanzierung mit möglichst geringen Risiken behaftet ist (→ Zinsrisiko, Zuverlässigkeit des Kreditgebers, Laufzeit des Kredites, vorzeitige Kündigung).

- **Für den Kreditgeber** bedeutet „Sicherheit", dass

  · seine Kapitaleinlage (möglichst) nicht durch Haftungsrisiken bedroht ist (Haftungsausschluss, Kreditsicherheiten, Prüfung der Kreditwürdigkeit)

  · Verzinsung und Tilgung in vereinbarter (erwarteter) Höhe fließen.

▸ **Unabhängigkeit:**

Unabhängigkeit als Ziel der Finanzwirtschaft bedeutet, in der Führung des Unternehmens möglichst frei von Beeinflussungen der Kapitalgeber zu sein. Wachsende Fremdfinanzierung ist i. d. R. verbunden mit einer Zunahme der Informationspflichten, der Kontrollen, der Beeinflussung unternehmerischer Entscheidungen sowie der Sicherheitsleistungen.

02. Welche finanzwirtschaftlichen Zielkonflikte lassen sich nennen?

Finanzwirtschaftliche Zielkonflikte – Beispiele	
Rentabilität ↑↓ **Liquidität**	Eine hohe Liquidität kann mit einem hohen Kapitaleinsatz verbunden sein → Sinken der Rentabilität.
	Das Bereithalten liquider Mittel kann im Rahmen der Finanzdisposition die ertragsreiche Anlage von Kapital vermindern → sinkende Zinserträge, Sinken der Rentabilität.
	Langfristig können positive Ertragslagen nur gesichert werden, wenn kontinuierlich die erforderlichen Investitionen getätigt werden. Dies kann zu Liquiditätsengpässen führen.
Rentabilität ↑↓ **Sicherheit**	In der Regel sind ertragsreiche Investitionen mit höheren Risiken verbunden.
	Unter dem Aspekt der Sicherheit könnte eine möglichst hohe Finanzierung durch Eigenkapital gefordert werden. Dagegen kann die Aufnahme von Fremdkapital aufgrund des positiven Leverage-Effektes stehen.
Liquidität ↑↓ **Unabhängigkeit**	Eine hohe Liquidität kann zur Aufnahme von Fremdkapital und damit zur Abhängigkeit von Kreditgebern führen.

03. Welche Aufgaben hat die betriebliche Finanzwirtschaft?

1. Finanzwirtschaftliche Analyse

Sie umfasst das Sammeln und Auswerten von Daten aus allen Bereichen. Diese Daten bilden dabei die Basis für alle weiteren Vorgänge des Finanzmanagement. Die finanzwirtschaftliche Analyse gliedert sich in folgende Schritte:

▸ **Vorbereitungsphase:**

Sammeln, Zerlegen und Neuordnen von Bilanz- und GuV-Zahlen, Auswertung von Geschäftsberichten, Branchenstatistiken, usw.

▶ **Auswertungsphase:**

Durchführung von Korrekturen der Daten zur Abbildung von realistischen Unternehmenswerten wie z. B. das Aufdecken von Scheingewinnen oder die Berücksichtigung von außerordentlichen Ergebnissen.

▶ **Bewertungsphase:**

Unternehmensbewertungen in Form von Rating-, Screening- oder Scoring-Verfahren, z. B. im Rahmen einer Bonitäts-, Kreditwürdigkeitsprüfung.

▶ **Steuerungsphase:**

Hier erfolgt die operative und strategische Beeinflussung der finanziellen Unternehmensentscheidungen.

2. **Finanzwirtschaftliche Planung**

- ▶ Ermittlung des Kapitalbedarfs (kurz-, mittel- und langfristig; Sicherheitsreserve)
- ▶ Festlegung der Finanzstrategie und der Finanzierungsregeln
- ▶ Ermittlung der Finanzierungsmöglichkeiten (Bewertung alternativer Finanzmittel)
- ▶ Beschaffung der erforderlichen Finanzmittel (Vorbereitung von Finanzierungskonzepten)
- ▶ Sicherung der (absoluten und relativen) Liquidität
- ▶ Erstellung eines Finanz- und Liquiditätsplanes
- ▶ Erhaltung und Kontrolle der Rentabilität
- ▶ Pflege der Bankkontakte und laufende Berichterstattung

3. **Finanzwirtschaftliche Steuerung**

- ▶ optimaler Einsatz des verfügbaren Kapitals
- ▶ Verbesserung der Kapitalausstattung
- ▶ Konditionenverhandlungen mit den Hausbanken
- ▶ Bonitätsmarketing (wirkungsvolle Präsentation der Bonität bei Banken und Öffentlichkeit)
- ▶ optimale Gestaltung der Zahlungsbedingungen
- ▶ Beschleunigung der Zahlungsströme (z. B. Kundenzahlungen, Forderungsmanagement)
- ▶ Nutzung von Cash Management und Electronic Banking beim Zahlungsverkehr
- ▶ Realisierung einer relativen Unabhängigkeit von einzelnen Kreditgebern
- ▶ Errichtung eines finanziellen Gleichgewichts
- ▶ Kapitalverwendungsnachweise und -kontrolle
- ▶ Überwachung der Bankkonten und Kreditlinien
- ▶ Kontrolle der Zinsabrechnungen, Wertstellungen, Gebühren

- laufende Informationsgewinnung über günstige Finanzierungsmöglichkeiten am Markt

- Durchführung von Soll-ist-Vergleichen

- Installation geeigneter Frühwarnsysteme (z. B. Ratingergebnisse).

4.1.2 Finanzmärkte und ihre Funktionen >> Kapitel 4.5

01. Was versteht man unter Finanzmärkten?

Finanzmärkte sind Märkte, auf denen das Angebot von und die Nachfrage nach Kapital aufeinandertreffen. Beides zu einem Ausgleich zu führen wird über folgende **Funktionen** erfüllt:

- Losgrößentransformation

- Risikotransformation

- Koordinationsfunktion

- Fristentransformation

- Allokationsfunktion (Verteilungsfunktion)

- Auswahlfunktion.

Die Akteure der Finanzmärkte sind i. d. R. Banken und Großunternehmen. Sie existieren und agieren national und international. Gehandelt wird das Kapital in Form von Geld, Wertpapieren und Devisen. Nach ihrem Handelsgegenstand zählen dazu der Geldmarkt, der Kredit- und Kapitalmarkt sowie der Devisenmarkt.

02. Was versteht man unter dem Geldmarkt?

Auf dem Geldmarkt treffen Angebot (Geldanlage) und Nachfrage (Geldaufnahme) aufeinander. Es lassen sich ein **Bankengeldmarkt**, dessen Akteure die Zentralbank und die Geschäftsbanken sind, und ein **Unternehmensgeldmarkt** (z. B. Industrieclearing), dessen Akteure Unternehmen sind, unterscheiden.

Auf dem Geldmarkt werden i. d. R. kurzfristige Finanzgeschäfte abgewickelt.

03. Was versteht man unter dem Kapitalmarkt?

Auf dem Kapitalmarkt treffen Angebot von und Nachfrage nach mittel- und langfristigem Kapital aufeinander. Ihre Akteure sind Kapitalgeber, Kapitalnehmer und Vermittler zwischen beiden. **Gehandelt werden Wertpapiere** (z. B. Aktien, Anleihen).

Der Kapitalmarkt lässt sich u. a. auch in **Primärmarkt** und **Sekundärmarkt** gliedern. Auf dem Primärmarkt werden neu aufgelegte Wertpapiere und auf dem Sekundärmarkt dagegen Wertpapiere, die bereits im Umlauf sind, gehandelt. Eine weitere Unterscheidung kann in organisierte (börsliche) und nicht organisierte (außerbörsliche) Märkte getroffen werden.

04. Was versteht man unter dem Devisenmarkt?

Auf dem Devisenmarkt treffen Angebot von und Nachfrage nach **Devisen** (Währungen) **mit kurzer Laufzeit** aufeinander. Ihre Akteure sind die Banken, einschließlich der Zentralbanken. Der Wechselkurs wird durch den Markt (Angebot und Nachfrage) bestimmt.

05. Was bezeichnet man als Zinsmanagement?

Zinsmanagement ist das Erkennen, Quantifizieren, Beeinflussen und Kontrollieren der Zinsänderungsrisiken. Ein aktives Zinsmanagement ist mit Derivaten möglich.

06. Was sind Derivate?

Ein Derivat ist ein Vertrag zwischen zwei Vertragspartnern, der einen Preis für ein Wertpapier definiert. Bei Preisschwankungen werden diese gemäß Vertrag von dem einen oder anderen Partner ausgeglichen. Zu den Derivaten zählen:

▶ **Forward Rate Agreements (FRA):**

Zwei Partner vereinbaren zum Zeitpunkt t_0 einen verbindlichen Zinssatz. Zum Zeitpunkt t_1 wird die Differenz zum aktuellen Zinssatz bestimmt. Je nach Abweichung zahlt entweder der Käufer bzw. der Verkäufer die Differenz an den Partner.

▶ **Zinsswap:**

Ein Tausch (engl.: swap) von kurzfristigen gegen langfristige Zinsen oder umgekehrt zu vorher festgelegten Terminen.

▶ **Zinsbegrenzungen:**

Gegen Zahlung einer Prämie sichert der Verkäufer dem Käufer für den vereinbarten Zeitraum eine Ausgleichszahlung zu.

- **Cap:**

Ist die Prämie an die Zinsobergrenze gebunden, nennt man das Zinsmanagementinstrument CAP. Der Käufer hat das Recht auf Ausgleichszahlung, wenn der vereinbarte Zins (Strike) überschritten wird.

- **Floor:**

Ist die Prämie an die Zinsuntergrenze gebunden, nennt sich das Zinsmanagementinstrument Floor. Der Käufer hat das Recht auf Ausgleichszahlung, wenn der vereinbarte Zins (Strike) unterschritten wird.

- **Collar:**

Werden beide Instrumente kombiniert, nennt sich das Instrument Collar. Dem Käufer bleibt dabei das Recht, wie beim CAP, er muss aber selbst eine Ausgleichszahlung leisten, wenn die vereinbarte Zinsuntergrenze unterschritten wird.

► **Zinsfuture:**

Zinsfuture ist eine übertragbare Verpflichtung, zu einem bestimmten Zeitpunkt ein entsprechendes Zinsinstrument zu kaufen oder zu verkaufen.

07. Was sind Kassa- und Terminmärkte?

Kassa- und Terminmärkte sind Marktformen des Börsenhandels.

► Gegenstand der **Kassamärkte** sind die sogenannten Basiswerte (z. B. Wertpapiere und Waren). Ihre Besonderheit liegt in dem zeitlichen Zusammenfall von Abschluss und Erfüllung des Geschäfts, also der sofortigen Erfüllungspflicht.

► Gegenstand der **Terminmärkte** sind Optionen und Terminkontrakte. Die Erfüllung des Geschäfts fällt nicht mit dem Geschäftsabschluss zusammen. Zwei Handelspartner vereinbaren einen Preis für ein zukünftiges Geschäft. Der Verkäufer, weil er einen Preisverfall und der Käufer, weil er einen Preisanstieg bis zum Geschäftsabschluss befürchtet/erwartet.

08. Was bezeichnet man als Euromarkt?

Der Euromarkt lässt sich gliedern in den **Eurogeldmarkt** (Markt für Bankguthaben; kurze Laufzeiten) und den **Eurokapitalmarkt** (Markt für internationale Anleihen, sogenannte Eurobonds; lange Laufzeiten).

Der Euromarkt ist eine Sammelbezeichnung für Märkte, auf denen ausländische Währungen aufgenommen, angelegt und gehandelt werden.

Weitere Merkmale sind das hohe Volumen und dass sie keiner nationalen Kontrolle unterliegen. Ihre Akteure sind im Wesentlichen Banken, Großunternehmen und Staaten.

Die Finanztätigkeit dieser Märkte ist jedoch nicht nur auf Europa begrenzt. Insofern ist die Vorsilbe „Euro" irreführend. Der Euromarkt ist vielmehr ein weltweiter Geld- und Kapitalmarkt in fremden Währungen und mit Partnern aus allen Ländern der Erde. Euromärkte können sich nur in den Ländern etablieren, in denen es keine Hemmnisse für den Geld- und Kapitalverkehr gibt und Fremdwährungsgeschäfte keiner Mindestreservepflicht unterliegen.

09. Welche Struktur haben die Finanzmärkte?

Produktbezogen lassen sich folgende Teilmärkte unterscheiden (die Gliederung ist in der Literatur nicht einheitlich):

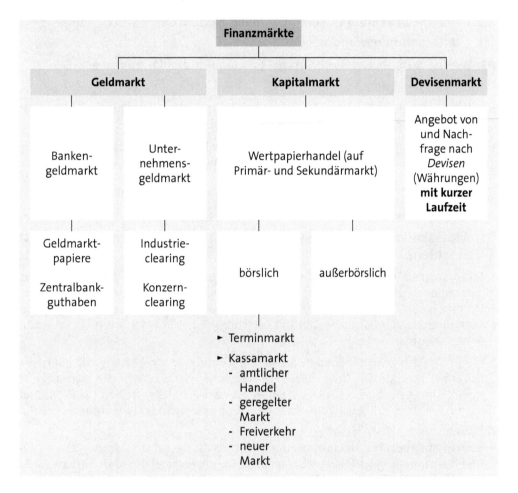

4.2 Finanz- und Liquiditätsplanungen erstellen und Finanzkontrollen zur Sicherung der Zahlungsbereitschaft durchführen

4.2.1 Finanz- und Liquiditätsplanung in das System der Unternehmensplanung einordnen

01. Welche Aufgaben hat die Finanz- und Liquiditätsplanung zu erfüllen?

Dies sind im Wesentlichen:

▸ zukunftsorientierte Erfassung, Kontrolle und Fortschreibung der kurzfristig zu erwartenden Zahlungsströme mit dem Ziel **das finanzielle Gleichgewicht zu erhalten.**

▸ mittel- und langfristige **Abstimmung von Kapitalbedarf und Kapitaldeckungsmöglichkeiten** zur Realisierung der gesetzten Unternehmensziele.

4.2.2 Finanzplan

01. Wie ist bei der Aufstellung eines Finanzplanes vorzugehen und worauf ist zu achten?

▸ Im Finanzplan werden die **Einnahmen und Ausgaben** gegenübergestellt sowie der Kapitalbedarf und die Kapitaldeckungsmöglichkeiten aufgeführt. Alle Bereiche eines Unternehmens müssen in den Finanzplan mit einbezogen werden, so z. B. der Beschaffungs- und Investitionsplan, der Forschungs- und Entwicklungsplan sowie der Produktionsplan.

▸ Es muss darauf geachtet werden, dass alle Informationen **vollständig und übersichtlich** erfasst werden. Die **Zukunftsbezogenheit** verlangt, dass die Änderungen bei Löhnen, Zinsen usw. berücksichtigt werden müssen. Bereits getroffene Maßnahmen dürfen nur dann miteingerechnet werden, wenn sie Ein- oder Auszahlungen im Planungszeitraum bewirken.

▸ Ebenso ist das **Bruttoprinzip** einzuhalten, d. h. es dürfen **keine Saldierungen** von Ein- und Auszahlungen vorgenommen werden. Darunter leidet die Klarheit bzw. Übersichtlichkeit. Die Planungsansätze müssen auf realistischen Annahmen basieren und Absatzerwartungen sowie Lohn- und Preissteigerungen berücksichtigen.

▸ Die **Termingenauigkeit** verlangt, dass Ein- und Auszahlungen zu den Zeitpunkten erfasst werden, an denen sie anfallen, denn nur so können Rückschlüsse auf die Einhaltung der ständigen Zahlungsfähigkeit gezogen werden.

▸ Der Finanzplan beruht auf den Einzahlungen und Auszahlungen bzw. den Einnahmen und Ausgaben, wobei bei dem ersten Begriffspaar nur die Kassenbestände und jederzeit verfügbaren Bankguthaben enthalten sind, während bei dem zweiten auch die Kreditvorgänge enthalten sind.

02. Welche Liquiditätszustände werden unterschieden und welche Anpassungsmaßnahmen sind grundsätzlich möglich?

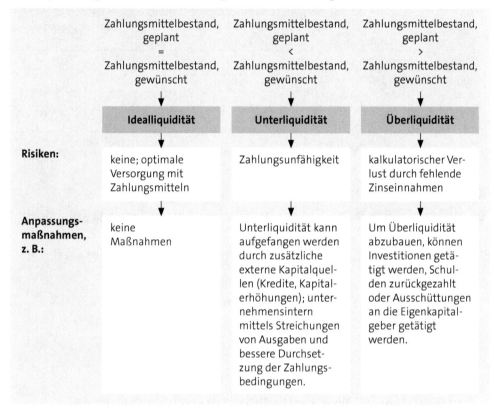

	Zahlungsmittelbestand, geplant = Zahlungsmittelbestand, gewünscht	Zahlungsmittelbestand, geplant < Zahlungsmittelbestand, gewünscht	Zahlungsmittelbestand, geplant > Zahlungsmittelbestand, gewünscht
	Idealliquidität	**Unterliquidität**	**Überliquidität**
Risiken:	keine; optimale Versorgung mit Zahlungsmitteln	Zahlungsunfähigkeit	kalkulatorischer Verlust durch fehlende Zinseinnahmen
Anpassungsmaßnahmen, z. B.:	keine Maßnahmen	Unterliquidität kann aufgefangen werden durch zusätzliche externe Kapitalquellen (Kredite, Kapitalerhöhungen); unternehmensintern mittels Streichungen von Ausgaben und bessere Durchsetzung der Zahlungsbedingungen.	Um Überliquidität abzubauen, können Investitionen getätigt werden, Schulden zurückgezahlt oder Ausschüttungen an die Eigenkapitalgeber getätigt werden.

03. Wie ist die Finanzplanung strukturiert?

Finanzpläne	
Kurzfristig	**Liquiditätsstatus:** Bei KMU werden Tagesdispositionen vorgenommen, um Kontoüberziehungen und Fristenüberschreitungen bei Zahlungen zu vermeiden bzw. um Tagesgelder anzulegen. Bei Großunternehmen und Banken hat die tagesgenaue Überwachung der Zahlungsströme eine hohe Bedeutung (globale Finanztransaktionen in erheblichem Ausmaß bzw. Finanzdispositionen zwischen den Tochtergesellschaften und der Holding).

	Zeitraum: 1 - 2 Wochen	Einheit: Tage

	Kurzfristiger Finanzplan: Detaillierter Vorschauplan zur Sicherung der Liquidität mit Angabe möglicher Anpassungsmaßnahmen bei Über-/Unterliquidität.

	Zeitraum: bis zu 1 Jahr	Einheit: Woche

Finanzpläne		
Mittelfristig	**Mittelfristiger Finanzplan:** Rahmenplan als Vorgabe für die kurzfristige Detailplanung; Teilziele der strategischen Unternehmensplanung werden erfasst, z. B. Vorschauplan für Kapitalbedarfe und Kapitaldeckungsmöglichkeiten.	
	Zeitraum: bis zu 4 Jahre	Einheit: Monate/Quartale
Langfristig	**Langfristiger Finanzplan:** Grobplanung zur Umsetzung von Unternehmensstrategien, z. B. langfristige Kreditsicherung, langfristige Planung der Kapitalstruktur und Vorbereitung großer Investitionsvorhaben.	
	Zeitraum: i. d. R. ab 5 Jahre	Einheit: Halbjahre/Jahre

4.2.3 Kapitalbedarf und Kapitalbindungsdauer

01. Welche Größen müssen in der kurzfristigen Finanzplanung berücksichtigt werden?

1. **Anfangsbestand** an Zahlungsmitteln und den liquiden Mitteln. Hierzu zählen:
   - Bargeld
   - sofort fällige Forderungen
   - evtl. Kreditlinien

2. **Einzahlungen**, gegliedert nach
   - Einzahlungen aus Umsätzen
   - Finanzvorgängen
   - sonstigen, außerhalb des Geschäftsbetriebs liegenden Vorgängen

3. **Auszahlungen**, gegliedert nach Auszahlungen
   - für den laufenden Geschäftsbetrieb
   - für Finanzvorgänge
   - sonstige, außerhalb des Geschäftsbetriebs fallende Vorgänge

4. Eine festgestellte **Überdeckung** (Liquiditätsreserve) kann z. B. wie folgt verwendet werden:
   - Anlage intern (z. B. für ein Investitionsobjekt)
   - Vergabe von Krediten
   - Erwerb von Beteiligungen
   - vorzeitige Rückführung von Krediten
   - kurzfristige Geldanlage als Festgeld oder Termingeld.

Eine festgestellte **Unterdeckung** ist auszugleichen. Je nach Umfang und Zeitraum kommen z. B. infrage:
   - Aufnahme von zusätzlichem Kapital
   - Verlagerung von flexiblen und disponiblen Auszahlungen und Einzahlungen.

INFO

Mangelnde Liquidität ist Ursache Nr. 1 bei Zusammenbrüchen deutscher Firmen (nicht mangelnde Aufträge).

02. Welche Risiken sind bei der Finanzplanung zu beachten?

- Beim Ausgleich von Unterdeckungen durch zusätzliche Aufnahme von Fremdkapital ist die Entwicklung des Verschuldungsgrades (Stichworte: Bonität, Rating) und der Rentabilitäten zu beachten (Stichwort: positiver/negativer Leverage-Effekt).
- Fehlplanungen bezüglich der Vermögensstruktur (vgl. Finanz-/Bilanzregeln)
- Abweichungen der Zeitpunkte von Kapitalbedarf und Kapitalbereitstellung
- Missachtung der Fristenkongruenz
- Fehleinschätzungen, z. B. Zeitpunkt und Höhe der Ein- und Auszahlungen
- Auswahl des Kreditgebers (Zeitpunkt, Konditionen, Stellung des Kreditgebers).

4.2.4 Einhaltung des Finanz- und Liquiditätsplans zur Sicherung der Zahlungsbereitschaft

01. In welchen Schritten erfolgt die generelle Kontrolle der Finanzpläne?

Die Finanzkontrolle muss regelmäßig, systematisch und in nicht zu langen Abständen erfolgen. Es empfehlen sich folgende Arbeitsschritte (Zyklus der Finanzkontrolle):

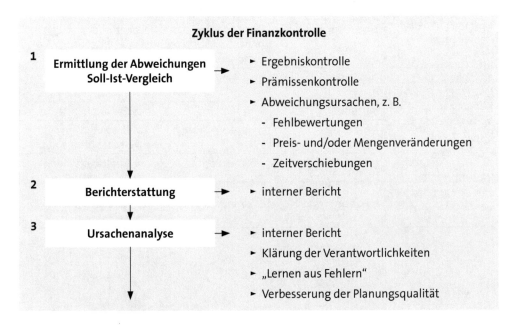

Zyklus der Finanzkontrolle

1 Ermittlung der Abweichungen Soll-Ist-Vergleich →
- Ergebniskontrolle
- Prämissenkontrolle
- Abweichungsursachen, z. B.
  - Fehlbewertungen
  - Preis- und/oder Mengenveränderungen
  - Zeitverschiebungen

2 Berichterstattung →
- interner Bericht

3 Ursachenanalyse →
- interner Bericht
- Klärung der Verantwortlichkeiten
- „Lernen aus Fehlern"
- Verbesserung der Planungsqualität

4.3 Finanzierungsarten beherrschen sowie die Möglichkeiten und Methoden zur Kapitalbeschaffung unter Berücksichtigung der Rechtsform des Unternehmens auswählen und einsetzen

4.3.1 Finanzierungsarten nach unterschiedlichen Kriterien

01. Welche Kriterien zur Unterscheidung von Finanzierungsquellen gibt es?

Merkmale zur Unterscheidung von Finanzierungsquellen			
Merkmale	**Finanzierungsform**		
Kapitalherkunft Woher stammt das Kapital?	**Außenfinanzierung**	Das Kapital wird dem Unternehmen von außen zugeführt; es stammt also nicht aus dem betrieblichen Leistungsprozess.	
	Innenfinanzierung	Das Kapital stammt aus dem Unternehmen selbst – also aus dem betrieblichen Leistungsprozess.	
Rechtsstellung Welche Rechtsstellung hat der Kapitalgeber?	**Fremdfinanzierung**	Das Kapital wird durch außenstehende Gläubiger aufgebracht (**Kreditfinanzierung**).	
	Eigenfinanzierung	Das Kapital wird durch Eigentümer aufgebracht, z. B. Unternehmer, Gesellschafter, Aktionäre.	
Fristigkeit Wie lange steht das Kapital zur Verfügung?	**kurzfristig**	bis 1 Jahr	z. B. Wechsel, Kontokorrentkredite
	mittelfristig	1 - 4 Jahre	z. B. Darlehen
	langfristig	mehr als 4 Jahre	z. B. Schuldverschreibungen
Anlass Warum werden Finanzierungsmittel benötigt?	► Gründung ► Umwandlung ► Fusion	► Sanierung ► Expansion ► Rationalisierung	► Kapitalerhöhung ► Sicherung ► Liquiditätsverbesserung

Jede Finanzierungsform ist eine Kombination aus den dargestellten Merkmalen. Insgesamt lässt sich folgender **Überblick** über mögliche Finanzierungsformen geben:

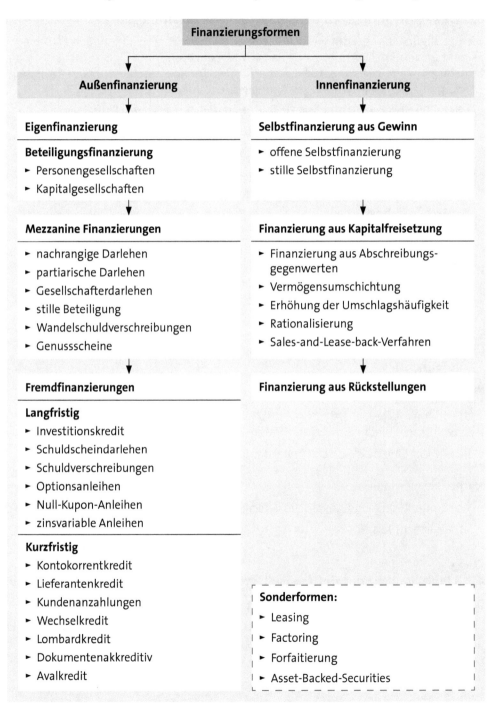

4.3.2 Eigen- bzw. Beteiligungsfinanzierung in Abhängigkeit von der Rechtsform

01. Welche Möglichkeiten der Beteiligungsfinanzierung gibt es?

Die Beteiligungsfinanzierung (auch: Einlagenfinanzierung) gehört zu den Formen der Eigenfinanzierung: Dem Unternehmen wird Eigenkapital vom Eigentümer (Einzelunternehmen), Miteigentümer (Gesellschafter/Personengesellschaften) oder Anteilseigner (Kapitalgesellschaften) zur Verfügung gestellt. Man unterscheidet:

a) **Beteiligungsfinanzierung bei Einzelfirmen und Personengesellschaften**, z. B.:
   - private Mittel des Unternehmers bzw. der Gesellschafter
   - Neuaufnahme von Gesellschaftern

b) **Beteiligungsfinanzierung bei Kapitalgesellschaften**, z. B.:
   - GmbH: Aufnahme neuer Gesellschafter oder Erhöhung der Einlage bestehender Gesellschafter
   - AG: Ausgabe neuer Aktien

c) Überlassung von Kapital durch
   - Einzahlung von Barmitteln
   - Einbringen von Sachwerten (z. B. Rechte, Immobilien).

02. Welche Vor- und Nachteile sind mit der Beteiligungsfinanzierung verbunden?

Vorteile:
- Das eingebrachte Eigenkapital erhöht die EK-Quote.
- Sie verursacht weder Zins- noch Tilgungsbelastungen.
- Sie erreicht eine bessere Bonität bei der Bank für evtl. Kreditierung.

Nachteile:
- Sie könnte Anteile und Ansprüche verschieben.
- Sie verursacht Kosten.

4.3.3 Beteiligungsfinanzierung bei Unternehmen ohne Börsenzugang

01. Wie erfolgt die Beteiligungsfinanzierung bei Einzelunternehmen?

Sie erfolgt durch die Einlage aus dem privaten Vermögen des Einzelunternehmers. Er haftet mit seinem Privatvermögen für sein Unternehmen. Im Falle einer stillen Beteiligung verbleibt die Entscheidungsbefugnis uneingeschränkt beim Einzelunternehmer.

02. Wie erfolgt die Beteiligungsfinanzierung bei Personengesellschaften?

OHG
Sie erfolgt durch Einlagen alter und neuer Gesellschafter. Bei Aufnahme neuer Gesell-schafter hat dies Auswirkungen auf die Geschäftsführung, die Gewinnverteilung, die Liquidationserlöse u. Ä. Jeder Gesellschafter haftet mit seinem Privatvermögen für die Gesellschaft.

KG
Sie erfolgt in Form der Kommanditeinlage. Während Komplementäre mit dem persön-lichen Vermögen haften, entfällt für Kommanditisten die Haftung gegenüber Dritten. Kommanditisten erwerben keinen Führungs- und Vertretungsanspruch, haben aber ein Kontrollrecht.

Stille Gesellschaft
Die Beteiligungsfinanzierung kann in Vermögen und/oder Arbeitsleistungen erbracht werden. Die Beteiligung in stillen Gesellschaften tritt als typisch stille Beteiligung oder als atypische stille Beteiligung auf.

- ▶ Der typisch stille Gesellschafter ist am Gewinn ggf. auch am Verlust beteiligt **und besitzt ein Kontrollrecht.**
- ▶ Der atypische stille Gesellschafter gilt als Mitunternehmer mit den sich daraus **erge-benden Mitsprache- und Kontrollrechten.**

4.3.4 Beteiligungsfinanzierung bei Unternehmen mit Börsenzugang

01. Wie erfolgt die Beteiligungsfinanzierung bei Kapitalgesellschaften?

GmbH
Sie erfolgt durch Aufnahme neuer Gesellschafter oder durch Erhöhung der Einlagen bereits zur Gesellschaft gehörender Gesellschafter.

AG
Jede Kapitalerhöhung erfordert die Zustimmung der Hauptversammlung mit mindes-tens einer ¾-Mehrheit. (§§ 182 - 220 AktG). Wird sie direkt durch die Zustimmung der Hauptversammlung herbeigeführt, ist es eine direkte, ansonsten eine indirekte Kapi-talerhöhung.

02. Welche Formen der Erhöhung des Grundkapitals einer Aktiengesellschaft gibt es?

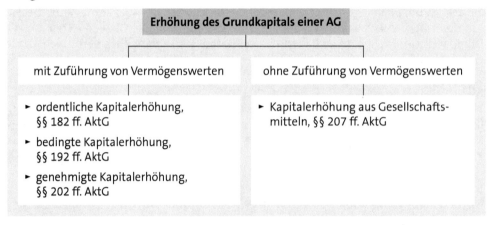

Kapitalerhöhung gegen Einlage	Sie erfolgt durch die Erhöhung der Einlagen der Aktionäre oder durch Ausgabe neuer Aktien. Diese Kapitalerhöhung bedarf der direkten Zustimmung der Hauptversammlung und ist daher eine direkte Kapitalerhöhung.
Bedingte Kapitalerhöhung	Hier handelt es sich um eine indirekte Kapitalerhöhung. Sie setzt die Zustimmung der Hauptversammlung voraus. Der Vorstand ist jedoch mit Zustimmung des Aufsichtsrates nur berechtigt, sie für bestimmte (bedingte) Zwecke, wie ► Vorbereitung einer Fusion, ► Ausgabe von Belegschaftsaktien oder ► Umtauschrechte für Inhaber von Wandelobligationen oder Optionsanleihen, vorzunehmen. Der Nennbetrag der Aktien darf dabei die Hälfte des gezeichneten Kapitals nicht übersteigen.
Genehmigte Kapitalerhöhung	Es handelt sich um eine indirekte Kapitalerhöhung. Bei der genehmigten Kapitalerhöhung liegt ebenfalls die Zustimmung der Hauptversammlung vor und die Genehmigung für den Vorstand mit Zustimmung des Aufsichtsrates, diese in den nächsten fünf Jahren vorzunehmen. Auch hier darf der Nennwert höchstens 50 % des Grundkapitals betragen.
Kapitalerhöhung aus Gesellschaftsmitteln	In dieser Kapitalerhöhungsart wird kein neues Eigenkapital zugeführt. Der Zuwachs ergibt sich aus einer Umwandlung von Kapital- oder Gewinnrücklagen in gezeichnetes Kapital. Im Ergebnis sinkt der Wert der Stückaktie, was i. d. R. zu einer beabsichtigten Absenkung des Aktienkursniveaus führt.

03. Welche Aktienarten unterscheidet man?

Aktienarten		
Unterscheidung	**Bezeichnung**	**Beschreibung**
Übertragungs-art	Inhaberaktie	Die Aktie gehört dem jeweiligen Besitzer. Sie wird frei an der Börse gehandelt. Nur die verkaufende Bank kennt den Namen des Inhabers.
	Namensaktie	Die Aktie ist namentlich auf den Inhaber ausgestellt (Eintragung im Aktienregister); Weitergabe ist nur durch Indossament (Übertragungsvermerk) möglich.
	Vinkulierte Namensaktie	Die Indossierung ist nur mit Zustimmung der AG möglich (Vinkulus, lat: Fessel).
Umfang der Rechte	Stammaktie	Normale Rechte
	Vorzugsaktie	Besondere Rechte, z. B. Bevorzugung bei der Gewinnverteilung, erhöhter Liquidationsanteil bei Insolvenz; häufig ist das Stimmrecht ausgeschlossen.
Ausgabe-zeitpunkt	Alte Aktie	Ausgabe bei der Unternehmensgründung
	Junge Aktie	Ausgabe bei Kapitalerhöhungen
Nennwert	Nennwertaktie	Wert = feststehender Anteil am Grundkapital; bei Kapitalerhöhungen müssen neue Nennwertaktien ausgegeben werden.
	Stückaktie	Wert ergibt sich als Quotient aus Grundkapital und Anzahl der Aktien; bei Kapitalerhöhungen steigt der Wert der Aktie; neue Aktien müssen nicht ausgegeben werden.

04. Was ist das Bezugsrecht?

Das **Bezugsrecht** ist das Recht eines Aktionärs auf Bezug neuer Aktien bei einer ordentlichen Kapitalerhöhung. Das Bezugsrecht ist ein Geldwert, der an der Börse gehandelt wird. Der Bezugswert kann rechnerisch ermittelt werden. Der tatsächliche Geldwert ergibt sich durch Angebot und Nachfrage.

$$\text{Bezugsrecht} = \frac{\text{Kurs}_{\text{alte Aktien}} - \text{Kurs}_{\text{neue Aktien}}}{\frac{\text{Anzahl}_{\text{Aktien alt}}}{\text{Anzahl}_{\text{Aktien neu}}} + 1}$$

4.3.5 Formen der Innenfinanzierung

01. Welche Formen der Innenfinanzierung sind vorherrschend?

Innenfinanzierung	
Selbstfinanzierung aus Gewinn	▸ offene Selbstfinanzierung
	▸ stille (auch: verdeckte) Selbstfinanzierung
Finanzierung aus Abschreibungsgegenwerten	▸ für Ersatzinvestitionen
	▸ Kapazitätserweiterungseffekt **Lohmann-Ruchti-Effekt**
Finanzierung aus Gegenwerten langfristiger Rückstellungen	
Finanzierung aus Vermögensumschichtung	

02. Was versteht man unter Selbstfinanzierung?

Bei der Selbstfinanzierung werden Teile des Gewinns nicht ausgeschüttet, sondern zurückbehalten (**Gewinnthesaurierung**).

▸ **Offene Selbstfinanzierung:** Finanzierung aus versteuertem Gewinn

Der einbehaltene Gewinn wird

- ▸ bei Einzel- und Personengesellschaften dem EK-Konto zugeschrieben und
- ▸ bei Kapitalgesellschaften dem Rücklagenkonto gutgeschrieben.

▸ **Stille Selbstfinanzierung:** Finanzierung aus unversteuertem Gewinn

Der tatsächliche Gewinn wird gemindert durch Bildung stiller (verdeckter) Rücklagen:

- ▸ Unterbewertung der Vermögensteile (Aktiva, z. B. hohe AfA, Unterbewertung des Umlaufvermögens)
- ▸ Überwertung der Schulden (Passiva, z. B. hohe Rückstellungen, hohe Rechnungsabgrenzungsposten).

03. Welche Wirkungen sind mit der stillen Selbstfinanzierung verbunden?

▸ **Steuerstundung:**

Bei der Bildung steuerlicher Rücklagen wird das zu versteuernde Einkommen gemindert (Liquiditätsvorteil). Die Auflösung der Rücklagen in der Folgeperiode erhöht den zu versteuernden Gewinn (Liquiditätsbelastung).

▸ **Zinsvorteil:**

Der Betrag der Steuerstundung steht zinslos zur Verfügung.

▸ **Steuernachteil:**

Die stille Selbstfinanzierung kann sich steuerlich nachteilig auswirken, wenn der Steuersatz in der Folgeperiode (Auflösung stiller Reserven) höher ist als in der Vorperiode (Steuerprogression).

04. Unter welchen Voraussetzungen ist eine Finanzierung aus Umsatzerlösen möglich?

Das Unternehmen erhält beim Verkauf Umsatzerlöse vom Markt (Menge • Preis). In der Regel wird der Verkaufspreis unter Berücksichtigung der Gewinnspanne, der Abschreibungs- und Rückstellungswerte kalkuliert sein.

05. Unter welchen Voraussetzungen ist eine Finanzierung aus Abschreibungsgegenwerten möglich?

Abschreibungen sind der Aufwand für Wertminderungen bei materiellen und immateriellen Gegenständen. Das Unternehmen kalkuliert diese Abschreibungen bei der Gestaltung seiner Angebotspreise mit ein. Beim Verkauf der Produkte und Leistungen erhält das Unternehmen Einzahlungen (Abschreibungsrückflüsse), die zu Finanzierungszwecken verwendet werden können.

Man unterscheidet zwei mögliche **Effekte:**

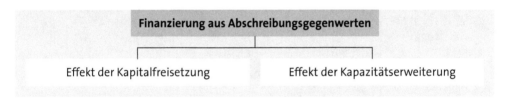

Beispiel

Ein Unternehmen beschafft in vier aufeinander folgenden Jahren eine Transportanlage für Werk 1, danach für Werk 2 usw. Die Anlage wird linear mit 25 % abgeschrieben; der Restwert ist Null. Der Wiederbeschaffungswert für eine neue Anlage liegt konstant bei 200.000 €. Ende des vierten Jahres wird reinvestiert (Ersatzbeschaffung). Sobald die Abschreibungsgegenwerte die Kosten der Neuanschaffung einer Anlage erreicht haben, werden sie reinvestiert.

	Jahre					
	1	**2**	**3**	**4**	**5**	**6**
Werk 1	50.000	50.000	50.000	50.000		
Werk 2		50.000	50.000	50.000	50.000	
Werk 3			50.000	50.000	50.000	50.000
Werk 4				50.000	50.000	50.000
Gesamt-AfA pro Jahr	50.000	100.000	150.000	200.000	150.000	100.000
- Ersatzbeschaffung		–		- 200.000	- 200.000	- 200.000
Kapitalfreisetzung	50.000	150.000	300.000	300.000	250.000	150.000
Kapazitätserweiterung		–	- 200.000	- 200.000	- 200.000	–

Das Beispiel zeigt, dass unter den genannten Bedingungen ab dem 3. Jahr Mittel für Erweiterungsinvestitionen zur Verfügung stehen.

Diesen **Kapazitätserweiterungseffekt** nennt man auch **„Lohmann-Ruchti-Effekt"**.

06. Welche Finanzierungsformen aus sonstigen Kapitalfreisetzungen sind denkbar?

Finanzierungsformen aus sonstigen Kapitalfreisetzungen	
Finanzierungsform	**Beschreibung, Beispiele**
Finanzierung durch **Rationalisierungs-maßnahmen**	Optimierung der logistischen Prozesse (JIT, Kanban) → Verminderung der Lagerbestände, Reduzierung des Umlaufkapitalbedarfs
	Verbesserung des Forderungsmanagements → Reduzierung der durchschnittlichen Außenstandsdauer
Finanzierung durch **Vermögens-umschichtung** auch: Substitutions-finanzierung	Verkauf von nicht (mehr) benötigten Vermögensgegenständen, z. B.: ► Grundstücke ► Anlagen ► Vorräte ► Wertpapiere.
Sale-and-Lease-back-Verfahren	Das Unternehmen verkauft betriebsnotwendige Vermögensgegenstände (i. d. R. Anlagen) an eine Leasinggesellschaft und least diese Gegenstände (Desinvestition + Leasing).
	Vorteile: Kapitalfreisetzung durch Verkauf; Verbesserung der aktuellen Liquiditätslage.
	Risiken: Längerfristige Bindung an die Leasinggesellschaft; Belastung der Liquidität durch laufende Leasingraten; ggf. Auflösung stiller Reserven (→ Buchwert/Verkaufspreis); Veränderung der Bilanzstruktur (→ Rating).

07. Welcher Finanzierungseffekt ergibt sich aus der Bildung von Rückstellungen?

Der Finanzierungseffekt entsteht dadurch, dass in der laufenden Periode ein bilanzieller Aufwand gebucht wird, der erst in den Folgeperioden aufgelöst wird.

In der Praxis sind kurzfristige Rückstellungen als Finanzierungsinstrument von geringerer Bedeutung. Interessant sind im Wesentlichen Pensionsrückstellungen: Sind Zuführungen und Auszahlungen annähernd gleich, steht dem Unternehmen ein „Sockelbetrag" für Zwecke der Innenfinanzierung auf Dauer zur Verfügung. Außerdem mindern Pensionsrückstellungen in der Einführungsphase die Ertragssteuer.

08. Was ist der Cashflow?

Der Cashflow ist (allgemein) die Differenz von Einnahmen und Ausgaben eines Unternehmens während einer Periode. Die **einfache Definition** für die Ermittlung des Cashflow lautet:

Cashflow = Einzahlungen - Auszahlungen

Wird in einer Periode ein Einzahlungsüberschuss erwirtschaftet, so steht dieser für Zwecke der Innenfinanzierung grundsätzlich zur Verfügung.

Für Investitionsvorhaben interessant ist auch der Investitions-Innenfinanzierungsgrad:

$$\text{Investitions-Innenfinanzierungsgrad} = \frac{\text{Cashflow}}{\text{Nettoinvestitionen}} \cdot 100$$

4.3.6 Fremdfinanzierung im Vergleich zur Eigenfinanzierung

01. Was ist Ziel der Fremdfinanzierung?

Fremdfinanzierung dient der Beschaffung von Finanzmitteln in Form von Fremdkapital. Sie ist charakterisiert durch einen Kapitalzufluss von außen und die begrenzte Verfügungsdauer – im Gegensatz zur Eigenfinanzierung. Sie begründet ein Schuldverhältnis und bewirkt Kosten. Die Fremdfinanzierung kann langfristigen oder kurzfristigen Charakter haben.

02. Welche Voraussetzung ist für die Fremdfinanzierung erforderlich?

Zentrale Voraussetzung für die Fremdfinanzierung ist eine ausreichende Eigenkapitalbasis des Unternehmens. Die Banken/Fremdkapitalgeber leiten daraus die Kreditwürdigkeit (Eigenkapitalquote, Rating) ab.

03. Welche Vor- und Nachteile der Fremdfinanzierung gibt es?

Vorteile:

► Der Kapitalgeber hat keinen unmittelbaren Einfluss auf die Leitung des Unternehmens.

► Keine Beteiligung am Gewinn.

► Fremdkapitalzinsen sind steuerlich absetzbar.

Nachteile:

- ▶ eingeschränkte Verfügbarkeit des Fremdkapitals
- ▶ Tilgungs- und Zinszahlung
- ▶ Gefahr der Insolvenz wegen Überschuldung.

04. Was bezeichnet man als Leverage-Effekt?

Man bezeichnet damit den Effekt, dass bei günstiger Zusammensetzung von Eigenkapital und Fremdkapital die Eigenkapitalrendite bei zunehmendem Verschuldungsgrad steigt, wenn die **Gesamtkapitalrendite größer ist als der Zins für Fremdkapital**. Der Effekt gilt auch umgekehrt (positiver/negativer Leverage-Effekt).

Beispiel

Fremdkapitalzinsen 6 %

Eigen-kapital	Fremd-kapital	Gewinn vor Zinsen	Zinsen	Gewinn nach Zinsen	Gesamt-kapital-rentabilität	Eigen-kapital-rentabilität
in €					in %	
1.000.000	–	100.000	–	100.000	10,0	10,0
800.000	200.000	100.000	12.000	88.000	10,0	11,0
500.000	500.000	100.000	30.000	70.000	10,0	14,0
200.000	800.000	100.000	48.000	52.000	10,0	26,0

 MERKE

- ▶ **Leverage-Effekt, positiv:**

  Erhöhung der Eigenkapitalrentabilität bei steigender Fremdfinanzierung (solange Zins für Fremdkapital < Zins für Gesamtkapital).

- ▶ **Leverage-Effekt, negativ:**

  Steigt der Fremdkapitalzins über die Gesamtkapitalrendite, kommt es zu einem negativen Leverage-Effekt: die Eigenkapitalrentabilität sinkt.

4.3.7 Kreditanbieter

01. Wer sind die wichtigsten Kreditanbieter?

Die wichtigsten Kreditanbieter sind Banken, Versicherungen und Händler. Banken, die alle Kreditformen anbieten, und solche, die spezielle Kreditangebote machen wie z. B. Hypothekenbanken, Bausparkassen u. a.

Über Versicherungen werden z. B. Kredite für bestimmte Personengruppen angeboten, die nicht selten an Lebensversicherungen gebunden sind. Auch Händler vergeben über Tochterunternehmen Kredite zur Unterstützung des Absatzes ihrer Produkte z. B. im Auto- und Versandhandel.

02. Wie lassen sich Kredite vergleichen?

Als Vergleichsgröße eignet sich der „Effektive Jahreszins". Im Gegensatz zum Nominalzins werden beim „Effektiven Jahreszins" weitere Kreditkosten kalkulatorisch erfasst. Zu diesen Kosten zählen z. B. Disagio/Damnum, Bearbeitungsgebühren, Verwaltungsbeiträge, Makler- und Kreditvermittlungsprovision.

4.3.8 Möglichkeiten der langfristigen Fremdfinanzierung

01. Welche wichtigen Formen der langfristigen Fremdfinanzierung gibt es?

Formen der langfristigen Fremdfinanzierung sind:

- ► Darlehen/Investitionskredit
- ► Schuldscheindarlehen
- ► Schuldverschreibungen
- ► Anleihen
  - Industrieobligationen
  - Wandelschuldverschreibungen
  - Optionsanleihen
  - Null-Kupon-Anleihen
  - Anleihen mit variablen Zinssätzen
- ► Sonderformen
  - Leasing
  - Factoring.

02. Welche Besonderheiten hat das langfristige Bankdarlehen (Investitionskredit)?

Langfristige Bankdarlehen dienen der Finanzierung größerer Investitionsvorhaben. Die Laufzeit beträgt mehr als vier Jahre und kann frei vereinbart werden – bis zu 20 Jahren und mehr. Die Absicherung erfolgt i. d. R. über Grundschulden, Pfandrechte, Sicherungsübereignung und/oder Bürgschaften der öffentlichen Hand.

Bei kürzeren Laufzeiten ist der Zinssatz fest vereinbart oder variabel. Für längere Laufzeiten kann eine Gleitklausel vereinbart werden bzw. es wird vertraglich eine Neuverhandlung der Vertragsmodalitäten vereinbart.

Zu beachten ist, dass der Kreditnehmer generell nach zehn Jahren eine Neugestaltung der Vertragsbedingungen oder die Kündigung des Vertrages verlangen kann. Es können Sondertilgungen vereinbart oder ausgeschlossen werden.

Nach der Rückzahlungsart werden unterschieden: Fälligkeitsdarlehen, Tilgungsdarlehen mit gleichbleibender Annuität und Tilgungsdarlehen mit fallender Annuität .

03. Welche Besonderheiten hat das Schuldscheindarlehen?

Es werden **langfristige Großkredite** von sogenannten Kapitalsammelstellen (Versicherungen, Banken, Pensionskassen, Sozialversicherungsträgern) an Unternehmen gegen Ausfertigung eines **Schuldscheines (Dokument zur Beweiserleichterung, kein Wertpapier)** ausgegeben. Man unterscheidet:

► **Fristenkongruentes Schuldscheindarlehen:**

Dauer der Kapitalüberlassung = Dauer der Kapitalnutzung

► **Revolvierendes Schuldscheindarlehen:**

Für ein langfristiges Schuldverhältnis wechseln die Kreditgeber in kürzeren Zeitabschnitten.

04. Was sind Anleihen?

Anleihen sind Kredite, die gegen Forderungspapiere/Schuldverschreibungen am Kapitalmarkt aufgenommen werden. Zu ihnen gehören/zählen u. a.:

► Industrieobligationen

► Wandelschuldverschreibungen

► Optionsanleihen

► Nullkupon-Anleihen

► Anleihen mit variablen Zinssätzen.

Sie begründen Forderungsrechte der Inhaber auf Zinsen, Rückzahlungen u. Ä., aber kein Stimmrecht.

05. Welche Besonderheiten haben Industrieobligationen?

Industrieobligationen sind langfristige, festverzinsliche Darlehen, die von einem Industrieunternehmen gegen Teilschuldverschreibungen ausgegeben werden. Sie begründen das Recht auf Verzinsung und Rückzahlung für den Besitzer der Industrieobligation.

06. Welche Besonderheiten hat die Schuldverschreibung?

Emissionsfähige Unternehmen können zur Finanzierung langfristiger Investitionen Schuldverschreibungen (auch: Obligationen, Anleihen, festverzinsliche Wertpapiere) ausgeben. Die Schuldverschreibung wird als Wertpapier an der Börse gehandelt. **Die Börsenzulassung des Kreditnehmers ist also Voraussetzung.** Als Kreditnehmer treten am Markt auf: Bund, Länder, Gemeinden, Post, Bahn, Hypothekenbanken. Die übliche Laufzeit beträgt zehn Jahre. Die Zinszahlung an den Kreditgeber (Anleger) erfolgt jährlich oder halbjährlich. Der Ausgabekurs kann unter dem Nennwert liegen. Die Rückzahlung erfolgt zum Nennwert. Die Kreditvergabe ist gegen Grundschulden bis ca. 40 % des Beleihungswertes abgesichert.

07. Was ist eine Wandelschuldverschreibung?

Sie ist eine Sonderform der Schuldverschreibung/Industrieobligation und begründet zusätzlich das Umtauschrecht auf Aktien.

08. Welche Besonderheiten hat die Optionsanleihe?

Der Investor bleibt bis zum Ende der Laufzeit Kreditgeber (im Gegensatz zur Wandelschuldverschreibung) und erhält zusätzlich das Recht (Option, lt.: Erwerbsrecht) zu einem späteren Zeitpunkt Aktien zu erwerben. Bei der Ausgabe einer Optionsanleihe müssen Bezugsverhältnis, -frist und -kurs festgelegt werden. Man unterscheidet bei der Optionsanleihe drei Kursermittlungen:

▸ inkl. Optionsschein

▸ exkl. Optionsschein

▸ nur für den Optionsschein.

09. Welche Besonderheiten hat die Null-Kupon-Anleihe?

Kupons sind durchnummerierte Dividendenscheine für die Auszahlung der Dividende bzw. für die Ausgabe neuer Aktien. Bei der Null-Kupon-Anleihe (dt.: Anleihe ohne Kupon) **wird der gesamte Zinsertrag erst am Ende der Laufzeit ausgezahlt**. Diese Form der Finanzierung ist besonders interessant für Unternehmen mit positiven Gewinnaussichten, da während der Laufzeit keine Zinszahlungen anfallen.

10. Welche Besonderheiten hat die zinsvariable Anleihe?

Sie ist eine Anleihe mit variabler Verzinsung (auch: Floating Rate Note): In bestimmten Zeitabständen, z. B. jeden 3. oder 6. Monat, wird der Zinssatz an einen Referenzzinssatz

(z. B. EURIBOR: Euro Interbank Offered Rates) angepasst. Die Laufzeit der Anleihe liegt meist zwischen 12 und 24 Monaten. Die Zinsauszahlungen erfolgen jährlich, halbjährlich oder pro Quartal. Die Floating-Rate-Anleihe hat für Kreditnehmer und -geber einen gewissen spekulativen Charakter: Der Anleger „hofft" auf steigende Zinsen, der Kreditnehmer auf sinkende Zinsen.

4.3.9 Möglichkeiten der kurzfristigen Fremdfinanzierung

01. Welche Formen der kurzfristigen Fremdfinanzierung sind vorherrschend?

Formen der kurzfristigen Fremdfinanzierung sind:

- ► Kontokorrentkredit
- ► Lieferantenkredit
- ► Kundenkredit/-anzahlungen
- ► Wechselkredit
- ► kurzfristige (Bank-)Darlehen
- ► Dokumentenakkreditiv
- ► Avalkredit
- ► Lombardkredit
- ► Factoring.

1. **Kontokorrentkredit (KK):** kurzfristiger Bankkredit

    Laufendes Konto (auch: Dispositionskredit bei Privatpersonen): Mit der Bank vereinbarte Kreditlinie (befristet/unbefristet) bei variablen Kreditkosten; abgerechnet werden nicht die einzelnen Zahlungen, sondern der Saldo von Ein-/Auszahlungen. Der KK sollte nur zur Abdeckung kurzfristiger Liquiditätsengpässe genutzt werden, da es ein teurer Kredit ist; der Zinssatz für Kontokorrentkredite beträgt ca. 7 - 8 % (Stand: Statista 03/2021).

2. **Lieferantenkredit:** kurzfristiger Kredit durch Zahlungsziel des Lieferanten

    Beispiel

    „Die Rechnung ist fällig innerhalb von 30 Tagen ab Rechnungsdatum ohne Abzug, mit 3 % Skonto innerhalb von 10 Tagen." Verzichtet der Unternehmer auf die Ausnutzung von Skonto, entsteht ihm ein Nachteil (sog. **Opportunitätskosten**). Bezieht man den Skontosatz auf ein Jahr (Jahreszins) ergeben sich hohe Prozentwerte:

$$\text{Jahreszins} = \frac{\text{Skontosatz} \cdot 360}{\text{Zahlungsziel} - \text{Skontofrist}} = \frac{2 \cdot 360}{30 - 10} = 36\,\%$$

Der Lieferantenkredit gehört also zu den teuersten Kreditarten.

3. **Kundenanzahlungen:** kurzfristiger Kredit des Kunden

   Bei Großprojekten lassen sich zum Teil Kundenanzahlungen am Markt durchsetzen (Anlagen-, Immobilienbau). Kundenanzahlungen haben eine **Kredit- und eine Sicherungsfunktion:** Bei Insolvenz des Kunden während der Ausführung des Auftrags ist der mögliche Verlust geringer. Zinszahlungen erfolgen nicht. Der Kunde kann sich seine Anzahlung durch Bankbürgschaft oder Treuhänderkonto absichern lassen.

4. **Wechselkredit:** kurzfristiger Kredit eines Dritten (z. B. Bank, Lieferant)

   Schuldverpflichtung des Ausstellers (Schuldwechsel), fällig am Verfalltag (z. B. in drei Monaten) mit erhöhter Sicherheit für den Gläubiger (Wechselstrenge)

5. **kurzfristige (Bank-)Darlehen:**

   Es wird ein bestimmter Geldbetrag für eine bestimmte Zeit kreditiert. Man unterscheidet generell folgende Darlehensarten:

   ▸ **Fälligkeitsdarlehen:**

   Rückzahlung in einer Summe mit zwischenzeitlichen (gleichbleibenden) Zinszahlungen.

   ▸ **Tilgungsdarlehen mit gleich bleibender Annuität:**

   Gleichbleibende Rate von Tilgung und Zins; dabei nimmt der Zinsanteil je Rate ab und der Tilgungsanteil steigt (sofortige Verrechnung der Tilgung).

   ▸ **Tilgungsdarlehen mit fallender Annuität:**

   Tilgungsrate gleich hoch; Zinsbeträge sinken; Annuität sinkt.

6. **Avalkredit:**

   Bank als Bürge. Die Bank haftet selbstschuldnerisch aufgrund einer eingegangenen Bürgschaftsverpflichtung. Sie gibt ihren guten Namen (Kosten für den Kreditnehmer). Man unterscheidet zwei Arten:

   ▸ abhängig vom Bestand an Forderungen (akessorisch)

   ▸ unabhängig vom Bestand an Forderungen (abstrakt).

7. **Lombardkredit:**

   Der Lombardkredit ist ein kurzfristiges Darlehen unter Verpfändung beweglicher Sachen, von Wertpapieren oder Forderungen, der zu einem festen Termin bereitgestellt bzw. zurückgezahlt wird. Es werden nach dem Objekt der Verpfändung folgende Lombardkredite unterschieden:

   ▸ Effektenlombard (auch Wertpapierlombard)

   ▸ Wechsellombard

   ▸ Edelmetalllombard

   ▸ Warenlombard

   ▸ Forderungslombard.

4.3.10 Sonderformen der Fremdfinanzierung

01. Was ist Leasing?

Leasing (engl.: mieten, pachten) ist die Vermietung bzw. Verpachtung von Anlagen oder Gütern durch Hersteller oder Leasinggesellschaften für eine vereinbarte Zeit gegen Entgelt. Der Leasingnehmer wird Besitzer, aber nicht Eigentümer. Hersteller oder Leasinggesellschaft bleiben Eigentümer.

02. Welche Leasingarten unterscheidet man?

Leasingarten		
Unterscheidungs-merkmal	**Bezeichnung**	**Merkmale**
Wer ist Leasinggeber?	**Direktes Leasing**	Hersteller ist Leasinggeber.
	Indirektes Leasing	Leasinggesellschaft ist Leasinggeber.
Anzahl der Leasingobjekte?	**Equipment-Leasing**	Leasing einzelner, beweglicher Wirtschaftsgüter
	Plant-Leasing	Leasing ortsfester, gesamter Betriebsanlagen
Art der Leasingobjekte?	**Konsumgüter-Leasing**	Leasing von Verbrauchsgütern für Haushalte
	Investitionsgüter-Leasing	Leasing von Anlagegütern für Produktionszwecke
Anzahl der Vorbesitzer?	**First-Hand-Leasing**	Leasing neuer Wirtschaftsgüter
	Second-Hand-Leasing	Leasing gebrauchter Wirtschaftsgüter
Art des Leasing-vertrages?	**Operate Leasing**	**Unechtes Leasing:** ► kurzfristige Nutzungsverträge mit Kündigungsfrist ► von der Laufzeit unabhängige Leasingrate ► hohe Kosten ► Leasinggeber trägt das gesamte Risiko.
	Finance Leasing	**Echtes Leasing:** ► längerfristige Nutzungsüberlassung ► Leasingrate ist abhängig von der Anzahlung und der Grundmietzeit. ► Leasingnehmer trägt die Gefahr des Untergangs des Leasinggegenstandes. ► Leasingnehmer trägt das gesamte Risiko (Ersatz bei Totalausfall).

03. Welche steuerlichen Voraussetzungen müssen beim Finance Leasing gegeben sein, damit der Leasingnehmer nicht Eigentümer wird?

Aufgrund mehrerer Erlasse des BMF gilt: Ist die Grundmietzeit zwischen 40 und 90 % der betriebsüblichen Nutzungsdauer lt. steuerlicher AfA-Tabelle und wurde der Leasingvertrag ohne Kauf- oder Verlängerungsoption geschlossen, so ist der Leasinggegenstand dem Leasinggeber zuzurechnen. Für den Leasingnehmer sind die Leasingraten Betriebsausgaben und unterliegen der Umsatzsteuer.

04. Was ist Factoring?

Neben dem Leasing, bei dem Anlagegegenstände durch Dritte vorfinanziert werden, stellt das Factoring eine weitere Möglichkeit dar, einen Teil des Vermögens (Umlaufvermögen), durch spezielle Gesellschaften finanzieren zu lassen:

Der Factor kauft von einem Unternehmen die Forderungen aus Warenlieferungen und zahlt die Rechnungsbeträge unter Abzug eines bestimmten Betrages sofort aus. Für das Unternehmen bedeutet dies eine zeitlich verzogene Verflüssigung (Vorschuss), der in den Außenständen gebundenen Geldmittel. Beim Factoring findet demnach ein Gläubigerwechsel statt:

Für den Kunden, der die Ware erhält, ist nicht mehr der Lieferant, sondern der Factor der Gläubiger.

Das Factoring erfüllt bestimmte **Funktionen** (Vorteile) und der Factor kalkuliert mit folgenden Kosten:

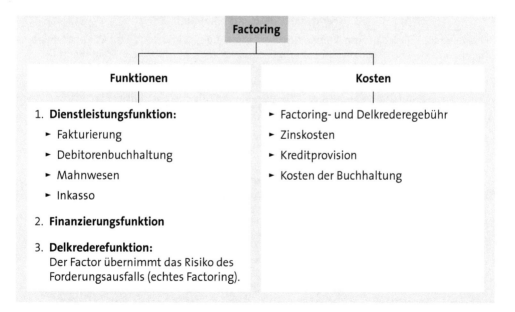

Factoring	
Funktionen	**Kosten**
1. **Dienstleistungsfunktion:**	▸ Factoring- und Delkrederegebühr
▸ Fakturierung	▸ Zinskosten
▸ Debitorenbuchhaltung	▸ Kreditprovision
▸ Mahnwesen	▸ Kosten der Buchhaltung
▸ Inkasso	
2. **Finanzierungsfunktion**	
3. **Delkrederefunktion:** Der Factor übernimmt das Risiko des Forderungsausfalls (echtes Factoring).	

Factoring kommt nur für Unternehmen mit Jahresumsätzen ab 2 Mio. € oder mehr infrage. Der Verbesserung der Liquidität und der Sicherheit des Zahlungseingangs steht ein möglicher Imageschaden bei den eigenen Kunden gegenüber.

Vom Factoring ausgeschlossen sind folgende Forderungen:

- Forderungen mit Zessionsverbot
- Forderungen, die mit Rechten Dritter belastet sind.

4.3.11 Mezzanine Finanzierungsformen

01. Was bezeichnet man als Mezzanine-Kapital?

Als Mezzanine-Kapital[1] wird eine Mischung aus Eigen- und Fremdkapital bezeichnet. Je nach Ausgestaltungsform ist es bilanziell näher dem Eigenkapital oder dem Fremdkapital zuzuordnen.

02. Welches sind die typischen Merkmale des Mezzanine-Kapitals?

Typische Merkmale sind die Nachrangigkeit in Bezug auf andere Gläubiger, der Verzicht auf Sicherheiten, die Vorrangigkeit gegenüber Stammkapital/Grundkapital und Rücklagen sowie geringerer Zinsaufwand für Fremdkapital durch bessere Refinanzierungskonditionen.

03. Welche Formen des Mezzanine-Kapitals gibt es?

Formen des Mezzanine-Kapitals		
Nachrangige Darlehen	Dieses in Form von Krediten oder Anleihen verbriefte Kapital muss erst nachrangig zurückgezahlt werden. Das bedeutet, dass erst Ansprüche aus vorrangigen Darlehen bedient werden müssen, ehe ein Anspruch auf Rückzahlung dieses Mezzanine-Kapitals besteht.	Diese Darlehen besitzen **Fremdkapitalcharakter** und werden bilanziell als **Verbindlichkeiten** erfasst.
Partiarische Darlehen	Bei Gewährung eines **Gesellschafterdarlehens** wird das Eigenkapital nicht aufgestockt. Der Gesellschafter erhält als Kreditgeber Zinsen. (Im Falle einer Insolvenz anfechtbar.)	
Stille Beteiligung	Bei der stillen Beteiligung tritt der Kapitalgeber nach außen nicht in Erscheinung. Es werden zwei Formen unterschieden (vgl. ausführlich unter 2.3.2.2/Frage 04.): - **typische stille Gesellschaft** - **atypische stille Gesellschaft**	Diese beiden Formen des Mezzanine-Kapitals sind **eigenkapitalähnlich**.

[1] Das Wort „Mezzanino" stammt aus dem Italienischen und bezeichnet die in der Renaissance typische Bauweise eines Halbgeschosses, das zwischen zwei Hauptgeschossen liegt.

Formen des Mezzanine-Kapitals		
Genuss-schein	Der Genusschein verbrieft Vermögens-, nicht aber Mitgliedschaftsrechte an einem Unternehmen. Er wird wie ein schuldrechtliches Beteiligungsrecht behandelt, d. h. es ist ein Gläubigerrecht mit Teilrechten, das üblicherweise nur Eigentümern zusteht.	Diese Form des Mezzanine-Kapitals ist **eigenkapitalähnlich**.

4.3.12 Möglichkeiten einer kurzfristigen Außenhandelsfinanzierung

01. Was sind Importkredite?

Importkredite sollen den Finanzbedarf im Zeitraum zwischen Zahlung und Wareneingang decken. Die Kreditinstitute verlangen eine zeitweise Sicherungsübereignung der Warenlieferung. Importkredite basieren auf dem **Akkreditiv**.

02. Was sind Exportkredite?

Exportkredite dienen der Finanzierung von Lieferungen, Projekten und Dienstleistungen ins Ausland. Sie überbrücken den Zeitraum zwischen Lieferung und Zahlungseingang. Der **Rembourskredit** ist für den Exporteur ebenso wie für den Importeur anwendbar.

Das Dokumentenakkreditiv kann mit Wechselkrediten verknüpft werden, wenn die Bank des Exporteurs im Auftrag der Importbank eine Wechseltratte des Exporteurs akzeptiert und dieser bei Dokumenteneinreichung den diskontierten Wechselbetrag erhält. Die Importbank wird bei Fälligkeit des Wechsels belastet und löst diesen bei dem Importeur ein. Dieser Vorgang wird auch als **Rembourskredit** bezeichnet.

03. Was versteht man unter Exportfactoring?

Beim Exportfactoring werden durch eine Factoringgesellschaft **kurzfristige Forderungen aus Exportgeschäften angekauft**. Der Exporteur hat den Vorteil der vorfristigen Zahlung und

➤ abhängig von der Vertragsgestaltung

➤ den Schutz vor Forderungsausfällen.

04. Was ist Forfaitierung?

Forfaitierung (Forfait, frz.: Zurücknahme) ist eine Sonderform des Factoring mit folgenden Unterschieden: Verkauft werden gut besicherte, mittel- bis langfristige Exportforderungen, die aus dem Verkauf von Investitionsgütern stammen. In der Regel werden vom Forfaiteur (Finanzierungsinstitut) Solawechsel (eigene Wechsel des Exporteurs/Forfaitist) aufgekauft, der gegenüber dem Wechselaussteller auf das Recht der Regressnahme (vgl. Wechselgesetz) verzichtet.

05. Was ist ein Akkreditiv?

Vereinfacht gesagt ist das Akkreditiv die im Letter of Credit formalisierte Zusicherung der Bank des Importeurs, dass sie den darin genannten Betrag an den Exporteur zahlen wird, sofern der Exporteur rechtzeitig die im Letter of Credit aufgeführten Dokumente vorlegt.

Das Akkreditiv ist ...

► die vertragliche Zusicherung	**letter of credit**
► eines Geldinstituts	**Akkreditivbank**
► für Rechnung des Auftraggebers	**Akkreditivsteller**
► (innerhalb eines festgelegten Zeitraums)	**befristetes Akkreditiv**
► an einen bestimmten Empfänger	**Akkreditierter**
► über dessen Bank	**Akkreditivstelle/Avisabank**
► gegen Übergabe vereinbarter Dokumente	**documents**
► einen bestimmten Betrag in der vereinbarten Währung	**Akkreditivbetrag**

zu zahlen.

Anders als bei den nichtdokumentären Zahlungsbedingungen und bei den dokumentären Zahlungsbedingungen d/p und d/a hängt es nicht allein vom Exporteur und vom Importeur ab, ob sie im Kaufvertrag Akkreditivzahlung festlegen können. Bevor der Importeur seine Unterschrift unter einen Kaufvertrag setzt, in dem als Zahlungsbedingung Akkreditivzahlung vereinbart ist, muss er vorher mit seiner Bank darüber gesprochen haben, ob sie bereit wäre, ihm ein Akkreditiv zu eröffnen. Es darf nicht passieren, dass Exporteur und Importeur etwas vereinbaren, dass sie selbst gar nicht bewirken können.

Ob sie ein Akkreditiv eröffnen wird, entscheidet die Bank. Die Bank wird i. d. R. dem Wunsch des Importeurs nachkommen, da er ja schließlich ihr Kunde ist. Es ist aber entscheidend, welche Bedingungen sie daran knüpft. Die Bedingungen bestehen zum einen darin, dass sie bestimmte Dokumente benennen kann und zum anderen könnte sie verlangen, dass die Bank des Exporteurs ebenfalls eine Zahlungszusicherung gibt. Man spricht dann von einem durch die Bank des Exporteurs, der Akkreditivstelle, bestätigtem Akkreditiv. Dann müsste nämlich auch der Exporteur vor der Unterzeichnung des Kaufvertrags seine Bank kontaktieren, um herauszufinden, ob sie dazu bereit ist.

Die Abbildung zeigt die Abläufe, die bei der Abwicklung eines Akkreditivs stattfinden:

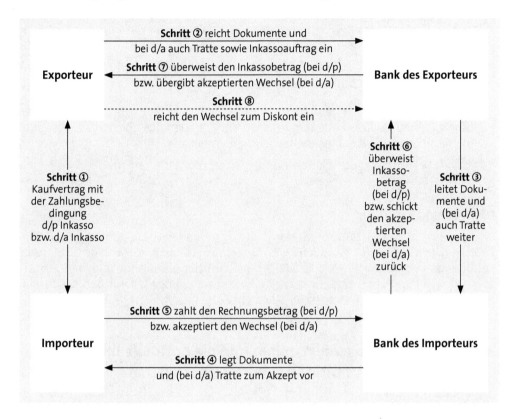

Das Akkreditiv erteilt die Bank natürlich „nicht umsonst", sondern berechnet dafür Akkreditivgebühren. Sie sind vom Begünstigten zu tragen. Dieser wird sie wahrscheinlich nicht tragen wollen und rechnet sie in den Akkreditivbetrag ein. Der Akkreditivbetrag muss also nicht mit der Summe identisch sein, die sich aus der Handelsrechnung ergibt.

4.3.13 Möglichkeiten einer mittel- und langfristigen Außenhandelsfinanzierung

01. Was ist Gegenstand der mittel- und langfristigen Außenhandelsfinanzierung?

Die mittel- und langfristige Außenhandelsfinanzierung dient der Finanzierung von Maschinen, Kraftwerken, Fabrikanlagen u. Ä. Sie wird über AKA-Finanzierung, KfW-Finanzierung und Forfaitierung realisiert.

02. Was sind AKA-Kredite?

Die AKA (Ausfuhrkredit-Gesellschaft) ist ein Bankenkonsortium unter Führung der Deutschen Bank AG, das langfristige Kredite ab 100.000 € für die Exportfinanzierung vergibt. Dabei unterscheidet man:

► **Plafond A:** für Hersteller zur Refinanzierung eines dem ausländischen Kunden gewährten langfristigen Zahlungsziels.

► **Plafond B:** existiert nicht mehr.

► **Plafond C:** Kredite dieses Plafonds werden dem Kunden des deutschen Exporteurs eingeräumt, der damit seinen deutschen Lieferer bezahlt.

► **Plafonds D, E:** für Ankäufe von Forderungen aus Exportlieferungen.

03. Was sind KfW-Kredite?

Im Rahmen des Mittelstandsprogramms Ausland finanziert die Bankengruppe KfW (früher: Kreditanstalt für Wiederaufbau) Direktinvestitionen im Ausland. Die Kreditsumme kann i. d. R. 66 %, 75 % oder 100 % der Investitionssumme ausmachen, je nachdem wie hoch der Umsatz des Antragstellers ist. Allerdings gilt für den Kredit eine Höchstgrenze. Der Kredit ist ausschließlich über die Hausbank zu beantragen.

4.4 Investitionsbedarf feststellen und die optimale Investition mithilfe von Investitionsrechnungen ermitteln

4.4.1 Investitionsbedarf

01. Wie werden Investitionen unterschieden?

Investitionsarten		
Merkmal	**Bezeichnung**	**Beispiele**
Investitions-objekt	**Sachinvestitionen** Beschaffung von Sachanlagevermögen und Sachgütern (Teile des Umlaufvermögens)	Grundstücke, Gebäude, Maschinen, Anlagen, Vorräte, Werkzeuge
	Finanzinvestitionen Beschaffung von Forderungs- oder Beteiligungsrechten	Wertpapiere, Aktien, Geschäftsanteile, Rentenpapiere, Obligationen
	Immaterielle Investitionen Ausgaben zur Stärkung der Wettbewerbsfähigkeit; Kapitalrückfluss ist nicht direkt zu ermitteln.	Ausgaben für folgende Bereiche, z. B.: ► Personalentwicklung ► Sozialwesen ► F & E-Marketing

Investitionsarten		
Merkmal	**Bezeichnung**	**Beispiele**
Investitions-zweck	**Nettoinvestitionen**	erstmalig
	▸ Gründungsinvestitionen	bei Gründung/Kauf
	▸ Erweiterungsinvestitionen	Schaffung zusätzlicher Kapazitäten
	Reinvestitionen	Wiederholung
	▸ Ersatzinvestitionen	Beschaffung von Investitionsgütern gleicher Art
	▸ Rationalisierungsinvestitionen	Beschaffung von Investitionsgütern mit verbesserter Technologie
	▸ Umstellungsinvestitionen	mengenmäßige Veränderung in der Fertigung
	▸ Diversifizierungsinvestitionen	Veränderung im Fertigungsprogramm
	▸ Sicherungsinvestitionen	zur Existenzabsicherung, z. B. Beteiligung, Unternehmenserwerb, Erschließung neuer Absatzmärkte
	Desinvestitionen	Verkauf von (stillgelegten) Maschinen/Anlagen
	Bruttoinvestitionen = Nettoinvestitionen + Reinvestitionen	

02. Welche Bedeutung hat die Investitionsplanung?

Die Investitionsplanung als Teilplanung der Unternehmensplanung ist die gedankliche Vorwegnahme der unternehmerischen Aktivitäten zur künftigen Erhöhung der betrieblichen Leistungs- und Absatzmöglichkeiten durch Investitionsobjekte und deren finanziellen Sicherung.

Ihre Bedeutung ergibt sich aus der Wirkung der Investition auf die finanzwirtschaftliche Situation des Unternehmens, z. B. durch langfristige Kapitalbindung, Veränderung der Kostenstruktur, die Finanzierungsmöglichkeit und durch die Veränderung der materiellen Anlagen und Ausrüstungen im Sinne des technischen Fortschritts.

Sie kann – je nach Zeitraum – als strategische, taktische und operative Investitionsplanung angelegt sein.

03. Welche Handlungsschritte umfasst die Investitionsplanung?

Die Investitionsplanung umfasst die Ermittlung des erforderlichen Investitionsbedarfs, die Feststellung der Investitionen nach Art, Anzahl und Preis, die Beurteilung ihrer Notwendigkeit, Eignung und die Abwägung möglicher Alternativen ebenso wie die Ermittlung des dafür benötigten Kapitalbedarfs. Die Ergebnisse werden im Investitionsplan dargestellt, der u. a. als Grundlage für die Investitionsentscheidung dient.

04. Welche Phasen der Investitionsentscheidung lassen sich unterscheiden?

Mit der Investitionsentscheidung wird festgelegt, welche der Investitionsobjekte, die die geforderten Kriterien erfüllen, realisiert werden sollen. Voraussetzung für eine sichere Entscheidung sind die Zuverlässigkeit der zugrunde gelegten Ausgangsdaten, die gewählten Bewertungskriterien und Bewertungsmethoden.

Die Entscheidungsfindung geschieht in mehreren Phasen. Gewöhnlich werden sie eingeteilt in: Anregungs-, Such-, Entscheidungs- und Kontrollphase (die Bezeichnung und Anzahl der Phasen ist in der Literatur uneinheitlich).

Phasen der Investitionsentscheidung:

1. **Anregungsphase:**

   Es werden die unternehmensinternen Anregungen aus den Unternehmensbereichen (z. B. zur Produktionserhöhung, Kostensenkung, Qualitätsverbesserung) und die unternehmensexternen Anregungen, die von Marktpartnern, wie z. B. Händlern, Kunden, Banken und auch vom Gesetzgeber kommen, mit aussagefähiger Beschreibung zur Dringlichkeit und den erwarteten Vor- und Nachteilen erfasst.

2. **Suchphase:**

   Es werden die Bewertungskriterien festgelegt. Dabei wird zwischen quantitativen und qualitativen Bewertungskriterien unterschieden:

   ▶ **Quantitative Bewertungskriterien** sind Kosten, Gewinn, Rentabilität, Amortisation, Kapitalwert, Annuität und interner Zinsfuß. Sie sind Gegenstand der statischen und dynamischen Investitionsrechnung.

   ▶ **Qualitative Bewertungskriterien** können sich auf wirtschaftliche, technische, soziale und rechtliche Schwerpunkte beziehen. Sie werden über die Nutzwertanalyse ermittelt.

   In dieser Phase wird auch nach eventuellen Alternativlösungen gesucht.

3. **Entscheidungsphase:**

   Es werden die mit den Investitionsrechnungsmethoden bzw. der Nutzwertrechnung ermittelten Werte zusammengeführt und gewichtet. Daraus wird die Alternative mit der höchsten Punktzahl als die optimale Investition bestimmt.

4. **Durchführungsphase:**

   Beginn der Vorbereitung und der Investitionsrealisierung.

5. **Kontrollphase:**

   Durch Soll-Ist-Vergleiche wird kontrolliert, ob es Abweichungen zu den geplanten Daten gibt. Auf Abweichungen muss mit entsprechenden Maßnahmen reagiert werden.

   Das Ergebnis der Analyse fließt auch als Erfahrungswert in die Planung zukünftiger ein, z. B. als Verbesserung der Planansätze.

05. Welche Gesichtspunkte sind bei der Datenanalyse relevant?

Mithilfe von Verfahren der Investitionsrechnung soll die Vorteilhaftigkeit einer oder mehrerer Investitionsobjekte ermittelt bzw. verglichen werden. Die angewandten Verfahren führen nur dann zu aussagefähigen Ergebnissen, wenn das **Datengerüst** vollständig, sicher, zuverlässig und gültig ist.

Insbesondere sind folgende **Fragestellungen** zu untersuchen:

► Wer hat die Daten ermittelt?

► Über welchen Zeitraum wurden die Daten erhoben?

► Waren die Erhebungsverfahren zuverlässig und frei von Ressortegoismen?

► Wurden die Daten berechnet oder geschätzt?

► Mit welchem Ungenauigkeitsgrad sind die Schätzungen behaftet?

► Welche Erwartungshaltungen liegen zugrunde?

  (Optimistische/pessimistische Erwartung, Best-case-/Worst-case-Betrachtung)

4.4.2 Investitionsrechnungsverfahren zur Ermittlung der vorteilhaften Investition

01. Welche Merkmale sind für die Wahl eines bestimmten Verfahrens der Investitionsrechnung bestimmend?

Im Wesentlichen sind dies folgende Merkmale:

1. **Höhe** der Investitionssumme
2. **Zeitdauer** der Betrachtung (kurz-, mittel- und langfristig)
3. **Komplexität** des Investitionsobjektes (z. B. Einzelmaschine oder komplexe Anlage, die zentraler Bestandteil des Fertigungsprozesses ist)
4. **Bedeutung** der Investition für das Unternehmen (operative/strategische Bedeutung).

Demzufolge sind bei „einfachen" Investitionen i. d. R. Verfahren der statischen Investitionsrechnung ausreichend. Bei komplexen Investitionsobjekten müssen Verfahren der dynamischen Investitionsrechnung herangezogen werden. Daneben muss die Anwendung der Verfahrensrechnung auf den jeweiligen Sachverhalt geprüft werden (Eignung des Verfahrens).

02. Welche Kriterien sind zur Beurteilung einer Investition geeignet?

1. **Quantitative Beurteilungskriterien**

   1.1 **Statische Betrachtungsgrößen:**

   - ▸ **Kosten** der Investition   → Kostenvergleichsrechnung
   - ▸ **Gewinn** der Investition   → Gewinnvergleichsrechnung
   - ▸ **Rentabilität:**

     = Relation von Gewinn und Kapitaleinsatz → Rentabilitätsvergleichsrechnung

   - ▸ **Amortisationszeit:**

     = Zeit in welcher die Überschüsse aus der
     Investition den Kapitaleinsatz decken → Amortisationsvergleichsrechnung

   1.2 **Dynamische Betrachtungsgrößen:**

   - ▸ **Kapitalwert**   → Kapitalwertmethode
   - ▸ **interner Zinsfuß**   → Interne Zinsfußmethode
   - ▸ **Annuität**   → Annuitätenrechnung
   - ▸ **Amortisationszeit**   → Dynamische Amortisationsrechnung

2. **Qualitative Beurteilungskriterien**

   2.1 **Wirtschaftliche** Betrachtungsgrößen, z. B.:

   - ▸ Garantieleistung, Kulanz und Zuverlässigkeit des Herstellers
   - ▸ Kundendienst des Herstellers (Kosten, Erreichbarkeit)
   - ▸ Nutzungsdauer der Anlage
   - ▸ steuerliche Aspekte, z. B.:
     - Abschreibungssatz
     - steuerliche Vorteile des Staates
   - ▸ Risiken der Investition, z. B.:
     - langfristige Entscheidung
     - langfristige, hohe Kapitalbindung
     - Gefahr der Überalterung
   - ▸ Ermittlung des optimalen Ersatzzeitpunktes (Timing)

   2.2 **Technische** Betrachtungsgrößen, z. B.:

   - ▸ Stand der Technik der Anlage
   - ▸ Kosten der Instandhaltung (Störanfälligkeit)
   - ▸ Leistungsdaten der Anlage
   - ▸ Dimension der Anlage

3. Beachtung notwendiger **Nebenbedingungen** (Begrenzungsfaktoren), z. B.:

   ▶ Umweltverträglichkeit, z. B. Emissionen

   ▶ Arbeitsschutz-/Arbeitssicherheitsaspekte

   ▶ technische Vorschriften

   ▶ Genauigkeitsgrad, technische Daten

   ▶ Kapazitätsreserven

   ▶ im Betrieb vorhandene Energieversorgung

   ▶ Anpassung an vorhandene Anlagen (Prozessintegration)

   ▶ Lieferzeit.

4.4.2.1 Statische Investitionsrechnungsverfahren

01. Welche statischen Verfahren der Investitionsrechnung gibt es?

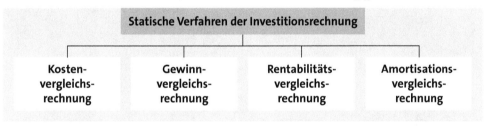

02. Welches Ziel hat die Kostenvergleichsrechnung?

Die Kostenvergleichsrechnung hat das Ziel, die wirtschaftliche Zweckmäßigkeit von Investitionen zu überprüfen. Es werden die Kosten von zwei oder mehreren Investitionsobjekten/Verfahren gegenübergestellt und verglichen. Dasjenige Investitionsobjekt/Verfahren ist vorteilhafter, bei dem die Kosten geringer sind.

Relevant sind folgende **Kostenkomponenten:**

1. **durchschnittliche kalkulatorische Abschreibung:**
   Der Kapitalverzehr wird auf ein Jahr bezogen (lineare AfA).

$$AfA = \frac{AW - RW}{n}$$

n   = Nutzungsdauer in Jahren
AfA = durchschnittliche (lineare) Abschreibung pro Jahr
AW = Anschaffungswert
RW = Restwert

2. **durchschnittliche kalkulatorische Zinsen:**

   Sie werden auf das während der Nutzungsdauer durchschnittlich gebundene Kapital bezogen.

   $$Z = \frac{AW + RW}{2} \cdot i$$

   Z = Zinsen

   i = Kalkulationszins in Dezimalform

   Die durchschnittliche Kapitalbindung pro Jahr besteht aus der Summe aus dem Restwert und den halben (um den Restwert verminderten) Anschaffungskosten. Dies entspricht der durch 2 dividierten Summe von Anschaffungswert und Restwert (Durchschnittsrechnung).

   Beweis:

   $$\text{durchschnittliche Kapitalbindung} = RW + \frac{AW - RW}{2}$$

   $$2 \cdot \text{durchschnittliche Kapitalbindung} = 2\,RW + AW - RW$$

   $$\text{durchschnittliche Kapitalbindung} = \frac{AW + RW}{2}$$

3. **durchschnittliche sonstige Fixkosten pro Jahr:**

   Dies sind alle Kosten, die mit dem Betrieb des Investitionsobjekts zusammenhängen, jedoch unabhängig von dessen Auslastung entstehen.

4. **durchschnittliche variable Kosten pro Jahr:**

   $$K_v = x \cdot k_v$$

   K_v = variable Kosten
   x = Ausbringungsmenge
   k_v = variable Stückkosten

Aus der Summe der unter Punkt 1. - 4. aufgeführten Kosten ergeben sich die entscheidungsrelevanten Kosten als durchschnittliche Kosten pro Jahr.

03. Welche Varianten der Kostenvergleichsrechnung sind vorherrschend?

Kostenvergleichsrechnung		
Varianten	**Situation**	**Auswahlentscheidung**
Variante 1	**Kostenvergleich identischer Anlagen:** Die **Kapazität** der betrachteten Anlagen ist **gleich**.	Kostenvergleich pro Periode
Variante 2	**Kostenvergleich nicht identischer Anlagen:** Die **Kapazität** der betrachteten Anlagen ist **verschieden**. Es wird eine Maximalkapazitätsausnutzung unterstellt.	Kostenvergleich pro Leistungseinheit
Variante 3	**Kritische Menge:** Die **Kapazität** der betrachteten Anlagen ist **verschieden**; der zukünftige Leistungsgrad ist ungewiss.	Bestimmung der kritischen Menge durch Vergleich der Gesamtkosten, die in fixe und variable Kosten zerlegt werden.
Variante 4	**Kostenvergleich bei der Ersatzinvestition** einer Anlage unter Beachtung des Restwertes der alten Anlage.	$\text{Kosten}_{Neuanlage} < \text{Kosten}_{Altanlage}$ ► Bruttomethode ► Nettomethode

04. Wie wird die Gewinnvergleichsrechnung durchgeführt?

Die Gewinnvergleichsrechnung ergänzt die Kostenvergleichsrechnung um die Größe „Erlöse" und ist damit aussagefähiger. Zu wählen ist diejenige Investition, die den größten durchschnittlichen Gewinn erzielt. Bei gleichen Erlösen pro Leistungseinheit für beide Investitionsobjekte kommt sie selbstverständlich zur gleichen Bewertung wie die Kostenvergleichsrechnung. Die Gewinnvergleichsrechnung setzt voraus, dass die erzielbaren Erlöse je Investitionsalternative über den gesamten Planungszeitraum ermittelt werden können.

Der Gewinn ergibt sich als Differenz von Umsatzerlösen und Kosten:

$$G = U - K$$

$$G = x \cdot p - K_f - x \cdot k$$

U = Umsatz
K = Gesamtkosten
K_f = Fixkosten
k_v = variable Stückkosten
x = Menge
p = Verkaufspreis

- Bei einer **Einzelinvestition** gilt:

  Die Vorteilhaftigkeit ist gegeben, wenn der Gewinn positiv ist bzw. ein bestimmter Mindestgewinn erreicht wird:

  $G > 0$ bzw. $\qquad$ $G \geq$ Mindestgewinn

- Beim **Vergleich von zwei oder mehreren Investitionsobjekten** gilt:

  Es wird die Investition mit dem größeren Gewinn gewählt.

  $G_I > G_{II} \qquad \rightarrow \qquad$ Anlage I ist vorteilhafter.

  $G_{II} > G_I \qquad \rightarrow \qquad$ Anlage II ist vorteilhafter.

- Bei der **Lösung eines Ersatzproblems** (optimaler Ersatzzeitpunkt) werden die Erlöse der alten Anlage denen der neuen gegenübergestellt (Berücksichtigung der Restwertminderung der alten Anlage).

05. Welchen Aussagewert hat die Rentabilitätsvergleichsrechnung?

Die Rentabilitätsrechnung baut auf den Ergebnissen der Kostenvergleichs- bzw. Gewinnvergleichsrechnung auf und **berücksichtigt dabei den erforderlichen Kapitaleinsatz alternativer Investitionsobjekte.** Während also die Kostenvergleichsrechnung (nur) eine **relative Vorteilhaftigkeit** beim Vergleich alternativer Investitionsobjekte bietet, ermöglicht die **Rentabilitätsvergleichsrechnung** die Ermittlung der absoluten Vorteilhaftigkeit.

Die Rentabilitätsrechnung vergleicht die durchschnittliche jährliche Verzinsung des eingesetzten Kapitals alternativer Investitionsobjekte. Es gilt:

$$\text{Rentabilität} = \frac{\text{Return}}{\text{durchschnittlicher Kapitaleinsatz}} \cdot 100$$

- Die **Rentabilität R kann unterschiedlich definiert werden**, z. B.

  - als Rentabilität des Eigenkapitals, des Fremdkapitals, des Gesamtkapitals und als Umsatzrentabilität oder

  - als Return on Investment, ROI.

- Die Größe „Return" (Kapitalrückfluss) kann je nach Besonderheit des Betriebes oder des Sachverhaltes unterschiedlich definiert sein, z. B. als (Gewinn), (Gewinn + Abschreibungen), (Cashflow), (Erträge - Kosten).

- Bei Verwendung der Größe „Gewinn" wird nach vorherrschender Meinung der „Gewinn vor Zinsen" verwendet (keine Verminderung des Gewinns um die kalkulatorischen Zinsen):

$$\text{Rentabilität} = \frac{\text{Gewinn (vor Zinsen)}}{\text{durchschnittlicher Kapitaleinsatz}} \cdot 100$$

▸ Der durchschnittliche Kapitaleinsatz wird i. d. R. wie folgt ermittelt:

Berechnung des durchschnittlicher Kapitaleinsatzes	
Vermögenswert	**Wertansatz**
1. Nicht abnutzbare Anlagegüter 2. Umlaufvermögen	Anschaffungswert
3. Abnutzbare Anlagegüter	$\dfrac{\text{Anschaffungswert} + \text{Restwert}}{2} = \dfrac{AW + RW}{2}$ oder: $\dfrac{\text{Wiederbeschaffungswert} + \text{Restwert}}{2} = \dfrac{WW + RW}{2}$

▸ Bei einer **Einzelinvestition** gilt:

Die Vorteilhaftigkeit ist gegeben, wenn die Rentabilität R eine bestimmte Mindestverzinsung erreicht oder überschreitet.

R ≥ Mindestverzinsung

▸ Beim **Vergleich von zwei oder mehreren Investitionsobjekten** gilt:

Es wird die Investition mit der höheren Rentabilität gewählt. Auf Objekte, deren Rendite die geforderte Mindestverzinsung nicht erreicht, sollte verzichtet werden.

$R_I > R_{II}$ → Anlage I ist vorteilhafter.

$R_{II} > R_I$ → Anlage II ist vorteilhafter.

06. Welchen Aussagewert hat die Amortisationsvergleichsrechnung?

Die **Amortisationsvergleichsrechnung (auch: Kapitalrückflussmethode, Payback-Methode/Payoff-Methode)** gehört ebenfalls zu den statischen Verfahren der Investitionsrechnung und baut auch auf den Ergebnissen der Kostenvergleichs- bzw. Gewinnvergleichsrechnung auf.

Die Vorteilhaftigkeit einer Investition wird an der Kapitalrückflusszeit t_w gemessen (Amortisationszeit ist die Zeit, in der das eingesetzte Kapital wieder in das Unternehmen zurückgeflossen ist). Je geringer die Kapitalrückflusszeit ist, desto vorteilhafter wird das Investitionsvorhaben beurteilt.

▸ Bei einer **Einzelinvestition** gilt:

Die Vorteilhaftigkeit ist gegeben, wenn die Amortisationszeit t_w einen bestimmten Zeitwert t* nicht überschreitet:

$t_w \leq t^*$

▸ Beim **Vergleich von zwei oder mehreren Investitionsobjekten** gilt:

Es wird die Investition mit der geringeren Kapitalrückflusszeit gewählt. Auf Objekte, deren Amortisationsdauer den geforderten Zeitwert t* überschreitet, sollte verzichtet werden.

$t_{wI} < t_{wII}$ →   Anlage I ist vorteilhafter.

$t_{wII} < t_{wI}$ →   Anlage II ist vorteilhafter.

▸ Man unterscheidet zwei Berechnungsmethoden:

1. **Durchschnittsmethode:**

$$\text{Kapitalrückflusszeit (Jahre)} = \frac{\text{Kapitaleinsatz}}{\text{durchschnittlicher Return}}$$

- Als Kapitaleinsatz wird i. d. R. der Anschaffungswert AW vermindert um den Restwert RW verwendet .

- In der Regel wird als Größe für den durchschnittlichen Return die Summe aus (durchschnittlichem Gewinn + jährliche Abschreibungen) genommen.

Beispiel

Es werden zwei Anlagen miteinander verglichen; es liegen folgende Zahlen vor (in €):

	Anlage I	Anlage II
Anschaffungskosten	100.000	200.000
Wiederbeschaffungswert	151.336	200.000
Restwert	0	20.000
Abschreibungen	21.182	20.000
Periodengewinn vor Steuern	13.905	21.525

$$t_{wI} = \frac{100.000 - 0}{13.905 + 21.182} = 2{,}85 \text{ Jahre}$$

$$t_{wII} = \frac{200.000 - 20.000}{21.525 + 20.000} = 4{,}33 \text{ Jahre}$$

Ergebnis: $t_{wI} < t_{wII}$, d. h. aus der Sicht der Kapitalrücklaufzeit ist die Anlage I vorteilhafter.

2. **Kumulationsmethode:**

Die geschätzten jährlichen Zahlungsströme werden so lange aufaddiert, bis der Kapitaleinsatz erreicht ist. Die Kumulationsrechnung ist genauer, da sie nicht mit einem repräsentativen Mittelwert rechnet, sondern die geschätzten Rückflüsse den einzelnen Jahren gesondert zuordnet.

Beispiel

Für eine **Einzelinvestition** soll gelten: AW = 80.000; RW = 0; n = 5

Es werden folgende Rückflüsse pro Jahr geschätzt:

Jahr	t_1	t_2	t_3	t_4	t_5
Kapitalrückfluss	10.000	25.000	45.000	70.000	100.000
Kapitalrückfluss, kumuliert	10.000	35.000	**80.000**	150.000	250.000

- Nach der Kumulationsmethode ergibt sich: $t_w = t_3$
- Nach der Durchschnittsmethode ist der durchschnittliche Kapitaleinsatz 50.000 (= 250.000 : 5). Daraus ergibt sich:

$$t_w = \frac{80.000}{50.000} = 1,6$$

- Dies bedeutet: Wenn die Kapitalrückflüsse eine ungleichmäßige Verteilung innerhalb des Nutzungszeitraums aufweisen, kann die Durchschnittsmethode zu Fehlentscheidungen führen.

4.4.2.2 Dynamische Investitionsrechnungsverfahren

01. Welche Verfahren der dynamischen Investitionsrechnung gibt es?

02. Wie ist die Berechnungsweise bei der Kapitalwertmethode?

Die Kapitalwertmethode basiert auf der Überlegung, die Summe aller Einnahmen mit der Summe aller Ausgaben einer Investition zu vergleichen, um daraus eine Entscheidung über die Vorteilhaftigkeit der Investition ableiten zu können. Um eine Vergleichbarkeit der Einnahmen und Ausgaben vornehmen zu können, sind die **Barwerte** zu ermitteln.

Bezieht man eine zukünftige Einnahme (**Endwert**) auf den gegenwärtigen Zeitpunkt, so bezeichnet man dies als **Abzinsung**. Der Wert, den diese zukünftige Zahlung K_n bei einem Kalkulationszinsfuß i und n Jahren gegenwärtig annimmt, wird als **Barwert** K_0 bezeichnet.

Die Formel für die **Abzinsung** ist:

$$\text{Barwert} = \text{Barwert} : \left[\frac{100 + \text{Zinsfuß}}{100} \right]^{\text{Jahre}}$$

$$K_0 = \frac{K_n}{(1 + i)^n}$$

$$K_0 = K_n \cdot \frac{1}{q^n}$$

Der Abzinsungsfaktor $\frac{1}{q^n}$ kann dem Tabellenwerk entnommen werden.

Wird im entgegengesetzten Fall eine gegenwärtige Zahlung unter Berücksichtigung von Zinseszinsen auf einen zukünftigen Zeitpunkt bezogen, so bezeichnet man dieses als **Aufzinsung**.

Die Formel für die **Aufzinsung** ist analog:

$$K_n = K_0 \cdot (1 + i)^n = K_0 \cdot q^n$$

q^n = Aufzinsungsfaktor

 MERKE

Abzinsungsfaktoren sind kleiner 1; Aufzinsungsfaktoren sind größer 1. Zwischen beiden Faktoren besteht die mathematische Beziehung:

Abzinsungsfaktor = 1 : Aufzinsungsfaktor

0,7835 = 1 : 1,2763

bei p = 5 % → i = 0,05; n = 5 Jahre

Kriterium für die Vorteilhaftigkeit einer Investition ist der Kapitalwert (C_0). Er ergibt sich aus der Differenz der Summe der Barwerte aller Einnahmen (C_E) und der Summe der Barwerte aller Ausgaben (C_A), die durch die Investition verursacht werden.

$$C_0 = C_E - C_A$$

Anstelle einer separaten Berechnung der Barwerte für Einnahmen und Ausgaben wird die Berechnung des Kapitalwertes i. d. R. über die **Abzinsung der Nettoeinnahmen** eines jeweiligen Jahres $E_1 - A_1, E_2 - A_2$ usw. durchgeführt. Ein evtl. Restwert der Investition RW (Liquidationserlös) der zum Zeitpunkt t_n veräußert wird, muss ebenfalls abgezinst werden. Der Anschaffungswert A_0 wird von den abgezinsten Nettoeinnahmen subtrahiert. Der Barwert C_0 der Investition ergibt sich als:

$$C_0 = \frac{E_1 - A_1}{(1 + i)^1} + \frac{E_2 - A_2}{(1 + i)^2} + \dots + \frac{E_n - A_n}{(1 + i)^n} + \frac{RW}{(1 + i)^n} \cdot A_0$$

bzw. für $(1 + i)^n = q^n$ ergibt sich:

$$C_0 = \frac{E_1 - A_1}{q^1} + \frac{E_2 - A_2}{q^2} + \dots + \frac{E_n - A_n}{q^n} + \frac{RW}{q^n} \cdot A_0$$

Unterstellt man den Sonderfall, dass die **Nettoeinnahmen in jedem Jahr gleich groß** sind, so ergibt sich eine **Vereinfachung der Formel:**

$$C_0 = \ddot{U} \cdot \frac{q^n - 1}{q^n (q - 1)} + \frac{RW}{q^n} \cdot A_0$$

$\ddot{U} = E - A$, konstant

Eine Investition ist dann vorteilhaft, wenn ihr Kapitalwert C_0 gleich Null oder positiv ist. Es sind folgende Fälle zu unterscheiden:

► Ist der **Kapitalwert gleich Null**, so wird gerade noch die Mindestverzinsung erreicht, d. h. die Einnahmenüberschüsse reichen aus, um die investitionsbedingten Ausgaben zu tilgen und das investierte Kapital in Höhe des Kalkulationszinsfußes zu verzinsen (Vermeidung eines Investitionsverlustes).

► Ist der **Kapitalwert positiv**, so wird neben der Mindestverzinsung ein weiterer Einnahmenüberschuss (Investitionsgewinn) erzielt.

► Ein **negativer Kapitalwert** zeigt, dass die Mindestverzinsung nicht erreicht wird und deutet auf eine Unvorteilhaftigkeit der Investition hin.

► **Im Falle einer Ersatzinvestition** wird eine alte Anlage nur dann ausgetauscht, wenn der Kapitalwert gleich Null oder positiv ist.

► **Bei einer Erweiterungsinvestition** ist die Anlage, die unter den vorhandenen Alternativen den höchsten (positiven) Kapitalwert erreicht, die vorteilhafteste.

03. Wie ist die Berechnungsweise bei der Annuitätenmethode?

Die Annuitätenmethode ist praktisch eine Umkehrung der Kapitalwertmethode; dort wurde unterstellt, dass die während der Laufzeit der Investition zu erwartenden Ein- und Ausgaben bereits bekannt sind.

Die **Annuität** C ist die **Nettoeinnahme**, die **durchschnittlich jedes Jahr** erzielt werden muss, damit die Anschaffungsausgabe A_0 bei einer Verzinsung i während der Nutzungsdauer n zurückgewonnen wird.

Durch Umformung erhält man die Gleichung:

$$C_0 = A_0 \cdot \frac{q^n (q-1)}{q^n - 1}$$

$$C_0 = A_0 \cdot KWF$$

$\dfrac{q^n (q-1)}{q^n - 1}$ Diesen Ausdruck bezeichnet man als **Kapitalwiedergewinnungsfaktor** (KWF). Er wird dem Tabellenwerk entnommen.

Beurteilung der Vorteilhaftigkeit einer Investition:

- Für eine **Ersatzinvestition** gilt: $C \geq 0$
- Für eine **Erweiterungsinvestition** gilt: $C_{II} > C_I$

  Die Annuität der Anlage II liegt über der von Anlage I; Investition II ist daher vorteilhafter.

04. Wie ist die Berechnungsweise bei der dynamischen Amortisationsrechnung?

Bei der dynamischen Amortisationsrechnung werden die jährlichen Kapitalrückflüsse (Einnahmen - Ausgaben) abgezinst und so lange kumuliert, bis der Kapitaleinsatz erreicht wird. Man kann die Kapitalrückflusszeit t_w nach der Durchschnittsmethode oder nach der Kumulationsmethode ermitteln.

05. Wie ist die Berechnungsweise bei der internen Zinsfußmethode?

Die interne Zinsfußmethode ist ebenfalls ein Verfahren der dynamischen Investitionsrechnung. Man geht im Gegensatz zur Kapitalwertmethode nicht von einer gegebenen Mindestverzinsung aus, sondern ermittelt den Zinssatz, bei dem der **Kapitalwert einer Investition gleich Null ist**. Dieser Zinssatz wird als **interner Zinsfuß** r bezeichnet. Auf der Basis des internen Zinsfußes sind die Summen der Barwerte aller Einnahmen (E_i)

und die Summen der Barwerte aller Ausgaben (A_i) gleich groß: Die Formel der Kapitalwertmethode wird gleich Null gesetzt und nach r aufgelöst:

$$\sum (E_i - A_i) \cdot (1 + r)^{-n} = 0$$

Rechnerisch ermittelt man den internen Zinsfuß r auf folgende Weise:

- ► Ermittlung der Nettoeinnahmen der Investition
- ► Berechnung des Barwertes C_{0I} unter Annahme des Versuchszinssatzes i_I
- ► Berechnung des Barwertes C_{0II} unter Annahme des Versuchszinssatzes i_{II}
- ► Einsetzen der gewonnenen Werte in die nachstehende Formel:

$$r = i_I C_{0I} \cdot \frac{i_{II} - i_I}{C_{0II} - C_{0I}}$$

Beurteilung der Vorteilhaftigkeit einer Investition:

- ► Für eine **Ersatzinvestition** gilt: $r \geq i$

  mit i = (interne) Mindestverzinsung
- ► Für eine **Erweiterungsinvestition** gilt: $r_I > r_{II} \geq i$

  Die Verzinsung der Anlage I liegt über der von Anlage II und ist nicht geringer als die Mindestverzinsung i.

4.4.2.3 Ergebnisse der Investitionsverfahren

01. Welche generellen Unterschiede bestehen zwischen statischen und dynamischen Verfahren der Investitionsrechnung?

Verfahren der Investitionsrechnung – Vergleich	
Statische Verfahren	**Dynamische Verfahren**
► sind einfache Vergleichsverfahren anhand der Bewertungskriterien Kosten, Gewinn, Rentabilität und Amortisation ► werden in der Praxis überwiegend verwendet ► gehen nur von einer Periode aus, die als repräsentativ gesehen wird ► berücksichtigen keine zeitlichen Unterschiede von Einnahmen und Ausgaben	► betrachten alle Nutzungsperioden der Anlage ► berücksichtigen alle Ein- und Auszahlungen der einzelnen Perioden ► basieren auf finanzmathematischen Methoden ► sind besser geeignet als statische Verfahren ► werden wegen ihrer Handhabung in der Praxis seltener eingesetzt

4.4.3 Investitionskontrolle

01. Was ist der Zweck der Investitionskontrolle

Der Zweck der Investitionskontrolle besteht darin, Abweichungen zwischen Plan- und Istwerten festzustellen, diese Abweichungen zu analysieren, ihre Ursachen zu ermitteln, sowie mögliche Korrekturen vorzunehmen.

02. Was versteht man unter optimaler bzw. wirtschaftlicher Nutzungsdauer

Es gibt verschiedene Aspekte der Nutzungsdauer:

- ▶ technische Nutzungsdauer (maximale Lebensdauer)
- ▶ wirtschaftliche Nutzungsdauer (gewinnmaximale Lebensdauer)
- ▶ buchhalterische Nutzungsdauer (Abschreibungszeitraum).

Die Frage nach der wirtschaftlichen bzw. optimalen Nutzungsdauer muss bereits vor der Anschaffung eines Investitionsobjektes gestellt werden.

Während des Betriebes eines Investitionsobjektes stellt sich die Frage, ob das Objekt noch weiter genutzt oder durch ein neues ersetzt werden soll. Vor allem bei technischem Fortschritt tritt der Fall auf, dass ein Objekt innerhalb der ursprünglich errechneten wirtschaftlichen Nutzungsdauer ersetzt werden muss.

Alte Anlage

- ▶ Prüfung:
  - technisch noch nutzungsfähig?
  - steigende Wartungs- und Reparaturkosten?

  oder

- ▶ Entscheidung
  - sofortiger Ersatz
  - Ersatz nach x ... Perioden
  - Nutzung bis zum Ende der technischen Restnutzungsdauer.

Ein Ersatz sollte dann vorgenommen werden, wenn der zeitliche Durchschnittsgewinn der neuen Anlage größer ist als der Grenzgewinn der alten Anlage.

4.5 Kreditrisiken erkennen sowie Instrumente zur Risikobegrenzung bewerten und einsetzen

4.5.1 Einschätzung zu Kreditrisiken und daraus abgeleitete unternehmerische Entscheidungen

01. Was ist Gegenstand des Risikomanagement?

Gegenstand des **Risikomanagement** ist die systematische Erfassung und Bewertung von Risiken sowie die Steuerung und Kontrolle von Maßnahmen bezogen auf die ermittelten Risiken. Risikomanagement ist ein systematisches Verfahren, das in vielen Unternehmensbereichen eingesetzt wird, so z. B. **im Rahmen des finanzwirtschaftlichen Managements**.

02. Welche Phasen umfasst der Risikomanagementprozess?

Risikomanagement ist ein Regelkreis mit den folgenden Teilschritten (Phasen):

1. **Risikoanalyse:**
   - ► Festlegung von Zielen
   - ► Festlegung einer Risikomanagement-Strategie
   - ► Identifikation von Risiken
   - ► Früherkennung von Risiken

2. **Risikobewertung:**
   - ► Bewertung von Risiken
   - ► Strukturierung und Dokumentation in einem Risikomanagementsystem

3. **Risikosteuerung:**
   - ► Umsetzung der Strategien
   - ► Risikominimierung

4. **Risikokontrolle:**
   - ► Verfolgung der Risiken
   - ► Überprüfung der Wirksamkeit der getroffenen Maßnahmen
   - ► Überprüfung, ob die eingeführten Maßnahmen neue Risiken mit sich bringen.

03. Welche grundsätzlichen Strategien der Risikosteuerung werden unterschieden?

In der Regel werden in der Literatur **fünf Strategien der Risikosteuerung** unterschieden:

1. **Risikovermeidung:**

   Eine vollständige Risikovermeidung ist eher der Ausnahmefall und nur dann möglich, wenn das Unternehmen die risikobehaftete Handlung unterlässt (z. B. im Fall existenzbedrohender Aktivitäten).

2. **Risikoverminderung:**

Schwerpunkt dieser Strategie ist das Erkennen und Bewerten der potenziellen Risiken, die dann auf ein vertretbares Maß zu reduzieren sind.

3. **Risikobegrenzung:**

Die Risikobegrenzung gliedert sich in zwei Teilstrategien:

▸ **Risikostreuung:**

Geldanlage-, Vermögens- und Finanzierungsrisiken sind zu streuen (auch: zu diversifizieren), indem das Gesamtengagement des Unternehmens (Anlage- oder Finanzierungsbetrag) auf unterschiedliche Laufzeiten, Formen und Gläubiger/Schuldner verteilt wird.

▸ **Risikolimitierung:**

Das Management setzt definierte Obergrenzen (Limite; quantitative Größen) für das Maß eines Risikos.

4. **Risikoüberwälzung:**

Das Risiko wird faktisch oder vertraglich, ganz oder teilweise durch ein zusätzliches Geschäft an Dritte übertragen (Vertragspartner oder Versicherungsunternehmen). Das Risiko bleibt bestehen, der Risikoträger wechselt (vgl. z. B. Zinsswap, Zinsoption, Zinsbegrenzung).

5. **Risikoakzeptanz:**

Hier wird das bestehende Risiko bzw. Restrisiko bewusst in Kauf genommen, weil z. B. Maßnahmen der Begrenzung oder Überwälzung in keiner angemessenen Kosten-Nutzen-Relation stehen. Diese Strategie setzt jedoch voraus, dass ein Risikodeckungspotenzial in ausreichender Höhe gebildet wird, damit der evtl. eintretende Schadensfall aus eigener Finanzkraft ausgeglichen werden kann.

4.5.2 Risikoanalyse

01. Welche Risiken sind im Bereich des Finanzmanagement vorherrschend?

Neben dem Insolvenzrisiko sind vor allem folgende Risiken zu beachten:

Risiken im Bereich des Finanzmanagement	
Ausfallrisiko	(auch: Bonitätsrisiko; Kreditrisiko i. e. S.)
	Das Ausfallrisiko bedeutet, dass der Kreditnehmer objektiv zahlungsunfähig werden kann oder subjektiv zahlungsunwillig ist, z. B. Lieferantenkredit

Risiken im Bereich des Finanzmanagement	
Zinsände-rungsrisiko	▸ bei Geldanlagen: Risiko der Zinssenkung ▸ bei Kreditaufnahme: Risiko des Zinsanstiegs Zinsänderungsrisiken existieren bei der Vereinbarung variabler Zinssätze während der Laufzeit sowie am Ende der Laufzeit bezüglich einer evtl. Anschlussfinanzierung.
Besiche-rungsrisiko	Das Besicherungsrisiko beinhaltet, dass der Wert der gestellten Sicherheit sinken kann (z. B. Kursverfall der als Sicherheit abgetretenen Wertpapiere oder Wertverfall einer verpfändeten Immobilie aufgrund außergewöhnlicher Ereignisse). Bei Eintritt des Risikofalles ist der Kreditnehmer i. d. R. gezwungen, zusätzliche Sicherheiten zu stellen. Ist er dazu nicht in der Lage, ist mit einer Kündigung des Kredits (durch die Bank) zu rechnen.
Währungs-risiko	(auch: Wechselkursrisiko) Währungsrisiken existieren, wenn Zahlungsverpflichtungen oder Zahlungsansprüche auf der Basis von Fremdwährungen vereinbart wurden. ▸ Steigt der Kurs der Fremdwährung (z. B. Wechselkurs \$/€) bei Zahlungsverpflichtungen, so erhöhen sich die Kosten für das zugrunde liegende Warengeschäft. ▸ Sinkt der Kurs der Fremdwährung bei Zahlungsansprüchen, so vermindern sich die Erlöse für das zugrunde liegende Warengeschäft. Da Wechselkurse generell fallen oder steigen können, beinhaltet das Währungsrisiko auch immer die Chance, Kursgewinne zu realisieren.
Konzentra-tionsrisiko	Dieses Risiko wird vorwiegend im Bankgeschäft gesehen (auch: Klumpenrisiko). Wenn z. B. ein Bankinstitut an einen Großkonzern einen sehr hohen Kredit vergibt oder viele Einzelkredite an Kunden der gleichen Branche (z. B. Automobilhersteller), so kann die Bilanz der Bank in eine Schieflage geraten, wenn der Großkonzern insolvent wird bzw. die betreffende Branche einer Krise ausgesetzt ist.
Länderrisiko	Das Länderrisiko ist für finanzwirtschaftliche und güterwirtschaftliche Transaktionen gleichermaßen relevant. Es umfasst u. a. das Ausfallrisiko, das Wechselkursrisiko sowie das Transferrisiko. Einigermaßen zuverlässig kann das Länderrisiko nur von Spezialisten erfasst werden: Es ergibt sich als komplexe Größe aus einer Vielzahl von Bestimmungsgrößen, z. B. politische Risiken (Krieg, Boykott, Unruhen), wirtschaftliche Risiken (z. B. Wachstum, Lohnkosten), Transfer- und Konvertierungsrisiken.
Transferrisiko	Das Transferrisiko ist ein Teilaspekt des Kreditrisikos im internationalen Kreditgeschäft und Wertpapierhandel. Verbietet z. B. eine ausländische Regierung die Ausfuhr der inländischen Währung und sind Waren- oder Finanzgeschäfte in dieser Währung fakturiert, so führt dieses Transferhemmnis für den ausländischen Exporteur/Kreditgeber zu einem Forderungsausfall.

4.5.3 Instrumente zur Risikosteuerung

01. Was ist Hedging?

Mit Hedging (engl.: to hedge; absichern) bezeichnet man ein (zusätzliches) Finanzgeschäft zur Absicherung einer Transaktion gegen Risiken (z. B. Wechselkursschwankungen, Veränderung der Rohstoffpreise, Zinsänderungen).

Das **eigentliche Grundgeschäft** (z. B. Kreditvertrag mit variabler Verzinsung) wird mit einer **zusätzlichen Transaktion** gekoppelt (z. B. Cap oder Floor) und erfährt dadurch eine Absicherung. In der Praxis kann auch ein perfekter Hedge das Risiko nicht völlig eliminieren.

Hedgegeschäfte lassen sich grundsätzlich mit börsengehandelten Instrumenten (z. B. Futures und Optionen), aber auch außerbörslich in sogenannten over-the-counter-Märkten (OTC-Märkten) mittels nichtstandardisierter Derivate einrichten. Hinsichtlich der relevanten Merkmale lässt sich für die marktüblichen Derivate folgende Übersicht geben:

Derivate im Überblick						
Instrumente	**Merkmale**					
	Fristigkeit	**Risikoprofil**		**Standardisierung**		**Kosten**
		Symme-trisch	Asym-metrisch	Börsen-notiert	OTC-Märkte	
Cap, Floor, Collar	langfristig		x		x	Optionsprämie; ggf. Ausgleichs-zahlung bei Collar
Optionen	kurz- und langfristig		x	x		Optionsprämie
FRAs	kurzfristig bis zu 2 Jahren		x		x	–
Swaps	langfristig	x			x	–
Futures	kurzfristig	x		x		Provision

02. Was sind Off-Balance-Sheet-Instrumente?

Die bilanzexterne Finanzierung (engl.: Off-balance-sheet) ist ein Begriff aus dem Finanz- und Rechnungswesen, der eine **bilanzneutrale Finanzierung** bezeichnet. Vermögenswerte und Schulden werden dabei im Regelfall in eine Zweckgesellschaft ausgelagert, die nicht in den Konsolidierungskreis des berichtenden Unternehmens fällt.

Beispiele für eine derartige Finanzierungsform sind das Leasing und insbesondere das Sale-and-lease-back-Verfahren, bei dem das Anlagevermögen und auch die entsprechenden Verbindlichkeiten aus der Bilanz herausgenommen werden können.

03. Was sind Devisentermingeschäfte?

Devisentermingeschäfte bieten eine gewisse Sicherheit gegen Kursschwankungen.

04. Welche Absicherung kann ein Devisenoptionsgeschäft leisten?

Beim Devisenoptionsgeschäft erwirbt der Käufer das Recht (jedoch nicht die Pflicht) einen festgelegten Währungsbetrag zu einem bestimmten Wechselkurs (Preis) an einem bestimmten Verfalltag zu kaufen oder zu verkaufen. Der Käufer bezahlt für dieses Recht eine Prämie, unabhängig davon, ob er die Option ausübt oder nicht. Durch ein Devisenoptionsgeschäft können Risiken von Devisenkursschwankungen abgesichert werden.

05. Welche Absicherung kann ein Währungsswap leisten?

Ein Währungsswap ist ein Finanzderivat, bei dem zwei Vertragsparteien ihre Finanzmittel (Zins- und Kapitalzahlungen, die auf gleiche Laufzeiten und Zinskonditionen begrenzt sind) in unterschiedlichen Währungen austauschen. Der Vorteil des Geschäfts wird in den komparativen Zinsvorteilen gesehen, die eine oder auch beide Parteien in der jeweils von dem Partner gesuchten Währung haben. Am Ende der Laufzeit erfolgt ein Rücktausch. Während der Laufzeit kann die jeweils andere Währung zweckbestimmt verwendet werden.

06. Welche Instrumente können zur Absicherung des Zinsänderungsrisikos eingesetzt werden?

Grundsätzlich kann sich ein Unternehmen bei der Finanzierung durch eine Festzinsvereinbarung gegen das Zinsänderungsrisiko absichern. Im Regelfall wird dies jedoch zu höheren Kosten führen, da der Festzinssatz meist über dem Zinssatz einer vergleichbaren variablen Verzinsung liegt. Außerdem verliert das Unternehmen die Chance, von allgemeinen Zinssenkungen am Markt zu profitieren.

Wird hingegen ein variabler Zins vereinbart, kann das Unternehmen von allgemeinen Zinssenkungen profitieren, es trägt aber das volle Risiko allgemeiner Zinssteigerungen. Dies kann zu einem nicht unerheblichen Anstieg der Kreditkosten führen.

Zur Absicherung derartiger Zinsänderungsrisiken hat der Finanzmarkt eine Reihe von Produkten entwickelt, die hier in Form einer Übersicht wiederholt werden:

Zinsmanagement-Instrumente	
Zinsswap Zinstausch	Die Zinsverpflichtungen aus Finanzierungsmitteln gleicher Laufzeit und gleicher Währung aber mit unterschiedlichen Zinsbindungsfristen werden getauscht; die Kapitalien bleiben – im Gegensatz zum Währungsswap – unberührt.

Zinsmanagement-Instrumente			
Zinsbe-grenzung	Cap Zinsobergrenze	Floor Zinsuntergrenze	Collar Kombination von Cap und Floor
	Zins * ——— Strike ——— EURIBOR Laufzeit	Zins ——— Strike * ——— EURIBOR Laufzeit	Zins * ——— Strike 2 ** ——— Strike 1 ——— EURIBOR Laufzeit
	Der Kunde erhält eine Ausgleichszahlung*, wenn der Zins (z. B. EURI-BOR) über dem Strike liegt.	Der Kunde erhält eine Ausgleichszahlung*, wenn der Zins unter dem Strike liegt.	Der Kunde erhält eine Ausgleichszahlung* wie beim CAP (Strike 2) und muss selbst eine Ausgleichszahlung** leisten, wenn der Zins unter dem Strike 1 liegt.
FRA Termin-zinssatz	Forward Rate Agreement: Zwei Vertragsparteien vereinbaren einen festen Terminzinssatz (Forward Rate) auf einen bestimmten Nominalbetrag für einen in der Zukunft liegenden Zeitraum. So verpflichten sie sich, Ausgleichszahlungen zu leisten, sofern ein festgelegter Referenzzins zu Beginn des in der Zukunft liegenden Zeitraums über oder unter dem vereinbarten Terminzinssatz liegt. Der Verkauf eines FRA ist eine Absicherung gegen fallende Zinsen; der Kauf eines FRA ist eine Absicherung gegen steigende Zinsen. FRA-Geschäfte werden üblicherweise mit 3-, 6-, 9- oder 12-monatiger Laufzeit abgeschlossen.		
Zins-Futures	Zins-Futures sind das börsliche Gegenstück zu den FRAs. Sie sind echte Termingeschäfte. Im Unterschied zu den FRAs wird jedoch nicht der Zins zwischen Käufer und Verkäufer vereinbart, sondern der sich aus dem Zins ergebende Kurs des Wertpapiers. Letztlich liegt damit ein standardisierter Kauf/Verkauf einer Anleihe per Termin vor.		
Zins-option	Option auf festverzinsliche Kapitalmarkttitel oder auf Zins-Futures		

4.5.4 Wirkung der eingesetzten Risikoinstrumente

01. Was ist Gegenstand der Risikokontrolle?

Die Risikokontrolle ist die abschließende Phase im Risikomanagementprozess (vgl. »
Kapitel 4.5.1). Hier erfolgt

► eine Neubewertung aller Gesamtrisiken zur Überprüfung der Wirksamkeit der eingeleiteten Maßnahmen (z. B. der Hedgegeschäfte) sowie

► eine Überprüfung, ob die eingeführten Maßnahmen neue Risiken mit sich bringen.

4.6 Kredit- und Kreditsicherungsmöglichkeiten unter Einbeziehung einer Kreditwürdigkeitsprüfung und einer Tilgungsfähigkeitsberechnung darstellen sowie Kreditkonditionen verhandeln

4.6.1 Kreditmöglichkeiten

01. Welche Voraussetzungen müssen für die Kreditgewährung vorliegen?

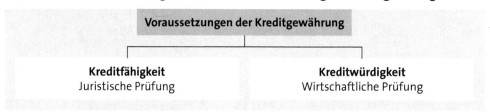

> Für die Prüfung der **Kreditfähigkeit** werden die rechtlichen Voraussetzungen geklärt:
>
> - bei **natürlichen Personen:** Geschäftsfähigkeit, Güterstand bei Verheirateten (Haftung).
>
> - bei **juristischen Personen:** Nachweis der Vertretungsvollmacht (z. B. Prokura).
>
> Die Prüfung der **Kreditwürdigkeit** erstreckt sich auf zwei Bereiche:

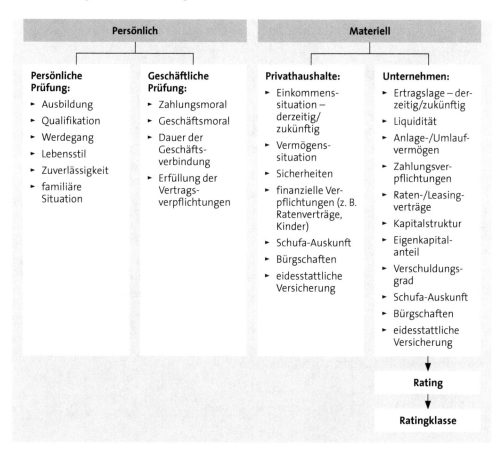

02. Was versieht man unter „Bonität"?

Das Wort Bonität stammt aus dem Lateinischen (bonitas. „Vortrefflichkeit") und bezeichnet

- ▶ die Fähigkeit, die aufgenommenen Schulden zurückzahlen zu können (wirtschaftliche Bonität) und

- ▶ den Willen, die Schulden zurückzuzahlen (Zahlungswilligkeit).

Kurz gesagt, bezeichnet die Bonität die Zahlungsfähigkeit des Kunden.

03. Wie und was wird bei der Bonitätsprüfung geprüft?

Für die Prüfung der sachlichen Kreditwürdigkeit wird i. d. R. eine Auskunft bei der Schufa (Schutzgerneinschaft für allgemeine Kreditsicherung) eingeholt. Kreditinstitute, Kreditkartenunternehmen, Leasinggesellschaften und Handel sowie Telekommunikations- und andere Unternehmen, die Kredite vergeben sind meist Geschäftspartner der Schufa. Die Schufa speichert neben dem Namen, dem Geburtsdatum sowie der früheren und gegenwärtigen Anschrift auch Daten über die Aufnahme und Abwicklung von Geschäftsbeziehungen. Einige Daten werden z. B. aus öffentlichen Quellen (Schuldnerverzeichnis der Amtsgerichte) beschafft. Die Banken und Vertragspartner liefern der Schufa die Daten über ihre Kunden. Die Einwilligung des Kunden muss vorliegen.

- ▶ **Positivmerkmale:**

  Bei vertragsgemäßer Abwicklung erhält der Kunde „Positivmerkmale".

- ▶ **Negativmerkmale:**

  Bei gerichtlichen Vollstreckungsmaßnahmen und nichtvertragsgemäßem Verhalten (z. B. Mahnbescheide, Zwangsvollstreckungsmaßnahmen, Scheckrückgaben, Zahlungsverzug: Gehaltspfändungen) werden negative Vermerke gemacht; wer einen Negativeintrag bei der Schufa hat, erhält in der Regel keine Finanzierung (ggf. müssen erweiterte Bedingungen erfüllt werden, z. B. höhere Sicherheiten).

In der Regel werden die gespeicherten Daten bei positiver Erledigung nach drei Jahren gelöscht.

Banken und Unternehmen wenden sich an die Schufa, damit die Zahlungsfähigkeit gewährleistet werden kann. Denn die Negativmerkmale sind für die Gewährung eines Darlehens, beim Leasing oder einer Baufinanzierung entscheidend.

Weiterhin wird das bisherige Kreditverhalten des Kunden betrachtet. Infrage kommt z. B. die Prüfung

- ▶ von drei aktuellen Gehaltsabrechnungen

- ▶ des Arbeitsvertrags

- von vorliegenden Haftungen (z. B. Bürgschaft)
- des Güterstands
- der aktuellen Kontoauszüge
- der Rechtsform (Haftung)
- der Steuerbescheide
- des Vermögensstatus
- der Bilanzen
- der GuV-Rechnungen.

 ACHTUNG

Jede Bank hat eigene Kriterien für die Bonitätsprüfung. Die Prüfung bei hohen Krediten (z. B. Baufinanzierungen) ist umfangreicher als bei kleinen Ratenkrediten.

Fällt die Bonitätsprüfung positiv aus. wird der Kredit im Allgemeinen bewilligt. Je besser die Bonität des Kreditnehmers, desto geringer ist das Ausfallsrisiko für die Bank. Dadurch erweitert sich der Verhandlungsspielraum des Kreditnehmers bezüglich der Zinsen, Bearbeitungsgebühren und sonstigen Kosten.

04. Mit weichen Schritten kann ein Kunde seine bevorstehende Bonitätsprüfung verbessern?

Geeignet sind z. B. folgende Schritte:

1. Kostenlose Abfrage der Schufa-Daten; ggf. verlangen, dass alte oder falsche Daten, die negative Wirkung haben, gelöscht werden.
2. Ausstehende Rechnungen und Raten vor der nächsten Bonitätsprüfung bezahlen. Ratenverträge beenden.
3. Anstehende Lohnerhöhungen abwarten, bevor die Bonitätsprüfung erfolgt.
4. Vor der nächsten Bonitätsprüfung möglichst viel freies Kapital aufweisen können.

05. Welche Konditionen (Variablen) werden bei Kreditverträgen bezüglich Laufzeit, Zinsgestaltung und Rückzahlung unterschieden?

Konditionen sind Bedingungen (Variablen), zu denen ein Kreditvertrag abgeschlossen wird. Günstige Konditionen reduzieren die Darlehenskosten. Sie werden zwischen Darlehensgeber und -nehmer ausgehandelt, im Wesentlichen muss über folgende Bestandteile des Kreditvertrages Einigkeit erzielt werden:

Konditionen	Beispiele
► Kreditart	► Kontokorrent-, Wechselkredit
► Kreditlaufzeit	► kurz-/mittelfristig
► Kredithöhe	► mit/ohne Disagio
► Kündigungsfrist	► mit/ohne Zinsbindungsfrist?
► Provision, Gebühren	
► Zinshöhe, Zinsgutschrift	► fest/variabel, quartalsweise
► Kreditbereitstellung	► Termin? Bereitstellungszinsen?
► Form der Tilgung	► in Raten, Endfälligkeit

06. Wer sind die wichtigsten Kreditanbieter?

Die wichtigsten Kreditanbieter sind Banken, Versicherungen und Händler. Manche Banken bieten alle Kreditformen an, andere bieten nur spezielle Kreditangebote an, wie z. B. Hypothekenbanken, Bausparkassen u. a.

Über Versicherungen werden z. B. Kredite für bestimmte Personengruppen angeboten, die nicht selten an Lebensversicherungen gebunden sind. Auch Händler vergeben über Tochterunternehmen Kredite zur Unterstützung des Absatzes ihrer Produkte z. B. im Auto- und Versandhandel.

07. Wie lassen sich Kredite vergleichen?

Als Vergleichsgröße eignet sich der „Effektive Jahreszins". Im Gegensatz zum Nominalzins werden beim „Effektiven Jahreszins" weitere Kreditkosten kalkulatorisch erfasst. Zu diesen Kosten zählen z. B. Disagio/Damnum, Bearbeitungsgebühren, Verwaltungsbeiträge, Makler- und Kreditvermittlungsprovision.

4.6.2 Abwicklung von Kreditgeschäften

01. Wie wirken sich die Eigenkapitalrichtlinien der Banken auf die Kreditkonditionen aus?

Das zentrale Ziel von Basel I und III sind die Eigenkapitalrichtlinien. Danach muss jede Bank für die vergebenen Kredite Rücklagen schaffen, die dann bei einem möglichen Ausfall eingesetzt werden können. Die Höhe dieser Rücklagen soll sich am jeweiligen Risiko orientieren. Aus diesem Grund werden die Zinssätze für Darlehen seit einigen Jahren bonitätsabhängig ermittelt. Daher werden die Kreditnehmer noch strenger bewertet. Um zu prüfen, wie hoch das Ausfallrisiko eines Kredits ist, wurde ein internes Scoring eingeführt, das von Bank zu Bank unterschiedlich ist und die Bonität einzelner Kreditnehmer zeigt. Das Scoring hat Werte von 1 bis 6. Bei einem Scoring von eins liegt ein nur geringes Ausfallrisiko vor, bei einem Scoring von sechs ist der Ausfall bereits eingetreten. Aufgrund der Eigenkapitalrichtlinien für Banken muss sich jeder Kunde einem solchen Scoring unterziehen.

► Dies führt dazu, dass für risikoreichere Kredite auch höhere Rücklagen zu kalkulieren sind und die Kosten für diese höheren Rücklagen in Form von Zinsaufschlägen an die Kreditkunden weitergegeben werden. Kurz gesagt: Je höher die Bonität (und je geringer das Ausfallrisiko), desto günstiger ist der Zinssatz für den Kunden.

► Neben dem Rating fließen der Umfang und die Qualität der Besicherung sowie die Laufzeit des Kredites in die Kalkulation ein. Tendenziell kann damit gerechnel werden, dass sich bei einer schlechleren Bonität die Tilgungsrate erhöht und die Laufzeit verringert.

Anmerkung:
Nach der „EU-Richtlinie über die Vergabe von Wohnimmobilienkreditverträgen" muss bei Krediten zu selbstgenutzten Immobilien die Laufzeit so gestaltet werden, dass diese „innerhalb der statistischen Lebenserwartung des Kreditnehmers vollständig zurückgeführt werden" können. Dies kann dazu führen, dass derartige Kredite ganz abgelehnt werden oder bei einem Alter von 60 Jahren innerhalb von 20 Jahren zurückgezahlt werden müssen. Diese Regelung würde zu einem Tilgungssatz von 9 % führen.

4.6.3 Kreditsicherheiten

01. Welche Formen der Kreditsicherung gibt es?

* **Garantie:** Der Garantiegeber (z. B. die Bank) verpflichtet sich per Vertrag zu einer Risikoübernahme und kann in Anspruch genommen werden, ohne dass der Berichtigte den Bestand der garantierten Forderung nachweist.
** **Patronatserklärung:** Sicherungsmittel bei der Kreditgewährung an Tochtergesellschaften eines Konzerns: Die Muttergesellschaft verpflichtet sich gegenüber der Bank, ihre Tochtergesellschaft jederzeit in die Lage zu versetzen, ihren finanziellen Verpflichtungen nachkommen zu können.

02. Was ist der Unterschied zwischen akzessorischen und fiduziarischen Sicherheiten?

► **Akzessorisch** nennt man Sicherheiten, die an eine Forderung gebunden sind, z. B. Hypothek, Verpfändung, Bürgschaft. Mit der Beendigung des Kredits (der Forderung) geht auch die akzessorische Sicherheit unter.

► **Fiduziarisch** (= abstrakt) sind Sicherheiten, die treuhänderisch übertragen werden und vom Anspruch unabhängig sind, z. B. Grundschuld, Sicherungsübereignung, Sicherungszession. Auch nach Rückzahlung des Kredits (Wegfall der Forderung) bleibt die Sicherheit erhalten. Banken präferieren wegen der leichteren Handhabbarkeit diese Form der Sicherheit. Wird die Sicherhiet nicht gelöscht, kann sie für spätere Kredite aktiviert werden.

4.6.4 Kreditsicherheiten im Außenhandel

01. Was kennzeichnet Bankgarantien?

Bankgarantien schützen den Exporteur bzw. den Importeur vor Verlusten, wenn der Vertragspartner seinen vertraglichen Pflichten nicht nachkommt. Mit der Bankgarantie übernimmt die Bank die Haftung dafür, dass in der Zukunft ein bestimmter Erfolg oder ein bestimmtes Verhalten eintreten wird. Tritt der Erfolg oder das Verhalten nicht ein, steht sie für den Schaden ein, der sich dann ergibt.

Bankgarantien

► sind nicht gesetzlich geregelt

► verpflichten zur Zahlung, wenn der Garantiefall eintritt

► verpflichten im Garantiefall lediglich zur Zahlung, nicht zur Naturalleistung

► sind selbstschuldnerisch

► setzen anders als die Bürgschaft keine Hauptforderung voraus und sind daher nicht wie die Bürgschaft akzessorisch, sondern fiduziarisch, d. h. der Begünstigte genießt durch die Garantie mehr Rechte als er selbst aus dem Schuldverhältnis mit seinem Vertragspartner hat

► sind formlos möglich, obgleich sie natürlich i. d. R. schriftlich vereinbart werden (leichtere Beweisfunktion)

► können in der Höhe begrenzt werden (Zahlungsobergrenze)

► führen beim Begünstigten zu Aufwendungen, weil die Banken Avalprovisionen berechnen

► stellen einen einseitig verpflichtenden Vertrag zwischen Garant und Begünstigtem dar.

02. Auf welchem Weg werden Bankgarantien gegeben?

Bankgarantien können auf zweierlei Weise gegeben werden:

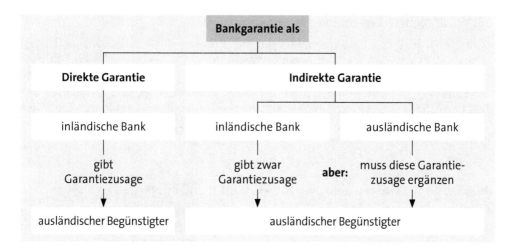

Die indirekte Bankgarantie kann man mit dem **bestätigten Akkreditiv** vergleichen. Dort tritt die Zahlungszusicherung der Akkreditivstelle an die Seite der von der Akkreditiv-bank abgegebenen Zusicherung und hier muss die Bank des Begünstigten die Garan-tiezusage der fremden Bank so ergänzen, dass sie den gesetzlichen Anforderungen im Land des Begünstigten entspricht.

03. Was sind die Grundlagen für Bankgarantien?

Einer gesetzlichen Regelung bedarf es nicht, weil die Handels- und Bankpraxis dafür selbst Regelungen gefunden hat, die in den **„Einheitlichen Richtlinien für Vertragsga-rantien (ERV)"** und den **„Einheitlichen Richtlinien für auf Anforderung zahlbare Garan-tien (ERG)"** von der Internationalen Handelskammer für den globalen kommerziellen Verkehr verwendungsfähig festgelegt sind. Die ERG spiegeln die Bankpraxis mehr wider als die ERV. Beide Richtlinien können wahlweise angewendet werden, allerdings muss der Garant deutlich machen, welche der beiden Einheitlichen Richtlinien er seiner Ga-rantie zugrunde legt.

04. Welche Garantiearten sind im Außenhandel typisch?

05. Wozu dienen Garantien bzw. Bürgschaften?

Garantien bzw. Bürgschaften mindern die Risikofolgen bei Außenhandelsgeschäften. Somit wird es vor allem auch kleineren und mittleren Unternehmen möglich, ebenfalls Außenhandelsgeschäfte zu tätigen. Ohne die Verringerung der Risikofolgen würden diese Unternehmen möglicherweise nicht exportieren, wenn sie befürchten müssten, dass der Risikofall die wirtschaftliche Existenz des Unternehmens gefährdet. Garantien bzw. Bürgschaften beleben somit den Wettbewerb und sind zugleich ein erprobtes Instrument der Exportförderung.

06. Was ist der Unterschied zwischen Garantie und Bürgschaft?

Ausfuhrgarantien und Ausfuhrbürgschaften unterscheiden sich nicht in der Höhe des Risikos, für das ggf. die Bundesrepublik Deutschland einsteht. Der Unterschied besteht lediglich in den Kunden eines Exporteurs. Handelt es sich um staatliche Kunden oder um ausländische Staatsunternehmen, so bürgt die Bundesrepublik dem deutschen Exporteur. Handelt es sich dagegen um privatwirtschaftliche Kunden, so übernimmt die Bundesrepublik Deutschland Garantien.

07. Welche Funktion erfüllen Hermes-Absicherungen?

Alljährlich stellt der Bundesminister für Finanzen einen bestimmten Betrag zur Absicherung von Außenhandelsrisiken in den Bundeshaushalt ein. Ein interministerieller Ausschuss, in dem die Ministerien für Finanzen, für Wirtschaft und Energie, für wirtschaftliche Zusammenarbeit und das Auswärtige Amt vertreten sind, empfiehlt, welche Risiken gegenüber welchen Ländern abgesichert werden sollen. Unternehmen, die diesen Risiken ausgesetzt sind, können bei der Euler-Hermes Kreditversicherungs-AG eine Ausfuhrgarantie bzw. -bürgschaft beantragen. Tritt der Risikofall ein, wird die Garantie bzw. Bürgschaft eingelöst, d. h. abzüglich der Selbstbeteiligungsquote zahlt die Versicherung aus den vom Bundeshaushalt bereitgestellten Mitteln. Übersteigen die eingetretenen Risikofälle den Haushaltsposten, wird es entweder eine Umschichtung im Bundeshaushalt geben oder es wird ein Nachtragshaushalt eingebracht oder bestimmte Risiken werden künftig nicht mehr abgesichert.

4.6.5 Kreditverhandlungen auf Basis des ermittelten Finanzbedarfs

>> Kapitel 7.1

01. Welche Aspekte sind bei der Kreditverhandlung mit der Bank maßgebend?

- ► Bereiten Sie das Gespräch mit der Bank professionell vor (aussagefähige Unterlagen, persönlich überzeugend sein, ausreichende Sicherheiten anbieten).

- ► Gehen Sie möglichst früh zur Bank, um dieser genügend Zeit für die Prüfung und die Verhandlungen zu geben. Planen Sie die Einholung evtl. weiterer Unterlagen mit ein. Dadurch können Sie vermeiden, Zeitdruck auf den Bankberater auszuüben.

► Verhandeln Sie von Anfang an über Ihren tatsächlichen Finanzbedarf. Eventuelle Falschangaben diesbezüglich führen später fast immer zu Problemen.

► Insgesamt ist ein von Anfangen ehrliches und offenes Auftreten zu empfehlen. Nur so kann nach und nach ein Vertrauensverhältnis zwischen Ihnen und dem Bankmitarbeiter entstehen. Dann lassen sich auch schwierigere Verhandlungen erfolgreich abschließen.

► Nutzen Sie öffentliche Förderprogramme.

► Nutzen Sie die Konditionen der Bank tagesbezogen. Gegebenenfalls kann die Zinshöhe durch die Bereitstellung höherer Sicherheiten nachverhandelt werden.

► Ermitteln Sie die exakten Kosten des Kredits. Iinformieren Sie sich über Vergleichsangebote bei ein bis zwei anderen Banken. Beachten Sie dabei die **Verschuldungsobergrenze** Ihres Unternehmens. Zins und Tilgung aller Kredite sollten aus der laufenden Geschäftstätigkeit bezahlt werden können.

► Falls Sie mit mehreren Banken zusammenarbeiten, dann verteilen Sie die Kreditrisiken strategisch auf diese Banken. Besonders langfristig sind Kontakte zu mehr als einer Bank zu empfehlen, um verschiedene Konditionen optimal nutzen zu können.

► Bonität und Sicherheiten (z. B. Lebensversicherung, wertstabile Immobilie) sind die zentralen Größen für die Kreditvergabe. Achten Sie aber darauf, nicht **alle** Sicherheiten bei **einer** Bank zu binden, um auch in einer Krisensituation noch Handlungsspielraum zu haben (z. B. für einen Kredit bei einer anderen Bank).

► Prüfen Sie die Angaben der Schufa und evtl. anderer Auskunfteien auf Richtigkeit.

► Die Unterlagen für die Bank müssen professionell aufbereitet sein (systematisch, geordnet, auch für Dritte verständlich; z. B. Steuerbescheide, aktuelle BWA usw.)

Achten Sie auf Pünktlichkeit und ein gepflegtes Äußeres, denn der erste Eindruck ist sehr wichtig und entschiedet oft schon darüber, ob wir unser Gegenüber sympathisch finden oder nicht. Gehen Sie möglichst positiv in das Gespräch. Der Bankmitarbeiter ist auch nur ein Mensch.

02. Welche Aspekte sind von Seiten der Bank zu beachten?

Die Kreditkompetenzen sind bei Banken unterschiedlich geregelt. Nicht immer kann Ihr Ansprechpartner auch die Entscheidung allein treffen. Häufig muss die interne Kreditabteilung eingeschaltet werden.

Außerdem gelten bei der Kreditvergabe strenge gesetzliche und interne Vorschriften, deren Einhaltung die Banken auch kategorisch beachten. Begegnen Sie also den Forderungen der Bank nicht mit persönlichen Empfindlichkeiten.

Die Krediteinschätzung wird sehr stark durch die EDV unterstützt. Alle Abfragen und Vorgaben müssen deshalb eingehalten werden.

4.6.6 Verhandlungsergebnis und Handlungsempfehlung der Untermehmensleitung darstellen

01. Wie sind das Verhandlungsergebnis und die Handlungsempfehlung an die Unternehmensleitung weiterzugeben?

Nach dem Kreditantrag und der Prüfung der Bonität des Kunden erfolgt idealerweise eine Kreditzusage mit einzelnen Aspekten, die systematisch für die Entscheidungsträger im Unternehmen aufzubereiten sind. Dies kann z. B. nach folgendem Schema erfolgen:

Kreditart(-grund)	Umbau/Modernisierung der Produktionsstätt; Kredit mit Festzinsbindung über 10 Jahre
Kredithöhe	1.500.000 €
Kreditlaufzeit	10 Jahre
Zinshöhe	2,6 %
Tilgungshöhe	3,0 %
Kreditkonten, nominal	7.000 € mtl. inkl. Tilgung
Provision	
Kreditsicherheit	Grundschulderweiterung auf die Geschäftsimmobilie „Laatzener Weg 2, Hannover", um 400.000 € auf insgesamt 5 Mio. €
Kreditbereitstellung	in drei Raten von je 500.000 € mit Beginn der Bauarbeiten
Kündigungsmöglichkeiten	erstmals nach Ablauf von 10 Jahren
verantwortlich, intern	Herr Jürgen Huber, Finanzabteilung
verantwortlich, Bank	Frau Julia Fürstenau, XX Bank
Befristung	Die Kreditzussge ist für 14 Tage befristet bis zum 30.04.

So können auch die unterschiedlichen Konditionen mehrerer Angebote gut miteinander verglichen werden.

Mit der Kreditzusage wird Ihnen die Bank eine Darstellung des Kreditverlaufs mitteilen (Veränderung der Tiigungshöhe). Beachten Sie, dass die Kreditzusage befristet ist.

Im Anschluss an die Darstellung der Kreditkonditionen werden Sie eine Handlungsempfehlung für die internen Entscheidungsträger bezüglich der Kreditzusage treffen: Aufgrund des Vergleichs mit zwei anderen Bankangeboten empfehlen wir die Annahme des Kredits der XX Bank. Anschließend sollten noch einmal kurz aber ausdrücklich die Vor- und auch Nachteile dieses Angebots gegenüber den anderen Angeboten genannt werden. Das ermöglicht auch den Entscheidungsträgern eine Meinungsbildung auf Grundlage konkreter Argumente.

TIPP

Beachten Sie bei der Vorbereitung der Präsentation bitte die in >> Kapitel 7.1.1 und >> Kapitel 7.1.2 genannten Hinweise zu Kommunikation und Präsentation, insbesondere bei der Nutzung technischer Hilfsmittel.

4.7 Die Formen des in- und ausländischen Zahlungsverkehrs auswählen und geschäftsvorgangsbezogen festlegen

4.7.1 EU-Zahlungsverkehrsinstrumente

01. Was ist das Ziel des Einheitlichen Euro-Zahlungsverkehrsraums?

Das Zusammenwachsen Europas machte es nötig, einen einfachen, schnellen und kostengünstigeren Zahlungsverkehr zwischen den verschiedenen Ländern in einem einheitlichen Euro-Zahlungsverkehrsraum zu schaffen. Das Ziel des Einheitlichen Zahlungsraumes (Single Euro Payments Area, abgekürzt SEPA) ist es, Euro-Zahlungen in Europa in gleicher Qualität abzuwickeln wie im Inland. Das erfordert, die technischen, rechtlichen und wirtschaftlichen Unterschiede abzubauen. Dieser Prozess ist noch nicht abgeschlossen. Bisherige Ergebnisse sind u. a. die Standardisierung der internationalen Kontonummer (IBAN) und des Intern Banken-Identifikations-Code (BIC) als wesentliche Voraussetzungen zur Erreichung des angestrebten Ziels. Damit sind standardisierte Kartenzahlungen und SEPA-Überweisungen für die 36 (Stand: 2021) beteiligten Länder bereits möglich. Das Vereinigte Königreich ist auch nach dem Brexit am SEPA beteiligt.

4.7.2 Auslandszahlungsverkehr

01. Wie unterscheiden sich nichtdokumentärer und dokumentärer Zahlungsverkehr?

Grundsätzlich sind alle Zahlungsbedingungen, die im Inland Anwendung finden, auch im Außenhandel einsetzbar. Verbindet einen Exporteur in Korea mit einem Importeur in Deutschland eine rege und vertrauensvolle Geschäftsbeziehung, so braucht der koreanische Gläubiger keine besondere Maßnahme zum Schutz seiner Forderung zu ergreifen, weil er sich auf den deutschen Schuldner erfahrungsgemäß verlassen kann.

Bei Neukunden geht der Exporteur allerdings ein Risiko ein, wenn er seine Forderung nicht in geeigneter Weise sichert. Bei einem ganz „normalen Zielkauf" ohne weitere Absicherung riskiert der Exporteur, dass er nicht nur kein Geld erhält, sondern überdies auch die Ware verliert.

Um dieses Risiko auszuschließen, kann im Kaufvertrag eine Zahlungsbedingung vereinbart werden, derzufolge der Kunde bestimmte Dokumente benötigt, um in den Besitz der Ware zu gelangen.

Diese Dokumente erhält er allerdings nur, wenn er die Zahlung leistet oder ein anderer die Zahlung garantiert. Man spricht dann von einem dokumentengebundenen Zahlungsverkehr. Eine solche Bindung an Dokumente besteht beim nichtdokumentären Zahlungsverkehr nicht. Im Wesentlichen **zählen zum nichtdokumentären Zahlungsverkehr die Überweisung und die Scheckzahlung**.

02. Welche Zahlungsbedingungen werden dem nichtdokumentären Zahlungsverkehr zugeordnet?

Der Gläubiger braucht die Verfügbarkeit über die Ware nicht an Dokumente zu binden, wenn er mit dem Kunden Vorauszahlung vereinbart hat. In diesem Fall wird er die Ware erst liefern, wenn die Zahlung vereinnahmt ist. Bei dieser Bedingung ist es der Importeur, der das Risiko eingeht, sein Geld zu verlieren, ohne dafür auch tatsächlich Ware zu bekommen. Diese Zahlungsbedingung setzt also Vertrauen in die Seriosität und Zuverlässigkeit des liefernden Exporteurs voraus.

Umgekehrt genießt der Importeur einen Vertrauensvorschuss, wenn als Zahlungsbedingung **Cash on Delivery** (CAD) vereinbart wurde. CAD entspricht etwa der im Deutschen geläufigen Zahlungsbedingung „zahlbar netto Kasse". Bei einem Kauf auf Basis dieser Zahlungsbedingung handelt es sich um einen Barkauf. Ebenso ist ein Zielkauf vorstellbar, z. B. „30 days net".

Nichtdokumentäre Zahlungen werden als **clean payment** bezeichnet, zu denen Überweisungen und Schecks zählen.

03. Wie ist der Ablauf innerhalb der Internationalen Zahlungsverkehrssysteme?

Bei Auslandszahlungen ist der Zeitraum zwischen der Kontobelastung des Zahlungspflichtigen und der Gutschrift auf dem Konto des Zahlungsempfängers länger als bei Zahlungen im Inland. Diesen Zeitraum kann der Zahlungspflichtige beeinflussen.

Dass Auslandsüberweisungen (noch) erheblich teurer sind als Überweisungen im Inland, dürfte bald der Vergangenheit angehören. So hat zum einen der BGH festgestellt, dass die Überweisung ins Ausland nicht zu grundsätzlich höheren Gebühren erfolgen darf als Inlandsüberweisungen. Vor allem ist inzwischen eine Europäische Richtlinie verabschiedet, die eine Gebührendiskrepanz zwischen In- und Auslandszahlungen untersagt. Die EU verpflichtet die Gesetzgeber in allen EU-Staaten, innerhalb eines bestimmten Zeitraums eine gesetzliche Regelung zu finden, wobei die Europäische Richtlinie die Mindeststandards definiert.

Rechtlich besteht zwischen dem Zahlungspflichtigen und dem ausführenden Geldinstitut ein Geschäftsbesorgungsvertrag. Damit gilt auch bei Aufträgen zur Auslandsüberweisung das BGB, das in § 675a den Auftragnehmer, in diesem Fall also die Bank, verpflichtet, unentgeltlich den Auftraggeber über die durch die Überweisung auf ihn zukommenden Kosten (Gebühren, Auslagen) zu informieren.

Um den Zahlungsverkehr schnell abzuwickeln, muss ein direkter Zahlungsweg gewählt werden.

Dazu benötigt ein Unternehmen ein umfangreiches **Korrespondenzbankennetz**:

▶ **Kontokorrespondenz:**

Die Bank des Exporteurs führt bei der Bank des Importeurs und umgekehrt ein Konto in der jeweils eigenen Währung und in der Fremdwährung.

▶ **Briefkorrespondenz:**

Die Banken des Exporteurs und des Importeurs führen Konten bei einer dritten Bank, über die die Zahlungen abgewickelt werden können.

Der Vorteil des Korrespondenznetzes besteht außer in der schnellen Zahlungsabwicklung vor allem darin, dass die Korrespondenzbanken über Informationen verfügen und – vor allem bei der Kontokorrespondenz – ihre Gebühren harmonisieren.

Natürlich hat auch die technische Entwicklung zur Beschleunigung des Zahlungsverkehrs beigetragen. So hat die Society for Worldwide Interbank Financial Telecommunication (SWIFT) seit 1977 Standardisierungen geschaffen, sodass in allen angeschlossenen Ländern bestimmte Begrifflichkeiten gleich interpretiert werden und damit elektronisch übermittelt werden können, ohne zu Rückfragen zu führen. Die Banken übermitteln standardisierte Nachrichten an einen „Konzentrator", der sie an das SWIFT-Kontrollzentrum durchreicht, von wo aus sie den Empfänger erreichen. Damit die Übermittlung nicht an unterschiedlichen Nummerierungssystemen der Bankleitzahlen scheitert, hat SWIFT mit dem Bank Identificier Code (BIC) eine internationale Bankleitzahl eingeführt, die auf Dauer auch im Inlandszahlungsverkehr die altbekannte BLZ überflüssig machen wird.

Um nicht nur den Nachrichtenverkehr zwischen den Banken im Interesse der Exporteure und der Importeure zu beschleunigen, sondern auch die Buchung der Zahlungsvorgänge schneller abwickeln zu können, ist die International Bank Account Number (IBAN), die internationale Kontonummer, seit 01.01.2007 bei Zahlungen innerhalb des Europäischen Wirtschaftsraums eingeführt.

04. Was ist bei Überweisungen in das Ausland zu beachten?

Überweisungen können sowohl über Euro als auch über Fremdwährungen lauten. Dafür sind besondere Überweisungsträger zu verwenden. Der Kunde, der einen Betrag überweisen will, muss neben dem Betrag und der Währung des zu überweisenden Betrags auch die IBAN des Zahlungsempfängers sowie den BIC der Bank des Zahlungsempfängers sowie die Zahlstelle angeben.

Für Auslandszahlungen, die meldepflichtig sind, wird der dreiteilige „Auslandsauftrag im Außenwirtschaftsverkehr" verwendet. Das Original dieses Belegsatzes stellt den Zahlungsauftrag an die Bank dar, eine Kopie verbleibt beim Auftraggeber und eine Kopie leitet die Bank an die Bundesbank weiter.

05. Wie relevant sind Schecks für Auslandszahlungen?

Die Papierform des Schecks ist bei Inlandszahlungen zwar selten geworden (vor allem weil mit Kreditkarten, mit POS bzw. POZ effektivere Zahlungsmöglichkeiten zur Verfügung stehen), aber bei Auslandszahlungen hat der Scheck immer noch seine Berechtigung. Das gilt besonders dann, wenn der Zahlungspflichtige die Kontoverbindung des Zahlungsempfängers nicht kennt (was bei Handelsgeschäften nicht vorstellbar ist). Sehr wohl kann es aber sein, dass der Zahlungspflichtige keine Korrespondenzbank hat bzw. es im Land des Zahlungsempfängers keine gibt. Schickt der Schuldner seinem Gläubiger einen Scheck, kann ihn der Empfänger einlösen, sobald er ihn bekommen hat. Das mag immer noch schneller sein, als die Überweisung ohne Korrespondenzbank dauern würde.

06. Welche Dokumente begründen eine Zahlung?

Grundsätzlich gilt, dass es keine Buchung ohne Belege gibt. Zahlungseingänge und Zahlungsausgänge sind zu buchen. Infolgedessen gibt es Belege, ganz gleich, ob es sich um nichtdokumentären oder dokumentären Zahlungsverkehr handelt.

Das wichtigste Papier ist die **Handelsrechnung**. Als commercial invoice dokumentiert sie, wer wann an wen welche Waren in welchen Mengen und in welchen Verpackungseinheiten geliefert hat. Sie ist zugleich Grundlage für die Berechnung des Zollwertes.

Je nachdem, welcher Incoterm vereinbart ist, muss der Exporteur oder der Importeur die Transportkosten bezahlen. Eine Auslandszahlung fällt an, wenn der Frachtführer bzw. Verfrachter oder der Spediteur in einem anderen Land seinen Sitz hat als der Auftraggeber. Die Höhe der Transportkosten findet sich – außer auf der Rechnung des dienstleistenden Transportunternehmens – auch auf dem **Frachtbrief** wieder.

Ebenfalls von dem vereinbarten Incoterm hängt ab, wer die Ware versichern muss. Die Versicherungsprämie richtet sich nach dem zu versichernden Wert. Der Versicherungswert findet sich auf der **Versicherungspolice**.

07. Welche dokumentären Zahlungsarten gibt es?

Als dokumentäre Zahlungsarten kommen zwei Zahlungsarten in Betracht, bei denen der Importeur über bestimmte Dokumente verfügen muss, um an die Ware zu gelangen. Diese Dokumente bekommt er aber erst, wenn die Zahlung erfolgt bzw. sichergestellt ist. Damit wird das Zahlungsausfallrisiko des Exporteurs ausgeschaltet.

Möglich wird das zum einen durch die Zahlungsart Inkasso, zum anderen durch die Zahlungsart **Akkreditiv** (vgl. >> Kapitel 4.3.12).

Anhang
Finanzwirtschaftliche Faktoren

q^n	$(1 + i)^n$	Aufzinsungsfaktor
$\dfrac{1}{q^n}$	$\dfrac{1}{(1 + i)^n}$	Abzinsungsfaktor
$\dfrac{q - 1}{q^n - 1}$	$\dfrac{i}{(1 + i)^n - 1}$	Restwertverteilungsfaktor
$\dfrac{q^n\,(q - 1)}{q^n - 1}$	$\dfrac{i\,(1 + i)^n}{(1 + i)^n - 1}$	Kapitalwiedergewinnungsfaktor
$\dfrac{q^n - 1}{q - 1}$	$\dfrac{(1 + i)^n - 1}{i}$	Endwertfaktor
$\dfrac{q^n - 1}{q^n\,(q - 1)}$	$\dfrac{(1 + i)^n - 1}{i\,(1 + i)^n}$	Barwertfaktor

Finanzwirtschaftliche Tabellen

5,0 % n	q^n	$\dfrac{1}{q^n}$	$\dfrac{q-1}{q^n-1}$	$\dfrac{q^n(q-1)}{q^n-1}$	$\dfrac{q^n-1}{q-1}$	$\dfrac{q^n-1}{q^n(q-1)}$
1	1,050000	0,952381	1,000000	1,050000	1,000000	0,952381
2	1,102500	0,907029	0,487805	0,537805	2,050000	1,859410
3	1,157625	0,863838	0,317209	0,367209	3,152500	2,723248
4	1,215506	0,822702	0,232012	0,282012	4,310125	3,545951
5	1,276282	0,783526	0,180975	0,230975	5,525631	4,329477
6	1,340096	0,746215	0,147018	0,197017	6,801913	5,075692
7	1,407100	0,710681	0,122820	0,172820	8,142008	5,786373
8	1,477455	0,676839	0,104722	0,154722	9,549109	6,463213
9	1,551328	0,644609	0,090690	0,140690	11,026564	7,107822
10	1,628895	0,613913	0,079505	0,129505	12,577893	7,721735
11	1,710339	0,584679	0,070389	0,120389	14,206787	8,306414
12	1,795856	0,556837	0,062825	0,112825	15,917127	8,863252
13	1,885649	0,530321	0,056456	0,106456	17,712983	9,393573
14	1,979932	0,505068	0,051024	0,101024	19,598632	9,898641
15	2,078928	0,481017	0,046342	0,096342	21,578564	10,379658
16	2,182875	0,458112	0,042270	0,092270	23,657492	10,837770
17	2,292018	0,436297	0,038699	0,088699	25,840366	11,274066
18	2,406619	0,415521	0,035546	0,085546	28,132385	11,689587
19	2,526950	0,395734	0,032745	0,082745	30,539004	12,085321
20	2,653298	0,376889	0,030243	0,080243	33,065954	12,462210

6,0 % n	q^n	$\dfrac{1}{q^n}$	$\dfrac{q-1}{q^n-1}$	$\dfrac{q^n(q-1)}{q^n-1}$	$\dfrac{q^n-1}{q-1}$	$\dfrac{q^n-1}{q^n(q-1)}$
1	1,060000	0,943396	1,000000	1,060000	1,000000	0,943396
2	1,123600	0,889996	0,485437	0,545437	2,060000	1,833393
3	1,191016	0,839619	0,314110	0,374110	3,183600	2,673012
4	1,262477	0,792094	0,228592	0,288591	4,374616	3,465106
5	1,338226	0,747258	0,177396	0,237396	5,637093	4,212364
6	1,418519	0,704961	0,143363	0,203363	6,975319	4,917324
7	1,503630	0,665057	0,119135	0,179135	8,393838	5,582381
8	1,593848	0,627412	0,101036	0,161036	9,897468	6,209794
9	1,689479	0,591898	0,087022	0,147022	11,491316	6,801692
10	1,790848	0,558395	0,075868	0,135868	13,180795	7,360087
11	1,898299	0,526788	0,066793	0,126793	14,971643	7,886875
12	2,012196	0,496969	0,059277	0,119277	16,869941	8,383844
13	2,132928	0,468839	0,052960	0,112960	18,882138	8,852683
14	2,260904	0,442301	0,047585	0,107585	21,015666	9,294984
15	2,396558	0,417265	0,042963	0,102963	23,275970	9,712249
16	2,540352	0,393646	0,038952	0,098952	25,672528	10,105895
17	2,692773	0,371364	0,035445	0,095445	28,212880	10,477260
18	2,854339	0,350344	0,032357	0,092357	30,905653	10,827603
19	3,025600	0,330513	0,029621	0,089621	33,759992	11,158116
20	3,207135	0,311805	0,027185	0,087185	36,785591	11,469921

7,0 % n	q^n	$\dfrac{1}{q^n}$	$\dfrac{q-1}{q^n-1}$	$\dfrac{q^n(q-1)}{q^n-1}$	$\dfrac{q^n-1}{q-1}$	$\dfrac{q^n-1}{q^n(q-1)}$
1	1,070000	0,934579	1,000000	1,070000	1,000000	0,934579
2	1,144900	0,873439	0,483092	0,553092	2,070000	1,808018
3	1,225043	0,816298	0,311052	0,381052	3,214900	2,624316
4	1,310796	0,762895	0,225228	0,295228	4,439943	3,387211
5	1,402552	0,712986	0,173891	0,243891	5,750739	4,100197
6	1,500730	0,666342	0,139796	0,209796	7,153291	4,766540
7	1,605781	0,622750	0,115553	0,185553	8,654021	5,389289
8	1,718186	0,582009	0,097468	0,167468	10,25903	5,971299
9	1,838459	0,543934	0,083487	0,153486	11,977989	6,515232
10	1,967151	0,508349	0,072378	0,142378	13,816448	7,023582
11	2,104852	0,475093	0,063357	0,133357	15,783599	7,498674
12	2,252192	0,444012	0,055902	0,125902	17,888451	7,942686
13	2,409845	0,414964	0,049651	0,119651	20,140643	8,357651
14	2,578534	0,387817	0,044345	0,114345	22,550488	8,745468
15	2,759032	0,362446	0,039795	0,109795	25,129022	9,107914
16	2,952164	0,338735	0,035858	0,105858	27,888054	9,446649
17	3,158815	0,316574	0,032425	0,102425	30,840217	9,763223
18	3,379932	0,295864	0,029413	0,099413	33,999033	10,059087
19	3,616528	0,276508	0,026753	0,096753	37,378965	10,335595
20	3,869684	0,258419	0,024393	0,094393	40,995492	10,594014

8,0 % n	q^n	$\dfrac{1}{q^n}$	$\dfrac{q-1}{q^n-1}$	$\dfrac{q^n(q-1)}{q^n-1}$	$\dfrac{q^n-1}{q-1}$	$\dfrac{q^n-1}{q^n(q-1)}$
1	1,080000	0,925926	1,000000	1,080000	1,000000	0,925926
2	1,166400	0,857339	0,480769	0,560769	2,080000	1,783265
3	1,259712	0,793832	0,308034	0,388034	3,246400	2,577097
4	1,360489	0,735030	0,221921	0,301921	4,506112	3,312127
5	1,469328	0,680583	0,170457	0,250456	5,866601	3,992710
6	1,586874	0,630170	0,136315	0,216315	7,335929	4,622880
7	1,713824	0,583490	0,112072	0,192072	8,922803	5,206370
8	1,850930	0,540269	0,094015	0,174015	10,636628	5,746639
9	1,999005	0,500249	0,080080	0,160080	12,487558	6,246888
10	2,158925	0,463193	0,069030	0,149029	14,486562	6,710081
11	2,331639	0,428883	0,060076	0,140076	16,645487	7,138964
12	2,518170	0,397114	0,052695	0,132695	18,977126	7,536078
13	2,719624	0,367698	0,046522	0,126522	21,495297	7,903776
14	2,937194	0,340461	0,041297	0,121297	24,214920	8,244237
15	3,172169	0,315242	0,036830	0,116830	27,152114	8,559479
16	3,425943	0,291890	0,032977	0,112977	30,324283	8,851369
17	3,700018	0,270269	0,029629	0,109629	33,750226	9,121638
18	3,996019	0,250249	0,026702	0,106702	37,450244	9,371887
19	4,315701	0,231712	0,024128	0,104128	41,446263	9,603599
20	4,660957	0,214548	0,021852	0,101852	45,761964	9,818147

9,0 % n	q^n	$\dfrac{1}{q^n}$	$\dfrac{q-1}{q^n-1}$	$\dfrac{q^n(q-1)}{q^n-1}$	$\dfrac{q^n-1}{q-1}$	$\dfrac{q^n-1}{q^n(q-1)}$
1	1,090000	0,917431	1,000000	1,090000	1,000000	0,917431
2	1,188100	0,841680	0,478469	0,568469	2,090000	1,759111
3	1,295029	0,772183	0,305055	0,395055	3,278100	2,531295
4	1,411582	0,708425	0,218669	0,308669	4,573129	3,239720
5	1,538624	0,649931	0,167093	0,257092	5,984711	3,889651
6	1,677100	0,596267	0,132920	0,222920	7,523335	4,485919
7	1,828039	0,547034	0,108691	0,198691	9,200435	5,032953
8	1,992563	0,501866	0,090674	0,180674	11,028474	5,534819
9	2,171893	0,460428	0,076799	0,166799	13,021036	5,995247
10	2,367364	0,422411	0,065820	0,155820	15,192930	6,417658
11	2,580426	0,387533	0,056947	0,146947	17,560293	6,805191
12	2,812665	0,355535	0,049651	0,139651	20,140720	7,160725
13	3,065805	0,326179	0,043567	0,133567	22,953385	7,486904
14	3,341727	0,299246	0,038433	0,128433	26,019189	7,786150
15	3,642482	0,274538	0,034059	0,124059	29,360916	8,060688
16	3,970306	0,251870	0,030300	0,120300	33,003399	8,312558
17	4,327633	0,231073	0,027046	0,117046	36,973705	8,543631
18	4,717120	0,211994	0,024212	0,114212	41,301338	8,755625
19	5,141661	0,194490	0,021730	0,111730	46,018458	8,950115
20	5,604411	0,178431	0,019546	0,109546	51,160120	9,128546

10,0 % n	q^n	$\dfrac{1}{q^n}$	$\dfrac{q-1}{q^n-1}$	$\dfrac{q^n(q-1)}{q^n-1}$	$\dfrac{q^n-1}{q-1}$	$\dfrac{q^n-1}{q^n(q-1)}$
1	1,100000	0,909091	1,000000	1,100000	1,000000	0,909091
2	1,210000	0,826446	0,476191	0,576190	2,100000	1,735537
3	1,331000	0,751315	0,302115	0,402115	3,310000	2,486852
4	1,464100	0,683013	0,215471	0,315471	4,641000	3,169865
5	1,610510	0,620921	0,163798	0,263797	6,105100	3,790787
6	1,771561	0,564474	0,129607	0,229607	7,715610	4,355261
7	1,948717	0,513158	0,105406	0,205405	9,487171	4,868419
8	2,143589	0,466507	0,087444	0,187444	11,435888	5,334926
9	2,357948	0,424098	0,073641	0,173641	13,579477	5,759024
10	2,593742	0,385543	0,062745	0,162745	15,937425	6,144567
11	2,853117	0,350494	0,053963	0,153963	18,531167	6,495061
12	3,138428	0,318631	0,046763	0,146763	21,384284	6,813692
13	3,452271	0,289664	0,040779	0,140779	24,522712	7,103356
14	3,797498	0,263331	0,035746	0,135746	27,974983	7,366687
15	4,177248	0,239392	0,031474	0,131474	31,772482	7,606080
16	4,594973	0,217629	0,027817	0,127817	35,949730	7,823709
17	5,054470	0,197845	0,024664	0,124664	40,544703	8,021553
18	5,559917	0,179859	0,021930	0,121930	45,599173	8,201412
19	6,115909	0,163508	0,019547	0,119547	51,159090	8,364920
20	6,727500	0,148644	0,017460	0,117460	57,274999	8,513564

11,0 % n	q^n	$\dfrac{1}{q^n}$	$\dfrac{q-1}{q^n-1}$	$\dfrac{q^n(q-1)}{q^n-1}$	$\dfrac{q^n-1}{q-1}$	$\dfrac{q^n-1}{q^n(q-1)}$
1	1,110000	0,900901	1,000000	1,110000	1,000000	0,900901
2	1,232100	0,811622	0,473934	0,583934	2,110000	1,712523
3	1,367631	0,731191	0,299213	0,409213	3,342100	2,443715
4	1,518070	0,658731	0,212326	0,322326	4,709731	3,102446
5	1,685058	0,593451	0,160570	0,270570	6,227801	3,695897
6	1,870415	0,534641	0,126377	0,236377	7,912860	4,230538
7	2,076160	0,481658	0,102215	0,212215	9,783274	4,712196
8	2,304538	0,433926	0,084321	0,194321	11,859434	5,146123
9	2,558037	0,390925	0,070602	0,180602	14,163972	5,537048
10	2,839421	0,352184	0,059801	0,169801	16,722009	5,889232
11	3,151757	0,317283	0,051121	0,161121	19,561430	6,206515
12	3,498451	0,285841	0,044027	0,154027	22,713187	6,492356
13	3,883280	0,257514	0,038151	0,148151	26,211638	6,749870
14	4,310441	0,231995	0,033228	0,143228	30,094918	6,981865
15	4,784589	0,209004	0,029065	0,139065	34,405359	7,190870
16	5,310894	0,188292	0,025517	0,135517	39,189948	7,379162
17	5,895093	0,169633	0,022471	0,132471	44,500843	7,548794
18	6,543553	0,152822	0,019843	0,129843	50,395936	7,701617
19	7,263344	0,137678	0,017563	0,127563	56,939488	7,839294
20	8,062312	0,124034	0,015576	0,125576	64,202832	7,963328

12,0 % n	q^n	$\dfrac{1}{q^n}$	$\dfrac{q-1}{q^n-1}$	$\dfrac{q^n(q-1)}{q^n-1}$	$\dfrac{q^n-1}{q-1}$	$\dfrac{q^n-1}{q^n(q-1)}$
1	1,120000	0,892857	1,000000	1,120000	1,000000	0,892857
2	1,254400	0,797194	0,471698	0,591698	2,120000	1,690051
3	1,404928	0,711780	0,296349	0,416349	3,374400	2,401831
4	1,573519	0,635518	0,209234	0,329234	4,779328	3,037349
5	1,762342	0,567427	0,157410	0,277410	6,352847	3,604776
6	1,973823	0,506631	0,123226	0,243226	8,115189	4,111407
7	2,210681	0,452349	0,099118	0,219118	10,089012	4,563757
8	2,475963	0,403883	0,081303	0,201303	12,299693	4,967640
9	2,773079	0,360610	0,067679	0,187679	14,775656	5,328250
10	3,105848	0,321973	0,056984	0,176984	17,548735	5,650223
11	3,478550	0,287476	0,048415	0,168415	20,654583	5,937699
12	3,895976	0,256655	0,041437	0,161437	24,133133	6,194374
13	4,363493	0,229144	0,035677	0,155677	28,029109	6,423548
14	4,887112	0,204620	0,030871	0,150871	32,392602	6,628168
15	5,473566	0,182696	0,026824	0,146824	37,279715	6,810864
16	6,130394	0,163122	0,023390	0,143390	42,753280	6,973986
17	6,866041	0,145644	0,020457	0,140457	48,883674	7,119630
18	7,689966	0,130040	0,017937	0,137937	55,749715	7,249670
19	8,612762	0,116107	0,015763	0,135763	63,439681	7,365777
20	9,646293	0,103667	0,013879	0,133879	72,052442	7,469444

5. Kosten- und Leistungsrechnung zielorientiert anwenden

5.1 Grundlegende Methoden und Instrumente zur Erfassung von Kosten und Leistungen anwenden

5.1.1 Standort/Einordnung der Kosten- und Leistungsrechnung im Rechnungswesen

01. In welche Teilgebiete lässt sich das Rechnungswesen gliedern und wie ist die Abgrenzung?

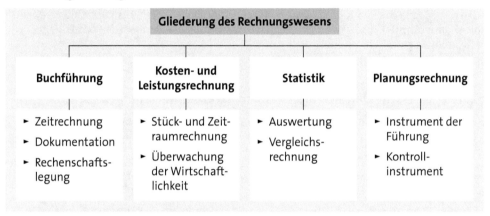

Quelle: in Anlehnung an: *Däumler/Grabe* 2013, S. 3 - 7; *Schmolke/Deitermann* 2013, S. 7.

1. Buchführung	
Zeitrechnung	Alle Aufwendungen und Erträge sowie alle Bestände der Vermögens- und Kapitalteile werden für eine bestimmte Periode erfasst (Monat, Quartal, Geschäftsjahr).
Dokumentation	Aufzeichnung aller Geschäftsfälle nach Belegen; die Buchführung liefert damit das Datenmaterial für die anderen Teilgebiete des Rechnungswesens.
Rechenschaftslegung	Nach Abschluss einer Periode erfolgt innerhalb der Buchführung ein Jahresabschluss (Bilanz und Gewinn- und Verlustrechnung), der die Veränderung des Vermögens und des Kapitals sowie den Unternehmenserfolgs darlegt.
2. Kosten- und Leistungsrechnung (KLR)	
Stück- und Zeitraumrechnung	Erfasst pro Kostenträger (Stückrechnung) und pro Zeitraum (Zeitrechnung) den Werteverzehr (Kosten) und den Wertezuwachs (Leistungen), der mit der Durchführung der betrieblichen Leistungserstellung und Verwertung entstanden ist.
Überwachung der Wirtschaftlichkeit	Die Gegenüberstellung von Kosten und Leistungen ermöglicht die Ermittlung des Betriebsergebnisses und die Beurteilung der Wirtschaftlichkeit innerhalb einer Abrechnungsperiode.

3. Statistik	
Auswertung	Verdichtet Daten der Buchhaltung und der KLR und bereitet diese auf (Diagramme, Kennzahlen).
Vergleichs-rechnung	Über Vergleiche mit zurückliegenden Perioden (innerbetrieblicher Zeit-vergleich) oder im Vergleich mit anderen Betrieben der Branche (Betriebs-vergleich) wird die betriebliche Tätigkeit überwacht (Daten für das Con-trolling) bzw. es werden Grundlagen für zukünftige Entscheidungen geschaffen.
4. Planungsrechnung	
Aus den Ist-Daten der Vergangenheit werden Plandaten (Soll-Werte) für die Zukunft ent-wickelt. Diese Plandaten haben Zielcharakter. Aus dem Vergleich der Soll-Werte mit den Ist-Werten der aktuellen Periode können im Wege des Soll-Ist-Vergleichs Rückschlüsse über die Realisierung der Ziele gewonnen werden bzw. es können angemessene Korrekturent-scheidungen getroffen werden.	

02. Wie unterscheiden sich internes und externes Rechnungswesen?

Das betriebliche Rechnungswesen (RW) wird in zwei Bereiche gegliedert:

Das **interne Rechnungswesen**	Das **externe Rechnungswesen**
► erfüllt die Funktion der Planung, Steue-rung und Kontrolle des Unternehmens	► erfasst die Tatbestände zwischen Unternehmen und Umwelt
► richtet sich an die internen Adressaten	► richtet sich im Wesentlichen nach den Bestimmungen des Handels- und Steu-errechts sowie weiterer Sondergesetze (z. B. Aktiengesetz)
► ist grundsätzlich nicht an gesetzliche Vorgaben gebunden	
► umfasst die	► umfasst
- Kosten- und Leistungsrechnung	- die Finanzbuchhaltung
- Investitions-/Finanzierungsrechnung	- den Jahresabschluss nach Handels- und Steuerrecht.
- Betriebsstatistik.	

Im Einzelnen lassen sich z. B. folgende Unterscheidungsmerkmale im Vergleich dar-stellen:

Internes und externes Rechnungswesen – Abgrenzung		
Merkmale	Internes Rechnungswesen	Externes Rechnungswesen
Zielsetzung	Planung, Steuerung und Kontrolle des Unternehmens	Rechenschaftslegung durch Jahresabschluss
	Grundlage für Entscheidungen	
Zweck	Ermittlung und Dokumentation des Ver-zehrs von Produktionsfaktoren und der Entstehung von Leistungen	► Dokumentation ► Rechenschaftslegung ► Ermittlung der Steuerlast

Internes und externes Rechnungswesen – Abgrenzung		
Merkmale	Internes Rechnungswesen	Externes Rechnungswesen
Gliederung	► Kostenartenrechnung ► Kostenstellenrechnung ► Kostenträgerrechnung ► Stückrechnung ► Periodenrechnung	► Bilanz ► GuV
Rechnungsart	Kalkulatorische Anknüpfung an güter- wirtschaftliche Vorgänge	Pagatorische Anknüpfung an Zahlungsvorgänge
Abschluss	Betriebsergebnis	Jahresabschluss: ► Bilanz ► GuV
Gewinn	Kalkulatorischer Erfolg = Leistungen - Kosten	Externer Erfolg = Ertrag - Aufwand
Methoden	► statistisch-tabellarisch und/oder ► kontenmäßig	kontenmäßig (doppelte Buchführung)
Zeitaspekt	► vergangenheits- und/oder ► zukunftsorientiert	vergangenheitsorientiert

03. Wie kann die Abgrenzung zwischen der Finanzbuchhaltung und der Betriebsbuchhaltung (KLR) vorgenommen werden?

Die interne Gliederung des betrieblichen Rechnungswesens kann folgende Struktur haben.

Dabei haben die einzelnen Funktionsbereiche folgende Aufgabe:

Finanz-buchhaltung	Die Finanzbuchhaltung erfasst zahlenmäßig als langfristige Gesamtab-rechnung die gesamte Unternehmenstätigkeit unter Zugrundelegung der Zahlungsvorgänge. Sie ist nach bestimmten Gesetzesvorschriften durch-zuführen. Ihr Ziel ist die Erfolgsermittlung durch Gegenüberstellung von Aufwand und Ertrag bzw. die Gegenüberstellung von Vermögensherkunft und Vermögensverwendung.
Betriebs-buchhaltung	Die Betriebsbuchhaltung ist eine (kurzfristige) Abrechnung, die den ei-gentlichen betrieblichen Leistungsprozess zahlenmäßig erfassen will. Ihr Ziel ist (stark vereinfacht) die Feststellung, wer im Betrieb welche Kosten in welcher Höhe und wofür verursacht (hat).
Bilanzierung	Bilanzierung ist die ordnungsgemäße Gegenüberstellung aller Vermö-gensteile und Schulden einer Unternehmung.
Gewinn- und Verlustrechnung	Die Gewinn- und Verlustrechnung (GuV) ist die Gegenüberstellung aller Aufwendungen und Erträge zum Zwecke der Erfolgsermittlung.
Betriebsabrech-nung	Die Betriebsabrechnung hat die Aufgabe, die Kosten nach Gruppen ge-trennt zu sammeln (Kostenartenrechnung) und auf die Kostenstellen zu verteilen (Kostenstellenrechnung).
Kalkulation	Mit der Kalkulation versucht man, Produkte oder Leistungen ihren Kosten verursachungsgerecht zuzuordnen, um damit eine Grundlage für ihren Wert oder ihren Preis zu erhalten.
Betriebsergeb-nisrechnung	Die Betriebsergebnisrechnung ist eine kurzfristige Erfolgsrechnung, die die angefallenen Kosten und Leistungen einer Periode gegenüberstellt.
Investitions-rechnungen	Mit Investitionsrechnungen versucht man, die Erfolgsträchtigkeit von In-vestitionsobjekten zu ermitteln. Sie vergleichen die Kosten und Leistun-gen oder Aus- und Einzahlungen, die durch ein Investitionsobjekt verur-sacht werden.
Wirtschaftlich-keitsrechnungen	Wirtschaftlichkeitsrechnungen sind mit den Investitionsrechnungen eng verwandt; sie dienen insbesondere dem Vergleich von Verfahren und Pro-jekten.

Quelle: *Olfert* 2013, S. 26 - 30, 35 - 38; *Däumler/Grabe* 2013, S. 3 - 7, 26.

04. Wie lässt sich die organisatorische und buchhalterische Einordnung der KLR im Unternehmen vornehmen?

Man unterscheidet zwei organisatorische Varianten:

▶ **Einkreissystem**
Finanzbuchhaltung und Betriebsbuchhaltung (KLR) bilden eine organisatorische Ein-heit. Beide Buchhaltungsbereiche werden in einem geschlossenen Kontensystem geführt (durchgehend von der Kontenklasse 0 - 9).

▶ **Zweikreissystem**
Finanzbuchhaltung und Betriebsbuchhaltung bilden zwei Kreise, die organisatorisch voneinander getrennt geführt werden. Die Verbindung zwischen beiden Buchhal-

tungskreisen erfolgt über sog. Spiegelbildkonten[1] oder Zwischenschalten von Übergangskonten.[2]

Im Industriekontenrahmen (IKR) ist das Zweikreissystem vorgegeben. Die Verrechnung zwischen beiden Buchhaltungskreisen wird folgendermaßen vorgenommen:

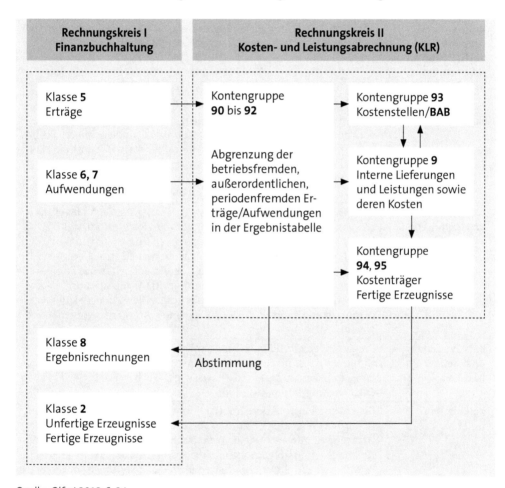

Quelle: *Olfert* 2013, S. 34.

---

[1] **Spiegelbildkonten:** Es bestehen keine formalen Zusammenhänge zwischen der Fibu und der Betriebsbuchhaltung. Für die Betriebsbuchhaltung ist ein eigenes Abschlusskonto erforderlich.

[2] **Übergangskonten:** Zwischen beiden Buchführungskreisen werden mindestens zwei Verrechnungskonten eingeschaltet. Fibu → Verrechnungskonto „Betrieb"; Betriebsbuchhaltung: → Verrechnungskonto „Geschäft". Jeder Buchhaltungskreis verfügt über ein Abschlusskonto.

5.1.2 Aufgaben der Kosten- und Leistungsrechnung

01. Welche Aufgaben (Funktionen) erfüllt die Kosten- und Leistungsrechnung (KLR)?

Aufgaben (Funktionen) der KLR	
Ermittlungs- und Informations- funktion auch: Dokumen- tationsfunktion	Die KLR hat die Aufgabe, die Kosten und Leistungen zu erfassen, inter- nen Berechtigten zur Verfügung zu stellen und zu dokumentieren (z. B. bei öffentlichen Aufträgen; Nachweis der Kalkulation).
Planungs-, Vorga- be- und Entschei- dungsfunktion	Auf der Grundlage der Informationen erfolgt die Planung von Prozes- sen in bestimmten Zeitabschnitten: Hierbei werden Kosten und Leis- tungen für Kostenarten, Kostenstellen und Kostenträger geplant. Bei der Kalkulation ist dies die Vorkalkulation als Grundlage für die Bestim- mung der Preise der Leistungseinheiten. Grundlage dafür ist die Pla- nung der Kosten für die einzelnen Kostenarten. Aber auch für die Ver- antwortungsbereiche (Kostenstellen) werden Kosten und Leistungen geplant. Instrumente sind Planvorgaben und Budgets.
Analyse- bzw. Kontrollfunktion	Die Informationen werden zur Analyse der Ursachen von Abweichun- gen von den geplanten Größen genutzt. Die Analyse wird mithilfe von betriebswirtschaftlichen Kennziffern vorgenommen, um damit zu den Ursachen für diese Abweichungen vorzudringen. Beispielsweise sind es Kennziffern der Wirtschaftlichkeit, der Produktivität, des Erfolgs (Rentabilität), aber auch spezifische Kennziffern, die sich aus der KLR ergeben, wie z. B. relative Deckungsbeiträge. Diese Analyse kann wie- derum für Kostenarten, Kostenstellen und Kostenträger vorgenommen werden.
Entscheidungs- und Steuerungs- funktion	Die KLR liefert Grundlagen für Entscheidungen zur Steuerung des Unternehmens. Sie bereitet diese Entscheidungen durch die Bereitstel- lung der Informationen und Analysen, ggf. auch mit unterschiedlichen Entscheidungsalternativen, vor.
Kalkulations- funktion	Die Kalkulationsfunktion umfasst Information (Ermittlung der Daten für die Vorkalkulation), Planung (Vorkalkulation), Analyse (Analyse der Ursachen für Abweichungen in der Nachkalkulation) und Steuerungs- funktion (Schlussfolgerungen für die Preisgestaltung der folgenden Periode, wie z. B. Preisuntergrenzen im Verkauf, Preisobergrenzen im Einkauf).
Ergebnisermittlung und kurzfristige Erfolgsrechnung	Der Betriebserfolg wird mehrfach im Jahr (monatlich, vierteljährlich) ermittelt. Damit kann die Unternehmensleitung kurzfristig den Grad der Zielerfüllung überprüfen.

Quelle: *Schmolke/Deitermann* 2013, S. 353.

5.1.3 Grundbegriffe und Abgrenzungen

01. Welche Grundbegriffe der KLR werden unterschieden, um die Abgrenzungsrechnung vornehmen zu können?

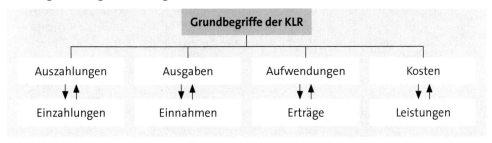

Quelle: in Anlehnung an: *Däumler/Grabe* 2013, S. 5, 7; *Kaesler* 2018, S. 3; *Olfert* 2013, S. 38.

Auszahlungen	sind tatsächliche Abflüsse von Zahlungsmitteln, z. B. Barentnahmen, geleistete Vorauszahlungen.
Einzahlungen	sind tatsächliche Zuflüsse von Zahlungsmitteln, z. B. Bareinlagen, Barverkäufe.
Einnahmen	sind Mehrungen des Geldvermögens.
Ausgaben	sind Minderungen des Geldvermögens.

Einnahmen und Ausgaben entstehen durch schuldrechtliche Verpflichtungen (z. B. Kaufvertrag), ohne dass zum Zeitpunkt des Vertragsschlusses tatsächliche Zuflüsse oder Abflüsse von Zahlungsmitteln entstehen müssen.

Beispiel

Der Betrieb kauft am 01.10. eine Maschine mit einem Zahlungsziel von vier Wochen: Der Kauf führt zu einer Ausgabe am 01.10. (Minderung des Geldvermögens). Der tatsächliche Abfluss von Zahlungsmitteln (Auszahlung) erfolgt am 01.11.

Im Gegensatz zur Finanzbuchhaltung will man in der KLR den tatsächlichen Verbrauch von Werten (= Werteverzehr) für Zwecke der Leistungserstellung festhalten. Dies führt dazu, dass die Begriffe der KLR und der Finanzbuchhaltung auseinander fallen:

MERKE

Aufwendungen sind der gesamte (eigenkapitalmindernde) Werteverzehr an Gütern, Dienstleistungen und Abgaben eines Unternehmens. Er ist zu unterteilen in den betriebsfremden Werteverzehr (= nicht durch den Betriebszweck verursacht) und den betrieblichen Werteverzehr (= durch den Betriebszweck verursacht).

Die betrieblich verursachten Aufwendungen werden als **Kosten** bezeichnet.

Beispiel

Abgrenzung betriebliche vs. betriebsfremde Aufwendungen

Die BüMö AG ist eine große Kapitalgesellschaft im Sinne des HGB. Der Unternehmensgegenstand (betrieblicher Zweck) ist die Produktion und Verkauf von Büromöbeln aus Kiefernholz. Die Produktion der Büromöbel erfolgt im betriebseigenen Produktionsgebäude.

Außerdem befindet sich im Betriebsvermögen der BüMö AG ein Mehrfamilienhaus, welches an Privatpersonen vermietet wird.

In der Gewinn- und Verlustrechnung wurden Abschreibungen für das Produktionsgebäude, sowie Abschreibungen auf das Mehrfamilienhaus erfasst.

Da das Produktionsgebäude für betriebliche Zwecke verwendet wird, stellen die Abschreibungen hierauf betriebliche Aufwendungen, also Kosten dar.

Die Abschreibungen auf das Mehrfamilienhaus stellen betriebsfremde Aufwendungen dar, da das Mehrfamilienhaus nicht für betriebliche Zwecke verwendet wird.

Die **durch die betriebliche Tätigkeit verursachten Kosten,** werden noch weiter unterteilt in:

▶ **Ordentliche Aufwendungen**

Aufwendungen, die üblicherweise im „normalen" Geschäftsbetrieb anfallen.

▶ **Außerordentliche Aufwendungen**

Aufwendungen, die unregelmäßig vorkommen oder ungewöhnlich hoch auftreten; z. B. periodenfremde Steuernachzahlungen, Aufwendungen für einen betrieblichen Schadensfall.

Die betrieblichen, ordentlichen Aufwendungen bezeichnet man auch als **Zweckaufwendungen**.

Die betriebsfremden sowie die betrieblich-außerordentlich bedingten Aufwendungen ergeben zusammen die **neutralen Aufwendungen**.

Im Überblick:

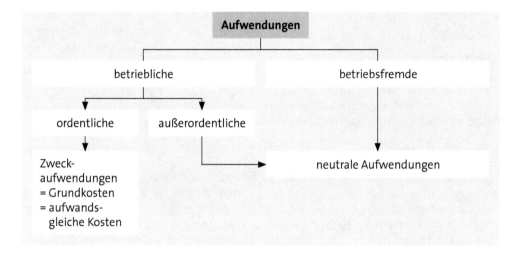

Die Zweckaufwendungen bezeichnet man als **Grundkosten**, da sie den größten Teil des betrieblich veranlassten Werteverzehrs darstellen. Da sie unverändert aus der Finanzbuchhaltung in die KLR übernommen werden, heißen sie auch **aufwandsgleiche Kosten** (Aufwand = tatsächlicher, betrieblicher Werteverzehr = Kosten).

 MERKE

> **Kosten** sind der tatsächliche Werteverzehr für Zwecke der Leistungserstellung. Ein Teil der Kosten kann unmittelbar aus der Finanzbuchhaltung übernommen werden; Aufwand und Kosten sind hier gleich; dies ist der sog. Zweckaufwand = Grundkosten.

Für die Erfassung des tatsächlichen Werteverzehrs reicht dies jedoch nicht aus; es müssen weiterhin unterschieden werden:

► **Zusatzkosten**
  Es gibt auch Kosten, denen kein Aufwand gegenübersteht (der Werteverzehr führt nicht zu Ausgaben). Sie heißen daher aufwandslose Kosten und zählen zur Kategorie der Zusatzkosten.

Kalkulatorischer Unternehmerlohn

Bei einem Einzelunternehmen erbringt der Inhaber durch seine Tätigkeit im Betrieb eine Leistung. Dieser Leistung steht jedoch keine Lohnzahlung (= Kosten) gegenüber. Damit trotzdem die Äquivalenz von Kosten und Leistungen gesichert ist, wird „kalkulatorisch" der Werteverzehr der Unternehmertätigkeit berechnet und in die KLR als „kalkulatorischer Unternehmerlohn" eingestellt.

► **Anderskosten**

Bei den Anderskosten liegen zwar Aufwendungen vor, jedoch entsprechen die Zahlen der Finanzbuchhaltung nicht dem tatsächlichen Werteverzehr und müssen deshalb „anders" in der KLR berücksichtigt werden. Man nennt sie daher Anderskosten bzw. aufwandsungleiche Kosten (Aufwand ≠ Kosten).

In der Finanzbuchhaltung wurde der Aufwand für den Werteverzehr der Anlagen (bilanzielle Abschreibung) gebucht. Diese Zahlen können jedoch z. B. nicht in die KLR übernommen werden, weil der tatsächliche Werteverzehr anders ist. Aus diesem Grunde wird ein anderer Berechnungsansatz gewählt („kalkulatorischer Wertansatz" → kalkulatorische Abschreibung). Analog berücksichtigt man z. B. kalkulatorische Wagnisse.

Die nachfolgende Übersicht zeigt die Kosten im Sinne der KLR:

Quelle: in Anlehnung an: *Schmolke/Deitermann* 2013, S. 378.

In Verbindung mit den oben dargestellten Ausführungen über „Aufwendungen" ergibt sich folgendes Bild:

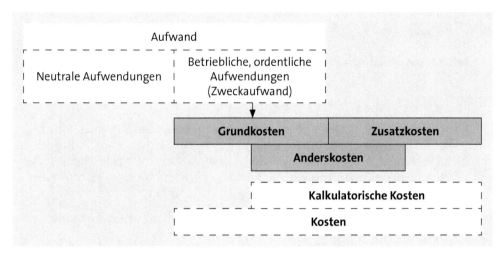

Quelle: *Däumler/Grabe* 2013, S. 17.

Die Erträge werden analog zu den Aufwendungen gegliedert:

 MERKE

Erträge sind der gesamte (eigenkapitalerhöhende) Wertezuwachs in einem Unternehmen. Durch die betriebliche Tätigkeit verursachte, ordentliche Erträge werden als **Leistungen** bezeichnet.

Betriebsfremde Erträge sowie betrieblich bedingte, außerordentliche Erträge sind **neutrale Erträge.**

Im Überblick:

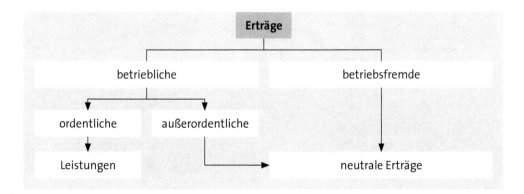

MERKE

Leistungen sind durch die betriebliche Tätigkeit erwirtschaftete Erträge.

Dies sind in erster Linie die Erträge aus Absatzleistungen sowie der Mehrbestand an Erzeugnissen (= Fertigung auf Lager).

Daneben kann es z. B. vorkommen, dass der Vorgesetzte den Bau einer Vorrichtung für Montagezwecke durch eigene Leute veranlasst; diese Vorrichtung verbleibt im Betrieb und wird nicht verkauft: Es liegt also ein betrieblich bedingter Werteverzehr (= Kosten, z. B. Material- und Lohnkosten) vor, dem jedoch keine Umsatzerlöse gegenüberstehen.

Von daher wird diese innerbetriebliche Leistungserstellung als „kalkulatorische Leistungserstellung" in die KLR eingestellt.

Bei den Leistungen wird also unterschieden:

► **Absatzleistungen**
Umsatzerlöse für Erzeugnisse, Dienstleistungen und Handelsware

► **Lagerleistungen**
Erhöhung der Bestände an fertigen/unfertigen Erzeugnissen

► **Innerbetriebliche Leistungen**
Eigenleistungen

► **Entnahmen**
Privatentnahmen von Gütern und Dienstleistungen durch den Unternehmer.

In Verbindung mit der oben dargestellten Abbildung „Aufwendungen" ergibt sich folgende Struktur der Leistungen:

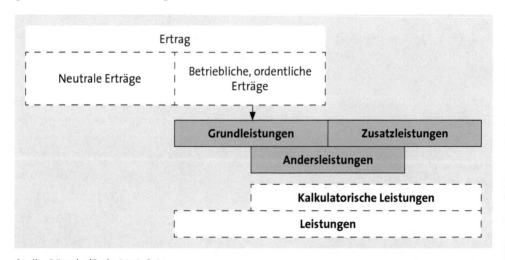

Quelle: *Däumler/Grabe* 2013, S. 21.

02. Welche Unterschiede und Gemeinsamkeiten gibt es zwischen Auszahlungen, Ausgaben, Aufwendungen und Kosten?

Beispiele zu (1) - (6):

(1) Tilgung einer Verbindlichkeit aus der Vorperiode

(2) Kauf von Rohstoffen, die in der Rechnungsperiode nicht verbraucht werden.

(3) Spenden

(4) Kauf von Gütern auf Ziel

(5) Abschreibung von Betriebsmitteln, die in der Vorperiode beschafft wurden

(6) Zusatzkosten, z. B. kalkulatorischer Unternehmerlohn.

Lösung im Überblick:

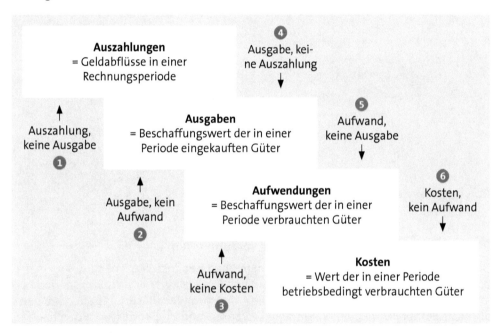

Quelle: *Olfert* 2013, S. 44 - 46; *Däumler/Grabe* 2013, S. 9.

03. Welche Unterschiede und Gemeinsamkeiten gibt es zwischen Einzahlungen, Einnahmen, Erträgen und Leistungen?

Beispiele zu (1) - (6):

(1) Bezahlung einer Kundenrechnung aus der Vorperiode

(2) Verkauf von Produkten aus der Vorperiode zu Herstellungskosten

(3) Betriebsfremde Erträge, z. B. Mieterträge aus einem nicht betriebsnotwendigen Gebäude

(4) Verkauf von Gütern auf Ziel

(5) Bestandserhöhung an Erzeugnissen

(6) Erhöhung des originären Firmenwertes.

Lösung im Überblick:

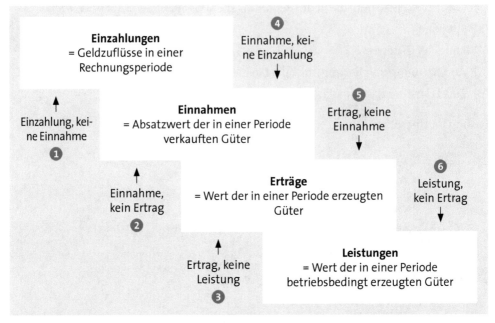

Quelle: *Olfert* 2013, S. 46 - 48; *Däumler/Grabe* 2013, S. 10.

04. Wie ist die Abgrenzungsrechnung vorzunehmen?

Den Hauptteil der relevanten Informationen erhält der Kostenrechner aus der Finanzbuchhaltung (Fibu), die die Aufwendungen und Erträge einer Abrechnungsperiode erfasst. Aufgabe des Kostenrechners ist es, die Aufwendungen und Erträge auszusondern, die nicht betrieblich bedingt sind sowie kostenrechnerische Korrekturen durchzuführen. Diese Abgrenzungsrechnung ist das Bindeglied zwischen der Fibu und der KLR und kann in folgenden Schritten durchgeführt werden – dargestellt am Beispiel der Kostenermittlung:

1. Aus den gesamten Aufwendungen der Abrechnungsperiode sind die **neutralen Aufwendungen** auszusondern.

2. Von den Zweckaufwendungen sind die **Grundkosten** unverändert zu übernehmen.

3. Die übrigen **Zweckaufwendungen** werden nicht mit dem Wert der Fibu übernommen; es wird ein geeigneter Wert veranschlagt.

4. Aufwendungen, die nicht in der Fibu erfasst wurden, sind als **Zusatzkosten** zu übernehmen.

Im Überblick:

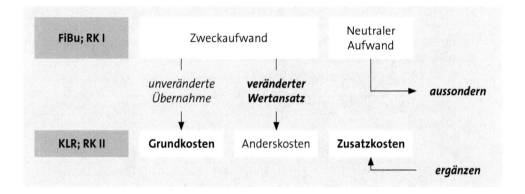

5.1.4 Kalkulatorische Kostenarten

01. Was sind kalkulatorische Kosten?

Die kalkulatorischen Kosten sind der Oberbegriff für Zusatzkosten und Anderskosten. Sie dienen der sachlichen Abgrenzung von Kosten und Aufwendungen (Beitrag zur richtigen und vollständigen Erfassung des tatsächlichen Werteverzehrs an Produktionsfaktoren).

Kalkulatorische Kosten		sind Kostenarten, die in der Finanzbuchhaltung nicht in gleicher Höhe als Aufwandsarten auftreten.
= Zusatz- + Anderskosten		können Anderskosten oder Zusatzkosten sein.
	Zusatzkosten	sind „aufwandslose Kosten". Sie dürfen aus steuerlichen und/oder handelsrechtlichen Gründen nicht als Aufwand gebucht werden, obwohl sie bei der Leistungserstellung anfallen.
	Anderskosten	gehen mit einem anderen Wert in die KLR ein.

02. Wie werden kalkulatorische Wagniskosten ermittelt?

Die mit jeder unternehmerischen Tätigkeit verbundenen Risiken lassen sich im Wesentlichen in zwei Gruppen einteilen:

1. Das **allgemeine Unternehmerrisiko** (-wagnis) ist aus dem Gewinn abzudecken.

2. **Spezielle Einzelwagnisse**, die sich aufgrund von Erfahrungswerten oder versicherungstechnischen Überlegungen bestimmen lassen:

   2.1 Deckung auftretender Schäden durch Dritte (Versicherungen). Soweit Einzelwagnisse extern versichert sind, können die Prämien an die Versicherung in der KLR angesetzt werden. Es gilt dann: Aufwand = Kosten.

2.2 Deckung durch **kalkulatorische Wagniszuschläge** als eine Art Selbstversicherung. Dabei wird langfristig ein Ausgleich zwischen tatsächlich eingetretenen Wagnisverlusten und verrechneten kalkulatorischen Wagniszuschlägen angestrebt. Einzelwagnisse werden in der KLR mit Durchschnittswerten über mehrere, meist fünf, Jahre berücksichtigt. Sie werden so als Normalkosten behandelt. Damit werden Zufallsschwankungen ausgeglichen.

Für Einzelwagnisse werden folgende Bezugsgrößen gewählt:

Einzelwagnis	Beschreibung, Beispiele	Bezugsbasis
Anlagenwagnis	Ausfälle von Maschinen aufgrund vorzeitiger Abnutzung/Überalterung, Beschädigung, Diebstahl	Anschaffungskosten
Beständewagnis	Senkung des Marktpreises, Überalterung, Schwund, Verderb, Diebstahl; im Handel: Manipulationswagnis durch Ab- und Umfüllen	Bezugskosten
Entwicklungswagnis	Fehlentwicklungen	Entwicklungskosten
Fertigungswagnis	Mehrkosten durch Ausschuss, Nacharbeit, Fehler	Herstellungskosten
Vertriebswagnis	Forderungsausfälle, Währungsrisiken, Transportrisiken bei Freihauslieferung	Umsatz zu Selbstkosten
Gewährleistungsrisiko	Preisnachlässe aufgrund von Mängeln, Zusatzleistungen, Ersatzlieferungen	

$$\text{Wagniszuschlag} = \frac{\text{geschätzter Verlust}}{\text{Bezugsgröße}} \cdot 100$$

03. Wie werden kalkulatorische Abschreibungen ermittelt?

Kalkulatorische Abschreibungen (AfA: Absetzung für Abnutzung) sind Anderskosten. Ihnen stehen Aufwendungen (= bilanzielle Abschreibungen) in anderer Höhe gegenüber.

► Die **bilanzielle Abschreibung** der Finanzbuchhaltung (Fibu) richtet sich vor allem nach steuerlichen Gesichtspunkten und gewinnpolitischer Zweckmäßigkeit. Es ist von den **Anschaffungskosten** (AK) oder den **Herstellungskosten** (HK) auszugehen.

► Die **kalkulatorische Abschreibung** geht zweckmäßigerweise vom **Wiederbeschaffungswert** (WB) aus, weil so die Substanzerhaltung des Unternehmens gesichert werden kann.

Im Überblick: Vergleich kalkulatorischer und bilanzieller AfA

	Kalkulatorische AfA → KLR	Bilanzielle AfA → Fibu
Objekt	nur betriebsnotwendige abnutzbare Anlagegüter	alle abnutzbaren Güter des Anlagevermögens
Bezugsbasis	Wiederbeschaffungswert	Anschaffungs-/Herstellungskosten
Dauer	solange das Objekt betrieblich genutzt wird	bis zum Erinnerungswert von 1 €
Methode	AfA = tatsächlicher Werteverzehr (Gebrauchsverschleiß oder Zeitverschleiß)	von Gewinn bzw. steuerlichen Zielen des Unternehmens abhängig

Abschreibungsmethoden:

Kalkulatorische Abschreibung (Kosten- und Leistungsrechnung)	Bilanzielle Abschreibung (Finanzbuchhaltung)
In der Kosten- und Leistungsrechnung wird die kalkulatorische Abschreibung berechnet, in dem das Abschreibungsvolumen (Wiederbeschaffungswert abzüglich Restwert) auf die geschätzte Nutzungsdauer verteilt wird. $$\text{kalk. AfA} = \frac{\text{Wiederbeschaffungswert} - \text{Restwert}}{\text{geschätzte Nutzungsdauer}}$$	Die steuerrechtlich zulässige degressive AfA wurde wiederholt verändert und die Vorschrift oft geändert. Für Anschaffungen/Herstellungen ab 2011 gab es keine degressive AfA mehr. Für abnutzbare bewegliche Wirtschaftsgüter (Anschaffungszeitraum 01.01.2020 bis 31.12.2021) gilt: das 2,5-fache der linearen AfA, maximal 25 % (Obergrenze) der Anschaffungs- oder Herstellungskosten bzw. des Restbuchwerts. Bei der linearen Abschreibung werden die Anschaffungs- bzw. Herstellungskosten (AHK) auf die Nutzungsdauer verteilt. Bei der Leistungsabschreibung wird die Abschreibung ermittelt, indem das Verhältnis zwischen Periodenleistung zur geplanten Gesamtleistung ermittelt wird und auf die Anschaffungs- bzw. Herstellungskosten (AHK) angewendet wird. $$\text{lineare AfA} = \frac{\text{AHK}}{\text{Nutzungsdauer}}$$ $$\text{Leistungs-AfA} = \frac{\text{Periodenleistung} \cdot \text{AHK}}{\text{Gesamtleistung}}$$

04. Wie werden kalkulatorische Mieten ermittelt?

- ▸ **Kalkulatorische Miete als Zusatzkosten:**
  Werden eigene Räume des Gesellschafters oder des Einzelunternehmers für betriebliche Zwecke zur Verfügung gestellt, sollte dafür eine kalkulatorische Miete in ortsüblicher Höhe angesetzt werden, damit die Vergleichbarkeit der KLR mit anderen Unternehmen gewährleistet ist.

- ▸ **Kalkulatorische Miete als Anderskosten:**
  Analog gilt dies für Raummieten, die über oder unter dem ortsüblichen Niveau liegen.

- ▸ Gehören die unentgeltlich genutzten Räume zum Eigentum des Unternehmens (Aktivierung in der Bilanz) ist eine Doppelbelastung in der KLR zu vermeiden, d. h. neben der kalkulatorischen Miete dürfen nicht zusätzlich kalkulatorische AfA und/oder kalkulatorische Zinsen verrechnet werden.

- ▸ In der GuV wird die tatsächliche gezahlte Miete aus Aufwand gebucht.

- ▸ Für die kalkulatorische Pacht gilt Entsprechendes.

05. Wie wird der kalkulatorische Unternehmerlohn ermittelt?

Während bei Kapitalgesellschaften das Gehalt der Geschäftsführung als Aufwand in der Erfolgsrechnung gebucht wird, muss die Arbeit des Unternehmers bei Einzelunternehmungen oder Personengesellschaften aus dem Gewinn gedeckt werden. In der Kostenrechnung ist jedoch das Entgelt für die Arbeitsleistung des Unternehmers als Kostenfaktor (Zusatzkosten) zu berücksichtigen. Maßstab für die Höhe ist i. d. R. das Gehalt eines leitenden Angestellten in vergleichbarer Funktion (inkl. der Sozialleistungen).

06. Wie werden kalkulatorische Zinsen ermittelt?

Die KLR verrechnet im Gegensatz zur Erfolgsrechnung, in die nur die Fremdkapitalzinsen als Aufwand eingehen, Zinsen für das gesamte, betriebsnotwendige Kapital. Die Verzinsung des betriebsnotwendigen Kapitals erfolgt i. d. R. zu dem Zinssatz, den der Eigenkapitalgeber für sein eingesetztes Kapital bei anderweitiger Verwendung am freien Kapitalmarkt erhalten würde.

Das betriebsnotwendige Kapital kann folgendermaßen ermittelt werden:

Beispiel

Berechnung aus der Bilanz

	Betriebsnotwendiges Anlagevermögen nach kalkulatorischen Restwerten	8.000.000 €
+	Betriebsnotwendiges Umlaufvermögen nach kalkulatorischen Mittelwerten (AB + EB) : 2	5.000.000 €
=	Betriebsnotwendiges Vermögen	13.000.000 €

-	Abzugskapital Kapitalposten, die dem Unternehmen zinslos zur Verfügung stehen, z. B. Kundenanzahlungen, Lieferantenkredite (ohne Skontierungsmöglichkeit), Rückstellungen	1.000.000 €
=	Betriebsnotwendiges Kapital	12.000.000 €
	Bei einem Zinssatz von 8 % betragen die kalkulatorischen Zinsen für das Jahr daher: 12.000.000 € · 0,08 =	960.000 €

oder (bei Berechnung für einzelne Vermögensgegenstände):

für abnutzbare Vermögensgegenstände:

$$\text{kalkulatorische Zinsen} = \frac{\text{Anschaffungskosten}}{2}$$

oder:

$$\text{kalkulatorische Zinsen} = \frac{\text{Anschaffungskosten} + \text{Restwert}}{2}$$

für nicht abnutzbare Vermögensgegenstände:

$$\text{kalkulatorische Zinsen} = \text{Anschaffungskosten}$$

i = Zinssatz in Dezimalform pro Jahr

 MERKE

▶ Kalkulatorische **Zinsen:** Es gelten die halben Anschaffungskosten zzgl. Restwert (Durchschnitt).

▶ Kalkulatorische **Abschreibung:** Es gilt der **Wiederbeschaffungswert abzügl. Restwert**.

5.1.5 Prinzipien der Kostenerfassung

01. Warum muss die Kostenerfassung bestimmten Prinzipien genügen?

Die KLR hat die Aufgabe, sämtliche Kosten und Leistungen zu erfassen und verursachungsgerecht zu verrechnen. Der grundlegende Zweck ist die wirklichkeitsgetreue und wertmäßig zutreffende Abbildung des Gütereinsatzes und der daraus resultierenden Ausbringung. Daraus folgt die Beachtung bestimmter Prinzipien bei der Kostenerfassung. Nur dann kann die KLR ihren Aufgaben gerecht werden.

02. Welche Prinzipien der Kostenerfassung sind zu beachten?

Prinzipien der Kostenerfassung	
Deckungsgleichheit	Die real anfallen Kosten und die in der KLR erfassten Kosten müssen sich entsprechen.
Vollständigkeit	Es sind alle Kosten zu erfassen.
Genauigkeit	Die Kosten müssen mit einem möglichst hohen Grad an Genauigkeit erfasst werden.
Aktualität	Die Daten müssen möglichst zeitnah erfasst werden.
Wirtschaftlichkeit	Der Informationsgewinn muss in einem angemessenen Verhältnis zu den durch die Erfassung entstehenden Kosten stehen. Bei jeder Veränderung der Kostenerfassung bzw. der Neuentwicklung des Kostenrechnungssystems ist eine Kosten-Nutzen-Analyse anzustellen.
Kontinuität auch: ► Einheitlichkeit ► Stetigkeit	Die Prinzipien der Kostenerfassung dürfen nicht laufend verändert werden, da sonst eine Vergleichbarkeit der Daten und der gewonnenen Erkenntnisse über mehrere Rechnungsperioden unmöglich wird.
Eindeutigkeit	Die Festlegung der Kostenarten muss so erfolgen, dass eine zweideutige Zuordnung vermieden wird.
Perioden-bezogenheit	Die Kosten müssen sich auf eine Rechnungsperiode beziehen und abgegrenzt sein.
Zweckorientierung	Dieses Prinzip hat eine übergeordnete Bedeutung und besagt, dass jedes System einer KLR und damit auch der Kostenerfassung zweckbestimmt ist: Es sind die Kosten verfeinert zu erfassen, die in dem betreffenden Unternehmen eine besondere Bedeutung für Planungs- und Entscheidungsprobleme haben. Man nennt sie relevante Kosten.

Die genannten Prinzipien stehen zum Teil in Konkurrenz zueinander (z. B. Genauigkeit ↔ Aktualität; Wirtschaftlichkeit ↔ Genauigkeit/Aktualität). Sie haben vor allem Geltung bei der Erstellung des Kostenartenplans.

5.1.6 Einteilung der Kosten

01. Nach welchen Merkmalen können Kostenarten gegliedert werden?

Die Gliederung (Einteilung) der Kosten ist nach verschiedenen Merkmalen möglich:

Einteilung nach Merkmalen	Beispiele	Hinweise
Nach der Art der **verbrauchten Produktionsfaktoren**	► Personalkosten ► Materialkosten ► Abgaben	Produktionsfaktoren
Nach **betrieblichen Funktionen**	► Beschaffungskosten ► Fertigungskosten ► Verwaltungskosten ► Vertriebskosten	betriebliche Funktionen
Nach der **Bezugsgröße** (auch: Grad der Mengenverrechnung)	► Gesamtkosten ► Sortenkosten	Kosten einer Gesamtheit, z. B. Unternehmen, Abteilung, Sorte
	► Stückkosten	Kosten einer einzelnen Leistungseinheit
Nach der **Zurechenbarkeit** der Kosten zu den Leistungen	► Einzelkosten ► Gemeinkosten ► Sonderkosten	vgl. Frage 02.
Nach der **Abhängigkeit von der Beschäftigung**	► Fixe Kosten ► Variable Kosten ► Sondereinzelkosten	vgl. Frage 03. ff.
Nach dem **Zeitbezug**	► Istkosten	tatsächlich angefallene Kosten
	► Normalkosten	Kosten, die sich als Durchschnitt der Istkosten vergangener Perioden ergeben
	► Plankosten	geplante, d. h. angestrebte Kosten
Nach der **Herkunft**	► Primäre Kosten	ursprüngliche Kosten der auf Be- schaffungsmärkte bezogene Faktoren
	► Sekundäre Kosten	abgeleitete Kosten für den Verbrauch innerbetrieblicher Leistungen
Nach dem **Umfang der verrechneten Kosten**	► Vollkosten	Es werden bei der Kalkulation die gesamten Kosten einer Periode berücksichtigt.
	► Teilkosten	Es werden nur bestimmte, relevante Teile der Kosten auf die Kostenträger verrechnet.
In Abhängigkeit **von der Produktionsstufe**	► Materialkosten ► Fertigungskosten ► Herstellkosten ► Selbstkosten	Kostenträgerstückrechnung (Kalkulation)

Quelle: in Anlehnung an: *Krause/Krause/Krause/Stache/Zech* 2019, S. 218.

02. Wie werden Einzel-, Gemein- und Sondereinzelkosten sowie Kostenstellen-Einzelkosten und Kostenstellen-Gemeinkosten unterschieden?

Einzelkosten sind alle Kosten die einem Kostenträger (Produkt/Dienstleistung) direkt (einzeln) zuordnenbar sind. Dies sind z. B. Fertigungsmaterial und Fertigungslöhne.

Sondereinzelkosten sind alle Kosten, die zwar dem Kostenträger direkt zurechenbar sind, aber nicht im eigentlichen Leistungsprozess entstehen bzw. nicht direkt ins Erzeugnis eingehen.

Man unterscheidet hierbei:

- ► Sondereinzelkosten der Fertigung, z. B. Spezialwerkzeuge oder Modellkosten
- ► Sondereinzelkosten des Vertriebes, z. B. Verpackungskosten und Transportkosten.

Gemeinkosten sind alle Kosten, die einem Kostenträger nicht direkt zuzurechnen sind. Sie fallen im Rahmen der gesamten betrieblichen Tätigkeit an. Dies sind z. B. Abschreibungen, Miete, Gehälter, Versicherungen usw.

Die Gemeinkosten werden im Rahmen der Kostenstellenrechnung im Betriebsabrechnungsbogen in einem ersten Schritt auf die Kostenstellen verteilt.

Hierbei werden die Gemeinkosten unterschieden in

- ► Kostenstellen-Einzelkosten
- ► Kostenstellen-Gemeinkosten.

Kostenstellen-Einzelkosten sind die Gemeinkosten, die einer Kostenstelle direkt auf Grundlage von Belegen zugeordnet werden können. Dies sind z. B. Reparaturkosten. Sie sind Gemeinkosten, da sie dem Kostenträger nicht direkt zurechenbar sind. Allerdings können sie einer Kostenstelle auf Grundlage eines Beleges (in diesem Fall aufgrund der Rechnung) direkt zugerechnet werden und sind somit Kostenstellen-Einzelkosten.

Kostenstellen-Gemeinkosten sind Gemeinkosten, die einer Kostenstelle auf Basis von Verteilungsschlüsseln bzw. Schlüsselzahlen zugeordnet werden. So handelt es sich bei der Miete um Gemeinkosten, da sie einem Kostenträger nicht direkt zurechenbar ist. Die Miete kann z. B. auf Basis der Quadratmeter der jeweiligen Kostenstelle im Verhältnis zu den Gesamtquadratmeter auf die Kostenstellen verteilt werden. Somit handelt es sich bei der Miete um „klassische" Kostenstellen-Gemeinkosten.

03. Was versteht man unter Kapazität und Beschäftigungsgrad?

- ► Als **Kapazität** (auch: Beschäftigung) bezeichnet man das technische Leistungsvermögen in Einheiten pro Zeitabschnitt. Sie wird bestimmt durch die Art und Menge der derzeit vorhandenen Produktionsfaktoren (Stoffe, Betriebsmittel, Arbeitskräfte). Die

Kapazität kann sich auf eine Fertigungsstelle, eine Fertigungsstufe oder auf das gesamte Unternehmen beziehen.

► **Aufgabe** der Kapazitätsplanung ist die Gegenüberstellung der erforderlichen und der verfügbaren Kapazität (Kapazitätsbedarf ↔ Kapazitätsbestand).

► **Bedeutung** der Kapazitätsplanung:
Ist die verfügbare Kapazität auf Dauer höher als die erforderliche Kapazität, so führt dies zu einer Minderauslastung. Es werden mehr Ressourcen zur Verfügung gestellt als notwendig. Die Folge ist u. a. eine hohe Kapitalbindung mit entsprechenden Kapitalkosten (Wettbewerbsnachteil). Im umgekehrten Fall besteht die Gefahr, dass die Kapazität nicht ausreichend ist, um die Aufträge termingerecht fertigen zu können (Gefährdung der Aufträge und der Kundenbeziehung).

► Der Kapazitätsbestand ist die verfügbare Kapazität

(= maximales quantitatives und qualitatives Leistungsvermögen).

► Der Kapazitätsbedarf ist die erforderliche Kapazität, die sich aus den vorliegenden Fertigungsaufträgen und der Terminierung ergibt.

► Der Auslastungsgrad (auch: Beschäftigungsgrad) ist das Verhältnis von Kapazitätsbedarf und Kapazitätsbestand in Prozent des Bestandes:

$$\text{Auslastungsgrad} = \frac{\text{Kapazitätsbedarf}}{\text{Kapazitätsbestand}} \cdot 100$$

auch:

$$\text{Beschäftigungsgrad} = \frac{\text{eingesetzte Kapazität}}{\text{vorhandene Kapazität}} \cdot 100$$

oder:

$$\text{Beschäftigungsgrad} = \frac{\text{Ist-Leistung}}{\text{Normal-Kapazität}} \cdot 100$$

Beispiel

Eine Fertigungsstelle hat pro Periode einen Kapazitätsbestand von 3.000 Std.; der Kapazitätsbedarf beträgt laut Planung 2.400 Std. Der Auslastungsgrad ist in diesem Fall also 80 %:

$$\text{Auslastungsgrad} = \frac{2.400 \text{ Std.}}{3.000 \text{ Std.}} \cdot 100 = 80 \text{ \%}$$

04. Wie werden fixe und variable Kosten unterschieden?

▸ **Fixe Kosten** sind beschäftigungsunabhängig und für eine bestimmte Abrechnungsperiode konstant. Sie fallen also auch dann an, wenn nicht produziert wird.

Beispiele

- ▸ Kosten für die Miete einer Lagerhalle
- ▸ Kfz-Steuer
- ▸ zeitabhängige Abschreibung, Gehälter.

Bei steigender Beschäftigung führt dies zu einem Sinken der fixen Kosten pro Stück (sog. Degression der fixen Stückkosten; kurz: **Fixkostendegressionseffekt**).

Man unterscheidet:

Absolut fixe Kosten	sind Bereitschaftskosten, die auch bei Nichtproduktion anfallen. Sie sind für ein bestimmtes Zeitintervall (absolut) fix. **Beispiele** Gehälter, Miete.
Sprungfixe Kosten	(= intervallfixe) sind nur innerhalb eines bestimmten Beschäftigungsintervalls konstant. Bei Überschreiten der Grenze steigen die Kosten sprunghaft an. **Beispiel** Aufgrund steigender Beschäftigung ist die Maschine völlig ausgelastet. Es muss eine zweite Maschine angeschafft und zusätzlich ein Maschinenbediener eingestellt werden.
Kostenremanenz	Mit diesem Begriff bezeichnet man die verzögerte Kostenanpassung bei sinkender Beschäftigung. **Beispiel** Sinkt nach einem Kapazitätsaufbau die Beschäftigung wieder, so können die zusätzlichen Kapazitäten nicht sofort abgebaut werden. Die erhöhten Kosten existieren noch für eine gewisse Zeit (verzögerte Anpassung). Beispielsweise bei Kündigung von Mietverträgen bzw. Arbeitsverträgen.

▸ **Variable Kosten** verändern sich mit dem Beschäftigungsgrad; steigt die Beschäftigung, so führt dies z. B. zu einem Anstieg der Materialkosten und umgekehrt. Zum Beispiel sind bei einem proportionalen Verlauf der variablen Kosten die variablen Stückkosten bei Änderungen des Beschäftigungsgrades konstant.

Man unterscheidet folgende Verläufe der variablen Gesamtkosten:

Proportionaler Verlauf	Die Kosten steigen im gleichen Verhältnis wie die Beschäftigung. **Beispiel** Akkordlöhne
Degressiver Verlauf	(unterproportional) Die Kosten steigen in geringerem Maße als die Beschäftigung. **Beispiel** Rabattstaffel beim Materialeinkauf
Progressiver Verlauf	(überproportional) Die Kosten steigen in stärkerem Maße als die Beschäftigung. **Beispiel** Mehrarbeitszuschläge bei hoher Auslastung
Regressiver Verlauf	Die Kosten fallen mit zunehmender Beschäftigung. Hat in der Praxis kaum eine Bedeutung. **Fiktives Beispiel** Bei zunehmender Auslastung einer Fertigungshalle werden mehr Maschinen und Mitarbeiter eingesetzt. Dadurch sinken die Heizkosten.

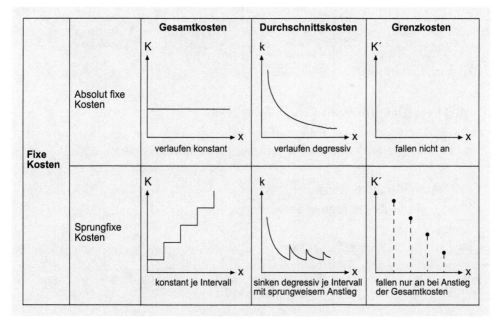

Quelle: *Krause/Krause/Krause/Stache/Zech* 2019, S. 221.

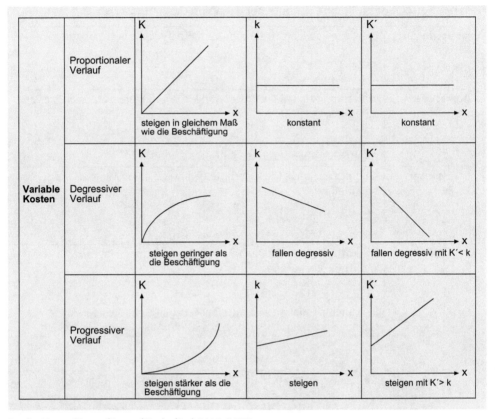

Quelle: *Krause/Krause/Krause/Stache/Zech* 2019, S. 221.

05. Was bezeichnet man als Reagibilitätsgrad?

Der Reagibilitätsgrad (R) zeigt das Verhältnis der prozentualen Kostenänderung zur prozentualen Beschäftigungsänderung in einer bestimmten Periode.

$$R = \frac{\text{prozentuale Kostenänderung}}{\text{prozentuale Beschäftigungsänderung}}$$

Beispiel

Die Beschäftigung wird von 1.000 Stück auf 1.400 Stück erhöht (40 %); die Gesamtkosten steigen daraufhin von 40.000 € auf 44.000 € (10 %):

$$R = \frac{\text{prozentuale Kostenänderung}}{\text{prozentuale Beschäftigungsänderung}} = \frac{10\,\% \cdot 100}{40\,\%} = 25\,\%$$

Je nach der Größe des Reagibilitätsgrades (R) lässt sich folgende Zuordnungen vornehmen:

Variable Kosten		Fixe Kosten:
Proportionaler Verlauf	R = 1	R = 0
Degressiver Verlauf	0 < R < 1	
Progressiver Verlauf	R > 1	
Regressiver Verlauf	R < 0	

06. Wie unterscheidet man Durchschnittskosten und Grenzkosten?

▸ Die **Durchschnittskosten** k (auch: Stückkosten) sind die Kosten je Leistungseinheit.

$$k = \frac{K}{x}$$

Dabei ist:
K = Gesamtkosten (€/Periode)
x = Leistungsmenge (Stück/Periode)

Beispiel

Das Unternehmen hat Kosten i. H. v. 1.200 € bei einer Produktion von 400 Stück. Die Durchschnittskosten betragen 3 €/Stück (= 1.200 € : 400 Stück).

▸ Die **Grenzkosten** K' zeigen an, um welchen Betrag die Kosten steigen (bzw. fallen), wenn sich die Leistungsmenge um eine Einheit verändert. Bei linearem Verlauf der Kostenkurve gilt:

$$K' = \frac{\text{Kostenzuwachs}}{\text{Mengenzuwachs}} = \frac{K_2 - K_1}{x_2 - x_1} = \frac{\Delta K}{\Delta x} = k \qquad \text{sog. Differenzenquotient}$$

Beispiel

Bei einer Produktion von 200 Stück betragen die Kosten 800 €; bei einer Produktionsmenge von 300 Stück liegen die Kosten bei 1.000 €. Die Grenzkosten betragen daher:

$$K' = k_v \frac{1.000 € - 800 €}{300 \text{ Stück} - 200 \text{ Stück}} = \frac{200 €}{100 \text{ Stück}} = 2 €/\text{Stück}$$

MERKE

Bei in der Aufgabe nicht angegebenen variablen Stückkosten k_v lassen sich diese mit dem Differenzenquotienten ermitteln (linearer Verlauf unterstellt). Häufig Gegenstand der Prüfung.

07. Welche Verfahren zur Auflösung von Mischkosten werden eingesetzt?

Mischkosten sind solche Kosten, die fixe und variable Bestandteile haben (z. B. Kommunikationskosten: Grundgebühr + Gesprächseinheiten nach Verbrauch; ebenso: Stromkosten, Instandhaltungskosten).

Man unterscheidet mehrere Verfahren (auch: Methoden), um Kosten in fixe und variable Bestandteile aufzulösen:

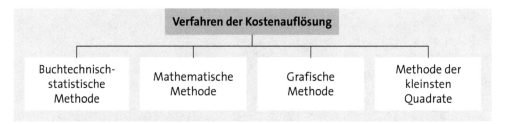

▶ Bei der **buchtechnisch-statistischen Methode** werden die Gesamtkosten daraufhin untersucht, wie sie sich bei einer Änderung der Beschäftigung verhalten. Die Gesamtkosten werden näherungsweise mithilfe des Reagibilitätsgrades R in fixe und variable Bestandteile zerlegt (vgl. Frage 05.):

$$R = \frac{\text{prozentuale Kostenänderung}}{\text{prozentuale Beschäftigungsänderung}}$$

Je nach der Größe des Reagibilitätsgrades lässt sich folgende Einteilung vornehmen:

R > 1 variable, progressive Kosten
R = 1 variable, proportionale Kosten
0 < R < 1 variable, degressive Kosten
R = 0 fixe Kosten

Beispiel

Die Beschäftigung wird von 1.000 Stück auf 1.400 Stück erhöht (40 %); die Gesamtkosten steigen daraufhin von 40.000 € auf 44.000 € (10 %):

$$R = \frac{\text{prozentuale Kostenänderung}}{\text{prozentuale Beschäftigungsänderung}} = \frac{10\,\% \cdot 100}{40\,\%} = 25\,\%$$

Es ergibt sich folgende Kostenaufteilung:

Beschäftigung in Stück	Variable Kosten 25 %	Fixe Kosten 75 %	Gesamtkosten 100 %
1.000	10.000	30.000	40.000
1.400	11.000	33.000	44.000

► Bei der **mathematischen Methode** wird ein linearer Kostenverlauf unterstellt. Es wird der **Differenzenquotient** (proportionale Kosten) K' aus der Kostenspanne $K_2 - K_1$ und der Beschäftigungsspanne $x_2 - x_1$ gebildet; das Ergebnis des Quotienten wird als variabler Kostenbestandteil pro Stück k_v angesetzt:

$$K' = k = \frac{\text{Kostenspanne}}{\text{Beschäftigungsspanne}} = \frac{K_2 - K_1}{x_2 - x_1}$$

Beispiel

Die Erhöhung der Beschäftigung von 1.000 Stück (x_1) auf 1.400 Stück (x_2) führt zu einem Anstieg der Kosten von 40.000 € (K_1) auf 48.000 € (K_2).

$$K' = k = \frac{K_2 - K_1}{x_2 - x_1} = \frac{48.000 \text{ €} - 40.000 \text{ €}}{1.400 \text{ Stück} - 1.000 \text{ Stück}} = 20 \text{ €/Stück}$$

Die proportionalen Kosten je Stück betragen 20 €. Der Fixkostenbestandteil K_f an den Gesamtkosten K ergibt sich als:

$K_f = K_1 - (k_v \cdot x_1)$

    = 40.000 € - (20 €/Stück · 1.000 Stück)

    = 20.000 €

oder:

$K_f = K_2 - (k_v \cdot x_2)$

    = 48.000 € - (20 €/Stück · 1.400 Stück)

    = 20.000 €

Unabhängig vom Beschäftigungsgrad sind 20.000 € an fixen Kosten angefallen.

Die grafische Methode und die Methode der kleinsten Quadrate werden hier nicht behandelt.

5.1.7 Erfassung von Verbrauchsmengen und Bewertung

01. Welche Verfahren/Methoden zur Erfassung der Verbrauchsmengen gibt es?

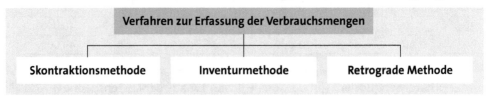

Skontraktions-methode	auch: Fortschreibungsmethode Alle Zu- und Abgänge werden fortlaufend erfasst und zwar in Lagerkartei-en, auf Lagerbegleitkarten oder mithilfe der EDV. Die Verbrauchsmengen ergeben sich aus der Summe der Abgänge lt. Materialentnahmescheinen. Verbrauch = Summe der Abgänge lt. Materialentnahmescheinen Der buchmäßige Endbestand ergibt sich als: Endbestand = Anfangsbestand + Zugang - Abgang Der buchmäßige Endbestand ist mit dem Ergebnis der Inventur zu verglei-chen.
Inventur-methode	auch: Bestandsdifferenzrechnung, Befundrechnung Hierbei wird auf die laufende Erfassung der Zu- und Abgänge verzichtet. Der Lagerbestand wird mithilfe von körperlichen Inventuren ermittelt. Ver-bräuche können dann entsprechend errechnet werden. Verbrauch = Anfangsbestand + Zugang - Endbestand
Retrograde Methode	auch: Rückrechnung Hierbei wird der Verbrauch erst nach dem Produktionsprozess aus der tat-sächlich hergestellten Stückzahl ermittelt. Von der Anzahl der herstellten Erzeugnisse wird mithilfe von Stücklisten oder Rezepturen auf den Ver-brauch geschlossen. (Soll-)Verbrauch = Erzeugnismenge • (Soll-)Verbrauch je Einheit

Quelle: *Olfert* 2013, S. 93 - 96; *Griga* 2017, S. 94 - 95.

02. Wie erfolgt die Bewertung des Materialverbrauchs in der KLR?

Die Bewertung des Materialverbrauchs kann erfolgen zu

1. den **Anschaffungskosten**; dabei gibt es drei Möglichkeiten:

   1.1 tatsächliche Anschaffungskosten

   1.2 Sammelbewertungsverfahren

   1.3 Verbrauchsfolgeverfahren

2. einem festen **Verrechnungspreis**

3. dem erwarteten **Wiederbeschaffungspreis**.

zu 1.1 Bewertung zu den tatsächlichen Anschaffungskosten:

Laut § 255 Abs. 1 HGB gehören zu den Anschaffungskosten sämtliche Aufwendungen, die geleistet werden, um einen Vermögensgegenstand zu erwerben und ihn in einen betriebsbereiten Zustand zu versetzen:

	Anschaffungspreis
+	Anschaffungsnebenkosten (Frachten, Provisionen, Versicherungen, Montage)
-	Anschaffungspreisminderungen (Skonti, Rabatte, Boni, Preisnachlässe)
±	Nachträgliche Anschaffungskosten
=	**Anschaffungskosten**

Der **steuerliche** Anschaffungskostenbegriff stimmt mit dem **handelsrechtlichen** überein. Die anrechenbare **Vorsteuer gehört nicht zu den Anschaffungskosten** (bei vorsteuerabzugsberechtigten Steuerpflichtigen). Diese Einzelbewertung bietet sich an, wenn die Materialien sofort verbraucht werden bzw. keinen Preissteigerungen unterliegen.

zu 1.2 Sammelbewertungsverfahren:

Es werden zur Bewertung des Materialverbrauchs Durchschnittswerte verwendet, z. B.:

- ▶ permanenter Durchschnitt (nach jedem Zugang wird der Durchschnittspreis ermittelt)

- ▶ periodischer Durchschnitt (Mittelwert des gewogenen Preises des Anfangsbestandes und aller Zugänge einer Periode)

zu 1.3 Verbrauchsfolgeverfahren:

Es werden – je nach Verbrauchsfolge – fiktive Anschaffungspreise unterstellt.

Bekannt sind u. a.:

- ▶ Fifo: First in first out; die zuerst gekauften Materialien werden auch zuerst verbraucht.

- ▶ Lifo: Last in first out; die zuletzt gekauften Materialien werden zuerst verbraucht.

- ► Hifo: Highest in first out; die am teuersten gekauften Materialien werden zuerst verbraucht.

- ► Lofo: Lowest in first out; die am billigsten gekauften Materialien werden zuerst verbraucht.

zu 2. **Fester Verrechnungspreis:**

Nach innerbetrieblichen Gesichtspunkten werden feste Verrechnungspreise gebildet, die für eine längere Zeit konstant bleiben. Damit sollen bewusst externe Preisschwankungen ausgeglichen werden (Kontinuität der Kostenrechnung). Verrechnungspreise haben besondere Bedeutung bei der Kuppelproduktion, der innerbetrieblichen Leistungsverrechnung und der Abrechnung zwischen Konzernunternehmen.

zu 3. **Wiederbeschaffungspreis:**

Mit diesem Wertansatz soll die Substanzerhaltung gesichert werden. Der Wiederbeschaffungswert kann allerdings nur geschätzt werden. Vereinfachend kann daher auch bei Materialzugängen der jeweils aktuelle Tageswert angesetzt werden.

5.1.8 Kosteneinflussfaktoren, Kostenabhängigkeiten und Kostenbestimmungsfaktoren

01. Was sind Kostenbestimmungsfaktoren?

Kostenbestimmungsfaktoren (synonym: Kosteneinflussfaktoren, Kostendeterminanten) sind alle Variablen, die die Kostenhöhe beeinflussen.

02. Welche Kostenbestimmungsfaktoren sind besonders Gegenstand der Betrachtung im Rahmen des Kostenmanagements?

In den nachfolgenden Beispielen für Kostendeterminanten wird eine lineare Kostenfunktion vom Typ $K = K_f + K_v = K_f + x \cdot k_v$ unterstellt.

Beschäftigung	Die Beschäftigung gehört zu den zentralen Kostenbestimmungsfaktoren. Wird die Beschäftigung ausgedehnt, sinken die fixen Stückkosten (Effekt der Fixkostendegression).
	Bei einer Ausdehnung der technischen Kapazität ist das Problem der sprungfixen Kosten zu beachten.
	Im Umkehrfall – bei einem Rückgang der Beschäftigung – gilt dies nicht gleichermaßen (Kostenremanenz).

Faktorqualität	Als Faktorqualität bezeichnet man die Summe der relevanten Eigenschaften eines Produktionsfaktors. Sinkt die Faktorqualität, kann dies zu unerwünschten Folgekosten im Prozess führen (Nacharbeit, Austausch, Reklamationen, Zeitverzögerung). Wird die Faktorqualität bewusst erhöht, z. B. durch Einsatz hochwertigerer Baukomponenten oder Öle, so steigen die Beschaffungskosten, während ggf. die Instandhaltungskosten sinken.
Faktorpreise	Die Faktorpreise sind zum Teil für die Unternehmung ein Datum (vgl. die Entwicklung der Rohstoffpreise am Weltmarkt). Sie können indirekt durch eine Reihe von Maßnahmen beeinflusst werden, z. B.: Substitution, d. h. Ausweichen auf einen Werk- oder Energiestoff mit gleichen/ähnlichen Eigenschaften; höhere Einkaufsmengen mit vorteilhaften Rabatten, die jedoch einen Anstieg der Lagerkosten zur Folge haben.
Faktor-verbräuche	Ein Anstieg der Verbrauchsmengen führt zu höheren Kosten. Dies ist dann i. d. R. unproblematisch, wenn die Ausbringung im gleichen Verhältnis steigt. Zu beachten ist aber auch der Fall, in dem die Verbrauchsmenge überproportional ansteigt, weil die Anlagen mit höherer Intensität gefahren werden (Mehrarbeit, Überschreiten der technischen Kapazität, Anstieg der Fehlerhäufigkeit). Ungeplante Faktorverbräuche können sich auch aus der mangelhaften Qualifikation bzw. der ungenügenden Motivation der Mitarbeiter ergeben (vermeidbarer Ausschuss, unnötige Verschwendung).
Faktor-kombination	Eine bestimmte Ausbringungsmenge wird auf der Grundlage einer bestimmten Faktorkombination (z. B. Mensch-Maschine-Kombination; vgl. Isoquantentheorie) erstellt und führt damit zu einer bestimmten Kostenhöhe und -struktur. Menschliche Arbeit und Maschinenarbeit sind begrenzt substituierbar. Ziel des Kostenmanagements ist es u. a., diejenigen Faktorkombinationen zu ermitteln, die in der spezifischen Betriebssituation (Größe, Auslastung usw.) die geringsten Kosten verursachen.
Betriebsgröße	Je größer ein Betrieb ist, desto höher sind i. d. R. die von der Produktionsmenge unabhängigen Kosten der Betriebsbereitschaft (z. B. Mietkosten, Leasingkosten, zeitabhängige Abschreibung für Maschinen). Dagegen kann die Erhöhung der Betriebsgröße auch zu Kosteneinsparungen führen (z. B. verbesserte Einkaufskonditionen, technologisch hochwertiger Maschinenpark mit geringeren variablen Stückkosten, Synergien in der Zusammenarbeit der innerbetrieblichen Abteilungen).
Fertigungs-programm	Das Fertigungsprogramm bestimmt die Kombination der Produktionsfaktoren. Werden Produkte aus dem Programm genommen oder diesem hinzugefügt, verändert sich damit die Kostenhöhe und i. d. R. auch die Kostenstruktur.
Kostenbewusst-sein der Mitarbeiter	Die Unternehmensführung muss durch Information und Motivation den Mitarbeitern ein wirksames Kostenbewusstsein vermitteln. Ressourcenverschwendung führt zu einem Aufwand, dem keine Leistung gegenübersteht (Ausschuss, Abfall, Fertigungsfehler, Zeitverschwendung u. Ä.).

Daneben gibt es weitere Kostenbestimmungsfaktoren, die kurzfristig von den Unternehmen nicht beeinflusst werden können, z. B.:

► Steuersätze

► gesetzliche Arbeitszeiten

► rechtliche Rahmenbedingungen (Arbeits- und Gesundheitsschutz, Umweltschutz).

Quelle: in Anlehnung an: *Wöhe, G.,* a. a. O., S. 360 ff.

5.2 Beherrschen der Kalkulationsmethoden zur Verrechnung der Kosten auf betriebliche Funktionsbereiche (Kostenstellen), auf Leistungen oder einzelne Leistungseinheiten

5.2.1 Kostenverrechnung

01. Was ist Ziel der Kostenverrechnung?

Ziel der Kostenverrechnung ist es, die Kosten auf die Bezugsobjekte (Kostenstellen oder Kostenträger) so umzulegen, wie es den betrieblichen Gegebenheiten entspricht und dabei Aufwand und Nutzen der Erfassung und Verrechnung zu beachten. Nur die Anwendung des „richtigen" Verteilungsprinzips kann gewährleisten, dass die für die jeweilige Entscheidung relevanten Kosten dargestellt werden.

02. Welche Grundsätze der Kostenverrechnung sind zu unterscheiden?

Die Kostenverrechnung kann u. a. nach folgenden Grundsätzen (auch: Prinzipien) vorgenommen werden:

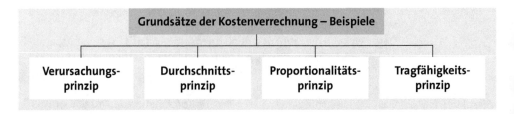

Grundsätze der Kostenverrechnung – Beispiele			
Verursachungs-prinzip	Durchschnitts-prinzip	Proportionalitäts-prinzip	Tragfähigkeits-prinzip

Prinzipien der Kostenverrechnung	
Verursachungs-prinzip	Nur die tatsächlich von einer Kostenstelle bzw. von einem Kostenträger verursachten Kosten dürfen dieser bzw. diesem zugerechnet werden. Fixe Kosten können dem Bezugsobjekt nicht zugerechnet werden, da sie durch den Aufbau der Betriebsbereitschaft bedingt sind. Dieses Prinzip erfordert die Teilkostenrechnung. Nach Möglichkeit sollte immer das Verursachungsprinzip angewandt werden.

Prinzipien der Kostenverrechnung	
Durchschnitts-prinzip	Ermittlung des Kostenbetrages, der im Durchschnitt auf die einzelnen Leistungsträger entfällt. Dieses Prinzip erfordert die Vollkostenrechnung. Beim Einproduktunternehmen werden die Gesamtkosten durch die Gesamtheit der Leistungseinheiten dividiert. Beim Mehrproduktunternehmen werden die Gemeinkosten mithilfe geeigneter Verteilungsschlüssel umgelegt.
Proportionalitäts-prinzip	Es wird unterstellt, dass sich die zu verteilenden Gemeinkosten proportional zu bestimmten Bezugsgrößen verhalten. Mithilfe geeigneter Verteilungsschlüssel erfolgt eine Umlage auf die Leistungsträger. Eine tatsächlich verursachungsgerechte Umlage kann jedoch nur bei linearem Kostenverlauf erzielt werden.
Tragfähigkeits-prinzip	Den Leistungsträger werden die Kosten in Abhängigkeit von ihrer individuellen Belastbarkeit zugerechnet. Als Indikator für die Belastbarkeit gelten z. B. Preis, Umsatz oder Deckungsbeitrag. Die Regel ist: Je höher z. B. der Umsatz eines Leistungsträgers, desto höher sind die zuzurechnenden Kosten.

5.2.2 Kostenstellenrechnung

01. Welche Aufgabe erfüllt die Kostenstellenrechnung?

Die Kostenstellenrechnung ist nach der Kostenartenrechnung die zweite Stufe innerhalb der Vollkostenrechnung. Sie hat die Aufgabe, die Gemeinkosten verursachungsgerecht auf die Kostenstellen zu verteilen, die jeweiligen Zuschlagsätze für die Kalkulation zu ermitteln und den Kostenverbrauch zu überwachen. Die zentrale Fragestellung lautet:

Wo sind die Kosten entstanden?

02. Was ist eine Kostenstelle?

Kostenstellen sind nach bestimmten Grundsätzen abgegrenzte Tätigkeits- oder Verantwortungsbereiche des Gesamtunternehmens, in denen die dort entstandenen Kostenarten verursachungsgerecht gesammelt werden.

03. Welchen Kostenstellen werden unterschieden?

Um die Übersichtlichkeit zu erleichtern, werden die Kostenstellen in Abhängigkeit von ihrer Beteiligung an der Leistungserstellung gegliedert:

► **Hauptkostenstellen**, in denen unmittelbar an der Dienstleistung/Erzeugnis gearbeitet wird. Im Industriebetrieb **(für die Prüfung wichtig!)**: Material, Fertigung, Verwaltung, Vertrieb.

▶ **Hilfskostenstellen**, die nicht direkt an der Erstellung der Dienstleistungen/Erzeugnisse beteiligt sind, sondern der Aufrechterhaltung des Leistungsprozesses dienen (z. B. technische Betriebsleitung, Arbeitsvorbereitung, Konstruktion).

▶ **Allgemeine Kostenstellen** erbringen allgemeine Dienstleistungen für die anderen Kostenstellen. Sie können keiner betrieblichen Funktion ausschließlich zugeordnet werden, z. B. Fuhrpark, Grundstücksverwaltung, Kantine usw.

 MERKE

> Die Hilfskosten- und die allgemeinen Kostenstellen werden im Rahmen der Kostenstellenrechnung (im Betriebsabrechnungsbogen) auf die Hauptkostenstellen umgelegt (sog. Sekundärkosten). Zuschlagssätze werden „nur" für die Hauptkostenstellen ermittelt.

Verbreitet ist auch die Einteilung der Kostenstellen nach abrechnungstechnischen Gesichtspunkten:

▶ **Endkostenstellen** verrechnen ihre Kosten direkt auf die Kostenträger.

▶ **Vorkostenstellen** verrechnen ihre Kosten auf andere Kostenstellen (Vor- oder Endkostenstellen).

Es gilt:

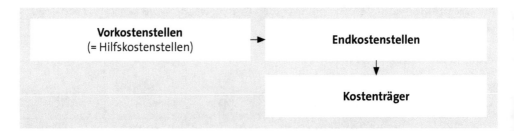

04. Nach welchen Merkmalen können Kostenstellen gebildet werden?

Quelle: *Krause/Krause/Krause/Stache/Zech* 2019, S. 225.

Im Allgemeinen wird ein Industriebetrieb in folgende Kostenstellengruppen aufgeteilt:

► **Kostenstellen**
  - Materialstellen
  - Fertigungsstellen
  - Verwaltungsstellen
  - Vertriebsstellen
► **Fertigungshilfsstellen**
► **Allgemeine Kostenstellen.**

05. Welche Aufgabe hat der Betriebsabrechnungsbogen (BAB)?

Der BAB ist die tabellarische Form der Kostenstellenrechnung. Er wird monatlich oder jährlich erstellt und ist **nach Kostenstellen** und **nach Kostenarten** gegliedert. Im BAB werden die Gemeinkosten nach Belegen oder nach geeigneten Verteilungsschlüsseln auf die Kostenstellen verteilt.

Anschließend erfolgt die Berechnung der Zuschlagssätze als Grundlage für die Kostenträgerstück- bzw. Kostenträgerzeitrechnung.

06. Wie erfolgt die Verteilung der Kostenarten auf die Kostenstellen?

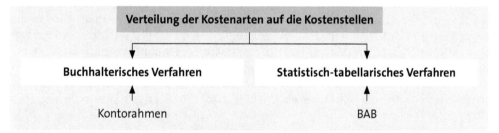

► **Buchhalterische** (kontenmäßige) **Aufteilung:**

Die Kosten der Kostenartenkonten werden verteilt auf die Kostenstellenkonten und weiterhin auf die Kostenträgerkonten. Unter Berücksichtigung der Lagerzu- und -abgänge und der Umsatzerlöse erfolgt eine Saldierung auf dem Konto Betriebsergebnis.

Unterstellt man vereinfacht, dass es keine Lagerbestände an fertigen und unfertigen Erzeugnissen gibt, d. h. alle in der Periode hergestellten Erzeugnisse auch verkauft wurden, weist daher bspw. lt. IKR das Konto 9900 Betriebsergebnis auf der Sollseite alle Kosten der Herstellung, des Vertriebs und der Verwaltung (Klasse 6/7) und auf der Habenseite die Umsatzerlöse/Leistungen (Klasse 5) aus.

Klasse 6/7	Klasse 5
Kosten	**Leistungen**
Klasse 9	
Betriebsergebnis	

► **Statistisch-tabellarisches** Verfahren unter Verwendung des BAB:

Im BAB werden die Gemeinkosten der Kostenartenrechnung auf die im Unternehmen eingerichteten Kostenstellen verteilt.

07. Wie erfolgt die Verrechnung der Gemeinkosten auf die Kostenstellen und die Ermittlung der Zuschlagssätze im Betriebsabrechnungsbogen (BAB)?

1. Schritt:
Die Gemeinkosten (Primärkosten) werden auf die Kostenstellen verteilt. Die Verteilung der Gemeinkosten kann direkt auf Basis von Belegen vorgenommen werden, diese Gemeinkosten werden als **Kostenstellen-Einzelkosten** bezeichnet.

Die Gemeinkosten können aber auch auf Basis von Verteilungsgrößen, z. B. m² für Miete usw., verteilt werden. Diese Gemeinkosten werden als **Kostenstellen-Gemeinkosten** bezeichnet. Nachdem alle Gemeinkosten auf die Kostenstellen verteilt wurden, werden in der Zeile „Summe Gemeinkosten" die Gemeinkosten für die jeweiligen Kostenstellen ermittelt.

2. Schritt:
Da die Zuschlagssätze „nur" für die Hauptkostenstellen ermittelt werden, müssen die allgemeinen Kostenstellen und die Hilfskostenstellen auf die Hauptkostenstellen verteilt (umgelegt) werden. Man spricht von einer innerbetrieblichen Leistungsverrechnung. Die Kosten, die eine Kostenstelle aufgrund der Kostenstellenumlage von einer anderen Kostenstelle „trägt", werden als Sekundärkosten bezeichnet. Es werden verschiedene Verfahren der innerbetrieblichen Leistungsverrechnung unterschieden. Dies sind z. B.:

► das **Stufenleiterverfahren**

► das **Blockverfahren oder**

► das **Gleichungsverfahren**.

3. Schritt:
Nachdem die innerbetriebliche Leistungsverrechnung (Kostenstellenumlage) abgeschlossen ist, erhält man die Zeile „Stellengemeinkosten".

Die Stellengemeinkosten werden dann ins Verhältnis gesetzt zu der ins Verhältnis gesetzt zum Fertigungsmaterial und man erhält den Materialgemeinkostenzuschlagssatz.

$$\text{Gemeinkostenzuschlagssatz} = \frac{\text{Gemeinkosten}}{\text{Zuschlagsbasis}} \cdot 100$$

$$\text{Materialgemeinkostenzuschlagssatz} = \frac{\text{Materialgemeinkosten}}{\text{Fertigungsmaterial}} \cdot 100$$

	Kostenstellen					
	Allgemeine Kostenstellen	Materialbereich	Fertigungsbereich		Verwaltung	Vertrieb
			Fertigungshilfskostenstellen	Fertigungshauptkostenstellen		
Gemeinkosten						
Gehälter	Verteilung der Kostenstellen-Einzelkosten anhand von Belegen					
...						
Miete						
Versicherung	Verteilung der Kostenstellen-Gemeinkosten anhand von Verteilungsschlüsseln					
...						
Summe Gemeinkosten						
Umlage Allgemeine Kostenstellen						
Umlage Hilfskostenstellen						
Stellengemeinkosten						
Zuschlagsbasis						
Zuschlagssatz						

08. Wie ist der Betriebsabrechnungsbogen (BAB) als Hilfsmittel der Kostenstellenrechnung strukturiert?

Die inhaltlichen und rechnerischen Zusammenhänge werden anhand eines einfachen BAB dargestellt (vier Kostenstellen, ohne Hilfskostenstellen, ohne allgemeine Kostenstellen; die im BAB eingezeichneten Pfeile verdeutlichen die Berechnung des Zahlenmaterials):

Allgemeines Beispiel

Gemein-kostenarten	Zahlen der Buchhal-tung in €	Verteilungsschlüssel	Kostenstellen			
			I	II	III	IV
			Material	Ferti-gung	Verwal-tung	Vertrieb
Hilfsstoffe	18.398	Mat.entn.scheine	1.850	16.350	0	198
Hilfslöhne	41.730	Lohnlisten	14.150	26.580	520	480
AfA	63.460	Anlagendatei	6.210	43.450	6.380	7.420
...	...			...	...	...
usw.	...			...	...	...
Summe	245.396	**aufgeschlüsselt:**	23.903	142.700	60.610	18.183
			MGK	FGK	VwGK	VtGK
	MEK	217.300	**Zuschlagsgrundlage:**	MEK	FEK ●	HKU
+	MGK	23.903		217.300	170.000	363.660	363.660
+	FEK	170.000	**Zuschlagssätze:**	11,00 %	83,94 %	16,67 %	5,00 %
+	FGK	142.700					
-	BV	- 190.243					
=	HKU	**363.660**					

Beispiele

Beispiel 1 (einfacher BAB):

In einer Rechnungsperiode liefert die Buchhaltung nachfolgende Gemeinkosten, die entsprechend den angegebenen Schlüsseln zu verteilen sind. Es existieren vier Hauptkostenstellen: Material, Fertigung, Verwaltung und Vertrieb:

Gemeinkosten	€	Verteilungsschlüssel
Gemeinkostenmaterial	9.600	3 : 6 : 2 : 1
Hilfslöhne	36.000	2 : 14 : 5 : 3
Sozialkosten	6.600	1 : 3 : 1,5 : 0,5
Steuern	23.100	1 : 3 : 5 : 2
Sonstige Kosten	7.000	2 : 4 : 5 : 3
Abschreibung (AfA)	8.400	2 : 12 : 6 : 1

Die Verteilung der Gemeinkosten auf die Kostenstellen erfolgt beim einfachen BAB in folgenden Schritten:

1. Erstellen des BAB-Schemas

2. Verteilung der Gemeinkosten nach den vorgegebenen Schlüsseln

3. Addition der Kosten der Hauptkostenstellen

4. Probe: Die Summe aller Gemeinkosten aus der Buchhaltung ist gleich der Summe aller Kosten der Hauptkostenstellen.

Achtung
Werden kalkulatorische Kosten angesetzt, ergeben sich Differenzen zwischen Finanzbuchhaltung und KLR in Höhe der kalk. Kosten zu den betreffenden Aufwendungen der Finanzbuchhaltung.

Einfacher BAB (Beispiel 1)						
Gemeinkosten	Zahlen der Buchhaltung	Verteilungs-schlüssel	Material	Ferti-gung	Verwal-tung	Vertrieb
GKM	9.600	3 : 6 : 2 : 1	2.400	4.800	1.600	800
Hilfslöhne	36.000	2 : 14 : 5 : 3	3.000	21.000	7.500	4.500
Sozialkosten	6.600	1 : 3 : 1,5 : 0,5	1.100	3.300	1.650	550
Steuern	23.100	1 : 3 : 5 : 2	2.100	6.300	10.500	4.200
Sonstige Kosten	7.000	2 : 4 : 5 : 3	1.000	2.000	2.500	1.500
AfA	8.400	2 : 12 : 6 : 1	800	4.800	2.400	400
Summen	**90.700**		**10.400**	**42.200**	**26.150**	**11.950**

Beispiel 2 (mehrstufiger BAB):

In einer Rechnungsperiode liefert die Buchhaltung nachfolgende Gemeinkosten, die entsprechend den angegebenen Schlüsseln zu verteilen sind. Es existieren die Kostenstellen: Allgemeine Kostenstelle, Materialstelle, Fertigungshilfsstelle, Fertigungsstelle A und B, Verwaltungsstelle und Vertriebsstelle. Die Umlage der Allgemeinen Kostenstelle ist nach dem Schlüssel 6 : 15 : 10 : 8 : 6 : 5 durchzuführen; die Fertigungshilfsstelle ist auf die Fertigungsstellen A und B im Verhältnis 6 : 4 zu verteilen.

Gemeinkosten	€	Verteilungsschlüssel
Gemeinkostenmaterial (GKM)	50.000	1 : 3 : 8 : 4 : 0 : 0 : 0
Gehälter	200.000	2 : 4 : 3 : 3 : 2 : 8 : 3
Sozialkosten	45.000	2 : 4 : 3 : 3 : 2 : 8 : 3
Steuern	60.000	1 : 2 : 3 : 2 : 1 : 2 : 1
Abschreibung (AfA)	160.000	2 : 4 : 6 : 7 : 2 : 3 : 1

Die Verteilung der Gemeinkosten auf die Kostenstellen erfolgt beim mehrstufigen BAB in folgenden Schritten:

1. Erstellen des BAB-Schemas
2. Verteilung der Gemeinkosten nach den vorgegebenen Schlüsseln
3. Umlage der Allgemeinen Kostenstelle
4. Umlage der Hilfskostenstelle
5. Addition der Kosten der Hauptkostenstellen
6. Probe: Die Summe aller Gemeinkosten aus der Buchhaltung ist gleich der Summe aller Kosten der Hauptkostenstellen.

Achtung
Kalkulatorische Kosten

Mehrstufiger BAB (Beispiel 2)								
Gemein-kosten	Zahlen der KLR	Allge-meine Kosten-stelle	Hilfs-kosten-stelle	Material	Fertigungsstellen		Verwal-tung	Vertrieb
					A	B		
GKM	50.000	3.125	9.375	–	25.000	12.500	–	–
Gehälter	200.000	16.000	32.000	16.000	24.000	24.000	64.000	24.000
Sozial-kosten	45.000	3.600	7.200	3.600	5.400	5.400	14.400	5.400
Steuer	60.000	5.000	10.000	5.000	15.000	10.000	10.000	5.000
AfA	160.000	12.800	25.600	12.800	38.400	44.800	19.200	6.400
Summe	515.000	40.525	84.175					
Umlage der Allg. Kostenstelle		4.863	6.484	12.157,50	8.105	4.863	4.052,50
Summe			89.038					
Umlage der Fertigungshilfsstelle					53.422,80	35.615,20		
Summe				43.884,00	173.380,30	140.420,20	112.463,00	44.852,50

09. Wie werden die Zuschlagssätze für die Kalkulation ermittelt?

Bei der differenzierten Zuschlagskalkulation (auch: selektive Zuschlagskalkulation) werden die Gemeinkosten nach Bereichen getrennt erfasst und die Zuschlagssätze differenziert ermittelt:

$$\text{Materialgemeinkostenzuschlag} = \frac{\text{Materialgemeinkosten}}{\text{Materialeinzelkosten}} \cdot 100$$

$$MGKZ = \frac{MGK}{MEK} \cdot 100$$

$$\text{Fertigungsgemeinkostenzuschlag} = \frac{\text{Fertigungsgemeinkosten}}{\text{Fertigungseinzelkosten}} \cdot 100$$

$$FGKZ = \frac{FGK}{FEK} \cdot 100$$

$$\text{Verwaltungsgemeinkostenzuschlag} = \frac{\text{Verwaltungsgemeinkosten}}{\text{Herstellkosten des Umsatzes}} \cdot 100$$

$$VwGKZ = \frac{VwGK}{HKU} \cdot 100$$

$$\text{Vertriebsgemeinkostenzuschlag} = \frac{\text{Vertriebsgemeinkosten}}{\text{Herstellkosten des Umsatzes}} \cdot 100$$

$$VtrGKZ = \frac{VtrGK}{HKU} \cdot 100$$

Dabei sind die Herstellkosten des Umsatzes:

	Materialeinzelkosten
+	Materialgemeinkosten
+	Fertigungseinzelkosten
+	Fertigungsgemeinkosten
=	**Herstellkosten der Erzeugung**
+/-	Bestandsveränderungen (+ Minderbestand/- Mehrbestand)
=	**Herstellkosten des Umsatzes**

Sind keine Bestandsveränderungen zu berücksichtigen – sind also alle in der Periode hergestellten Erzeugnisse verkauft worden – so gilt:

Herstellkosten der Erzeugung = Herstellkosten des Umsatzes

10. Wie können innerbetriebliche Leistungen verrechnet werden?

Findet ein Leistungsaustausch zwischen Kostenstellen statt, so ist eine Verrechnung der innerbetrieblichen Leistungen notwendig. Die innerbetriebliche Leistungsverrechnung (IBL) kann in folgender Weise durchgeführt werden:

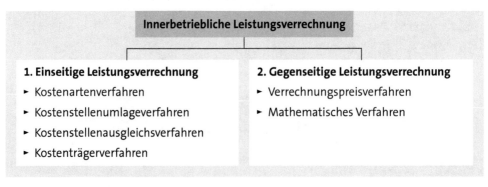

Innerbetriebliche Leistungsverrechnung

1. Einseitige Leistungsverrechnung
- Kostenartenverfahren
- Kostenstellenumlageverfahren
- Kostenstellenausgleichsverfahren
- Kostenträgerverfahren

2. Gegenseitige Leistungsverrechnung
- Verrechnungspreisverfahren
- Mathematisches Verfahren

Quelle: *Olfert* 2013, S. 180.

1. **Einseitige Leistungsverrechnung:**

   Hier wird vorausgesetzt, dass die leistende Kostenstelle keine Leistung von der empfangenden Kostenstelle erhält (Leistungen fließen nur in eine Richtung). Daher ist die richtige Reihenfolge der Kostenstellen im BAB zu beachten.

Kostenarten-verfahren	Das Verfahren ist einfach aber ungenau und nur anwendbar, wenn die innerbetrieblichen Leistungen in Hauptkostenstellen erbracht werden: Nur die Einzelkosten der Eigenleistungen werden erfasst und auf die leistungsempfangenden Kostenstellen als Gemeinkosten verrechnet. Die Gemeinkosten der leistenden Kostenstelle werden nicht weiterverrechnet, sondern verbleiben an dieser Stelle.
Kostenstellen-umlageverfahren	Im Gegensatz zum Kostenartenverfahren werden die gesamten primären Gemeinkosten der Hilfskostenstellen erfasst und als sekundäre Gemeinkosten auf die Hauptkostenstellen weiterverrechnet.
	Anbauverfahren: Hilfskostenstellen werden nur über die Hauptkostenstellen abgerechnet.
	Stufenleiterverfahren (vgl. Beispiel nächste Seite): Näherungsmethode zur schrittweisen Berechnung der innerbetrieblichen Verrechnungssätze. Dabei werden bei jeder abzurechnenden Hilfskostenstelle die empfangenen Leistungen der Hilfskostenstellen, die noch nicht abgerechnet sind, vernachlässigt.
Kostenstellen-ausgleichsverfahren	Ebenso wie beim Kostenartenverfahren werden bei den leistungsempfangenden Kostenstellen die Einzelkosten unmittelbar belastet. Es werden allerdings auch die Gemeinkosten auf die empfangenden Kostenstellen verrechnet. Da diese aber schon in den Gemeinkosten der leistenden Stellen verbucht sind, müssen sie bei den leistenden Stellen abgesetzt (Gutschrift) und den empfangenden Stellen zugeschrieben (Belastung) werden.
Kostenträger-verfahren	Innerbetriebliche Leistungen werden als Kostenträger behandelt und wie Absatzleistungen abgerechnet. Die entstandenen Kosten werden, wenn die Leistungen in der gleichen Periode verbraucht werden, den empfangenen Stellen belastet und den leistenden Stellen gutgeschrieben.

Quelle: *Olfert* 2013, S. 180 - 188.

2. **Gegenseitige Leistungsverrechnung:**

   Verrechnungspreis-Verfahren:

   Vor allem in größeren Unternehmen, deren Betriebe und Kostenstellen in stärkerem Maße Leistungen untereinander austauschen, werden zur Abrechnung des Leistungsaustausches im Voraus innerbetriebliche Verrechnungspreise gebildet, die dann für einen längeren Zeitraum gelten (fester Verrechnungspreis). Nachteil der Festpreisbildung: Die Abrechnung führt auf den Hilfskostenstellen zu Kostenüber-/Kostenunterdeckungen. Die Festpreisbildung kann sich orientieren an Marktpreisen, Plankosten oder Normalkosten.

Nr.	Kostenart	Summe	W	K	R	H	P	V	V	Wache	Kantine	Reparatur	Hauptlager	Produktion	Verwaltung	Vertrieb
										Allgemeine Kostenstellen				**Hauptkostenstellen**		
1	Fert.material	330.000											330.000			
2	Fert.löhne	150.000												150.000		
3	LohnGK	18.000	2	1	2	4	12	2	6	1.241,38	620,69	1.241,38	2.482,76	7.448,28	1.241,38	3.724,14
4	Sozialkosten	60.000	3	1	2	5	10	2	7	6.000,00	2.000,00	4.000,00	10.000,00	20.000,00	4.000,00	14.000,00
5	Instandhaltung	10.000	1	2	1	3	8	5	4	416,67	833,33	416,67	1.250,00	3.333,33	2.083,33	1.666,67
6	Energie	77.000	2	4	2	3	2	3	5	3.948,72	7.897,44	3.948,72	5.923,08	3.948,72	5.923,08	9.871,79
7	Kfz	65.000	8	0	1	12	2	15	22	8.666,67	0,00	1.083,33	13.000,00	2.166,67	16.250,00	23.833,33
8	Versicherung	35.000	2	3	1	32	15	4	10	1.044,78	1.567,16	522,39	16.716,42	7.835,82	2.089,55	5.223,88
9	Sonstiges	51.000	2	5	2	12	28	5	3	1.789,47	4.473,68	1.789,47	10.736,84	25.052,63	4.473,68	2.684,21
10	Kalk. AfA	22.000	2	3	1	14	42	10	6	564,10	846,15	282,05	3.948,72	11.846,15	2.820,51	1.692,31
11	Kalk. Zins	12.000	1	2	1	8	16	12	8	250,00	500,00	250,00	2.000,00	4.000,00	3.000,00	2.000,00
12	Summe GK 1	350.000,00								23.921,79	18.738,45	13.534,01	66.057,81	121.170,06	41.881,54	64.696,33
13	Uml. Wache	23.921,78		1	1	12	25	6	3		498,37	498,37	5.980,45	12.459,26	2.990,22	1.495,11
14	Summe GK 2	350.000,00									19.236,83	14.032,38	72.038,26	133.629,32	44.871,76	66.191,44
15	Uml. Kant.	19.236,83			2	8	32	2	8			739,88	2.959,51	11.838,05	739,88	2.959,51
16	Summe GK 3	350.000,00										14.772,26	74.997,77	145.467,37	45.611,64	69.150,96
17	Uml. Reparatur.	14.772,26				10	33	0	2				3.282,72	10.832,99	0,00	656,54
18	Summe GK 4	350.000,00											78.280,50	156.300,36	45.611,64	69.807,50
19	Gesamtkosten	830.000,00											408.280,50	306.300,36	45.611,64	69.807,50
20	HKU														740.580,86	
21	Ist-Zuschlagssätze												23,72 %	104,20 %	6,16 %	9,43 %

Informationen		Wert	Bestandsänderung
Lager Halbprodukte	AB	45.000,00	-20.000,00
	SB	25.000,00	
Lager Fertigprodukte	AB	66.000,00	-6.000,00
	SB	60.000,00	

Mathematisches Verfahren (auch: Gleichungsverfahren):

Zur Lösung des Problems der Leistungsverrechnung wird ein Gleichungssystem aufgestellt, das in der Praxis mit Unterstützung der EDV bearbeitet wird. Für n verschiedene in den Leistungsaustausch einbezogene Kostenstellen soll z. B. folgendes Gleichungssystem gelten:

$$A_1x_1 = B_1 + a_{11}x_1 + a_{12}x_2 + \dots + a_{1n}x_n$$
$$A_2x_2 = B_2 + a_{21}x_1 + a_{22}x_2 + \dots + a_{2n}x_n$$
$$\dots$$
$$\dots$$
$$\dots$$
$$A_nx_n = B_n + a_{n1}x_1 + a_{n2}x_2 + \dots + a_{nn}x_n$$

Dabei ist:

A_i Gesamtleistung der Kostenstelle i in Mengeneinheiten pro Abrechnungsperiode

B_i Primäre Kosten der Kostenstelle i

a_{ij} Leistung der Kostenstelle j an Kostenstelle i in Mengeneinheiten pro Abrechnungsperiode

x_i Verrechnungspreis pro Leistungseinheit der Kostenstelle i

A_i, B_i und a_{ij} müssen bekannt sein.

Iterationsverfahren:

Anstelle des Gleichungsverfahren lässt sich auch das Iterationsverfahren einsetzen: Man wendet den Rechengang der Divisionskalkulation mehrfach auf die verflochtenen Kostenstellen an, bis der entstehende Fehlbetrag klein genug ist:

Beispiel

(vereinfacht)

Angenommen ein Kraftwerk gibt innerbetrieblich 200.000 kWh ab, davon 50.000 kWh an das Wasserwerk. Die anteilige Leistungsabgabe an das Wasserwerk beträgt also 50/200. Das Wasserwerk gibt insgesamt 40.000 cbm ab, davon 10.000 cbm an das Kraftwerk. Seine anteilige Leistungsabgabe beträgt also 10/40. Die umzulegenden Gemeinkosten beim Kraftwerk sind 3.000 €, die beim Wasserwerk sind 6.000 €.

	Kraftwerk	Wasserwerk
Geimkosten	3.000,00	6.000,00
Umlage	+ 1.790,00	**- 7.198,00**
	- 4.790,00	+ 1.198,00
Gemeinkosten	0,00	0,00

Kraftwerk	Leistungsabgabe	50/200 →		Wasserwerk
		← 10/40	Leistungsabgabe	
3.000,00 €	3.000 · 50/200 = 750	6.000 · 10/40 = 1.500		6.000,00 €
1.500,00 €	usw.	usw.		750,00 €
187,50 €				375,00 €
93,75 €				46,88 €
11,72 €				23,44 €
5,86 €				2,98 €
0,73 €				1,47 €
0,37 €				0,18 €
0,01 €				0,09 €
0,05 €				0,00 €
0,00 €				0,01 €
4.799,99 €				7.200,00 €

11. Wie wird die Kostenüber- bzw. Kostenunterdeckung ermittelt?

Am Ende einer Abrechnungsperiode werden die Normalgemeinkosten (auf der Basis von Normal-Zuschlagssätzen) mit den Istgemeinkosten (auf der Basis der Istgemeinkostenzuschläge) verglichen. Es gilt:

Normalgemeinkosten > Istgemeinkosten → Kostenüberdeckung
Normalgemeinkosten < Istgemeinkosten → Kostenunterdeckung

Berechnung der Normalgemeinkosten:

1.
Normalmaterialgemeinkosten = Istkosten/Material · Normalzuschlag

2.
Normalfertigungsgemeinkosten = Istkosten/Fertigung · Normalzuschlag

3.
Normalverwaltungsgemeinkosten = Normalkosten/Herstellung · Normalzuschlag

4.
Normalvertriebsgemeinkosten = Normalkosten/Herstellung · Normalzuschlag

Berechnung der Istgemeinkosten:

1.
Istmaterialgemeinkosten = Istkosten/Material · Istzuschlag

2.
Istfertigungsgemeinkosten = Istkosten/Fertigung · Istzuschlag

3.

> Istverwaltungsgemeinkosten = Istkosten/Herstellung • Istzuschlag

4.

> Istvertriebsgemeinkosten = Istkosten/Herstellung • Istzuschlag

Es empfiehlt sich, die Kostenüber- bzw. -unterdeckungen im BAB auszuweisen: Hierzu werden die Ist- und die Normalzuschlagssätze bzw. die Ist- sowie die Normalgemeinkosten im BAB ausgewiesen. Durch Saldierung ergibt sich die Über- bzw. Unterdeckung.

5.2.3 Kostenträgerstückrechnung (Kalkulationsverfahren)

01. Welche Kalkulationsverfahren werden unterschieden?

Je nach Produktionsverfahren und Art der Unternehmung werden verschiedene Kalkulationsverfahren angewendet. Die Grundregel lautet:

Das Produktionsverfahren bestimmt das Kalkulationsverfahren.

Der Rahmenplan nennt folgende, ausgewählte Verfahren der Kalkulation (mit Ausnahme der Kuppelproduktion lautet die Taxonomie „durchführen"; daher zählt dieser Teil mit zu den Prüfungsschwerpunkten innerhalb der Kosten- und Leistungsrechnung):

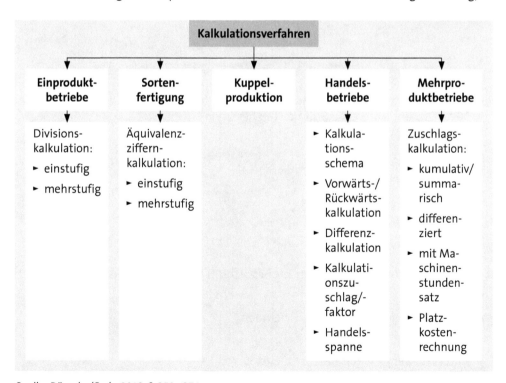

Quelle: *Däumler/Grabe* 2013, S. 259 - 274.

5.2.3.1 Divisionskalkulation

01. Wie ist das Verfahren bei der einstufigen Divisionskalkulation?

Voraussetzungen:

▸ Massenfertigung; Einproduktunternehmen (z. B. Energieerzeuger: Stadtwerke, Wasserwerke)

▸ einstufige Fertigung

▸ keine Kostenstellen

▸ keine Aufteilung in Einzel- und Gemeinkosten

▸ produzierte Menge = abgesetzte Menge; $x_P = x_A$

Berechnung:
Die Stückkosten (k) ergeben sich aus der Division der Gesamtkosten (K) durch die in der Abrechnungsperiode produzierte und abgesetzte Menge (x).

$$\text{Stückkosten} = \frac{\text{Gesamtkosten}}{\text{Ausbringungsmenge}}$$

$$k = \frac{K}{x}\ \text{€/Stk.}$$

Beispiel

Ein Einproduktunternehmen produziert und verkauft im Monat Januar 1.200 Stück bei 360.000 € Gesamtkosten. Die Stückkosten betragen:

$$k = \frac{K}{x}\ \text{€/Stk.} = \frac{360.000\ \text{€}}{1.200\ \text{Stück}} = 300\ \text{€/Stk.}$$

02. Wie ist das Verfahren bei der mehrstufigen Divisionskalkulation?

Voraussetzungen:

▸ Massenfertigung; Einproduktunternehmen

▸ zwei oder mehrstufige Fertigung

▸ produzierte Menge ≠ abgesetzte Menge; $x_P \neq x_A$

► Aufteilung der Gesamtkosten (K) in Herstellkosten (K_H) sowie Vertriebskosten ($K_{Vertr.}$) und Verwaltungskosten ($K_{Verw.}$)

► die Herstellkosten werden auf die produzierte Menge (x_P) bezogen, die Vertriebs- und Verwaltungskosten auf die abgesetzte Menge (x_A).

Berechnung: Bei einer einstufigen Fertigung ergibt sich folgende Berechnung:

$$\text{Stückkosten} = \frac{\text{Herstellkosten}}{\text{produzierte Menge}} + \frac{\text{Vertriebs- und Verwaltungskosten}}{\text{abgesetzte Menge}}$$

$$\text{Stückkosten} = \frac{K_H}{x_P} + \frac{K_{Vertr.} + K_{Verw.}}{x_A}$$

Man dividiert also

► die Herstellkosten durch hergestellte Menge

► die Vertriebs- und Verwaltungskosten durch abgesetzte Menge.

Beispiel

Ein Betrieb produziert im Monat Januar 1.200 Stück, von denen 1.000 verkauft werden.

Die Herstellkosten betragen 240.000 €, die Vertriebs- und Verwaltungskosten 120.000 €. Die Stückkosten sind:

$$\text{Stückkosten} = \frac{240.000\,€}{1.200\,\text{Stück}} + \frac{120.000\,€}{1.000\,\text{Stück}} = 200\,€/\text{Stk.} + 120\,€/\text{Stk.}$$

$$= 320\,€/\text{Stk.}$$

Analog geht man bei einer n-stufigen Fertigung vor: Die Kosten je Fertigungsstufe werden auf die entsprechenden Stückzahlen bezogen:

$$\text{Stückkosten} = \frac{K_{H1}}{x_{P1}} + \frac{K_{H2}}{x_{P2}} + ... + \frac{K_{Hn}}{x_{Pn}} + \frac{K_{Vertr.} + K_{Verw.}}{x_A}$$

Beispiel

Ein Unternehmen stellt das Produkt „Leimholzplatten" her, die an den Kunden in Einheiten von je 10 m² verkauft werden. In der ersten Fertigungsstufe werden 1.000 m² rohe Leimholzplatten zu 8 €/m² eingekauft und anschließend geschliffen. Die Betriebskosten für das „Schleifen" betragen 2.500 €. Erfahrungsgemäß entsteht dabei ein Ausschuss von 50 m². In der zweiten Fertigungsstufe wird die Ausbringung der ersten Fertigungsstufe lackiert. Die Kosten der zweiten Fertigungsstufe betragen 4.500 €. Dabei sind erfahrungsgemäß rund 10 % der Platten mit Fehlern behaftet und können nicht weiter bearbeitet werden. Die Ausbringung der zweiten Fertigungsstufe wird anschließend „klimatisiert" (technische Trocknung). Der Schwund beträgt dabei rund 5 m² und die Betriebskosten liegen bei 6.500 €. Als letzte Stufe der Fertigung muss die Ausbringungsmenge im Lager noch drei Monate „altern". Die Kosten für die Lagerhaltung wurden mit 4.500 € ermittelt.

Für Verwaltungs- und Vertriebskosten ist ein Zuschlag von 25 % zu berücksichtigen. Die verkaufte Menge betrug in der Periode 800 m².

Zu ermitteln sind die Herstellkosten der Fertigung, die Herstellkosten des Umsatzes und die Bestandsveränderung in Euro.

1. Fertigungsstufe	
Rohmaterial: 1.000 m² · 8 €/m²	8.000 €
Betriebskosten „Schleifen"	2.500 €
Summe (= Betriebskosten 1. Fertigungsstufe)	**10.500 €**

$$\text{Betriebskosten pro m}^2 = \frac{10.500 \text{ €}}{950 \text{ m}^2} = 11,05 \text{ €/m}^2$$

2. Fertigungsstufe	
Kosten der 1. Fertigungsstufe	10.500 €
Betriebskosten „Lackieren"	4.500 €
Summe (= Betriebskosten 2. Fertigungsstufe)	**15.000 €**

$$\text{Betriebskosten pro m}^2 = \frac{15.000 \text{ €}}{855 \text{ m}^2} = 17,54 \text{ €/m}^2$$

3. Fertigungsstufe	
Kosten der 2. Fertigungsstufe	15.000 €
Betriebskosten „Klimatisieren"	6.500 €
Summe (= Betriebskosten 3. Fertigungsstufe)	**21.500 €**

$$\text{Betriebskosten pro m}^2 = \frac{21.500 \text{ €}}{850 \text{ m}^2} = 25,29 \text{ €/m}^2$$

4. Fertigungsstufe	
Kosten der 3. Fertigungsstufe	21.500 €
Betriebskosten „Klimatisieren"	4.500 €
Summe (= Betriebskosten 4. Fertigungsstufe)	**26.000 €**

$$\text{Betriebskosten pro m}^2 = \frac{26.000 \text{ €}}{850 \text{ m}^2} = 30,59 \text{ €/m}^2$$

Herstellkosten der Fertigung pro m^2 (HKF)	30,59 €
+ 25 % Verwaltungs- und Vertriebskosten	7,65 €
Summe (= Herstellkosten des Umsatzes pro m^2)	38,24 €
Herstellkosten des Umsatzes insgesamt, 800 m^2 · 38,24 €	30.592,00 €

produzierte Stück in m^2	850
- verkaufte Stück in m^2	800
= Bestandsmehrung (= auf Lager genommen)	50
Bestandsmehrung in €, 50 m^2 · HKF	1.529,50 €

5.2.3.2 Sortenfertigung

01. Wie ist das Verfahren bei der einstufigen Divisionskalkulation mit Äquivalenzziffern?

Voraussetzungen:

► Sortenfertigung (gleichartige, aber nicht gleichwertige Produkte), z. B. Bier, Zigaretten, Ziegelei, Walzen von Blechen.

► Die Stückkosten der einzelnen Sorten stehen langfristig in einem konstanten Verhältnis; man geht von einer Einheitssorte (Bezugsbasis) aus, die die Äquivalenzziffer 1 erhält. Alle anderen Sorten erhalten Äquivalenzziffern im Verhältnis zur Einheitssorte; sind z. B. die Stückkosten einer Sorte um 40 % höher als die der Einheitssorte, so erhält sie die Äquivalenzziffer 1,4 usw. Äquivalenzziffern werden durch Messungen, Beobachtungen, Beanspruchung der Kosten entsprechend den betrieblichen Bedingungen ermittelt.

► produzierte Menge = abgesetzte Menge; $x_P = x_A$.

Beispiel

In einer Ziegelei werden drei Sorten hergestellt. Die Gesamtkosten betragen in der Abrechnungsperiode 104.400 €. Die produzierten Mengen sind: 30.000, 15.000, 20.000 Stück. Das Verhältnis der Kosten beträgt 1 : 1,4 : 1,8.

Sorte	Produzierte Menge (in Stk.)	Äquivalenz-ziffer	Rechen-einheiten (RE)	Stückkosten (in €/Stk.)	Gesamtkosten (in €)
	(1)	(2)	(3)	(4)	(5)
A	30.000	1,0	30.000	1,20	36.000
B	15.000	1,4	21.000	1,68	25.200
C	20.000	1,8	36.000	2,16	43.200
∑			87.000		104.400

Rechenweg:

1. Ermittlung der Äquivalenzziffern bezogen auf die Einheitssorte.
2. Die Multiplikation der Menge je Sorte mit der Äquivalenzziffer ergibt die Recheneinheit je Sorte

   (= Umrechnung der Mengen auf die Einheitssorte).
3. Die Division der Gesamtkosten durch die Summe der Recheneinheiten (RE) ergibt die Stückkosten der Einheitssorte: 104.000 € : 87.000 RE = 1,20 €/Stk.
4. Die Multiplikation der Stückkosten der Einheitssorte mit der Äquivalenzziffer je Sorte ergibt die

   Stückkosten je Sorte: 1,20 • 1,4 = 1,68
5. Spalte (5) zeigt die anteiligen Gesamtkosten je Sorte (z. B.: 1,68 • 15.000 = 25.200). Die Summe muss den gesamten Produktionskosten entsprechen (rechnerische Probe der Verteilung).

5.2.3.3 Kuppelproduktion

01. Was bezeichnet man als Kuppelproduktion?

Als Kuppelproduktion bezeichnet man Produktionsprozesse, bei denen aus technologischen Gründen zwangsläufig mehrere Produkte gleichzeitig entstehen.

Beispiele

für Kuppelprodukte (verbundene Produkte):

- ▸ Raffinerie: Heizöl → Schweröl → Bitumen
- ▸ Tierzerlegung: Fleisch → Knochen → Abfälle
- ▸ Eisenherstellung: Roheisen → Schlacke → Gichtgas → Abwärme
- ▸ Kokerei: Koks → Gas → Teer → Benzol
- ▸ Sägewerk: Holz → Holzabfälle → Sägespäne.

Das kalkulatorische Problem liegt in Folgendem: Die variablen Produktionskosten lassen sich nicht verursachungsgerecht den einzelnen Produkten zurechnen, sondern nur dem Prozess. Trotzdem werden Stückkostensätze z. B. für die Bestandsbewertung benötigt. In der Praxis werden vor allem zwei Methoden eingesetzt:

Verteilungs-rechnung ↓ Tragfähigkeits-prinzip	auch: Marktpreismethode Sie wird dann eingesetzt, wenn man nicht eindeutig in Haupt- und Nebenprodukten unterscheiden kann. Man ermittelt Äquivalenzziffern, die das Verhältnis der Kostenverteilung auf die Kuppelprodukte wiedergeben. Das rechnerische Verfahren ist analog zu Äquivalenzziffernkalkulation bei der Sortenfertigung. Es besteht jedoch vom Ansatz her ein wesentlicher Unterschied: Bei der Sortenkalkulation sind die Äquivalenzziffern Maßstäbe der Kostenverursachung der einzelnen Sorten; bei der Kuppelkalkulation sind sie dagegen Maßstäbe der Kostentragfähigkeit. Als Äquivalenzziffern werden z. B. Marktpreise, Heizwerte oder andere technische Größen genommen, die in etwa die marktmäßige Verwertbarkeit der Kuppelprodukte widerspiegeln, z. B. können aus folgenden Preisen pro Stück folgende Äquivalenzziffern abgeleitet werden (Division durch 5):

Verkaufspreise		Äquivalenzziffer
25	→	5
45	→	9
60	→	12

	Achtung: prüfungsrelevant!
Restwertmethode ↓ Durchschnitts-prinzip	auch: Subtraktionsmethode Sie wird dann eingesetzt, wenn man die unterschiedlichen Kuppelprodukte in ein Hauptprodukt und ein oder mehrere Nebenprodukte unterteilen kann. Die Erlöse der Nebenprodukte (evtl. gemindert um Entsorgungs-/Weiterverarbeitungskosten) werden von den Gesamtkosten des Kuppelprozesses subtrahiert und die sich ergebenden Restkosten durch die Menge des Hauptproduktes dividiert.

5.2.3.4 Handelsbetriebe

01. Welches Kalkulationsverfahren findet im Handel Anwendung?

Im Handel wird in erster Linie das Zuschlagsverfahren angewendet. Ausgangsbasis ist der Listeneinkaufspreis der Ware. Abzuziehen sind Rabatte und Skonti, hinzuzurechnen sind die Bezugskosten wie Verpackung, Fracht und Rollgelder.

- ► Die **Vorwärtskalkulation** (= progressive Kalkulation) geht vom Listeneinkaufspreis aus und ermittelt den Netto- bzw. Bruttoverkaufspreis.

- ► Die **Rückwärtskalkulation** (= retrograde Kalkulation) geht von einem gegebenen Verkaufspreis (= Marktpreis) aus und berechnet, zu welchem Listeneinkaufspreis die Ware beschafft werden muss.

- ► Die **Differenzkalkulation** geht von einem gegebenen Verkaufspreis (= Marktpreis) und einem gegebenen Listeneinkaufspreis aus und ermittelt, welcher Gewinn unter diesen Bedingungen noch zu realisieren ist.

Der Handelskalkulation liegt folgendes Schema zugrunde:

	Angebotskalkulation			*Beispiel:*		
	Listeneinkaufspreis	LEP			210,00	
-	Liefererrabatt (in % vom LEP)	LRB	↑	13 %	27,30	
=	**Zieleinkaufspreis**	ZEP			182,70	
-	Liefererskonto (in % vom ZEP)	LSK	↑	2 %	3,65	
=	**Bareinkaufspreis**	BEP			179,05	
+	Bezugskosten (netto)	BZK	↑		0,15	
=	**Einstandspreis (Bezugspreis)**	EP			179,20	
+	Handlungskosten (in % vom EP)	HK	↑	20 %	35,84	
=	**Selbstkostenpreis**	SKP			215,04	
+	Gewinn (in % SKP)	G	↑	15 %	32,26	
=	**Barverkaufspreis**	BVP			247,30	
+	Kundenskonto (in % vom ZVP; i. H.)	KSK	↑	2 %	5,05	
+	Vertreterprovision (in % vom ZVP; i. H.)	VPR		0 %	0,00	
=	**Zielverkaufspreis**	ZVP			252,35	↵
+	Kundenrabatt (in % vom LVP; i. H.)	KRB	↑	5 %	13,28	
=	**Listenverkaufspreis, netto**	LVP$_{netto}$			265,63	↵
+	Umsatzsteuer (in % vom LVPnetto)	USt	↑	19 %	50,47	
=	**Listenverkaufspreis, brutto**	LVP$_{brutto}$			316,10	

Bei der Rückwärtskalkulation schließt man vom LVP auf den LEP. Die Differenzkalkulation ermittelt den verbleibenden Gewinn bei Angabe der übrigen Daten.

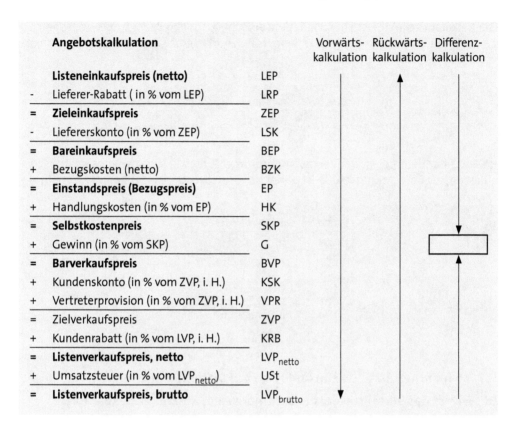

Angebotskalkulation		Vorwärts-kalkulation	Rückwärts-kalkulation	Differenz-kalkulation
Listeneinkaufspreis (netto)	LEP			
- Lieferer-Rabatt (in % vom LEP)	LRP			
= **Zieleinkaufspreis**	ZEP			
- Liefererskonto (in % vom ZEP)	LSK			
= **Bareinkaufspreis**	BEP			
+ Bezugskosten (netto)	BZK			
= **Einstandspreis (Bezugspreis)**	EP			
+ Handlungskosten (in % vom EP)	HK			
= **Selbstkostenpreis**	SKP			
+ Gewinn (in % vom SKP)	G			
= **Barverkaufspreis**	BVP			
+ Kundenskonto (in % vom ZVP, i. H.)	KSK			
+ Vertreterprovision (in % vom ZVP, i. H.)	VPR			
= Zielverkaufspreis	ZVP			
+ Kundenrabatt (in % vom LVP, i. H.)	KRB			
= **Listenverkaufspreis, netto**	LVP_{netto}			
+ Umsatzsteuer (in % vom LVP_{netto})	USt			
= **Listenverkaufspreis, brutto**	LVP_{brutto}			

02. Wie wird die Handelsspanne ermittelt?

Die Handelsspanne ist die Differenz zwischen Nettoverkaufspreis (= Netto-VP) und Bezugspreis (= BP) in Prozent vom Nettoverkaufspreis:

$$Handelsspanne = \frac{Nettoverkaufspreis - Bezugspreis}{Nettoverkaufspreis} \cdot 100$$

03. Wie werden der Kalkulationszuschlag bzw. der Kalkulationsfaktor berechnet?

Im Großhandel: Der Kalkulationszuschlag (in %) ist die Differenz zwischen Nettoverkaufspreis (= Netto VP) und Bezugspreis (= BP) in Prozent vom Bezugspreis. Man bezieht sich auf den Nettoverkaufspreis wegen des getrennten Umsatzsteuerausweises.

$$Kalkulationszuschlag = \frac{Nettoverkaufspreis - Bezugspreis}{Bezugspreis} \cdot 100$$

Der Kalkulationsfaktor ist ein Kalkulationsaufschlag auf den Bezugspreis – bezogen auf 1 €; z. B. bei 25 % (Kalkulationszuschlag in Prozent) ergibt sich ein Kalkulationsfaktor von 1,25.

$$\text{Kalkulationsfaktor} = 1 + \frac{\text{Nettoverkaufspreis - Bezugspreis}}{\text{Bezugspreis}}$$

Im Einzelhandel: Hier ist der Verkaufspreis immer einschließlich der Umsatzsteuer anzugeben; als Berechnungsgröße ist daher der Bruttoverkaufspreis heranzuziehen:

$$\text{Kalkulationszuschlag} = \frac{\text{Bruttoverkaufspreis - Bezugspreis}}{\text{Bezugspreis}} \cdot 100$$

$$\text{Kalkulationsfaktor} = 1 + \frac{\text{Bruttoverkaufspreis - Bezugspreis}}{\text{Bezugspreis}}$$

5.2.3.5 Mehrproduktbetriebe (Industriekalkulation)

01. Wie ist das Verfahren bei der summarischen Zuschlagskalkulation?

Voraussetzungen:

▶ Die summarische Zuschlagskalkulation (auch: einfache/kumulative Zuschlagskalkulation) ist ein einfaches Verfahren, das bei Serien- oder Einzelfertigung angewendet wird.

▶ Die Gesamtkosten werden in Einzel- und Gemeinkosten getrennt. Dabei werden die Einzelkosten der Kostenartenrechnung entnommen und dem Kostenträger direkt zugeordnet.

▶ Die Gemeinkosten werden als eine Summe („summarisch"; en bloc) erfasst und den Einzelkosten in einem Zuschlagssatz zugerechnet.

▶ Es gibt nur eine Basis zur Berechnung des Zuschlagssatzes: entweder das Fertigungsmaterial oder die Fertigungslöhne oder die Summe (Fertigungsmaterial + Fertigungslöhne).

Beispiele

Beispiel 1
In dem nachfolgenden Fallbeispiel wird angenommen, dass Möbel in Einzelfertigung hergestellt werden. Die verwendeten Einzel- und Gemeinkosten wurden in der zurückliegenden Abrechnungsperiode ermittelt und sollen als Grundlage zur Feststellung des Gemeinkostenzuschlages dienen:

Fall A:

$$\text{Gemeinkostenzuschlag} = \frac{\text{Gemeinkosten}}{\text{Fertigungsmaterial}} \cdot 100$$

z. B.:

$$\text{Gemeinkostenzuschlag} = \frac{120.000\,\text{€}}{340.000\,\text{€}} \cdot 100 = 35,29\,\%$$

Fall B:

$$\text{Gemeinkostenzuschlag} = \frac{\text{Gemeinkosten}}{\text{Fertigungslöhne}} \cdot 100$$

z. B.:

$$\text{Gemeinkostenzuschlag} = \frac{120.000\,\text{€}}{260.000\,\text{€}} \cdot 100 = 46,15\,\%$$

Fall C:

$$\text{Gemeinkostenzuschlag} = \frac{\text{Gemeinkosten}}{\text{Fertigungsmaterial} + \text{Fertigungslöhne}} \cdot 100$$

z. B.:

$$\text{Gemeinkostenzuschlag} = \frac{120.000\,\text{€}}{340.000\,\text{€} + 260.000\,\text{€}} \cdot 100 = 20,00\,\%$$

Es ergeben sich also unterschiedliche Zuschlagssätze – je nach Wahl der Bezugsbasis:

Fall	Zuschlagsbasis	Gemeinkostensatz
A	Fertigungsmaterial	35,29 %
B	Fertigungslöhne	46,15 %
C	Fertigungsmaterial + Fertigungslöhne	20,00 %

In der Praxis wird man die summarische Zuschlagskalkulation nur dann einsetzen, wenn relativ wenig Gemeinkosten anfallen; im vorliegenden Fall darf das unterstellt werden.

Als Basis für die Berechnung des Zuschlagssatzes wird man die Einzelkosten nehmen, bei denen der stärkste Zusammenhang zwischen Einzel- und Gemeinkosten gegeben ist (z. B. proportionaler Zusammenhang zwischen Fertigungsmaterial und Gemeinkosten).

Beispiel 2

Das Unternehmen hat einen Auftrag zur Anfertigung einer Schrankwand erhalten. An Fertigungsmaterial werden 3.400 € und an Fertigungslöhnen 2.200 € anfallen. Es sollen die Selbstkosten dieses Auftrages alternativ unter Verwendung der unterschiedlichen Zuschlagssätze (siehe oben) ermittelt werden (Kostenangaben in Euro).

Fall A:

	Fertigungsmaterial		3.400,00
+	Fertigungslöhne		2.200,00
=	Einzelkosten		5.600,00
+	Gemeinkosten	35,29 %	1.199,86
=	Selbstkosten des Auftrags		6.799,86

Fall B:

	Fertigungsmaterial		3.400,00
+	Fertigungslöhne		2.200,00
=	Einzelkosten		5.600,00
+	Gemeinkosten	46,15 %	1.015,30
=	Selbstkosten des Auftrags		6.615,30

Fall C:

	Fertigungsmaterial		3.400,00
+	Fertigungslöhne		2.200,00
=	Einzelkosten		5.600,00
+	Gemeinkosten	20,00 %	1.120,00
=	Selbstkosten des Auftrags		6.720,00

Ergebnisbewertung:

Man erkennt an diesem Beispiel, dass die Selbstkosten bei Verwendung alternativer Zuschlagssätze ungefähr im Intervall (6.600; 6.800) streuen – ein Ergebnis, das durchaus befriedigend ist. Die Ursache für die verhältnismäßig geringe Streuung ist in den relativ geringen Gemeinkosten zu sehen.

Bei höheren Gemeinkosten (im Verhältnis zu den Einzelkosten) wäre die beschriebene Streuung größer und könnte zu der Überlegung führen, dass eine summarische Zuschlagskalkulation betriebswirtschaftlich nicht mehr zu empfehlen wäre, sondern ein Wechsel auf die differenzierte Zuschlagskalkulation vorgenommen werden muss.

02. Wie ist das Verfahren bei der differenzierten Zuschlagskalkulation?

Die differenzierte Zuschlagskalkulation (auch: selektive Zuschlagskalkulation) liefert i. d. R. genauere Ergebnisse als die summarische Zuschlagskalkulation. Voraussetzung dafür ist eine Kostenstellenrechnung. Die Gemeinkosten werden nach Bereichen getrennt erfasst und die Zuschlagssätze differenziert ermittelt:

Bereich	Gemeinkosten	Zuschlagsbasis
Materialbereich	Materialgemeinkosten	Materialeinzelkosten
Fertigungsbereich	Fertigungsgemeinkosten	Fertigungseinzelkosten
Verwaltungsbereich	Verwaltungsgemeinkosten	Herstellkosten des Umsatzes
Vertriebsbereich	Vertriebsgemeinkosten	

Demzufolge werden die differenzierten Zuschlagssätze folgendermaßen ermittelt:

$$\text{Materialgemeinkostenzuschlag} = \frac{\text{Materialgemeinkosten}}{\text{Materialeinzelkosten}} \cdot 100$$

$$\text{Fertigungsgemeinkostenzuschlag} = \frac{\text{Fertigungsgemeinkosten}}{\text{Fertigungseinzelkosten}} \cdot 100$$

$$\text{Verwaltungsgemeinkostenzuschlag} = \frac{\text{Verwaltungsgemeinkosten}}{\text{Herstellkosten des Umsatzes}} \cdot 100$$

$$\text{Vertriebsgemeinkostenzuschlag} = \frac{\text{Vertriebsgemeinkosten}}{\text{Herstellkosten des Umsatzes}} \cdot 100$$

Für die differenzierte Zuschlagskalkulation wird bei dem Gesamtkostenverfahren folgendes Schema verwendet:

Differenzierte Zuschlagskalkulation • Gesamtkostenverfahren				
Zeile		**Kostenart**	**Abkür-zung**	**Berechnung (Z = Zeile)**
1		Materialeinzelkosten	MEK	direkt
2	+	Materialgemeinkosten	MGK	Z 1 • MGK-Zuschlag
3	=	Materialkosten	MK	Z 1 + Z 2
4		Fertigungseinzelkosten	FEK	direkt
5	+	Fertigungsgemeinkosten	FGK	Z 4 • FGK-Zuschlag
6	+	Sondereinzelkosten der Fertigung	SEKF	direkt
7	=	Fertigungskosten	FK	$\sum$ Z 4 bis 6
8	=	Herstellkosten der Fertigung/Erzeugung	HKF	Z 3 + Z 7
9	-	Bestandsmehrung, fertige/unfertige Erzeugnisse	BV+	direkt
10	+	Bestandsminderung, fertige/unfertige Erzeugnisse	BV-	direkt
11	=	Herstellkosten des Umsatzes	HKU	$\sum$ Z 8 bis 10
12	+	Verwaltungsgemeinkosten	VwGK	Z 11 • VwGK-Zuschlag
13	+	Vertriebsgemeinkosten	VtrGK	Z 11 • VtrGK-Zuschlag
14	+	Sondereinzelkosten des Vertriebs	SEKV	direkt
15	=	Selbstkosten des Umsatzes	SKU	$\sum$ Z 11 bis 14

Hinweise zur Berechnung:

Zeile 6: **Sondereinzelkosten der Fertigung** fallen nicht bei jedem Auftrag an, z. B. Einzelkosten für eine spezielle Konstruktionszeichnung.

Zeile 9 - 10: **Bestandsmehrungen** an fertigen/unfertigen Erzeugnissen haben zum Umsatz nicht beigetragen, sie sind zu subtrahieren (werden auf Lager genommen).

Bestandsminderungen an fertigen/unfertigen Erzeugnissen haben zum Umsatz beigetragen, sie sind zu addieren (werden vom Lager genommen und verkauft).

Zeile 14: **Sondereinzelkosten des Vertriebs** (analog zu Zeile 6) fallen nicht generell an und werden dem Auftrag als Einzelkosten zugerechnet, z. B. Kosten für Spezialverpackung.

Beispiel

Wir kehren noch einmal zurück zu der Möbelfirma (vgl. Beispiel „summarische Zuschlagskalkulation, Frage 01."): Das Unternehmen will den vorliegenden Auftrag über die Schrankwand nun mithilfe der differenzierten Zuschlagskalkulation berechnen.

Folgende Daten liegen aus der zurückliegenden Abrechnungsperiode vor:

Fertigungsmaterial	340.000 €
Fertigungslöhne	260.000 €

Aus dem BAB ergaben sich folgende Gemeinkosten:

Materialgemeinkosten	60.000 €
Fertigungsgemeinkosten	30.000 €
Verwaltungsgemeinkosten	10.000 €
Vertriebsgemeinkosten	20.000 €

Für den Auftrag werden 3.400 € Fertigungsmaterial und 2.200 € Fertigungslöhne anfallen. Bestandsveränderungen sowie Sondereinzelkosten liegen nicht vor. Zu kalkulieren sind die Selbstkosten des Auftrags.

1. Schritt: Ermittlung der Zuschlagssätze für Material und Lohn

$$\text{MGK-Zuschlag} = \frac{\text{MGK} \cdot 100}{\text{MEK}} = \frac{60.000 \cdot 100}{340.000} = 17,65\,\%$$

$$\text{FGK-Zuschlag} = \frac{\text{FGK} \cdot 100}{\text{FEK}} = \frac{30.000 \cdot 100}{260.000} = 11,54\,\%$$

2. Schritt: Ermittlung der Herstellkosten des Umsatzes als Grundlage für die Berechnung des Verwaltungs- und des Vertriebsgemeinkostensatzes

	Materialeinzelkosten	340.000,00
+	Materialgemeinkosten	60.000,00
+	Fertigungseinzelkosten	260.000,00
+	Fertigungsgemeinkosten	30.000,00
=	**Herstellkosten des Umsatzes**	**690.000,00**

$$\text{VwGK-Zuschlag} = \frac{\text{VwGK} \cdot 100}{\text{HKU}} = \frac{10.000 \cdot 100}{690.000} = 1,45\,\%$$

$$\text{VtGK-Zuschlag} = \frac{\text{VtGK} \cdot 100}{\text{HKU}} = \frac{20.000 \cdot 100}{690.000} = 2,90\,\%$$

3. Schritt: Kalkulation der Selbstkosten des Auftrages mithilfe des Schemas

	Materialeinzelkosten		3.400,00
+	Materialgemeinkosten	17,65 %	600,10
=	**Materialkosten**		4.000,10
	Fertigungseinzelkosten		2.200,00
+	Fertigungsgemeinkosten	11,54 %	253,88
=	**Fertigungskosten**		2.453,88
	Herstellkosten der Fertigung		6.453,98
=	**Herstellkosten des Umsatzes**		6.453,98
+	Verwaltungsgemeinkosten	1,45 %	93,58
+	Vertriebsgemeinkosten	2,90 %	187,17
=	**Selbstkosten (des Auftrags)**		**6.734,73**

Ergebnisbewertung:
Man kann an diesem Beispiel erkennen, dass die Selbstkosten auf Basis der differenzierten Zuschlagskalkulation nur wenig von denen auf Basis der summarischen Zuschlagskalkulation abweichen. Die Ursache ist darin zu sehen, dass wir im vorliegenden Fall einen Kleinbetrieb mit nur sehr geringen Gemeinkosten haben. Es lässt sich zeigen, dass bei hohen Gemeinkosten die differenzierte Zuschlagskalkulation eindeutig zu besseren Ergebnissen als die summarische Zuschlagskalkulation führt.

03. Wie werden Maschinenstundensätze (im Rahmen der differenzierten Zuschlagskalkulation) berechnet?

Die Kalkulation mit Maschinenstundensätzen ist eine Verfeinerung der differenzierten Zuschlagskalkulation:

In dem oben dargestellten Schema der differenzierten Zuschlagskalkulation (vgl. Frage 02.) wurden in Zeile 2 die Fertigungsgemeinkosten als Zuschlag auf Basis der Fertigungseinzelkosten berechnet:

Bisher:

	Fertigungseinzelkosten (z. B. Fertigungslöhne)
+	Fertigungsgemeinkosten
=	**Fertigungskosten**

Bei dieser Berechnungsweise wird übersehen, dass die Fertigungsgemeinkosten bei einem hohen Automatisierungsgrad nur noch wenig von den Fertigungslöhnen beeinflusst sind, sondern vielmehr vom Maschineneinsatz verursacht werden. Von daher sind die Fertigungslöhne bei zunehmender Automatisierung nicht mehr als Zuschlagsgrundlage geeignet.

Man löst dieses Problem dadurch, indem die Fertigungsgemeinkosten aufgeteilt werden in maschinenabhängige und maschinenunabhängige Fertigungsgemeinkosten.

► Die **maschinenunabhängigen Fertigungsgemeinkosten** bezeichnet man als „Restgemeinkosten"; als Zuschlagsgrundlage werden die Fertigungslöhne genommen.

► Bei den **maschinenabhängigen Fertigungsgemeinkosten** werden als Zuschlagsgrundlage die Maschinenlaufstunden genommen. Es gilt:

$$\text{Maschinenstundensatz} = \frac{\text{maschinenabhängige Fertigungsgemeinkosten}}{\text{Maschinenlaufstunden}}$$

Das bisher verwendete Kalkulationsschema (vgl. Zeile 2) modifiziert sich. Es gilt:

Neu:

	Fertigungslöhne
+	Restgemeinkosten (in % der Fertigungslöhne)
+	Maschinenkosten (Laufzeit des Auftrages • Maschinenstundensatz)
=	**Fertigungskosten**

 MERKE

Quelle: *Olfert* 2013, S. 214.

Beispiele

Maschinenabhängige Fertigungsgemeinkosten:

► kalkulatorische Abschreibung (AfA; Absetzung für Abnutzung)

► kalkulatorische Zinsen

► Energiekosten, Raumkosten

► Instandhaltung, Werkzeuge.

04. Wie wird der Minutensatz bei der Kalkulation mit Maschinenstundensätzen ermittelt?

Der Maschinenstundensatz bezieht sich auf 60 Minuten. Der Minutensatz der Maschinenkosten ist:

$$\text{Minutensatz} = \frac{\text{Maschinenstundensatz €/Std.}}{60 \text{ min/Std.}}$$

z. B.: = 15,55 : 60 = 0,2592 €/min

Für die auftragsbezogenen Maschinenkosten gilt:

$$\text{Maschinenkosten}_{\text{Auftrag}} = \text{Minutensatz} \cdot \text{Belegungszeit (in min)}$$

z. B.: = 0,2592 €/min • 86 min = 22,29 €

05. Was ist eine Platzkostenrechnung und wann wird sie eingesetzt?

Die Platzkostenrechnung ist die am weitestgehende Gliederung einer Betriebsabteilung in einzelne Kostenstellen. Es wird nicht mehr eine Abteilung oder Werkstatt als Kostenstelle gewählt, sondern man verwendet einzelne Maschinentypen, Maschinengruppen oder auch Einzelarbeitsplätze als Kostenstelle. Damit kann die Genauigkeit der Gemeinkostenverrechnung erhöht werden. Die Kostenverrechnung wird damit allerdings aufwändiger.

Die Platzkostenrechnung ist dann sinnvoll, wenn die Maschinen-/Arbeitsplätze einer Werkstatt unterschiedlich genutzt werden und die Einzelplätze unterschiedliche technologische Eigenschaften besitzen. Ein Pauschalsatz für die gesamte Kostenstelle (z. B. Dreherei) wäre also ungeeignet.

Zum Beispiel sind die Maschinenkosten bei der Inanspruchnahme einer CNC-Maschine deutlich höher als beim Einsatz einer konventionellen Drehmaschine (vgl. nachfolgendes Beispiel).

Das Beispiel zeigt die unterschiedlichen Maschinenminutensätze (MMS) der einzelnen Maschinen-/Arbeitsplätze der Werkstatt Dreherei (angenommene Zahlenwerte):

	Werkstatt „Dreherei" – Aufteilung in Arbeitsplätze				
	1	2	3	4	5
	Konventionelle Drehmaschine	CNC-Drehmaschine	CNC-Drehmaschine	Bearbeitungszentrum	Einzelarbeitsplatz
MMS	1,10 €/min	2,35 €/min	2,42 €/min	4,35 €/min	0,75 €/min

Man kann erkennen, dass ein pauschaler Zuschlagssatz für die gesamte Kostenstelle Dreherei zu ungenau wäre.

Die Methoden zur Gliederung der Platzkostenrechnung orientieren sich an den betrieblichen Erfordernissen. Sie ähneln im Grundprinzip der Kalkulation mit Maschinenstundensätzen.

5.3 Methoden der kurzfristigen betrieblichen Erfolgsrechnung für betriebliche Steuerungszwecke nutzen

5.3.1 Ziele und Abgrenzung zur externen Erfolgsrechnung

01. Wie werden das Gesamtergebnis und das Betriebsergebnis ermittelt?

▸ Rechnungskreis I: → **externe Erfolgsrechnung**

Innerhalb der Buchführung wird das Gesamtergebnis ermittelt und in der GuV-Rechnung ausgewiesen (sog. Rechnungskreis I).

▸ Rechnungskreis II: → **interne Erfolgsrechnung**

Innerhalb der KLR wird das Betriebsergebnis ermittelt (sog. Rechnungskreis II).

Die kurzfristige Erfolgsrechnung (auch: Kostenträgerzeitrechnung, kurzfristige Betriebsergebnisrechnung) erlaubt eine Zuordnung der Kosten und Erlöse auf Erzeugnisse, Erzeugnisgruppen usw. und dient dazu, den leistungsbezogenen Erfolg für eine Periode zu ermitteln, die kleiner als die Rechnungsperiode ist (z. B. für einen Monat).

▸ Das Betriebsergebnis unterscheidet sich vom Gesamtergebnis durch

a) die kalkulatorischen Kosten

b) die neutralen Ergebnisse der Abgrenzungsrechnung.

5.3.2 Verfahren der Kostenträgerzeitrechnung als kurzfristige Erfolgsrechnung

01. Welche Aufgabe erfüllt die Kostenträgerzeitrechnung?

Die **Kostenträgerzeitrechnung** (auch: kurzfristige Ergebnisrechnung; KER) überwacht laufend die Wirtschaftlichkeit des Unternehmens:

Sie stellt die Kosten und Leistungen (Erlöse) **einer Abrechnungsperiode** (i. d. R. ein Monat) im **Kostenträgerblatt (BAB II)** gegenüber – insgesamt und getrennt nach Kostenträgern. Sie ist damit die Grundlage zur Berechnung der Herstellkosten, der Selbstkosten und des Umsatzergebnisses einer Abrechnungsperiode. Außerdem kann der Anteil der verschiedenen Erzeugnisgruppen an den Gesamtkosten und am Gesamtergebnis ermittelt werden. Die Kostenträgerzeitrechnung wird üblicherweise auf Basis der verrechneten Normalkosten (Umsatzergebnis) erstellt und später mit den Istkosten (Betriebsergebnis) verglichen.

Bei der Gegenüberstellung von Kosten und Erlösen tritt ein Problem auf: Die Erlöse beziehen sich auf die **verkaufte Menge**, während sich die Kosten auf die **hergestellte Menge** beziehen. Das heißt also, das Mengengerüst von hergestellter und verkaufter Menge ist nicht gleich (Stichwort: **Bestandsveränderungen**). Um dieses Problem zu lösen, gibt es zwei Verfahren zur Ermittlung des Betriebsergebnisses:

1. Die Erlöse werden an das Mengengerüst der Kosten angepasst (**Gesamtkostenverfahren**).

2. Die Kosten werden an das Mengengerüst der Erlöse angepasst (**Umsatzkostenverfahren**).

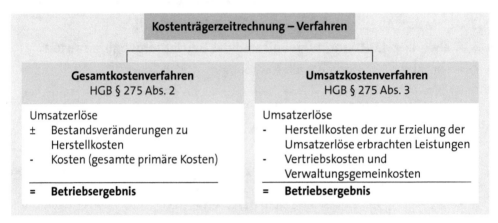

Quelle: *Däumler/Grabe* 2013, S. 303; *Olfert* 2013, S. 224 - 235.

02. Was bezeichnet man als Artikelerfolgsrechnung?

Als Artikelerfolgsrechnung (auch: Artikelergebnisrechnung) bezeichnet man ein Verfahren, in dem die Vollkosten oder Teilkosten der abgesetzten Produkte den erzielten Nettoerlösen, der abgesetzten Produkte gegenübergestellt werden.

5.3.3 Kennzahlen für Steuerungszwecke

01. Welche Kennzahlen können aus dem Kostenträgerblatt ermittelt werden?

In das Kostenträgerblatt können die Nettoumsatzerlöse aus der Finanzbuchhaltung aufgenommen werden und den Selbstkosten des Umsatzes gegenübergestellt werden (Wirtschaftlichkeit). Weiterhin lässt sich die Relation der Selbstkosten des Umsatzes zum Umsatzergebnis ermitteln (Umsatzrentabilität). Beide Kennzahlen bilden ein Maß für die Ertragskraft der einzelnen Produkte/Artikel.

Beispiel

	%	Gesamt (€)	Kostenträger (in €)		
			Produkt 1	Produkt 2	Produkt 3
MEK		229.000,00	66.000,00	68.000,00	95.000,00
MGK	16,00	36.640,00	10.560,00	10.880,00	15.200,00
MK		265.640,00	76.560,00	78.880,00	110.200,00
FEK		190.000,00	50.000,00	70.000,00	70.000,00
FGK	150,00	285.000,00	75.000,00	105.000,00	105.000,00
FK		475.000,00	125.000,00	175.000,00	175.000,00
HK		740.640,00	201.560,00	253.880,00	285.200,00
VwGK	14,00	103.689,60	28.218,40	35.543,20	39.928,00
VtrGK	10,00	74.064,00	20.156,00	25.388,00	28.520,00
SK		918.393,60	249.934,40	314.811,20	353.648,00
Nettoumsatzerlöse		965.600,00	302.000,00	278.000,00	385.600,00
Umsatzergebnis		47.206,40	52.065,60	-36.811,20	31.952,00

Ermittlung der Kennzahlen für Produkt 1 (beispielhaft):

$$\text{Wirtschaftlichkeit} = \frac{\text{Leistungen}}{\text{Kosten}} = \frac{\text{Nettoumsatzerlöse}}{\text{Selbstkosten}}$$

$$= \frac{302.000}{249.934,40} = 1,208$$

$$\text{Umsatzrendite} = \frac{\text{Gewinn}}{\text{Umsatz}} \cdot 100 = \frac{\text{Umsatzergebnis}}{\text{Nettoumsatzerlöse}} \cdot 100$$

$$= \frac{52.065,60}{302.000} \cdot 100 = 17,24 \text{ %}$$

5.4 Methoden der Entscheidungsfindung beherrschen und zur Lösung unterschiedlicher Problemstellungen anwenden

5.4.1 Vorteile der Teilkostenrechnung gegenüber der Vollkostenrechnung zur Entscheidungsfindung

01. Welche Systeme der Kostenrechnung gibt es?

Vollkostenrechnung	Sie verrechnet alle Kosten auf die Kostenträger. Sie kann durchgeführt werden als	► **Istkosten**rechnung ► **Normalkosten**rechnung ► **Plankosten**rechnung.
Teilkostenrechnung	Sie bezieht nur die variablen Kosten auf die Kostenträger. Sie bedient sich	► der **Istkosten** und ► der **Plankosten**.
Beide Systeme arbeiten mit der Kostenarten-, Kostenstellen- und Kostenträgerrechnung.		

Istkosten	sind tatsächlich entstandene Kosten (vergangenheitsbezogen). Im einfachen Fall gilt: Istkosten = Istmenge • Istpreis
Normalkosten	sind Durchschnittswerte der Vergangenheit (der Istkosten); sie dienen der Vorkalkulation. Normalkosten = Istmenge • Verrechnungspreis
Plankosten	werden ermittelt aufgrund der Erfahrungen der Vergangenheit und der Erwartungen an zukünftige Entwicklungen. Es gilt: Plankosten = Planmenge • Planpreis

Systeme der Kostenrechnung im Überblick:

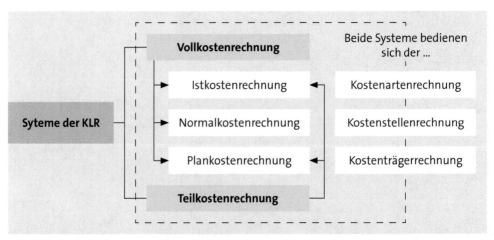

Quelle: in Anlehnung an: *Däumler/Grabe* 2013, S. 84; *Olfert* 2013, S. 241 - 242.

02. Welche Merkmale zeichnet die Vollkostenrechnung aus?

Die Vollkostenrechnung

- ▶ berücksichtigt alle Kosten (unabhängig davon, ob sie beschäftigungsabhängig sind oder nicht)

- ▶ ist die Basis für langfristige Entscheidungen (Kostenkontrolle, Betriebsergebnisrechnung, langfristige Preisuntergrenze)

- ▶ eignet sich nicht für kurzfristige Entscheidungen (z. B. Eigen-/Fremdfertigung, kurzfristige Entscheidung über die Annahme eines Auftrags).

- ▶ Die Nachteile der Vollkostenrechnung können durch die Anwendung der Teilkostenrechnung vermindert werden.

03. Wo liegen die Grenzen der Vollkostenrechnung?

Die Vollkostenrechnung wurde in den 1920er Jahren entwickelt. Zu dieser Zeit gab es Nachfrageüberschüsse, sodass die Unternehmen relativ gesicherte Absatzmärkte und eine konstante Produktion bzw. Kapazitätsauslastung hatten.

Die Grundidee der Vollkostenrechnung ist es, dass die Gesamtkosten auf die Kostenträger verteilt werden bei einem relativ konstanten Beschäftigungs- bzw. Auslastungsgrad.

Die ermittelten Zuschlagssätze spiegeln dieses wider. Ist die geplante Beschäftigung und die Ist-Beschäftigung identisch, so ist die Vollkostenrechnung genau.

Sobald allerdings die geplante und die Ist-Beschäftigung weit auseinanderfallen, werden zu viele bzw. zu wenig Gemeinkosten verrechnet. Sodass das Unternehmen entweder

- ▶ zu **wenig** Kosten verrechnet, wenn die Ist-Beschäftigung < Planbeschäftigung, bzw.

- ▶ zu **viele** Kosten verrechnet, wenn die Ist-Beschäftigung > Planbeschäftigung.

Da viele Unternehmen die Auslastung ihrer Maschinen und Anlagen nicht genau vorhersagen können, können viele Unternehmen die Vollkostenrechnung nicht mehr anwenden, da sie zu ungenauen Ergebnissen führt.

04. In welchen betrieblichen Situationen, wird die Teilkostenrechnung hauptsächlich angewendet?

Die Teilkostenrechnung wurde Anfang der 1950er Jahre entwickelt. Sie nimmt eine Aufteilung der Kosten in fixe und variable Bestandteile vor. Anwendungsgebiete sind u. a.

1. Ermittlung der kurzfristigen Preisuntergrenze
2. Gestaltung des optimalen Produktionsprogrammes
3. Entscheidung über Eigenfertigung oder Fremdbezug.

zu 1.

Falls ein Kunde einen Zusatzauftrag anbietet, möchte er diesen gerne zu besonders günstigen Konditionen. Hierbei stellt sich oft die Frage, wie weit kann der Preis gesenkt werden. Durch die Teilkostenrechnung kann die kurzfristige Preisuntergrenze ermittelt werden, diese liegt in Höhe der variablen Stückkosten. Der Preis muss mindestens einen Deckungsbeitrag von 0 € erwirtschaften, damit sich das Betriebsergebnis nicht verschlechtert.

Die langfristige Preisuntergrenze liegt in Höhe der Gesamtkosten (Selbstkosten). Durch den Verkauf der Erzeugnisse müssen mindestens die Gesamtkosten gedeckt werden, damit das Unternehmen keinen Verlust macht. (Die Ermittlung der langfristigen Preisuntergrenze ist sowohl in der Vollkosten- als auch in der Teilkostenrechnung möglich.)

zu 2.

In Unternehmen kann es durch defekte Maschinen, krankheitsbedingten Personalausfall etc. dazu kommen, dass nicht alle Kundenaufträge abgearbeitet werden können. Bei einem solchen betrieblichen Engpass möchte das Unternehmen das bestmögliche Betriebsergebnis erwirtschaften. Hierzu wird eine Rangfolge der zu produzierenden Produkte mittels des relativen Deckungsbeitrages vorgenommen, um so das optimale Produktionsprogramm zur Erwirtschaftung des bestmöglichen Betriebsergebnisses in der betrieblichen Situation zu erreichen.

zu 3.

Soll ein Unternehmen Produkte fremdbeziehen oder selber produzieren? Diese Frage kann aus vielen Blickwinkeln beantwortet werden. Eine Möglichkeit ist es die Entscheidung aus Sicht der Kosten zu treffen. Die Teilkostenrechnung gibt hierbei die notwendigen Informationen. Es ist hierbei zu unterscheiden, ob das Unternehmen über freie Kapazitäten verfügt, oder ob bei Eigenfertigung eigene Produkte eingestellt werden müssen. Es werden hierbei die Kosten bei Eigenfertigung und Fremdbezug gegenübergestellt.

5.4.2 Break-even-Analyse

01. Wie lässt sich der Zusammenhang von Erlösen, Kosten und alternativen Beschäftigungsgraden darstellen (Break-even-Analyse)?

Der **Break-even-Punkt** (= Gewinnschwelle, Nutzenschwelle) ist die Beschäftigung, bei der das Betriebsergebnis gleich Null ist. Die Erlöse sind gleich den Kosten (Hinweis: Die Break-even-Analyse, auch: Non-Profit-Analyse, erstreckt sich i. d. R. nur auf eine Produktart).

Voraussetzungen:

► Konstante Fixkosten

► konstanter Preis

► konstantes Leistungsprogramm

► keine Lagerhaltung

► linearer Gesamtkostenverlauf.

Die Break-even-Analyse kann zur Ermittlung der Gewinnschwelle sowie zur Gewinnplanung eingesetzt werden:

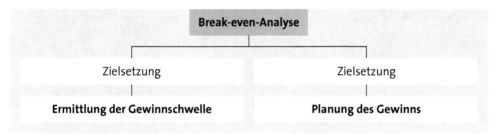

1. Ermittlung der Gewinnschwelle:

   Rechnerisch gilt im Break-even-Punkt:
   Betriebsergebnis = BE = 0   bzw.   Erlöse = Kosten

   $U = K$
   $U = \text{Menge} \cdot \text{Preis} = x \cdot p$
   $K = \text{fixe Kosten} + \text{variable Kosten} = K_f + K_v$
   $K_v = \text{Stückzahl} \cdot \text{variable Kosten/Stk.} = x \cdot k_v$

   Daraus ergibt sich für die kritische Menge (= die Beschäftigung, bei der das Betriebsergebnis BE gleich Null ist):

   $$\begin{aligned}
   BE &= U - K \\
   &= x \cdot p - (K_f + K_v) \\
   &= x \cdot p - K_f - K_v \\
   &= x \cdot p - K_f - x \cdot k_v \\
   &= x\,(p - k_v) - K_f
   \end{aligned}$$

   Da im Break-even-Punkt BE = 0 ist gilt: $K_f = x\,(p - k_v)$

   $$\Rightarrow \quad x = \frac{K_f}{p - k_v}$$

   Da die Differenz aus Preis und variablen Stückkosten der Deckungsbeitrag pro Stück ist ($DB_{Stk.} = db$), gilt:

   $$x = \frac{K_f}{db}$$

   In Worten:

   Im Break-even-Punkt ist die Beschäftigung (kritische Menge) gleich dem Quotienten aus den fixen Gesamtkosten K_f und dem Deckungsbeitrag pro Stück db.

2. Planung des Gewinns (BE) mithilfe der Break-even-Analyse:

$$BE = U - K_f - x \cdot k_v$$
$$= x \cdot p - K_f - x \cdot k_v$$

$$x^* = \frac{K_f + BE^*}{db}$$

In Worten:

Für das geplante Betriebsergebnis BE* muss notwendigerweise eine Menge von x* realisiert werden; sie ergibt sich als Quotient aus (Fixkosten + Betriebsergebnis) dividiert durch den Deckungsbeitrag pro Stück db.

Beispiel

Ein Unternehmen verkauft in einer Abrechnungsperiode eine Menge x zu einem Preis von 50 € pro Stück bei fixen Gesamtkosten von 1 Mio. € und variablen Stückkosten von 25 €.

1. Ermittlung der Gewinnschwelle:

$$x = \frac{K_f}{p - k_v} = \frac{1 \text{ Mio. €}}{50 \text{ € - } 25 \text{ €}} = 40.000 \text{ Stück}$$

Die kritische Stückzahl liegt bei 40.000; die Erlöse sind im Break-even-Punkt gleich den Gesamtkosten und betragen im vorliegenden Fall 2 Mio. €.

2. Gewinnplanung mithilfe der Break-even-Analyse:

Angenommen, das Unternehmen plant einen Gewinn von 500.000 €, so müssen 60.000 Stück produziert und abgesetzt werden.

$$x^* = \frac{K_f + BE^*}{db} = \frac{1 \text{ Mio. € } + 0,5 \text{ Mio. €}}{25 \text{ €}} = 60.000 \text{ Stück}$$

Grafisch gilt im Break-even-Punkt (bei linearen Kurvenverläufen):

► Das Lot vom Schnittpunkt der Erlösgeraden mit der Gesamtkostengeraden auf die x-Achse zeigt die kritische Menge (= Beschäftigung im Break-even-Punkt), bei der das Betriebsergebnis gleich Null ist (BE = 0 bzw. U = K), in diesem Fall bei x = 40.000 Stück.

► Oberhalb dieses Beschäftigungsgrades wird die Gewinnzone erreicht; unterhalb liegt die Verlustzone. Der Maximalgewinn wird bei Erreichen der Kapazitätsgrenze von 100.000 Stück realisiert.

► Die fixen Gesamtkosten verlaufen für alle Beschäftigungsgrade parallel zur x-Achse (= konstanten Verlauf); hier bei K_f = 1.000.000 €.

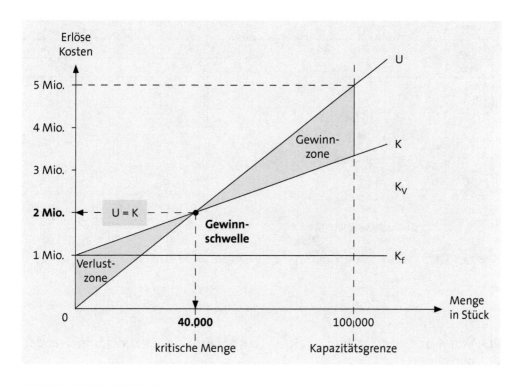

02. Wie kann die Gewinnschwelle bei einem Zwei-Produkt-Unternehmen ermittelt werden?

Es gilt: $K_f = DB$

Daraus folgt bei einem Zwei-Produkt-Unternehmen:

$$K_f = db_1 \cdot x_1 + db_2 \cdot x_2$$

db   Stückdeckungsbeitrag
x   Absatzmenge
1, 2 Produkt 1, 2

Beispiel

Ein Unternehmen stellt zwei Produkte her. Die Verkaufspreise p betragen 40 € bzw. 20 € bei variablen Stückkosten k_v von 20 € bzw. 10 €. Die fixen Kosten pro Monat belaufen sich auf 120.000 €.

	p	k_v	db
Produkt 1	40 €	20 €	20 €
Produkt 2	20 €	10 €	10 €

Aus

$$\frac{K_f}{(p_1 - k_{v1}) + (p_2 - k_{v2})} = \frac{K_f}{db_1 + db_2} = \frac{120.000 \text{ €}}{20 \text{ €} + 10 \text{ €}}$$

ergibt sich für die kritische Menge : $x^*_{1,2}$ = 4.000 Stück.

Das heißt, bei x_1, x_2 = 4.000 Stück ist die Gewinnschwelle erreicht.

03. Wie werden der Deckungsbeitrag und der Break-even-Umsatz im Handel berechnet?

	Umsatz	200.000 €
-	Wareneinsatz	80.000 €
=	Rohgewinn	120.000 €
-	variable Handlungskosten	60.000 €
=	**Deckungsbeitrag, DB**	**60.000 €**

▶ Setzt man den Deckungsbeitrag in Relation zum Umsatz erhält man die sog.

Deckungsbeitragsmarge/Deckungsbeitragsumsatzrate (DBU):

$$\text{Deckungsbeitragsmarge (DBU)} = \frac{DB \cdot 100}{\text{Umsatz}} = \frac{60.000 \text{ €} \cdot 100}{200.000 \text{ €}} = 30 \text{ \%}$$

▶ Den **Break-even-Umsatz** erhält man, indem man die Fixkosten (angenommener Wert) durch den DBU (als Dezimale) dividiert:

$$\text{Break-even-Umsatz} = \frac{\text{Fixkosten}}{\text{DBU}/100} = \frac{30.000 \text{ €}}{0,3} = 100.000 \text{ €}$$

5.4.3 Spezifische Anwendungsbereiche der Teilkostenrechnung

5.4.3.1 Absolute und relative Deckungsbeiträge

01. Wie kann kurzfristig das optimale Produktionsprogramm ermittelt werden?

Beispiele

Beispiel 1: Ein Unternehmen stellt drei Produkte her. Es existiert kein Engpass.

Produkt	Absatz (Stück pro Monat)	Verkaufspreis (€/Stück)	Variable Kosten (€/Stück)	Deckungsbeitrag pro Stück (€/Stück)
A	8.000	150	160	- 10
B	10.000	270	180	90
C	4.000	300	250	50

Es ergeben sich für die Produkte A bis C folgende (absolute) Deckungsbeiträge pro Stück:

$$db = p - k_v$$

A: 150 - 160 = -10 €/Stück
B: 270 - 180 = 90 €/Stück
C. 300 - 250 = 50 €/Stück

Das optimale Produktionsprogramm ohne Engpass ist daher:

▸ Produkt A wird nicht hergestellt (negativer db); Ausnahme: Produkt A muss aus produktionstechnischen Gründen oder unter Marktgesichtspunkten hergestellt werden, z. B. der Kunde ordert C häufig in Verbindung mit A.

▸ Produkt B und C werden mit der Höchstmenge hergestellt.

 MERKE

Kurzfristig gilt: Liegt kein **Engpass** vor, so sollte das Unternehmen alle Produkte herstellen, die einen positiven (absoluten) Deckungsbeitrag erwirtschaften.

Beispiel 2: Ein Unternehmen stellt drei Produkte her. Es existiert ein Engpass: Die verfügbare Kapazität beträgt nur 3.000 Stunden.

Produkt	Fertigungszeit (min/Stück)	Erwarteter Absatz (Stück pro Monat)	Verkaufspreis (€/Stück)	Variable Kosten (€/Stück)	Deckungsbeitrag pro Stück (€/Stück)
A	40	8.000	150	160	- 10
B	20	10.000	270	180	90
C	10	4.000	300	250	50

Liegt ein Engpass vor, kann nicht mit dem (absoluten) Deckungsbeitrag gearbeitet werden, da die Fertigungszeiten zu berücksichtigen sind. Man ermittelt daher den relativen Deckungsbeitrag. Er ist der Deckungsbeitrag, der pro Engpasszeiteinheit erwirtschaftet wird (im vorliegenden Fall die Fertigungszeit in min/Stück).

$$\text{Relativer Stückdeckungsbeitrag} = \frac{\text{(absoluter) Deckungsbeitrag pro Stück}}{\text{Fertigungszeit pro Stück}}$$

Im vorliegenden Fall ergibt sich für Produkt B und C:

Relativer $db_{\text{Produkt B}}$ = (absoluter) db : min/Stück

$\qquad\qquad$ = 90 : 20 = 4,5 €/min = 270 €/Std.

Relativer $db_{\text{Produkt C}}$ = 50 : 10 = 5,0 €/min = 300 €/Std.

Anhand der relativen Deckungsbeiträge wird das Produktionsprogramm in eine Rangfolge (Priorität) gebracht. Die begrenzte Kapazität ist entsprechend der Rangfolge zu verteilen: Von Produkt C wird die erwartete Absatzmenge hergestellt; von B können nur noch 7.000 Stück produziert werden.

	Produkte		
	A	B	C
(absoluter) db in €	-10	90	50
benötigte Fertigungszeit (min/Stück)	40	20	10
relativer db (€/min)	-0,25	4,50	5,00
Priorität/Reihenfolge	**3**	**2**	**1**
Erwarteter Absatz	8.000	10.000	4.000
zugewiesene Fertigungsminuten	0	140.000	40.000
Produktionsmenge	0	7.000	4.000
Deckungsbeitrag je Produkt in €	0	630.000	200.000

Deckungsbeitrag insgesamt in € $\qquad\qquad\qquad\qquad\qquad\qquad\qquad$ **830.000**

 MERKE

Kurzfristig gilt: Liegt ein **Engpass** vor, so ist das Produktionsprogramm in der Rangfolge der relativen Deckungsbeiträge aufzustellen.

Ausnahme: Es liegen Lieferverpflichtungen vor, dann werden diese zuerst berücksichtigt.

02. Wie kann im Handelsbetrieb das Sortiment mithilfe des relativen Deckungsbeitrages gestaltet werden?

Betrachtet man lediglich den Deckungsbeitrag pro Artikel/pro Warengruppe ohne andere Faktoren zu berücksichtigen, so richtet sich die **Sortimentsgestaltung nach dem absoluten Deckungsbeitrag**: Zuerst werden die Artikel/Warengruppen mit dem höchsten Deckungsbeitrag in das Sortiment aufgenommen.

Beispiel

(Angaben in €)

		Artikel 1	Artikel 2	Artikel 3	Summe
	Erlöse	500.000	200.000	1.100.000	1.800.000
-	variable Kosten	260.000	160.000	935.000	1.355.000
=	**DB**	**240.000**	**40.000**	**165.000**	**445.000**
-	fixe Kosten	100.000	50.000	85.000	235.000
=	Betriebsergebnis	140.000	- 10.000	80.000	210.000

Auf der Basis des absoluten Deckungsbeitrages lautet die Sortimentsrangfolge: Artikel 1, Artikel 3, Artikel 2.

Bezieht man den (absoluten) DB pro Artikel auf die Erlöse (netto), so bezeichnet man dies als **relativen Deckungsbeitrag:**

$$\text{relativer DB} = \frac{\text{absoluter DB}}{\text{Erlöse}} \cdot 100$$

(Angaben in T€):

	Artikel 1	Artikel 2	Artikel 3
Erlöse	500	200	1.100
variable Kosten	260	160	935
DB (absolut)	240	40	165
relativer DB	240 : 500 • 100 = **48 %**	40 : 200 • 100 = **20 %**	165 : 1.100 • 100 = **15 %**

Auf der Basis des relativen Deckungsbeitrages lautet die Sortimentsrangfolge: Artikel 1, Artikel 2, Artikel 3.

Im vorliegenden Fall wurde der relative Deckungsbeitrag durch Bezug auf die Erlöse ermittelt. Denkbar sind jedoch auch andere Bezugsgrößen, z. B. die Lagerfläche je Stück, wenn die Lagerfläche einen Engpass darstellt und die Inanspruchnahme durch die einzelnen Artikel sehr unterschiedlich ist.

$$\text{relativer DB} = \frac{\text{absoluter DB}}{\text{Lagerfläche pro Artikel}} \cdot 100$$

Nimmt beispielsweise der Artikel 1 eine Lagerfläche von 300 m² in Anspruch, so ergibt dies einen relativen DB von 240.000 € : 300 m² = 800 €/m².

5.4.3.2 Ein- und mehrstufige Deckungsbeitragsrechnung

01. Wie ist das Verfahren bei der einstufigen Deckungsbeitragsrechnung?

Die einstufige Deckungsbeitragsrechnung

▸ erfordert eine Aufteilung der Gesamtkosten in fixe und variable Bestandteile

▸ verrechnet die variablen Kosten auf die Bezugsobjekte

▸ lässt die fixen Kosten als Block in die kurzfristige Ergebnisrechnung einfließen.

Beispiel

Einstufige Deckungsbeitragsrechnung mit mehreren Produkten; in €:

Bereiche	Bereich I				Bereich II		gesamt
Gruppen	Erzeugnisgruppe 1		Erzeugnisgruppe 2		Erzeugnisgruppe 3		
Produkte	Produkt 1	Produkt 2	Produkt 3	Produkt 4	Produkt 5	Produkt 6	
Umsatzerlöse	30.000	28.000	8.000	31.000	64.000	52.000	213.000
- variable Kosten[1]	12.000	14.000	6.000	16.000	29.000	21.000	98.000
= DB	18.000	14.000	2.000	15.000	35.000	31.000	115.000
- Fixkosten							84.000
= Betriebsergebnis							31.000

---

[1] **Achtung:** Die variablen Kosten können sich lt. Aufgabenstellung aus den Einzelkosten und den variablen Gemeinkosten zusammensetzen; KV = Einzelkosten + variable Gemeinkosten.

02. Wie ist das Verfahren bei der mehrstufigen Deckungsbeitragsrechnung?

Die mehrstufige Deckungsbeitragsrechnung

► verrechnet die variablen Kosten auf die Bezugsobjekte.

► Die fixen Kosten werden stufenweise entsprechend ihrer Zurechenbarkeit berücksichtigt. Man unterscheidet:[1]

		Erzeugnis A	Erzeugnis B	...
	Erlöse	•	•	•
-	variable Kosten	•	•	•
=	**Deckungsbeitrag I**	•	•	•
-	erzeugnisfixe Kosten	Der Teil der fixen Kosten, der sich dem Kostenträger direkt zuordnen lässt, z. B. Kosten einer spezifischen Fertigungsanlage, Spezialwerkzeuge.		
=	**Deckungsbeitrag II**			
-	erzeugnisgruppenfixe Kosten	Der Teil der fixen Kosten, der sich zwar nicht einem Kostenträger, jedoch einer Kostenträgergruppe (Erzeugnisgruppe) zuordnen lässt.		
=	**Deckungsbeitrag III**			
-	unternehmensfixe Kosten	Ist der restliche Fixkostenblock, der sich weder einem Erzeugnis noch einer Erzeugnisgruppe direkt zuordnen lässt, z. B. Kosten der Geschäftsleitung/der Verwaltung.		
=	Betriebsergebnis			

Demzufolge arbeitet man in der mehrstufigen Deckungsbeitragsrechnung mit einer modifizierten Struktur von Deckungsbeiträgen. Selbstverständlich führen beide Verfahren (ein-/mehrstufige DB-Rechnung) zum gleichen Betriebserfolg.

5.4.3.3 Entscheidungsorientierte Teilkostenrechnung

Im Rahmen der entscheidungsorientierten Teilkostenrechnung werden hier behandelt:

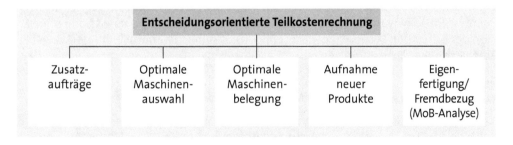

---

[1] Eine weitere Untergliederung ist möglich.

01. Welche Aussagekraft hat die Ermittlung der „kritischen Menge" im Rahmen der Kostenvergleichsrechnung?

► Die **kritische Menge**[1] (auch: Grenzstückzahl) ist die Menge, bei der zwei verschiedene Verfahren mit gleichen Kosten arbeiten.

► Allgemein gilt für die kritische Stückzahl x:

$$K_1 = K_2$$

$$K_{f1} + x \cdot k_{v1} = K_{f2} + x \cdot k_{v2}$$

$$x = \frac{K_{f1} - K_{f2}}{k_{v2} - k_{v1}} = \frac{K_{f2} - K_{f1}}{k_{v1} - k_{v2}}$$

$$\text{Grenzstückzahl} = \frac{\text{Fixkosten 1 - Fixkosten 2}}{\text{variable Stückkosten 2 - variable Stückkosten 1}}$$

Betrachtet man die Formel, so lässt sich leicht erkennen, dass die Erreichung der kritischen Menge auf der Differenz der Fixkosten und der Differenz der variablen Stückkosten beruht (umgekehrte Reihenfolge der Indizes).

02. Wie ist ein Zusatzauftrag mithilfe der Deckungsbeitragsrechnung zu bewerten?

Als Zusatzauftrag bezeichnet man alle Aufträge, die zu Preisen unterhalb der derzeitigen Verkaufspreise angenommen werden. Dadurch soll erreicht werden:

► bessere Nutzung der zurzeit nicht ausgelasteten Kapazität

► Verbesserung des Periodenerfolgs

► zusätzliche Ausschöpfung des Marktpotenzials.

Die Annahme eines Zusatzauftrages ist dann vorteilhaft, wenn der Gewinn bei Annahme mindestens so hoch ist, wie bei Ablehnung. Der Erlös des Zusatzauftrages muss also mindestens seine variablen Kosten decken. Die fixen Kosten sind bereits durch die Erlöse der bisherigen Fertigung gedeckt. Die Fragestellung ist mithilfe der Deckungsbeitragsrechnung zu beantworten.

03. Wie lässt sich die optimale Maschinenauswahl ermitteln?

Die optimale Maschinenauswahl (auch: optimales Fertigungsverfahren) lässt sich z. B. mithilfe der Kostenvergleichsrechnung ermitteln (vgl. Frage 01., kritische Menge):

---

[1] Im Rahmen der Break-even-Analyse ist die kritische Menge erreicht, wenn U = K (vgl. 1.4.2). Im Gebiet der statischen Investitionsrechnung bezeichnet man als kritische Menge die Menge, bei der eine Investition gerade vorteilhaft wird.

MERKE

Bei Überschreiten der kritischen Menge ist das kostengünstigere Verfahren zu wählen; es ist das Verfahren, das zwar höhere Fixkosten, aber geringere variable Kosten hat.

04. Wie lässt sich kurzfristig die Maschinenbelegung mithilfe der Deckungsbeitragsrechnung optimieren?

Bedingungen:

- ► Es liegt kein Engpass vor.
- ► Die Anlagen sind insgesamt nicht ausgelastet.
- ► Kurzfristig können oder sollen keine neuen Anlagen beschafft werden.
- ► Das oder die Erzeugnisse können auf allen Anlagen gefertigt werden.

Lösung:
Es werden die Anlagen genutzt, die die geringsten variablen Stückkosten haben bzw. die den höchsten Deckungsbeitrag erwirtschaften. Die fixen Kosten je Anlage bleiben unberücksichtigt, da sie kurzfristig unveränderbar sind.

Beispiel

Derzeit wird auf zwei Anlagen unter folgenden Bedingungen gefertigt:

		Anlage 1	Anlage 2	gesamt
Kapazität		8.000	4.000	
Fertigungsmenge (= Absatzmenge)	Stück/Monat	8.000	4.000	12.000
Variable Kosten	€/Stück	2,50	4,50	
Fixe Kosten	€/Monat	10.000	14.000	24.000
Verkaufspreis	€/Stück	6,50	6,50	

Bedingung: Im kommenden Monat wird mit einer Verringerung des Absatzes um 3.000 Stück gerechnet. Bei Teilkostenbetrachtung ergibt sich daher folgende Situation:

		Anlage 1	Anlage 2
Umsatzerlöse		6,50	6,50
- variable Kosten	€/Stück	2,50	4,50
= db		**4,00**	**2,00**

Bei dem Auswahlproblem wird auf Anlage 1 die unveränderte Menge gefertigt, da sie den höchsten Deckungsbeitrag erwirtschaftet. Der Absatzrückgang geht zulasten der Anlage 2.

Ergebnis:

Variante 1		Anlage 1/8.000 Stk.	Anlage 2/1.000 Stk.	
Deckungsbeitrag	€/Monat	4,00 • 8.000	2,00 • 1.000	
		32.000	2.000	34.000

Im Vergleich dazu würde der Absatzrückgang zulasten der Anlage 1 einen insgesamt geringeren Deckungsbeitrag ergeben:

Variante 2		Anlage 1/5.000 Stk.	Anlage 2/4.000 Stk.	
Deckungsbeitrag	€/Monat	4,00 • 5.000	2,00 • 4.000	
		20.000	8.000	28.000

05. Welche Variablen entscheiden über Eigen- oder Fremdfertigung?

Die Entscheidung über Eigen- oder Fremdfertigung (Make-or-Buy-Analyse; MoB) ist abhängig von:

► **Qualitativen Gesichtspunkten**, z. B.:

Abhängigkeit von Lieferanten, Qualitätssicherung beim Lieferanten, Zuverlässigkeit.

► **Kostengesichtspunkten:**

Kurzfristige Entscheidung	Kurzfristig wird die vorhandene Produktionsausstattung als Datum gesehen. Liegt kein Engpass vor, so wird eigengefertigt, wenn der Einkaufspreis pro Stück (p) über den variablen Stückkosten (k_v) liegt. Die fixen Kosten werden bei der kurzfristigen Betrachtung nicht beachtet, da sie unabhängig vom Fremd- oder Eigenbezug anfallen. Eigenfertigung, wenn $p > k_v$
Langfristige Entscheidung	Hier werden die Produktionsbedingungen als veränderbar angesehen. Eigenfertigung und Fremdbezug werden meist im Wege der Kostenvergleichsrechnung (statische Investitionsrechnung) gegenübergestellt unter Einbeziehung der fixen und variablen Kosten bei der Eigenfertigung und den Bezugskosten der Fremdfertigung. Alternativ können dynamische Verfahren der Investitionsrechnung eingesetzt werden. Die Berechnung ist aufwändiger aber geeigneter.

5.4.4 Preisuntergrenzen

01. Wie bestimmt sich die kurzfristige Preisuntergrenze (PUG)?

Kurzfristige Preisuntergrenze (PUG)
bei Unterbeschäftigung ohne Engpass

Kurzfristig müssen mindestens die variablen Kosten (K_v) eines Produkts über seinen Preis (p) gedeckt sein. Der Verkaufspreis entspricht also gerade den variablen Stückkosten. Es gilt:

$$p = \text{variable Stückkosten} = k_v$$

Achtung: Im Handel sind die variablen Kosten K_v = Einstandspreis + variable Handlungsgemeinkosten

02. Wie bestimmt sich die langfristige Preisuntergrenze (PUG)?

Langfristige Preisuntergrenze
Langfristig müssen über den Preis (p) die variablen und die direkt zurechenbaren fixen Kosten (oder zumindest Teile der fixen Kosten) eines Produkts gedeckt sein. Es gilt:

$$p = \frac{k_v + K_f}{x}$$

oder

$$p = \frac{k_v + \text{Teile von } K_f}{x}$$

In der Regel gilt: Langfristige Preisuntergrenze = Selbstkosten

5.5 Beherrschen und Anwenden von Methoden zur Kostenkontrolle sowie die Ergebnisse interpretieren

5.5.1 Zweck der Kostenkontrolle

01. Warum ist eine Kostenkontrolle notwendig?

Die Notwendigkeit der Kostenkontrolle ergibt sich aus den Aufgaben der Kosten- und Leistungsrechnung. Im Einzelnen:

Erfolgskontrolle	► Kurzfristige Erfolgskontrolle
	► Kontrolle der Unternehmensbereiche
	► Produkterfolgskontrolle
Wirtschaftlich-keitskontrolle	► Umfang und Art der entstandenen Kosten (Kostenartenrechnung)
	► Ort der Kostenentstehung (Kostenstellenrechnung)
	► Verwendungszweck der Kosten (Kostenträgerrechnung)
	► Innerbetrieblicher Vergleich
	► Zwischenbetrieblicher Vergleich
Preiskontrolle	► Nachkalkulation auf Vollkostenbasis
	► Nachkalkulation auf Teilkostenbasis
	► Preisvergleiche

Quelle: *Däumler/Grabe* 2013, S. 44 - 47.

5.5.2 Normalkostenrechnung

01. Was ist der Unterschied zwischen Istgemeinkosten und Normalgemeinkosten?

► **Istgemeinkosten** sind die in einer Periode tatsächlich anfallenden Kosten; sie dienen zur Ermittlung der Ist-Zuschlagssätze.

► **Normalgemeinkosten** sind statistische Mittelwerte der Kosten zurückliegender Perioden; sie dienen zur Ermittlung der Normal-Zuschlagssätze. Dies bewirkt eine Vereinfachung im Rechnungswesen. Kurzfristige Kostenschwankungen werden damit ausgeschaltet.

02. Wie wird die Kostenüber- bzw. Kostenunterdeckung ermittelt?

Am Ende einer Abrechnungsperiode bzw. nach Ausführung eines Auftrags werden die Normalgemeinkosten (auf der Basis von Normal-Zuschlagssätzen) mit den Istgemeinkosten (auf der Basis der Istgemeinkostenzuschläge) verglichen. Es gilt:

Normalgemeinkosten > Istgemeinkosten → Kostenüberdeckung
Normalgemeinkosten < Istgemeinkosten → Kostenunterdeckung.

03. Was sind die Vor- und Nachteile der Normalkostenrechnung?

► Verringerung der Vor- und Nachteile der Istkostenrechnung: Eine exakte Nachkalkulation ist nicht mehr möglich, dafür wird eine Glättung der Zufallsschwankungen der Kosten und eine Verringerung der Abrechnungsarbeit erreicht.

► Die Normalkostenrechnung ist zeitlich stabiler, da nicht bei jeder Änderung der Istkosten die Zuschlagssätze neu berechnet werden müssen.

► Die Normalkostenrechnung stellt einen bescheidenen Anfang einer wirksamen Kostenkontrolle dar: Man analysiert die Über- und Unterdeckungen, die sich als Differenz zwischen Normal- und Istkosten ergeben. Eine Ursachenanalyse ist bei der (starren) Normalkostenrechnung jedoch nicht möglich.

► In einem modernen Rechnungswesen werden sowohl Ist- als auch Normalkostenrechnung benötigt:

- Die Istkostenrechnung zur Nachkalkulation.

- Die Normalkostenrechnung zur Ermittlung der Kalkulationssätze für die Wirtschaftlichkeitskontrolle bzw. für die Ermittlung der Selbstkosten in der Kostenträgerrechnung (Angebotskalkulation).

- Angebote – und damit Preisfestsetzungen in Preislisten und Kaufverträgen – werden auf Normalkostenbasis kalkuliert. Das hat zur Folge, dass auch in den Umsatzerlösen Normalkosten erstattet werden.

- Die Kostenträgerzeitrechnung kann bereits vor der Aufstellung des Betriebsabrechnungsbogens aus den Einzelkosten und den Normalkostenzuschlägen erstellt werden und zeigt dem Unternehmer kurzfristig den Periodenerfolg.

5.5.3 Plankostenrechnung

5.5.3.1 Methoden der Plankostenrechnung auf Vollkostenbasis

01. Wie ist das System der Vollkostenrechnung gegliedert?

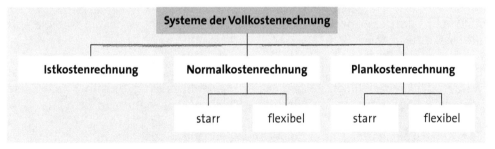

02. Welche Stufen sind beim Aufbau der Plankostenrechnung erforderlich?

Der Aufbau einer Plankostenrechnung umfasst:

► **Die Kostenartenrechnung:**
Planung der Kostenarten: Erfassung aller zu erwartenden Kosten in der Planperiode (z. B. für das kommende Geschäftsjahr).

► **Die Kostenstellenrechnung:**
Zuordnung der zukünftig anfallenden Kosten auf die Kostenstellen (Festlegung der Plankosten je Kostenart und Kostenstelle).

► **Soll-Ist-Vergleich:**
Gegenüberstellung geplanter und tatsächlich entstandener Kosten als Hauptziel der Plankostenrechnung.

► **Kostenträgerrechnung:**
Durchführung der Kostenträgerzeitraumrechnung bzw. der Kostenträgerstückrechnung auf der Basis von Plankosten; Ermittlung der Abweichungen bei einem Kostenträger je Periode bzw. Vergleich der Plankalkulation (auf Basis von Plankosten) mit der Nachkalkulation (auf Basis tatsächlich entstandener Istkosten).

02. Wie ist das Verfahren der starren Plankostenrechnung?

Bei der starren Plankostenrechnung wird keine Unterscheidung zwischen variablen und fixen Kosten vorgenommen, dadurch lässt sich lediglich eine Gesamtabweichung feststellen.

Der Vorteil ist hierbei, dass die starre Plankostenrechnung schnell und einfach durchzuführen ist.

Es werden zum einen die verrechneten Plankosten berechnet, diese rechnen die geplanten Gesamtkosten auf Ist-Beschäftigungsgrad um, um diese dann mit den Istkosten vergleichen zu können.

Außerdem wird der Plankostenverrechnungssatz ausgerechnet, der aussagt wie hoch die Plankosten je Stück sind.

Bei der starren Plankostenrechnung konnte zwar die Gesamtabweichung ermittelt werden, die Grenzen dieser Rechenart liegen allerdings darin, dass kaum eine Ursachenforschung möglich ist (da keine Kostensplittung vorgenommen wurde).

Es gelten bei der starren Plankostenrechnung folgende Beziehungen:

Starre Plankostenrechnung (Formeln)

1.
$$\text{Plankosten} = \text{Planmenge} \cdot \text{Planpreis}$$

2.

$$\text{Plankosten} = \text{Istmenge} \cdot \text{Istpreis}$$

3.

$$\text{Plankostenverrechnungssatz} = \frac{\text{Plankosten}}{\text{Planbeschäftigung}}$$

4.

$$\text{Verrechnete Plankosten} = \text{Istbeschäftigung} \cdot \text{Plankostenverrechnungssatz}$$

$$\text{Verrechnete Plankosten} = \text{Beschäftigungsgrad (\%)} \cdot \text{Plankosten}$$

$$\text{Plankostenverrechnungssatz} = \frac{\text{Istbeschäftigung}}{\text{Planbeschäftigung}} \cdot 100$$

5.

$$\text{Gesamtabweichung} = \text{Istkosten} - \text{verrechnete Plankosten}$$

03. Wie ist das Verfahren bei der flexiblen Plankostenrechnung?

Bei der flexiblen Plankostenrechnung werden die Gesamtkosten in variable und fixe Kostenbestandteile gesplittet, dadurch ist eine genauere Kostenanalyse möglich.

Wir berechnen zusätzlich zu den Ergebnissen der starren Plankostenrechnung, die Sollkosten, um die Gesamtabweichung in eine Verbrauchsabweichung, eine Beschäftigungsabweichung und eine Preisabweichung zu unterteilen.

Die Verbrauchsabweichung ist hierbei Ausdruck der Kostenänderung der variablen Kosten, d. h. es gibt Schwankungen beim mengenmäßigen Wareneinsatz (mengenmäßiger Mehr- oder Minderverbrauch in Euro). Preisänderungen der variablen Kosten werden grundsätzlich nicht berücksichtigt.

 INFO

> Soll bei einer Prüfungsaufgabe die Gesamtabweichung „nur" in eine Verbrauchs- und Beschäftigungsabweichung gegliedert werden, so ist die Preisabweichung in der Verbrauchsabweichung enthalten (siehe Formeln).

Die Beschäftigungsabweichung ist Ausdruck der verrechneten fixen Kosten. Wenn ein geplanter Beschäftigungsgrad nicht erreicht werden konnte, ist auch der Fixkostenanteil je Stück nicht richtig berechnet, dies muss überprüft werden, da bei Beschäftigungsschwankungen das einzelne Stück mehr oder weniger Fixkosten tragen muss.

Die Preisabweichung gibt an, inwieweit sich veränderte Kostensätze bzw. Preisschwankungen für die Inputfaktoren (Preise für Material, Lohnsätze) auf das Ergebnis auswirken.

Es gelten bei der flexiblen Plankostenrechnung folgende Beziehungen:

Flexible Plankostenrechnung (Formeln)

1.1

$$\text{Proportionaler Plankostenverrechnungssatz} = \frac{\text{Proportionale Plankosten}}{\text{Planbeschäftigung}}$$

1.2

$$\text{Fixer Plankostenverrechnungssatz} = \frac{\text{Fixe Plankosten}}{\text{Planbeschäftigung}}$$

1.3

$$\text{Plankostenverrechnungssatz (gesamt) bei Planbeschäftigung} = \text{Proportionaler Plankostenverrechnungssatz} + \text{Fixer Plankostenverrechnungssatz}$$

$$\text{Plankostenverrechnungssatz (gesamt) bei Planbeschäftigung} = \frac{\text{Plankosten}}{\text{Planbeschäftigung}}$$

2.

$$\text{Verrechnete Plankosten} = \text{Istbeschäftigung} \cdot \text{Plankostenverrechnungssatz}$$

$$\text{Verrechnete Plankosten} = \text{Plankosten} \cdot \text{Beschäftigungsgrad}$$

3.

$$\text{Sollkosten} = \text{Fixe Plankosten} + \text{Proportionaler Plankostenverrechnungssatz} \cdot \text{Istbeschäftigung}$$

$$\text{Sollkosten} = \text{Fixe Plankosten} + \text{Proportionale Plankosten} \cdot \text{Beschäftigungsgrad}$$

4.

$$\text{Beschäftigungsabweichung (BA)}[1] \text{ Abweichung, die auf einer Beschäftigungsänderung basiert} = \text{Sollkosten} - \text{Verrechnete Plankosten}$$

---

[1] Hinweis: Die Definition der BA und der VA ist in der Literatur nicht einheitlich; ebenso: vgl. *Olfert*, Kostenrechnung, a. a. O., S. 245 sowie *Däumler/Grabe*, Kostenrechnungs- und Controllinglexikon, a. a. O., S. 31, 321; anders: *Schmolke/Deitermann*, IKR, a. a. O., S. 485 (hier wird allerdings das Vorzeichen in Klammern gesetzt) Merke: Entscheidend ist nicht das Vorzeichen der Abweichung, sondern die richtige Interpretation (vgl. dazu die Lösungen im Lösungsteil).

5.

Verbrauchsabweichung (VA)[1]
Abweichung, die **nicht** auf einer   = Istkosten - Sollkosten
Beschäftigungsänderung basiert

Verbrauchsabweichung (VA)[1]
Abweichung, die **nicht** auf einer $= \begin{array}{l} \text{(Istverbrauch} \cdot \text{Planpreis}^2) \\ - \text{(Sollverbrauch} \cdot \text{Planpreis)} \end{array}$
Beschäftigungsänderung basiert

6.

Preisabweichung = Istkosten zu Istpreisen - Istkosten zu Planpreisen

Preisabweichung = (Istmenge · Istpreis) - (Istmenge · Planpreis)

7.

Gesamtabweichung (GA) = Istkosten - Verrechnete Plankosten

Gesamtabweichung (GA) $= \begin{array}{l} \text{Verbrauchsabweichung + Beschäftigungs-} \\ \text{abweichung + Preisabweichung} \end{array}$

Generell gilt für die Beschäftigungsabweichung:

Istbeschäftigung = Planbeschäftigung	Verrechnete Plankosten = Sollkosten Schnittpunkt der Sollkostenfunktion mit der Funktion der verrechneten Plankosten.
Istbeschäftigung < Planbeschäftigung	Plankosten < Sollkosten Ein Teil der fixen Kosten wird nicht verrechnet.
Istbeschäftigung > Planbeschäftigung	Plankosten > Sollkosten Es werden mehr fixe Kosten verrechnet als nach Plan anfallen sollen.

---

[1] Hinweis: Die Definition der BA und der VA ist in der Literatur nicht einheitlich; ebenso: vgl. *Olfert*, Kostenrechnung, a. a. O., S. 245 sowie *Däumler/Grabe*, Kostenrechnungs- und Controllinglexikon, a. a. O., S. 31, 321; anders: *Schmolke/Deitermann*, IKR, a. a. O., S. 485 (hier wird allerdings das Vorzeichen in Klammern gesetzt) Merke: Entscheidend ist nicht das Vorzeichen der Abweichung, sondern die richtige Interpretation (vgl. dazu die Lösungen im Lösungsteil).

[2] wird keine Preisabweichung ermittelt, dann (Istverbrauch · Istpreis) → die Preisabweichung ist dann Bestandteil der Verbrauchsabweichung

5.5.3.2 Methode der Plankosten auf Teilkostenbasis

01. Was sind Grenzkosten?

Die **Grenzkosten** K' zeigen an, um welchen Betrag die Kosten steigen (bzw. fallen), wenn die Leistungsmenge sich um eine Einheit verändert. Bei linearem Verlauf der Kostenkurve gilt der Differenzenquotient:

$$K' = \frac{\text{Kostenzuwachs}}{\text{Mengenzuwachs}} = \frac{K_2 - K_1}{x_2 - x_1} = \frac{\Delta K}{\Delta x}$$

Beispiel

Bei einer Produktion von 200 Stk. betragen die Kosten 800 €; bei einer Produktionsmenge von 300 Stk. liegen die Kosten bei 1.000 €. Die Grenzkosten K (= variable Stückkosten = k_v – bei linearem Verlauf) betragen daher:

$$K' = k_v \quad \frac{1.000\ \text{€} - 800\ \text{€}}{300\ \text{Stück} - 200\ \text{Stück}} = \frac{200\ \text{€}}{100\ \text{Stück}} = 2\ \text{€/Stück}$$

$k_v = 2$ €/Stk.

Da $K_f = K - K_v = 800$ € - 2 x = 800 € - 400 € = 400 €
ergibt sich die Kostenfunktion:

$$K(x) = x \cdot k_v + K_f \quad = 2x + 400$$

K_f = Fixkosten
k_v = variable Stückkosten
x = Menge

 INFO

Häufig Gegenstand der Prüfung (Kostenfunktion sowie Ermittlung der variablen Stückkosten mithilfe des Differenzenquotienten).

02. Welchen Ansatz hat die Plankostenrechnung auf Teilkostenbasis (Grenzplankostenrechnung)?

Ein Nachteil der flexiblen Plankostenrechnung auf Vollkostenbasis besteht in der rechnerischen Proportionalität der Fixkosten bei Beschäftigungsänderungen.

▶ Die Grenzplankostenrechnung (GPKR) ist eine flexible Plankostenrechnung auf Teilkostenbasis. Sie entspricht in ihrem Aufbau der flexiblen Plankostenrechnung.

▶ Es erfolgt ebenfalls eine Trennung in fixe und variable Kosten, jedoch werden bei der GPKR **nur die variablen Kosten verrechnet**. Die fixen Kosten werden nicht auf die Kostenträger verrechnet, sondern direkt in die Betriebsergebnisrechnung übernommen. Für die kurzfristige Betrachtung sind die fixen Kosten nicht entscheidungsrelevant.

▶ Die (Grenz-)Plankostenverrechnungssätze werden demzufolge nur von den variablen Kosten bestimmt. Sollkosten und verrechnete Plankosten sind identisch. Da nur Grenzkosten auf die Kostenträger verrechnet werden, ist die Beschäftigungsabweichung nicht definiert.

Es gelten bei der Grenzplankostenrechnung folgende Beziehungen, die sich aus der flexiblen Plankostenrechnung ableiten lassen:

Grenzplankostenrechnung (Formeln)

1.

$$\text{Variabler Plankostenverrechnungssatz} = \frac{\text{Variable Plankosten}}{\text{Planbeschäftigung}}$$

2.

$$\text{Verrechnete Plankosten} = \text{Variabler Plankostenverrechnungssatz} \cdot \text{Istbeschäftigung}$$

$$\text{Verrechnete Plankosten} = \text{Variable Plankosten} \cdot \text{Beschäftigungsgrad}$$

3.

$$\text{Sollkosten} = \text{Variabler Plankostenverrechnungssatz} \cdot \text{Istbeschäftigung}$$

4.

$$\text{Variable Istkosten} = \text{Gesamte Istkosten} - \text{Fixkosten}$$

5.

$$\text{Preis-/Verbrauchsabweichung} = \text{Variable Istkosten} - \text{Sollkosten}$$

5.5.3.3 Abweichungsanalyse

01. Was ist der Soll-Ist-Vergleich?

Der Soll-Ist-Vergleich ist der Hauptzweck der Plankostenrechnung: Den geplanten Kosten werden die tatsächlich entstandenen Kosten gegenübergestellt. In der Praxis wird der Kostenstellenverantwortliche einen monatlichen Report erhalten, der die Istkosten und die Sollkosten – einzeln je Monat und meist auch aktuell aufgelaufen – enthält. In der Regel wird der Soll-Ist-Vergleich nicht nur in absoluten Werten, sondern auch in Prozentwerten ausgewiesen. In größeren Betrieben besteht für den Kostenstellenverantwortlichen eine interne Vorgabe, Abweichungen, die einen bestimmten Prozentwert überschreiten, schriftlich zu kommentieren, z. B. Abweichung in Prozent > 5 %.

Der Vorgesetzte hat Kostenabweichungen seiner Kostenstelle zu verantworten!

Eine Ausnahme bilden die Abweichungen, die durch Fehlplanungen oder durch nicht planbare Ereignisse aufgetreten sind.

 MERKE

Abweichung absolut = Ist - Soll

→ Ist - Soll > 0   Kostenüberschreitung!
→ Ist - Soll ≤ 0   Kostenunterschreitung bzw. Einhaltung der Kostenvorgabe!

$$\text{Abweichung in \%} = \frac{\text{Ist - Soll}}{\text{Soll}} \cdot 100$$

02. Welche Abweichungen werden unterschieden?

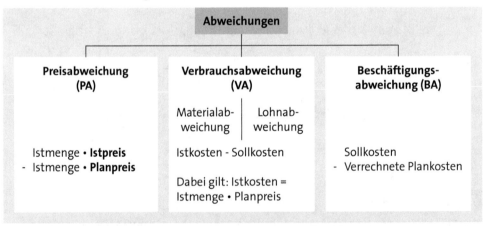

▶ Die **Preisabweichung** (PA) ergibt sich als Differenz zwischen Istkosten zu Istpreisen und Istkosten zu Planpreisen; die Differenz ergibt sich aus der Unterschiedlichkeit von Planpreis und Istpreis. Es gilt:

PA > 0 → Es sind Mehrkosten entstanden!
PA < 0 → Es wurden zu hohe Kosten verrechnet!

Beispiel

PA = Istmenge · Istpreis - Istmenge · Planpreis

= 1.000 · 10 - 1.000 · 12 = -2.000

Es sind Minderkosten von 2.000 € entstanden aufgrund des Unterschiedes von Plan- und Istpreis.

► Die **Verbrauchsabweichung** (VA) ergibt sich als Differenz von Istkosten und Sollkosten innerhalb der flexiblen Plankostenrechnung.

VA > 0 → Istkosten > Sollkosten: Verbrauch ist höher als geplant!
VA < 0 → Istkosten < Sollkosten: Verbrauch ist niedriger als geplant!

► Das Problem besteht darin, dass vor der Ermittlung der VA die anderen Abweichungen bekannt sein müssen. Die VA ist somit eine Restgröße, die sich aus der Gesamtabweichung minus Preis-, Beschäftigungs- und ggf. Verfahrensabweichung ergibt. Die VA kann weiter gegliedert werden in Material- und Lohnabweichungen.

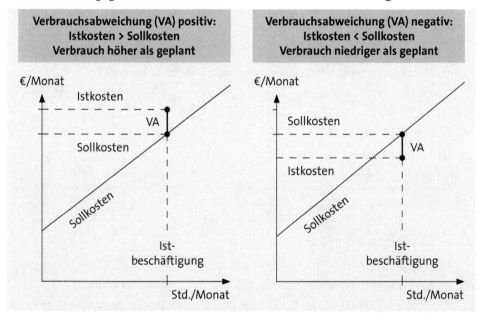

► Die Beschäftigungsabweichung (BA) ist die Differenz zwischen Sollkosten und verrechneten Plankosten innerhalb der flexiblen Plankostenrechnung. Die BA ist im Grunde genommen keine echte Kostenabweichung, sondern sie wird als Verrechnungsdifferenz ermittelt: Bei Unterbeschäftigung werden zu wenig, bei Überbeschäftigung zu viele fixe Kosten verrechnet.

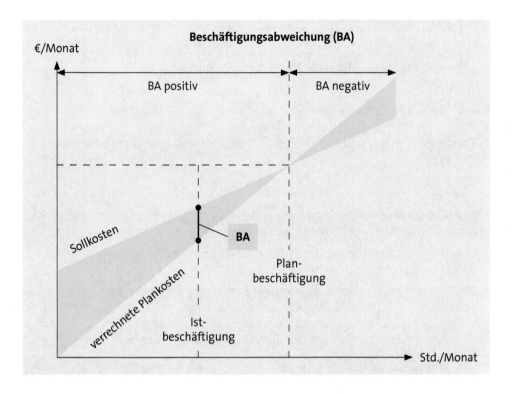

03. In welchen Arbeitsschritten erfolgt der Soll-Ist-Vergleich?

Die Systematik beim Soll-Ist-Vergleich ist identisch mit dem „Regelkreis des Controlling":

1. **Sollwerte** festlegen.
2. **Istwerte** ermitteln:
   - ► sachlich zutreffend
   - ► zeitnah
   - ► zeitraumbezogen (Woche, Monat, Quartal, Jahr).
3. **Soll-Ist-Vergleich** ermitteln.
4. **Abweichung analysieren** und bewerten.
5. Ggf. **Korrekturmaßnahmen** festlegen/vereinbaren und durchführen.
6. Beabsichtigte **Wirkung der Korrekturmaßnahmen überprüfen**.

Die zentralen Fragen des Vorgesetzten beim Soll-Ist-Vergleich lauten:

→ **Wann**   trat die Abweichung auf?
→ **Wo**   trat die Abweichung auf?
→ **In welchem Ausmaß** trat die Abweichung auf?

5.5.3.4 Aussagefähigkeit der Plankostenrechnung und Folgerungen aus Abweichungsanalysen

01. Unter welchen Bedingungen ist der Einsatz der Plankostenrechnung sinnvoll?

► Die **starre Plankostenrechnung** liefert dann gute Ergebnisse, wenn keine oder nur geringe Beschäftigungsschwankungen vorliegen.

Beispiele: Massenfertigung oder Großserienfertigung.

► Die **flexible Plankostenrechnung** liefert dort gute Ergebnisse, wo innerhalb der laufenden Periode Beschäftigungsschwankungen berücksichtigt werden müssen. Voraussetzung ist eine Kostenrechnung, die eine Auflösung der Kosten in fixe und variable Bestandteile durchführt.

► **Beide Systeme** sind nur dann zweckmäßig, wenn aufgrund der Auftragslage stabile Fertigungsstrukturen für mindestens eine Periode die Einrichtung von Plandaten zweckmäßig erscheinen lässt.

► Für Betriebe mit Einzel- und Kleinserienfertigung ist die Plankostenrechnung ungeeignet.

5.5.4 Planerlösrechnung

01. Was ist Gegenstand der Planerlösrechnung?

Die Planerlösrechnung ist das Gegenstück zur Plankostenrechnung. In systematischer Weise werden Erlöse geplant – differenziert nach Bruttoerlösen, Erlösschmälerungen und Erlösarten für unterschiedliche Bezugsgrößen. Der Vergleich von Plan- und Isterlösen erlaubt eine Abweichungsanalyse.

Plan-Erlös	= Planmenge • Planpreis	
	$= x_P \cdot P_P$	Mengenabweichung
Ist-Erlös	= Istmenge • Planpreis	
	$= x_I \cdot P_P$	

5.6 Kenntnisse über die Grundzüge des Kostencontrolling und des Kostenmanagement

5.6.1 Kostencontrolling und Kostenmanagement im betrieblichen Zusammenhang und Umfeld

01. Was ist Gegenstand des Kostenmanagements?

Das Kostenmanagement versucht durch Gestaltung der

► **Programme** (Produkt- und Produktionsprogramme),

► **Potenziale** (z. B. Auf- und Abbau von Kapazitäten) und

► **Prozesse** (betrieblichen Abläufe) und Projekte

auf der Grundlage von Kostenanalysen und -kontrollen und unter Nutzung systematisch-methodischer Verfahren

► das **Kostenniveau**
(z. B. Senkung der Gesamtkosten und/oder der Stückkosten durch Optimierung von Mengen- und Wertkomponenten)

► die **Kostenstruktur**
(z. B. Senkung des Anteils der fixen Kosten an den Gesamtkosten) und

► den **Kostenverlauf**
(z. B. Optimierung des Zusammenhangs von Kosten und Beschäftigung; vgl. Fixkostendegression)

zieladäquat zu beeinflussen.

02. Was ist Gegenstand des operativen und des strategischen Kostenmanagements?

Gegenstand des **operativen Kostenmanagements:**

► **Kostenimplikationen** operativer Entscheidungen auswerten, planen und vorgeben (z. B. kostenmäßige Auswirkung von Tariferhöhungen; Kostenvergleichsrechnungen beim Einsatz alternativer Fertigungsmaterialien)

► **Kostenpositionen** im Soll-Ist-Vergleich feststellen, analysieren und verändern (z. B. Vergleich von Ist- und Normalkosten)

► **Kostendynamik** im Zeitablauf feststellen, analysieren und verändern (z. B. Entwicklung der Personal- und Materialkosten, der Gemeinkosten usw.).

Gegenstand des **strategischen Kostenmanagements:**

► **Kostenimplikationen** von Strategieentscheidungen abschätzen, auswerten und beeinflussen (z. B. kostenmäßige Auswirkung von Standortentscheidungen, Produktionsprogrammänderungen und Investitionsentscheidungen)

► **Einflussgrößen** auf die strategische Kostenposition abschätzen und analysieren (z. B. Verlust der Kostenführerschaft bei einem Hauptprodukt/einer Cash-Cow, Entwicklung interner Kostenvorteile gegenüber dem Wettbewerb)

► **Kosten in der Wertschöpfungskette** konkurrenzbezogen analysieren, planen und vorgeben (Kosten im Einkauf, in der Logistik, in der Fertigung, im Absatz usw. im Vergleich zum Wettbewerb; **Benchmarking-Costing**)

► Gesamtheit der **Lebenszykluskosten** analysieren, planen und vorgeben (**Life-Cycle-Costing**).

03. Welche Phasen umfasst das Kostenmanagement?

Die Phasen des Kostenmanagements entsprechen im Wesentlichen dem Management-Regelkreis: Ziele setzen → planen → organisieren → durchführen → kontrollieren:

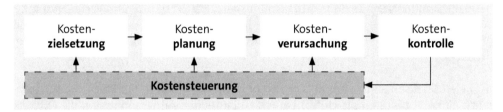

Quelle: *Olfert* 2013, S. 385.

In der Kostenzielsetzung und -planung werden Sollvorgaben für die Kostenverursachung entwickelt. Die Kostenkontrolle vergleicht die angefallenen Istwerte mit den Sollvorgaben. Führt die Soll-Ist-Analyse zu signifikanten Abweichungen, sind im Wege der Kostensteuerung Korrekturmaßnahmen erforderlich (Maßnahmen zur Korrektur der Istwerte; ggf. auch Zielkorrekturen, z. B. bei unrealistischer Planung).

04. Welche Einzelaufgaben hat das Kostenmanagement wahrzunehmen?

Das Kostenmanagement hat folgende Aufgabenfelder zu optimieren:

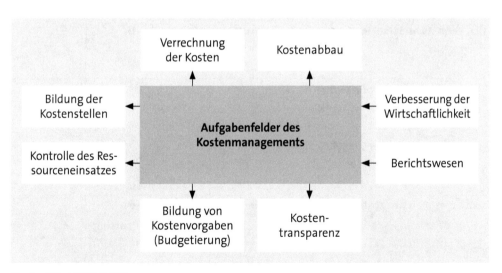

Quelle: *Olfert* 2013, S. 387.

05. Warum hat die Bedeutung des Kostenmanagement zugenommen?

Die Rahmenbedingungen der Unternehmen und damit auch der Kosten- und Leistungsrechnung haben sich verändert.

Früher stand die genaue und verursachungsgerechte Erfassung und Verrechnung der Kosten auf Kostenstellen und Kostenträger im Vordergrund. In vielen Fällen konnten die Verkaufspreise noch auf der Basis der ermittelten Kosten kalkuliert werden (Verkäufermarkt).

In vielen Märkten ist das heute nicht mehr möglich. Ständige Marktveränderungen – auch global – zwingen die Unternehmen zu laufenden Anpassungen an die Entwicklung auf den Einkaufs-, Verkaufs- und Finanzmärkten. Ein Rohstoffpreis, der heute noch Gültigkeit hat, kann morgen um 300 % gefallen sein und zwingt zu einer Plankorrektur.

Mit zunehmender Automatisierung und größer werdenden Unternehmenseinheiten (Stichwort: Konzentrationsprozesse) gewinnen Gemeinkosten und Fixkosten an Bedeutung. Die laufende Anpassungsnotwendigkeit der Unternehmen an veränderte Umweltbedingungen erfordert ein leistungsfähiges Kostenmanagement.

Diese Veränderung ist auch Ursache für die Entwicklung neuerer Kostenrechnungskonzepte und Kalkulationsverfahren wie z. B. der Prozesskostenrechnung und dem Target-Costing.

06. Welche Instrumente setzt das Kostenmanagement ein?

Beispiele:

Kostenmanagement – Instrumente	
zur Herstellung der **Kostentransparenz**	► Betriebsabrechnung
	► Deckungsbeitragsrechnung
zum Management der **Gemeinkosten**	► Prozesskostenrechnung
	► Gemeinkostenwertanalyse
	► Null-Basis-Budgetierung
zum Erkennen von **Kostensenkungspotenzialen**	► ABC-Analyse
	► Cost-Benchmarking
	► Prozesskostenrechnung
	► Target-Costing
Produktorientierte Ansätze	► Target-Costing
	► Life-Cycle-Costing

5.6.2 Zielkostenrechnung (Target-Costing)

01. Wie ist der Ansatz bei der Zielkostenrechnung?

Beim Target-Costing (Zielkostenrechnung) wird für ein geplantes Produkt der auf dem Markt zu realisierende Preis ermittelt (Schätzung bzw. Marktstudien). Die Fragestellung lautet also nicht „Was kostet das Produkt?", sondern „Was darf das Produkt kosten?" Von der Zielgröße (Marktpreis • Planmenge) wird der gesamte Aufwand subtrahiert. Der traditionelle Bottom-up-Ansatz wird zu einem Top-down-Vorgehen umgekehrt: Forschung und Entwicklung, Fertigung und Vertrieb müssen sich an der Preisbereitschaft der Kunden orientieren. Damit werden die maximal zulässigen Fertigungskosten aus dem möglichen Marktpreis retrograd ermittelt.

5.6.3 Prozesskostenrechnung

01. Was ist ein Prozess?

Ein Prozess ist eine strukturierte Abfolge von Ereignissen zwischen einer Ausgangssituation und einer Ergebnissituation. Alternativ: Ein Prozess ist gekennzeichnet durch Anfang und Ende, sachlich und zeitlich zusammenhängende Aufgaben, gemeinsame Informationsbasis.

02. Welche Prozessarten werden unterschieden?

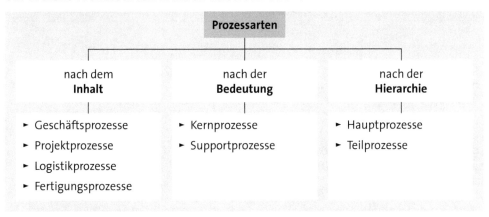

03. Von welchem gedanklichen Ansatz geht die Prozesskostenrechnung aus?

Die Prozesskostenrechnung (PKR) sieht das gesamte betriebliche Geschehen als eine Folge von Prozessen (Aktivitäten). Zusammengehörige Teilprozesse werden kostenstellenübergreifend zu **Hauptprozessen** zusammengefasst.

Beispiel

für die Zusammenfassung von Teilprozessen zu Hauptprozessen (Ausschnitt):

Teilprozesse	Hauptprozesse	
▸ Material disponieren ▸ Material bestellen ▸ Material annehmen, prüfen und lagern	1	**Material beschaffen**
▸ Fertigung planen ▸ Fertigung veranlassen ▸ Fertigung steuern ▸ Teile/Baugruppen zwischenlagern ▸ Baugruppen montieren ▸ Versand vorbereiten ▸ Versand ausführen (Transport)	2	**Fertigungsaufträge ausführen**
▸ Fertigungsauftrag fakturieren ▸ Rechnung versenden ▸ Zahlungseingang überprüfen ▸ außergerichtliches Mahnwesen steuern ▸ ggf. gerichtliche Mahnung veranlassen	3	**Debitorenbuchhaltung steuern**

Bei der Prozesskostenrechnung steht also der Prozess im Vordergrund der Betrachtung und nicht mehr die einzelne Kostenstelle – wie bei der Zuschlagskalkulation.

04. Welche Bezugsgrößen wählt die Prozesskostenrechnung (PKR) zur Verteilung der Gemeinkosten?

Die PKR ist eine Vollkostenrechnung und gliedert die Prozesse in

1. **leistungsmengeninduzierte** Aktivitäten (lmi) → mengenvariabel zum Output
   z. B. Materialbeschaffung: Bestellvorgang, Transport, Ware prüfen

2. **leistungsmengenneutrale** Aktivitäten (lmn) → mengenfix zum Output
   z. B. Materialwirtschaft: Leitung der Abteilung

3. **prozessunabhängige** Aktivitäten (pua) → unabhängig vom Output
   z. B. Kantine, Arbeit des Betriebsrates

Primäre Aufgabe der PKR ist die Ermittlung der sog. **„Kostentreiber"** (Cost-Driver) je **leistungsmengeninduzierter Aktivität**.

Beispiel

Typische Beispiele für Kostentreiber sind:

Teilprozesse	Kostentreiber – Beispiele
► Material bestellen	**Anzahl der Bestellungen**
► Fertigung planen	**Anzahl der Fertigungsaufträge**
► Fertigung veranlassen	
► Fertigung steuern	
► Fertigungsabteilung leiten	kein Kostentreiber (lmn)
► Teile/Baugruppen zwischenlagern	**Anzahl der Transportbewegungen** **Anzahl der Teile**
► Baugruppen montieren	**Anzahl der Baugruppen** **Anzahl der Verrichtungen je Montagevorgang**
► Versand vorbereiten	**Anzahl der Versandstücke** **Anzahl der Verrichtungen je Versandvorgang**
► Fertigungsauftrag fakturieren	**Anzahl der Rechnungen**
► Rechnung versenden	
► Zahlungseingang überprüfen	**Anzahl der Kunden**

05. Wie wird der Prozesskostensatz ermittelt?

Für die lmi-Teilprozesse ist der Teilprozesskostensatz:

$$\text{Teilprozesskostensatz} = \frac{\text{lmi-Teilprozesskosten}}{\text{Teilprozessmenge}}$$

06. Wie werden die Hauptprozesskostensätze ermittelt?

In der Regel wird nicht mit Teilprozesskostensätzen, sondern mit **Hauptprozesskosten-sätzen** kalkuliert; dazu werden die Teilprozesskostensätze je Hauptprozess addiert.

Beispiel

Schematische Darstellung:

Hauptprozess		Teilprozess	Teilprozesskostensatz
		1.1	67,00
		1.2	12,00
		1.3	15,00
1	**Hauptprozesskostensatz**		**94,00**
		2.1	20,00
		2.2	10,00
		2.3	30,00
		2.4	30,00
2	**Hauptprozesskostensatz**		**90,00**
...			

Die Hauptprozesskostensätze werden in die Kostenträgerrechnung übertragen. Die Kosten für die lmn-Aktivitäten sowie für die pua-Aktivitäten werden – wie in der Zuschlagskalkulation – mit den bestehenden Zuschlagssätzen kalkuliert (als Rest- Gemeinkostenzuschlagssätze).

07. Wie ist das Grundschema bei der Kalkulation mit Hauptprozesskostensätzen?

Grundschema einer Prozesskostenkalkulation				
	Materialeinzelkosten			
+	Materialprozesskosten	Menge/Cost-Driver	Prozesskostensatz	
+	Rest-Materialgemeinkosten		Zuschlagssatz	
=	**Materialkosten**			
	Fertigungseinzelkosten			
+	Fertigungsprozesskosten	Menge/Cost-Driver	Prozesskostensatz	
+	Rest-Fertigungsgemeinkosten		Zuschlagssatz	
+	Sondereinzelkosten der Fertigung			
=	**Fertigungskosten**			
=	**Herstellkosten**			
	Verwaltungsgemeinkosten		Zuschlagssatz	
+	Vertriebsprozesskosten	Menge/Cost-Driver	Prozesskostensatz	
+	Rest-Vertriebsgemeinkosten		Zuschlagssatz	
+	Sondereinzelkosten des Vertriebs			
=	**Selbstkosten** (pro Stück/pro Auftrag)			

5.6.4 Kennzahlencontrolling

01. Was sind Kennzahlen?

Kennzahlen sind **quantitative Größen**, die über interessierende Sachverhalte (statistisch: Massen) charakteristische Aussagen treffen, indem z. B. Einzel- oder Mittelwerte stellvertretend für die Entwicklung einer Gesamtmasse genommen werden.

Formal unterscheidet man Kennzahlen nach folgenden Kriterien:

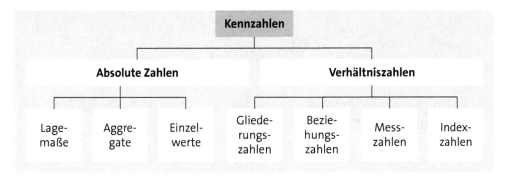

02. Was sind Kostenstrukturkennzahlen?

Kostenstrukturkennzahlen zeigen das Verhältnis von Kostenarten zueinander – meist als Verhältniszahl in Prozent; z. B. als Gliederungszahl (Teilmasse : Gesamtmasse) oder als Messzahl (Teilmasse X_1 : Teilmasse X_2):

1. Verhältnis der Einzelkosten zu den Gemeinkosten:

$$\frac{\text{Gemeinkosten}}{\text{Einzelkosten}} \cdot 100$$

2. Verhältnis der fixen zu den variablen Kosten:

$$\frac{\text{beschäftigungsunabhängige Kosten}}{\text{beschäftigungsabhängige Kosten}} \cdot 100 = \frac{\text{fixe Kosten}}{\text{variable Kosten}} \cdot 100$$

3. Verhältnis der fixen Kosten zu den Gesamtkosten

$$\frac{\text{beschäftigungsunabhängige Kosten}}{\text{Gesamtkosten}} \cdot 100 = \frac{\text{fixe Kosten}}{\text{Gesamtkosten}} \cdot 100$$

4. Verhältnis einer Kostenart nach dem verbrauchten Produktionsfaktor zu den Gesamtkosten, z. B.:

$$\frac{\text{Materialkosten}}{\text{Gesamtkosten}} \cdot 100$$

5. Verhältnis einer Kostenart nach der betrieblichen Funktion zu den Gesamtkosten, z. B.:

$$\frac{\text{Beschaffungskosten}}{\text{Gesamtkosten}} \cdot 100$$

6. Verhältnis einer Kostenart in Abhängigkeit von der Produktionsstufe zu den Selbstkosten, z. B.:

$$\frac{\text{Materialkosten}}{\text{Selbstkosten}} \cdot 100$$

03. Welche Aussagen über die Kostenstruktur können dem erweiterten Betriebsabrechnungsbogen entnommen werden?

Beispiel

Verkürzte Darstellung eines erweiterten BAB:

GKM	Zahlen der Buchhaltung	Material-stelle	Fertigungshauptstellen (FHS)				Verwal-tungs-stelle	Vertriebs-stelle
			I	II	III	IV		
insgesamt	4.360.000	279.300	845.000	605.000	680.000	510.000	1.045.000	395.700
Zuschlagsgrundlagen:		2.940.000	735.000	525.000	630.000	510.000	8.019.300	
		FM	FL	FL	FL	FL	HK des Umsatzes	
Ist-Zuschlagssätze:		9,5 %	114,9 %	115,2 %	107,9 %	100,0 %	13,0 %	4,95 %

Die Zuschlagssätze der Fertigungshauptstellen zeigen die Kostenstruktur: Die FHS I und II haben einen höheren Anteil an Gemeinkosten als die FHS IV. Dies lässt darauf schließen, dass die FHS IV lohnintensiv ist.

04. Welche Erkenntnisse lassen sich mithilfe des Deckungsbeitragssatzes herleiten?

Der Deckungsbeitragssatz zeigt, wie viel Prozent des Marktpreises eines Produktes zur Deckung der Fixkosten verbleiben. Der Deckungsbeitragssatz kann z. B. für preispolitische Überlegungen herangezogen werden.

$$\text{Deckungsbeitragssatz} = \frac{\text{Stückdeckungsbeitrag}}{\text{Preis}} \cdot 100 = \frac{db}{P} \cdot 100$$

05. Welche Erkenntnisse lassen sich mithilfe des Sicherheitsgrades herleiten?

Setzt man den Gesamtdeckungsbeitrag in Relation zu den Fixkosten, so erhält man den Sicherheitsgrad (SG). Er zeigt an, wie viel Prozent nach Abzug der variablen Kosten zur Deckung der fixen Kosten verbleiben.

$$\text{Sicherheitsgrad} = \frac{\text{Gesamtdeckungsbeitrag}}{\text{Fixkosten}} \cdot 100 = \frac{DB}{K_f} \cdot 100$$

Der Sicherheitsgrad ist aussagekräftiger als der Deckungsbeitragssatz (vgl. Frage 04.).

Der Anteil der Fixkosten am Umsatz ist ein Maß für das **Kostenstrukturrisiko:** Je höher der Anteil der umsatzunabhängigen Kosten ist, desto kritischer ist ein Umsatzrückgang zu bewerten; vgl. dazu nachfolgendes Beispiel:

Produkt A		Periode 1	Periode 2	Periode 3
Fixkosten	K_f	40.000	40.000	40.000
Umsatz	$p \cdot x$	80.000	60.000	30.000
- variable Kosten	K_v	40.000	30.000	15.000
= Gesamtdeckungsbeitrag	DB	40.000	30.000	15.000
→ **Sicherheitsgrad**	SG	**100,0 %**	**75,0 %**	**37,5 %**

6. Ein internes Kontrollsystem sicherstellen

6.1 Arten von Risiken identifizieren und dokumentieren

6.1.1 Bestehende Risiken für das Unternehmen erkennen »4.5.1

01. Was ist ein Risiko?

- **Allgemeine Definition:**
  Ein Risiko ist eine quantifizierte Unsicherheit über zukünftige Zustände. Bei einer Risikosituation ist der Eintritt des Ereignisses zwar unsicher, ihm kann jedoch objektiv eine Eintrittswahrscheinlichkeit zugeordnet werden. Das Risiko kann zu einem Verlust führen.

- **Neuere Definition:**
  Diese Definition schließt Chancen mit ein: Möglichkeit, dass ein Risiko positive oder negative Abweichungen vom betrieblichen Ziel umfasst.

Bei einem unsicheren, ungewissen Zustand liegt dessen Eintrittswahrscheinlichkeit nicht vor, sein Eintritt lässt sich nicht mithilfe der Wahrscheinlichkeitsrechnung erfassen.

02. Was ist Risikomanagement?

Jedes unternehmerische Handeln birgt Risiken, d. h. die Gefahr, dass durch externe oder interne Risiken die geplanten Unternehmensziele nicht oder nicht vollständig erreicht werden. Zur Eingrenzung von Risiken dient die Einrichtung eines internen Kontrollsystems (IKS; vgl. » Kapitel 6.2 ff.). Die Ansätze von IKS und Risikomanagement sind einander ähnlich (teilweise überlappen sie sich, teilweise ergänzen sie sich). Beim Risikomanagement (RMS) liegt der Schwerpunkt auf der Strategie und Risikobereitschaft des Unternehmens; das IKS zielt vor allem auf die Steuerung und Kontrolle der Risiken ab.

- **Risikomanagement** umfasst sämtliche Maßnahmen zur systematischen Erkennung, Analyse, Bewertung, Überwachung und Kontrolle von Risiken.

- Im Detail betrifft dies

  - die Festlegung von Kriterien, nach denen die Risiken eingestuft und bewertet werden
  - die Methoden der Risikoermittlung
  - die Verantwortlichkeiten bei Risikoentscheidungen
  - die Bereitstellung von Ressourcen zur Risikoabwehr
  - die interne und externe Kommunikation über die identifizierten Risiken
  - die Qualifizierung des Personals für das Risikomanagement.

03. Wie läuft das Risikomanagement ab?

Der **Prozess des Risikomanagements** besteht aus vier Elementen:

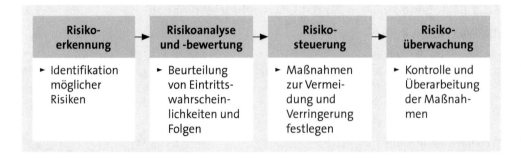

Eine regelmäßige Wiederholung dieses Prozesses ist unbedingt notwendig, um mögliche veränderte und neue Risiken zu erfassen. Außerdem müssen alle relevanten Informationen an die Beteiligten kommuniziert werden. Nur so kann Risikomanagement erfolgreich sein. Die einzelnen Phasen werden in den folgenden Kapiteln näher erläutert.

04. Warum haben sich die Risiken und Chancen der Unternehmen erhöht?

Unternehmen müssen folgende Treiber des Risikomanagements von heute beachten:

Globalisierung	Verkürzte Entwicklungszeiten
► neue Wettbewerber	► steigender Zeitdruck
► neue Märkte	► Zunahme paralleler Prozesse
► Preisdruck	► verstärkter Druck auf F & E
→ Verlust der Kernkompetenz → Verlust von Marktanteilen	→ Fehlergefahr durch beschleunigte Prozesse → Schnittstellenprobleme

Gesetzliche Forderungen	Steigende Komplexität
► gesetzliche Regelung, z. B. KonTraG und ProdHaftG ► Normen und Compliance Richtlinien	► erhöhte Kundenanforderungen ► zunehmende Variantenvielfalt ► erweiterte Zulieferkette ► beschleunigter Datenaustausch
→ Haftungsrisiken	→ Abhängigkeit von Lieferanten

Quelle: in Anlehnung an *Fraunhofer Institut*, IPK.

Eine „Verwaltung" des Risikomanagements ist angesichts dieser Treiber nicht mehr ausreichend. Verlangt wird ein prozessorientierter Ansatz mit folgenden **Eckpunkten:**

▸ Betrachtung von **Ergebnissen** als ein „Blick in den Rückspiegel" (Vergangenheit); Betrachtung von **Prozessen** als ein „Blick durch die Windschutzscheibe" (Zukunft)

▸ Unterstützung durch das Top-Management

▸ Schaffung einer Risikokultur durch Hinterfragen und Diskutieren

▸ Vermeidung einheitlicher Lösungen

▸ ein dynamisches Risikomanagement, das auf Veränderungen reagieren kann.

05. Welche Risikoarten gibt es?

Es lassen sich z. B. folgende Risikoarten unterscheiden:

▸ **quantifizierbar/nicht quantifizierbar:**
Bei quantifizierbaren Risiken kann das Ausmaß des Schadens mithilfe von Zahlen eindeutig bewertet werden, z. B. in Euro; bei nicht quantifizierbaren Risiken ist dies nicht möglich. Nicht quantifizierbare Risiken treten u. a. häufig im Bereich der Umwelt auf, da Zusammenhänge oder benötigte Daten oft unzureichend bekannt sind.

▸ **strategisch/operativ:**
Strategische Risiken liegen meist bei fehlerhaften langfristigen Entscheidungen (zukünftige Erfolgspotenziale) vor. Bedingt durch die festgelegte Strategie wird eine Reihe von Entscheidungen getroffen bzw. Tätigkeiten ausgeführt, die insgesamt zu einem Risiko führen. Operative Risiken dagegen entstehen eher kurzfristig aus der allgemeinen Tätigkeit des Unternehmens heraus und können oft auf Einzelereignisse zurückgeführt werden.

▸ **symmetrisch/asymmetrisch:**
Bei symmetrischen Entscheidungen stehen sich Chance und Verlust gegenüber. Das Ergebnis kann also sowohl positive als auch negative Aspekte haben, wie etwa bei der Einführung eines neuen Computer-Systems. Bei asymmetrischen Risiken, wie z. B. dem Ausfall einer Maschine, fehlt die Möglichkeit der Chance.

▸ **extern/intern:**
Externe Risiken ergeben sich aus dem Umfeld; interne Risiken werden aus dem Leistungsprozess des Unternehmens ausgelöst (vgl. Frage 06 und ≫ Kapitel 6.1.2).

▸ **Projekt-, Produkt- und Geschäftsrisiken:**
Risiken können auch nach Bereichen in einem Betrieb gegliedert werden. Projektrisiken wirken sich auf den Zeitplan oder die Ressourcen eines konkreten Projektes aus (z. B. Veränderung des Teams). Bei Produktrisiken ist vor allem die Qualität bzw. Leistung eines Produktes betroffen. Von Geschäftsrisiken spricht man, wenn sich die Unsicherheit auf das gesamte Unternehmen auswirkt (z. B. Einsatz neuer Technologien). Die Zuordnung zu einem Risikobereich ist hier nicht ausschließend, es können mehrere Bereiche zutreffen.

06. Welche Risikoquellen werden unterschieden?

Man unterscheidet bei den Risikoquellen externe und interne Gefahrenpotenziale und Risikofelder:

▸ Auf **externe** Risiken haben die Unternehmen nur einen geringen – oder gar keinen – Einfluss. Sie ergeben sich aus den Entwicklungen des Umfeldes.

▸ **Interne** Risiken ergeben sich aus den Aktivitäten des Unternehmens. Sie sind daher beeinflussbar.

Für externe Risikoquellen lassen sich folgende Beispiele geben:

Externe Risikofelder – Beispiele	
Wirtschaftliche Risiken	Marktrisiken, Branchenrisiken, Finanzrisiken, Geschäfte mit Rücknahme-, Garantie- und Strafklauseln, Geschäftsbeziehungen mit Krisenregionen, steigende Inflationsrate, Rücknahme von Bestands- und Vertragsgarantien, Kündigung von größeren Krediten durch die Banken
Technologische Risiken	Wettbewerber, Kundenerwartungen, Erneuerung der Produkttechnologie bei Wettbewerbern, verwendete Software wird nicht mehr unterstützt
Soziale (menschliche) Risiken	Bewertungsplattformen, Blogs, soziale Netzwerke, Umwelt- und Sozialpolitik und deren Konsequenzen, Finanzierung der Leistungen der betrieblichen Sozialpolitik, signifikante Änderungen von Verbrauchergewohnheiten
Rechtliche Risiken	Produkthaftung, Gesetze und Richtlinien, Rechtsprechung, gesellschaftliche Trends, Verfahrens-, Kontroll- und Organisationsregeln, geänderte bzw. neue, noch restriktivere Umweltauflagen oder -verbote, weitere gewerbe- oder baurechtliche Einschränkungen, Verlängerung der Garantiefristen im BGB

6.1.2 Interne Risikoquellen für das Unternehmen

01. Welche internen Risikoquellen kann es im Unternehmen geben?

Interne Risikofelder – Beispiele	
Prozessuale Risiken, Unternehmensstruktur	Unternehmensprozesse, Arbeits- und Verfahrensanweisungen, strategische Lücken, Risiken aus Liefer- und Leistungsverpflichtungen, Wertschöpfungsketten in der Produktion/bei der Erbringung von Dienstleistungen, interne und externe Schnittstellen sind nicht abgestimmt; Fehler in der Ablauforganisation
Wirtschaftliche Risiken	Absatzmarkt/Vertrieb, Service/Kundenorientierung, Finanzen (z. B. Geschäfte mit Derivaten, Liquiditätsprobleme, Fälligkeit von Krediten in wirtschaftlich schlechter Lage, Zinsänderungsrisiken in Zeiten steigender Zinsen), abnehmende Kapazitätsauslastung, sinkender Auftragsbestand, sinkender Cashflow, drohende Überschuldung (z. B. aufgrund zu geringer Eigenkapitalausstattung in Verbindung mit Ertragseinbrüchen – Konkursrisiko)

Bestands-bewirtschaftung	ungünstige Beschaffungsquellen, fehlerhafte Lieferantenauswahl, Abnahmeverpflichtungen, Gefahr der Schaffung von Lagerüberbeständen, steigende Beschaffungspreise, Zunahme des Vorratsvermögens
Instandhaltung, Investition	veraltete Technologie bei den Produktionsmaschinen oder der IT
Personalrisiken	steigende Krankenstände, Gehaltszuwächse, Altersstruktur, Qualifikationsniveau, Fluktuation, Motivation, Lohnformen, Austrittsrisiken, Engpassrisiken, Gesundheitsrisiken, Führungsdefizite
Rechtliche Regelungen	Haftung für Produkte und Dienstleistungen, Vertragsstrafen, Haftung der Unternehmensorgane, Änderung der Nutzungsdauer beim Anlagevermögen aufgrund neuer AfA-Tabellen, Unfälle, Strafen, Steuerrisiken, Schadensersatz, Rechtsstreitigkeiten
Missbrauch (Fraud-Risiken)[1]	Gebrauch fremder Identitäten im Internet oder intern im Unternehmen, Diebstahl, Fälschen von Belegen
Datenrisiken	Datenverlust, Fehler in der Datensicherung

02. Welche Bedeutung hat die Aggregation von Risiken?

Es ist nicht ausreichend das Einzelrisiko isoliert zu betrachten. Risiken müssen in einer Gesamtschau betrachtet werden, da sie Wechselwirkungen zueinander haben. Dabei ist es falsch, die Risiken einfach zu addieren:

► Risiken können sich in ihrer Wirkung gegeneinander aufheben oder dramatisch verstärken.

► Risiken können positive oder negative Wirkungen entfalten, die sich möglicherweise aufheben.

Daher ist es notwendig, die Risiken aggregiert (zusammengefasst) zu betrachten.

6.2 Ein internes Kontrollsystem (IKS) aufbauen

6.2.1 Funktion, Zielsetzung und Bestandteile eines IKS

01. Welche Funktion hat ein internes Kontrollsystem (IKS)?

Ein internes Kontrollsystem (IKS) ist ein Bündel von Regelungen, um betriebliche Prozesse auf ihre Richtigkeit hin zu überprüfen. Zu einem IKS gehören auch die Maßnahmen zur Durchsetzung (z. B. Anweisungen). Das IKS ist damit ein zentrales Element einer effektiven Geschäftsführung. Das IKS soll dazu dienen

► Managemententscheidungen abzusichern

► das Vermögen des Unternehmens zu schützen

► die Einhaltung gesetzlicher und interner Vorschriften zu sichern

► die Ordnungsmäßigkeit der Rechnungslegung zu gewährleisten

► und damit zu einer Steigerung des Unternehmenswertes beizutragen.

---

[1] Ein vom englischen „fraud" übernommener Begriff für „Betrug"; auch „betrügerische Handlung" oder „dolose Handlung".

Die Gestaltung eines IKS ist von internen und externen Einflussgrößen abhängig, z. B.:

► Rechtsform

► Betriebsgröße

► Struktur des Unternehmens (zentral/dezentral)

► Anzahl der Mitarbeiter

► Branche

► Komplexität der Geschäftstätigkeit

► Vertriebskanäle

► rechtlichen Vorschriften

► Erfassung, Verarbeitung und Sicherung von Daten

► Risikolage des Unternehmens.

Es kann daher kein allgemeinverbindliches IKS geben. Im konkreten Prüfungsfall (BiBu-Prüfung) muss bei der Ausgestaltung eines IKS die besondere Fallsituation beachtet werden (interne und externe Risikofaktoren).

02. Welche Zielsetzung hat ein internes Kontrollsystem (IKS)?

Das IKS hat allgemein folgende Zielsetzung, z. B.:

► Erreichung der geschäftspolitischen Ziele durch eine effektive und effiziente Geschäftsführung

► Einhaltung von Gesetzen und Vorschriften (compliance)

► Schutz des Unternehmensvermögens

► Verhinderung, Verminderung und Aufdeckung von Fehlern und Unregelmäßigkeiten

► Sicherstellung, Zuverlässigkeit und Vollständigkeit der Buchführung und der zeitgerechten und verlässlichen finanziellen Berichterstattung

► Förderung der Verbesserung und Effizienz von Geschäftsprozessen und Organisationsstrukturen

► Vermeidung von Datenverlusten (Diebstahl, Störungen und Ausfall der Technik).

03. Welche Bestandteile hat ein internes Kontrollsystem (IKS)?

Obwohl ein IKS je nach Zielsetzung auf das Unternehmen spezifisch abzustellen ist, gibt es einen allgemeinen Rahmen, der die Bestandteile (Komponenten) eines IKS vorgibt (nach Coso-Modell[1]).

---

[1] COSO (Committee of Sponsoring Organizations of the Treadway Commission) ist eine freiwillige privatwirtschaftliche Organisation in den USA, die darauf abzielt, Finanzberichterstattungen durch ethisches Handeln, wirksame interne Kontrollen und gute Unternehmensführung qualitativ zu verbessern. COSO ist heute ein Standard für interne Kontrollsysteme (COSO-Modell).

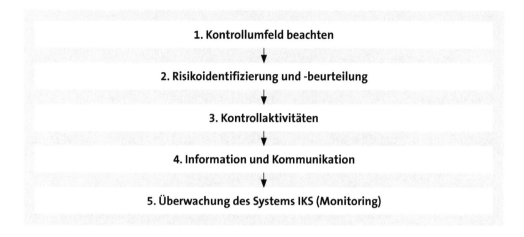

Einzelheiten zu den Bestandteilen eines IKS:

1. **Kontrollumfeld beachten:**

   Hier wird der Rahmen gebildet für die Einführung, Anwendung und Überwachung der IKS-Grundsätze, -Verfahren und -Maßnahmen. Das Kontrollumfeld beeinflusst sehr stark das Kontrollbewusstsein der Mitarbeiter. Das Management muss daher durch sein Verhalten und seine Äußerungen eine **Firmenkultur** etablieren, die den Mitarbeitern die Bedeutung wirksamer interner Kontrollen bewusst macht.

   Die Förderung **moralischer und ethischer Standards** ist eine zentrale Voraussetzung für ein wirksames IKS (z. B. keine Anreize, interne Kontrollmechanismen zu ignorieren oder zu umgehen). Das Kontrollumfeld wird stark von der Art und Weise geprägt, wie die Unternehmensleitung auf Fälle von Nichteinhaltung des Verhaltenskodex, sonstige Verstöße gegen geschäftspolitische Grundsätze oder gesetzwidrige Handlungen reagiert. Es ist notwendig, eine transparente Organisationsstruktur zu schaffen, die Rechenschaftspflichten und Befugnisse verständlich aufzeigt und eine effiziente Kommunikation in der Organisation zulässt.

2. **Risikoidentifizierung und -beurteilung:**

   Damit ein IKS wirksam ist, müssen die Risiken des Unternehmens erkannt und laufend neu bewertet werden. Dabei müssen sowohl

   ► die **internen Faktoren**, z. B.

   - Komplexität der Unternehmensstruktur
   - Art der Geschäfte
   - organisatorische Änderungen
   - neue Geschäftsfelder
   - Expansion
   - Personalfluktuation
   - Änderung des Qualifikationsniveaus

als auch

▸ **externe Einflüsse**, z. B.

- verändertes wirtschaftliches Umfeld
- technologische Entwicklung

untersucht werden.

Diese Risikobeurteilung muss auf allen Ebenen der Organisation durchgeführt werden (Abteilungen, Geschäftsbereiche und Tochtergesellschaften). Beim Erkennen neuer oder vorher nicht kontrollierter Risiken müssen die internen Kontrollen angepasst werden.

Die ermittelten Risiken lassen sich in kontrollierbar und nicht kontrollierbar gliedern:

▸ Bei den kontrollierbaren Risiken muss von der Unternehmensleitung entschieden werden, inwieweit sie diese durch Kontrollmaßnahmen verringern kann, versichert oder selbst trägt.

▸ Bei den nicht kontrollierbaren Risiken muss von der Unternehmensleitung entschieden werden, ob das Unternehmen sich aus dem Geschäftsfeld ganz oder teilweise zurückzieht oder die Risiken bewusst in Kauf nimmt.

3. **Kontrollaktivitäten:**

Sie umfassen die Kontrollrichtlinien und Kontrollverfahren der Unternehmensführung. Es sind dabei für alle Geschäftsbereiche und jede einzelne Abteilung zutreffende Kontrollmaßnahmen vorzusehen. Die Kontrollaktivitäten müssen integrierter Bestandteil der laufenden Geschäftstätigkeit sein. Nur dann ist ihre Wirksamkeit am höchsten. Kontrollhandlungen können automatisch oder manuell gestaltet sein. Sie können in unterschiedlichen Abständen wiederholt werden (in Abhängigkeit von der Komplexität der Kontrolle bzw. der Art des Risikos).

4. **Information und Kommunikation:**

Dazu müssen im Unternehmen zuverlässige Informationssysteme und leistungsfähige Kommunikationskanäle eingerichtet. Damit wird sichergestellt, dass Führungskräfte alle Informationen erhalten, die für sie zur Entscheidungsfindung notwendig sind. Außerdem müssen alle Mitarbeiter rechtzeitigen Zugang zu aktuellen und zuverlässigen Daten bzgl. der Ausübung ihrer Tätigkeiten und der internen Kontrolle bekommen.

Bei Änderung von Prozessen muss das interne Kommunikationssystem angepasst werden.

5. **Überwachung:**

Mit der Überwachung wird letztlich überprüft, ob die vorgegebenen Anweisungen auch tatsächlich eingehalten werden. Das IKS selbst muss laufend überprüft und ggf. angepasst werden: Neue Risiken können dazu führen, dass festgelegte Maßnahmen nicht oder nicht mehr wirkungsvoll greifen. Die Überwachung des IKS ist daher ein Garant für die dauerhafte Wirksamkeit des Systems.

Die Überwachungsaufgaben müssen in den laufenden Geschäftsprozess integriert sein und können aus einem Mix von laufenden und fallweisen Kontrollen bestehen.

6.2.2 Reduzierung von Fehlerrisiken im Unternehmen

01. Welche rechtlichen Rahmenbedingungen gibt es für ein internes Kontrollsystem (IKS)?

Die Einrichtung eines IKS ergibt sich nicht nur aufgrund betriebswirtschaftlicher Überlegungen, sondern aus zahlreichen rechtlichen Regelungen, z. B.:

1. **HGB:**
   - ▶ Nach § 289 Abs. 1 HGB sind Kapitalgesellschaften verpflichtet, im Lagebericht die voraussichtliche Entwicklung mit ihren wesentlichen Chancen und Risiken zu beurteilen.
   - ▶ Nach § 315 Abs. 2 soll der Konzernlagebericht die Risikomanagementziele und -methoden erfassen.

2. **AktG:**
   - ▶ Nach § 107 Abs. 3 ist der Aufsichtsrat verpflichtet, das IKS und das RMS sowie die Abschlussprüfer zu überwachen. Er kann hierzu einen Prüfungsausschuss bilden.
   - ▶ Nach § 93 Abs. 1 AktG haben Vorstandsmitglieder die Sorgfalt eines ordentlichen und gewissenhaften Geschäftsleiters anzuwenden. Eine Pflichtverletzung liegt nicht vor, wenn das Vorstandsmitglied bei einer unternehmerischen Entscheidung vernünftigerweise annehmen durfte, auf der Grundlage **angemessener Information** zum Wohle der Gesellschaft zu handeln. Diese Forderung kann ohne ein unternehmensspezifisches IKS im Allgemeinen nicht erfüllt werden.

3. **KonTraG (Gesetz zur Kontrolle und Transparenz im Unternehmensbereich):**

   Nach § 91 Abs. 2 AktG hat der Vorstand von Aktiengesellschaften geeignete Maßnahmen zu treffen, insbesondere ein Überwachungssystem (IKS) einzurichten, damit den Fortbestand der Gesellschaft gefährdende Entwicklungen früh erkannt werden.

4. **TranspRLG (Transparenzrichtlinie-Gesetz):**

   Nach § 5 Abs. 1 soll das Unternehmen über die Zuordnung der Kosten und Erlöse sowie die Kostenrechnungsgrundsätze Aufzeichnungen führen.

5. **Sox Section 404 (Sarbanes-Oxley Section 404):**

   Nach der SOX Section 404 muss der Jahresbericht eine Darstellung und Beurteilung der Wirksamkeit des IKS enthalten, wenn die Wertpapiere des Unternehmens an US-Börsen gehandelt werden.

6. **Basel III:**

   Basel III hat die Richtlinien zur Kreditvergabe verschärft (Kernkapital). Vgl. dazu ≫ Kapitel 2.4.3.

7. **TUG (Transparenzrichtlinie-Umsetzungsgesetz):**

   Dieses Gesetz ist die Umsetzung einer europäischen Richtlinie. Im Ergebnis soll es europaweit zu einem transparenten und integrierten Wertpapiermarkt kommen, der auch dem Anlegerschutz dient. Das wird über eine Reihe von Publikationen umgesetzt, etwa in Bezug auf Insiderinformationen, Mitteilungen über Geschäfte von Führungskräften und nahestehenden Personen.

8. **BilMoG (Bilanzrechtsmodernisierungsgesetz):**

   Kapitalmarktorientierte Kapitalgesellschaften (vgl. § 264d HGB) sind angehalten, wesentliche Bestandteile ihres IKS und RMS bezogen auf die Rechnungslegung zu beschreiben. Die Beschreibung muss vom Abschlussprüfer kontrolliert werden.

02. Welche weiteren Anforderungen werden an ein internes Kontrollsystem (IKS) gestellt?

IDW (Institut der Wirtschaftsprüfer):

► Der IDW PS 210 (Prüfungsstandard – PS – zur Aufdeckung von Unregelmäßigkeiten im Rahmen der Abschlussprüfung) verlangt von den Prüfern, dass Verstöße erkannt werden (gesetzliche Vorgaben, Satzung, Gesellschaftsvertrag). Werden Unregelmäßigkeiten erkannt, ist eine erweiterte Darstellung erforderlich.

► Gemäß IDW PS 261 (Prüfungsstandard: Feststellung und Beurteilung von Fehlerrisiken und Reaktionen des Abschlussprüfers auf die beurteilten Fehlerrisiken) ist der Abschlussprüfer verpflichtet, sich einen Überblick zu verschaffen, wie das Management mit Risiken umgeht (bezogen auf die Rechnungslegung, den Unternehmensfortbestand und den Vermögensschutz).

ISO 31000:

Die ISO 31000 ist eine internationale Norm für das Risikomanagement. Durch das Bereitstellen umfassender Prinzipien und Richtlinien unterstützt diese Norm Unternehmen bei ihrer Risikoanalyse und -einschätzung.

6.2.3 Prinzipien eines internen Kontrollsystems

01. Auf welchen Prinzipien muss ein internes Kontrollsystem beruhen?

Grundlage eines internen Kontrollsystems bilden folgende Prinzipien:

► **Transparenz:**
Dieses Prinzip besagt, dass alle Prozesse klar und nachprüfbar gestaltet sind, sodass auch für Außenstehende erkennbar wird, ob nach den vorgeschriebenen Richtlinien gearbeitet wird. Es muss also für alle Prozesse ein Sollkonzept existieren, nach dem die Beteiligten zu arbeiten haben. Gleichzeitig stellt dieses Sollkonzept die Erwartungshaltung der Organisationsleitung dar.

► **Vier-Augen-Prinzip:**
In einem gut funktionierenden Kontrollsystem darf kein wesentlicher Vorgang ohne (Gegen-)Kontrolle bleiben. Kritische Vorgänge sollen nicht von einer einzelnen Person ausgeführt, sondern von einer zweiten Person geprüft werden. Auf diese Weise können Verstöße gegen Anweisungen und Fehler vermieden bzw. gering gehalten werden. Das Vier-Augen-Prinzip existiert in zwei Ausprägungen:

  - **Mitwirkung:**
  Zwei Personen arbeiten an einer Entscheidung gemeinsam und ergänzen sich.

  - **Bezeugung:**
  Eine Person entscheidet; eine zweite Person bestätigt seine Entscheidung.

Eine Gefahr bei diesem Prinzip besteht darin, dass die Kontrolle nur oberflächlich durchgeführt wird, weil beide Beteiligte sich aufeinander verlassen.

► **Funktionstrennung:**
Aufgaben in einem Leistungsprozess sollen so verteilt werden, dass sie nicht durch eine einzelne Person oder Organisationseinheit ausgeführt werden können.

Zum Beispiel werden

- vollziehende (z. B. Abwicklung von Einkäufen),

- verbuchende (z. B. Finanzbuchhaltung, Lagerbuchhaltung) und

- verwaltende (z. B. Lagerverwaltung) Tätigkeiten

getrennt ausgeführt und liegen nicht in einer Hand. So können z. B. Verstöße relativ leicht ermittelt werden. Außerdem lässt sich oft schon organisationsbedingt eine Aufgabe (ein Geschäftsfall) nicht allein durchführen.

► **Mindestinformationen:**
Mitarbeiter erhalten nur diejenigen Informationen zur Verfügung, die sie zur Durchführung ihrer Aufgabe benötigen. Dies umfasst auch entsprechende Sicherungsmaßnahmen bei IT-Systemen (z. B. Zugangsbeschränkungen).

Diese Prinzipien bilden gleichzeitig ein System der Früherkennung, da die (bewusste) Verletzung der Prinzipien den Verdacht auf dolose Handlungen nahelegt. Sie werden daher auch als Risikofrüherkennungssystem bezeichnet.

6.2.4 Kontrollbereiche

01. Warum muss das Unternehmen vor der Risikoidentifizierung und -bewertung in Kontrollbereiche gegliedert werden?

Vor der Risikoprüfung sollte das Unternehmen nach Kontrollbereichen unterteilt werden, um diese Bereiche auf die Wahrscheinlichkeit eines Schadeneintritts zu analysieren.

Risikobereiche im Unternehmen können beispielsweise sein:

► Zahlungsverkehr (Kompetenzregelungen)

► Einkauf

► Verkauf

► Wareneingang

► Know-how, Software.

02. Welche Bedeutung hat die Aufbauorganisation für ein internes Kontrollsystem?

Die Aufbauorganisation beschreibt die organisatorischen Einheiten eines Unternehmens und deren Beziehung bzw. Zusammenhang.

Die kleinste organisatorische Einheit (ein Grundelement) eines Unternehmens ist die Stelle. Danach folgen die Instanzen und Abteilungen, die überwiegend hierarchisch in sogenannte Systeme geordnet werden. Sehr oft wird die Aufbauorganisation in Form von Organigrammen dargestellt. Die Aufbauorganisation bildet gemeinsam mit der Ablauforganisation die formelle Organisationsstruktur eines Unternehmens. Eine Aufnahme und Dokumentation der Aufbau- und Ablauforganisation ist bei der Etablierung eines internen Kontrollsystems in einem Unternehmen absolut unerlässlich. Sie ist bei der Identifikation der betrieblichen Risiken und zur Definition der vorbeugenden Maßnahmen zur Minimierung bzw. zum Ausschluss der Risiken erforderlich. Im Rahmen der innenbetrieblichen Kommunikation sollte die Aufbau- und Ablauforganisation allen Mitarbeitern bekannt sein.

03. Welche Bedeutung hat die Ablauforganisation für ein internes Kontrollsystem?

Die Ablauforganisation beschreibt die Gestaltung der Arbeitsprozesse im Unternehmen. Zu den wesentlichen Prozessarten gehören Kernprozesse und Unterstützungsprozesse, wie z. B. Leistungserstellungsprozesse, Rechnungslegungsprozesse, IT-Prozesse und Managementprozesse.

Zu den Leistungserstellungsprozessen gehören der Einkauf, die Produktion und der Verkauf. Die Arbeitsprozesse können in unterschiedlichen Detaillierungsgraden (Verfahren und Arbeitsanweisung) dargestellt werden. Ohne genaue Kenntnisse und Dokumentation der genannten Prozesse ist es nicht möglich die damit verbundenen Risiken vollständig zu identifizieren und ihnen vorzubeugen. Im Rahmen der innenbetrieblichen Kommunikation sollte die Aufbau- und Ablauforganisation allen Mitarbeitern bekannt sein. Risiken bei der Ablauforganisation von Prozessen entstehen vor allem bei der Übergabe eines Prozessschrittes von einer Organisation zur nächsten (Problem der Schnittstellen; z. B. werden fehlende Informationen nicht übergeben).

Die Erstellung einer **Risikoliste je Bereich** (vgl. » Kapitel 6.4, z. B. dolose Handlungen) bildet den Abschluss des Analyseprozesses.

6.3 Methoden zur Identifizierung und Beurteilung von Risiken

6.3.1 Erkennen und Bewerten von Risiken

01. Wie können Risiken identifiziert werden?

Beispiele für geeignete Methoden sind:

- ► Befragungen
- ► Unterlagen und Dokumente prüfen
- ► Betriebsbegehungen
- ► FMEA (Fehler-Möglichkeiten-Einfluss-Analyse, Konzept zur vorsorgenden Fehlervermeidung)

- ▶ Morphologischer Kasten: In einer Matrix werden die verschiedenen Möglichkeiten einer Problemlösung für alternative Merkmale eines Produkts dargestellt.

- ▶ Ishikawa-Diagramm (auch: Ursache-Wirkungs-Diagramm, Fischgräten-Diagramm): Darstellung von Einzelrisiken nach Risikofeldern (z. B. Methode, Mensch, Material, Maschine)

- ▶ Fehlerbaumanalyse: Strukturierung eines Fehlers (z. B. Motor springt nicht an: Zündung, Kabel usw.)

- ▶ Delphi-Methode: Befragung von Experten zur Entwicklung eines Risikos; die Befragung erfolgt in mehreren Runden, wobei die Teilnehmer erst in einer späteren Runde die Einschätzung der anderen Experten mitgeteilt bekommen. Aus dem Ergebnis wird eine Gesamtprognose erstellt.

- ▶ Szenario-Technik: Für einen Ist-Zustand werden in einem Trichter mögliche Entwicklungen dargestellt.

- ▶ Frühwarnsysteme werden aus verschiedenen Indikatoren gebildet, die bei Betrachtung im Zeitverlauf auf mögliche Risiken hinweisen. Sie können das Unternehmen direkt oder dessen Umfeld betreffen. Beispiele sind die Preis- oder Lohnentwicklung, der Umsatz oder das Betriebsklima.

02. Wie können Risiken bewertet werden?

Risiken werden durch zwei Faktoren maßgeblich beeinflusst, die auch zu ihrer Bewertung herangezogen werden:

1. **Schadensausmaß**
   (= Auswirkung, Schadenshöhe) beispielweise mit den Ausprägungen:

   - ▶ unwesentlich – gering – kritisch – katastrophal

   oder

   - ▶ unbedeutend – gering – mittel – schwerwiegend – existenzbedrohend.

2. **Eintrittswahrscheinlichkeit**
   (= Auftretenswahrscheinlichkeit) beispielweise mit den Ausprägungen:

   - ▶ 0 - 20 % – 21 - 40 % – 41 - 60 % – 61 - 80 % – 81 - 100 %

   oder

   - ▶ unvorstellbar – unwahrscheinlich – entfernt vorstellbar – gelegentlich – wahrscheinlich – häufig.

Durch diese Einteilung können verschiedene Risikoarten miteinander verglichen werden. Eine mögliche Ausprägung ist die Verwendung eines **Erwartungswertes:**

Erwartungswert = Eintrittswahrscheinlichkeit (in %) • Schadenshöhe (in €)

Je nach eingeschätzter Wahrscheinlichkeit und Schadenshöhe kann der Wert jedoch stark variieren. Daher ist manchmal eine allgemeine Bewertung zielführender. Allgemein kann man festhalten:

Risiko = f (Eintrittswahrscheinlichkeit, Schadensausmaß)

03. Wie können Risiken übersichtlich klassifiziert werden?

1. **Risikomatrix:**

   Zur Bewertung des Risikos (eines Unternehmens, einer Anlage oder eines Prozesses) werden die ermittelten Risikofaktoren in eine Matrix mit den Dimensionen **Eintrittswahrscheinlichkeit** und **Schadensausmaß** eingetragen:

   Beispiel

   Risikomatrix (allgemein)

Eintritts-wahr-schein-lichkeit	häufig				
	wahrscheinlich				
	gelegentlich				
	vorstellbar				
	unwahrscheinlich				
	unvorstellbar				
		unwesentlich	geringfügig	kritisch	katastrophal
		Schadensausmaß			

   Legende:

   nicht akzeptabel

   ALARP-Bereich (**a**s **l**ow **a**s **r**easonable **p**racticable = Risiken sollen soweit technisch und ökonomisch möglich gemindert werden; ggf. Handlungsbedarf)

   akzeptabel

2. **Risiko-Portfolios:**

   Sie zeigen die Risikostruktur bei Geschäftsfeldern/Unternehmensbereichen. Die Einteilung erfolgt i. d. R. wie bei der Risikomatrix (Eintrittswahrscheinlichkeit, Schadensausmaß). In der Analyse werden die Risiken im Portfolio eingetragen. Im Rahmen der Handlungsfunktion versucht man Normstrategien abzuleiten (z. B. vermindern, vermeiden, versichern).

Beispiel

Risikoportfolio

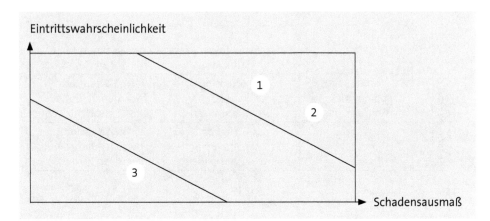

Handlungsnormen, z. B.:

▸ Risiko 1: z. B. Markt-Risiko; vermindern durch intensive Investition (neue Techniken) und Kundenorientierung.

▸ Risiko 2: z. B. Betrugsrisiko; vermindern durch verschärfte interne Kontrollen, verbesserte Sicherheitsmaßnahmen im IT-Bereich (Internet).

▸ Risiko 3: z. B. Risiko der Gebäudezerstörung; wird bei den bestehenden Sicherheitsmaßnahmen als ein geringes Risiko eingestuft, das außerdem versichert ist.

3. **Swot-Analyse:**

Eine geeignete Methode zur Erfassung und Bewertung von Risiken ist die SWOT-Analyse. Sie basiert auf den englischen Begriffen:

S Strengths (Stärken)

W Weaknesses (Schwächen)

O Opportunities (Chancen)

T Threats (Gefahren).

Um später geeignete Maßnahmen abzuleiten, ist eine konkrete Zielsetzung zu Beginn der Analyse wichtig. Dazu können Soll-Werte der Buchhaltung dienen, aber auch ein erfolgreicher Imagewechsel oder das Einführen neuer Prozesse und Werkzeuge sind als Zielsetzung möglich. Es sollte vorher klar sein, was durch die Analyse erreicht werden soll, um die Ergebnisse anschließend sinnvoll interpretieren zu können. Aus den einzelnen Bereichen der SWOT-Matrix können verschiedene Maßnahmen abgeleitet werden, sodass immer ein Maßnahmenpaket entsteht statt eine einzelne Handlungsempfehlung.

Beispiel

Swot-Analyse

		Interne Faktoren	
		S Strenghths Stärken	**W** Weaknesses Schwächen
Externe Faktoren	**O** Opportunities Chancen	**SO-Situation** Stärken einsetzen und Chancen nutzen	**WO-Situation** Schwächen überwinden und Chancen nutzen
	T Threats Risiken	**ST-Situation** Stärken nutzen und Risiken vermeiden	**WT-Situation** Schwächen reduzieren und Risiken vermeiden

Welche Einzelheiten je nach Sachverhalt eingetragen werden, richtet sich nach den spezifischen Bedingungen im Unternehmen. Dabei helfen folgende **Fragen:**

▸ **Strengths:**
  - Was läuft gut?
  - Wo stehen wir im Augenblick?
  - Was macht uns stark?

▸ **Weaknesses:**
  - Was ist schwierig?
  - Was fehlt uns?
  - Welche Störungen gibt es?

▸ **Opportunities:**
  - Wo sehen wir unsere Zukunftschancen?
  - Was können wir ausbauen?
  - Welche Möglichkeiten der Verbesserung haben wir?

▸ **Threats:**
  - Wo bestehen Gefahren?
  - Welche Probleme kommen auf uns zu?
  - Welche Risiken existieren?

4. **Risikobewertung in der Versicherungswirtschaft:**

   In der Versicherungswirtschaft gehört die Identifizierung, Bewertung und Höhe des Risikos zum Tagesgeschäft (Häufigkeit des Risikos, Schadenhöhe im Risikofall). Zum Beispiel wird dies bei einer Voranfrage zum Versicherungsfall erfasst und danach die Versicherungsprämie kalkuliert.

04. Welche grundsätzlichen Maßnahmen der Risikosteuerung gibt es?

Möglichkeiten der Risikosteuerung werden bereits in >> Kapitel 4.5.1, Frage 03. behandelt. Deshalb wird an dieser Stelle nur darauf verwiesen.

6.3.2 Kontrollaktivitäten als Komponenten eines internen Kontrollsystems (IKS)

01. Welche Formen der Kontrolle können unterschieden werden?

Kontrollaktivitäten bestehen aus Grundsätzen und Verfahren zur Einhaltung von Entscheidungen der Geschäftsleitung. Die Kontrollaktivitäten sollen gewährleisten, dass diese Maßnahmen auch tatsächlich ergriffen werden. Die entsprechenden Kontrollen müssen auf allen Hierarchiestufen und Funktionsebenen stattfinden und betreffen die unterschiedlichsten Tätigkeiten wie Genehmigen und Bewilligen, Überprüfen und Abstimmen oder Beurteilen von Leistungsfähigkeit, Schutz des Vermögens und Funktionstrennung. Um effizient zu sein, müssen die Kontrollaktivitäten auch konsequent bis in alle Prozessschichten vordringen. Die in einem Reglement oder einer Weisung festgelegte Funktionstrennung muss sich neben der Unterschriftenregelung auch in der Form der Zugangsrechte zu Transaktionen und Unternehmensdaten äußern. Weiterhin ist die Wirksamkeit, Nachvollziehbarkeit und Effizienz eines IKS im Wesentlichen von der ausgewogenen Mischung der verschiedenen Kontrollaktivitäten abhängig. Ein angemessenes Verhältnis von präventiven und dedektiven Kontrollen kann die verschiedenen Kontrollziele besser erfüllen als Maßnahmen, die nur darauf abzielen, Fehler aufzudecken.

Die Kontrollen können täglich, wöchentlich, monatlich oder jährlich durchgeführt werden.

Die Kontrollaktivitäten (als Komponenten eines IKS) können in unterschiedlichen Formen ausgeführt werden, z. B.:

- **Manuelle Kontrollen** werden durch eine oder mehrere Personen ausgeführt.
- **Automatische Kontrollen** basieren auf speziell programmierten Anwendungen oder IT-Systemen (z. B. Vergleich von Zeitreihen – Abgleich von Erfolgsrechnung und Bilanz). Sie werden ohne manuelle Eingriffe durchgeführt. Die Qualität der automatischen Kontrolle hängt von der Verlässlichkeit des Systems ab. Manuelle und automatische Kontrollen können kombiniert werden.
- **Präventive (vorbeugende) Kontrollen** können manuell oder durch das System erfolgen. Sie dienen zur Verhinderung von Fehlern oder Auslassungen bei Geschäftsprozessen mit hohem Risikopotenzial.
- **Detektive (nachträglich aufdeckende) Kontrollen** werden entweder durch den Menschen oder ein System durchgeführt und dienen zur rechtzeitigen Aufdeckung und zur Korrektur von Fehlern, Betrug oder Auslassungen, bevor sich diese in der Rechnungslegung des Unternehmens niederschlagen.
- **Primäre Kontrollen** sind Schlüsselkontrollen. Sie vermindern das Risiko entscheidend und haben z. B. Einfluss auf Aussagen für wesentliche Kontosalden, Transaktionen

sowie andere Angabepflichten. Primäre Kontrollen sind die am häufigsten angewandten Kontrollen.

▸ **Sekundäre Kontrollen** sind zwar aussagekräftig, werden jedoch vom Management nicht als „entscheidend" angesehen.

02. Wie können Checklisten gestaltet werden?

Checklisten sind eine Hilfestellung bei der Durchführung von Kontrollaktivitäten. Das Ergebnis der Checklisten wird im Prüfbericht festgehalten. Im Folgenden werden einige Bespiele für verschiedene Bereiche aufgeführt.

Beispiele

Beispiel 1: Checkliste zur Aufbauorganisation

Nr.	Fragestellung	ja	nein	Kommentar
1.	Gibt es Mehrfachüber- bzw. -unterstellungen?			
2.	Sind die Stellvertretungen ausreichend geregelt?			
3.	Wird beim Informationssystem das Prinzip der Mindestinformation eingehalten (so viel wie nötig, so wenig wie möglich)?			
4.	Ist für jede Stelle die Übereinstimmung von Aufgabe, Kompetenz und Verantwortung gegeben?			
...	...			

Beispiel 2: Checkliste Rechnungswesen

Nr.	Fragestellung	ja	nein	Kommentar
1.	Ist die Festlegung des berechtigten Personenkreises eindeutig (z. B. Zutritt-/Zugriffregelung, Änderung von Stammdaten, Änderung von Bewegungsdaten)?			
2.	Gibt es Unübersichtlichkeiten durch zahlreiche Umbuchungen und Stornierungen?			
3.	Sind erfolgswirksame Umbuchungen durch das Vier-Augen-Prinzip abgesichert?			
4.	Ist jede Buchung prüf- und nachvollziehbar (Beleg und Gegenkonto)?			
5.	Werden regelmäßig „Offene-Posten-Listen" mit Angabe der Mahnstufen erstellt?			
...	...			

Weiterhin kann es **Risikochecklisten** geben. Hier werden Einzelrisiken aufgrund bereits bestehender Risiken erfasst und in Gruppen gegliedert. Eine Bewertung (hoch, mittel, niedrig) ist möglich aufgrund der Schadensereignisse in der Vergangenheit:

Beispiel

Risikocheckliste

Risikofeld	Einzelrisiko	Bewertung			Maßnahme
		hoch	mittel	niedrig	
Markt- und Branchenrisiken	Technologiewandel				
	Preisverfall				
	Produktelimination des Wettbewerbs				
	Vertrauensschaden beim Kunden				
	Streik				
	Konjunkturentwicklung				
Natürliche Risiken	Klima				
	Emissionen				
	Großfeuer				
Personelle Risiken	Fraud-Ereignisse				
	Ausfall von Schlüsselpersonen				
Prozessrisiken	Langsame Entscheidungsstruktur				
	Mangelnde Kommunikation				
Rechtliche Risiken	Änderungen im rechtlichen, bilanziellen, steuerlichen Umfeld				
	Haftungsansprüche				
	fehlender Schutz von Know-how (z. B. Patente)				
Risiken durch Kunden	Rücktritt von Kunden von einem Vertrag				
	Garantie und Gewährleistung				
	Änderung des Konsumverhaltens				

 INFO

Es gibt keine allgemeingültigen Checklisten. In der IHK-Prüfung muss exakt die Fragestellung beachtet werden: Welche Checkliste ist gefragt? Wie ist die Art des Unternehmens? Welche speziellen Risiken kann es geben?

Beispiel

Ein Unternehmen betreibt Außenhandel. Hier liegen die Risiken besonders im:

► Währungsrisiko

► Wareneingangsrisiko

► Zahlungseingangsrisiko

► politischen Risiko im Empfängerland.

03. Welche Rolle spielen Dokumentation und Anweisungen in einem internen Kontrollsystem (IKS)?

► **Dokumentation:**
Ein zentrales Dokumentationssystem erfasst die definierten Prozesse und Kontrollen eines internen Kontrollsystems. Eine vollständige und sachgerechte Dokumentation stellt die Basis einer erfolgreichen Umsetzung des IKS dar und dient dem Nachweis der getroffenen organisatorischen und technischen Maßnahmen im Unternehmen. Nach der Dokumentation erfolgt eine Überprüfung, ob die beschriebenen Kontrollaktivitäten auch geeignet sind, den Risiken adäquat zu begegnen. Nur wenn die Kontrollaktivitäten dokumentiert sind, können sie auch wirksam überprüft werden. Werden Kontrollschwächen festgestellt, schließt sich eine Bewertung der Auswirkungen auf den Jahresabschluss an. In der anschließenden Testphase wird mit Stichproben überprüft, ob die Kontrollen in der Praxis so wie beschrieben durchgeführt wurden. Der Umfang der Dokumentation orientiert sich an der Größe und Komplexität des Unternehmens. Die Dokumentation ist Bestandteil des Risikomanagementsystems.

Beispiel

- Dokumentation schriftlicher Einwilligungen (§ 51a BDSG):

  Jeder, dessen personenbezogene Daten im Unternehmen verarbeitet werden, muss um seine Einwilligung gefragt werden.

- Datengeheimnis (§ 53 BDSG):

  Jeder, der personenbezogene Daten im Unternehmen verarbeitet, muss zur Geheimhaltung verpflichtet werden. Diese sollte aus Nachweisgründen schriftlich erfolgen.

Eine IKS-Dokumentation ist gesetzlich verpflichtend für alle publizitätspflichtigen Unternehmen. Prüfer haben somit die Aufgabe, eine Dokumentation einzufordern. Inzwischen wird häufig eine papierarme Dokumentation gewünscht, um Ressourcen zu sparen sowie die Übersichtlichkeit und den Zugriff auf bestimmte Dokumente zu verbessern. Dies kann z. B. durch die Speicherung der Dokumente in einer internen Datenbank oder die Nutzung eines Wikis erreicht werden. Die Einführung eines Wikis in einem Unternehmen benötigt zwar etwas Zeit, kann aber je nach Anforderung gute Ergebnisse erzielen.

► **Anweisungen:**
(Arbeits-)Anweisungen sind detaillierte, arbeitsplatzbezogene Handlungsanleitungen zur Umsetzung eines Auftrags (einer Arbeitsaufgabe). Für eine festgelegte Situation wird zeitlich und räumlich der Rahmen für eine bestimmte Maßnahme festgelegt. Der Mitarbeiter weiß, was er in einer bestimmten Situation tun muss und bei der Ausführung zu beachten hat. Anweisungen sind personenunabhängig und geeignet, Fehler zu verringern. Sie sind daher auch ein Bestandteil des Qualitätsmanagements. Anweisungen können generelle Gültigkeit haben oder sich auf einen Einzelfall beziehen. Sie können schriftlich oder mündlich dargestellt werden.

04. Was ist ein Berechtigungskonzept?

Ein Berechtigungskonzept regelt die Nutzung von Daten, Software u. ä. für bestimmte Benutzergruppen. Es erfolgt eine genaue Definition, welche Zugriffsrechte welcher Benutzer je Ressource hat. Außerdem werden notwendige Prozesse in Verbindung mit dem Konzept (z. B. das Anlegen oder Löschen von Nutzern) oder Passwortkriterien festgelegt. Damit trägt ein funktionierendes Berechtigungskonzept in hohem Maße zum effektiven Datenschutz im Unternehmen bei. Bei den Zugriffsrechten werden grundsätzlich unterschieden:

► keine Berechtigung (Daten nicht sichtbar oder veränderbar)

► Lesen (Daten sichtbar)

► Schreiben (Daten ggf. nicht sichtbar, aber veränderbar)

► Lesen/Schreiben (Daten sichtbar und veränderbar)

► Vollzugriff (keine Einschränkungen).

Die Zugriffsrechte werden in der Regel anhand von Rollen vergeben. Die Rollen orientieren sich an den Funktionen im Unternehmen, wie z. B. Systemadministrator, Datenerfassung, Sachbearbeitung und Anwenderbetreuung. Dabei gilt das „Need-to-know-Prinzip" – es sollen nur so viele Rechte vergeben werden wie notwendig, um den Schutz sensibler Daten zu gewährleisten. Eine klare Trennung der Funktionen im Berechtigungskonzept ist ebenfalls wichtig, um Betrugsfällen vorzubeugen: Eine Rolle sollte nicht gleichzeitig einen Lieferanten im System anlegen und gleichzeitig die Zahlung ausführen dürfen. Diese beiden Funktionen sind auf verschiedene Rollen zu verteilen.

Beispiel

Rolle	Keine Berechtigung	Lesen	Schreiben	Vollzugriff
Systemadministrator				✓
Support		✓	✓	
Datenerfassung			✓	
Anwender	✓			

6.3.3 Information und Kommunikation als Komponenten eines internen Kontrollsystems (IKS) >> 7.1.1

01. Was ist eine Kommunikationsstruktur?

Eine Kommunikationsstruktur ist die Struktur des Informationsaustausches innerhalb der Organisation. Sie legt fest, welche Organisationsteile (Personen, Gruppen, Abteilungen) mit welchen anderen Organisationsteilen grundsätzlich zu kommunizieren haben.

02. Welche Ansprüche werden an eine Kommunikationsstruktur gestellt?

Die Kommunikation muss z. B.

- angstfrei
- zielgerichtet
- unmittelbar, zeitnah
- zuverlässig
- sachgerecht
- auf das Wesentliche ausgerichtet

sein.

Informationen sollen also
- zum richtigen Zeitpunkt
- mit dem richtigen Inhalt
- an die richtige Person

gegeben werden.

03. Welche Kommunikationsstrukturen haben welche generelle Eignung?

Grundsätzlich können **zentralisierte** und **dezentralisierte** Kommunikationsstrukturen unterschieden werden. Zentralisierte Strukturen zeichnen sich durch eine klare Über- und Unterordnung der Gruppenmitglieder aus, d. h. es gibt festgelegte Teamleiter, Verantwortliche, etc. Bei dezentralisierten Strukturen ist eine mögliche Führungsrolle nur schwach ausgeprägt, wenn sie überhaupt vorhanden ist. Die einzelnen Teammitglieder begegnen sich gleichberechtigt.

Daraus ergeben sich für beide Strukturen jeweils folgende Merkmale:

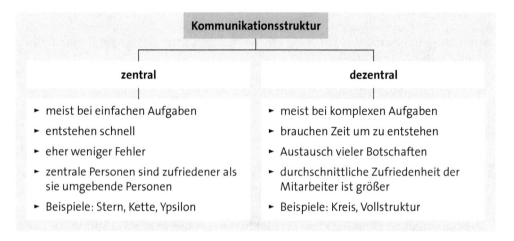

Insgesamt lässt sich die Schlussfolgerung ziehen: Je stärker Führer-Rollen hervortreten, desto höher ist die Unzufriedenheit in den Gruppen.

04. Welche Formen der Kommunikation gibt es?

Die Formen der Kommunikation können nach unterschiedlichen Aspekten gegliedert werden, z. B.:

- verbale/nonverbale/paraverbale Kommunikation (vgl. ≫ Kapitel 7.1.1, Frage 03)
- interne/externe Kommunikation
- Berichte, Telefonate, Konferenzen, Aktennotizen usw.

05. Welche Bedeutung hat die Kommunikationsstruktur für das IKS?

Die Kommunikationsstruktur muss so gestaltet werden, dass sie eine regelmäßige Berichterstattung oder auch ad-hoc-Berichte über die Risiken im Unternehmen zulässt.

Das Erkennen von Risiken hilft nicht, wenn ihre Mitteilung aus bestimmten Gründen unterbleibt (z. B. Angst vor Strafen, Hierarchiedenken). Bei der Mitteilung von Einzelrisiken muss auch die Aggregation und die Wechselwirkung von Risiken beachtet werden.

Bei erkennbaren Risiken ist der unmittelbare Vorgesetzte oder eine höhere Ebene zu informieren. Dies erfolgt über Regelberichte oder ad-hoc-Berichte. Die erforderlichen Informationswege müssen dafür festgelegt sein. Außerdem ist es gut (erforderlich), wenn die Berichtsgeber von den Berichtempfängern eine Rückmeldung (Feedback) erhalten. Dies fördert die Risikokultur.

06. Was sind Ablaufpläne und welche Bedeutung haben sie für das interne Kontrollsystem?

Ablaufpläne zeigen die geplante sachliche und zeitliche Reihenfolge von Vorgängen. Damit ist es möglich, festgelegte Vorgehensweisen im Rahmen eines internen Kontrollsystems leicht zu überprüfen.

Häufig verwendete Darstellungsformen sind z. B.:

- **Listen**
- **Flussdiagramme:**

    Sie zeigen die sachliche Reihenfolge von Arbeitsschritten in einem Prozess mit Hilfe normierter Symbolik.

    Beispiel

    Programmierung einer Funktion in einer Software innerhalb eines Sprints (definierter Zeitintervall, z. B. eine Woche)

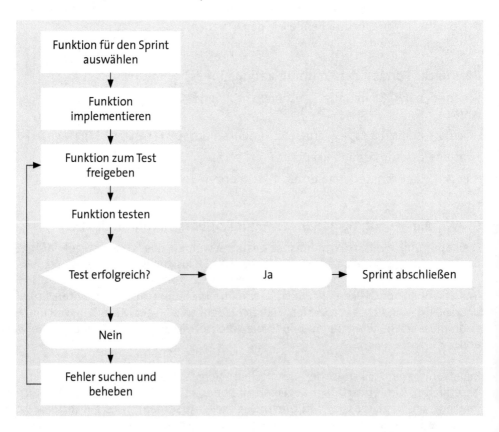

► **Balkendiagramme:**

Sie zeigen die Zuordnung von Aufgaben zu den Verantwortlichen (personalbezogenes Diagramm) bzw. zu einem Zeitplan (aufgabenbezogenes Diagramm). Eine häufig verwendete Form ist die Darstellung als Gantt-Diagramm (Ausschnitt):

Beispiel

Gantt-Diagramm (Ausschnitt)

Aktivität	Start	Dauer in Tagen	Tatsächlicher Start	Tatsächliche Dauer	% abgeschlossen	Zeiträume (z. B. Tage)								
						1	2	3	4	5	6	7	8	9
Aktivität 01	1	5	1	4	25 %									
Aktivität 02	1	6	1	6	100 %									
Aktivität 03	2	4	2	5	20 %									
Aktivität 04	4	8	4	6	16 %									
Aktivität 05	4	2	4	8	75 %									
Aktivität 06	4	3	4	6	85 %									

Dauer geplant   tatsächliche Dauer   % abgeschlossen   % abgeschlossen (hinter dem Plan)

Im **Plannet-Diagramm**, einer Weiterentwicklung des Gantt-Diagramms, werden zusätzlich auch die Abhängigkeiten und Pufferzeiten zwischen den einzelnen Aktivitäten gekennzeichnet.

► **Netzpläne:**

Unter der Netzplantechnik versteht man ein Verfahren zur Planung und Steuerung von Abläufen auf der Grundlage der Grafentheorie; Einzelheiten enthält die DIN 69900. Ein Prozess oder Projekt wird in Einzelaufgaben unterteilt und deren voraussichtliche Dauer und Abhängigkeiten zu anderen Aufgaben innerhalb des Prozesses bestimmt. Daraus kann dann eine Übersicht über die Abhängigkeiten zwischen den Teilaufgaben gewonnen werden. Netzpläne können manuell oder maschinell erstellt und verwaltet werden, eine maschinelle Bearbeitung ist bei einer größeren Zahl von Aufgaben aber unbedingt zu empfehlen. Durch Vorwärts- oder Rückwärtsrechnung lässt sich der **„kritische Pfad"** ermitteln. Vorgänge, die auf dem kritischen Pfad liegen sind besonders zu beachten, da es zwischen ihnen keine Pufferzeiten gibt. Ihre Verzögerung führt deshalb zu einer Verzögerung des Gesamtprojekts bzw. des Hauptprozesses.

Beispiel

Einfacher Netzplan mit den Aufgaben A - F und ihrer zugehörigen Zeit

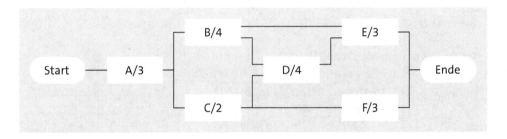

Der früheste Endzeitpunkt ist nach 14 Zeiteinheiten, der Kritische Pfad liegt deshalb bei A-B-D-E. Puffer befinden sich bei den Aufgaben C und F.

Häufig wird eine ausführlichere Variante gewählt, bei der zusätzlich folgende Angaben je Aufgabe gemacht werden:

Aufgabe (Nr.)		Zeit
Frühester Anfangszeitpunkt, FAZ	Frühester Endzeitpunkt, FEZ	Puffer
Spätester Anfangszeitpunkt, SAZ	Spätester Endzeitpunkt, SEZ	

07. Worin unterscheiden sich Verfahrensanweisungen von Arbeitsanweisungen?

Eine **Verfahrensanweisung** regelt die Anwendung eines definierten Verfahrens nach einer bestimmten Methodik und die Verantwortlichkeit. Verfahrensanweisungen sind auf der Führungsebene angesiedelt.

Die **Arbeitsanweisung** ist eine Untersetzung der Verfahrensanweisung bezüglich der Anwendung der Methodik mit der dazu gehörigen Verantwortlichkeit.

Beispiel

Verfahrensanweisung für die Aufbewahrung von Dokumenten (Auszug)

Prüfung der Dokumente

Die Erstellung, die Prüfung, die Freigabe und die Veröffentlichung werden mit Namen in der Fußzeile dokumentiert. Es reichen zwei verschiedene Namen, wobei die Prüfung und die Freigabe von zwei verschiedenen Personen vorgenommen werden muss.

Mit Verfahrensanweisungen kann nachgewiesen werden, dass z. B. die Vorschriften des HGB (z. B. GoBD) und der AO bezüglich der Aufbewahrung von Daten erfüllt sind. Eine Verfahrensanweisung „Krisenmanagement" kann das Vorgehen im Schadensfall eines Unternehmens regeln.

6.3.4 Überwachungsaktivitäten als Komponenten eines internen Kontrollsystems (IKS)

01. Welche Funktion erfüllt die Überwachung des internen Kontrollsystems (IKS)?

Ein IKS ist nur dann wirksam, wenn die Kontrollaktivitäten auf Dauer zuverlässig sind. Das gesamte IKS selbst muss also laufend überwacht werden, um die Einhaltung der definierten Prozesse und Kontrollen zu gewährleisten und um eventuell Anpassungen vornehmen zu können, wenn sich das Umfeld geändert hat (z. B. neue Risikosituation, neue Informationssysteme, Personalfluktuation, Veränderungen im regulatorischen Umfeld). Nur so kann sichergestellt werden, dass das IKS nicht mit verschlechterter Qualität funktioniert.

▶ Die Überwachung des IKS vollzieht sich auf verschiedenen Ebenen. Organisatorische Regelungen innerhalb des Unternehmens sichern eine Überwachung des IKS auf der Prozessebene. Vorgesetzte überwachen die tatsächliche Durchführung der Kontrollen, beispielsweise auf der Basis von Stichproben oder Observationen.

▶ Die Geschäftsleitung stellt eine unternehmensübergreifende Überwachung des IKS sicher, indem sie die notwendigen strukturellen Voraussetzungen schafft (Zuweisung von Verantwortlichkeiten, Schaffung geeigneter Informationssysteme usw.) und indem sie Prozesse zur Berichterstattung festlegt (z. B. Einrichtung einer internen Revision, Bestellung eines Abschlussprüfers). Die Beurteilung der Wirksamkeit des IKS durch den Aufsichtsrat ist umfassend ausgelegt (nicht nur auf den Rechnungslegungsteil). Die Unternehmensleitung muss zuvor diese Wirksamkeit eines IKS sichergestellt haben.

Im Überblick:

Überwachungsaktivitäten		
Interne Kontrollen, selbstständige Überprüfung, prozessabhängig		**Überwachung durch das Management und Beauftragte, prozessunabhängig**
durch die Organisation	durch interne Sicherungsmaßnahmen	
► interne Kontrollen ► systematisch durch „eingebaute" Kontrollen ► Festlegung von Arbeitsabläufen durch Arbeits- und Verfahrensanweisungen ► Controlling	► technische und organisatorische Sicherungseinrichtungen ► Belegwesen	► Geschäftsleitung ► Gesellschafter ► Aufsichtsrat ► externe Prüfer ► Innenrevision

6.4 Maßnahmen zur Vermeidung von Risiken ableiten

6.4.1 Organisation von Prozessen im Unternehmen

01. Was ist ein Geschäftsprozess?

Ein Geschäftsprozess besteht aus logisch verknüpften Einzeltätigkeiten (Aufgaben, Arbeitsabläufe), die ausgeführt werden, um ein bestimmtes betriebliches Ziel zu erreichen. Geschäftstätigkeiten sind mit Risiken verbunden. Jeder Geschäftsprozess ist durch folgende Merkmale charakterisiert:

► Folge von Tätigkeiten

► eindeutiger Anfang und eindeutiges Ende

► zielorientiert

► erbringt Wertzuwachs

► Steuerbarkeit der Prozesse

► verbraucht Ressourcen und verursacht Kosten.

02. Welche Prozessarten werden unterschieden?

Prozessarten – Unterscheidung nach ...		
dem **Inhalt**	der **Bedeutung**	der **Hierarchie**
► Geschäftsprozesse ► Projektprozesse ► Logistikprozesse ► Fertigungsprozesse	► Kernprozesse ► Supportprozesse	► Hauptprozesse ► Teilprozesse

Geschäftsprozesse	Geschäftsprozesse sind eine Folge von Aktivitäten zum Zwecke der Leistungserstellung, deren Wert (Beitrag zur Wertschöpfung) messbar ist. Es werden Geschäftsobjekte bearbeitet. **Beispiele:** Kundenauftrag, Produkt, Kundenreklamation.
Kernprozesse	Kernprozesse (auch: Hauptprozesse, Schlüsselprozesse) erbringen einen unmittelbaren Beitrag zur Wertschöpfung und haben direkten Bezug zum Kunden. **Beispiele:** Produktionsprozesse, Absatzprozesse
Supportprozesse	Supportprozesse (auch: Unterstützungsprozesse, Serviceprozesse) erbringen einen **mittelbaren Beitrag** zur Wertschöpfung und haben **keinen direkten Bezug zum Kunden**. **Beispiele:** Informationsprozesse, Personalprozesse, Beschaffungsprozesse, Führungsprozesse, EDV-Prozesse, Administrationsprozesse

In einem Fertigungsunternehmen sind die Kernprozesse z. B. Beschaffung, Produktion, Marketing, Vertrieb, Vorräte, Anlagen usw. und die administrativen Unterstützungsprozesse z. B. IT, Datenverarbeitung, Datenschutz, Personalwesen, Finanzierung, Buchhaltung und Mahnwesen.

Zusammengehörige **Teilprozesse** werden kostenstellenübergreifend zu **Hauptprozessen** zusammengefasst.

Beispiel

Teilprozesse		Hauptprozesse
▶ Material disponieren	1	
▶ Material bestellen		**Material beschaffen**
▶ Material annehmen, prüfen und lagern		
▶ Fertigungsauftrag fakturieren	...	
▶ Rechnung versenden		
▶ Zahlungseingang überprüfen		**Debitorenbuchhaltung steuern**
▶ außergerichtliches Mahnwesen steuern		
▶ ggf. gerichtliche Mahnung veranlassen		

03. Welche Bedeutung haben Kernprozesse für ein internes Kontrollsystem (IKS)?

Im Rahmen des IKS ist es notwendig, Kernprozesse zu identifizieren, diese optimal zu gestalten, durchzuführen und zu kontrollieren. Damit hat man die zentralen Weichen für einen langfristigen Erfolg des Unternehmens und die Vermeidung von Risiken gestellt. Kernprozesse können z. B. mithilfe der ABC-Analyse und der Portfolio-Analyse ermittelt werden. Ziel der Kontrolle – speziell der Kernprozesse – ist die Verbesserung der Prozesse (Verringerung von Kosten, Verminderung von Risiken für dolose Handlungen).

► Angesichts der Bedeutung der Kernprozesse wird das IKS für diese mit mehr Aufwand betrieben.

► Dagegen wird bei Supportprozessen der Aufwand geringer gehalten.

Es geht also nicht darum, möglichst viele Kontrollaktivitäten zu implementieren, sondern sich vorrangig auf die Kernprozesse zu konzentrieren, um diese für die Steuerung effizienter und sicherer zu gestalten.

6.4.2 Risiko-Kontroll-Matrizen für Prozesse festlegen

Die Risiko-Kontroll-Matrix ist eine Übersicht (tabellarische Darstellung) der identifizierten Risiken aller relevanten Prozesse. Je Prozess werden die Zielsetzung des Prozesses und seine Teilprozesse genannt. Je Teilprozess werden die Risiken, ihre Beschreibung (Maßnahmen), ihre Bewertung (z. B. hoch, mittel, gering), ihre Verantwortlichkeit und die Art der Kontrolle (m – manuell, a – automatisch, d – detektiv, p – präventiv) aufgeführt. Umfang und Komplexität der Risiko-Kontroll-Matrix sind unternehmensspezifisch unterschiedlich. Eine Risiko-Kontroll-Matrix soll damit Auskunft über folgende Fragen geben:

► Art der Kontrolle

► Verantwortlichkeit für die Kontrolle

► zeitliche Aspekte der Kontrolle (Rhythmus, z. B. täglich, wöchentlich usw.)

► Wirksamkeit der Kontrolle

► Dokumentation der Kontrolle.

Die Risiko-Kontroll-Matrix kann damit aufzeigen, wenn für ein Risiko keine oder eine ungenügende Kontrolle besteht (= Kontrolllücke). Es kann aber auch ermittelt werden, dass eine Kontrolle andere Kontrollaktivitäten ersetzen bzw. ein bestimmtes Risiko alleine abdecken kann (= Kontrollredundanz). Die Risiko-Kontroll-Matrizen dienen im Rahmen der Prüfung der Dokumentation und dem Nachweis eines IKS. Über regelmäßige Auswertungen können Verbesserungen und Lücken des IKS erkannt werden.

Die Risiko-Kontroll-Matrix kann mit folgenden Vor- und Nachteilen verbunden sein:

Risiko-Kontroll-Matrix	
Vorteile – Beispiele	**Nachteile – Beispiele**
▸ übersichtliche Darstellung	▸ Aufwand bei der Erstellung
▸ Aufzeigen der Verantwortlichkeiten	▸ muss laufend aktualisiert werden
▸ laufende Optimierung möglich	▸ kein Garant für die Erfassung aller Risiken
▸ zeigt Lücken in der Kontrolle	▸ vermittelt einen quasiobjektiven Anschein
▸ zeigt Kontrollredundanzen	

Beispiel

Risiko-Kontroll-Matrix (Auszug) für den Prozess „Beschaffung"

Prozess	Beschaffung					
Prozessziel	Beschaffung erfolgt fehlerfrei, Zahlungen erfolgen sach- und zeitgerecht					
Teil-prozesse	**Risiko**	**Risiko-ausmaß**	**Maßnahmen**	**verantwort-lich**	**Art der Kontrolle[1]**	**Fazit (ok/nein)**
Bestellung	nicht benötigte Bestellungen werden erteilt	hoch	Bestellungen: ▸ nur durch Formular ▸ nur vom Einkäufer	Einkäufer Einkaufsleiter	m, p	ok
	Bestellungen gehen verloren oder werden vergessen	gering	Bestellungen sind durchnummeriert. EDV gibt eine Liste der nicht verwendeten Bestell-Nr.	Einkäufer	m, a, d, p	ok
Waren-eingang	Lieferung falscher Art	gering	Wareneingang überprüft die Lieferdokumente	Warenein-gangskontrolle	m, p, d	ok
	Lieferung falscher Menge	hoch				ok
	Zahlungskonditionen sind mit dem Angebot nicht übereinstimmend	mittel	Vergleich der Rechnung mit dem Angebot	Einkäufer	m, d	ok

---

[1] m = manuell, a = automatisch, d = detektiv, p = präventiv.

Prozess	Beschaffung					
Prozessziel	Beschaffung erfolgt fehlerfrei, Zahlungen erfolgen sach- und zeitgerecht					
Teil-prozesse	Risiko	Risiko-ausmaß	Maßnahmen	verantwort-lich	Art der Kontrolle[1]	Fazit (ok/nein)
Rechnungs-erfassung	Rechnungen werden doppelt erfasst	gering	Rechnungen werden in die anfordernden Abteilungen weitergeleitet. Abgleich von Bestellung, Wareneingang und Rechnung	Buchhaltung 1 Buchhaltungs-leiter	m, p	ok
	Rechnung wird mit falschen Daten erfasst	gering	Zweite Person überprüft stichprobenartig die Datenerfassung.	Buchhaltung 1	m, d	ok
Zahlungen	Zahlungen ohne Leistung	gering	Zahlung kann nur aufgrund einer Liste ausgelöst werden, wenn die Leistung dokumentiert wurde.	Buchhaltung 2	m, p	ok
	Zahlung unterbleibt oder wird zu spät bezahlt	gering	offene Postenliste per System	Buchhaltung 2 Leiter Finanz-buchhaltung	a, p	ok

Weiterhin kann in Risiko-Kontroll-Matrizen eine Darstellung enthalten sein, die zeigt innerhalb welcher Prozesskette sich der Prozess „Beschaffung" befindet:

Beschaffung > Lagerung > Produktion > Lagerung > Absatz

6.4.3 Missbrauchs-Indikatoren für Prozesse

01. Was sind Fraud-Indikatoren?

Fraud-Indikatoren können Hinweise auf Straftaten von Mitarbeitern gegen das Unternehmen geben. Solche Handlungen, die den Betrieb oder Dritte absichtlich schädigen, werden auch dolose Handlungen genannt. Dazu zählen unter anderem Betrug, Unterschlagung und Diebstahl.

---

[1] m = manuell, a = automatisch, d = detektiv, p = präventiv.

Als Fraud-Indikatoren dienen z. B.

- ► Kasse
- ► Scheck
- ► Personal
- ► Vorräte.

Beispiel

Dolose Handlung

Der internen Revision fällt auf, dass bei den Reisekosten und Spesenabrechnungen gehäuft Eigenbelege anzutreffen sind. Eine genauere Prüfung der Eigenbelege ergibt eine Häufung bei einem einzelnen Mitarbeiter, der aufgrund seiner Funktion viel reisen muss. Die interne Revision zieht eine Stichprobe und sammelt die Originale der Belege ein. Schnell ist ein Fraudschema erkennbar.

Fraud-Ermittlungen müssen versuchen, das gesamte Ausmaß der betrügerischen Aktivität zu erfassen. Die interne Revision kann dabei mit Anwälten, Ermittlern, Sicherheitspersonal und anderen internen und externen Spezialisten zusammenarbeiten. Dabei ist die jeweilige Rechtslage einzuhalten.

Aus der Fülle der Missbrauchs-Indikatoren wird nachfolgend auf folgende Geschäftsbereiche bzw. Indikatoren eingegangen, in denen in verstärktem Maße Gelegenheit und Motivation für dolose Handlungen besteht:

Missbrauchs-Indikatoren – Beispiele			
Einkauf	Verbräuche	Bargeschäfte	fingierte Belege

- ► **Einkauf:**
  Der Einkauf ist einer der Geschäftsbereiche, die in hohem Maße zu dolosen Handlungen verleitet, z. B. Lieferant als „Partner" der dolosen Handlung, Bestechung, Korruption.

  Typische Beispiele für nicht korrektes Verhalten im Einkauf:

  - Absprache der Preise
  - Lieferanten werden bevorzugt und geben dafür „Gegenleistungen".
  - Leistungen für den Privatbereich werden auf Kosten des Unternehmens bezogen.
  - Nicht erbrachte Leistungen werden bezahlt.
  - Auch minderwertige Leistungen werden bezahlt, Mängel werden „übersehen".
  - Erteilung von Gutschriften, die ohne Berechtigung sind.

Deshalb wird die interne Revision ihr Hauptaugenmerk auf z. B. folgende Punkte richten:

- Analyse von Auffälligkeiten in den Einkaufsdaten (z. B. auffällige Preise, Rabatte, Kreditorenstammdaten etc.)
- Analyse von auffälligen Prozessdaten (z. B. Bestellungen ohne Bestellanforderungen)
- Erkennen von Schwachstellen im einkaufsrelevanten IKS (z. B. wertunabhängig muss nur ein Angebot eingeholt werden).

▶ **Verbräuche:**
Das Material im Lager eines Unternehmens ist häufig ein Anlass für dolose Handlungen und bietet Gelegenheit für Manipulationen. Indikatoren können z. B. sein:

- hoher Verbrauch (Verschleiß) von Werkzeug
- ansteigender Materialverbrauch
- Inventur durch nicht geschulte Mitarbeiter
- Lagerbestände, die selten kontrolliert werden (weit entfernte Läger)
- Überbewertung der Lagerbestände
- Anstieg der Barverkäufe
- keine Funktionstrennung in der Verwaltung des Lagers
- bei der Inventur werden hohe Bestandsdifferenzen festgestellt.

▶ **Bargeschäfte:**
Bargeschäfte sind sehr risikobehaftet, da sich hier spezielle Möglichkeiten der Manipulation bieten und i. d. R. Fremdbelege fehlen. Beispiele können sein:

- Verwendung von Manipulationssoftware der Kasse
- Unterdrückung des Stornos
- Verwendung mehrerer Kassen
- Manipulation des Kassenbuches bzw. des Kassenberichts
- automatische Erlösverkürzung mittels Zapping (Total-Reset der Kasse)
- missbräuchliche Verwendung der Trainingsspeicher (dienen zu Übungszwecken des Personals; entsprechende Übersichten und Ausdrucke sind sorgfältig aufzubewahren, um später nachweisen zu können, dass es sich tatsächlich um Übungen statt um nicht erfasste Einnahmen handelt).

Der Fokus liegt hier vor allem auf dem Umgang mit den Registrierkassen, weshalb Bedienungsanleitungen und Dokumentationen der Programmierung langfristig aufzubewahren sind. Außerdem wurden die Anforderungen an elektronische Kassensysteme in den letzten Jahren immer wieder verschärft (vgl. ≫ Kapitel 3.8.1, Frage 12).

► **Fingierte Belege:**

Die Buchhaltung muss sich nach den Grundsätzen der ordnungsgemäßen Buchführung richten (GoB, GoBS). Möglichkeiten Belege zu manipulieren sind z. B.:

- Rückdatierung
- Erstellung von Belegen, denen keine Leistung gegenübersteht (Scheinrechnung, Gefälligkeitsrechnung)
- Erstellung von „Scheinrechnungen" für Schwarzlohnzahlungen (Abdeckungsrechnung)
- nachträglich erstellte Verträge mit Verbindlichkeiten
- fehlende Belege (ohne Begründung für das Fehlen)
- Fälschung von Rechnungen
- Unterzeichnung der Belege durch nicht berechtigte Personen
- Rechnung an Briefkastenfirmen (auch Strohmannrechnung)
- fehlende/falsche Kontrolle der Belege (z. B. kein Vier-Augen-Prinzip).

Ein besonderes Augenmerk der Prüfer (Anfangsverdacht) ist darauf zu richten, ob sehr viele Eigenbelege im Unternehmen vorliegen.

6.4.4 Interne Kennzahlen für Prozesse

Kennzahlen sind verdichtete Informationen zur Unternehmensentwicklung. Sie dienen der Steuerung des Unternehmens. Sie sind objektiv und erlauben eine Vergleichbarkeit.

Neben den bekannten Kennzahlen zur Analyse der Unternehmensentwicklung, wie z. B. Umsatzentwicklung, Gewinnentwicklung, Cashflow-Entwicklung und Liquiditätsgrade (vgl. Bilanzanalyse) gibt es spezielle Kennzahlen, mit denen Risiken im Unternehmen erkannt und untersucht werden können:

► **Ausbuchungsquoten:**

- Forderungen werden nach vollständiger Bezahlung ausgebucht.
- Für Forderungen, die ganz oder teilweise nicht eingehen, wird eine Wertberichtigung vorgenommen.
- Ein Forderungsausfall ist dann anzunehmen, wenn die Forderung uneinbringlich wird (z. B. Insolvenz des Schuldners). Die Forderung ist auszubuchen (Forderungsverlust).

Die Ausbuchungsquote wird definiert als:

$$\text{Ausbuchungsquote} = \frac{\text{Zahl der ausgebuchten Forderungen}}{\text{Gesamtzahl der Forderungen}} \cdot 100$$

oder

$$\text{Ausbuchungsquote} = \frac{\text{Wert der ausgebuchten Forderungen}}{\text{Gesamtwert der Forderungen}} \cdot 100$$

Bedeutsam ist auch der durchschnittliche Wert der ausgebuchten Forderungen:

$$\varnothing\,\text{ausgebuchte Forderungen} = \frac{\text{Wert der ausgebuchten Forderungen}}{\text{Gesamtzahl der ausgebuchten Forderungen}}$$

Die Betrachtung der absoluten Ausbuchungsquoten bringt alleine keinen Analysewert. Nur der Vergleich der Ausbuchungsquoten über die Zeit kann einen Hinweis auf Risiken oder Manipulationen liefern.

► **Debitorenlaufzeit:**

Die Debitorenlaufzeit zeigt an, wie lange es durchschnittlich dauert, bis die Kunden ihre Rechnung bezahlen. Prinzipiell ist es vorteilhaft für das Unternehmen, wenn seine Kunden schnell bezahlen. Dies verbessert die Liquidität.

Die Debitorenlaufzeit wird aus dem durchschnittlichen Forderungsbestand und dem Zeitraum ermittelt, der zwischen der Rechnungserstellung und dem Zahlungseingang liegt. Dass die Debitorenlaufzeit kürzer ist als die Kreditorenlaufzeit, gilt als vorteilhaft.

$$\text{Debitorenlaufzeit in Tagen} = \frac{\varnothing\,\text{Forderungen aus LuL}}{\text{Umsatzerlöse} + \text{MwSt.}} \cdot 360$$

Beispiel

Der Forderungsbestand eines Unternehmens beträgt am Anfang des Jahres 260.000 € und am Ende des Jahres 200.000 €. Die Umsätze (inkl. MwSt.) im gleichen Zeitraum belaufen sich auf 4.200.000 €.

$$\text{Debitorenlaufzeit in Tagen} = \frac{(260.000\,€ + 200.000\,€) : 2 \cdot 360}{4.200.000\,€} = 19{,}7\ \text{Tage}$$

Dieser Wert liegt unter einem Richtwert von 30 Tagen und ist damit als gut zu bewerten.

Für die Kontrolle der Debitorenlaufzeit gilt: Verlängert sich die Debitorenlaufzeit, verschlechtert sich die Liquidität des Unternehmens und das Risiko des Zahlungsausfalls steigt. Sollte sich die Debitorenlaufzeit erhöhen, ist das Mahnwesen zu überprüfen (Forderungsmanagement: Veränderung der Zahlungsziele). Auch hier gilt: Nur ein Vergleich über mehrere Perioden erlaubt eine Aussage über die Größe der Kennzahl sowie eine Veränderung der Risiken.

► **Wareneinsatz:**

Je geringer der Wareneinsatz ist, desto mehr Ergebnis verbleibt zur Abdeckung für die übrigen Kosten im Unternehmen (Handelsbetrieb: Handlungskosten; Produktionsbetrieb: Produktionskosten und Vertriebs- und Verwaltungskosten).

Als Kenngröße für den Wareneinsatz wird genommen:

$$\text{Wareneinsatzquote} = \frac{\text{Wareneinsatz}}{\text{Umsatz}} \cdot 100$$

(im Handelsunternehmen)

oder

$$\text{Materialaufwandsquote} = \frac{\text{Materialaufwand}}{\text{Gesamtleistung}} \cdot 100$$

(im Produktionsunternehmen)

Für die Betrachtung der Wareneinsatzquote (WE-Quote) gilt:

- Eine hohe (branchenunübliche) WE-Quote ist für das Unternehmen ungünstig.
- Ein Anstieg der WE-Quote deutet hin auf:
  - einen unwirtschaftlichen Wareneinsatz
  - Preiserhöhungen im Einkauf
  - Preissenkungen im Absatz (Gesamtleistung).

In Verbindung zur Wareneinsatzquote steht die **Rohertragsquote**. Sie entwickelt sich umgekehrt zur Wareneinsatzquote:

Beispiel

	Gesamtleistung (Umsatzerlöse)	200.000,00 €
-	Materialaufwand (Wareneinsatz)	80.000,00 €
=	Rohertrag	120.000,00 €

Im Beispiel beträgt die Wareneinsatzquote 40 % und die Rohertragsquote 60 %.

Daneben gibt es eine Reihe weiterer **Risikokennzahlen**, die Ihnen z. T. aus der Bilanzanalyse bekannt sind, z. B.:

Risikobereich	Risikokennzahl	
Beschaffung	Wareneinsatz-quote	$$\text{Wareneinsatzquote} = \frac{\text{Wareneinsatz}}{\text{Umsatz}}$$
	Preisentwicklung auf dem Beschaffungs-markt	Entwicklung der Preisindizes für relevante Rohstoffe
	Lieferanten-struktur	$$\text{Lieferantenstruktur} = \frac{\text{Anzahl der A-Lieferanten}}{\text{Gesamtzahl der Lieferanten}}$$
Produktion	Durchlaufzeit	Summe der Bearbeitungs-, Transport- und Wartezeiten auf allen Produktionsstufen; die Durchlaufzeit sollte möglichst kurz sein.
	Rüstzeit	Zeit zur Umrüstung eines Betriebsmittels; die Rüstzeit sollte möglichst gering sein.
	Versorgung mit Gas, Wasser, Strom	$$\text{Versorgungssicherheit} = \frac{\text{Anzahl der Ausfälle}}{\text{Jahr}}$$
	Ausschuss	$$\text{Ausschussquote} = \frac{\text{Ausschuss (Menge, Wert)}}{\text{Gesamtproduktion (Menge, Wert)}}$$
	Produktivität	$$\text{Produktivität} = \frac{\text{Input (Menge)}}{\text{Output (Menge)}}$$
Absatz	Abhängigkeit von Kunden	$$\text{Abhängigkeit von Kunden} = \frac{\text{Anzahl der A-Kunden}}{\text{Gesamtzahl der Kunden}}$$
	Auftrags-reichweite	$$\text{Auftragsreichweite} = \frac{\text{Anzahl der Aufträge}}{\text{ø Dauer pro Auftrag}}$$
	Wettbewerbs-intensität	Anzahl der Wettbewerber

Risikobereich	Risikokennzahl	
Anlage-vermögen	Investitions-quote	$$\text{Investitionsquote} = \frac{\text{Investitionen}}{\text{Anlagevermögen}}$$ Eine hohe Investitionsquote ist positiv zu werten, da das Anlagevermögen weitgehend erhalten bleibt.
Personal	Abhängigkeit von Mitarbei-tern	$$\text{Abhängigkeit von Mitarbeitern} = \frac{\text{Anzahl der Know-how-Träger}}{\text{Gesamtzahl der Mitarbeiter}}$$
	Fluktuations-rate	$$\text{Fluktuationsrate} = \frac{\text{Anzahl der Personalabgänge}}{\text{Gesamtzahl der Mitarbeiter}}$$
	Ausfallzeiten	$$\text{Ausfallzeiten} = \frac{\text{Ausfallzeiten in Stunden}}{\text{Sollzeit in Stunden}}$$
Finanzierung (vgl. dazu auch die Kennzah-len der Bilanz-analyse)	Fremdkapital-quote	$$\text{Fremdkapitalquote} = \frac{\text{Fremdkapital}}{\text{Gesamtkapital}}$$
Zahlungen	Bonitätsrisiko der Kunden	Risiko von Änderungen in der Kreditwürdigkeit der Kunden (insbesondere bei A-Kunden)
	Ausfallquote	$$\text{Ausfallquote} = \frac{\text{uneinbringliche Forderungen}}{\text{Gesamtforderungen}}$$ (vgl. dazu auch „Ausbuchungsquoten" S. 625)
Technik	Stillstands-quote	$$\text{Stillstandsquote} = \frac{\text{Stillstandszeiten in Stunden}}{\text{Sollstunden}}$$
	Reparatur-quote	$$\text{Reparaturquote} = \frac{\text{Anzahl der Reparaturen pro Periode}}{\text{Anzahl der Maschinen pro Periode}}$$
Fraudvorfälle	Fraud-Risiken	$$\text{Fraud-Risiken} = \frac{\text{Anzahl der dolosen Handlungen}}{\text{Jahr}}$$

Risikobereich	Risikokennzahl	
Prozesse	Abweichungen	$$\text{Risikoabweichung} = \frac{\text{Ist-Ergebnis}}{\text{Sollergebnis}} \cdot 100$$
	Value at Risk	allgemeines Konzept zur Quantifizierung von Risiken
	Capa	Corrective and Preventive Action (CAPA), „Korrektur- und Vorbeugemaßnahme"; ist ein Indikator aus dem Qualitätsmanagementsystem

Der **Value at Risk** (VaR) ist ein Konzept zur Quantifizierung von Risiken. Er ermöglicht die Messung und Bewertung in einer Kennzahl. Dazu wird die Eintrittswahrscheinlichkeit und die Schadenshöhe ermittelt. Der Value at Risk ist der Verlust, der in einer bestimmten Zeit mit einer bestimmten Wahrscheinlichkeit nicht überschritten wird. Die Risikomessung konzentriert sich nur auf die Messung der Verlustwahrscheinlichkeit und nicht auf die Messung der Schadenshöhe. Der VaR wird besonders bei Finanzrisiken eingesetzt.

Beispiel

Bei einer Anlageinvestition von 200.000 € für einen Zeitraum von 20 Tagen beträgt der VaR 2.500 € mit einer Wahrscheinlichkeit von 99 %.

Der 1-%-VaR kann auch als 99-%-Maximalverlust interpretiert werden, d. h. in durchschnittlich 99 von 100 Perioden wird der realisierte Verlust den berechneten Maximalverlust von 2.500 € nicht überschreiten.

Mit Kennzahlen können Risiken identifiziert werden (z. B. branchenunübliche Entwicklung, außergewöhnliche Höhe, unerwartete Veränderungen). Aber auch eine große Anzahl von Kennzahlen schützt nicht generell vor Risiken. Kennzahlen müssen unternehmensspezifisch definiert werden. Eventuell müssen nach dem Eintritt von Risiken neue Kennzahlen verwendet werden.

7. Kommunikation, Führung und Zusammenarbeit mit internen und externen Partnern sicherstellen

7.1 Mit internen und externen Partnern situationsgerecht kommunizieren

7.1.1 Kommunikation und Gesprächsführung im Unternehmen

01. Was ist Kommunikation?

Kommunikation ist der verbale und non-verbale Austausch von Informationen bzw. Signalen zwischen Sender und Empfänger. Eine Information ist in diesem Zusammenhang nicht mit Wissen, Erkenntnissen oder Erfahrungen zu verwechseln. Wissen ist beispielsweise eine sozialisierte Information im Sozialisierungskontext des Senders und des Empfängers. Aus diesem Grund entstehen auch Missverständnisse oder Fehlinterpretationen, da die Sozialisierung, also die Wertung- und Interpretationsebene, der Gesprächspartner immer unterschiedlich ist. Die Gesprächspartner müssen sprichwörtlich eine Sprache sprechen, eine gedankliche Ebene finden oder die verbalen/non-verbalen Signale erst einmal decodieren. Dies gilt im privaten wie auch auf der beruflichen Ebene. Erschwerend kommt hinzu, dass die Kommunikation ggf. durch Störquellen wie z. B. Lärm oder Sprachqualität negativ beeinflusst wird. Dies wird in der folgenden Abbildung verdeutlicht:

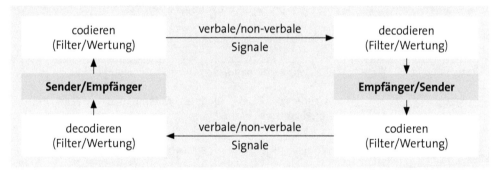

Quelle: in Anlehnung an *Krause/Krause/Stache* 2016, S. 812.

Darüber hinaus ist Kommunikation nicht alleine das gesprochene Wort (verbal) und das aktive Zuhören, sondern auch Mimik, Gestik, Körperhaltung (non-verbal) oder ein Tun oder ein Lassen auf der verbalen oder non-verbalen Ebene (z. B. eine/keine Antwort geben, Emotionalität in der Mimik zeigen). Kurzum nach *Watzlawick* (2011, S. 60): *„Man kann nicht nicht kommunizieren."*

02. Welches sind die vier Seiten einer Nachricht?

Ein weit verbreitetes Modell der menschlichen Kommunikation geht auf *Schulz von Thun* (1981) zurück. Das **Modell des Kommunikationsquadrats** betrachtet die Nachricht, also die übermittelte Information, von vier Seiten.

Sachinhalt	Worüber ich rede
	... ist die Sachinformation.
Selbstoffenbarung	Was ich von mir selbst kundgebe
	... ist die bewusste oder unbewusste Information über den Sender.
Beziehung	Was ich von dir halte/wie wir zueinander stehen
	... ist die Position des Senders zum Empfänger. Sie zeigt sich u. a. durch Wortwahl, Mimik, Gestik, Sprechverhalten und/oder Körperhaltung.
Appell	Wozu ich dich veranlassen möchte
	... ist eine verdeckte oder offene Einflussnahme auf den Empfänger.

Quelle: vgl. *Schulz von Thun* 2013, S. 14 - 15, 28 - 33; *Krause/Krause/Stache* 2016, S. 812.

Insbesondere in Konfliktsituationen, also in den Fällen in den die Kommunikation versagt, liegt das Problem weniger auf dem Sachaspekt, sondern in der Beziehungsebene zwischen Sender und Empfänger.

03. Welche grundsätzlichen Formen der Kommunikation gibt es?

verbale Kommunikation (hörbar und ggf. auch lesbar)	non-verbale Kommunikation (zumeist sichtbar)	para-verbale Kommunikation (hörbar)
▶ Wortwahl und Wortschatz ▶ Satzbau ▶ Grammatik ▶ Aktive bzw. passive Sprache (Verben verwenden, Verben statt Substantivierung).	▶ Mimik (offener Mund = Staunen, Mund verziehen = Ekel) ▶ Gestik (Sprechen mit den Händen (Zeichen mit einer Nachricht, z. B. „Diese Größe hatte der Käfer".) ▶ Körperhaltung (offene oder geschlossen Haltung) ▶ Körperreaktionen (z. B. errötetes Gesicht, schwitzige Hände, Zittern) ▶ Symbolik (z. B. Handzeichen wie das Victory-Zeichen oder Daumen hoch).	▶ Stimmeigenschaften und Sprechverhalten ▶ Lautstärke, Stimmlage (z. B. ruhig, gereizt) ▶ Resonanzraum (z. B. gepresste oder tiefe Stimme) ▶ Artikulation (z. B. deutliche Sprache, Nuscheln) ▶ Tempo beim Sprechen (schnell, langsam) ▶ Intonation (Sprachmelodie/Stimmführung)

Quelle: vgl. *Götz/Reinhardt* 2017, S. 37 - 42; *Olfert* 2015, S. 281 - 283; *Rossié* 2017, S. 55 - 70;. *Krause/Krause* 2010, S. 158; *Krause/Krause/Stache* 2016, S. 816 - 818; *Behrens/Neumaier* 2009, S. 737 - 751.

04. Welche Bedeutung hat die Kommunikation im Unternehmen?

Im unternehmerischen Kontext dient die Kommunikation dem Austausch von Informationen zur Erreichung einer oder mehrerer Zielsetzungen (**Zielkongruenz**). Das kann z. B. die Besprechung der Jahresplanung sein aber auch der Planungsbrief per E-Mail, die Ankündigungen am Schwarzen Brett oder im Intranet. Kommunikation kann auf Einzelpersonen oder Kollektive (Bereiche, Abteilungen, Gruppen, Teams) ausgerichtet sein und einen formellen bzw. informellen Charakter aufweisen. Die informelle Kommunikation, z. B. als Pausen- oder Teeküchengespräche, hat insbesondere im Hinblick auf das Betriebsklima eine nicht zu unterschätzende Bedeutung.

Störungen der Kommunikation innerhalb oder zwischen Hierarchieebenen oder mit fremden Dritten (z. B. Stakeholder) können im ungünstigsten Fall zu einem unternehmerischen Schaden führen. Direkte Schäden durch Fehler in der Kommunikationskette bzw. in der Informations(fehl)interpretation münden in einen messbaren Schaden (z. B. Umsatzverluste durch Fehlkalkulation, da Marktinformationen nicht weitergegeben wurden; Schaden in der Produktionsanlage, da die Priorisierungen bei auflaufenden Fehlermeldungen nicht erfolgte). Indirekte Schäden sind dagegen schwer messbar, z. B. Kündigungen von Mitarbeitern auf Grund eines schlechten Betriebsklimas, Imageschäden durch Informationsmangel bei fehlerhaften Produkten an den Kunden.

Beispiele

Beispiel 1: Fehler in der Kommunikationskette

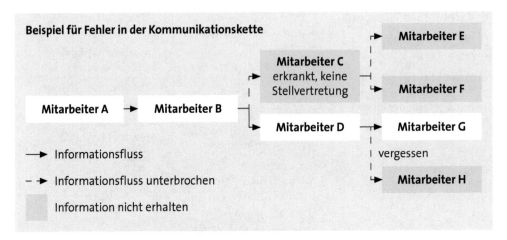

Beispiel 2: Informations(fehl)interpretation

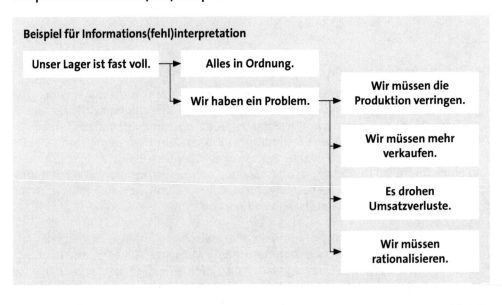

05. Welche Bedeutung haben moderierte Gespräche im Unternehmen?

In Unternehmen gibt es die unterschiedliche Gesprächsformate wie Einzelgespräche (z. B. Vier-Augen-Gespräche, Feedbackgespräche, Mitarbeitergespräche) oder Gruppengespräche (z. B. Besprechungen, Workshops, Arbeitsgruppen/-kreise). Im moderne Organisations- und Führungsverständnis (kooperativer Führungsstil) werden Gespräche unter Einbeziehung geeigneter Methoden und Instrumente geführt bzw. moderiert. Im Gegensatz zu autoritär bzw. hierarchisch orientierten Gesprächen mit klaren Kompetenz- und Anweisungsbefugnissen ist die moderne Gesprächsführung einem zunehmend dialogisch geprägten Ansatz unterworfen. Das bedeutet, der Moderator der Besprechung bzw. der initiierende Gesprächspartner im Vier-Augen-Gespräch hat eine lenkende, vernetzende und erarbeitende Funktion. Häufig ist der Moderator oder initiierende Gesprächspartner der Vorgesetzte oder Kollege der gleichen Hierarchiestufe.

In Einzelfällen, z. B. bei konfliktträchtigen Themenstellungen, ist ein fachlich unabhängiger Moderator sinnvoll, um eine objektive Gesprächsführung zu ermöglichen. Dabei ist wichtig, dass die Gespräche auf Augenhöhe oder vom Moderator als Primus inter pares (Erster unter Gleichen) geführt und Methoden und Instrumente der Gesprächsführung beherrscht werden. Der Moderator hat die Aufgabe der

- **Steuerung des Gesprächsverlaufes** (Gesprächsprozess, roter Faden).
- **Sicherstellung einer ausgewogenen Gesprächsführung** (Balance) zwischen den Beteiligten.
- **Bestimmung des Gesprächszieles und Festlegung der Methoden, Techniken und Instrumente** (u. a. aktives Zuhören, Kreativ- und Fragetechnik).
- **Lösung von Konfliktsituationen und Thematisierung von Spannung** zwischen den Gesprächspartnern.
- der persönlichen und inhaltlichen **Zurückhaltung**.

Quelle: vgl. *Krause/Krause/Stache* 2016, S. 821 - 822; *Götz/Reinhardt* 2017, S. 31 - 46.

06. Welche Methoden, Techniken und Instrumente können für die Moderation genutzt werden?

- Flipchart, Metaplanwand, Moderationskoffer, Whiteboard, interaktive Boards (nutzbar z. B. für Erwartungsabfrage, Themenspeicher, Punktabfrage, Maßnahmenplan, Stimmungsbarometer, Blitzlicht)
- Metaplantechnik, Mind-Mapping, Brainstorming
- Ideenzettel
- ABC-Analyse
- 6-3-5-Methode, 6-Hut-Denken, Walt Disney-Methode
- SWOT-Analyse (Stärken-Schwächen-Analyse)
- BCG-Matrix, Ansoff Matrix
- Wertanalyse
- Assoziieren
- Morphologischer Kasten
- Rollenspiele, Simulationen.

Quelle: vgl. *Bergedick/Rohr/Wegener* 2011, S. 56 - 62; *Krause/Krause/Stache* 2016, S. 823 - 827, *Kaiser/Pätzold* 2006, S. 370 - 371; *Schawel/Billing* 2009, S. 37 - 38, 30 - 31, 220 - 221, 200 - 201, 181 - 182, 128 - 129.

07. Welche Techniken können in ein Gespräch einfließen?

Gespräche haben in den seltensten Fällen einen geradlinigen Verlauf, vielmehr sind sie mit den unterschiedlichsten Gesprächstechniken durchzogen. Dies geschieht im Normalfall unbewusst, kann aber trainiert und bewusst gesteuert werden.

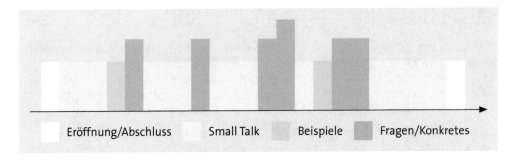

Eröffnung/Abschluss   Small Talk   Beispiele   Fragen/Konkretes

Das Beispiel eines Gesprächsverlaufes (stark vereinfacht) ist durchzogen von verschiedenen Gestaltungsansätzen aber mit dem Ziel der Platzierung von Fragestellungen oder der Eruierung von konkreten Informationen. Vereinfacht gesagt sollte ein „gutes" Gespräch nach dem **Pareto-Prinzip** (80:20) erfolgen. Ansätze zur aktiven Gesprächsgestaltung, in Abhängigkeit von der Gesamtsituation sind:

- ▶ Mimik, Gestik, Körperhaltung, Stimme einsetzen
- ▶ Bilder erzeugen und nutzen (Visualisierung)
- ▶ aktives Zuhören
- ▶ Wiederholung: „Verstehe ich Sie richtig, dass …", „Sie denken, dass …"
- ▶ Puffern: „Moment, Frau/Herr …", Pausen
- ▶ Fragetechniken anwenden: geschlossene und offene Fragen, hypothetische, zirkuläre, skalierende Fragen
- ▶ Gegenfrage/Präzisierung: „Was meinen Sie genau mit dieser Frage?" „Können Sie bitte die Frage an einen Beispiel erläutern?"
- ▶ Fragen zurückgeben oder weitergeben: „Was meinen Sie dazu Frau/Herr …?"
- ▶ Fragen mit eigenen Worten formulieren
- ▶ Fragewürdigung: „Das ist eine wichtige Frage …"
- ▶ Antworten nachliefern: „Die Frage kann ich nicht beantworten, ich werde die Antwort aber …"
- ▶ Überhören von Fragen oder Antworten
- ▶ bewusstes Reduzieren von Antworten
- ▶ Pausen/Schweigen als Akzente bzw. Meinungsäußerung nutzen
- ▶ Stimmeigenschaften und Tonalität nutzen
- ▶ Beispiele verwenden.

08. Welche Fragearten können Verwendung finden?

Frageart	Abstufungen	Anmerkungen und Beispiele
geschlossene Frage	Ja/Nein-Frage	Geschlossene Fragen können für Entscheidungsprozesse genutzt werden. Diese Frageart dient nicht der Informationsbeschaffung. **Beispiel:** A: „Haben Sie den Arbeitsvertrag gelesen?" B: „Ja."
	Alternativfrage	Alternativfragen sind eine Sonderform der geschlossenen Frage und münden in einen gelenkten Entscheidungsprozess. Der Gesprächspartner kann zwischen mehreren Alternativen wählen. **Beispiel:** A: „Möchten Sie um 08:00 Uhr oder um 09:00 Uhr mit der Arbeit anfangen?" B: „Ich möchte um 09:00 Uhr anfangen."
offene Frage	einleitende Frage	Diese Frageart dient der Erschließung bzw. Öffnung eines Informationsfeldes. Die Antworten bieten weitere Anknüpfungspunkte für das Gespräch oder für vertiefende Fragen. Typische Fragewörter sind: was, wie, welche, wer, wo, welcher, welches, welchem, wem, wessen. **Beispiel:** A: „Welcher Bereich hat die Planungsunterlagen noch nicht fertiggestellt?" B: „Die Abteilungen Einkauf und Lager fehlen noch."
	quantifizierende Frage	Mit diesen Fragen werden u. a. Mengen, Zeiträume oder Zeitpunktpunkte ermittelt. Auch diese dienen der Informationsbeschaffung und als weiterer Anknüpfungspunkt. Typische quantifizierende Fragewörter: wie viel, wie oft, wann, ab/bis wann, wie sehr, wie lange, wie groß/klein, bis zu welchem Grad. **Beispiel:** A: „Wie oft ist Frau Müller in diesem Monat zu spät zur Arbeit gekommen?" B: „Drei Mal."
	ergründende Frage	Ergründende Fragen versuchen die Hintergründe bzw. die Zusammenhänge aufzudecken. Im Allgemeinen wird das Fragewort „warum" als kritisch angesehen, da der Gesprächspartner sich durch diese Wortwahl möglicherweise einem Rechtfertigungsdruck ausgesetzt sieht. Alternativ sollte das Fragewort „weshalb" gewählt werden. Ergründende Fragewörter sind u. a.: warum, wieso, wozu, weshalb, woher, wohin, weswegen, inwieweit, woran, worin, worauf, wofür, wovor, wobei, wogegen. **Beispiel:** A: „Woher kommen diese Zahlen?" B: „Die liefert uns das Rechnungswesen."

Quelle: vgl. *Patrzek* 2017, S. 13 - 35.

Ergänzende Fragearten	Anmerkungen und Beispiele
hypothetische Frage	Eine hypothetische Frage bezieht eine fiktive Situation mit in das Gespräch ein und versetzt damit den Gesprächspartner in eine veränderte, lösungsorienteierte Grundhaltung. Dadurch werden neue inhaltliche Aspekte herausgearbeitet, die bis dato noch nicht bekannt waren. Folgende typischen Satzanfänge finden hier Anwendung: „Nehmen wir einmal an...". „Versetzt man sich in die Lage ...". „Folgendes Szenario ...". „Angenommen ..." **Beispiel:** „Nehmen wir einmal an, dass Frau Müller nur halbtags arbeiten möchte, wie könnten wir das realisieren?"
zirkuläre Frage	Mit dieser Frageart wird der Befragte in die vermutete Perspektive eines Dritten versetzt. Das Hineinversetzen in eine andere Person in einer bestimmten Situation fördert eine reflexive Sichtweise und das Verständnis für unterschiedliche Positionen. **Beispiel:** „Was vermuten Sie, wie sich unser langjähriger Kunde Schmidt fühlt, wenn die Lieferung nicht rechtzeitig in den USA ankommt?"
skalierende Frage	Eine skalierte Frage erfragt eine gewisse Positionierung des Gesprächspartners. Dies kann die Person oder auch einen Sachverhalt betreffen. Dadurch werden Unterschiede aufgedeckt oder auch Situationen ggf. relativiert. **Beispiele:** „Wie zufrieden sind Sie auf einer Skala von 0 (schlecht) bis 10 (sehr gut)?" „Welche Projektschritte sollten zuerst umgesetzt werden: die Klärung der Rechtevergabe oder die Datenmigration?"

Quelle: vgl. *Patrzek* 2017, S. 13 - 35.

09. Welche Methoden können für Problemlösungen verwendet werden?

Probleme im unternehmerischen Kontext stellen eine Störung der betrieblichen Abläufe und Zielsetzungen dar. Diese können einen einmaligen oder wiederkehrenden Charakter haben und u. a. auf Mängel in der Kommunikation (Informationskette, Informationsfehlinterpretation), der Ressourcenverfügbarkeit bzw.-planung oder auf Sach- oder Beziehungskonflikten (siehe *Schulz von Thun*, vier Seiten einer Nachricht) beruhen.

Folgende Methoden zur Problemlösung stehen u. a. zur Verfügung: Soll-Ist-Analyse, Flussdiagramm, Datenflussdiagramm, Nutzwertanalyse, Stärke-Schwächen-Analyse, Ishikawa-Diagramm, ABC-Analyse, Wertanalyse, aber auch entscheidungsorientierte Ansätze wie Delphi-Methode, Szenario-Technik, Entscheidungsbaumtechnik bzw. Verfahren der Investitionsrechnung oder Risikoabschätzung. Die Lösung einer Problemsituation erfolgt dabei i. d. R. in folgenden Schritten:

Schritte	Fragestellungen
1. **Situationsanalyse**	Welches Problem besteht?
2. **Zielsetzung**	Welches Ziel soll erreicht werden?
3. **Alternativen**	Welche Lösungsalternativen gibt es?
4. **Bewertung**	Welche Lösungsalternative ist sinnvoll? (wirtschaftlich, strategisch, politisch)
5. **Entscheidung**	Wie kann die Lösung realisiert werden?

Quelle: vgl. *Krause/Krause/Stache* 2016, S. 835 - 839.

7.1.2 Präsentationen zielgruppengerecht durchführen

01. Was ist eine Präsentation?

Im Allgemeinen ist eine Präsentation eine Dar- bzw. Vorstellung von etwas. Dies kann u. a. eine Idee, ein Konzept, eine Person- oder Personengruppe, ein Gegenstand, ein Sachverhalt oder eine Situation sein. Im unternehmerischen Rahmen ist die Präsentation, insbesondere im Bereich des Verkaufs von Waren oder Dienstleistungen zu finden aber auch als Kommunikationsmittel zur Informationsbereitstellung bzw. Entscheidungsfindung. Der Begriff Präsentation steht häufig stellvertretend für den Fachvortrag oder das Referat, vornehmlich mit technischer Unterstützung oder Hilfsmitteln zur Visualisierung wie Overheadprojektor, Beamer, Präsentationsprogramme, interaktiven Whiteboards aber auch Plakaten, Flipcharts, oder Tafeln. Dabei will die Präsentation u. a. Sachinformationen transportieren (Inhaltsebene), Begeisterung für das Thema wecken, Sensibilisieren, Impulse setzen aber auch dem Redner Bestätigung und Anerkennung (Beziehungsebene) verschaffen. Folgende Fragestellungen tragen u. a. zum Gelingen einer Präsentation bei:

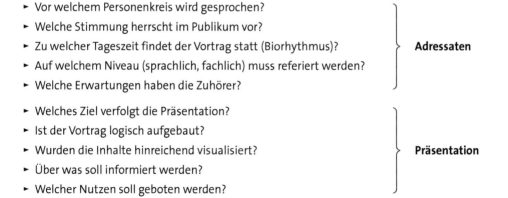

- ► Vor welchem Personenkreis wird gesprochen?
- ► Welche Stimmung herrscht im Publikum vor?
- ► Zu welcher Tageszeit findet der Vortrag statt (Biorhythmus)? **Adressaten**
- ► Auf welchem Niveau (sprachlich, fachlich) muss referiert werden?
- ► Welche Erwartungen haben die Zuhörer?

- ► Welches Ziel verfolgt die Präsentation?
- ► Ist der Vortrag logisch aufgebaut?
- ► Wurden die Inhalte hinreichend visualisiert? **Präsentation**
- ► Über was soll informiert werden?
- ► Welcher Nutzen soll geboten werden?

▶ Ist der Präsentator hinreichend fachlich vorbereitet?

▶ Wie ist die Stimmung und Verfassung des Redners?

▶ Wurde der Vortrag ausreichend geübt und Feedback eingeholt? **Präsentator**

▶ Warum soll der Vortrag gehalten werden (Initiator)?

▶ Was ist die Kernaussage des Vortrages?

▶ Welcher Zeitrahmen steht zur Verfügung?

▶ Wie ist der Raum in dem präsentiert wird ausgestattet?

▶ Ist der Ort geeignet? **Organisation**

▶ Welche technischen Hilfsmittel stehen zur Verfügung?

▶ Wurden die Präsentationsmittel vorbereitet und platziert?

Quelle: vgl. *Krause/Krause/Stache* 2016, S. 842, 847 - 848; *Reynolds* 2013, S. 63 - 67; *Duarte* 2012, S. 110 - 111.

02. Wie ist eine Präsentation inhaltlich und zeitlich gegliedert?

Eine Präsentation unterteilt sich im Regelfall in folgende Teile:

Gliederung	Zeitanteil	Fragestellung	Inhalte u. a.
Einleitung	ca. 20 %	Was soll in der Präsentation vermittelt werden?	Begrüßung, Vorstellung, Eisbrecher, Erwartungen, Zielsetzung, Agenda
Hauptteil	ca. 70 %	Was und wie wird vermittelt?	logische Kette, „roter Faden"
Schluss	ca. 10 %	Was wurde in der Präsentation vermittelt?	Zusammenfassung, Ausblick, Feedback, Appell, Danksagung

Die Präsentation sollte möglichst detailliert gegliedert und mit den notwendigen zeitlichen und fachlichen Informationen ergänzt werden. Diese Präsentationsplanung ist das Drehbuch oder auch der „rote Faden" für die Veranstaltung. Dadurch erhält der Referent nicht nur Sicherheit im Hinblick auf die Zielsetzung, sondern auch auf die Inhalte, Methoden und Medien. Das Setzen von zeitlichen Anker- bzw. Kontrollpunkten sichert darüber hinaus die Vermittlung der gewünschten Inhalte und damit die Zielerreichung. Die Planung kann dabei z. B. wie folgt aussehen:

Zeitliche und inaltliche Präsentationsplanung

Uhrzeit von	Uhrzeit bis	Dauer min	Gliederung	(Lern)Ziel	Inhalte	Medien/ Material	Vernetzung
08:00	08:30	30	Vorbereitung		► Anschluss Beamer ► Prüfung Mikrofons ► Einweisung Licht/Klima/Service ► ...		
08:30	08:50	20	Small talk mit Teilnehmern		► Stimmungsbild einfangen ► Bezugsperson lokalisieren ► ...		
...	...	...	...	...	...		
09:00	09:05	5	Begrüßung				

03. Welcher Übermittlungsarten werden bei Präsentationen wirksam?

Übermittlungsart	Erinnerbarkeit	Beispiele
Hören	ca. 20 %	Hörbuch, Podcast
Sehen	ca. 30 %	Folien, Bücher
Hören und Sehen	ca. 50 %	Vortrag, Film
Hören und Sehen und Reden	ca. 70 %	interaktiver Vortrag, Workshop
Hören und Sehen und Reden und Tun	ca. 90 %	Workshop, Übungen

Quelle: vgl. *Bergedick/Rohr/Wegner* 2011, S. 18.

04. Welche Sprech- und Redetechniken können den Präsentator unterstützen?

► Atemtechnik (Bauch-, Erhaltungs-, Darbietungs-, Sprechatmung, Atempausen)

► Artikulationsübungen (Kopf- und Bruststimme, Zungenmuskulatur)

► Stimm- und Sprechtraining (z. B. Lautstärke, Sprechpausen, Satzbildung, Sprechtempo)

► Training der Körpersprache und Körperhaltung (Mimik, Gestik, schlechte Angewohnheiten, Fehlhaltungen)

► Übungen gegen Lampenfieber, Redeangst (z. B. Atemübungen).

Quelle: vgl. *Rossié* 2017, S. 55 - 70; *Behrens/Neumaier* 2009, S. 737 - 751; *Krause/Krause/Stache* 2016, S. 842 - 845.

05. Welche Vor- und Nachteile haben die verschiedenen Visualisierungshilfsmittel?

Medien	Vorteile	Nachteile
► **Overhead oder Tageslichtprojektor** (analoge/digitale Visualisierung)	► einfache Folienerstellung ► Interaktionspotenzial mit den Publikation ► einfache Gerätehandhabung	► Gefahr der Übersättigung ► Kompositionsregel beachten ► Sprechregel (erst zeichnen, dann sprechen) beachten ► lesbares Schriftbild ► Sichtbarkeit für das Publikum
► **Beamer mit PC/ Laptop** (digitale Visualisierung)	► einfache Anfertigung der Präsentationsfolien ► schnelle Aktualisierung möglich ► Standard bei Präsentationen ► flexibel aufstellbar ► Möglichkeiten der multimedialen Darstellung	► hohe Anschaffungskosten ► geeignete Projektionsflächen und Stromversorgung notwendig ► Geräuschkulisse und Wärmeentwicklung ► Kompatibilitätsproblem
► **Flipchart** (analoge Visualisierung)	► Interaktionspotenzial mit den Publikation ► preiswertes Material und Zubehör ► persönliche Note mit hoher haptischen Wertigkeit (Handarbeit) ► einfache Handhabung ► geringe Vorlaufzeit	► Transportaufwand ► Dokumentationsproblematik (Bildprotokoll) ► begrenzte Darstellungsfläche ► hoher Übungsgrad (Visualisierung, Kompositions-, Sprechregeln, Schriftbild) ► Materialverbrauch
► **Tafel, Whiteboard** (analoge Visualisierung)	► einfache Handhabung ► Interaktionspotenzial mit den Publikation ► schreiben, befestigen, bekleben	► Dokumentationsproblematik ► statisches Element ► hoher Übungsgrad
► **interaktives Whiteboard** (digitale Visualisierung)	► keine Dokumentationsproblematik ► Interaktionspotenzial mit den Publikation ► modernes Arbeitsmittel ► i. d. R. multimediatauglich	► Abhängigkeit von der Technik ► hohe Anschaffungskosten ► hoher Übungsgrad
► **Moderations-, Pinn-, Stell-Metaplanwand** (analoge Visualisierung)	► variable Einsatzmöglichkeiten ► Interaktion mit den Zuhörern	► aufwendiger Transport ► Platzbedarf ► Materialverbrauch

Quelle: in Anlehnung an: *Krause/Krause/Stache* 2016, S. 845 - 846; *Bergedick/Rohr/Wegner* 2011, S. 56 - 62.

06. Welche Anforderungen werden an die verwendeten Medien gestellt?

Anforderung/Kriterien	Medium (u. a.)
Vorbereitung außerhalb des Vortragsortes	Overheadprojektor, Laptop, Flipchart, Moderations-, Pinn-, Stell- oder Metaplanwand
Inventar vor Ort	Overheadprojektor, Beamer mit/ohne PC, Laptop, Flipchart, Tafeln, Whiteboard, interaktives Whiteboard, Moderations-, Pinn-, Stell- oder Metaplanwand
transportabel (Pkw)	Overheadprojektor, Beamer mit/ohne PC, Laptop, Flipchart, Moderations-, Pinn-, Stell- oder Metaplanwand
kein Strom notwendig	Flipchart, Tafeln, Whiteboard, Moderations-, Pinn-, Stell- oder Metaplanwand
keine technische Anleitung notwendig	Flipchart, Tafeln, Whiteboard, Moderations-, Pinn-, Stell- oder Metaplanwand
nicht abhängig von der Qualität des Zusatzmaterials (Papier, Stifte, Leinwand usw.)	Laptop, interaktives Whiteboard
direkte Ergebnissicherung	Overheadprojektor, Laptop, Flipchart, Tafel, Whiteboard, interaktives Whiteboard, Moderations-, Pinn-, Stell- oder Metaplanwand
Wiederverwendbarkeit	Overheadprojektor, Beamer mit/ohne PC, Laptop
mit den Teilnehmern entwickelnd nutzbar	Overheadprojektor, Beamer mit/ohne PC, Laptop, Flipchart, Tafeln, Whiteboard, interaktives Whiteboard, Moderations-, Pinn-, Stell-, Metaplanwand
Ergänzungen und Umstrukturierungen leicht umsetzbar	Overheadprojektor, Beamer mit/ohne PC, Laptop, Flipchart, Tafeln, Whiteboard, interaktives Whiteboard, Moderations-, Pinn-, Stell- oder Metaplanwand
für Gruppenarbeit und Workshops geeignet	Overheadprojektor, Beamer mit/ohne PC, Laptop, Flipchart, Tafeln, Whiteboard, interaktives Whiteboard, Moderations-, Pinn-, Stell- oder Metaplanwand
Blickkontakt während der Nutzung	Overheadprojektor, Beamer mit/ohne PC, Laptop
keine Projektionsfläche notwendig	Flipchart, Tafel, Whiteboard, Moderations-, Pinn-, Stell- oder Metaplanwand
geringer Platzbedarf	Overheadprojektor, Beamer mit/ohne PC, Laptop
Qualität unabhängig von der Handschrift	Beamer mit/ohne PC, Laptop
für Kreativprozesse einsetzbar	Flipchart, Tafel, Whiteboard, interaktives Whiteboard, Moderations-, Pinn-, Stell- oder Metaplanwand.

Quelle: in Anlehnung an: *Bergedick/Rohr/Wegner* 2011, S. 66; *Reynolds* 2013, S. 48 - 52.

07. Warum ist eine Visualisierung wichtig?

Die Visualisierung oder Veranschaulichung von abstrakten Informationen oder Daten (wie Statistiken, Berichte, Prozessbeschreibungen) ermöglicht die Vermittlung von komplexen Zusammenhängen. Dabei ist die Visualisierung sinngemäß eine Übersetzung der Schriftsprache in eine bildhafte Sprache (Bild und Text) oder in eine reine Bildersprache (Bild). Da der Mensch einen großen Teil der Informationen über Bilder in seinem Gedächtnis speichert, ist diese Art der Kommunikation hinsichtlich des Lerneffektes sehr zielführend. Darüber hinaus werden Spielräume für Fehlinterpretationen reduziert, da der Prozess der Erarbeitung eines gemeinsamen Begriffsverständnisses (z. B. bei einer Rede oder Gespräch) deutlich reduziert wird. Die Vorteile der Visualisierung lassen sich wie folgt zusammenfassen:

► besseres Verständnis von Argumenten (logische Kette)

► leichteres Hervorheben von Kernaussagen

► höhere Erinnerbarkeit an Informationen und Kernaussagen

► Erhöhung der Attraktivität der Präsentation

► fachliche Festigung im Zuge des Visualisierungsprozess

► Verankerung von Positionen und Argumenten im Zuge des Visualisierungsprozess

► sicheres Auftreten durch intensive Vorbereitung.

Quelle: vgl. *Bergedick/Rohr/Wegner* 2011, S. 19 - 20.

08. Was sollte beim Visualisierungsprozess Beachtung finden?

► logischer Aufbau („roter Faden")

► Eindeutigkeit und Mehrdeutigkeit der verwendeten Symbole (im kulturellen Kontext)

► Lesbarkeit der Schrift

   - Overhead/Beamer: Fließtext, mindestens 20 Punkt; Überschriften, mindestens 40 Punkt

   - Flipchart: mindestens 5 cm

► wiederkehrender Grundaufbau (Logo, Seitenzahl, Überschriften, Schriftgrößen, Referent, Seitenrahmung, Farbwelt, Corporate Design, Formsprache, Linienstärke)

► Erkennbarkeit der Grafikdetails (Bildqualität, Genauigkeit, Detaillierung) Achtung: Weniger Details sind mehr.

► passende Farbgebung (Raum, Beleuchtung, Thema, Kontraste, Reduktion)

► Bildkomposition/Proportionen (Goldener Schnitt)

► bei Fotomaterial und Texten die Blickrichtung beachten (z. B. Mensch schaut zum vorgebrachten Argument)

► Fotomaterial muss zur Aussage passen und für die Zielgruppe angemessen sein

- Akzenten setzen durch Schriftgröße, Schrifteigenschaften, farblichen Kennzeichnungen, Formen, Platzierung

- didaktische Reduktion der Inhalte, Folienelemente, Gestaltungsmöglichkeiten

- Freifläche als Stilmittel (maximal 60 % befüllen)

- Rahmenbedingungen (Raum, Zeit, Technik)

- Urheberrecht, Quellennachweise.

Quelle: vgl. *Bergedick/Rohr/Wegner* 2011, S. 36 - 54; *Duarte* 2009, S. 88 - 173; *Minto* 2005, S. 211 - 214.

09. Welche Anforderungen werden an die Erstellung von Präsentationsfolien gestellt?

Die Anforderungen für die Erstellung von Präsentationsfolien können wie folgt zusammengefasst werden:

Anordnung	visuelle Elemente	Rahmen
► **Kontrast:** Das Publikum kann die wichtigsten Punkte rasch erkennen.	► **Hintergrund:** Dominanz der Inhalte und nicht des Hintergrundes.	► **Timing:** Relevante Inhalte zur richtigen Zeit (Spannungsbogen).
► **Hierarchie:** Das Publikum sieht die Beziehungen zwischen den Elementen.	► **Farbe:** Passung der Farbräume zum Inhalt, Publikum, Zeit und Raum.	► **Geschwindigkeit:** Das Publikum muss den Inhalten und Logiken folgen können.
► **Einheitlichkeit:** Das Publikum spürt, dass die Informationen zusammengehören.	► **Text:** Dem Publikum angemessene Sprache, Sprach- und Schriftstil.	► **Entfernung/Lesefluss:** Die Sichtbarkeit der Information muss für das Publikum gegeben sein.
► **Abstand/Nähe:** Das Publikum erkennt die Bedeutung der Elemente anhand ihrer Platzierung.	► **Bilder:** Aussagestarke und zielgerichtete Bildsprache zum Akzentuieren und Transportieren von Informationen.	
► **Fluss:** Die Reihenfolge der Informationen ist für das Publikum erkennbar (Lesefluss).		
► **Leerraum:** Das Publikum hat genug visuellen Platz zum Atmen.		

Quelle: vgl. *Duarte* 2009, S. 88 - 227.

10. Welche Formate der Visualisierung gibt es?

Hinweis: *Kursiv* = Interaktionen zwischen Präsentator und Teilnehmer für dynamische Präsentationen und zur Initiierung von Lernprozessen bei den Teilnehmern.

Format	Einsatzbereiche
Tabellen 	‣ systematische Informationssammlung und Kategorisierung (Übersicht, Auflistung) ‣ auf Kriterien gestützte Vergleiche (z. B. Verkäufe nach Produkten oder Absatzmärkten) ‣ Basis zur Weiterverarbeitung, z. B. Diagramme, Pivot ‣ *Systematisierungen und Kategorien er- und bearbeiten (Cluster) im Dialog zwischen Präsentator und Teilnehmer*
Kurve 	‣ Vermittlung von Entwicklungsverläufen (Zeitreihen) für absolute oder relative Werte ‣ Aufdeckung von Trends (Trendexploration) und Eintrittsmustern, z. B. Umsatzsteigerung von Jahr 01 bis Jahr 03 immer 10 %, daher könnte die Steigerung für das Jahr 04 ebenfalls bei 10 % liegen; Umsatzsprünge alle drei Jahre durch Lagerabverkäufe ‣ *Entwicklung analysieren und Trends erarbeiten mit den Teilnehmern*
Säulen- und Balkendiagramme 	‣ Abbildung von absoluten oder relativen Werten ‣ Gegenüberstellung/Vergleich von Werten, z. B. Vergleich Berichtsjahr mit dem Vorjahr ‣ Rangfolgen, Entwicklungen, Verläufe, Häufigkeiten ‣ *Analysierung der Grafiken gemeinsam mit den Teilnehmern*
Kreisdiagramme 	‣ absoluter und relativer Anteil an einem Ganzen (100 %), z. B. Verteilung in einem Umsatzsegment A 25 %, B 25 %, C 50 % ‣ Abbildung von Strukturen (Anteile, Zusammensetzung) ‣ keine Abbildung von Entwicklungen ‣ *Diskussion mit den Teilnehmer z. B. im Hinblick auf die Verteilung (ABC-Analyse)*
Prozessschemata 	‣ Vermittlung von Abläufen und Zusammenhängen ‣ Aufdeckung von logischen Brüchen oder Engpässen ‣ Verprobung von Prozessveränderungen (Szenario) ‣ *Strukturierung von Prozessen und inhaltliche Durchdringung mit/durch die Teilnehmer*

Format	Einsatzbereiche
Piktogramm/Symbole	▸ Hinweissetzung und Akzentuierung von Inhalten
	▸ Dekoration von Handouts, Folien, Skripten
	▸ Achtung! Die verwendeten Piktogramme/Symbole im kulturellen und sozialen Kontext würdigen.
Cluster	▸ *gemeinsame Systematisierung/Priorisierung von Inhalten mit den Teilnehmern oder als Einstieg (Eisbrecher), z. B. an der Metaplanwand mit Moderationskarten*
Mindmap	▸ Assoziations- und Wissenssammlung zu einem Thema
	▸ Darstellung von Strukturen und Bezügen zwischen Inhalten/Teilaspekten
	▸ *Gemeinsame Erstellung und Erarbeitung von Wissenssammlungen und Bezügen*
Schaubild/Tafelbild	▸ Darstellung von vermittelten Inhalten
	▸ Ergebnissicherung und Dokumentation
	▸ Zusammenfassung
	▸ *Reaktivierung von Wissen und Erfolgskontrolle/ Lernsicherung*
Zirkuläre Darstellungen/ Strukturbilder	▸ Abbildung von aufeinanderfolgenden Phasen oder Ereignissen mit wechselseitigen Bezügen (Zirkularität)
	▸ *Erarbeitung von Wechselbeziehungen mit den Teilnehmern, z. B. bei Planungsschritten oder Managemententscheidungen (Regelkreis)*
Organigramm	▸ Aufbau des Unternehmens bzw. der Organisation
	▸ *Gemeinsame Erarbeitung der Unternehmensstrukturen und bspw. Entwicklung eines Stellenplanes*

Quelle: vgl. *Sander* 2017; *Bergedick/Rohr/Wegner* 2011, S. 47; *Minto* 2005, S. 216.

11. Aus welchen Komponenten setzt sich eine Präsentation zusammen?

Eine Präsentation besteht aus folgenden Komponenten:

1. Präsentationsfolien, die das Publikum sieht
2. Notizen, die nur der Präsentator sieht (z. B. im Vorschaumodus, Moderationskarten)
3. Handout für die Zuhörer.

Die konsequente Umsetzung bewirkt eine inhaltliche Reduktion der eigentlichen Präsentationsfolien. Ausführliche textliche Darstellungen gehören ins Hand-out und nicht in die Präsentationsfolien. Dadurch erhält der Präsentator nicht nur mehr Freiraum in der Gestaltung des Vortrags, auch die Zuhörer werden kognitiv (im Wahrnehmen und Denken) entlastet und auf die wesentlichen Inhalte fixiert.

12. Welche Fehler sollte man bei Präsentationsfolien nicht machen?

„Präsentationsfolien sind Präsentationsfolien. Dokumente sind Dokumente" (Reynolds 2013, S. 70). Vielfach werden die Folien in den einschlägigen Präsentationsprogrammen mit umfangreichen Texten überladen. Eine Präsentation lebt durch den Präsentator und nicht von inhaltlich erschöpfenden Darstellungen. Sie lebt von der Verdichtung und einer zielgruppengerechten Visualisierung.

13. Welche Schritte sind für eine gute Präsentation notwendig?

Eine Präsentation fängt im Kopf an und sollte idealerweise in den ersten Schritten auf dem Papier oder ggf. auf einem Grafiktablett entwickelt werden. Eine zu frühe Einbeziehung von Präsentationsprogrammen blockiert eher als dass sie nutzt. Dies gilt insbesondere für die inhaltliche Durchdringung, die Reduktion auf das Wesentliche und das Aufzeigen von Zusammenhängen. Hier ein Vorschlag für den Erstellungsprozess:

1. Ideen generieren bzw. sammeln (z. B. durch Brainstorming oder Mindmap)
2. Ideen gruppieren und den Kern herausarbeiten bzw. Botschaften erzeugen
3. Storyboard/Struktur (roter Faden der Botschaften) entwickeln (ohne Computer)
4. Folien skizzieren (ohne Computer)
5. Storyboard am Computer anlegen und Folien erstellen.

Quelle: vgl. *Reynolds* 2013, S. 96 - 101; *Duarte* 2012, S. 134 - 136, 142 - 143.

Eine Storyboard ist das Drehbuch für die spätere Präsentation. Es dient der Systematisierung und Verdichtung der Ideen und ist die Vorlage für den Erstellungsprozess am Computer aber auch am Flipchart oder an der Metaplanwand. Vereinfacht gesagt ist das Storyboard die Planung für die Vermittlung von relevanten Informationen in einer gegebenen Zeit und mit den verfügbaren Arbeits- und Hilfsmitteln.

14. Welches Verhältnis sollten Folien und Präsentationszeit haben?

Die Ausgestaltung einer Präsentation hängt stark vom Stil des Präsentators aber auch von den Rahmenbedingungen, z. B. dem vorgegebenen Präsentationsformat, ab. Als Faustformel gilt: **zwei Minuten pro Präsentationsfolie**. Für einen Vortrag von 20 Minuten bedeutet das 10 Folien. Durch dieses Verhältnis wird deutlich, dass die inhaltliche Reduktion ein wesentliches Element einer guten Präsentation ist. Allerdings hängt die Präsentation stark vom persönlichen Stil des Vortragenden ab.

In der Literatur finden sich noch weitere Vorgehensweisen:

▶ **Pecha Kucha** oder auch **Petscha Kutscha** (japanisch für Schwatzen) ist ein Präsentationsformat mit maximal 20 Folien, jede Folie wird nur 20 Sekunden eingeblendet. Folglich ist die Vortragszeit auf 06:40 Minuten beschränkt.

▶ **10/20/30 Regel** nach Kawasaki besagt: 10 Folien, maximal 20 Minuten Zeit und eine Schriftgröße von mindestens 30 Punkt.

▶ **Lessig-Methode:** Für jede bedeutsame Information eine Folie, 200 Folien in 8 Minuten sind durchaus denkbar.

15. Wie wird eine Präsentation nachbereitet?

Die Frage der Nachbereitung richtet sich ein Stück weit nach den Zielsetzungen der Präsentation, den Erwartungen der Teilnehmer und den unternehmerischen Formalien wie Protokollpflichten usw. Rein informative Präsentationen bedürfen bis auf die Präsentationsunterlagen im Regelfall keiner intensiven Nachbereitung. Präsentationen mit Diskussionsanteilen, Appellen, Entscheidungsnotwendigkeiten oder workshopartigen Charakter bedürfen sehr wohl einer Protokollierung und ggf. der Ableitung von Arbeitspaketen, der Dokumentation von offenen Fragestellungen oder Festlegung der Entscheidungsumsetzung. Unabhängig davon ist durch den Präsentator in jedem Fall eine Rückmeldung der Teilnehmer über die Präsentationsleistung, im Sinne eines Feedbackgespräches oder einer Evaluation (z. B. durch Bewertungsbogen), anzustreben.

16. Was gilt es bei Präsentationen via Onlineplattformen zu beachten?

Alle in diesem Kapitel benannten Anforderungen gelten gleichfalls für reine Präsentationen via Onlineplattformen. Allerdings gilt es, die kognitive Aufnahmefähigkeit der Teilnehmer zu beachten. Methodisch sind spätestens alle 3 - 5 Minuten Interaktion einzuplanen bzw. spätestens alle 15 - 20 Minuten ein thematischer Wechsel anzustreben.

7.2 Personalmanagement

7.2.1 Aufgaben des Personalmanagements

01. Welcher Zusammenhang besteht zwischen den Aufgabenfeldern des Personalmanagements?

Die personalwirtschaftlichen Aufgabenfelder lassen sich wie folgt systematisieren:

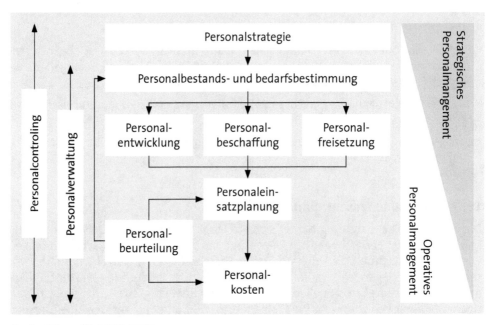

Quelle: *Dillerup/Stoi* 2011, S. 522.

Die Darstellung verdeutlicht, dass das personalwirtschaftliche Verständnis im Sinne eines Personalmanagements deutlich über die klassische Personalverwaltung hinausgeht. Elemente der Personalstrategie über alle zeitlichen Ebenen und des Personalcontrolling komplettieren dieses Bild.

02. Worin liegt der Unterschied zwischen Personalverwaltung und Personalmanagement?

Die klassische Personalwirtschaft verfolgt das Ziel der Rechtmäßigkeit und Arbeitsproduktivität und ist durch einen **bürokratischen Ansatz** gekennzeichnet. Die Triebfeder dieses Ansatzes ist insbesondere auf der **rechtlichen Ebene** zu suchen und drückt sich in **Dienstanweisungen, Vorschriften, hierarchischen Gefügen** und **Formalismen** aus. Personalverwaltung ist von Natur aus eher statischer Prägung.

Das Personalmanagement umfasst die Personalverwaltung als Grundgerüst, zielt jedoch in der Zielsetzung auf die **Zufriedenheit** (der Belegschaft) und **Wirtschaftlichkeit** ab und ist **wettbewerbsorientiert**. Prägung kommen vornehmlich aus der **betriebswirt-**

schaftlichen, verhaltenswissenschaftlichen und psychologischen Ebene. Durch die Einbeziehung von strategischen Elementen und der Berücksichtigung der Kontrolle und Steuerung ist das Personalmanagement gleichermaßen von einer größeren Dynamik und Partizipation (Beteiligungskultur) gekennzeichnet. Hierarchieebenen sind hier ebenfalls vorhanden, werden jedoch durch veränderte Arbeitsansätze wie Gruppenarbeit, Job Rotation etc. durchbrochen.

03. Wie kann Personal geführt werden?

Die Führung von Mitarbeitern (einzeln oder kollektiv) durch Vorgesetzte dient dazu, eine bestimmte Leistung oder ein erwünschtes Verhalten zu erreichen; u. a.:

- ▸ **Führungstheorien:** u. a. Verhaltens-, Eigenschafts-, Interaktions-, Attributionstheorie
- ▸ **Führungsmodelle/-konzeption:** z. B. Harzburger Modell, St. Gallener Führungsmodell
- ▸ **Führungsstile:** klassische Führungsstile (autoritäre, kooperative, Laissez faire-Führung), ein- und mehrdimensionale Führungsstile (1-, 2-, und 3-dimensionaler Führungsstil)
- ▸ **Führungsprinzipien bzw. -techniken:** Management by Objectives (MbO), Management by Delegation (MbD), Management by Exception (MbE), Analyse-, Planungs- und Entscheidungstechniken
- ▸ **Führungsinstrument/-mittel:** z. B. direkte Instrumente (Feedback, Zielvereinbarung, Gesprächstechniken), indirekte Instrumente (Personalauswahl, -entwicklung, Regeln, Ergonomie).

Der Erfolg in der Umsetzung ist dabei von zahlreichen Einflussfaktoren abhängig, u. a.:

Unternehmen	Rahmenbedingung	Vorgesetzter	Mitarbeiter
▸ Unternehmens-zweck ▸ Zielsetzung ▸ externe Einflüsse (wie Preisdruck, Gesetze, Verfügbarkeiten)	▸ Technik/ Arbeitsmittel ▸ Organisations-klima ▸ Organisations-aufbau/-ablauf	▸ Person ▸ Persönlichkeit ▸ Erwartungen ▸ Erfahrungen ▸ Kenntnisse und Fähigkeiten ▸ Vorgaben	▸ Person (Alter, Geschlecht, Unternehmenszugehörigkeit) ▸ Persönlichkeit ▸ Erwartungen ▸ Erfahrungen ▸ Kenntnisse und Fähigkeiten

Quelle: vgl. *Krause/Krause/Stache* 2016, S. 960 - 965.

04. Wie könnte man die Führungsstile untergliedern?

Der Führungsstil ist ein wiederkehrendes Verhaltensmuster eines Vorgesetzten und Ausdruck eines individuellen Gefüges an Werten, Erfahrungen und Regeln (Sozialisierung). Er ist relativ veränderungsbeständig und konstant in der Anwendung. Punktuelle Veränderungen durch gesammelte Erfahrungen (Alter, Situationen) aber auch durch aktive Lernprozesse wie Coaching oder Mentoring sind möglich. Eine grundlegende Veränderung der Persönlichkeit eher nicht. In der Literatur wird der Führungsstil klassischerweise nach den Eigenschaften des Vorgesetzten (wie autoritär, charismatisch, bürokratisch) untergliedert. Eine Typologie wird in der folgenden Grafik dargestellt:

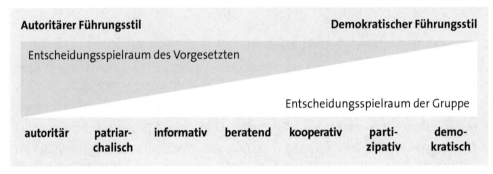

Autoritärer Führungsstil					Demokratischer Führungsstil	
Entscheidungsspielraum des Vorgesetzten						
				Entscheidungsspielraum der Gruppe		
autoritär	patriar-chalisch	informativ	beratend	kooperativ	parti-zipativ	demo-kratisch

Quelle: in Anlehnung an: *Dillerup/Stoi* 2011, S. 559, zitiert nach: *Tannenbaum/Schmidt* 1958, S. 96; *Olfert* 2015, S. 319.

7.2.2 Personalplanung

01. Was versteht man unter Personalplanung und welches Ziel verfolgt sie?

Die Personalplanung ist die gedankliche Vorwegnahme von zukünftigen personalwirtschaftlichen Entscheidungen und Maßnahmen, um die Unternehmensziele zu erreichen. Dabei ist die Personalplanung ein integraler Bestandteil der Unternehmensplanung und leitet sich aus den unternehmerischen Zielsetzungen ab. Der Planungsprozess hilft Fehlentwicklungen des Unternehmens vorzubeugen, Unsicherheiten zu beseitigen und unternehmerische Chancen zu verwirklichen. Ziel der Personalplanung ist es, durch systematische und vorausschauende Entscheidungen dem Unternehmen

► die erforderlichen Anzahl an Arbeitskräften (Quantität),

► mit den notwendigen Qualifikationen (Qualität),

► zur richtigen Zeit,

► am richtigen Ort

zur Verfügung zu stellen.

02. Welche Aufgabe haben Planung und Kontrolle im Allgemeinen?

Ein Planungsprozess ist nur so gut wie die damit verbundene Kontrolle. Daher ist Planung und Kontrolle immer als Einheit zu betrachten. Planung und Kontrolle haben drei Hauptaufgaben

► eine inhaltliche Aufgabe,

► eine Unterstützungsaufgabe und

► eine formale Aufgabe.

Diese können wie folgt umgesetzt werden:

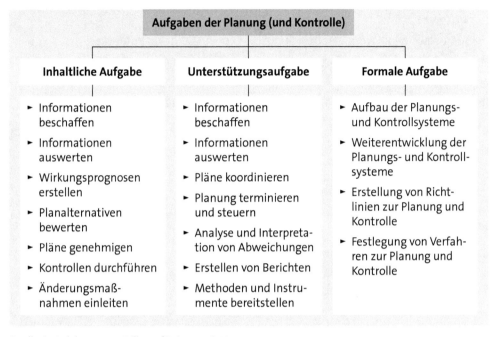

Quelle: in Anlehnung an: *Dillerup/Stoi* 2011, S. 283

03. Welche Aufgaben hat die Personalplanung?

Die Personalplanung muss folgende wesentliche Aufgaben erfüllen: Die Planung

▶ des quantitativen und qualitativen Personalbestandes und -bedarfs

▶ der internen und/oder externen Personalbeschaffung

▶ der Personalintegration und des Personaleinsatzes

▶ von Anpassungen durch Personalentwicklung und Personalfreisetzung

▶ der Personalkosten.

Die Personalplanung wird durch das Personalcontrolling im Sinne einer systematischen Analyse, Koordinierung, Kontrolle und Steuerung unterstützt.

04. Welche Erkenntnisse kann aus der Personalplanung gewonnen werden?

Durch die Personalplanung kann das Unternehmen u. a. folgende Kenntnisse gewinnen:

▶ personalseitige Organisations- und Kostenstrukturen systematisieren

▶ Transparenz für Kommunikationsprozesse schaffen

▶ Bedarf im Unternehmen erkennen

▶ Notwendigkeiten der Personalfreisetzung oder Personalbeschaffung ableiten

▸ Maßnahmen der Personalentwicklung aufzeigen

▸ Potenziale durch die interne Personalbeschaffung abschöpfen und dadurch Kosten reduzieren

▸ Qualifikationsnotwendigkeiten durch den Personaleinsatz aufdecken

▸ Veränderungsprozesse durch sozialverträgliche Maßnahmen ermöglichen.

05. Wie hängen die personalwirtschaftlichen Teilplanungen zusammen?

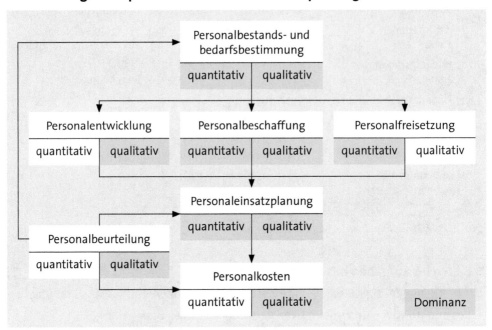

Quelle: in Anlehnung an: *Olfert* 2015, S. 89; *Dillerup/Stoi* 2011, S. 522.

Die personalwirtschaftlichen Teilplanungen stehen in einem mittelbaren bzw. unmittelbaren Zusammenhang und werden u. a. von gesamtunternehmerischen Zielsetzungen oder Zielsetzungen von Teilbereichen wie z. B. Betriebsstätten, Bereichen, Abteilungen oder Teams geprägt.

Ein unmittelbarer Zusammenhang ist beispielsweise zwischen

▸ dem konkreten Bedarf (Differenz aus dem quantitativen oder qualitativen Istbestand und dem Planbestand),

▸ der Beschaffung (Einstellungen) und

▸ den Kosten (Gehaltszahlungen)

zu sehen.

Mittelbare Zusammenhänge lassen zumeist den Zusammenhang (Ursache-Wirkung) nur schwer erkennen. Personalkosten, im Sinne der qualitativen Personalbetreuung

(Altersvorsorge, Betriebskrankenkasse, Betriebsarzt, Unfallschutz, Arbeitssicherheit, Veranstaltungen,) lassen sich nicht immer konkret zuordnen. Dennoch entfalten sie ihre Wirkung z. B. im Bereich des Personalbestandes (Fluktuationsquote) oder der Personalentwicklung. Unter der quantitativen Differenzierung sind messbare Größen wie Anzahl der Mitarbeiter oder geleistete Arbeitsstunden zu verstehen. Die qualitative Unterscheidung umfasst alle nicht zählbaren Größen wie Qualifikationen, Kompetenzen usw.

06. Wie ist die Personalplanung in die Unternehmensplanung integriert?

Die Personalplanung ist Bestandteil der unternehmerischen Gesamtplanung und steht in Abhängigkeiten zu anderen Teilplänen bzw. beeinflusst diese. Beispielsweise bedingt der allgemeine Planungsprozess die Planung von Absatz und Umsatzes. In der Folge wirken diese auf die Personalplanung. Die Ergänzung der Mengenplanungen mit monetären Größen wie Preis pro Verkaufseinheit, Bruttogehalt usw. münden in die Gewinn-, Finanz- und Liquiditätsplanung (integrierte Planrechnung).

Konkret ergeben sich z. B. aus dem Personalbedarf resultierende Personalbeschaffungsmaßnahmen wie Stellenanzeigen oder Headhunter-Aktivitäten. Im Erfolgsfall führen diese zu Einstellungen und damit zu Gehaltszahlungen. Die Aufwendungen für die Beschaffung und die laufenden Entgelte schlagen sich sowohl in der GuV, Liquidität aber auch in der Ergebnisdarstellung im Eigenkapital nieder.

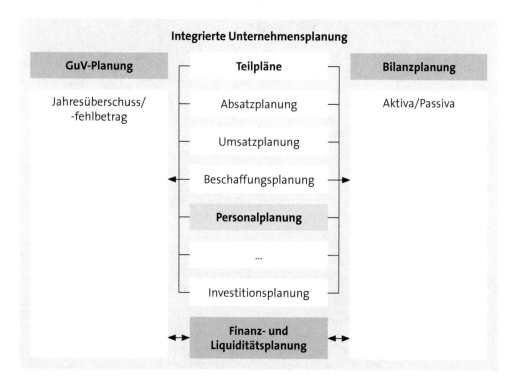

07. Welche Einflussfaktoren wirken auf die Personalplanung?

Auf die Personalplanung wirken endogene (interne) und exogene (externe) Einflussfaktoren im unterschiedlichsten Maße ein:

▶ **Endogene Einflussfaktoren (u. a.)**

- unternehmerische Ziele
- Organisationsstrukturen und -ausstattung
- Personalstruktur (Alter, Qualifikation, ...)
- Fehlzeiten (Urlaub, Krankheit, ...)
- Individual- und Kollektivverträge

▶ **Exogene Einflussfaktoren (u. a.)**

- Marktentwicklung/Konjunktur
- Arbeitsmarkt und Tarifentwicklung
- technologische Entwicklungen
- Gesetze und Rechtsprechung
- Demografie.

08. Welche Arten der Personalplanung kann man unterscheiden?

Die Personalplanung kann in die Kollektiv- oder Individualplanung bzw. qualitativer und quantitativer Planung unterschieden werden.

Die Kollektivplanung ist dabei auf eine Gruppe von Mitarbeitern (u. a. nach Bereiche, Werke, Abteilungen, Unternehmenszweige) oder die Gesamtbelegschaft ausgerichtet und folgt im Regelfall den unternehmerischen Zielen. Die Individualplanung stellt auf die Bedürfnisse des einzelnen Arbeitnehmers ab und erfordert deren Mitwirkung. Kollektiv- und Individualplanung sind dabei eng miteinander verzahnt.

Kollektivplanung	
Personalbestandsplanung	Ermittlung und Analyse des Personalbestandes nach qualitativen und quantitativen Kriterien, z. B. Vollzeit/Teilzeit, Facharbeiter/Studium, Renteneintritt, Männer/Frauen.
Personalbedarfsplanung	Ermittlung des qualitativen und quantitativen Personalbedarfes, um die unternehmerischen Ziele erreichen zu können. Die Personalbedarfsplanung ist die Verbindung zu den anderen Teilplänen wie Umsatz-, Produktions- oder GuV-Planung. Der Personalbedarf bildet die Basis für die nachfolgenden personalwirtschaftlichen Teilpläne.

Kollektivplanung		
Personalan-passungsplanung	Personalbeschaffungs-planung	Personalbedarf **>** Personalbestand (Personalunterdeckung). Maßnahmen-ableitung (interne, externe Beschaffung/ Methoden der Personalauswahl) für den Ausgleich zwischen Personalbedarf und Personalbestand.
	Personalfreisetzungs-planung	Personalbedarf **<** Personalbestand (Personalüberdeckung). Maßnahmen-planung für den Ausgleich zwischen Per-sonalbedarf und Personalbestand.
	Personalentwicklungs-planung (Fortbildungsplanung)	Aus-, Fort- und Weiterbildungsmaßnah-men in Art und nach dem Teilnehmer-kreis planen.
	Personaleinsatzplanung	Zuordnung des Personalbestandes zur Bewältigung des Arbeitsanfalls.
Personal-kostenplanung	Ist neben der Personalbedarfsplanung der wichtigste Eckpfeiler der Personalplanung. Voraussetzung ist die systematische Erfassung aller Personalkosten zum Zweck der Analyse und des Planungsprozesses. Die Personalkostenplanung stellt die finanziellen Auswirkungen aller personalwirtschaftlichen Teilpläne dar.	

Quelle: vgl. *Krause/Krause* 2010, S. 331 - 332; *Dettmer/Hausmann* 2010, S. 101.

Individualplanung	
Einarbeitungs-planung	Systematische, fachliche Einweisung von neuen oder versetzten Arbeitnehmern und die Integration in die vorhandenen sozialen Strukturen.
Laufbahnplanung	Aufzeigen der möglichen beruflichen Perspektiven bzw. Entwick-lungspfade für den Arbeitnehmer im Unternehmen.
Nachfolgeplanung	Zeitgerechte Nachbesetzung von Positionen im Unternehmen durch qualifizierte Mitarbeiter.
Stellen-besetzungsplan	Eine Variante der Nachfolgeplanung und umfasst die Stellen und ggf. Hierarchien im Unternehmen zum Zweck der Nachfolge oder zeitlichen Vertretung.
Entwicklungs-planung	Anpassung von Arbeitnehmern an das veränderte Arbeitsumfeld oder für neue Aufgabenstellungen im Unternehmen.

Quelle: vgl. *Krause/Krause* 2010, S. 332 - 333; *Dettmer/Hausmann* 2010, S. 101.

Die **quantitative Personalplanung** stellt auf die **Mitarbeiteranzahl** ab und wird durch die **qualifizierte Personalplanung ergänzt.** Diese umfasst konkretisierte **Eigenschaften der Arbeitnehmer** (u. a. Beruf, Bildungsniveau) die zur Bewältigung der Aufgabenstel-lungen notwendig sind. Beispielsweise ist die quantitative Aussage „es werden zehn Mitarbeiter benötigt" für den unternehmerischen Planungsprozess nur bedingt sinnvoll. Eine Konkretisierung der Aussage um qualitative Aspekte, wonach vier Mechatroniker und sechs Konstruktionsmechaniker benötigt werden, können erst weitere Planungsschritte ermöglichen.

08. Welche Planungshorizonte hat die Personalplanung?

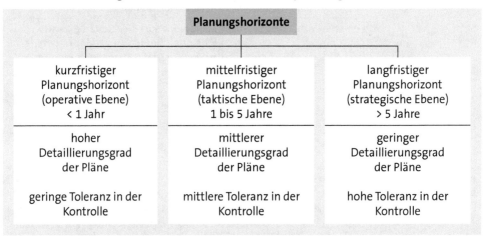

Quelle: in Anlehnung an: *Dillerup/Stoi* 2011, S. 280; *Dettmer/Hausmann* 2010, S. 101.

Die Planungshorizonte können in drei Planungsperspektiven untergliedert werden kurzfristig, mittelfristig und langfristig. Während die kurzfristige Perspektive von einer hohen Planungssicherheit, da Eintrittswahrscheinlichkeiten von Ereignissen leichter vorhergesagt werden können, gekennzeichnet ist, liegt bei der langfristigen Planung im zunehmenden Maße eine Unsicherheit oder Unschärfe vor. Das heißt der Eintritt von Ereignissen wie Umsatz, Personalstruktur, Rohstoffpreise usw. kann nicht mehr mit großer Sicherheit vorhergesagt werden. Viele interne und externe Faktoren wirken hierbei auf die Eintrittswahrscheinlichkeit ein. Dennoch ist ein „Blick in die Glaskugel" auch über einen längeren Zeitraum sinnvoll, da dieser eine Ausdruck der unternehmerischen Zielsetzung ist.

09. Welche Informationsquellen können für die Personalplanung hinzugezogen werden?

Folgende Quellen können in die Personalplanung Eingang finden:

▸ Personalstatistiken (intern, extern)

▸ Lohn- und Gehaltsberechnungen

▸ Stellenbeschreibungen

▸ Stellenpläne, Stellenbesetzungspläne

► Anforderungs- und Eignungsprofile

► Kompetenz- und Potenzialanalysen

► Leistungsnachweise

► Personaldaten

► Informationen von Ämtern, Behörden und Verbänden

► u. a. Gesetze, Gesetzesänderungen, Rechtsprechung.

7.2.3 Personalbestand

01. Welche Bedeutung hat die Personalbestandsplanung?

Die Personalbestandsplanung dient zur Ermittlung des **aktuellen Personalbestandes**, der **Zu- und Abgänge** und des **zukünftigen Personalbestandes** nach

► quantitativen Kriterien bzw.

► qualitativen Merkmalen.

Neben der Mitarbeiteranzahl bzw. Stellen (Köpfe) können auch gewichtete Köpfe bzw. gewichtete Stellen als quantitative Daten ermittelt werden. Eine gewichtige Stelle ergibt sich aus dem Stundenanteil im Vergleich zu einer Vollzeitstelle, z. B. 30 Stunden zu 40 Stunden Vollzeit ergibt eine 0,75 Stelle. Darüber hinaus können auch Kenntnisse, Fertigkeiten oder Erfahrung der Arbeitnehmer als qualitative Größen Berücksichtigung in der Personalbestandsplanung finden. Dadurch bildet die Personalbestandsplanung eine elementare Datenbasis und eine Überblicksinformation für die weiteren personalwirtschaftlichen Teilplanungen.

Beispiele

Beispiel 1
Quantitativer Personalbestand der Musterbrauerei zum 01.01.

Stellenart	Verwaltung	Vertrieb	Sudhaus	Filterkeller	Abfüllung	Lager	Technik	Summe
Vollzeit	23	9	7	8	10	5	6	**68**
Teilzeit	8	2	1	0	4	0	0	**15**
Leiharbeit	0	0	0	0	4	3	0	**7**
Ausbildung	4	0	1	2	1	0	2	**10**
Summe	**35**	**11**	**9**	**10**	**19**	**8**	**8**	**100**

Beispiel 2

Quantitativer und qualitativer Personalbestand zum 01.01.

Abteilung	Name	Stelle	gewichte-te Stelle	Alter	Zugehö-rigkeit	Geschlecht	Stapler-schein	höchster Abschluss
Sudhaus	Beck	1	0,75	43	16	männlich	ja	Berufs-ausbildung
Filterkeller	Clausen	1	1	59	38	weiblich	nein	Berufs-ausbildung
Abfüllung	Berliner	1	0,5	34	2	weiblich	ja	Meister
		3	2,25	45,3	18,6	2 weiblich	2 ja	2 Berufs-ausbildung
						1 männlich	1 nein	1 Meister

02. Was ist unter Personalzugänge und Personalabgänge zu verstehen?

Zugänge und Abgänge von Personal in der quantitativen Personalbestandsplanung sind Ereignisse, die sich **voraussichtlich** bis zum Planungsstichtag **ereignen werden** und **zum Zeitpunkt** der Erstellung der Planung bereits **bekannt** sind oder **erwartet** werden. Personalzugänge erhöhen und Personalabgänge mindern den Personalbestand. Personalzugängen sind i. d. R. vorhersehbar und können sein:

➤ Besetzungen von Stellen durch externe Einstellungen

➤ Beförderungen und Versetzungen aus anderen Abteilungen des Unternehmens

➤ Rückkehrer aus Krankheit, Freistellung oder Beurlaubungen

➤ Rückkehrer aus Elternzeit oder freiwilligen Diensten (Bundeswehr, Bundesfreiwilligendienst, FSJ o. Ä.).

Personalabgänge dagegen sind nicht immer vorhersehbar. Abgänge können erfolgen durch:

➤ Kündigungen (ordentlich, außerordentlich) durch Arbeitgeber oder Arbeitnehmer

➤ Freistellungen innerhalb der Kündigungsfrist

➤ Abschluss von Aufhebungsverträgen

➤ Ablauf von befristeten Arbeitsverhältnissen

➤ Berentung oder Pensionierung von Arbeitnehmern

➤ langfristige Arbeitsunfähigkeit bis hin zur Erwerbsunfähigkeit

➤ Antritt von freiwilligen Diensten (Bundeswehr, Bundesfreiwilligendienst, FSJ o. Ä.)

➤ Ausscheiden durch Mutterschutz und/oder Elternzeit

➤ Absolvierung von langfristigen Qualifikationsmaßnahmen, z. B. Meisterkurse

➤ Versetzung oder Beförderung in andere Abteilung des Unternehmens

► Freistellungen (z. B. Sabbatjahr, Sabbatical, Auszeit)

► Tod von Arbeitnehmern.

03. Wie kann der zukünftige Personalbestand ermittelt werden?

Die Ermittlung des zukünftigen Personalbestandes erfolgt auf Basis des aktuellen Personalbestandes abzüglich der voraussichtlichen Personalabgänge und zuzüglich der voraussichtlichen Personalzugänge, soweit diese bekannt sind. Auswirkungen von Maßnahmen, die sich aus der Personalplanung ergeben, sind nicht Bestandteil des Personalbestandsplanes.

$$\text{Künftiger Personalbestand} = \frac{\text{Aktueller Personalbestand} +}{\text{Personalzugang} - \text{Personalabgang}}$$

Beispiel

Zukünftiger Personalbestand einer Abteilung der Musterbrauerei

Abteilung	Abfüllung		
		ungewichtet	**gewichtet**
Personalbestand	**01.01.**	**14**	**12,75**
Zugänge	Einstellung	2	2
	Versetzung	1	0,75
	Aus- und Weiterbildung	1	0,5
	sonstige Zugänge	0	0
Abgänge	Beförderung	0	0
	Versetzung	1	1
	Aus- und Weiterbildung	0	0
	Mutterschutz/Elternzeit	1	0,75
	Kündigung/Freistellung	1	1
	Rente/Pension	1	1
	Sonstige Abgänge	0	0
Personalbestand	**31.12.**	**14**	**12,25**

04. Wie kann der qualitative Personalbestand ermittelt werden?

Der qualitative Personalbestand stellt auf die Kenntnisse, Fertigkeiten oder Erfahrung der Arbeitnehmer ab und ist neben der Ermittlung der Anzahl an Arbeitnehmern (quantitative Größe) zwingend notwendig, um die erforderliche Arbeitnehmeranzahl mit den notwendigen beruflichen Qualifikationen oder Fähigkeiten zum Planungsstichtag tatsächlich verfügbar zu haben. Neben den formalen qualitativen Kriterien, die sich u. a. aus folgenden Dokumenten ergeben können:

► Berufsabschluss (Gesellenbrief, Facharbeiterbrief, Prüfungszeugnis der Kammern),

► Studienabschluss (Verleihungsurkunden, Prüfungszeugnisse, Diploma Supplement).

► Meisterbrief und

► Teilnahmebescheinigungen, Zertifikate oder Urkunden mit oder ohne öffentlichen bzw. öffentlich-rechtlichen Abschluss (Kammer und Verbände wie IHK, HWK, TüV),

gibt es qualitative Kriterien wie Kompetenz- oder Fähigkeitsprofile bzw. Potenzialbeurteilungen. Diese lassen sich zumeist nur durch gezielte Analysen ermitteln. Hierfür können u. a.

► Personalakten, Personalstammdaten, Personalinformationssysteme (PIS),

► Personalentwicklungsdateien/-karteien,

► Testverfahren (Persönlichkeit/Fähigkeiten/Fertigkeit),

► Informationen aus Assessmentcenter,

► Informationen durch Beurteilungen, Betreuungsgespräche, Interviews zur Potenzialbeurteilung oder Förder-/Personalentwicklungsgespräche und

► Informationen aus der Umsetzung von Sonderaufgaben oder in der Bewährung als Assistent oder Stellvertreter

herangezogen werden. Die Einschätzung kann wie skizziert, nach gewünschtem Detaillierungsgrad und -tiefe, von der Selbsteinschätzung bis zum psychologischen Test oder Tiefengesprächen gehen. Die Einschätzungen können über Skalierungen (gering-mittel-hoch) bis zur reinen Verbaleinschätzungen oder Kombinationen von beiden Ansätzen gehen.

Beispiele

Beispiel 1
Selbst- und Fremdeinschätzung (vereinfacht)

	Selbsteinschätzung			Fremdeinschätzung		
	gering	mittel	hoch	gering	mittel	hoch
Fachkenntnisse						
Kenntnisse der Arbeitsmittel						
EDV-Kenntnisse						
Fremdsprachenkenntnisse						
Kommunikationsfähigkeit						
Teamfähigkeit						
Lernfähigkeit						
Innovationsfähigkeit						
Berufserfahrung						
●─● Einschätzung durch Mitarbeiter/Dritten (z. B. Vorgesetzten) ●─● Anforderungsprofil						

Beispiel 2
Potenzialbeurteilung mit Stärken-Schwächen-Analyse (vereinfacht)

Persönliche Angaben			
Name, Vorname	...	Stelle/Funktion	...
Geburtsdatum	...	seit	...
Familienstand	...	Vorgesetzter	...
Stärken/Neigungen		**Schwächen/Abneigungen**	
...	...	...	...
Potenziale			
Fachpotenzial	Methodenpotenzial	Führungspotential	Sozialpotenzial
...	...	...	...
Fördermaßnahmen			
...			
Veränderungsprognosen/Einsatzperspektiven			
Aufgabe/Position		Zeitpunkt	
...		...	
Kommentar, Anmerkungen			
...			
Erstellt am		Unterschriften	*Mitarbeiter*
Besprochen am			*Vorgesetzter*

Quelle: in Anlehnung an: *Olfert* 2016, S. 144; *Krause/Krause/Stache* 2016, S. 915.

Die Kompetenz- oder Fähigkeitsprofile bzw. Potenzialbeurteilung ermöglichen einen späteren Abgleich (Matching) mit dem Stellenanforderungsprofil oder auch den Abgleich zwischen Arbeiternehmern oder Arbeitnehmer- bzw. Arbeitsgebersichten.

05. Was ist ein Assessmentcenter?

Ein Assessmentcenter findet Anwendung u. a. im Kontext der Personalbeschaffung und der Personalentwicklung. Das Assessmentcenter bedient sich hierbei einer ganzen Reihe von Übungen bzw. Tests und kann über mehrere Tage andauern. Beispielsweise:

- Einzelpräsentationen
- Gruppendiskussionen
- Einzelinterviews
- Postkorbübung
- Fallstudien
- Simulationen
- Rollenspiele

▸ Abendessen (Gabeltest)

▸ Leistungstest (u. a. Intelligenztest, Sprachtest, Gedächtnistest)

▸ Persönlichkeitstests (u. a. NEO-FFI, HEXACO, Zeichentest, Schriftanalyse).

Das Assessmentcenter erfordert einen hohen organisatorischen Aufwand und geschultes Personal. Im Ergebnis sollen die **Kompetenzen** aber auch die **Potenziale** des Bewerbers ermittelt werden und mit dem Anforderungsprofil der Stelle abgeglichen werden. Gleichermaßen dient das Assessmentcenter der Fundierung der Personalentscheidung gegenüber Dritten, z. B. dem Betriebsrat, Vorgesetzen oder ggf. den Mitarbeitern.

Die komplexe Beurteilung eines Bewerbers ist gleichermaßen die Stärke und Schwäche des Assessmentcenters. Einerseits erhält das Unternehmen durch die Vielzahl von Übungen und Tests ein sehr konkretes Bild der vorhandenen Fertigkeiten, Fähigkeiten und Kenntnisse. Andererseits gibt es zahlreiche Manipulationsmöglichkeiten und auch gegenläufige Positionen (z. B. ruhiges Auftreten ≠ Führungsstärke?), die die Messungen und Beobachtungen zweifelhaft erscheinen lassen.

7.2.4 Personalbedarf

01. Wie erfolgt die quantitative und qualitative Ermittlung des Personalbedarfes?

Ziel ist die Ermittlung des mengenmäßigen und qualitativen Bedarfes an Mitarbeitern für künftige Perioden (u. a. Wochen, Monate, Quartal, Halbjahr, Jahr(e)). Die Ermittlung vollzieht sich hierbei in drei Schritten:

$$NPB (t_2) = BPB (PB \pm \text{Veränderung} (t_2)) - PB (\text{Personalbestand} \pm \text{Veränderung} (t_1))$$

1. Schritt Ermittlung des Bruttopersonalbedarfes (BPB)
Soll: Hochrechnung des Personalbestandes, um die zu erwartenden Zu- und Abgänge zu Beginn der Planungsperiode (t_1) und der Hinzurechnung von zu erwartenden Personalveränderungen/-bedarfen in der Planungsperiode (t_2).

2. Schritt Ermittlung des Personalbestandes (PB)
Ist: Hochrechnung des Personalbestandes, um die zu erwartenden Zu- und Abgänge in der laufenden Periode (t_1).

3. Schritt Ermittlung des Nettopersonalbedarfes (NPB)
Saldierung des Bruttopersonalbedarfes (Soll) und des Personalbestandes (Ist).

Quelle: vgl. *Krause/Krause/Stache* 2016, S. 857.

02. Wie kann die Bruttopersonalbedarfsermittlung erfolgen?

Der Bruttopersonalbedarf, also der Personalbestand in der künftigen Periode, kann mit unterschiedlichsten Ansätzen ermittelt werden. Die Ermittlung erfolgt i. d. R. mit prognostischen Verfahren, da nicht alle künftigen Entwicklungen im Unternehmen mit absoluter Sicherheit vorhergesagt werden können. Je länger der Planungshorizont, umso größer ist die Unschärfe in der Prognose. Folgenden Verfahren finden u. a. Anwendung:

Globale Verfahren	Differenzierte Verfahren
Schätzverfahren	**Stellenplanmethode**
Ermittlung des Personalbedarfes durch subjektive Einschätzungen von einzelnen Personen (Experten). Darüber hinaus gibt es auch systematische Schätzverfahren, z. B. Delphi-Methode, Szenario-Technik.	Dieses Verfahren basiert auf den Stellenbesetzungsplänen des Unternehmens. Diese umfassen alle Stellen, inklusive der personenbezogenen Daten des Stelleninhabers. Zum Beispiel Leiter Personalmanagement, Herr Schmidt, 63 Jahre, 15 Jahre Betriebszugehörigkeit.
Trendverfahren/Trendexploration	**Personalbemessung (Arbeitsstudien)**
Fortschreibung der Zahlenreihen (extrapolieren) in die Zukunft. Als Basis dienen die Vergangenheitswerte. Dabei wird angenommen, dass die Vergangenheit und Zukunft auf einer Gesetzmäßigkeit beruhen. Beispiel:	Die Ermittlung erfolgt aufgrund von Erfahrungswerten oder arbeitswissenschaftlichen Erkenntnissen. Dabei wird u. a. der Output mit dem Zeitbedarf multipliziert (Zähler) und ins Verhältnis zu der Arbeitszeit der Mitarbeiter (Nenner) gesetzt:

Jahr	Anzahl der Mitarbeiter	Veränderung
1	1.000	
2	900	- 10 %
3	800	- 10 %
4	700	- 10 %

$$\text{Personal-bedarf} = \frac{\text{Output} + \text{Zeitbedarf pro Einheit}}{\text{Regelarbeitszeit pro MA}}$$

Für wesentlich detailliertere Ansätze sei auf die REFA-Methode oder MTM-Analyse verwiesen.

Globale Verfahren	Differenzierte Verfahren
Regressions- und Korrelationsverfahren	**Kennzahlenmethode:** **Differenzierte Kennzahlen**
Statistisches Analyseverfahren bei dem unterschiedliche Variablen und Zusammenhänge Berücksichtigung finden, um Prognosen für das Unternehmen zu erstellen.	Basis bilden Datenrelationen, die sich in der Vergangenheit als belastbar erwiesen haben, z. B. Umsatz zu Personalgesamtkosten, Output pro Mitarbeiter.
Kennzahlenmethode: Globale Kennzahlen	
Basis bilden Datenrelationen, die sich in der Vergangenheit als belastbar erwiesen haben, z. B. Umsatz pro Mitarbeiter, Absatz pro Mitarbeiter.	

Quelle: vgl. *Olfert* 2008, S. 74 - 84; *Olfert* 2015, 94 - 104; *Krause/Krause/Stache* 2016, S. 857 - 863; *Krause/Krause* 2010, S. 347 - 355.

Darüber hinaus gibt es noch weitere Ansätze, z. B. Direktionsmethode oder monetäre Methode wie Budgetierung, Zero-Base-Budgeting/Nullbasisbudgetierung oder Gemeinkosten-Wertanalyse. Die globalen Verfahren stellen auf die Gesamtdaten ab und haben das Ziel eine Prognose für die Gesamtunternehmung zu erstellen. Dagegen betrachten differenzierte Verfahren detaillierter Unternehmensbereiche oder Auftragssituationen in der kurz- bis mittelfristigen Perspektive.

7.2.5 Anpassung des Personalbedarfes

01. Welche Arten des Personalbedarfes gibt es?

Quelle: in Anlehnung: *Krause/Krause* 2010, S. 346 - 347.

02. Welche Maßnahmen zur Anpassung des Personalbedarfes finden Anwendung?

Die Personalanpassung umfasst eine Vielzahl an Maßnahmen im Ergebnis der Personalbedarfsplanung. Diesen liegen folgende Situationen im Unternehmen zu Grunde:

Ergebnisse der Personal- bedarfsplanung	Maßnahme	Teilpläne	Beispiele für Ursachen
Personal- unterdeckung	Beschaffung von Personal	► Personalbeschaf- fungsplanung	Kapazitätserweiterungen, Erschließung neuer Absatz-/Umsatzfelder, unbesetzte Stellen
Personal- überdeckung/ -überhang	Abbau (ggf. Umverteilung/Umstrukturierung) von Personal	► Personalfreiset- zungsplanung ► Personaleinsatz- planung ► Personalentwick- lungsplanung	Absatz-/Umsatzrückgang, strukturelle/saisonale Veränderungen, Betriebstilllegungen/ Werksschließungen, Änderung des Betriebszweck, Standortverlagerungen, Reorganisation, technologischer Wandel
Qualifikations- defizite	Entwicklung und Förderung von Personal, ggf. Beschaffung von qualifiziertem Personal	► Personalentwick- lungsplanung ► Personalbeschaf- fungsplanung	unzureichende Fort- und Weiterbildung, fehlende Nachfolgeregelungen, offene Stellen, technologischer Wandel

Quelle: vgl. *Krause/Krause* 2010, S. 361 - 362.

Für die Personalanpassung ergeben sich folgende Teilpläne der:

► Personalbeschaffung

► Personalentwicklung

► Personalfreisetzung

► Personaleinsatz.

7.2.5.1 Personalbeschaffung

01. Welche Wege der Personalbeschaffung gibt es?

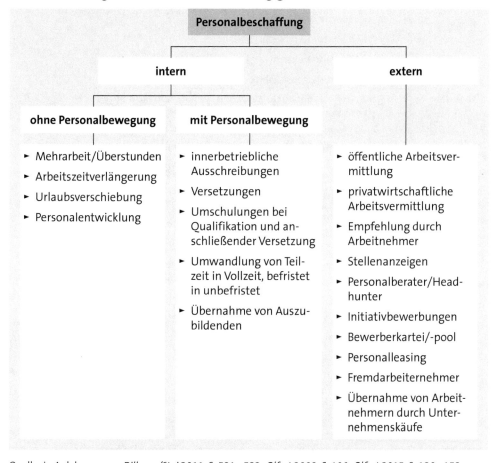

Quelle: in Anlehnung an: *Dillerup/Stoi* 2011, S. 531 - 532; *Olfert* 2008, S. 106; *Olfert* 2015, S. 130 - 153.

02. Welche Vor- und Nachteile haben die interne und externe Personalbeschaffung?

	interne Personalbeschaffung	externe Personalbeschaffung
Vorteile	► berufliche Perspektiven für Arbeitnehmer, dadurch Motivation und Bindung ► positiver Einfluss auf das Betriebsklima ► schnelle Stellenbesetzung ► geringe Einarbeitungszeiten ► Betriebskenntnisse vorhanden ► Perspektiven für den Nachwuchs ► Mitarbeiter sind bekannt ► geringere Besetzungskosten	► direkte quantitative und/oder qualitative Bedarfsdeckung ► neue Mitarbeiter bringen neue Impulse ► (ggf.) breitere Auswahl ► leichtere Anerkennung in neuer Position (vom Mitarbeiter zum Vorgesetzten)
Nachteile	► begrenzte Auswahl an potenziellen Arbeitnehmern ► Betriebsblindheit und/oder Hemmung des betrieblichen Fortschrittes ► erhöhte Kosten durch Fortbildungs-/Umschulungsmaßnahmen ► quantitative und/oder qualitative Bedarfsdeckung wird verlagert ► Konfliktpotenzial bei Beförderungen oder Versetzungen (Spannungen, Rivalität, Akzeptanz, Ängste)	► Demotivation durch fehlende Aufstiegsmöglichkeiten (auch für den Nachwuchs) ► erhöhte Fluktuation möglich ► mögliche Beeinträchtigung des Betriebsklimas ► höhere Besetzungskosten ► zeitaufwendige Auswahlprozesse ► längere Einarbeitungszeiten ► höheres Risiko durch unbekannte Mitarbeiter ► höhere Gehaltsforderungen als bei internen Stellenbesetzungen

Quelle: vgl. *Olfert* 2008, S. 107, 113; *Dillerup/Stoi* 2011, S. 530; *Holbrügge* 2015, S. 109; *Krause/Krause/Stache* 2016, S. 865; *Olfert* 2015, S. 131, 137.

03. Was muss eine Stellenausschreibung/-anzeige umfassen?

Eine Stellenausschreibung/-anzeige sollte u. a. folgende Inhalte abbilden:

Wer sind wir?	► Firmenname, Firmenlogo ► Tätigkeitsschwerpunkt und Größe des Unternehmens ► Unternehmensphilosophie/-position
Was haben wir?	► Grund der Stellenvakanz (z. B. Erschließung eines neuen Geschäftsfeldes, Nachfolge oder Schwangerschaftsvertretung) ► Aufgaben-/Tätigkeitsbereich

Was suchen wir?	▸ Stellenbezeichnung
	▸ Anforderungsprofil an den Bewerber
Was bieten wir?	▸ Entgelt, Entgeltgefüge
	▸ Soziale Leistungen des Unternehmens
	▸ Arbeitszeitregelungen
	▸ Perspektiven im Unternehmen
Was brauchen wir?	▸ Art und Umfang der Bewerbungsunterlagen
	▸ Eintrittsdatum

Quelle: vgl. *Krause/Krause/Stache* 2016, S. 867 - 868.

Innerbetriebliche Stellenausschreibungen und externe Stellenanzeigen sind weitestgehend deckungsgleich. Auch die innerbetriebliche Stellenausschreibung wird im zunehmenden Maße als Bestandteil eines ganzheitlichen Personalmarketings verstanden. Daher wird auch der Bestandsmitarbeiter zunehmend gezielt umworben. Im Gegensatz zur Stellenanzeige sind unternehmensbezogene Informationen ggf. reduzierter, da den Bestandsmitarbeitern das Unternehmen bereits umfänglich bekannt ist. Andererseits sind hier ggf. detaillierte Informationen über Entgeltstufen, Kompetenzen, Abteilungen oder Bereiche notwendig.

04. Was ist eine Stelle?

Eine Stelle ist allgemein die kleinste Organisationseinheit in einem Unternehmen. Darüber hinaus gibt es Leitstellen (Stellen mit Anordnungsrechten und -pflichten) und Ausführungsstellen (Stellen ohne Anordnungsrechten und -pflichten).

05. Was ist eine Stellenbeschreibung?

Die Stellenbeschreibung wird auch als Aufgaben- oder Funktionsbeschreibung bezeichnet und beinhaltet die Hauptaufgaben einer Stelle, deren Eingliederung in das Unternehmen und deren Befugnisse. Darüber hinaus kann die Stellenbeschreibung auch Anforderungsprofile oder entgeltliche Regelungen umfassen. Eine Stellenbeschreibung ist sachbezogen und unabhängig vom Stelleninhaber. Inhalte können z. B. sein:

▸ Stellenbezeichnung

▸ Unterstellung (Vorgesetzte)

▸ Überstellung (Personalverantwortlichkeit)

▸ Stellvertretung (durch/für)

▸ Hauptaufgaben

▸ Einzel-/Sonderaufgaben

▸ Befugnisse/Vollmachten

▸ ggf. Anforderungsprofil (fachlich/persönliche Anforderungen)

▸ ggf. entgeltliche Eingruppierung.

06. Nach welchen Ansätzen kann die Mitarbeiterauswahl erfolgen?

Die Auswahl von geeigneten Mitarbeitern kann nach den unterschiedlichsten Ansätzen erfolgen.

Beispiel

- ► Sichtung der Bewerbungsunterlagen
- ► Bewerbungsgespräch
- ► Referenzen
- ► Fragebögen
- ► Auswahlverfahren wie Tests oder Assessmentcenter (schriftlich, mündlich, praktische Übungen, Beobachtungen)
- ► Eignungsuntersuchungen (u. a. bei Jugendlichen nach §§ 32 bis 46 JArbSchG).

07. Welche Unterlagen sind für gewöhnlich Bestandteil einer Bewerbung (postalisch/online)?

Die Bewerbungsunterlagen folgen, sowohl über den postalischen Weg aber auch via E-Mail oder mittels Bewerbungsportal den gleichen Ansätzen an Vollständigkeit, Richtigkeit und Qualität. Die Standardbewerbung setzt sich wie folgt zusammen:

- ► Anschreiben
- ► Lebenslauf (mit/ohne Deckblatt, Bewerbungsfoto)
- ► Anhang (u. a. Zeugnisse, Bescheinigungen).

Die Verwendung von Bewerbungsfotos gehört in Deutschland immer noch zum guten Ton, allerdings sind hier gewisse Erosionen, gerade bei international aufgestellten Unternehmen, zu beobachten. Bewerbungsfotos oder persönliche Daten (Sozialdaten) sind in anderen Ländern eher unüblich bis gesetzlich untersagt, um der Diskriminierung von Bewerber vorzubeugen. Auch in Deutschland gibt es diese Tendenzen, hierzu sei u. a. auf das **Allgemeine Gleichbehandlungsgesetz (AGG)** verwiesen. Darüber hinaus werden in einigen Unternehmen:

- ► Motivationsschreiben,
- ► Arbeitsproben sowie
- ► Referenzlisten

verlangt. Die Bewerbungen sollte sind sowohl in der Papierform aber auch in der digitalen Version an der **DIN 5008** orientieren.

08. Nach welchen Kriterien sollte der Lebenslauf analysiert werden?

Fragestellungen bei der Analyse des Lebenslaufes	
Zeitfolge	Ist der Lebenslauf zeitlich lückenlos? Wie oft wurden die Stellen gewechselt? Wann wurden die Stellen gewechselt (Probezeit)? Weichen die Angaben von den Arbeitszeugnissen ab? Gibt es Tendenzen in der zeitlichen Abfolge?
Entwicklung	Liegt eine kontinuierliche berufliche Entwicklung vor? Gibt es Brüche? Ist die berufliche Entwicklung nachvollziehbar? Sind Trends oder Motive erkennbar? Werden gravierende Veränderungen ggf. begründet? Welche Erfahrungen liegen vor (Führungs-, Personal-, Budgetverantwortung usw.)?
vorherige Arbeitgeber	Wie lassen sich die vorherigen Arbeitgeber klassifizieren (Größe, Branche, Schwerpunkte)? Welchen Ruf genießen die Unternehmen? Sind Gründe für Arbeitgeberwechsel oder Wechsel zwischen den Unternehmensgrößen erkennbar? Sind Referenzen angegeben?
Branche	Wo liegen die branchenseitigen Schwerpunkte? Sind Branchenwechsel erkennbar und ggf. begründet?
Stringenz/Stetigkeit/Gesamtbild	Lässt sich ein roter Faden im Lebenslauf erkennen? Bauen die beruflichen Stationen aufeinander auf? Ist darüber hinaus ein persönliches Engagement erkennbar, bspw. in Vereinen, Prüfungsgremien? Wird die berufliche Entwicklung durch ausgewiesene Fertigkeiten, Fähigkeiten ergänzt, z. B. Sprache, IT-Kenntnisse?

Quelle: vgl. *Krause/Krause/Stache* 2016, S. 875 - 876; *Olfert* 2008, S. 135 - 145.

09. Welche Bedeutung haben Schulzeugnisse und Arbeitszeugnisse?

Mit zunehmendem Alter verlieren die Schul-/Hochschulzeugnisse an Relevanz und die Arbeitszeugnisse gewinnen an Bedeutung. Zeugnisse sollten immer mit Bedacht und unter Berücksichtigung der Rahmenbedingungen analysiert und interpretiert werden. Folgende Fragestellungen können dabei behilflich sein:

► Lassen die Noten (tatsächlich) eine Entwicklung erkennen? Gibt es Leistungsbrüche beim Wechsel der Bildungseinrichtung?

► Sind die Bewertungsmaßstäbe der Bildungseinrichtung bekannt?

► Welchen Ruf genießt die Bildungseinrichtung (Mund-zu-Mund, Auszeichnungen, Erfahrung)? Wo befindet sich die Bildungseinrichtung (sozialer Brennpunkt)?

► Passen Noten und beruflicher Werdegang zusammen?

- Lassen sich Zusammenhänge zwischen Noten und verbalen Einschätzungen erkennen?

- Gibt es Zusammenhänge zwischen Lebensereignissen (u. a. Scheidung, Unfall, Kinder, Pflege/Tod von Angehörigen) und Noten?

- Sind die föderalistischen Besonderheiten in den Benotungssystemen und in den Lehr-/Ausbildungsplänen bekannt (Bildung ist Ländersache)?

- Gibt es ggf. Referenzadressen, um Arbeitszeugnisse zu verifizieren (Genehmigung des Bewerbers muss hierfür vorliegen)?

7.2.5.2 Personalentwicklung

01. Was ist Personalentwicklung?

Personalentwicklung aber auch Personalausbildung sind **Personalbeschaffung in einer anderen Form**. Dabei entwickelt das Unternehmen selber die notwendigen Fertigkeiten und Kompetenzen bei den Mitarbeitern über einen gewissen Zeitraum hinweg. Im Gegensatz zur internen und externen Personalbeschaffung, im Sinne einer Einstellung oder Versetzung, kann das Unternehmen seine Mitarbeiter bedarfsgerecht formen. Die Berufsausbildung ist von der Personalentwicklung dahingehend abzugrenzen bzw. zu spezifizieren, da diese Grundfertigkeiten und Grundkenntnisse umfasst. Dagegen stellt die „sonstige" Personalentwicklung auf den Erhalt bzw. die Erweiterung von **Fähigkeiten** (i. d. R. angeboren), **Fertigkeiten** (erlernt) und **Kenntnissen** (Informationen, Wissen) ab. Diese werden auch häufig unter dem **Kompetenzbegriff** gebündelt. Die Personalentwicklung ist **vornehmlich qualitativ orientiert** aber umfasst auch **quantitative Größen**, bspw. den Bedarf von **zehn** Mechatronikern **mit** Sprachlevel C1 in Englisch. Auf der kollektiven Ebene (Belegschaft) sind die Maßnahmen eng mit den unternehmerischen Gesamt- oder Bereichszielen verknüpft. Im Gegensatz dazu stellt die individuelle Ebene auf die persönlichen Zielsetzungen der Mitarbeiter ab.

02. Welche unternehmerischen Ziele verfolgt die Personalentwicklung?

Unternehmerische Ziele der Personalentwicklung sind u. a.:

- langfristige Sicherung eines qualifizierten Personalbestandes

- Leistung der Mitarbeiter verbessern und fachlichen Qualifikation erweitern

- Platzierung des richtigen Mitarbeiters zur passenden Aufgabenstellung

- Anpassungsnotwendigkeiten durch technologischen Wandel und Erfordernisse des Marktes

- Wettbewerbsfähigkeit erhalten und ausbauen

- Erkennen von Potenzialen bei den Mitarbeitern

- Laufbahnentwicklungen vorbereiten und Nachfolgeprozesse sicherstellen
- Unabhängigkeit vom externen Fachkräftemarkt
- Mitarbeiterzufriedenheit erhöhen
- Bindung der Mitarbeiter an das Unternehmen
- Attraktivität als Arbeitgeber in der Außenwirkung steigern.

Die Personalentwicklungsziele können dabei durch ein **Zieldiktat** den Mitarbeitern vorgeben werden oder durch eine **Zielvereinbarung** mit den Mitarbeitern erarbeitet und vereinbart werden. Dabei sind das Zieldiktat und die Zielvereinbarung gleichermaßen an die Machbarkeit gekoppelt. Unrealistische Zielsetzungen können u. a. demotivierend und leistungshemmend wirken. Im Regelfall ist die Zielvereinbarung, aufgrund des Erarbeitungsprozesses und dem Vertragscharakter, deutlich wirkungsvoller.

03. Was ist Kompetenz und welche Kompetenzfelder gibt es?

Der Begriff der Kompetenz ist sehr vieldeutig besetzt und wird sehr intensiv in der Forschung und Praxis diskutiert. Im Grunde umfasst dieser die **Fähigkeiten und Fertigkeiten** ein anstehendes **Problem zu lösen** und auch die **Bereitschaft dieses zu tun**. Kompetenz kann auch als eine „Befähigung" verstanden werden. Folgende wesentliche Kompetenzfelder werden für gewöhnlich unterschieden:

Wesentliche Kompetenzbegriffe	
Fachkompetenz	sind die fachlichen Fertigkeiten, Fähigkeiten und Kenntnisse für die Bewältigung beruflicher Aufgaben (gleich **fachliche Qualifikation/Sachkenntnis**).
Methoden-kompetenz	ist die Fähigkeit und Fertigkeit sich Informationen zu beschaffen und diese zu verwenden bzw. Problem zu erkennen und Lösungen zu entwickeln (gleich überfachliche Qualifikation).
Sozial-kompetenz	ist die Fähigkeit wirksam und angemessen zu kommunizieren, mit anderen zusammenzuarbeiten bzw. Konflikte effizient zu bewältigen (gleich **soziale Qualifikation/nichtfachliche Qualifikation**).
Handlungs-kompetenz	umfasst die Fach-, Methoden-, Sozialkompetenz und wird als die Bereitschaft und Befähigung verstanden sich angemessen und verantwortlich auf berufliche, gesellschaftliche und private Situationen einzulassen.

Quelle: vgl. *Krause/Krause/Stache* 2016, S. 905 - 906.

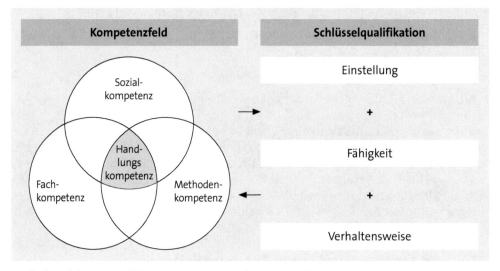

Quelle: in Anlehnung an: *Olfert* 2008, S. 378; *Krause/Krause* 2010, S. 408.

Der Kompetenzbegriff wird stellenweise sehr inflationär verwendet. Neben der personalen Kompetenz, Führungskompetenz, mentalen Kompetenz, Umsetzungskompetenz oder auch kommunikativen Kompetenz gibt es noch eine Vielzahl weiterer Kompetenzen. Diese bedingen oder erfordern Schlüsselqualifikationen um auf Veränderungen zeitnah und angemessen zu reagieren.

04. Was sind Schlüsselqualifikationen?

Die Schlüsselqualifikation umfasst das Sozialverhalten eines Mitarbeiters im vornehmlich beruflichen Kontext und stellt kein fachliches Wissen dar. Vielmehr ermöglichen die Schlüsselqualifikationen den Umgang mit Fachwissen. Diese lassen sich wie folgt charakterisieren:

- relativ positionsunabhängig und stabil
- berufs- und funktionsübergreifend
- langfristig verwertbar
- häufig Basis für den Erwerb von speziellen Fachkompetenzen.

In der Literatur werden über 800 Schlüsselqualifikationen benannt.

Beispiele

Einstellungen	Verhaltensweise	Fähigkeiten
► Leistungsbereitschaft	► Zielstrebigkeit	► Kommunikation
► Sorgfalt	► Toleranz	► Teamfähigkeit
► Flexibilität	► Offenheit	► Lernfähigkeit
► …	► …	► …

05. Worauf basiert ein Personalentwicklungskonzept?

Die zwei wesentlichen Grundelemente eines jeden Personalentwicklungskonzeptes sind:

► die **Aufgaben-** bzw. **Stellendaten** und

► die **Mitarbeiterdaten**.

Die Aufgaben- bzw. Stellendaten ergeben in der Analyse der aktuellen und künftigen Erfordernisse ein **Anforderungsprofil**. Das Anforderungsprofil stellt die zentrale Frage: **Was muss der (künftige) Mitarbeiter können?** Dagegen mündet die Analyse der Mitarbeiterdaten hinsichtlich der Qualifikationen, Potenziale aber auch Wünsche der Mitarbeiter in ein **Eignungsprofil**. Hier ist die Frage zu stellen: **Was kann der Mitarbeiter oder was will der Mitarbeiter können?**

		Eignungsprofil
Überforderung/Bedarf	**Profildeckung**	Unterforderung/Potenziale
Anforderungsprofil		

Der Abgleich des Anforderungsprofils und Eignungsprofils ergibt einerseits Übereinstimmungen (**Profildeckung**) und andererseits auch Abweichungen. Erfüllt ein Mitarbeiter das Anforderungsprofil nicht, so besteht aus unternehmerischer Sicht ein **Personalentwicklungsbedarf** und für den Mitarbeiter birgt dies die konkrete Gefahr der Überforderungen. Die **Unterforderung** ergibt sich zumeist aus ungenutzten Wissensständen, Fertigkeiten und Kompetenzen. Hier gilt es dieses **Potenziale** im Unternehmen zu erkennen und nach Möglichkeit nutzbar zu machen. Die Überforderung aber auch die Unterforderung kann sich auf das Unternehmen aber auch auf den Mitarbeiter auswirken, bspw. in Form von wirtschaftlichen Schäden durch Fehlhandlungen, Unterlassung oder Unproduktivität über (innere) Kündigung bis hin zu gesundheitlichen Beeinträchtigungen der Betroffenen. Ziel des Unternehmens muss es daher sein, eine möglichst große Profildeckung im Zeitverlauf, u. a. durch Personalentwicklungsmaßnahmen wie Schulungen, Trainings, zu generieren.

06. Wie ist der Ablauf eines Personalentwicklungsansatzes?

Beispiel

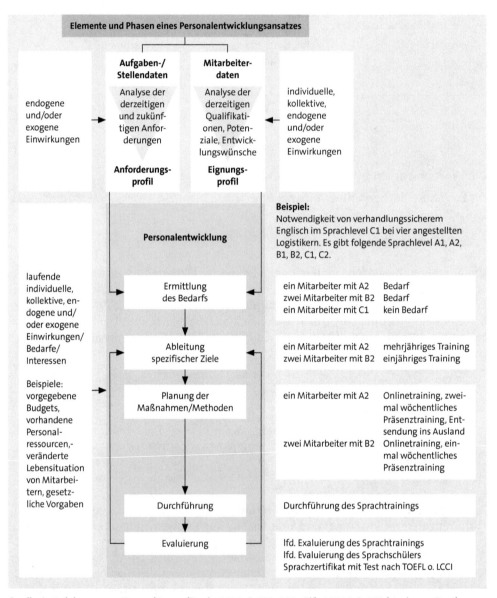

Quelle: in Anlehnung an: *Krause/Krause/Stache* 2016, S. 902, 908; *Olfert* 2016, S. 137 (stark erweitert).

Das Beispiel macht deutlich, dass der quantitative und der qualitative Bedarf eng mit einander verwoben sind. Die mengenmäßige Ermittlung wird um die Ebene der Qualifikation, in diesem Fall das Sprachlevel, erweitert. Erst dadurch wird eine belastbare

Entscheidungsgrundlage für die nachfolgenden Schritte geschaffen. Die dezidierte Analyse erleichtert somit die Festlegung von spezifischen Zielsetzungen (Was soll erreicht werden?) und die Ableitung geeigneter Maßnahmen und Methoden (Wie und bis wann soll das Ziel erreicht werden?). Auch werden dadurch bspw. unnötige oder überzogene Maßnahmen unterbunden und kostenseitige oder sogar demotivierte Momente vermieden. Im obengenannten Beispiel wurde ein Mitarbeiter ausgeklammert, da er über das nötige Sprachlevel verfügte und für die anderen drei Mitarbeiter wurden unterschiedliche Maßnahmenpaket geschnürt. Die Evaluierung schafft eine Ganzheitlichkeit, da an die Zielsetzungen wieder angeknüpft wird und der Erfolg der Maßnahme oder Methode aber auch der konkrete Erfolg des Mitarbeiters einer Bewertung zum Zweck der Bedarfsdeckung unterzogen wird. Sollte die Evaluierung keine hinreichende Bedarfsdeckung aufzeigen, so sind neue Zielsetzungen und Maßnahmen für die Personalentwicklung abzuleiten.

07. Welche Erwartungen haben u. a. die Mitarbeiter an die Personalentwicklung?

Die Mitarbeiter stellen an die Personalentwicklung u. a. folgende Erwartungen:

- Entfaltung der individuellen ggf. nicht genutzten Potenziale
- Möglichkeiten des beruflichen Aufstiegs (horizontal) oder Veränderung (vertikal)
- Erweiterung des Aufgabenspektrums
- Übertragung neuer oder erweiterter Kompetenzen
- Sicherung der Arbeitsfähigkeit im technologischen und marktseitigen Wandel
- Anpassung der persönlichen Qualifikationen an die Aufgabenanforderung
- Erhalt oder Verbesserung der Einkommenssituation, Position und Prestige.

08. Wie könnte eine Checkliste für die Planung und Umsetzung von Personalentwicklungsmaßnahmen aussehen?

Die Checkliste könnte folgende Punkte umfassen:

Schlüsselfrage	Planung/Entscheidung/Umsetzung	Status
Warum?	Lernziele	erledigt
Wer?	Zielgruppe, Mitarbeiter	erledigt
Was?	Inhalte	offen
Wie?	Methoden, Hilfsmittel	offen
Wann?	Zeitpunkt, Dauer	offen
Wo?	Ort	erledigt
Wozu?	erwartetes Ergebnis (Evaluierung)	offen

Quelle: in Anlehnung an: *Krause/Krause/Stache* 2016, S. 912.

09. Wie können die Methoden der Personalentwicklung untergliedert werden?

Die Personalentwicklung stellt auf eine Vielzahl von Methoden ab. Diese können nach den unterschiedlichsten Kriterien differenziert werden, z. B. **aktive und passive, individuelle und kollektive Formen** oder nach den Durchführenden – **intern und extern**. Gebräuchlich ist die Betrachtung nach der **Nähe zur Aufgabe** bzw. dem **Ort des Lernens**. Dabei darf Zuordnung der Maßnahmen **nicht dogmatisch** verstanden werden, sondern richtet sich, neben den Personalentwicklungszielen, vornehmlich nach der unternehmerischen Gegebenheit, dem Aufgabenfeld und den Akteuren.

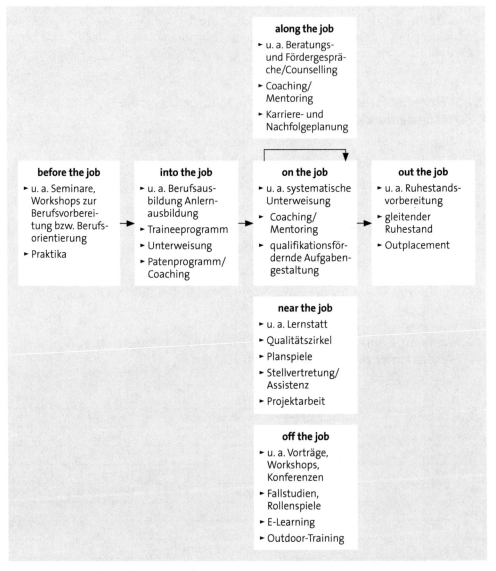

along the job
‣ u. a. Beratungs- und Fördergespräche/Counselling
‣ Coaching/Mentoring
‣ Karriere- und Nachfolgeplanung

before the job	**into the job**	**on the job**	**out the job**
‣ u. a. Seminare, Workshops zur Berufsvorbereitung bzw. Berufsorientierung ‣ Praktika	‣ u. a. Berufsausbildung Anlernausbildung ‣ Traineeprogramm ‣ Unterweisung ‣ Patenprogramm/Coaching	‣ u. a. systematische Unterweisung ‣ Coaching/Mentoring ‣ qualifikationsfördernde Aufgabengestaltung	‣ u. a. Ruhestandsvorbereitung ‣ gleitender Ruhestand ‣ Outplacement

near the job
‣ u. a. Lernstatt
‣ Qualitätszirkel
‣ Planspiele
‣ Stellvertretung/Assistenz
‣ Projektarbeit

off the job
‣ u. a. Vorträge, Workshops, Konferenzen
‣ Fallstudien, Rollenspiele
‣ E-Learning
‣ Outdoor-Training

Quelle: in Anlehnung an: *Dillerup/Stoi* 2011, S. 526 - 527; *Holtbrügge* 2015, S. 139 (erweitert).

Unterteilung nach der Nähe zur Aufgabe bzw. Ort des Lernens	
before the job	Vorgelagerte berufliche Orientierung bzw. Vermittlung von allgemeinen berufsrelevanten Kenntnissen. Der Lernort ist eher im schulischen oder hochschulischen Kontext zu finden. **Beispiel:** Durchführung von Berufsorientierungsunterricht an allgemein-bildenden Schulen bzw. die Begleitung von Schüler- oder Studentenpraktika.
into the job	Vorbereitung auf die künftigen beruflichen Aufgaben, häufig mit dem Ziel des Erwerbs von Überblickwissen bzw. inhaltlichen Einstiegs. Der Lernort kann zeitlich begrenzt den künftigen Arbeitsplatz umfassen, ist aber zumeist davon entkoppelt. **Beispiel:** In der Berufsausbildung in der Berufsschule (Theorie) und dem Betrieb (Praxis).
on the job	Praxisorientierte Wissensvermittlung am Arbeitsplatz, zumeist systematisch und häufig in der laufenden Tätigkeit. **Beispiel:** Kennenlernen der neuen Programmfunktionalität in der Unterweisung durch Kollegen.
along the job	Gestaltung der künftigen beruflichen Laufbahn durch Einblicke in höherwertige Tätigkeiten und gezielte Vorbereitung auf ein kommendes Aufgabenfeld. Der Lernort kann, muss aber nicht, der Arbeitsplatz sein. Räumliche Wechsel führen zumeist zu Perspektivwechseln. **Beispiel:** Beratungsgespräche wie Qualifikationen erreicht werden können oder zeitlich begrenzte Vertretung von Vorgesetzen oder Kollegen im eigenen oder fremden Aufgabenumfeld.
near the job	Maßnahmen mit großer räumlicher, zeitlicher und inhaltlicher Nähe zum Aufgabenfeld, zumeist in Form von Sonderaufgaben mit befristetem Charakter. **Beispiel:** Zeitlich begrenzte Projekte.
off the job	Maßnahmen die vornehmlich von den Aufgaben und dem Arbeitsplatz gelöst sind. Im Vordergrund stehen der Erwerb von theoretischem Wissen und das Erlernen von Verhaltensweisen oder die praktische Umsetzung. **Beispiel:** Outdoor-Training zum Zweck der Teambildung.
out the job	Vorbereitung auf das Ausscheiden eines Mitarbeiters aus dem Unternehmen. **Beispiel:** Übergabe von Aufgaben oder Aufgabenteilen an nachfolgende Kollegen.

Quelle: vgl. *Dillerup/Stoi* 2011, S. 526 - 527; *Olfert* 2016, S. 137 - 141.

10. Welche Maßnahmen der Personalentwicklung gibt es in der beruflichen Entwicklung?

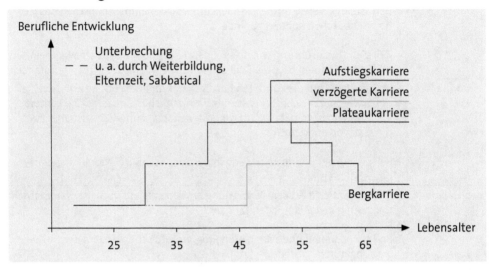

Quelle: in Anlehnung an: *Holtbrügge* 2015, S. 151.

Die berufliche Entwicklung kann sehr unterschiedliche Verläufe haben. Zeitliche Unterbrechungen wie Weiterbildungen, Elternzeiten, Sabbatical oder auch temporäre Beschäftigungen in anderen Funktionen oder auch (fremden) Unternehmen können die berufliche Entwicklung kennzeichnen. Darüber hinaus sind Karriereschritte zeitlich nicht eingrenzbar und werden im zunehmenden Maße flexibilisiert. Folgende Arten an Personalentwicklungsmaßnahmen können u. a. in diesem Zusammenhang unterschieden werden:

Berufsvorbereitung und Berufsausbildung	
Berufsausbildung into the job	Ausbildung in einem staatlich anerkannten Beruf. Dies ist u. a. im Berufsausbildungsgesetz, der Handwerksordnung oder weiteren Gesetzen bzw. Verordnungen geregelt. Die Ausbildung kann im Dualen System (Berufsschule (Theorie) und Unternehmen (Praxis)) aber auch in einer rein schulischen Ausbildung erfolgen.
Traineeausbildung into the job	0,5- bis 1,5-jährigen systematischer Durchlauf von zumeist Berufseinsteigern nach einem abgeschlossenen Studium mit dem Ziel das Unternehmen, die Prozesse und Aufgaben kennenzulernen aber auch um Potenziale der Nachwuchskraft herauszuarbeiten und für das Unternehmen nutzbar zu machen.
Anlernausbildung into the job	Vorwiegend praktische Unterweisung, ohne theoretische Untersetzung für einfache, zumeist manuelle Tätigkeit mit geringem Anspruchsniveau.
Praktikum into the job, before the job	Auf eine bestimmte zeitliche Dauer angelegter Durchlauf um Kenntnisse aber auch Fertigkeiten und Fähigkeiten in einer Branche, in einem Unternehmen und/oder Arbeitsprozessen und Aufgabenfeldern zu erlangen oder zu vertiefen. Vornehmlich dient das Praktikum der beruflichen Orientierung und Gewinnung neuer Arbeitskräfte.

Quelle: vgl. *Dillerup/Stoi* 2011, S. 526 - 527; *Krause/Krause/Stache* 2016, S. 908 - 912; *Olfert* 2016, S. 137 - 141.

Fort- und Weiterbildung, Umschulung	
Seminare/ Konferenzen off the job	Veranstaltungen mit frontaler Informationsvermittlung und sehr geringer Interaktion mit den Teilnehmern. Vornehmlich genutzt für die Vermittlung von großen Mengen an Informationen.
Workshops off the job	Moderierte fachliche/nicht-fachliche Veranstaltung mit großem Anwendungsbezug für die Teilnehmer. Unter anderem mit der gemeinschaftlichen Entwicklung von Lösungen für Problemstellungen aus dem Teilnehmerkreis. Schaffung von Wissen (Informationen im Anwendungsbezug).
E-Learning off the job, near the job, on the job	Form des Lernens bei dem elektronische oder digitale Medien verwendet werden. Es gibt eine Vielzahl an Formen des E-Learnings, z. B. Blended Learning, Learning Communitys, Virtual Classroom. E-Learning ist nicht auf einen Ort festgelegt, lediglich die technischen Voraussetzungen müssen erfüllt sein.
Coaching off the job, along the job, on the job, near the job	Individuelle aber auch kollektive Beratung über einen längeren Zeitraum hinweg, um bestimmte Zielsetzungen zu erreichen, z. B. Konflikte zu lösen, persönliche Stärken zu entwickeln oder an Schwächen zu arbeiten.
Mentoring off the job, along the job, on the job, near the job	Erfahrene Mitarbeiter (Mentor) unterstützen und fördern neue Mitarbeiter oder Nachwuchskräfte (Mentee) durch die Weitergabe von fachlichen Kenntnissen und Erfahrungswissen. Der Austausch verfolgt auf einer sehr persönlichen Ebene.
Corporate Universities off the job	Unternehmenseigene Bildungseinrichtung mit speziell auf die Bedürfnisse zugeschnittene Angebote.
Lernstatt near the job	Selbstorganisierte Lerngruppen, um Erfahrungen auszutauschen und betriebliche Zusammenhänge besser zu verstehen.
Erlebnispädagogik off the job	Veranstaltungen mit dem vorwiegenden Ziel die sozialen Fähigkeiten zu entwickeln und die Zusammenarbeit bspw. von Teams zu verbessern. Die Veranstaltungen finden vornehmlich außerhalb des Arbeitsumfeldes statt, z. B. als Outdoorevents, Teamtrainings.
Beratungs- und Fördergespräche along the job, near the job	Gespräche um Bedarfe herauszuarbeiten, über die Entwicklungswege und Möglichkeiten zu informieren und diese aktiv zu begleiten.

Quelle: vgl. *Dillerup/Stoi* 2011, S. 526 - 527; *Krause/Krause/Stache* 2016, S. 908 - 912; *Olfert* 2016, S. 137 - 141.

Aufgabenstrukturierung	
Einweisung/ Unterweisung on the job	Mitarbeiter zeigen das neue Aufgabefeld und erklären einzelne Schritte. Der neue Mitarbeiter macht diese unter Anleitung nach und übt diese selbstständig ein.
Job Enlargement on the job	Arbeitserweiterung – horizontale Erweiterung des Aufgabenspektrums mit gleichwertiger Arbeit.
Job Enrichment on the job	Arbeitsbereicherung – vertikale Erweiterung des Aufgabenspektrums mit höherwertigen Aufgaben und mehr Verantwortung.

Aufgabenstrukturierung	
Job Rotation on the job	Arbeitsplatzwechsel – systematischer Tausch des Arbeitsplatzes und damit verbundene Veränderungen der Aufgaben und Verantwortlichkeiten.
Projekte/ Sonderaufgaben near the job, on the job	Zeitlich begrenzte Aufgaben, um fachliche Kenntnisse und soziale Fähigkeiten zu erweitern.
Auslandsentsendung (Expatriate) near the job, on the job	Zeitlich begrenzte Entsendung ins Ausland, um fachliche Kenntnisse bzw. soziale und interkulturelle Fähigkeiten zu fördern.
Qualitätszirkel near the job	Regelmäßig moderierte Gesprächsrunden zur Verbesserung der Prozesse und Produktqualität.
Assistenz near the job, on the job	Zeitlich begrenzte Übernahme von gleichwertigen oder höherwertigen bzw. unterstützenden Aufgaben.
Stellvertretungen near the job, on the job	Vorübergehende, kurzzeitige Übernahme von gleichwertigen oder höherwertigen Aufgaben und den damit verbundenen Befugnissen.

Quelle: vgl. *Dillerup/Stoi* 2011, S. 526 - 527; *Krause/Krause/Stache* 2016, S. 908 - 912; *Olfert* 2016, S. 137 - 141.

Karriereplanung	
horizontale/vertikale Versetzung on the job	Die horizontale Versetzung bewegt sich in einer Hierarchieebene, während die vertikale Versetzung einen beruflichen Auf- oder Abstieg bedeutet. Dies bedingt einen Anstieg höherwertiger Aufgaben und Kompetenzen oder deren Abschmelzung.
innerbetriebliche Stellenausschreibungen on the job	Ausschreibung von freien Stellen über betriebliche Kommunikationswege wie Schwarzes Brett, Intranet usw.
Laufbahnplanung along the job	Planung der beruflichen Entwicklung von Mitarbeitern mit zumeist festgelegten Entwicklungspfaden/beruflichen Stationen.
Nachfolgeplanung along the job	Die Nachfolgeplanung umfasst den zeitlichen, inhaltlichen und kompetenzseitigen Übergabeprozesses von dem scheidenden Stelleninhaber an den neuen Stelleninhaber.
Ruhestandsvorbereitung out the job	Systematische Vorbereitung des Ausscheidens von Mitarbeitern in den Ruhestand (Übergang).
Outplacement out the job	Maßnahmen zur Verringerung der sozialen Härte bei gekündigten Mitarbeitern bei der Suche nach einem neuen Arbeitsplatz.

Quelle: vgl. *Dillerup/Stoi* 2011, S. 526 - 527; *Krause/Krause/Stache* 2016, S. 908 - 912; *Olfert* 2016, S. 137 - 141.

11. Wie können Maßnahmen der Fort- und Weiterbildung bezüglich Aktivität des Unternehmens untergliedert werden?

Maßnahmen der Fortbildung und Weiterbildung		
Unternehmen – intern	Unternehmen – extern	Eigenständig durch Mitarbeiter
► u. a. Seminare, Lehrgänge	► u. a. Seminare, Lehrgänge	► u. a. Seminare
► Workshops	► Konferenzen, Tagungen	► Fernlehrgänge
► Lernstatt	► Messen	► Studium berufsbegleitend
► Qualitätszirkel		► Fachzeitschriften, Fachbücher
► Unterweisungen		
► Printmedien (u. a. Betriebszeitungen, Fachzeitschriften)		
► Onlinemedien (u. a. Intranet, Internet)		
Unternehmen in einer aktiven Rolle.		Aktivität des Mitarbeiters

Quelle: vgl. *Krause/Krause/Stache* 2016, S. 909; *Olfert* 2015, S. 454 - 479.

12. Wie können Maßnahmen der Fort- und Weiterbildung hinsichtlich der Ziel, Inhalte, Dauer und Art gliedert werden?

Maßnahmen der Fort- und Weiterbildung			
Ziel/Inhalt		Dauer/Art	
► Aufstiegsfortbil-dung	► Fachkompetenz	► Vollzeit	► online und/oder offline
► Anpassungsfort-bildung	► Methodenkompe-tenz	► Teilzeit	► mit/ohne Zulassungsvoraus-setzungen
► Erhaltungsfort-bildung	► Sozialkompetenz	► Fernunterricht/-studium	
► Erweiterungs-fortbildung	► ...	► berufsbegleitend	► mit/ohne Zertifikat
► sonstige Weiter-bildung		► berufsintegriert	► mit/ohne Prüfung
► schulischer Abschluss		► ganztags/halbtags	► Kammerprüfung
► beruflicher Abschluss		► Mehrtages	► ...
► ...		► stundenweise	

Quelle: vgl. *Krause/Krause/Stache* 2016, S. 910; *Krause/Krause* 2010, S. 421.

13. Was ist der Unterschied zwischen Feedback, Mitarbeiter- und Zielvereinbarungsgespräch?

In Unternehmen gibt es die unterschiedlichsten Gesprächsarten, im Kontext der Personalentwicklung sind die nachfolgenden eher formellen Gespräche typisch, auch wenn die genaue Differenzierung in der Praxis häufig unzureichend ist:

Mitarbeiter-gespräch	**Entwicklungsorientierte Gesprächsform**, die sich vornehmlich mit den Stärken und Schwächen auseinandersetzt und Potenziale für die Entwicklung ableitet. Diese Gespräche sind häufig formalisiert und werden verschriftlich. Soziales Feedback kann Teil des Gespräches sein.
Zielvereinbarungs-gespräch	**Leistungsorientiere Gesprächsform** mit klarem Fokus auf festgelegte Ziele mit häufig verkoppelten Entgeltzahlungen oder Aufstiegschancen (im Sinne Management by Objectives). Soziales Feedback ist eher nachgelagert.
Feedbackgespräch	Allgemeiner Sammelbegriff für unterschiedlichste Rückmeldungen mit deutlichem Fokus auf dem sozialen Feedback. Leistungsbezogene Elemente können ggf. ebenfalls Bestandteil sein, allerdings immer im Rahmen einer **klaren und wertschätzenden Kommunikation**.

Quelle: vgl. *Götz/Reinhardt* 2017, S. 3 - 4.

Nach *Götz/Reinhardt* ist ein klares und wertschätzendes und damit nützliches Feedback wie folgt gekennzeichnet:

▸ *„Identitätsklarheit: Machen Sie sich bewusst, „als wer" Sie Feedback geben und nutzen Sie die logischen Ebenen als Orientierung für sich und den Gesprächspartner.*

▸ *Konstruktivismus: Menschen sehen (immer) nur einen Teil der Wirklichkeit.*

▸ *Differenzierung: Unterscheiden Sie die Handlungen bzw. das Verhalten einer Person von deren (vermuteten) Absichten oder Urteilen zu „dem Menschen" als Person.*

▸ *Ressourcenorientiert: Stärken Sie die Stärken und weisen Sie auf Potenziale hin, statt auf Fehlern und Schwächen herumzureiten.*

▸ *Geisteshaltung: Ihre Haltung sollte geprägt sein von Respekt und Wohlwollen dem Gesprächspartner gegenüber.*

▸ *Menschenbild: Was und wie denken Sie grundsätzlich über Menschen? Prüfen Sie, inwiefern dies zu klarem und wertschätzendem Feedback passt. Menschen wollen wirken – statt wirkungslos sein. Sehen Sie sich als Ermöglicher für dieses Wirken?*

▸ *Achtsamkeit und Impulskontrolle gehören zur Selbstführung: Gehen Sie innerlich zentriert in jedes Feedbackgespräch.*

▸ *Gutes Feedback ist spezifisch, zukunfts- und potenzialorientiert und offeriert Handlungsmöglichkeiten.*

▸ *Haltung drückt sich aus in Formulierung (verbal), Tonalität (paraverbal) und Körpersprache (nonverbal).*

▸ *Regelmäßiges Mikrofeedback ist besser als (halb-)jährliche und pro forma geführte Mitarbeitergespräche. Entkoppeln Sie beides, falls nötig."*

Quelle: *Götz/Reinhardt* 2017, S. 51.

7.2.5.3 Berufsausbildung

01. Wie gliedert sich das Berufsbildungsgesetz im Hinblick auf die Berufsausbildung?

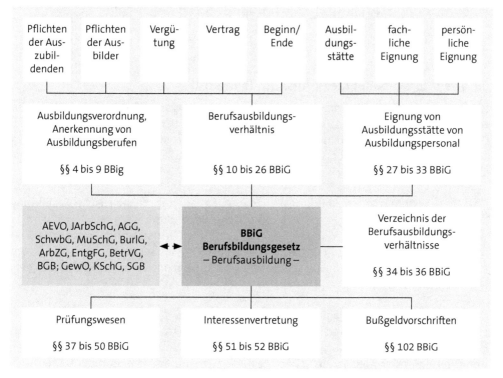

Quelle: in Anlehnung an: *Olfert* 2015, S. 446 (stark erweitert).

02. Welche anderen Gesetze finden Eingang in die Berufsausbildung?

In die Berufsausbildung fließen diverse gesetzliche Bestimmungen ein. Beispielhaft folgende Normierungen:

- ► AEVO   Ausbildereignungsprüfung
- ► HwO   Handwerksordnung
- ► JArbSchG   Jugendarbeitsschutzgesetz
- ► AGG   Allgemeines Gleichstellungsgesetz
- ► SchwbG   Schwerbehindertengesetz
- ► MuSchG   Mutterschutzgesetz
- ► BurlG   Bundesurlaubsgesetz
- ► ArbZG   Arbeitszeitgesetz
- ► EntgFG   Entgeltfortzahlungsgesetz

- ▶ BetrVG   Betriebsverfassungsgesetz
- ▶ BGB   Bürgerliches Gesetzbuch
- ▶ GewO   Gewerbeordnung
- ▶ KSchG   Kündigungsschutzgesetz
- ▶ SGB   Sozialgesetzbuch.

03. Wie und wo findet die Berufsausbildung statt?

Die Berufsausbildung in einem **anerkannten Ausbildungsberuf**, veröffentlicht im Verzeichnis der anerkannten Ausbildungsberufe – gem. § 90 Abs. 3 Nr. 3 BBiG, findet in Deutschland üblicherweise im Rahmen des **Dualen Systems** statt. Das Verzeichnis der anerkannten Ausbildungsberufe umfasst aktuell 325 anerkannte Ausbildungsberufe (Stand 2019).

Das Duale System ist ein **Ausbildungskonzept** und gliedert in die **praktische Ausbildung** (Lernort: Unternehmen) und in die **theoretische Ausbildung** (Lernort: Berufsschule). Vertragliche Grundlage im Dualen System bildet der **Berufsausbildungsvertrag**. Das Duale System sieht eine enge inhaltliche Abstimmung zwischen dem Lernort Unternehmen und dem Lernort Berufsschule vor. Dies kann nicht in jedem Fall umfänglich gewährleistet werden.

Die praktische Ausbildung kann auch in mehreren Unternehmern erfolgen, wenn z. B. relevante Ausbildungsinhalte nicht vollständig in einem Unternehmen abgebildet werden können. Diese Ausbildungsstrukturen können z. B. **Ausbildungsverbünde, Ausbildungsvereine oder Konsortien** sein oder auch zugekaufte Ausbildungsinhalte durch Bildungsdienstleister. Die Inhalte der betrieblichen Ausbildungen werden aus dem **Ausbildungsrahmenplan durch die zeitliche und sachliche Gliederung** abgeleitet. Dagegen orientiert sich die Berufsschule an den **Rahmenlehrplänen**, die durch die jeweiligen Kultusministerien der Bundesländer erlassen werden.

04. Welche Anforderungen den Ausbildungsbetrieb gestellt?

Das Unternehmen muss, gem. § 27 Abs. 1 Nr. 1 BBiG, in der Art und Einrichtung für die Berufsausbildung geeignet sein. Das heißt das Unternehmen muss durch seine Struktur und Ausstattung in der Lage sein, den gewünschten Ausbildungsberuf ausbilden zu können. Zum Beispiel ein Industriekaufmann benötigt neben dem Büro, die passende technische Ausstattung und die erforderliche betriebliche Struktur (wie Einkauf, Marketing, Fibu usw.) für die praktische Vermittlung. Ein Mechatroniker braucht die Werkstatt und passende Werkzeuge aber auch die praktische Tätigkeiten (u. a. Montage und Programmierung), die zum erfolgreichen Abschluss der Ausbildung notwendig sind.

Um die praktische Vermittlung im Unternehmen sicherzustellen, wird der Ausbildungsvertrag um die **zeitliche und sachliche Gliederung** ergänzt. Dies umfasst den Zeitraum und den Bereich/die Abteilung (Ausbildungsplan/Durchlaufplan), die der Auszubildende zu durchlaufen hat, um praktische Fertigkeiten und Fähigkeiten zu erlangen. Können bestimmte praktische Tätigkeiten nicht vermittelt werden, dann besteht u. a. die Möglichkeit einer **Verbundausbildung**, eines **Ausbildungsvereines**, eines **Konsortiums** oder dem Einkauf der notwendigen Ausbildungsaspekte (z. B. bestimmte Grundlagen in Metallverarbeitung, Schweißen) bei regionalen Bildungsträgern. Die Inhalte des Ausbildungsrahmens bilden immer nur **Mindestinhalte** ab und sollten um die unternehmerischen Erfordernisse erweitert werden.

Nach § 27 Abs. 1 Nr. 2 BBiG muss ein **angemessenes Verhältnis von Auszubildenden und beschäftigten Fachkräften** gegeben sein. Dies stellt sich wie folgt dar:

1 bis 2 Fachkräfte	1 Auszubildender
3 bis 5 Fachkräfte	2 Auszubildende
6 bis 8 Fachkräfte	3 Auszubildende
je weitere 3 Fachkräfte	1 Auszubildender.

Eine Über- oder Unterschreitung der Empfehlung ist **möglich**, wenn der Erfolg der Ausbildung gesichert ist. Die Anzahl der Auszubildenden bezieht sich auf **alle** Auszubildenden und nicht auf einen Jahrgang.

05. Welche Anforderungen werden an den Ausbilder gestellt?

Ausbilden darf nach § 28 BBiG nur, wer **persönlich und fachlich geeignet** ist. Die **persönliche Eignung** (§ 29 BBiG) ist u. a. dann nicht gegeben, wenn keine Kinder und Jugendliche beschäftigt werden dürfen oder wiederholt bzw. schwerwiegend gegen das BBiG oder andere Gesetze verstoßen wurde. Die **fachliche Eignung** liegt u. a. bei

► einer abgeschlossenen Berufsausbildung in der entsprechenden Fachrichtung oder

► einem abgeschlossenen Studium in der entsprechenden Fachrichtung

vor. Darüber hinaus sind ebenfalls **berufs- und arbeitspädagogische Fertigkeiten, Kenntnissen und Fähigkeiten**, gemäß § 30 BBiG, nachzuweisen. Die berufs- und arbeitspädagogische Befähigung wird für gewöhnlich über die Prüfung nach der Ausbilder-Eignungsverordnung (AEVO) – kurz AdA-Prüfung – erbracht. Darüber hinaus bestehen diverse Ausnahmeregelungen für die behördliche Ausbildung oder auch für die freien Berufe. Die Ausbilder-Eignungsverordnung setzt **keine** abgeschlossene Berufsausbildung oder abgeschlossenes Studium voraus. Darüber hinaus gibt es **kein** Mindestalter (früher 24 Jahre).

06. Was ist der Unterschied zwischen der Ausbildungsbefähigung und Ausbildungsberechtigung?

Die **Ausbildungsbefähigung** liegt mit Bestehen der Prüfung nach der Ausbilder-Eignungsverordnung vor. Die **Ausbildungsberechtigung** liegt vor bei einer abgeschlossenen Berufsausbildung oder Studium in der entsprechenden Fachrichtung. Ausbildungsbefähigung und Ausbildungsberechtigung ermöglichen erst die **Genehmigung zur Ausbildung** durch die zuständige Kammer (z. B. IHK, HwK).

07. Welche Aufgabe hat der Ausbilder?

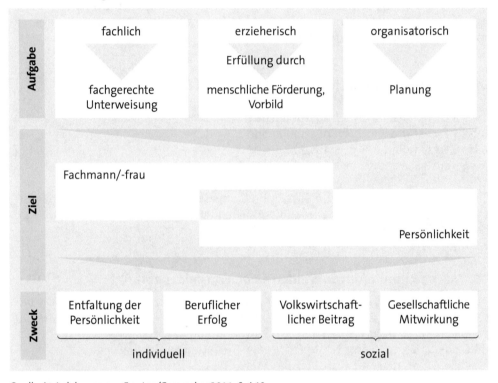

Quelle: in Anlehnung an: *Freytag/Grasmeher* 2011, S. A40.

Der Ausbilder hat die Aufgabe den Auszubildenden in der Fachlichkeit aber auch in der Persönlichkeit zu entwickeln. Dabei bedient er sich unterschiedlichster Methoden und Instrumente, z. B. **Lehrgespräche, Übungen** und **Unterweisungen (Vier-Stufen-Methode, Leittextmethode), Planspiele** oder die Nutzung von Ansätzen aus dem **Coaching** oder **Mentoring**. Neben der persönlichen Entwicklung bedingt der berufliche Erfolg auch einen volkswirtschaftlichen Beitrag, u. a. durch die Zahlung von Sozialversicherungsbeiträgen aber auch durch die Erzeugung von Produktions-, Investitions- oder Konsumgütern. Die persönliche Entwicklung, im Sinne einer Erziehung durch den Ausbilder, mündet gleichermaßen in das gesellschaftliche Miteinander, z. B. im Hinblick auf Wertschätzung, Toleranz, Höflichkeit.

08. Welche Beteiligte und Mitwirkende gibt es in der Berufsausbildung?

- ▸ u. a. Auszubildende
- ▸ Eltern/Vormund des Auszubildenden
- ▸ Agentur für Arbeit/Berufsberater/Ausbildungsberater
- ▸ formaler Ausbilder
- ▸ Ausbilder (hauptberuflich, zeitanteilig)
- ▸ ausbildendes Personal
- ▸ andere Auszubildende
- ▸ Kollegen (ohne Ausbildungsauftrag)
- ▸ Berufsschule/Berufsschullehrer/Mitschüler
- ▸ zuständige Kammer
- ▸ Prüfungskommissionen/Prüfer
- ▸ Gewerkschaft/Betriebsrat/Jugendvertretung
- ▸ Krankenkasse
- ▸ Arzt (u. a. Tauglichkeit).

09. Wie erfolgt die Berufsausbildung im Unternehmen?

Ablauf der Ausbildung	
Planung	Erstellung der zeitlichen und sachlichen Gliederung, gemäß der Anforderung der Kammer und Konkretisierung in die betrieblichen Ausbildungspläne (Durchlaufplan). Diese können um zusätzliche Ausbildungsinhalte ergänzt werden.
Durchführung	Durchlauf durch die Fachabteilung unter Berücksichtigung der didaktischen Parallelität, der Verzahnung von theoretischen und praktischen Ausbildungsinhalten. Laufende Anpassung der Ausbildung an die persönlichen und betrieblichen Erfordernisse durch Überarbeitung der Ausbildungspläne und/oder Einleitung von ergänzenden Maßnahmen (u. a. Nachhilfe, Auslandsaufenthalt).
Kontrolle	Laufendes Feedback an den Auszubilden über die Entwicklungsstände, z. B. durch Feedbackgespräche oder Jahresgespräche, regelmäßige Kontrolle und Besprechung des Ausbildungsnachweisheftes (Berichtsheft). Darüber hinaus umfasst die Prüfung i. d. R. zwei Prüfungstermine (Zwischen- und Abschlussprüfung oder Abschlussprüfung Teil 1 und Teil 2 bei gestreckten Prüfungsverfahren).

Quelle: vgl. *Olfert* 2016, S. 135.

7.2.5.4 Personalfreisetzungen

01. Welche Personalfreisetzungsmaßnahmen gibt es?

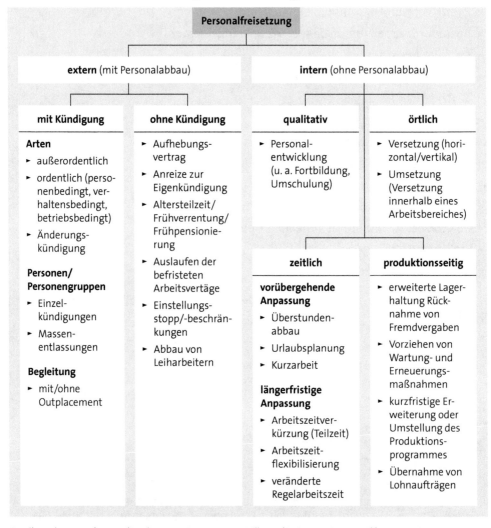

Quelle: vgl. *Krause/Krause/Stache* 2016, S. 869 - 871; *Dillerup/Stoi* 2011, S. 530; *Olfert* 2008, S. 421 - 454; *Olfert* 2016, S. 119 - 123; *Holtbrügge* 2015, S. 155 - 156.

02. Wie können Arbeitsverhältnisse beendet werden?

- Kündigung (durch Arbeitnehmer/durch Arbeitgeber)
- Aufhebungsvertrag
- Zeitablauf (Befristung, Berentung/Pension)
- Zweckerreichung (z. B. Projektabschluss)
- lösende Aussperrung (Aussperrung von Arbeitnehmern durch den Arbeitgeber in Streiksituationen)
- Eintritt einer auflösenden Bedingung (z. B. der Trainer eines Fußballvereins vereinbart, dass der Arbeitsvertrag endet, sofern die Mannschaft aus der zweiten Liga absteigt)
- Nichtigkeit bzw. Anfechtung des Arbeitsvertrages
- Lossagung von einem faktischen Arbeitsverhältnis (Arbeitnehmer hat mit einem fehlerhaften Arbeitsvertrag die Arbeit bereits aufgenommen, dadurch entsteht ein faktisches Arbeitsverhältnis, beide Parteien können sich hiervon lossagen)
- Auflösung durch das Arbeitsgericht
- Verweigerung der Fortsetzung des Arbeitsverhältnisses durch den Arbeitnehmer nach Feststellung der Unwirksamkeit der Kündigung durch das Arbeitsgericht (§ 16 KSchG)
- Verpflichtung als Berufssoldat (Eignungsübungsgesetz)
- Tod des Arbeitnehmers.

03. Was ist eine Kündigung?

Eine Kündigung ist eine **einseitige Willenserklärung** mit dem Ziel ein bestehendes **Dauerschuldverhältnis (Arbeitsvertrag)** zu beenden. Die Kündigung aber auch der Aufhebungsvertrag bedarf nach § 623 BGB der **Schriftform**. Die elektronische Form ist ausgeschlossen.

04. Welche Gründe müssen für eine sozial gerechtfertigte Kündigung vorliegen?

Die Gründe für eine Kündigung müssen immer im Einzelfall geprüft werden.

Beispiele

Gründe für eine sozial gerechtfertigte Kündigung		
personenbedingte	**verhaltensbedingte**	**betriebsbedingte**
► Mängel in der fachlichen/ charakterlichen Eignung ► fehlende Arbeitserlaubnis ► unter bestimmten Voraussetzungen: Krankheit, Drogensucht, Alkoholabhängigkeit ► Arbeitsverhinderung wegen Haft ► Exmatrikulation einer studentischen Hilfskraft ► Führerscheinverlust bei Kraftfahrern	► unentschuldigtes Fehlen ► unbefugtes Verlassen des Arbeitsplatzes ► unerlaubte Selbstbeurlaubung ► Urlaubsüberschreitung ► Störung des Betriebsfriedens ► Nichteinhaltung des Alkohol-/Rauchverbotes ► Arbeitsverweigerung ► längerfristige Schlechtleistung ► Verstöße gegen die Treuepflicht oder Verschwiegenheit ► wiederholte Abmahnung für einen Sachverhalt, z. B. bei Unpünktlichkeit, private Internetnutzung ► ggf. Diebstahl, Unterschlagung, Arbeitszeitbetrug, angekündigtes Krankfeiern, Tätlichkeiten (auch fristlose Kündigung möglich)	**innerbetriebliche Gründe** ► Rationalisierungsmaßnahmen ► fehlende Rentabilität ► Stilllegung eines Unternehmensbereiches ► Gewinnrückgang ► Einführung neuer Technologien **außerbetriebliche Gründe** ► Absatzproblem ► Umsatzrückgang ► Rohstoffknappheit ► Wegfall von Förderung

Quelle: vgl. *Krause/Krause* 2010, S. 195; *Krause/Krause/Stache* 2016, S. 1022 - 1023; *Olfert* 2008, S. 438 - 441.

05. Wo werden die Kündigungsfristen von Arbeitsverhältnissen geregelt?

Bestehen keine besonderen gesetzlichen Bestimmungen, z. B. für besonders schutzbedürftige Personen wie Schwangere, Schwerbehinderte, Auszubildende (**besonderer Kündigungsschutz**), dann greift der § 622 BGB (**allgemeiner Kündigungsschutz**).

06. Welche Personengruppen genießen einen besonderen Kündigungsschutz?

Beispiele

- Behinderte Menschen
- Vertrauensleute von schwerbehinderten Menschen
- Schwangere und junge Mütter
- Auszubildende
- Betriebsräte und Jugend-/Auszubildendenvertretung.

07. Ab wann gilt das Kündigungsschutzgesetz (KSchG)?

Das Kündigungsschutzgesetz findet nach der Änderung des § 23 KSchG zum 01.01.2004 in Unternehmen mit **mehr als zehn vollzeitbeschäftigten Arbeitnehmern** exklusive der Auszubildenden (Kleinbetriebsgrenze) Anwendung. Bis zum 31.12.2013 galt ein Schwellenwert von mehr als 5 Arbeitnehmern. Für Unternehmen innerhalb der Bandbreite der gesetzlichen Änderungen (mehr als 5 AN versus mehr als 10 AN) gelten gesonderte Übergangsregelungen nach § 23 KSchG.

08. Was ist ein Kündigungseinspruch und welche Frist gilt hierfür?

In Unternehmen mit Betriebsrat muss der Arbeitnehmer, gemäß § 3 KSchG, innerhalb von **einer Woche** nach der Kündigung seinen Einspruch beim Betriebsrat einreichen. Bei begründetem Einspruch versucht der Betriebsrat zwischen Arbeitnehmer und Arbeitgeber zu vermitteln.

09. Was ist eine Kündigungsschutzklage und welche Frist gilt es zu beachten?

Die Kündigungsschutzklage, gem. § 4 KSchG, muss innerhalb von **drei Wochen** beim zuständigen Arbeitsgericht durch den Arbeitnehmer eingereicht werden. Dabei macht der Arbeitnehmer geltend, dass die „Kündigung sozial ungerechtfertigt oder aus anderen Gründen rechtsunwirksam" ist. In besonderen Fällen ist eine verspätete Klage (über die drei Wochen hinaus) nach § 5 KSchG möglich. Die Kündigungsschutzklage kann von Arbeitnehmern, gem. § 1 Abs. 1 KSchG, eingereicht werden, die **mehr als 6 Monaten** im Unternehmer beschäftigt sind.

10. Was ist ein Aufhebungsvertrag?

Ein Aufhebungsvertrag ist eine **zweiseitige, inhaltlich frei gestaltbare, schuldrechtliche Willenserklärung** zur Beendigung eines Dauerschuldverhältnisses (Arbeitsvertrag). Dabei werden die Bedingungen der Vertragslösung festgehalten. Kündigungsfristen oder mögliche Anhörungen des Betriebsrates finden hier keine Beachtung. Für Arbeitnehmer kann ein Aufhebungsvertrag, ohne wichtigen Grund (u. a. gesundheitliche Gründe, Pflege von Angehörigen, psychischer Druck/Mobbing), im Falle von Arbeitslosigkeit zu Sperrfristen führen (§§ 158, 159 SGB III).

11. Was ist eine Änderungskündigung?

Eine Änderungskündigung liegt vor, wenn **ein Beschäftigungsverhältnis gekündigt** und **gleichzeitig die Fortsetzung des Beschäftigungsverhältnisses zu geänderten Bedingungen angeboten wird** (hierzu auch § 2 KSchG). Hintergrund ist die Einschränkung, dass der Arbeitgeber nicht einzelne Teile eines Arbeitsvertrages kündigen kann. Teilkündigungen sind von Rechtswegen unzulässig. Auch kann eine Änderungskündigung nur ausgesprochen werden, wenn andere Möglichkeiten wie etwa Weisungen oder einvernehmlich geschlossene Änderungsvereinbarungen (Ergänzung zum bestehenden Arbeitsvertrag) ausgeschöpft sind. Nimmt der Arbeitnehmer die Änderungskündigung nicht an, dann mündet dies in eine Beendigung des Beschäftigungsverhältnisses.

12. Was sind Massenentlassungen?

Das Unternehmen ist verpflichtet bei der Kündigung **einer bestimmten Anzahl an Mitarbeiter innerhalb eines festgelegten Zeitraumes** (30 Kalendertage), diese bei der Agentur für Arbeit nach § 17 KSchG anzuzeigen. Darüber hinaus ist der Betriebsrat mit in die Planungen einzubeziehen. Folgende Staffelungen von Betriebsgröße und Anzahl der Kündigungen gilt hierbei:

> 20 Arbeiternehmer bis <60 Arbeitnehmer	mehr als 5 Arbeitnehmer
> 60 Arbeitnehmer bis <500 Arbeitnehmer	mehr als 25 Arbeitnehmer oder 10 Prozent der regelmäßig beschäftigten Arbeitnehmer
≥ 500 Arbeitnehmer	mindestens 30 Arbeitnehmer

13. Welche Mitbestimmungsrechte hat der Betriebsrat?

In Unternehmen mit Betriebsrat gibt es u. a. folgende Mitbestimmungsrechte:

Beteiligungsrechte beim Personalabbau			
indirekte Maßnahmen		**direkte Maßnahmen**	
Versetzung	Zustimmung, Vetorecht u. a. §§ 95, 99, 103 BetrVG	ordentliche Kündigung	Anhörung § 102 BetrVG

Beteiligungsrechte beim Personalabbau			
indirekte Maßnahmen		**direkte Maßnahmen**	
Veränderung der Arbeitszeit Urlaubsgrundsätze	Mitbestimmung u. a. § 87 BetrVG	außerordentliche Kündigung von Betriebsratsmitgliedern	Zustimmung § 103 BetrVG
Produktionsplanung/ Unternehmensplanung	Mitwirkung u. a. §§ 92, 106 BetrVG	Auswahlrichtlinien u. a. bei Einstellung, Versetzung, Umgruppierung und Kündigung	Zustimmung u. a. § 95 BetrVG

Quelle: vgl. *Krause/Krause* 2010, S. 197.

Nach § 102 Abs. 1 BetrVG ist jede Kündigung unwirksam, bei der nicht der Betriebsrat (wenn vorhanden) angehört wurde. Bestehen von Seiten des Betriebsrates Bedenken, dann müssen diese innerhalb **einer Woche** schriftlich angezeigt werden. Im Fall von außerordentlichen Kündigungen liegt diese Frist bei **drei Kalendertagen**. Darüber hinaus bestehen nach dem Betriebsverfassungsgesetz und anderen Gesetzen diverse Möglichkeiten der Mitwirkung, Zustimmung oder Information für den Betriebsrat.

14. Was ist Outplacement?

Outplacement, auch Newplacement, bezeichnet die **begleitete Trennung** des Unternehmens von einem oder mehreren Mitarbeitern (**Individual/Gruppen-Outplacement**). Individual-Outplacements werden auch als Einzeloutplacements oder Executive Placements bezeichnet. Dabei trägt das Unternehmen die Kosten für die professionelle Beratung und Unterstützung auf der Suche nach einem neuen Beschäftigungsverhältnis. Beispielhaft können folgende Dienstleistungen hier einfließen:

- Psychologische Beratung
- Potenzialanalysen/Persönlichkeitstests/Machbarkeitsanalyse
- Coaching
- Qualifikationsprogramme
- Beratung für die Bewerbungen und Bewerbungsgespräche
- Unterstützung bei der Stellensuche.

Diese kann durch **interne** oder **externe Dienstleister** erbracht werden. Für die Unternehmen kommen hierbei **soziale** aber auch **wirtschaftliche Motive** zum Tragen.

Soziale Motive
Das Unternehmen kommt seiner sozialen Verantwortung nach, da die Freisetzung für die Betroffenen und deren Umfeld eine enorme psychische Belastung darstellt.

Wirtschaftliche Motive
Für die Unternehmen liegen die Vorteile des Outplacement u. a. in der Vermeidung von arbeitsrechtlichen Streitigkeiten, Reduktion von Vertragslaufzeiten und Korrekturpo-

tenziale für die Organisation bei Personalüberhängen oder Fehlbesetzungen, Vermeidung vom Imageschäden oder Rufschädigung durch ehemalige Arbeitnehmer.

15. Was ist mit Beendigung des Arbeitsverhältnisses dem Arbeitnehmer auszuhändigen oder ggf. zu gewähren?

- ➤ Aushändigen der Arbeitspapiere: u. a. Urlaubsbescheinigung, Bescheinigung für die Krankenkasse, Lohnsteuerbescheinigung, Meldungen an den Rentenversicherungsträger, SV-Ausweis
- ➤ Erstellung eines Arbeitszeugnisses: einfaches Zeugnis (Arbeitsbescheinigung) oder qualifiziertes Zeugnis (§ 630 BGB, § 16 BBiG)
- ➤ Zeit zur Wahrnehmung von Stellengesuchen (§ 629 BGB)
- ➤ Gewährung oder Abgeltung des restlichen Jahresurlaubes (§ 7 BUrlG).

7.2.5.5 Personaleinsatz

01. Welches Ziel verfolgt die Personaleinsatzplanung?

Die Personaleinsatzplanung verfolgt die Zielsetzung die verfügbaren Personalkapazitäten an den Arbeitsanfall anzupassen. Dabei findet sowohl ein quantitativer (ist genügend Personal nach Köpfen verfügbar?), als auch ein qualitativer (ist genügend Personal mit der richtigen Qualifikation vorhanden?) Abgleich zum Personalbestand statt. Die Personaleinsatzplanung versucht Abweichungen (Arbeitsanfall-Personalbestand) durch geeignete Maßnahmen und Instrumente zu kompensieren. Dabei können folgende zeitliche Perspektiven unterschieden werden:

Perspektiven der Personaleinsatzplanung		
kurzfristig	**mittelfristig**	**langfristig**
kurzfristige Zuordnung	grundsätzliche Zuordnung über einen längeren Zeitraum	langfristige Anpassung
Mitarbeiter <> Arbeitsplatz (quantitativ, qualitativ)	Mitarbeiter <> Arbeitsplatz (quantitativ, qualitativ)	Mitarbeiter an Arbeitsplatz Arbeitsplatz an Mitarbeiter

Quelle: in Anlehnung an: *Krause/Krause* 2010, S. 366.

Die Perspektiven werden dabei von den internen und externen Bedingungen gerahmt. Zu den internen Bedingungen zählen u. a. Betriebsvereinbarungen, Mitsprecheregelung des Betriebsrates, vertragliche Regelungen. Externe Bedingungen ergeben sich aus den gesetzlichen Bestimmungen (u. a. Arbeitsschutzgesetze wie ArbZG,) oder tariflichen Regelungen (u. a. Mantel-, Rahmen-, Flächen-, Verbands-, Branchentarifvertrag).

Darüber hinaus fließen die individuellen Positionen/Haltungen der Mitarbeiter (u. a. bedingt durch Familie, Werte, Neigungen, Eignung, Gesundheit) in die Personaleinsatzplanung mit ein. Dadurch werden u. a. Über- bzw. Unterforderungen (siehe auch: Anforderungsprofil) vermieden.

02. Welche Maßnahmen und Instrumente können für die Planung des Personaleinsatzes genutzt werden?

Die Maßnahmen und Instrumente, im Sinne der Personaleinsatzplanung, sind punktuell deckungsgleich mit den Maßnahmen der Personalfreisetzungs- bzw. Personalentwicklungsplanung.

Beispiele

- ▶ Überstundenauf- bzw. Überstundenabbau
- ▶ Kurzarbeit
- ▶ Versetzung
- ▶ befristete/unbefristete Einstellungen
- ▶ Personalleasing/Arbeitnehmerüberlassung
- ▶ Arbeitsplatzgestaltung (Ergonomie)
- ▶ Arbeitsstrukturierung (Job Rotation, Job Enrichment, Job Enlargement, Teilautonome Gruppen)
- ▶ Arbeitszeitmodelle.

03. Welche Arbeitszeitmodelle gibt es?

- ▶ u. a. reguläre Arbeitszeit
- ▶ Kurzarbeit
- ▶ Teilzeitansätze
- ▶ Gleitzeitmodelle
- ▶ Schichtarbeitsmodelle
- ▶ rollierende Arbeitszeitmodelle
- ▶ kapazitätsorientierte variable Arbeitszeitmodelle
- ▶ Sabbatical/Langzeiturlaub

- Jahresarbeitszeit

- Job Sharing

- Telearbeit/Heimarbeitsplätze/mobile Arbeitsplätze. Es gelten hierbei unterschiedliche Anforderungen an die Ausstattung. Siehe: BG, Home-Office Regelungen, Datenschutz

- Altersteilzeit/Ansparmodelle von Arbeitszeit.

7.2.6 Evaluierung und Personalcontrolling

7.2.6.1 Evaluierung in der Personalentwicklung

01. Was versteht man unter Evaluierung in der Personalentwicklung?

Die Evaluierung oder Evaluation ist die sach- und fachgerechte Bewertung der Personalentwicklungsmaßnahmen. Dabei folgt die Evaluierung für gewöhnlich folgender Systematik:

1. Analyse der Ist-Situation
2. Festlegung von Zielen (Soll-/Planwert)
3. Vergleich von Soll/Plan- und Ist-Werten (Abweichungsanalyse)
4. Ursachenanalyse
5. Ableitung von (Gegen)Maßnahmen
6. Wirkungskontrolle der durchgeführten Maßnahmen.

Parallelen zum betrieblichen Planungsprozess (Controlling) sind dabei unverkennbar. Im Gegensatz zur reinen monetären Analyse setzt sich die Evaluierung z. B. in der Personalentwicklung vornehmlich mit dem Lerntransfer (in die Praxis) auseinander. Folgende Schlüsselfragen sind dabei abzuklären:

1. Was sollte gelernt werden? (Evaluierung des Lernzieles)
2. Was wurde tatsächlich gelernt? (Evaluierung der Lernprozesse/-methoden)
3. Was wurde davon behalten? (Evaluierung des Lernerfolges)
4. Was wurde davon in die Praxis umgesetzt? (Evaluierung des Anwendungserfolges)
5. In welchem Verhältnis stehen Aufwand und Nutzen zueinander? (Evaluierung des ökonomischen Erfolges).

Einschränkend muss darauf verwiesen werden, dass die betriebswirtschaftliche Betrachtung durchaus im Gegensatz zu anderen Evaluierungsansätzen, z. B. aus dem pädagogischen Bereich, steht.

02. Wie können Personalentwicklungsmaßnahmen evaluiert werden?

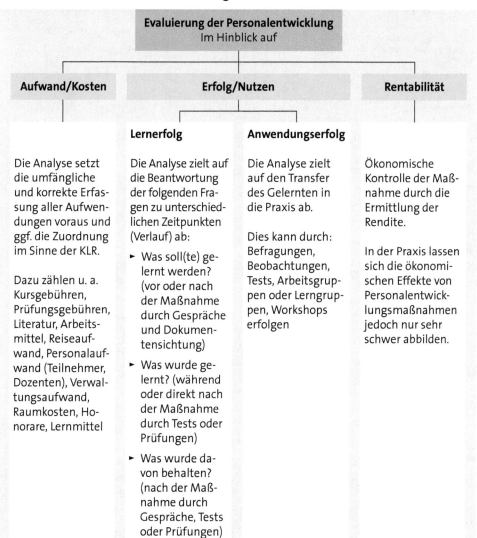

Quelle: in Anlehnung an: *Krause/Krause/Stache* 2016, S. 918 - 921; *Olfert* 2016, S. 145 - 148.

03. Wie kann die Rentabilität der Personalentwicklungsmaßnahme ermittelt werden?

$$\text{Rentabilität} = \frac{\text{Wert der Maßnahme - entstandene Kosten}}{\text{entstandene Kosten}} \cdot 100$$

Beispiel

Personalentwicklungsmaßnahmen zur Verbesserung der Produktqualität

Wert der Personalentwicklungsmaßnahmen

Reklamationskosten *vor* der Maßnahme	175.000 €
Reklamationskosten *nach* der Maßnahme	50.000 €
	125.000 €

Entstandene Kosten

Kursgebühr	20.000 €
Reisekosten	10.000 €
Arbeitsausfall	15.000 €
Verwaltungskosten	5.000 €
	50.000 €

$$\text{Rentabilität} = \frac{125.000 \, € - 50.000 \, €}{50.000 \, €} \cdot 100$$

Rentabilität = 150 %

In diesem stark vereinfachten Beispiel würde die Rentabilität bei 150 % liegen. Das heißt die getroffenen Personalentwicklungsmaßnahmen haben sich für das Unternehmen gelohnt. Die Reklamationen sind im Verlauf der Maßnahmen signifikant gesunken. Dennoch ist der Nachweis zwischen umgesetzten Personalentwicklungsmaßnahmen und deren betriebswirtschaftlichen Auswirkungen recht schwierig nachzuweisen und vorzuhalten. Vielfach sind die Auswirkungen nicht ermittelbar oder die Kosten nicht korrekt zugeordnet.

7.2.6.2 Personalcontrolling

01. Welche Ziele und Aufgaben hat das Personalcontrolling?

Das Personalcontrolling bildet die Schnittmenge zwischen den Funktionsbereichen **Personalmanagement** und **Controlling**. Es dient der Erreichung, Überwachung und Steuerung von personalpolitischen Zielsetzungen bzw. den daraus resultierenden Maßnahmen. Dabei betrachtet das Personalcontrolling, als spezialisierte Controllingform, vornehmlich die **Gesamtbelegschaft** oder **Gruppen von Mitarbeitern**. Gruppierungen können z. B. Werke, Sparten, Bereiche, Abteilungen oder Teams sein. Vornehmlich bedient sich das Personalcontrolling der **Soll-Ist-Analyse** und diversen **personalwirtschaftlichen Kennzahlen**. Diese **betriebswirtschaftliche, quantitative Prägung** (u. a. Kosten, Kapazitäten) wird u. a. durch **qualitative Datenlagen** ergänzt. Dazu zählen u. a. Befragungen zur Mitarbeiterzufriedenheit, zum Betriebsklima oder Ermittlung von Verbesserungs- oder Innovationspotenzialen. Die Hauptaufgabe des Personalcontrollings ist dabei die **Steuerung und Sicherung der unternehmerischen Wertschöpfung** durch abgeleitete Aufgaben nach dem Management-Regelkreis:

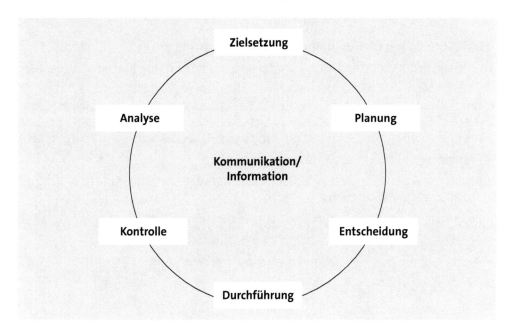

02. Welche Adressatenkreise gibt es?

Das Personalcontrolling hat interne und externe Adressaten:

Interne Adressaten	Externe Adressaten
▸ Geschäftsführung/Vorstand	▸ Statistische Ämter
▸ Aufsichtsrat	▸ Berufsgenossenschaft
▸ Führungskräfte	▸ Sozialversicherungsträger
▸ Mitarbeiter	▸ Verbände/Kammern
▸ Betriebsrat	▸ Lieferanten
	▸ Kunden

Quelle: vgl. *Lisges/Schübbe* 2005, S. 84 - 88; *Krause/Krause* 2010, S. 371; *Holtbrügge* 2015, S. 276 - 278.

03. Wie ist Controlling und Kontrolle abzugrenzen?

Der Begriff Controlling stammt aus dem Englischen von to control – kontrollieren, lenken, steuern, prüfen. Im Gegensatz zur Kontrolle, also die retrograde/vergangenheitsorientierte, statistische Betrachtung, wird das Controlling als Steuerungsfunktion und als Führungs- und Informationssystem verstanden. Die Steuerungsfunktion spiegelt sich u. a. stark in den Planungs- und Koordinierungsprozessen im Unternehmen wider, aber auch in den daraus erwachsenen Kontrollaufgaben. Das Controlling kann über eine operative (kurzfristig, Aufwand und Nutzen) und eine strategische (langfristig, Chancen und Risiken) Perspektive verfügen.

04. Welche Daten fließen in das Personalcontrolling ein?

Das Personalcontrolling bedient sich unterschiedlichsten Datenquellen und analysiert diese. Dazu zählen u. a.:

► Personalstatistiken, hier Mengendaten (z. B. Personalbestand, Zu-/Abgänge), Strukturdaten (z. B. Arbeiter, Angestellte, männlich, weiblich, Alter), Bewegungs-/Ereignisdaten (u. a. Krankenstand, Fluktuation, Versetzung, Urlaub, Arbeits- und Pausenzeiten)

► Kostendaten der Entgeltabrechnung

► qualitative Daten (u. a. aus Befragungen, qualitativer Personalbestand (z. B. Bildungsabschlüsse, Qualifikationen))

► Produktionsdaten (z. B. Produktionsmengen, Ausschussquoten)

► Absatz- und Umsatzdaten (z. B. Umsatzerlöse, Absatzmengen)

► sonstige Daten (z. B. Benchmarks, Daten der statischen Ämter).

Quelle: vgl. *Wunderer/Jaritz* 1999, S. 188 - 217; *Krause/Krause* 2010, S. 374.

05. Welche Kennzahlen nutzt u. a. das Personalcontrolling?

Beispielhaft einige Kennzahlen:

► Personalkosten

$$\text{Personalkosten (Angestellte) in \%} = \frac{\text{Personalkosten Angestellte}}{\text{Personalkosten gesamt}} \cdot 100$$

$$\text{Personalkosten vom Umsatz in \%} = \frac{\text{Personalkosten}}{\text{Umsatz}} \cdot 100$$

► Personalbestand

$$\text{durchschnittlicher Personalbestand pro Jahr} = \frac{\text{Summe der Monatsendbestände Januar bis Dezember}}{12} \cdot 100$$

$$\text{Fluktuationsquote in \%} = \frac{\text{Zahl der Personalabgänge}}{\text{durchschnittlicher Personalbestand}} \cdot 100$$

► Kennzahlen der Arbeitszeit

$$\text{effektive Arbeitszeit in \%} = \frac{\text{Istarbeitszeit}}{\text{Sollarbeitszeit}} \cdot 100$$

$$\text{Krankenquote in \% pro Periode} = \frac{\text{Anzahl der erkrankten Mitarbeiter}}{\text{durchschnittlicher Personalbestand (pro Periode)}} \cdot 100$$

► Kennzahlen der Personalbeschaffung

$$\text{Einstellungsquote in \%} = \frac{\text{Anzahl der Einstellungen}}{\text{Anzahl der Bewerbungen}} \cdot 100$$

$$\text{Quote der Personalbedarfsdeckung} = \frac{\text{Gedeckter Bedarf (Stellenanzahl)}}{\text{Geplanter Bedarf (Stellenanzahl)}} \cdot 100$$

► Kennzahlen der Personalentwicklung

$$\text{durchschnittliche Anzahl der Weiterbildung pro Jahr/Mitarbeiter} = \frac{\text{Anzahl der Weiterbildungstage gesamt}}{\text{durchschnittliche Anzahl der Mitarbeiter pro Jahr}}$$

$$\text{Rendite eines Bildungsprojekts in \%} = \frac{\text{Wert des Projektes in € - Kosten des Projektes in €}}{\text{Kosten des Projekts in €}} \cdot 100$$

Quelle: *Krause/Krause* 2010, S. 374 - 378; vgl. *Holtbrügge* 2015, S. 270 - 271, *Wunderer/Jaritz* 1999, S. 104.

7.2.7 Arbeits- und Gesundheitsschutz

01. Was versteht man unter Arbeitsschutz?

Unter Arbeitsschutz versteht man **im Allgemeinen** den zumeist gesetzlichen Schutz von Arbeitnehmern gegenüber Gefahren, die aus der beruflichen Tätigkeit erwachsen können. Dieser lässt sich in Deutschland in die Unfallverhütung, den Gesundheitsschutz und den sozialen Arbeitsschutz untergliedern.

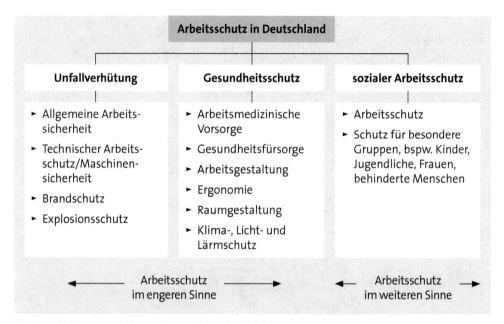

Quelle: in Anlehnung an: *Krause/Krause/Stache* 2016, S. 1040.

Zahlreiche Arbeitsschutzvorschriften in Form von Gesetzen, Verordnungen, Unfallverhütungsvorschriften oder Regeln, Richtlinien, Normenwerke und berufsgenossenschaftliche Grundsätze regeln hierbei den Arbeitsschutz, ausgehend von dem wesentlichen Grundrecht auf „Leben und körperliche Unversehrtheit", gemäß Artikel 2 GG. Die Vorschriften folgen dabei dem Rangprinzip und bauen aufeinander auf. Diese können ggf. durch betriebliche Verordnungen, Handhabungshinweise von Lieferanten, Herstellern, Informationen von Branchenverbänden, Kammern bis hin zu individualrechtlichen Vereinbarungen oder aber Wertevorstellungen (u. a. Work-Life-Balance, familienfreundliche Unternehmen) ergänzt und erweitert werden. Die Normierungen sind hierbei immer als Mindeststandard zu verstehen.

Arbeitsschutz (allgemein, technischer Arbeitsschutz) **im engeren Sinne** ist die Sicherheit und der Gesundheitsschutz von Arbeitnehmern. Dabei muss jedes Unternehmen ermitteln (u. a. Arbeitsplatz-/Ergonomieanalyse, Gefährdungsbeurteilung), inwieweit die Sicherheit und Gesundheit der Arbeitnehmer am Arbeitsplatz gefährdet ist und welche Maßnahmen zur Vermeidung ergriffen werden müssen. Diese ergeben sich u. a. aus dem Arbeitsschutzgesetz (ArbSchG), Arbeitssicherheitsgesetz (ArbSichG), der Arbeitsstättenverordung (ArbStättVO), Bildschirmarbeitsverordnung (BildscharbV), dem Sozialgesetzbuch (SGB) oder den Vorschriften der Berufsgenossenschaften (DGUV Vorschriften, UVV).

Im weiteren Sinne umfasst der Arbeitsschutz (sozialer Arbeitsschutz) auch alle Schutzrechte von Arbeitnehmern wie z. B. Kündigungsschutzgesetz (KSchG), Arbeitszeitgesetz (ArbZG), Entgeltfortzahlungsgesetz (EntgeltFZG), Bundesurlaubsgesetz (BUrlG), Gewerbeordnung (GewO) usw. Innerhalb dieser Normen, die dem Arbeitgeber öffentlich-rechtliche Pflichten auferlegen, gibt es spezielle Schutzvorschriften für besonders schutzbedürftige Arbeitnehmergruppen wie z. B. Jugendarbeitsschutzgesetz (JArbSchG),

Berufsbildungsgesetz (BBiG), Mutterschutzgesetz (MuSchG) oder das Schwerbehindertengesetz (SchwbG).

02. Welche Schwerpunkte hat der Arbeitsschutz?

- ► Unfallverhütung
- ► Vermeidung von Berufskrankheiten
- ► Verhütung von gesundheitlichen Gefährdungen
- ► Sicherstellung der Ersten Hilfe.

03. Was sind schutzbedürftige Gruppen?

Als schutzbedürftige Gruppen sind die Personengruppen zu verstehen, die aus Sicht des Gesetzgebers im besonderen Maße geschützt werden müssen. Dazu zählen u. a.:

- ► Kinder und Jugendliche (Jugendschutzgesetz)
- ► behinderte Menschen (SGB IX)
- ► Schwangere und junge Mütter (Mutterschutzgesetz)
- ► Auszubildende (Berufsbildungsgesetz)
- ► Betriebsräte und Jugend-/Auszubildendenvertretung (Betriebsverfassungsgesetz).

04. Welche Einrichtungen überwachen den Arbeitsschutz in Deutschland?

Die Überwachung der Einhaltung der Arbeitsschutzvorschriften erfolgt vornehmlich durch die Aufsichtsbehörden der jeweiligen Bundesländer. Aufgrund des Föderalismus sind Amtsbezeichnungen, Aufgabenverteilung und strukturelle An- und Einbindung zwischen den Bundesländern nicht immer zwingend vergleichbar. Beispielhaft seien hier gängige Bezeichnung von Aufsichtsorganen benannt: Gewerbeaufsichtsamt, Amt für Arbeitsschutz, Landesamt für Arbeitsschutz und Sicherheit aber auch die Berufsgenossenschaft, Unfallkasse des Bundes (Bund, Bundesbehörden) und Unfallkassen (öffentlicher Dienst). In Deutschland ist das Arbeitsschutzsystem dual (Dualismus) aufgebaut. Die Gewerbeaufsichtsämter, u. a. der Länder, überwachen hierbei die Normierungen. Die Berufsgenossenschaften überwacht dagegen die berufsgenossenschaftlichen Vorschriften wie z. B. die Unfallverhütungsvorschriften (UVV).

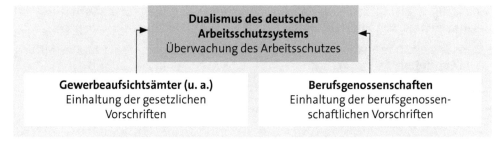

Quelle: in Anlehnung an: *Krause/Krause/Stache* 2016, S. 1057.

05. Was ist eine Berufsgenossenschaft?

Die Berufsgenossenschaften sind die Träger der gesetzlichen Unfallversicherung und damit Sozialversicherungsträger. Diese sind gem. § 29 SGB IV Körperschaften des öffentlichen Rechts mit Selbstverwaltung und damit mitgliederorganisiert. Das heißt die Unternehmen der jeweiligen Branchen sind Mitglieder. Dabei ist die Mitgliedschaft eine „Zwangsmitgliedschaft" für jedes Unternehmen. Die gewerblichen Berufsgenossenschaften gelten für die Privatwirtschaft und deren Beschäftigte und sind nach Branchen gegliedert. Zusätzlich gibt es noch eine Landwirtschaftliche Berufsgenossenschaft, die dem Regionalprinzip folgt sowie Berufsgenossenschaft für staatliche Unternehmen (Unfallkasse). Weitere Unfallversicherungsträger, u. a. für die Landwirtschaft, Forsten und Gartenbau; öffentlichen Dienst bzw. Landesunfallkassen.

06. Welche gewerbliche Berufsgenossenschaften gibt es?

Folgende neun gewerbliche Berufsgenossenschaften gibt es:

- ► Berufsgenossenschaft der Bauwirtschaft (BG BAU)
- ► Berufsgenossenschaft Handel und Warenlogistik (BGHW)
- ► Berufsgenossenschaft Energie Textil Elektro Medienerzeugnisse (BG ETEM)
- ► Verwaltungs-Berufsgenossenschaft - Berufsgenossenschaft der Banken, Versicherungen, Verwaltungen, freien Berufe, besonderen Unternehmen, Unternehmen der keramischen und Glas-Industrie sowie Unternehmen der Straßen-, U-Bahnen und Eisenbahnen (VBG)
- ► Berufsgenossenschaft Rohstoffe und Chemische Industrie (BG RCI)
- ► Berufsgenossenschaft für Transport und Verkehrswirtschaft (BG Verkehr)
- ► Berufsgenossenschaft Nahrungsmittel und Gastgewerbe (BGN)
- ► Berufsgenossenschaft Holz und Metall (BGHM)
- ► Berufsgenossenschaft für Gesundheitsdienst und Wohlfahrtspflege (BGW).

07. Welche Aufgaben hat die Berufsgenossenschaft?

Der Berufsgenossenschaft fallen folgende Aufgaben zu:

- ► Träger der Unfallversicherung für Berufsunfälle und Berufskrankheiten
- ► Aufstellung, Herausgabe und Überwachung der Vorschriften für die Verhütung von Berufsunfällen (Unfallverhütungsvorschriften (UVV)) und Berufskrankheiten
- ► Beratung und Information von Arbeitgebern und Arbeitnehmer zur Unfallverhütung und Prävention
- ► Anordnung von Zwangsmaßnahmen durch technische Aufsichtsbeamte
- ► Durchführung von Reha-Maßnahmen bzw. Umschulung von Verletzten oder Berufserkranken.

08. Wie erfolgt die Beitragsermittlung für die Berufsgenossenschaft?

Die Finanzierung der Berufsgenossenschaften erfolgt über ein Umlageverfahren der nachträglichen Bedarfsdeckung und ist alleinig durch den Arbeitgeber zu tragen. Die Berechnung erfolgt nach folgender Formel:

$$\text{Beitrag} = \left(\frac{\text{Arbeitsentgelt} \cdot \text{Gefahrenklasse} \cdot \text{Beitragsfuß}}{1.000} \right) + \text{Zuschlag/- Nachlass}$$

Arbeitsentgelt	Die Summe der mittels Lohnnachweis gemeldeten Bruttoentgelte der Beschäftigten eines Unternehmens. Liegt kein Lohnnachweis vor werden die Bruttoentgelte geschätzt.
Gefahrenklasse	Die Gefährdungseinstufung des Unternehmens erfolgt in Abhängigkeit der Branche und der damit verbundenen Risiken. Dadurch sollen die Beiträge risikogerecht verteilt werden. Unternehmen mit hohem Unfallrisiko erhalten eine hohe Gefahrenklasse und müssen daher auch höhere Beiträge bezahlen.
Beitragsfuß	Der Beitragsfuß wird auch als Umlageziffer bezeichnet und errechnet sich aus den Entgelt- und Versicherungssummen, den Gefahrklassen und den Aufwendungen der jeweiligen Berufsgenossenschaft des abgelaufenen Jahres. Der Beitragsfuß wird jährlich neu festgesetzt.

Der errechnete Beitrag kann in Abhängigkeit der Versicherungsfälle durch die Berufsgenossenschaft mit Zuschlägen erhöht oder durch Nachlässen geschmälert werden.

09. Welche Aufgabe und Befugnisse hat das Gewerbeaufsichtsamt?

Die Gewerbeaufsicht ist verantwortlich für die Einhaltung der arbeitsrechtlichen Vorschriften und Arbeitsschutzbestimmungen aber auch für Fragen des Umwelt- und Verbraucherschutzes. Diese stellt die Behörde z. B. durch Inspektionen in den Unternehmen sicher. Gleichermaßen hat die Gewerbeaufsicht eine beratende Funktion für die Unternehmen, auch für praktische Lösungsvorschläge. Die Gewerbeaufsicht darf

- ► unangemeldet Unternehmen betreten und überprüfen
- ► relevante Unterlagen wie Arbeitszeitnachweise, betriebliche Anweisungen, Belehrungen usw. abfordern und einsehen
- ► Daten erheben oder Proben entnehmen, z. B. Zeitmessungen, Schadstoffproben, Lärmmessungen
- ► Sachverständige im Bedarfsfall hinzuziehen
- ► Arbeitsschutzmaßnahmen anordnen und ggf. zwangsweise durchsetzen

10. Welches sind die Unterschiede zwischen Arbeitsstätte, Arbeitsraum und Arbeitsplatz?

Die Arbeitsstätten sind Orte, die zur Nutzung für Arbeitsplätze vorgesehen sind. Diese Orte können Gebäude, im Freien, mobil oder immobil, temporärer oder permanenter Natur sein. Zum Beispiel Arbeitsplatz in einem Großraumbüro, auf einer Wanderbaustelle, in einer Werkstatt, auf einem Schiff oder Zug. Neben dem eigentlichen Arbeitsplatz zählen die Verkehrswege, Sozialräume, Lager usw. ebenfalls zur Arbeitsstätte.

Arbeitsräume sind räumliche Bereiche in Gebäuden, in denen sich auf Dauer eingerichtete Arbeitsplätze befinden. Als Arbeitsplätze sind Bereiche in Arbeitsstätten zu verstehen, an den Tätigkeiten regelmäßig bzw. dauerhaft ausgeführt werden.

An einem Arbeitsplatz wirken Mensch, Arbeitsmittel und/oder Arbeitsgegenstände zusammen. Auch stellt der Arbeitsplatz die kleinste räumliche Struktureinheit in einem Unternehmen dar.

Die Gestaltung und Optimierung der Arbeitsstätte, des Arbeitsraumes und des Arbeitsplatzes sind Gegenstand diverser gesetzlicher Bestimmungen und Gegenstand der Arbeitswissenschaft. Der Begriff der Ergonomie ist eng hiermit verknüpft.

11. Was ist unter dem Begriff der Ergonomie zu verstehen?

Die Ergonomie beschäftigt sich mit den Leistungsmöglichkeiten und -grenzen des arbeitenden Menschen sowie den optimalen wechselseitigen Anpassungen zwischen dem Menschen und seinen Arbeitsbedingungen. Im Konkreten kann dies eine Optimierung von Arbeitsräumen und Arbeitsplätzen (u. a. Gestaltung, Anpassung), Arbeitsmittel oder Arbeitsgeräte (u. a. Büromöbel, Werkzeuge, Maschinen, Hard-/Software) oder der Arbeitsbedingungen (u. a. Lärm, Temperatur, Licht) beinhalten.

12. Welche Bedeutung hat das Arbeitsschutzgesetz?

Das Arbeitsschutzgesetz, ist das Gesetz über die Durchführung von Arbeitsschutzmaßnahmen mit dem Ziel die Sicherheit und den Gesundheitsschutz von Arbeitnehmern sicherzustellen und zu verbessern. Dabei bildet das Arbeitsschutzgesetz (ArbSchG) die grundlegenden Arbeitsschutzpflichten der Arbeitgeber (§§ 3 ff. ArbSchG) ab. Um Gefährdungen an den Arbeitsplätzen einzuschätzen (Gefährdungsbeurteilung) und die Arbeiternehmer über Gesundheitsgefährdungen und Schutzmaßnahmen zu informieren. Folglich müssen auch die Arbeitnehmer ihren Beitrag zum Arbeitsschutz leisten und die Anweisungen befolgen und auf Anpassungsnotwendigkeiten (§ 15 ArbSchG) hinweisen.

Das Arbeitsschutzgesetz enthält folgende Regelungen im Überblick:

▸ der Arbeitgeber muss die erforderlichen Maßnahmen zum Arbeitsschutz umsetzen

▸ die Arbeitsabläufe und -verfahren müssen so gestaltet sein, dass eine Gefährdung vermieden oder die Eintrittswahrscheinlichkeit möglichst gering gehalten wird

▸ Gefährdungen und sich daraus ergebene Schutzmaßnahmen sind für die Arbeitnehmer zu ermitteln, zu dokumentieren und zu kommunizieren

▸ besonders schutzbedürftige Personengruppen (u. a. Jugendliche, Schwangere) sind hinsichtlich der Arbeitsschutzmaßnahmen besonders zu würdigen

▸ Maßnahmen für die Erste-Hilfe, Brandbekämpfung und Evakuierungspläne gilt es zu treffen, auszuweisen und verantwortliche Arbeitnehmer zu benennen

▸ der Arbeitgeber muss auf begründeten Wunsch der Arbeitnehmer eine arbeitsmedizinische Vorsorge ermöglichen

▸ die Arbeitnehmer müssen den Anweisungen zum Arbeitsschutz folgeleisten und die Arbeitsmittel, Arbeitsgegenstände und Arbeitsstoffe bestimmungsgemäß ver- bzw. anwenden.

13. Welche wesentlichen Bestimmungen beinhaltet das Arbeitssicherheitsgesetz?

Das „Gesetz über Betriebsärzte, Sicherheitsingenieure und andere Fachkräfte für Arbeitsicherheit", auch Arbeitssicherheitsgesetz (ASiG) genannt, regelt die Bestellung von Betriebsärzten und Fachkräfte für Arbeitssicherheit durch den Arbeitgeber. Ergänzende Bestimmungen ergeben sich aus den Vorschriften der gesetzlichen Unfallversicherungen. Die Fachkräfte für Arbeitssicherheit dagegen unterstützen in Fragen des Arbeitsschutzes, Unfallverhütung und menschengerechte Arbeitsgestaltung. Die Betriebsärzte unterstützen den Arbeitgeber hinsichtlich des Arbeitsschutzes, der Unfallverhütung und im Gesundheitsschutz. Der Betriebsarzt und die Fachkraft für Arbeitssicherheit sind schriftlich zu bestellen und sind nicht zwingend im Unternehmen angestellt. Externe Dienstleister können diese Aufgaben ggf. übernehmen. In jedem Fall ist eine hinreichende Fachkunde notwendig.

14. Was sind Sicherheitsbeauftragte?

Unternehmen mit mehr als 20 regelmäßig Beschäftigten und Sitz in Deutschland müssen, gem. § 22 SGB VII bzw. DGUV Vorschrift 1 „Grundsätze der Prävention", einen Sicherheitsbeauftragten schriftlich bestellen. Der Sicherheitsbeauftragte ist Arbeitnehmer und unterstützt das Unternehmen, den Betriebsarzt und die Fachkraft für Arbeitssicherheit in der Vermeidung von Unfällen, Berufskrankheiten und Gefährdungen der Gesundheit. Dabei ersetzt der Sicherheitsbeauftragte weder den Betriebsarzt noch die Fachkraft für Arbeitssicherheit. Aufgrund der räumlichen Nähe und den vorhandenen Fach- und Sachkenntnissen im Arbeitsablauf erkennt der Sicherheitsbeauftragte ggf. besser, ob Gefährdungen oder Gefahren bestehen und die vorgeschriebenen Schutzmaßnahmen hinreichend zum Tragen kommen. Die Tätigkeit des Sicherheitsbeauftragten kann im weiteren Sinn als ein Ehrenamt verstanden werden. Die Anzahl der Sicherheitsbeauftragten ist nicht verbindlich vorgeschrieben, sondern die Unternehmen müssen diese selbst ermitteln. Folgende Kriterien gelten, gem. DGUV Vorschrift 1 „Grundsätze der Prävention", hierfür:

- im Unternehmen bestehende Unfall- und Gesundheitsgefahren
- räumliche Nähe der zuständigen Sicherheitsbeauftragten zu den Beschäftigten
- zeitliche Nähe der zuständigen Sicherheitsbeauftragten zu den Beschäftigten
- fachliche Nähe der zuständigen Sicherheitsbeauftragten zu den Beschäftigten
- Anzahl der Beschäftigten.

15. Was regelt die Arbeitsstättenverordnung?

Die Verordnung über Arbeitsstätten (ArbStättV) und die konkretisierende Arbeitsstätten-Richtlinie (ASR) umfasst die vorschriftsmäßige Einrichtung und das Betreiben von Arbeitsstätten und dient der Sicherheit und dem Gesundheitsschutz der Arbeitnehmer. Dies umfasst u. a.:

- Abmessungen von Räumen und Arbeitsräumen
- Arbeitsstätten im Freien wie z. B. bei Baustellen
- Anforderungen an Tageslicht oder Beleuchtung
- Gestaltung der Verkehrswege innerhalb der Arbeitsstätte
- Merkmale der Belüftung, Regelung der Raumtemperatur und Lärmschutz in den Arbeitsräumen
- Maßnahmen zum Nichtraucherschutz
- Kennzeichnung von Gefährdungen oder Gefahren für die Sicherheit und Gesundheit, wenn diese nicht durch technische oder organisatorische Maßnahmen unterbunden werden können. Zum Beispiel Kennzeichnung zum Schutz vor Absturz oder herabfallende Gegenstände, von Gefahrenbereichen
- Maßnahmen gegen Brände wie Brandmelder, Feuerlöscher
- Gestaltung von Flucht- und Rettungswegen z. B. durch Kennzeichnung, Ausweis (Flucht-/Rettungspläne), Erste-Hilfe-Räume oder bauliche Maßnahmen wie Feuerschutztüren
- Gestaltung von Pausen-, Bereitschafts- und Sanitärräumen
- Gestaltung von Bildschirmarbeitsplätzen bzw. Telearbeitsplätzen.

16. Was bedeutet Bildschirmarbeitsverordnung?

Für die Tätigkeit an Bildschirmgeräten (u. a. Computer, Terminals) gilt die „Verordnung über die Sicherheit und Gesundheitsschutz bei der Arbeit an Bildschirmgeräten", kurz Bildschirmarbeitsverordnung (BildscharbV). Diese ist in die Arbeitsstättenverordnung (ArbStättV) komplett eingeflossen und nicht mehr in Kraft. Im Kern umfasste diese

- ► die Definierung eines Bildschirmarbeitsplatzes als Arbeitsplatz mit wesentlichen Anteilen an Tätigkeiten am Bildschirm
- ► die Gefährdungseinschätzung durch den Arbeitgeber für die Sicherheit und Gesundheit der Arbeitnehmer, insbesondere der Einfluss auf das Sehvermögen
- ► die Gestaltungsnotwendigkeit von Arbeitsabläufen, um Belastungen zu verringern
- ► Angebote zur regelmäßige Kontrolle der Sehfähigkeit durch den Arbeitgeber
- ► Gestaltungsempfehlungen für den Bildschirmarbeitsplatz, u. a. hinsichtlich
  - der technischen Ausstattung (u. a. Bildschirmgröße, -schärfe; reflexionsarme, verstellbar Monitore oder ergonomische Eingabegeräte)
  - der Arbeitsmittel wie ergonomische Tische, Stühle oder Ablageflächen
  - der Arbeitsumgebung, im Sinne des Arbeitsraumes, der Beleuchtung usw.

17. Was ist eine Gefährdungsbeurteilung?

Im Rahmen der Einrichtung und des Betreiben von Arbeitsstätten hat jeder Arbeitgeber festzustellen, welchen Gefährdungen der Arbeitnehmer ausgesetzt ist. Das Ziel der Gefährdungsbeurteilung besteht darin, Risiken in der Tätigkeit frühzeitig zu erkennen und präventiv entgegenzuwirken. Gesundheitliche Beeinträchtigungen, Unfälle oder konkrete Gefahren sollen damit vermieden werden. Die Gefährdungsbeurteilung umfasst somit nicht nur die Gefährdungen für die Sicherheit und Gesundheit, sondern auch die festzulegten Schutzmaßnahmen wie z. B. Belehrungen, Tragen von Persönlicher Schutzausrüstung (PSA) usw. Im Konkreten folgt diese dem Stand der Technik, der Arbeitsmedizin sowie Hygiene und umfasst u. a.:

- ► die Gestaltung und Ausstattung der Arbeitsstätte, ggf. des Arbeitsraumes und des Arbeitsplatzes
- ► die Gestaltung, Ausstattung, Auswahl und Einsatz bzw. Umgang von/mit Arbeitsmitteln und Arbeitsgegenständen
- ► die Gestaltung von Arbeitsabläufen, -verfahren und -zeit und deren Wechselwirkung mit äußeren Einflussfaktoren (physikalischen, chemischen und biologischen Einwirkungen)
- ► Qualifikations- und Unterweisungsnotwendigkeiten
- ► physische und psychische Belastungen durch die Tätigkeit.

Die Gefährdungsbeurteilung ist zu dokumentieren und im Bedarfsfall anzupassen. Die Beurteilung ergibt sich aus zahlreichen Arbeitsschutzvorschriften u. a. aus:

- dem Arbeitsschutzgesetz
- der Arbeitsstättenverordnungen
- der Betriebssicherheitsverordnung
- der Gefahrenstoffverordnung
- dem Betriebsverfassungsgesetz.

18. Wie können Verstöße gegen den Arbeitsschutz sanktioniert werden?

Ordnungswidrigkeit
Vorsätzliche oder fahrlässige Verstöße durch Arbeitgeber und/oder Arbeitnehmer können, gem. § 25 ArbSchG, mit Geldbußen von bis zu 5.000 € bzw. in schweren Fällen mit bis zu 25.000 € geahndet werden.

Straftat
Die beharrliche Wiederholung von Verstößen gegen den Arbeitsschutz bzw. vorsätzliche Handlungen, die das Leben oder die Gesundheit von Beschäftigten gefährden können mit Freiheitsstrafen von bis zu einem Jahr oder mit einer Geldstrafe geahndet werden.

8. Präsentation und Fachgespräch

>> **Kapitel 7.1**

Das Thema der Präsentation wird von den Prüfungsteilnehmern selbst gewählt und zusammen mit einer Kurzbeschreibung der Problemstellung, des Ziels und einer Gliederung bei der IHK eingereicht.

Es soll ebenfalls eine Erklärung über die selbstständige Erarbeitung eingereicht werden.

Die Prüfungsteilnehmer erhalten keine Rückmeldung über die Eignung des gewählten Themas. Das Thema wird nicht vorab bewertet. Es ist eine gewollte Anforderung der Prüfung, dass die qualitative und quantitative Verantwortung beim Teilnehmer liegt.

Aus diesem Grund werden am Prüfungstermin die Qualität der Präsentation und des gewählten Themas bewertet. Das entspricht den Anforderungen der neuen Verordnung hinsichtlich des Inhaltes und des fachlichen Niveaus. Durch die Wahlfreiheit bei der Themenausgestaltung erfolgt die Einschätzung, in welchem Umfang die Prüfungsteilnehmer diesen Ansprüchen gerecht werden. Die Themenfreiheit für die Teilnehmer und auch die nicht begrenzte Vorbereitungsdauer der Präsentation erfordert einen anforderungsgerechten Einsatz. Beachten Sie dabei immer das zulässige/ideale zeitliche Volumen (15 min.) für die Präsentation.

Im Folgenden werden einige Anregungen für die Präsentation aufgeführt:

1. Behandlung einer Personengesellschaft:
   - ▸ kurze Abhandlung des Gesellschaftsrechts
   - ▸ Buchführungspflicht – Erläuterung HGB/EStG.
   a) ▸ Eingehen auf die Problematik des Sonderbetriebsvermögens I und II
      - ▸ Erläuterung Sonderbilanz und Sonder-GuV
      - ▸ Handelsbilanz/Steuerbilanz
      - ▸ steuerliche Behandlung bei den einzelnen Gesellschaftern
      - ▸ Gewerbesteuer.
   b) ▸ Ausscheiden eines Gesellschafters (Verkauf)
      - ▸ Ergänzungsbilanz
      - ▸ steuerliche Behandlung beim Käufer und Verkäufer
      - ▸ Problematik Veräußerungsgewinn.

2. Investitionsentscheidungen in einem Unternehmen
   - ▸ z. B. für eine GmbH
   - ▸ kurze Abhandlung des Gesellschaftsrechts
   - ▸ eine verkürzte Bilanz und GuV (2 Jahre) erarbeiten und vorstellen
   - ▸ daraus eine Strukturbilanz herleiten und die entsprechenden Kennziffern errechnen

- ▸ Auswertung der Kennziffern und Aussagen für das Unternehmen treffen, ob die Investition sich lohnt und welche Möglichkeiten der Finanzierung vorgeschlagen werden.

3. Auswerten und Interpretieren einer Handelsbilanz/Jahresabschlussanalyse

- ▸ z. B. für eine Aktiengesellschaft
- ▸ kurze Abhandlung des Gesellschaftsrechts
- ▸ Bilanz erstellen und anhand dieser Bilanz auf ausgewählte Posten eingehen hinsichtlich Bewertung nach dem Handels- und Steuerrecht und Auswertung bestimmter Kennzahlen.

Die Präsentation und die gewählte betriebliche Situation sind Ausgangspunkt für das Fachgespräch. Die Teilnehmer stellen zunächst die Ausgangssituation und Aufgabenstellung dar und leiten somit mit der Präsentation das Fachgespräch ein.

Im Fachgespräch soll neben der Präsentation die Fähigkeit nachgewiesen werden, ob die Teilnehmer in der Lage sind, betriebspraktische Probleme zu analysieren und Lösungsmöglichkeiten zu bewerten.

Die neue Verordnung folgt strukturell und inhaltlich der berufstypischen Handlung bzw. Orientierung am Prozess eines Unternehmens. Aufgaben und Fragen im Fachgespräch sollen deshalb einen Bezug zum beruflichen Tätigkeitsfeld aufweisen.

Im folgenden Beispiel hat ein Teilnehmer dem Prüfungsausschuss folgende Kurzdarstellung und Gliederung für die Präsentation beim Prüfungsausschuss eingereicht:

Thema: Finanzierungsmöglichkeiten Metallbau AG

Der Vorstand der Metallbau AG plant die Errichtung eines neuen Standortes.

Dazu wurde ein Kapitalbedarf von 1,4 Mio. € ermittelt.

Die Hausbank ist bereit, dieses Vorhaben mit einem langfristigen Kredit über 600.000 Euro zu finanzieren.

Neben der Bilanz wurden mir noch folgende Aussagen vorgelegt:

Noch in diesem Jahr sollen zwei Altanlagen für 40 T€ (Buchwert) nach Polen veräußert werden.

Die Gewinnausschüttung betrug in der Vergangenheit regelmäßig 80 T€ pro Jahr.

80 % der Pensionsrückstellungen stehen dem Unternehmen langfristig zur Verfügung.

50 % des Forderungsbestandes können verkauft werden.

Meine Aufgabe ist es, für den Vorstand Möglichkeiten der Innenfinanzierungen zu erarbeiten, um die Finanzierungslücke zu decken.

Dazu habe ich folgende Gliederung für meine Präsentation erarbeitet:

1. Vorstellung des Unternehmens
2. Investitionsvorhaben
3. Aufgabe
   3.1 Prüfung, welche Möglichkeiten der Innenfinanzierung es gibt
       3.1.1 Selbstfinanzierung aus Gewinn
       3.1.2 Finanzierung aus Kapitalfreisetzung
       3.1.3 Finanzierung aus Rückstellungen
   3.2 Bilanz der Metallbau AG
       3.2.1 Zusätzliche Aussagen zur Bilanz
   3.3 Möglichkeiten zur Deckung der Finanzierungslücke
       3.3.1 Verwendung eines Teils des Jahresüberschusses
       3.3.2 Finanzierung durch Vermögensumschichtung
       3.3.3 Finanzierung aus Rückstellungsgegenwerten
       3.3.4 Verkauf von Forderungen an einen Factor
4. Ergebnis
5. Empfehlungen

Präsentation

Thema: Finanzierungsmöglichkeiten Metallbau AG

Folie 1

Finanzierungsmöglichkeiten Metallbau AG

Agenda:
1. Vorstellung des Unternehmens
2. Investitionsvorhaben
3. Aufgabe
   3.1 Prüfung, welche Möglichkeiten der Innenfinanzierung es gibt
       3.1.1 Selbstfinanzierung aus Gewinn
       3.1.2 Finanzierung aus Kapitalfreisetzung
       3.1.3 Finanzierung aus Rückstellungen

Folie 2

Finanzierungsmöglichkeiten Metallbau AG

Agenda:

3.2 Bilanz der Metallbau AG

    3.2.1 Zusätzliche Aussagen zur Bilanz

3.3 Möglichkeiten zur Deckung der Finanzierungslücke

    3.3.1 Verwendung eines Teils des Jahresüberschusses

    3.3.2 Finanzierung durch Vermögensumschichtung

    3.3.3 Finanzierung aus Rückstellungsgegenwerten

    3.3.4 Verkauf von Forderungen an einen Factor

4. Ergebnis

5. Empfehlungen

Folie 3

Finanzierungsmöglichkeiten Metallbau AG

1. Vorstellung des Unternehmens

Metallbau AG

→ Aktiengesellschaft – Kapitalgesellschaft.

- für die Gründung einer Aktiengesellschaft wird ein **Grundkapital** von mindestens **50.000 €** benötigt (§ 7 AktG).

- Die Metallbau GmbH hat ein Grundkapital von **870.000 €**.

- Das Besondere an dem Grundkapital einer AG ist die Zerlegung in einzelne Aktien.

- Bei der **Metallbau AG** wurden die Aktien als Nennbetragsaktien zu je 100 € begründet.

Folie 4

Finanzierungsmöglichkeiten Metallbau AG

► Die Aufgabenverteilung innerhalb der Metallbau AG ist klar definiert.

► Die Metallbau AG setzt sich aus drei Organen zusammen:

- *Hauptversammlung*
- *Vorstand*
- *Aufsichtsrat.*

Folie 5

Finanzierungsmöglichkeiten Metallbau AG

► Die AG wird **von unserem Vorstand eigenverantwortlich** geleitet.

► Dieser wiederum kann aus einer oder mehreren Personen bestehen (§ 76 Abs. 2 Satz 1 AktG). Bei der Metallbau AG sind 5 Personen Vorstandsmitglieder.

► Der Vorstand **wird von dem zweiten Organ, dem Aufsichtsrat, bestellt und überwacht**.

► Diesem gehören bei der Metallbau AG (§ 95 Satz 1 AktG) 3 Aufsichtsratsmitglieder an.

► **Gewählt** wurde der Aufsichtsrat **von der Hauptversammlung**.

Folie 6

Finanzierungsmöglichkeiten Metallbau AG

- ▶ Der Aufsichtsrat ist sowohl **Kontrollorgan** als auch – wenn nur beschränkt – selbst **Verwaltungsorgan**.
- ▶ Mittelpunkt der Pflichten ist die Kontrolle und Überwachung des Vorstandes.
- ▶ Der Aufsichtsrat prüft so beispielsweise den Jahresabschluss der AG.
- ▶ Die **Hauptversammlung** ist das **beschließende Organ der** Metallbau AG und setzt sich aus allen Aktionären der Metallbau AG zusammen.
- ▶ Hier werden, je nach Aktienanteil, Stimmrechte für Beschlüsse und Satzungs-änderungen vergeben.

Folie 7

Finanzierungsmöglichkeiten Metallbau AG

- ▶ Die Metallbau AG ist eingetragen in das **Handelsregister** unter der Nummer HRA1234
- ▶ Gesellschafter der Metallbau AG: H. GmbH 70 %, div. Anteilseigner als Privatpersonen – Gesamt 30 %
- ▶ **Vorstandsvorsitzender:** Herr A.
- ▶ 500 Angestellte

Folie 8

Finanzierungsmöglichkeiten Metallbau AG

- ➤ Gemäß **§ 242 Abs. 1 und Abs. 2 HGB** unterliegt die **Metallbau AG** der Verpflichtung, einen Jahresabschluss aufzustellen
- ➤ Dieser besteht aus
  - - *der Bilanz*
  - - *der Gewinn- und Verlustrechnung*
  - - *dem Anhang*
- ➤ Der steuerrechtliche Gewinn wird gem. **§ 5 Abs.1 EStG** ermittelt.

Folie 9

Finanzierungsmöglichkeiten Metallbau AG

- ➤ Die **Metallbau AG** wird zur
  - - *Körperschaftsteuer (15 %)/Solidaritätszuschlag (5,5 % auf die Körperschaftsteuer)*
  - - *Gewerbesteuer*
  - veranlagt.
- ➤ Die **Metallbau AG** versteuert ihre *Umsätze nach vereinbarten Entgelten (Sollversteuerung § 16 Abs.1 UStG)*.
- ➤ Der Steuersatz beträgt *19 %*.

Folie 10

Finanzierungsmöglichkeiten Metallbau AG

2. Investitionsvorhaben:

- ► Der Vorstand plant die Errichtung eines neuen Standortes.
- ► Dazu wurde ein *Kapitalbedarf von 1,4 Mio. €* ermittelt.
- ► Die Hausbank ist bereit, dieses Vorhaben mit einem **langfristigen Kredit über 600.000 € zu finanzieren**.

Folie 11

Finanzierungsmöglichkeiten Metallbau AG

3. Aufgabe:

- ► Der Leiter der Abteilung „Rechnungswesen" ist an mich mit der Bitte herangetreten, dem Vorstand *Möglichkeiten der Innenfinanzierungen* zu erarbeiten, um die Finanzierungslücke zu decken.

	Kapitalbedarf	1.400.000 €
-	langfristiges Bankdarlehen	600.000 €
=	**Finanzierungslücke**	**800.000 €**

Folie 12

Finanzierungsmöglichkeiten Metallbau AG

3.1 Prüfung, welche Möglichkeiten der Innenfinanzierung es gibt

Innenfinanzierung

3.1.1 Selbstfinanzierung aus Gewinn

- ► offene
- ► stille

Das Kapital stammt aus dem Unternehmen selbst – also aus dem betrieblichen Leistungsprozess.

Folie 13

Finanzierungsmöglichkeiten Metallbau AG

3.1 Prüfung, welche Möglichkeiten der Innenfinanzierung es gibt

- ► *Offene Selbstfinanzierung:* → Finanzierung aus versteuertem Gewinn
  Der einbehaltene Gewinn wird
  - - bei Einzel- und Personengesellschaften dem EK-Konto zugeschrieben,
  - - bei Kapitalgesellschaften dem Rücklagenkonto gutgeschrieben.
- ► *Stille Selbstfinanzierung:* → Finanzierung aus unversteuertem Gewinn
  Der tatsächliche Gewinn wird gemindert durch Bildung stiller (verdeckter) Rücklagen:
  - - Unterbewertung der Vermögensteile (Aktiva, z. B. hohe AfA, Unterbewertung des UV),
  - - Überwertung der Schulden (Passiva, z. B. hohe Rückstellungen, hohe RAP).

Folie 14

Finanzierungsmöglichkeiten Metallbau AG

3.1 Prüfung, welche Möglichkeiten der Innenfinanzierung es gibt

Innenfinanzierung

3.1.2 Finanzierung aus Kapitalfreisetzung

3.1.2.1 Finanzierung aus Abschreibungsgegenwerten

Abschreibungen sind der Aufwand für Wertminderungen bei materiellen und immateriellen Gegenständen. Das Unternehmen kalkuliert diese Abschreibungen bei der Gestaltung seiner Angebotspreise mit ein. Beim Verkauf der Produkte und Leistungen erhält das Unternehmen Einzahlungen (Abschreibungsrückflüsse), die zu Finanzierungszwecken verwendet werden können (Lohmann-Ruchti-Effekt).

Folie 15

Finanzierungsmöglichkeiten Metallbau AG

3.1 Prüfung, welche Möglichkeiten der Innenfinanzierung es gibt

Innenfinanzierung

3.1.2 Finanzierung aus Kapitalfreisetzung

3.1.2.2 Vermögensumschichtung

Verkauf von nicht (mehr) benötigten Vermögensgegenständen, z. B.:

- ► Grundstücke
- ► Anlagen
- ► Vorräte
- ► Wertpapiere

Folie 16

Finanzierungsmöglichkeiten Metallbau AG

3.1 Prüfung, welche Möglichkeiten der Innenfinanzierung es gibt

Innenfinanzierung

3.1.2 Finanzierung aus Kapitalfreisetzung

    3.1.2.3 Erhöhung der Umschlagshäufigkeit

        Das Unternehmen erhält beim Verkauf Umsatzerlöse vom Markt (Menge • Preis). In der Regel wird der Verkaufspreis unter Berücksichtigung der Gewinnspanne, der Abschreibungs- und Rückstellungswerte kalkuliert sein.

Folie 17

Finanzierungsmöglichkeiten Metallbau AG

3.1 Prüfung, welche Möglichkeiten der Innenfinanzierung es gibt

Innenfinanzierung

3.1.2 Finanzierung aus Kapitalfreisetzung

    3.1.2.4 Rationalisierungsmaßnahmen

        Optimierung der logistischen Prozesse → Verminderung der Lagerbestände, Reduzierung des Umlaufkapitalbedarfs

        Verbesserung des Forderungsmanagements → Reduzierung der durchschnittlichen Außenstandsdauer

Folie 18

Finanzierungsmöglichkeiten Metallbau AG

3.1 Prüfung, welche Möglichkeiten der Innenfinanzierung es gibt

Innenfinanzierung

3.1.2 Finanzierung aus Kapitalfreisetzung

3.1.2.5 Sales-and-Lease-back-Verfahren

Das Unternehmen verkauft betriebsnotwendige Vermögensgegenstände (i. d. R. Anlagen) an eine Leasinggesellschaft und least
diese Gegenstände (Desinvestition + Leasing).

Folie 19

Finanzierungsmöglichkeiten Metallbau AG

3.1 Prüfung, welche Möglichkeiten der Innenfinanzierung es gibt

Innenfinanzierung

3.1.3 Finanzierung aus Rückstellungen

Der Finanzierungseffekt entsteht dadurch, dass in der laufenden Periode
ein bilanzieller Aufwand gebucht wird, der erst in den Folgeperioden aufgelöst wird.

In der Praxis sind kurzfristige Rückstellungen als Finanzierungsinstrument von geringerer Bedeutung. Interessant sind im Wesentlichen Pensionsrückstellungen: Sind Zuführungen und Auszahlungen annähernd
gleich, steht dem Unternehmen ein „Sockelbetrag" für Zwecke der Innenfinanzierung auf Dauer zur Verfügung. Außerdem mindern Pensionsrückstellungen in der Einführungsphase die Ertragssteuer.

Folie 20

Finanzierungsmöglichkeiten Metallbau AG

3.2 Bilanz der Metallbau AG des zurückliegenden Geschäftsjahres:

AKTIVA	Bilanz zum 31.12.20..		PASSIVA
	T€		T€
Sachanlagen		Eigenkapital	
1. Bebaute Grundstücke	330	1. Gezeichnetes Eigenkapital	870
2. Maschinen	470	2. Kapitalrücklage	270
Umlaufvermögen		3. Jahresüberschuss	150
1. Vorräte		Rückstellungen	
- Rohstoffe	600	1. Pensionsrückstellungen	110
- unfertige Erzeugnisse	70	2. Steuerrückstellungen	140
- fertige Erzeugnisse	300	3. Sonstige Rückstellungen	120
2. Forderungen aus LL	1.100	Verbindlichkeiten	
3. Wertpapiere	70	1. gegenüber Kreditinstituten	320
4. Flüssige Mittel	120	2. aus LL	1.080
	3.060		3.060

Folie 21

Finanzierungsmöglichkeiten Metallbau AG

3.2.1 Zusätzliche Aussagen zur Bilanz

- ► Noch in diesem Jahr sollen **zwei Altanlagen für 40 T€ (Buchwert)** nach Polen veräußert werden.

- ► Die **Gewinnausschüttung** betrug in der Vergangenheit regelmäßig **80 T€ pro Jahr**.

- ► **80 % der Pensionsrückstellungen** stehen dem Unternehmen **langfristig** zur Verfügung.

- ► **50 % des Forderungsbestandes** können **verkauft** werden.

Folie 22

Finanzierungsmöglichkeiten Metallbau AG

3.3 Möglichkeiten zur Deckung der Finanzierungslücke
3.3.1 Verwendung eines Teils des Jahresüberschusses

		Finanzmittelfreisetzung
Jahresüberschuss	150.000 €	
- Gewinnausschüttung	80.000 €	
= **Selbstfinanzierung**	**70.000 €**	**→ 70.000 €**

Folie 23

Finanzierungsmöglichkeiten Metallbau AG

3.3 Möglichkeiten zur Deckung der Finanzierungslücke
3.3.2 Finanzierung durch Vermögensumschichtung
auch: Substitutionsfinanzierung

Verkauf von nicht (mehr) benötigten Vermögensgegenständen, z. B.:

▸ Grundstücke

▸ **Anlagen**

▸ Vorräte

▸ Wertpapiere.

Verkauf der Altanlagen		Finanzmittelfreisetzung
Umfinanzierung	**40.000 €**	**→ 40.000 €**

Folie 24

Finanzierungsmöglichkeiten Metallbau AG

3.3 Möglichkeiten zur Deckung der Finanzierungslücke

   3.3.2 Finanzierung durch Vermögensumschichtung
auch: Substitutionsfinanzierung

   Verkauf von nicht (mehr) benötigten Vermögensgegenständen, z. B.:

     ▸ Grundstücke

     ▸ Anlagen

     ▸ Vorräte

     ▸ **Wertpapiere.**

		Finanzmittelfreisetzung
Verkauf der Wertpapiere		
Umfinanzierung	**40.000 €**	**→ 40.000 €**
(Veräußerungskosten werden hier vernachlässigt)		

Folie 25

Finanzierungsmöglichkeiten Metallbau AG

3.3 Möglichkeiten zur Deckung der Finanzierungslücke

   3.3.3 Finanzierung aus Rückstellungsgegenwerten

		Finanzmittelfreisetzung
Innen-/Fremdfinanzierung 80 % von 110.000 €	**88.000 €**	**→ 88.000 €**

Folie 26

Finanzierungsmöglichkeiten Metallbau AG

3.3 Möglichkeiten zur Deckung der Finanzierungslücke

3.3.4 Verkauf der Forderungen an einen Factor

		Finanzmittelfreisetzung
Umfinanzierung **50 % der Forderungen** (Factoringkosten bleiben hier außer Ansatz)	**550.000 €**	**→ 550.000 €**

Folie 27

Finanzierungsmöglichkeiten Metallbau AG

4. Ergebnis

Summe Kapitalfreisetzung, mindestens	**818.000 €**

Die Möglichkeiten der Kapitalfreisetzung sind ausreichend, um die Finanzierungslücke in Höhe von **800.000 €** zu decken.

Folie 28

Finanzierungsmöglichkeiten Metallbau AG

5. **Empfehlungen**

   Empfehlung meinerseits noch für Maßnahmen zur Verbesserung der Lagerumschlagshäufigkeit, z. B.:

   ► Reduzierung des Sicherheitsbestandes im Lager

   ► Anlieferung und Fertigung Just-in-Time

   ► Kauf auf Abruf.

   Vielen Dank für Ihre Aufmerksamkeit!

Folie 29

1. Geschäftsvorfälle erfassen und nach Rechnungslegungsvorschriften zu Abschlüssen führen

Aufgabe 1: Bilanzierungsentscheidungen

Die KlebSto GmbH aus Stralsund produziert Lacke und Leim für die Möbelindustrie. Es handelt sich um eine mittelgroße Kapitalgesellschaft im Sinne des HGB.

Der Absatz über das Internet bekommt eine immer größer werdende Bedeutung.

Ziel des Unternehmens ist es in den nächsten fünf Jahren den Umsatz über das Internet zu verdoppeln. Der Vorstand wird hierzu in den nächsten Jahren eine Vielzahl von Aktivitäten durchführen.

Im Rahmen der Erstellung des Jahresabschlusses 2020 sind noch nachfolgende Sachverhalte aus handels- und steuerrechtlicher Sicht zu würdigen. Das Geschäftsjahr entspricht dem Kalenderjahr. Der Jahresabschluss zum 31.12.2020 wurde im März 2021 aufgestellt.

Sachverhalt 1:
Um die zukünftigen Absatzsteigerungen über das Internet schnellstmöglich bearbeiten zu können, erwarb die KlebSto GmbH am 24.05.2020 eine Verpackungsmaschine. Die Nutzungsdauer beträgt zehn Jahre. Der Kaufpreis der Maschine betrug 750.000 €. Bei Begleichung des Betrages zog die KlebSto GmbH einen eingeräumten Skonto in Höhe von 2 % ab. Für die Lieferung und Montage im Mai 2020 fielen Transport- und Montagekosten in Höhe von 25.000 € (netto ohne USt.) an. Die Maschine soll linear abgeschrieben werden.

Sachverhalt 2:
Die Mitarbeiter der KlebSto GmbH entwickelten ein neues Computerprogramm zur eigenen Nutzung. Das Programm ermöglicht den Kunden der KlebSto GmbH, den gesamten Beschaffungsprozess online abzuwickeln.

Für die Programmierung und Implementierung des Programms sind folgende Entwicklungskosten angefallen:

- Materialeinzelkosten   50.000 €
- Fertigungseinzelkosten   25.000 €
- Materialgemeinkosten   15.000 €
- Fertigungseinzelkosten   12.500 €
- Verwaltungsgemeinkosten   10.000 €

Das Programm war am 01.08.2020 einsatzbereit und soll zehn Jahre genutzt werden.

a) Beurteilen Sie den Sachverhalt 1 aus handels- und steuerrechtlicher Sicht und entwickeln Sie ggf. die Bilanzansätze zum Bilanzstichtag, 31.12.2020. Geben Sie die einschlägigen gesetzlichen Grundlagen an.

b) Beurteilen Sie den Sachverhalt 2 aus handels- und steuerrechtlicher Sicht und entwickeln Sie ggf. die Bilanzansätze zum 31.12.2020. Geben Sie die einschlägigen gesetzlichen Grundlagen an.

Das Ziel des Unternehmens ist es, nach Handels- und Steuerrecht einen möglichst hohen Gewinn auszuweisen. Auf latente Steuern ist nicht einzugehen.

Lösung s. Seite 875

Aufgabe 2: Fallstudie Bilanzierung immaterieller Vermögensgegenstände/Wirtschaftsgüter

Die Mayer AG ist ein mittelständisches Unternehmen, welches Büromöbel herstellt. Der Sitz der Gesellschaft ist Rostock. Es handelt sich um eine mittelgroße Kapitalgesellschaft im Sinne des HGB. Es gibt zahlreiche Überlegungen zur Steigerung der Umsätze. Durch Analysen wurde festgestellt, dass der Onlinehandel eine hohe Bedeutung für das Unternehmen hat.

Hierzu wurden verschiedene Aktivitäten unternommen, die im Rahmen der Erstellung des Jahresabschlusses von Ihnen gewürdigt werden sollen. Das Wirtschaftsjahr entspricht dem Kalenderjahr. Auf ggf. auftretende latente Steuern ist aus Vereinfachungsgründen nicht einzugehen.

Sachverhalt 1:
Die Mayer AG beauftragte die Marketingabteilung, eine leicht zu erfassende Webadresse zu finden. Durch die Abteilung wurde eine Webadresse gefunden und am 01.10.2020 angemeldet. Zusammen mit anderen Aktivitäten der Marketingabteilung ist eine Marke entstanden.

Die Webadresse soll mindestens 14 Jahre genutzt werden.

Dafür fielen Lohnkosten in Höhe von 6.000 €, sowie Gebühren von 8.000 € an.

Sachverhalt 2:
Die Mayer AG erwarb von der All-Soft GmbH Chemnitz ein neues Computerprogramm, das die Präsentation von Produkten des Unternehmens auf der Webseite ermöglichen sollte. Als Kaufpreis waren 20.000 € netto vereinbart.

Für die Implementierung des Programms wurden Mitarbeiter der Mayer AG herangezogen, die Lohnkosten von 15.000 € verursachten. Der Gemeinkostenzuschlagssatz lt. Controlling betrug zutreffend 75 %. Das Programm war am 01.09.2020 betriebsbereit.

Die Nutzungsdauer des Programms ist mit fünf Jahren anzunehmen. Es wird ein gleichmäßiger Nutzungsverlauf angenommen.

Sachverhalt 3:

Für die Warendisposition war keine passende Softwarelösung verfügbar. Die Mitarbeiter der Mayer AG haben daher ab Januar 2020 mit der Entwicklung eines neuen Programms begonnen. Die Fertigungskosten umfassten 400.000 €, der zutreffende Zuschlagssatz für die Gemeinkosten ist 80 %. Die Materialkosten betrugen 15.000 €, darauf fielen nochmals 5 % Materialgemeinkosten an.

Die Fertigstellung erfolgte am 01.07.2020. Die Nutzungsdauer des Programms beträgt fünf Jahre. Es wird ein gleichmäßiger Nutzungsverlauf angenommen.

1. Prüfen Sie, ob bei den jeweiligen Sachverhalten ein Vermögensgegenstand/Wirtschaftsgut entsteht.

2. Entwickeln Sie für die oben aufgeführten Sachverhalte nach Handels- und Steuerrecht die Bilanzpositionen zum 31.12.2020.

3. Klären Sie bilanzsteuerrechtlich die sich hieraus ergebenden Auswirkungen, falls sich Handels- und Steuerbilanz unterscheiden.

Die Mayer AG strebt bei diesen Sachverhalten einen möglichst hohen Handelsbilanzgewinn an.

Auf die Umsatzsteuer ist nicht einzugehen, eventuelle Buchungssätze sind nicht erforderlich.

Lösung s. Seite 877

Aufgabe 3: Fallstudie Unternehmenserwerb

Die BüMö AG mit Sitz in Rostock ist spezialisiert auf den Bau von Büromöbeln aus Kiefernholz. Es handelt sich um eine mittelgroße Kapitalgesellschaft im Sinne des HGB. Das Wirtschaftsjahr entspricht dem Kalenderjahr. Das Unternehmen möchte nach Möglichkeit eine Einheitsbilanz aufstellen. Im Rahmen der Erstellung des Jahresabschlusses 2020, sind noch folgende Sachverhalte aus Sicht der Handels- und Steuerbilanz zu würdigen. Der Jahresabschluss wurde im März 2021 aufgestellt.

Die BüMö AG erwarb mit notariellem Vertrag vom 20.11.2019 das Einzelunternehmen Holzwurm e. K. von Inhaber Max Mayer zum Kaufpreis von 10 Mio. € mit Wirkung zum 01.01.2020.

Die BüMö AG übernahm sämtliche Vermögensgegenstände, Verbindlichkeiten und Rückstellungen des Einzelunternehmens Holzwurm e. K.

Der Kaufpreis wurde von einem unabhängigen Unternehmensberater ermittelt.

Es ergaben sich zum 01.01.2020 folgende Buchwerte und Zeitwerte für die Vermögensgegenstände und Schulden des Einzelunternehmens Holzwurm e. K. Die Werte wurden von allen Vertragsparteien unstrittig akzeptiert.

Bilanzposten	Buchwerte zum 01.01.2020	Zeitwerte 01.01.2020
Patent (selbst entwickelt)	kein Ansatz	400.000 €
Grund und Boden	1.100.000 €	1.400.000 €
Gebäude	4.800.000 €	5.000.000 €
technische Anlagen und Maschinen	1.200.000 €	1.200.000 €
Betriebs- und Geschäftsausstattung	200.000 €	200.000 €
Beteiligungen	2.400.000 €	2.400.000 €
Vorräte	400.000 €	400.000 €
Wertpapiere des Umlaufvermögens	50.000 €	50.000 €
Summe Vermögensgegenstände	**10.150.000 €**	**11.050.000 €**
Rückstellungen	1.000.000 €	1.000.000 €
Verbindlichkeiten	3.000.000 €	3.000.000 €
Summe Rückstellungen und Verbindlichkeiten	4.000.000 €	4.000.000 €

Die bereits im Einzelunternehmen Holzwurm e. K. ausgewiesenen Vermögensgegenstände, Rückstellungen und Verbindlichkeiten wurden zum 01.01.2020 korrekt in der Buchführung der BüMö AG erfasst.

Den auf das Patent entfallenden Kaufpreis von 400.000 € sowie den Rest des Kaufpreises hat die BüMö AG AG als sonstigen betrieblichen Aufwand erfasst.

In dem Gutachten hat der Unternehmensberater folgende Restnutzungsdauern (unstrittig) für die Bilanzposten ermittelt:

► für das Gebäude (Baujahr 1950) eine Restnutzungsdauer von 25 Jahren

► für das Patent eine restliche Patentschutzdauer von vier Jahren

► für die Vermögensgegenstände der technischen Anlagen und Maschinen jeweils Restnutzungsdauern von fünf Jahren

► für die Vermögensgegenstände der Betriebs- und Geschäftsausstattung jeweils Restnutzungsdauern von vier Jahren.

a) Beurteilen Sie den Sachverhalt unter Berücksichtigung der handels- und steuerrechtlichen Vorschriften und entwickeln Sie die Bilanzansätze der Vermögensgegenstände des abnutzbaren Anlagevermögens zum 31.12.2020. Das Unternehmen strebt eine Einheitsbilanz mit einem hohen Handelsbilanzgewinn an.

b) Führen Sie notwendige Korrekturbuchungen durch.

Lösung s. Seite 880

Aufgabe 4: Grund und Boden mit Gebäude

Die Mayer AG mit Sitz in Rostock ist spezialisiert auf den Bau elektronischer Bauteile. Es handelt sich um eine mittelgroße Kapitalgesellschaft im Sinne des HGB. Das Geschäftsjahr entspricht dem Wirtschaftsjahr. Die Mayer AG ist voll zum Vorsteuerabzug berechtigt.

Im Rahmen des Jahresabschlusses 2020 sind noch folgende Sachverhalte aus handels- und steuerlicher Sicht zu würdigen. Auf ggf. auftretende latente Steuern ist nicht einzugehen. Der Jahresabschluss zum 31.12.2020 wurde im März 2021 aufgestellt.

Die Mayer AG schloss am 20.02.2020 einen Kaufvertrag über den Erwerb eines bebauten Grundstückes mit aufstehender Lagerhalle ab. Der Übergang von Besitz, Nutzen, Lasten und Gefahren des bebauten Grundstücks wurde im Kaufvertrag auf den 10.04.2020 festgeschrieben. Der Kaufpreis ist ebenfalls zu diesem Datum fällig. Der Eigentumswechsel wurde im Grundbuch am 28.09.2020 vorgenommen.

Als Kaufpreis wurde ein Betrag von 3.000.000 € vereinbart. Von dem Kaufpreis entfielen unstrittig 600.000 € auf den Grund und Boden, der Rest auf die Lagerhalle. Der Kaufpreis wurde termingerecht überwiesen und korrekt gebucht.

Die mit dem Grund und Boden erworbene Lagerhalle wurde 1990 errichtet. Die Restnutzungsdauer der Lagerhalle beträgt laut Gutachten ab dem 01.01.2020 noch 40 Jahre.

Zudem fielen im Zusammenhang mit dem Erwerb insgesamt Nebenkosten in Höhe von 200.000 € zuzüglich 6.000 € Umsatzsteuer an.

Die Nebenkosten wurden im August 2020 überwiesen und wie folgt gebucht:

sonstige betriebliche Aufwendungen	200.000 €			
sonstige Vermögensgegenstände (Vorsteuer)	6.000 €	an	Bankgirokonto	206.000 €

Die Mayer AG ließ auf dem Grundstück im 4. Quartal 2020 eine neue Straßenzufahrt errichten. Die Kosten für die Straßenzufahrt betrugen 400.000 € zzgl. 19 %. Die Fertigstellung erfolgte zum 05.12.2020.

Die Mayer AG buchte den Vorgang wie folgt:

Anlagen im Bau	400.000 €			
sonstige Vermögensgegenstände (Vorsteuer)	76.000 €	an	Bankgirokonto	476.000 €

Die Mayer AG geht davon aus, dass die Straßenzufahrt 20 Jahre genutzt werden kann.

Zudem musste das Dach der Lagerhalle repariert werden. Die Firma Dachbau GmbH führte die Arbeiten im Dezember 2020 durch. Die Rechnung über 60.000 € zzgl. 11.400 € Umsatzsteuer ging am 29.12.2020 bei der Mayer AG ein. Die Buchhaltung hat aus diesem Vorgang bisher keine buchhalterischen Konsequenzen gezogen.

a) Nehmen Sie zum vorliegenden Sachverhalt aus handels- und steuerrechtlicher Sicht Stellung und entwickeln Sie die notwendigen Bilanzposten zum 31.12.2020 für die Handels- und Steuerbilanz.

b) Nehmen Sie ggf. notwendige Korrekturbuchungen vor.

Lösung s. Seite 883

Aufgabe 5: Fallstudie Gebäude

Die Franzen AG mit Sitz in Rostock ist spezialisiert auf den Bau elektronischer Bauteile. Es handelt sich um eine mittelgroße Kapitalgesellschaft im Sinne des HGB. Das Geschäftsjahr entspricht dem Wirtschaftsjahr. Die Franzen AG ist voll zum Vorsteuerabzug berechtigt.

Im Rahmen des Jahresabschlusses 2020 ist nachfolgender Sachverhalt aus handels- und steuerrechtlicher Sicht noch zu würdigen. Auf ggf. auftretende latente Steuern ist nicht einzugehen. Das Unternehmen wächst seit Jahren kontinuierlich.

Die Franzen AG plant den Bau eines neuen Fertigungsgebäudes bis zum Kalenderjahr 2022. Aus diesem Grund erwarb sie am 20.10.2019 ein unbebautes Grundstück, das im Jahresabschluss 2019 zutreffend bilanziert wurde mit 2.800.000 € in der Handels- und Steuerbilanz ausgewiesen wurde.

Am 07.01.2020 erhielt die Franzen AG einen Umlagebescheid der Stadt Rostock über 400.000 €, der noch im Januar vom betrieblichen Bankkonto beglichen wurde.

Die Franzen AG wurde, wie auch die anderen Grundstückseigentümer, an den Kosten für die Erneuerung der bestehenden Straße durch die Hansestadt Rostock im Januar 2020 zum Grundstück beteiligt. Die Franzen AG buchte den Bescheid:

Grund und Boden	400.000 €	an	Bankgirokonto	400.000 €

Am 20.03.2020 beauftragte die Franzen AG das Berliner Architektenbüro „Vision" mit dem Projekt des neuen Fertigungsgebäudes.

Für den Entwurf stellte das Architektenbüro „Vision" am 10.10.2020 eine Rechnung über 1.904.000 € brutto inkl. 19 % USt.

Die Rechnung ist bisher weder gebucht noch bezahlt worden. Das Architektenbüro hat auch die Anlage von Parkplätzen projektiert, darauf entfielen 10 % des Rechnungsbetrages.

Auf Anraten des Architekturbüros wurde mit Wirkung vom 01.11.2020 eine Bauzeitversicherung abgeschlossen, die die Risiken aus dem Bauvorhaben abdecken sollte.

Für den Zeitraum vom 01.11.2020 bis 31.10.2021 wurden 48.000 € am 30.11.2020 durch die BauZi Versicherung AG in Rechnung gestellt und der entsprechende Betrag über das betriebliche Bankkonto überwiesen.

Die Bauzeitversicherung wurde wie folgt gebucht:

sonstige betriebliche Aufwendungen	48.000 €	an	Bank	48.000 €

Am 17.11.2020 begann die Bauphase für das Fertigungsgebäude mit dem Erdaushub für das Fundament sowie dem Anlegen der Parkplätze.

Den Auftrag übernahm, die BauGru GmbH aus Wismar. Am 30.11.2020 wurden die Arbeiten durch die BauGru GmbH abgeschlossen.

Für die Leistungen wurden am 03.12.2020 insgesamt 280.000 € netto zzgl. 19 % in Rechnung gestellt. 56.000 € netto entfielen hiervon auf die Parkplätze. Die Nutzungsdauer beträgt für die Parkplätze zehn Jahre.

Die Rechnung wurde durch die Franzen AG am 15.12.2020 über das betriebliche Bankkonto gezahlt. Buchungen hierzu sind allerdings nicht vorgenommen worden.

Im Juli 2020 ließ die Franzen AG das Grundstück durch das Tiefbauamt Rostock erstmals an das öffentliche Abwassernetz anschließen. Hierfür wurde ein Kanalbaubeitrag in Höhe von 30.000 € durch die Hansestadt Rostock festgesetzt.

Die jeweiligen Hausanschlüsse für die Energieversorger wurden ebenfalls vergeben und im September 2020 fertig gestellt. Hierfür wurden 50.000 € netto zzgl. 19 % USt in Rechnung gestellt. Die Rechnung ging noch im September 2020 ein und wurde sofort über das betriebliche Bankkonto bezahlt.

sonstige betriebliche Aufwendungen (Kanalbaubeitrag)	30.000 €	an	Bankgirokonto	48.000 €

sonstige betriebliche Aufwendungen (Hausanschluss)	50.000 €			
sonstige Vermögensgegenstände (Vorsteuer)	9.500 €	an	Bankgirokonto	59.500 €

In der Zwischenzeit wurde das Bauprojekt in einzelne Lose aufgeteilt und ausgeschrieben.

Der Rohbau wurde durch die BauMa GmbH Hamburg durchgeführt. Die Arbeiten wurden am 10.12.2020 begonnen und am 20.03.2021 abgeschlossen.

Die BauMa GmbH stellte am 27.12.2020 eine abgestimmte Abschlagsrechnung über 6.000.000 € zzgl. 19 % Umsatzsteuer, die noch im Dezember durch die Franzen AG über das betriebliche Bankkonto beglichen wurde.

Es wurde wie folgt gebucht:

Anlagen im Bau	6.000.000 €			
sonstige Vermögensgegenstände				
(Vorsteuer)	1.140.000 €	an	Bank	7.140.000 €

a)   Beurteilen Sie den Sachverhalt aus handels- und steuerrechtlicher Sicht. Entwickeln Sie die Bilanzansätze zum 31.12.2020 bei der Franzen AG.

b)   Nehmen Sie alle noch erforderlichen Buchungen des Jahres 2020 vor.

Das Unternehmen strebt eine Einheitsbilanz an. Der Jahresabschluss wurde im März 2021 aufgestellt.

Lösung s. Seite 886

Aufgabe 6: Anschaffung Technische Anlage

Die SpieSA GmbH mit Sitz Hamburg ist eine mittelgroße Kapitalgesellschaft, die sich auf den Handel mit Kinderspielzeug spezialisiert hat.

Am 10.07.2020 bestellte die SpieSA GmbH bei der Schweizer Firma Packli KG aus Bern eine Verpackungsmaschine zum Festpreis von 200.000 CHF (Schweizer Franken). Die Maschine hat eine Nutzungsdauer von zehn Jahren.

Hinsichtlich der Bezahlung der Maschine wurde im Kaufvertrag folgende Vereinbarung getroffen:

20 % des Kaufpreises sind einen Monat nach Bestellung der Maschine und die restlichen 80 % sind drei Monate nach Lieferung fällig.

Vereinbarungsgemäß wurde am 08.08.2020 der Kaufpreis zu 20 % mittels Banküberweisung bezahlt und wie folgt gebucht:

technische Anlagen				
und Maschinen	27.972,02 €	an	Bankgirokonto	27.972,02 €

Die Maschine wurde am 06.11.2020 geliefert und sofort in Betrieb genommen.

Die vereinbarte Restzahlung von 80 % des Kaufpreises wurde am 03.02.2021 vorgenommen und im Jahr 2021 gebucht:

technische Anlagen und Maschinen	111.111,11 €	an	Bankgirokonto	111.111,11 €

Da die Maschine am 31.12.2020 nur teilweise bezahlt war, wurde im Jahr 2020 keine Abschreibung vorgenommen. Außer den genannten Buchungen wurden bezüglich dieses Sachverhaltes im Jahr 2020 keine weiteren Buchungen vorgenommen.

Die maßgebenden Umrechnungskurse (Devisenkassamitteilungskurse) betragen:

10.07.2020	1 € = 1,355 CHF
08.08.2020	1 € = 1,430 CHF
06.11.2020	1 € = 1,430 CHF
31.12.2020	1 € = 1,450 CHF
03.02.2021	1 € = 1,440 CHF

a) Entwickeln Sie die entsprechenden Bilanzansätze nach den handels- und steuerrechtlichen Vorschriften zum 31.12.2020. Es ist ein linearer Nutzungsverlauf zu unterstellen.

b) Führen Sie ggf. notwendige Korrekturbuchungen durch.

Lösung s. Seite 888

Aufgabe 7: Technische Anlage

Die BüMö AG mit Sitz in Rostock ist spezialisiert auf den Bau von Büromöbeln aus Kiefernholz. Es handelt sich um eine mittelgroße Kapitalgesellschaft im Sinne des HGB. Das Wirtschaftsjahr entspricht dem Kalenderjahr. Das Unternehmen möchte nach Möglichkeit eine Einheitsbilanz aufstellen. Im Rahmen der Erstellung des Jahresabschlusses 2020, sind noch folgende Sachverhalte aus Sicht der Handels- und Steuerbilanz zu würdigen. Der Jahresabschluss wurde im März 2021 aufgestellt.

Die BüMö AG kaufte am 20.01.2020 für 300.000 € zzgl. 19 % USt eine gebrauchte Entrindungsanlage für das Endrinden von Kiefernstämmen vom Mitbewerber, der seine Produktionskapazitäten verkleinert.

Die Entrindungsanlage musste beim Verkäufer abgebaut werden zur BüMö AG transportiert werden und bei der BüMö AG wieder aufgebaut werden. Den Auftrag hierfür erteilte die BüMö AG an Will Flink aus Wismar.

Im März 2020 demontierte Flink die Anlage beim Verkäufer und baute sie im März 2020 auch bei der BüMö AG wieder auf.

Willi Flink berechnete der BüMö AG hierfür pauschal 50.000 € zzgl. 19 % USt. Die Rechnung wurde im März 2020 vereinbarungsgemäß unter Abzug von 3 % Skonto bezahlt.

Damit die Entrindungsanlage standfest aufgebaut werden konnte, war es notwendig ein Fundament für die Entrindungsanlage zu erstellen. Die Kosten beliefen sich auf 64.000 € zzgl. 19 % USt. Die Anlage wurde fest mit dem Fundament verbunden und war am 01.04.2020 einsatzbereit.

Die BüMö AG ergänzte die Entrindungsanlage um weitere fünf Entrindungsmesser. Der Stückpreis je Entrindungsmesser betrug 700 € zzgl. 19 % USt. Die Entrindungsmesser wurden ebenfalls von Willi Flink im Juli 2020 an der Entrindungsanlage dauerhaft befestigt. Willi Flink berechnete hierfür nochmals 1.500 € zzgl. 19 % USt, die ohne Skontoabzug bezahlt wurden.

Die gebrauchte Entrindungsanlage hat unstrittig eine Nutzungsdauer von zehn Jahren. Bisher wurde gebucht:

technische Anlagen und Maschinen	300.000 €		
sonstige Vermögensgegenstände (Vorsteuer)	57.000 € an	Bank	357.000 €

Alle anderen Aufwendungen wurden auf dem Konto „sonstige betriebliche Aufwendungen" gebucht. Der Vorsteuerabzug wurde zutreffend gebucht.

a) Beurteilen Sie den Sachverhalt nach handels- und steuerrechtlichen Gesichtspunkten und entwickeln Sie nachvollziehbar den Bilanzansatz zum 31.12.2020. Es ist eine lineare Abnutzung zu unterstellen!

b) Führen Sie die erforderlichen Buchungen durch.

Lösung s. Seite 890

Aufgabe 8: Finanzanlagen (I)

Die Mayer AG mit Sitz in Rostock ist spezialisiert auf den Bau elektronischer Bauteile. Es handelt sich um eine mittelgroße Kapitalgesellschaft im Sinne des HGB. Das Geschäftsjahr entspricht dem Wirtschaftsjahr. Die Mayer AG ist voll zum Vorsteuerabzug berechtigt.

Im Rahmen des Jahresabschlusses 2020 ist nachfolgender Sachverhalt aus handels- und steuerrechtlicher Sicht noch zu würdigen. Auf ggf. auftretende latente Steuern ist nicht einzugehen. Der Jahresabschluss zum 31.12.2020 wurde im März 2021 aufgestellt.

Die Mayer AG hält seit fünf Jahren 28 % des Grundkapitals an der SpieSa AG, die der Mayer AG eine Vielzahl von Transistoren für die Herstellung der elektronischen Bauteile lieferte.

Um den günstigen Bezug von Transistoren zu sichern, gewährte die Mayer AG der SpieSa AG am 01.07.2020 einen Kredit über 3 Mio. €, der mit 4 % verzinst wird.

Die Laufzeit des Darlehens beträgt fünf Jahre; es ist am 30.06.2025 in einer Summe zurückzuzahlen. Die Zinsen sind jährlich zu zahlen. Erster Zinstermin ist der 30.06.2021.

Die Mayer AG buchte bei Auszahlung des Darlehens:

sonstige Vermögens-gegenstände	3.000.000 €	an	Bank	3.000.000 €

a) Beurteilen Sie den Sachverhalt aus handels- und steuerrechtlicher Sicht zum 31.12.2020 und entwickeln Sie den entsprechenden Bilanzposten.
b) Nehmen Sie ggf. erforderliche Korrekturbuchungen vor.

Lösung s. Seite 892

Aufgabe 9: Finanzanlagen (II)

Die Mayer AG mit Sitz in Rostock ist spezialisiert auf den Bau elektronischer Bauteile. Es handelt sich um eine mittelgroße Kapitalgesellschaft im Sinne des HGB. Das Geschäftsjahr entspricht dem Wirtschaftsjahr. Die Mayer AG ist voll zum Vorsteuerabzug berechtigt.

Im Rahmen des Jahresabschlusses 2020 ist nachfolgender Sachverhalt aus handels- und steuerrechtlicher Sicht noch zu würdigen. Auf ggf. auftretende latente Steuern ist nicht einzugehen. Der Jahresabschluss zum 31.12.2020 wurde im März 2021 aufgestellt. Die Mayer AG hat das Ziel nachhaltig hohe Erträge im Finanzbereich zu realisieren.

Wegen der Niedrigzinsphase entschloss sich die Mayer AG zum Erwerb von Anteilen an einem Mischfonds, der in den vergangenen Jahren gute Erträge erwirtschaftete.

Die Mayer AG orderte am 20.02.2020 6.000 Anteile an dem Mischfonds. Die Anteile wurden umgehend dem Depot der Mayer AG gutgeschrieben.

Der Ausgabewert betrug 96 €, als Rückkaufwert wurden 92 € ausgewiesen.

Die Mayer AG buchte den Vorgang folgendermaßen:

sonstige Ausleihungen aktiver Rechnungs-abgrenzungsposten	552.000 € 24.000 €	an	Bank	576.000 €

a) Beurteilen Sie den Sachverhalt aus handels- und steuerrechtlicher Sicht zum 31.12.2020 und entwickeln Sie den entsprechenden Bilanzposten.
b) Nehmen Sie ggf. eine erforderliche Korrekturbuchung vor.

Lösung s. Seite 893

Aufgabe 10: Finanzanlagen (III)

Die Mayer AG mit Sitz in Rostock ist spezialisiert auf den Bau elektronischer Bauteile. Es handelt sich um eine mittelgroße Kapitalgesellschaft im Sinne des HGB. Das Geschäftsjahr entspricht dem Wirtschaftsjahr. Die Mayer AG ist voll zum Vorsteuerabzug berechtigt.

Im Rahmen des Jahresabschlusses 2020 ist nachfolgender Sachverhalt aus handels- und steuerrechtlicher Sicht noch zu würdigen. Auf ggf. auftretende latente Steuern ist nicht einzugehen. Der Jahresabschluss zum 31.12.2020 wurde im März 2021 aufgestellt.

Die Mayer AG nutzte einen kurzfristigen Zahlungsmittelüberschuss, um am 01.11.2020 spanische Staatsanleihen im Nennwert von 80.000 € zu kaufen. Der Kauf wurde über die Interbank Hamburg durchgeführt.

Die Staatsanleihen konnten zu einem Kurs von 92 % zuzüglich 0,5 % Nebenkosten gekauft werden. Die Anleihe wird mit 3 % verzinst; der Zinstermin ist der 01.10. eines jeden Jahres.

Die Interbank erteilte mit dem Bankeinzug am 01.11.2020 folgende Abrechnung:

	Spanische Staatsanleihen im Nennwert von 80.000 € zum Kurs von 92 %	73.600 €
+	0,5 % Nebenkosten	368 €
+	3 % Stückzinsen	200 €
=	Bankeinzug	74.168 €

Die Mayer AG buchte den Vorgang:

Die Mayer AG erwartete ein starkes Ansteigen der Kurse bis zum Januar 2021.

Es wird geplant zu diesem Zeitpunkt die Staatsanleihen wieder zu verkaufen.

Zum 31.12.2020 stieg der Kurs der Anleihe bereits auf 94 %, am 25.01.2021 waren es beim Verkauf sogar 97 %.

a) Beurteilen Sie den Sachverhalt aus handels- und steuerrechtlicher Sicht zum 31.12.2020 und entwickeln Sie den entsprechenden Bilanzposten.

b) Nehmen Sie ggf. erforderliche Korrekturbuchungen vor.

Lösung s. Seite 893

Aufgabe 11: Anleihen

Die BüMö AG mit Sitz in Rostock ist spezialisiert auf den Bau von Büromöbeln aus Kiefernholz. Es handelt sich um eine mittelgroße Kapitalgesellschaft im Sinne des HGB. Das Wirtschaftsjahr entspricht dem Kalenderjahr. Das Unternehmen möchte nach

Möglichkeit eine Einheitsbilanz aufstellen. Im Rahmen der Erstellung des Jahresabschlusses 2020, sind noch folgende Sachverhalte aus Sicht der Handels- und Steuerbilanz zu würdigen. Der Jahresabschluss wurde im März 2021 aufgestellt.

Die BüMö AG hat 2019 zur langfristigen Anlage Anleihen erworben, die zutreffend unter den „Wertpapieren des Anlagevermögens" ausgewiesen und mit den Anschaffungskosten von 202.000 € bewertet wurden.

Ihr Nennwert betrug 200.000 €, der Zinstermin ist der 31.03. eines jeden Jahres. Die Anleihen sind mit einem Kupon von 3,6 % ausgestattet.

Aus Liquiditätsgründen verkaufte die BüMö AG einen Teil dieser Anleihe am 31.10.2020 und erhielt dafür die folgende Abrechnung:

Kurswert	100.000 € · 102 %	102.000 €
Provision	102.000 € · 0,5 %	510 €
vergütete Stückzinsen	(50.000 € · 3,6 % · 210 Tage) : 360 Tage	1.050 €
Gutschrift		102.540 €

Die Buchhaltung der BüMö AG hat aus dem Verkauf und der daraus resultierenden Gutschrift noch keine buchhalterischen Konsequenzen gezogen.

a) Beurteilen Sie die Auswirkungen der Sachverhalte auf den handelsrechtlichen und steuerlichen Gewinn unter Beachtung der periodengerechten Gewinnermittlung.

b) Nehmen Sie die notwendigen Buchungen für das Jahr 2020 vor.

Lösung s. Seite 894

Aufgabe 12: Wertpapiere (I)

Die SpieSA GmbH mit Sitz in Hamburg ist eine mittelgroße Kapitalgesellschaft, die sich auf den Handel mit Kinderspielzeug spezialisiert hat.

Die SpieSa GmbH erwarb am 20.03.2020 Aktien an der Spiele AG im Wert von 800.000 € zuzüglich 1 % Maklerprovision zum Börsenwert von 100 %.

Die Spiele AG produziert und verkauft Spielzeuge und beliefert u. a. auch die SpieSa GmbH. Durch den Aktienkauf hält die SpieSa GmbH 2,8 % Anteile an der Spiele AG. Die SpieSa GmbH sicherte sich durch den Kauf günstige Lieferkonditionen beim Bezug von Spielzeug.

Zum 31.12.2020 war der Kurs rückläufig und sank auf 80 %.

Aus Zeitungsberichten erfährt die Geschäftsführung der SpieSa GmbH, dass die Spiele AG erhebliche Absatzschwierigkeiten hat und deshalb Mitarbeiter entlassen muss. Aufgrund von Sanierungsmaßnahmen ist jedoch mit einer kurzfristigen Verbesserung der Geschäftslage zu rechnen.

a) Nehmen Sie zu dem Sachverhalt aus handels- und steuerrechtlicher Sicht Stellung und entwickeln Sie die entsprechenden Bilanzposten zum 31.12.2020. Die SpieSa GmbH möchte einen möglichst niedrigen handels- und steuerrechtlichen Jahresüberschuss ausweisen.

b) Bilden Sie den ggf. notwendige Buchungssätze.

Lösung s. Seite 895

Aufgabe 13: Wertpapiere (II)

Die BüMö AG mit Sitz in Rostock ist spezialisiert auf den Bau von Büromöbeln aus Kiefernholz. Es handelt sich um eine mittelgroße Kapitalgesellschaft im Sinne des HGB. Das Wirtschaftsjahr entspricht dem Kalenderjahr. Das Unternehmen möchte nach Möglichkeit eine Einheitsbilanz aufstellen. Im Rahmen der Erstellung des Jahresabschlusses 2020, ist noch folgender Sachverhalt aus Sicht der Handels- und Steuerbilanz zu würdigen. Der Jahresabschluss wurde im März 2021 aufgestellt.

Die BüMö AG hat am 20.02.2020 100.000 Stück Aktien der Holz AG, Berlin zum Preis von 12 € pro Stück erworben. Dies entspricht einem Anteil von 9 % am Grundkapital. Die Maklergebühren und Bankspesen betrugen 2 %. Der Betrag wurde vom Bankkonto überwiesen und zutreffend gebucht.

Die Anteile an der Holz AG sind dazu bestimmt, die Belieferung mit Kiefernholz für die Herstellung von Büromöbeln langfristig zu sichern.

Am 13.05.2020 hat die Holz AG eine Dividende in Höhe von 0,60 € pro Aktie an ihre Aktionäre ausgeschüttet. Es wurden hiervon 25 % Kapitalertragsteuer zuzüglich 5,5 % SolZ einbehalten. Die Ausschüttung wurde dem betrieblichen Bankkonto gutgeschrieben.

Am 31.12.2020 ist der Kurswert der Aktie der Holz AG auf 11,50 € pro Stück an der Börse gesunken. Der Kurswert hat sich bis zum Tag der Bilanzaufstellung wieder erholt und ist auf 13 € gestiegen. Eine Buchung ist noch nicht erfolgt.

a) Nehmen Sie Stellung zum Ansatz, Ausweis und zur Bewertung der Wertpapiere aus handels- und steuerrechtlicher Sicht. Ziel ist es in der Handels- und Steuerbilanz einen möglichst niedrigen Gewinn auszuweisen.

b) Ermitteln Sie die Dividendenerträge aufgrund der Gewinnausschüttungen der Holz AG an die BüMö AG.

c) Bilden Sie die erforderlichen Buchungssätze

Lösung s. Seite 896

Aufgabe 14: Vorräte (I)

Die Mayer AG ist eine mittelgroße Kapitalgesellschaft im Sinne des HGB. Das Unternehmen produziert Büromöbel aus Naturholz. Im Vorratsbestand der Mayer AG ist noch folgender Sachverhalt im Rahmen des Jahresabschlusses 2020 zu bewerten.

Im Bilanzansatz „Vorräte" zum 31.12.2020 sind u. a. Schubladen, die für die Herstellung von Schreibtischen benötigt werden, enthalten.

Aus einem im Jahr 2019 abgewickelten Großauftrag stammt noch ein Restbestand von 300 Stück. Die Schubladen hatten im Jahr 2019 Anschaffungskosten von 25 € je Stück.

Wegen der schlechten Verwertbarkeit des Restbestandes wurden die Schubladen zum 31.12.2019 (zutreffend) mit 10 € je Stück angesetzt. Im bisherigen Ansatz zum 31.12.2020 wurde der Ansatz vom Vorjahr übernommen.

Noch Ende 2020 konnte mit einem Kunden ein Liefervertrag über neue Schreibtische abgeschlossen werden, welcher die volle Verwertbarkeit der Schubladen sichert. Um den Auftrag abwickeln zu können, mussten von der Mayer AG noch weitere Mengen der gleichen Schubladen bestellt werden.

Der Preis der zum 31.12.2020 bestellten, aber noch nicht gelieferten Schubladen beträgt 28 € je Stück. Die bestellten Schubladen sind mit den auf Lager befindlichen Schubladen absolut gleichwertig. Mit der Produktion der bestellten Schreibtische wird erst im Jahr 2021 begonnen.

Erläutern Sie, wie die Schubladen, die sich im Lager befinden, nach Handels- und Steuerrecht zum 31.12.2020 bewertet werden.

Begründen Sie Ihre Antwort auch mit den einschlägigen gesetzlichen Normen.

Lösung s. Seite 898

Aufgabe 15: Vorräte (II)

Die KlebSto AG aus Stralsund produziert Büromöbel. Es handelt sich um eine mittelgroße Kapitalgesellschaft im Sinne des HGB.

Im Rahmen der Erstellung des Jahresabschlusses 2020 sind noch nachfolgende Sachverhalte aus handels- und steuerrechtlicher Sicht zu würdigen. Das Geschäftsjahr entspricht dem Kalenderjahr. Der Jahresabschluss zum 31.12.2020 wurde im März 2021 aufgestellt.

Sachverhalt 1 – Beschläge aus Edelmetall:
Am 31.12.2020 befanden sich bei einem durch die Inventur mengenmäßig zutreffend erfassten Posten Beschläge aus Edelmetall (Rohstoffe) noch 3.000 Stück auf Lager. Der

Bestand stammt unstrittig aus den Einkäufen der letzten drei Monate. Die Rohstoffpreise der verschiedenen Lieferungen im Jahr 2020 haben sich wie folgt entwickelt:

- ► Bestand am 01.01.2020   6.000 Stück   12,00 €/Stück
- ► Zugang im April 2020   2.000 Stück   10,00 €/Stück
- ► Zugang im August 2020   3.000 Stück   9,00 €/Stück
- ► Zugang im November 2020   4.000 Stück   9,50 €/Stück
- ► Zugang im Dezember 2020   2.000 Stück   10,50 €/Stück

Die Abgänge wurden nicht gesondert aufgezeichnet. Zum 30.09.2020 war kein Lagerbestand vorhanden.

Der Wiederbeschaffungspreis betrug am 31.12.2020 je Stück 10 €. Die KlebSto AG hat den Endbestand von 3.000 Stück am 31.12.2020 erstmals nach dem Bewertungsvereinfachungsverfahren „First in – First out" bewertet und gebucht.

Sachverhalt 2 – Schreibtischlampen:
Die KlebSto AG bietet Kunden zusätzlich zu den Büromöbeln aus eigener Herstellung auch Schreibtischlampen an. Diese bezieht die KlebSto AG von einem Lieferanten. Es handelt sich um Handelswaren.

Bei den Schreibtischlampen (Handelswaren) hat die KlebSto AG aus organisatorischen Gründen eine vorverlegte Inventur durchgeführt. Der Bestand am 31.10.2020 zu Anschaffungskosten betrug 42.000 €. Die Wiederbeschaffungskosten sind am 31.10.2020 nachhaltig und dauerhaft auf 40.000 € gesunken.

Die Umsatzerlöse der Handelswaren betrugen in der Zeit vom 31.10.2020 bis 31.12.2020 20.000 € ohne Umsatzsteuer.

Einkäufe sind zwischen dem 31.10.2020 und 31.12.2020 nicht erfolgt.

Die KlebSto AG kalkuliert die Handelswaren mit einem Aufschlagssatz von 25 % (für Handlungskosten und Gewinn) auf die Anschaffungskosten (Kalkulationszuschlag). Die Handelswaren sind im vorläufigen Bestand noch nicht enthalten.

a)   Erläutern Sie den Sachverhalt 1 und 2 nach den handels- und steuerrechtlichen Vorschriften und entwickeln Sie die entsprechenden Bilanzposten zum 31.12.2020.

   Die KlebSto AG möchte möglichst eine Einheitsbilanz erstellen, sowie einen möglichst niedrigen steuerlichen Gewinn.

b)   Führen Sie die ggf. erforderlichen Korrekturbuchungen durch.

Lösung s. Seite 898

Aufgabe 16: Bilanzierung Vorräte – Verbrauchsfolgeverfahren

Die Hansen AG ist eine mittelgroße Kapitalgesellschaft aus Hamburg. Sie produziert Bremsen für die Automobilindustrie.

Aus der Saldenliste ergeben sich vor Erstellung des Jahresabschlusses 2020 (Geschäftsjahr = Kalenderjahr) folgende Daten:

Bestand	150.000 €	an	Bremsscheiben (Vorprodukte)	150.000 €

Der Bestand an Bremsscheiben muss im Rahmen der Jahresabschlussarbeiten noch bewertet werden. Das Unternehmen wendet das Lifo-Verfahren als Bewertungsvereinfachungsverfahren an.

Es liegen folgende Daten aus der Warenwirtschaft vor:

Anfangsbestand:	5.000 Stück	zu je 25,00 €	125.000 €
1. Zugang:	2.000 Stück	zu je 20,00 €	40.000 €
2. Zugang:	3.000 Stück	zu je 22,50 €	67.500 €
Summe:	10.000 Stück		232.500 €

Laut Stichtagsinventur befinden sich am Abschlussstichtag noch 4.000 Stück im Lager. Der Wiederbeschaffungspreis beträgt am Bilanzstichtag (31.12.) dauerhaft 24 € je Stück.

a) Wie sind Vorräte allgemein nach Handels- und Steuerrecht zu bewerten?

b) Ermitteln Sie den Bilanzansatz der Bremsscheiben für den handelsrechtlichen und steuerrechtlichen Jahresabschluss 2020.

c) Ermitteln Sie die Bestandsveränderung für die Vorprodukte (handelsrechtlicher und steuerlicher Wertansatz) ausgehend vom vorläufigen Jahresabschluss.

Ziel des Unternehmens ist ein möglichst hoher Handelsbilanzgewinn und ein niedriger Steuerbilanzgewinn.

Lösung s. Seite 901

Aufgabe 17: Zugangs- und Folgebewertung Vorräte

Sie sind Mitarbeiter/-in der Holzbauelemente GmbH mit Sitz in Hamburg. Es handelt sich um eine kleine Kapitalgesellschaft. Das Unternehmen ist spezialisiert auf den Bau und Einbau von Holzmöbeln und kompletten Zimmerausstattungen aus Naturholz für Hotels.

Im Rahmen der Erstellung des Jahresabschlusses für das Geschäftsjahr 2020 werden Sie beauftragt, nachfolgenden Sachverhalt zu bearbeiten. Der Jahresabschluss für das Geschäftsjahr 2020 wird im April 2021 aufgestellt.

Die Holzbauelemente GmbH hat im Oktober 2020 noch einen Auftrag zur Herstellung von neun „Komplett-Schlafzimmereinrichtungen" für ein Hotel in Kiel zu einem Festpreis von 99.000,00 € (zzgl. 19 % USt) übernommen. Entsprechend der vertraglichen Abmachungen waren die neun „Komplett-Schlafzimmereinrichtungen" bis zum 31.03.2021 auszuliefern und einzubauen.

Im kalkulierten Festpreis war zunächst ein Gewinn von 12.500 € enthalten.

Wegen gestiegener Kosten konnte der Auftrag allerdings nicht mehr kostendeckend ausgeführt werden. Normalerweise erzielt die Holzbauelemente GmbH bei der Produktion und dem Einbau derartiger „Komplett-Schlafzimmereinrichtungen" einen Unternehmensgewinn von 5 % bezogen auf den Nettoverkaufspreis.

Bis zum 31.12.2020 sind folgende Aufwendungen (netto) entstanden:

Vermittlungsprovision an Joachim Jensen	5.400,00 €
(Herr Jensen hatte den Kontakt zum Hotel hergestellt)	
Fertigungsmaterial	30.000,00 €
Materialgemeinkosten	6.600,00 €
Fertigungslöhne	12.000,00 €
Fertigungsgemeinkosten	18.000,00 €
Kosten der Verwaltung	5.100,00 €
Entwurfskosten „Komplett-Schlafzimmereinrichtung"	8.100,00 €
(fremder Designer)	
Summe	85.200,00 €

Bis zur Auslieferung und dem Einbau fielen im Jahr 2021 noch folgende Kosten (netto) an:

Fertigungsmaterial	6.300,00 €
Materialgemeinkosten	1.500,00 €
Fertigungslöhne	11.400,00 €
Fertigungsgemeinkosten	12.150,00 €
Verwaltungsgemeinkosten	4.800,00 €
Vertriebskosten	8.100,00 €
Summe	44.250,00 €

a) Ermitteln Sie die Herstellungskosten zum 31.12.2020 im Rahmen der Zugangsbewertung nach Handels- und Steuerrecht. Das Unternehmen strebt eine Einheitsbilanz mit hohem Gewinnausweis an.

b) Nehmen Sie die Folgebewertung zum 31.12.2020 nach Handels- und Steuerrecht vor und entwickeln Sie den Bilanzansatz. Gehen Sie von einer dauernden Wertminderung aus. Das Unternehmen strebt einen möglichst niedrigen steuerlichen Gewinn an.

Die einschlägigen gesetzlichen Grundlagen sind jeweils zu nennen.

Lösung s. Seite 902

Aufgabe 18: Bewertung Forderungen Handelsbilanz

Die Müller AG ist eine mittelgroße Kapitalgesellschaft aus Berlin. Zum 31.12.2020 wies die Debitorenliste einen Forderungsbestand in Höhe von 3.570.000 € einschließlich 19 % USt aus.

Auf den Forderungsbestand sind aus den betrieblichen Erfahrungen folgende Risiken zu berücksichtigen:

- ► Ausfallrisiko: 2 %
- ► Skontorisiko: 2 %
- ► Zinsrisiko: 8 %
- ► Inkassorisiko: 700 € pauschal

Die Kunden der Müller AG zahlen durchschnittlich zehn Tage nach dem vereinbarten Zahlungsziel.

Am Tag der Bilanzaufstellung (14.05.2021) war nur noch eine Forderung in Höhe von 59.500 € inkl. 19 % USt unbezahlt, für diese Rechnung gewährt die Müller AG keinen Skontoabzug mehr.

An Skontoabzügen wurden bis zum Tag der Bilanzaufstellung 28.560 € inkl. 19 % USt in Anspruch genommen.

Der Bestand an Pauschalwertberichtigungen zum 31.12.2019 betrug: 45.000 €.

a) Erläutern Sie die Zugangs- und Folgebewertung von Forderungen in der Handels- und Steuerbilanz allgemein.

b) Beurteilen Sie den Sachverhalt ausschließlich nach handelsrechtlichen Gesichtspunkten und entwickeln Sie die zutreffenden Bilanzposten zum 31.12.2020.

Lösung s. Seite 904

Aufgabe 19: Bewertung Fremdwährungsforderungen

Die BauMa GmbH hatte am 13.12.2020 der Rübli KG in Bern/Schweiz eine maschinelle Anlage ausgeliefert und übergeben. Die Rechnung über 750.000 CHF (Schweizer Franken) wurde noch am gleichen Tag versandt.

Als Gefahrenübergang war der Tag der Übergabe vereinbart.

Die Rechnung wurde durch die Rübli KG am 12.01.2021 auf das betriebliche Bankkonto der BauMa GmbH gezahlt. Die Kurse entwickelten sich wie folgt:

13.12.2020   1 € = 1,62 CHF

31.12.2020   1 € = 1,65 CHF

12.01.2021   1 € = 1,63 CHF

Bewerten Sie die Forderung der BauMa GmbH gegenüber der Rübli KG zum 31.12.2020 in der Handels- und Steuerbilanz.

Die einschlägigen Rechtsgrundlagen sind zu benennen.

Lösung s. Seite 906

Aufgabe 20: Kasse

Die Franzen AG mit Sitz in Rostock ist spezialisiert auf den Bau elektronischer Bauteile. Es handelt sich um eine mittelgroße Kapitalgesellschaft im Sinne des HGB. Das Geschäftsjahr entspricht dem Wirtschaftsjahr. Die Franzen AG ist voll zum Vorsteuerabzug berechtigt.

Im Rahmen des Jahresabschlusses 2020 ist nachfolgender Sachverhalt aus handels- und steuerrechtlicher Sicht noch zu würdigen. Auf ggf. auftretende latente Steuern ist nicht einzugehen. Das Unternehmen wächst seit Jahren kontinuierlich.

Die Franzen AG unterhält bei zwei inländischen und einer ausländischen Bank jeweils ein Konto.

Zur Abwicklung kleinerer laufender Einkäufe, z. B. Repräsentationsaufwendungen, Büromaterial, wird eine Kasse in Rostock geführt. Die Kassenaufzeichnungen werden zeitnah erfasst.

Zum Bilanzstichtag 31.12.2020 liegen der Franzen AG korrekte Kontoauszüge vor. Aus den Kontoauszügen und dem Kassenbuch ergeben sich folgende Bestände:

Kasse lt. Kassenbuch	2.501,12 €
Festgeld Eurobank Berlin	500.000,00 €
Girokonto Sparkasse Rostock	- 246.900,52 €
Girokonto Interbank New York umgerechnet	271.134,82 €
Bilanzposition: Liquide Mittel	526.735,42 €

Es liegen folgende Informationen zu den einzelnen Positionen der liquiden Mittel vor:

▸ Bei der Kassenrevision zum 31.12.2020 wurde ein tatsächlicher Kassenbestand in Höhe von 2.480,94 € festgestellt.

▸ Das Festgeld bei der Eurobank Berlin wurde am 01.10.2020 abgeschlossen und hat eine Laufzeit bis zum 30.09.2022; der vereinbarte Zinssatz liegt bei 4 % p. a.

Die Zinsen werden jährlich beginnend am 01.10.2021 rückwirkend ausgezahlt.

▸ Für das Girokonto bei der Sparkasse Rostock liegt eine entsprechende Saldenbestätigung vor.

▸ Auch der Saldo des Kontos bei der Interbank New York wurde durch eine Saldenbestätigung nachgewiesen.

Am 10.11.2020 hat die Interbank sich unter den Insolvenzschutz des amerikanischen Rechtes gestellt.

Hiernach dürfen die Gläubiger der Bank ihre Guthaben nicht mehr abziehen. Aus Zeitungsberichten hat die Franzen AG zusätzlich erfahren, dass die Bank völlig überschuldet ist und Einlagensicherungsfonds nicht bestehen.

a) Beurteilen Sie den Sachverhalt unter handelsrechtlichen und steuerlichen Gesichtspunkten zum 31.12.2020.

b) Nehmen Sie die erforderlichen Buchungen vor.

Lösung s. Seite 908

Aufgabe 21: Steuerliche Wahlrechte, Rücklage gem. R 6.5 EStR

Der Einzelunternehmer Fritz Goldstein betreibt in der Berliner Innenstadt in dritter Generation ein Geschäft zur Herstellung und Verkauf von Goldschmuck. Das Einzelunternehmen ist im Handelsregister eingetragen. Der Umsatz der vergangenen Jahre betrug im Schnitt 5 Mio. €. Die Umsatzrendite durchschnittlich 20 %.

In den vergangenen Jahren wurde oftmals in das Geschäft eingebrochen und immer wieder ein erheblicher Schaden durch Wandalismus und durch Verlust von Goldschmuck verursacht. Die vorhandene Alarmanlage ist schon sehr veraltet.

Die Versicherung forderte Goldstein im November 2019 auf, eine neue Alarmanlage einzubauen. Die Versicherung beteiligt sich an Kauf und Einbau mit 20 %.

Goldstein holte noch im November Angebote ein und wählte eine Alarmanlage inkl. Einbau für netto 50.000 € aus. Die Versicherung zahlte noch im Dezember 2019 hiervon 20 % auf das betriebliche Bankkonto des Goldstein.

Goldstein kaufte die Alarmanlage allerdings erst im Februar 2020 und ließ sie von einem Fachbetrieb installieren. Die gesamten Anschaffungskosten betrugen 50.000 € netto. Die Nutzungsdauer der Alarmanlage beträgt zehn Jahre.

a) Nehmen Sie Stellung zur Buchführungspflicht des Fritz Goldstein nach Handels- und Steuerrecht.

b) Fritz Goldstein möchte einen möglichst niedrigen Gewinn realisieren. Beurteilen Sie den Sachverhalt nach Handels- und Steuerrecht für die Geschäftsjahre 2019 und 2020 und nennen Sie die einschlägigen gesetzlichen Grundlagen.

Lösung s. Seite 910

Aufgabe 22: § 6b – Rücklage

Die Boot AG mit Sitz in Rostock ist eine große Kapitalgesellschaft im Sinne des HGB. Unternehmensgegenstand ist das Durchführen von Schiffsreisen und Schiffsevents auf deutschen Flüssen oder Seen. Die Leistungen, die die Boot AG in diesem Zusammenhang erbringt, berechtigen zum vollen Vorsteuerabzug.

Ziel des Unternehmens ist ein möglichst niedriger handels- und steuerrechtlicher Gewinn. Auf ggf. auftretende latente Steuern ist nicht einzugehen. Der Jahresabschluss 2020 wird im März 2021 erstellt.

Im Rahmen des Jahresabschlusses 2020 ist nachfolgender Sachverhalt zu beurteilen. Das Wirtschaftsjahr entspricht dem Kalenderjahr.

Am 01.10.2020 wurde das neue Betriebsgebäude der Boot AG in Rostock fertiggestellt. Der Bauantrag wurde im April 2020 gestellt. Das Gebäude wurde auf dem neuen Betriebsgelände „Am Stadthafen 10" in Rostock fertiggestellt. Die Herstellungskosten beliefen sich auf 10.000.000 €.

Der Grund und Boden befindet sich bereits seit dem Erwerb Anfang 2019 im Betriebsvermögen der Boot AG und wurde in der Bilanz zum 31.12.2019 mit den Anschaffungskosten in Höhe von 1.500.000,00 € ausgewiesen.

Das Gebäude besteht aus zehn gleich großen Etagen. Fünf Etagen werden eigenbetrieblich als Büroräume genutzt. Die anderen fünf Etagen werden seit der Fertigstellung zu Wohnzwecken an Privatpersonen vermietet. Die Nutzungsdauer entspricht den steuerrechtlichen Vorgaben. Die Wohnungsmieten wurden auf das betriebliche Bankkonto überwiesen und zutreffend in der Buchhaltung erfasst.

Die Herstellungskosten für das Gebäude hat die Boot AG wie folgt gebucht:

Gebäude „Am Stadthafen"	10.000.000,00 €			
Vorsteuer	1.900.000,00 €	an	Bank	11.900.000,00 €

Weitere Buchungen wurden nicht vorgenommen.

Nachdem Umzug in das neue Gebäude wird das ehemalige Gebäude „Am Warnowkai 15" nicht mehr benötigt. Mit Übergang von Nutzen und Lasten zum 01.12.2020 veräußerte die Boot AG sein vormaliges, nicht mehr benötigtes Betriebsgrundstück nebst Einrichtung „Am Warnowkai 15".

Das Grundstück war seit 2004 im Betriebsvermögen der Boot AG und hatte zum 01.12.2020 noch einen Buchwert von 4.000.000 €, wovon 1.500.000 € auf den Grund und Boden entfielen.

Vom gesamten Veräußerungserlös in Höhe von 7.200.000 € entfielen auf den Grund und Boden 2.400.000 €. Umsatzsteuer wurde hierbei nicht in Rechnung gestellt.

Ebenfalls veräußert wurde die komplette Betriebs- und Geschäftsausstattung. Diese ist bereits voll abgeschrieben. Der Erlös in Höhe von 714.000 € inkl. 19 % USt wurde auf das betriebliche Bankkonto überwiesen und zutreffend gebucht.

Bisherige einzige Buchung der gesamten Veräußerung:

Bank	7.200.000,00 €	an	Grund und Boden „Am Warnowkai"	1.500.000,00 €
			an Gebäude „Am Warnowkai"	2.500.000,00 €
			an Erträge aus der Veräußerung von Anlagevermögen	3.200.000,00 €

a) Beurteilen Sie den Sachverhalt aus handels- und steuerrechtlicher Sicht und entwickeln Sie die Bilanzpositionen unter Angabe der gesetzlichen Bestimmungen zum 31.12.2020.

Das Unternehmen möchte einen möglichst niedrigen steuerlichen Gewinn ausweisen.

b) Führen Sie die notwendigen Korrekturbuchungen sowohl für die Handels- als auch für die Steuerbilanz durch.

Lösung s. Seite 912

Aufgabe 23: Eigenkapital Kapitalgesellschaft

Die Mayer AG ist eine große Kapitalgesellschaft im Sinne des HGB. Sie hat ihren Sitz in Leipzig und produziert Stahlelemente für den Brückenbau.

Zum 31.12.2019 beträgt

- das gezeichnete Kapital 100.000.000 €
- die Kapitalrücklage nach § 272 Abs. 2 Nr. 1 - 3 HGB 7.200.000 €
- die gesetzliche Rücklage 840.000 €
- die anderen Gewinnrücklagen 1.000.000 €
- Satzungsmäßige Rücklagen werden nicht gebildet
- der Verlustvortrag 800.000 €.

Im Geschäftsjahr 2020 wurde keine Aktien ausgegeben. Die Mayer AG erwirtschaftete einen Jahresüberschuss in Höhe von 6.800.00 €.

Der Jahresabschluss soll vom Vorstand und Aufsichtsrat aufgestellt und festgestellt werden. Es wird beabsichtigt den Jahresüberschuss des Geschäftsjahres 2020, soweit es die gesetzlichen Bestimmungen erlauben, in die Gewinnrücklagen einzustellen.

a) Nehmen Sie die Gliederung des Eigenkapitals zum 31.12.2020 unter Berücksichtigung der Gewinnverwendung mit unter Angabe der gesetzlichen Bestimmungen vor.

b) Nehmen Sie die erforderlichen Buchungen vor.

Lösung s. Seite 916

Aufgabe 24: Bewertung von Rückstellungen

Sie sind Mitarbeiter der Hansen AG einer mittelgroßen Kapitalgesellschaft aus Rostock. Im Rahmen der Erstellung des Jahresabschlusses 2020 sind folgende Sachverhalte noch zu klären:

Sachverhalt 1:
Die Hansen AG hat eine betriebliche Kantine in der die Mitarbeiter Frühstück und Mittag gegen Entgelt einnehmen können. Nach einer Kontrolle der Gewerbeaufsicht bekam die Hansen AG mit Bescheid vom 22.10.2020 mitgeteilt, erstmals einen Fettabscheider in den Abwasserabfluss einzubauen. Die Aufwendungen hierfür betragen laut einer hierauf spezialisierten Firma 20.000 € netto.

Die Hansen AG beauftragte die Fachfirma im Januar 2021. Der Einbau und die Inbetriebnahme erfolgten im März 2021. Die Nutzungsdauer beträgt unstrittig zehn Jahre.

Sachverhalt 2:
Die Hansen AG hatte ab Januar 2012 in Wismar zunächst für zehn Jahre Büro- und Lagerräume, für eine Niederlassung, gemietet. Der monatliche Mietzins beträgt 5.000 € netto. Der Vermieter optierte gem. § 9 UStG.

Aufgrund einer Neuausrichtung des Unternehmens, entschied sich die Hansen AG im Dezember 2020 die Niederlassung ab Januar 2021 zu schließen.

Da der Mietvertrag nicht vorzeitig beendet werden kann, suchte die Hansen AG – mit Zustimmung des Vermieters – einen Untermieter. Während die Lagerräume lt. Vertrag vom 15.12.2020 ab März 2021 von der Müller GmbH für monatlich 1.700 € genutzt werden, konnten die Büroräume lt. Vertrag vom 20.12.2020 erst ab August 2021 für monatlich 1.400 € weitervermietet werden.

Sachverhalt 3:
Die Hansen AG war im Dezember 1971 gegründet worden. Vorstand und Aufsichtsrat beschlossen daher im Jahr 2020, das 50-jährige Bestehen des Unternehmens zur Imagezwecken zu nutzen.

Es wurde geplant eine Chronik des Unternehmens zu erstellen und eine Festveranstaltung durchzuführen.

Die Aufwendungen hätten zum 31.12.2020 insgesamt ca. 125.000 € betragen. Zum 31.12.2021 ist mit einer Preissteigerung von ca. 10 % zu rechnen.

Beurteilen Sie den Ansatz der Sachverhalte 1 - 3 in der Handels- und Steuerbilanz zum 31.12.2020. Das Unternehmen strebt einen möglichst niedrigen Gewinn an. Die einschlägigen Rechtsgrundlagen sind zu nennen.

Lösung s. Seite 918

Aufgabe 25: Rückstellungen für drohende Verluste, Bewertung Vorräte

Die SpieSa AG betreibt in Deutschland 20 Filialen im Großhandelsbereich mit Spielsachen für Kinder.

Am 03.12.2020 hat die SpieSa AG mit der Spiele-GmbH einen Liefervertrag über 1.000 Teddybären „Eisbär" abgeschlossen. Der vereinbarte Kaufpreis beträgt 40.000 € zzgl. 19 % USt.

Die Auslieferung erfolgt frei Haus an die Spiele GmbH am 20.02.2021. Hierfür fallen Verwaltungs- und Vertriebskosten in Höhe von 700 € an. Das Unternehmen rechnet mit einem durchschnittlichen Unternehmergewinn von 5 %.

Bei Bestellung bei der Zuliefererfirma KidAustria-AG in Wien (Österreich) am 12.12.2020 muss die SpieSa AG jedoch feststellen, dass sich die Preise zwischenzeitlich erhöht haben. Die KidAustria-AG liefert zu folgenden Konditionen.

Kaufpreis	45.000 €
Frachtkosten und Zoll	2.000 €
Gesamtbetrag	47.000 €

Die Lieferung durch die KidAustria AG soll im Januar 2021 erfolgen.

a) Beurteilen Sie den Sachverhalt nach Handels- und Steuerrecht zum 31.12.2020. Entwickeln Sie ggf. die Bilanzansätze.

b) Wie ist der Sachverhalt nach Handels- und Steuerrecht zu beurteilen, wenn die Lieferung durch die KidAustria-AG am 28.12.2020 stattfindet.

Lösung s. Seite 919

Aufgabe 26: Darstellung eines kurzfristigen Darlehens

Die Mayer AG ist eine mittelgroße Kapitalgesellschaft aus Berlin. Sie hat am 01.10.2020 einen kurzfristigen endfälligen Kredit bei der Rübli Bank, Bern (Schweiz), in Höhe von 50.000 CHF Franken aufgenommen. Rückzahlung am 31.03.2021, Zinsen 5 % p. a.

▶ Kurs 01.10.2020   1 CHF = 0,80 €

▶ Kurs 31.12.2020   1 CHF = 0,75 €

▶ Kurs 31.03.2021   1 CHF = 0,85 €

Erläutern Sie, wie das kurzfristige Darlehen von der Rübli Bank am 31.12.2020 (Bilanzstichtag) bei der Mayer AG in der Handels- und Steuerbilanz anzusetzen ist.

Die einschlägigen Rechtsgrundlagen sind jeweils zu nennen.

Lösung s. Seite 921

Aufgabe 27: Darlehen

Die Franzen AG mit Sitz in Stralsund ist eine mittelgroße Kapitalgesellschaft im Sinne des HGB. Das Geschäftsjahr entspricht dem Kalenderjahr. Zur Finanzierung eines neuen Betriebsgrundstücks nimmt die Franzen AG am 01.10.2020 ein Darlehen bei der Ostseebank zu folgenden Bedingungen auf:

- Darlehenssumme: 1.008.000,00 €
- Auszahlung (90 %):   907.200,00 €
- Zinsen: 4 % p. a.
- Laufzeit und Zinsfestschreibungsdauer: 10 Jahre

Die Zinsen und die Tilgung sind jeweils halbjährlich (01.10. und 01.04.) fällig, erstmals am 01.04.2021. Die Tilgung erfolgt jeweils in gleichbleibenden Raten zu jeweils 50.400 €.

Bei Auszahlung des Darlehens wurde gebucht:

Bank	907.200,00 €	an	Darlehen	907.200,00 €

a) Entwickeln Sie für die Handels- und Steuerbilanz nachvollziehbar die einzelnen Bilanzpositionen zum 31.12.2020, die sich aus diesem Sachverhalt ergeben.

   Das Unternehmen strebt eine Einheitsbilanz an. Die einzelnen Rechtsgrundlagen sind zu benennen.

b) Nehmen Sie notwendige Korrekturbuchungen vor.

Lösung s. Seite 921

Aufgabe 28: Verbindlichkeiten

Die KlebSto AG aus Stralsund produziert Büromöbel. Es handelt sich um eine mittelgroße Kapitalgesellschaft im Sinne des HGB.

Im Rahmen der Erstellung des Jahresabschlusses 2020 sind noch nachfolgende Sachverhalte aus handels- und steuerrechtlicher Sicht zu würdigen. Das Geschäftsjahr entspricht dem Kalenderjahr. Der Jahresabschluss zum 31.12.2020 wurde im März 2021 aufgestellt.

Sachverhalt 1:
Die KlebSto AG hat im November 2020 Kiefernholz (Rohstoffe) aus der Schweiz für 100.000 CHF (Schweizer Franken) erworben. Dabei wurde ein Zahlungsziel von 90 Tagen vereinbart. Zum Tag der Lieferung betrug der Umrechnungskurs 1 € = 1,44080 CHF (Devisenkassamittelkurs).

Am Bilanzstichtag 31.12.2020 betrug der Kurs 1 € = 1,54150 CHF (Devisenkassamittelkurs). Die Umsatzsteuer wurde zutreffend gebucht, der Kauf der Rohstoffe wurde bisher jedoch noch nicht erfasst, die Rohstoffe wurden im Dezember vollständig verbraucht.

Sachverhalt 2:
Zur Finanzierung einiger inländischer Aufträge hat die KlebSto AG bei der American Nationalbank (Washington, USA) ein Fälligkeitsdarlehen zum 01.07.2020 (Laufzeit: fünf Jahre) in Höhe von 100.000 $ aufgenommen, das mit 4 % p. a. zu verzinsen ist.

Die Zinsen sind jeweils nachschüssig halbjährlich fällig. Das Darlehen wurde am 01.07.2020 unter Abzug eines Einbehaltes von 3.000 $ auf das inländische Bankkonto der KlebSto AG überwiesen.

Der Kurs zum Zeitpunkt der Gutschrift betrug 1 € = 1,17838 €. Zum Bilanzstichtag 31.12.2020 betrug der Umrechnungskurs 1 € = 1,19558 $ (Devisenkassamittelkurs).

Die Zinsen wurden am 03.01.2021 vom betrieblichen Bankkonto abgebucht. Der gesamte Vorgang wurde bisher noch nicht gebucht.

a) Beurteilen Sie die Sachverhalte aus handels- und steuerrechtlicher Sicht, wobei ein höchstmöglicher Jahresüberschuss ausgewiesen werden soll, außerdem soll nach Möglichkeit eine Einheitsbilanz erstellt werden.

b) Bilden Sie sämtliche erforderlichen Buchungen für das Jahr 2020.

Lösung s. Seite 923

Aufgabe 29: Zuschuss durch Mieter

Die BüMö AG mit Sitz in Rostock ist spezialisiert auf den Bau von Büromöbeln aus Kiefernholz. Es handelt sich um eine mittelgroße Kapitalgesellschaft im Sinne des HGB. Das Wirtschaftsjahr entspricht dem Kalenderjahr. Das Unternehmen möchte nach Möglichkeit eine Einheitsbilanz aufstellen. Im Rahmen der Erstellung des Jahresabschlusses 2020, sind noch folgende Sachverhalte aus Sicht der Handels- und Steuerbilanz zu würdigen. Der Jahresabschluss wurde im März 2021 aufgestellt.

Die BüMö AG hat am 01.05.2019 einen Teil ihres Verwaltungsgebäudes für zehn Jahre an den Handwerker Lutz Pille vermietet. Pille zahlt eine monatliche Miete von 2.000 €, die stets am dritten Werktag des Monats fällig und stets auch pünktlich beglichen wurde. Auf die Umsatzsteuerbefreiung wurde nicht verzichtet.

Im Januar 2020 wurden in den gemieteten Räumen des Pille energieeffizientere Heizkörper eingebaut. Pille hat sich vor dem Einbau bereit erklärt die Kosten teilweise zu übernehmen. Der Anteil des Pille beträgt 96.000 €.

Die BüMö AG kommt mit Pille überein, dass der Mieter den Betrag in Höhe von 96.000 € zunächst vollständig an die BüMö AG bezahlt. Die Hälfte der Zahlung (48.000 €) wird ab Mai 2020 bis zum Ende der Mietzeit in gleichen Raten auf die Miete angerechnet.

Der Vorgang wurde bisher wie folgt in der Buchhaltung erfasst:

Bank	96.000 €	an	sonstige betriebliche Erträge	96.000 €

Die Zahlungen der Miete, der Einbau sowie die Verrechnung der eingebauten Heizkörper wurden in 2020 wurden zutreffend buchhalterisch erfasst.

a) Beurteilen Sie die Auswirkungen der Sachverhalte auf den handelsrechtlichen und steuerlichen Gewinn unter Beachtung der periodengerechten Gewinnermittlung.

b) Nehmen Sie die notwendigen Buchungen für das Jahr 2020 vor.

Lösung s. Seite 927

Aufgabe 30: Bürgschaft

Die BüMö AG mit Sitz in Rostock ist spezialisiert auf den Bau von Büromöbeln aus Kiefernholz. Es handelt sich um eine mittelgroße Kapitalgesellschaft im Sinne des HGB. Das Wirtschaftsjahr entspricht dem Kalenderjahr. Das Unternehmen möchte nach Möglichkeit eine Einheitsbilanz aufstellen. Im Rahmen der Erstellung des Jahresabschlusses 2020, ist noch folgender Sachverhalt aus Sicht der Handels- und Steuerbilanz zu würdigen. Der Jahresabschluss wurde im März 2021 aufgestellt.

Ein befreundetes Unternehmen hat bei der Sparbank ein Darlehen in Höhe von 1.000.000 € aufgenommen. Eine Bedingung der Sparbank war eine Bürgschaft.

Die BüMö AG hat hieraufhin im Mai 2020 eine selbstschuldnerische Bürgschaft für das befreundete Unternehmen gegenüber der Sparbank übernommen.

Anzeichen für eine tatsächliche Inanspruchnahme der Bürgschaft liegen zum Bilanzstichtag nicht vor.

Erläutern Sie, wie sich die übernommene Bürgschaft auf die Handels- und Steuerbilanz der BüMo AG auswirkt.

Lösung s. Seite 928

Aufgabe 31: Sicherungsübereignung

Die BüMö AG mit Sitz in Rostock ist spezialisiert auf den Bau von Büromöbeln aus Kiefernholz. Es handelt sich um eine mittelgroße Kapitalgesellschaft im Sinne des HGB. Das Wirtschaftsjahr entspricht dem Kalenderjahr. Das Unternehmen möchte nach Möglichkeit eine Einheitsbilanz aufstellen. Im Rahmen der Erstellung des Jahresabschlusses 2020, ist noch folgender Sachverhalte aus Sicht der Handels- und Steuerbilanz zu würdigen. Der Jahresabschluss wurde im März 2021 aufgestellt.

Für eine Investition hat die BüMö AG ein Darlehen bei der Eurobank Berlin in Höhe von 200.000 € aufgenommen.

Zur Absicherung des Darlehens wurde eine im Anlagevermögen befindliche Zuschneidemaschine im April 2020 an die Eurobank zur Sicherung übereignet.

Der Buchwert der Zuschneidemaschine betrug im April 2020 300.000 €.

Die BüMö AG geriet in 2020 in Zahlungsschwierigkeiten. Es wurden noch keine Tilgung des Darlehens vorgenommen. Die Eurobank ließ daraufhin im November 2020 die Zuschneidemaschine versteigern. Der Versteigerungserlös für die Zuschneidemaschine betrug 205.000 €.

Die Zuschneidemaschine wurde noch im November 2020 abgebaut und abtransportiert. Die Eurobank verrechnete den Erlös aus der Versteigerung mit der Verbindlichkeit und hat der BüMö AG den Restbetrag überwiesen.

Der Buchwert der Maschine im November 2020 beträgt 240.000 €.

a) Erläutern Sie die bilanzrechtlichen Folgen der Sicherungsübereignung und der Versteigerung der Maschine aus Sicht der BüMö AG.

b) Nehmen Sie die Buchungen die im Jahr 2020 erforderlich sind vor.

Aus Vereinfachungsgründen ist auf Abschreibungen und auf die Umsatzsteuer nicht einzugehen.

Lösung s. Seite 928

2. Jahresabschlüsse aufwerten und aufbereiten

2.1 Jahresabschlüsse aufbereiten

 INFO

Die Ausgangslage ist komplex; ebenso ein Teil der nachfolgenden Aufgabenstellungen. Damit sollen Zusammenhänge im Stoffgebiet hergestellt und der Lerncharakter der Übungen erhöht werden. In den IHK-Prüfungen werden jeweils nur Teilaspekte gefordert.

Ausgangslage
Gilt für die Aufgaben 1, 2 und 3 in ≫ Kapitel 2.1 sowie Aufgabe 3 in ≫ Kapitel 2.2.

Bilanz und GuV der Metall GmbH weisen im Berichtsjahr folgende Daten in T€ aus:

Bilanz der Metallbau GmbH, Berichtsjahr	
AKTIVA	T€
A. Anlagevermögen	
I. Immaterielle Vermögensgegenstände	880
II. Sachanlagen	29.600
III. Finanzanlagen	4.946
B. Umlaufvermögen	
I. Vorräte	1.790
II. Forderungen und sonstige Vermögensgegenstände	5.152
III. Wertpapiere	600
IV. Flüssige Mittel	2.680
C. Rechnungsabgrenzungsposten	160
D. Aktive latente Steuern	100
	45.908

Bilanz der Metallbau GmbH, Berichtsjahr	
PASSIVA	T€
A. Eigenkapital	
I. Gezeichnetes Kapital	6.660
II. Kapitalrücklage	1.620
III. Gewinnrücklagen	2.250
IV. Gewinnvortrag/Verlustvortrag	800
V. Jahresüberschuss/Jahresfehlbetrag	126
B. Rückstellungen	5.625
C. Verbindlichkeiten	28.451
D. Rechnungsabgrenzungsposten	300
E. Passive latente Steuern	76
	45.908

Hinweis zu „Verbindlichkeiten":   davon: Langfristig: 16.330

                                           Kurzfristig: 12.121

                                           davon: > 15 Tage   11.811

                                                         < 15 Tage   310

Gewinn- und Verlustrechnung der Metallbau GmbH, Berichtsjahr	
	T€
1. Umsatzerlöse	27.739
2. Bestandsveränderungen	548
3. aktivierte Eigenleistungen	630
4. sonstige betriebliche Erträge	594
5. Materialaufwand	- 12.053
6. Personalaufwand	- 11.232
7. Abschreibungen	- 2.349
8. sonstige betriebliche Aufwendungen	- 2.892
9. Erträge aus Beteiligungen	449
10. Erträge aus anderen Wertpapieren	160
11. Zinsen und ähnliche Aufwendungen	- 1.959
12. Ergebnis der gewöhnlichen Geschäftstätigkeit	- 365
13. außerordentliche Erträge	760
14. außerordentliche Aufwendungen	- 130
15. Steuern vom Einkommen und vom Ertrag	- 75
16. sonstige Steuern	- 64
17. Jahresüberschuss/Jahresfehlbetrag	**126**

Aufgabe 1: Strukturbilanz (I)

Bereiten Sie die Bilanz der Metallbau GmbH des Berichtsjahres auf (Ausgangslage).

a)   nach der Grundstruktur der Bilanz

b)   nach dem Sachbezug

c)   nach der Fristigkeit.

Umgliederungen bzw. Umbewertungen sind nicht zu beachten.

Lösung s. Seite 929

Aufgabe 2: Strukturbilanz (II)

Erstellen Sie die Strukturbilanz nach Fristigkeit zu den Angaben von Aufgabe 1 und berücksichtigen Sie dabei weitere, folgende Informationen aus dem Anhang:

►   Das Anlagevermögen enthält einen aktivierten Firmenwert von 300 T€.

►   Die Geschäftsführung plant eine Dividende von 156 T€.

►   Von den Rückstellungen sind nur 500 T€ langfristig.

Lösung s. Seite 930

Aufgabe 3: Erfolgsspaltung

a) Führen Sie für die Ausgangslage die Erfolgsspaltung nach § 275 Abs. 2 HGB durch und interpretieren Sie das Ergebnis.

b) Nennen Sie allgemein vier Bestandteile des Finanzergebnisses.

Lösung s. Seite 931

2.2 Jahresabschlüsse mithilfe von Kennzahlen und Cashflow-Rechnungen analysieren und interpretieren

Aufgabe 1: Kennzahlen (I)

Bei der Analyse der Unternehmensentwicklung werden Kennzahlen zur Beschreibung der Vermögenslage, der Finanzlage und der Ertragslage eingesetzt.

Nennen Sie jeweils sechs Beispiele.

Lösung s. Seite 933

Aufgabe 2: Kennzahlen (II)

Für die zurückliegende Periode liegen Ihnen aus der Bilanz sowie der Gewinn- und Verlustrechnung folgende Zahlenwerte vor:

Kapital	600.000 €
Kosten	1.900.000 €
Maschinenstunden	46.000 Std.
Arbeitsstunden	30.000 Std.
Leistungen	2.000.000 €
Menge in Einheiten (E)	35.000 E
Gewinn	60.000 €

a) Berechnen Sie folgende Kennzahlen:

- ► Maschinenproduktivität
- ► Arbeitsproduktivität
- ► Kapitalrentabilität
- ► Wirtschaftlichkeit.

b) Interpretieren Sie das Ergebnis Ihrer Rechnung für die Kennzahl Produktivität.

c) Erläutern Sie verbal und mithilfe eines Zahlenbeispiels folgende Behauptung: „Die Verbesserung der Wirtschaftlichkeit führt nicht zwangsläufig zu einer Verbesserung der Kapitalrendite!"

Lösung s. Seite 933

Aufgabe 3: Jahresabschlussanalyse

a) Ermitteln Sie die nachfolgenden Kennzahlen zur Ausgangslage und beurteilen Sie jeweils das Ergebnis Ihrer Rechnung (es sind keine Umgliederungen und Umbewertungen vorzunehmen):

1. Anlagenintensität
2. Vorratsintensität
3. Umlaufintensität (Arbeitsintensität)
4. Forderungsintensität
5. Umschlagshäufigkeit des Kapitals
6. Kapitalumschlagsdauer in Tagen
7. Umschlagshäufigkeit der Forderungen
8. durchschnittliche Laufzeit der Forderungen in Tagen
9. Abschreibungsquote
10. Anlagennutzungsgrad
11. Eigenkapitalquote
12. Fremdkapitalquote
13. Verschuldungskoeffizient
14. Liquidität I. Grades
15. Liquidität II. Grades
16. Liquidität III. Grades
17. Working Capital
18. Deckungsgrad A
19. Deckungsgrad B
20. Deckungsgrad C
21. Cashflow (im engeren Sinne)
22. Cashflow-Umsatzrendite
23. Schuldentilgungsdauer
24. Investitions-Innenfinanzierungsgrad
25. Selbstfinanzierungsgrad
26. Personalintensität
27. durchschnittlicher Personalaufwand
28. Materialintensität
29. Abschreibungsintensität
30. Wirtschaftlichkeit
31. Eigenkapitalrentabilität
32. Gesamtkapitalrentabilität

33. Umsatzrentabilität

34. ROI.

Ergänzende Angaben:

- ▸ Forderungen
  - Bestand: 01.01.   4.830 T€
  - Bestand: 31.12.   5.152 T€
- ▸ Zuschreibungen zum Anlagevermögen   1.400 T€
- ▸ Abschreibungen auf immaterielle Anlagen   0
- ▸ Nettoinvestitionen   5.700 T€
- ▸ durchschnittliche Anzahl der Mitarbeiter   208
- ▸ Arbeitsstunden pro Tag   7,5
- ▸ Arbeitstage/a.   210
- ▸ Lohnzusatzkosten   80 %

b) Geben Sie der Geschäftsleitung vier Empfehlungen zur taktischen Ausrichtung für das kommende Geschäftsjahr.

c) Ermitteln Sie für das Berichtsjahr die betriebliche Wertschöpfung.

Lösung s. Seite 934

Aufgabe 4: Debitorenziel, Kreditorenziel

Die Bilanz und die GuV-Rechnung der letzten beiden Jahre hat u. a. folgende Angaben (in Euro):

Bilanz Jahr 01		Bilanz Jahr 02	
...	...	...	...
1. Forderung aus Lieferungen/ Leistungen	600.000 €	1. Forderung aus Lieferungen/ Leistungen	480.000 €
2. sonstige Vermögens- gegenstände	200.000 €	2. sonstige Vermögens- gegenstände	180.000 €
...	...	...	...
Verbindlichkeiten aus Lieferungen/Leistungen	410.000 €	Verbindlichkeiten aus Lieferungen/Leistungen	380.000 €

Gewinn- und Verlustrechnung Jahr 02		Gewinn- und Verlustrechnung Jahr 01	
Umsatzerlöse	9.300.000 €	Umsatzerlöse	7.600.000 €
...	...	...	...
Materialaufwand	2.400.000 €	Materialaufwand	1.900.000 €

a) Ermitteln Sie für das Jahr 02 das Debitorenziel und das Kreditorenziel.

b) Beurteilen Sie die beiden Kennzahlen.

Lösung s. Seite 941

Aufgabe 5: Bewegungsbilanz

Nachfolgend sind die aufbereiteten Bilanzen einer GmbH aus den Perioden 1 und 2 dargestellt:

AKTIVA	Bilanz 1	PASSIVA	
Maschinen	350.000 €	Eigenkapital	592.800 €
Fuhrpark	75.000 €	Pensionsrückstellungen	12.000 €
Vorräte	499.600 €	Darlehen	375.000 €
Forderungen	117.600 €	Verbindlichkeiten	112.400 €
Flüssige Mittel	50.000 €		
	1.092.200 €		1.092.200 €

AKTIVA	Bilanz 2	PASSIVA	
Maschinen	280.000 €	Eigenkapital	624.000 €
Fuhrpark	60.000 €	Pensionsrückstellungen	94.000 €
Vorräte	620.700 €	Darlehen	351.000 €
Forderungen	189.100 €	Verbindlichkeiten	118.000 €
Flüssige Mittel	37.200 €		
	1.187.000 €		1.187.000 €

a) Erläutern Sie den Aussagewert einer Bewegungsbilanz.

b) Erstellen Sie eine Bewegungsbilanz in Kontenform auf der Grundlage der Einzelpositionen der Bilanzen 1 und 2.

c) Analysieren Sie die von Ihnen erstellte Bewegungsbilanz hinsichtlich der Mittelherkunft und Mittelverwendung.

d) Vergleichen Sie die statische mit der dynamischen Liquiditätsanalyse.

Lösung s. Seite 941

2.3 Bedeutung von Ratings erkennen und Maßnahmen zur Verbesserung vorschlagen

Aufgabe 1: Rating (I)

Das Ergebnis des Ratingprozesses hängt ab von der Bewertung qualitativer und quantitativer Faktorengruppen.

a) Nennen Sie jeweils drei Faktorengruppen mit jeweils drei Beispielen.

b) Nennen Sie drei Beispiele für Warnsignale, die die Ratingnote erheblich verschlechtern können.

Lösung s. Seite 943

Aufgabe 2: Rating (II)

Beim Rating werden quantitative Faktoren (auch: Finanzrating) und qualitative Faktoren erfasst. Die qualitativen Faktoren werden vom Deutschen Sparkassen- und Giroverband (DSGV) weiterhin in „harte" und „weiche" Faktoren unterteilt.

a) Beschreiben Sie, wie der DSGV die „harten" und „weichen" Faktoren im Rahmen des qualitativen Ratings definiert und geben Sie jeweils drei Beispiele.

b) Antworten des Kunden zu den weichen, qualitativen Faktoren werden vom Kundenberater der Bank mithilfe sog. „Leitplanken" beurteilt. Beschreiben Sie diesen Begriff und geben Sie ein Beispiel.

c) Im letzten Quartal kam es durch eine unsachgemäße Finanzplanung in Ihrem Unternehmen dazu, dass mehrere Lastschriften wegen mangelnder Deckung nicht eingelöst werden konnten. Zur Vorbereitung des Bankgesprächs möchte die Geschäftsleitung von Ihnen wissen, ob sich dieser Sachverhalt auf das Rating Ihres Unternehmens auswirkt.

d) Stellen Sie dar, mit welchen Anteilen die quantitativen Faktoren, die qualitativen Faktoren sowie das Kontoverhalten des Kunden in die Rating-Note eingehen.

Lösung s. Seite 944

Aufgabe 3: Rating (III) – Fallstudie „Hubert Eschbürger, Metallbau, Prignitz"

Nach Abschluss Ihrer Bilanzbuchhalterprüfung sind Sie bei der Steuerberatung Kanzle & Partner in leitender Position tätig und betreuen Gewerbetreibende. Vor Ihnen liegen die Jahresabschlüsse aus dem Zeitraum 01 - 03 des Mandanten „Hubert Eschbürger, Metallbau, Prignitz"[1]. Das Datenmaterial ist nach DATEV aufbereitet:

	01	02	03	Abwei-chung	01	02	03	Branchen-durch-schnitt
	T€	T€	T€	Vorperi-ode in %	Strukturkennzahlen in % der Bilanzsumme			
Immaterielle Anlagen	0	1	1	0,0	0,0	0,3	0,2	
Grundstücke, Gebäude	214	206	197	- 4,4	58,9	67,5	46,3	
Anlagen und Maschinen	2	1	1	0,0	0,6	0,3	0,2	
Betriebs-/Geschäfts-ausstattung	44	39	49	26,6	12,1	12,8	11,5	
Sachanlagen	260	246	247	0,4	71,5	80,6	58,1	
Finanzanlagen	0	0	0	0,0	0,0	0,0	0,0	
Anlagevermögen	260	247	248	0,4	71,5	80,9	58,3	10,2 - 54,4
Unfertige Erzeugnisse	62	16	133	73,1	17,1	5,2	31,3	
Fertige Erzeugnisse	7	8	9	12,5	1,9	2,6	2,1	
Vorräte	69	26	142	468,0	19,0	8,5	33,4	

---

[1] Der Name des Mandanten wurde redaktionell verändert.

	01	02	03	Abwei-chung	01	02	03	Branchen-durch-schnitt
	T€	T€	T€	Vorperi-ode in %	Strukturkennzahlen in % der Bilanzsumme			
Forderungen aus LL	5	9	3	- 66,7	1,4	2,9	0,7	
Flüssige Mittel	0	5	1	- 80,0	0,0	1,6	0,2	
Sonstiges Umlauf-vermögen	14	11	13	18,2	3,9	3,6	3,1	
Umlaufvermögen	**88**	**51**	**159**	218,0	24,2	16,7	37,4	30,0 - 54,6
Unterbilanz	**15**	**8**	**18**	122,0	4,2	2,7	4,3	
Haftendes Eigenkapital (netto)	**- 37**	**- 46**	**- 50**	- 8,7	- 10,2	- 15,1	- 11,8	
SoPo mit Rückl. Anteil (60 %)	22	38	32	- 15,9	5,9	12,4	7,5	
Wirtschaftliches Eigen-kapital	**- 15**	**- 8**	**- 18**	- 122,0	- 4,2	- 2,7	- 4,3	0,0 - 34,3
SoPo mit Rückl. Anteil (40 %)	14	25	21	- 15,9	4,0	8,3	5,0	
Sonstige Rückstellungen	10	13	14	7,7	2,8	4,3	3,3	
davon: Steuerrück-stellungen	0	2	3	50,0	0,0	0,7	0,7	
Rückstellungen	**24**	**38**	**35**	- 7,9	6,7	12,5	8,3	3,0 - 7,5
davon: mittelfristig	15	27	22	- 18,4	4,2	8,9	5,2	
davon: langfristig	9	11	13	18,2	2,5	3,6	3,1	
Kredite von Kredit-instituten	234	213	210	- 1,4	64,4	69,6	49,4	
Verbindlichkeiten aus LL	48	34	30	- 11,8	13,2	11,1	7,1	
Anzahlungen	42	9	133	1.377,7	11,6	2,9	31,3	
Steuer-/Sozialverbindlich-keiten	6	6	7	16,6	1,7	2,0	1,6	
Sonstige Verbindlichkeiten	9	5	10	100,0	2,5	1,6	2,4	
Verbindlichkeiten	**339**	**267**	**390**	46,1	93,3	87,5	91,7	
davon: Laufzeit über 5 Jahre	144	135	135	0,0	39,6	44,2	31,7	
davon: Laufzeit über 1 Jahr bis 5 Jahre	50	40	47	17,5	13,8	13,1	11,1	
davon: Laufzeit bis zu einem Jahr	145	92	208	126,1	39,9	30,1	48,9	
Bilanzsumme	**363**	**306**	**425**	39,3				

	01	02	03	Abwei-chung	01	02	03	Branchen-durch-
	T€	T€	T€	Vorperi-ode in %	Strukturkennzahlen in % der Gesamtleistung			schnitt
Nettoumsatz	245	330	265	- 19,7	85,7	116,2	69,4	
± Bestands-veränderungen	36	- 46	117	354,3	12,6	- 16,2	30,6	
+ aktivierte Eigenleistungen	5	0	0	0,0	1,7	0,0	0,0	
Gesamtleistung	286	284	382	34,5	100,0	100,0	100,0	
- Materialaufwand	-107	- 96	-192	100,0	37,4	33,8	50,3	
Rohertrag	179	188	190	1,1	62,6	66,2	49,7	56,1 - 74,5
- Personalaufwand	- 98	- 43	- 90	109,3	34,3	15,1	23,6	
- Planmäßige Abschreibungen	- 25	-22	- 29	31,8	8,7	7,7	7,6	
- Betriebssteuern	- 1	- 1	- 1	0,0	0,3	0,4	0,3	
- Kfz-Aufwand	- 11	- 15	- 14	- 6,7	3,8	5,3	3,7	
- Werbeaufwand	- 1	- 2	- 2	100,0	0,3	0,7	0,5	
- Fremdreparaturen/ Instandh.	- 2	- 2	- 2	0,0	0,7	0,7	0,5	
- Sonst. betriebl. Aufwand	- 24	- 36	- 24	- 33,3	8,4	12,7	6,3	
Teil-Betriebsergebnis	17	67	28	- 58,2	5,9	23,6	7,3	5,2 - 21,2
- Zinsaufwand	- 19	- 15	- 14	- 6,7	6,6	5,3	3,7	0,5 - 3,1
+ Sonstige laufende Erträge	2	3	4	33,3	0,7	1,1	1,0	
Betriebsergebnis	0	55	18	- 67,3	0,0	19,4	4,7	4,6 - 19,61[1]
+ Neutrale Erträge	14	9	23	130,0	4,9	3,2	6,0	
- Sonstiger neutraler Aufwand	0	- 29	- 6	- 73,3	0,0	10,2	1,6	
Neutrales Ergebnis	14	- 19	17	189,5	4,9	- 6,7	4,5	
Jahresergebnis	14	36	35	0,0	4,9	12,3	9,2	
- Privatentnahmen	- 30	- 51	- 47	- 7,8	10,5	18,0	12,3	
+ Kapitaleinlagen	20	10	8	- 20,0	7,0	3,5	2,1	
± Sonstige EK-Veränderungen	20	10	8	- 20,0	7,0	3,5	2,1	
Eigenkapitalveränderung	- 2	8	- 10	- 242,9				

Sie sind damit beschäftigt, das Gespräch des Kunden mit seiner Hausbank in der nächsten Woche vorzubereiten. Zentraler Gegenstand der Besprechung ist der Antrag Ihres Mandanten auf Verlängerung des Kontokorrentkredits über 150.000 €.

[1] Betriebsrentabilität: 8,0 - 15,0

Aufgabenstellung:

Führen Sie ein internes (verkürztes) Finanzrating[1] auf der Basis der folgenden Kennzahlen (Merkmale) durch.

1. Eigenkapitalquote

2. Zinsaufwandquote

3. Anlagenintensität

4. Umlaufintensität

5.1 Liquidität 1. Grades

5.2 Liquidität 2. Grades

5.3 Liquidität 3. Grades

6.1 Deckungsgrad I

6.2 Deckungsgrad II

6.3 Deckungsgrad III

7. Rückstellungsquote

8. Abschreibungsintensität

9. Umsatzrentabilität (Betriebsergebnis in % der Gesamtleistung)

10. Betriebsrentabilität (Betriebsergebnis in % der Bilanzsumme).

Legen Sie bei Ihrem Selbst-Rating folgende Klassifizierung zugrunde:

Erreichte Punktzahl	Güteklasse[2]	Bedeutung
93 … 100	A	gut
91 … 92	A-	
89 … 90	B+	ausreichend
83 … 88	B	
81 … 82	B-	
79 … 80	C+	bedingt ausreichend
73 … 78	C	
71 … 72	C-	
unter 71	D	nicht ausreichend

---

[1] Aus verständlichen Gründen kann weder in diesem Buch noch in der IHK-Prüfung ein komplettes Finanzrating durchgeführt werden. Es soll hier exemplarisch (verkürzt) anhand von (nur) zehn Kennzahlen (Merkmalen) zur Vermögens-, Finanz- und Ertragslage ein Ratingwert ermittelt werden. Als Brücke zum Ratingcode von Standard & Poor´s wird eine 100-Punkte-Skala der TU Ilmenau verwendet.

[2] In Anlehnung an die Güteklasse von Standard & Poor's.

Sie erhalten das Ergebnis Ihres Finanzratings in folgenden Schritten:

▸ Berechnen Sie die jeweilige Kennzahl (das Merkmal) der Jahre 02 und 03.

▸ Ermitteln Sie für jedes der zehn Merkmale die Punktzahl auf der Basis der Güteklasse unter Berücksichtigung der Jahreswerte 02 und 03. Berücksichtigen Sie dabei auch die Branchendurchschnittswerte sowie die Finanz-/Bankregeln.

▸ Bilden Sie aus der Summe der Punktzahlen das arithmetische Mittel.

▸ Ordnen Sie diesen Mittelwert der Güteklasse zu (= Ratingwert, gesamt).

Lösung s. Seite 946

Aufgabe 4: Planergebnisrechnung – Fallstudie „Hubert Eschbürger, Metallbau, Prignitz"

Sie befassen sich erneut mit dem Datenmaterial Ihres Mandanten Hubert Eschbürger, Metallbau. Herr Eschbürger hat Sie gebeten mit ihm gemeinsam eine Ergebnisplanung für das kommende Jahr zu erstellen.

Aufgabenstellung:
Erarbeiten Sie eine Betriebsergebnisplanung mit den nachfolgenden Positonen:

	Gesamtleistung	
-	Materialaufwand	
=	Rohertrag I	
-	Personalaufwand	
=	Rohertrag II	
-	übriger Aufwand[1]	
=	Betriebsergebnis	

Beachten Sie dabei folgende Vorgaben:

▸ Ermitteln Sie für jede Position der Jahre 01 - 03 den prozentualen Anteil an der Gesamtleistung und für die Jahre 02 und 03 die Veränderung zum Vorjahr.

▸ Berücksichtigen Sie diese Ergebnisse sowie die vorliegenden Branchendurchschnittswerte bei Ihrer Ergebnisplanung.

▸ Geben Sie zu jedem Planungswert (Gesamtleistung, Materialaufwand usw.) eine Begründung für Ihren Planansatz.

Lösung s. Seite 949

---

[1] = Gesamtaufwand
- Materialaufwand
- Personalaufwand
+ sonstige laufende Erträge

Aufgabe 5: Kennzahlen zum Rating

Im Gespräch mit Ihrer Hausbank soll das Rating Ihres Unternehmens ermittelt werden. Nennen Sie begründet eine Kennzahl auf folgende Fragen:

a) Wie hoch ist die Schuldentilgungsdauer Ihres Unternehmens?

b) Wie hoch ist der Anteil des Eigenkapitals am Gesamtkapital?

c) Wie hoch ist die Produktivität des eingesetzten Kapitals?

d) Ist das Anlagevermögen langfristig finanziert?

e) Können die kurzfristigen Schulden durch flüssige Mittel bezahlt werden?

Lösung s. Seite 950

3. Betriebliche Sachverhalte steuerlich darstellen

Aufgabe 1: Einkunftsarten

An der XYZ-OHG (Verkauf von Fahrzeugersatzteilen) sind folgende Gesellschafter am Gesellschaftskapital in Höhe von. 500.000 € beteiligt:

► Herr X mit einer Einlage von 200.000 €

► Herr Y mit einer Einlage von 150.000 €

► Herr Z mit einer Einlage von 150.000 €.

Die beiden Ehefrauen von Herrn Y und Herrn Z haben sich mit je einer Einlage von 20.000 € gegen eine Gewinnbeteiligung von 6 % als stille Gesellschafter an der OHG beteiligt. Frau Y ist als Finanzbuchhalterin in der OHG angestellt und erhält dafür monatlich ein Gehalt von 2.000 € brutto. Frau Z ist in der OHG als Verkaufsleiterin beschäftigt für ein monatliches Gehalt in Höhe von 3.500 €. In ihrem Vertrag steht, dass sie für den Fall ihres Ausscheidens als stille Gesellschafterin an den stillen Reserven und dem Gewinn oder Verlust der OHG beteiligt werden soll.

Welche Einkünfte erzielen Frau Y und Frau Z?

Lösung s. Seite 951

Aufgabe 2: Einkommensteuer (I)

Herr Wartburg hat eine Autowerkstatt. Er ist im Handelsregister als Kaufmann eingetragen. Er besitzt in Berlin ein bebautes Grundstück, das er teilweise betrieblich nutzt, teilweise vermietet und teilweise mit seiner Familie nutzt:

► Nutzung für die Autowerkstatt: 30 %

► Lager, dass von einem Boote-Händler genutzt wird: 20 %

► Wohnung, die von ihm und seiner Familie genutzt wird: 50 %.

Nehmen Sie hinsichtlich der Vorschriften zur Bilanzierung der einzelnen Gebäudeteile Stellung.

Lösung s. Seite 951

Aufgabe 3: Einkommensteuer (II)

Fall 1:
Herr Rose betreibt in Berlin ein Garten- und Landschaftsbauunternehmen. Er ist als Kaufmann im Handelsregister eingetragen und ermittelt seinen Gewinn nach § 5 Abs. 1 EStG. In der Handels- und Steuerbilanz zum 31.12.01 hat er einen Bestand an Pflastersteinen, deren Anschaffungskosten im Wirtschaftsjahr 01 150.000 € betragen haben. Diese Pflastersteine wurden in der Bilanz zum 31.12.00 richtig mit dem Teilwert von 120.000 € aktiviert. Die Anschaffungskosten dieser Pflastersteine haben sich nachhaltig nach oben entwickelt und betrugen zum 31.12.01 170.000 €. In der Bilanz zum 31.12.01 wurde der niedrigere Teilwert beibehalten.

Fall 2:

Für Mängel bei einem Autobahnprojekt hat das Unternehmen Rose Garantieleistungen zu erbringen. Die Rückstellungen für diese Garantieleistungen wurden auf Vollkostenbasis einschließlich eines Gewinnzuschlags in Höhe von 300.000 € ermittelt und dementsprechend in der Bilanz zum 31.12.01 passiviert. Die notwendigen Gemeinkosten betragen 220.000 €. Gegen Subunternehmen, die Herr Rose zu diesem Bauvorhaben hinzugezogen hat, bestehen Regressansprüche von 70.000 €.

Beurteilen Sie die beiden Sachverhalte aus ertragsteuerlicher Sicht und nehmen Sie die entsprechenden Korrekturen vor.

Lösung s. Seite 951

Aufgabe 4: Einkommensteuer (III)

Der Einzelhändler Nelke, ansässig in Berlin, ermittelt seinen Gewinn nach § 5 Abs. 1 EStG. Der Jahresüberschuss beträgt im Jahr 00 100.000 €.

Fall 1:

Herr Nelke unterhält auf Sylt ein wunderschön gelegenes Gästehaus, welches Geschäftspartnern zur Nutzung überlassen wird. Für dieses Gästehaus sind im Jahr 00 Aufwendungen in Höhe von 15.000 € netto entstanden, die von dem Unternehmen als Aufwand verbucht wurden.

Fall 2:

Herr Nelke hat im Jahr 00 seinen Führerschein für das Fahren eines Pkw erworben. Die Aufwendungen betrugen 3.000 €. Herr Nelke hat diese Aufwendungen als Betriebsausgaben verbucht. Er ist davon ausgegangen, dass zum Betriebsvermögen ein Pkw gehört, den er nun ausschließlich nutzt (Nachweis über Fahrtenbuch) und somit die Aufwendungen für den Führerschein als Betriebsausgaben zu behandeln sind.

Fall 3:

Herr Nelke hat im Jahr Bewirtungskosten in Höhe von 1.190 € brutto nachgewiesen und diese wie folgt verbucht:

Bewirtungsaufwendungen	1.000 €			
Vorsteuer	190 €	an	Kasse	1.190 €

Fall 4:

Herr Nelke hat seine 50 Arbeitnehmer zu einer Betriebsfeier in eine Gaststätte eingeladen. Die Rechnung belief sich über 2.250 € plus 427,50 € Vorsteuer. Der Nettobetrag wurde als Betriebsausgabe gebucht und die Umsatzsteuer wurde zutreffend erfasst.

Fall 5:
Herr Nelke hat vom Gewerbeaufsichtsamt der Stadt Berlin die Auflage erhalten, den Sanitärtrakt für die Angestellten den gesetzlichen Anforderungen entsprechend umzugestalten. Die voraussichtlichen Umbaumaßnahmen sollen 50.000 € betragen. Herr Nelke hat dafür gewinnmindernd eine Rückstellung gebildet.

Fall 6:
Zur Finanzierung seiner neuen Ladeneinrichtung hat Herr Nelke ein Darlehen in Höhe von 180.000 € (Aufnahme am 01.07.00, Laufzeit sechs Jahre), das zu 96,5 % ausgezahlt wurde (Endfälligkeitsdarlehen). Seine Buchhalterin hat für das Jahr 00 das Disagio in Höhe von 6.300 € nach der digitalen Methode (6.300 · 5 + $\frac{1}{21}$) errechnet. Dabei hat sie 1.800 € als Betriebsausgaben gebucht. Die anderen 4.500 € hat sie als Rechnungsabgrenzungsposten aktiviert.

Beurteilen Sie die Sachverhalte 1 - 6 nach steuerlichen Grundsätzen und ermitteln Sie die Bilanzansätze zum 31.12.00. Stellen Sie die Gewinnauswirkungen dar.

Lösung s. Seite 952

Aufgabe 5: Einkommensteuer (IV)

Fall 1:
Die Maschinenbau KG hat ein Verfahren im Bereich Robotertechnik entwickelt. Die KG geht davon aus, dass dadurch erhebliche Kostensenkungen im Bereich Zusammenbau von Maschinenteilen erreicht werden. Die Patentanmeldung ist bereits erfolgt.

Nach Prüfungen der Möglichkeiten der Bilanzierung hat die KG das Wahlrecht nach § 248 Abs. 2 Satz 1 HGB (Voraussetzungen der Einzelbewertbarkeit, Nutzenwert, Greifbarkeit und Übertragbarkeit sind erfüllt) zur Aktivierung des selbst geschaffenen immateriellen Vermögensgegenstands des Anlagevermögens in Anspruch genommen.

Die Abgrenzung zwischen Forschungs- und Entwicklungskosten ist erfolgt. Die neu entwickelte Technik wurde ab 01.12.00 in Betrieb genommen und wie folgt verbucht:

Selbst geschaffene immaterielle Vermögensgegenstände	300.000 €	an	andere aktivierte Eigenleistungen	300.000 €

Die Abschreibung wurde berechnet für eine Nutzungsdauer von fünf Jahren. Für das Jahr 00 ist die Abschreibung für einen Monat zu berechnen.

Abschreibung auf immaterielle Vermögensgegenstände	5.000 €	an	Selbst geschaffene immaterielle Vermögensgegenstände	5.000 €

Fall 2:

Die KG hat es zum Jahresende nicht mehr geschafft, die geplanten Renovierungsarbeiten an dem Dach des Betriebsgebäudes durchführen zu lassen. Es liegt ein Angebot einer Baufirma in Höhe von 35.000 € netto vor. Die Arbeiten sollen bis spätestens 31.03.01 abgeschlossen sein. Es wurde eine Rückstellung für unterlassene Instandhaltungsarbeiten nach § 249 Abs. 1 Satz 2 HGB gebildet.

Beurteilen Sie die beiden Sachverhalte aus steuerlicher Sicht.

Lösung s. Seite 953

Aufgabe 6: Einkommensteuer, Wechsel der Gewinnermittlungsart

Der Gewerbetreibende Herr Grau unterhält ein Metallbauunternehmen. Er ist nicht im Handelsregister eingetragen. Bis zum 31.12.00 hat Herr Grau seinen Gewinn nach § 4 Abs. 3 EStG ermittelt. Da er im Vorjahr einen Gewinn von mehr als 60.000 € erwirtschaftet hat, bekam er die Aufforderung vom Finanzamt ab 01.01.01 seinen Gewinn nach den Vorschriften des § 5 EStG zu ermitteln (§§ 140, 141 AO). Es erfolgte ebenso die Umstellung auf Sollversteuerung.

Fall 1:

Zum Betriebsvermögen gehört ein Betriebsgrundstück mit einem Anschaffungswert von 80.000 € und einem Betriebsgebäude mit fortgeführten Anschaffungskosten von 100.000 €. Weiterhin gehören drei Transporter (fortgeführte Anschaffungskosten 50.000 €), Maschinen (fortgeführte Anschaffungskosten 70.000 €) und Betriebs- und Geschäftsausstattung (fortgeführte Anschaffungskosten 15.000 €) zum 31.12.00 zum Betriebsvermögen. Die Abschreibungen wurden zutreffend gebucht.

Fall 2:

Der Warenbestand beträgt im Zeitpunkt des Übergangs 20.000 €. Der Wareneinkauf wurde als Betriebsausgaben zu den Anschaffungskosten gebucht. Der Teilwert beträgt zum Zeitpunkt des Wechsels 17.000 €.

Fall 3:

An Lieferanten wurden Anzahlungen in Höhe von 7.000 € geleistet. Die Gegenleistung soll voraussichtlich im März 01 eingehen.

Fall 4:

Zum Zeitpunkt des Wechsels betrug der Forderungsbestand 14.280 €. Davon ist eine Forderung in Höhe von 2.380 € uneinbringlich.

Fall 5:

Zum 31.12.00 beträgt der Kassenbestand 550 € und der Bankbestand 6.500 €.

Fall 6:

Die noch nicht verrechnete Vorsteuer beträgt zum Zeitpunkt des Übergangs 2.000 € und die USt 4.500 €.

Fall 7:
Zu erwartende Garantieleistungen sind im Jahr 01 in Höhe von. 3.000 € zu erwarten.

Fall 8:
Herr Grau hat für die Finanzierung seiner Immobilie ein Darlehen aufgenommen. Der Erfüllungsbetrag zum Zeitpunkt des Wechsels beträgt 120.000 €.

Fall 9:
Am 01.01.01 besteht noch eine Verbindlichkeit aus LL aus der Anschaffung einer Hebebühne in Höhe von 25.000 €. Die weiteren Verbindlichkeiten gegenüber Lieferanten betragen zum 01.01.01 15.000 €.

Stellen Sie die erforderlichen Gewinnkorrekturen für Fall 1 - 9 dar.

Lösung s. Seite 954

Aufgabe 7: Einkommensteuer, Gewinnermittlung und -verteilung einer KG

Nach Buchung von 40.000 € Gewerbesteuer-Vorauszahlungen (Hebesatz = 380 %) als Aufwand hat eine KG, bestehend aus dem Komplementär Anton und dem Kommanditisten Berta, einen Gewinn lt. GuV in Höhe von 416.500 € erzielt.

Bei der Gewinnermittlung wurde für den Komplementär Anton ein monatliches Gehalt in Höhe von 8.000 € als Aufwand erfasst. Anton hat weiter eine Halle an die KG vermietet. Hierfür wurde eine monatliche Miete von 2.500 € überwiesen und als Mietaufwand gebucht. Der Grund und Boden ist zum 01.01.01 mit 60.000 €, die Halle mit 140.000 € bilanziert. Die AfA auf die Halle beträgt 3.500 €. Außerdem hat der Gesellschafter Anton privat 4.500 € an Kosten für die Halle getragen.

Dem Kommanditisten Berta wurden für ein der Gesellschaft zur Verfügung gestelltes Darlehen 10.0000 € Zinsen gezahlt. Diese wurden ebenfalls als Aufwand gebucht.

Folgende weitere Daten liegen vor:

Kapital Anton am 01.01.01	600.000 €
Kapital Berta am 01.01.01	200.000 €
Privatentnahmen Anton (ohne Gehalt)	10.000 €
Privatentnahmen Berta (ohne Zinsen)	6.000 €

Auszug aus dem Gesellschaftsvertrag:

1. Die Kapitalverzinsung beträgt 6 % vom jeweiligen Anfangskapital.

2. Die Privatentnahmen werden nicht verzinst.

3. Der Restgewinn wird nach Kapitalanteilen zu Beginn des Wirtschaftsjahres verteilt.

a) Ermitteln Sie den endgültigen Gewinn.

b) Wie sind Gehalt, Miete und Zinsen zu behandeln?

c) Stellen Sie eine Gewinnverteilungstabelle nach dem vorliegenden Muster auf.

Gesell-schafter	Kapital am 01.01.01	Sonder-bilanz	Kapital-verzinsung	Gehalt	Zinsen	Rest-gewinn
Anton						
Berta						
Summe						

Verteilung	Gesamt-gewinn	Gewinn KG	Privat-entnahmen	Kapital 31.12.01	Gewinn-gutschrift

Lösung s. Seite 956

Aufgabe 8: Einkommensteuer, Ergänzungsbilanz

Die Rosen KG betreibt in Berlin ein Blumengeschäft. Die KG ist im Handelsregister eingetragen. In Gesellschaftsvertrag ist folgende nach dem Beteiligungsverhältnis zu erfolgende Gewinnverteilung vereinbart:

- ► Frau Veilchen, Komplementärin   120.000 €
- ► Frau Lila, Kommanditistin   80.000 €
- ► Herr Grün, Kommanditist   50.000 €

Mit Wirkung zum 01.01.00 verkauft der Kommanditist Herr Grün an Frau Rose seinen Gesellschaftsanteil zu einem Verkaufspreis von 100.000 €. In dem Sachanlagevermögen der KG ist in der Bilanzposition A II 1. „Grundstücke, grundstücksgleiche Rechte und Bauten einschließlich der Bauten auf fremden Grundstücken" ein unbebautes Grundstück aktiviert, in dem stille Reserven in Höhe von 150.000 € enthalten sind. Das übrige Vermögen stimmt mit den Buchwerten überein. Frau Veilchen und Frau Lila haben dem Kauf zugestimmt.

Wie ist der Verkauf steuerlich zu beurteilen?

Stellen Sie die Bilanzen für Frau Rose zum Beginn und zum Ende des Jahres 00 auf.

Lösung s. Seite 957

Aufgabe 9: Einkommensteuer, Betriebsveräußerung

Einzelunternehmer Mohn, 64 Jahre alt, hatte zum 31.12.00 folgende Bilanz erstellt:

AKTIVA		Bilanz	PASSIVA
Grund und Boden	50.000 €	Kapital	350.000 €
Gebäude	100.000 €		
Maschinen	70.000 €		
Fuhrpark	10.000 €		
Umlaufvermögen	120.000 €		
	350.000 €		350.000 €

Herr Mohn veräußert zum 01.01.01 seinen Gewerbebetrieb. Folgende stille Reserven sind vorhanden:

▶ Grundstück   50.000 €

▶ Gebäude   60.000 €

▶ Maschinen   10.000 €

Der Käufer übernimmt das gesamte Unternehmen mit Ausnahme eines Pkw, der mit 10.000 € zu Buche steht (Teilwert 12.000 €). Zusätzliche Veräußerungskosten sind in Höhe von 2.500 € angefallen. Der Kaufpreis von 550.000 € ist vom Käufer am Tag der Veräußerung in voller Höhe in bar zu entrichten.

Entscheiden Sie, ob eine Betriebsveräußerung im Geschäftsjahr vorliegt.

Ermitteln Sie den Veräußerungsgewinn und erstellen Sie die Bilanz zum 01.01.01 für den Erwerber.

Lösung s. Seite 958

Aufgabe 10: Einkommensteuer, Betriebsveräußerung gegen Leibrente

Der steuerpflichtige Baum (53 Jahre alt) veräußert zum 31.12.00 seinen Gewerbebetrieb.

Das Betriebsvermögen beträgt zum Veräußerungszeitpunkt 300.000 €. Der Veräußerungserlös besteht aus einer ab 01.01.01 zu zahlenden monatlichen Leibrente von 2.500 €, deren Barwert im Veräußerungszeitraum 367.590 € (§ 14 BewG) beträgt. Herr Baum ist im sozialversicherungsrechtlichen Sinne dauernd berufsunfähig.

Ermitteln Sie den steuerpflichtigen Veräußerungsgewinn und nehmen Sie Stellung zu den unterschiedlichen Möglichkeiten der Besteuerung.

Lösung s. Seite 959

Aufgabe 11: Körperschaftsteuer

Müller ist alleiniger Gesellschafter und Geschäftsführer der M-GmbH. Am 01. 01. 01 veräußert Müller 60 % seiner Anteile an der M-GmbH an Thomas. Zum 31. 12. 00 weist die M-GmbH einen vortragsfähigen Verlust in Höhe von 30.000 € aus. Im Jahr 01 erwirtschaftet die M-GmbH einen handelsrechtlichen Gewinn in Höhe von 30.000 €. Es sind keine steuerlichen Korrekturen notwendig.

Berechnen Sie die Körperschaftsteuer und den Solidaritätszuschlag für den Veranlagungszeitraum 01.

Lösung s. Seite 959

Aufgabe 12: Körperschaftsteuer, verdeckte Einlage

Herr Anton ist mit 100 % an der A-GmbH beteiligt; er hält die Anteile an der A-GmbH im Betriebsvermögen seines Einzelunternehmens. Herr Anton hat der A-GmbH einen Pkw (Restnutzungsdauer vier Jahre) aus dem Anlagevermögen des Einzelunternehmens für 20.000 € verkauft, obwohl der Teilwert 30.000 € betrug. Der Buchwert des Pkw betrug 25.000 €.

Bei dem Einzelunternehmen wurde gebucht:

Bank	20.000 €			
Aufwand	5.000 €	an	Pkw	25.000 €

Bei der A-GmbH wurde der Vorgang wie folgt gebucht:

Pkw	20.000 €	an	Bank	20.000 €

Im VZ wurde eine AfA von 5.000 € (= 25 % von den AK lt. HB 20.000 €) gebucht.

Der KSt-Bescheid für die A-GmbH ist bestandskräftig. Bei dem Einzelunternehmen des Herrn Anton A wird eine Betriebsprüfung durchgeführt. Der Prüfer erkennt in dem verbilligten Verkauf des Pkw an die A-GmbH einvernehmlich eine verdeckte Einlage und bucht – steuerlich zutreffend – gem. § 6 Abs. 6 Satz 2 EStG die geleistete verdeckte Einlage in der Prüferbilanz wie folgt:

Beteiligung A -GmbH	20.000 €	an	Ertrag	20.000 €

Dadurch kommt es bei dem Einzelunternehmen zu einer bilanziellen Gewinnerhöhung von 20.000 €.

Beurteilen Sie den Sachverhalt hinsichtlich körperschaftsteuerlicher Auswirkungen.

Lösung s. Seite 960

Aufgabe 13: Körperschaftsteuer, Rückwirkungsverbot/ Vorteilsgewährung

Sachverhalt 1:
Ein beherrschender Gesellschafter überlässt der GmbH ab 02.01.01 ein Fälligkeitsdarlehen, rückzahlbar am 31.12.00. Die monatlichen Zinsen sollen 5.000 € betragen. Am 01.07.01 wird beschlossen, die Zinsen rückwirkend ab 02.01.01 auf monatlich 7.500 € zu erhöhen.

a) Die Höhe der Zinsen ist angemessen.

b) Es sind Zinsen in Höhe von 6.000 € angemessen.

Sachverhalt 2:
Eine GmbH zahlt an den beherrschenden Gesellschafter ein Gehalt von 350.000 €, angemessen sind 200.000 €. Es ist eine schriftliche, im Voraus getroffene Vereinbarung vorhanden.

Sachverhalt 3:
Eine GmbH zahlt an den beherrschenden Gesellschafter ein Gehalt von 350.000 €, angemessen sind 200.000 €. Es fehlt eine schriftliche, im Voraus getroffene Vereinbarung.

Sachverhalt 4:
Eine GmbH zahlt an einen Minderheitsgesellschafter ein Geschäftsführergehalt von 350.000 €, angemessen sind 200.000 €. Es ist eine schriftliche, im Voraus getroffene Vereinbarung vorhanden.

Sachverhalt 5:
Eine GmbH zahlt an einen Minderheitsgesellschafter ein Geschäftsführergehalt von 350.000 €, angemessen sind 200.000 €. Es fehlt eine schriftliche, im Voraus getroffene Vereinbarung.

Sachverhalt 6:
Die Gesellschafterversammlung beschließt am 22.04.2001 eine rückwirkende Erhöhung der Geschäftsführervergütung von X, Y und Z, die jeweils 1/3 der Stimmrechte besitzen. Ab 01.01.2001 bekommen die Geschäftsführer jeweils 1.000 € mehr im Monat.

Sachverhalt 7:
Der alleinige Gesellschafter einer GmbH verkauft Ware der GmbH an seinen Sohn für 2.000 €. Der gemeine Wert der Ware hat 20.000 € betragen.

Prüfen Sie für alle Sachverhalte, ob und – wenn ja – warum eine verdeckte Gewinnausschüttung vorliegt.

Lösung s. Seite 960

Aufgabe 14: Körperschaftsteuer, Gewerbesteuer (I)

Die A-GmbH mit Sitz in Berlin weist für die Zeit vom 01.01.01 - 31.12.01 ein vorläufiges handelsrechtliches Ergebnis von 300.000 € aus. Alleiniger Gesellschafter und Geschäftsführer der GmbH ist A. Er ist befreit von dem Verbot gem. § 181 BGB.

Bei der Durchsicht der Ihnen zur Erstellung des handelsrechtlichen Jahresabschlusses zum 31.12.01 und der Steuererklärungen für den Veranlagungszeitraum 01 übergebenen Unterlagen stellen Sie Folgendes fest:

1. Der Jahresüberschuss 00 in Höhe von 185.000 € wurde von der Gesellschafterversammlung der A-GmbH am 15.04.01 festgestellt und auf neue Rechnung vorgetragen.

2. Die A-GmbH leistete im VZ 01 folgende Steuervorauszahlungen:

Körperschaftsteuer	10.000 €
Solidaritätszuschlag	550 €
Gewerbesteuer	8.000 €

   Die Vorauszahlungen wurden als Betriebsausgaben verbucht.

3. Die A-GmbH ließ sich im September 01 von dem Sohn des Geschäftsführers beraten und bezahlte dafür ein Honorar an die Berliner Beratungs-GmbH in Höhe von 35.000 €. Die Beratung erfolgte für Informationen über die Ausschreibungsmodalitäten eines Großauftrages in Berlin. Der Betrag wurde als Aufwand verbucht.

4. Im Geschäftsjahr 01 wurden Aufwendungen in Höhe von 33.000 € für die Bewirtung von Geschäftsfreunden getätigt. Außerdem erhielt ein spezieller Kunde von der A-GmbH ein Geschenk zu seinem Jubiläum im Wert von 250 € zuzüglich 47,50 € USt. Die Aufwendungen wurden komplett als abzugsfähige Aufwendungen verbucht, die Umsatzsteuer als Vorsteuer geltend gemacht.

5. Im November 01 wurde ein Vertrag über einen Auftrag geschlossen, mit dem bisher noch nicht begonnen wurde. Für den Auftrag soll die A-GmbH einen Festpreis von 200.000 € netto erhalten. Mittlerweile rechnet A jedoch mit eigenen Kosten für die A-GmbH in Höhe von 250.000 €.

6. Aufgrund seiner außerordentlichen Leistung zahlt sich A am 30.12.01 aufgrund eines schriftlichen Vertrages mit der A-GmbH eine Tantieme in Höhe von 10 % des Jahresüberschusses. Es wurden bisher keine Buchungen vorgenommen.

a) Berechnen Sie den endgültigen handelsrechtlichen Jahresüberschuss vor Berücksichtigung von evtl. Steuerrückstellungen bzw. Steuerforderungen.

b) Berechnen Sie das zu versteuernde Einkommen.

c) Berechnen Sie die Rückstellung für die Körperschaftsteuer, den Solidaritätszuschlag und die Gewerbesteuer. Der Hebesatz beträgt 400 %.

Lösung s. Seite 962

Aufgabe 15: Körperschaftsteuer, Gewerbesteuer (II)

Die M-GmbH ist einzige Gesellschafterin der T-GmbH. Beide Gesellschaften haben ihren Sitz und ihre Geschäftsleitung in Berlin. Im Oktober 01 wurde ein Vertrag geschlossen, in dem sich die T-GmbH verpflichtet, ihre gesamten Gewinne an die M-GmbH abzuführen und die M-GmbH etwaige Verluste der T-GmbH übernimmt. Der Vertrag ist unbefristet, gilt jedoch mindestens bis zum 31.12.07. Im Dezember 01 wird der Vertrag in das Handelsregister bei der T-GmbH eingetragen. Die T-GmbH hat zum 31.12.01 folgende vorläufige Bilanz aufgestellt. Im Gewinn sind nicht abzugsfähige Betriebsausgaben in Höhe von 3.000 € enthalten.

AKTIVA		T-GmbH		PASSIVA
A. Anlagevermögen	180.000	A. Stammkapital		90.000
B. Umlaufvermögen	120.000	Gewinnvortrag		70.000
		Jahresüberschuss		80.000
		B. Verbindlichkeiten		60.000
	300.000			300.000

Die M-GmbH weist in ihrer vorläufigen Bilanz einen Jahresüberschuss in Höhe von 150.000 € aus. Die Forderung an die T-GmbH in Höhe von 80.000 € aufgrund des Gewinnabführungsvertrages ist bereits enthalten. Außerdem wurden nicht abzugsfähige Betriebsausgaben in Höhe von 5.000 € verbucht. Die M-GmbH hat folgende Steuervorauszahlungen im VZ 01 geleistet:

Körperschaftsteuer	40.000 €
Solidaritätszuschlag	2.200 €
Gewerbesteuer	30.000 €

AKTIVA		M-GmbH		PASSIVA
A. Anlagevermögen	600.000	A. Stammkapital		220.000
B. Finanzanlagen	120.000	Gewinnvortrag		120.000
C. Ford. gg. T-GmbH	80.000	Jahresüberschuss		150.000
		B. Verbindlichkeiten		310.000
	800.000			800.000

Berechnen Sie die festzusetzende Körperschaftsteuer, die Gewerbesteuer sowie den festzusetzenden Solidaritätszuschlag der T-GmbH sowie der M-GmbH. Der Gewerbesteuerhebesatz beträgt 400 %.

Berechnen Sie die Steuerrückstellungen der M-GmbH.

Lösung s. Seite 964

Aufgabe 16: Körperschaftsteuer, Gewerbesteuer (III)

Die M-GmbH hat ihren Sitz und den Ort ihrer Geschäftsleitung in Berlin. Der alleinige Geschäftsführer und Gesellschafter ist M. Auf den 31.12.2013 bzw. 31.12.2018 wurden durch Bescheide folgende Beträge festgestellt:

Steuerliches Einlagekonto § 27 Abs. 2 KStG 20.000 €, KSt-Guthaben § 37 Abs. 2 KStG 8.000 €

In der Einheitsbilanz zum 31.12.2018 wurde folgendes Eigenkapital ausgewiesen:

Stammkapital	180.000 €
Kapital-Rücklagen	30.000 €
Gewinnvortrag	160.000 €
Jahresüberschuss	80.000 €
Summe	450.000 €

Für das Geschäftsjahr 2018 wurde ein vorläufiger handelsrechtlicher Jahresüberschuss in Höhe von 130.000 € ermittelt. Folgende Sachverhalte sind bei der M-GmbH in 2018 aufgetreten:

Sachverhalt 1:
Folgende Steuervorauszahlungen wurden im Geschäftsjahr 2018 geleistet und als Aufwand verbucht:

- Körperschaftsteuer   10.000 €
- Solidaritätszuschlag   550 €
- Gewerbesteuer   9.000 €

Sachverhalt 2:
Die M-GmbH ist zu 25 % an der T-GmbH beteiligt. Am 12.06.2018 schüttet die T-GmbH eine Dividende in Höhe von 20.000 € abzüglich Kapitalertragsteuer und Solidaritätszuschlag an die M-GmbH aus. Bei der M-GmbH wurde der zugeflossene Betrag als Ertrag verbucht. Außerdem wurden im Geschäftsjahr angefallene Aufwendungen im Zusammenhang mit der Beteiligung in Höhe von 2.000 € als Betriebsausgabe gebucht.

Sachverhalt 3:
Der Sohn des M bekam zum Abschluss seines Studiums im Juli 2018 einen Pkw von der M-GmbH zu einem Vorzugspreis von 5.950 € brutto. Der Verkehrswert des Pkw betrug zu diesem Zeitpunkt 7.140 € brutto.

Sachverhalt 4:
Im Januar 2018 hat die M-GmbH einen PC für 750 € netto gekauft und sofort als Aufwand verbucht. Außerdem kaufte sie drei Büromöbel zum Wert von je 100 €. Die Möbel wurden ebenfalls als Sofortaufwand verbucht.

Sachverhalt 5:
Die Ehefrau von Müller verpachtet seit 10 Jahren an die M-GmbH das Geschäftsgrundstück für jährlich 40.000 €. In den 10 Jahren wurde die Pacht ordnungsgemäß entrichtet. Da die M-GmbH in 2018 einen Liquiditätsengpass hatte, verzichtete die Ehefrau

Ende 2018 auf die gesamten Pachteinnahmen des Jahres 2018. Die bereits gebuchten Verbindlichkeiten der M-GmbH wurden daraufhin erfolgswirksam aufgelöst.

Sachverhalt 6:

In 2018 wurden von der M-GmbH Darlehenszinsen in Höhe von. 60.000 € und Überziehungszinsen für das Girokonto in Höhe von 10.000 € gezahlt. Außerdem wurden Leasingraten für geleaste Fahrzeuge in Höhe von 40.000 € entrichtet.

a) Berechnen Sie die festzusetzende Körperschaft- und Gewerbesteuer und den festzusetzenden Solidaritätszuschlag der M-GmbH. Welche Steuerrückstellungen sind für das Geschäftsjahr 2018 zu bilden? Der Hebesatz beträgt 400 %.

b) Berechnen Sie den endgültigen handelsrechtlichen Jahresüberschuss der M-GmbH.

c) Schreiben Sie die festgestellten Werte des steuerlichen Einlagekontos und des Körperschaftsteuerguthabens zum 31.12.2018 fort. Es wurde in 2018 eine offene Gewinnausschüttung in Höhe des Jahresüberschusses 2018 vorgenommen.

Lösung s. Seite 965

Aufgabe 17: Körperschaftsteuer, Gewerbesteuer (IV)

Die A-GmbH mit Sitz in Berlin hat für das Geschäftsjahr 2018 einen vorläufigen handelsrechtlichen Jahresüberschuss von 0 € ermittelt.

Bei der Durchsicht der Unterlagen stellen Sie Folgendes fest:

1. Die A-GmbH zahlte im Geschäftsjahr keine Steuervorauszahlungen.

2. Für die Wirtschaftsjahre 2014 - 2016 wurde im Herbst 2018 eine Betriebsprüfung durchgeführt. Die Schlussbesprechung fand am 20.11. statt. Am 15.01.2019 ergingen die Steuerbescheide, in denen folgende Nachzahlungen für die Jahre 2014 - 2016 festgesetzt wurden:

Körperschaftsteuer	11.000 €
Solidaritätszuschlag	605 €
Gewerbesteuer	- 9.000 €
Summe	20.605 €

Der Bericht über die steuerliche Außenprüfung enthält u. a. eine steuerliche Schlussbilanz auf den 31.12.2016 (sog. Prüferbilanz):

AKTIVA			A-GmbH Steuerbilanz lt. BP zum 31.12.2016			PASSIVA
	PB	bisher			PB	bisher
A. BGA	87.000	77.000	A. Stammkapital		25.000	25.000
B. Vorräte	63.000	45.000	Bilanzgewinn		111.395	83.000
C. Forderungen	85.000	76.000	B. Steuerrückstellungen		30.605	10.000
D. Akt. RA	12.000	0	D. Verbindlichkeiten		80.000	80.000
	247.000	198.000			247.000	198.000

2.1 Der Bestand an Betriebs- und Geschäftsausstattung wurde zum 31.12.2016 um 10.000 € erhöht, da die A-GmbH mehrere PCs als Geringwertige Wirtschaftsgüter behandelten, obwohl die Voraussetzungen hierfür nicht vorlagen. Die betriebsgewöhnliche Nutzungsdauer der im Januar 2015 angeschafften PCs beträgt drei Jahre.

2.2 Die zum 31.12.2016 vorgenommene Teilwertabschreibung auf die Vorräte konnte nicht begründet werden, sodass der Bestand um 18.000 € erhöht wurde. Die Vorräte wurden im Januar 2018 veräußert.

2.3 Die zum 31.12.2016 bestehenden Forderungen wurden im Jahr 2018 vollständig bezahlt. Daher wurden die gebuchten Wertberichtigungen von Seiten des Betriebsprüfers nicht akzeptiert.

2.4 Das Disagio eines im Januar 2016 aufgenommenen Darlehens mit einer Laufzeit von vier Jahren wurde vollständig als Aufwand verbucht.

2.5 Bei der Erstellung der Körperschaftsteuererklärung 2016 wurde versehentlich das handelsrechtliche Ergebnis nicht um die nichtabziehbaren Betriebsausgaben in Höhe von 7.000 € korrigiert.

Lösung s. Seite 968

Aufgabe 18: Körperschaftsteuer, Einkommensteuer

Alleiniger Gesellschafter der M-GmbH mit Sitz in Berlin ist M. Außerdem ist M alleiniger Geschäftsführer. Im Rahmen einer Betriebsprüfung wird festgestellt, dass M im Geschäftsjahr 01 ein Gehalt i. H. v. 200.000 € bezogen hat. Ein fremder Dritter hätte für diese Tätigkeit lediglich 150.000 € Gehalt bezogen. Weitere Leistungen erhielt M im Geschäftsjahr 01 nicht.

Welche einkommensteuerlichen Einkünfte bezieht M und was hat dies für Folgen für das Einkommen der M-GmbH?

Lösung s. Seite 971

Aufgabe 19: Gewerbesteuer

Die M-GmbH weist einen vorläufigen handelsrechtlichen Gewinn für das Geschäftsjahr von 800.000 € aus. Folgende Geschäftsfälle sind entstanden und wurden von der M-GmbH ordnungsgemäß verbucht.

1. Die M-GmbH besitzt ein Geschäftsgrundstück mit einem Einheitswert in Höhe von 600.000 €.

2. Zusätzlich wurden Büroräume zu einem jährlichen Mietzins von 60.000 € angemietet.

3. Im Jahr 01 wurden Leasingraten in Höhe von 300.000 € für Maschinen und Fahrzeuge bezahlt.

4. An Zinsen für die Nutzung des Kontokorrents und für langfristige Bankkredite sind im Geschäftsjahr 01 150.000 € angefallen.

5. Die M-GmbH besitzt drei Betriebsstätten in Berlin, Hamburg und München mit den Hebesätzen 350 %, 375 % und 400 %. Die Löhne und Gehälter sind folgendermaßen auf die Betriebsstätten aufzuteilen:

Berlin	200.000 €
Hamburg	150.000 €
München	250.000 €
Summe	600.000 €

6. Es wurden folgende Gewerbesteuervorauszahlungen für die jeweiligen Betriebsstätten im Geschäftsjahr 01 gezahlt:

Berlin	30.000 €
Hamburg	20.000 €
München	50.000 €

Berechnen Sie die festzusetzende Gewerbesteuer und die Gewerbesteuerrückstellung bzw. Forderung für das Geschäftsjahr 01 der M-GmbH.

Lösung s. Seite 971

Aufgabe 20: Gewerbesteuerrückstellung

Für den Jahresabschluss 01 eines Einzelunternehmens liegen folgende Daten vor:

▶ Gewinn aus Gewerbebetrieb: 258.343 €

▶ Bei der Gewinnermittlung wurden vier GewSt-Vorauszahlungen von je 5.500 € gewinnmindernd gebucht.

▶ Die gewerbesteuerlichen Korrekturen wurden ordnungsgemäß wie folgt ermittelt:
- Hinzurechnungen nach § 8 GewStG 12.500 €
- Kürzungen nach § 9 GewStG 3.600 €
- Hebesatz der Gemeinde 420 %.

Errechnen Sie die Gewerbesteuer-Rückstellung.

Lösung s. Seite 973

Aufgabe 21: Umsatzsteuer, Vorsteuerberichtigung

Arnold errichtet ein Bürogebäude mit der Absicht, es steuerpflichtig zu vermieten. Der Tag der Fertigstellung ist der 01.02.00. Der von Arnold mit dem Bau beauftragte Generalunternehmer Bischer stellt Arnold 1.000.000 € zuzüglich gesondert ausgewiesener Umsatzsteuer in Rechnung. Das Gebäude steht bis 30.06.00 leer und wird vom 01.07.00 - 31.01.01 für monatlich 5.000 € zuzüglich Umsatzsteuer an den Unternehmer Ulrich vermietet. Ab 01.02.01 wird das Gebäude mit unbefristetem Mietvertrag an den Arzt Cäsar für 5.500 € vermietet.

Für welche Jahre und in welcher Höhe sind Vorsteuerberichtigungen vorzunehmen?

Lösung s. Seite 974

Aufgabe 22: Umsatzsteuer (I)

Im Monat März 01 sind folgende Geschäftsvorfälle bei der Firma A-GmbH angefallen, die Sie auf Ihre umsatzsteuerliche Behandlung im Inland untersuchen sollen.

a) Die Familie Grießdi aus der Schweiz beauftragte im Dezember 00 die A-GmbH für ihr Haus in der Schweiz neue Gardinen anzufertigen und anzubringen. Im Januar wurde das Aufmaß von der A-GmbH genommen und die Stoffe zur Anfertigung bestellt. Die Anbringung und Montierung der Gardinen inklusive Vorhangschienen wurde im März vollendet. Die Abwicklung des Exports wurde zollrechtlich ordnungsgemäß durchgeführt. Für die Gardinen berechnet die A-GmbH 2.500 € und für die Vorhangschienen 200 €. Außerdem werden 150 € für den Transport und 850 € für die Montage veranschlagt. Alle Beträge sind netto kalkuliert.

b) Ein polnischer Leiharbeiter kaufte im März ein Sofa für 1.000 € netto und transportierte es noch im selben Monat eigenhändig zu sich nach Hause nach Stettin.

c) Für das Betriebsgebäude der A-GmbH musste im März Heizöl geordert werden. Um einen guten Preis zu erhalten, wurde auch Heizöl für das Privathaus des Gesellschafters und Geschäftsführers A und für das von der A-GmbH an einen Angestellten vermietete Einfamilienhaus geordert. Das Heizöl wurde noch im selben Monat geliefert. Es wurde eine Rechnung über 10.000 € zuzüglich 910 € Umsatzsteuer ausgestellt. 80 % des Kaufpreises werden anhand der Literanzahl dem Betriebsgebäude der A-GmbH zugerechnet. Je 10 % entfallen auf das Privathaus des A und das vermietete Einfamilienhaus.

d) Die A-GmbH verkauft eine Spezialmaschine zur Bearbeitung von Stoffen an die B-GmbH. Bereits im Februar wurde der Kaufvertrag mit Vereinbarung einer Ratenzahlung getroffen. Der Gesamtbetrag beträgt 476.000 €, von denen 119.000 € sofort fällig waren und auch gezahlt wurden. Der Übergang von Nutzen und Lasten erfolgte mit Zahlung der zweiten Rate zum 15.03.01. Die restlichen Raten sind zum 15.04.01 und 15.05.01 fällig.

e) Die A-GmbH erhielt eine Provision für die Vermittlung eines größeren Auftrages von einer Textilfabrik in Linz, Österreich, in Höhe von 3.000 €. Der Auftrag bestand in der Lieferung verschiedener Stoffe an eine Textilverarbeitungsfirma in Dortmund. Die Stoffe wurden direkt aus Linz nach Dortmund versendet. Die A-GmbH handelte im Namen und auf Rechnung des österreichischen Herstellers.

f) Am 05.03.01 versendete die A-GmbH exklusive Stoffe an einen Käufer in Bremen. Das Paket mit beiliegender Rechnung in Höhe von 2.618 € wurde jedoch beim Transport stark beschädigt, sodass die Stoffe unbrauchbar wurden. Die Versicherung des Paketdienstes zahlte daraufhin am 26.03.01 an die A-GmbH 2.200 €.

g) Am 22.03. fertigte die A-GmbH an ihrem Sitz in Berlin Gardinen für eine private Kundin im Wert von 320 € an. Die Kundin brachte die Stoffe zur Verarbeitung und Herstellung der Gardinen selbst mit. Da die Kundin nicht bar zahlen konnte, erhielt sie eine Rechnung mit der Bitte um Überweisung. Am 03.04. überwies die Kundin 387 € mit dem Hinweis, dass sie sehr zufrieden mit der Arbeit der A-GmbH sei.

h) Wegen Personalmangels aufgrund eines Großauftrages hat sich die A-GmbH im März Mitarbeiter von einer polnischen Firma geliehen. Für die Überlassung der Mitarbeiter erhielt die A-GmbH eine Rechnung in Höhe von 6.000 € mit dem Hinweis auf § 14a Abs. 5 UStG.

i) Die A-GmbH erwarb eine alte Maschine zu Ausstellungs- und Werbezwecken von einem Kunden aus Bern zum Preis von 5.000 €. Der Betrag soll auf eine Reparaturleistung der A-GmbH an einer Maschine des Kunden aus Bern im Wert von 7.600 € angerechnet werden. Die A-GmbH holt noch im März die Maschine in Bern ab und zahlt die Einfuhrumsatzsteuer an der Grenze. Noch im selben Monat zahlt der Kunde einen Betrag von 4.000 €. Der Rest wird ihm von der A-GmbH „zwecks Abrundung" erlassen.

Lösung s. Seite 974

Aufgabe 23: Umsatzsteuer, Ort der sonstigen Leistung

Bestimmen Sie den Ort der sonstigen Leistung:

1. Ein deutscher Steuerberater bearbeitet die Steuererklärung eines französischen Unternehmers.

2. Der deutsche Steuerberater berät einen schweizerischen Unternehmer.

3. Ein deutscher Rechtsanwalt berät eine polnische Privatperson.

4. Ein deutscher Steuerberater wird für eine schweizerische Privatperson tätig.

5. Ein deutscher Spediteur befördert im Auftrag eines deutschen Unternehmers Waren von Paris nach Madrid.

6. Ein deutscher Spediteur befördert im Auftrag eines französischen Unternehmers Waren von Berlin nach Madrid.

7. Der deutsche Spediteur befördert Waren im Auftrag einer deutschen Privatperson von Berlin nach Paris.

Lösung s. Seite 976

Aufgabe 24: Umsatzsteuer, Option

Zahnarzt Zahn betreibt eine Praxis mit einem Zahnlabor. Er erzielt im Jahr 01 einen Umsatz von 200.000 €, darunter Prothetikumsätze in Höhe von 15.000 €.

Beurteilen Sie die Umsätze des Zahn nach ihrer Steuerpflicht.

Lösung s. Seite 977

Aufgabe 25: Umsatzsteuer (II)

Beurteilen Sie die Sachverhalte 1 - 4:

Sachverhalt 1:

Das Modefachgeschäft Chic verkauft Anzüge aus der vorherigen Saison verbilligt zu einem Preis von 50 €. Der Einkaufspreis betrug jeweils 60 € und der ursprüngliche Verkaufspreis 75 €. Frau Chic verkaufte auch einen Anzug an ihren Sohn für ebenfalls 50 €.

Berechnen Sie die Umsatzsteuer.

Sachverhalt 2:
Der Unternehmer Luhser führt ausschließlich steuerpflichtige Umsätze aus. Er hat einen Pkw gekauft, den er zu 40 % betrieblich und zu 60 % privat nutzen will. Die Vorsteuer aus der ordnungsgemäßen Rechnung des Pkw beträgt 1.900 €.

Welche Möglichkeiten des Vorsteuerabzugs bestehen für Luhser?

Sachverhalt 3:
Der Autohändler Raser handelt auch mit Autoradios. Seinem dicken Kumpel schenkte er zum 40. Geburtstag ein Radio aus dem Bestand seines Autohandels. Der Verkaufspreis des Radios beträgt 300 €, der Einkaufspreis hat 200 € betragen. Im Moment würde er jedoch nur noch 180 € im Einkauf für das Radio bezahlen.

Welche umsatzsteuerlichen Auswirkungen hat der Vorfall beim Autohändler Raser?

Sachverhalt 4:
Der Autohändler Raser liefert einen Pkw an den Gesellschafter und Geschäftsführer der A-GmbH. Der Pkw soll privat genutzt werden. Aus Vereinfachungsgründen wird die Rechnung jedoch auf die A-GmbH ausgestellt.

Welche umsatzsteuerlichen Auswirkungen hat der Vorfall beim Autohändler Raser?

Kann die A-GmbH oder ihr Gesellschafter die Vorsteuer geltend machen?

Lösung s. Seite 977

Aufgabe 26: Umsatzsteuer, Vorsteuerabzugsberechtigung

Entscheiden Sie, ob der Unternehmer die Vorsteuer geltend machen kann.

1. Der Unternehmer Ulrich beauftragt den Rechtsanwalt Reiter mit der Führung eines Prozesses. Ulrich gewinnt den Prozess, sodass der Beklagte die Prozesskosten des Ulrich zu tragen hat. Reiter berechnet dem Beklagten 5.000 € zzgl. 950 € Umsatzsteuer für Prozesskosten.

2. Ehemann und Unternehmer Ulrich errichtet mit Einverständnis seiner Ehefrau auf deren Grundstück ein Geschäftsgebäude.

3. Ein selbstständiger Arzt, der nur steuerfreie Umsätze ausführt, hat einen Pkw gekauft und dafür 30.000 € zzgl. 5.700 € Umsatzsteuer gezahlt.

4. Ein Unternehmer Ulrich erbringt im Inland steuerpflichtige Umsätze, führt jedoch auch steuerfreie innergemeinschaftliche Lieferungen aus. Die steuerfreien Umsätze ergeben 5 % seiner Gesamtumsätze. Der Wareneinsatz von Ulrich betrug im Voranmeldungszeitraum 55.000 €.

5. Ein Kleinunternehmer kauft eine Maschine für 10.000 € zzgl. 1.900 € Umsatzsteuer. Er weiß, dass er im nächsten Jahr nicht mehr als Kleinunternehmer auftreten kann, da er die Grenzen gem. § 19 UStG überschreitet.

6. Ein Unternehmer vermietet ein Geschäfts- und Wohnhaus. Die untere Etage ist an einen Rechtsanwalt vermietet, die obere Etage an eine Familie. Die Etagen haben dieselbe Grundfläche. Wo eine Option gem. § 9 UStG möglich war, wurde sie ausgeübt. Ulrich hat einen Austausch der Fenster des gesamten Gebäudes vorgenommen. Die Rechnung hierüber betrug 29.750 €.

Lösung s. Seite 978

Aufgabe 27: Umsatzsteuer (III)

Ein französischer Autohändler bestellt bei dem deutschen Autohändler Betrüger unter Verwendung seiner französischen USt-IDNr. ein Fahrzeug, das ihm frei Haus geliefert werden soll. Für die Kosten und Gefahren des Transports ist Betrüger zuständig.

Da Betrüger selbst das Fahrzeug nicht auf Lager hat, bestellt er seinerseits das Fahrzeug bei einem anderen deutschen Autohändler. Das Fahrzeug sollte durch Betrüger vom Werk abgeholt werden. Er ließ das Fahrzeug von seinen Angestellten abholen und lieferte es noch am selben Tag nach Frankreich und übergab es seinem Kunden. Der Kunde erhielt eine Rechnung in Höhe von 55.000 €, während Betrüger von dem deutschen Autohändler eine Rechnung über 35.000 € zuzüglich 6.650 € Umsatzsteuer erhielt.

Wie ist der Sachverhalt umsatzsteuerlich für Betrüger zu behandeln?

Lösung s. Seite 979

Aufgabe 28: Umsatzsteuer (IV)

Der Autohändler Betrüger hat den Angestellten Gutgläubig zum Verkaufsleiter befördert. Anstelle einer Gehaltserhöhung bekommt Gutgläubig von Betrüger ein Fahrzeug zur Verfügung gestellt. Gutgläubig kann den Pkw mit einem Bruttolistenpreis von 30.000 € sowohl für betriebliche Fahrten als auch für private Fahrten und für die Fahrten zwischen seiner Wohnung und der Arbeitsstätte nutzen. Er fährt an 15 Arbeitstagen im Monat 15 km zu dem Autohaus von Betrüger. Gutgläubig muss sich jedoch monatlich mit einer Pauschale in Höhe von 100 € an den laufenden Kosten des Fahrzeuges beteiligen. Die Pauschale wird direkt vom Gehalt des Gutgläubig einbehalten.

Für den Monat März erhält Gutgläubig von der Lohnbuchhaltung folgenden Ausschnitt aus der Gehaltsabrechnung:

Geldwerter Vorteil:		
1 % von 30.000 €		300,00 €
0,03 % von 30.000 € · 15 km	135,00 €	
15 Tage · 15 km · 0,30 €	67,50 €	
	67,50 €	67,50 €
Abzüglich pauschale Zuzahlung		100,00 €
Geldwerter Vorteil monatlich		267,50 €

Beurteilen Sie den Sachverhalt aus umsatzsteuerlicher Sicht.

Lösung s. Seite 980

Aufgabe 29: Umsatzsteuer, Steuerschuldner

Entscheiden Sie, wer der Steuerschuldner gem. § 13a UStG bzw. § 13b UStG ist.

1. Ein deutscher Unternehmer liefert Waren an einen französischen Unternehmer.

2. Ein französischer Unternehmer entwirft Flyer zu Werbezwecken für einen deutschen Unternehmer.

3. Ein deutscher Bauunternehmer A beauftragt einen anderen deutschen Bauunternehmer B zur Deckung eines Daches an einem Geschäftsgebäude.

4. Der Bauunternehmer B übernahm außerdem die Bauleitung für den Bauunternehmer A auf dieser Baustelle.

5. Der Bauunternehmer K, der auf seine Umsätze gem. § 19 UStG keine Steuer schuldet, repariert für den Bauunternehmer A die Sanitäranlagen.

6. Der Kleinunternehmer K beauftragt einen anderen Bauunternehmer auf einer anderen Baustelle mit der Erneuerung von Abflüssen.

7. Der Bauunternehmer A wird von einer Privatperson mit der Sanierung seines Wohnhauses beauftragt.

8. Der Bauunternehmer A erbringt eine Bauleistung an dem Privatgebäude des Bauunternehmers B.

9. Der Gerüstbauer G erstellt das Baugerüst auf der Baustelle des Bauunternehmers A.

Lösung s. Seite 980

Aufgabe 30: Umsatzsteuer (V)

Der in Deutschland ansässige Unternehmer Gefräßig ist Lebensmittelgroßhändler und liefert an Kunden im In- und Ausland.

Beurteilen Sie folgende Sachverhalte auf ihre umsatzsteuerliche Relevanz.

1. Ein schweizerischer Unternehmer liefert Gefräßig Waren. Er liefert

   a) unverzollt und unversteuert.

   b) verzollt und versteuert.

2. Gefräßig hat Ware aus Frankreich bestellt. Diese wird durch einen Angestellten des französischen Unternehmers an Gefräßig geliefert.

3. Die Ware aus Frankreich wird direkt an einen Kunden des Gefräßig in Deutschland ausgeliefert.

4. Gefräßig liefert an einen Kunden in Kroatien. Die Lebensmittel wurden vorher durch einen deutschen Unternehmer im Auftrag des kroatischen Unternehmers zur Verlängerung der Haltbarkeit behandelt. Für den Transport beauftragt Gefräßig ein deutsches Transportunternehmen.

Lösung s. Seite 981

Aufgabe 31: Umsatzsteuer (VI)

Frau Schönling ist Inhaberin einer Boutique in Berlin. Im Monat März sind folgende Geschäftsvorfälle angefallen, die Sie auf ihre umsatzsteuerliche Behandlung untersuchen sollen.

1. Eine französische Privatperson kauft in der Boutique von Frau Schönling ein und nimmt die Kleidungsstücke mit nach Frankreich.

2. Frau Schönling verkauft Kleidungsstücke an eine französische Privatperson und versendet sie nach Frankreich.

3. Eine Privatperson aus den USA kauft Kleidungsstücke, die sie in die Vereinigten Staaten ausführt.

4. Frau Schönling verkauft Kleidungsstücke an eine schweizerische Privatperson und versendet sie in die Schweiz.

Lösung s. Seite 982

Aufgabe 32: Abgabenordnung (I)

1. Ein Steuerpflichtiger erklärt zutreffend die Aufwendungen zwischen Wohnung und Arbeitsstätte in seiner Steuererklärung. Der Sachbearbeiter macht „einen Haken" in der Steuererklärung, übernimmt jedoch die Werbungskosten nicht bei der Eingabe in den PC.

2. Ein Einkommensteuerbescheid ergeht unter dem Vorbehalt der Nachprüfung. Die Festsetzungsfrist ist noch nicht abgelaufen.

3. Ein Einkommensteuerbescheid ist vorläufig nach § 165 AO. Die Vorläufigkeit bezieht sich auf die Anerkennung des Arbeitszimmers als Werbungskosten. Der Steuerpflichtige möchte den Bescheid hinsichtlich der Anerkennung von Krankheitskosten als außergewöhnliche Belastung ändern.

4. Der Unternehmer sendet am 10.11.01 die Umsatzsteuervoranmeldung für den Monat Oktober 01 elektronisch an das Finanzamt. Am 13.11.01 fällt ihm auf, dass er vergessen hat, die Vorsteuer aus einer Eingangsrechnung vom Oktober anzugeben.

Entscheiden Sie jeweils, ob und nach welcher Vorschrift eine Korrektur des Verwaltungsaktes möglich ist.

Lösung s. Seite 983

Aufgabe 33: Abgabenordnung (II)

Ehepaar Fleißig lebt in einem gemeinsamen Haus in Berlin. Herr Fleißig betreibt in Rostock ein Steuerbüro. Sein Freund, Herr Faul, ist angestellter Geschäftsführer des Unternehmens. Herr Fleißig wohnt in Rostock. Da sich das Steuerbüro noch im Aufbau befindet und ein Umzug der Familie sich noch nicht lohnt, hat Herr Fleißig in Rostock eine Wohnung angemietet. Dort übernachtet er an Werktagen.

Die Wochenenden und Feiertage verbringt er mit seiner Familie in Berlin. Herr Fleißig ist sowohl in Rostock (2. Wohnsitz) als auch in Berlin (1. Wohnsitz) ordnungsgemäß bei den Ämtern gemeldet.

Frau Fleißig ist tagsüber als angestellte Mitarbeiterin bei einem Unternehmensberater tätig. Hieraus bezieht sie ein monatliches Gehalt von 2.500 €. Herr Fleißig erzielt noch Zinseinnahmen aus einer Festgeldanlage bei einer Berliner Bank.

Das Ehepaar besitzt gemeinsam ein Mehrfamilienhaus in Hamburg, welches vermietet wird. Die Einkünfte stehen beiden zu gleichen Teilen zu. Die Verwaltung haben sie einer in Hamburg ansässigen Verwaltungsgesellschaft übertragen.

Prüfen Sie:

1. Für welche Einkünfte sind Feststellungsbescheide zu erlassen und welche Finanzämter sind jeweils zuständig?

2. Welche Person ist in den Fällen, in denen Feststellungsbescheide zu erlassen sind, zur Abgabe der gesonderten – und einheitlichen – Erklärung zur Feststellung von Grundlagen für die Einkommensbesteuerung verpflichtet?

Lösung s. Seite 983

Aufgabe 34: Abgabenordnung (III)

Herr und Frau Unehrlich wohnen in Berlin und wurden seit 2000 einkommensteuerlich zusammen veranlagt. Herr Unehrlich betreibt eine Kfz-Werkstatt, Frau Unehrlich ist Angestellte in einem Steuerbüro und erledigt die Buchhaltung und alle steuerlichen Angelegenheiten für ihren Mann.

Am 01.04.18 wurde eine Betriebsprüfung für die Jahre 2014 - 2016 durchgeführt. Es wurden die Einkommen-, Gewerbe- und Umsatzsteuer geprüft. Alle Steuerbescheide für diese Veranlagungsjahre ergingen unter dem Vorbehalt der Nachprüfung. Die Steuererklärungen wurden jeweils im Folgejahr am 31.05. abgegeben und die Veranlagungen erfolgten immer im August.

Bei der Außenprüfung wurden Unstimmigkeiten bei den Aufzeichnungen über Einnahmen des Jahres 2014 festgestellt. Frau Unehrlich gab daraufhin zu, die Einnahmen veruntreut und für ihren gehobenen Lebensstil ausgegeben zu haben. Herr Unehrlich wusste nichts von den ca. 50.000 € veruntreuten Geldern, hat aber alle Steuererklärungen unterschrieben. Frau Unehrlich ist sich keiner Schuld bewusst, da sie der Meinung ist, dass sie die Einnahmen nicht angeben musste, weil sich niemand selbst belasten muss. Außerdem meint sie, dass die Festsetzungsverjährung bereits abgelaufen ist und sie daher und aufgrund der Selbstanzeige nicht strafrechtlich belangt werden kann.

Aufgrund der veruntreuten Gelder wurde die Außenprüfung auf die Jahre 2010 - 2013 ausgedehnt und das Steuerstrafverfahren eingeleitet. Nach Abschluss der Außenprüfung wurden geänderte Steuerbescheide bekannt gegeben und Hinterziehungszinsen festgesetzt.

Prüfen Sie,

a) ob Herr und Frau Unehrlich strafrechtliche und bußgeldrechtliche Folgen zu erwarten haben,

b) ob die Steuerbescheide 2010 - 2016 zu Recht geändert werden konnten,

c) ob die Hinterziehungszinsen zu Recht festgesetzt wurden.

Lösung s. Seite 985

Aufgabe 35: Abgabenordnung (IV)

Die M und F GbR mit Sitz in Hamburg hat ihre gesonderte und einheitliche Feststellung für das Jahr 00 am 01.04.01 zum Finanzamt gegeben. Am 31.07.01 wird der Bescheid bekannt gegeben. Erst nach Eintritt der Bestandskraft bemerkt der Sachbearbeiter Penibel, dass er den Gewinnverteilungsschlüssel versehentlich wie im Vorjahr mit 60 : 40 eingegeben hatte, obwohl ihm ein geänderter Gesellschaftsvertrag mit einer Gewinnverteilung von 50 : 50 vorgelegen hat. Penibel änderte daraufhin am 16.09.01 den Bescheid, wodurch sich für F der Gewinnanteil um 8.000 € erhöht.

F ist mit diesem neuen Bescheid überhaupt nicht einverstanden und will eine Beschwerde gegen den erhöhten Gewinnanteil einlegen. Doch als F am 21.10.01 den Brief mit der Beschwerde in den Briefkasten des zuständigen Finanzamts einwerfen wollte, wurde er auf dem Weg dorthin von einem Auto angefahren und musste für Wochen in das Krankenhaus. Nachdem er das Krankenhaus am 16.11.01 wieder verlassen hatte, schrieb er gleich am nächsten Tag einen Brief an das Finanzamt, in dem er erklärte, was passiert war und warf den Brief zusammen mit der Beschwerde noch am selben Tag in den Briefkasten des Finanzamtes.

Da die „Beschwerde" des F keine Begründung enthielt, setzte Penibel eine Frist zur Nachreichung der Begründung bis 31.12.01. Eine Belehrung über die Rechtsfolgen bei Fristüberschreitung war beigefügt. F erklärte am 26.11.01, dass er keine Einwände gegen den neuen Gewinnverteilungsschlüssel hätte, sondern noch nachweisbare Sonderbetriebsausgaben in Höhe von 10.000 € berücksichtigt haben möchte.

Prüfen Sie,

a) ob Penibel den Bescheid über die gesonderte und einheitliche Feststellung ändern kann,

b) ob der Einspruch zulässig ist,

c) ob die Sonderbetriebsausgaben im Einspruchsverfahren berücksichtigt werden können.

Lösung s. Seite 986

Aufgabe 36: Abgabenordnung (V)

Der Einkommensteuerbescheid des Steuerpflichtigen A wurde am 01.09.01 zur Post gegeben. A erhielt den Bescheid am 02.09.01, obwohl sein Steuerberater B eine wirksame Empfangsvollmacht beim Finanzamt vorgelegt hat. A reichte seinem Steuerberater den Bescheid erst am 05.10.01 ein. Dieser stellte sofort fest, dass der Bescheid fehlerhaft ist und gab am 06.10.01 den Einspruch zum Finanzamt. Am 26.10.01 entschied das Finanzamt, dass der Einspruch unzulässig ist, da die Bestandskraft bereits eingetreten war. Daraufhin reichte B am 03.11.01 Klage beim zuständigen Finanzgericht ein.

a) Prüfen Sie,

- ob der Einspruch tatsächlich unzulässig ist,

- ob die Klage zulässig ist.

b) Welche Form- und Inhaltsvorschriften muss die Klageschrift erfüllen?

Lösung s. Seite 986

Aufgabe 37: Abgabenordnung, Lohnsteuerzahlung

Die Schludrian GmbH ist aufgrund der wirtschaftlichen Lage in Zahlungsverzug. Der Geschäftsführer Schlumpi kann zum Ende des Monats nur einen Teil der Löhne und Gehälter bezahlen. Er ist der Meinung, dass er „eher seinen treuen Angestellten die zur Verfügung stehenden Mittel zahlt" als dem Finanzamt die Lohnsteuer zu zahlen.

Die anteilige Lohnsteuer auf die gezahlten Löhne und Gehälter beträgt 5.000 €. Schon Mitte des nächsten Monats muss Schlumpi Insolvenz wegen Zahlungsunfähigkeit der Schludrian GmbH anmelden. Die Insolvenzeröffnung wird vom Insolvenzverwalter mangels Masse abgelehnt.

Zwei Monate später erhält Schlumpi einen Haftungsbescheid, indem er zur Zahlung der offenen Lohnsteuern in Höhe von 5.000 € aufgefordert wird. Schlumpi ist sich keiner Schuld bewusst und möchte von Ihnen wissen, ob er tatsächlich zur Zahlung der Lohnsteuer herangezogen werden kann.

Lösung s. Seite 987

Aufgabe 38: Abgabenordnung (VI)

Der Einkommensteuerbescheid eines Steuerpflichtigen wurde am 19.10.01 bekannt gegeben. Der Bescheid weicht hinsichtlich der Anerkennung des Kinderfreibetrages des sich in Berufsausbildung befindenden Kindes Mathilde von der Erklärung ab.

Welche Möglichkeiten hat der Steuerpflichtige den Bescheid innerhalb der Frist nach § 355 AO zu ändern? Was sind die Besonderheiten der beiden Möglichkeiten?

Lösung s. Seite 987

Aufgabe 39: Unbeschränkte Einkommensteuerpflicht

Herr Schwarz betreibt in Deutschland einen Einzelhandel. Er lebt in Berlin. In einem ausländischen Nicht-DBA-Staat hat er ein Ferienhaus, das er im Jahr mit seiner Familie für einen Monat selbst nutzt. Die anderen Monate vermietet Herr Schwarz das Haus an Fremde und erzielt daraus Mieteinkünfte.

In welchem Land werden die Einkünfte von Herrn Schwarz versteuert?

Lösung s. Seite 988

Aufgabe 40: Beschränkte Einkommensteuerpflicht

Mr. Young lebt mit seiner Familie in London und betreibt dort einen Gewerbebetrieb. Er besitzt in Deutschland ein Mehrfamilienhaus und erzielt daraus Mieteinkünfte in Höhe von 50.000 €. Er hat in Deutschland keinen Wohnsitz und hält sich dort im Jahr maximal einen Monat auf.

Sind die Mieteinkünfte in Deutschland einkommensteuerpflichtig?

Lösung s. Seite 988

Aufgabe 41: Grenzpendlerregelung

Der holländische Physiotherapeut, Herr van Straaken, lebt mit seiner Ehefrau an der deutsch-holländischen Grenze in Enschede. In Nordhorn (Deutschland) hat er eine Praxis für Physiotherapie eröffnet. Er fährt jeden Tag von seinem Heimatort in den Niederlanden zu seiner Praxis und zurück. Im Jahr 00 hatte er aus seiner freiberuflichen Tätigkeit als Physiotherapeut einen Gewinn in Höhe von 150.000 € erwirtschaftet. In Enschede besitzt er ein Ferienhaus, aus dem er Einkünfte in Höhe von 12.000 € im Jahr 00 erzielt hat. Seine Kranken-, Renten- und Lebensversicherungsbeiträge beliefen sich auf 15.000 € im Jahr.

Wie werden die Einkünfte des Herrn van Straaken in Deutschland versteuert?

Lösung s. Seite 988

Aufgabe 42: Anrechnungsmethode

Sachverhalt 1:
Der ledige Unternehmer Blau, wohnhaft in München, betreibt in München ein Sportwarengeschäft.

Im Jahr 00 erwirtschaftete er einen Gewinn in Höhe von 90.000 €. Er hat in einem Nicht-DBA-Staat eine Niederlassung eröffnet, aus der er Einkünfte in Höhe von 60.000 € im Jahr 00 erzielte. Der Gewinn wurde nach inländischen Gewinnermittlungsvorschriften erfasst. Herr Blau besitzt auf Sylt ein Ferienhaus, das er vermietet und in diesem Jahr Einkünfte in Höhe von 15.000 € eingebracht hat. Im Ausland hat Herr Blau bereits endgültige Steuern in Höhe von 20.000 € gezahlt. Herr Blau ist außerdem an einer OHG in

Deutschland beteiligt. Der Verlustanteil betrug im Jahr 01 20.000 €. Sonderausgaben im Jahr 00 beliefen sich auf 8.500 €.

Sachverhalt 2:
Die Angaben in Sachverhalt 1 bleiben insoweit unverändert. Alternativ gilt:

Der Gewinn aus der inländischen Betriebsstätte beträgt 60.000 € und aus der ausländischen Niederlassung 80.000 € im Jahr 00. Die im Ausland endgültige Steuer wurde in Höhe von 33.000 € von Herrn Blau gezahlt.

Berechnen Sie für das Jahr 00 die festzusetzende Einkommensteuer (Steuersatz 42 %).
Lösung s. Seite 989

Aufgabe 43: Doppelbesteuerungsabkommen

Ein deutscher, lediger Einzelhandelskaufmann mit Sitz in Köln besitzt in einem DBA-Staat eine Betriebsstätte. Aus seinem Einzelhandelsgeschäft in Köln erwirtschaftete der Unternehmer im Jahr 00 einen Gewinn in Höhe von 55.000 € und aus der Verkaufseinrichtung in dem DBA-Staat ein Gewinn in Höhe von 30.000 €. Darauf zahlte er in dem DBA-Staat 9.000 € Einkommensteuer. Einem Freund aus diesem DBA-Staat hat er ein Darlehen in Höhe von 100.000 € aus seinem Privatvermögen gegeben. Das Darlehen wurde mit 5 % verzinst. Es wurden im Jahr 00 5.000 € Zinsen gezahlt. In dem DBA-Staat wurden von diesen Zinseinkünften 15 % Quellensteuer einbehalten.

Ermitteln Sie die Steuerbelastung für den deutschen Unternehmer (bei einem angenommenen Steuersatz von 32 %).
Lösung s. Seite 990

Aufgabe 44: Außensteuergesetz

Herr Weiss ist deutscher Staatsangehöriger und war in den vergangenen zehn Jahren jeweils ein Jahr in den Niederlanden und zwei Jahre in Österreich ansässig. Die restlichen sieben Jahre lebte er in Hamburg, wo er ein Einzelhandelswarenunternehmen betrieb. Zu dem Betriebsvermögen gehörte außerdem ein Ferienhaus, das vermietet wurde. Mit Wirkung vom 01.01.00 zog Herr Weiss in einen Nicht-DBA-Staat. Grund hierfür war, dass in diesem Staat der Einkommensteuersatz nur 12 % beträgt. Der Gewerbebetrieb und das Ferienhaus werden weiterhin betrieben. Aus dem Einzelwarenunternehmen wurden im Jahr 00 Einkünfte in Höhe von 250.000 € und aus der Vermietung Einkünfte in Höhe von 30.000 € erzielt.

Im Nicht-DBA-Staat hatte Herr Weiss im Jahr 00 einen Gewerbebetrieb eröffnet. Die Einkünfte beliefen sich in dem Jahr auf 10.000 €.

Welche Einkünfte unterliegen im Jahr 00 der inländischen Einkommensteuer?
Lösung s. Seite 991

Aufgabe 45: Lohnsteuer (I)

Anlässlich der Betriebsfeier im Dezember 00 wurde die Arbeitnehmerin Lampe als beste Buchhalterin des Jahres von ihrem Arbeitgeber, der X-GmbH, mit einer Reise nach Paris belohnt. Die GmbH-Geschäftsleitung hofft, dass Frau Lampe auch weiterhin so engagiert für die GmbH tätig ist.

In dem Reiseprogramm ist eine Besichtigung der Sehenswürdigkeiten von Paris enthalten, welches den einschlägigen Touristikreisen entspricht. Reiseveranstalter bieten diese Reise auf dem freien Markt für 1.000 € an. Frau Lampe fährt im Mai 01 nach Paris.

Beurteilen Sie aus lohnsteuerlicher Sicht den Zeitpunkt der Besteuerung und den Wert der Reise. Prüfen Sie eine mögliche Pauschalierung der Lohnsteuer.

Lösung s. Seite 992

Aufgabe 46: Lohnsteuer (II)

Sachverhalt 1:
Der Arbeitnehmer Braun, angestellt bei der →-GmbH, bekommt von seinem Arbeitgeber ab 01.06.00 einen Betriebs Pkw zur Verfügung gestellt. Herr Braun kann diesen Wagen auch privat nutzen. Die täglichen Fahrten zwischen Wohnung und Arbeitsstätte betragen 32 gefahrene km. Der Bruttolistenpreis des Pkw beträgt 25.700 €. Herr Braun führt kein Fahrtenbuch.

Sachverhalt 2:
Herr Braun ist als Außendienstmitarbeiter von seiner Wohnung und regelmäßigen Arbeitsstätte wie folgt abwesend:

1. Montag 06:00 Uhr - 20:00 Uhr
2. Dienstag 06:00 Uhr - 11:00 Uhr und 16:00 Uhr - 20:00 Uhr
3. Mittwoch 19:00 Uhr - Donnerstag 23:00 Uhr mit Übernachtung.

Von seinem Arbeitgeber erhält er für die Auswärtstätigkeit von Montag bis Donnerstag 16 €.

Sachverhalt 3:
Herrn Braun wird von der GmbH ein Telefon zur Verfügung gestellt. Die anfallenden Kosten (durchschnittlich 80 €/Monat) übernimmt die →-GmbH. Herr Braun führt mit diesem Telefon auch private Gespräche, die ca. 50 % der gesamten Gespräche ausmachen.

Sachverhalt 4:
Die dreijährige Tochter von Herrn Braun geht seit 01.01.00 in einen Kindergarten. Die Kindergartengebühren für das Jahr 00 betragen 180 €/Monat. Sie werden von dem Arbeitgeber, der →-GmbH zusätzlich zum bisherigen Gehalt übernommen. Herr Braun hat den Vertrag mit dem Kindergarten vorgelegt und somit die zweckentsprechende Verwendung nachgewiesen.

Beurteilen Sie die Sachverhalte aus lohnsteuerlicher Sicht und nehmen Sie die entsprechenden Berechnungen vor. Die Möglichkeiten der Pauschalversteuerung sind zu prüfen.

Lösung s. Seite 993

Aufgabe 47: Lohnsteuer (III)

Sachverhalt 1:
Ein Möbelhaus stellt den angestellten Verkäufern Hemden mit dem entsprechenden Logo des Hauses auf Kragen und Brusttasche im Wert von 25 € monatlich zur Verfügung.

Sachverhalt 2:
Den Verkäufern wird von Seiten des Arbeitgebers gestattet, die betrieblichen Computer auch für private Zwecke zu nutzen.

Sachverhalt 3:
Ein Angestellter des Möbelhauses kauft für private Zwecke aus dem betrieblichen Bestand eine Schrankwand für 2.000 €. Diese Schrankwand wäre an eine fremde, nicht im Möbelhaus angestellte Person für 3.500 € verkauft worden.

Beurteilen Sie diese Sachverhalte hinsichtlich der Lohnsteuer.

Lösung s. Seite 994

4. Finanzmanagement des Unternehmens wahrnehmen, gestalten und überwachen

Die Erhaltung der unternehmerischen Liquidität ist eines der Ziele des Finanzmanagements. Dabei ist zu beachten, dass man unterschiedliche Liquiditätsbegriffe kennt:

- absolute Liquidität
- natürliche Liquidität
- relative Liquidität
- dynamische Liquidität
- künstliche Liquidität
- statische Liquidität.

Erklären Sie zwei der genannten Liquiditätsbegriffe.

Lösung s. Seite 995

Zwischen den Zielen der Finanzwirtschaft existieren Zielkonflikte.

a) Erläutern Sie den finanzwirtschaftlichen Zielkonflikt, der zwischen den Größen Rentabilität und Liquidität besteht.

b) In einem Unternehmen hat die Planungsrechnung ergeben, dass sich aus einer Investition von 1 Mio. € eine Rendite von 15 % erzielen lässt. Der Zins für Fremdkapital beträgt 9 %. Zur Finanzierung der Investition stehen drei grundsätzliche Varianten zur Disposition:

  - Variante 1: 100 % Eigenkapital (EK)
  - Variante 2: 60 % Eigenkapital, 40 % Fremdkapital (FK)
  - Variante 3: 20 % Eigenkapital, 80 % Fremdkapital.

Berechnen Sie für jede Variante den Verschuldungsgrad, den Reingewinn (= Gewinn - FK-Zinsen) und die Eigenkapitalrendite (Anm.: Die Investition wird isoliert betrachtet).

Erläutern Sie, welcher Zielkonflikt sich aus den Rechenergebnissen erkennen lässt.

Lösung s. Seite 995

Aufgabe 3: Zwischenbetrieblicher Vergleich, ROI

Zur Vorbereitung eines zwischenbetrieblichen Vergleichs liegen Ihnen folgende Daten regionaler Wettbewerber vor (Angaben in T€):

	Unternehmen 1	Unternehmen 2	Unternehmen 3
Umsatzerlöse	4.200 €	2.800 €	2.700 €
Gewinn	252 €	14 €	270 €
Bilanzsumme	1.200 €	1.400 €	1.800 €

a) Erstellen Sie ein Ranking der drei Unternehmen nach folgenden Kennzahlen:

  ▸ Gewinn

  ▸ Kapitalumschlagshäufigkeit

  ▸ Umsatzrentabilität

  ▸ ROI

  und kommentieren Sie das Ergebnis Ihrer Rechnung.

b) Schlagen Sie allgemein Maßnahmen zu r Verbesserung des ROI vor. Gehen Sie davon aus, dass die Umsatzerlöse aufgrund festgefügter Marktanteile kurzfristig nicht wesentlich beeinflusst werden können.

Lösung s. Seite 996

Aufgabe 4: Kredit- und Zinsmanagement

Im Rahmen des Zinsmanagements gibt es eine Vielzahl von Ansätzen, um die bestehenden Kreditstrukturen zu optimieren bzw. im Sinne einer Liquiditätsverbesserung die aus dem Kapitaldienst erwachsenden Belastungen zu verringern.

a) Nennen Sie in diesem Zusammenhang vier traditionelle Instrumente zur Kreditgestaltung und vier (moderne) Zinsmanagement-Instrumente.

b) Ein Unternehmen hat ein Fälligkeitsdarlehen über 2 Mio. € zu 6,5 % mit einer Restlaufzeit von drei Jahren. Da mit sinkendem Zinsniveau gerechnet wird, vereinbart das Unternehmen mit der Bank einen Zinsswap auf Basis des Sechs-Monats-Euribors (zurzeit bei 4,5 %). Die Bank verlangt eine Marge von 0,5 % vom Kreditbetrag. Berechnen Sie den Zinsvorteil für das erste Jahr und unterstellen Sie dabei vereinfachend, dass der Euribor sich nicht ändert.

c) Ein Kunde hat mit seiner Bank ein CAP-Darlehen vereinbart. Beschreiben Sie den Vorteil für den Kunden.

Lösung s. Seite 997

Aufgabe 5: Kennzahlen zur Analyse der Kapitalstruktur und der Fristenkongruenz

Vor Ihnen liegt die (vereinfachte) Bilanz eines Mandanten. Ermitteln Sie die nachfolgenden Kennzahlen, kommentieren Sie das Ergebnis Ihrer Berechnung und geben Sie dem Mandanten eine Gesamtempfehlung zur Gestaltung seiner Kapitalstruktur.

AKTIVA		Bilanz zum 31.12.20..		PASSIVA
	T€			T€
Anlagevermögen	550	Eigenkapital		300
Vorräte[1]	250	Langfr. Fremdkapital		400
Forderungen[2]	300	Kurzfr. Fremdkapital		500
Wertpapiere[2]	50			
Bank, Kasse	50			
	1.200			1.200

Kennzahlen:

1. Anspannungskoeffizient
2. Verschuldungskoeffizient
3. Verhältnis von langfristigem Vermögen zu langfristigem Kapital
4. Deckungsgrad III
5. Working Capital
6. Liquidität 2. Grades.

Lösung s. Seite 998

Aufgabe 6: Cashflow und Entschuldungsdauer

Für die diesjährige Planungssitzung der Geschäftsleitung sollen Sie die Cashflowentwicklung sowie die Entschuldungsdauer des Unternehmens anhand der nachfolgenden Angaben erläutern. Gehen Sie dabei auf die Wirkung bezogen auf das Banken-Rating ein.

	3. Vorjahr (in T€)	2. Vorjahr (in T€)	1. Vorjahr (in T€)	Berichtsjahr (in T€)
Betriebsergebnis	984	1.378	1.205	2.977
AfA	707	803	827	809
Erhöhung der lfr. Rückstellungen	75	262	73	26
= Cashflow				

---

[1] Der Bilanzwert ist vereinfachend mit dem Sicherheitsbestand gleichzusetzen.

[2] kurzfristig

	3. Vorjahr (in T€)	2. Vorjahr (in T€)	1. Vorjahr (in T€)	Berichtsjahr (in T€)
Steuern vom E u. E/Privatentn. für Steuern	674	440	875	1.206
Gewinnausschüttungen	405	306	506	508
Anzahlungen für Investitionen	300	400	306	308
Tilgungsverpflichtungen	31	31	31	31
= Verfügbarer Cashflow				
Langfristiges Fremdkapital	1.608	1.638	709	2.059
Kurzfristiges Fremdkapital	3.732	6.056	1.708	3.313
= Bruttoverschuldung				
- Liquide Mittel	767	557	955	1.799
= Nettoverschuldung				
Entschuldungsdauer = Nettoverschuldung: Verfügbarer Cashflow				

Lösung s. Seite 999

Aufgabe 7: Auswertung der Kapitalflussrechnung

Einer Pressemitteilung wurde die nachfolgende (vereinfachte) Kapitalflussrechnung der XY AG nach IFRS entnommen:

Kapitalflussrechnung der XY AG nach IFRS in T€	
Konzernergebnis	80.000
Abschreibungen/Zuschreibungen auf immaterielle Vermögenswerte	35.000
Abschreibungen/Zuschreibungen auf Sachanlagen	21.000
Veränderung der Vorräte und Forderungen aus Lieferungen und Leistungen	- 1.000
Veränderung der Verbindlichkeiten aus Lieferungen und Leistungen	- 8.000
Veränderung anderer Aktiva, die nicht der Investitions- oder Finanzierungstätigkeit zuzuordnen sind	- 6.000
Zinsergebnis	20.000
Veränderung der latenten Steuern	2.000
Laufender Ertragsteueraufwand	28.000
Gezahlte Steuern	- 26.000
a) Cashflow aus laufender Geschäftstätigkeit	**145.000**
Auszahlungen für Investitionen in immaterielle Vermögenswerte	- 20.000
Auszahlungen für Investitionen in Sachanlagen	- 30.000

Kapitalflussrechnung der XY AG nach IFRS in T€	
Auszahlungen für den Erwerb von konsolidierten Unternehmen	- 52.000
Einzahlungen aus Abgängen von Sachanlagen	1.000
Erhaltene Zinsen	11.000
b) Cashflow aus der Investitionstätigkeit	**- 90.000**
Einzahlungen aus Eigenkapitalzuführungen	1.000
Auszahlungen an Unternehmenseigner/Minderheitsgesellschafter	- 19.000
Einzahlungen aus der Aufnahme von Finanzkrediten	108.000
Auszahlungen für die Tilgung von Finanzkrediten	- 114.000
Gezahlte Zinsen	- 32.000
c) Cashflow aus der Finanzierungstätigkeit	**- 56.000**
Zahlungswirksame Veränderung der Zahlungsmittel (Summe a) bis c))	-1.000
Zahlungsmittel am Anfang der Periode	38.000
Zahlungsmittel am Ende der Periode	**37.000**

a) Ermitteln Sie den Cashflow in seiner einfachsten Berechnungsmethode.

b) Erläutern Sie, wie der Cashflow aus laufender Geschäftstätigkeit verwendet wurde.

c) Beurteilen Sie die Entwicklung der Finanzkredite.

d) Beurteilen Sie, ob eine Über- oder Unterfinanzierung existiert.

Lösung s. Seite 999

Aufgabe 8: Monatliche Finanzplanung (I)

In der Metallbau GmbH sollen Sie die monatliche Finanzplanung für das erste Halbjahr der kommenden Periode erstellen. Es liegen folgende Planwerte vor (Angaben in €):

Finanzplan 20.. – 1. Halbjahr –						
	Januar	Februar	März	April	Mai	Juni
Auszahlungen:						
Material	131.387,30	127.854,52	157.588,29	140.964,90	136.725,85	127.488,20
Personal	266.572,00	264.799,67	265.057,13	280.689,21	290.057,61	335.582,24
Investitionen	22.000,00	282.000,00	147.458,00	92.500,00	572.500,00	144.000,00
Instandhaltung	5.000,00	5.000,00	32.100,00	26.400,00	27.850,00	49.850,00
Sonstige	91.040,70	39.345,81	35.796,58	28.445,89	34.866,54	8.079,56
Einzahlungen:						
Umsätze	475.590,69	716.572,16	751.333,24	796.509,67	768.970,61	734.132,13
Sonstige	1.409,31	427,85	666,76	1.490,33	1.029,39	80.867,87

Das Girokonto hat im Januar einen Anfangsbestand (AB) von 50.000 €. Mit der Hausbank ist ein Kontokorrentkredit über 50.000 € bis Mitte nächsten Jahres vertraglich vereinbart. Für den Monat Juni ist eine Tilgungsrate von 50.000 € für ein Darlehen über 200.000 € fällig. Derzeit bietet die Bank ein Festgeldkonto für ein bis drei Monate zu variablen Konditionen je nach Marktlage an.

a) Erstellen Sie für den Halbjahreszeitraum die monatliche Liquiditätsentwicklung (Liquiditätsbedarf bzw. -überschuss).

b) Entscheiden Sie, wie ein evtl. monatlicher Liquiditätsbedarf zu finanzieren ist und schlagen Sie vor, wie ein evtl. Liquiditätsüberschuss zu verwenden ist. Gehen Sie zur Vereinfachung davon aus, dass sich keine Tagesspitzenwerte ergeben, der Monatsendbestand also für den gesamten Monat Gültigkeit hat. Umsatzsteuer ist nicht zu berücksichtigen.

c) Stellen Sie die Entwicklung der Konten (Giro-, Festgeld-, Darlehenskonto) dar.

Lösung s. Seite 1000

Aufgabe 9: Monatliche Finanzplanung (II)

Der Bilanzwert zum 31.12. des Kassenbestandes und des Guthabens bei der Bank beträgt 100 T€. Für das kommende Halbjahr Januar bis Juni wird mit folgenden Zahlungsvorgängen gerechnet (Angaben in T€):

► Einzahlungen aus Umsatzerlösen: 1.000, 1.100, 1.000, 1.200, 1.000, 1.300

► Einzahlungen aus Anlagenverkäufen im Februar, Mai und Juni: 30, 50, 50

► Auszahlungen für Material: 300 im Januar bis Mai; 350 im Juni

► Auszahlungen für Löhne: 500 im Januar bis Mai; 650 im Juni

► Auszahlungen für Sachkosten: 200 im Januar; in den Folgemonaten jeweils ein Anstieg um 10 T€ gegenüber dem Vormonat.

► Auszahlungen für Investitionen: März und Mai: 150 und 400

► Auszahlung für Annuitätendarlehen: jeweils am Quartalsende: 30

Das Unternehmen hat einen Kontokorrentkredit von 150 T€.

a) Erstellen Sie einen monatlichen Finanzplan für das erste Halbjahr der kommenden Periode und weisen Sie jeweils den Zahlungsmittelbestand pro Monat aus. Gehen Sie zur Vereinfachung davon aus, dass sich keine Tagesspitzenwerte ergeben, der Monatsendbestand also für den gesamten Monat Gültigkeit hat. Umsatzsteuer ist nicht zu berücksichtigen.

b) Schlagen Sie vor, wie eine evtl. Liquiditätsunterdeckung kurzfristig finanziert werden kann.

Lösung s. Seite 1002

Aufgabe 10: Analyse der kurzfristigen Finanzplanung, Maßnahmen der Gegensteuerung

Von der Metallbau GmbH liegt die Finanzplanung der 1. bis 4. Kalenderwoche vor (Angaben in T€). Von der Bank wurde ein Kontokorrentkredit von 100.000 € eingeräumt.

a)   Analysieren Sie das Ergebnis der kurzfristigen Finanzplanung.

b)   Nennen Sie jeweils zwei potenzielle Maßnahmen im Einnahmen-/im Ausgabenbereich zur Behebung von Unterliquidität.

Kurzfristige Finanzplanung		1. KW	2. KW	3. KW	4. KW	Summe
		alle Angaben in T€				
Einnahmen:						
	Forderungen aus LL	20	25	10	10	65
	Umsätze	400	350	300	300	1.350
	Anzahlungen	80	100	60	80	320
	sonstige Einnahmen	20	40	10	10	80
	Summe Einnahmen	520	515	380	400	1.815
Ausgaben:						
	Löhne und Gehälter			120		120
	Lohnsteuer		15			15
	Sozialabgaben		50			50
	Berufsgenossenschaft		5			5
	Verbindlichkeiten aus LL	380	350	400	360	1.490
	Darlehen	30			10	40
	Steuern		20			20
	Tilgung	10				10
	Privatentnahmen	10			5	15
	sonstige Ausgaben	50	50			100
	Summe Ausgaben	480	490	520	375	1.865
Saldo: Einnahmen - Ausgaben		40	25	- 140	25	
Bankkonto; Anfangsbestand: -50		- 10	15	- 125	- 100	
Limit: 100						

Lösung s. Seite 1003

Aufgabe 11: Finanzplanung, Maßnahmen zur Verbesserung der Liquidität

Drohender Unterliquidität kann im Rahmen der Finanzplanung durch geeignete Maßnahmen zur Verbesserung der Einzahlungsseite und/oder durch Möglichkeiten zur Entlastung der Auszahlungsseite entgegengewirkt werden. Nennen Sie jeweils vier generell geeignete Maßnahmen.

Lösung s. Seite 1003

Aufgabe 12: Cashflow-Berechnung, Verhältnis von Eigen- und Fremdfinanzierung, Leverage-Effekt

Für die Maschinenbau GmbH wurde die Bilanz für das Jahr 20.. erarbeitet. Zum Vergleich sind die Vorjahreszahlen beigefügt. In der Gewinn- und Verlustrechnung werden ausgewiesen (Vorjahreswerte in Klammern):

Umsatz	42.376 T€	(40.518 T€)
Abschreibungen auf Sachanlagen	2.647 T€	(2.610 T€)
Zinsaufwand für Fremdkapital	630 T€	(860 T€)

Für die Sitzung der Geschäftsleitung mit den Anteilseignern sollen Sie einige Ergebnisse erläutern.

Bilanz zum 31.12.20.. (Berichtsjahr BJ) der Maschinenbau GmbH (in T€):

Aktiva		31.12.BJ	31.12.VJ
A.	**Anlagevermögen**		
I.	Immaterielle Vermögensgegenstände	34	10
II.	Sachanlagen	9.500	8.515
III.	Finanzanlagen	7.967	7.789
	Summe Anlagevermögen	**17.501**	**16.314**
B.	**Umlaufvermögen**		
I.	Vorräte	7.370	6.162
II.	Forderungen und sonst. Vermögensgegenstände	12.340	11.900
III.	Wertpapiere	5.141	3.061
VI.	Kassenbestand, Guthaben bei Kreditinstituten	4.631	8.063
	Summe Umlaufvermögen	**29.482**	**29.186**
	Summe Aktiva	**46.983**	**45.500**

Passiva			
A.	**Eigenkapital**		
I.	Gezeichnetes Kapital	5.800	5.800
II.	Kapitalrücklage	1.864	1.900
III.	Gewinnrücklagen	12.685	13.000
IV.	Bilanzgewinn	3.064	1.638
	Summe Eigenkapital	**23.413**	**22.338**
B.	**Rückstellungen**		
I.	Für Pensionen und ähnliche Rückstellungen	16.150	14.900
II.	Steuerrückstellungen	120	562
III.	Sonstige Rückstellungen	4.100	4.200
C.	**Verbindlichkeiten**	**3.200**	**3.500**
	Summe Passiva	**46.983**	**45.500**

a) Ermitteln Sie die Eigenkapitalquote für das Berichtsjahr (BJ) und erläutern Sie, ob die Kennzahl mit der vertikalen Kapitalstrukturregel in Einklang steht.

b) Berechnen Sie den Cashflow für das Berichtsjahr nach einer Ausschüttung von 2.000 T€.

c) Nennen Sie vier Vorteile der Cashflow-Finanzierung im Vergleich zur Finanzierung durch Fremdkapital.

d) Ermitteln Sie die Entwicklung der Eigen- und der Gesamtkapitalrentabilität und kommentieren Sie das Ergebnis.

e) Ermitteln Sie für das BJ die Cashflow-Umsatzrate (-rendite) sowie die Schuldentilgungsdauer (in Jahren) unter Verwendung des Cashflowwertes aus Frage b) und kommentieren Sie Ihr Ergebnis.

f) Die Maschinenbau GmbH plant für die kommende Periode eine Erweiterungsinvestition in Höhe von 6.000 T€. Es besteht die Möglichkeit, im Rahmen des Konjunkturpaketes die Anschaffung über die KfW-Bank fremdzufinanzieren zu einem Zinssatz von 5 %.

   Beschreiben Sie, welche Auswirkungen diese Maßnahme auf die Eigenkapitalrendite hat (die übrigen Bedingungen sind unverändert).

g) Beantworten Sie die Frage f) unter der Bedingung, dass die KfW-Bank die Finanzierung des Objekts ablehnt und das Unternehmen auf ein Bankangebot mit einer Zinskondition von 9 % zurückgreifen muss.

h) Ermitteln Sie für das BJ den Anlagendeckungsgrad I und beurteilen Sie das Ergebnis.

Lösung s. Seite 1004

Aufgabe 13: Finanzierungsregeln (I)

Die Bilanz der Metall GmbH enthält zum 31.12. des Jahres folgende Datei:

AKTIVA		Bilanz	PASSIVA
Anlagevermögen		600	Eigenkapital	400
Vorräte	400		Langfristiges Fremdkapital	550
Forderungen aus LL	350		Kurzfristiges Fremdkapital	450
Zahlungsmittel	50		
Summe Umlaufvermögen		800	
		1.400		1.400

Die Metallbau GmbH unterhält zu ihrer Hausbank eine langjährige Geschäftsbeziehung. Die Informationspolitik an die Bank wird mit gut und das Controlling mit befriedigend bewertet (Skalierung: sehr gut = 1 bis sehr schlecht = 6).

Analysieren Sie die Bilanzstruktur anhand der nachfolgenden Kennzahlen und kommentieren Sie jeweils das Ergebnis ihrer Rechnung.

a) Verschuldungsgrad (statisch)

b) Anlagendeckungsgrad I und II

c) Liquidität 1. bis 3. Grades

d) Beurteilen Sie anhand der vorliegenden Fakten die Bonität der Metallbau GmbH im Rahmen von Basel II und beschreiben Sie zwei Auswirkungen für das Unternehmen.

e) Nennen Sie zwei Empfehlungen an die Metallbau GmbH zur Verbesserung ihres Unternehmensratings und beschreiben Sie jeweils drei geeignete Maßnahmen.

Lösung s. Seite 1005

Aufgabe 14: Finanzierungsregeln (II)

Die Bilanzstruktur eines Unternehmens sollte ausgewogen sein. Dazu liegt Ihnen die (vereinfachte) Bilanz der X-GmbH vor:

AKTIVA			Bilanz zum 31.12.20.. in T€		PASSIVA	
	20..	Vorjahr			20..	Vorjahr
Anlagevermögen	11.500	9.500	Eigenkapital		8.000	5.500
Sicherheitsbestand			Langfristiges Fremdkapital		6.000	4.500
an RHB-Stoffen	1.500	1.500	Kurzfristiges Fremdkapital		3.500	4.500
Kurzfr. UV	4.000	3.000				
Kasse, Bank	500	500				
	17.500	14.500			17.500	14.500

a) Beschreiben Sie in diesem Zusammenhang allgemein die vertikale und die horizontale Finanzierungsregel.

b) Überprüfen Sie rechnerisch für beide Jahre, ob die vertikale Finanzierungsregel und die horizontale von der X-GmbH eingehalten wurde.

c) Beschreiben Sie, welches Risiko besteht, wenn die horizontale Finanzierungsregel nicht erfüllt ist.

Lösung s. Seite 1008

Aufgabe 15: Kapitalfreisetzung, Kapazitätserweiterung

Die Metallbau GmbH erweitert Anfang des Jahres ihren Maschinenpark um zehn Anlagen zu je 60.000 €. Die Abschreibung erfolgt linear für n = 3 Jahre. Jeweils am Ende eines Jahres werden die aus Abschreibungsgegenwerten freigesetzten Mittel dazu verwendet, neue Maschinen des gleichen Typs zu unverändertem Preis zu kaufen. Nicht verwendete, liquide Mittel werden kumuliert und stehen für die Folgeperiode für Investitionszwecke zur Verfügung.

a) Stellen Sie in der nachfolgenden Tabelle für die Perioden 1 bis 7 die Finanzierung aus Abschreibungsgegenwerten dar:

Perio-de	Anlagenbestand zu Beginn des Jahres (Stück)	Gesamt-AfA p. a. (in €)	Neu-/Rein-vestition (Stück)	Anlagenab-gänge (Stück)	freie, liquide Mittel (in €)
1					
2					
3					
4					
5					
6					
7					

b) Beschreiben Sie den Kapitalfreisetzungseffekt sowie den Kapazitätserweiterungseffekt und nennen Sie jeweils zwei Voraussetzungen.

c) Kritiker des Kapazitätserweiterungsmodells argumentieren: „In der Praxis werden bei einer Kapazitätserweiterung Teile der freigesetzten Mittel in zusätzlich erforderlichem Umlaufvermögen gebunden." Nehmen Sie Stellung zu dieser Argumentation.

Lösung s. Seite 1009

Aufgabe 16: Ordentliche Kapitalerhöhung der Aktiengesellschaft

Zur Finanzierung einer Auslandsinvestition beschließt die Hauptversammlung einer deutschen Aktiengesellschaft eine ordentliche Kapitalerhöhung von 5 Mio. €. Derzeit dotiert die Aktie mit einem Kurs von 150 €/Stück. Der Nennwert beträgt 50 €/Stück. Man rechnet mit einem Ausgabekurs der neuen Aktien von 115 €/Stück. Die Emissionskosten werden mit 300.000 € veranschlagt.

Nachfolgend ist die vereinfachte und zusammengefasste Bilanz vor der Kapitalerhöhung dargestellt:

AKTIVA		Bilanz vor der Kapitalerhöhung	PASSIVA	
	T€			T€
Anlagevermögen	18.500	Gezeichnetes Kapital		20.000
Geldkonten	300	Kapitalrücklage		500
Übrige Aktiva	12.500	Gewinnrücklage		800
		Übrige Passiva		10.000
	31.300			31.300

a) Berechnen Sie das Bezugsverhältnis.

b) Welchen rechnerischen Wert hat das Bezugsrecht?

c) Beschreiben Sie zwei Aufgaben, die das Bezugsrecht erfüllt.

d) Berechnen Sie den Mittelkurs, der nach der Kapitalerhöhung zu erwarten ist.

e) Ermitteln Sie das Grundkapital sowie die Kapitalrücklage nach der Kapitalerhöhung auf der Basis des erwarteten Emissionswertes.

f) Stellen Sie die zusammengefasste und vereinfachte Bilanz nach der Kapitalerhöhung dar.

Lösung s. Seite 1010

Aufgabe 17: Finanzierung durch Darlehen und Leasing (Vergleich)

Bei der Metallbau GmbH soll eine Anlage zum Preis von 400.000 € finanziert werden. Die Nutzungsdauer beträgt zehn Jahre. Der Firma liegen zwei Darlehensangebote und eine Leasingfinanzierung vor:

Angebote der Bank		
Konditionen:	Darlehen 1	Darlehen 2
Kreditsumme	400.000 €	400.000 €
Kreditlaufzeit	8 Jahre	8 Jahre
Kreditzinsen	9,5 % von der Restschuld	9,5 % von der Restschuld
Tilgung	Acht gleichbleibende Raten am Schluss des Kalenderjahres	steigend
Annuität	fallend	jährlich gleichbleibend: 73.618,24 €
Angebot der Leasinggesellschaft		
Grundmietzeit	8 Jahre	
Abschlussgebühr	2,5 %	
Leasingrate pro Jahr	15,5 % zahlbar jeweils am Schluss eines Kalenderjahres	
Nach Ablauf der Grundmietzeit wird die Kaufoption zu einem Wert von 90.000 € ausgeübt.		

Vergleichen Sie die Gesamtausgaben je Finanzierungsart und geben Sie eine begründete Entscheidung für eines der Angebote. Steuerliche Aspekte sind nicht zu berücksichtigen.

Lösung s. Seite 1011

Aufgabe 18: Effektivverzinsung

Für ein Investitionsvorhaben bietet die Bank folgende Konditionen an:

Kreditsumme: 100.000 €   Tilgung: am Ende der Laufzeit
Auszahlungskurs: 95 %   Nominalzins: 7 %
Rückzahlungskurs: 100 %   Laufzeit: 10 Jahre

a) Ermitteln Sie die Effektivverzinsung.

b) Ermitteln Sie die Effektivverzinsung nach den Angaben von Fragestellung a) unter der Bedingung, dass die Bank eine einmalige Bearbeitungsgebühr von 1 % der Kreditsumme verlangt.

c) Berechnen Sie Fragestellung b) bei unterjähriger Zinszahlung mit m = 2 (halbjährige Zinszahlung).

Lösung s. Seite 1013

Aufgabe 19: Lieferantenkredit, Skonto

Der Metallbau GmbH liegt eine Eingangsrechnung über 45.000 € vor, zahlbar mit drei Prozent Skonto innerhalb von zehn Tagen oder in 30 Tagen netto Kasse.

a) Die Metallbau GmbH müsste für die Ausnutzung des Skontos den Kontokorrentkredit Ihrer Bank mit 14 % in Anspruch nehmen. Zeigen Sie rechnerisch, welchen finanziellen Vorteil die Skontogewährung unter diesen Bedingungen ergibt.

b) Berechnen Sie die Zinstage, bei denen die Kontokorrentzinsen gleich dem Skontobetrag sind.

c) Nennen Sie jeweils zwei Vor- und Nachteile des Lieferantenkredits aus der Sicht des Lieferanten bzw. des Kunden.

d) Nennen Sie drei Argumente, warum Kunden die Skontogewährung nicht in Anspruch nehmen, obwohl der Lieferantenkredit zu den teuren Kreditformen gehört.

Lösung s. Seite 1014

Aufgabe 20: Factoring

Für die Metallbau GmbH liegt folgende Strukturbilanz vor:

AKTIVA	Bilanz zum 31.12.20..		PASSIVA
	T€		T€
Anlagevermögen	2.800	Eigenkapital	2.300
Vorräte	1.500	Langfristiges Fremdkapital	1.220
Forderungen aus LL	1.800	Verbindlichkeiten aus LL	600
Flüssige Mittel	20	Bankverbindlichkeiten mittelfristig	950
		Bankverbindlichkeiten kurzfristig	1.050
	6.120		6.120

An internen Daten liegen weiterhin vor:

- Durchschnittlicher Jahresumsatz der letzten vier Jahre: 18.000 T€
- Durchschnittlicher Forderungsbestand: 1.800 T€
- Durchschnittliche Forderungsausfälle in % des Umsatzes: 1 %
- Durchschnittlicher Skontosatz
  (innerhalb von 10 Tagen, sonst 30 Tage netto)   3 %
- Zinssatz für Kontokorrentkredit   12 %

Die Metallbau GmbH plant, ihren Forderungsbestand an einen Factor zu verkaufen, um die Liquidität zu verbessern. Der Factor unterbreitet folgendes Angebot:

- Dienstleistungsgebühr: 2 % vom Jahresumsatz
- Delkrederegebühr: 1 % vom Jahresumsatz
- Finanzierungskosten: 10 % der durchschnittlichen Inanspruchnahme der angekauften Forderungen
- Sperrbetrag: 15 %

a) Ermitteln Sie den Kapitalfreisetzungsbetrag bei Annahme des Factoringangebots.

b) Berechnen Sie die Kosten des Factors, die für die Metallbau GmbH bei Annahme des Angebots entstehen.

c) Erstellen Sie die Strukturbilanz nach Durchführung des Forderungsverkaufs an den Factor.

d) Ermitteln Sie die Eigenkapitalquote vor und nach Factoring und beurteilen Sie das Ergebnis.

e) Erläutern Sie, wie in der Praxis bezüglich des Sperrbetrages verfahren wird.

f) Die Factorkosten sind nicht unbeträchtlich. Trotzdem lohnt es sich für viele Unternehmen, die Finanzierung durch Factoring sorgfältig zu prüfen.

Erstellen Sie eine Checkliste mit zehn Merkmalen, in der die relevanten Aspekte (Vorteile, Kostenvermeidung usw.) gelistet sind.

Lösung s. Seite 1015

Aufgabe 21: Ermittlung des Kapitalbedarfs bei Neugründung

Die Metallbau GmbH plant die Gründung einer Zweigniederlassung in Rumänien. Dafür liegen folgende Plandaten vor:

Umschlagshäufigkeit des Materiallagers	15	(360 Tage p. a.)
Lieferantenziel	20 Tage	
durchschnittliche Fertigungsdauer	30 Tage	
durchschnittliche Lagerdauer der Fertigerzeugnisse (FE)	10 Tage	
durchschnittlicher Rohstoffeinsatz pro Tag	2.500 €	

durchschnittlicher Fertigungslohn pro Tag	15.000 €	
durchschnittliche Gemeinkosten pro Tag	5.000 €	
Kapitalbedarf des Anlagevermögens	650.000 €	
Kapitalbedarf für Gründung und Ingangsetzung	50.000 €	

Den Kunden wird ein Zahlungsziel von 30 Tagen gewährt. Aus der Erfahrung her ist bekannt, dass 30 % der Forderungen nach 30 Tagen, 40 % nach 40 Tagen und 30 % nach 60 Tagen eingehen. Aus diesen Angaben ist ein durchschnittlich in Anspruch genommenes Kundenziel der Planung zugrunde zu legen (Gewinn oder Kosten für verspätete Zahlungen werden nicht berücksichtigt).

a) Ermitteln Sie den durchschnittlichen Kapitalbedarf für das Umlaufvermögen nach der elektiven Methode.

b) Berechnen Sie den Gesamtkapitalbedarf.

c) Für die Steuerung des Materialbedarfs ist die Einrichtung eines Sicherheitsbestandes vorgesehen. Erläutern Sie die Bedeutung des Sicherheitsbestandes und begründen Sie, warum dieser langfristig finanziert werden muss.

d) Nach Abschluss der Planungsarbeiten zeigt sich, dass der Kapitalbedarf für die Gründung und Ingangsetzung der Zweigniederlassung um ca. 150.000 € über der Kreditzusage der Hausbank liegt. Die Finanzierungslücke wird durch eine zusätzliche Fremdfinanzierung geschlossen. Beschreiben Sie drei Konsequenzen, die sich aus dieser Situation ergeben können.

e) Nennen Sie vier Schwachstellen des Modells der Kapitalbedarfsrechnung.

f) Nennen Sie drei Möglichkeiten zur Senkung des Kapitalbedarfs.

Lösung s. Seite 1016

Aufgabe 22: Verfahren der statischen Investitionsrechnung und Break-even-Menge

(Drei Objekte, ohne Restwerte, gleiche Kapazität, gleiche Nutzungsdauer)

Die Metallbau GmbH, Prignitz, beabsichtigt für die kommende Periode die Anschaffung eines Bearbeitungszentrums. Vom Einkauf wurden drei Angebote vorgelegt:

	Objekt 1	Objekt 2	Objekt 3
Anschaffungskosten	250.000 €	300.000 €	280.000 €
Nutzungsdauer, n	10 Jahre	10 Jahre	10 Jahre
Nennleistung	50.000 Stück/Jahr	50.000 Stück/Jahr	50.000 Stück/Jahr
Auslastungsgrad	80 %	80 %	80 %
Kalkulatorischer Zinssatz	6,0 %	6,0 %	6,0 %
Verkaufspreis	10,00 €/Stück	10,00 €/Stück	10,00 €/Stück
Sonstige Fixkosten p. a.	120.500 €	110.000 €	129.600 €

	Objekt 1	Objekt 2	Objekt 3
Variable Kosten pro Jahr bei 100 % Auslastung:			
► Fertigungslohn	100.000 €	70.000 €	80.000 €
► Material	60.000 €	60.000 €	60.000 €
► Energie	12.000 €	8.000 €	7.000 €
► Sonstige variable Kosten	7.000 €	9.000 €	9.000 €

Ermitteln Sie mithilfe

a) der Kostenvergleichsrechnung

b) der Gewinnvergleichsrechnung

c) der Rentabilitätsvergleichsrechnung sowie

d) der statischen Amortisationsrechnung

welches der drei Objekte vorteilhafter ist. Die Geschäftsleitung hat eine Sollamortisationszeit von drei Jahren festgelegt.

e) Berechnen Sie die Menge im Break-even-Point für Objekt 2 und 3.

Lösung s. Seite 1018

Aufgabe 23: Verfahren der dynamischen Investitionsrechnung

(Zwei Objekte, ohne Restwerte, unterschiedliche Kapazität, gleiche Nutzungsdauer)

Die Metallbau Stettin GmbH, Neustrelitz, beabsichtigt für die kommende Periode die Anschaffung einer Bearbeitungsmaschine. Vom Einkauf wurden zwei Angebote vorgelegt:

Objekt 1					
Anschaffungsauszahlung (A0):		300.000 €			
Nutzungsdauer (n):		5 Jahre			
Nennleistung p. a.:		20.000 Stück			
Kalkulatorischer Zinssatz:		10 %			
	1. Jahr	2. Jahr	3. Jahr	4. Jahr	5. Jahr
Auslastungsgrad	75 %	75 %	75 %	85 %	85 %
Jahresstückleistung	15.000	15.000	15.000	17.000	17.000
Verkaufspreis/Stück	22,00 €	23,00 €	23,00 €	24,00 €	25,00 €
Personalkosten, €	80.000	85.000	90.000	95.000	97.000
Materialkosten, €	130.000	130.000	130.000	160.000	160.000
Raumkosten, €	12.000	12.000	12.000	14.000	14.000
Energiekosten, €	8.000	9.000	10.000	11.000	12.000
Sonstige Kosten, €	26.000	30.000	30.000	30.000	30.000

Objekt 2				
Anschaffungsauszahlung (A0):		400.000 €		
Nutzungsdauer (n):		5 Jahre		
Nennleistung p. a.:		25.000 Stück		
Kalkulatorischer Zinssatz:		10 %		
	1. Jahr	2. Jahr	3. Jahr	4. Jahr	5. Jahr
Auslastungsgrad	60 %	60 %	60 %	70 %	70 %
Jahresstückleistung	15.000	15.000	15.000	17.500	17.500
Verkaufspreis/Stück	22,00 €	23,00 €	23,00 €	24,00 €	25,00 €
Personalkosten, €	65.000	67.000	69.000	72.000	75.000
Materialkosten, €	165.000	165.000	165.000	170.000	170.000
Raumkosten, €	8.400	8.400	8.400	8.400	8.400
Energiekosten, €	5.000	6.000	7.000	8.000	9.000
Sonstige Kosten, €	8.000	6.000	5.000	5.000	4.000

Ermitteln Sie mithilfe

a) der Kapitalwertmethode

b) der Annuitätenmethode

welches der zwei Objekte vorteilhafter ist.

Lösung s. Seite 1021

Aufgabe 24: Möglichkeiten der Kreditsicherung

Sie arbeiten in einem Steuerbüro. Einer Ihrer Mandanten wird in der nächsten Zeit für Investitionszwecke einen erhöhten Kapitalbedarf haben. Seine Fragen an Sie:

a) „In welcher Höhe stehen mir noch Grundpfandrechte als Kreditsicherung zur Verfügung?"

b) „Welche weiteren Möglichkeiten der Kreditsicherung und in welcher Höhe bestehen für mein Unternehmen?"

Zu diesem Zweck haben Sie die aktuelle Bilanz des Unternehmens aufbereitet:

AKTIVA		Bilanz zum 31.12.20..	PASSIVA
	€		€
Grundstücke	150.000	Eigenkapital	450.000
Gebäude	600.000	Fremdkapital	
Maschinen	250.000	- kurzfristige Rückstellungen	150.000
Fuhrpark	120.000	- Grundschulden	350.000
Betriebs- und Geschäfts-		- kurz- und mittelfristige	
ausstattung	80.000	Bankverbindlichkeiten	250.000
Vorräte	100.000	- Verbindlichkeiten aus LL	300.000
Forderungen	80.000		
Wertpapiere	40.000		
Bank, Kasse	80.000		
	1.500.000		1.500.000

Zur Kreditsicherung akzeptiert die Bank folgende Sätze:

▶ Grundstücke, Gebäude: 60 % des Beleihungswertes (Verkehrswert)

▶ Maschinen, Fuhrpark: 50 % des Beleihungswertes (Verkehrswert)

▶ Betriebs- u. Geschäftsausstattung: 40 % des Zeitwertes

▶ Vorräte: 50 % des Einstandspreises

▶ Forderungen: 50 % des Forderungsbetrages

▶ Wertpapiere: 50 % des Kurswertes

▶ Bankguthaben: 100 % des Nennwertes

Zur Vereinfachung können Sie unterstellen, dass die Bilanzwerte dem Verkehrs- bzw. Kurswert sowie dem Einstandspreis bzw. Zeitwert entsprechen. Die Forderungen sind zu 100 % an die Bank abgetreten (stille Globalzession) zur Besicherung des Kontokorrentkredits. Der Fuhrpark ist zu 50 % sicherungsübereignet.

c) Erklären Sie Ihrem Mandanten, was man unter einer stillen Globalzession versteht und nennen Sie einen Vorteil der stillen Zession für den Kreditnehmer (Zedent) sowie einen Nachteil für die Bank (Zessionar).

Lösung s. Seite 1023

5. Kosten- und Leistungsrechnung zielorientiert anwenden

5.1 Methoden und Instrumente zur Erfassung von Kosten und Leistungen auswählen und anwenden

Aufgabe 1: Aufgaben der Abgrenzungsrechnung

Beschreiben Sie vier Aufgaben der Abgrenzungsrechnung und geben Sie jeweils ein Beispiel.

Lösung s. Seite 1025

Aufgabe 2: Wagniskosten-Zuschlag

Aufgrund von Schwund, Diebstahl und anderer Ursachen ist bei den Lagervorräten in der Vergangenheit ein Ausfall von 35.000 € entstanden. Der Wareneinsatz betrug während dieser Zeit 2,5 Mio. €.

a)   Berechnen Sie den Beständewagniskosten-Zuschlag.

b)   Welche Konsequenzen hat dieses Ergebnis für die Kalkulation?

Lösung s. Seite 1025

5.2 Verfahren zur Verrechnung der Kosten auf betriebliche Funktionsbereiche und Leistungen auswählen und anwenden

Aufgabe 1: BAB, Kostenumlage, Zuschlagssätze, Selbstkosten

Der nachfolgende Betriebsabrechnungsbogen der Metallbau GmbH aus dem Monat Juni soll um die fehlenden Angaben ergänzt werden.

Erweiterter, mehrstufiger BAB					Metallbau GmbH				Monat: Juni
Schlüssel 1	cbm		1.400	2.400	1.600	400	2.000	400
Schlüssel 2	Verhältnis			2	1			
Kostenstellen	**Summen**	**Allgem. Kostenstelle**	**Material**	**Fertigung**		**Fertig.-hilfsstelle**	**Verwaltung**	**Vertrieb**
				I	**II**			
vorläufige Werte	351.000	18.000	8.000	130.000	65.000	25.000	45.000	60.000
Umlage Schlüssel 1								
Zwischensummen	351.000							
Umlage Schlüssel 2								
Endsummen	351.000							
Zuschlagsgrundlagen			80.000	350.000	110.000			
Ist-Zuschlagssätze								

a) Legen Sie die Kosten der Allgemeinen Kostenstelle und der Fertigungshilfsstelle um.

b) Ermitteln Sie die Zuschlagssätze (keine Bestandsveränderungen, keine aktivierten Eigenleistungen).

c) Ermitteln Sie unter Verwendung der Zuschlagssätze aus Fragestellung b) die Selbstkosten für einen Auftrag, bei dem 300 € Materialeinzelkosten, 800 € Fertigungslöhne für Stufe I, 300 € Fertigungslöhne für Stufe II, 100 € Sondereinzelkosten der Fertigung sowie 85,15 € Sondereinzelkosten des Vertriebs anfallen.

Lösung s. Seite 1026

Aufgabe 2: Innerbetriebliche Leistungsverrechnung

Die Kostenstellen eines Fertigungsbereichs gliedern sich in die Hilfskostenstellen Arbeitsvorbereitung (H1) und Qualitätskontrolle (H2) sowie in die Hauptkostenstelle Endmontage (H3). Die nachfolgende Tabelle zeigt die Leistungsbeziehungen in Stunden und die primären Stellenkosten der Hilfskostenstellen (K_j) für den Monat Juni:

von ↓ an →	H1	H2	H3	Gesamtkosten K_j	davon fix
Arbeitsvorbereitung H1	50 Std.	60 Std.	100 Std.	40.000 €	20.000 €
Qualitätskontrolle H2	80 Std.	20 Std.	100 Std.	40.200 €	10.200 €

Ermitteln Sie den innerbetrieblichen Verrechnungspreis für die Leistungen der Hilfskostenstellen

a) nach dem Gleichungsverfahren

b) nach dem Anbauverfahren auf Teilkostenbasis

sowie

c) nach dem Stufenleiterverfahren auf Teilkostenbasis.

Lösung s. Seite 1027

Aufgabe 3: Stufenleiterverfahren

a) Die Kosten der allgemeinen Kostenstellen Gebäude und Fahrzeuge sollen nach dem Stufenleiterverfahren in der Reihenfolge lt. BAB nach Flächen und Kilometer umgelegt werden. Die Tabelle enthält die Leistungsbeziehungen:

	Gebäude	Fahrzeuge	Kantine	Verwaltung	Summe
m²	50	50	300	100	500
km	300	200	2.000	500	3.000
primäre Gemeinkosten	8.000 €	12.000 €	60.000 €	80.000 €	160.000 €

b) Beschreiben Sie die Ungenauigkeit des Stufenleiterverfahrens.

c) Nennen Sie drei alternative Verfahren der Leistungsverrechnung.

Lösung s. Seite 1028

Aufgabe 4: Ermittlung der Zuschlagssätze und des Maschinenstundensatzes

Bei der Metallbau GmbH liegen aus der zurückliegenden Periode folgende Daten aus der Kosten- und Leistungsrechnung vor (Angaben in €):

Fertigungsmaterial	650.000	
Fertigungslohn	132.480	5.520 Lohnstunden
Fertigungsgemeinkosten	2.808.576	
davon: maschinenabhängige FGK	2.649.600	22.080 Maschinenstunden
Materialgemeinkosten	97.500	
Verwaltungsgemeinkosten	74.000	
Vertriebsgemeinkosten	185.000	
Bestandserhöhung/fert. Erz.	28.556	
Bestandsminderung/unf. Erz.	40.000	

Für das Produkt ZK 3 gelten folgende Angaben:

Fertigungsmaterial	120 €
Vorgabezeit Mensch	1,20 h/Stk.
Ausführungszeit Maschine	2,50 h/Stk.
Gewinnzuschlag	15 %
Kundenskonto	2 %
Vertriebsprovision	3 %
Kundenrabatt	10 %

a) Berechnen Sie für die zurückliegende Periode alle Zuschlagssätze und die Stundensätze für Lohn und Maschine.

b) Ermitteln Sie den Angebotspreis für das Produkt ZK 3.

Lösung s. Seite 1029

Aufgabe 5: Zuschlagskalkulation mit Maschinenstundensatz

Auf einer NC-Maschine werden 25 Spezialwerkzeuge hergestellt. Die Bearbeitungsdauer beträgt 15 min/Stk.; für das Rüsten werden 2 Std. benötigt. Der Materialverbrauch liegt bei 160 €/Stk. Der anteilige Fertigungslohn für die Bearbeitung beträgt 200 €. Es sind Materialgemeinkosten von 30 % und Restgemeinkosten von 120 % zu berücksichtigen. Der Maschinenstundensatz liegt bei 180 €/Std. Zu kalkulieren sind die Herstellkosten der Fertigung pro Stück.

Lösung s. Seite 1030

Aufgabe 6: Kostenkontrollrechnung, Über-/Unterdeckung

Ein Unternehmen kalkuliert mit Normalzuschlagssätzen auf Basis der Zuschlagsgrundlage; in der Abrechnungsperiode wurden folgende Istgemeinkosten sowie ein Minderbestand von 10.000 € ermittelt:

	Material	Fertigung	Verwaltung	Vertrieb
Normal-Zuschlagssätze	50 %	120 %	20 %	10 %
Einzelkosten	50.000	140.000		
Istgemeinkosten	30.000	154.000	84.480	46.080

Es ist die Kostenüber-/Kostenunterdeckung der Kostenstellen zu ermitteln und zu kommentieren.

Lösung s. Seite 1030

Aufgabe 7: Mehrstufige Divisionskalkulation

Die Herstellkosten betrugen im Juni d. J. 400.000 €, die Vertriebs- und Verwaltungskosten 100.000 €. Die produzierte und abgesetzte Menge war 50.000 Einheiten (E). Im Oktober d. J. trat eine Absatzschwäche auf, sodass – unter sonst gleichen Bedingungen – 30 % der Fertigung auf Lager genommen werden musste.

Zu ermitteln ist, um wie viel sich die Selbstkosten pro Einheit (E) verändert haben.

Lösung s. Seite 1032

Aufgabe 8: Mehrstufige Divisionskalkulation mit Äquivalenzziffern

Die Herstellkosten betragen bei einer Sortenfertigung in der ersten Produktionsstufe 999.900 € und in der zweiten Stufe 448.500 €. Weiterhin liegen folgende Daten vor:

Sorte	Äquivalenzziffer (ÄZ)		Produktionsmenge
	Stufe I	Stufe II	
A	0,5	0,5	4.000
B	2,0	1,0	4.000
C	3,0	2,0	6.000
D	1,0	1,0	5.000

Ermitteln Sie die Herstellkosten pro Stück je Sorte.

Lösung s. Seite 1032

Aufgabe 9: Vorwärts-, Rückwärts- und Differenzkalkulation im Handel, Handelsspanne, Kalkulationszuschlag, Kalkulationsfaktor

a) Der Großhändler Huber & Söhne kauft Blusen für 100 € je Stück ein. Er erhält aufgrund der Menge 20 % Rabatt und 3 % Skonto. Die Bezugskosten je Stück betragen 2,50 €. Der Händler kalkuliert mit 30 % Handlungskosten, 15 % Gewinn und gewährt 2 % Skonto sowie 5 % Rabatt.

Zu ermitteln ist der Listenverkaufspreis je Stück, die Handelsspanne, der Kalkulationszuschlag und der Kalkulationsfaktor.

b) Aufgrund der Marktsituation ist der Großhändler Huber & Söhne gezwungen, den Listenverkaufspreis auf 120 € je Stück zu senken. Zu ermitteln ist der Gewinn in Euro und Prozent.

c) Der Großhändler überlegt, ob er einen Artikel, den er zu einem Listenverkaufspreis von 110 € veräußern kann, in sein Programm aufnimmt.

Zu ermitteln ist der Listeneinkaufspreis; (es gelten im Übrigen die Angaben aus a).

Lösung s. Seite 1033

Aufgabe 10: Zuschlagskalkulation mit Maschinenstundensatz

Auf einer NC-Maschine wird ein Werkstück bearbeitet. Die Bearbeitungsdauer beträgt 86 Minuten; der Materialverbrauch liegt bei 160 €. Der anteilige Fertigungslohn für die Bearbeitung beträgt 40 € (Einrichten, Nacharbeit). Es sind Materialgemein- kosten von 80 % und Restgemeinkosten von 60 % zu berücksichtigen. Zu kalkulieren sind die Herstellkosten der Fertigung.

Zur Berechnung des Maschinenstundensatzes wird auf folgende Daten der vergangenen Abrechnungsperiode zurückgegriffen:

- Anschaffungskosten der NC-Maschine: 100.000 €

- Wiederbeschaffungskosten der NC-Maschine: 120.000 €

- Nutzungsdauer der NC-Maschine: 10 Jahre

- kalkulatorische Abschreibung: linear

- kalkulatorische Zinsen: 6 % vom halben Anschaffungswert

- Instandhaltungskosten: 2.000 € p. a.

- Raumkosten:
  - Raumbedarf: 20 m^2
  - Verrechnungssatz je m^2: 10 €/m^2/Monat

- Energiekosten:
  - Energieentnahme der NC-Maschine: 11 kWh
  - Verbrauchskosten: 0,12 €/kWh
    - Jahresgrundgebühr: 220 €

► Werkzeugkosten: 6.000 € p. a., Festbetrag

► Laufzeit der NC-Maschine: 1.800 Std. p. a.

Lösung s. Seite 1034

Lösung s. Seite 1034

Aufgabe 11: Einstufige Äquivalenzziffernkalkulation, Betriebsergebnis

Die Metall GmbH stellt vier Sorten Bleche her. Die hergestellte und abgesetzte Menge sowie die Erlöse je Tonne betrugen im zurückliegenden Monat:

Blechsorte	Menge (t)	Erlöse (€/t)
ST 60–01	200	300
ST 60–08	150	1.400
ST 60–05	100	1.100
ST 60–02	120	550

Die Gesamtkosten pro Monat lagen bei 358.440 €. Es sind 71.688 € Verwaltungs- und Vertriebsgemeinkosten zu berücksichtigen. Die Fertigungszeiten für das Walzen der unterschiedlichen Blechstärken betragen

► bei ST 60–02 das 2-fache,

► bei ST 60–05 das 4-fache und

► bei ST 60–08 das 6-fache

der Zeit, die für das Walzen von Sorte ST 60–01 benötigt wird.

Ermitteln Sie das Betriebsergebnis insgesamt und je Tonne für jede Blechsorte.

Lösung s. Seite 1036

Lösung s. Seite 1036

5.3 Methoden der kurzfristigen Erfolgsrechnung für betriebliche Steuerungszwecke auswählen und anwenden

Aufgabe 1: Betriebsergebnis nach dem Gesamtkostenverfahren

a) Ermitteln Sie das Umsatzergebnis nach dem Gesamtkostenverfahren bei zwei Produkten und analysieren Sie das Ergebnis Ihrer Berechnung. Zu berücksichtigen sind Bestandsminderungen von 5.000 € je Produkt. Die Abrechnungsperiode hat bei Produkt 1 Nettoerlöse in Höhe von 310.000 € und bei Produkt 2 in Höhe von 140.000 € ergeben.

Sonstige Angaben:

	Produkt 1	Produkt 2
MEK	30.000	20.000
FEK	80.000	40.000

MGK, 50 %   VwGK, 15 %   FGK, 120 %   VtrGK, 5 %

b) Bearbeiten Sie die Fragestellung a) und berücksichtigen Sie dabei eine Kostenüberdeckung lt. BAB von 15.000 €.

Lösung s. Seite 1036

Aufgabe 2: Kostenträgerblatt, Kostenüber-/-unterdeckung, Umsatzergebnis, Wirtschaftlichkeit

Aus dem Betriebsabrechnungsbogen des Monats Juli erhalten Sie folgende Angaben:

	Kostenstellen			
	Material	**Fertigung**	**Verwaltung**	**Vertrieb**
Ist-Gemeinkosten	222.000 €	1.400.000 €	140.000 €	390.000 €
Normalzuschlagssätze	11,00 %	250,00 %	4,00 %	8,00 %

	Kostenträger		
	Produkt 1	**Produkt 2**	**Produkt 3**
Fertigungsmaterial	950.000 €	320.000 €	400.000 €
Fertigungslohn	187.000 €	105.000 €	210.000 €
Nettoverkaufserlöse	1.400.000 €	1.540.000 €	1.920.000 €
Anfangsbestand/FE	50.000 €	63.300 €	67.000 €
Endbestand/FE	90.000 €	20.000 €	187.500 €

a) Berechnen Sie die Kostenüber- bzw. -unterdeckung der Kostenstellen und ermitteln Sie das Umsatzergebnis auf Normalkostenbasis.

b) Ermitteln Sie die Wirtschaftlichkeit je Kostenträger auf Normalkostenbasis.

c) Berechnen Sie die effektive Umsatzrendite (Betriebsergebnis bezogen auf Netto-Verkaufserlöse).

Lösung s. Seite 1038

Aufgabe 3: Kennzahlen für Steuerungszwecke (Umsatzrendite, Wirtschaftlichkeit)

Für die Produkte 1 - 3 liegen die Selbstkosten und die Nettoumsatzerlöse vor:

	Produkt 1	**Produkt 2**	**Produkt 3**
Selbstkosten	249.934,40	314.811,20	353.648,00
Nettoumsatzerlöse	302.000,00	278.000,00	385.600,00

Ermitteln Sie je Produkt die Wirtschaftlichkeit sowie die Umsatzrendite und kommentieren Sie das Ergebnis Ihrer Rechnung.

Lösung s. Seite 1039

5.4 Methoden der Kosten- und Leistungsrechnung zur Lösung unterschiedlicher Problemstellungen zielorientiert anwenden

Aufgabe 1: Break-even-Point, Umsatzrendite

Die Metallbau GmbH fertigt hochwertige Elektronikkomponenten. In der laufenden Periode wurde 800 Stück bei 920.000 € Kosten und in der Vorperiode 1.000 Stück bei 1.000.000 € Kosten hergestellt. Die Gesamtkostenfunktion zeigt einen linearen Verlauf. Die Kostenstruktur ist unverändert geblieben. Die Kapazitätsgrenze liegt bei 1.400 Stück. Der Nettoverkaufspreis pro Stück lag in beiden Perioden bei 1.400 €/Stück.

a) Ermitteln Sie die Menge, bei der ein Gewinn erzielt wird.

b) Die Geschäftsleitung fordert generell eine Umsatzrendite von 15 %. Berechnen Sie die Menge, bei der dieses Ziel realisiert ist.

c) Zeigen Sie in einer Kontrollrechnung, das bei der in b) ermittelten Menge tatsächlich eine Umsatzrendite von 15 % erreicht wird.

Lösung s. Seite 1039

Aufgabe 2: Deckungsbeitragsrechnung, Preispolitik

Ihr Betrieb plant die Errichtung einer Pkw-Waschanlage für seine Kunden und will damit eine Absatzförderung erreichen. An den umliegenden Tankstellen liegt der Preis für eine Pkw-Komfortwäsche bei durchschnittlich 6,50 €.

Die Investitionssumme beläuft sich auf 230.000 €. Die Abschreibung erfolgt linear mit 12,5 % pro Jahr. Für das Bedienungspersonal hat man monatliche Kosten von 9.000 € ermittelt. An Verwaltungsgemeinkosten werden monatlich 3.000 € umgelegt. An kalkulatorischen Zinsen erfolgt ein Ansatz von 10 % der Investitionssumme. Man rechnet mit variablen Kosten pro Waschvorgang von 0,70 €. Die Waschanlage soll an 280 Tagen im Jahr geöffnet sein.

a) Wie viele Pkw-Wäschen pro Tag müssen im Kostendeckungspunkt durchschnittlich durchgeführt werden, bei einem Preis von 4 € pro Wäsche?

b) Zeigen Sie das Ergebnis von Aufgabenstellung a) grafisch.

c) Wie hoch ist der Deckungsbeitrag pro Stück im Break-even-Point?

Lösung s. Seite 1040

Aufgabe 3: Mehrstufige Deckungsbeitragsrechnung mit mehreren Produkten

Ein Unternehmen hat drei Erzeugnisgruppen. Aus der KLR liegen folgende Angaben vor:

Bereiche	Bereich I				Bereich II	
Gruppen	Erzeugnisgruppe 1		Erzeugnisgruppe 2		Erzeugnisgruppe 3	
Produkte	Produkt 1	Produkt 2	Produkt 3	Produkt 4	Produkt 5	Produkt 6
Umsatzerlöse	30.000	28.000	8.000	31.000	64.000	52.000
variable Kosten	12.000	14.000	6.000	16.000	29.000	21.000
Erzeugnisfixkosten	8.000	9.000	4.000	11.000	21.000	10.000
Erzeugnisgruppenfixkosten		2.000		3.000		4.000
Bereichsfixkosten				2.000		4.000
Unternehmensfixkosten						6.000

Ermitteln Sie das Betriebsergebnis (Deckungsbeitrag V) in Prozent der Umsatzerlöse und interpretieren Sie das Ergebnis Ihrer Rechnung.

Lösung s. Seite 1042

Aufgabe 4: Bewertung des Produktionsprogramms auf Vollkosten- und Teilkostenbasis

 INFO

Diese Fragestellung ist komplexer als eine tatsächlich zu erwartende Klausuraufgabe in der IHK-Prüfung. Das Fallbeispiel wurde zu Übungszwecken so umfangreich gestaltet, um bei der Entscheidung über ein Produktionsprogramm die Aussagefähigkeit der Vollkostenrechnung und der einstufigen sowie mehrstufigen Teilkostenrechnung zu zeigen.

Ein Unternehmen stellt drei Produkte her. In der zurückliegenden Periode wurden die dargestellten Werte ermittelt.

	Produkt 1	Produkt 2	Produkt 3
Erlöse	200.000	320.000	300.000
Selbstkosten	190.000	350.000	260.000

a) Entscheiden Sie über das Produktionsprogramm auf Basis der Vollkostenrechnung.

b) Ermitteln Sie das Betriebsergebnis auf Vollkostenbasis bei Eliminierung von Produkt 2 und kommentieren Sie das Ergebnis.

c) Entscheiden Sie über das Produktionsprogramm (Produkt 1 - 3; Fragestellung a) auf Basis der Teilkostenrechnung und kommentieren Sie das Ergebnis.

d) Ermitteln Sie das Betriebsergebnis auf Teilkostenbasis bei Eliminierung von Produkt 1 und kommentieren Sie das Ergebnis.

e) Entscheiden Sie über das Produktionsprogramm (Produkt 1 - 3) mithilfe der mehrstufigen Deckungsbeitragsrechnung und kommentieren Sie das Ergebnis. Die fixen und variablen Kosten sollen folgendermaßen aufteilbar sein:

Struktur der Fixkosten/var. Kosten	Produkt 1	Produkt 2	Produkt 3	Summe
erzeugnisfixe Kosten	- 20.000	- 90.000	- 60.000	- 170.000
erzeugnisgruppenfixe Kosten		- 40.000	–	- 40.000
unternehmensfixe Kosten				- 80.000
variable Kosten	- 130.000	- 220.000	- 160.000	

f) Bearbeiten Sie die Fragestellung e) bei Eliminierung von Produkt 2 und kommentieren Sie das Ergebnis.

g) Bearbeiten Sie die Fragestellung e) auf Basis des Stückdeckungsbeitrags db II und kommentieren Sie das Ergebnis.

Lösung s. Seite 1043

Aufgabe 5: Fixkostendeckungsrechnung

Aus der Periode I liegen aus der Kosten- und Leistungsrechnung für die Produkte 1 - 4 folgende Zahlenwerte vor:

Periode I			Produkt 1	Produkt 2	Produkt 3	Produkt 4
Nettoverkaufspreis	p	€	5,00	7,00	3,00	6,50
Absatzmenge	x	Stk.	800	1.200	400	600
variable Stückkosten	k_v	€/Stk.	3,50	3,00	1,50	3,50
Selbstkosten pro Stück	sk	€/Stk.	6,00	4,50	2,50	5,00

a) Ermitteln Sie für die Periode I das Betriebsergebnis der Produktgruppe 1 - 4 in Prozent der Umsatzerlöse und interpretieren Sie das Ergebnis.

b) Das Betriebsergebnis von Produkt 1 ist negativ. Für die Periode II ist eine Ausweitung der Produktion (= abgesetzte Menge) um 10 % geplant. Prüfen Sie, welche Auswirkung diese Planung auf die Umsatzrentabilität hat und kommentieren Sie Ihr Ergebnis. Eine Veränderung der variablen Stückkosten sowie der Fixkosten gegenüber der Periode I wird nicht erwartet.

c) Erläutern Sie für den vorliegenden Fall, wie die Deckungsbeitragsrechnung gestaltet werden könnte, um eine differenzierte Betrachtung der Fixkosten zu ermöglichen.

Lösung s. Seite 1047

Aufgabe 6: Zusatzauftrag bei Einproduktunternehmen ohne Kapazitätsbeschränkung

Das Unternehmen fertigt nur ein Produkt. Für die Entscheidung über einen Zusatzauftrag liegen Ihnen folgende Angaben vor:

	Fertigung ohne Zusatzauftrag (1.000 Stück)	Zusatzauftrag (200 Stück)
Umsatzerlöse (€/Stk.)	130	90
variable Kosten (€/Stk.)	50	50
Fixkosten, gesamt (€)	65.000	

Kapazitätsbeschränkungen: keine.

Entscheiden Sie rechnerisch über den Zusatzauftrag und kommentieren Sie das Ergebnis Ihrer Berechnung.

Lösung s. Seite 1048

Aufgabe 7: Produktionsprogrammplanung, Engpassrechnung für vier Produkte

In einem Chemiewerk werden vier Produkte mit einem bestimmten Granulat gefertigt. Für den kommenden Monat soll das Produktionsprogramm geplant werden. Dazu liegen folgende Daten vor:

	Produkt 1	Produkt 2	Produkt 3	Produkt 4
Verkaufspreis (€/Stk.)	35	40	28	16
variable Kosten (€/Stk.)	10	11	6	4
Verbrauch, Granulat (kg/Stk.)	7	5	12,50	4
Kapazität (Stk.)	600	600	400	1.000

Die Fixkosten pro Monat betragen 30.000 €. Wegen eines Lieferengpasses stehen für den Planungsmonat nur 10.000 kg Granulat zur Verfügung.

a) Ermitteln Sie das Produktionsprogramm auf der Basis des Stückdeckungsbeitrags.

b) Bestimmen Sie das Produktionsprogramm mithilfe des relativen Stückdeckungsbeitrags und ermitteln Sie das Betriebsergebnis im Vergleich zu Frage a).

Lösung s. Seite 1049

Aufgabe 8: Wahl des Fertigungsverfahrens

Für einen Auftrag stehen zwei Maschinen (Verfahren) mit folgenden Daten zur Verfügung:

Kostenart		Verfahren 1	Verfahren 2
		CNC-Maschine	Bearbeitungsautomat
K_f	Rüstkosten	50 €	300 €
k_v	Materialkosten	3 €/Stk.	3 €/Stk.
	Fertigungslohn	7 €/Stk.	2 €/Stk.

Ermitteln Sie

a) rechnerisch und

b) grafisch

die kritische Menge für beide Verfahren.

Lösung s. Seite 1050

Aufgabe 9: Eigen- oder Fremdfertigung (langfristige Betrachtung)

Für die Fertigung werden Blechgehäuse Typ T2706 seit längerer Zeit fremd zugekauft. Der Lieferant hat zu Jahresbeginn seine Konditionen angehoben und bietet Ihnen jetzt folgende Bedingungen an: Listeneinkaufspreis 100 € je Stück, 10 % Rabatt und 3 % Skonto innerhalb von 10 Tagen oder 30 Tage ohne Abzug. Die Bezugskosten betragen 2,70 € pro Stück. Aufgrund der Preisanhebung soll geprüft werden, ob die Eigenfertigung des Blechgehäuses unter Kostengesichtspunkten vertretbar ist. Der Jahresbedarf wird bei rd. 1.800 Stück liegen.

Für die Eigenfertigung wurden folgende Plandaten ermittelt: Anschaffung einer Fertigungslinie (Stanzen, Pressen, Lackieren) zum Preis von 400.000 €; die Anlage soll auf zehn Jahre linear abgeschrieben werden mit einem Restwert von 50.000 €. Der Zinssatz für die kalkulatorische Abschreibung wird mit 8 % angenommen (Eigenfinanzierung). Sonstige Fixkosten p. a. in Höhe von 9.000 € sind zu berücksichtigen. Der Fertigungslohn beträgt 25 € je Stück, die Materialkosten 15 € je Stück.

Zu ermitteln ist rechnerisch und grafisch, bei welcher Stückzahl die kritische Menge liegt und welche Kostendifferenz sich bei dem geplanten Jahresbedarf ergibt.

Lösung s. Seite 1051

Aufgabe 10: Direct Costing (I)

Ein Großhandelsunternehmen hat Spinnereimaschinen im Sortiment: Maschine A kostet 2.500.000 € und Maschine B kostet 4.657.640 €. Sein Kunde verlangt einen Rabatt von 16 % für Maschine A und einen Rabatt von 17 % für Maschine B (Kundenskonto 1 %;

variable Kosten 1.875.000 € bei Maschine A und bei Maschine B 3.493.230 €; fixe Kosten bei Maschine A 184.027,78 € und bei Maschine B 342.854,06 €).

Welche Maschine bringt den größten Gewinn?

Lösung s. Seite 1052

Aufgabe 11: Preisuntergrenze (Direct Costing II)

Der Großhändler aus der vorhergehenden Aufgabe 10 will nun die Preisuntergrenze für seine Spinnereimaschinen ermitteln, denn er möchte demnächst kurzfristig seine Preise senken, um neue Kunden auf sich aufmerksam zu machen. Er wählt diese zwei Maschinen aus:

	Maschine A	Maschine B
variable Kosten	1.875.000,00 €	3.493.230,00 €
Zielverkaufspreis	1.893.939,39 €	3.528.515,15 €

Wie hoch ist die absolute Preissenkung bei Maschine A und bei Maschine B?

Lösung s. Seite 1053

5.5 Grundzüge des Kostencontrollings erläutern

Aufgabe 1: Grenzkosten, fixe und variable Kosten, Kostenverläufe

Die Fertigungskostenstelle „Anlasser" weist in zwei aufeinanderfolgenden Monaten folgende Kostenarten aus (Angaben in €):

Kostenart	Monat 1	Monat 2
K1	13.500	21.000
K2	13.500	16.500
K3	26.000	39.500
K4	4.000	4.000
K5	6.000	6.000
K6	12.000	18.000

Die Beschäftigung lag im ersten Monat bei 5.000 Stunden und im zweiten Monat bei 8.000 Stunden. Die Gesamtkostenfunktion ist linear.

a) Ermitteln Sie für jede Kostenart die Fixkosten und die variablen Stückkosten.

b) Leiten Sie aus den Ergebnissen zu a) die Kostenfunktion je Kostenart und die Gesamtkostenfunktion ab.

c) Tragen Sie in einem Koordinatensystem ein:

- ► die Gesamtkosten K

- ► die Stückkosten k

- ► die Grenzkosten K´

- ► die variablen Stückkosten k_v

- ► die fixen Stückkosten k_f

- ► die Beschäftigung B1 (5.000 Std.)

- ► die Beschäftigung B2 (8.000 Std.).

d) Beschreiben Sie die Kostenverläufe K, k, K´, k_v und k_f.

Lösung s. Seite 1054

Aufgabe 2: Ermittlung der Kostenüber- bzw. -unterdeckung eines Auftrags

Das Unternehmen hat für ein Angebot Selbstkosten in Höhe von 358.397,50 € auf Basis der Normalkosten ermittelt.

Vorkalkulation	Normalkosten	%
Materialeinzelkosten	90.000,00	
Materialgemeinkosten	5.400,00	6
Fertigungslohnkosten	80.500,00	
Fertigungsgemeinkosten	120.750,00	150
Herstellkosten der Fertigung	296.650,00	
Bestandsminderung	15.000,00	
Herstellkosten des Umsatzes	311.650,00	
Verwaltungs-/Vertriebsgemeinkosten	46.747,50	15
Selbstkosten	358.397,50	

Für die Nachkalkulation liegen folgende Angaben vor:

Materialgemeinkosten	8.300
Fertigungsgemeinkosten	117.830
Bestandsminderung	15.000
Verwaltungs-/Vertriebsgemeinkosten	71.700

Ermitteln Sie die Kostenüber- bzw. -unterdeckung und interpretieren Sie das Ergebnis Ihrer Rechnung.

Lösung s. Seite 1057

Aufgabe 3: Starre Plankostenrechnung

Für die Kostenstelle 23031 betragen die Plankosten 50.000 € bei einer Planbeschäftigung von 5.000 Stunden. Die Istbeschäftigung lag bei 4.000 Stunden, die Istkosten bei 30.000 €.

Ermitteln Sie die Abweichung rechnerisch und grafisch.

Lösung s. Seite 1057

Aufgabe 4: Flexible Plankostenrechnung (I)

Für die Kostenstelle 23031 existieren nach Ablauf einer Periode folgende Werte:

Kostenstelle: 23031		Monat: ...	
		Gesamt	Fixe Kosten
Plan	Plankosten (in €)	300.000	100.000
	Planbeschäftigung (in Std.)	10.000	
Ist	Istkosten	250.000	
	Istbeschäftigung	9.000	

Ermitteln Sie rechnerisch und grafisch die Beschäftigungsabweichung, die Verbrauchsabweichung sowie die Gesamtabweichung und analysieren Sie das Ergebnis.

Lösung s. Seite 1058

Aufgabe 5: Flexible Plankostenrechnung (II)

Eine Kostenstelle weist für den Juni folgende Daten aus:

Plan		Ist	
Planfixkosten	25.000 €	Istkosten	85.000 €
Plankosten	60.000 €		
Planbeschäftigung	1.000 Std.	Istbeschäftigung	25 % über Plan

a) Ermitteln Sie rechnerisch bei flexibler Plankostenrechnung auf Vollkostenbasis die Beschäftigungsabweichung, die Verbrauchsabweichung sowie die Gesamtabweichung.

b) Kommentieren Sie das Ergebnis aus a).

c) Erläutern Sie, mit welchem Kostenrechnungssystem der Nachteil der flexiblen Plankostenrechnung vermieden werden kann.

Lösung s. Seite 1061

Aufgabe 6: Variator

Für eine Kostenstelle liegen folgende Angaben vor:

	Kostenart	Plankosten (€/Mon.)	fixe Plankosten (€/Mon.)
1	Fertigungslöhne	10.000	0
2	Hilfslöhne	1.500	900
3	Gehälter	2.500	2.000
4	Reinigungsmaterial	500	50
5	Treibstoffe	8.200	0
6	Werkzeuge	400	80
7	Raumkosten	1.000	1.000
8	Kalkulatorische Zinsen	2.400	2.400
9	Reparaturen	2.200	660
10	Summe	27.700	7.090

a) Ermitteln Sie für jede Kostenart den Variator. Unterstellen Sie dabei die Zehner-schreibweise und eine lineare Gesamtkostenfunktion.

b) Erläutern Sie den Variatorwert der Kostenarten 1, 6 und 8.

Lösung s. Seite 1062

Aufgabe 7: Grenzplankostenrechnung

Ermitteln Sie auf Basis der Grenzplankostenrechnung die Abweichung nach folgenden Angaben:

Plan	
Planbeschäftigung	2.400 Std.
Fixe Kosten	25.200 €
Gesamtkosten	168.000 €

Ist	
Istbeschäftigung	1.800 Std.
Gesamtkosten	153.900 €

Lösung s. Seite 1063

Aufgabe 8: Zielkostenrechnung (Target-Costing), Handel

Ermitteln Sie den möglichen Marktpreis auf der Basis folgender Angaben:

Zielkosten = Marktpreis - Gewinn = p - 30 €

Planabsatz: 500 Stück

Gesamtkosten:

Vertriebskosten	10.000 €
Verwaltungskosten	9.600 €
Konstruktion	20.000 €

Arbeitsvorbereitung		4.000 €
Werkzeuge	10.000 €	
Materialkosten	7.150 €	

Lösung s. Seite 1064

Aufgabe 9: Zielkostenkalkulation, Industrie

Das Unternehmen kalkuliert den Angebotspreis seiner Produkte mithilfe der differenzierten Zuschlagskalkulation. Es ist bekannt, dass ein bestimmtes Produkt nur zu einem Listenverkaufspreis von 10.000 € abgesetzt werden kann.

a) Berechnen Sie die maximale Höhe der Materialeinzelkosten. Dabei sind folgende Kalkulationssätze bzw. Angaben zu berücksichtigen:

b) Tatsächlich entstehen dem Unternehmen Selbstkosten in Höhe von 10.550 €. Die Kunden haben Skonto und Rabatt in Anspruch genommen. Berechnen Sie den Gewinn (absolut, in Prozent).

Kundenrabatt	10 %	
Kundenskonto	3 %	
Gewinn	15 %	
Fertigungseinzelkosten (FEK)		1.300
Fertigungsgemeinkosten (FGK)	150 %	
Verwaltungs- und Vertriebsgemeinkosten	30 %	
Materialgemeinkosten (MGK)	20 %	

Lösung s. Seite 1064

Aufgabe 10: Prozesskostenrechnung

Ermitteln Sie aufgrund der vorliegenden Datenbasis (in Auszügen; geschätzt für eine Periode) die Teilprozesskostensätze:

	Teilprozesse	Kostentreiber	lmi-Prozess-menge (Stück)	Teilprozesskosten (€)		
				gesamt	davon: lmi	davon: lmn
1	Angebote einholen	Anzahl der Angebote	300	5.000	4.000	1.000
2	Material bestellen	Anzahl der Bestellungen	500	9.500	7.500	2.000
3	Abteilung Einkauf leiten	–	–	40.000	–	40.000
4	Auftrag fakturieren	Anzahl der Rechnungen	900	10.800	10.800	–
	Summe der Kosten			65.300	22.300	43.000

Lösung s. Seite 1066

Aufgabe 11: Kostenstrukturkennzahlen

Stellen Sie anhand der nachfolgenden Angaben die Struktur der Materialkosten sowie das Verhältnis der Gemeinkosten zu den Einzelkosten dar.

Kostenart	€	Anteil	Einzelkosten (EK)	Gemeinkosten (GK)
Materialkosten	80.000	100,00 %		
► Rohstoffe	70.000	87,50 %	X	
► Hilfsstoffe	8.000	10,00 %		X
► Betriebsstoffe	2.000	2,50 %		X

Lösung s. Seite 1066

Aufgabe 12: Kostenstrukturkennzahlen, Deckungsbeitragssatz

Ermitteln Sie aus den Angaben den Deckungsbeitragssatz vor und nach der (marktbedingten) Preissenkung:

		Situation vor der Preissenkung	Situation nach der Preissenkung
Marktpreis	p	5,00	4,00
variable Stückkosten	k_v	2,20	2,20

Lösung s. Seite 1067

Aufgabe 13: Kostenstrukturkennzahlen, Sicherheitsgrad

Ermitteln Sie für die Produkte 1 - 3 den Sicherheitsgrad, kommentieren Sie das Ergebnis Ihrer Rechnung und erläutern Sie allgemein die Aussagefähigkeit dieser Kennzahl.

		Produkt 1	Produkt 2	Produkt 3
Fixkosten	K_f	20.000	40.000	80.000
variable Kosten	K_v	50.000	60.000	90.000
Umsatz	p • x	80.000	100.000	150.000

Lösung s. Seite 1067

6. Ein internes Kontrollsystem sicherstellen

Aufgabe 1: Risiken identifizieren

a) Die Anzahl und das Ausmaß der Risiken für deutsche Unternehmen haben sich erhöht. Beschreiben Sie fünf Ursachen.

b) Risiken können nach Funktionsbereichen gegliedert werden, z. B.:

> ► Beschaffung und Einkauf

> ► Entwicklung und Produktion

> ► Absatz und Vertrieb.

Identifizieren Sie für jeden Funktionsbereich jeweils fünf Risiken.

Lösung s. Seite 1069

Aufgabe 2: Risiken durch Auslagerung

Das Unternehmen Y AG produziert und vertreibt weltweit Automobilzubehör. Für langjährige Mitarbeiter wurde eine Pensionskasse eingerichtet. Die Geschäftsentwicklung ist rückläufig. Daher hat der Vorstand im Rahmen eines Kostensenkungsprogramms beschlossen, die Bestandsverwaltung der Pensionskasse an einen externen Dienstleister auszulagern. Bisher gab es keine wesentlichen Auslagerungen.

a) Welche Risiken entstehen durch die Auslagerung oder werden dadurch verändert? Beschreiben Sie mindestens vier Risiken.

b) Beschreiben Sie drei Risiken, die beim externen Dienstleister zu betrachten sind.

Lösung s. Seite 1069

Aufgabe 3: Frühindikatoren

Die Information über sich abzeichnende Entwicklungen für ein Unternehmen können durch Frühwarnindikatoren erfolgen. Man unterscheidet dabei interne und externe Indikatoren.

a) Nennen Sie vier externe Frühindikatorbereiche. Geben Sie außerdem jeweils drei Informationsquellen an.

b) Nennen Sie vier interne Frühindikatorbereiche. Geben Sie außerdem jeweils vier Einflussfaktoren an.

Lösung s. Seite 1070

Aufgabe 4: Aufbau eines internen Kontrollsystems

In Ihrem Unternehmen soll ein internes Kontrollsystem (IKS) etabliert werden.

a) Beschreiben Sie vier Ziele eines IKS nach Coso.

b) Beschreiben Sie fünf Maßnahmen der Organisation, die eingesetzt werden können, um ein IKS umzusetzen.

c) Beschreiben Sie fünf Elemente eines IKS.

d) Nennen Sie sechs Methoden, mit denen interne Risiken identifiziert werden können.

e) Bei der Modellierung Ihres internen Kontrollsystems müssen Prinzipien beachtet werden. Beschreiben Sie vier dieser Prinzipien.

f) Das IKS selbst muss laufend überprüft und ggf. angepasst werden. Nennen Sie fünf Formen der Überwachung eines IKS.

g) Erläutern Sie, wer zur Einrichtung eines IKS verpflichtet ist.

Lösung s. Seite 1071

Aufgabe 5: Überprüfung eines internen Kontrollsystems

In Ihrem Unternehmen gibt es ein IKS. Es soll auf seine Wirksamkeit hin überprüft werden. Im Mittelpunkt der Betrachtung stehen dabei zunächst die Aufbau- und die Ablauforganisation.

Formulieren Sie jeweils fünf geeignete Fragestellungen, um den Ist-Zustand des IKS zu überprüfen.

Lösung s. Seite 1073

Aufgabe 6: Risikobewertung

Die X-GmbH ist ein Handelsunternehmen und vertreibt seine Produkte im Euroraum. Das Unternehmen hat seinen Sitz in einer Kleinstadt in Mecklenburg-Vorpommern und ca. 100 Mitarbeiter. Die Realisierung der unternehmerischen Ziele werden zzt. durch den bestehenden Fachkräftemangel eingeschränkt.

a) Identifizieren Sie fünf mögliche Risiken anhand des Sachverhalts.

b) Nennen Sie ein Risiko, das nicht gegeben ist.

c) Bewerten Sie die genannten Risiken unter Verwendung einer Dreier-Skalierung (niedrig, mittel, hoch).

d) Erstellen Sie aus Ihren Bewertungen eine Risikomatrix.

Lösung s. Seite 1074

Aufgabe 7: Risikominimierung und SWOT-Analyse

Ein Industrieunternehmen produziert Lederartikel (z. B. Taschen, Gürtel, Rücksäcke). Das Unternehmen hat einen Jahresumsatz von ca. 60 Mio. € und rd. 120 Mitarbeiter. Der Vertrieb konzentriert sich auf den norddeutschen Raum und einige der neuen Bundesländer. Die Geschäftsleitung plant, den süddeutschen Markt und Österreich zu erschließen. Dabei möchte man evtl. auftretende Risiken begrenzen.

a) Beschreiben Sie fünf risikominimierende Maßnahmen für diese Planung.

b) Zur Vorbereitung der Planung wollen Sie eine SWOT-Analyse erstellen. Nennen Sie für die vier Felder der SWOT-Analyse jeweils eine geeignete Fragestellung.

Lösung s. Seite 1075

Das aktuell etablierte IKS soll effizienter gestaltet werden.

a) Beschreiben Sie dazu vier Maßnahmen zur Vermeidung von Risiken und geben Sie jeweils zwei Beispiele.

b) Beschreiben Sie, warum im Rahmen eines IKS zwischen Kern- und Supportprozessen unterschieden werden sollte.

Lösung s. Seite 1075

Im Rahmen einer Unterweisung zur Erstellung des Jahresabschlusses eines Unternehmens fragt die Auszubildende Sie, ob es bilanzrechtliche Maßnahmen zur Risikovorsorge gibt.

Beantworten Sie die Frage, indem Sie fünf Beispiele nennen.

Lösung s. Seite 1076

7. Kommunikation, Führung und Zusammenarbeit mit internen und externen Partnern sicherstellen

Ausgangssituation: Die Hanseatische Privatbrauerei Meyer GmbH wurde 1878 gegründet und hat seinen Sitz in einer größeren norddeutschen Hansestadt. Das Unternehmen produziert in der Nähe des Innenstadtkernes. Die Brauerei produziert zurzeit sechs Biersorten in 16 unterschiedlichen Verkaufsformaten (0,33 l Longneck Bierflaschen, 0,5 l Longneck Bierflaschen, 20 l und 50 l Fässer) mit rund 1 Mio. Hektoliter. Der Produktabsatz erfolgt zu 40 % im regionalen Umfeld, zu 40 % auf den nationalen und 20 % auf den internationalen Märkten. Der Absatz im internationalen Kontext hat sich in den letzten zwei Jahren nahezu verdoppelt, der regionale Absatz stagniert zusehends. Die Belegschaftsstruktur ist recht durchwachsen – im gewerblichen Bereich sind die Mitarbeiter vornehmlich männlich mit einem Durchschnittsalter von 52 Jahren (Bandbreite von 21 bis 64 Jahre), im kaufmännischen Bereich liegt das Durchschnittsalter der vornehmlich weiblichen Mitarbeiterin bei 36 Jahren (Bandbreite von 24 bis 62 Jahre). Die Mehrzahl der Belegschaft wurde in der Brauerei ausgebildet. In den letzten Jahren wurden keine nennenswerten Neueinstellungen vorgenommen.

Sie sind im Personalbereich der Hanseatische Privatbrauerei Meyer GmbH tätig und sind Ansprechpartner für die Geschäftsführung und Institutionen.

Aufgabe 1: Kommunikation und Präsentation

Das Traditionsunternehmen nimmt die Ausbildung von jungen Fachkräften für die Region sehr ernst. Sie als Mitarbeiter des Personalbereiches haben die Aufgabe erhalten die Auszubildenden in die Grundzüge der Kommunikation einzuweisen und auf eine anstehende Präsentation vor der Geschäftsführung vorzubereiten. Folgende Aspekte werden in der Unterweisung besprochen:

a) Nennen Sie Formen der Kommunikation und erörtern Sie jeweils zwei Beispiele.

b) Nennen Sie vier Techniken der Gesprächsführung.

c) Benennen Sie Fragearten und geben jeweils ein Beispiel an.

d) Erörtern Sie vier wesentliche Rahmenbedingungen, die bei der Präsentationsplanung beachtet werden sollten.

e) Benennen Sie die Phasen der Präsentationerstellung und die Bestandteile einer Präsentation.

Lösung s. Seite 1077

Aufgabe 2: Ziele und Aufgaben des Personalmanagements

Die Hanseatische Privatbrauerei Meyer GmbH beschäftigt 35 Mitarbeiter im gewerblichen Bereich ohne Geschäftsführung (davon 24 Mitarbeiter Produktion (1/3 in der Fassproduktion), 5 Mitarbeiter Lager, 5 Mitarbeiter Instandhaltung/Technik) und 23 Mitarbeiter in der Verwaltung ohne Geschäftsführung (davon 2 Mitarbeiter Einkauf, 3 Mitarbeiter Rechnungswesen, 2 Mitarbeiter Controlling, 2 Mitarbeiter Personal, 9 Mitarbeiter Vertrieb, 3 Mitarbeiter Marketing/PR). Die restlichen Mitarbeiter sind in Stabsstellen eingebunden und unterstehen jeweils dem kaufmännischen bzw. technischen Geschäftsführer. Zusätzlich sind die drei Auszubildenden (davon eine Auszubildende zur Industriekauffrau und zwei angehende Brauer) dem Personalbereich zugeordnet. Im Rahmen der jährlichen Planungsrunde werden durch die Geschäftsführung folgende Fragen an Sie gerichtet:

a) Nutzen Sie einen grafischen Erklärungsansatz, um die organisationale Gliederung und personelle Verteilung in der Brauerei zu verdeutlichen.

b) Nennen Sie die wesentlichen Aufgabenfelder des Personalbereiches.

c) Verdeutlichen Sie ausführlich, an einem Beispiel, die Bedeutung des Personalbereiches im gesamtunternehmerischen Leistungsprozess.

Lösung s. Seite 1079

Aufgabe 3: Personalplanung/-bestand und -bedarf

Die Hanseatische Privatbrauerei Meyer GmbH beabsichtigt die Einführung einer weiteren Biersorte. Dieser Schritt wird den derzeitigen Personalbestand um 20 % in der Produktion erhöhen. Im kaufmännischen Bereich sind keine nennenswerten Anpassungen zu erwarten. Im Rahmen des Planungsprozesses müssen folgende Begrifflichkeiten der Geschäftsführung erklärt werden:

a) Erläutern Sie die Ziele und Aufgaben der Personalplanung.

b) Erörtern Sie den Begriff und Bedeutung des Personalbestandes und dessen Möglichkeiten der Differenzierung an einem Beispiel.

c) Erläutern Sie im Rahmen der Personalbedarfsplanung den Bruttopersonalbedarf und Nettopersonalbedarf.

d) Benennen Sie drei Methoden der Personalbedarfsplanung.

e) Nennen und erörtern Sie drei Möglichkeiten der kurzfristigen Personalbedarfsdeckung.

Lösung s. Seite 1080

Aufgabe 4: Personalbeschaffung und -entwicklung

Mit der Produktionserweiterung wird in der Brauerei der Personalbestand um etwa 20 % erhöht und gleichermaßen technologische Anpassungen vorgenommen. Die neuen umweltfreundlichen Technologien, diese werden u. a. von der Hansestadt gefördert, sollen in den nächsten fünf Jahren auf die bestehenden Produktionsstrecken übertragen werden. Dieser Schritt erfordert nicht nur die Einarbeitung und Integration neuer Arbeitskräfte, sondern auch die Handhabung neuer Technik und Technologien in der Bierherstellung. Sie bereiten sich auf die nächste Sitzung des Arbeitskreises zur Produktionserweiterung (mit der Geschäftsführung) zu folgenden Fragestellungen vor:

a) Benennen und erörtern Sie die Aufgaben des strategischen Personalmanagements an Beispielen.

b) Grenzen Sie die strategische und operative Ebene voneinander ab.

c) Erläutern Sie die Personalbeschaffungswege und gehen Sie auf Überschneidungen mit der Personalentwicklung ein.

d) Nennen und erläutern Sie jeweils drei Ziele der Personalentwicklung aus Sicht des Unternehmens und aus Sicht des Mitarbeiters.

e) Beschreiben Sie drei Methoden der Personalentwicklung.

Lösung s. Seite 1081

Aufgabe 5: Berufsausbildung

Als ausbildungsverantwortlicher Mitarbeiter der Hanseatische Privatbrauerei Meyer GmbH gehören regelmäßige Unterweisungen der Auszubildenden zu Ihrer Aufgabe. Der Ausbildungsrahmenplan sieht u. a. die Vermittlung der rechtlichen Aspekte der Berufsausbildung vor. Sie bereiten folgende Punkte für die Unterweisung vor:

a) Nennen Sie acht bedeutsame Gesetze für die Berufsausbildung.

b) Erörtern Sie das duale System der Berufsausbildung.

c) Erläutern Sie die Anforderungen an das Unternehmen und die Ausbilder.

Lösung s. Seite 1083

Aufgabe 6: Personalfreisetzungen und -einsatz

Die Brauerei plant den Zukauf einer kleinen regionalen Brauerei im weiteren Umfeld, um die regionalen Absatzmengen zu stabilisieren oder zu erweitern. In diesem Zuge werden zwischen der Geschäftsführung und dem Personalbereich intensiv die möglichen arbeitsrechtlichen Konsequenzen diskutiert. Folgende Punkte nehmen Sie als Aufgabenstellung für die nächste Besprechung mit:

a) Nennen Sie Maßnahmen der Personalfreisetzungen mit Personalabbau und ohne Personalabbau.

b) Benennen Sie fünf Möglichkeiten der Beendigung eines Arbeitsverhältnisses.

c) Nennen Sie jeweils zwei Gründe für sozial gerechtfertigte personenbedingte, verhaltensbedingte und betriebsbedingte Kündigungen.

d) Erläutern Sie die besondere Schutzbedürftigkeit von zwei Personengruppen.

e) Nennen Sie vier Arbeitszeitmodelle und erläutern an zwei Modellen die Wechselwirkung zur Personalfreisetzung ohne Personalabbau.

Lösung s. Seite 1084

Aufgabe 7: Personalcontrolling und Evaluierung

Die Controller der Hanseatische Privatbrauerei Meyer GmbH sind traditionell stark in der Abweichungsanalyse und Deckungsbeitragsrechnung. Die Geschäftsführung möchte gern, dass die monatlichen und quartalsweisen Reportings um personalwirtschaftliche Kennzahlen oder Kennzahlensysteme erweitert werden. Unterstützen Sie die Kollegen bei der Gestaltung:

a) Beschreiben Sie die wesentlichen Aufgaben und Ziele des Personalcontrollings.

b) Erörtern Sie die Möglichkeiten der funktionalen Zuordnung des Personalcontrollings.

c) Nennen Sie mindestens zwei qualitative bzw. quantitative Untersuchungsgrößen im Personalcontrolling.

Lösung s. Seite 1086

Aufgabe 8: Arbeits- und Gesundheitsschutz

Die geplante Produktionserweiterung wird nicht nur zu baulichen Veränderungen führen, auch Prozesse werden anpasst und neue Technik und Rohstoffe werden Einzug halten. Die Geschäftsführung bittet Sie und die Fachkraft für Arbeitssicherheit für die nächste Besprechungsrunde einige Dinge auszuarbeiten:

a) Erläutern Sie die Schwerpunkte des Arbeitsschutzes.

b) Benennen Sie die verantwortlichen Einrichtungen für den Arbeitsschutz in Deutschland.

c) Nennen Sie die Aufgaben der gewerblichen Berufsgenossenschaft.

d) Erörtern Sie die Aufgaben und Befugnisse der Gewerbeaufsicht.

e) Nennen Sie den Unterschied zwischen Arbeitsstätte, Arbeitsraum und Arbeitsplatz.

Lösung s. Seite 1087

Musterklausur

 INFO

Betriebliche Ausgangssituation zu den Situationsaufgaben 1 - 3

Franz Franzen betreibt in Rostock ein Einzelunternehmen unter der Firmierung F. Franzen e. K.

Im Betriebsvermögen seines Einzelunternehmens hält Franzen verschiedene Kapitalanteile an anderen Unternehmen.

- 10 % an der BüMö AG mit Sitz in Berlin
- 55 % an der Holz GmbH mit Sitz in Kiel
- 20 % an der Holzwurm GmbH in Flensburg
- Gesellschaftsanteil an der Franzen und Mayer OHG aus Schwerin.

Die BüMö AG ist eine große Kapitalgesellschaft im Sinne des HGB. Unternehmensgegenstand ist die Herstellung und der Handel mit Büromöbeln aller Art aus Naturholz. Franz Franzen hat die Anteile erworben, um eine langfristige Unternehmensverbindung aufzubauen.

Die Holz GmbH ist ein Holzverarbeitungsunternehmen. Es handelt sich um ein Zulieferunternehmen für Büromöbelhersteller, allerdings werden auch branchenfremde Unternehmen mit Holzelementen beliefert. Es handelt sich um eine große Kapitalgesellschaft im Sinne des HGB. Franz Franzen ist in der Gesellschaft alleinvertretungsberechtigter Geschäftsführer der Gesellschaft.

Die Holzwurm GmbH ist eine Möbeltischlerei aus Flensburg. Franz Franzen hat sich an der GmbH beteiligt, um zukünftig die Möbeltischlerei als weiteres Standbein zu etablieren.

Die Franzen und Mayer OHG aus Kiel betreibt einen Großhandel für Büromöbel aller Art aus Naturholz. Franz Franzen und Hans Mayer haben das Unternehmen 2005 gegründet. Die beiden Gesellschafter haben sich darauf geeinigt, dass die laufenden Geschäfte durch Hans Mayer geführt werden.

1. Situationsaufgabe

Ausgangssituation zur Situationsaufgabe 1

Für die BüMö AG werden Sie beauftragt verschiedene Fragestellungen im Rahmen der Erstellung des Jahresabschlusses 2020 zu bearbeiten.

Die BüMö AG aus Berlin strebt an, das die handelsrechtlichen Bilanzansätze und die steuerlichen Bilanzansätze übereinstimmen. Sollten handelsrechtliche und steuerliche Bilanzansätze zwangsweise nicht übereinstimmen wird der steuerliche Gewinn mittels einer Überleitungsrechnung gem. § 60 Abs. 2 EStDV ermittelt. Steuerlich soll für das Wirtschaftsjahr (= Kalenderjahr) ein möglichst niedriger Gewinn ausgewiesen werden.

Die Gewinn- und Verlustrechnung wird nach dem Gesamtkostenverfahren aufgestellt.

Begründen Sie Ihre Bilanzierungsentscheidungen mit den einschlägigen Vorschriften zu den Ansatz- und Bewertungsvorschriften des HGB, des Steuerrechts und wenn gefordert nach dem IFRS-Regelwerk.

Geben Sie an, unter welchem Bilanzpositionen die einzelnen Vermögensgegenstände bzw. Vermögenwerte bzw. Wirtschaftsgüter und Schulden/Verbindlichkeiten auszuweisen sind.

Gehen Sie davon aus, dass die Vermögensgegenstände, Wirtschaftsgüter nach § 246 Abs. 1 HGB; § 5 Abs. 1 Satz 1 EStG bzw. die Vermögenswerte gem. F.86, anzusetzen sind. Sie brauchen, sofern nicht beim jeweiligen Sachverhalt ausdrücklich gefordert, insoweit nicht Stellung zu beziehen.

Die angesprochenen Bilanzposten sind dabei rechnerisch nachvollziehbar zu entwickeln. Es soll, soweit in den jeweiligen Aufgabenstellungen nicht anders gefordert, auf volle Euro kaufmännisch gerundet werden.

Der von der Deutschen Bundesbank zum 31.12.2020 bekannt gegebene durchschnittliche Marktzinssatz der vergangenen sieben Geschäftsjahre beträgt 3 % für alle Restlaufzeiten.

Die Aufstellung des Jahresabschlusses 2020 erfolgte in der Zeit vom 10. - 31.03.2021.

Bei Buchungen sind die Postenbezeichnungen der Bilanz gem. § 266 HGB und der Gewinn- und Verlustrechnung gem. § 275 Abs. 2 HGB zu verwenden.

Alle erforderlichen Belege und Nachweise liegen in ordnungsgemäßer Form vor.

Aufgabe 1:

Sachverhalt 1:

Im Jahr 2017 hat die BüMö AG ein Patent für ein spezielles Herstellungsverfahren von Büromöbeln verwendet, welches einem Konkurrenzunternehmen, der KieHo AG aus Hamburg, zusteht.

Die BüMö AG hatte keine Lizenz hierfür erworben. Die BüMö AG rechnete damit, dass die KieHo AG die Patentverletzung noch vor Ablauf des Jahres 2017 entdecken würde.

Der hieraus resultierende Schaden für die KieHo AG wurde von der BüMö AG korrekt mit 2.000.000 € berechnet.

Für den Fall der Schadensersatzforderung durch die KieHo AG wurde erstmals im Jahresabschluss 2017 eine Rückstellung in Höhe von 2.000.000 € gebildet.

Zum 31.12.2020 wird mit einer Schadensersatzforderung in Höhe von 2.400.000 € gerechnet, die die BüMö AG bis spätestens Ende 2021 erfüllen müsste.

Bis zum 31.12.2020 hat die KieHo AG gegenüber der BüMö AG keine Schadensersatzforderung wegen der Patentverletzung erhoben.

a) Wie ist die Patentverletzung in der Handels- und Steuerbilanz 2020 der BüMö AG auszuweisen.

   Entwickeln Sie die entsprechenden Bilanzposten unter Angabe und Erläuterung der einschlägigen handels- und steuerrechtlichen Grundlagen.

b) Berechnen Sie außerdem die latenten Steuern (Steuersatz 30 %).

c) Nehmen Sie erforderliche Buchungen vor.

Sachverhalt 2:

Die BüMö AG hat in ihrem Fuhrpark mehrere Fahrzeuge, die für die Auslieferung der Produkte an die Kunden genutzt werden.

Die Fahrzeuge müssen im April 2021 zum TÜV. Die Gebühren für die technische Hauptuntersuchung werden voraussichtlich 4.000 € betragen. Die BüMö AG hat hierfür in der Handels- und Steuerbilanz zum 31.12.2020 eine Rückstellung in Höhe von 4.000 € gebildet.

a) Überprüfen Sie, ob für die Rückstellung wegen der anstehenden Hauptuntersuchungen in der Handels- und Steuerbilanz ein Passivierungsgebot oder -verbot besteht. Begründen Sie Ihre Entscheidung mit den entsprechenden rechtlichen Grundlagen.

b) Nehmen Sie gegebenenfalls erforderliche Buchungen vor.

Lösung s. Seite 1089

Aufgabe 2:

Sachverhalt 1:

Die BüMö AG hat am 20.11.2020 Kiefernholz für die Produktion von Büromöbel aus der Schweiz für 2.000.000 CHF (Schweizer Franken) erworben. Es wurde ein Zahlungsziel von 90 Tagen mit den Lieferanten, der Rübli Holz KG aus Zürich, vereinbart.

Am Tag der Lieferung betrug der Umrechnungskurs 1 € = 1,456 CHF (Devisenkassamittelkurs). Am Bilanzstichtag, dem 31.12.2020, betrug der Kurs 1 € = 1,552 CHF (Devisenkassamittelkurs).

Die Umsatzsteuer wurde zutreffend gebucht, der Kauf des Kiefernholzes wurde bisher jedoch noch nicht erfasst, das Kiefernholz ist am Bilanzstichtag noch komplett im Lager. Es liegen keine Anzeichen für eine Wertminderung vor.

Sachverhalt 2:

Die BüMö AG hat einen Großauftrag erhalten. Die Kapazitäten der Produktion müssen erweitert werden. Zur Finanzierung der Kapazitätserweiterungen hat die BüMö AG bei der American National Bank aus New York (USA) ein Fälligkeitsdarlehen (Laufzeit: zehn Jahre) in Höhe von 3.000.000 $ aufgenommen, das mit 4 % p. a. zu verzinsen ist.

Die Zinsen sind jeweils nachschüssig halbjährlich fällig. Das Darlehen wurde am 01.07.2020 unter Abzug eines Disagios von 3 % auf das inländische Bankkonto der BüMö AG überwiesen.

Der Kurs zum Zeitpunkt der Gutschrift betrug 1 € = 1,2454 $. Zum Bilanzstichtag 31.12.2020 betrug der Umrechnungskurs 1 €= 1,3243 $ (Devisenkassamittelkurs).

Die Zinsen wurden am 03.01.2021 vom betrieblichen Bankkonto abgebucht. Der gesamte Vorgang wurde bisher noch nicht gebucht.

a) Beurteilen Sie die Sachverhalte für die Erstellung der Handels- und Steuerbilanz zum 31.12.2020. Ziel der BüMö AG ist es für diesen Sachverhalt eine Einheitsbilanz zu erhalten.

b) Bilden Sie erforderlichen Buchungen für das Jahr 2020.

Lösung s. Seite 1090

Aufgabe 3:

Die BüMö AG gründete am 20.03.2019 zur weiteren Ausweitung der Vertriebsaktivitäten eine neue Gesellschaft, die Büromöbel-Vertriebs AG.

Das Grundkapital beträgt 10 Mio. €. Das Wirtschaftsjahr entspricht dem Kalenderjahr.

Zur Gründung der Büromöbel-Vertriebs AG, am 20.03.2019, wurden 5 Mio. Aktien zu 2,10 € ausgegeben.

Die Kosten der Emission betrugen insgesamt 50.000 € und sind satzungsgemäß von der Büromöbel-Vertriebs AG zu tragen. Der Nennbetrag einer Aktie lag bei 2 €.

In die Satzung wurde aufgenommen, das eine satzungsmäßige Rücklage von 25 % des Jahresüberschusses zu bilden ist, um die Kapitalbasis der Büromöbel-Vertriebs AG zu stärken.

Der Jahresüberschuss ist vor Bildung der satzungsmäßigen Rücklage um einen eventuell vorhandenen Verlustvortrag und um die Einstellungen in die gesetzliche Rücklage zu kürzen.

Im Jahr 2019 entstand ein Jahresfehlbetrag von 200.000 €, der auf neue Rechnung vorgetragen wurde. Im 2020 konnte ein Jahresüberschuss von 2.600.000 € erwirtschaftet werden.

Aufgrund des positiven Geschäftsverlaufs beschloss der Vorstand auf seiner Sitzung am 15.01.2021, der Hauptversammlung der Büromöbel-Vertriebs AG den Aktionären folgendes vorzuschlagen:

▸ an die Aktionäre wird eine Dividende von 0,20 € je Aktie ausgeschüttet.

▸ der verbleibende Jahresüberschuss nach Verlustausgleich und Einstellung in die Rücklagen soll auf neue Rechnung vorgetragen werden.

Die Hauptversammlung ist für den 25.04.2021 angesetzt worden.

Die Auszahlung an die Aktionäre ist für den 04.05.2021 geplant.

a) Entwickeln Sie die entsprechenden Posten des Eigenkapitals zum 31.12.2019 nach dem Bilanzgliederungsschema gemäß § 266 HGB und zum 31.12.2020 und begründen Sie Ihre Entscheidung.

b) Stellen Sie die im AktG vorgesehene Ergänzung der Gewinn- und Verlustrechnung 2019 und 2020 dar und entwickeln Sie daraus den Bilanzgewinn/-verlust für diese beiden Jahre.

c) Bilden Sie die notwendigen Buchungssätze zum 31.12.2020, die in zeitlicher Reihenfolge das Eigenkapital betreffen.

Lösung s. Seite 1094

Sachverhalt 1:

Die BüMö AG plant die Erweiterung des Standortes in Berlin. Am 15.03.2020 wurde in Berlin auf einem Grundstück der BüMö AG der Grundstein für ein neues Produktionsgebäude gelegt und mit der Bebauung begonnen.

Das Produktionsgebäude wird von speziell eingestellten Mitarbeitern der BüMö AG errichtet. Die angefallenen Einzelkosten betrugen bis zum 31.12.2020:

► Materialkosten 2.000.000 €

► Fertigungskosten 200.000 €.

Es sind zudem Projektierungskosten des Architekturbüros Vision aus Hamburg in Höhe von 90.000 € angefallen. Die zutreffend angemessenen Teile der Gemeinkosten wurden von der BüMö AG ermittelt; sie führen zu folgenden Zuschlagssätzen:

► 9 % Materialgemeinkosten

► 250 % Fertigungsgemeinkosten

► 12 % Verwaltungsgemeinkosten (der aktivierungspflichtigen Herstellungskosten ohne Verwaltungskosten).

Sämtliche Beträge wurden aufwandswirksam gebucht. Die Fertigstellung des Fertigungsgebäudes erfolgte am 15.02.2021.

Sachverhalt 2:

Die BüMö AG hatte im Jahr 2016 ein unbebautes Grundstück zu Anschaffungskosten von 400.000 € in Potsdam erworben. Ursprünglich plante die BüMö AG, hier das Produktionsgebäude zu errichten, und nahm auch erste Erschließungsmaßnahmen vor.

Im Januar 2020 beglich sie den Gebührenbescheid der Stadt Potsdam für die erstmalige Errichtung einer Straße zu dem Grundstück in Höhe von 100.000 €. Es wurde wie folgt gebucht:

sonstige betriebliche Aufwendungen	100.000 €	an	Bank	100.000 €

Dann entschied sich die BüMö AG für die Investition in Berlin und veräußerte am 15.02.2020 (Übergang von Besitz, Nutzen, Lasten und Gefahren) das Grundstück in Potsdam zur Finanzierung des Produktionsgebäudes (Sachverhalt 1) in Berlin.

Erwerber war die Stadt Potsdam. Die Stadt übte ihr Wiederkaufsrecht aus und zahlte für das teilerschlossene Grundstück den angemessenen Kaufpreis von 1.000.000 €.

Beim Verkauf des Grundstückes buchte die BüMö AG:

| Bank | 1.000.000 € | an | Grundstücke und Gebäude | 400.000 € |
| | | | sonstige betriebliche Erträge | 600.000 € |

a) Beurteilen Sie die Baumaßnahme in Sachverhalt 1 aus handels- und steuerrechtlicher Sicht. Entwickeln Sie die Bilanzansätze zum 31.12.2020.

Es wird angestrebt eine Einheitsbilanz zu erstellen mit einem möglichst niedrigen steuerlichen Gewinn

b) Prüfen Sie für den Sachverhalt 2, inwieweit eine Handels- und steuerliche Gewinnminderung möglich ist.

c) Nehmen Sie in den Sachverhalten 1 und 2 erforderliche Buchungen bzw. Korrekturbuchungen vor. Klären Sie steuerliche Abweichungen.

Lösung s. Seite 1097

Aufgabe 5:

Die BüMö AG hat einem großen Einkaufzentrum in Hamburg ein großes Ladenlokal zum 01.01.2020 gemietet. Der Mietvertrag hat eine feste Laufzeit bis zum 31.12.2029; vereinbart ist, dass die Geschäftsräume am Ende der Laufzeit von allen Mietereinbauten entfernt an den Vermieter übergeben werden.

Die Rückbaukosten belaufen sich nach einem Gutachten eines Sachverständigen zum 31.12.2020 auf 200.000 €, zum 31.12.2029 auf 260.000 €.

Restlaufzeit	Abzinsungszinssatz gemäß entsprechender Abzinsungsfaktor § 253 Abs. 2 HGB	
8 Jahre	2,69 %	0,80867
9 Jahre	2,78 %	0,78130
10 Jahre	2,86 %	0,75428
Restlaufzeit	**Abzinsungszinssatz gemäß steuerlicher Abzinsungsfaktor § 6 Abs. 1 Nr. 3a Buchst. e EStG Anlage 26 zu § 194 Abs. 3 BewG**	
8 Jahre	5,5 %	0,6516
9 Jahre	5,5 %	0,6176
10 Jahre	5,5 %	0,5854

a) Beurteilen Sie den Sachverhalt zum 31.12.2020 aus handels- und steuerrechtlicher Sicht und entwickeln Sie ggf. nachvollziehbar den Bilanzansatz in der Handels- und Steuerbilanz.

b) Erstellen Sie die ggf. notwendigen Buchungssätze.

Lösung s. Seite 1098

Aufgabe 6:

Die BüMö AG hatte zur Finanzierung eines neuen Verwaltungsgebäudes in Berlin ein Darlehen bei der SpeZi-Bank aufgenommen.

Das grundpfandrechtlich gesicherte Tilgungsdarlehen im Nennbetrag von 12 Mio. € wurde am 01.09.2020 zu 95 % ausgezahlt und wird über die gesamte Laufzeit mit 6 % p. a. verzinst. Die erste Tilgung erfolgt am 01.03.2021 und dann jedes weitere halbe Jahr in Höhe von jeweils 500.000 €; die Zinsen sind zusätzlich jeweils an den Tilgungstagen fällig und zahlbar.

Am Tag der Auszahlung wurde gebucht:

Guthaben bei Kreditinstituten	11.400.000 €	an	Verbindlichkeiten gegenüber Kreditinstituten	11.400.000 €

Weitere Buchungen sind bisher nicht veranlasst worden.

a) Beurteilen Sie den Sachverhalt aus Handels- und steuerlicher Sicht zum 31.12.2020. Das Ziel der BüMö AG ist eine Einheitsbilanz für diesen Sachverhalt zu erstellen.

b) Nehmen Sie erforderliche Buchungen vor.

Lösung s. Seite 1099

Aufgabe 7:

Sie sind durch den Vorstand beauftragt in der Arbeitsgruppe „Internes Kontrollsystem" mitzuarbeiten. In Vorbereitung der nächsten Sitzung der Arbeitsgruppe sind hierzu folgende Fragestellungen zu bearbeiten.

a) Beschreiben Sie zwei Aufgaben die ein internes Kontrollsystem übernimmt.

b) Nennen sie zwei interne und zwei externe Risiken für das Unternehmen.

c) Beschreiben Sie drei Maßnahmen zur Fehlerreduzierung im Bereich der Erstellung von Jahresabschlüssen.

Lösung s. Seite 1101

Aufgabe 8:

Die langjährige Bilanzbuchhalterin Ihres Unternehmens geht im Frühjahr kommenden Jahres in Rente. Sie sollen den Vorstand bei der Neubesetzung der Stelle unterstützen. Für die Stelle ist keine Stellenbeschreibung vorhanden.

Für die Stellenbesetzung soll in einem ersten Schritt eine Stellenbeschreibung und ein Anforderungsprofil erstellt werden.

a) Grenzen Sie Stellenbeschreibung und Anforderungsprofil voneinander ab und nennen Sie jeweils die wesentlichen Inhalte (je drei Bestandteile).

b) Der Auswahlprozess soll dann in einem Assessment Center durchgeführt werden.

Nennen Sie zwei Vorteile und zwei Nachteile des Assessment Center gegenüber Einzelgesprächen.

c) Die Stelle beinhaltet später auch die Verantwortung der Ausbildung in der Abteilung Rechnungswesen.

Nennen Sie drei Anforderungen die an eine Ausbilderin/einen Ausbilder gestellt werden.

d) Im Rahmen der Ausbildung ist die Motivation der Auszubildenden eine wichtige Aufgabe der neuen Kollegin/des neuen Kollegen.

Im Einarbeitungsprozess der neuen Kollegin/des neuen Kollegen wollen Sie hier unterstützen.

Erläutern Sie zwei nicht monetäre Möglichkeiten der Motivation von Auszubildenden.

Lösung s. Seite 1101

2. Situationsaufgabe

Ihnen liegt der handelsrechtliche Jahresabschluss der BüMö AG für die Jahre 2019 und 2020 vor:

Ihnen stehen folgende Unterlagen aus dem Jahresabschluss der BüMö AG zur Verfügung:

1. Handelsbilanz zum 31.12.2020
2. Gewinn- und Verlustrechnung für das Geschäftsjahr 2020
3. Anlagenspiegel für den Zeitraum 01.01.2020 - 31.12.2020
4. Informationen aus dem Anhang.

Informationen aus dem Anhang

1. Das Unternehmen beschäftigt im Durchschnitt 180 Arbeitnehmer.
2. Der Aktienwert der Rückdeckungsversicherung wurde mit Gesellschafterbeschluss verpfändet.
3. Die aktiven und passiven latenten Steuern sind durch Bilanzierungs- und Bewertungsunterschiede zwischen Handels- und Steuerbilanz entstanden.
4. Von den Verbindlichkeiten haben 3.990.000 € (Vorjahr 5.508.750 €) eine Laufzeit größer als 1 Jahr.
5. Das Unternehmen unterliegt der Regelbesteuerung mit 19 % Umsatzsteuer. Dies gilt für alle Umsätze. Die Verbindlichkeiten aus Lieferungen und Leistungen sind inklusive 19 % Vorsteuer.
6. Der Marktwert der Sachanlagen beträgt unstreitig 12.486.606 €. Die stillen Reserven werden langfristig aufgelöst.
7. Die Roh-, Hilfs- und Betriebsstoffe enthalten stille Reserven in Höhe von 30.000 €. Diese werden kurzfristig aufgelöst.
8. Die Wertpapiere des Umlaufvermögens können innerhalb von 30 Tagen vollständig liquidiert werden.
9. Der unternehmensspezifische Steuersatz beträgt 30 %.
10. Der Bilanzgewinn wird zu 50 % im ersten Halbjahr 2020 an die Gesellschafter ausgeschüttet.
11. In den aktiven Rechnungsabgrenzungsposten ist ein Disagio in Höhe von 15.000 € enthalten.
12. Die Steuerrückstellungen werden im ersten Halbjahr 2020 zur Zahlung fällig.
13. Die sonstigen Rückstellungen sind zu 60 % im kommenden Geschäftsjahr fällig, der Rest wird in einem Zeitraum > 5 Jahren fällig.

Der Jahresabschluss soll von Ihnen aufbereitet, analysiert und ausgewertet werden.

Bilanz der BüMö AG
Angaben in €

AKTIVA	2020	2019
A. Anlagevermögen		
I. Immaterielle Vermögensgegenstände	156.795,00	102.262,50
II. Sachanlagen	11.766.606,00	12.609.958,50
III. Finanzanlagen	787.947,00	787.947,00
B. Umlaufvermögen		
I. Vorräte		
1. Roh-, Hilfs- und Betriebsstoffe	175.872,00	177.492,00
2. Unfertige Erzeugnisse	78.792,00	26.547,00
	254.664,00	204.039,00
II. Forderungen u. sonst. Vermögensgegenstände		
1. Forderungen a LL	154.321,20	1.343.587,50
2. Sonstige Vermögensgegenstände	854.287,50	754.879,50
	2.397.499,50	2.098.467,00
III. Wertpapiere	275.622,00	320.152,50
IV. Kassenbestand, Guthaben bei Kreditinstituten	236.539,50	78.103,50
C. Rechnungsabgrenzungsposten	26.163,00	34.384,50
D. aktive latente Steuern	88.735,50	72.637,50
Summe	15.990.571,50	16.307.952,00

PASSIVA	2020	2019
A. Eigenkapital		
1. Gezeichnetes Kapital	614.587,50	614.587,50
- Eigene Anteile	46.596,00	46.596,00
eingefordertes Kapital	567.991,50	567.991,50
2. Gewinnrücklage	6.950.349,00	6.444.097,50
3. Bilanzgewinn	1.083.960,00	384.748,50
B. Rückstellungen		
1. Pensionsrückstellungen	60.163,50	98.212,50
2. Steuerrückstellungen	272.625,00	45.886,50
3. Sonstige Rückstellungen	400.747,50	337.710,00
	733.536,00	481.809,00
C. Verbindlichkeiten		
1. Verbindlichkeiten Kreditinstitute	4.583.971,50	6.568.189,50
2. Verbindlichkeiten a LL	997.737,00	792.402,00
3. Sonstige Verbindlichkeiten	1.073.026,00	1.068.714,00
	6.654.735,00	8.429.305,50
Summe	15.990.571,50	16.307.952,00

Gewinn- und Verlustrechnung

BüMö AG

In €	2020	2019
Umsatzerlöse	16.663.522,50	14.569.753,50
Erhöhung oder Verminderung des Bestands an fertigen und unfertigen Erzeugnissen	52.254,00	-31.651,50
andere aktivierte Eigenleistungen	178.807,50	89.607,00
sonstige betriebliche Erträge	552.765,00	368.814,00
Materialaufwand	4.351.300,50	4.054.476,00
Personalaufwand	5.718.114,00	5.609.250,00
Abschreibungen	1.418.331,00	1.369.021,50
sonstige betriebliche Aufwendungen	3.279.001,50	2.735.067,00
Erträge aus anderen Wertpapieren und Ausleihungen des Finanzanlagevermögens	37.462,50	0,00
sonstige Zinsen und ähnliche Erträge	7.432,50	26.994,00
Abschreibungen auf Finanzanlagen	0,00	17.455,50
Zinsen und ähnliche Aufwendungen	542.356,50	490.779,00
Ergebnis der gewöhnlichen Geschäftstätigkeit	**2.183.131,50**	**747.468,00**
Steuern vom Einkommen und Ertrag	571.273,50	99.853,50
sonstige Steuern	21.648,00	19.866,00
Jahresüberschuss	**1.590.210,00**	**627.748,50**
Einstellung in Gewinnrücklage	506.250,00	243.00,00
Bilanzgewinn	**1.083.960,00**	**384.748,50**

Anlagenspiegel vom 01.01.2020 bis 31.12.2020

BüMö AG

in € Position	Anschaffungs- oder Herstellungskosten			Abschreibungen		Buchwerte	
	Bestand 01.01.2020	Zugänge	Abgänge	Abschreibungen kumuliert	Abschreibungen Geschäftsjahr	31.12.20	31.12.19
1. immaterielle Vermögenswerte	262.583	101.229	0	207.036	46.718	156.797	102.263
2. Sachanlagen	26.135.865	546.648	152.381	14.763.525	1.371.614	11.766.606	12.609.959
3. Finanzanlagen	787.947	0	0	0	0	787.947	787.947
gesamt	27.186.395	647.877	152.381	14.970.561	1.418.331	12.711.350	13.500.168

Aufgabe 1:

Sie werden vom Vorstand beauftragt, aus dem vorliegenden handelsrechtlichen Jahresabschluss eine Strukturbilanz für das Jahr 2020 in der nachfolgend dargestellten Form zu erstellen.

AKTIVA	Strukturbilanz	PASSIVA
Anlagevermögen	**Eigenkapital**	
Umlaufvermögen Vorräte Forderungen Liquide Mittel	**Fremdkapital** langfristig kurzfristig	

Stellen Sie die Umgruppierungen bzw. Umrechnungen zwischen der Ausgangsbilanz und der Strukturbilanz in tabellarischer Form dar. Verwenden Sie folgendes Grundschema.

Position Handelsbilanz (in €)	Umrechnungen	Position Strukturbilanz (in €)	Erläuterungen

Lösung s. Seite 1103

Aufgabe 2:

Der Vorstand möchte die Rentabilität mithilfe des Return on Investment analysieren.

a) Skizzieren Sie den Aufbau des Return-on-Investment-Kennzahlensystems.

b) Berechnen Sie den Return on Investment auf Basis der beiden dahinter liegenden Ursachengrößen auf Basis der Gewinn- und Verlustrechnung des Jahres 2019 (Anlage 1). Verwenden Sie als Ergebnisgröße das EBIT. Gehen Sie davon aus, dass das investierte Kapital im Berichtsjahr 16.500 T€ betrug.

c) Der Return on Investment weist Ähnlichkeiten mit der Kennzahl Gesamtkapitalrentabilität auf.

Erläutern Sie zwei Aspekte, nach denen sich Return on Investment und Gesamtkapitalrentabilität unterscheiden.

Lösung s. Seite 1104

Aufgabe 3:

Der Vorstand beauftragt Sie das Sachanlagevermögen genauer zu analysieren. Als Grundlage dient Ihnen der Jahresabschluss 2020.

Beurteilen Sie anhand der Kennzahlen

- Abschreibungsquote (Basis AK/HK),
- Investitionsquote der Nettoinvestition sowie
- Anlagenabnutzungsgrad

das Investitionsverhalten bezogen auf das Sachanlagevermögen des Unternehmens im Berichtsjahr.

Die erforderlichen Kennzahlen sind rechnerisch nachvollziehbar zu ermitteln.

Lösung s. Seite 1106

Aufgabe 4:

Die BüMö AG bereitet sich auf ein Ratinggespräch ihrer Hausbank vor.

a) Stellen Sie die Begriffe

- Rating und
- Bonität

dar.

b) Nennen Sie je

- vier quantitative Faktoren und
- vier qualitative Faktoren

im Ratingprozess.

c) Neben den Jahresabschlüssen verlangt das Kreditinstitut weitere Unterlagen über die voraussichtliche Entwicklung des Unternehmens.

Begründen Sie diese Forderung und nennen Sie zwei entsprechende Unterlagen.

d) Im Rahmen der Kreditgespräche bemängelt die Bank unter anderem den schlechten Liquiditätsgrad II.

1. Ermitteln und beurteilen Sie den Liquiditätsgrad II für das Geschäftsjahr 2020 auf Basis der Strukturbilanz.
2. Erläutern Sie zwei Maßnahmen, die geeignet sind, um den Liquiditätsgrad II schnellst möglich zu verbessern.

Lösung s. Seite 1107

Aufgabe 5:

Die BüMö AG prüft eine mögliche Beteiligung an der Sonne AG. Sie werden vom Vorstand beauftragt eine Finanz- und Liquiditätsanalyse der Sonnen AG durchführen.

Bearbeiten Sie hierzu die nachfolgenden Aufgaben.

Ihnen liegen nachfolgend vereinfachte Bilanzen der Sonnen AG zum 31.12.2020 und 31.12.2019 vor (Geschäftsjahr = Wirtschaftsjahr).

AKTIVA	Bilanz zum 31.12.2019		PASSIVA
	T€		T€
Anlagevermögen		**Eigenkapital**	
Immaterielle VG	200	Gez. Kapital	4.000
Sachanlagen	9.000	Kapitalrücklage	1.000
Finanzanlagen	800	Gewinnrücklagen	1.000
	10.000		6.000
Umlaufvermögen		**Fremdkapital**	
Vorräte	3.000	Langfristig	10.000
Forderungen	4.000	Kurzfristig	4.000
Liquide Mittel	3.000		14.000
	10.000		
	20.000		20.000

Hinweis: Eiserner Bestand in den Vorräten 600 T€

AKTIVA	Bilanz zum 31.12.2020		PASSIVA
	T€		T€
Anlagevermögen		**Eigenkapital**	
Immaterielle VG	180	Gez. Kapital	4.000
Sachanlagen	13.000	Kapitalrücklage	1.000
Finanzanlagen	220	Gewinnrücklagen	1.000
	13.400		6.000
Umlaufvermögen		**Fremdkapital**	
Vorräte	2.000	Langfristig	8.000
Forderungen	3.000	Kurzfristig	7.000
Liquide Mittel	2.600		15.000
	7.600		
	21.000		21.000

Hinweis: Eiserner Bestand in den Vorräten 600 T€

a) Erläutern Sie den Unterschied zwischen der statischen und dynamischen Finanz- und Liquiditätsanalyse. Gehen Sie hierbei ein auf:

  1. Ziel/Vorgehensweise

  2. Messgröße.

b) Erstellen Sie aus den Ihnen vorliegenden Bilanzen eine Bewegungsbilanz.

c) Interpretieren Sie die von Ihnen erstellte Bewegungsbilanz.

d) Wo sehen Sie die Grenzen der Bewegungsbilanz, wie können diese überwunden werden?

Außerdem soll im Rahmen der Finanzanalyse die Anlagendeckung geprüft werden.

e) Berechnen Sie für die beiden Bilanzen jeweils den,

   1. Deckungsgrad I

   2. Deckungsgrad II

f) Welche Aussagen lassen sich grundsätzlich aus dem Deckungsgrad I und II herleiten?

   Interpretieren Sie Ihre Ergebnisse (für DG I und II), die Sie für die Sonnen AG ermittelt haben.

Lösung s. Seite 1109

Aufgabe 6:

Die BüMö AG plant die Investition einer neuen Fertigungsanlage. Dem Unternehmen liegen zwei Investitionsalternativen zur Auswahl vor.

	Anlage 1	Anlage 2
Anschaffungsauszahlung in €	480.000	560.000
Nutzungsdauer (Jahre) 4	4	4
Kalkulationszinsfuß (%)	10	10

geplanter nachschüssiger Einzahlungsüberschuss pro Jahr (t) in €		
t_1	144.000	144.000
t_2	200.000	240.000
t_3	200.000	240.000
t_4	140.000	200.000

Bei der Anlage 1 wird am Ende der Nutzungsdauer mit einem Liquidationserlös von 20.000 € gerechnet.

a) Ermitteln Sie mithilfe der Annuitätenmethode, ob beide Investitionsalternativen als vorteilhaft anzusehen sind und begründen Sie, für welche Alternative sich die BüMö AG entscheiden sollte.

b) Die Annuitätenmethode ist als eine Variante der Kapitalwertmethode anzusehen. Erläutern Sie den wesentlichen Unterschied zwischen der Kapitalwertmethode und der Annuitätenmethode.

Lösung s. Seite 1110

Aufgabe 7:

Die BüMö AG plant im kommenden Jahr die Kapazitäten in der Produktion zu erweitern. Es wird von nachstehenden Auszahlungen bzw. Aufwendungen ausgegangen:

- Auszahlungswirksame Herstellungskosten
  des neuen Produktionsgebäudes   3.000.000 €

- Einrichtung Arbeitsplätze in der Produktion   4.000.000 €

- sonstige Auszahlung (einmalig)   1.000.000 €

- durchschnittliche tägliche Auszahlungen des Fertigungsmaterials   4.000 €

- durchschnittliche tägliche Auszahlungen für Fertigungslöhne   6.000 €

- Materialgemeinkosten in Prozent des durchschnittlichen Materialverbrauchs: 80 %, wobei davon 60 % auszahlungswirksam sind

- Fertigungsgemeinkosten in Prozent der durchschnittlichen Fertigungslöhne: 120 %, wobei davon 30 % auszahlungswirksam sind

- Verwaltungsgemeinkosten in Prozent der ausgabewirksamen Herstellungskosten: 15 % (voll auszahlungswirksam)

- Vertriebsgemeinkosten in Prozent der ausgabewirksamen Herstellungskosten: 5 % (voll auszahlungswirksam)

- durchschnittliche Lagerdauer des Fertigungsmaterials   20 Tage

- durchschnittliche Produktionsdauer   10 Tage

- durchschnittliche Lagerdauer der Fertigprodukte   15 Tage

- durchschnittliches Lieferantenziel   20 Tage

- durchschnittliches Kundenziel   30 Tage

a) Ermitteln Sie den Gesamtkapitalbedarf.

b) Durch mögliche Rationalisierungsmaßnahmen ist es der BüMö AG gelungen die Planungsdaten anzupassen. Die durchschnittliche Lagerdauer der Fertigungsmaterialien kann auf drei Tage zu verkürzt werden. Außerdem geht man davon aus, dass sich das Zahlungsziel der Kunden durch Erhöhung des Skontos auf 3 % auf durchschnittlich 20 Tage reduziert. Überdies kann die durchschnittliche Lagerdauer für die Fertigerzeugnisse auf durchschnittlich zehn Tage gesenkt werden.

   Um welchen Eurobetrag lässt sich durch diese Maßnahmen der Kapitalbedarf für das Umlaufvermögen verringern?

c) Die Kapitalbedarfsrechnung berücksichtigt manche Aspekte nicht. Nennen Sie zwei.

Lösung s. Seite 1112

Aufgabe 8:

Die Holz GmbH plant zur teilweisen Modernisierung ihres Fuhrparkes eine Investition in Höhe von 400.000 € (ohne Umsatzsteuer). Für die Finanzierung der Nettoinvestition steht Eigenkapital in Höhe von 80.000 € zur Verfügung. Der Rest kann über ein Hausbankdarlehen finanziert werden.

a) Ermitteln Sie die Eigenkapitalquote der geplanten Investition.

b) Erläutern Sie, ob der Einsatz von Eigenkapital im Zuge einer Investitionsmaßnahme auch unter dem Gesichtspunkt einer Maximierung der Eigenkapitalrentabilität immer vorteilhaft ist.

c) Grenzen Sie die drei typischen Darlehensformen

- ► Abzahlungsdarlehen,
- ► Annuitätendarlehen und
- ► endfälliges Darlehen

voneinander ab und beschreiben Sie jeweils den Zins- und Tilgungsverlauf.

d) Die Holz GmbH überlegt auch, in Zukunft Möglichkeiten der Innenfinanzierung zu nutzen.

Beschreiben Sie die Finanzierung

- ► durch Rationalisierung sowie
- ► durch Vermögensumschichtung

und geben Sie je zwei Beispiele.

e) Nennen Sie zwei weitere Formen der Innenfinanzierung.

Lösung s. Seite 1115

Aufgabe 9:

Die BüMö AG strebt eine weitere Optimierung des Zahlungsverkehrs an. Es soll ein unternehmensweites Cash-Management eingesetzt werden.

Sie werden vom Vorstand beauftragt bei der Einführung mitzuwirken.

a) Erläutern Sie die Funktionsweise des Cash-Managements und beschreiben Sie zwei Ziele.

b) Nennen Sie drei Bestandteile von liquiden Mitteln bzw. Liquiditätsreserven des Unternehmens, die im Rahmen des Cash-Managements einbezogen werden können.

c) Die BüMö AG plant eine kurzfristige Investition, die in fünf Monaten beginnen und nach weiteren sechs Monaten enden soll. Für die Dauer der Investition wird die BüMö AG einen Kredit zu dem dann gültigen Sechs-Monats-Euribor aufnehmen. Um Planungssicherheit zu haben, möchte das Unternehmen den Zinssatz schon heute mittels eines Forward-Rate-Agreements absichern.

Erläutern Sie das Grundprinzip dieses geplanten Forward Rate-Agreements.

d) Im Zuge dieser Investition steht die BüMö AG in weiteren Kreditverhandlungen über die Finanzierung einer Produktionsmaschine. Der Vorstand hat von der Hausbank bereits ein Angebot für ein variabel verzinsliches Bankdarlehen erhalten, das einen Zinscap beinhaltet.

Erläutern Sie die Wirkungsweise eines Zinscaps.

e) Die BüMö AG ist auch im Export tätig.

Nennen Sie zwei Möglichkeiten zur Absicherung von Währungsrisiken.

Lösung s. Seite 1117

Aufgabe 10:

Die BüMö AG hat eine Beteiligung an einem Zuliefererbetrieb verkauft. Hieraus sind der BüMö AG 4 Mio. € zugeflossen. Das zugeflossene Kapital wird derzeit nicht für Investitionen benötigt. Neuinvestitionen sind in einem Jahr geplant.

Der Vorstand überlegt den Betrag als Festgeld oder durch Kauf von Commercial-Paper anzulegen.

a) Beschreiben Sie zwei Unterschiede zwischen Festgeld und Commercial-Paper.

b) Erläutern Sie, welche der beiden Anlageformen Sie dem Unternehmen empfehlen.

Lösung s. Seite 1118

3. Situationsaufgabe

Aufgabe 1:

Sachverhalt 1:

Franz Franzen erhielt am 20.10.2020 seinen Einkommensteuerbescheid für das Jahr 2019 durch die Post übermittelt. Dieser Bescheid trägt das Datum 19.10.2020.

Gegen diesen Bescheid legte Franz Franzen durch ein Schreiben vom 23.11.2020, das er nachweislich am gleichen Tag beim Finanzamt abgegeben hat (Eingangsstempel des Finanzamtes 23.11.2020), Einspruch ein.

Ist der Einspruch fristgerecht eingelegt? Stellen Sie die Fristberechnung dar.

Sachverhalt 2:

Franz Franzen gab seine Umsatzsteuervoranmeldung für Januar 2021 fristgerecht am 10.02.2021 beim zuständigen Finanzamt ab.

Im Rahmen der Erstellung der Umsatzsteuervoranmeldung für April 2021 stellte er fest, dass er einen Umsatz in Höhe von 100.000 € im Januar 2021 irrtümlich nicht erfasst hat.

Beschreiben Sie, ob die Umsatzsteuervoranmeldung für Januar 2021 im April 2021 noch geändert werden konnte.

Eine ausführliche Begründung ist erforderlich.

Lösung s. Seite 1119

Aufgabe 2:

Franz Franzen möchte prüfen, ob er sich an der Mayer GmbH beteiligen soll. In diesem Zusammenhang sollen Sie folgenden Sachverhalt bearbeiten.

Die Mayer GmbH hat ihren Sitz in Schwerin. Gegenstand der Geschäftstätigkeit der Mayer GmbH ist die Herstellung und der Vertrieb von Bürobeleuchtungsanlagen.

Der Jahresumsatz beträgt 50 Mio. €. Der steuerliche Gewinn (= zu versteuerndes Einkommen = Gewerbeertrag) der Mayer GmbH beträgt 3.500.000 €. Der Hebesatz der Stadt Schwerin beträgt 400 %.

Die Mayer GmbH ist zu 100 % an der Austria-GmbH in Wien Österreich beteiligt, welche Leuchtmittel produziert. Die Mayer GmbH beliefert die Tochtergesellschaft in Österreich regelmäßig mit Vorprodukten für die Herstellung der Leuchtmittel.

Weiterhin erbringt die Mayer GmbH allgemeine Verwaltungsarbeiten für die Austria-GmbH und stellt den Aufwand der Austria-GmbH dafür in Rechnung.

a) Nehmen Sie Stellung zur Körperschaft- und Gewerbesteuerpflicht der Mayer GmbH.

b) Erläutern Sie, in welcher Höhe die Mayer GmbH eventuelle Gewinnausschüttungen (Dividenden) der Austria-GmbH versteuern muss.

c) Berechnen Sie nachvollziehbar die Tarifbelastung in der Körperschaftsteuer (ohne Solidaritätszuschlag) und die Gewerbesteuer der Mayer GmbH.

d) Beurteilen Sie, ob die Mayer GmbH Unternehmereigenschaft nach dem UStG besitzt und erläutern Sie die umsatzsteuerliche Behandlung der Lieferungen der Mayer GmbH an die Austria GmbH.

e) Erklären Sie, wie die Verwaltungsarbeiten (sonstige Leistungen) der Mayer GmbH umsatzsteuerlich zu behandeln sind. Geben Sie dabei auch an, ob die Fakturierung mit oder ohne Umsatzsteuer erfolgt.

f) Erläutern Sie wozu die Umsatzsteuervoranmeldung (UStVA) bzw. die Zusammenfassende Meldung (ZM) dienen. Wer ist Empfänger dieser Meldungen?

Lösung s. Seite 1119

Aufgabe 3:

Die Holzwurm GmbH mit Sitz in Flensburg ist seit 2012 zu 17 % an der Brown Coperation (amerikanische Kapitalgesellschaft) mit Sitz in New York beteiligt.

Die Brown Corporation schüttete im Jahr 2020 eine Dividende von (umgerechnet) 500.000 € aus. Nach Abzug der amerikanischen Quellensteuer (Kapitalertragsteuer) von 15 % wurden 425.000 € auf dem betrieblichen Bankkonto der Holzwurm GmbH gutgeschrieben.

Zur Finanzierung der Beteiligung hat die Holzwurm GmbH ein Darlehen aufgenommen. Für dieses Darlehen sind im Jahr 2020 Schuldzinsen in Höhe von 90.000 € angefallen und als Betriebsausgaben gebucht worden.

Die amerikanische Quellensteuer wurde zutreffend als Betriebsausgabe gebucht, die Dividende als Betriebseinnahme.

Der Jahresüberschuss 2020 laut Handels- und Steuerbilanz der Holzwurm GmbH betrug 1.265.000 €.

Berechnen Sie für die Holzwurm GmbH

a) den Gewinn aus Gewerbebetrieb für 2020

b) den Gewerbeertrag für 2020.

Lösung s. Seite 1121

Aufgabe 4:

Die Franzen und Mayer OHG betreibt in Kiel ein Möbelhaus. Außerdem wurde eine Filiale in Kopenhagen (Dänemark) eröffnet. Die OHG besteuert ihre Umsätze nach vereinbarten Entgelten. Gegebenenfalls erforderliche Belege gelten als erbracht. Alle beteiligten Unternehmen verwenden ihre nationale USt-Id-Nummer.

Bei Ihren Ausführungen gehen Sie auf folgende Punkte ein und begründen Sie Ihre Lösung unter Angabe der gesetzlichen Bestimmungen:

- Art und Ort des Umsatzes
- Steuerbarkeit, Steuerfreiheit, Steuerpflicht
- Bemessungsgrundlage
- Steuersatz und Höhe der Umsatzsteuer (Regelsteuersatz 19 %)
- eventuell Höhe des Vorsteuerabzuges.

Die OHG strebt die umsatzsteuerlich günstigste Lösung an.

Sachverhalte:

1. In der Filiale Kopenhagen bestand für die Küche „Landhaus" keine Nachfrage. Deshalb wurde die Küche, deren Einkaufpreis 3.500 € und deren Verkaufspreis 4.500 € betrug, mit eigenen Fahrzeugen nach Kiel gebracht.

2. Häufig kaufen dänische Privatkunden Möbel in Kiel und lassen sich die Möbel durch die Franzen und Mayer OHG nach Dänemark bringen. Im Juli 2021 wurden Möbel im Wert von 15.000 € netto nach Dänemark geliefert. Die Franzen und Mayer OHG hat die Lieferungen mit eigenem Fuhrpark durchgeführt. Der USt-Steuersatz beträgt in Dänemark 25 %.

   Beachte: Änderungen im UStG ab 01.07.2021.

3. Der spanische Unternehmer Lopez, Mallorca (Spanien), erwirbt im Mai 2020 für sein Unternehmen Möbel im Werte von 20.000 € netto. Die Möbel werden von der Franzen und Mayer OHG nach Spanien transportiert.

4. Die Franzen und Mayer OHG ließ im Jahr 2020 Möbel in St. Petersburg (Russland) anfertigen und holte diese mit eigenem Lkw dort ab. An den russischen Unternehmer zahlte Hansen 30.000 €. Der Zollwert der Möbel beträgt 25.000 €.

5. Seiner in Hamburg studierenden Tochter schenkt Franzen zu Weihnachten einen Schreibtisch, den er für 300 € netto eingekauft hat. Der Einkaufspreis beträgt im Juni 2020 250 €, der Verkaufspreis 476 € brutto.

Lösung s. Seite 1122

Aufgabe 5:

Hinweis: unabhängig von Aufgabe 4 zu lösen

Der Unternehmer Franz Franzen versteuert seine Umsätze nach vereinbarten Entgelten und gibt die Umsatzsteuervoranmeldungen monatlich ab. Für 2020 hat er einen Antrag auf Dauerfristverlängerung gestellt und eine Sondervorauszahlung von 800 € geleistet. Die Zahllast für die Monate Januar bis November 2020 beträgt 7.200 €.

Für den Monat Dezember hat Franzen eine vorläufige Zahllast von 750,00 € ermittelt. In diesem Betrag ist eine Rechnung über 900 € + 171 € USt. nicht enthalten, die Franzen am 15.12.2020 an seinen Kunden Meier verschickt hat. Der Kunde Meier überwies am 28.12.2020 595 €. Der Restbetrag ging am 15.01.2021 ein.

a) Ermitteln Sie die Umsatzsteuerzahllast für den Monat Dezember 2020.

b) Wann muss die Umsatzsteuervoranmeldung 12/2020 eingereicht sein? Begründen Sie Ihre Antwort.

c) Muss Franzen in 2021 seine Voranmeldungen monatlich abgeben? Begründen Sie Ihre Antwort.

d) Ermitteln Sie die Sondervorauszahlung für 2021, damit Franzen die Dauerfristverlängerung erhält.

e) Bis zu welchem Zeitpunkt ist die Sondervorauszahlung zu entrichten? Begründen Sie Ihre Antwort.

Hinweis: Regelsteuersatz = 19 %

Lösung s. Seite 1122

Aufgabe 6:

Die Holzwurm GmbH ist eine Möbeltischlerei und hat ihren Sitz und ihre Geschäftsleitung in Flensburg. Das Unternehmen fertigt Möbel speziell nach Kundenwünschen an. Sie versteuert ihre Umsätze nach den allgemeinen Vorschriften des Umsatzsteuergesetzes und ist zum vollem Vorsteuerabzug berechtigt.

Das Stammkapital der Holzwurm GmbH beträgt 100.000 € und ist voll eingezahlt. Die Anteile werden zu 20 % von Franz Franzen und zu 80 % von Willi Wurm gehalten. Willi Wurm ist alleinvertretungsberechtigter Geschäftsführer. Der Geschäftsführer ist zivilrechtlich wirksam von den Beschränkungen des § 181 BGB befreit.

Im Wirtschaftsjahr 2020, welches dem Kalenderjahr entspricht, wurde ein handelsrechtlicher Jahresüberschuss von 1.100.000 € erzielt.

Sachverhalt 1 – Vorjahresabschluss 2019:
In der Gesellschafterversammlung am 30. 03. 2020 wurde der Jahresabschluss für 2019 als ordnungsgemäß festgestellt und dem Vorschlag der Geschäftsleitung über die Gewinnverwendung zugestimmt. Es wurde eine Gewinnausschüttung von 180.000 € be-

schlossen und am 31.03.2020 nach Abzug der einzubehaltenden Steuern an die Gesellschafter im Verhältnis ihrer Anteile ausgezahlt.

Das handelsrechtliche Eigenkapital, welches mit dem steuerlichen Eigenkapital übereinstimmt, wurde in der Bilanz zum 31.12.2019 wie folgt ausgewiesen:

A. Eigenkapital

I.	Gezeichnetes Kapital	100.000 €
II.	Kapitalrücklage	200.000 €
III.	...	
IV.	Jahresüberschuss 2018	120.000 €

Das steuerliche Einlagekonto (§ 27 KStG) wies zum 31.12.2019 einen Bestand von 200.000 € aus.

Sachverhalt 2 – Geschenk Skulptur:

Im August 2020 hat die Holzwurm GmbH dem Geschäftsführer eines wichtigen Kunden eine Skulptur geschenkt.

Die Anschaffungskosten von 4.000 € (netto) wurden als sonstige betriebliche Aufwendungen gebucht. Die nicht abziehbare Vorsteuer in Höhe von 760 € wurde ebenfalls gewinnmindernd erfasst.

Um die sehr gute Geschäftsbeziehung zu diesem Kunden nicht zu gefährden, hat die Holzwurm GmbH die Pauschalierung nach § 37b Abs. 1 Nr. 2 EStG mit 30 % Einkommensteuer zzgl. 5,5 % Solidaritätszuschlag durchgeführt und den Betrag als sonstigen betrieblichen Aufwand in der Gewinn- und Verlustrechnung ausgewiesen. Weitere Geschenke erhielt dieser Empfänger im Wirtschaftsjahr 2020 nicht.

Sachverhalt 3 – Beteiligung an der „SäWe GmbH":

Im Frühjahr 2020 erhielt die Holzwurm GmbH aus der Beteiligung an der „SäWe GmbH nach Abzug der Kapitalertragsteuer und des Solidaritätszuschlages einen Betrag von 147.250 € ausgezahlt. Die Holzwurm GmbH hält einen Anteil von 17 % an der „SäWe GmbH. Die Beteiligung wurde vor 5 Jahren angeschafft und seitdem in gleicher Höhe gehalten. Der Vorgang wurde wie folgt gebucht:

Bank	147.250 €	an	Beteiligungsertrag	147.250 €

Steueraufwand	52.750 €	an	Beteiligungsertrag	52.750 €

Die Anschaffungskosten der Beteiligung wurden fremdfinanziert. In unmittelbarem wirtschaftlichen Zusammenhang mit dieser Beteiligung sind im Wirtschaftsjahr 2020 Schuldzinsen in Höhe von 32.000 € angefallen.

Sachverhalt 4 – Steueraufwand:

Die Holzwurm GmbH hat im Wirtschaftsjahr 2020 folgende Beträge an die Stadt Flensburg bzw. an das Finanzamt Flensburg überwiesen und als Steueraufwand gebucht:

- Gewerbesteuer 2020   =   150.000 €
- Körperschaftsteuer 2020   =   136.000 €
- Solidaritätszuschlag 2020   =   11.280 €

Sachverhalt 5 – Spenden:

Im Wirtschaftsjahr 2020 hat die Holzwurm GmbH insgesamt 60.000 € an diverse politische Parteien gespendet. Ordnungsgemäße Bescheinigungen wurden von den jeweiligen Schatzmeistern ausgestellt. Die gesamten Umsätze und die im Kalenderjahr 2020 aufgewendeten Löhne und Gehälter haben 15.400.000 € betragen.

a) Ermitteln Sie das zu versteuernde Einkommen der Holzwurm GmbH für 2020.

b) Führen Sie alle nach dem Körperschaftsteuergesetz notwendigen gesonderten Feststellungen zum 31.12.2020 durch.

Lösung s. Seite 1123

Aufgabe 7:

Die Holz GmbH ist auch im internationalen Umfeld tätig.

Es ist notwendig, dass Mitarbeiter immer wieder für längere Zeit im Ausland ihrer Tätigkeit nachgehen.

Sachverhalt 1:

Mitarbeiter Willi Wurm wohnt in Rostock. In der Zeit vom 01.01.2020 bis zum 15.07.2020 wurde er zu Wartungsarbeiten in einen DBA-Staat abgestellt. Während dieser Zeit hat er sich ohne Unterbrechung im Ausland aufgehalten und an 130 Tagen gearbeitet.

Sachverhalt 2:

Mitarbeiter Ludwig Lahn wohnt in Schwerin. Der Arbeitnehmer Ludwig Lahn hielt sich an weniger als 183 Tagen bei der ausländischen Tochtergesellschaft der Holz GmbH auf. Der in einem DBA-Staat ansässigen Tochtergesellschaft wurden alle Aufwendungen im Zusammenhang mit dem Arbeitseinsatz in Rechnung gestellt. Lahn war den Weisungen der Tochtergesellschaft unterworfen.

Sachverhalt 3:

Mitarbeiterin Susi Schön wohnt in Wismar.

Die Holz GmbH errichtete im Jahr 2020 in einem DBA-Staat ein Auslieferungslager. Um die neuen ausländischen Kollegen einzuarbeiten, wurde Susi Schön für 80 Tage in das Auslieferungslager entsandt.

Ihr Gehalt erhielt sie weiterhin von der Zentrale in Kiel.

In der übrigen Zeit hat sie bei der Holz GmbH in Kiel gearbeitet.

INFO

Das Steuerjahr in dem betroffenen DBA-Staat entspricht dem Kalenderjahr.

Alle drei Mitarbeiter sind in Deutschland unbeschränkt einkommensteuerpflichtig.

Beurteilen Sie für die drei Mitarbeiter anhand des OECD-Musterabkommens (OECD-MA), welcher Staat für die Einkünfte aus der ausländischen Tätigkeit das Besteuerungsrecht hat und wie eine Doppelbesetzung durch das DBA vermieden werden kann.

INFO

Das OECD Musterabkommen können Sie auf der Seite des Bundesfinanzministeriums downloaden. In der Prüfung ist es als Anlage Bestandteil der Prüfung.

Lösung s. Seite 1125

Aufgabe 8:

Die Franzen und Mayer OHG handelt u. a mit Sofadecken, Sofakissen und Teppichen. Sie sollen eine Anfrage eines großen mittelständischen Hotels bearbeiten.

Das Hotel erwartet für die Neugestaltung der Hotelzimmer ein Komplettangebot für 20 Komplett-Sets, bestehend aus Teppich, Sofadecke und Sofakissen.

Die Listeneinkaufspreise für die einzelnen Komponenten und die gewährten Lieferantenrabatte betragen:

	Listeneinkaufspreis, netto	Liefererrabatt
Teppich	234,00 €	15 %
Sofadecke	99,00 €	25 %
Sofakissen	54,00 €	5 %

Zusätzlich gewährt Ihnen Ihr Lieferant 3 % Skonto. Die Bezugskosten für alle Komplett-Sets betragen brutto 59,50 €.

In Ihrem Unternehmen wird mit einem Handlungskostenzuschlag von 70 % und einem Gewinnzuschlag von 25 % kalkuliert. Außerdem gewähren Sie Ihren Kunden einen Rabatt von 30 % und einen Skonto von 2 %.

a) Ermitteln Sie den Bruttoverkaufspreis (inkl. 19 % Umsatzsteuer) je Komplett-Set, welchen Sie dem Hotel anbieten können.

b) Ihr mittelständischer Kunde möchte Ihnen den Auftrag geben, ist allerdings nur bereit 1.049 € brutto zu zahlen.

Sie verhandeln daraufhin nochmals mit Ihrem Lieferanten, dieser gewährt Ihnen daraufhin für den Teppich 20 %, für die Sofadecken 30 % und für die Sofakissen 15 % Rabatt. Alle anderen Prämissen bleiben gleich.

Ermitteln Sie unter diesen Bedingungen den Gewinn in Euro und Prozent.

Lösung s. Seite 1126

Aufgabe 9:

Die Holz GmbH hat im August 2020 Gesamtkosten in Höhe von 3.578.750 € bei einer Auslastung von 35 % der Kapazität. Dies entsprach einer Menge von 43.750 Stück.

Im September 2020 betrug der Auslastungsgrad 75 %, wobei die Gesamtkosten 6.828.750 € betrugen. Es wird ein linearer Kostenverlauf unterstellt.

a) Berechnen Sie die variablen Stückkosten und die fixen Gesamtkosten jeweils für die Monate.

b) Ermitteln Sie das Betriebsergebnis für beide Monate, wenn der Verkaufspreis 75 € beträgt.

c) Ermitteln Sie den Break-even-Point und den Break-even-Umsatz und die Deckungs-beitrags-Umsatzrate (DBU).

d) Ermitteln Sie jeweils für August und September die langfristige und kurzfristige Preisuntergrenze.

e) Bei welcher Menge erwirtschaftet das Unternehmen 100.000 € Gewinn?

f) Bei welcher Menge beträgt die Umsatzrentabilität 5 %?

g) Definieren Sie absoluten und relativen Deckungsbeitrag.

Lösung s. Seite 1128

Aufgabe 10:

In einem Zweigwerk in Leipzig produziert die BüMö AG ausschließlich zwei Typen von Büroschränken. Das Modell „Avant" und das Modell „Lupus". Die Kostenrechnung wird auf Vollkostenbasis durchgeführt.

Aus der Kosten- und Leistungsrechnung der insgesamt vier Hauptkostenstellen liegen folgende Informationen vor:

	Materialbereich	Fertigung I	Fertigung II	Verwaltung/ Vertrieb
Istgemeinkosten	115.500 €	975.345 €	180.500 €	326.735 €
Normalzuschlagssatz	10 %	760 %	190 %	14 %

Aus der Kostenartenrechnung wurden für die Modelle „Avant" und „Lupus" folgende Umsätze, Mengen sowie Kosten- und Bestandsveränderungen erfasst.

	„Avant"	„Lupus"
Umsatz	2.150.000 €	755.700 €
Produktion in Stück	3.375	1.800
Fertigungsmaterial insgesamt	675.000 €	270.000 €
Fertigungslohn in I insgesamt	101.250 €	36.000 €
Fertigungslohn in II insgesamt	67.500 €	39.600 €
Bestandsminderung Fertigerzeugnisse	13.400 €	
Bestandsmehrung Fertigerzeugnisse		22.044 €

a) Kalkulieren Sie die Selbstkosten je Stück der Modelle „Avant" und „Lupus" zu Normalkosten mithilfe der differenzierten Zuschlagskalkulation. Verwenden Sie hierzu die Anlage 1.

Berechnen Sie die Über- bzw. Unterdeckungen der Hauptkostenstellen. Die Gemeinkosten im Bereich Verwaltung und Vertrieb werden auf die Herstellkosten des Umsatzes verrechnet.

Verwenden Sie hierzu die Anlage 2.

b) Ermitteln Sie die abgesetzte Menge für jedes Modell. Ermitteln Sie das Umsatzergebnis (= Betriebsergebnis zu Normalkosten) für die Produktarten und insgesamt mithilfe des Umsatzkostenverfahrens.

Leiten Sie aus dem Umsatzergebnis das effektive Betriebsergebnis (Betriebsergebnis zu Istkosten) ab.

Verwenden Sie hierzu die Anlage 3.

Anlage 1

	Zuschlagssatz (%)	„Avant"	„Lupus"
Fertigungsmaterial			
Materialgemeinkosten			
Fertigungslöhne			
Fertigungsgemeinkosten I			
Fertigungslöhne II			
Fertigungsgemeinkosten II			
Herstellkosten			
Verwaltung-/Vertriebsgemeinkosten			
Sondereinzelkosten des Vertriebes			
Selbstkosten			

Anlage 2

	Material-wesen	Fertigung I	Fertigung II	Verwaltung/Vertrieb	Gesamt
Istgemeinkosten	97.500 €	1.035.345 €	190.500 €	326.735 €	
Normalzuschlagssatz	10 %	760 %	190 %	14 %	
Zuschlagsbasis					
Normalgemeinkosten					
Über-/Unterdeckung					

Anlage 3

Position	„Avant"	„Lupus"	Gesamt

Lösung s. Seite 1132

Aufgabe 11:

Bei der Holzwurm GmbH ergeben sich in der Kostenstelle „Wohnzimmer" im Monat August 2020 folgende Abweichungen:

Beschäftigungsabweichung: 6.000 € ungünstig

Verbrauchsabweichung: 3.000 € ungünstig

Die Planbeschäftigung ist mit 1.200 h festgelegt. Die Plangesamtkosten bei Planbeschäftigung werden auf 120.000 € für den Monat Juli angesetzt. Die Istbeschäftigung betrug 1.080 h.

a) Berechnen Sie den Plankostenverrechnungssatz.

b) Ermitteln Sie die verrechneten Plankosten bei Istbeschäftigung.

c) Ermitteln Sie die Sollkosten bei Istbeschäftigung.

d) Ermitteln Sie die Istkosten.

e) Ermitteln Sie die fixen und variablen Plankostensätze.

Lösung s. Seite 1135

1. Geschäftsfälle erfassen und nach Rechnungslegungsvorschriften zu Abschlüssen prüfen

Lösung zu Aufgabe 1: Bilanzierungsentscheidungen

Die KlebSto GmbH ist Kaufmann im Sinne des HGB und somit buchführungspflichtig nach Handels- und Steuerrecht (§ 238 Abs. 1 HGB, § 140 AO). Sie ist verpflichtet einen Jahresabschluss aufzustellen. Es ist für die beiden Sachverhalte zu prüfen, inwieweit eine Bilanzierung vorgenommen werden muss oder die Sachverhalte in der Gewinn- und Verlustrechnung erfasst werden.

a) **Sachverhalt 1:**

Die erworbene Maschine ist ein Vermögensgegenstand, der gem. § 246 Abs. 1 Satz 1 HGB in der Handelsbilanz der KlebSto AG ausgewiesen werden muss. Gemäß § 5 Abs. 1 Satz 1 EStG (Maßgeblichkeitsprinzip) gilt dies auch für die Steuerbilanz.

Da die Maschine dem Unternehmen langfristig dienen soll, ist sie gem. § 247 Abs. 2 HGB und R 6.1 Abs. 1 EStR Anlagevermögen. Der Ausweis in der Bilanz erfolgt gem. § 266 Abs. 2 A II. „2. Technische Anlagen und Maschinen".

Die Zugangsbewertung erfolgt gem. § 253 Abs. 1 Satz 1 HGB und § 6 Abs. 1 Nr. 1 Satz 1 EStG mit den Anschaffungskosten gem. § 255 Abs. 1 HGB und H 6.2 EStH. Die Vorsteuer gehört gem. § 9b EStG nicht mit zu den Anschaffungskosten.

Zu den Anschaffungskosten zählen der Anschaffungspreis sowie die Anschaffungsnebenkosten, in diesem Fall die Kosten der Lieferung und Montage.

Der Skonto mindert die Anschaffungskosten. Somit ergeben sich im Mai 2020 folgende Anschaffungskosten, die nach Handels- und Steuerrecht identisch sind:

	Anschaffungspreis:	750.000,00 €
-	2 % Skonto	15.000,00 €
+	Lieferung und Montage	25.000,00 €
=	**Anschaffungskosten Mai**	**760.000,00 €**

Bei der Maschine handelt es sich um einen abnutzbaren Vermögensgegenstand, der über die Nutzungsdauer planmäßig abgeschrieben werden muss (§ 253 Abs. 3 Satz 1 und 2 HGB; § 7 Abs. 1 Satz 1 EStG).

Laut Aufgabenstellung soll in der Handels- und Steuerbilanz die lineare Abschreibung angewendet werden. Die Anschaffung erfolgt im Monat Mai, sodass im Anschaffungsjahr nur zeitanteilig abgeschrieben werden darf (§ 7 Abs. 1 Satz 4 EStG).

$$\text{Abschreibung 2020} = \frac{\text{Anschaffungskosten}}{\text{Nutzungsdauer}} \cdot 8/12$$

$$\text{Abschreibung 2020} = \frac{760.000,00\ €}{10\ \text{Jahre}} \cdot 8/12$$

Abschreibung 2020 = 50.666,67 €

Hieraus ergibt sich dann folgender Bilanzansatz (Handelsbilanz = Steuerbilanz) zum 31.12.2020.

	Anschaffungskosten Mai 2020	760.000,00 €
-	zeitanteilige Abschreibung 2020	50.666,67 €
=	**Bilanzansatz 31.12.2020** (Handels-/Steuerbilanz)	**709.333,33 €**

b) **Sachverhalt 2:**

Bei dem Computerprogramm handelt es sich um einen selbsterstellten immateriellen Vermögensgegenstand des Anlagevermögens.

Handelsrechtlich besteht für selbst erstellte immaterielle Vermögensgegenstände des Anlagevermögens gem. § 248 Abs. 2 Satz 1 HGB ein Aktivierungswahlrecht. Da der handelsrechtliche Gewinn möglichst hoch ausgewiesen werden soll, wird die KlebSto AG die Aktivierung vornehmen, d. h. das Aktivierungswahlrecht ausüben.

Handelsrechtliche Aktivierungswahlrechte führen grundsätzlich gem. § 5 Abs. 1 Satz 1 EStG zu steuerlichen Aktivierungsgeboten. Allerdings besagt § 5 Abs. 6 EStG (Durchbrechung der Maßgeblichkeit), dass steuerlichen Bewertungsvorschriften zu folgen ist, gem. § 5 Abs. 2 EStG dürfen selbst erstellte immaterielle Wirtschaftsgüter in der Steuerbilanz nicht aktiviert werden.

Das bedeutet, dass Handels- und Steuerbilanz auseinander fallen. Handelsrechtlich erfolgt eine Aktivierung als Vermögensgegenstand, steuerlich werden alle Aufwendungen als Betriebsausgaben (§ 4 Abs. 4 EStG) gewinnmindernd erfasst.

Bilanzierung/Bewertung im Handelsrecht

Der selbst erstellte immaterielle Vermögensgegenstand wird gem. § 246 Abs. 1 Satz 1 HGB in Verbindung mit § 248 Abs. 2 Satz 1 HGB aktiviert. Er ist dem Anlagevermögen zuzuordnen, da er langfristig dem Unternehmen dienen soll (§ 247 Abs. 2 HGB). Der Ausweis in der Bilanz erfolgt unter der Position „Selbst erstellte immaterielle Vermögensgegenstände" § 266 Abs. 2 A I. „1…".

Die Bewertung erfolgt mit fortgeführten Herstellungskosten gem. § 253 Abs. 1 Satz 1 HGB in Verbindung mit § 255 Abs. 2, Abs. 2a HGB.

Da die Nutzung zeitlich begrenzt ist, sind Abschreibungen vorzunehmen, im Anschaffungsjahr allerdings zeitanteilig, da Nutzung ab August 2020 (§ 253 Abs. 3 Satz 1 und 2 HGB).

Es ergibt sich folgende Wertentwicklung (Handelsbilanz) in 2020:

	Materialeinzelkosten	50.000,00 €
+	Fertigungseinzelkosten	25.000,00 €
+	Materialgemeinkosten	15.000,00 €
+	Fertigungseinzelkosten	12.500,00 €
+	Verwaltungsgemeinkosten	10.000,00 €
=	Herstellungskosten (01.08.2020)	112.500,00 €
-	Abschreibung	4.687,50 €
=	**Bilanzansatz (31.12.2020)** (Handelsbilanz)	**107.812,50 €**

Ermittlung der Abschreibung:

$$\text{Abschreibung 2020} = \frac{\text{Herstellungskosten}}{\text{Nutzungsdauer}} \cdot 5/12$$

$$\text{Abschreibung 2020} = \frac{112.500,00 \ \text{€}}{10 \ \text{Jahre}} \cdot 5/12$$

In der Steuerbilanz, werden die Aufwendungen komplett als Betriebsausgaben (§ 4 Abs. 4 EStG) erfasst, sodass sich kein Bilanzansatz ergibt.

 MERKE

Dadurch, dass sich der handelsrechtliche und steuerliche Gewinn unterscheiden, aber in zukünftigen Geschäftsjahren sich dieses wieder ausgleicht, kommt es zu latenten Steuern.

Lösung zu Aufgabe 2: Fallstudie Bilanzierung immaterieller Vermögensgegenstände/Wirtschaftsgüter

Sachverhalt 1:
Durch die diversen Aktivitäten ist für das Unternehmen eine Marke entstanden. Zuerst ist handels- und steuerrechtlich zu prüfen, ob ein Vermögensgegenstand bzw. Wirtschaftsgut anzusetzen ist.

Gemäß § 248 Abs. 2 Satz 2 HGB besteht für selbst geschaffene Marken im Handelsrecht ein Aktivierungsverbot. Das heißt die Aufwendungen werden in der Gewinn- und Verlustrechnung erfasst. Gemäß § 5 Abs. 1 Satz 1 EStG sind die handelsrechtlichen Bewertungen maßgeblich für die Steuerbilanz, sodass auch im Steuerrecht ein Aktivierungsverbot besteht.

Das Steuerrecht spezifiziert dies auch speziell in § 5 Abs. 2 EStG, dass immaterielle Wirtschaftsgüter nur angesetzt werden dürfen, wenn sie entgeltlich erworben sind, sodass die Aufwendungen im Steuerrecht als Betriebsausgaben gemäß § 4 Abs. 4 EStG zu erfassen sind.

Handels- und Steuerbilanz sind in diesem Fall identisch.

Sachverhalt 2:
Das gekaufte Computerprogramm ist gem. § 246 Abs. 1 Satz 1 HGB als Vermögensgegenstand in der Bilanz anzusetzen. Die gilt gemäß § 5 Abs. 1 Satz 1 EStG auch für die Steuerbilanz.

Die Software gehört zum Anlagevermögen des Unternehmens (§ 247 Abs. 2 HGB; R 6.1 Abs. 1 EStR). Der Bilanzausweis erfolgt unter der Position „2. Entgeltlich erworbene Konzessionen, ..." gem. § 266 Abs. 2 A. I. Nr. 2 HGB.

Die Zugangsbewertung erfolgt gem. § 253 Abs. 1 Satz 1 HGB; § 6 Abs. 1 Nr. 1 EStG mit den Anschaffungskosten. Anschaffungskosten sind alle Aufwendungen um einen Vermögensgegenstand/Wirtschaftsgut zu erwerben und in einem betriebsbereiten Zustand zu versetzten, sofern sie einzeln zugeordnet werden können (§ 255 Abs. 1 HGB; H 6.2 EStH).

Die Gemeinkosten gehen nicht in die Anschaffungskosten ein, da sie nicht direkt zugeordnet werden können. Außerdem gehört die Umsatzsteuer gem. § 9b EStG nicht zu den Anschaffungskosten. Es ergeben sich somit folgende Anschaffungskosten:

	Anschaffungspreis	20.000,00 €
+	Lohnkosten	15.000,00 €
=	**Anschaffungskosten**	**35.000,00 €**

Das Computerprogramm gehört zu den abnutzbaren Vermögensgegenständen/Wirtschaftsgütern und muss deshalb gem. § 253 Abs. 3 Satz 1 und 2 HGB und § 7 Abs. 1 Satz 1 EStG über die Nutzungsdauer abgeschrieben werden. Das es erst am 01.09. einsatzbereit war ist gem. § 7 Abs. 1 Satz 4 EStG im Jahr der Anschaffung eine zeitanteilige Abschreibung für vier Monate vorzunehmen. Es ergibt sich daraus folgende Abschreibung im Jahr 2020:

$$\text{Abschreibung 2020} = \frac{\text{Anschaffungskosten}}{\text{Nutzungsdauer}} \cdot 4/12$$

$$\text{Abschreibung 2020} = \frac{35.000,00 \, €}{5 \, \text{Jahre}} \cdot 4/12$$

Abschreibung 2020 = 2.333.33 €

Es ergibt sich somit ein Bilanzansatz nach **Handels- und Steuerrecht** zum 31.12.2020:

	Anschaffungskosten	35.000,00 €
-	Abschreibung	2.333,33 €
=	**Bilanzansatz 31.12.2020**	**32.666,67 €**

Zwischen Handels- und Steuerrecht kommt es zu keinen Unterschieden.

Sachverhalt 3:

Durch das Unternehmen ist ein Computerprogramm selbst erstellt worden, das über einen Zeitraum von fünf Jahren genutzt werden soll. Es handelt sich bei der Software um einen „selbst erstellten immateriellen Vermögensgegenstand des Anlagevermögens".

Im Handelsrecht besteht hierfür ein Bilanzierungswahlrecht (Ansatzwahlrecht) gem. § 248 Abs. 2 Satz 1 HGB. Das bedeutet, dass die Mayer AG die Software als Vermögensgegenstand ausweisen kann, oder die gesamten Aufwendungen für die Erstellung der Software gewinnmindernd in der Gewinn- und Verlustrechnung erfasst.

Da die Zielsetzung der Mayer AG ein möglichst hoher Handelsbilanzgewinn ist, wird sie das Aktivierungswahlrecht in Anspruch nehmen.

Der Vermögensgegenstand wird also gem. § 246 Abs. 1 Satz 1 i. V. m. § 248 Abs. 2 Satz 2 HGB im Anlagevermögen (§ 247 Abs. 2 HGB) erfasst. Der Bilanzausweis erfolgt gem. § 266 Abs. 2 A. I. „1…" HGB als „Selbst erstellte immaterielle Vermögensgegenstände des Anlagevermögens".

Die Bewertung erfolgt gem. § 253 Abs. 1 Satz 1 HGB mit den fortgeführten Herstellungskosten gem. § 255 Abs. 2 und Abs. 2a HGB.

Es ergeben sich folgende Herstellungskosten:

	Materialkosten	15.000,00 €
+	5 % Materialgemeinkosten	750,00 €
+	Fertigungskosten	400.000,00 €
+	80 % Fertigungsgemeinkosten	320.000,00 €
=	**Herstellungskosten**	**735.750,00 €**

Da die Nutzung zeitlich begrenzt ist (fünf Jahre) handelt es sich um einen abnutzbaren Vermögensgegenstand, auf den gem. § 253 Abs. 3 Satz 1 und 2 HGB Abschreibungen vorzunehmen sind. Da das Programm erst ab 01. Juli genutzt wird, dürfen im Herstellungsjahr nur sechs Monate abgeschrieben werden. Nachdem die Abschreibung vorgenommen wurde, ergibt sich der Bilanzansatz für die Handelsbilanz zum 31.12.2020:

	Herstellungskosten	735.750,00 €
-	Abschreibung	73.575,00 €
=	**Bilanzansatz (Handelsbilanz) 31.12.2020**	**662.175,00 €**

Grundsätzlich würde die Inanspruchnahme des Aktivierungswahlrechtes gem. § 5 Abs. 1 Satz 1 EStG zu einem Aktivierungsgebot in der Steuerbilanz führen. Allerdings kommt es im vorliegenden Fall zu einer Durchbrechung der Maßgeblichkeit, denn gem. § 5 Abs. 6 EStG sind die steuerlichen Vorschriften zu befolgen und § 5 Abs. 2 EStG besagt, dass immaterielle Wirtschaftsgüter des Anlagevermögens entgeltlich erworben sein müssen, ansonsten besteht Bilanzierungsverbot.

Daraus ergibt sich, dass die Aufwendungen für die Erstellung der Software im Steuerrecht als Betriebsausgaben gem. § 4 Abs. 4 EStG gewinnmindernd in 2020 behandelt werden, es kommt zu keinem Bilanzansatz in der Steuerbilanz.

Durch die unterschiedlichen Bewertungen, die sich in den folgenden Geschäftsjahren wieder ausgleichen (da der Vermögensgegenstand abgeschrieben wird) kommt es zu latenten Steuern, da es in zukünftigen Geschäftsjahren zu einem höheren steuerlichen

Gewinn kommt, entstehen passive latente Steuern, die gem. § 274 Abs. 1 HGB bilanziert werden müssen.

Lösung zu Aufgabe 3: Fallstudie Unternehmenserwerb

Im Rahmen der Aufgabenstellung sollen ausschließlich die abnutzbaren Vermögensgegenstände/Wirtschaftsgüter des Anlagevermögens betrachtet werden. Die übernommenen Vermögensgegenstände/Wirtschaftsgüter sind, wenn die Voraussetzungen erfüllt sind in der Bilanz der BüMö AG anzusetzen.

a) Bilanzierung abnutzbare Vermögensgegenstände/Wirtschaftsgüter des Anlagevermögens

Selbst entwickeltes Patent:

Im Rahmen des Unternehmenserwerbes wurde das Patent entgeltlich erworben. Das Patent ist somit gem. § 246 Abs. 1 Satz 1 HGB; § 5 Abs. 1 Satz 1 und 2 EStG in der Handels- und Steuerbilanz anzusetzen.

Es ist gem. § 247 Abs. 1 HGB, R 6.1 Abs. 1 EStR dem Anlagevermögen zuzuordnen.

Der Bilanzausweis erfolgt gem. § 266 Abs. 2 A. I. 2. HGB unter der Position „entgeltlich erworbene Konzessionen...".

Die Zugangsbewertung erfolgt gem. § 253 Abs. 1 Satz 1 HGB, § 6 Abs. 1 Nr. 1 Satz 1 EStG mit den Anschaffungskosten.

Da es sich um einen abnutzbaren Vermögensgegenstand/abnutzbares Wirtschaftsgut handelt, sind gem. § 253 Abs. 3 Satz 1 und 2 HGB, § 7 Abs. 1 Satz 1 EStG planmäßige Abschreibungen vorzunehmen.

Anzeichen für eine außerplanmäßige Abschreibung bzw. Teilwertabschreibung liegen nicht vor.

Wertentwicklung (Handels-/Steuerbilanz)

	Anschaffungskosten	400.000,00 €
-	Abschreibungen 2020 (AK/4 Jahre)	100.000,00 €
=	**Bilanzansatz 31.12.2020 (Handels-/Steuerbilanz)**	**300.000,00 €**

Gebäude:

Das Gebäude ist gem. § 246 Abs. 1 Satz 1 HGB; § 5 Abs. 1 Satz 1 EStG in der Handel- und Steuerbilanz der BüMö AG anzusetzen.

Es ist gemäß § 247 Abs. 2 HGB; R 6.1 Abs. 1 EStR dem Anlagevermögen zuzuordnen.

Der Bilanzausweis erfolgt gem. § 247 Abs. 1 HGB i. V. m. § 266 Abs. 2 A. II. 1. HGB unter der Position „Grundstücke ...".

Die Zugangsbewertung erfolgt gem. § 253 Abs. 1 Satz 1 HGB; § 6 Abs. 1 Nr. 1 Satz 1 EStG mit den Anschaffungskosten (§ 255 Abs. 1 HGB; H 6.2 EStH).

Da das Gebäude ein abnutzbarer Vermögensgegenstand/abnutzbares Wirtschaftsgut ist, sind planmäßig Abschreibungen vorzunehmen. Da die Restnutzungsdauer 25 Jahre beträgt, wird in der Handels- und Steuerbilanz auf diesen Zeitraum abgeschrieben (§ 253 Abs. 3 Satz 1 und 2 HGB; § 7 Abs. 4 Satz 2 EStG).

Wertentwicklung (Handels-/Steuerbilanz)

	Anschaffungskosten	5.000.000,00 €
-	Abschreibungen 2020 (AK/25 Jahre)	200.000,00 €
=	**Bilanzansatz 31.12.2020 (Handels-/Steuerbilanz)**	**4.800.000,00 €**

Technische Anlagen und Maschinen:

Die technischen Anlagen und Maschinen sind gem. § 246 Abs. 1 Satz 1 HGB; § 5 Abs. 1 Satz 1 EStG in der Handels- und Steuerbilanz anzusetzen.

Sie sind gem. § 247 Abs. 2 HGB; R 6.1 Abs. 1 EStR dem Anlagevermögen zuzurechnen.

Der Bilanzausweis erfolgt gem. § 266 Abs. 2 A II. 2. HGB unter der Position „Technische Anlagen und Maschinen".

Die Zugangsbewertung erfolgt gem. § 253 Abs. 1 Satz 1 HGB; § 6 Abs. 1 Nr. 1 Satz 1 EStG mit den Anschaffungskosten (§ 255 Abs. 1 HGB; H 6.2 EStH).

Da die technischen Anlagen und Maschinen abnutzbare Vermögensgegenstände/Wirtschaftsgüter sind, werden sie gem. § 253 Abs. 3 Satz 1 und 2 HGB; § 7 Abs. 1 Satz 1 EStG planmäßig abgeschrieben.

Wertentwicklung (Handels-/Steuerbilanz)

	Anschaffungskosten	1.200.000,00 €
-	Abschreibungen 2020 (AK/5 Jahre)	240.000,00 €
=	**Bilanzansatz 31.12.2020 (Handels-/Steuerbilanz)**	**960.000,00 €**

Betriebs- und Geschäftsausstattung:

Die Betriebs- und Geschäftsausstattung ist gem. § 246 Abs. 1 Satz 1 HGB; § 5 Abs. 1 Satz 1 EStG in der Handels- und Steuerbilanz anzusetzen.

Sie ist gem. § 247 Abs. 2 HGB; R 6.1 Abs. 1 EStR dem Anlagevermögen zuzurechnen.

Der Bilanzausweis erfolgt gem. § 266 Abs. 2 A II. 3. HGB unter der Position „Betriebs- und Geschäftsausstattung".

Die Zugangsbewertung erfolgt gem. § 253 Abs. 1 Satz 1 HGB; § 6 Abs. 1 Nr. 1 Satz 1 EStG mit den Anschaffungskosten (§ 255 Abs. 1 HGB; H 6.2 EStH).

Da die Betriebs- und Geschäftsausstattung abnutzbare Vermögensgegenstände/Wirtschaftsgüter sind, werden sie gem. § 253 Abs. 3 Satz 1 und 2 HGB; § 7 Abs. 1 Satz 1 EStG planmäßig abgeschrieben.

Wertentwicklung (Handels- und Steuerbilanz)

	Anschaffungskosten	200.000,00 €
-	Abschreibungen 2020 (AK/4 Jahre)	50.000,00 €
=	**Bilanzansatz 31.12.2020 (Handels-/Steuerbilanz)**	**150.000,00 €**

Geschäfts- oder Firmenwert:

Der Kaufpreis den die BüMö AG für die Übernahme der Holzwurm e. K. zahlte, übersteigt den Wert, der sich aus der Differenz der Vermögensgegenstände abzüglich der Schulden ergibt. Der überschießende Betrag ist ein derivativer (entgeltlich erworbener) Geschäfts- oder Firmenwert.

Der derivative Geschäfts- oder Firmenwert ist gem. § 246 Abs. 1 Satz 4 HGB als Vermögensgegenstand in der Handelsbilanz anzusetzen. Dies gilt gem. § 5 Abs. 1 Satz 1 Abs. 2 EStG auch für die Steuerbilanz.

Der Geschäfts- oder Firmenwert ist gem. § 247 Abs. 2 HGB; R 6.1 Abs. 1 EStR dem Anlagevermögen zuzuordnen.

Der Bilanzausweis erfolgt gem. § 247 Abs. 1 HGB i. V. m. § 266 Abs. 2 A. I. 3. HGB unter der Position „Geschäfts- oder Firmenwert".

Die Zugangsbewertung erfolgt gem. § 253 Abs. 1 Satz 1 HGB; § 6 Abs. 1 Nr. 1 Satz 1 EStG mit den Anschaffungskosten (§ 255 Abs. 1 HGB; H 6.2 EStH).

Da keine Anhaltspunkte für die Nutzungsdauer im Sachverhalt gegeben sind, ist der Geschäfts- oder Firmenwert gem. § 253 Abs. 3 Satz 4 HGB über zehn Jahre in der Handelsbilanz abzuschreiben.

In der Steuerbilanz ist der Geschäfts- oder Firmenwert gem. § 7 Abs. 1 Satz 3 EStG über 15 Jahre abzuschreiben.

Wertentwicklung (Handelsbilanz)

	Vermögensgegenstände	11.050.000,00 €
-	Schulden	4.000.000,00 €
		7.050.000,00 €
-	Kaufpreis	10.000.000,00 €
=	Anschaffungskosten (Geschäfts- o. Firmenwert)	2.950.000,00 €
-	Abschreibungen 2020 (AK : 10 Jahre)	295.000,00 €
=	**Bilanzansatz 31.12.2020 (Handelsbilanz)**	**2.655.000,00 €**

Wertentwicklung (Steuerbilanz)

	Vermögensgegenstände	11.050.000,00 €
-	Schulden	4.000.000,00 €
		7.050.000,00 €
-	Kaufpreis	10.000.000,00 €
=	Anschaffungskosten (Geschäfts- o. Firmenwert)	2.950.000,00 €
-	Abschreibungen 2020 (AK : 15 Jahre)	196.666,67 €
=	**Bilanzansatz 31.12.2020 (Steuerbilanz)**	**2.753.333,33 €**

Aufgrund der unterschiedlichen Wertansätze zwischen Handels- und Steuerbilanz ist der handelsrechtliche Gewinn gem. § 60 Abs. 2 EStDV außerbilanziell um 98.333,33 € zu erhöhen.

b) **Korrektur Ansatz Patent, Geschäfts- oder Firmenwert**

Konzessionen, ...	400.000,00 €			
Geschäfts- oder Firmenwert	2.950.000,00 €	an	sonstige betriebliche Aufwendungen	3.350.000,00 €

Abschreibungen

Abschreibungen	885.000,00 €	an	Konzessionen, …	100.000,00 €
			Grundstücke, …	200.000,00 €
			Technische Anlagen und Maschinen	240.000,00 €
			Betriebs- und Geschäfts- ausstattung	50.000,00 €
			Geschäfts- oder Firmenwert	295.000,00 €

Lösung zu Aufgabe 4: Grund und Boden mit Gebäude

a) Bilanzierung erfolgt dem Grunde nach/dem Ausweis nach für den Grund und Boden sowie das Gebäude.

Die Vermögensgegenstände bzw. Wirtschaftsgüter Grund und Boden sowie Gebäude sind gem. § 246 Abs. 1 Satz 1 und 2 HGB; § 39 Abs. 2 Nr. 1 AO ab dem 10.04.2020 (Übergang Besitz, Nutzen, Lasten und Gefahren) der Mayer AG wirtschaftlich zuzurechnen und daher ab diesem Zeitpunkt in der Bilanz anzusetzen.

Grund und Boden sowie das Gebäude sind dem Anlagevermögen gem. § 247 Abs. 2 HGB; R 6.1 Abs. 1 EStR zuzurechnen.

Der Bilanzausweis erfolgt unter dem Posten „Grundstücke.…" (§ 266 Abs. 2 A. II 1 HGB).

Bewertung Grund und Boden:
Die Zugangs- und Folgebewertung des Grund und Bodens erfolgt gem. § 253 Abs. 1 Satz 1 HGB; § 6 Abs. 1 Nr. 2 Satz 1 EStG mit den Anschaffungskosten gem. § 255 Abs. 1 HGB; H 6.2 EStH.

Zu den Anschaffungskosten zählen auch die Nebenkosten, § 255 Abs. 1 HGB. Die Umsatzsteuer zählt nicht zu den Anschaffungskosten, § 9b EStG.

Die Folgebewertung entspricht in der Handels- und Steuerbilanz der Zugangsbewertung. Eine planmäßige Abschreibung ist nicht vorzunehmen, da es sich um ein nicht abnutzbaren Vermögensgegenstand bzw. Wirtschaftsgut handelt.

Gründe für eine außerplanmäßige Abschreibung bzw. Teilwertabschreibung sind laut Sachverhalt nicht gegeben.

Wertentwicklung für die Handels-/Steuerbilanz:

	anteiliger Kaufpreis	600.000 €
+	anteilige Nebenkosten (20 % von 200.000 €)	40.000 €
=	**Bilanzansatz zum 31.12.2020**	**640.000 €**

Bewertung Gebäude:
Die Zugangsbewertung des Gebäudes erfolgt gem. § 253 Abs. 1 Satz 1 HGB; § 6 Abs. 1 Nr. 1 Satz 1 EStG mit den Anschaffungskosten gem. § 255 Abs. 1 HGB; H 6 2 EStH. Die auf das Gebäude entfallenen Nebenkosten zählen auch zu den Anschaf-

fungskosten. Da das Unternehmen voll zum Vorsteuerabzug berechtigt ist, zählen die Vorsteuern gem. § 9b EStG nicht zu den Anschaffungskosten.

Die Anschaffungskosten für die Handels- und Steuerbilanz sind identisch.

Anschaffungskosten für die Handels- und Steuerbilanz:

	Kaufpreis	2.400.000 €
+	anteilige Nebenkosten (80 % von 200.000 €)	160.000 €
=	**Anschaffungskosten**	**2.560.000 €**

Die Folgebewertung des Gebäudes erfolgt mit den fortgeführten Anschaffungskosten gem. § 253 Abs. 3 Satz 1, 2 HGB bzw. § 7 Abs. 4 Satz 1 Nr. 1 EStG. Es müssen in der Handels- und Steuerbilanz planmäßige Abschreibungen vorgenommen werden.

In der Handelsbilanz muss zwingend auf die Restnutzungsdauer von 40 Jahren abgeschrieben werden. Hieraus ergibt sich folgende Abschreibung.

Berechnung handelsrechtlicher Bilanzansatz zum 31.12.2020:

	Anschaffungskosten	2.560.000,00 €
-	planmäßige Abschreibung, zeitanteilig (9/477 v. AK)	48.301,89 €
	(Restnutzungsdauer April 2020 = 477 Monate)	
=	**Bilanzansatz zum 31.12.2020**	**2.511.698,11 €**

Da steuerrechtlich ein Wirtschaftsgut im Sinne von § 7 Abs. 4 Satz 1 Nr. 1 EStG vorliegt (Betriebsvermögen, dient nicht Wohnzwecken, Bauantrag nach dem 31.03.1985), ist die Lagerhalle zwingend mit 3 % p. a. abzuschreiben. Der Maßgeblichkeitsgrundsatz wird durch den steuerlichen Bewertungsvorbehalt gem. § 5 Abs. 6 EStG durchbrochen.

Berechnung steuerlicher Bilanzansatz zum 31.12.2020:

	Anschaffungskosten	2.560.000,00 €
-	planmäßige Abschreibung, zeitanteilig (3 % v. AK · 9/12)	57.600,00 €
=	**Bilanzansatz zum 31.12.2020**	**2.502.400,00 €**

Gemäß § 60 Abs. 2 EStDV ist das handelsrechtliche Ergebnis um 9.298,11 € zu mindern.

Bilanzierung Straßenzufahrt:

Bei der Straßenzufahrt handelt es sich gem. H 7.1 EStH „unbewegliche Wirtschaftsgüter die keine Gebäude oder Gebäudeteile sind", um ein/en unbeweglichen/s Vermögensgegenstand/Wirtschaftsgut.

Die Straßenzufahrt ist gem. § 246 Abs. 1 Satz 1 HGB; § 5 Abs. 1 Satz 1 EStG als Vermögensgegenstand bzw. Wirtschaftsgut in die Bilanz aufzunehmen.

Die Zuordnung erfolgt gem. § 247 Abs. 2 HGB; R 6.1 Abs. 1 EStR zum Anlagevermögen. Der Bilanzausweis erfolgt gem. § 266 Abs. 2 A II. 1. HGB unter der Bilanzposition „Grundstücke ...“

Die Zugangsbewertung erfolgt gem. § 253 Abs. 1 Satz 1 HGB; § 6 Abs. 1 Nr. 1 Satz 1 EStG mit den Herstellungskosten. Die Herstellungskosten sind in Handels- und Steuerbilanz identisch. Die Vorsteuer gehört gem. § 9b EStG nicht zu den Herstellungskosten.

Herstellungskosten (Handels-/Steuerbilanz)   400.000,00 €

Bei der Straßenzufahrt sind gem. § 253 Abs. 3 Satz 1 und 2 HGB, § 7 Abs. 1 Satz 1 und 4 EStG planmäßige Abschreibungen vorzunehmen. Da die Fertigstellung erst im Dezember erfolgt, ist im Jahr 2020 eine zeitanteilige Abschreibung für einen Monat vorzunehmen. Die Gesamtnutzungsdauer beträgt 20 Jahre (240 Monate).

Wertentwicklung (Handels-/Steuerbilanz):

	Herstellungskosten	400.000,00 €
-	planmäßige Abschreibung/AfA (1/240 v. HK)	1.666,67 €
=	**Bilanzansatz zum 31.12.2020**	**398.333,33 €**

Dachreparatur:

Die Reparatur des Daches ist gem. § 252 Abs. 1 Nr. 5 HGB als Erhaltungsaufwand in Höhe von 60.000 € dem Geschäftsjahr 2020 zuzuordnen. Es handelt sich nicht um nachträgliche Anschaffungskosten gem. § 6 Abs. 1 Nr. 1a EStG.

Da bis zum Bilanzstichtag die Rechnung noch nicht bezahlt wurde, ist in der Handels- und Steuerbilanz zum 31.12.2020 eine Verbindlichkeit aus Lieferungen und Leistungen auszuweisen.

Der Bilanzausweis erfolgt gem. § 266 Abs. 3 C. 4 HGB unter der Position „Verbindlichkeit aus Lieferungen und Leistungen".

Die Zugangs- und Folgebewertung der Verbindlichkeit erfolgt in der Handelsbilanz gem. § 253 Abs. 1 Satz 2 HGB mit dem Erfüllungsbetrag. In der Steuerbilanz gem. § 6 Abs. 1 Nr. 3 i. V. m. Nr. 2 EStG mit den Anschaffungskosten. Die Anschaffungskosten entsprechen gem. H 6.10 EStH dem Rückzahlungsbetrag.

Der Erfüllungsbetrag (Handelsbilanz) und der Rückzahlungsbetrag (Steuerbilanz) sind identisch.

Bilanzansatz Verbindlichkeit zum 31.12.2020   71.400,00 €

b)

Grundstücke, grundstücksgleiche Rechte	200.000,00 €	an	sonstige betriebliche Aufwendungen	200.000,00 €
Grundstücke, grundstücksgleiche Rechte	400.000,00 €	an	Anlagen im Bau	400.000,00 €
Abschreibungen auf Sachanlagen	48.301,89 €	an	Grundstücke, grundstücksgleiche Rechte	48.301,89 €
sonstige betriebliche Aufwendungen sonstige Vermögensgegenstände (Vorsteuer)	60.000,00 € 11.400,00 €	an	Verbindlichkeiten aus Lieferungen und Leistungen	71.400,00 €

Lösung zu Aufgabe 5: Fallstudie Gebäude

a) Das 2019 erworbene Grundstück ist gem. § 246 Abs. 1 Satz 1 HGB in der Handelsbilanz und gem. § 5 Abs. 1 Satz 1 EStG in der Steuerbilanz anzusetzen. Es ist gem. § 247 Abs. 2 HGB; R 6.1 Abs. 1 EStR dem Anlagevermögen zuzuordnen.

Der Bilanzausweis erfolgt gem. § 247 Abs. 1 i. V. m. § 266 Abs. 2 A II 1 HGB unter der Position „Grundstücke...".

Die Bewertung erfolgt gem. § 253 Abs. 1 Satz 1 HGB, § 6 Abs. 1 Nr. 2 EStG mit den Anschaffungskosten gem. § 255 Abs. 1 HGB; H 6.2 EStH.

Der Kanalbaubeitrag der durch die Stadt Rostock erhoben wird, zählt gem. § 255 Abs. 1 HGB; H 6.4 das Grundstück zu den nachträglichen Anschaffungskosten. Die 30.000 € müssen aktiviert werden.

Wertentwicklung Grundstück:

	Anschaffungskosten 2019	2.800.000 €
+	Kanalbaubeitrag vom Juli 2020	30.000 €
=	**Bilanzansatz (Handels-/Steuerbilanz) 31.12.2020**	**2.830.000 €**

Die Erneuerung der Straße, stellt gem. H 6.4 EStH „Erschließungsbeiträge..." keine nachträglichen Anschaffungskosten des Grund und Bodens dar. Da es sich um die Erneuerung einer bestehenden Straße handelt, ist der durch Umlagebescheid festgesetzte Betrag in Höhe von 400.000 € für die Erneuerung als Erhaltungsaufwand zu behandeln. Die Buchung ist zu korrigieren.

Das geplante, aber noch nicht fertiggestellte Fertigungsgebäude ist gem. § 247 Abs. 1 HGB i. V. m. § 266 Abs. 2 A II 4 HGB ist als „Anlagen im Bau" auszuweisen.

Auch die Kosten für die Hausanschlüsse sind in die Anlagen im Bau (Gebäude) gem. § 255 Abs. 2 HGB, H 6.4 EStH „Erdarbeiten", „Hausanschlusskosten" einzubeziehen.

Die Anlagen im Bau sind gem. § 255 Abs. 2 HGB, R 6.3 EStR, H 6.3 EStH mit den anteiligen Herstellungskosten zu bewerten. Zu den Herstellungskosten der Anlagen im Bau gehören:

▸ 90 % der Honorarkosten des Architekturbüros

▸ Aufwendungen für den Erdaushub (anteilig)

▸ die Abschlagsrechnung für den Rohbau

▸ die Kosten für die Hausanschlüsse der Energieversorger.

Die Vorsteuer gehört gem. § 9b EStG nicht zu den Herstellungskosten.

Weiterentwicklung Anlagen im Bau (Handels- u. Steuerbilanz):

	Honorar Architekturbüro 90 % v. 1.600.000 €	1.440.000 €
+	Aufwendungen für den Erdaushub (280 T€ - 56 T€)	224.000 €
+	Abschlagsrechnung Rohbau	6.000.000 €
+	Hausanschlusskosten Energieversorger	50.000 €
=	**Bilanzansatz 31.12.2020**	**7.714.000 €**

Die Bauzeitversicherung ist gem. H 6.4 EStH „Bauzeitversicherung" als laufender Aufwand zu erfassen.

Der Anteil der Bauzeitversicherung, der sich auf das Jahr 2021 bezieht, stellt einen im Voraus gezahlten Aufwand dar. Gemäß §§ 250 Abs. 1 HGB, § 5 Abs. 5 Satz 1 Nr. 1 EStG muss für diesen Anteil ein aktiver Rechnungsabgrenzungsposten angesetzt werden.

Der Bilanzausweis erfolgt gem. § 266 Abs. 2 C HGB unter dem Posten „Rechnungsabgrenzungsposten".

Der Bilanzansatz zum 31.12.2020 beträgt 40.000 € (10/12 v. 48.000 €).

Der angelegte Parkplatz stellt gem. § 246 Abs. 1 Satz 1 HGB einen abnutzbaren unbeweglichen Vermögensgegenstand dar, der in der Handelsbilanz und gem. § 5 Abs. 1 Satz 1 EStG als Wirtschaftsgut in der Steuerbilanz angesetzt werden muss.

Der Parkplatz ist gem. § 247 Abs. 2 HGB, R 6.1 Abs. 1 EStR dem Anlagevermögen zuzuordnen.

Der Bilanzausweis erfolgt gem. § 247 Abs. 1 i. V. m. § 266 Abs. 2 A II 1. HGB unter der Position „Grundstücke ...".

Die Zugangsbewertung erfolgt gem. § 253 Abs. 1 Satz 1 HGB, § 6 Abs. 1 Nr. 1 Satz 1 EStG mit den Herstellungskosten gem. § 255 Abs. 2 HGB, R 6.3 EStR, H 6.3 EStH.

Da es sich um einen abnutzbaren Vermögensgegenstand bzw. abnutzbares Wirtschaftsgut handelt, sind gem. § 253 Abs. 3 Satz 1 und 2 HGB, § 7 Abs. 1 Satz 1 HGB planmäßige (lineare) Abschreibungen vorzunehmen. Im Jahr der Fertigstellung ist gem. § 7 Abs. 1 Satz 4 EStG zeitanteilig für zwei Monate abzuschreiben, da der Parkplatz im November fertiggestellt wurde.

Wertentwicklung (Handels-/Steuerbilanz):

	Architekturbüro (10 % v. 1.600.000 €)	160.000 €
+	BauGru GmbH, 20 % des Rechnungsbetrages	56.000 €
=	Herstellungskosten	216.000 €
-	Abschreibungen $= \dfrac{216.000\,€}{10\ \text{Jahre}} \cdot 2/12$	3.600 €
=	**Bilanzansatz zum 31.12.2020**	**212.400 €**

b) **Aktivierung Kanalbaubeitrag**

Grund und Boden	30.000 €	an	sonstige betriebliche Aufwendungen	30.000 €

Aktivierung Energieversorger

Gebäude	50.000 €	an	sonstige betriebliche Aufwendungen	50.000 €

Bildung RAP

ARAP	40.000 €	an	sonstige betriebliche Aufwendungen	40.000 €

Umbuchung Erneuerung Straße

sonstige betriebliche Aufwendungen	400.000 €	an	Grund und Boden	400.000 €

Buchung Leistungen BauGru GmbH

Anlagen im Bau usw.	224.000 €			
Außenanlagen	56.000 €			
Vorsteuer	53.200 €	an	Bank	333.200 €

Abschreibung Parkplatz

Abschreibungen Sachanlagen	3.600 €	an	Außenanlagen	3.600 €

Lösung zu Aufgabe 6: Anschaffung Technische Anlage

a) Durch den Sachverhalt werden mehrere Vermögensgegenstände, Schulden bzw. Wirtschaftsgüter angesprochen. Die Anschaffung der Maschine führt zu einer Aktivierung eines Vermögensgegenstandes bzw. positiven Wirtschaftsgutes. Da die Verbindlichkeiten gegenüber der Packli KG zum 31.12.2020 noch offen sind, sind außerdem Schulden bzw. negative Wirtschaftsgüter zu passivieren.

Aktivierung Technische Anlage (Maschine):
Die Maschine ist zum 06.11.2020 zu aktivieren. Die SpieSa GmbH ist ab Lieferung wirtschaftlicher Eigentümer der Technischen Anlage und muss diese gem. § 246 Abs. 1 HGB i. V. m. § 5 Abs. 1 Satz 1 EStG; § 39 Abs. 1 AO in der Handels- und Steuerbilanz aktivieren.

Die Maschine ist als abnutzbarer, beweglicher Vermögensgegenstand in der Handelsbilanz bzw. abnutzbares, bewegliches Wirtschaftsgut in der Steuerbilanz des Anlagevermögens, § 247 Abs. 2 HGB; R 6.1 Abs. 2 EStR.

Der Bilanzausweis erfolgt unter der Position „Technische Anlagen und Maschinen gem. § 266 Abs. 2 A II 2 HGB.

Die Zugangsbewertung erfolgt gem. § 253 Abs. 1 Satz 1 HGB und § 6 Abs. 1 Nr. 1 Satz 1 EStG mit den Anschaffungskosten (§ 255 Abs. 1 HGB; H 6.2 EStH).

Bei der Ermittlung der Anschaffungskosten ist der Kurs am Tag der Verschaffung der Verfügungsmacht (= Lieferung) am 06.11.2020 (H 6.2 „Ausländische Währung" EStH) maßgebend. Die Kursänderung der Schweizer Franken hat keinen Einfluss auf die einmal festgestellten Anschaffungskosten.

Ermittlung Anschaffungskosten (Handelsbilanz = Steuerbilanz):

$$\text{Anschaffungskosten} = \frac{200.000 \text{ CHF}}{1{,}430} = 139.860{,}14 \text{ €}$$

Die Folgebewertung erfolgt in der Handels- und Steuerbilanz mit den fortgeführten Anschaffungskosten. Es sind planmäßige Abschreibung/Absetzung für Abnutzung gem. § 253 Abs. 3 Satz 1 und 2 HGB; § 7 EStG vorzunehmen. Steuerrechtlich ist nur die lineare Abschreibungsmethode nach § 7 Abs. 1 EStG zulässig. Da keine weiteren Informationen vorliegen, wird auch in der Handelsbilanz so verfahren.

Im Jahr der Anschaffung ist die Abschreibung gem. § 7 Abs. 1 Satz 4 EStG zeitanteilig vorzunehmen. Im Jahr 2020 werden somit für zwei Monate Abschreibungen vorgenommen.

$$\text{Abschreibung 2020} = \frac{139.860,14\ \text{€}}{10\ \text{Jahre Nutzungsdauer}} \cdot \frac{2}{12} = 2.331,00\ \text{€}$$

Somit ergibt sich folgender Bilanzansatz zum 31.12.2020 für die Handels- und Steuerbilanz:

	Anschaffungskosten	139.860,14 €
-	Abschreibungen	2.331,00 €
=	Bilanzansatz 31.12.2020	137.529,14 €

Passivierung der Verbindlichkeit:
Da zum 31.12.2020 noch eine Restzahlung in Höhe von 80 % des Kaufpreises aussteht, besteht gegenüber der Packli KG eine Verbindlichkeit aus Lieferung und Leistungen. Die Verbindlichkeit ist gem. § 246 Abs. 1 HGB in der Handelsbilanz als Schulden anzusetzen. Dies gilt gem. § 5 Abs. 1 Satz 1 EStG auch für die Steuerbilanz.

Der Ausweis erfolgt unter der Position „Verbindlichkeiten aus Lieferungen und Leistungen" § 266 Abs. 3 C 4. HGB.

Zugangsbewertung Verbindlichkeit:
Die Zugangsbewertung der Verbindlichkeit erfolgt in der Handelsbilanz gem. § 253 Abs. 1 Satz 2 HGB mit dem Erfüllungsbetrag. In der Steuerbilanz erfolgt die Zugangsbewertung gem. § 6 Abs. 1 Nr. 3 i. V. m. Abs. 2, H 6.10 EStG mit den Anschaffungskosten. Die Anschaffungskosten entsprechen bei Verbindlichkeiten dem Rückzahlungsbetrag.

Bei der Zugangsbewertung der Verbindlichkeiten ist der Kurswert zum Zeitpunkt der wirtschaftlichen Entstehung der Verbindlichkeit am 06.11.2020 maßgebend. Im Rahmen der Zugangsbewertung gibt es keine Bewertungsunterschiede zwischen Handels- und Steuerbilanz.

$$\text{Erfüllungsbetrag/Rückzahlungsbetrag} = \frac{160.000\ \text{CHF}}{1,430} = 111.888,10\ \text{€}$$

Folgebewertung Verbindlichkeit:
Der Jahresabschluss ist gem. § 244 HGB in Euro aufzustellen.

Fremdwährungsverbindlichkeiten sind zum Bilanzstichtag gem. § 256a HGB mit dem Devisenkassamittelkurs anzusetzen.

Ergeben sich bei der Umrechnung zum Devisenkassamittelkurs Währungsgewinne sind diese im handelsrechtlichen Jahresabschluss auszuweisen, sofern die Restlaufzeit der Verbindlichkeit weniger als ein Jahr beträgt (§ 256a Satz 2 HGB). Dies ist im vorliegenden Sachverhalt gegeben.

In der Steuerbilanz besteht ein Ansatzverbot für nicht realisierte Währungsgewinne (Anschaffungskostenprinzip) § 6 Abs. 1 Nr. 3 i. V. m. Abs. 2 Satz 1 EStG.

Ermittlung Wert Verbindlichkeit am 31.12.2020

$$\text{Erfüllungsbetrag/Rückzahlungsbetrag} = \frac{160.000\,\text{CHF}}{1,450} = 110.344{,}82\,€$$

In der Handelsbilanz ist die Verbindlichkeit zwingend mit dem Erfüllungsbetrag vom 31.12.2020 in Höhe von 110.344,82 €. Die Differenz zur Zugangsbewertung in Höhe von 1.543,29 € ist ein nicht realisierter Gewinn (Währungsgewinn), der gesondert ausgewiesen werden muss.

In der Steuerbilanz wird die Verbindlichkeit zum 31.12.2020 weiterhin mit 111.888,11 € angesetzt, da nicht realisierte Gewinne in der Steuerbilanz nicht ausgewiesen werden dürfen.

Der Differenzbetrag in Höhe von 1.543,29 € wird gem. § 60 Abs. 2 EStDV in einer Überleitungsrechnung vom handelsrechtlichen Jahresüberschuss /-fehlbetrag abgezogen.

b)

technische Anlagen und Maschinen	111.888,11 €	an	Verbindlichkeiten aus Lieferungen und Leistungen	111.888,11 €

Abschreibungen auf Sachanlagen	2.331,00 €	an	technische Anlagen und Maschinen	2.331,00 €

Verbindlichkeiten aus Lieferungen und Leistungen	1.543,29 €	an	Erträge aus Währungsumrechnungen	1.543,29 €

Lösung zu Aufgabe 7: Technische Anlage

a) Die Entrindungsmaschine muss gem. § 246 Abs. 1 Satz 1 HGB als Vermögensgegenstand in der Handelsbilanz und gem. § 5 Abs. 1 Satz 1 EStG als Wirtschaftsgut in der Steuerbilanz angesetzt werden.

Da die Entrindungsmaschine dem Unternehmen langfristig dienen soll, ist sie gem. § 247 Abs. 2 HGB; R 6.1 Abs. 1 EStR dem Anlagevermögen zuzuordnen. Es handelt sich um einen beweglichen Vermögensgegenstand bzw. bewegliches Wirtschaftsgut.

Der Bilanzausweis erfolgt gem. § 247 Abs. 1 HGB i. V. m. § 266 Abs. 2 A. II. 2. HGB unter der Position „Technische Anlage und Maschinen". Sie ist als selbstständiger/s beweglicher/s Vermögensgegenstand/Wirtschaftsgut anzusetzen.

Die Zugangsbewertung erfolgt gem. § 253 Abs. 1 Satz 1 HGB; § 6 Abs. 1 Nr. 1 Satz 1 EStG mit den Anschaffungskosten (§ 255 Abs. 1 HGB, H 6.2 EStH).

Zu den Anschaffungskosten zählen der Anschaffungspreis der Entrindungsmaschine, die Kosten für das Fundament und die Kosten für den Abbau beim Verkäufer und den Aufbau bei der BüMö AG.

Bei den fünf Entrindungsmessern, die eingebaut worden sind, handelt es sich um nachträgliche Anschaffungskosten. Sie sind zusammen mit den anderen Anschaffungskosten zu aktivieren.

Für die nachträglichen Anschaffungskosten darf aus Vereinfachungsgründen gem. R 7.4 Abs. 9 Satz 3 EStR ausgegangen werden, dass sie zu Jahresbeginn bzw. zum Zeitpunkt der Montage der Entrindungsanlage aufgewendet wurden.

Die abziehbare Vorsteuer gehört gem. § 9b EStG nicht zu den Anschaffungskosten.

Ermittlung der Anschaffungskosten (Handels-/Steuerbilanz):

Kaufpreis der Anlage		300.000,00 €
Fundament für Einbau in Halle	64.000,00 €	
Abbau, Transport und Monate durch Müller	50.000,00 €	
abzgl. 3 % Skonto	- 1.500,00 €	
Anschaffungsnebenkosten		112.500,00 €
zusätzliche Entrindungsmesser 5 · 700 € =	3.500,00 €	
Montage Willi Flink	1.500,00 €	
nachträgliche Anschaffungskosten		5.000,00 €
Anschaffungskosten		**417.500,00 €**

Da es sich bei der Entrindungsmaschine um einen abnutzbaren Vermögensgegenstand/abnutzbares Wirtschaftsgut handelt, sind gem. § 253 Abs. 3 Satz 1 und 2 HGB; § 7 Abs. 1 Satz 1 EStG planmäßige Abschreibungen vorzunehmen.

Die Entrindungsmaschine war zum 01.04.2020 einsatzbereit. Im Jahr der Anschaffung sind gem. § 7 Abs. 1 Satz 4 EStG die Abschreibungen monatsgenau vorzunehmen.

Ermittlung Abschreibung (Handels-/Steuerbilanz):

$$\text{Abschreibung 2020} = \frac{\text{Anschaffungskosten}}{\text{Nutzungsdauer}} \cdot 9/12$$

$$\text{Abschreibung 2020} = \frac{417.500,00 €}{10 \text{ Jahre}} \cdot 9/12$$

Abschreibung 2020 = 31.312,50 €

Somit ergibt sich für die Entrindungsmaschine folgender Bilanzansatz zum 31.12.2020 in der Handels- und Steuerbilanz:

	Anschaffungskosten	417.500,00 €
-	Abschreibung	31.312,50 €
=	**Bilanzansatz 31.12.2020**	**386.187,50 €**

b)

technische Anlagen und Maschinen	117.500,00 €	an	sonstige betriebliche Aufwendungen	117.500,00 €

Abschreibung auf Sachanlagen	31.312,50 €	an	technische Anlagen und Maschinen	31.312,50 €

Lösung zu Aufgabe 8: Finanzanlagen (I)

a) Die Mayer AG hält 28 % des Grundkapitals der SpieSA AG. Somit besteht ein Beteiligungsverhältnis gem. § 271 Abs. 1 HGB. Das Darlehen, welches ausgereicht wurde, ist als Ausleihung gem. § 246 Abs. 1 Satz 1 HGB in der Handelsbilanz und gem. § 5 Abs. 1 Satz 1 EStG in der Steuerbilanz anzusetzen.

Da die Laufzeit fünf Jahre beträgt, sind die Ausleihungen gem. § 247 Abs. 2 HGB; R 6.1 Abs. 1 EStR dem Anlagevermögen zuzuordnen.

Der Bilanzausweis erfolgt gem. § 247 Abs. 1 HGB i. V. m. § 266 Abs. 2 A. III. 4. HGB unter der Position „Ausleihungen an Unternehmen, mit denen ein Beteiligungsverhältnis besteht".

Die Zugangsbewertung erfolgt gem. § 253 Abs. 1 Satz 1 HGB; § 6 Abs. 1 Nr. 2 Satz 1 EStG zu den Anschaffungskosten (§ 255 Abs. 1 HGB; H 6.2 EStH) Die Anschaffungskosten entsprechen dem Nennbetrag der Ausleihung in Höhe von 3.000.000 €.

Da keine Anzeichen für eine Wertminderung zum Bilanzstichtag vorliegen, erfolgt die Bewertung zum 31.12.2020 in der Handels- und Steuerbilanz weiterhin zu den Anschaffungskosten.

Die Zinsen für den Zeitraum von Juli bis Dezember 2020 sind gem. § 252 Abs. 1 Nr. 5 HGB (Grundsatz der Periodenabgrenzung])als Ertrag im Jahresabschluss 2020 zu erfassen. Die hieraus resultierende Forderung ist gem. § 246 Abs. 1 Satz 1 HGB; § 5 Abs. 1 Satz 1 EStG als sonstiger Vermögensgegenstand in der Handels- und Steuerbilanz anzusetzen.

Der Bilanzausweis erfolgt gem. § 247 Abs. 1 HGB i. V. m. § 266 Abs. 2 B. II. 4. HGB.

Die Bewertung erfolgt gem. § 253 Abs. 1 Satz 1 HGB; § 6 Abs. 1 Nr. 2 Satz 1 EStG mit den Anschaffungskosten (§ 255 Abs. 1 HGB; H 6.2 EStH). Die Anschaffungskosten entsprechen dem Nennbetrag.

Ansatz Handels- und Steuerbilanz zum 31.12.2020

4 % v. 3.000.000 € · 6/12 = **60.000 €**

b)

Ausleihungen an Unternehmen, mit denen ein Beteiligungsverhältnis besteht	3.000.000 €	an	sonstige Vermögensgegenstände	3.000.000 €

sonstige Vermögens-gegenstände	60.000 €	an	Zinsen und ähnliche Erträge	600.000 €

Lösung zu Aufgabe 9: Finanzanlagen (II)

a) Die Fondanteile sind gem. § 246 Abs. 1 Satz 1 HGB; § 5 Abs. 1 Satz 1 EStG in der Handels- und Steuerbilanz anzusetzen.

Die Fondsanteile sollen der Mayer AG langfristig dienen, sie sind gem. § 247 Abs. 2 HGB; R 6.1 Abs. 1 EStR dem Anlagevermögen zuzuordnen.

Der Bilanzausweis erfolgt gem. § 247 Abs. 1 HGB i. V. m. § 266 Abs. 2 A III. 5. HGB unter der Position „Wertpapiere des Anlagevermögens".

Die Zugangsbewertung erfolgt gem. § 253 Abs. 1 Satz 1 HGB; § 6 Abs. 1 Nr. 2 Satz 1 EStG mit den Anschaffungskosten (§ 255 Abs. 1 HGB; H 6.2 EStH).

Im vorliegenden Sachverhalt stellt der Ausgabepreis die Anschaffungskosten dar. Wertentwicklung (Handels-/Steuerbilanz):

6.000 Stück à 96 €/Stück = 576.000 €

Der Rücknahmewert von 92 € pro Fondanteil hat auf die Höhe der Anschaffungskosten keinen Einfluss.

Ein aktiver Rechnungsabgrenzungsposten ist nicht anzusetzen, da keine Ausgaben vor dem Bilanzstichtag entstanden sind die Aufwendungen nach dem Bilanzstichtag darstellen.

Anzeichen für eine Wertminderung zum Bilanzstichtag sind im vorliegenden Sachverhalt nicht gegeben, somit sind keine außerplanmäßigen Abschreibungen bzw. Teilwertabschreibungen vorzunehmen.

Der Bilanzansatz in der Handels- und Steuerbilanz erfolgt zum 31.12.2020 mit den Anschaffungskosten in Höhe von 576.000 €.

b)

Wertpapiere des Anlagevermögens	576.000 €	an	aktiver Rechnungs-abgrenzungsposten	24.000 €
			sonstige Ausleihungen	552.000 €

Lösung zu Aufgabe 10: Finanzanlagen (III)

a) Die Staatsanleihen sind gem. § 246 Abs. 1 Satz 1 HGB; § 5 Abs. 1 Satz 1 EStG in der Handels- und Steuerbilanz anzusetzen.

Die Mayer AG möchte die Anleihen kurzfristig halten somit sind sie dem Umlaufvermögen gem. § 247 Abs. 2 HGB Umkehrschluss; R 6.1 Abs. 2 EStR zuzuordnen.

Der Bilanzausweis erfolgt gem. § 247 Abs. 1 i. V. m. § 266 Abs. 2 B. III. 2 HGB unter der Position „sonstige Wertpapiere".

Die Bewertung erfolgt gem. § 253 Abs. 1 Satz 1 HGB; § 6 Abs. 1 Nr. 2 Satz 1 EStG zu den Anschaffungskosten (§ 255 Abs. 1 HGB; H 6.2 EStH). Zu den Anschaffungskosten gehören auch die Nebenkosten.

	Spanische Staatsanleihen im Nennwert von 80.000 € zum Kurs von 92 %	73.600 €
+	0,5 %Nebenkosten	368 €
=	Anschaffungskosten	73.968 €

Die gezahlten Stückzinsen stellen Ansprüche auf künftige Zinszahlungen dar.

Sie sind als sonstige Vermögensgegenstände gem. § 246 Abs. 1 Satz 1 HGB; § 5 Abs. 1 Satz 1 EStG zu aktivieren. Der Bilanzausweis erfolgt gem. § 247 Abs. 1 i. V. m. § 266 Abs. 2 B II 4 HGB unter der Position „sonstige Vermögensgegenstände".

Die Erhöhung des Kurswertes der Anleihen zum 31.12.2020 ist weder in der Handels- als in der Steuerbilanz zu berücksichtigen, da dies dem Realisationsprinzip widerspricht, § 255 Abs. 1 Nr. 4 HGB (Anschaffungswertprinzip).

Der Zinsertrag vom 01.11. bis zum 31.12.2020 ist gem. § 252 Abs. 1 Nr. 5 HGB im Jahresabschluss 2020 zu erfassen (Grundsatz der Periodenabgrenzung). Die Zinsen führen zu einer Forderung (sonstiger Vermögensgegenstand) die gem. § 246 Abs. 1 Satz 1 HGB; § 5 Abs. 1 Satz 1 EStG in der Handels- und Steuerbilanz anzusetzen sind.

Der Bilanzausweis erfolgt gem. § 247 Abs. 1 i. V. m. § 266 Abs. 2 B II 4 HGB unter der Position „sonstige Vermögensgegenstände".

Wertermittlung (Handels- und Steuerbilanz) 31.12.2020

3 % v. 80.000 € · 2/12 = 400 €

b)

sonstige Wertpapiere des Umlaufvermögens	73.968 €			
sonstige Vermögensgegenstände	200 €	an	Wertpapiere des Anlagevermögens	74.168 €
sonstige Vermögensgegenstände	400 €	an	Zinsen und ähnliche Erträge	400 €

Lösung zu Aufgabe 11: Anleihen

a) Der Grundsatz der Periodenabgrenzung fordert, das Aufwendungen und Erträge dem Geschäftsjahr zugewiesen werden, in dem sie wirtschaftlich entstehen unabhängig davon, wann die Zahlung erfolgt (§ 252 Abs. 1 Nr. 5 HGB).

Die Zinserträge, die auf den Zeitraum 01.04. bis 31.12.2020 entfallen, aber erst in 2018 fällig sind, sind somit im Jahresabschluss 2020 zu erfassen.

Die aus den Zinserträgen entstehende Forderung ist gem. § 246 Abs. 1 Satz 1 HGB; § 5 Abs. 1 Satz 1 EStG in der Handels- und Steuerbilanz zu erfassen.

Der Bilanzausweis erfolgt gem. § 266 Abs. 2 B II. Nr. 4 HGB unter der Position „sonstige Vermögensgegenstände".

Die Bewertung erfolgt gem. § 253 Abs. 1 Satz 1 HGB, § 6 Abs. 1 Nr. 2 EStG mit den Anschaffungskosten. Diese entsprechen dem Nennwert.

Wertentwicklung:
100.000 € • 3,6 % • 9 Monate/12 Monate = 2.700 €
= Bilanzansatz 31.12.2020 (Handels-/Steuerbilanz)

Durch den Verkauf der anderen Hälfte der Anleihen wird bereits zum 31.10.2020 in Gestalt der vergüteten Stückzinsen in Höhe von 1.050 € ein Gewinn realisiert.

Außerdem entsteht am 31.10.2020 mit der Veräußerung von 50 % der Anleihen ein sonstiger betrieblicher Ertrag in Höhe der Differenz zwischen Buchwert und Verkehrswert (= stille Reserven).

Berechnung des sonstigen betrieblichen Ertrags:

	Verkehrswert	102.000 €
-	Buchwert von 50 % der Anleihen	101.000 €
=	sonstige betriebliche Erträge	= 1.000 €

Die Verkaufsprovision in Höhe von 510 € stellt sonstige betriebliche Aufwendungen dar.

b)

sonstige Vermögens-gegenstände	2.700 €	an	Zinsen und ähnliche Erträge	2.700 €

Bank	102.540 €			
sonstige betriebliche Aufwendungen	510 €	an	Wertpapiere des Anlagevermögens	101.000 €
			Zinsen und ähnliche Erträge	1.050 €
			sonstige betriebliche Erträge	1.000 €

Lösung zu Aufgabe 12: Wertpapiere (I)

a) Die Aktien der Spiele AG wurden erworben, um in einer dauernden Verbindung dem eigenen Geschäftsbetrieb zu dienen; sie stellen deshalb gem. § 271 Abs. 1 HGB eine Beteiligung dar.

Die Beteiligung ist gem. § 246 Abs. 1 Satz 1 HGB als Vermögensgegenstand in der Handelsbilanz zu aktivieren. Dies gilt gemäß § 5 Abs. 1 Satz 1 EStG auch für die Steuerbilanz.

Die Zugangsbewertung erfolgt gem. § 253 Abs. 1 HGB; § 6 Abs. 1 Nr. 2 EStG zu den Anschaffungskosten (§ 255 Abs. 1 EStG, H 6.2 EStH). Die Maklerprovision stellt Anschaffungsnebenkosten dar.

Der Ausweis in der Bilanz ist unter dem Posten Beteiligungen vorzunehmen (§ 266 Abs. 2 A III 3 HGB).

Wertentwicklung:

	Kaufpreis	800.000 €
+	Maklerprovision	8.000 €
=	Anschaffungskosten	808.000 €

Folgebewertung:
Da es sich um eine Finanzanlage handelt, darf in der Handelsbilanz wegen des vorübergehend gesunkenen Börsenkurses eine außerplanmäßige Abschreibung auf den niedrigeren Wert von (80 % von 808.000 € =) 646.400 € vorgenommen werden, § 253 Abs. 3 Satz 6 HGB.

Wegen der Aufgabenstellung ist diese Abschreibung in Höhe von 161.600 € auch vorzunehmen.

Bilanzansatz in der Handelsbilanz zum 31.12.2020: **646.400 €.**

In der Steuerbilanz darf der niedrigere Teilwert nicht angesetzt werden, wenn es sich um eine voraussichtlich dauernde Wertminderung handelt, § 6 Abs. 1 Nr. 2 EStG. Der Kursverlust beträgt 20 %. Die Bagatellgrenze in Höhe von 5 % ist überschritten, sodass von einer dauernden Wertminderung ausgegangen werden kann. Die Kursentwicklung nach dem Bilanzstichtag ist unerheblich (BMF-Schreiben vom 02.09.2016 Rz. 21 ff.) Somit kann auch in der Steuerbilanz der niedrigere Teilwert angesetzt werden. Das Wahlrecht wird auch in Anspruch genommen, da die Zielstellung ein möglichst niedriger steuerlicher Gewinn ist.

Steuerbilanzansatz zum 31.12.2020 = 646.400 €

b)

Abschreibung auf Finanzanlagen	161.600 €	an	Beteiligungen	161.600 €

Lösung zu Aufgabe 13: Wertpapiere (II)

a) Die Wertpapiere sind gem. § 246 Abs. 1 Satz 1 HGB; § 5 Abs. 1 Satz 1 EStG in der Handels- und Steuerbilanz anzusetzen.

Die Wertpapiere sind dazu bestimmt, eine dauernde Verbindung zur Holz AG herzustellen und somit die Belieferung mit Kiefernholz sicherzustellen. Sie sind deshalb gem. § 247 Abs. 2 HGB; R 6.1 Abs. 1 EStR dem Anlagevermögen zuzuordnen. Die Wertpapiere sind gem. § 271 Abs. 1 Satz 1 HGB unter Beteiligungen in der Bilanz auszuweisen, § 266 Abs. 2 A III 3. HGB.

Zugangsbewertung:
Die Zugangsbewertung erfolgt gem. § 253 Abs. 1 Satz 1 HGB; § 6 Abs. 1 Nr. 2 Satz 1 EStG mit den Anschaffungskosten (§ 255 Abs. 1 HGB, H 6.2 EStH). Neben dem Anschaffungspreis gehören zu den Anschaffungskosten auch die Anschaffungsnebenkosten (Maklergebühren, Bankspesen).

Ermittlung Anschaffungskosten (Handels-/Steuerbilanz):

	100.000 Aktien, à 12 €/Stück	= 1.200.000 €
+	2 % Maklerprovision, Bankspesen	= 24.000 €
=	Anschaffungskosten	= 1.224.000 €

Folgebewertung:
Bei nicht abnutzbaren Vermögensgegenständen bzw. Wirtschaftsgütern des Anlagevermögens sind keine planmäßigen Abschreibungen vorzunehmen.

Handelsbilanz:
Außerplanmäßige Abschreibungen sind in der Handelsbilanz vorzunehmen, wenn eine dauernde Wertminderung vorliegt (§ 253 Abs. 3 Satz 5 HGB). Eine voraussichtlich dauernde Wertminderung liegt im vorliegenden Sachverhalt nicht vor.

Bei Finanzanlagen kann (gemildertes Niederstwertprinzip) gem. § 253 Abs. 3 Satz 6 HGB eine außerplanmäßige Abschreibung auch bei einer voraussichtlich nicht dauernden Wertminderung vorgenommen werden.

Da laut Aufgabenstellung ein möglichst niedriger Vermögensausweis dargestellt werden soll, wird dieses Wahlrecht in der Handelsbilanz in Anspruch genommen.

Wertentwicklung Handelsbilanz:

Anschaffungskosten	= 1.224.000 €
Börsenpreis am Bilanzstichtag:	
100.000 Aktien à 11,50 € = 1.150.000 € + 2 %	= 1.173.000 €
Bilanzansatz 31.12.2020 (Handelsbilanz)	**= 1.173.000 €**

Steuerbilanz:
In der Steuerbilanz kann eine Teilwertabschreibung gem. § 6 Abs. 1 Nr. 2 Satz 2 EStG bei einer voraussichtlich dauernden Wertminderung vorgenommen werden. Eine voraussichtlich dauernde Wertminderung liegt im vorliegenden Sachverhalt nicht vor, sodass für die Steuerbilanz ein Abwertungsverbot gilt. In der Steuerbilanz sind die Wertpapiere somit zum Bilanzstichtag mit den Anschaffungskosten zu bewerten.

Bilanzansatz 31.12.2020 (Steuerbilanz) = 1.224.000 €

Aufgrund der unterschiedlichen Bewertung zwischen der Handels- und Steuerbilanz ist der handelsrechtliche Gewinn gem. § 60 Abs. 2 EStDV um 51.000 € zu erhöhen, um den steuerlichen Gewinn zu erhalten.

b) Die Dividendenausschüttung ist mit der Bruttodividende als Ertrag aus Beteiligung in der Handels- und Steuerbilanz zu erfassen.

Die einbehaltene Kapitalertragsteuer und der Solidaritätszuschlag sind als Steuern vom Einkommen und Ertrag zu erfassen.

Ermittlung der Dividendenausschüttung:

	Bruttodividende 100.000 Aktien • 0,60 €	= 6.000 €
-	25 % Kapitalertragsteuer	= 1.500 €
-	5,5 % SolZ v. 1.500 €	= 82,50 €
=	Ausschüttung	= 4.417,50 €

c)

Abschreibung auf Finanzanlagen	51.000 €	an Beteiligungen	51.000 €

Guthaben bei Kreditinstituten	4.417,50 €		
Steuern vom Einkommen und vom Ertrag	1.582,50 €	an Erträge aus Beteiligungen	6.000,00 €

Lösung zu Aufgabe 14: Vorräte (I)

Die Schubladen sind dem Umlaufvermögen gem. § 247 Abs. 2 HGB im Umkehrschluss und R 6.1 Abs. 2 EStR zuzuordnen.

Fallen die Gründe, die zu einer Abwertung der Vorräte geführt haben weg, so ist handels- als auch steuerrechtlich eine Zuschreibung vorzunehmen. Dies ist geregelt in § 253 Abs. 5 HGB und § 6 Abs. 1 Nr. 2 Satz 3 i. V. m. Abs. 1 Satz 4 EStG. Im vorliegenden Sachverhalt beträgt der Wert gleichwertiger Schubladen 28 €.

Somit sind die Gründe, die zu einer Abwertung geführt haben, nicht mehr gegeben.

Es ist eine Zuschreibung vorzunehmen, diese darf allerdings maximal bis zu den historischen Anschaffungskosten gem. § 253 Abs. 1 Satz 1 HGB und § 6 Abs. 1 Nr. 2 Satz 1 EStG erfolgen.

Würde eine Zuschreibung über die historischen Anschaffungskosten erfolgen, würden nicht realisierte Gewinne ausgewiesen, hierfür besteht gem. § 252 Abs. 1 Nr. 4 HGB ein Verbot.

Für die im Lager befindlichen Schubladen besteht also ein Zuschreibungsgebot bis zu den Anschaffungskosten in Höhe von 25 € je Stück, sowohl in der Handelsbilanz als auch in der Steuerbilanz.

Es ergibt sich somit ein Bilanzansatz zum 31.12.2020 in der Handels- und Steuerbilanz 300 Stück • 25 € = 7.500 €

Lösung zu Aufgabe 15: Vorräte (II)

a) **Sachverhalt 1 – Beschläge aus Edelmetall:**

Die Beschläge sind gem. § 246 Abs. 1 Satz 1 HGB und § 5 Abs. 1 Satz 1 EStG als Vermögensgegenstände bzw. Wirtschaftsgüter in der Handels- und Steuerbilanz anzusetzen.

Die Beschläge sind als Rohstoffe dem Umlaufvermögen zuzuordnen (§ 247 Abs. 2 HGB im Umkehrschluss; R 6.1 Abs. 2 EStR).

Der Bilanzausweis erfolgt gem. § 266 Abs. 2 B I 1 HGB unter der Position „Roh-, Hilfs- und Betriebsstoffe".

Die Bewertung erfolgt gem. § 253 Abs. 1 Satz 1 HGB; § 6 Abs. 1 Nr. 2 Satz 1 EStG mit den Anschaffungskosten.

Es handelt sich um vertretbare Vermögensgegenstände, bei denen die Anschaffungskosten nicht mehr einwandfrei feststellbar sind. Grundsätzlich besteht gem. § 252 Abs. 1 Nr. 3 HGB das Gebot der Einzelbewertung. In begründeten Fällen kann vom Grundsatz der Einzelbewertung abgewichen werden (§ 252 Abs. 2 HGB).

Handelsrechtlich kann die KlebSto AG davon ausgehen, dass die ersten Einkäufe zuerst verbraucht werden (Fifo-Verfahren). Dies entspricht den Grundsätzen ordnungsgemäßer Buchführung und ist in der Handelsbilanz zulässig (§ 256 Satz 1 HGB).

Eine bestimmte Verbrauchsfolge kann unterstellt werden, solange die tatsächliche Verbrauchsfolge dies nicht explizit ausschließt. Somit ergibt sich in der **Handelsbilanz** folgender Wertansatz zum 31.12.2020:

	2.000 Stück (aus Zugang Dezember 2020) à 10,50 €	21.000 €
+	1.000 Stück (aus Zugang November 2020) à 9,50 €	9.500 €
=	**3.000 Stück (Bestand 31.12.2020 = Handelsbilanz)**	**30.500 €**

In der Steuerbilanz ist das Fifo-Verfahren nicht zulässig (R 6.9 Abs. 1 EStR; § 6 Abs. 1 Nr. 2a EStG im Umkehrschluss), es kann **nur** das Lifo-Verfahren angewendet werden

Laut Aufgabenstellung soll eine Einheitsbilanz erstellt werden. Es muss demnach ein Bewertungsvereinfachungsverfahren angewendet werden, welches sowohl in der Handels- als auch in der Steuerbilanz angewendet werden darf.

Die Anschaffungskosten sind nach den in der Handels- und Steuerbilanz zulässigen Verfahren zu ermitteln. In Betracht kommen die Durchschnittsbewertung (§ 240 Abs. 4 i. V. m. § 256 Satz 2 HGB und R 6.8 Abs. 3 EStR) und das Lifo-Verfahren (§ 256 Satz 1 HGB und § 6 Abs. 1 Nr. 2a EStG).

Da die KlebSto AG keine Aufzeichnungen über die Abgänge führt, kommt nur ein Periodenverfahren zur Anwendung (Bewertung des Bestandes am Ende der Periode).

Die Anwendung eines permanenten Verfahrens setzt voraus, dass alle Zu- und Abgänge ständig erfasst werden.

Bei Anwendung des **Durchschnittsverfahrens** ergibt sich folgendes Ergebnis:

4.000 Stück (aus Zugang November 2020) zu je	9,50 €	38.000 €
2.000 Stück (aus Zugang Dezember 2020) zu je	10,50 €	21.000 €
6.000 Stück		59.000 €
3.000 Stück = Bestand 31.12.2020		29.500 €

Der gewogene Durchschnitt ist nur aus den Zugängen Oktober und Dezember zu ermitteln, da die Bestände nachweislich aus den letzten drei Monaten stammen.

Das **Lifo-Verfahren** führt zu folgendem Ergebnis:

3.000 Stück (aus dem Bestand im Januar 2020) zu je 12 € = 36.000 €

Der Bestand hat sich im Laufe des Geschäftsjahres 2020 um 3.000 Stück gemindert. Das keine Mehrbestände vorliegen, ist die Bewertung mit Layer nicht zu berücksichtigen.

Die Zugangsbewertung erfolgt somit mit dem Durchschnittswert in Höhe von 29.500 €, da laut Aufgabenstellung ein möglichst niedriger steuerlicher Gewinn erreicht werden soll. Dies erreicht man durch einen möglichst niedrigen Vermögensausweis.

Der Wiederbeschaffungswert am Bilanzstichtag beträgt:
3.000 Stück à 10 € = 30.000 €

Der Ansatz mit dem Tageswert am Bilanzstichtag ist nicht möglich, da die Anschaffungskosten gem. § 253 Abs. 1 Satz 1 HGB die Bewertungsobergrenze bilden.

Der Bilanzansatz am 31.12.2020 beträgt somit 29.500 €.

Der bisherige Bilanzansatz in Höhe von 30.500 € ist deshalb um 1.000 € auf 29.500 € zu berichtigen.

Sachverhalt 2 – Schreibtischlampen:
Die Schreibtischlampen sind als Vermögensgegenstände gem. § 246 Abs. 1 Satz 1 HGB in der Handelsbilanz und gem. § 5 Abs. 1 Satz 1 EStG in der Steuerbilanz anzusetzen.

Die Zuordnung erfolgt als Handelswaren im Umlaufvermögens (§ 247 Abs. 2 HGB im Umkehrschluss; R 6.1 Abs. 2 EStR).

Der Bilanzausweis erfolgt gem. § 266 Abs. 2 B I 3 HGB unter der Position „fertige Erzeugnisse und Waren".

Die Zugangsbewertung erfolgt mit den Anschaffungskosten (§ 253 Abs. 1 Satz 1 HGB; § 6 Abs. 1 Nr. 2 Satz 1 EStG).

Bei der Inventur am 31.10.2020 handelt es sich um eine zulässige zeitverschobene Inventur (§ 241 Abs. 3 HGB).

Der Bestand vom 31.10.2020 ist wertmäßig auf den Bilanzstichtag fortzuschreiben.

Laut Aufgabenstellung sind die Handelswaren am 31.10.2020 dauerhaft im Wert gemindert.

In der Handelsbilanz sind die Handelswaren gem. § 253 Abs. 4 HGB mit dem niedrigeren beizulegenden Wert (strenges Niederstwertprinzip) zum 31.10.2020 anzusetzen. Dieser Bestand ist dann zum 31.12.2020 fortzuschreiben.

In der Steuerbilanz kann gem. § 6 Abs. 1 Nr. 2 Satz 2 EStG der niedrigere Teilwert angesetzt werden, wenn eine dauernde Wertminderung vorliegt.

Laut Aufgabenstellung ist die Wertminderung dauerhaft, somit ist der handelsrechtliche Wertansatz auch in der Steuerbilanz anzusetzen.

Wertentwicklung (Handels-/Steuerbilanz)

	Bestand am 31.10.2020		
-	Verkäufe vom 01.11. - 31.12.2020		40.000 €
	Nettoverkaufspreise	20.000 €	
-	Aufschlagssatz (25/125)	4.000 €	
=	Anschaffungskosten	16.000 €	16.000 €
=	Wertansatz am 31.12.2020		24.000 €

Die Schreibtischlampen sind in der Handels- und Steuerbilanz mit einem Wert von 24.000 € zum 31.12.2020 anzusetzen.

b) **Sachverhalt 1:**

Aufwendungen für Roh-, Hilfs- und Betriebsstoffe	1.000 €	an	Roh-, Hilfs- und Betriebsstoffe	1.000 €

Sachverhalt 2:

Fertige Erzeugnisse und Waren	24.000 €	an	Aufwendungen für bezogene Waren	24.000 €

Lösung zu Aufgabe 16: Bilanzierung Vorräte – Verbrauchsfolgeverfahren

a) Allgemeine Bewertung von Vorräten nach Handelsrecht

Vorräte sind gem. § 247 Abs. 2 HGB im Umkehrschluss; R 6.1 Abs. 2 EStR dem Umlaufvermögen zuzuordnen. Die Vermögensgegenstände/Wirtschaftsgüter werden gem. § 252 Abs. 1 Nr. 3 HGB grundsätzlich einzeln bewertet.

Die Zugangsbewertung erfolgt gem. § 253 Abs. 1 Satz 1 HGB; § 6 Abs. 1 Nr. 2 Satz 1 EStG mit den Anschaffungs- oder Herstellungskosten. Die Anschaffungskosten sind definiert in § 255 Abs. 1 HGB; R 6.2 EStR, H 6.2 EStH und die Herstellungskosten in § 255 Abs. 2 HGB; § 6 Abs. 1 Nr. 1b EStG, R 6.3 EStR, H 6.3 EStG.

Können die Anschaffungskosten nicht eindeutig für einen Bestand ermittelt werden, können Bewertungsvereinfachungsverfahren zur Ermittlung der Anschaffungskosten verwendet werden (§§ 240 Abs. 4; 256 HGB; R 6.8 EStR, H 6.8 EStH).

Im Rahmen der Folgebewertung ist im Handelsrecht das strenge Niederstwertprinzip gem. § 253 Abs. 4 HGB zu beachten. Das bedeutet, liegt der Tageswert am Bilanzstichtag unter den Anschaffungs- oder Herstellungskosten, ist zwingend auf diesen Wert abzuschreiben.

Im Steuerrecht herrscht im Rahmen der Folgebewertung ein Abwertungswahlrecht, allerdings nur, wenn eine voraussichtlich dauernde Wertminderung vorliegt (§ 6 Abs. 1 Nr. 2 Satz 2 EStG).

Fallen die Gründe für eine in den Vorjahren vorgenommene außerplanmäßige Abschreibung bzw. Teilwertabschreibung weg, so ist zwingend zuzuschreiben (§ 253 Abs. 5 HGB; § 6 Abs. 1 Nr. 2 Satz 3 i. V. m. Abs. 1 Nr. 4 EStG).

Handels- als auch Steuerrechtlich gelten die Anschaffungs- bzw. Herstellungskosten gem. § 253 Abs. 1 Satz 1 HGB und § 6 Abs. 1 Nr. 1 Satz 1 EStG als Bewertungsobergrenze.

b) Ermittlung Bilanzansatz nach Handels- und Steuerrecht

Das Unternehmen wendet das Lifo-Verfahren zur Ermittlung der Anschaffungskosten an. Dies ist handels- als auch steuerrechtlich gem. § 256 HGB; § 6 Abs. 1 Nr. 2a EStG möglich.

Bei der Lifo-Methode wird unterstellt, dass die zuletzt angeschafften Güter zuerst verbraucht werden. Daraus ergibt sich der Bestand am Jahresende aus dem Anfangsbestand und den ersten Zugängen. Es ergeben sich folgende Anschaffungskosten:

Der Bestand am 31.12. in Höhe von 4.000 Stück, setzt sich ausschließlich aus dem Anfangsbestand zusammen, daraus ergibt sich

Anschaffungskosten 4.000 Stück • 25 € je Stück = 100.000 €.

Da der Wiederbeschaffungspreis am Bilanzstichtag 24,00 € beträgt, muss handelsrechtlich das strenge Niederstwertprinzip angewendet werden, sodass der Bestand mit 24 € je Stück bewertet werden muss.

Steuerrechtlich besteht ein Abwertungswahlrecht, da der Preis dauerhaft bei 24 € liegt. Dieses Abwertungswahlrecht wird in Anspruch genommen, da der steuerliche Gewinn laut Aufgabenstellung so niedrig wie möglich sein soll.

Somit ergibt sich für die Handels- und Steuerbilanz einheitlich zum 31.12.2020 folgender Bilanzansatz:

4.000 Stück • 24 € je Stück = 96.000 €

c) Ermittlung Bestandsveränderung

Der vorläufige Bestand beträgt 150.000 €, der Schlussbestand 96.000 €. Somit ergibt sich eine Bestandsveränderung in Form einer Bestandsminderung in Höhe von 54.000 €.

Lösung zu Aufgabe 17: Zugangs- und Folgebewertung Vorräte

a) Ermittlung der Herstellungskosten

Die Herstellungskosten ergeben sich im Handelsrecht aus § 255 Abs. 2 HGB und im Steuerrecht aus R 6.3 EStR, H 6.3 EStH.

In die Herstellungskosten müssen im Handels- als auch im Steuerrecht die Material- und Fertigungseinzelkosten, sowie die Sonderkosten der Fertigung mit einbezogen werden. Außerdem müssen angemessene Teile der Material- und Fertigungsgemeinkosten einbezogen werden.

Bei den allgemeinen Verwaltungskosten gibt es im Handelsrecht ein Aktivierungswahlrecht gem. § 255 Abs. 2 Satz 3 HGB. Im Steuerrecht gilt gem. § 6 Abs. 1 Nr. 1b EStG ebenfalls ein Aktivierungswahlrecht.

Da eine Einheitsbilanz mit hohem Gewinnausweis gewünscht ist, wird das Aktivierungswahlrecht in Anspruch genommen. Für Vertriebskosten gilt sowohl im Handels- als auch im Steuerrecht ein Aktivierungsverbot (§ 255 Abs. 2 Satz 4 HGB).

Es ergeben sich somit folgende Herstellungskosten für die Handels- und Steuerbilanz:

Fertigungsmaterial	30.000,00 €
Materialgemeinkosten	6.600,00 €
Fertigungslöhne	12.000,00 €
Fertigungsgemeinkosten	18.000,00 €
Entwurfskosten „Komplett-Schlafzimmereinrichtung"	8.100,00 €
Kosten der Verwaltung	5.100,00 €
Herstellungskosten nach Handels- und Steuerrecht	**79.800,00 €**

b) Folgebewertung

Die halbfertigen „Komplett-Schlafzimmereinrichtungen" gehören gem. § 247 Abs. 2 HGB im Umkehrschluss und R 6.1 Abs. 2 EStR zum Umlaufvermögen. Handelsrechtlich ist zu prüfen, ob ein niedrigerer beizulegender Wert (strenges Niederstwertprinzip) gem. § 253 Abs. 4 HGB anzusetzen ist.

Steuerrechtlich kann bei einer voraussichtlich dauernden Wertminderung der niedrigere Teilwert gem. § 6 Abs. 1 Nr. 2 Satz 2 EStG angesetzt werden. Es ist also der beizulegende Wert und der Teilwert zu ermitteln, um die Folgebewertung durchzuführen.

Der beizulegende Wert ermittelt sich, indem vom voraussichtlichen Verkaufserlös die Gesamtkosten, die nach dem Abschlussstichtag anfallen, subtrahiert werden (R 6.8 Abs. 2 EStR).

Nettoverkaufspreis		**99.000,00 €**
abzüglich Kosten, die nach dem Bilanzstichtag entstehen:		
Fertigungsmaterial	6.300,00 €	
Materialgemeinkosten	1.500,00 €	
Fertigungslöhne	11.400,00 €	
Fertigungsgemeinkosten	12.150,00 €	
Verwaltungsgemeinkosten	4.800,00 €	
Vertriebskosten	8.100,00 €	
Kosten die nach dem Bilanzstichtag entstehen:		**44.250,00 €**
= **beizulegender Wert**		**54.750,00 €**

Der Teilwert ergibt sich, indem vom voraussichtlichen Verkaufserlös die Gesamtkosten nach dem Abschlussstichtag und der durchschnittliche Unternehmergewinn subtrahiert werden.

	Nettoverkaufspreis	99.000,00 €
-	Kosten die nach dem Bilanzstichtag entstehen:	44.250,00 €
-	durchschnittlicher Unternehmergewinn *5 % v. 99.000 €*	4.950,00 €
=	**Teilwert**	**49.800,00 €**

Handelsrechtlich muss zwingend (strenges Niederstwertprinzip) gem. § 253 Abs. 4 HGB der niedrigere beizulegende Wert angesetzt werden.

Somit erfolgt in der **Handelsbilanz** der Ansatz zum **31.12.2020** in Höhe von **54.750 €**.

In der Steuerbilanz kann bei einer voraussichtlichen dauernden Wertminderung der niedrigere Teilwert angesetzt werden (§ 6 Abs. 1 Nr. 2 Satz 2 EStG). Der Teilwert ist niedriger als die Herstellungskosten und es handelt sich laut Aufgabenstellung um eine voraussichtlich dauernde Wertminderung. Es besteht also ein Abwertungswahlrecht.

Das Wahlrecht der Teilwertabschreibung wird in Anspruch genommen, da der steuerliche Gewinn so niedrig wie möglich ausfallen soll.

Der Bilanzansatz in der **Steuerbilanz** zum **31.12.2020** beträgt **49.800 €**.

Lösung zu Aufgabe 18: Bewertung Forderungen Handelsbilanz

a) Zugangs- und Folgebewertung von Forderungen

Forderungen werden im Rahmen der Zugangsbewertung im Handels- und Steuerrecht mit den Anschaffungskosten gem. § 253 Abs. 1 Satz 1 HGB; § 6 Abs. 1 Nr. 2 Satz 1 EStG bewertet. Die Anschaffungskosten entsprechen dem Nennbetrag der Forderungen (i. d. R. dem Bruttorechnungsbetrag).

Im Rahmen der Folgebewertung ist im Handelsrecht das strenge Niederstwertprinzip (§ 253 Abs. 4 HGB) zu beachten und anzuwenden, da Forderungen zum Umlaufvermögen gehören (§ 247 Abs. 2 HGB im Umkehrschluss). Es ist also im Rahmen der Erstellung des Jahresabschlusses die Werthaltigkeit der Forderungen zu prüfen. Die Forderungen lassen sich hierbei einteilen in

- einwandfreie Forderungen,
- zweifelhafte Forderungen und
- uneinbringbare Forderungen.

Bei einwandfreien Forderungen werden grundsätzlich keine Wertberichtigungen direkt vorgenommen. Bei zweifelhaften Forderungen, muss auf Basis des strengen Niederstwertprinzips eine Einzelwertberichtigung vorgenommen werden. Bei uneinbringlichen Forderungen muss eine außerplanmäßige Abschreibung vorgenommen werden.

Bei Forderungen, die nicht direkt wertberichtigt wurden, können Pauschalwertberichtungen vorgenommen werden, um das Ausfallrisiko darzustellen.

Im Steuerrecht besteht für voraussichtlich dauernde Wertminderungen ein Wahlrecht zur Abschreibung auf den niedrigeren Teilwert gem. § 6 Abs. 1 Nr. 2 Satz 2 EStG. Anders als im Handelsrecht muss der Steuerpflichtige nachweisen, dass eine voraussichtliche dauernde Wertminderung besteht und nur dann hat er ein Wahlrecht zur Teilwertabschreibung.

Gerade im Bereich der Forderungen sei noch auf wertaufhellende und wertbeeinflussende Tatsachen hingewiesen, § 252 Abs. 1 Nr. 4 HGB.

Wertaufhellende Tatsachen sind Tatsachen, die vor dem Abschlussstichtag wirtschaftlich verursacht worden sind, allerdings erst zwischen Bilanzstichtag und Tag der Bilanzaufstellung bekannt geworden sind. Diese Tatsachen müssen im Jahresabschluss berücksichtigt werden.

Beispiel

Ein Kunde meldet am 29.12.2020 Insolvenz an, diese Informationen erhalten wir erst am 20.01.2021 vor Bilanzaufstellung. Diese Tatsache muss im Jahresabschluss bei der Bewertung der Forderungen berücksichtigt werden.

Wertbeeinflussende Tatsachen sind Tatsachen, die wirtschaftlich nach dem Bilanzstichtag entstehen und vor dem Tag der Bilanzaufstellung bekannt werden. Diese Tatsachen dürfen im Rahmen des Jahresabschlusses nicht berücksichtigt werden.

Beispiel

Ein Kunde meldet am 02.01.2021 Insolvenz an, dies wird uns am 10.01.2021 vor Bilanzaufstellung bekannt.

Da die Insolvenz erst im Januar 2021 erfolgt, gilt die Forderung zum 31.12.2020 als werthaltig und darf nicht korrigiert werden.

b) Bewertung Sachverhalt nach handelsrechtlichen Gesichtspunkten

Forderungen sind gem. § 247 Abs. 2 HGB Umkehrschluss dem Umlaufvermögen zuzuordnen. Forderungen sind gem. § 252 Abs. 1 Nr. 3 HGB einzeln zu bewerten, von diesem Grundsatz kann aber gem. § 252 Abs. 2 HGB abgewichen werden, sodass auch das Pauschalrisiko, welches in den Forderungen besteht, in Form von Pauschalwertberichtigungen dargestellt werden kann.

Das Ausfall- und das Skontorisiko sind vom Netto-Forderungsbestand zu berechnen, da die Umsatzsteuer bei Nichteingang einer Forderung gegenüber dem Finanzamt wieder geltend gemacht werden kann.

Der Zinsverlust wird allerdings von dem entsprechenden Brutto-Forderungsbestand berechnet, da diese Kosten von den Forderungen inkl. Umsatzsteuer verursacht werden.

Die Wertobergrenze für die Pauschalwertberichtigung ist allerdings die am Tag der Bilanzaufstellung noch offenen, pauschal bewerteten Netto-Forderungen, da hierüber hinaus kein Risiko besteht.

Die Pauschalwertberichtigung errechnet sich wie folgt:

	Brutto-Forderungen		3.570.000,00 €
-	19 % Umsatzsteuer		570.000,00 €
=	Netto-Forderungen		3.000.000,00 €
	2 % Ausfallrisiko	60.000,00 €	
	aber maximal offene Netto-Forderung am Tag der Bilanzaufstellung		**50.000,00 €**
	2 % Skonto-Risiko	60.000,00 €	
	aber maximal		**24.000,00 €**
	Skonto-Brutto	28.560,00 €	
-	19 % Umsatzsteuer	4.560,00 €	
=	Netto-Skonto	24.000,00 €	
	Zinsrisiko		
	8 % v. Bruttoforderung für 10 Tage		**7.933,33 €**
	Inkassorisiko		**700,00 €**
	Wert Pauschalwertberichtigung 31.12.2020		**82.633,33 €**
	Bestand Pauschalwertberichtigung 31.12.2019		45.000,00 €
=	**Erhöhung Bestand Pauschalwertberichtigung**		**37.633,33 €**

Der Bilanzansatz (31.12.2020) der Pauschalwertberichtigung beträgt in der Handelsbilanz somit 82.633 €.

 INFO

Hinweis für die Steuerbilanz:
In der Steuerbilanz darf im Rahmen der Pauschalwertberichtigung kein Skontorisiko einbezogen werden. Außerdem ist die Bemessungsgrundlage für die Anwendung des Pauschalwertsatzes der Nettoforderungsbestand am Tag der Bilanzaufstellung. Diese Daten waren im Sachverhalt nicht gegeben.

In der Praxis ist neben der Aufzeichnung der Forderung zum Bilanzstichtag ebenfalls der Forderungsbestand am Tag der Bilanzaufstellung, der sich auf die offenen Forderungen zum Bilanzstichtag beziehen aufzuzeichnen.

Lösung zu Aufgabe 19: Fremdwährungsforderungen

Die Forderungen gehören gem. § 247 Abs. 2 HGB im Umkehrschluss; R 6.1 Abs. 2 EStR zum Umlaufvermögen der BauMa GmbH. Sie sind gem. § 253 Abs. 1 Satz 1 HGB; § 6 Abs. 1 Nr. 2 Satz 1 EStG mit den Anschaffungskosten erstmalig zu bewerten. Gemäß § 244 HGB ist die Forderung in Euro anzusetzen. Es wird die Forderung zum 13.12.2020 in Euro umgerechnet und angesetzt.

Zugangsbewertung: (Handelsrecht = Steuerrecht)

Anschaffungskosten (Nennbetrg) der Forderung: $\dfrac{750.000\ \text{CHF}}{1,62\ \text{CHF}} = 462.962,96\ €$

Folgebewertung:

Handelsrecht:
Die Forderungen gehören dem Umlaufvermögen an. Gemäß § 252 Abs. 1 Nr. 4 i. V. m. § 253 Abs. 4 HGB ist am Bilanzstichtag der niedrigere Wert aus Anschaffungskosten und Tageswert anzusetzen (Strenges Niederstwertprinzip).

Bei Fremdwährungsforderungen mit einer Restlaufzeit unter einem Jahr gibt es allerdings die Besonderheit des § 256a HGB. Demnach müssen Fremdwährungsforderungen zwangsweise mit dem Devisenkassamittelkurs am Bilanzstichtag angesetzt werden, egal ob sich hierdurch ein Währungsgewinn oder -verlust ergibt. § 252 Abs. 1 Nr. 4 HGB wird hierdurch ausgehebelt.

Daraus ergibt sich für die **Handelsbilanz** zum 31.12.2020 folgender Bilanzansatz:

$\dfrac{750.000\ \text{CHF}}{1,65\ \text{CHF}} = \mathbf{454.545,45\ €}$

Hieraus ergibt sich für den handelsrechtlichen Jahresabschluss ein Währungsverlust.

13.12.2020	$\dfrac{750.000\ \text{CHF}}{1,62\ \text{CHF}} = 462.962,96\ €$	
31.12.2020	$\dfrac{750.000\ \text{CHF}}{1,65\ \text{CHF}} = 454.545,45\ €$	
Währungsverlust	**8.417,51 €**	

Steuerrecht:
In der Steuerbilanz kann gem. § 6 Abs. 1 Nr. 2 Satz 2 EStG bei einer voraussichtlich dauernden Wertminderung der niedrigere Teilwert angesetzt werden. Das heißt dieses Abwertungswahlrecht (Teilwertabschreibung) ist allerdings nur gegeben, wenn es sich um eine dauernde Wertminderung handelt. Laut Sachverhalt erholt sich der Kurs bis zur Zahlung durch den Kunden allerdings wieder, sodass keine dauernde Wertminderung vorliegt. So das in der Steuerbilanz für den vorliegenden Sachverhalt kein Abwertungswahlrecht besteht, die Forderung ist mit dem Wert der Zugangsbewertung zum 31.12.2019 anzusetzen.

Bilanzansatz zum 31.12.2020 (**Steuerbilanz**): $\dfrac{750.000\ \text{CHF}}{1,62\ \text{CHF}} = 462.962,96\ €$

Es ergibt sich somit in der Steuerbilanz durch die Folgebewertung keine Gewinnauswirkung.

Lösung zu Aufgabe 20: Kasse

a) **Kassenbestand:**

Der Kassenbestand ist gem. § 246 Abs. 1 Satz 1 HGB als Vermögensgegenstand in der Handelsbilanz und gem. § 5 Abs. 1 Satz 1 EStG als Wirtschaftsgut in der Steuerbilanz anzusetzen. Der Kassenbestand ist dem Umlaufvermögen gem. § 247 Abs. 2 HGB Umkehrschluss; R 6.1 Abs. 2 EStR zuzuordnen.

Der Bilanzausweis erfolgt gem. § 247 Abs. 1 i. v. m. § 266 Abs. 2 B IV. HGB unter Position „Kassenbestand,...".

Die Bewertung des Kassenbestandes erfolgt gem. § 253 Abs. 1 Satz 1 HGB; § 6 Abs. 1 Nr. 2 Satz 1 EStG mit den Anschaffungskosten (§ 255 Abs. 1 HGB; H 6.2 EStH). Die Anschaffungskosten entsprechen dem Nennbetrag.

Aufgrund der Inventur ist der tatsächlich gezählte Betrag gem. § 240 Abs. 2 HGB anzusetzen.

Die Differenz zwischen vorläufigen Buchwert und tatsächlich gezählten Wert (Bilanzansatz) ist als Aufwand zu erfassen.

Festgeld bei der Eurobank Berlin:

Das Festgeldkonto ist gem. § 246 Abs. 1 HGB als Vermögensgegenstand in der Handelsbilanz und gem. § 5 Abs. 1 Satz 1 EStG in der Steuerbilanz der Franzen AG anzusetzen.

Das Festgeldkonto hat eine Laufzeit von fünf Jahren. Es besteht somit eine langfristige Forderung (sonstige Ausleihungen), die gem. § 247 Abs. 2 HGB; R 6.1 Abs. 1 EStR dem Anlagevermögen zuzuordnen ist.

Die Bewertung erfolgt gem. § 253 Abs. 1 Satz 1 HGB; § 6 Abs. 1 Nr. 2 Satz 1 EStG mit den Anschaffungskosten (§ 255 Abs. 1 HGB; H 6.2 EStH). Die Anschaffungskosten entsprechen dem Nennbetrag.

Da das Festgeld verzinst wird, ist eine Abzinsung wegen Unverzinslichkeit nicht erforderlich.

Da keine weiteren Anzeichen gegen die Werthaltigkeit des Festgeldkontos gegeben sind, ist keine außerplanmäßige Abschreibung gem. § 253 Abs. 3 HGB vorzunehmen.

Der Bilanzansatz in der Handels- und Steuerbilanz zum 31.12.2020 beträgt somit 500.000 €.

Zum 31.12.2020 ist außerdem der Zinsertrag, der auf das Jahr 2020 entfällt als sonstige Forderung zu erfassen (§ 252 Abs. 1 Nr. 5 HGB i. V. m. § 246 Abs. 1 HGB).

Die Forderung ist als sonstiger Vermögensgegenstand gem. § 247 Abs. 2 HGB Umkehrschluss; R 6.1 Abs. 2 EStR dem Umlaufvermögen zuzuordnen.

Der Bilanzausweis erfolgt gem. § 266 Abs. 2 B II. 4. HGB unter dem Posten „Sonstige Vermögensgegenstände".

Die Bewertung erfolgt gem. § 253 Abs. 1 Satz 1 HGB; § 6 Abs. 1 Nr. 2 Satz 1 EStG mit den Anschaffungskosten (§ 255 Abs. 1 HGB; H. 6. 2 EStH). Die Anschaffungskosten entsprechen dem Nennwert.

Wertentwicklung:

500.000 € • 4 % • 3/12 = 5.000,00 €

Der Bilanzansatz der sonstigen Forderungen beträgt zum 31.12.2020 in der Handels- und Steuerbilanz 5.000,00 €.

Girokonto Sparkasse Rostock

Das Girokonto der Sparkasse ist in der Handelsbilanz gem. § 246 Abs. 1 HGB als Schuld und gem. § 5 Abs. 1 Satz 1 EStG als negatives Wirtschaftsgut in der Steuerbilanz anzusetzen.

Der Bilanzausweis erfolgt gem. § 266 Abs. 3 C. 2. HGB unter der Position „Verbindlichkeit gegenüber Kreditinstituten".

Die Bewertung erfolgt in der Handelsbilanz gem. § 253 Abs. 1 Satz 2 HGB mit dem Erfüllungsbetrag. In der Steuerbilanz erfolgt die Bewertung gem. § 6 Abs. 1 Nr. 3 i. V. m. Nr. 2 EStG mit den Anschaffungskosten. Die Anschaffungskosten einer Verbindlichkeit entsprechen gem. H 6 10 EStH dem Rückzahlungsbetrag.

Girokonto Interbank New York:

Das Girokonto bei der Interbank New York ist gem. § 246 Abs. 1 HGB als Vermögensgegenstand in der Handelsbilanz und gem. § 5 Abs. 1 Satz 1 EStG als Wirtschaftsgut in der Steuerbilanz der Franzen AG anzusetzen.

Die Bewertung erfolgt gem. § 253 Abs. 1 Satz 1 HGB; § 6 Abs. 1 Nr. 2 Satz 1 EStG grundsätzlich mit den Anschaffungskosten.

Da die Interbank jedoch insolvent ist, muss das Bankguthaben gemäß § 253 Abs. 4 HGB (strenges Niederstwertprinzip) auf seinen niedrigeren beizulegenden Wert abgeschrieben werden. Dies gilt gem. § 6 Abs. 1 Nr. 2 Satz 2 EStG auch für die Steuerbilanz.

Die Franzen AG kann nach den ihr vorliegenden Informationen davon ausgehen, dass sie aus diesem Bankguthaben keine Geldrückflüsse mehr realisieren kann; der Betrag ist somit in voller Höhe zu berichtigen.

Außerdem ist das Bankguthaben nicht mehr unter den liquiden Mitteln auszuweisen, da es nicht mehr frei verfügbar ist. Der Bilanzausweis erfolgt daher gem. § 266 Abs. 2 B II. 4 HGB unter der Position „sonstige Vermögensgegenstände".

b)

sonstige betriebliche Aufwendungen	20,18 €	an	Kasse	20,18 €
sonstige Ausleihungen	500.000,00 €	an	Guthaben bei Kreditinstituten	500.000,00 €
sonstige Vermögens-gegenstände	5.000,00 €	an	sonstige Zinsen und ähnliche Erträge	5.000,00 €

Guthaben bei Kreditinstituten	246.900,52 €	an	Verbindlichkeiten gegenüber Kreditinstituten	246.900,52 €

sonstige Vermögensgegenstände	271.134,82 €	an	Guthaben bei Kreditinstituten	271.134,82 €

sonstige betriebliche Aufwendungen	271.134,82 €	an	sonstige Vermögensgegenstände	271.134,82 €

Lösung zu Aufgabe 21: Steuerliche Wahlrechte, Rücklage gem. R 6.5 EStR

a) **Buchführungspflicht nach Handels- und Steuerrecht**

Goldstein ist als Kaufmann im Handelsregister eingetragen. Selbst wenn er keinen eingerichteten Geschäftsbetrieb hat, ist er gem. § 5 HGB durch die Eintragung Kaufmann im Sinne des HGB. Dadurch ist Goldstein auch nach Handelsrecht buchführungspflichtig gem. § 238 Abs. 1 Satz 1 HGB. Steuerlich ist er gem. § 140 AO derivativ buchführungspflichtig, d. h. er ist automatisch nach Steuerrecht buchführungspflichtig, wenn er nach Handelsrecht buchführungspflichtig ist.

b) **Beurteilung Sachverhalt**

2019

Im Jahr 2019 erfolgte noch keine Anschaffung eines neuen Vermögensgegenstandes/Wirtschaftsgutes, somit ist keine Aktivierung gem. § 246 Abs. 1 Satz 1 HGB i. V. m. § 5 Abs. 1 Satz 1 EStG in der Handels- bzw. Steuerbilanz vorzunehmen.

Der Zuschuss den Goldstein im Dezember 2019 von der Versicherung erhält, ist in der Handels- und Steuerbilanz grundsätzlich als Ertrag gewinnerhöhend zu erfassen.

In der Handelsbilanz besteht hierfür keine andere Möglichkeit, der Zuschuss muss als Ertrag erfasst und somit ein Gewinn ausgewiesen werden (§ 252 Abs. 1 Nr. 4 HGB).

In der Steuerbilanz besteht ein Wahlrecht. Entweder wird der Zuschuss als Ertrag erfasst und erhöht somit den steuerpflichtigen Gewinn oder er wird erfolgsneutral behandelt.

Erfolgsneutral bedeutet, dass der Zuschuss von den Anschaffungs- oder Herstellungskosten des neuen Wirtschaftsgutes abgezogen wird. Da die unternehmerische Zielsetzung ist, einen niedrigen steuerlichen Gewinn auszuweisen, wird Goldstein die erfolgsneutrale Variante wählen. Problem hierbei ist, dass im Jahr 2018 keine Anschaffung stattfindet, allerdings der Zuschuss gezahlt wird. Hierfür hat der Gesetzgeber die Möglichkeit geschaffen, den Zuschuss in eine Rücklage einzustellen und somit ins Jahr 2020 zu „transportieren".

In der Steuerbilanz wird der Zuschuss in eine steuerfreie Rücklage gem. R 6.5 Abs. 4 EStR (Zuschussrücklage) zugeführt, somit erfolgt in der Steuerbilanz 2019 keine Gewinnerhöhung.

2020

Im Jahr 2020 erfolgt die Anschaffung des Vermögensgegenstandes/Wirtschaftsgutes. Die Alarmanlage ist gem. § 246 Abs. 1 Satz 1 HGB i. V. m. § 5 Abs. 1 Satz 1 EStG zu aktivieren. Die Alarmanlage ist ein abnutzbarer Vermögensgegenstand/Wirtschaftsgut, das dem Anlagevermögen gem. § 247 Abs. 2 HGB; R 6.1 Abs. 1 EStR zugewiesen wird.

Die Bewertung erfolgt in der Handelsbilanz gem. § 253 Abs. 1 Satz 1 HGB mit den Anschaffungskosten (§ 255 Abs. 1 HGB) abzüglich Abschreibungen gem. § 253 Abs. 3 Satz und 2 HGB. Im Jahr der Anschaffung allerdings zeitanteilig für 11 Monate, da die Anschaffung im Februar 2020 erfolgt.

In der Steuerbilanz erfolgt die Bewertung gem. § 6 Abs. 1 Nr. 1 Satz 1 EStG mit den Anschaffungskosten (H 6.2 EStH) allerdings abzüglich des Zuschusses. Die steuerfreie Rücklage wird aufgelöst.

Die Folgebewertung erfolgt dann gem. § 7 Abs. 1 Satz 1 und 4 EStG, es sind Abschreibungen vorzunehmen allerdings im Jahr 2020 zeitanteilig für 11 Monate, da die Anschaffung im Februar erfolgte.

Die Bemessungsgrundlage für die Abschreibungen in der Steuerbilanz sind die um den Zuschuss geminderten Anschaffungskosten.

Die Vorsteuer gehört gem. § 9b EStG in der Handels- und Steuerbilanz nicht zu den Anschaffungskosten. Es ergibt sich somit in der Handels- und Steuerbilanz folgende Wertentwicklung im Jahr 2020:

Handelsbilanz

	Anschaffungskosten	50.000,00 €
-	Abschreibung Februar - Dezember (11/120 von 50.000 €)	4.583,33 €
=	**Bilanzansatz 31.12.2020**	**45.416,67 €**

Steuerbilanz

	Anschaffungskosten	50.000,00 €
-	Zuschuss	10.000,00 €
	aktivierte Anschaffungskosten	40.000,00 €
-	Abschreibung (11/120 von 40.000 €)	3.666,67 €
=	**Bilanzansatz 31.12.2020**	**36.333,33 €**

Durch die unterschiedliche Bewertung in der Handels- und Steuerbilanz, die sich in zukünftigen Geschäftsjahren allerding wieder ausgleichen (nach der Nutzungsdauer ist in Handels- und Steuerbilanz die Alarmanlage abgeschrieben), entstehen latente Steuern nach HGB.

Lösung zu Aufgabe 22: § 6b – Rücklage

a) Bei der Beurteilung des Sachverhalts sollte zuerst der Verkaufsvorgang beurteilt werden, da ggf. aufgedeckte stille Reserven steuerrechtlich weiter gewürdigt werden müssen.

Beurteilung Veräußerung „Am Warnowkai"
Bei der Veräußerung des Betriebsgrundstücks inklusive der voll abgeschriebenen Betriebs- und Geschäftsausstattung „Am Warnowkai" sind stille Reserven aufgedeckt worden.

Es sind folgende stille Reserven aufgedeckt worden:

Grund und Boden:

	Erlös	2.400.000,00 €
-	Buchwert	1.500.000,00 €
=	Gewinn (aufgedeckte stille Reserve)	900.000,00 €

Gebäude:

	Erlös	4.800.000,00 €
-	Buchwert	2.500.000,00 €
=	Gewinn (aufgedeckte stille Reserve)	2.300.000,00 €

Büroeinrichtung:

	Erlös	600.000,00 €
-	Buchwert	0,00 €
=	Gewinn (aufgedeckte stille Reserve)	600.000,00 €

Die aufgedeckten stillen Reserven müssen zwingend in der Handelsbilanz ausgewiesen werden und erhöhen zwangsläufig den handelsrechtlichen Gewinn (Realisationsprinzip § 252 Abs. 1 Nr. 4 HGB). Eine Neutralisation ist in der Handelsbilanz nicht möglich.

Grundsätzlich erhöhen die aufgedeckten stillen Reserven gem. § 5 Abs. 1 Satz 1 EStG (Maßgeblichkeitsprinzip) auch den steuerlichen Gewinn. Allerdings können in der Steuerbilanz steuerliche Wahlrechte gem. § 5 Abs. 1 Satz 1 2. Halbsatz EStG in Anspruch genommen werden, wenn die notwendigen Voraussetzungen erfüllt sind.

Im vorliegenden Sachverhalt müssen die Voraussetzungen des § 6b EStG geprüft werden. Sind die Voraussetzungen erfüllt, können die stillen Reserven ggf. auf die neu angeschafften Wirtschaftsgüter übertragen werden.

Die Veräußerung des Grund und Bodens sowie des Gebäudes „Am Warnowkai" sind begünstigte Wirtschaftsgüter (§ 6b Abs. 1 Satz 1 EStG).

Es ist zu prüfen, ob die Wirtschaftsgüter die Voraussetzungen des § 6b Abs. 4 EStG erfüllen. Alle Voraussetzungen des § 6b Abs. 4 EStG sind erfüllt.

Die aufgedeckten stillen Reserven aus der Veräußerung des Grund und Bodens, sowie des Gebäudes können somit auf die neu angeschafften Wirtschaftsgüter übertragen werden.

Die aufgedeckten stillen Reserven aus der Veräußerung der Betriebs- und Geschäftsausstattung sind dagegen nicht begünstigt, da es sich nicht um Wirtschaftsgüter im Sinne des § 6b Abs. 1 Satz 1 EStG handelt.

Grund und Boden „Am Stadthafen"

Der bereits im Vorjahr bilanzierte Grund und Boden ist als Vermögensgegenstand bzw. Wirtschaftsgut dem Anlagevermögen (§ 247 Abs. 2 HGB, R 6.1 Abs. 1EStR) zuzuordnen.

Der Bilanzausweis erfolgt gem. § 266 Abs. 2 A II. 1. HGB unter der Position „Grundstücke, ...".

Die Bewertung erfolgt gem. § 253 Abs. 1 Satz 1 HGB; § 6 Abs. 1 Nr. 2 Satz 1 EStG grundsätzlich zu den Anschaffungskosten (§ 255 Abs. 1 HGB, H 6.2 EStH).

In der **Handelsbilanz** zum 31.12.2020 wird der Grund und Boden, wie im Vorjahr, unverändert mit den Anschaffungskosten in Höhe von 1.500.000 € ausgewiesen.

Steuerlich soll der geringstmögliche Gewinn ausgewiesen werden. Um dies zu erreichen, sind die aufgedeckten stillen Reserven in Höhe von 900.000 € aus der Veräußerung des Grund und Bodens „Am Warnowkai" auf den im Jahr 2019 angeschafften Grund und Boden „Am Stadthafen" zu übertragen. Die Übertragung erfolgt in dem die Anschaffungskosten des Grund und Bodens „Am Stadthafen" gemindert werden.

Für eine größtmögliche Minderung des steuerlichen Gewinns wäre es optimal die aufgedeckte stille Reserve aus dem Verkauf des Gebäudes auch auf den Grund und Boden zu übertragen. Dies ist allerdings gem. § 6b Abs. 1 Satz 1 und Satz 2 Nr. 1 EStG nicht möglich.

Kontenentwicklung Grund und Boden „Am Stadthafen" – Steuerbilanz

Anschaffungskosten (2019)	1.500.000,00 €
- übertragbare aufgedeckte stille Reserve aus Grund und Boden „Am Warnowkai"	900.000,00 €
= Bilanzansatz 31.12.2020 (Steuerbilanz)	**600.000,00 €**

Gebäude „Am Stadthafen"

Das Gebäude ist als Vermögensgegenstand gemäß § 246 Abs. 1 Satz 1 HGB in der Handelsbilanz und gem. § 5 Abs. 1 Satz 1 EStG in der Steuerbilanz als Wirtschaftsgut auszuweisen.

Das Gebäude ist dem Anlagevermögen zuzuordnen (§ 247 Abs. 2 HGB, R 6.1 Abs. 1 EStR).

Der Bilanzausweis erfolgt gem. § 266 Abs. 2 A I 1. HGB unter der Position „Grundstücke, ...".

Die **Zugangsbewertung** erfolgt gem. § 253 Abs. 1 Satz 1 HGB; § 6 Abs. 1 Nr. 1 Satz 1 EStG mit den Herstellungskosten. Die Ermittlung der Herstellungskosten ist definiert in § 255 Abs. 2 HGB; R 6.3 EStR, H 6.3 EStH.

Aufgrund der unterschiedlichen Nutzung des Gebäudes „Am Stadthafen" sind gem. R 4.2 Abs. 4 EStR zwei selbstständig zu bewertende Wirtschaftsgüter anzusetzen.

Die fünf Etagen, die eigenbetrieblich genutzt werden, müssen bilanziert werden, weil sie eigenbetrieblich genutzt werden und deshalb gem. R 4.2 Abs. 1 u. Abs. 7 EStR notwendiges Betriebsvermögen darstellen.

Die fünf Etagen, die für Wohnzwecke an Privatpersonen vermietet werden, können als gewillkürtes Betriebsvermögen bilanziert werden.

Die Boot AG hat von diesem Wahlrecht Gebrauch gemacht, da sie die gesamten Herstellungskosten des Gebäudes aktiviert hat (R 4.2 Abs. 9 EStR).

In den fünf Etagen, die durch die Boot AG genutzt werden, werden durch die eigenbetriebliche Nutzung steuerpflichtige Umsätze bewirkt, die zum vollen Vorsteuerabzug berechtigen.

Die Vermietung der Wohnungen an Privatpersonen in den anderen fünf Etagen erfolgt dagegen umsatzsteuerfrei (§ 4 Nr. 12 a UStG) ohne Optionsmöglichkeit zur Umsatzsteuerpflicht. Somit ist hier der Vorsteuerabzug ausgeschlossen.

Die Vorsteuer aus den Herstellungskosten in Höhe von 1.900.000 € entfällt je zur Hälfte auf die fünf Etagen die eigenbetrieblich genutzt werden und auf die fünf Etagen, die zu Wohnzwecken an Privatpersonen vermietet werden. Die Vorsteuer ist gem. § 15 Abs. 4 UStG aufzuteilen.

Soweit die Vorsteuer auf die fünf Etagen die eigenbetrieblich genutzt werden entfällt, ist diese Vorsteuer abzugsfähig und gehört damit nicht zu den Herstellungskosten des Gebäudeteils (§ 9b Abs. 1 EStG).

Soweit die Vorsteuer auf fünf Etagen, die zu Wohnzwecken vermietet werden entfällt, liegen Herstellungskosten vor (§ 9b Abs. 1 EStG).

Im Rahmen der **Folgebewertungen** sind Abschreibungen gem. § 253 Abs. 3 Satz 1 und 2 HGB und § 7 Abs. 4 EStG vorzunehmen.

Die fünf Etagen, die eigenbetrieblich genutzt werden, erfüllen die Voraussetzungen des § 7 Abs. 4 Satz 1 Nr. 1 EStG; der jährliche Abschreibungssatz beträgt 3 %.

Die anteiligen Herstellungskosten der fünf Etagen, die zu Wohnzwecken an Privatpersonen vermietet werden, sind gem. § 7 Abs. 4 Satz 1 Nr. 2 a EStG mit 2 % jährlich abzuschreiben.

Da das Gebäude erst am 01.10.2020 fertiggestellt ist, ist die Abschreibung im Jahr 2020 für das Gebäude zeitanteilig für drei Monate vorzunehmen (§ 7 Abs. 1 Satz 4 EStG).

Wertentwicklung Handelsbilanz:

		fünf Etagen eigenbetrieblich genutzt	fünf Etagen zu Wohnzwecken vermietet
	Aktivierte Herstellungskosten	5.000.000,00 €	5.000.000,00 €
+	Nicht abziehbare Vorsteuer		950.000,00 €
=	**anzusetzende Herstellungskosten**	**5.000.000,00 €**	**5.950.000,00 €**
-	Abschreibung:		
	3 % von 5.000.000,00 € · 3/12	37.500,00 €	
	2 % von 5.950.000,00 € · 3/12		29.750,00 €
=	**Bilanzansatz zum 31.12.2020**	4.962.500,00 €	5.920.250,00 €

INFO

> Da keine genaue Nutzungsdauer angegeben ist, wird auch in der Handels-
> bilanz die gleiche Nutzungsdauer wie in der Steuerbilanz unterstellt.

Zusammenfassung zum 31.12.2020:

Gebäudeteil eigenbetriebliche Nutzung	4.962.500,00 €
Gebäudeteil zu Wohnzwecken vermietet	5.920.250,00 €
Bilanzansatz Gebäude 31.12.2020 (Handelsbilanz)	**10.882.750,00 €**

Aufgrund der betrieblichen Zielsetzung der Minimierung des steuerlichen Gewinns,
werden die aufgedeckten stillen Reserven über 2.300.000 € aus dem veräußerten
Gebäude „Am Warnowkai" auf das Gebäude „Am Stadthafen" gem. § 6b Abs. 1
Satz 1 und 2 EStG übertragen.

Wegen des geringeren Abschreibungssatzes erfolgt die Übertragung auf den Gebäudeteil, der zu Wohnzwecken vermietet wird.

Wertentwicklung Steuerbilanz:

		fünf Etagen eigenbetrieblich genutzt	fünf Etagen zu Wohnzwecken vermietet
	Aktivierte Herstellungskosten	5.000.000,00 €	5.000.000,00 €
+	Nicht abziehbare Vorsteuer		950.000,00 €
			5.950.000,00 €
-	Übertragung stille Reserve		2.300.000,00 €
=	Anzusetzende Herstellungskosten	5.000.000,00 €	3.650.000,00 €
-	AfA:		
	3 % von 5.000.000,00 € · 3/12	37.500,00 €	
	2 % von 3.650.000,00 € · 3/12		18.250,00 €
=	**Bilanzansatz zum 31.12.2020**	4.962.500,00 €	3.631.750,00 €

Zusammenfassung zum 31.12.2020:

Gebäudeteil eigenbetriebliche Nutzung	4.962.500,00 €
Gebäudeteil zu Wohnzwecken vermietet	3.631.750,00 €
Bilanzansatz Gebäude 31.12.2020 (Steuerbilanz)	**8.594.250,00 €**

b) **Korrektur Herstellungskosten Gebäude „Am Stadthafen" (Handels- und Steuerbilanz)**

Gebäude „Am Stadthafen"	950.000,00 €	an	Vorsteuer	950.000,00 €

Abschreibungen Gebäude (Handelsbilanz)

Abschreibung auf
Sachanlagen   67.250,00 €   an   Gebäude „Am Stadthafen" 67.250,00 €

Einstellung/Übertragung aufgedeckter stiller Reserven (Steuerbilanz)

Einstellungen in Sonder-
posten nach § 6b EStG   3.200.000,00 €   an   Sonderposten nach
                                     § 6b EStG   3.200.000,00 €

Sonderposten nach
§ 6b EStG   3.200.000,00 €   an   Grund und Boden
                                       „Am Stadthafen"   900.000,00 €
                                       Gebäude „Am Stadthafen"
                                       2.300.000,00 €

Abschreibung Gebäude (Steuerbilanz)

Planmäßige Abschreibung
auf Sachanlagen   55.750,00 €   an   Gebäude „Am Stadthafen" 55.750,00 €

Lösung zu Aufgabe 23: Eigenkapital Kapitalgesellschaft

a) In einem ersten Schritt werden für die einzelnen Positionen des Eigenkapitals die Wertentwicklungen des Geschäftsjahres 2020 vorgenommen.

Gezeichnetes Kapital (Grundkapital):
Im Geschäftsjahr 2020 gab es laut Sachverhalt weder Kapitalerhöhungen, noch Kapitalherabsetzungen. Der Bestand des gezeichneten Kapitals beträgt zum 31.12.2020 weiterhin 100.000.000 €.

Kapitalrücklage:
Laut Sachverhalt gab es im Laufe des Geschäftsjahres keine Zahlungen in die Kapitalrücklage. Der Bestand der Kapitalrücklage beträgt zum 31.12.2020 somit 7.200.000 €.

Gesetzliche Rücklage:
Nach § 150 Abs. 1 AktG hat die Mayer AG eine gesetzliche Rücklage zu bilden.

Die gesetzliche Rücklage berechnet sich nach § 150 Abs. 2 AktG. Es sind 5 % des um einen Verlustvortrag aus dem Vorjahr geminderten Jahresüberschusses einzustellen, bis die gesetzliche Rücklage oder ein in der Satzung bestimmter höherer Teil und die Kapitalrücklage nach § 272 Abs. 2 Nr. 1 - 3 HGB zusammen 10 % des Grundkapitals erreichen.

Das Grundkapital der Mayer AG beträgt 100.000.000 €. 10 % hiervon sind 10.000.000 €. Solange die gesetzliche Rücklage + Kapitalrücklage den Wert von 10.000.000 € zusammen nicht erreichen, muss ein Teil des Jahresüberschusses in die gesetzliche Rücklage eingestellt werden.

Bei der Mayer AG beträgt die gesetzliche Rücklage plus Kapitalrücklage 8.040.000 € (7.200.000 € + 840.000 €). Es fehlen noch 1.960.000 € bis die 10 % erreicht sind. Somit muss im Jahr 2020 eine Einstellung in die gesetzliche Rücklage erfolgen.

Berechnung Einstellung in die gesetzliche Rücklage:

	Jahresüberschuss 2020	6.800.000 €
-	Verlustvortrag aus 2019	800.000 €
=	Bemessungsgrundlage	6.000.000 €
	hiervon 5 %	
=	maximale Zuführung	300.000 €

Es müssen die gesamten 5 % in die gesetzliche Rücklage zugeführt werden.

Andere Gewinnrücklagen:
Wird der Jahresabschluss durch Vorstand und Aufsichtsrat festgestellt, so können sie einen Teil des Jahresüberschusses, höchstens jedoch die Hälfte, in andere Gewinnrücklagen einstellen. Dabei sind Beträge, die in die gesetzliche Rücklage einzustellen sind, und ein Verlustvortrag vorab vom Jahresüberschuss abzuziehen, § 58 Abs. 2 Satz 1 und 4 AktG.

Ermittlung Einstellung in die anderen Gewinnrücklagen:

	Jahresüberschuss 2020	6.800.000 €
-	Verlustvortrag 2019	800.000 €
-	Einstellung in die gesetzliche Rücklage	300.000 €
=	Bemessungsgrundlage	5.700.000 €
	hiervon 50 %	
=	Einstellung in die anderen Gewinnrücklagen	2.850.000 €

Bilanzgewinn
Da der Jahresabschluss unter teilweiser Gewinnverwendung aufgestellt wurde, wird nicht der Jahresüberschuss bzw. -fehlbetrag im Eigenkapital ausgewiesen, sondern der Bilanzgewinn bzw. -verlust.

Ermittlung des Bilanzgewinnes:

	Jahresüberschuss 2020	6.800.000 €
-	Verlustvortrag	800.000 €
-	Einstellung in die gesetzliche Rücklage	300.000 €
-	Einstellung in die anderen Gewinnrücklagen	2.850.000 €
=	Bilanzgewinn 2020	2.850.000 €

Gliederung des Eigenkapitals

Nachdem alle Positionen des Eigenkapital wertmäßig ermittelt worden sind, wird in einem letzten Schritt die Gliederung des Eigenkapitals gem. § 266 Abs. 3 A. HGB vorgenommen:

I.	Gezeichnetes Kapital	100.000.000 €
II.	Kapitalrücklage	7.200.000 €
III.	Gewinnrücklagen	
	1. gesetzliche Rücklage	1.140.000 €
	2. andere Gewinnrücklagen	3.850.000 €
IV.	Bilanzgewinn	2.850.000 €

b)

Einstellung in Gewinnrücklagen	300.000 €	an	gesetzliche Rücklage	300.000 €
Einstellung in Gewinnrücklagen	2.850.000 €	an	andere Gewinnrücklagen	2.850.000 €
Verlustvortrag Vorjahr	800.000 €	an	Verlustvortrag	800.000 €

Lösung zu Aufgabe 24: Bewertung von Rückstellungen

Sachverhalt 1:

Der in 2021 neu anzuschaffende Fettabscheider stellt einen Vermögensgegenstand dar, der in 2021 gem. § 246 Abs. 1 Satz 1 aktiviert werden muss. In der Handelsbilanz können für zukünftige Anschaffungsvorgänge keine Rückstellungen gem. § 249 Abs. 1 Satz 1 HGB gebildet werden, dies gilt gem. § 5 Abs. 1 Satz 1 EStG auch für die Steuerbilanz. Das Steuerrecht konkretisiert dies auch in § 5 Abs. 4b EStG.

Sachverhalt 2:

Bei dem Mietverhältnis handelt es sich um ein Dauerschuldverhältnis, welches nicht vorzeitig beendet werden kann. Die Mietzahlungen ab 2021 stellen ein schwebendes Geschäfts dar, da die Miete laut Vertrag vereinbart wurde und somit monatlich bis Ende 2021 gezahlt werden muss. Aus diesem schwebenden Geschäft ergeben sich Verluste, da zukünftig eine Miete gezahlt wird, obwohl feststeht, dass die Räumlichkeiten durch die Hansen AG nicht genutzt werden.

Für dieses schwebende Geschäft ist in der Handelsbilanz gem. § 249 Abs. 1 Satz 1 HGB eine Rückstellung für drohende Verluste aus schwebenden Geschäften zu bilden. Hierbei sind die Untervermietungen jeweils für die Lager- und Büroräume zu berücksichtigen. Diese Erträge mindern den drohenden Verlust.

Für drohende Verluste aus schwebenden Geschäften darf in der Steuerbilanz keine Rückstellung gebildet werden (Passivierungsverbot) gem. § 5 Abs. 6 i. V .m. Abs. 4a EStG.

Somit ergibt sich zum 31.12.2020 folgender Bilanzansatz in der Handelsbilanz:

	zu zahlende Miete Januar 2021 - Dezember 2021	**60.000,00 €**
	(12 Monate • 5.000 €)	
-	**Untervermietung Lagerräume März 2021 - Dezember 2021)**	**17.000,00 €**
	(10 Monate • 1.700 €)	
-	**Untervermietung Büroräume August 2021 - Dezember 2021)**	**7.000,00 €**
	(5 Monate • 1.400 €)	
=	**Bilanzansatz 31.12.2020 (Handelsbilanz)**	**36.000,00 €**

Eine Abzinsung der Rückstellung gem. § 253 Abs. 2 HGB ist nicht vorzunehmen, da die Restlaufzeit zum 31.12.2020 nicht größer 1 Jahr ist.

Sachverhalt 3:
Für die Jubiläumsaufwendungen im Jahr 2021 ist zum 31.12.2020 zu prüfen, ob eine Rückstellung für ungewisse Verbindlichkeiten gem. § 249 Abs. 1 Satz 1 HGB zu bilden ist.

Eine solche Rückstellung setzt allerdings eine Außenverpflichtung gegenüber einem Dritten voraus. An dieser Außenverpflichtung mangels es, da die Hansen AG niemanden rechtlich zur Erstellung einer Chronik bzw. einer Festveranstaltung verpflichtet ist. Reine Imagezwecke reichen hier nicht aus.

Somit besteht nach Handelsrecht ein Passivierungsverbot da gem. § 249 Abs. 2 Satz 1 HGB für andere als in Absatz 1 genannten Gründe, keine Rückstellungen gebildet werden dürfen. Dies gilt gem. § 5 Abs. 1 Satz 1 EStG (Maßgeblichkeitsprinzip) auch für die Steuerbilanz.

Lösung zu Aufgabe 25: Rückstellungen für drohende Verluste, Bewertung Vorräte

a) Bewertung des Sachverhalts Einkauf und Verkauf erfolgen im Jahr 2021

Die SpieSa AG hat im Jahr 2020 einen Verkaufsvertrag mit der Spiele-GmbH geschlossen und einen Einkaufsvertrag mit der KidAustria-AG. Beide Verträge sollen erst im kommenden Jahr (2021) erfüllt werden. Es handelt sich in beiden Fällen um ein schwebendes Geschäft. Der Einkaufsvertrag hat allerdings negative Auswirkungen auf das Verkaufsgeschäft, da durch die erhöhten Einkaufspreise für das Verkaufsgeschäft ein Verlust droht.

Sowohl für die entstehende Forderung gegenüber der Spiele-GmbH, als auch die Waren, die von der KidAustria AG erworben werden, dürfen Aktivposten gem. § 246 Abs. 1 Satz 1 HGB zum 31.12.2020 nicht gebildet werden, da beide Verträge zum 31.12.2020 nicht erfüllt sind.

Allerdings ist für den drohenden Verlust aus dem Verkaufsgeschäft eine Rückstellung für drohende Verluste aus schwebenden Geschäften gem. § 249 Abs. 1 Satz 1 HGB zu bilden. In der Steuerbilanz besteht hierfür ein Passivierungsverbot gem. § 5 Abs. 4a i. V. m. Abs. 6 EStG.

Der drohende Verlust aus schwebenden Geschäften in der Handelsbilanz ermittelt sich wie folgt:

	Verkaufspreis an die Spiele-GmbH	40.000,00 €
	Einkaufspreis von der KidAustria-AG	47.000,00 €
=	**drohender Verlust**	**7.000,00 €**
=	Bilanzansatz Handelsbilanz 31.12.2020	

b) Bewertung Sachverhalt, wenn KidAustria-AG im Jahr 2020 liefert.

Wenn die KidAustria-AG noch im abgelaufenen Geschäftsjahr 2020 liefert, ist die Ware gem. § 246 Abs. 1 Satz 1 HGB in der Bilanz zu aktivieren. Beim Verkaufsgeschäft mit der Spiele-GmbH handelt es sich um ein schwebendes Geschäft, da der Vertrag in 2020 geschlossen wurde, allerdings erst im Jahr 2021 erfüllt wird.

Die Waren werden im Rahmen der Zugangsbewertung gem. § 253 Abs. 1 Satz 1 HGB; § 6 Abs. 1 Nr. 2 Satz 1 EStG mit den Anschaffungskosten gem. § 255 Abs. 1 HGB; H 6.2 EStH bewertet. Eine Vorsteuer gehört gem. § 9b EStG nicht zu den Anschaffungskosten.

Die Anschaffungskosten betragen 47.000 €.

Im Rahmen der Folgebewertung ist in der Handelsbilanz gem. § 253 Abs. 4 HGB auf den niedrigeren beizulegenden Wert abzuschreiben (strenges Niederstwertprinzip). Steuerrechtlich kann der niedrigere Teilwert bei einer voraussichtlichen dauernden Wertminderung gem. § 6 Abs. 1 Nr. 2 Satz 2 EStG angesetzt werden.

Um dies zu entscheiden, müssen also der beizulegende Wert und der Teilwert ermittelt werden.

Der beizulegende Wert ermittelt sich, indem vom Verkaufspreis die Gesamtkosten, die nach dem Bilanzstichtag anfallen, subtrahiert werden.

In der Handelsbilanz ist zwingend der niedrigere Wert aus Anschaffungskosten und beizulegenden Wert gem. § 253 Abs. 4 HGB (Strenges Niederstwertprinzip) anzusetzen. Das bedeutet die Waren werden in der Handelsbilanz zum 31.12.2020 mit einem Wert von 39.300 € angesetzt.

Der Teilwert ermittelt sich gemäß R 6.8 Abs. 2 Satz 3 EStR, indem vom Verkaufspreis die Kosten, die nach dem Bilanzstichtag anfallen, und der durchschnittliche Unternehmergewinn subtrahiert werden:

	Verkaufspreis an die Spiele-GmbH	40.000,00 €
-	Verwaltungs- und Vertriebskosten 2021	700,00 €
-	durchschnittlicher Unternehmergewinn	2.000,00 €
	5 % von 40.000 €	
=	**Teilwert**	**37.300,00 €**

In der Steuerbilanz kann gem. § 6 Abs. 1 Nr. 2 Satz 2 EStG bei einer voraussichtlich dauernden Wertminderung der niedrigere Teilwert angesetzt werden. Da der Verkaufspreis fest ist und die Waren zu einem festen Preis geliefert wurden, kann von einer voraussichtlich dauernden Wertminderung ausgegangen werden, sodass das Wahlrecht zur Abwertung besteht.

Das Wahlrecht zur Teilwertabschreibung wird auch ausgeübt, da eine betriebliche Zielstellung grundsätzlich ein niedriger steuerlicher Gewinn ist. Der Bilanzansatz in der Steuerbilanz zum 31.12.2020 beträgt somit 37.300 €.

Eine Rückstellung für drohende Verluste aus schwebenden Geschäften scheidet aus, da vorrangig die Abwertung der für das Verkaufsgeschäft aktivierten Ware zu erfolgen hat und der Verlust bei der Bewertung berücksichtigt wurde.

Lösung zu Aufgabe 26: Darstellung eines kurzfristigen Darlehens

Verbindlichkeiten werden in der Handelsbilanz gem. § 253 Abs. 1 Satz 2 HGB mit dem Erfüllungsbetrag in Euro (§ 244 HGB) angesetzt. Am Bilanzstichtag sind Risiken und Verluste, die bis zum Bilanzstichtag eingetreten sind, gem. § 252 Abs. 1 Nr. 4 HGB (Vorsichtsprinzip) zu berücksichtigen. Es ist für die Verbindlichkeiten das Höchstwertprinzip anzuwenden. Eine Ausnahme bilden die Fremdwährungsverbindlichkeiten mit einer Restlaufzeit unter einem Jahr.

Hier ist zwangsweise gem. § 256a HGB die Verbindlichkeit zum Devisenkassamittelkurs am Bilanzstichtag umzurechnen und anzusetzen, unabhängig, ob sich hierbei ein Währungsgewinn oder -verlust ergibt.

Für den kurzfristigen Kredit gegenüber der Rübli Bank bedeutet dies, die 50.000 CHF (Schweizer Franken) werden zum Kurswert 31.12.2020 umgerechnet:

Bilanzansatz 31.12.2020 (Handelsbilanz): 37.500 €
Im vorliegenden Fall ergibt sich zur Zugangsbewertung (50.000 CHF = 40.000 €) ein Ertrag aus Kursänderungen in Höhe von 2.500 €.

In der Steuerbilanz werden Verbindlichkeiten gem. § 6 Abs. 1 Nr. 3 i. V. m. Nr. 2 EStG mit dem Rückzahlungsbetrag angesetzt. Nicht realisierte Gewinne aus Währungsumrechnungen dürfen in der Steuerbilanz nicht ausgewiesen werden (Anschaffungskostenprinzip). Die Verbindlichkeiten werden zum 31.12.2020 mit dem Kurswert beim Zugang der Verbindlichkeit in Höhe von 40.000 € angesetzt.

Es ergibt sich somit ein Unterschied zwischen der Handels- und Steuerbilanz in Höhe von 2.500 €.

Lösung zu Aufgabe 27: Darlehen

a) Aus dem Sachverhalt ergeben sich folgende Bilanzpositionen:

- ► das aufgenommene Darlehen, welches bis zum 31.12.2020 nicht getilgt ist
- ► ein aktiver Rechnungsabgrenzungsposten, der durch das Disagio entsteht
- ► eine sonstige Verbindlichkeit, die sich aus den Zinsen, die wirtschaftlich auf Geschäftsjahr 2020 entfallen, allerdings erst in 2021 gezahlt werden.

Darlehen

Das Darlehen ist gem. § 246 Abs. 1 Satz 1 HGB als Schulden in der Handelsbilanz der Franzen AG anzusetzen. Dies gilt gem. § 5 Abs. 1 Satz 1 EStG; H 4.2 Abs. 15 EStH auch für die Steuerbilanz.

Der Bilanzausweis erfolgt gem. § 266 Abs. 3 C 2. HGB unter der Position Verbindlichkeiten gegenüber Kreditinstituten.

Die Bewertung erfolgt in der Handelsbilanz erfolgt gem. § 253 Abs. 1 Satz 2 HGB mit dem Erfüllungsbetrag. In der Steuerbilanz erfolgt der Ansatz gem. § 6 Abs. 1 Nr. 3 i. V. m. Nr. 2 EStG mit den Anschaffungskosten. Die Anschaffungskosten einer Schuld ist gem. H 6.10 EStH der Rückzahlungsbetrag.

Da bis zum 31.12.2020 noch keine Tilgung vorgenommen wurde, entspricht der Bilanzansatz für die Handels- und Steuerbilanz 1.008.000 €.

Disagio

Für das Disagio besteht in der Handelsbilanz gem. § 250 Abs. 3 HGB ein Aktivierungswahlrecht. Die Franzen AG kann das Disagio im Jahr 2020 direkt als Aufwand buchen oder aktivieren und über die Laufzeit verteilen.

Handelsrechtliche Aktivierungswahlrechte führen gem. § 5 Abs. 1 Satz 1 EStG, BMF-Schreiben v. 27.03.2010 steuerrechtlich zu Aktivierungsgeboten; das Disagio muss in der Steuerbilanz angesetzt und gem. H 6.10 EStH über die auf die Laufzeit verteilt werden.

Da die Franzen AG eine Einheitsbilanz anstrebt, wird das handelsrechtliche Aktivierungswahlrecht in Anspruch genommen, somit stimmen die Handels- und Steuerbilanz überein.

Die Zugangsbewertung zum 01.10.2020 erfolgt in Höhe von 100.800 €.

(§ 250 Abs. 3 HGB; H 6.10 EStH)

Da ein Tilgungsdarlehen vorliegt, ist die Verteilung des Disagios gem. H 5.6 EStH nach der Zinsstaffelmethode vorzunehmen.

Auflösung des Damnums nach der Zinsstaffelmethode:

$$\text{Anteil 2020} = \frac{\text{Anzahl der restlichen Raten}}{\text{Summe der Zahlenreihe}} \cdot \text{Disagio}$$

Da zum 31.12.2020 noch keine Tilgungen vorgenommen worden sind, ist die Anzahl der restlichen Raten 20.

Die Summe der Zahlenreihe (Raten) kann nach folgender Formel ermittelt werden:

$$\frac{\text{Summe der}}{\text{Zahlenreihe}} = \frac{\text{Anzahl der Zahlenreihe} \cdot (\text{Anzahl der Zahlenreihe} + 1)}{2}$$

Für den folgenden Sachverhalt ergeben sich 20 Raten (1.008.000 € Darlehen/50.400 € Tilgung) = 210 Summe der Zahlenreihe.

Da das Darlehen am 01.10.2020 aufgenommen wurde und die erste Tilgung am 01.04.2021 erfolgt, ist zu beachten, dass sich der Anteil des Disagios, der sich ergibt, auf den Zeitraum 01.10.2020 bis 31.03.2021 bezieht. Bei der Auflösung zum 31.12.2020 darf allerdings nur der Anteil für 2020 aufgelöst werden.

$$\text{Anteil 2020} = \frac{20}{210} \cdot 100.800 \ \text{€} \cdot \frac{1}{2} = 4.800,00 \ \text{€}$$

Kontenentwicklung Disagio (Aktive Rechnungsabgrenzung):

	Disagio 01.10.2020	100.800,00 €
-	Anteil 01.10. - 31.12.2020	4.800,00 €
=	Bilanzansatz (Handels-/Steuerbilanz) zum 31.12.2020	96.000,00 €

Zinsverbindlichkeit

Die erste Zinszahlung wird erst im Jahr 2020 vorgenommen. Die Zinsen die bis zum 31.12.2020 angefallen sind, gehören gem. § 252 Abs. 1 Nr. 5 HGB wirtschaftlich ins Jahr 2020 und müssen hier auch angesetzt werden.

Die hieraus entstehende Zinsverbindlichkeit ist gem. § 246 Abs. 1 Satz 1 HGB in der Handelsbilanz und gem. § 5 Abs. 1 Satz 1 EStG in der Steuerbilanz zum 31.12.2020 zu passivieren.

Der Bilanzausweis erfolgt gem. § 266 Abs. 3 C 8. HGB unter der Position „sonstige Verbindlichkeiten".

Die Bewertung erfolgt in der Handelsbilanz gem. § 253 Abs. 1 Satz 2 HGB mit dem Erfüllungsbetrag und in der Steuerbilanz gem. § 6 Abs. 1 Nr. 3 i. V. m. Nr. 2 EStG mit den Anschaffungskosten. Diese entsprechen gem. H 6.10 EStH dem Rückzahlungsbetrag. Handels- und Steuerbilanz sind identisch.

Bilanzansatz zum 31.12.2020:
1.008.000,00 € · 4 %, davon 3/12 (01.10. - 31.12.2020) = 10.080,00 €

b)

Disagio (Aktive Rechnungsabgrenzung)	100.800,00 €	an	Darlehen	100.800,00 €

Zinsaufwendungen	14.880,00 €	an	Disagio (Aktive Rechnungsabgrenzung)	4.800,00 €
			Sonstige Verbindlichkeiten	10.080,00 €

Lösung zu Aufgabe 28: Verbindlichkeiten

a) **Sachverhalt 1:**
Kiefernholz (Rohstoffe)
Das Kiefernholz wird gem. § 246 Abs. 1 Satz 1 HGB als Vermögensgegenstand bzw. § 5 Abs. 1 Satz 1 EStG als Wirtschaftsgut angesetzt. Es gehört gemäß § 247 Abs. 2 HGB; R 6.1 Abs. 1 EStR zum Umlaufvermögen. Der Bilanzausweis erfolgt gem. § 266 Abs. 2 B I. HGB unter der Position Vorräte „Roh-, Hilfs- und Betriebsstoffe".

Die Zugangsbewertung erfolgt gem. § 253 Abs. 1 Satz 1 HGB, § 6 Abs. 1 Nr. 2 Satz 1 EStG mit den Anschaffungskosten gem. § 255 Abs. 1 HGB, H 6.2 EStH.

Da das Kiefernholz im Jahr 2020 vollständig verbraucht wurde, erfolgt der Bilanzansatz in der Handels- und Steuerbilanz mit 0,00 €.

Verbindlichkeit aus Lieferung und Leistungen

Die noch offene Rechnung gegenüber dem Schweizer Lieferanten sind gem. § 246 Abs. 1 Satz 1; § 5 Abs. 1 Satz 1 EStG als Schulden in der Handels- und Steuerbilanz anzusetzen. Der Ansatz der Verbindlichkeiten erfolgt gem. § 244 HGB; H 6.2 EStH in Euro zum Zeitpunkt der Lieferung.

Sie sind ist gem. § 266 Abs. 3 C. 4. HGB unter der Position „Verbindlichkeiten aus Lieferungen und Leistungen" auszuweisen.

Die Zugangsbewertung in der Handelsbilanz erfolgt § 253 Abs. 1 Satz 2 HGB mit dem Erfüllungsbetrag. In der Steuerbilanz erfolgt die Bewertung gem. § 6 Abs. 1 Nr. 3 i. V. m. Nr. 2 EStG mit den Anschaffungskosten. Die Anschaffungskosten der Verbindlichkeit entsprechen gem. H 6.10 EStH dem Rückzahlungsbetrag.

Zugangsbewertung (Handels- und Steuerbilanz)

$$= \frac{100.00 \text{ CHF}}{1,44080 \text{ CHF}} = 69.405,89 \text{ €}$$

Zum Bilanzstichtag sind Fremdwährungsverbindlichkeiten gem. § 256a HGB zum Devisenkassamittelkurs umzurechnen. Ist die Restlaufzeit unter einem Jahr sind sowohl sich ergebende Fremdwährungsgewinne als auch -verluste gem. § 256 a Satz 2 HGB auszuweisen.

Es ergibt sich folgende Verbindlichkeit zum 31.12.2020

$$= \frac{100.00 \text{ CHF}}{1,54150 \text{ CHF}} = 64.871,88 \text{ €}$$

Der Ansatz in der Handelsbilanz erfolgt zwingend mit dem Wert zum Devisenkassamittelkurs zum 31.12.2020 in Höhe von 64.871,88 €. Hieraus ergibt sich ein Währungsgewinn in Höhe von 4.534,01 € im handelsrechtlichen Jahresabschluss.

In der Steuerbilanz gilt gem. § 6 Abs. 1 Nr. 3 i. V. m. Nr. 2 Satz 1 EStG das Anschaffungskostenprinzip. Dies besagt, dass die Anschaffungskosten die Wertobergrenze bilden. Bezogen auf die Passiva bedeutet dies, dass eine Währungsverbindlichkeit bei Währungsschwankungen nicht mit einem niedrigeren Wert angesetzt werden darf.

In der Steuerbilanz erfolgt der Ansatz zum 31.12.2020 weiterhin mit dem Wert der Zugangsbewertung i. H. v. 69.405,89 €.

Der handelsrechtliche Jahresüberschuss ist gem. § 60 Abs. 2 EStDV außerbilanziell um 4.534,01 € zu kürzen, um den steuerlichen Gewinn zu erhalten.

Da der handelsrechtliche Wertansatz der Schulden aufgrund einer temporären Differenz niedriger ist als der steuerrechtliche Gewinn, kommt es zu einer passiven latenten Steuer gem. § 274 Abs. 1 HGB in Höhe von 30 % von 4.534,01 € = 1.360,20 €.

Der Ausweis der latenten Steuer erfolgt gem. § 266 Abs. 3 HGB unter dem Posten E „passive latente Steuern".

Sachverhalt 2:

Das Fälligkeitsdarlehen ist gem. § 246 Abs. 1 Satz 1 HGB in der Handelsbilanz und gem. § 5 Abs. 1 Satz 1 EStG, H 4.2 Abs. 15 EStH in der Steuerbilanz anzusetzen.

Der Bilanzausweis erfolgt gem. § 247 Abs. 1 i. V. m. § 266 Abs. 3 C 2. HGB unter dem Posten „Verbindlichkeiten gegenüber Kreditinstituten".

Der Ansatz in der Handelsbilanz erfolgt gem. § 253 Abs. 1 Satz 2 HGB mit dem Erfüllungsbetrag. In der Steuerbilanz erfolgt der Ansatz gem. § 6 Abs. 1 Nr. 3 i. V. m. Abs. 2 EStG mit den Anschaffungskosten. Die Anschaffungskosten einer Verbindlichkeit entsprechen gem. H 6.10 EStH dem Rückzahlungsbetrag. Der Ansatz hat gem. § 244 HGB in Euro zu erfolgen.

Die Zugangsbewertung für die Handels- und Steuerbilanz

$$= \frac{100.00 \text{ US-\$}}{1,17838} = 84.862,27 \text{ €}$$

Zum Bilanzstichtag muss die Verbindlichkeit gem. § 256 a HGB mit dem Devisenkassamittelkurs bewertet werden; daraus ergibt sich ein Erfüllungsbetrag in

$$= \frac{100.00 \text{ US-\$}}{1,19558} = 83.641,41 \text{ €}$$

Es tritt damit ein Kursgewinn ein. Dieser ist jedoch nicht realisiert und darf gem. §§ 256a Satz 2; 252 Abs. 1 Nr. 4 2 Hs. HGB nicht ausgewiesen werden, da die Laufzeit der Verbindlichkeit mehr als ein Jahr beträgt.

Der Bilanzansatz in der Handelsbilanz zum 31.12.2020 beträgt somit 84.862,27 €.

Auch in der Steuerbilanz dürfen gem. § 6 Abs. 1 Nr. 3 i. V. m. Nr. 2 Satz 1 EStG (Anschaffungskostenprinzip) keine nicht realisierten Gewinne ausgewiesen werden.

Der Bilanzansatz in der Steuerbilanz zum 31.12.2020 beträgt somit 84.862,27 €.

Für das einbehaltende Disagio besteht in der Handelsbilanz gem. § 250 Abs. 3 HGB ein Aktivierungswahlrecht. Auf Basis der Zielstellung des Unternehmens wird das Wahlrecht in Anspruch genommen. In der Steuerbilanz besteht gemäß H 6.10 EStH ein Aktivierungsgebot für das Disagio.

Der Bilanzausweis erfolgt gem. § 266 Abs. 2 C HGB als Rechnungsabgrenzungsposten.

Die Zugangsbewertung des Disagios erfolgt somit in der Handels- und Steuerbilanz

$$= \frac{3.000 \text{ US-\$}}{1,17838} = 2.454,87 \text{ €}$$

Das Disagio muss über die Laufzeit der Verbindlichkeit gleichmäßig, gem. § 250 Abs. 3 Satz 2 HGB, H 5.6 EStH, erfolgswirksam aufgelöst werden.

Wechselkursänderungen haben auf den Ansatz des Disagios keinen Einfluss.

Auflösung für 2020

$$= \frac{2.454,87 \, \text{€}}{5 \, \text{Jahre}} \cdot 6/12 = 254,59 \, \text{€}$$

Somit ergibt sich folgender Bilanzansatz in der Handels- und Steuerbilanz zum 31.12.2020

	Zugang 01.07.2020	2.545,87 €
-	Auflösung	254,59 €
=	Bilanzansatz 31.12.2020	2.291,28 €

Berechnung der Zinsen zum 31.12.2020:

Die Zinsen stellen einen laufenden Aufwand dar und müssen gem. § 252 Abs. 1 Nr. 5 HGB periodengerecht abgegrenzt werden. Die entstandenen Zinsen für das Geschäftsjahr 2020 werden erst in 2021 gezahlt. Somit ergibt sich gem. § 246 Abs. 1 Satz 1 HGB; § 5 Abs. 1 Satz 1 EStG in der Handels- und Steuerbilanz zum 31.12.2020 eine Zinsverbindlichkeit.

Der Bilanzausweis erfolgt gem. § 266 Abs. 3 C 8. HGB unter der Position „sonstige Verbindlichkeiten".

Die Bewertung erfolgt in der Handelsbilanz gem. § 253 Abs. 1 Satz 2 HGB mit dem Erfüllungsbetrag und gem. § 6 Abs. 1 Nr. 3 i. V. m. Nr. 2 EStG, H 6.10 EStH mit dem Rückzahlungsbetrag. Der Ansatz erfolgt gem. § 244 HGB in Euro.

4 % von 100.000 US-$ · 6/12 = 2.000 US-$

$$= \frac{2.000 \, \text{US-\$}}{1,19558} = 1.672,83 \, \text{€}$$

Bilanzansatz 31.12.2020 (Handels- u. Steuerbilanz) 1.672,83 €

b) **Sachverhalt 1:**

beim Kauf:

Roh-, Hilfs- und Betriebsstoffe	69.405,89 €	an	Verbindlichkeiten aus Lieferungen und Leistungen 69.405,89 €

31. Dezember 2020:

Verbindlichkeiten aus Lieferungen und Leistungen	4.534,01 €	an	sonstige betriebliche Erträge 4.534,01 €

Steuern vom Einkommen und vom Ertrag	1.360,20 €	an	passive latente Steuern 1.360,20 €.

Sachverhalt 2:

Auszahlung am 01.07.2020

Bank	82.316,40 €			
Disagio (ARAP)	2.545,87 €	an	Verbindlichkeiten Kreditinstitute	84.862,27 €.

Auflösung Disagio

Zinsen und ä. Aufwendungen	254,59 €	an	Disagio (ARAP)	254,59 €

Zinsverbindlichkeit

Zinsen und ä. Aufwendungen	1.672,83 €	an	sonstige Verbindlichkeiten	1.672,83 €

Lösung zu Aufgabe 29: Zuschuss durch Mieter

a) Durch die Einnahme der vorausgezahlten Miete erhält die BüMö AG eine Einnahme im alten Geschäftsjahr, die teilweise einen Ertrag für einen bestimmten Zeitraum nach dem Abschlussstichtag darstellt.

Der Anteil, der Ertrag nach dem Bilanzstichtag darstellt, ist gem. § 252 Abs. 1 Nr. 5 HGB und § 5 Abs. 5 EStG in einen passiven Rechnungsabgrenzposten einzustellen.

Der Bilanzausweis erfolgt gem. § 266 Abs. 3 D HGB.

In der Handels- und Steuerbilanz zum 31.12.2020 ist unter der Position Passiver Rechnungsabgrenzungsposten der Teil zu erfassen, der einen Ertrag nach dem Bilanzstichtag darstellt, d. h. der Teil, der mit der zukünftigen Miete verrechnet werden soll.

Ermittlung des Bilanzansatzes:

Restmietzeit ab Mai 2020 = 9 Jahre = 108 Monate

Hierauf entfallen Vorauszahlungen, die mit der Miete verrechnet werden sollen in Höhe von 48.000 €. Dies entspricht einer monatlichen Verrechnung (48.000 €/108 Monate) = 444,44 €.

Am 31.12.2020 beträgt die Restmietzeit 100 Monate. Dies multipliziert mit 444,44 € ergibt einen Bilanzansatz für die Position Passiver Rechnungsabgrenzungsposten in der Handels- und Steuerbilanz von 44.444 €.

b)

sonstiger betrieblicher Ertrag	44.444 €	an	Passiver Rechnungs-abgrenzungsposten	44.444 €

Lösung zu Aufgabe 30: Bürgschaft

Durch die Übernahme der Bürgschaft ist zu prüfen, ob im Jahresabschluss eine Rückstellung für ungewisse Verbindlichkeiten gem. § 249 Abs. 1 Satz 1 HGB anzusetzen ist. Da am Bilanzstichtag keine Anzeichen für eine tatsächliche Inanspruchnahme der BüMö AG besteht, ist eine Rückstellung weder in der Handels- noch in der Steuerbilanz anzusetzen. Bei der Bürgschaft handelt es sich um eine Eventualverbindlichkeit, für die ein Ansatzverbot in der Handels- und Steuerbilanz besteht.

Allerdings sind die Haftungsverhältnisse unterhalb der Bilanz bzw. im Anhang anzugeben (§§ 251, 268 Abs. 7, 285 Nr. 3a HGB).

Lösung zu Aufgabe 31: Sicherungsübereignung

a) Die Zuschneidemaschine steht durch die Sicherungsübereignung zivilrechtlich im Eigentum der Eurobank.

Im Rahmen der Bilanzierung ist allerdings das wirtschaftliche Eigentum entscheidend. Das wirtschaftliche Eigentum liegt bei der BüMö AG. Somit ist gem. § 246 Abs. 1 Satz 1 und 2 HGB, § 5 Abs. 1 Satz 1 EStG, § 39 Abs. 2 Nr. 1 AO die Zuschneidemaschine weiterhin in der Handels- und Steuerbilanz der BüMö AG anzusetzen. Dies gilt bis zur Versteigerung der Zuschneidemaschine.

Der Bilanzausweis erfolgt gem. § 266 Abs. 2 A. II. 2 HGB unter der Position „Technische Anlagen und Maschinen".

Mit der Versteigerung geht das zivilrechtliche Eigentum von der Eurobank auf den Ersteigerer über. Mit dem Übergang auf den Ersteigerer endet auch gleichzeitig das wirtschaftliche Eigentum der BüMö AG.

Die Zuschneidemaschine darf nicht mehr in der Bilanz angesetzt werden. Es muss ein Anlagenabgang erfasst werden.

b)

sonstige Vermögens-gegenstände	205.000 €	an	sonstige betriebliche Erträge 205.000 €
Anlagenabgang mit Buchverlust	240.000 €	an	technische Anlagen und Maschinen 240.000 €
Verbindlichkeiten gegen-über Kreditinstituten Bank	200.000 € 5.000 €	an	sonstige Vermögens-gegenstände 205.000 €

2. Jahresabschlüsse aufwerten und aufbereiten

2.1 Jahresabschlüsse aufbereiten

Lösung zu Aufgabe 1: Strukturbilanz (I)

a) Aufbereitung der Bilanz nach der Grundstruktur:

AKTIVA			PASSIVA		
	T€	%[1]		T€	%[1]
A. Anlagevermögen	35.426	77,16738	Eigenkapital	11.456	24,95426
B. Umlaufvermögen	10.222	22,26627	Rückstellungen	5.625	12,25277
C. RAP	160	0,34853	Verbindlichkeiten	28.451	61,97395
D. Latente Steuern	100	0,21782	RAP	300	0,65348
			Latente Steuern	76	0,16554
	45.908	100,00000		**45.908**	100,00000

b) Aufbereitung der Bilanz nach dem Sachbezug:

AKTIVA			PASSIVA		
	T€	%[2]		T€	%[2]
A. Anlagevermögen			A. Eigenkapital		
I. Imm. Verm.-gegenstände	880	1,92	I. Gezeichn. Kapital	6.660	14,51
II Sachanlagen	29.600	64,48	II Kapitalrücklage	1.620	3,53
III. Finanzanlagen	4.946	10,77	III. Gewinnrücklagen	2.250	4,90
B. Umlaufvermögen			IV. Gewinnvortrag	800	1,74
I. Vorräte	1.790	3,90	V. Jahresüberschuss	126	0,27
II Forderungen	5.152	11,22	B. Rückstellungen	5.625	12,25
III. Wertpapiere	600	1,30	C. Verbindlichkeiten		
IV. Flüssige Mittel	2.680	5,84	I. Lfr. Verbindlichkeiten	16.330	35,57
C. RAP	160	0,35	II. Kfr. Verbindlichkeiten	12.121	26,40
D. Latente Steuern	100	0,22	D. RAP	300	0,65
			E. Latente Steuern	76	0,17
	45.908	100,00		**45.908**	100,00[3]

---

[1] In der IHK-Prüfung können die Angaben gerundet werden.

[2] Angaben gerundet

[3] Rundungsdifferenzen

c) Aufbereitung der Bilanz nach der Fristigkeit:

AKTIVA	T€	%[1]	PASSIVA	T€	%[1]
Anlagevermögen	35.426	77,17	Eigenkapital	11.456	24,95
Umlaufvermögen			Fremdkapital		
davon			davon		
Vorräte	1.790	3,90	langfristig	16.330	35,57
Forderungen und sonstige			kurzfristig	17.746	38,66
Vermögensgegenstände	5.752	12,53			
Flüssige Mittel	2.680	5,84			
RAP	160	0,35	RAP	300	0,65
Latente Steuern	100	0,22	Latente Steuern	76	0,17
	45.908	100,00		**45.908**	100,00

Lösung zu Aufgabe 2: Strukturbilanz (II)

AKTIVA	T€	%[2]	PASSIVA	T€	%[2]
Anlagevermögen	35.126	76,51	Eigenkapital	11.000	23,96
Umlaufvermögen			Fremdkapital		
davon			davon		
Vorräte	1.790	3,90	langfristig	16.830	36,66
Forderungen und sonstige			kurzfristig	17.402	37,91
Vermögensgegenstände	5.752	12,53			
Flüssige Mittel	2.680	5,84			
RAP	160	0,35	RAP	300	0,65
Latente Steuern	100	0,22	Latente Steuern	76	0,17
	45.908	100,00[3]		**45.908**	100,00[3]

Nebenrechnungen (für die Lösung nicht erforderlich):

Anlagevermögen (in T€)

	Wert lt. Bilanz	35.426
-	Firmenwert	300
=	Wert in der Strukturbilanz	35.126

---

[1] Angaben gerundet

[2] Angaben gerundet

[3] Rundungsdifferenzen

Eigenkapital (in T€)

	Wert lt. Bilanz	11.456
-	Ausschüttung	- 156
-	Firmenwert	300
=	Wert in der Strukturbilanz	11.000

Fremdkapital, langfristig (in T€)

	Wert lt. Angaben zur Bilanz	16.330
+	Rückstellung, langfristig	500
=	Wert in der Strukturbilanz	16.830

Fremdkapital, kurzfristig (in T€)

	Wert lt. Angaben zur Bilanz	12.121
+	Rückstellung, kurzfristig	5.125
+	Ausschüttung	156
=	Wert in der Strukturbilanz	17.402

Lösung zu Aufgabe 3: Erfolgsspaltung

a) Im Folgenden ist die Grundstruktur der GuV am Beispiel des Gesamtkostenverfahrens nach § 275 Abs. 3 HGB dargestellt. Damit werden die Erfolgsquellen der Metallbau GmbH sichtbar.

	Betriebliche Erträge	29.511	100,0 %[1]	
-	Materialaufwand	12.053	40,8 %	
=	**Rohertrag**	**17.458**		
-	Personalaufwand	11.232	60,9 %	
-	Abschreibungen	2.349	12,7 %	
-	Zinsaufwendungen	1.959	10,6 %	
-	Sonstiger betrieblicher Aufwand	2.892	15,7 %	
=	**Ordentliches Betriebsergebnis**	**- 974**	100,0 %[2]	Gesamtaufwand
+	Finanzergebnis	609		
=	**Ergebnis der gewöhnlichen Geschäftstätigkeit**	**- 365**		
+	Außerordentliches Ergebnis	630		
-	Steuern	139		
=	**Gesamtergebnis**	**126**	0,43 %	der Erträge

[1] Die Prozentangaben sind nicht erforderlich.

[2] Rundungsdifferenzen

- ▸ Die Materialeinsatzquote ist mit 40,8 % für ein Produktionsunternehmen durchaus branchenüblich. Dies gilt ebenso für den Personalaufwand mit 60,9 % vom Gesamtaufwand.

- ▸ Der Aufwand für Abschreibungen beträgt 10,6 % vom Gesamtaufwand. Dies lässt darauf schließen, dass das Alter der Anlagen im Durchschnitt gering ist.

- ▸ Die Zinsaufwendungen sind erheblich und betragen 10,6 % des Gesamtaufwands bzw. 6,6 % der Umsatzerlöse.

- ▸ Der sonstige betriebliche Aufwand beträgt 15,7 % des Gesamtaufwands. Er ist zu hoch und lässt mangelnde Kostendisziplin vermuten.

- ▸ Das Betriebsergebnis ist negativ i. H. v. rd. 1 Mio. €.

- ▸ Ein positives Gesamtergebnis ergibt sich nur aufgrund des Finanzergebnisses und des außerordentlichen Ergebnisses. Die Umsatzrendite beträgt 0,43 % und ist für ein Produktionsunternehmen völlig unzureichend.

- ▸ Weitergehende Aussagen sind nur im Vergleich mit Vorjahren möglich.

b) **Bestandteile des Finanzergebnisses**, z. B.:

- ▸ Zinsen und ähnliche Erträge

- ▸ Zinsen und ähnliche Aufwendungen

- ▸ Beteiligungserträge

- ▸ Erträge aus Gewinnabführungsverträgen

- ▸ Aufwendungen aus Übernahmen

- ▸ Erträge aus Wertpapieren.

2.2 Jahresabschlüsse mithilfe von Kennzahlen und Cashflow-Rechnungen analysieren und interpretieren

Lösung zu Aufgabe 1: Kennzahlen (I)

Kennzahlen zur ...		
Vermögenslage	**Finanzlage**	**Ertragslage**
▶ Anlagenintensität	▶ Eigenkapital	▶ Betriebserfolg nach betriebswirtschaftlichen Grundsätzen
▶ Vorratsintensität	- Entwicklung	
▶ Arbeitsintensität	- Quote	▶ Cashflow
▶ Umlaufintensität	▶ Verschuldungs-koeffizient	▶ Aufwandsstruktur
▶ Forderungsintensität	▶ Anlagendeckungsgrad und -finanzierungsgrad	▶ Produktivität
▶ Umschlagshäufigkeit	▶ Liquiditätsrelationen	▶ Rentabilität
- Gesamtvermögen	▶ Selbstfinanzierungs-grad	- Eigenkapital-rentabilität
- Sachanlagevermögen	▶ Netto Working Capital	- Gesamtkapital-rentabilität
- Vorratsvermögen		- Umsatzrentabilität
- Forderungen		▶ Return on Investment
▶ Investitionsquote		▶ Return on Capital Employed
▶ Investitionsdeckung		
▶ Abschreibungsquote		
▶ Anlagennutzungsgrad		

Lösung zu Aufgabe 2: Kennzahlen (II)

a) Maschinenproduktivität = 35.000 E : 46.000 Maschinenstunden
= 0,7609 E/Maschinenstunden

   Arbeitsproduktivität = 35.000 E : 30.000 Arbeitsstunden
= 1,1667 E/Arbeitsstunden

   Kapitalrentabilität = 60.000 · 100 : 600.000
= 10,0 %

   Wirtschaftlichkeit = 2.000.000 : 1.900.000
= 1,0526

b) Die Produktivität ist eine Verhältniszahl, die Mengengrößen gegenüberstellt und mit der die Ergiebigkeit einer Faktoreinsatzmenge zur Ausbringungsmenge gemessen wird – zum Beispiel als „Arbeitsproduktivität" oder als „Maschinenproduktivität".

Analytische Aussagen lassen sich bei dieser Kennzahl nur aufgrund eines innerbetrieblichen Vergleichs im Zeitablauf oder aufgrund eines zwischenbetrieblichen Vergleichs treffen. Isolierte Ergebnisse – wie im vorliegenden Fall – erlauben keine Interpretation.

c) Beispielrechnung:

> **Situation „alt":**

Kapitalrentabilität = 60.000 · 100 : 600.000 = 10,0 %

Wirtschaftlichkeit = 2.000.000 : 1.900.000 = 1,0526

> **Situation „neu":**

Angenommen, in der Folgeperiode gelingt es, die Kosten von 1.900 T€ auf 1.700 T€ zu reduzieren, so ergibt sich bei gleichbleibenden Leistungen:

Wirtschaftlichkeit = 2.000.000 : 1.700.000 = 1,1765

In der Regel wird eine Reduzierung der Kosten zu einer Erhöhung des Gewinns (hier angenommen: 5 T€) und damit zu einer Verbesserung der Kapitalrendite führen.

Kapitalrendite = 65.000 · 100 : 600.000 = 10,83 %

Sollte jedoch der Kapitaleinsatz gleichzeitig ansteigen, so kann die Kapitalrendite gleich bleiben oder sich sogar verschlechtern:

Angenommenes Zahlenbeispiel:

- Gewinnveränderung: Anstieg von 60.000 € auf 65.000 €
- Kapitaleinsatz: Anstieg von 600.000 € auf 750.000 €
- Kapitalrendite: 65.000 · 100 : 750.000 = 8,67 %

Lösung zu Aufgabe 3: Jahresabschlussanalyse

a) 1.

$$\text{Anlagenintensität} = \frac{\text{Anlagevermögen}}{\text{Gesamtvermögen}} \cdot 100$$

= (35.426 : 45.908) · 100 = 77,17 %

Ist hoch; dies führt zu Inflexibilität und hohen Fixkosten; krisenanfällig bei unzureichender Auslastung der Kapazität.

2.

$$\text{Vorratsintensität} = \frac{\text{Vorräte}}{\text{Gesamtvermögen}} \cdot 100$$

= (1.790 : 45.908) · 100 = 3,9 %

Ist gering; somit keine hohe Kapitalbindung in den RHB-Stoffen sowie den fertigen/unfertigen Erzeugnissen.

3.

$$\text{Umlaufintensität}\atop\text{auch: Arbeitsintensität} = \frac{\text{Umlaufvermögen}}{\text{Gesamtvermögen}} \cdot 100$$

= (10.482 : 45.908) · 100 = 22,83 %

Ist hoch und hier durch einen hohen Forderungsbestand begründet. Der Forderungsbestand beträgt rd. 50 % des UV.

4.

$$\text{Forderungsintensität} = \frac{\text{Forderungen}}{\text{Gesamtvermögen}} \cdot 100$$

= (5.152 : 45.908) • 100 = 11,2 %

Ist zu hoch; das Unternehmen hat zu hohe Außenstände.

5.

$$\frac{\text{Umschlagshäufigkeit}}{\text{des Kapitals}} = \frac{\text{Umsatz}}{\text{Gesamtkapital}}$$

= 27.739 : 45.908 = 0,6

6.

$$\frac{\text{Kapitalumschlagsdauer}}{\text{in Tagen}} = \frac{360}{\text{Umschlagshäufigkeit}}$$

= 360 : 0,6 = 600 Tage

Ist äußerst niedrig; dies führt zu einem hohen Kapitalbedarf und beeinflusst den ROI negativ. Es dauert fast zwei Jahre, bis das Kapital ein Mal umgeschlagen wird.

7.

$$\frac{\text{Umschlagshäufigkeit}}{\text{der Forderungen}} = \frac{\text{Umsatz}}{\text{ø Bestand an Forderungen}}$$

$$= \frac{27.739}{\dfrac{4.830 + 5.152}{2}} = 5,6$$

8.

$$\text{ø Laufzeit der Forderungen} = \frac{360}{\text{Umschlagshäufigkeit}}$$

360 : 5,6 ≈ 64 Tage

Hier ist im Allgemeinen nur ein Vergleich mit branchenüblichen Kennzahlen möglich. Trotzdem erscheint es zulässig, eine durchschnittliche Außenstandsdauer von rd. 64 Tagen als zu hoch zu beurteilen.

9.

$$\frac{\text{Abschrei-}}{\text{bungsquote}} = \frac{\text{Abschreibungen auf Sachanlagen}}{\text{Endbestand an Sachanlagen}} \cdot 100$$

= (2.349 : 29.600) • 100 = 7,9 %

Die Kennzahl lässt sich nur über mehrere, aufeinanderfolgende Perioden beurteilen.

10.

$$\text{Anlagennutzungsgrad} = \frac{\text{Umsatz}}{\text{Sachanlagen}} \cdot 100$$

= (27.739 : 29.600) • 100 = 93,7 %

Diese Kennzahl lässt sich nur im Zeitvergleich über mehrere Jahre beurteilen.

11.

$$\text{Eigenkapitalquote} = \frac{\text{Eigenkapital}}{\text{Gesamtkapital}} \cdot 100$$

$$= (11.456 : 45.908) \cdot 100 \approx 25\ \%$$

Die Eigenkapitalquote sollte möglichst hoch sein. Ein Wert von rd. 25 % kann als ausreichend beurteilt werden.

12.

$$\text{Fremdkapitalquote} \atop \text{auch: Anspannungskoeffizient} = \frac{\text{Fremdkapital}}{\text{Gesamtkapital}} \cdot 100$$

$$= (34.452 : 45.908) \cdot 100 = 75\ \%$$

Bonitätsgröße – je nach Größe, Branche und Phase des Unternehmens verschieden.

13.

$$\text{Verschuldungskoeffizient} \atop \text{auch: Verschuldungsgrad} = \frac{\text{Fremdkapital}}{\text{Eigenkapital}} \cdot 100$$

$$= 34.452 : 11.456 = 3,0$$

Kennzahl der Banken bei der Kreditwürdigkeitsprüfung;

1 : 3-Regel: FK : EK ≤ 3

Gilt als **noch zulässig**.

14.

$$\text{Liquidität 1. Grades} \atop \text{auch: Barliquidität} = \frac{\text{flüssige Mittel}}{\text{kurzfristige Verbindlichkeiten}} \cdot 100$$

$$= (2.680 : 12.121) \cdot 100 = 22,1\ \%$$

Kann unter 100 % liegen. Barliquidität ist vorhanden. Beurteilung je nach Unternehmenssituation und Finanzplan.

15.

$$\text{Liquidität 2. Grades} \atop \text{auch: Einzugsliquidität} = \frac{\text{flüssige Mittel +} \atop \text{Forderungen}}{\text{kurzfristige Verbindlichkeiten}} \cdot 100$$

$$= [(2.680 + 5.752) : 12.121] \cdot 100 = 69,6\ \%$$

Soll 100 % erreichen. Forderung ist nicht erfüllt; Situation ist bedenklich.

16.

$$\text{Liquidität 3. Grades} \atop \text{auch: Umsatzliquidität} = \frac{\text{Umlaufvermögen} \atop \text{(inkl. ARA)}}{\text{kurzfristige Verbindlichkeiten}} \cdot 100$$

$$= [(2.680 + 5.752 + 1.790) : 12.121] \cdot 100 = 84\ \%$$

Soll 200 % erreichen. Forderung ist nicht annähernd erfüllt; Situation ist äußerst bedenklich.

17.

$$\text{Working Capital} = \frac{\text{(kurzfristiges) Umlauf-}}{\text{vermögen - kurzfristige}} \atop \text{Verbindlichkeiten}$$

$$= 10.222 - 12.121 = -1.899$$

Soll positiv sein. Forderung ist nicht erfüllt. Das Working Capital sollte möglichst 30 - 50 % des UV betragen.

18.

$$\text{Goldene Bilanzregel I} \atop \text{Deckungsgrad A} = \frac{EK}{AV} \geq 1\%$$

= (11.456 : 35.426) = 0,323 %

AV soll zu 100 % durch EK gedeckt sein. Forderung ist nicht annähernd erfüllt.

19.

$$\text{Goldene Bilanzregel II} \atop \text{Deckungsgrad B} = \frac{EK + \text{langfristiges FK}}{AV} \geq 1$$

langfr. FK inkl. Rückstellungen

= (11.456 + 21.955) : 35.426 = 0,94

AV soll zu 100 % langfristig finanziert sein. Forderung ist nicht erfüllt.

20.

$$\text{Goldene Bilanzregel III} \atop \text{Deckungsgrad C} = \frac{EK + \text{langfristiges FK}}{AV + \text{langfristiges UV}} \geq 1$$

= (11.456 + 21.955) : (35.426 + 1.790) = 0,899

AV + lfr. UV sollen zu 100 % langfristig finanziert sein. Forderung ist nicht erfüllt.

21.

$$\text{Cashflow im} \atop \text{engeren Sinne} = \text{Jahresüberschuss + Abschreibungen} \atop \text{- Zuschreibungen zum AV}$$

= 126 + 2.349 - 1.400 = 1.075

Die Kennzahl kann nur im Vergleich über mehrere Jahre oder mit einer branchentypischen Größe beurteilt werden.

22.

$$\text{Cashflow-Umsatzrendite} = \frac{\text{Cashflow}}{\text{Umsatz}} \cdot 100$$

= (1.075 : 27.739) • 100 = 3,9 %

Für ein Produktionsunternehmen ist die Kennzahl unbefriedigend.

23.

$$\text{Schuldentilgungs-} \atop \text{dauer (in Jahren)} = \frac{\text{Fremdkapital - flüssige Mittel}}{\text{Cashflow}} \cdot 100$$

= (34.452 - 2.680) : 1.075 ≈ 30 Jahre

Empfehlung:

FK : Cashflow ≤ 3,5.

Die finanzielle Leistungsfähigkeit ist absolut unbefriedigend.

24.

$$\text{Investitions-Innen-} \atop \text{finanzierungsgrad} = \frac{\text{Cashflow}}{\text{Nettoinvestitionen}} \cdot 100$$

= (1.075 : 5.700) • 100 = 18,9 %

Die Nettoinvestitionen (Erweiterungsinvestitionen) können nur zu rd. 19 % aus eigenen Mitteln finanziert werden.

25.

$$\text{Selbstfinanzierungsgrad} = \frac{\text{Gewinnrücklagen}}{\text{Eigenkapital}} \cdot 100$$

$= (2.250 : 11.456) \cdot 100 = 19,6\ \%$

oder

$$\text{Selbstfinanzierungsgrad} = \frac{\text{Gewinnrücklagen}}{\text{Gesamtkapital}} \cdot 100$$

$= (2.250 : 45.908) \cdot 100 = 4,9\ \%$

Der Selbstfinanzierungsgrad sollte durch einen Betriebs- und Zeitvergleich beurteilt werden.

26.

$$\text{Personalintensität} = \frac{\text{Personalaufwand}}{\text{Gesamtaufwand}} \cdot 100$$

$= (11.232 : 30.485) \cdot 100 = 36,8\ \%$

Genauere Aussagen lassen sich nur im Zeitvergleich bzw. im Branchenvergleich machen.

27.

$$\varnothing\ \text{Personal-aufwand} = \frac{\text{Personalaufwand}}{\varnothing\ \text{Anzahl der Beschäftigten}} \cdot 100$$

$= 11.232 : 208 = 54\ \text{T€/Mitarbeiter}$

Der durchschnittliche Personalaufwand pro Mitarbeiter beträgt 54.000 €/a. Daraus ergibt sich ein durchschnittlicher Bruttostundenlohn pro Mitarbeiter von 19,05 €.

28.

$$\text{Materialintensität auch: Materialauf-wandsquote} = \frac{\text{Materialaufwand}}{\text{Gesamtaufwand}} \cdot 100$$

$= (12.053 : 30.485) \cdot 100 = 39,5\ \%$

Genauere Aussagen lassen sich nur im Zeitvergleich bzw. im Branchenvergleich machen.

29.

$$\text{Abschreibungs-intensität} = \frac{\text{Abschreibungsaufwand}}{\text{Gesamtaufwand}} \cdot 100$$

$= (2.349 : 30.485) \cdot 100 = 7,7\ \%$

Genauere Aussagen lassen sich nur im Zeitvergleich bzw. im Branchenvergleich machen.

30.

$$\text{Wirtschaftlichkeit} = \frac{\text{Ertrag}}{\text{Aufwand}}$$

$= 29.511 : 30.485 = 0,97$

Die Metallbau GmbH arbeitet unwirtschaftlich.

Ertrag nur betriebsbedingt; Aufwand nur betriebsbedingt.

31.

$$\text{Eigenkapitalrentabilität} = \frac{\text{Gewinn}}{\text{Eigenkapital}} \cdot 100$$

nach Steuern = (126 : 11.456) • 100 = 1,1 %

vor Steuern = (265 : 11.456) • 100 = 2,3 %

Die interne Verzinsung des EK ist völlig inakzeptabel. Sie sollte über dem Marktzins für langfristige Anlagen liegen.

32.

$$\text{Gesamtkapital-rentabilität} = \frac{\text{Gewinn} + \text{Fremdkapitalzinsen}}{\text{Eigenkapital}} \cdot 100$$

nach Steuern = [(126 + 1.959) : 45.908] • 100 = 4,5 %

vor Steuern = [(265 + 1.959) : 45.908] • 100 = 4,8 %

Die interne Verzinsung des GK ist noch akzeptabel, aber nicht befriedigend. Sie sollte über dem Marktzins für langfristige Anlagen liegen.

33.

$$\text{Umsatzrentabilität} = \frac{\text{Gewinn}}{\text{Umsatz}} \cdot 100$$

= (126 : 27.739) • 100 = 0,45 %

oder:

$$\text{Umsatzrentabilität} = \frac{\text{Gewinn} + \text{FK-Zinsen}}{\text{Umsatz}} \cdot 100$$

= (126 + 1.959) : 27.739 • 100 = 7,5 %

Der Wert ist nicht ausreichend. Genauere Aussagen lassen sich nur im Zeitvergleich bzw. im Branchenvergleich machen.

Bei Berücksichtigung der Fremdkapitalzinsen wird der Einfluss der Kapitalstruktur (EK : FK) ausgeschaltet.

34.

$$\begin{array}{l}\text{ROI} \\ \text{Return on} \\ \text{Investment}\end{array} = \frac{\text{Return}}{\text{Umsatz}} \cdot \frac{\text{Umsatz}}{\text{investiertes Kapital}} \cdot 100$$

$$\begin{array}{l}\text{ROI} \\ \text{Return on} \\ \text{Investment}\end{array} = \text{Umsatzrendite} \cdot \text{Kapitalumschlag}$$

$$= \frac{126 + 1.959}{27.739} \cdot \frac{27.739}{45.908} \cdot 100$$

= (7,5 % • 0,6) • 100 = 4,5 %

Der ROI von 4,5 % (= Gesamtkapitalrentabilität) ist nicht hinreichend; im Allgemeinen liegt der angestrebte Wert für den ROI bei 10 - 15 % für KMU. Begründet ist der niedrige Wert durch den geringen Kapitalumschlag (vgl. Kennzahl 5). Eine erweiterte Aussage ist nur möglich im Vergleich mit

▸ einem Plan-ROI

▸ Vorjahreswerten

▸ einem Branchenwert.

b) Beispiele für taktische Maßnahmen zur Verbesserung der Vermögens-, Finanz- und Ertragslage der Metallbau (es gibt hier keine Musterlösung):

	Sachverhalt (Beurteilung)	Taktische Empfehlung
1	Anlagen- und Umlaufintensität sind zu hoch.	Verkauf nicht genutzter Anlagen und Senkung der Außenstände durch Forderungsmanagement. Senkung der durchschnittlichen Laufzeit der Forderungen auf durchschnittlich 30 Tage. Dadurch: Verringerung der Kapitalbindung, Verbesserung der Liquidität und Senkung des Zinsaufwands für FK.
2	Die Kapitalumschlagshäufigkeit ist zu niedrig.	Verbesserung der Umsatzerlöse durch geeignete Maßnahmen (Produkt-, Programmpolitik, Marketing, Mengen- und Preispolitik). Senkung der Kapitalbindung – insbesondere durch Reduzierung der Außenstände (vgl. Sachverhalt 1).
3	Die Liquidität ist bedenklich bis angespannt. Goldene Bilanzregeln und goldene Bankregel sind nicht erfüllt. Das Prinzip der Fristenkongruenz ist verletzt.	Rückführung des Fremdkapitals und Umschichtung von kurzfristigen zu langfristigem Fremdkapital in Verbindung mit einer Konditionenverbesserung.
4	Das Unternehmen arbeitet unwirtschaftlich. Der ROI ist unbefriedigend.	Verbesserung der betriebsbedingten Aufwands-Ertrags-Relation durch effektives Kostenmanagement. Der Rohertrag erscheint zufriedenstellend (Materialaufwandsquote = 40,8 %). Daher muss insbesondere der sonstige betriebliche Aufwand gesenkt werden. Ein ROI von mindestens 10 % ist anzustreben.

c) Betriebliche Wertschöpfung der Metallbau:

	Umsatzerlöse	27.739
+	Bestandsveränderungen	548
+	Aktivierte Eigenleistungen	630
+	Sonstige betriebliche Erträge	594
=	**Produktionswert**	**29.511**
	Materialkosten	12.053
+	Personalkosten	11.232
+	Kapitalkosten	1.959
+	Abschreibungen	2.349
+	Sonstige Kosten	2.892
=	**Vorleistungen**	**30.485**
	Produktionswert	29.511
-	Vorleistungen	30.485
=	**Wertschöpfung**	**- 974**

Die Wertschöpfung ist negativ.

Lösung zu Aufgabe 4: Debitorenziel, Kreditorenziel

a)

$$\text{Debitorenziel} = \frac{\text{durchschnittliche Forderungen} \cdot 365 \text{ Tage}}{\text{Umsatzerlöse brutto}}$$

$$= \frac{540.000 \, \text{€} \cdot 365 \text{ Tage}}{11.067.000 \, \text{€}}$$

= **17,8 Tage**

Dabei ist:

1. durchschnittliche Forderungen = (600.000 € + 480.000 €) : 2 = 540.000 €

2. Bruttoumsatzerlöse:

	Nettoumsatzerlöse des Jahres 02 (lt. GuV)	9.300.000 €
+	19 % USt	1.767.000 €
=	Bruttoumsatzerlöse des Jahres 02	11.067.000 €

$$\text{Kreditorenziel} = \frac{\text{durchschnittliche Verbindlichkeiten} \cdot 365 \text{ Tage}}{\text{Wareneinsatz brutto}}$$

$$= \frac{395.000 \, \text{€} \cdot 365 \text{ Tage}}{2.856.000 \, \text{€}}$$

= **50,5 Tage**

Dabei ist:

1. durchschnittliche Verbindlichkeiten = (410.000 € + 380.000 €) : 2 = 395.000 €

2. Wareneinsatz brutto:

	Wareneinsatz netto Jahr 02	2.400.000 €
+	19 % USt	456.000 €
=	Wareneinsatz Jahr 02 brutto	2.856.000 €

b) Die Kunden zahlen im Durchschnitt nach 17,8 Tagen; das Unternehmen zahlt nach durchschnittlich 50,5 Tagen. Das Verhältnis von Debitorenziel und Kreditorenziel ist positiv. Negativ kann das Kreditorenziel unter dem Aspekt der Skontonutzung gewertet werden, der bei diesem Ziel nicht möglich ist.

Lösung zu Aufgabe 5: Bewegungsbilanz

a) **Aussagewert einer Bewegungsbilanz:**

Die Bewegungsbilanz dient der Beurteilung der Finanzierungsvorgänge und der Liquiditätsveränderung. Sie kann als Entscheidungsgrundlage für die Investitionspolitik des Unternehmens herangezogen werden. Die Aussagekraft ist begrenzt, da nicht alle finanziellen Transaktionen berücksichtigt werden. Eine Verbesserung der Aussagekraft erreicht man z. B. durch die Kapitalflussrechnung bzw. die erweiterte Bewegungsbilanz.

b) **Bewegungsbilanz in Kontenform:**

1. Schritt:
Arbeitstabelle zur Ermittlung der Aktiv- und Passivsalden (für die Lösung nicht erforderlich, aber empfehlenswert):

AKTIVA	Bilanz 1	Bilanz 2	Saldo
Maschinen	350.000 €	280.000 €	- 70.000 €
Fuhrpark	75.000 €	60.000 €	- 15.000 €
Vorräte	499.600 €	620.700 €	121.100 €
Forderungen	117.600 €	189.100 €	71.500 €
Flüssige Mittel	50.000 €	37.200 €	- 12.800 €

PASSIVA	Bilanz 1	Bilanz 2	Saldo
Eigenkapital	592.800 €	624.000 €	31.200 €
Pensions-rückstellungen	12.000 €	94.000 €	82.000 €
Darlehen	375.000 €	351.000 €	- 24.000 €
Verbindlichkeiten	112.400 €	118.000 €	5.600 €

2. Schritt:
Erstellung der Bewegungsbilanz: Zuordnung der Veränderungen (Saldo) nach Zu-/Abnahme der Aktiva und Zu-/Abnahme der Passiva:

Bewegungsbilanz			
Mittelverwendung *Wohin sind die Mittel geflossen?*		**Mittelherkunft** *Woher stammen die Mittel?*	
Zunahme der Aktiva		**Zunahme der Passiva**	
Vorräte	121.100 €	Eigenkapital	31.200 €
Forderungen	71.500 €	Pensionsrückstellungen	82.000 €
		Verbindlichkeiten	5.600 €
Abnahme der Passiva		**Abnahme der Aktiva**	
Darlehen	24.000 €	Maschinen	70.000 €
		Fuhrpark	15.000 €
		Flüssige Mittel	12.800 €
	216.600 €		216.600 €

c) **Analyse der Bewegungsbilanz:**

▶ **Mittelverwendung:**

- Anstieg der Vorräte:
  Das Unternehmen hat deutlich in Vorräte investiert. Der Grund kann in einem erhöhten Auftragsbestand oder in der Erwartung steigender Preise liegen (RHB-Stoffe). Ist der Anstieg der Vorräte durch die Zunahme unfertiger/fertiger Erzeugnisse begründet, ist dies Ausdruck einer verschlechterten Absatzlage.

- Erhöhung des Forderungsbestandes:
  Die GmbH hat die Zahlungsziele für Kunden verlängert und/oder die Zahlungs-moral der Kunden hat sich verschlechtert und/oder die Umsätze haben expandiert (Zunahme der Forderungen).
- Darlehen:
  Ein Teil der Finanzmittel wurde zur Tilgung von Darlehen verwendet.

► **Mittelherkunft:**

- Eigenkapital, Pensionsrückstellungen:
  Das Eigenkapital hat zugenommen (nicht ausgeschütteter Gewinn). Den Pensionsrückstellungen wurden erhebliche Mittel zugeführt. Sie sind überwiegend langfristiges Fremdkapital und haben zum Teil eigenkapitalähnlichen Charakter (Verwendung für Investitionen).
- Verbindlichkeiten:
  Die Verbindlichkeiten wurden leicht erhöht (Ausschöpfung der Zahlungsziele) und/oder Lieferantenkredite verstärkt in Anspruch genommen.
- Maschinen, Fuhrpark:
  Die Abnahme dieser Aktivposten ist in den Abschreibungen begründet.
- Flüssige Mittel:
  Die flüssigen Mittel haben abgenommen (Finanzierung der Darlehensrückzahlung und der Vorratsinvestitionen).

d)

	Liquiditätsanalyse	
	statische	dynamische
Methode	stichtagsbezogen: ein Jahres-abschluss wird betrachtet	zeitraumbezogen: zwei aufeinanderfol-gende Jahresabschlüsse werden betrachtet
Ziel	analysiert wird vor allem die Struktur der Finanzsituation	untersucht wird vor allem Mittelherkunft und -verwendung eines Zeitraums

2.3 Bedeutung von Ratings erkennen und Maßnahmen zur Verbesserung vorschlagen

Lösung zu Aufgabe 1: Rating (I)

a)

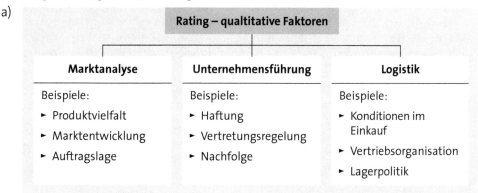

Rating – quanitative Faktoren		
Ertragsentwicklung	**Vermögensentwicklung**	**Finanzpolitik**
‣ Kapitalrendite ‣ Cashflow ‣ Umsatzrendite	‣ EK-Quote ‣ Risikokapital ‣ Verschuldung	‣ gewährte Zahlungsziele ‣ Fristenkongruenz ‣ Inanspruchnahme der Kreditlinie

b) Typische **Warnsignale** sind folgende Ereignisse, z. B.:

1. Kontoüberziehungen > 30 Tage und > 60 Tage
2. Gesamtüberziehungstage bis 30 Tage, bis 90 Tage und > 90 Tage
3. Scheck- und/oder Lastschriftrückgaben mangels Deckung
4. nicht ausgeführte Überweisungen (mangels Deckung)
5. Verzögerungen bei der Leistung von Kapitaldienstraten.

Lösung zu Aufgabe 2: Rating (II)

a) „Harte" und „weiche" Faktoren im Rahmen des qualitativen Ratings entsprechend der Definition des DSGV:

Harte Faktoren:
Harte Faktoren sind alle Informationen, die weitgehend ohne Ermessensspielraum durch den Kundenbetreuer ermittelt werden können. Dies sind also Informationen, bei denen jeder Kundenbetreuer bei gleicher Informationslage zu gleichen Ergebnissen gelangen wird.

Beispiele: Überziehungsverhalten des Kunden, Nachfolgeregelung, Alter der Kundenbeziehung.

Weiche Faktoren:
Weiche Faktoren sind alle Informationen, die nur mit einem gewissen Ermessensspielraum durch den Kundenbetreuer ermittelt werden können. Dies sind also Informationen, bei denen Kundenbetreuer bei gleicher Informationslage zu unterschiedlichen Ergebnissen kommen können. Die Fragen zu diesem Bereich der weichen, qualitativen Faktoren beginnen typischerweise mit der Formulierung „Wie beurteilen Sie ...?"

Beispiele zum Merkmal „Produkt und Markt": Wie beurteilen Sie das Produktsortiment? Wie beurteilen Sie die Qualität der Produkte/Dienstleistungen? Wie beurteilen Sie die Marktposition?

b) „Leitplanken" sind Hilfstexte. Sie erleichtern dem Kundenbetreuer die Beurteilung der Antworten zu den weichen, qualitativen Faktoren. Damit soll auch gewährleistet sein, dass der Ermessensspielraum der Bewertung nicht unangemessen differiert.

Beispiele:

Frage an den Kunden	Leitplanken	
	Beispiele für beste Beurteilung:	**Beispiele für schlechteste Beurteilung:**
Wie beurteilen Sie das Qualitätsmanagement Ihres Unternehmens?	► Ein QM ist eingerichtet und wird zentral gesteuert. ► Das Unternehmen ist zertifiziert nach DIN EN ISO 9001:2015.	► Ein Qualitätsmanagement ist nicht vorhanden. ► keine Zertifizierung ► Rückrufaktionen

c) Scheck- und Lastschriftrückgaben, Nichteinhalten wesentlicher Absprachen mit der Bank sowie Kontopfändung sind typische Beispiele für sog. „Warnsignale". Derartige Unregelmäßigkeiten, die bei einem bonitätsmäßig einwandfreien Kunden nicht auftreten, veranlassen den Kundenberater dazu, ein Warnsignal zu setzen. Es bewirkt, dass nach Abschluss des üblichen Ratingverfahrens die ermittelte Rating-Note abgestuft wird. Das Maß der Abstufung orientiert sich an der Schwere des Warnsignals. Im vorliegenden Fall muss Ihre Geschäftsführung ggf. mit einer „leichten" Abstufung der Rating-Note rechnen. Im Endeffekt kann dies zu einer verschlechterten Zinskondition führen.

d) Die quantitative Faktoren, die qualitativen Faktoren sowie das Kontoverhalten des Kunden gehen mit folgenden Anteilen in die Rating-Note ein (Rating-Aufbau bei Gewerbekunden mit einem Nettoumsatz < 2,5 Mio. € nach DSGV):

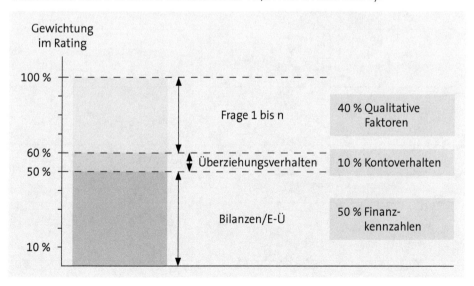

Lösung zu Aufgabe 3: Rating (III) – Fallstudie „Hubert Eschbürger, Metallbau, Prignitz"

1. Schritt: Berechnen der Kennzahlen

		Jahr 02	Jahr 03
1	Eigenkapital-quote $= \dfrac{\text{Eigenkapital}}{\text{Gesamtkapital}} \cdot 100$	EK ist negativ!	
2	Zinsaufwand-quote $= \dfrac{\text{Zinsaufwand}}{\text{Gesamtaufwand}} \cdot 100$	$\dfrac{15}{232} \cdot 100 = 6{,}5\,\%$	$\dfrac{14}{368} \cdot 100 = 3{,}8\,\%$
3	Anlagen-intensität $= \dfrac{\text{Anlagevermögen}}{\text{Gesamtvermögen}} \cdot 100$	$\dfrac{247}{306} \cdot 100 = 80{,}7\,\%$	$\dfrac{248}{425} \cdot 100 = 58{,}4\,\%$
4	Umlauf-intensität $= \dfrac{\text{Umlaufvermögen}}{\text{Gesamtvermögen}} \cdot 100$	$\dfrac{51}{306} \cdot 100 = 16{,}7\,\%$	$\dfrac{159}{425} \cdot 100 = 37{,}4\,\%$
5.1	Liquidität 1. Grades $= \dfrac{\text{flüssige Mittel}}{\text{kfr. Verbindlichkeiten}} \cdot 100$	Flüssige Mittel ≈ 0; $\rightarrow$ Liquidität$_{1.\,\text{Grades}} \approx 0$	
5.2	Liquidität 2. Grades $= \dfrac{\text{fl. Mittel + kfr. Ford}}{\text{kfr. Verbindlichkeiten}} \cdot 100$	$\dfrac{5+9}{92} \cdot 100 = 15{,}2\,\%$	$\dfrac{1+3}{208} \cdot 100 = 1{,}9\,\%$
5.3	Liquidität 3. Grades $= \dfrac{\text{fl. Mi. + kfr. f. + Vorräte}}{\text{kfr. Verbindlichkeiten}} \cdot 100$	$\dfrac{5+9+26}{92} \cdot 100$ $= 43{,}5\,\%$	$\dfrac{1+3+142}{208} \cdot 100$ $= 70{,}2\,\%$
6.1	Deckungsgrad I $= \dfrac{\text{EK}}{\text{AV}} \cdot 100 \geq 100\,\%$	EK < 0 $\rightarrow$ Deckungsgrad I $< 0\,\%$	
6.2	Deckungsgrad II $= \dfrac{\text{EK + lfr. FK}}{\text{AV}} \geq 1$	$\dfrac{-46+175}{247} \cdot 100$ $= 52{,}2\,\%$	$\dfrac{-50+182}{248} \cdot 100$ $= 53{,}2\,\%$
6.3	Deckungsgrad III $= \dfrac{\text{EK + lfr. FK}}{\text{AV + lfr. UV}} \geq 1$	$\dfrac{-46+175}{247+26} \cdot 100$ $= 47{,}3\,\%$	$\dfrac{-50+182}{248+142} \cdot 100$ $= 33{,}8\,\%$

			Jahr 02	Jahr 03
7	Rückstellungs- quote	$= \dfrac{\text{Rückstellungen}}{\text{Bilanzsumme}} \cdot 100$	$\dfrac{38}{306} \cdot 100 = 12{,}4\,\%$	$\dfrac{35}{425} \cdot 100 = 8{,}2\,\%$
8	Abschreibungs- intensität	$= \dfrac{\text{Abschreibungsaufwand}}{\text{Gesamtaufwand}} \cdot 100$	$\dfrac{22}{232} \cdot 100 = 9{,}5\,\%$	$\dfrac{29}{368} \cdot 100 = 7{,}9\,\%$
9	Umsatzrentabilität Betriebsergebnis in % der Gesamtleistung	$= \dfrac{\text{Betriebsergebnis}}{\text{Gesamtleistung}} \cdot 100$	$\dfrac{55}{284} \cdot 100 = 19{,}4\,\%$	$\dfrac{18}{382} \cdot 100 = 4{,}7\,\%$
10	Betriebsrentabilität Betriebsergebnis in % der Bilanzsumme	$= \dfrac{\text{Betriebsergebnis}}{\text{Gesamtkapital}} \cdot 100$	$\dfrac{55}{306} \cdot 100 = 18{,}0\,\%$	$\dfrac{18}{425} \cdot 100 = 4{,}2\,\%$

2. Schritt: Ermittlung der Punktzahlen auf der Basis der Güteklasse

3. Schritt: Berechnung des arithmetischen Mittels der Punktzahlen

4. Schritt: Mittelwert der Punktzahlen der Güteklasse zuordnen (= Ratingwert, gesamt)

		Eigener Wert		Branchenwert in % bzw. Bilanz-/ Finanzregel	Ihr Selbstrating: Erreichte Punktzahl	
		Jahr 02	Jahr 03			
1	Eigenkapital- quote	EK< 0		0,0 - 34,3	EK ist negativ! Daher Punktzahl ≤ 60	≤ 60
2	Zinsaufwand- quote	6,5 %	3,8 %	0,5 - 3,1	ungünstig; deutlich über dem Branchenwert; daher Punktzahl ≤ 60	≤ 60
3	Anlagen- intensität	80,7 %	58,4 %	10,2 - 54,4	zu hoch; deutlich über dem Branchenwert; daher Punktzahl ≤ 60	≤ 60
4	Umlauf- intensität	16,7 %	37,8 %	30,0 - 54,6	gut; unter dem Branchenwert	92

		Eigener Wert		Branchenwert in % bzw. Bilanz-/ Finanzregel	Ihr Selbstrating: Erreichte Punktzahl	
		Jahr 02	Jahr 03			
5.1	Liquidität 1. Grades	Fl. Mittel ≈ 0 $L._{1.\,Gr.}$ ≈ 0		Kann unter 100 % liegen.	Keine der Forderungen ist annähernd erreicht; daher Punktzahl ≤ 60.	≤ 60
5.2	Liquidität 2. Grades	15,2 %	1,9 %	Soll 100 % erreichen.		
5.3	Liquidität 3. Grades	43,5 %	70,2 %	Soll 200 % erreichen.		
6.1	Deckungsgrad I	EK < 0 D.grad I < 0		AV soll zu 100 % durch EK gedeckt sein.		≤ 60
6.2	Deckungsgrad II	52,2 %	53,2 %	AV soll zu 100 % langfristig finanziert sein.		
6.3	Deckungsgrad III	47,3 %	33,8 %	AV + lfr. UV sollen zu 100 % langfristig finanziert sein.		
7	Rückstellungsquote	12,4 %	8,2 %	3,0 - 7,5	günstig; Bildung stiller Reserven	92
8	Abschreibungsintensität	9,5 %	7,9 %	1,5 - 5,3		92
9	Umsatzrentabilität	19,4 %	4,7 %	4,6 - 19,6	gut im Jahr 02; bei einer Durchschnittsbetrachtung (02/03) wird der Branchendurchschnitt erreicht	92
10	Betriebsrentabilität	18,0 %	4,2 %	8,0 - 15,0		92

Summe Punktzahl 760

ø = 760 : 10 = 76

↓

	C
Rating	bedingt ausreichend
	Quantitative Analyse

 TIPP

Hinweis zur Lösung: Auch das Finanzrating ist nicht frei von subjektiven Bewertungen. Denkbar ist daher auch ein Ergebnis „Rating = C⁻".

Lösung zu Aufgabe 4: Planergebnisrechnung – Fallstudie „Hubert Eschbürger, Metallbau, Prignitz"

▸ Aufbereitung der Ist-Werte.

	Jahr 01		Jahr 02			Jahr 03		
	T€	%[1]	T€	%[1]	Vorjahr[2]	T€	%[1]	Vorjahr[2]
Gesamtleistung	286	100 %	284	100 %	- 1 %	382	100 %	35 %
- Material-aufwand	- 107	37 %	- 96	34 %	- 10 %	- 192	50 %	100 %
= Rohertrag I	179	63 %	188	66 %	5 %	190	50 %	1 %
- Personal-aufwand	- 98	34 %	- 43	15 %	- 56 %	- 90	24 %	109 %
= Rohertrag II	81	28 %	145	51 %	79 %	100	26 %	- 31 %
- übriger Aufwand	- 81	28 %	- 90	32 %	11 %	- 82	21 %	- 9 %
= Betriebsergebnis	0	0 %	55	19 %	–	18	5 %	- 67 %

▸ Erstellung der Betriebsergebnisplanung unter Beachtung der Vorjahreswerte, der prozentualen Strukturwerte (in Prozent der Gesamtleistung) sowie der Branchenwerte.

	Planjahr		Planansatz, Begründung:
	T€	%	
Gesamtleistung	314	100 %	Durchschnitt der drei Jahre: 317 T€; Planansatz: 286 T€ + 10 % = 314 T€.
- Material-aufwand	- 119	38 %	Durchschnitt der drei Jahre: 40 % der Gesamtleistung; 40 % - Rationalisierungspotenzial = 38 %; 38 % von 314 T€ ≈ 119 T€.
= Rohertrag I	195	62 %	Rechnerisches Ergebnis. Der Rohertrag von 62 % liegt am unteren Ende des Bracheintervalls (56,1; 74,5).
- Personal-aufwand	- 63	20 %	Der Durchschnitt der drei Jahre ist rd. 24 %; als Planansatz wird 24 % – Abschlag von 4 Prozentpunkten gewählt.
= Rohertrag II	132	42 %	Rechnerisches Ergebnis
- übriger Aufwand	- 82	26 %	Durchschnitt der drei Jahre: 27 %; der erhöhte, sonstige Aufwand im Jahr 02 i. H. v. rd. 10 T€ wird eliminiert; daraus ergibt sich ein Planansatz von 26 % unter Beachtung absoluter Kostendisziplin.
= Betriebsergebnis	50	16 %	Rechnerisches Ergebnis. Mit einer Umsatzrendite (bezogen auf das Betriebsergebnis) von 16 % liegt das Unternehmen oberhalb des Branchendurchschnitts. Bei einer (verringerten) Privatentnahme von rd. 30 T€ können damit rd. 20 T€ p. a. dem Eigenkapital zugeführt werden.

---

[1] in Prozent der Gesamtleistung (Rundungsdifferenzen)

[2] Veränderung in Prozent gegenüber dem Vorjahr

INFO

Auch ein anderes, plausibles Zahlengerüst ist denkbar.

Lösung zu Aufgabe 5: Kennzahlen zum Rating

a) Cashflow:

$$\text{Schuldentilgungsdauer (in Jahren)} = \frac{\text{Gesamtschulden}}{\text{Cashflow}}$$

b)

$$\text{Eigenkapitalquote (in \%)} = \frac{\text{Eigenkapital}}{\text{Gesamtkapital}} \cdot 100$$

c)

$$\text{Gesamtkapitalumschlag} = \frac{\text{Umsatzerlöse}}{\text{eingesetztes Kapital}} \cdot 100$$

d)

$$\text{Anlagendeckungsgrad I} = \frac{\text{Eigenkapital} \cdot 100}{\text{Anlagevermögen}}$$

$$\text{Anlagendeckungsgrad II} = \frac{(\text{Eigenkapital} + \text{langfristiges Fremdkapital}) \cdot 100}{\text{Anlagevermögen}}$$

e)

$$\text{Liquidität I} = \frac{\text{flüssige Mittel}}{\text{kurzfristiges Fremdkapital}} \cdot 100$$

3. Betriebliche Sachverhalte steuerlich darstellen

Lösung zu Aufgabe 1: Einkunftsarten

Frau Y: Ist mit ihrer Einlage als typisch stille Gesellschafterin an der OHG einzuordnen, da sie keine Beteiligung am Geschäftserfolg und Geschäftsvermögen hat. Die Einnahmen aus der stillen Beteiligung gehören nach § 20 Abs. 1 EStG zu den Einkünften aus Kapitalvermögen.

Das Gehalt ist gemäß den Einkünften aus nicht selbstständiger Arbeit nach § 19 EStG zu versteuern.

Frau Z: Aufgrund der Tatsache, dass Frau Z bei ihrem Ausscheiden am Geschäftserfolg und an den stillen Reserven der OHG beteiligt ist, wird sie als atypisch stille Gesellschafterin wie eine Mitunternehmerin (§ 15 Abs. 1 Nr. 2 EStG i. V. m. H 15.8 Abs. 1 EStH) im Steuerrecht behandelt. Sie erzielt hinsichtlich ihrer Beteiligung somit Einkünfte aus Gewerbebetrieb nach § 15 EStG.

Ihr Gehalt gehört ebenfalls zu den Einkünften aus Gewerbebetrieb. Beim Gehalt handelt es sich um eine Sondervergütung i. S. d. § 15 Abs. 1 Satz 1 Nr. 2 i. V. m. H 15.8 Abs. 3 EStH.

Lösung zu Aufgabe 2: Einkommensteuer (I)

Nutzung der Autowerkstatt:
Die Autowerkstatt gehört nach R 4.2 Abs. 7 EStR zum notwendigen Betriebsvermögen und muss bilanziert werden. Der Wert des eigenbetrieblich genutzten Grundstücksteils beträgt mit 30 % mehr als ein Fünftel des gesamten Grundstücks.

Lager:
Nach R 4.2 Abs. 9 EStR können Grundstücksteile, die nicht eigenbetrieblich genutzt werden, sondern z. B. an andere Dritte zur gewerblichen Nutzung vermietet werden, als gewillkürtes Betriebsvermögen behandelt werden. Das bedeutet, dass für die Bilanzierung Herr Wartburg ein Wahlrecht hat.

Eigene Wohnung:
Die eigengenutzte Wohnung gehört zum notwendigen Privatvermögen. Sie darf nach R 4.2 Abs. 10 EStR nicht bilanziert werden.

Lösung zu Aufgabe 3: Einkommensteuer (II)

Fall 1:
Die Pflastersteine gehören zu den Vorräten und zählen damit zum Umlaufvermögen. Sie stellen notwendiges Betriebsvermögen dar.

Nach § 253 Abs. 1 Satz 1 HGB und § 6 Abs. 1 Nr. 2 Satz 1 EStG sind die Pflastersteine zum 31.12.01 mit dem gestiegenen Teilwert, begrenzt durch die Höhe der Anschaffungskosten anzusetzen. Nach § 6 Abs. 1 Satz 4 EStG besteht ein striktes Wertaufholungsgebot, wenn der niedrigere Wert im Folgejahr nicht mehr besteht. Es muss der Ansatz für die Steuerbilanz berichtigt werden:

	Ursprüngliche Anschaffungskosten	150.000,00 €
-	Handels- und Steuerbilanzwert	- 120.000,00 €
=	Gewinnerhöhung	+ 30.000,00 €

Fall 2:
Nach § 249 Abs. 1 Satz 1 HGB, § 5 Abs. 1 Satz 1 EStG, R 5.7 Abs. 1 EStR/H 5.7 Abs. 4 EStH muss eine Rückstellung für Garantieleistungen gebildet werden.

Für die Höhe der Einstellung nach § 6 Abs. 1 Nr. 3a Buchst. b i. V. m. § 5 Abs. 6 EStG gelten steuerrechtlich nur angemessene Teile der Gemeinkosten. Die Regressansprüche gegen Subunternehmen kürzen nach H 6.11 EStH die Garantierückstellungen.

Folgende Berichtigung für die Steuerbilanz muss durchgeführt werden:

	Höhe der Rückstellung bei Ansatz der notwendigen Gemeinkosten	220.000,00 €
	abzüglich der Regressansprüche gegen Subunternehmer	- 70.000,00 €
	berichtigter Steuerbilanzwert	150.000,00 €
-	passivierte Rückstellung	- 300.000,00 €
=	Gewinnerhöhung	150.000,00 €

Lösung zu Aufgabe 4: Einkommensteuer (III)

Bilanzgewinn   100.000,00 €

Fall 1:
Aufwendungen für Einrichtungen, die der Bewirtung und Beherbergung von Geschäftsfreunden dienen und sich außerhalb des Ortes des Betriebes des Steuerpflichtigen befinden, dürfen nach § 4 Abs. 5 Satz 1 Nr. 3 EStG/R 4.10 Abs. 10 EStR nicht abgezogen werden.

Außerbilanzielle Hinzurechnung + 15.000,00 €

Fall 2:
Die Aufwendungen für den Führerschein gehören zu den Kosten der privaten Lebensführung und sind als Privatentnahmen zu behandeln (§ 4 Abs. 1 Satz 2 und § 12 Nr. 1 EStG, H 12.1 EStH)

Gewinnerhöhung in der Steuerbilanz + 3.000,00 €

Fall 3:
Aufwendungen für die Bewirtung von Geschäftsfreunden stellen Betriebsausgaben dar, dürfen aber den Gewinn nur i. H. v. 70 % mindern nach § 4 Abs. 5 Nr. 2 EStG, R 4.10 Abs. 5 - 8 EStR. Die Vorsteuer ist im vollen Umfang abzugsfähig.

Außerbilanzielle Hinzurechnung + 300,00 €

Fall 4:
Die Aufwendungen für die Bewirtung der Arbeitnehmer aus betrieblichem Anlass sind nach R 4.10 Abs. 7 EStR in voller Höhe als Betriebsausgaben anzuerkennen. Die Umsatzsteuer ist vorsteuerabzugsberechtigt.

Keine steuerliche Auswirkung: 0

Fall 5:
Für Aufwendungen, die in den künftigen Jahren zu aktivierungspflichtigen Anschaffungs- oder Herstellungskosten führen, darf nach § 5 Abs. 4b EStG keine Rückstellung gebildet werden.

Die Rückstellung ist gewinnerhöhend aufzulösen.

Gewinnerhöhung (§ 60 Abs. 2 EStDV)   + 50.000,00 €

Fall 6:
Im Steuerrecht ist das Disagio linear über die Laufzeit des Darlehens zu verteilen: 6.300 €: 6 Jahre = 1.050 €.

Für das Jahr 00 sind 6 Monate, entsprechen 525 €, als Betriebsausgaben zu buchen. Die restlichen 5.775 € sind als aktiver Rechnungsabgrenzungsposten einzustellen (§ 5 Abs. 5 Satz 1 Nr. 1 EStG).

Gewinnerhöhung in der Steuerbilanz + 1.275,00 €

Steuerbilanzgewinn zum 31.12.00 169.575,00 €

Lösung zu Aufgabe 5: Einkommensteuer (IV)

Fall 1:
Nach § 5 Abs. 2 EStG i. V. m. R 5.5 EStR besteht ein Aktivierungsverbot für selbst geschaffene immaterielle Vermögensgegenstände des Anlagevermögens. Das bedeutet, dass in der Steuerbilanz 300.000 € als Forschungs- und Entwicklungskosten erfolgswirksam verbucht werden.

Gewinnauswirkung: - 295.000 €

Fall 2:
Nach § 5 Abs. 1 EStG i. V m. R 5.7 Abs. 1 EStR besteht im Steuerrecht, wie auch im Handelsrecht, die Pflicht zur Bildung einer Rückstellung für unterlassene Aufwendungen, wenn sie im folgenden Jahr innerhalb von drei Monaten nachgeholt werden. Da die Arbeiten bis 31. 03. 01 abgeschlossen werden sollen, sind die Voraussetzungen für die Bildung einer Rückstellung erfüllt.

Im Ergebnis: keine Veränderung zur Handelsbilanz

Lösung zu Aufgabe 6: Einkommensteuer, Wechsel der Gewinnermittlungsart

Fall 1:
Die Wirtschaftsgüter des Anlagevermögens werden bei beiden Gewinnermittlungsarten gleichbehandelt. Die Abschreibung wurde zutreffend gebucht. Korrekturen sind nicht erforderlich.

Auswirkung ± 0,00 €

Fall 2:
Die im Warenbestand enthaltenen Güter sind bereits als Betriebsausgaben gebucht worden. Sie stellen aber einen Vermögensgegenstand dar und sind in der Bilanz unter der Position Umlaufvermögen zu aktivieren. Nach dem strengen Niederstwertprinzip erfolgt die Bewertung nach § 252 Abs. 3 HGB i. V. m. § 6 Abs. 1 Nr. 1 Satz 3 EStG mit dem Teilwert.

Auswirkung + 17.000,00 €

Fall 3:
Geleistete Anzahlungen sind aktivierungspflichtige Leistungsforderungen, die in der Bilanz unter der Position Umlaufvermögen mit ihren Anschaffungskosten auszuweisen sind.

Auswirkung + 7.000,00 €

Fall 4:
Forderungen sind gewinnerhöhend zu berücksichtigen, da sie bei der Gewinnermittlung nach § 4 Abs. 3 EStG noch nicht verbucht wurden, obwohl die Leistungen zum Zeitpunkt des Wechsels bereits erbracht wurden. Die uneinbringliche Forderung ist in Höhe ihres Nettobetrages von 2.000 € direkt abzuschreiben. Die USt ist in Höhe von 380 € zu korrigieren.

Auswirkung + 11.900,00 €

Fall 5:

Kassen- und Bankbestände werden bei beiden Gewinnermittlungsarten gleichbehandelt.

Auswirkung + 0,00 €

Fall 6:

Die noch nicht verrechnete Vorsteuer und die noch abzuführende USt müssen in die Gewinnkorrektur mit einbezogen werden. Die USt-Zahllast ist beim Wechsel der Gewinnermittlungsart zu passivieren. Da die Zahllast bei der Gewinnermittlung nach § 4 Abs. 3 EStG eine Betriebsausgabe darstellt, erfolgt eine Gewinnminderung in Höhe des Differenzbetrages (4.500 € - 2.000 € - 380 €).

Auswirkung - 2.120,00 €

Fall 7:

Herr Grau ist nach Handels- und Steuerrecht verpflichtet, eine Rückstellung für ungewisse Verbindlichkeiten zu bilden. Das gilt nach § 5 Abs. 1 EStG i. V. m. R 5.7 EStR für Gewährleistungen. Die Rückstellung ist auf der Passivseite der Bilanz auszuweisen.

Auswirkung - 3.000,00 €

Fall 8:

Darlehensverbindlichkeiten werden bei beiden Gewinnermittlungsarten gleichbehandelt. Es erfolgt keine Korrektur.

Auswirkung + 0,00 €

Fall 9:

Die Verbindlichkeiten aus der Anschaffung eines Wirtschaftsguts werden nicht korrigiert, da bei beiden Gewinnermittlungsarten der Gewinn nicht beeinflusst wird. Die Verbindlichkeiten aus Lieferungen und Leistungen sind wiederum zu berücksichtigen, da der Aufwand in das alte Jahr gehört.

Auswirkung - 15.000,00 €

Hinzurechnung insgesamt = 15.780,00 €

Herr Grau kann nach R 4.6 Abs. 1 Satz 6 EStR die Hinzurechnung von 15.780 € auf drei Jahre (5.260 €) gleichmäßig verteilen.

Lösung zu Aufgabe 7: Einkommensteuer, Gewinnermittlung und -verteilung einer KG

Nach § 15 Abs. 1 Nr. 2 EStG gehören die Vergütungen, die die Gesellschaft den Gesellschaftern für ihre Tätigkeiten im Dienst der Gesellschaft oder für die Hingabe von Darlehen oder für die Überlassung von Wirtschaftsgütern zahlt, zu den Einkünften aus Gewerbebetrieb. Für die Überlassung von Wirtschaftsgütern werden Sonderbilanzen geführt.

a)

	Gewinn lt. GuV	416.500,00 €
+	Gewerbesteuer-Vorauszahlungen	40.000,00 €
+	Gehalt Gesellschafter Anton	96.000,00 €
+	Darlehenszinsen Gesellschafter Berta	10.000,00 €
	Vorläufiger Gewinn nach § 15 Abs. 1 EStG	562.500,00 €
+	Gewinn aus Sonderbilanz	22.000,00 €
	Berechnungsgrundlage für die Gewerbesteuer	584.500,00 €
-	Freibetrag nach § 11 GewStG	24.500,00 €
	Zwischensumme	560.000,00 €
	Steuermesszahl = 3,5 % → Steuermessbetrag	19.600,00 €
	Hebesatz = 380 %	
	Gewerbesteuer	74.480,00 €
-	Vorauszahlungen	40.000,00 €
	Gewerbesteuerrückstellung	34.480,00 €
	Vorläufiger Gewinn (s. o.)	562.500,00 €
-	Gewerbesteuerrückstellung	34.480,00 €
	Endgültiger Gewinn der KG	528.020,00 €
+	Gewinn aus Sonderbilanz	22.000,00 €
	Einheitlicher Gesamtgewinn	550.020,00 €

Außerhalb der Bilanz ist der Gewinn um die gesamte Gewerbesteuer in Höhe von 74.480 € zu erhöhen (§ 60 Abs. 2 EStDV).

b)

AKTIVA		Sonderbilanz Gesellschafter A			PASSIVA
Grund und Boden		60.000,00			200.000,00
Halle	140.000,00		+ Gewinn	22.000,00	
- AfA	3.500,00	136.500,00	- Privatentnahmen	30.000,00	
			+ Privateinlagen	4.500,00	
		196.500,00			196.500,00

S		Sonder GuV	H
Hausaufwendungen	4.500,00	Mieteinnahmen	30.000,00
AfA	3.500,00		
Gewinn	22.000,00		
	30.000,00		30.000,00

c) Gewinnverteilungstabelle (in €):

Gesell-schafter	Kapital am 01.01.01	Sonder-bilanz	Kapital-verzinsung	Gehalt	Zinsen	Rest-gewinn
Anton	600.000,00	22.000,00	36.000,00	96.000,00		280.515,00
Berta	200.000,00		12.000,00		10.000,00	93.505,00
Summe	800.000,00		48.000,00			374.020,00

Verteilung	Gesamt-gewinn	Gewinn KG	Privat-entnahmen	Kapital 31.12.01	Gewinn-gutschrift
3	434.515,00	412.515,00	106.000,00	906.515,00	
1	115.505,00	115.505,00	16.000,00	200.000,00	99.505,00
4	550.020,00	528.020,00	122.000,00	1.106.515,00	99.505,00

Lösung zu Aufgabe 8: Einkommensteuer, Ergänzungsbilanz

Es liegt keine Neugründung vor. Frau Rose hat als neue Gesellschafterin eine Ergänzungsbilanz zu erstellen nach R 6.2 EStR, in der sie den Mehrpreis für die anteiligen stillen Reserven und den anteiligen Firmenwert zu aktivieren hat.

	Kaufpreis	100.000,00 €
-	übernommenes Festkapital	50.000,00 €
=	Mehrpreis	50.000,00 €

aufgedeckte stille Reserve Grundstück
20 % (Anteil Herr Grün) von 150.000 €   30.000,00 €
Firmenwert (50.000 € - 30.000 €)   20.000,00 €

AKTIVA	Ergänzungsbilanz Frau Rose 01.01.00		PASSIVA
Grundstück	30.000 €	Mehrkapital	50.000 €
Firmenwert	20.000 €		
	50.000 €		50.000 €

Ermittlung Firmenwert zum 31.12.00:

01.01.00	20.000,00 €
Abschreibung nach § 7 Abs. 1 EStG 15 Jahre (6,67 % von 20.000 €)	-1.334,00 €
Buchwert zum 31.12.00	18.666,00 €

Ergänzungs-GuV Frau Rose:
Abschreibung Firmenwert	1.334,00 €
Verlust (Ergänzung)	1.334,00 €

AKTIVA	Ergänzungsbilanz Frau Rose zum 31.12.00			PASSIVA	
Grundstück	30.000 €	Mehrkapital	50.000 €		
Firmenwert	18.666 €	Verlust	-1.334 €	48.666 €	
	48.666 €			48.666 €	

Lösung zu Aufgabe 9: Einkommensteuer, Betriebsveräußerung

Es liegt eine Betriebsveräußerung im Ganzen nach § 16 Abs. 1 EStG vor, da im Rahmen der Veräußerung die wesentlichen Betriebsgrundlagen übertragen werden. Die Überführung des Pkw in das Privatvermögen von Herrn Mohn ist unschädlich, da es sich hierbei nicht um eine wesentliche Betriebsgrundlage handelt.

Berechnung des Veräußerungsgewinns (§ 16 Abs. 2 EStG):

	Veräußerungspreis		550.000 €	
+	Teilwert Pkw		12.000 €	562.000 €
-	Veräußerungskosten			-1.000 €
-	Buchwerte			-340.000 €
=	Veräußerungsgewinn			161.000 €
-	Freibetrag (§ 1 Abs. 4 EStG)		45.000 €	
		161.000 €		
		136.000 €	-25.000 €	-20.000 €
=	**steuerpflichtiger Veräußerungsgewinn**			**141.000 €**

Für Gewinne aus Betriebsveräußerungen kann nach § 34 Abs. 3 EStG anstelle der Fünftel-Regelung der ermäßigte Steuersatz gem. § 34 Abs. 1 EStG in Anspruch genommen werden. Herr Mohn muss dazu einen Antrag stellen. Die Voraussetzung der Vollendung des 55. Lebensjahres hat Herr Mohn erfüllt.

Die Eröffnungsbilanz des Erwerbers zum 01.01.01 ist wie folgt zu erstellen:

AKTIVA		PASSIVA	
Grund und Boden	100.000 €	Kapital	550.000 €
Gebäude	160.000 €		
Maschinen	80.000 €		
Umlaufvermögen	120.000 €		
Geschäftswert	90.000 €		
	550.000 €		550.000 €

Lösung zu Aufgabe 10: Einkommensteuer, Betriebsveräußerung gegen Leibrente

Gemäß § 16 Abs. 1 Nr. 1 EStG handelt es sich um einen Veräußerungsgewinn. Herr Baum hat zwar das 55. Lebensjahr noch nicht vollendet, ist aber im sozialversicherungs-rechtlichen Sinne dauernd berufsunfähig. Somit hat Herr Baum Anspruch auf den Frei-betrag nach § 16 Abs. 4 EStG und der § 34 Abs. 3 EStG ist anwendbar.

Ermittlung des Veräußerungsgewinns:

-	Barwert der Rente		367.590 €	
	Buchwerte		-300.000 €	67.590 €
=	Veräußerungsgewinn			67.590 €
-	Freibetrag (§ 16 Abs. 4 EStG)		45.000 €	
		67.590 €		
		136.000 €	0 €	-45.000 €
=	**steuerpflichtiger Veräußerungsgewinn**			**22.590 €**

Da Herr Baum seinen Gewerbebetrieb gegen Leibrente veräußert, kann er alternativ gem. R 16 Abs. 11 EStR die Rentenzahlungen auch als nachträgliche Betriebseinnahmen nach § 15 EStG i. V. m. § 24 Nr. 2 EStG versteuern. Es entsteht erst dann ein Gewinn, wenn die Tilgungsanteile der Rentenzahlungen das Kapitalkonto im Veräußerungszeit-punkt überschreiten.

Bei Wahl der nachträglichen Besteuerung nach R 16 Abs. 11 Satz 7 EStR ist im Jahr 01 der in den Rentenzahlungen enthaltene Zinsanteil zu versteuern. Der Zinsanteil kann nach versicherungsmathematischen Grundsätzen oder nach §§ 13, 14 BewG ermittelt werden.

Ermittlung nach § 14 BewG (Tabelle 9):
Barwert der Rente am 01.01.01: 2.500 € • 12 Monate • 12,253		367.590,00 €
Barwert der Rente am 01.01.02: 2.500 € • 12 Monate • 12,008	-	360.240,00 €
Tilgungsanteil	=	7.350,00 €
Jahresleistung (2.500 € • 12 Monate)	-	30.000,00 €
Zinsanteil	=	22.650,00 €

Als nachträgliche Betriebseinnahmen (Einkünfte aus Gewerbebetrieb) sind im Jahr 01 22.650 € zu versteuern.

Lösung zu Aufgabe 11: Körperschaftsteuer

Der Gesamtbetrag der Einkünfte entspricht dem handelsrechtlichen Jahresüberschuss, da keine steuerlichen Korrekturen notwendig sind. Nun erfolgt der Verlustabzug gem. § 10d EStG. Jedoch muss die Spezialregelung des § 8c KStG beachtet werden, die neben der verdeckten Gewinnausschüttung und der verdeckten Einlage eine weitere Unter-brechung des Trennungsprinzips zwischen Gesellschaft und Gesellschafter darstellt. Im

§ 8c KStG ist der Verlustabzug nach Veräußerung von Anteilen an einer Körperschaft geregelt. Bei einer Veräußerung von 60 % der Anteile an der M-GmbH sind auch 100 % der bisher nicht genutzten Verluste nicht mehr abziehbar und gehen der Gesellschaft verloren.

	Verlustvortrag zum 31.12.00	30.000,00 €
-	100 % verloren durch Veräußerung	30.000,00 €
=	abziehbarer Verlust 01	0,00 €

Die Verluste gehen nicht unter, wenn die Voraussetzungen des § 8c Abs. 1 Satz 4, § 8c Abs. 1a oder § 8d KStG erfüllt sind.

Lösung zu Aufgabe 12: Körperschaftsteuer, verdeckte Einlage

Trotz der Bestandskraft des KSt-Bescheides für die A-GmbH kann der KSt-Bescheid gem. § 32a Abs. 2 KStG geändert werden mit der Folge, dass die empfangene verdeckte Einlage in der Prüferbilanz mit folgenden Buchungssatz eingebucht wird:

Pkw	20.000 €	an	Ertrag	20.000 €

Der steuerbilanzielle Ertrag stellt eine empfangene verdeckte Einlage dar und ist steuerfrei. Er ist außerhalb der Bilanz wieder abzuziehen (§ 8 Abs. 3 Satz 3 KStG bzw. R 8.9 Abs. 2 KStR).

Die AfA des betreffenden VZ beträgt damit 7.500 € (25 % vom BW lt. Steuerbilanz 30.000 €).

Außerdem ist bei der A-GmbH zum 31.12. des betreffenden VZ bei der Feststellung des steuerlichen Einlagekontos gem. § 27 KStG ein Zugang von 20.000 € festzustellen

Lösung zu Aufgabe 13: Körperschaftsteuer, Rückwirkungsverbot/ Vorteilsgewährung

Sachverhalt 1:

a) Es liegt keine im Voraus getroffene schriftliche Vereinbarung vor, so dass eine Verletzung des Rückwirkungsverbotes vorliegt. Es liegt daher eine verdeckte Gewinnausschüttung i. H. v. 15.000 € vor [6 Monate (02.01. - 30.06.01) 2.500 € (7.500 € - 5.000 €)]. Es liegt keine verdeckte Gewinnausschüttung wegen Vorteilsgewährung vor, da die Höhe der Zinsen angemessen ist.

b) Es handelt sich um eine verdeckte Gewinnausschüttung wegen Verletzung des Rückwirkungsverbotes i. H. v. 15.000 €. Zusätzlich ist eine verdeckte Gewinnausschüttung wegen Vorteilsgewährung i. H. v. 9.000 € vorhanden [6 Monate (01.07. - 31.12.01) • 1.500 € (7.500 € - 6.000 €)], da nur 6.000 € angemessen sind. In der Summe muss die GmbH daher 24.000 € dem zu versteuernden Einkommen hinzurechnen.

Sachverhalt 2:
Es handelt sich nicht um eine verdeckte Gewinnausschüttung wegen Verletzung des Rückwirkungsverbotes gem. R 8.5 KStR, da eine schriftliche, im Voraus getroffene Vereinbarung vorhanden ist. Jedoch handelt es sich um eine verdeckte Gewinnausschüttung wegen Vorteilsgewährung i. H. v. 150.000 €, da das Gehalt der Höhe nach einem Fremdvergleich nicht standhält.

Sachverhalt 3:
Es ist keine schriftliche und im Voraus getroffene Vereinbarung vorhanden. Daher handelt es sich um eine verdeckte Gewinnausschüttung wegen Verletzung des Rückwirkungsverbotes in Höhe von. 350.000 €. Es ist keine verdeckte Gewinnausschüttung wegen Vorteilsgewährung vorhanden, da das Vermögen der GmbH nicht gemindert ist.

Sachverhalt 4:
Es handelt sich nicht um eine verdeckte Gewinnausschüttung wegen Verletzung des Rückwirkungsverbotes, da eine schriftliche, im Voraus getroffene Vereinbarung vorhanden ist. Es handelt sich um eine verdeckte Gewinnausschüttung wegen Vorteilsgewährung in Höhe von 150.000 €, da das Gehalt einem Fremdvergleich nicht standhält.

Sachverhalt 5:
Es ist keine schriftliche und im Voraus getroffene Vereinbarung vorhanden. Dennoch handelt es sich nicht um eine verdeckte Gewinnausschüttung wegen Verletzung des Rückwirkungsverbotes, da es sich nur um einen Minderheitsgesellschafter handelt. Daher wird geprüft, ob es sich um eine verdeckte Gewinnausschüttung wegen Vorteilsgewährung handelt. Hierbei spielt die Tatsache, dass es sich um einen Minderheitsgesellschafter handelt, keine Rolle. Daher handelt es sich um eine verdeckte Gewinnausschüttung wegen Vorteilsgewährung in Höhe von 150.000 €.

Sachverhalt 6:
Es ist keine im Voraus getroffene Vereinbarung vorhanden, aber es handelt sich um einen Minderheitsgesellschafter. Da die Gesellschafter X, → und Z jedoch gleichgerichtete Interessen haben, weil ihr Geschäftsführergehalt erhöht werden soll, werden ihre Stimmrechte für die Prüfung der verdeckten Gewinnausschüttung zusammengerechnet. Daher ist eine beherrschende Stellung anzunehmen, sodass bis April 01 eine verdeckte Gewinnausschüttung wegen Verletzung des Rückwirkungsverbotes vorliegt.

Sachverhalt 7:

Es handelt sich um eine verdeckte Gewinnausschüttung wegen Vorteilsgewährung, obwohl nicht der Gesellschafter selbst den Vorteil erlangt. Auch dem Gesellschafter nahe stehende Personen können den Vorteil aus der Gesellschaft erlangen, damit dem Gesellschafter der Vorteil als Einnahme zugerechnet wird. Der Gesellschafter muss daher eine verdeckte Gewinnausschüttung in Höhe von 18.000 € versteuern. Löst dieser Geschäftsfall Umsatzsteuer aus, ist diese nicht noch zusätzlich als verdeckte Gewinnausschüttung hinzuzurechnen.

Lösung zu Aufgabe 14: Körperschaftsteuer, Gewerbesteuer (I)

a) Vorläufiger handelsrechtlicher Jahresüberschuss   300.000,00 €

1. Die Verwendung des Jahresüberschusses des Vorjahres hat keine Auswirkungen auf den Jahresüberschuss 01.

2. Die Steuervorauszahlungen mindern das handelsrechtliche Ergebnis und wurden ordnungsgemäß verbucht. Es sind keine Korrekturen erforderlich.

3. Es handelt sich bei dem Beratungshonorar um Schmiergeld, das in der Handelsbilanz eine Betriebsausgabe darstellt.

4. Bewirtungsaufwendungen und Geschenke sind handelsrechtlich in voller Höhe Betriebsausgaben und wurden ordnungsgemäß verbucht. Jedoch ist die Vorsteuer auf das Geschenk gem. § 15 Abs. 1a UStG i. V. m. § 4 Abs. 5 Nr. 1 EStG nicht abziehbar.

   Sie mindert den handelsrechtlichen Gewinn und stellt Aufwand dar.   - 47,50 €

5. Da weder das Verpflichtungs- noch das Erfüllungsgeschäft bisher vollzogen sind, liegt ein schwebendes Geschäft vor.

   Für den zu erwartenden Verlust aus dem schwebenden Geschäft besteht gem. § 249 HGB die Pflicht zur Bildung einer Rückstellung.   - 50.000,00 €

6. Die Zahlung der Tantieme an den Geschäftsführer stellt zivilrechtlich Gehalt und somit Aufwand dar.   - 30.000,00 €

  = endgültiger handelsrechtlicher Jahresüberschuss   219.952,50 €

b) Endgültiger handelsrechtlicher Jahresüberschuss   219.952,50 €

1. Es handelt sich um Einkommensverwendung § 8 Abs. 3 KStG.

2. Die Vorauszahlungen stellen gem. § 10 Nr. 2 KStG nicht abziehbare Aufwendungen dar und müssen daher dem handelsrechtlichen Gewinn hinzugerechnet werden.

   KSt-VZ   + 10.000,00 €

   SolZ-VZ   + 550,00 €

   GewSt-VZ   + 8.000,00 €

3. Schmiergelder sind steuerlich nicht abzugsfähige Betriebsausgaben gem. § 4 Abs. 5 EStG und müssen hinzugerechnet werden. + 35.000,00 €

4. Gemäß § 4 Abs. 5 Nr. 2 EStG sind 30 % der Bewirtungsaufwendungen nicht abzugsfähig.
30 % von 33.000 € = + 9.900,00 €

Die Vorsteuer ist jedoch abziehbar, § 15 Abs. 1a Satz 2 UStG.

Geschenke an Geschäftsfreunde über 35 € sind nicht abzugsfähig. + 250,00 €

Da die nicht abziehbare Vorsteuer zu den Aufwendungen gehört, ist sie ebenfalls gem. § 4 Abs. Nr. 1 EStG nicht abzugsfähig. + 47,50 €

5. Die handelsrechtlich gebildete Rückstellung für Drohende Verluste aus schwebenden Geschäften ist gem. § 5 Abs. 4a EStG verboten (Durchbrechung der Maßgeblichkeit). + 50.000,00 €

6. Es liegt eine verdeckte Gewinnausschüttung wegen Verletzung des Rückwirkungsverbotes gem. § 8 Abs. 3 KStG i. V. m. R 8.5 Abs. 2 KStR vor.
Sie darf den Gewinn nicht mindern. + 30.000,00 €

= zu versteuerndes Einkommen	363.700,00 €

c) zu versteuerndes Einkommen 363.700,00 €

•	Steuersatz 15 % § 23 KStG	
=	festzusetzende KSt	54.555,00 €
-	Vorauszahlungen	10.000,00 €
=	KSt-Nachzahlung/KSt-Rückstellung	44.555,00 €
	festzusetzende KSt	54.555,00 €
•	5,5 %	
=	festzusetzender SolZ	3.000,53 €
-	Vorauszahlungen	550,00 €
=	SolZ-Nachzahlung/SolZ-Rückstellung	2.450,53 €

keine Hinzurechnungen und Kürzungen

	Gewerbeertrag § 7 GewStG	363.700,00 €
	abrunden § 11 Abs. 1 Satz 3 GewStG	363.700,00 €
•	Steuermesszahl 3,5 % § 11 Abs. 2 GewStG	
=	Steuermessbetrag	12.729,50 €
	Hebesatz 400 %	
•	festzusetzende GewSt	50.918,00 €
-	Vorauszahlungen	8.000,00 €
=	GewSt-Nachzahlung/GewSt-Rückstellung	42.918,00 €

Lösung zu Aufgabe 15: Körperschaftsteuer, Gewerbesteuer (II)

Vorüberlegungen:

Die M-GmbH ist zu 100 % an der T-GmbH beteiligt. Der Ergebnisabführungsvertrag wurde im Oktober 01 geschlossen und im Dezember desselben Jahres in das Handelsregister eingetragen. Beide Gesellschaften sind im Inland gem. § 1 Abs. 1 Nr. 1 KStG unbeschränkt steuerpflichtig, da sie ihren Sitz bzw. ihre Geschäftsleitung im Inland haben. Nach § 14 KStG müssen mehrere Voraussetzungen vorliegen, damit ein Organschaftsverhältnis zwischen der M-GmbH und der T-GmbH besteht. Der Organträger, die M-GmbH, und die Organgesellschaft, die T-GmbH, sind gem. § 14 Abs. 1 Nr. 2 und § 14 Abs. 1 KStG unbeschränkt steuerpflichtige Körperschaften. Der Ergebnisabführungsvertrag muss gem. § 14 Abs. 1 Nr. 1 und 3 KStG mindestens für fünf Jahre geschlossen sein und auch die Verlustübernahme beinhalten.

Außerdem muss er tatsächlich ausgeführt werden und tritt erst mit Eintragung in das Handelsregister in Kraft. Die finanzielle Eingliederung der T-GmbH in die M-GmbH bestand mindestens von Beginn des Jahres 01 an. Da alle Voraussetzungen des § 14 KStG erfüllt sind, liegt eine Organschaft mit der M-GmbH als Organträger und der T-GmbH als Organgesellschaft vor. Somit wird das Einkommen der T-GmbH der M-GmbH zugerechnet.

	Berechnung des Einkommens des Organträgers	
	Handelsrechtliches Ergebnis nach EAV	150.000 €
+	nicht abzugsfähige Betriebsausgaben	5.000 €
-	handelsrechtlicher Anspruch gem. EAV	-80.000 €
+	steuerrechtlicher Anspruch gem. EAV	83.000 €
+	Körperschaftsteuervorauszahlung § 10 Nr. 2 KStG	40.000 €
+	Vorauszahlung Solidaritätszuschlag § 10 Nr. 2 KStG	2.200 €
+	Gewerbesteuervorauszahlung § 4 Abs. 5b EStG	30.000 €
=	zu versteuerndes Einkommen	230.200 €

Berechnung Gewerbesteuer

Es sind keine Hinzurechnungen oder Kürzungen gem. §§ 8, 9 GewStG vorzunehmen.

	Gewerbeertrag § 11 Abs. 1 GewStG	230.200 €
	Abrunden	230.000 €
•	Steuermesszahl 3,5 % § 11 Abs. 2 GewStG	
=	Steuermessbetrag	8.050 €
•	Hebesatz 400 %	
=	festzusetzende Gewerbesteuer	32.200 €
-	Vorauszahlungen	30.000 €
=	GewSt-Nachzahlung/GewSt-Rückstellung	2.200 €

Berechnung Körperschaftsteuer

	zu versteuerndes Einkommen	230.200 €
•	15 % Körperschaftsteuersatz § 23 KStG	
=	festzusetzende Körperschaftsteuer	34.530 €
-	Vorauszahlungen	40.000 €
=	KSt-Erstattung/KSt-Forderung	-5.470 €

Berechnung Solidaritätszuschlag

	Festzusetzende KSt	34.530,00 €
•	5,5 % Solidaritätszuschlagsatz	
=	festzusetzender Solidaritätszuschlag	1.899,15 €
-	Vorauszahlungen	2.200,00 €
=	Soli-Erstattung/Soli-Forderung	-300,85 €

Lösung zu Aufgabe 16: Körperschaftsteuer, Gewerbesteuer (III)

a) Berechnung des zu versteuernden Einkommens

Vorläufiger handelsrechtlicher Jahresüberschuss	130.000,00 €

1. Die Vorauszahlungen sind beim z. v. E. nicht zu berücksichtigen.

+	KSt-VZ § 10 Nr. 2 KStG	10.000,00 €
+	SolZ-VZ § 10 Nr. 2 KStG	550,00 €
+	GewSt-VZ § 4 Abs. 5b EStG	9.000,00 €

2. Die Buchung im vorläufigen handelsrechtlichen Jahresabschluss ist nicht korrekt, da der Ertrag vor Abzug der Kapitalertragsteuer und des Solidaritätszuschlages erfasst werden muss. Daher wird zunächst die Buchung korrigiert.

Kapitalertragsteuer 25 %	5.000,00 €				
Solidaritätszuschlag 5,5 %	275,00 €	an	Beteiligungsertrag		5.275,00 €

Daraus ergibt sich eine handelsrechtliche Gewinnerhöhung um 5.275,00 €

Gleichzeitig stellen handelsrechtlich die Kapitalertragsteuer und der Solidaritätszuschlag Aufwand dar. -5.275,00 €

Gemäß § 10 Nr. 2 KStG sind Steuern vom Einkommen und Ertrag nicht beim Einkommen zu berücksichtigen.

+	KapESt	5.000,00 €
+	SolZ	275,00 €

Die Dividende ist bleibt gem. § 8b Abs. 1 KStG beim z. v. E. außer Ansatz, um eine doppelte Besteuerung der Gewinne zu vermeiden.

- Dividende	-20.000,00 €

Gemäß § 8b Abs. 5 KStG werden 5 % der Dividende fiktiv als nicht abzugsfähige Betriebsausgabe angenommen und dem z. v. E. hinzugerechnet.

+ 5 % v. 20.000 €	1.000,00 €

Gemäß § 8b Abs. 3 Satz 2 KStG ist § 3c Abs. 1 EStG nicht anzuwenden, womit die Aufwendungen im Zusammenhang mit der Dividende vollständig als Betriebsausgabe abziehbar sind. Es ist keine Korrektur notwendig.

3. Es handelt sich um eine verdeckte Gewinnausschüttung wegen verhinderter Vermögensmehrung gem. § 8 Abs. 3 KStG i. V. m. R 8.5 KStR. Die verdeckte Gewinnausschüttung ist in Höhe der Differenz des Verkehrswertes zur Zahlung dem Einkommen hinzuzurechnen. Die Umsatzsteuer auf die verdeckte Gewinnausschüttung ist nicht zusätzlich hinzuzurechnen nach Abschn. R 8.6 KStR, mindert somit handels- und steuerrechtlich das Einkommen.

1.190,00 €

-190,00 €

4. Der PC mit Anschaffungskosten in Höhe von 750 € kann über die Sofortabschreibung als Betriebsausgabe abgezogen werden. Es besteht gem. § 6 Abs. 2a EStG die Möglichkeit der Einstellung in einen Sammelposten, der über fünf Jahre linear abgeschrieben wird. In diesem Fall würde eine Gewinnerhöhung um 4/5 von 750 € erfolgen.

Da für Zwecke der Besteuerung ein möglichst niedriger Gewinn errechnet werden soll, wird von dem Wahlrecht der Sofortabschreibung Gebrauch gemacht. Es erfolgt daher keine Gewinnauswirkung.

Die Büromöbel sind gem. § 6 Abs. 2 EStG ebenfalls sofort abziehbare Betriebsausgaben.

5. Es handelt sich um eine verdeckte Einlage gem. § 8 Abs. 3 KStG i. V. m. R 8.9 Abs. 1 KStR, da es sich um einen einlagefähigen Vermögensvorteil handelt. Die verdeckte Einlage erhöht das Einkommen nicht.

-40.000,00 €

6. Die Zahlung der Zinsen und der Leasingraten haben keine Auswirkungen auf die Körperschaftssteuer.

= zu versteuerndes Einkommen	96.825,00 €

Berechnung Gewerbesteuer:

	Vorläufiger Gewerbeertrag	96.825,00 €
+	Hinzurechnungen	
	Sachverhalt 6. – § 8 Nr. 1a KStG	60.000,00 €
		10.000,00 €
	§ 8 Nr. 1d KStG 1/5	8.000,00 €
	Sachverhalt 5. – § 8 Nr. 1e KStG 1/2	20.000,00 €
	Summe	98.000,00 €
-	Freibetrag	100.000,00 €
	Differenz	-2.000,00 €
=	Summe Hinzurechnungen	0,00 €
	Gewerbeertrag § 7 GewStG	96.825,00 €
	Abgerundet	96.800,00 €
•	Steuermesszahl 3,5 %, § 11 Abs. 2 GewStG	
=	Steuermessbetrag	3.388,00 €
•	Hebesatz 400 %	
=	festzusetzende Gewerbesteuer	13.552,00 €
-	Vorauszahlungen	9.000,00 €
=	GewSt-Nachzahlung/GewSt-Rückstellung	4.552,00 €

Berechnung Körperschaftsteuer:

	zu versteuerndes Einkommen	96.825,00 €
•	15 % Körperschaftsteuersatz § 23 KStG	
=	festzusetzende Körperschaftsteuer	14.523,75 €
-	Vorauszahlungen	10.000,00 €
=	KSt-Nachzahlung/KSt-Rückstellung	4.523,75 €

Berechnung Solidaritätszuschlag:

	festzusetzende Körperschaftsteuer	14.523,75 €
•	5,5 % Solidaritätszuschlagsatz	
=	festzusetzender Solidaritätszuschlag	798,80 €
-	Vorauszahlungen	550,00 €
=	Soli-Nachzahlung/Soli-Rückstellung	248,80 €

b) Berechnung des endgültigen handelsrechtlichen Jahresüberschusses:

	vorläufiger handelsrechtlicher Jahresüberschuss	130.000,00 €
-	Steuernachzahlungen KSt	-4.523,75 €
-	Solidaritätszuschlag	-248,80 €
-	GewSt	-4.552,00 €
+	Beteiligungsertrag	5.275,00 €
-	Steueraufwand	-5.275,00 €
-	Umsatzsteuer auf vGA	-190,00 €
=	endgültiger handelsrechtlicher Jahresüberschuss	120.734,25 €

c) Das Körperschaftsteuerguthaben wurde letztmalig auf den 31.12.2006 festgestellt und seit dem nicht weiter fortgeschrieben. Die Auszahlung erfolgt in gleichen Jahresbeträgen über zehn Jahre seit dem 30.09.2008 und wurde gegen eine im Jahr 2006 bilanzierte Forderung gebucht. Der Restbetrag zum Jahresende muss handelsrechtlich aufgezinst werden. Die Aufzinsung erhöht das steuerliche Einkommen nicht nach § 10 Nr. 2 KStG.

Steuerliches Einlagekonto § 27 KStG:
Prüfung des ausschüttbaren Gewinns

	Eigenkapital	450.000,00 €
-	gezeichnetes Kapital	-180.000,00 €
=	ausschüttungsfähiges Eigenkapital	270.000,00 €
-	Steuerliches Einlagekonto zum 31.12.2018	- 20.000,00 €
=	ausschüttungsfähig i. S. d. § 27 KStG	250.000,00 €
-	Summe der Ausschüttungen 2018: oGA 80.000 € vGA 1.000 €	-81.000,00 €

Die Summe der Ausschüttungen übersteigt nicht den ausschüttungsfähigen Betrag. Es liegt daher keine Verwendung des steuerlichen Einlagekontos vor; der Bestand verändert sich durch die Ausschüttungen nicht.

	Steuerliches Einlagekonto zum 31.12.2017	20.000,00 €
+	verdeckte Einlage	40.000,00 €
=	Steuerliches Einlagekonto zum 31.12.2018	60.000,00 €

Einlagen, die nicht in das Stammkapital geleistet werden, erhöhen das steuerliche Einlagekonto. Der Feststellungsbescheid enthält einen Wert von 60.000 €.

Lösung zu Aufgabe 17: Körperschaftsteuer, Gewerbesteuer (IV)

Vorläufiger handelsrechtlicher Jahresüberschuss   0,00

1. Es wurden keine Vorauszahlungen geleistet, sodass keine Hinzurechnung nach § 10 Nr. 2 KStG erfolgt.

2. Steuernachzahlungen
   Die Steuernachzahlungen für die Jahre 2014 - 2016 wurden handelsrechtlich noch nicht als Aufwand berücksichtigt, da sie erst in der Betriebsprüfung festgestellt wurden. Daher sind sie bei der Berechnung des handelsrechtlichen Jahresüberschusses 2016 als Aufwand zu berücksichtigen.   - 20.605,00 €

   Steuerlich sind die Körperschaftsteuer- und die Solidaritätszuschlagnachzahlung gem. § 10 Nr. 2 KStG wieder hinzuzurechnen.   1.605,00 €

   Da die Gewerbesteuer nicht mehr als Betriebsausgabe abziehbar ist (§ 4 Abs. 5b EStG), erfolgt eine Hinzurechnung.   9.000,00 €

2.1 In der Steuerbilanz wurde der Buchwert bereits in 2017 durch die BP korrigiert und muss daher nicht erst zum 01.01.18 aktiviert werden.

   Die Abschreibung für 2018 kann sowohl handelsrechtlich als auch steuerrechtlich als Aufwand verbucht werden.

Die Abschreibung für 2017 in Höhe von. 5.000 € kann nur auf Antrag an das Finanzamt geltend gemacht werden. Die Steuerersparnis hieraus muss jedoch handelsrechtlich in 2018 aktiviert werden. Steuersatz 30 % von 5.000 €   1.500,00 €

Steuerlich ist die Steuererstattung gem. § 10 Nr. 2 KStG nicht hinzuzurechnen.   - 1.500,00 €

2.2 Die Erhöhung der Vorräte hat keine Auswirkung auf das Geschäftsjahr 2018, da die Vorräte bereits in 2017 veräußert wurden.

Steuerlich ist die Bestandserhöhung bereits in der Prüferbilanz zum 31.12.2016 berücksichtigt. Der Aufwand durch die Bestandsveränderung im Januar 2017 muss außerbilanziell erfolgen und beim Finanzamt beantragt werden.

Hieraus entsteht wiederum eine Steuererstattung, die in 2017 bilanziert werden muss und steuerlich nicht das Einkommen erhöht.

30 % von 18.000 €   5.400,00 €

§ 10 Nr. 2 KStG   -5.400,00 €

2.3 Die Pauschalwertberichtigung wurde notwendigerweise zum 31.12.2017 angepasst, sodass sich für 2018 keine Auswirkungen ergeben.

Handelsrechtlich ergibt sich in 2017 keine Gewinnauswirkung, jedoch ist der Ertrag aus der Auflösung der Pauschalwertberichtigung steuerlich bereits in der Prüferbilanz zum 31.12.2016 berücksichtigt, der Aufwand aus der Anpassung zur Pauschalwertberichtigung zum 31.12.2017 muss jedoch beantragt werden und vom Finanzamt außerbilanziell erfolgen.

Auch hieraus entsteht eine Steuererstattung, die in 2018 aktiviert wird und bei der Berechnung des steuerlichen Einkommens abgezogen wird.

30 % von 9.000 €   2.700,00 €

§ 10 Nr. 2 KStG   -2.700,00 €

2.4 Da die A-GmbH eine Einheitsbilanz anstrebt, wird das handelsrechtliche Wahlrecht für das Disagio einheitlich zur steuerlichen Pflicht zur Abgrenzung ausgeübt. Es erfolgt daher auch handelsrechtlich in 2018 eine Korrektur.

Disagio zum 01.01.2016	16.000,00 €
Aufwand 2016	- 4.000,00 €
Rechnungsabgrenzungsposten 31.12.2016	12.000,00 €
Aufwand 2017	- 4.000,00 €
Rechnungsabgrenzungsposten 31.12.2017	8.000,00 €
Aufwand 2018	- 4.000,00 €
Rechnungsabgrenzungsposten 31.12.2018	4.000,00 €

Folgende Buchungen sind notwendig:

01.01.2018

Aktive Rechnungs-abgrenzung	8.000 €	an	Sonstiger Ertrag	8.000 €

31.12.2018

Aufwand Disagio	4.000 €			
		an	Aktive Rechnungs-abgrenzung	4.000 €

Somit ergibt sich handelsrechtlich eine Gewinnerhöhung von   4.000,00 €

Steuerlich ist die Korrektur des Aufwandes des Disagio bereits in der Prüferbilanz zum 31.12.2016 berücksichtigt.

Daher ist der Ertrag außerbilanziell zu korrigieren.   - 8.000,00 €

Der Aufwand aus der Auflösung der Rechnungsabgrenzung im Jahr 2016 muss erneut auf Antrag durch das Finanzamt erfolgen. Die Gewinnminderung im Jahr 2017 führt zu einer Steuererstattung, die in 2016 aktiviert wird.

30 % von 4.000   1.200,00 €

§ 10 Nr. 2 KStG   -1.200,00 €

2.5 Die nicht abziehbaren Aufwendungen haben keine Auswirkungen auf das handelsrechtliche Ergebnis. Die außerbilanzielle steuerliche Gewinnerhöhung wird bereits durch den Betriebsprüfer vorgenommen. Auch die Steuernachzahlung hieraus berechnet der Betriebsprüfer und wurde bereits unter Punkt 2 behandelt.

Zu versteuerndes Einkommen   0,00

Berechnung Gewerbesteuer

Zu versteuerndes Einkommen   0,00

+	Hinzurechnungen Disagio § 8 Nr. 1a GewStG	4.000,00 €	
-	Freibetrag	-4.000,00 €	
=		0,00	0,00
=	Gewerbeertrag		0,00

Es sind keine Steuern festzusetzen, da die A-GmbH ein zu versteuerndes Einkommen von 0 € bzw. einen negativen Gewerbeertrag erwirtschaftet hat. Da auch keine Vorauszahlungen geleistet wurden, entsteht auch keine Forderung an das Finanzamt.

Berechnung des endgültigen handelsrechtlichen Jahresüberschuss:

	Vorläufiger handelsrechtlicher Jahresüberschuss	0,00
-	Steuernachzahlungen aus BP	-20.605,00 €
+	Ertrag aus Bestand BGA	5.000,00 €
-	AfA BGA 2018	- 5.000,00 €
+	Steuererstattung aus AfA BGA 2017	1.500,00 €
+	Steuererstattung aus Vorräten aus 2017	5.400,00 €
+	Steuererstattung aus Pauschalwertberichtigung aus 2018	2.700,00 €
+	Ertrag aus Korrektur des Disagio	8.000,00 €
-	Aufwand aus Auflösung Disagio 2018	- 4.000,00 €
+	Steuererstattung aus Auflösung Disagio 2017	1.200,00 €
=	Endgültiger handelsrechtlicher Jahresüberschuss	-5.805,00 €

Lösung zu Aufgabe 18: Körperschaftsteuer, Einkommensteuer

Es handelt sich um eine verdeckte Gewinnausschüttung wegen Vermögensminderung gemäß Abschn. 36 KStR. Das Gehalt hält der Prüfung der Höhe nach einem Drittvergleich nicht stand und ist daher durch das Gesellschaftsverhältnis begründet.

Gemäß § 8 Abs. 3 Satz 2 KStG mindern verdeckte Gewinnausschüttungen nicht das Einkommen. Da das Gehalt in Höhe von 200.000 € den Gewinn der M-GmbH gemindert hat, muss die verdeckte Gewinnausschüttung in Höhe von 50.000 € bei der Berechnung des Einkommens wieder hinzugerechnet werden. Die M-GmbH versteuert daher die verdeckte Gewinnausschüttung in Höhe von 50.000 €.

Der Gesellschafter Müller hätte bei Vorliegen eines ordnungsgemäßen Gehaltes nur Einkünfte aus nicht selbstständiger Arbeit gem. § 19 EStG erhalten. Eine verdeckte Gewinnausschüttung ist in Hinblick der Einkunftsart mit einer offenen Gewinnausschüttung gleichzusetzen. Müller erhält daher Einkünfte aus nicht selbstständiger Arbeit nach § 19 EStG in Höhe von 150.000 € und Einkünfte aus Kapitalvermögen nach § 20 EStG in Höhe von 50.000 €. Der Gesellschafter ist bei Vorliegen einer Gewinnausschüttung besser gestellt, da das Teileinkünfteverfahren gilt, während die Einkünfte aus nicht selbstständiger Arbeit voll versteuert werden.

Lösung zu Aufgabe 19: Gewerbesteuer

	Vorläufiger handelsrechtlicher Jahresüberschuss		800.000,00 €
+	§ 4 Abs. 5b EStG Vorauszahlungen GewSt		100.000,00 €
=	Gewinn aus Gewerbebetrieb § 7 GewStG		900.000,00 €
+	Hinzurechnungen § 8 GewStG		
	§ 8 Nr. 1a GewStG Zinsen 4.		150.000,00 €
	§ 8 Nr. 1d GewStG Leasingraten 3.	300.000,00 €	
	davon 1/5		60.000,00 €
	§ 8 Nr. 1e GewStG Mietzinsen 2.	60.000,00 €	
	davon 1/2		30.000,00 €

Summe		240.000,00 €
- Freibetrag		-100.000,00 €
Verbleibende Hinzurechnung		140.000,00 €
davon 25 % Hinzurechnung		35.000,00 €
- Kürzungen § 9 GewStG		
§ 9 Nr. 1 GewStG Grundbesitz	1.600.000,00 €	
§ 121a BewG 140 % v. 600.000	840.000,00 €	
1,2 % v. 840.000	10.080,00 €	

Kürzung	-10.080,00 €
Gewerbeertrag	924.920,00 €
Gerundet § 11 Abs. 1 Satz 3 GewStG	924.900,00 €
Kein Freibetrag, da Kapitalgesellschaft	
§ 11 Abs. 2 GewStG • Steuermesszahl 3,5 %	
= Steuermessbetrag	32.371,50 €

§ 28 GewStG Zerlegung

Die Zerlegung des Steuermessbetrages erfolgt anhand des Verhältnisses der Arbeitslöhne der jeweiligen Betriebsstätten zu den gesamten Arbeitslöhnen.

Berlin:	200.000 : 600.000 =	33,33 %
Hamburg:	150.000 : 600.000 =	25,00 %
München:	250.000 : 600.000 =	41,67 %

Berlin:	33,33 % von 32.371,50 € =	10.789,42 €
Hamburg:	25,00 % von 32.371,50 € =	8.092,88 €
München:	41,67 % von 32.371,50 € =	13.489,20 €

Die Berechnung der Gewerbesteuer erfolgt nun einzeln für jede Betriebsstätte.

Berlin:

Steuermessbetrag	10.789,42 €
• Hebesatz 350 %	
= festzusetzende Gewerbesteuer	37.762,97 €
- Vorauszahlungen	-30.000,00 €
= Gewerbesteuerrückstellung/-nachzahlung	7.762,97 €

Hamburg:

Steuermessbetrag	8.092,88 €
• Hebesatz 375 %	
= festzusetzende Gewerbesteuer	30.348,28 €
- Vorauszahlungen	-20.000,00 €
= Gewerbesteuerrückstellung/-nachzahlung	10.348,28 €

München:

	Steuermessbetrag	13.489,20 €
•	Hebesatz 400 %	
=	festzusetzende Gewerbesteuer	53.956,80 €
-	Vorauszahlungen	-50.000,00 €
=	Gewerbesteuerrückstellung/-nachzahlung	3.956,80 €

Gesamt:

	Festzusetzende Gewerbesteuer	**122.068,05 €**
-	Vorauszahlungen	-100.000,00 €
=	**Gewerbesteuerrückstellung/-nachzahlung**	**22.068,05 €**

Lösung zu Aufgabe 20: Gewerbesteuerrückstellung

Nach § 4 Abs. 5b EStG ist die Gewerbesteuer keine Betriebsausgabe. Insofern stellt sich die Frage, ob eine Gewerbesteuerrückstellung zu bilden ist.

Nach Handelsrecht stellt die Gewerbesteuer einen Aufwand dar; sodass nach dem Grundsatz der periodengerechten Gewinnermittlung zwingend eine Gewerbesteuerrückstellung zu bilden ist, da es sich um eine ungewisse Verbindlichkeit im Sinne des § 249 Abs. 1 Satz 1 HGB handelt.

Nach Auffassung der Finanzverwaltung handelt es sich auch weiterhin um eine Betriebsausgabe, die allerdings außerbilanziell wieder dem Gewinn hinzuzurechnen ist. Somit sei auch in der Steuerbilanz weiterhin eine Gewerbesteuerrückstellung anzusetzen (BMF-Schreiben v. 11.08.2008, BStBl 2008 I S. 838).

Für die Ermittlung der Gewerbesteuerrückstellung findet das allgemeine Berechnungsschema Anwendung. Zu beachten ist, dass die Gewerbesteuer, die bei der Gewinnermittlung als Aufwand erfasst wurde, wieder hinzugerechnet wird.

Berechnung der Gewerbesteuerrückstellung:

	Gewinn lt. GuV	258.343,00 €
+	Vorauszahlungen	22.000,00 €
+	Hinzurechnungen nach § 8 GewStG	12.500,00 €
	Zwischensumme	292.843,00 €
-	Kürzungen nach § 9 GewStG	3.600,00 €
	Zwischensumme	289.243,00 €
	Abrundung auf volle 100,00 €	289.200,00 €
-	Freibetrag nach § 11 Abs. 1 Nr. 1 GewStG	24.500,00 €
	Zwischensumme	264.700,00 €
•	3,5 % (Steuermesszahl/Steuermessbetrag) (§ 11 Abs. 2 GewStG)	9.264,50 €
•	420 % Hebesatz (§ 16 Abs. 1 GewStG)	
=	Gewerbesteuer	38.910,90 €
-	Vorauszahlungen	22.000,00 €
=	Gewerbesteuerrückstellung	16.910,90 €

Die Gewerbesteuerrückstellung ist für Zwecke der Besteuerung außerbilanziell hinzuzurechnen.

Lösung zu Aufgabe 21: Umsatzsteuer, Vorsteuerberichtigung

Zunächst werden zur Prüfung der Vorsteuerabzugsfähigkeit die Ausgangsumsätze auf ihre Steuerpflicht überprüft. Da in der Leerstandszeit keine Umsätze getätigt wurden, bemisst sich die Abzugsfähigkeit nach der beabsichtigten Nutzung. Für den Zeitraum vom 01.07.00 - 31.01.01 wird steuerpflichtig an einen Unternehmer vermietet.

Es wurde nach § 9 UStG zulässigerweise zur Steuerpflicht optiert. Die Vermietung am den Arzt Cäsar ist steuerfrei nach § 4 Nr. 12a UStG. Es kann gem. § 9 Abs. 2 UStG nicht zur Steuerpflicht optiert werden, da der Arzt nur Umsätze ausführt, die zum Ausschluss des Vorsteuerabzugs führen.

Nach § 15 Abs. 2 Nr. 1 UStG ist der Vorsteuerabzug auf steuerfreie Ausgangsumsätze ausgeschlossen. Der Vorsteuerabzug zum Zeitpunkt der Fertigstellung des Gebäudes richtet sich nach der Verwendungsabsicht zu diesem Zeitpunkt. Es ist eine 100 %ige steuerpflichtige Nutzung vorgesehen. Die Voraussetzungen des § 15 Abs. 1 UStG liegen daher für die gesamte Summe der Vorsteuer vor.

Nach § 15a Abs. 1 UStG muss eine Vorsteuerberichtigung für Wirtschaftsgüter, die nicht nur einmal zur Ausführung von Umsätzen verwendet werden, vorgenommen werden, wenn eine Änderung der Nutzungsverhältnisse vorliegt. Für Gebäude ist ein Berichtigungszeitraum von zehn Jahren gem. § 15a Abs. 1 Satz 2 UStG vorgegeben.

Er beginnt mit dem Zeitpunkt der erstmaligen Nutzung am 01.07.00. Eine Änderung der Verhältnisse liegt ab dem 01.02.01 vor, da ab diesem Zeitpunkt eine steuerfreie Vermietung vorliegt.

Die Nutzungsänderung im Jahr 01 beträgt $^{11}/_{12}$, da in 11 von 12 Monaten eine steuerfreie Vermietung erfolgte. Für das gesamte Jahr 01 würde sich eine Berichtigung von $^{1}/_{10}$ des gesamten Vorsteuervolumens von 190.000 € ergeben. Anteilig ergibt sich daher ein Berichtigungsbetrag von 17.414,40 € (91,66 % von 19.000 €). Für die Jahre 02 bis 19 beträgt die Nutzungsänderung 100 %, sodass jeweils $^{1}/_{10}$ des gesamten Vorsteuervolumens zu korrigieren ist. Es ergibt sich somit jährlich ein Korrekturbetrag von 19.000 €. Im Jahr 10 endet der Berichtigungszeitraum am 30.06., sodass nur anteilig eine Berichtigung vorzunehmen ist. Der Berichtigungsbetrag beträgt ½ von 19.000 €, also 9.500 €.

Lösung zu Aufgabe 22: Umsatzsteuer (I)

a) Die A-GmbH ist Unternehmer i. S. d. § 2 UStG. Die Lieferung und Montage der Gardinen ist eine Werklieferung nach § 3 Abs. 4 UStG. Es handelt sich um eine bewegte Lieferung. Der Ort bemisst sich daher nach § 3 Abs. 6 Satz 1 UStG am Beginn der Beförderung oder Versendung. Die Beförderung beginnt in Deutschland, daher ist die Werklieferung in Deutschland gem. § 1 Abs. 1 Nr. 1 UStG steuerbar.

Nach § 4 Nr. 1a UStG i. V. m. § 6 UStG sind Ausfuhrlieferungen steuerbefreit. Die Voraussetzungen einer Ausfuhrlieferung gem. § 6 Abs. 1 Nr. 1 UStG liegen vor, da die GmbH die Gardinen in das Drittland befördert hat. Eine Verarbeitung der Gardinen vor der Ausfuhr ist gem. § 6 Abs. 1 Satz 2 UStG unschädlich. Alle erforderlichen Ausfuhrnachweise wurden erbracht.

b) Es handelt sich um eine Lieferung nach § 3 Abs. 1 UStG, da die Verfügungsmacht über einen Gegenstand verschafft wurde. Die bewegte Lieferung fand an dem Beginn der Beförderung oder Versendung gem. § 3 Abs. 6 UStG statt. Daher ist die Lieferung in Deutschland steuerbar nach § 1 Abs. 1 Nr. 1 UStG und steuerpflichtig, da keine Steuerbefreiung vorliegt. Es liegt keine steuerbefreite innergemeinschaftliche Lieferung vor, da der polnische Leiharbeiter kein Unternehmer ist, der den Gegenstand der Lieferung für sein Unternehmen erworben hat. Die Bemessungsgrundlage zur Berechnung der Umsatzsteuer bemisst sich gem. § 10 Abs. 1 Satz 1 UStG nach dem Entgelt in Höhe von 1.000 €. Der Steuersatz beträgt 19 % nach § 12 Abs. 1 UStG. Die Steuer entsteht gem. § 13 Abs. 1 Nr. 1 UStG mit Ablauf des Voranmeldungszeitraumes, in dem die Leistung ausgeführt wurde, also mit Ablauf des März. Steuerschuldner ist die A-GmbH nach § 13a Abs. 1 Nr. 1 UStG.

c) Da die A-GmbH steuerpflichtige Umsätze ausführt, ist sie grundsätzlich zum Vorsteuerabzug gem. § 15 Abs. 1 UStG berechtigt. Die Lieferung muss für das Unternehmen ausgeführt worden sein, was jedoch bei der Lieferung an das Privathaus des A nicht zutrifft. Bei der Lieferung an das Betriebsgebäude und an das vermietete Haus ist der Unternehmensbezug gegeben. Daher ist für 90 % der Vorsteuer die Voraussetzung für den Abzug nach Absatz 1 gegeben.

Der Vorsteuerabzug ist für steuerfreie Umsätze nach § 15 Abs. 2 Nr. 1 UStG ausgeschlossen, womit die Vorsteuer für das vermietete Objekt ebenso nicht angerechnet werden kann. Somit sind 80 % der gesamten Vorsteuer abziehbar und abzugsfähig.

Die A-GmbH kann jedoch nicht die 80 % des rechnerisch richtigen Vorsteuerbetrages in Abzug bringen, sondern nur 80 % der in der Rechnung ausgewiesenen Vorsteuer in Höhe von 910 €. Die abzugsfähige Vorsteuer beträgt demnach 728 €.

Die A-GmbH kann jedoch die Rechnung durch den Aussteller berichtigen lassen und den Vorsteuerabzug korrigieren.

d) Es handelt sich um eine Lieferung nach § 3 Abs. 1 UStG. Sie ist steuerbar gem. § 1 Abs. 1 Nr. 1 UStG, der Ort bemisst sich nach § 3 Abs. 6 UStG. Die Verschaffung der Verfügungsmacht erfolgt mit dem Übergang von Nutzen und Lasten im März. Die Bemessungsgrundlage beträgt nach § 10 Abs. 1 UStG 400.000 €. Die Steuer entsteht nach § 13 Abs. 1a UStG mit Ablauf des Voranmeldungszeitraums, in dem die Leistung ausgeführt wurde. Da die Leistung mit dem Übergang von Nutzen und Lasten ausgeführt ist, entsteht die Steuer mit Ablauf des Voranmeldungszeitraums März. Die Anzahlung muss jedoch gem. § 10 Abs. 1 Nr. 1a Satz 4 UStG bereits im Zeitpunkt der Vereinnahmung abgeführt werden. Daher muss die A-GmbH im Februar eine Umsatzsteuer von 19.000 € (119.000 € : 1,19 • 19 %) und im März eine Umsatzsteuer in Höhe von 57.000 € (357.000 € : 1,19 • 19 %) abgeführt werden.

e) Die Vermittlung von Aufträgen ist eine sonstige Leistung gem. § 3 Abs. 9 UStG.

Es handelt sich um eine Vermittlungsleistung an einen Unternehmer, für dessen Unternehmen die Leistung bezogen wird. Hierbei richtet sich der Ort nach § 3a Abs. 2 UStG, wo der Empfänger sein Unternehmen betreibt. Der Empfänger der Vermittlungsleistung ist die Textilfabrik in Linz. Daher befindet sich der Ort in Linz und die Leistung ist in Deutschland gem. § 1 Abs. 1 Nr. 1 UStG nicht steuerbar.

f) Die Zahlung der Versicherung an die A-GmbH ist ein echter Schadenersatz. Dieser ist gem. Abschn. 1.3 UStAE nicht steuerbar, da es an einem Leistungsaustausch fehlt.

g) Die Anfertigung von Gardinen mit von der Kundin beschafften Stoffen, die nicht nur Zutaten darstellen, ist eine Werkleistung gem. § 3 Abs. 10 UStG. Der Ort bestimmt sich nach § 3a Abs. 3 Nr. 3c UStG und befindet sich am Ort der tatsächlichen Anfertigung. Dieser befindet sich am Sitz der A-GmbH in Berlin. Die sonstige Leistung ist demnach in Deutschland steuerbar und steuerpflichtig. Der Steuersatz beträgt 19 %, die Steuer entsteht mit Ablauf des März. Die Bemessungsgrundlage ist das Entgelt gem. § 10 Abs. 1 UStG, also der Netto-Zahlbetrag. Es muss eine Umsatzsteuer in Höhe von 61,79 € (387 € : 1,19 · 19 %) abgeführt werden.

h) Die Überlassung von Arbeitnehmern ist eine sonstige Leistung gem. § 3 Abs. 9 UStG. Es ist die allgemeine Regelung nach § 3a Abs. 2 Satz 1 UStG für Leistungen an einen Unternehmer für dessen Unternehmen anzuwenden. Der Ort der sonstigen Leistung ist in beiden Fällen der Ort des Sitzes des Leistungsempfängers und daher in Deutschland.

i) Die Reparatur der Maschine des Kunden aus Bern ist eine Werkleistung gem. § 3 Abs. 10 UStG. Es liegt ein tauschähnlicher Umsatz nach § 3 Abs. 12 Satz 2 UStG vor, da die Leistung zum Teil mit Geld und zum Teil mit einer Lieferung bezahlt wird. Der Ort der Werkleistung liegt in Berlin gem. § 3a Abs. 3 Nr. 3c UStG, da hier die A-GmbH tätig wird. Die sonstige Leistung ist nach § 1 Abs. 1 Nr. 1 UStG in Deutschland steuerbar und steuerpflichtig. Das Entgelt bemisst sich gem. § 10 Abs. 2 Satz 2 UStG nach dem Bruttoentgelt in Höhe von 4.000 € zuzüglich des gemeinen Wertes der Gegenleistung in Höhe von 5.000 € abzüglich der hierin enthaltenen Umsatzsteuer in Höhe von 1.436,97 €. Die Differenz zur ausgewiesenen Umsatzsteuer in Höhe von 7,03 € schuldet die A-GmbH gem. § 14c Abs. 1 Satz 1 UStG mit der Möglichkeit der Rechnungsberichtigung.

Die Lieferung der alten Maschine ist eine bewegte Lieferung deren Ort sich nach § 3 Abs. 8 UStG bestimmt. Der Ort liegt daher in Berlin, da die A-GmbH Schuldner der Einfuhrumsatzsteuer war. Die gezahlte Einfuhrumsatzsteuer kann die A-GmbH gem. § 15 Abs. 1 Nr. 2 UStG als Vorsteuer geltend machen.

Lösung zu Aufgabe 23: Umsatzsteuer, Ort der sonstigen Leistung

1. Der Ort ist gem. § 3a Abs. 2 Satz 1 UStG in Frankreich und die sonstige Leistung ist somit in Deutschland nicht steuerbar. Der französische Unternehmer muss die Leistung im Reverse Charge Verfahren versteuern.

2. Der Ort ist gem. § 3a Abs. 2 Satz 1 UStG in der Schweiz. Die Beratungsleistung ist somit nicht in Deutschland steuerbar.

3. Der Ort ist gem. § 3a Abs. 1 Satz 1 UStG in Deutschland. Der Rechtsanwalt versteuert die sonstige Leistung gem. § 1 Abs. 1 Nr. 1 UStG.

4. Die Beratungsleistung ist gem. § 3a Abs. 4 Satz 2 Nr. 3 UStG in Deutschland nicht steuerbar.

5. § 3b Abs. 3 UStG ist als Spezialregelung für die innergemeinschaftliche Beförderungsleistung nicht anzuwenden. Hier gilt § 3a Abs. 2 Satz 1 UStG, womit der Ort sich in Deutschland befindet, da dort der Sitz des Leistungsempfängers liegt.

6. Auch hier gilt § 3b UStG nicht, da der Leistungsempfänger ein Unternehmer ist, der die Leistung für sein Unternehmen erhält. Es gilt daher die allgemeine Regelung des § 3a Abs. 2 Satz 1 UStG, wobei der Ort in Frankreich ist. Die Beförderungsleistung ist in Deutschland nicht steuerbar.

7. Es gilt § 3b Abs. 3 UStG, da die Beförderungsleistung nicht an einen Unternehmer erbracht wird und die Leistung in dem Gebiet eines Mitgliedstaates beginnt und in dem Gebiet eines anderen Mitgliedstaates endet. Der Ort ist in Berlin, da dort der Beginn der Beförderung der Gegenstände war. Die Beförderungsleistung ist demnach in Deutschland steuerbar.

Lösung zu Aufgabe 24: Umsatzsteuer, Option

Die Umsätze als Zahnarzt sind gem. § 1 Abs. 1 Nr. 1 UStG in Deutschland steuerbar jedoch nach § 4 Nr. 14a UStG steuerbefreit. Hiervon ausgenommen sind die Prothetikumsätze gem. Satz 2. Da die Umsätze die Höhe von 17.500 € nicht übersteigen, ist Zahn Kleinunternehmer gem. § 19 UStG, wodurch er keine Umsatzsteuer auf diese Umsätze abführen muss. Er kann jedoch nach § 19 Abs. 2 UStG zur Steuerpflicht optieren. Er bindet sich für fünf Jahre an diese Option und muss den ermäßigten Steuersatz auf diese Umsätze anwenden.

Lösung zu Aufgabe 25: Umsatzsteuer (II)

1. Der Sohn von Frau Chic ist eine nahestehende Person gem. § 10 Abs. 5 Nr. 1 UStG. Daher wird der Umsatz nach § 10 Abs. 4 UStG nach dem Einkaufspreis zuzüglich der Nebenkosten bemessen, wenn dieser das Entgelt übersteigt. Dies gilt jedoch nicht, wenn das Entgelt gem. Abschn. 10.7 Abs. 1 Satz 4 UStAE marktüblich ist.

   Da die Anzüge an alle Kunden für 50 € verkauft werden, gilt die Mindestbemessungsgrundlage nicht. Die Bemessungsgrundlage ist das Entgelt gem. § 10 Abs. 1 UStG abzüglich der Umsatzsteuer. Die Umsatzsteuer beträgt 7,98 € (50 € : 1,19 · 19 %).

2. Luhser hat gem. Abschn. 15.2 Abs. 21 UStAE drei Möglichkeiten. Er könnte den Pkw komplett dem Privatvermögen zuordnen und keine Vorsteuer geltend machen. Luhser könnte auch den Pkw anteilig dem Betriebsvermögen zuordnen und 40 % Vorsteuer aus der betrieblichen Zuordnung geltend machen. Die dritte Möglichkeit besteht in der vollständigen Zuordnung zum Betriebsvermögen und somit auch zum vollständigen Vorsteuerabzug. Die private Nutzung muss hierbei allerdings der Umsatzsteuer unterworfen werden und darf nicht mithilfe der 1 %-Methode ermittelt werden.

3. Es handelt sich bei dem Geschenk des Raser, um eine steuerbare und steuerpflichtige unentgeltliche Wertabgabe gem. § 3 Abs. 1b Nr. 1 UStG. Nach § 10 Abs. 4 Nr. 1 UStG bemisst sich die Bemessungsgrundlage für die der Lieferung gleichgestellte Entnahme eines Gegenstandes für Zwecke außerhalb des Unternehmens nach dem Einkaufspreis zuzüglich der Nebenkosten zum Zeitpunkt des Umsatzes. Zum Zeitpunkt der Entnahme betrug der Einkaufspreis nur noch 180 €. Diese stellen die Bemessungsgrundlage für die Berechnung der Umsatzsteuer dar. Die abzuführende Umsatzsteuer beträgt demnach 34,20 € (180 € · 19 %).

4. Autohändler Raser schuldet die Umsatzsteuer aus der Lieferung des Pkw an den Gesellschafter. Zum anderen schuldet er jedoch auch die an die A-GmbH ausgewiesene Umsatzsteuer nach § 14c UStG. Er kann jedoch die Rechnung berichtigen.

   Der Gesellschafter kann die Vorsteuer aus dem Kauf des Pkw nicht geltend machen, da er keine ordnungsgemäße Rechnung hat und kein Unternehmer gem. § 2 UStG ist. Auch die A-GmbH kann keine Vorsteuer ziehen, da sie nicht Auftraggeber der Lieferung war.

Lösung zu Aufgabe 26: Umsatzsteuer, Vorsteuerabzugsberechtigung

1. Der Beklagte kann keine Vorsteuer geltend machen, da er nicht Auftraggeber der Beratungsleistung war und somit gem. § 15 Abs. 1 UStG die sonstige Leistung nicht für sein Unternehmen ausgeführt wurde. Ulrich kann ebenso keine Vorsteuer geltend machen, da U nicht die Zahlung an Reiber schuldet.

2. Der Ehemann kann die Vorsteuerbeträge geltend machen, wenn er im Besitz ordnungsgemäßer Rechnungen ist. Es ist unerheblich, dass er zivilrechtlich nicht Eigentümer des Grund und Boden ist.

3. Da der Arzt nur steuerfreie Umsätze gem. § 4 Nr. 14 UStG ausübt, ist ein Vorsteuerabzug gem. § 15 Abs. 2 Nr. 1 UStG generell ausgeschlossen. Die gezahlte Vorsteuer gehört zu den Anschaffungskosten des Pkw und wird über die Laufzeit abgeschrieben.

4. Grundsätzlich ist der Vorsteuerabzug für steuerfreie Umsätze gem. § 15 Abs. 2 Nr. 1 UStG ausgeschlossen. In diesem Fall würden daher 5 % der Vorsteuer vom Abzug ausgeschlossen. Jedoch tritt der Ausschluss vom Vorsteuerabzug nach § 15 Abs. 3 Nr. 1a UStG nicht ein, wenn steuerfreie Umsätze gem. § 4 Nr. 1b UStG ausgeführt werden. Die gesamte Vorsteuer auf den Wareneinsatz ist demnach abziehbar und abzugsfähig.

5. Der Kleinunternehmer kann keine Vorsteuer geltend machen, da gem. § 19 Abs. 1 Satz 4 UStG § 15 UStG keine Anwendung findet. Nach § 15a UStG ist jedoch im Folgejahr eine Änderung der Verhältnisse durch den Wechsel der Besteuerungsart gegeben. Daher kann im Folgejahr eine Berichtigung des Vorsteuerabzuges in Höhe von 1/5 der Vorsteuer vorgenommen werden. Dies gilt ebenfalls für die Folgejahre, wenn der Unternehmer weiterhin die Kleinunternehmerregelung nicht anwenden kann oder dagegen optiert.

6. Gemäß § 4 Nr. 12a UStG ist die Vermietung von Grundstücken grundsätzlich steuerfrei, was einen Ausschluss vom Vorsteuerabzug gem. § 15 Abs. 2 Nr. 1 UStG zur

Folge hat. Jedoch ist eine Option zur Steuerpflicht gem. § 9 Abs. 1 und 2 UStG für Umsätze möglich, die an Leistungsempfänger erbracht werden, die Umsätze ausführen, die nicht zum Vorsteuerausschluss führen.

Da der Rechtsanwalt ein Unternehmer ist, der steuerpflichtige Umsätze ausführt, ist eine Option der Vermietung an ihn möglich. Eine Option der Umsätze, die an die Familie ausgeführt werden, ist nicht möglich, da die Familie keine steuerpflichtigen Umsätze ausführt. Da der Unternehmer nach der Option zu 50 % steuerpflichtige Umsätze ausführt, ist die Vorsteuer aus dem Austausch der Fenster zu 50 % abziehbar und abzugsfähig. Für die anderen 50 % ist der Vorsteuerabzug gem. § 15 Abs. 2 Nr. 1 UStG ausgeschlossen.

Lösung zu Aufgabe 27: Umsatzsteuer (III)

Es handelt sich um ein Reihengeschäft gem. § 3 Abs. 6a UStG, da mehrere Unternehmer über denselben Gegenstand Umsatzgeschäfte abgeschlossen haben. Daher liegen zwei Lieferungen vor, die Lieferung des deutschen Autohändlers an Betrüger und die Lieferung des Betrügers an den französischen Autohändler.

Im Rahmen eines Reihengeschäftes gilt nur eine der Lieferungen als bewegte Lieferung. Gemäß § 3 Abs. 6a UStG gilt die Lieferung des Betrügers an den französischen Autohändler als bewegte Lieferung, da Betrüger ein Abnehmer ist, der den Gegenstand befördert und gleichzeitig Lieferer ist. Für diese Lieferung wird der Ort daher nach § 3 Abs. 6a Satz 4 UStG bestimmt und ist daher beim Sitz des Betrügers in Deutschland.

Die Lieferung ist somit in Deutschland steuerbar, jedoch steuerfrei als innergemeinschaftliche Lieferung nach § 4 Nr. 1b UStG i. V. m. § 6a UStG. Betrüger hat das Fahrzeug in das übrige Gemeinschaftsgebiet befördert und der Abnehmer ist ein Unternehmer, der den Gegenstand für sein Unternehmen erworben hat. Daher sind die Voraussetzungen des § 6a UStG erfüllt.

Die Lieferung des deutschen Autohändlers an Betrüger ist eine unbewegte Lieferung, deren Ort sich nach § 3 Abs. 7 UStG bestimmt. Da die unbewegte Lieferung der bewegten Lieferung vorangeht, gilt die Nummer 1, bei der der Ort am Beginn der Beförderung liegt, also am Sitz des Betrügers. Auch diese Lieferung ist demnach in Deutschland steuerbar und auch steuerpflichtig.

Die Bemessungsgrundlage für die steuerfreie innergemeinschaftliche Lieferung beträgt gem. § 10 Abs. 1 UStG das Entgelt in Höhe von 55.000 €. Für die unbewegte Lieferung wurde ein Entgelt in Höhe von 35.000 € vereinbart. Betrüger kann die an den deutschen Autohändler entrichtete Vorsteuer in Höhe von 6.650 € gem. § 15 Abs. 1 Nr. 1 UStG geltend machen. Der Ausschluss vom Vorsteuerabzug gem. § 15 Abs. 2 Nr. 1 UStG für Umsätze, die zur Ausführung steuerfreier Umsätze ausgeführt werden, gilt nicht, da Betrüger eine steuerfreie innergemeinschaftliche Lieferung gem. § 15 Abs. 3 Nr. 1a UStG ausführt.

Lösung zu Aufgabe 28: Umsatzsteuer (IV)

Die Überlassung des Pkw auch zur privaten Nutzung ist eine sonstige Leistung gem. § 3 Abs. 9 UStG. Eine Entgeltlichkeit ist durch den gegebenen Leistungsaustausch zwischen Betrüger und Gutgläubig vorhanden. Die Leistung ist daher in Deutschland steuerbar und steuerpflichtig.

Da Gutgläubig als Gegenleistung zur sonstigen Leistung seine Arbeitsleistung zur Verfügung stellt, handelt es sich um einen tauschähnlichen Umsatz gem. § 3 Abs. 12 Satz 2 UStG. Die Bemessungsgrundlage ist nach § 10 Abs. 2 Satz 2 UStG der Wert der geleisteten Arbeit. Da dieser nicht ermittelbar ist, wird die Bemessungsgrundlage nach dem Wert der bewirkten Leistung, also dem Wert der Überlassung des Pkw ermittelt.

Dieser wird auf der Grundlage der lohnsteuerlichen Berechnung nach der Ein-Prozent-Methode ermittelt, wobei diese bereits im Gegensatz zur Berechnung der unentgeltlichen Wertabgabe für einen Unternehmer Bruttowerte darstellen. Die anteilige Zahlung des Gutgläubig hat dabei keine Einfluss auf die Bemessungsgrundlage für die Umsatzsteuer. Demnach muss Betrüger folgende Umsatzsteuer auf die sonstige Leistung entrichten:

1 % v. 30.000 €	300,00 €
0,03 % v. 30.000 € · 15 km	135,00 €
Bruttosumme	435,00 €
435 € : 1,19 · 19 % USt	**69,45 €**

Lösung zu Aufgabe 29: Umsatzsteuer, Steuerschuldner

1. Für Lieferungen i. S. d. § 1 Abs. 1 Nr. 1 UStG ist der Unternehmer Steuerschuldner gem. § 13a Abs. 1 Nr. 1 UStG. Daher schuldet der deutsche Unternehmer die deutsche Umsatzsteuer.

2. Es handelt sich um eine sonstige Leistung eines im Ausland ansässigen Unternehmers. Der Steuerschuldner ist gem. § 13b Abs. 2 Nr. 1 UStG der Leistungsempfänger. Der deutsche Unternehmer schuldet die Steuer, kann sie aber gem. § 15 Abs. 1 UStG als Vorsteuer geltend machen.

3. Gemäß § 13b Abs. 2 Nr. 4 UStG schuldet der Leistungsempfänger die Steuer für Lieferungen und sonstige Leistungen, die der Herstellung, Instandsetzung, Instandhaltung, Änderung oder Beseitigung von Bauwerken dienen, wenn er ein Unternehmer ist, der ebensolche Umsätze ausführt. Die Deckung eines Daches ist eine Bauleistung gem. § 13b Abs. 2 Nr. 4 UStG. Die Leistung wird an einen Unternehmer erbracht, der Bauleistungen i. S. v. § 13b Abs. 2 Nr. 4 UStG erbringt. Ahrend ist daher Steuerschuldner, da er Leistungsempfänger ist.

4. Die Übernahme der Bauleitung ist keine Bauleistung gem. § 13b Abs. 2 Nr. 4 UStG. Demnach schuldet nicht der Leistungsempfänger Ahrend die Steuer, sondern der leistende Unternehmer Becker gem. § 13a Abs. 1 Nr. 1 UStG.

5. Gemäß § 13b Abs. 5 Satz 4 UStG geht die Steuerschuldnerschaft nicht auf den Leistungsempfänger über, wenn der Leistungsgeber ein Kleinunternehmer ist. Da Köster die Leistung ausführt, schreibt er eine Rechnung, in der er auf seine Besteuerung gem. § 19 UStG hinweist.

6. Die Steuerschuldnerschaft geht gem. § 13b Abs. 2 Nr. 4 UStG auf den Leistungsempfänger über. Dies gilt auch, wenn der Leistungsempfänger ein Kleinunternehmer gem. § 19 UStG ist. Der Kleinunternehmer K muss daher die Steuer auf die Bauleistung abführen, obwohl er auf seine eigenen Umsätze keine Umsatzsteuer abführen muss. Es ist Köster jedoch nicht gestattet, die Vorsteuer aus der Bauleistung geltend zu machen, da § 15 UStG nicht für Kleinunternehmer gilt.

7. Gemäß § 13b Abs. 5 Satz 2 UStG muss der Leistungsempfänger ein Unternehmer sein, damit die Steuerschuldnerschaft auf den Leistungsempfänger übergehen kann. Da die Privatperson kein Unternehmer ist, bleibt die Steuerschuldnerschaft beim Unternehmer gem. § 13a Abs. 1 Nr. 1 UStG.

8. Der Übergang der Steuerschuldnerschaft auf den Leistungsempfänger gem. § 13b Abs. 2 Nr. 4 UStG ist auch bei Bauleistungen für den nichtunternehmerischen Bereich des Leistungsempfangenden Unternehmers anzuwenden. Der Steuerschuldner ist daher nach § 13b Abs. 5 Satz 6 UStG Becker, obwohl er eine Leistung für sein Privatgebäude erbringen lässt.

9. Der Aufbau eines Baugerüstes ist keine Bauleistung gem. § 13b Abs. 2 Nr. 4 UStG, die der Herstellung, Instandsetzung, Instandhaltung, Änderung oder Beseitigung von Bauwerken dient. In Abschn. 13b. 2 Abs. 7 Nr. 9 UStAE sind Leistungen aufgeführt, die nicht zu den eben genannten Bauleistungen gehören und damit nicht unter die Regelung des § 13b UStG fallen. Die Steuerschuldnerschaft verbleibt beim leistenden Unternehmer Günther gem. § 13a Abs. 1 Nr. 1 UStG.

Lösung zu Aufgabe 30: Umsatzsteuer (V)

1. Es handelt sich um eine Lieferung nach § 3 Abs. 1 UStG.

   a) Die Lieferung ist in Deutschland nicht steuerbar, da der Ort gem. § 3 Abs. 6 UStG in der Schweiz liegt. Gefräßig schuldet jedoch die deutsche Einfuhrumsatzsteuer nach § 1 Abs. 1 Nr. 4 UStG und § 13a Abs. 2 UStG, da er die Abfertigung selbst übernommen hat. Die Einfuhrumsatzsteuer kann Gefräßig nach § 15 Abs. 1 Nr. 2 UStG abziehen.

   b) Die Lieferung ist in Deutschland steuerbar und steuerpflichtig, da der Ort gem. § 3 Abs. 8 UStG im Inland liegt. Hiernach muss der Lieferer Schuldner der Einfuhrumsatzsteuer sein. Dies ist der Fall, da der schweizerische Unternehmer die Waren einführt und dem Gefräßig verzollt und versteuert liefert. Der schweizerische Unternehmer muss demnach deutsche Umsatzsteuer für die Lieferung und die Einfuhrumsatzsteuer an das Finanzamt bzw. beim Zoll entrichten. Für die Umsatzsteuer der Lieferung kann Gefräßig Vorsteuer gem. § 15 Abs. 1 UStG geltend machen. Die Einfuhrumsatzsteuer kann der schweizerische Unternehmer abziehen.

2. Es handelt sich um eine innergemeinschaftliche Lieferung des französischen Unternehmers an Gefräßig. Für Gefräßig liegt demnach ein innergemeinschaftlicher Erwerb vor. Dieser ist gem. § 1a Abs. 1 UStG in Deutschland steuerbar. Gefräßig muss die Steuer an das Finanzamt abführen und kann gleichzeitig die Vorsteuer gem. § 15 Abs. 1 Nr. 3 UStG abziehen. Für den französischen Unternehmer ist die innergemeinschaftliche Lieferung in Frankreich steuerfrei.

3. Es handelt sich um ein Reihengeschäft gem. § 3 Abs. 6a UStG, das zwei Einzellieferungen beinhaltet. Hierbei ist nur eine der Lieferungen als bewegte Lieferung zu qualifizieren. Die andere Lieferung ist unbewegt. In diesem Fall ist die Lieferung des französischen Unternehmers an Gefräßig die bewegte Lieferung, da der französische Unternehmer die Ware befördert. Diese Lieferung ist eine innergemeinschaftliche Lieferung, die in Frankreich steuerfrei ist und die Gefräßig in Deutschland als innergemeinschaftliche Lieferung versteuern muss. Die unbewegte Lieferung des Gefräßig an seinen Kunden in Deutschland ist eine unbewegte Lieferung. Nach § 3 Abs. 7 Satz 2 Nr. 2 UStG ist der Ort der Lieferung am Ende der Beförderung, also am Sitz des Kunden in Deutschland. Gefräßig muss die Lieferung in Deutschland versteuern. Ab 2020 ist die Angabe der USt-ID-Nummer und die ZM-Meldung eine materiell-rechtliche Voraussetzung.

4. Es handelt sich um eine Lieferung gem. § 3 Abs. 1 UStG, die in Deutschland steuerbar, jedoch steuerfrei als Ausfuhrlieferung gem. § 4 Nr. 1a UStG i. V. m. § 6 Abs. 1 Nr. 1 UStG ist. Die Lohnveredelung der Ware vor der Ausfuhr ist für die Ausfuhrlieferung nicht steuerschädlich gem. § 6 Abs. 1 Satz 2 UStG. Es handelt sich bei der Lohnveredelung, um eine sonstige Werkleistung, die in Deutschland gem. § 3a Abs. 3 Nr. 3c UStG steuerbar ist. Nach § 7 Abs. 3 UStG i. V. m. § 7 Abs. 1 Nr. 1 UStG ist die Werkleistung in Deutschland steuerfrei. Die Beförderungsleistung des deutschen Spediteurs an Gefräßig ist gem. § 3a Abs. 2 Satz 1 UStG in Deutschland steuerbar, jedoch gem. § 4 Nr. 3a UStG steuerfrei, da die Ware für die Ausfuhr bestimmt ist.

Lösung zu Aufgabe 31: Umsatzsteuer (VI)

1. Es handelt sich um eine Lieferung gem. § 3 Abs. 1 UStG. Die Lieferung ist gem. § 3 Abs. 6 UStG in Deutschland steuerbar und steuerpflichtig, da keine Steuerbefreiung vorliegt. Die Voraussetzungen der innergemeinschaftlichen Lieferung sind nicht gegeben, da der Abnehmer kein Unternehmer ist. Es handelt sich im Speziellen um innergemeinschaftlichen nichtkommerziellen Reiseverkehr der französischen Privatperson.

2. Es handelt sich um eine Lieferung nach § 3 Abs. 1 UStG, speziell um eine Versandhandelslieferung. Der Lieferort wechselt in das Bestimmungsland, wenn die Voraussetzungen des § 3c UStG erfüllt sind. Hierfür müsste Frau Schönling die Lieferschwelle gem. § 3c Abs. 3 Nr. 2 UStG überschreiten. In diesem Fall wäre Frau Schönling zur Abgabe von Steuererklärungen in Frankreich verpflichtet. Da Frau Schönling die Lieferschwelle in Frankreich annahmegemäß nicht überschreitet, ist die Lieferung in Deutschland steuerbar und steuerpflichtig. Andernfalls wäre die Lieferung in Frankreich steuerpflichtig und Frau Schönling müsste französische Umsatzsteuer abführen. Alternative Lösung: Ab dem 01.07.2021 ist die Lieferung

über den One-Stop-Shop anzumelden und abzuwickeln. Wenn die Lieferschwelle von 10.000 € überschritten ist wird die Umsatzsteuer für das Empfängerland geschuldet. Umsetzung des One-Stop-Shops ist noch nicht abschließend geregelt.

3. Es handelt sich um eine Lieferung gem. § 3 Abs. 1 UStG. Der Ort bestimmt sich nach § 3 Abs. 6 UStG in Berlin, womit eine steuerbare Abhollieferung vorliegt. Es liegt eine Steuerbefreiung durch § 4 Nr. 1a i. V. m. § 6 Abs. 1 Nr. 2 und Abs. 3a UStG vor. Daher ist die Lieferung als außergemeinschaftlicher, nicht kommerzieller Reiseverkehr steuerfrei. Die formellen Voraussetzungen der §§ 8 ff., 13 und 17 UStDV müssen vorliegen.

4. Es handelt sich um eine Lieferung gem. § 3 Abs. 1 UStG. Der Ort bestimmt sich ebenfalls nach § 3 Abs. 6 UStG in Berlin. Auch hier liegen die Voraussetzungen der steuerfreien Ausfuhrlieferung nach § 6 Abs. 1 Nr. 1 UStG vor, sodass die Lieferung steuerfrei nach § 4 Nr. 1a UStG ist. Die erforderlichen Nachweise müssen ebenfalls vorliegen.

Lösung zu Aufgabe 32: Abgabenordnung (I)

1. Der Bescheid kann nach § 129 AO geändert werden. Es handelt sich um einen offenbar unrichtigen Verwaltungsakt, der durch einen materiellen Fehler des Sachbearbeiters zustande gekommen ist. Nicht nach dieser Vorschrift geändert werden können Denkfehler. Dieser ist im Beispiel auszuschließen, da der Sachbearbeiter die Werbungskosten abgehakt hatte.

2. Der Vorbehalt der Nachprüfung gem. § 164 AO bewirkt, dass ein Bescheid in allen Punkten und jederzeit geändert werden kann. Erst mit Ablauf der Festsetzungsfrist oder durch ausdrückliche Aufhebung durch die Finanzbehörde wird der Vorbehalt der Nachprüfung aufgehoben und der Bescheid kann nicht mehr geändert werden.

3. Der Bescheid kann innerhalb der Einspruchsfrist nach § 355 AO in allen Punkten geändert werden. Ist der Bescheid bereits bestandskräftig und nur bezüglich des Arbeitszimmers vorläufig, können die Krankheitskosten nicht mehr nachträglich nach § 165 AO berücksichtigt werden. Es ist im Einzelfall zu prüfen, ob eine neue Tatsache gem. § 173 AO oder ein materieller Fehler gem. § 177 AO vorliegt.

4. Gemäß § 168 AO steht eine Steueranmeldung der Steuerfestsetzung unter dem Vorbehalt der Nachprüfung gleich. Die Abgabe der Umsatzsteuervoranmeldung kann demnach nach § 164 AO geändert werden. Auch ein Einspruch ist daher gegen eine Umsatzsteuervoranmeldung möglich.

Lösung zu Aufgabe 33: Abgabenordnung (II)

Einkommensbesteuerung von Ehepaar Fleißig:
Nach § 19 Abs. 1 Satz 1 AO ist für die Einkommensbesteuerung natürlicher Personen das Finanzamt örtlich zuständig, in dessen Bezirk Herr Fleißig seinen Wohnsitz (§ 8 AO) hat (Wohnsitzfinanzamt).

Die Frage des Wohnsitzes ist bei Ehegatten für jede Person gesondert zu prüfen. Ein Ehegatte, der nicht dauernd getrennt lebt, hat seinen Wohnsitz grundsätzlich dort, wo seine Familie lebt (AEAO Nr. 1 zu § 8 AO).

Ein dauerndes Getrenntleben ist anzunehmen, wenn die zum Wesen der Ehe gehörende Lebens- und Wirtschaftsgemeinschaft nach dem Gesamtbild der Verhältnisse auf die Dauer nicht mehr besteht. Dabei ist unter Lebensgemeinschaft die räumliche, persönliche und geistige Gemeinschaft der Ehegatten, unter Wirtschaftsgemeinschaft die gemeinsame Erledigung der die Ehegatten gemeinsam berührenden wirtschaftlichen Fragen ihres Zusammenlebens zu verstehen (H 26 EStG).

Lt. Sachverhalt lebt das Ehepaar Fleißig demnach nicht dauernd getrennt.

Somit hat Herr Fleißig seinen Wohnsitz in Berlin. Herr Fleißig hat daneben noch einen weiteren Wohnsitz in Rostock.

Bei mehrfachem Wohnsitz eines verheirateten Steuerpflichtigen, der von seinem Ehegatten nicht dauernd getrennt lebt, ist gem. § 19 Abs. 1 Satz 2 AO der Wohnsitz maßgebend, an dem sich die Familie vorwiegend aufhält, das ist in diesem Fall Berlin. Ein Familienwohnsitz setzt voraus, dass die Wohnung von der Familie zum Mittelpunkt ihrer persönlichen Lebensführung auserkoren worden ist. Die Nutzung der Familienwohnung erfordert dabei nicht die körperliche Anwesenheit des Ehemanns. Es reicht aus, wenn er nach einer vorübergehenden, wenn auch längeren Abwesenheit in die Familienwohnung zurückkehren wird. Somit ist das Finanzamt Berlin zuständig für die Einkommensbesteuerung von Herrn Fleißig.

Gleiches gilt auch für die Ehefrau, die ausschließlich in Berlin ihren Wohnsitz gem. § 8 AO hat.

Einkünfte aus Steuerbüro:
Abweichend vom dem Grundsatz in § 157 AO sind gem. § 179 Abs. 1 AO i. V. m. § 180 Abs. 1 Nr. 2 Buchst. b AO die Einkünfte gesondert festzustellen, da es sich bei den Einkünften aus Steuerbüro um

► Einkünfte aus selbstständiger Arbeit (§ 18 EStG) handelt und

► nach den Verhältnissen zum Schluss des Gewinnermittlungszeitraums das für die gesonderte Feststellung zuständige Finanzamt nicht auch für die Steuern vom Einkommen zuständig ist.

Zuständig für die gesonderte Feststellung ist gem. § 18 Abs. 1 Nr. 2 AO das Betriebsstättenfinanzamt. Das ist in diesem Fall das Finanzamt Rostock, da sich in Rostock auch die Geschäftsleitung (§ 10 AO) befindet.

Nach § 181 Abs. 2 Nr. 2 AO hat der Unternehmer Herr Fleißig eine Erklärung zur gesonderten Feststellung von Grundlagen für die Einkommensbesteuerung abzugeben.

Einkünfte aus nichtselbstständiger Arbeit von Frau Fleißig:
Diese Einkünfte werden nicht gesondert festgestellt, sie sind nicht in § 180 Abs. 1 Nr. 2 Buchst. b AO aufgezählt.

Einkünfte aus Kapitalvermögen von Herrn Fleißig:
Diese Einkünfte werden nicht gesondert festgestellt, sie sind nicht in § 180 Abs. 1 Nr. 2 Buchst. b AO aufgezählt.

Einkünfte aus dem vermieteten Mehrfamilienhaus in Hamburg:
Abweichend vom dem Grundsatz in § 157 AO sind gem. § 179 Abs. 1 AO i. V. m. § 180 Abs. 1 Nr. 2 Buchst. b AO die Einkünfte gesondert festzustellen, da an den einkommensteuerpflichtigen Einkünften aus Vermietung und Verpachtung mehrere Personen beteiligt sind (Eheleute Fleißig) und die Einkünfte beiden steuerlich zuzurechnen sind.

Lösung zu Aufgabe 34: Abgabenordnung (III)

a) Es handelt sich um Steuerhinterziehung nach § 370 Abs. 1 Nr. 1 AO und somit um eine strafbare Handlung von Frau Unehrlich. Sie ist mittelbarere Täterin, da sie die Veruntreuung wissentlich begangen hat und die unrichtigen und unvollständigen Angaben gemacht hat. Nach § 370 Abs. 4 AO ist eine Steuerverkürzung eingetreten, da Herr und Frau Unehrlich als Gesamtschuldner weniger Einkommensteuer bezahlen mussten und Herr Unehrlich weniger Gewerbe- und Umsatzsteuer zu begleichen hatte. Somit hat Frau Unehrlich für sich und für ihren Mann ungerechtfertigte Steuervorteile erlangt. Es handelt sich hierbei um eine vorsätzliche Steuerhinterziehung, da Frau Unehrlich mit Wissen und Wollen gehandelt hat.

Herr Unehrlich hingegen hatte keine Kenntnis von den unrichtigen Angaben in den Steuererklärungen und handelte somit nicht vorsätzlich. Da er aber unrichtige Steuererklärungen abgegeben hat, die zu einer Steuerverkürzung führten, erfüllt dies ebenfalls den Tatbestand des § 370 Abs. 1 AO. Es handelt sich hierbei um eine leichtfertige Steuerverkürzung.

Die Verjährungsfrist für die Strafverfolgung beträgt fünf Jahre und beginnt mit Beendigung der Tat und daher mit der Bekanntgabe der jeweiligen Steuerbescheide. Die unrichtigen Steuerbescheide der Jahre 2008 und 2009 wurden im August 2007 bzw. im August 2008 bekannt gegeben, womit die Steuerhinterziehung strafrechtlich für diese Jahre verjährt ist.

Die von Frau Unehrlich abgegebene Selbstanzeige nach § 371 AO ist für die von der Außenprüfung erfassten Jahre 2014 - 2016 nicht wirksam, da der Amtsträger bereits zur Prüfung erschienen war und die Prüfung somit bereits begonnen hatte. Für die Jahre 2008 - 2010 ist die Selbstanzeige wirksam, jedoch für die Jahre 2008 und 2009 nicht mehr notwendig, da diese bereits verjährt sind.

Für die Jahre 2010 und 2011 wurde eine wirksame Selbstanzeige abgegeben, die zur Straffreiheit führt, sofern die hinterzogenen Steuern bezahlt werden. Frau Unehrlich hat sich für die Jahre 2014 - 2016 strafbar gemacht.

b) Die Festsetzungsfrist für die Jahre 2010 - 2016 war im April 2018 noch nicht abgelaufen, da sie aufgrund der Steuerhinterziehung gem. § 169 Abs. 1 Satz 2 AO zehn Jahre beträgt. Der Beginn der Festsetzungsfrist für das Jahr 2010 ist nach § 170 Abs. 2 Nr. 1 AO der 01.01.2010 und das Ende der 31.12.2019. Somit ist die Änderung der Bescheide zulässig.

c) Gemäß § 235 AO sind hinterzogene Steuern zu verzinsen unabhängig von der strafrechtlichen Verjährung oder Ausschließung durch Selbstanzeige. Für alle Jahre sind daher die Hinterziehungszinsen auf die hinterzogenen Steuern zu Recht festgesetzt.

Lösung zu Aufgabe 35: Abgabenordnung (IV)

a) Der Bescheid über die gesonderte und einheitliche Feststellung wurde am 31.07.01 nach § 122 AO bekannt gegeben und erhielt somit am 31.08.01 nach § 355 AO Bestandskraft. Die Festsetzungsverjährung ist jedoch gem. § 169 Abs. 1 Nr. 2 AO noch nicht eingetreten, sodass der Bescheid noch geändert werden kann. Die Änderung ergeht nach § 129 AO, da eine offenbare Unrichtigkeit vorliegt. Es handelt sich bei dem Bescheid um einen Verwaltungsakt, der durch einen materiellen Fehler offenbar unrichtig erlassen worden ist. Daher kann Penibel den Bescheid am 16.09.01 ändern.

b) Die Prüfung der Zulässigkeit des Einspruchs erfolgt nach den §§ 347 ff. AO. Er richtet sich gegen einen Verwaltungsakt gem. § 347 Abs. 1 Nr. 1 AO und Fritz wurde gem. § 350 AO durch den Verwaltungsakt beschwert. Fritz ist außerdem nach § 352 Abs. 1 Nr. 2 AO befugt den Einspruch einzulegen, da er Gesellschafter ist.

Die Einspruchsfrist beträgt nach § 355 AO ein Monat nach Bekanntgabe. Die Bekanntgabe des Bescheides erfolgt nach § 122 Abs. 2 Nr. 1 AO am dritten Tag nach der Aufgabe zur Post.

Dies wäre der 19.09.01. Da dieser Tag ein Samstag ist, verlagert sich die Bekanntgabe auf den Montag, den 21.09.01 gem. § 108 Abs. 3 AO. Die Einspruchsfrist endet somit am Mittwoch, den 21.10.01. Da Fritz jedoch erst am 17.11.01 den Einspruch zum Finanzamt gab, wäre die Frist verpasst und der Einspruch unzulässig. Fritz hat aber nach § 110 AO Wiedereinsetzung in den vorigen Stand beantragt, da er diese Frist schuldlos versäumt und gleichzeitig die versäumte Handlung nachgeholt hat, indem er den Einspruch zum Finanzamt gegeben hat. Somit ist die Wiedereinsetzung in den vorigen Stand zulässig und die Einspruchsfrist nicht versäumt.

Gemäß § 357 AO wurde der Einspruch schriftlich und bei der zuständigen Behörde eingelegt. Die Bezeichnung als Beschwerde schadet nicht. Auch die fehlende Begründung schadet der Zulässigkeit des Einspruchs nicht; sie kann nach § 357 Abs. 3 AO nachgereicht werden. Fritz reicht die Begründung innerhalb der vom Finanzamt vorgegeben Frist nach. Die Fristsetzung gem. § 364b Abs. 1 AO erfolgte ordnungsgemäß, da mindestens einen Monat Zeit gegeben wurde und eine Belehrung erfolgte.

c) Fritz ist gem. § 359 AO beteiligungsfähig und als voll geschäftsfähige Person einspruchsfähig. Da der bereits bestandskräftige Bescheid nach § 129 AO geändert wurde, kann der Bescheid nur angefochten werden, soweit die Änderung reicht. Der Einspruch kann sich demnach gem. § 351 AO nur auf den geänderten Gewinnverteilungsschlüssel richten. Die vergessenen Sonderbetriebsausgaben können den Bescheid nicht ändern, ein Ansatz ist nicht mehr möglich. Der Bescheid ist insoweit bestandskräftig. Der Einspruch ist mangels sachlicher Beschwer unzulässig.

Lösung zu Aufgabe 36: Abgabenordnung (V)

a) Der Einkommensteuerbescheid gilt gem. § 122 Abs. 2 Nr. 1 AO drei Tage nach der Aufgabe zur Post als bekannt gegeben. Die Bekanntgabe hat jedoch gem. 1.7.1 AEAO zu § 122 AO an den Bevollmächtigten zu erfolgen, sofern der Steuerpflichtige einen Bevollmächtigten zur Entgegennahme ermächtigt hat.

Da dies der Fall ist, gilt der Bescheid gem. 1.7.3 AEAO zu § 122 AO erst zu dem Zeitpunkt als bekannt gegeben, in dem er an den Empfangsbevollmächtigten weitergereicht wird. Die Einspruchsfrist beginnt in dem Zeitpunkt der Bekanntgabe an den Empfangsbevollmächtigten. Da Abel den Bescheid erst am 05.10.01 an den Bitter weitergereicht hat, gilt der Bescheid erst zu diesem Zeitpunkt als bekannt gegeben. Der Einspruch am 06.10.01 ist dementsprechend fristgerecht und zulässig.

Die Klage gem. § 40 FGO gegen einen Einkommensteuerbescheid ist zulässig nach § 33 Abs. 1 Nr. 1 AO. Es handelt sich um eine Anfechtungsklage, bei der das Vorverfahren nach § 44 FGO erfolglos geblieben ist. Die sachliche und die örtliche Zuständigkeit gem. §§ 35, 38 FGO wurde eingehalten. Bitter hielt die Frist von einem Monat nach Bekanntgabe der Entscheidung nach § 47 Abs. 1 FGO ein und wurde von A gem. § 62 Abs. 2 FGO als Vertreter bevollmächtigt. Die Vollmacht ist der Klageschrift beizulegen oder kann gem. § 62 Abs. 6 FGO nachgereicht werden. Abel hingegen ist beteiligungsfähig gem. § 57 FGO und als voll geschäftsfähige Person prozessfähig gem. § 58 Abs. 1 Nr. 1 FGO. Insofern ist die Klage zulässig.

b)   Die Klage muss die Formvorschriften und die inhaltlichen Vorschriften gem. §§ 64, 65 FGO erfüllen. Sie muss schriftlich oder zur Niederschrift eingereicht und unterschrieben sein. Es sollen Abschriften der Klage für die übrigen Beteiligten beigefügt sein. In der Klage muss der Kläger, der Beklagte, der Gegenstand des Klagebegehrens, der Verwaltungsakt und die Einspruchsentscheidung bezeichnet sein. Bitter sollte in der Klage sein Begehren in Form eines Antrags äußern und der Klage eine Abschrift des Einkommensteuerbescheides und der Einspruchsentscheidung beifügen.

Lösung zu Aufgabe 37: Abgabenordnung, Lohnsteuerzahlung

Der gesetzliche Vertreter juristischer Personen ist gem. § 34 AO verpflichtet, die steuerlichen Pflichten zu erfüllen und die Steuern aus den gegebenen Mitteln zu entrichten. Schlumpi hätte demnach die Lohnsteuern aus den Mitteln der Gesellschaft entrichten müssen.

Er hat grob fahrlässig gehandelt und muss daher gem. § 69 AO für die Verletzung der ihm obliegenden Pflicht haften und die Lohnsteuern bezahlen. Hätte Schlumpi gemäß seiner Verpflichtung gehandelt und die Steuern aus dem betrieblichen Vermögen entrichtet, hätte er nicht privat dafür haften müssen.

Lösung zu Aufgabe 38: Abgabenordnung (VI)

Der Steuerpflichtige hat die Möglichkeit einen Einspruch nach § 347 AO oder einen Antrag auf Änderung gem. § 172 Abs. 1 Nr. 2a AO zu stellen. Der Einspruch muss schriftlich erfolgen, während für den Antrag auf Änderung keine Formvorschriften erforderlich sind. Die Begründung ist bei einem Einspruch nicht notwendig, sollte jedoch angegeben werden. Der Antrag auf schlichte Änderung muss konkretisiert sein und bezieht sich nur auf einen speziellen Punkt des Bescheides. Dementsprechend ist der Bescheid nur in diesem konkreten Punkt offen. Dies kann von Vorteil sein, wenn man eine Verböserung durch das Finanzamt nach einem Einspruch verhindern möchte. Der Einspruch bewirkt eine volle Überprüfung des gesamten Sachverhalts, wodurch erst bei Einspruchsentscheidung eine Bestandskraft eintreten kann. Dementsprechend kann das Finanzamt auch verbösern, muss aber vorab auf das Vorhaben hinweisen. Wird ein Antrag auf (schlichte) Änderung vom Finanzamt abgelehnt, kann der Steuerpflichtige einen Einspruch einlegen. Bei Ablehnung des Einspruchs ist nur die Klage zulässig. Sowohl ein Antrag auf Änderung als auch ein Einspruch schützen nicht vor Fälligkeit der zu entrichtenden Beträge. Beim Einspruch ist jedoch gleichzeitig ein Antrag auf Aussetzung der Vollziehung möglich.

Lösung zu Aufgabe 39: Unbeschränkte Einkommensteuerpflicht

Herr Schwarz ist nach § 1 Abs. 1 EStG unbeschränkt steuerpflichtig. Er hat seinen Wohnsitz (§ 8 AO) in Deutschland. Der Aufenthalt über einen Monat in dem ausländischen Staat begründet nicht den gewöhnlichen Aufenthalt nach § 9 AO. Bei den Mieteinkünften handelt es sich um ausländische Einkünfte nach § 34d Nr. 7 EStG. Die aus diesem Staat erzielten Einkünfte sind in die deutsche Besteuerung einzubeziehen (kein DBA).

Lösung zu Aufgabe 40: Beschränkte Einkommensteuerpflicht

Da Mr. Young in Deutschland weder seinen Wohnsitz (§ 8 AO) noch seinen gewöhnlichen Aufenthalt (§ 9 AO) hat, ist er in Deutschland nicht unbeschränkt steuerpflichtig. Es ist das Vorliegen einer beschränkten Steuerpflicht zu prüfen:

▸ Erzielt Mr. Young inländische Einkünfte? → Ja.

▸ Gehören diese Einkünfte zu denen, die im § 49 EStG aufgelistet sind? → Ja.

Im Ergebnis: Die Mieteinkünfte gehören nach § 49 Abs. 1 Nr. 6 EStG zu den inländischen Einkünften. Mr. Young ist daher in Deutschland hinsichtlich seiner Mieteinkünfte beschränkt steuerpflichtig.

Lösung zu Aufgabe 41: Grenzpendlerregelung

Herr van Straaken hat in Deutschland weder seinen Wohnsitz noch seinen gewöhnlichen Aufenthalt. Somit würde er in Deutschland beschränkt steuerpflichtig sein mit der Konsequenz, dass nach § 50 Abs. 1 Satz 4 EStG die Sonderausgaben nicht abzugsfähig sind und er nur nach Grundtabelle versteuert wird.

Da es sich im vorliegenden Fall um einen sogenannten Grenzpendler handelt, kann Herr van Straaken einen Antrag auf Anwendung der Grenzpendlerregelung nach § 1 Abs. 3 EStG stellen. Die Voraussetzungen für den Antrag sind erfüllt.

Herr van Straaken erzielt im Kalenderjahr 00 inländische Einkünfte nach § 49 EStG (aus freiberuflicher Tätigkeit, die im Inland ausgeübt oder verwertet wird), die zu mindestens 90 % der deutschen Einkommensteuer unterliegen (150.000 : 162.000 · 100 = 92,6 %).

Die Prüfung der Grenze von 8.652 € (2016) entfällt, da die inländischen Einkünfte 90 % der gesamten Einkünfte übersteigen.

Herr van Straaken kann somit die Sonderausgaben geltend machen und den Splittingtarif nach § 26 EStG in Anspruch nehmen.

Die Einkünfte aus der Vermietung des Ferienhauses in Enschede sind keine inländischen Einkünfte, da das Vermietungsobjekt nicht im Inland gelegen ist (§ 49 Abs. 1 Nr. 6 EStG).

Lösung zu Aufgabe 42: Anrechnungsmethode

Herr Blau unterliegt im Inland der unbeschränkten Steuerpflicht nach § 1 Abs. 1 EStG, da er einen inländischen Wohnsitz hat (§ 8 AO). Damit unterliegt er grundsätzlich mit seinem gesamten Welteinkommen der inländischen Besteuerung. Da kein DBA vorliegt, kann auch keine Durchbrechung des Welteinkommensprinzips durch Freistellung nach DBA vorliegen.

Nach R 34c Abs. 3 Satz 3 EStR sind die Einkünfte nach den Vorschriften des deutschen Einkommensteuerrechts zu ermitteln. Aufgrund der im § 34c Abs. 1 EStG getroffenen Regelungen, kann aber die auf die ausländischen Einkünfte entfallende ausländische Steuer angerechnet werden.

Die Mieteinkünfte und Einkünfte aus der Niederlassung (Gewerbebetrieb) gehören zu den ausländischen Einkünften nach § 34d EStG. Der § 34c Abs. 1 EStG kommt in diesem Fall zur Anwendung.

Sachverhalt 1:
Ermittlung der festzusetzenden Einkommensteuer nach R 2 EStR:

Gewinn aus dem Sportwarengeschäft in München	90.000,00 €
Gewinn aus der Niederlassung Nicht-DBA Staat	60.000,00 €
Verlustanteil Beteiligung OHG	- 20.000,00 €
Einkünfte aus Vermietung Ferienhaus	15.000,00 €
Summe der Einkünfte	145.000,00 €
Sonderausgaben	- 8.500,00 €
Zu versteuerndes Einkommen	**136.500,00 €**

ESt-Satz 42 % → 57.330 €

Nach § 34c Abs. 1 Satz 2 EStG wird die auf die ausländischen Einkünfte entfallende deutsche Einkommensteuer wie folgt ermittelt:

$$\frac{\text{deutsche ESt} \cdot \text{ausländische Einkünfte}}{\text{Summe der inländischen und ausländischen Einkünfte}}$$

$$= \frac{57.330 \ € \cdot 60.000 \ €}{145.000 \ €} = 23.723 \ €$$

Maximale Anrechnung der gezahlten ausländischen Steuer	= 20.000 €
Festzusetzende Einkommensteuer (57.330 € - 20.000 €)	= 37.330 €

Sachverhalt 2:
Ermittlung der festzusetzenden Einkommensteuer nach R 2 EStR:

Gewinn aus dem Sportwarengeschäft in München	60.000,00 €
Gewinn aus der Niederlassung Nicht-DBA Staat	80.000,00 €
Verlustanteil Beteiligung OHG	- 20.000,00 €
Einkünfte aus Vermietung Ferienhaus	15.000,00 €
Summe der Einkünfte	135.000,00 €
Sonderausgaben	- 8.500,00 €
Zu versteuerndes Einkommen	**126.500,00 €**

ESt-Satz 42 % → 53.130 €

$$= \frac{53.130 \ € \cdot 80.000 \ €}{135.000 \ €} = 31.484 \ €$$

Maximale Anrechnung der gezahlten ausländischen Steuer	= 33.000 €
Festzusetzende Einkommensteuer (53.130 € - 33.000 €)	= 20.130 €

Da die im Ausland gezahlte Steuer nur bis zum Anrechnungshöchstbetrag von 31.484 € angerechnet werden kann, entsteht ein Anrechnungsüberhang, der nicht ausgeglichen werden kann.

Lösung zu Aufgabe 43: Doppelbesteuerungsabkommen

Der deutsche Unternehmer ist nach § 1 Abs. 1 EStG unbeschränkt in Deutschland steuerpflichtig. Er ist somit mit seinem gesamten Welteinkommen im Inland zu versteuern. Das Welteinkommensprinzip wird durchbrochen, wenn ein DBA besteht (Freistellungsmethode).

In diesem Fall liegt ein DBA vor.

Nach Artikel 23 A Abs. 1 des OECD-Musterabkommens heißt es:

„Bezieht eine in einem Vertragsstaat ansässige Person Einkünfte oder hat sie Vermögen und können diese Einkünfte oder dieses Vermögen nach diesem Abkommen im anderen Vertragsstaat besteuert werden, so nimmt der erst genannte Staat vorbehaltlich der Abs. 2 und 3 diese Einkünfte oder dieses Vermögen von der Besteuerung aus".

Das bedeutet, dass Deutschland diejenigen Einkünfte freizustellen hat, die in dem DBA-Staat besteuert werden können. Dem DBA-Staat steht das Besteuerungsrecht für gewerbliche Einkünfte zu, wenn diese auf eine in dem DBA-Staat unterhaltene Betriebsstätte entfallen. Die in dem DBA-Staat geführte Verkaufseinrichtung stellt eine solche Betriebsstätte dar.

Nach § 32b Abs. 1 Nr. 3 EStG sind diese Einkünfte aus einem DBA-Staat aber bei der Bestimmung des Steuersatzes unter dem sog. Progressionsvorbehalt zu berücksichtigen.

Die aus dem DBA-Staat stammenden Zinsen werden nicht nach der Freistellungsmethode, sondern nach der Anrechnungsmethode berücksichtigt (Artikel 23 A Abs. 2 OECD-Musterabkommen).

Berechnung:

	Im Inland zu versteuernde Einkünfte:	
	Gewerbebetrieb	55.000,00 €
+	Zinsen	5.000,00 €
+	Ausländische Einkünfte, die dem Progressionsvorbehalt unterliegen	30.000,00 €
=	Summe	90.000,00 €
	Steuersatz 32 %[1]	28.800,00 €
	Steuer 32 % von 60.000 €	19.200,00 €
-	abzüglich anzurechnende Quellensteuer[2]	- 750,00 €
=	**Gesamte Steuer**	**18.450,00 €**

Lösung zu Aufgabe 44: Außensteuergesetz

Herr Weiss hat im Jahr 00 weder seinen Wohnsitz noch seinen gewöhnlichen Aufenthalt in Deutschland. Somit ist er mit seinen inländischen Einkünften beschränkt steuerpflichtig. Es ist zu prüfen, ob Herr Weiss der erweiterten beschränkten Steuerpflicht nach § 2 AStG unterliegt.

Die Voraussetzungen nach § 2 AStG werden von Herrn Weiss erfüllt:

- ► natürliche Person

- ► deutscher Staatsbürger

- ► mindestens fünf Jahre unbeschränkte Steuerpflicht als Deutscher in den letzten zehn Jahren

- ► ansässig in einem Gebiet, dass einer niedrigen Besteuerung unterliegt.

---

[1] Der Steuersatz ist für das Jahr den jeweils gültigen Grund-/Splittingtabellen zu entnehmen.

[2] Prüfung der Anrechenbarkeit: vgl. Aufgabe 42.

Herr Weiss hat noch wesentliche wirtschaftliche Interessen im Inland, da er als Unternehmer einen im Inland gelegenen Gewerbetrieb unterhält (§ 2 Abs. 3 AStG). Weiterhin ist festzustellen, dass die Freigrenze für die beschränkt steuerpflichtigen Einkünfte in Höhe von 16.500 € überschritten wird (§ 2 Abs. 1 Satz 2 AStG).

Folge ist nach § 2 AStG, dass die erweitert beschränkte Steuerpflicht der Besteuerung zugrunde gelegt werden kann. Die Einkünfte aus dem Einzelhandelswarenunternehmen in Höhe von 250.000 € und aus der Vermietung in Höhe von 30.000 € sind bereits nach § 49 Abs. 1 Nr. 2a EStG (Mietobjekt im Betriebsvermögen gehalten – Subsidaritätsprinzip – Einkünfte aus Gewerbebetrieb) der beschränkten Steuerpflicht unterworfen.

Nach § 2 Abs. 5 AStG gelten für die Besteuerung folgende Besonderheiten:

Für die erweitert beschränkte Steuerpflicht wird nach § 2 Abs. 5 Satz 1 AStG ein Progressionsvorbehalt (§ 32b EStG) angewendet. Danach sind für die Ermittlung des Steuersatzes alle Einkünfte (Welteinkommen) zu berücksichtigen.

Die Berechnung der Steuerschuld von Herrn Weiss erfolgt auf der Basis der 290.000 € (= 250.000 € + 30.000 € + 10.000 €).

Lösung zu Aufgabe 45: Lohnsteuer (I)

Da der Arbeitgeber diese Reise zur Belohnung des Engagements und zur weiteren Motivation bezahlt, kommt die Anwendung nach H 19.7 LStH zum Tragen. Es handelt sich um eine sogenannte Incentivreise. Nach § 8 Abs. 2 EStG liegt ein steuerpflichtiger geldwerter Vorteil zugrunde, der nach R 8.1 Abs. 2 Satz 3 LStR mit 96 % zu bewerten ist.

Es liegt nach R 39b. 2 LStR kein laufender Arbeitslohn vor. Es handelt sich um einen sonstigen Bezug, der zum Zeitpunkt des Zuflusses zu versteuern ist. Da Frau Lampe die Reise im Jahr 01 angetreten hat, ist dieser Sachbezug auch erst in dem Jahr zu versteuern (§ 38a Abs. 1 Satz 3 EStG).

Berechnung:

Wert der Reise	1.000,00 €
davon 4 %	-40,00 €
steuerpflichtiger Arbeitslohn	960,00 €

Eine Pauschalierung ist in diesem Fall nicht möglich. Der Arbeitgeber hat diese Reise nur einer Arbeitnehmerin gewährt (§ 40 Abs. 1 Satz 1 Nr. 1 EStG).

Lösung zu Aufgabe 46: Lohnsteuer (II)

Sachverhalt 1:

Nach R 8.1 Abs. 1 EStR fließt dem Arbeitnehmer Braun Arbeitslohn in Form von Sachbezügen zu. Ermittelt wird dieser geldwerte Vorteil nach § 8 Abs. 2 Satz 2 und 3 EStG i. V. m. R 8.1 Abs. 9 LStR wie folgt:

	1 % vom Bruttolistenpreis i. H. v. 25.700 €	
	(abgerundet auf volle Hundert Euro)	257,00 €
	Fahrten Wohnung – Arbeitsstätte: Entfernungskilometer (16 km)	
+	0,03 % · 25.700 € · 16 km	123,40 €
=	geldwerter Vorteil	380,40 €/Monat

Für das Jahr 00 wird für sechs Monate der geldwerte Vorteil gerechnet.

Für die Fahrten zwischen Wohnung und Arbeitsstätte besteht nach § 40 Abs. 2 Satz 2 EStG die Möglichkeit der Pauschalversteuerung mit 15 %, aber begrenzt auf die Entfernungspauschale nach R 40.2 Abs. 6 Nr. 1b LStR.

Sachverhalt 2:

Herr Braun kann von seinem Arbeitgeber nach § 9 Abs. 4a EStG i. V. m. R 9.6 Abs. 1 LStR wie folgt steuerfreie Pauschbeträge erhalten:

1. eintägige auswärtige Tätigkeit > 8 Stunden   14 €

2. an dem Kalendertag > 8 Stunden   14 €

3. Anreisetag   14 €

4. Abreisetag   14 €

Der Arbeitgeber hat Herrn Braun 16 € für die Tage Montag bis Donnerstag gezahlt. Damit liegt bei den übrigen 4 €/ab 01.01.2020 2 € steuerpflichtiger Arbeitslohn vor, die aber nach § 40 Abs. 2 Satz 1 Nr. 4 EStG mit 25 % pauschal versteuert werden können.

Sachverhalt 3:

In diesem Fall ist die Privatnutzung für Herrn Braun unabhängig vom Verhältnis der beruflichen Nutzung steuerfrei (§ 3 Nr. 45 EStG i. V. m. R 3.45 LStR).

Sachverhalt 4:

Die Kosten für den Kindergarten, die vom Arbeitgeber zusätzlich zum Arbeitslohn in Höhe von 180 € gezahlt werden, sind nach § 3 Nr. 33 EStG steuerfrei.

Lösung zu Aufgabe 47: Lohnsteuer (III)

Sachverhalt 1:
Da es sich hierbei durch den Logoaufdruck auf Kragen und Brusttasche um typische Berufskleidung handelt, ist die Gestellung dieser eigens für das Möbelhaus angefertigten Hemden durch den Arbeitgeber für die angestellten Verkäufer nach § 3 Nr. 31 EStG steuerfrei.

Sachverhalt 2:
Bei der Gestattung der Nutzung der betrieblichen Computer für private Zwecke durch den Arbeitgeber handelt es sich nach § 8 Abs. 2 EStG um einen Sachbezug, der jedoch nach § 3 Nr. 45 EStG für die angestellten Verkäufer steuerfrei ist.

Sachverhalt 3:
Es handelt sich hierbei um eine verbilligte Überlassung von Waren durch den Arbeitgeber an den Arbeitnehmer. Der verbilligte Kauf der Schrankwand ist als Sachbezug zu behandeln. Für die Höhe der Berechnung ist der § 8 Abs. 3 EStG anzuwenden:

	Endpreis (Verbraucher/Käufer)	3.500,00 €
-	4 %	1.400,00 €
=		3.360,00 €
-	Zahlung Arbeitnehmer	2.000,00 €
=	Sachbezug	1.360,00 €
-	Rabattfreibetrag (§ 8 Abs. 3 Satz 2 EStG)	1.080,00 €
=	**steuerpflichtiger Sachbezug**	**280,00 €**

4. Finanzmanagement des Unternehmens wahrnehmen, gestalten und überwachen

Lösung zu Aufgabe 1: Liquiditätsbegriff

Man unterscheidet folgende Liquiditätsbegriffe:

1. Als **absolute Liquidität** bezeichnet man die Eigenschaft von Vermögensteilen als Zahlungsmittel verwendet oder in flüssige Mittel umgewandelt werden zu können; ein Vermögensteil hat eine umso höhere **Liquidierbarkeit**, je schneller es sich in Zahlungsmittel umwandeln lässt.

    ▸ Die **natürliche** (auch: ursprüngliche) Liquidität ist die Eigenschaft von Vermögensteilen, durch den betrieblichen Leistungsprozess in flüssige Mittel umgewandelt zu werden. Ein Unternehmen kauft z. B. R-H-B-Stoffe sowie Baugruppen am Beschaffungsmarkt, fertigt Druckluftverdichter und erhält durch den Verkauf über die Umsatzerlöse wieder liquide Mittel.

    ▸ Als **künstliche** (auch: vorzeitige) Liquidität bezeichnet man den Vorgang, dass Vermögensteile vorzeitig verkauft werden (ggf. mit Wertabschlag). Beispiel: Das Unternehmen muss aufgrund von Absatzproblemen die Fertigung der Druckluftverdichter einstellen. Durch den Verkauf von Rohstoffen und Baugruppen (unter dem Marktpreis) werden Vorräte in liquide Mittel umgewandelt.

2. Die **relative Liquidität** sagt aus, ob ein Unternehmen allen Zahlungsverpflichtungen fristgerecht nachkommen kann.

    ▸ Die **statische** Liquidität bezieht sich auf einen bestimmten Zeitpunkt. Betrachtet werden die Liquiditätsgrade 1 bis 3.

    ▸ Die **dynamische** Liquidität bezieht sich auf einen bestimmten Zeitraum. Sie wird sichergestellt durch den Einsatz der Instrumente „Finanzplanung" und „Finanzdisposition". Verfahren der dynamischen Liquiditätsanalyse sind: Cashflowanalyse, Bewegungsbilanz, Kapitalflussrechnung.

Lösung zu Aufgabe 2: Zielkonflikte in der Finanzwirtschaft

a) Zwischen Rentabilität und Liquidität besteht ein finanzwirtschaftlicher Zielkonflikt, weil die bereitgehaltenen flüssigen Mittel, die der Sicherung der Liquidität dienen, nicht gewinnbringend angelegt werden können.

    Langfristig können positive Ertragslagen nur gesichert werden, wenn kontinuierlich die erforderlichen Investitionen getätigt werden. Dies kann zu Liquiditätsengpässen führen.

    Vorrang hat grundsätzlich das Kriterium der Liquidität, da Illiquidität ein Insolvenzgrund ist.

b)

		Variante 1 EK = 100 %	Variante 2 EK = 60 % FK = 40 %	Variante 3 EK = 20 % FK = 80 %
Verschuldungsgrad	$\dfrac{FK}{EK} \cdot 100$	0 %	67 %	400 %
Reingewinn	Gewinn - FK Zinsen	150.000 €	114.000 €	78.000 €
EK-Rendite	$\dfrac{Reingewinn}{EK} \cdot 100$	15 %	19 %	**39 %**

Das Zahlenmaterial zeigt den Konflikt zwischen den finanzwirtschaftlichen Zielgrößen Unabhängigkeit und Rentabilität. Mit zunehmendem Fremdkapitalanteil wächst die Eigenkapitalrendite. Dafür geht die wirtschaftliche Unabhängigkeit verloren.

Lösung zu Aufgabe 3: Zwischenbetrieblicher Vergleich, ROI

a)

	Unternehmen		
	1	2	3
Umsatzerlöse	4.200	2.800	2.700
Bilanzsumme	1.200	1.400	1.800
Gewinn	252	140	270
Ranking	**(2)**	**(3)**	**(1)**
Kapitalumschlagshäufigkeit	3,5	2,0	1,5
Ranking	**(1)**	**(2)**	**(3)**
Umsatzrentabilität	6,0 %	5,0 %	10,0 %
Ranking	**(2)**	**(3)**	**(1)**
ROI = Kapitalumschlag · Umsatzrendite	21,0 %	10,0 %	15,0 %
Ranking	**(1)**	**(3)**	**(2)**

Kommentar:

- Unternehmen 2 erzielt bei keiner Kennzahl die Priorität 1.
- Unternehmen 3 erzielt bei Gewinn und Umsatzrentabilität den Rang 1.
- Der Gewinn von 270 T€ wird mit einem vergleichsweise bescheidenen Umsatz erzielt. Aufgrund des geringsten Kapitaleinsatzes bei relativ hohem Gewinn erreicht Unternehmen 1 bei der Kapitalumschlagshäufigkeit den Rang 1.

- ► In der Gesamtbetrachtung erreicht Unternehmen 1 bei einem ROI von 21 % den Rang 1. Die Kennzahl verknüpft die Wirkung der Größen Umsatz, Gewinn und Kapitaleinsatz miteinander.

b) **Maßnahmen zur Verbesserung des ROI** (vgl. Kennzahlensystem nach Du Pont):

- ► Erhöhung der Umsatzrentabilität, z. B.:
  - Verringerung des Materialeinsatzes (Verbesserung des Rohgewinns)
  - Senkung der Fertigungskosten
  - Senkung der Gemeinkosten.
- ► Erhöhung der Kapitalumschlagshäufigkeit, z. B.:
  - allgemein: Reduzierung der Kapitalbindung
  - Senkung der Vorräte
  - Verkauf des betrieblich nicht notwendigen Anlagevermögens
  - Sales-and-lease-back-Verfahren
  - Reduzierung des Forderungsbestandes (z. B. Factoring).

Lösung zu Aufgabe 4: Kredit- und Zinsmanagement

a) Traditionelle Instrumente, z. B.:

- ► Kreditumschuldung zu verbesserten Konditionen
- ► vorfristige Zinsfestschreibung zum Zeitpunkt des planmäßigen Auslaufens der Zinsbindungsfrist
- ► vorzeitige Prolongation vor Auslaufen der Zinsbindungsfrist unter Einbeziehung der Vorfälligkeitsentschädigung (stößt mitunter auf Widerstand der Banken)
- ► Umwandlung von Darlehen mit variablem Zins in Darlehen mit Zinsbindung.

Moderne Zinsmanagement-Instrumente, z. B.

- ► Cap Darlehen
- ► Collar
- ► Floor
- ► Zinsswap
- ► Forward Rate Agreement.

b)

durchgereichter Festzins	2 Mio. € zu 6,5 % =	130.000 €
− zu zahlender Zinsswap im 1. Jahr	2 Mio. € zu 4,5 % + 0,5 % Marge =	-100.000 €
= Zinsvorteil durch Swapgeschäft im 1. Jahr		30.000 €

c) Der Kunde hat mit der Bank ein Darlehen mit variabler Zinskondition abgeschlossen. Der CAP ist eine zusätzliche Vereinbarung mit der Bank zur Deckelung der Zinskosten. Dafür zahlt der Kunde eine Prämie. Steigt der Zins über die Zinsobergrenze, so erhält der Kunde eine Ausgleichszahlung.

Lösung zu Aufgabe 5: Kennzahlen zur Analyse der Kapitalstruktur und der Fristenkongruenz

1.

$$\text{Anspannungskoeffizient} = \frac{FK}{GK} \cdot 100$$

$$= \frac{900}{1.200} \cdot 100 = 75\,\%$$

Das Unternehmen ist zu 75 % mit Fremdkapital finanziert; ein Wert, der gerade noch tolerierbar ist.

2.

$$\text{Verschuldungskoeffizient} = \frac{FK}{EK} \cdot 100$$

$$= \frac{900}{300} \cdot 100 = 300\,\%$$

Der Wert ist gerade noch zulässig; nur die 3 : 1 Regel ist eingehalten.

3.

$$\frac{\text{Verhältnis von langfristigem Vermögen}}{\text{zu langfristigem Kapital}} = \frac{\text{Langfristiges Vermögen}}{\text{Langfristiges Kapital}}$$

$$= \frac{550 + 250}{300 + 400} = 1{,}14$$

Der Wert sollte kleiner gleich Eins sein; die Fristenkongruenz ist nicht erfüllt.

4.

$$\text{Deckungsgrad III} = \frac{EK + lfr.\ FK}{AV + lfr.\ UV}$$

$$= \frac{300 + 400}{550 + 250} = 0{,}875$$

Der Wert sollte größer gleich Eins sein (AV und langfristiges Umlaufvermögen sollten langfristig finanziert sein); die Bedingung ist nicht erfüllt.

5.

$$\text{Working Capital} = \text{kfr. UV} - \text{kfr. Verb.}$$

$$= 400 - 500 = -100$$

Der Wert sollte positiv sein; Bedingung ist nicht erfüllt.

6.

$$\text{Liquidität}_{2.\ Grades} = \frac{\text{Fl. Mittel} + \text{kfr. Ford.}}{\text{kurzfr. Verb.}} \cdot 100$$

$$= \frac{50 + 50 + 300}{500} \cdot 100 = 80\,\%$$

Der Wert sollte 100 % erreichen; Bedingung ist nicht erfüllt.

Empfehlung an den Mandanten, z. B.:

Die Bedingung der Fristenkongruenz ist nicht eingehalten. Daher besteht das permanente Risiko, dass bei Kreditprolongation zum Zeitpunkt der Antragstellung die Ertragskraft und damit die Bonität ungünstig ist. Weiterhin können die Kreditkonditionen aufgrund der Marktsituation und/oder der Bonität (Rating) schlecht ausfallen. Aus diesem Grunde ist dem Mandanten eine schrittweise Verbreiterung seiner langfristigen Finanzierungsmittel sowie eine Erweiterung seiner Eigenkapitalbasis zu empfehlen.

Lösung zu Aufgabe 6: Cashflow und Entschuldungsdauer

	3. Vorjahr T€	2. Vorjahr T€	1. Vorjahr T€	Berichtsjahr T€
Betriebsergebnis	984	1.378	1.205	2.977
AfA	707	803	827	809
Erhöhung der lfr. Rückstellungen	75	262	73	26
= Cashflow	1.766	2.443	2.105	3.812
Steuern vom E u. E/Privatentn. für Steuern	674	440	875	1.206
Gewinnausschüttungen	405	306	506	508
Anzahlungen für Investitionen	300	400	306	308
Tilgungsverpflichtungen	31	31	31	31
= Verfügbarer Cashflow	356	1.266	387	1.759
Langfristiges Fremdkapital	1.608	1.638	709	2.059
Kurzfristiges Fremdkapital	3.732	6.056	1.708	3.313
= Bruttoverschuldung	5.340	7.694	2.417	5.372
- Liquide Mittel	767	557	955	1.799
= Nettoverschuldung	4.573	7.137	1.462	3.573
Entschuldungsdauer (in Jahren) = Nettoverschuldung : Verfügbarer Cashflow	12,8	5,6	3,8	2,0

Dem Unternehmen ist es gelungen, innerhalb von vier Jahren die Entschuldungsdauer von fast 13 Jahren auf zwei Jahre zu senken. Dies ist eine sehr gute unternehmerische Leistung, die den Ratingwert außerordentlich verbessern wird.

Lösung zu Aufgabe 7: Auswertung der Kapitalflussrechnung

a)

	T€
Konzernergebnis	80.000
+ Summe der Abschreibungen/Zuschreibungen	56.000
= Cashflow (einfachste Berechnungsmethode)	136.000

b) Der Cashflow aus laufender Geschäftstätigkeit betrug 145.000 Tsd. €. Mit ihm konnten die Investitionen in Höhe von 102.000 Tsd. € vollständig abgedeckt werden.

Weiterhin wurde der Cashflow aus laufender Geschäftstätigkeit teilweise zur Tilgung von Finanzkrediten verwendet.

		T€
	Cashflow aus laufender Geschäftstätigkeit	145.000
-	Investitionen	-102.000
=	Zwischensumme	43.000
-	Teilweise Tilgung von Finanzkrediten	-43.000
=	Summe	0

c) Der Tilgung von Finanzkrediten (114.000 T€) stand eine Neuaufnahme von Finanzkrediten in Höhe von 108.000 € gegenüber (Rückführung des Volumens der Fremdmittel).

d) Es liegt eine (geringfügige) Unterfinanzierung vor. Die Veränderung der Zahlungsmittel ist negativ (1.000 T€).

Lösung zu Aufgabe 8: Monatliche Finanzplanung (I)

a) **Liquiditätsentwicklung:**

Finanzplan 20.. - 1. Halbjahr –						
	Januar	**Februar**	**März**	**April**	**Mai**	**Juni**
Auszahlungen:						
Material	131.387,30	127.854,52	157.588,29	140.964,90	136.725,85	127.488,20
Personal	266.572,00	264.799,67	265.057,13	280.689,21	290.057,61	335.582,24
Investitionen	22.000,00	282.000,00	147.458,00	92.500,00	572.500,00	144.000,00
Instand-haltung	5.000,00	5.000,00	32.100,00	26.400,00	27.850,00	49.850,00
Sonstige	91.040,70	39.345,81	35.796,58	28.445,89	34.866,54	8.079,56
Summe	516.000,00	719.000,00	638.000,00	569.000,00	1.062.000,00	665.000,00
Einzahlungen:						
Umsätze	475.590,69	716.572,15	751.333,24	796.509,67	768.970,61	734.132,13
Sonstige	1.409,31	427,85	666,76	1.490,33	1.029,39	80.867,87
Summe	477.000,00	717.000,00	752.000,00	798.000,00	770.000,00	815.000,00
Liquiditäts-bedarf	- 39.000,00	- 2.000,00			- 292.000,00	
Liquiditäts-überschuss			114.000,00	229.000,00		150.000,00

b) **Deckung des Liquiditätsbedarfs bzw. Verwendung des Überschusses:**

	Liquiditäts-entwicklung	Deckung des Liquiditätsbedarfs		Verwendung des Liquiditätsüberschusses	
Januar	- 39.000,00	39.000,00	Girokonto		
Februar	- 2.000,00	2.000,00	Girokonto		
März	114.000,00			14.000,00	Girokonto
				100.000,00	Festgeld/60 T
April	229.000,00			9.000,00	Girokonto
				220.000,00	Festgeld/30 T
Mai	- 292.000,00	32.000,00	Girokonto		
		100.000,00	Festgeld/60 T		
		160.000,00	Festgeld/30 T		
Juni	150.000,00			50.000,00	Girokonto
				50.000,00	Festgeld/30 T
				50.000,00	Darlehen

c) **Entwicklung der Konten:**

	Girokonto Zu-/Abgang/=EB	Festgeldkonto		Darlehen
		30 Tage	60 Tage	
AB:	50.000,00			- 200.000,00
Januar	- 39.000,00 = 11.000,00			
Februar	- 2.000,00 = 9.000,00			
März	14.000,00 = 23.000,00		100.000,00 = 100.000,00	
April	9.000,00 = 32.000,00	220.000,00 = 220.000,00		
Mai	- 32.000,00 = 0,00	-160.000,00 = 60.000,00	- 100.000,00 = 0,00	
Juni	50.000,00 = 50.000,00	50.000,00 = 110.000,00		50.000,00 = - 150.000,00

Lösung zu Aufgabe 9: Monatliche Finanzplanung (II)

a) **Finanzplan für das kommende Halbjahr:**

Finanzplan 1. Halbjahr 20.. in T€						
	Januar	Februar	März	April	Mai	Juni
AB: Kasse/Bank	100	100	220	20	190	- 200
Einzahlungen aus Erlösen	1.000	1.100	1.000	1.200	1.000	1.300
Anlagenabgang		30			50	50
Summe Einzahlungen (E)	1.000	1.130	1.000	1.200	1.050	1.350
Auszahlungen:						
Material	- 300	- 300	- 300	- 300	- 300	- 350
Löhne	- 500	- 500	- 500	- 500	- 500	- 650
Sachkosten	- 200	- 210	- 220	- 230	- 240	- 250
Investitionen			- 150		- 400	
Darlehensrate			-30			- 30
Summe Auszahlungen (A)	- 1.000	- 1.010	- 1.200	- 1.030	- 1.440	- 1.280
Einzahlungen - Auszahlungen	0	120	- 200	170	- 390	70
Zahlungsmittelbestand	100	220	20	190	- 200	- 130
Kontokorrentkredit					150	130
Unterliquidität					- 50	

b) **Vorschläge zur Finanzierung der Liquiditätsunterdeckung:**

Im Mai entsteht durch die Auszahlung für Investitionen eine Unterdeckung von – 200 T€. Sie kann zum überwiegenden Teil durch den (verfügbaren) Kontokorrentkredit abdeckt werden. Der verbleibende Finanzbedarf für einen Monat in Höhe von 50 T€ könnte abgedeckt werden, z. B. über:

- zeitlich begrenzte Erweiterung der Kreditlinie (dürfte problematisch sein)
- geduldete Überziehung für einen Monat (angenommene Kosten: Kontokorrent: 150.000 : 12 % : 30 Tage: 1.500 €; Überziehung: 50.000 . 17 % : 30 Tage: 708,33 €)
- Anzahlung von Kunden für bereits geleistete Teilleistungen
- Verschieben der Investitionszahlung
- Verschieben der Sonderzahlung Löhne um einen Monat
- Verlängertes Zahlungsziel mit Lieferanten vereinbaren
- Reduzierung/Verschieben der Auszahlung für Sachkosten.

Lösung zu Aufgabe 10: Analyse der kurzfristigen Finanzplanung, Maßnahmen der Gegensteuerung

a) **Analyse der kurzfristigen Finanzplanung:**

1. Der finanzielle Engpass ist in der 3. und 4. KW.

2. In der 3. KW ist das Unternehmen kurzfristig zahlungsunfähig.

3. In der 4. KW ist der Kontokorrentkredit mit -100 T€ voll ausgeschöpft.

b) **Mögliche kurzfristige Maßnahmen im Einnahmenbereich,** z. B.:

▸ Einbringen der Forderungen aus LL der 4. KW bereits in der 3. KW.

▸ Erhöhung der Kundenanzahlungen: in der 3. KW und 4. KW um je um 10 T€.

Mögliche kurzfristige Maßnahmen im Ausgabenbereich, z. B.:

▸ Finanzieren auf Kosten der Lieferanten („Verschleppen der Bezahlung der Verbindlichkeiten"), z. B. in der 3. und 4. KW um jeweils 20 T€.

▸ Verzicht auf Privatentnahmen in der 4. KW.

Lösung zu Aufgabe 11: Finanzplanung, Maßnahmen zur Verbesserung der Liquidität

▸ **Maßnahmen zur Verbesserung der Einzahlungsseite:**

- Absatz verstärkt nur gegen Barzahlung

- forcierte Eintreibung fälliger Forderungen

- Verkauf von Forderungen durch Factoring

- Aufnahme neuer Kredite

- Liquidierung langfristig gebundener Vermögensteile durch Verkauf

- Eigenkapitalerhöhungen durch Geldeinlagen der Inhaber.

▸ **Maßnahmen zur Entlastung der Auszahlungsseite:**

- Verschiebungen des Kaufs von Investitionsgütern

- Leasing statt Kauf von Investitionsgütern

- Hinausschieben von Bestellungen, die bar bezahlt werden müssen

- Verlängerung der Kreditfristen durch verspätetes Begleichen von Rechnungen

- Verzicht auf Gewinnausschüttungen

- Reduzierung der Privatentnahmen seitens des(r) Inhaber(s).

Lösung zu Aufgabe 12: Cashflow-Berechnung, Verhältnis von Eigen- und Fremdfinanzierung, Leverage-Effekt

a)

$$\text{Eigenkapitalquote} = \frac{\text{Eigenkapital}}{\text{Gesamtkapital}} \cdot 100$$

$$= \frac{23.413}{46.983} \cdot 100 = 49{,}83\ \%$$

Die 1:1-Regel (FK : EK ≤ 1) ist annähernd erreicht (hier: FK : EK = 1,006).

b)

		T€
	Jahresüberschuss	3.064
+	Abschreibungen auf Sachanlagen:	2.647
+	Zuführung zu langfristigen Rückstellungen (14.900 - 16.150)	1.250
=	Cashflow (Brutto), Betriebliche Ertragskraft	6.961
-	Ausschüttung	2.000
=	Cashflow[1] (Netto), Betriebliche Finanzkraft	4.961

c) **Vorteile der Cashflow-Finanzierung**, z. B.:

▸ keine Annuitäten

▸ Vermeidung von Fremdkapitalaufnahme; dadurch verbessertes Rating

▸ keine Beschränkung der Entscheidungsfreiheit durch Fremdkapitalgeber

▸ kein „Verbrauch" von Sicherheiten

▸ kein Risiko der Kündigung von Kreditverträgen.

d)

$$\text{Eigenkapitalrentabilität} = \frac{\text{Gewinn}}{\text{Eigenkapital}} \cdot 100$$

2019: $\dfrac{3.064}{23.413} \cdot 100 = 13{,}09\ \%$ **2018:** $\dfrac{1.638}{22.338} \cdot 100 = 7{,}33\ \%$

$$\text{Gesamtkapitalrentabilität} = \frac{\text{Gewinn} + \text{FK-Zinsen}}{\text{Gesamtkapital}} \cdot 100$$

2019: $\dfrac{3.064 + 630}{46.983} \cdot 100 = 7{,}86\ \%$ **2018:** $\dfrac{1.638 + 860}{45.500} \cdot 100 = 5{,}49\ \%$

Kommentar:

▸ **Eigenkapitalrentabilität:**
Der Gewinn stieg um 87,1 %. Dies führt bei annähernd gleicher Eigenkapitalaus-stattung zu einem Anstieg der EK-Rendite um 78,6 % auf ein Niveau von 13,09 % – ein Wert, der als sehr gut bezeichnet werden kann.

---

[1] Beachte: Der Cashflow ist unterschiedlich definiert.

▶ **Gesamtkapitalrentabilität:**

Bei annähernd ähnlicher Gesamtkapitalausstattung, einem Rückgang der Zinsen für FK um rd. 27 % sowie einem Gewinnanstieg von rd. 87 % verbessert sich die Gesamtkapital-Rendite um rd. 4 % auf ein Niveau von 7,86 % – ein Wert, der als noch befriedigend angesehen werden kann.

e)

$$\text{Cashflow-Umsatzrate} = \frac{\text{Cashflow}}{\text{Umsatz}} \cdot 100$$

$$= \frac{4.961}{42.376} \cdot 100 = 11,7\,\%$$

$$\text{Schuldentilgungsdauer (in Jahren)} = \frac{\text{Fremdkapital - flüssige Mittel}}{\text{Cashflow}}$$

$$= \frac{23.570 - 4.631}{4.961} = 3,82 \text{ Jahre}$$

Kommentar:

Beide Ergebnisse können als gut bezeichnet werden.

f) Da der Zinssatz für Fremdkapital kleiner ist als die Gesamtkapitalrendite (5 % < 7,86 %) erhöht sich die Eigenkapitalrendite (positiver Leverage-Effekt).

g) Da $\text{Zins}_{FK} > R_{GK}$ (9 % > 7,86 %), sinkt die Eigenkapitalrendite (negativer Leverageeffekt).

h) Der Deckungsgrad I (Goldene Bilanzregel I) besagt:

$$\frac{\text{Goldene Bilanzregel I}}{\text{Deckungsgrad I}} = \frac{\text{Eigenkapital}}{\text{Anlagevermögen}} \cdot 100 \geq 100\,\%$$

AV soll zu 100 % durch EK gedeckt sein.

$$= \frac{23.413}{17.501} \cdot 100 = 133,78\,\%$$

Der Deckungsgrad I liegt deutlich über 100 % die goldene Bilanzregel I ist mehr als erfüllt. Dem Prinzip der Fristenkongruenz wird voll entsprochen.

Lösung zu Aufgabe 13: Finanzierungsregeln (I)

a)

$$\text{Verschuldungsgrad (statisch)} = \frac{\text{Fremdkapital}}{\text{Eigenkapital}} \cdot 100$$

$$= \frac{1.000}{400} \cdot 100 = 250\,\%$$

Kommentar: Ein Verschuldungsgrad

- von ≤ 100 % gilt als erstrebenswert
- von ≤ 200 % gilt als noch zulässig.

Beide Forderungen sind nicht erfüllt. Die Situation ist unbefriedigend.

b)

$$\text{Anlagendeckungsgrad I} = \frac{EK}{AV} \cdot 100$$

$$= \frac{400}{600} \cdot 100 = 66{,}7\,\%$$

Kommentar: Die Goldene Bilanzregel I (AV zu 100 % durch EK gedeckt) ist nicht erfüllt!

$$\text{Anlagendeckungsgrad II} = \frac{EK + \text{langfr. FK}}{AV} \cdot 100$$

$$= \frac{400 + 550}{600} \cdot 100 = 158\,\%$$

Kommentar: Die Goldene Bilanzregel II (AV soll zu 100 % langfristig finanziert sein) ist erfüllt!

c)

$$\text{Liquidität}_{1.\,Grades} = \frac{\text{flüssige Mittel}}{\text{kurzfr. Verbindlichkeiten}} \cdot 100$$

$$= \frac{50}{450} \cdot 100 = 11{,}1\,\%$$

Kommentar: Die Situation ist völlig unbefriedigend!

$$\text{Liquidität}_{2.\,Grades} = \frac{\text{flüssige Mittel} + \text{kurzfr. Forderungen}}{\text{kurzfr. Verbindlichkeiten}} \cdot 100$$

$$= \frac{50 + 350}{450} \cdot 100 = 88{,}9\,\%$$

Kommentar: Die Liquidität 2. Grades soll 100 % erreichen. Die Forderung ist nicht erfüllt!

$$\text{Liquidität}_{3.\,Grades} = \frac{\text{flüssige Mittel} + \text{kurzfr. Forderungen} + \text{Vorräte}}{\text{kurzfr. Verbindlichkeiten}} \cdot 100$$

$$= \frac{50 + 350 + 400}{450} \cdot 100 = 177{,}8\,\%$$

Kommentar: Die Liquidität 3. Grades soll 200 % erreichen. Auch diese Forderung ist nicht erfüllt! Mit anderen Worten:

Die Liquiditätslage der Metallbau GmbH ist völlig unbefriedigend!

d) Aus dem Sachverhalt lassen sich folgende Merkmale und Kennzahlen bewerten (Hard- und Softfacts):

Merkmal	Ausprägung (1 = sehr gut; 6 = sehr schlecht)
► Geschäftsbeziehung	1
► Informationspolitik	2
► Controlling	3
► Kennzahlen der Bilanz:	5
- Verschuldungsgrad	5
- Goldene Bilanzregel I	5
- Goldene Bilanzregel II	3
- Liquidität.	6

Auch wenn die Datenbasis für ein umfassendes Unternehmensrating unvollständig ist, lässt sich anhand der vorliegenden Fakten schlussfolgern: Trotz der positiven Geschäftsbeziehung sowie der Informationspolitik gegenüber der Bank ist die Bonität unbefriedigend.

Auswirkungen:

► Eine Erweiterung des Kreditrahmens wird vermutlich für die Metallbau GmbH schwierig oder ggf. unmöglich werden.

► Mit Sicherheit wird eine zukünftige Kreditvergabe zu schlechteren Konditionen erfolgen. Dies kann die Liquiditätssituation der Metallbau GmbH weiter verschlechtern.

e) ► Empfehlung 1: Verbesserung der Eigenkapitalbasis

Mögliche Maßnahmen (sind zu beschreiben):

- Thesaurierung

- Aufnahme neuer Gesellschafter

- Erhöhung des Stammkapitals

► Empfehlung 2: Verbesserung der Liquidität

Mögliche Maßnahmen (sind zu beschreiben):

- Absenken des Forderungsbestandes (Factoring, Forfaitierung) und Rückführung der kurzfristigen Verbindlichkeiten

- Absenken der Vorräte (z. B. durch verbessertes Logistikkonzept; JiT, ABC-Analyse, Optimierung des Bestellverfahrens)

- Absenken des Anlagevermögen z. B. durch (echtes) Leasing.

Lösung zu Aufgabe 14: Finanzierungsregeln (II)

a) Die **vertikale Finanzierungsregel** besagt, dass Fremdkapital (FK) und Eigenkapital (EK) in einem angemessenen Verhältnis stehen sollen.

Im Einzelnen werden genannt:	**1 : 1-Regel**	FK : EK ≤ 1	Gilt als erstrebenswert!
	1 : 2-Regel	FK : EK ≤ 2	Gilt als gesund!
	1 : 3-Regel	FK : EK ≤ 3	Gilt als noch zulässig!

Die **horizontale Finanzierungsregel** besagt, dass Kapitalüberlassungsdauer und Kapitalbindungsdauer sich entsprechen sollen (Goldene Bankregel). Konkret findet sie ihren Niederschlag in den Deckungsgraden I bis III (auch: A bis C).

Goldene Bilanzregel I Deckungsgrad I	$\dfrac{EK}{AV} \cdot 100 \geq 100\,\%$	AV soll zu 100 % durch EK gedeckt sein.
Goldene Bilanzregel II Deckungsgrad II	$\dfrac{EK + \text{langfr. FK}}{AV} \geq 1$	AV soll zu 100 % langfristig finanziert sein.
Goldene Bilanzregel III Deckungsgrad III	$\dfrac{EK + \text{langfr. FK}}{AV + \text{langfr. UV}} \geq 1$	AV + lfr. UV sollen zu 100 % langfristig finanziert sein.
Goldene Finanzierungsregeln auch: Goldene Bankregeln	$\dfrac{\text{kurzfr. Vermögen}}{\text{kurzfr. Kapital}} \geq 1$	Mittelbindung und Kapitalverfügbarkeit sollen sich entsprechen.
	$\dfrac{\text{langfr. Vermögen}}{\text{langfr. Kapital}} \leq 1$	

b)

Vertikale Finanzierungsregel		**Berichtsjahr**
1 : 1 Regel: FK : EK ≤ 1	(6,0 + 3,5) : 8,0 = 1,1875	Nicht erfüllt!
1 : 2 Regel: FK : EK ≤ 2	= 1,1875	Erfüllt!

Vertikale Finanzierungsregel		**Vorjahr**
1 : 1 Regel: FK : EK ≤ 1	(4,5 + 4,5) : 5,5 = 1,6364	Nicht erfüllt!
1 : 2 Regel: FK : EK ≤ 2	= 1,6364	Erfüllt!

Horizontale Finanzierungsregel		**Berichtsjahr**
Deckungsgrad I: EK : AV ≥ 1	8,0 : 11,5 = 0,6956	Nicht erfüllt!
Deckungsgrad II: (EK + lfr. FK) : AV ≥ 1	(8,0 + 6,0) : 11,5 = 1,2174	Erfüllt!
Deckungsgrad III: (EK + lfr. FK) : (AV + lfr. UV) ≥ 1	(8,0 + 6,0) : (11,5 + 1,5) = 1,0769	Erfüllt!

Horizontale Finanzierungsregel		Vorjahr
Deckungsgrad I: EK : AV ≥ 1	5,5 : 9,5 = 0,5789	Nicht erfüllt!
Deckungsgrad II: (EK + lfr. FK) : AV ≥ 1	(5,5 + 4,5) : 9,5 = 1,0526	Erfüllt!
Deckungsgrad III: (EK + lfr. FK) : (AV + lfr. UV) ≥ 1	(5,5 + 4,5) : (9,5 + 1,5) = 0,9091	Nicht erfüllt!

In der Zusammenfassung:

▸ Die vertikale Finanzierungsregel ist in der Ausprägung 1:2 in beiden Jahren erfüllt.

▸ Die horizontale Finanzierungsregel ist in der Ausprägung Deckungsgrad II und III im Berichtsjahr und in der Ausprägung Deckungsgrad II erfüllt.

c) Ist die horizontale Finanzierungsregel (Fristenkongruenz) nicht erfüllt, besteht z. B. das Risiko, dass

▸ Fremdkapitalien zum Zeitpunkt der Fälligkeit nicht zurückgezahlt werden können, – bzw. notwendiges Anlagevermögen veräußert werden muss, um die Fremdmittel zu bedienen,

▸ bzw. es nicht gelingt, die Laufzeit der Fremdmittel angemessen zu verlängern.

Lösung zu Aufgabe 15: Kapitalfreisetzung, Kapazitätserweiterung

a) AK = 60.000 €, AfA p. a. = 20.000 €; n = 3 Jahre; Erstinvestition: 10 Stück

Periode	Anlagenbestand zu Beginn des Jahres (Stück)	Gesamt-AfA p. a. (in €)	Neu-/ Reinvestition (Stück)	Anlagen- abgänge (Stück)	freie, liquide Mittel (in €)
1	10	200.000	3	0	200.000
2	13	260.000	4	0	40.000
3	17	340.000	6	10	20.000
4	13	260.000	4	3	40.000
5	14	280.000	5	4	20.000
6	15	300.000	5	6	20.000
7	14	280.000	5	4	0

b) **Kapitalfreisetzungseffekt:**

Über den Verkaufspreis erhält das Unternehmen Abschreibungsgegenwerte, die bis zur Reinvestition der Anlage(n) für Zwecke der Finanzierung zur Verfügung stehen (z. B. Schulden tilgen, Geldanlage, Investitionszwecke).

Voraussetzungen, z. B.:

▸ Die Abschreibungen werden „verdient", d. h. die Preiskalkulation erfolgt nach dem Vollkostenprinzip.

▸ Die Abschreibungsgegenwerte stehen dem Unternehmen als liquide Mittel zur Verfügung.

Kapazitätserweiterungseffekt (Lohmann-Ruchti-Effekt):
Die zurückfließenden Abschreibungsgegenwerte werden sofort für Re- und Neuinvestitionen gleichwertiger Anlagen verwendet. Über mehrere Jahre ergibt sich unter bestimmten Voraussetzungen eine Erweiterung der Anlagenkapazität.

Voraussetzungen, z. B.:

- siehe Kapitalfreisetzungseffekt
- Konstanz der Preise
- Gleichwertigkeit der Anlagen (kein technischer Fortschritt)
- die als linear unterstellte Abschreibung entspricht der tatsächlichen Abnutzung.

c) Das Argument ist zutreffend: Eine Kapazitätserweiterung ist im Regelfall bei Vollauslastung der Anlagen mit einem Anstieg des Umlaufvermögens verbunden (Vorräte, Forderungen), sodass zwar eine gewisse Kapazitätserweiterung möglich ist, aber nicht in dem Maße, wie es allgemein in den Modellrechnungen hergeleitet wird. Ebenso ist die Annahme, dass die Anlagegüter gleichartig seien, bei den heute zum Teil sehr kurzen Produktzyklen praxisfern.

Lösung zu Aufgabe 16: Ordentliche Kapitalerhöhung der Aktiengesellschaft

a) Gezeichnetes Kapital : Nennwert/Stück = 20.000.000 : 50

= 400.000 Stück

Kapitalerhöhung : Nennwert/Stück = 5.000.000 : 50

= 100.000 Stück

Bezugsverhältnis = 400.000 Aktien$_{alt}$: 100.000 Aktien$_{neu}$

= 4 : 1

b)
$$\text{Bezugsrechtwert} = \frac{150,00\ € - 115,00\ €}{\frac{4}{1} + 1} = 7,00\ €$$

c) Nach der Kapitalerhöhung bildet sich ein Mittelkurs, der unter dem Kurs der alten Aktien und über dem Emissionskurs der neuen Aktien liegt. Durch den Bezugsrechtshandel wird also für Altaktionäre der Kursverlust ausgeglichen, während Neuaktionäre den Kursgewinn (Mittelkurs .- Emissionskurs) bezahlen müssen.

Weiterhin wird durch das Bezugsrecht vermieden, dass sich die Stimmrechtsverhältnisse verschieben.

d)
$$\text{Mittelkurs} = \frac{400.000\ \text{Stk.} \cdot 150,00\ € + 100.000\ \text{Stk.} \cdot 115,00\ €}{400.000\ \text{Stk.}_{alt} + 100.000\ \text{Stk.}_{neu}} = 143,00\ €/\text{Stk.}$$

e)

	vor der Kapital-erhöhung	Kapitalerhöhung	nach der Kapital-erhöhung
Grundkapital	20.000.000 €	50,00 € • 100.000 Stk. = 5.000.000 €	25.000.000 €
Kapitalrücklage	500.000 €	(115,00 € - 50,00 €) • 100.000 Stk. = 6.500.000	7.000.000 €

f)

AKTIVA	Bilanz nach der Kapitalerhöhung		PASSIVA
	T€		T€
Anlagevermögen	18.500	Gezeichnetes Kapital	25.000
Geldkonten[1]	11.500	Kapitalrücklage	7.000
Emissionsaufwand	300	Gewinnrücklage	800
Übrige Aktiva	12.500	Übrige Passiva	10.000
	42.800		42.800

Lösung zu Aufgabe 17: Finanzierung durch Darlehen und Leasing (Vergleich)

Darlehen 1	Tilgungsplan für Abzahlungsdarlehen mit fallender Annuität[2]			
Jahr	Tilgung[3]	Zins	Annuität	Restschuld
0				400.000,00
1	50.000,00	38.000,00	88.000,00	350.000,00
2	50.000,00	33.250,00	83.250,00	300.000,00
3	50.000,00	28.500,00	78.500,00	250.000,00
4	50.000,00	23.750,00	73.750,00	200.000,00
5	50.000,00	19.000,00	69.000,00	150.000,00
6	50.000,00	14.250,00	64.250,00	100.000,00
7	50.000,00	9.500,00	59.500,00	50.000,00
8	50.000,00	4.750,00	54.750,00	0,00
	400.000,00	171.000,00	571.000,00	

[1] Bestand vor der Erhöhung + Liquiditätszufluss - Emissionsaufwand = 300 T€ + 11.500 T€ - 300 T€ = 11.500 T€

[2] Angaben in €; Annuität = Zins + Tilgung; auch: Tilgungsdarlehen (Annuität fallend)

[3] Acht gleichbleibende Raten am Schluss des Kalenderjahres: 400.000 € : 8 = 50.000 €

Darlehen 2	Tilgungsplan für Abzahlungsdarlehen mit gleichbleibender Annuität[1]			
Jahr	Tilgung	Zins	Annuität[2]	Restschuld
0				400.000,00
1	35.618,24	38.000,00	73.618,24	364.381,76
2	39.001,98	34.616,27	73.618,24	325.379,78
3	42.707,16	30.911,08	73.618,24	282.672,62
4	46.764,34	26.853,90	73.618,24	235.908,27
5	51.206,96	22.411,29	73.618,24	184.701,31
6	56.071,62	17.546,62	73.618,24	128.629,69
7	61.398,42	12.219,82	73.618,24	67.231,27
8	67.231,27	6.386,97	73.618,24	0,00
	400.000,00	188.945,95	588.945,92	

Gesamtausgaben – Leasing			
Jahr	Leasingrate[3]	Sonderzahlung	Gesamtausgaben
1	62.000	10.000	72.000
2	62.000		62.000
3	62.000		62.000
4	62.000		62.000
5	62.000		62.000
6	62.000		62.000
7	62.000		62.000
8	62.000	90.000	152.000
	496.000	100.000	596.000

Am Ende des achten Jahres befindet sich die Anlage bei allen drei Finanzierungsarten im Eigentum der Metallbau GmbH und kann für weitere zwei Jahre betrieblich genutzt werden. Im Vergleich entstehen folgende Gesamtausgaben:

Darlehen 1	Darlehen 2	Leasing
571.000,00 €	588.945,95 €	596.000,00 €

Die Metallbau GmbH sollte sich für Darlehen 1 entscheiden (Tilgungsdarlehen mit gleichbleibender Tilgungsrate/fallender Annuität). Es ist die Finanzierungsform mit den vergleichsweise geringsten Gesamtausgaben.

---

[1] Angaben in €; Annuität = Zins + Tilgung; auch: Annuitätendarlehen (Annuität gleichbleibend)

[2] jährlich gleichbleibend: 73.618,24 €

[3] 15,5 % p. a. von 400.000 € = 62.000 €; Angaben in €

Lösung zu Aufgabe 18: Effektivverzinsung

a) Die anfängliche, effektive Jahresverzinsung r ergibt sich nach der Näherungsformel, indem der Nominalzins zuzüglich des Disagioanteils pro Jahr (auch: Damnumanteil) dem Auszahlungskurs gegenübergestellt wird.

$$r = \frac{p + \dfrac{RK - AK}{n}}{AK}$$

p = Zinssatz in % p. a.
n = Laufzeit des Darlehens in Jahren
RK = Rückzahlungskurs
AK = Auszahlungskurs

$$= \frac{7 + \dfrac{100 - 95}{10}}{95} \cdot 100 = 7{,}8947\,\%$$

Finanzmathematisch lässt sich die Effektivverzinsung genauer mithilfe des Restwertverteilungsfaktors (RVF; vgl. Tabellenwerke) berechnen; für n = 10 und p = 7 % ergibt sich ein RVF von 0,072378.

$$r = \frac{p + (RK - AK) \cdot RVF}{AK} \cdot 100$$

$$r = \frac{7 + (100 - 95) \cdot 0{,}072378}{95} \cdot 100 = 7{,}7494\,\%$$

b) Nach der **Näherungsformel** ergibt sich:

$$r = \frac{7 + \dfrac{100 - 94}{10}}{94} \cdot 100 = 8{,}0851\,\%$$

Finanzmathematisch ergibt sich:

$$r = \frac{7 + (100 - 94) \cdot 0{,}072378}{94} \cdot 100 = 7{,}9088\,\%$$

c) Bei unterjähriger Zinszahlung (hier: halbjährlich) steigt die Effektivverzinsung, da die Zinsen früher zu bezahlen sind. Die Berechnung erfolgt mit der Formel:

$$r = \left[\left(1 + \frac{i}{m} \right)^m - 1 \right] \cdot 100$$

m = Anzahl der unterjährigen Zinszahlungen
i = p : 100

Dabei wird der Effektivzins aus b) nach der finanzmathematischen Methode zugrunde gelegt:

$$r = \left[\left(1 + \frac{0,079088}{2}\right)^2 - 1 \right] \cdot 100 = 8,0652\ \%$$

Lösung zu Aufgabe 19: Lieferantenkredit, Skonto

a)

Eingangsrechnung	45.000 €
3 % Skonto, 10 Tage	1.350 €
= Zahlungsbetrag	43.650 €

$$\text{Kontokorrentkredit} = \frac{43.650 \cdot 14 \cdot 20}{100 \cdot 360} = 339,50\ €$$

Skontovorteil = Skontobetrag - Kontokorrentzinsen

= 1.350,00 - 339,50

= 1.010,50 €

b)

$$\text{Zinstage} = \frac{1.350 \cdot 100 \cdot 360}{43.650 \cdot 14} = 79,5\ \text{Tage}$$

Nach rd. 80 Tagen ist der Skontovorteil durch den Kontokorrentkredit aufgebraucht.

c) **Lieferantenkredit, aus der Sicht des Lieferanten:**

▸ Vorteile, z. B.:

- Anreiz für den Käufer zum Abschluss des Kaufvertrages
- Verbesserung der Liquidität, wenn der Kunde Skonto in Anspruch nimmt
- ggf. Kundenbindung.

▸ Nachteile, z. B.:

- ist eine sehr teure Form der kurzfristigen Kreditgewährung
- ggf. Ausfallrisiko.

Lieferantenkredit, aus der Sicht des Kunden:

▸ Vorteile, z. B.:

- Kreditgewährung ohne Aufwand, Formalitäten und direkte Sicherheiten
- psychologischer Vorteil: der Kredit wird nicht „bewusst" in Anspruch genommen.

▸ Nachteile, z. B.:

- Kredit ist kurzfristig und auf den Rechnungsbetrag begrenzt
- schafft ggf. Abhängigkeit vom Lieferanten
- ist eine sehr teure Form der kurzfristigen Fremdfinanzierung.

d) ▶ Der Vorteil der Skontogewährung (Jahreszins) ist nicht bekannt.

   ▶ Wegen mangelnder Liquidität kann die Skontogewährung nicht genutzt werden.

   ▶ Wegen mangelhafter Organisation der Buchhaltung werden die Skontofristen nicht beachtet bzw. die Liquiditätslage ist nicht bekannt.

Lösung zu Aufgabe 20: Factoring

a) **Kapitalfreisetzungsbetrag** = 85 % von 1.800 T€ = 1.530 T€

b) Factorkosten:

			T€
	Dienstleistungsgebühr	2,0 % von 18.000 T€	360
+	Delkrederegebühr	1,0 % von 18.000 T€	180
+	Finanzierungskosten	10 % von 1.530 T€	
		(ø Inanspruchnahme - Sperrbetrag)	153
=	Factorkosten		693

c) Strukturbilanz nach Durchführung des Forderungsverkaufs an den Factor:

AKTIVA	Bilanz zum 31.12. 20..		PASSIVA
	T€		T€
Anlagevermögen	2.800	Eigenkapital	2.300
Vorräte	1.500	Langfristiges Fremdkapital	1.220
Forderungen aus LL	0	Verbindlichkeiten aus LL	0
Forderungen an den Factor[1]	270	Bankverbindlichkeiten mittelfristig	950
Flüssige Mittel	20	Bankverbindlichkeiten kurzfristig	120
	4.590		4.590

Hinweis: Der durch das Factoring frei werdende Kapitalbetrag ist im vorliegenden Fall in der Reihenfolge zu verwenden:

▶ Verbindlichkeiten aus LL 600 T€
(bekanntermaßen ist der Lieferantenkredit ein teurer Kredit)

▶ Rest (1.530 - 600) zur teilweisen Rückführung der kurzfristigen Bankverbindlichkeiten 930 T€

d)

$$\text{Eigenkapitalquote (EK-Quote)} = \frac{\text{Eigenkapital}}{\text{Gesamtkapital}} \cdot 100$$

vor Factoring: = 2.300 : 6.120 • 100 = 37,58 %

nach Factoring: = 2.300 : 4.590 • 100 = 50,11 %

Factoring verkürzt die Bilanzsumme, wenn die Mittel zur Begleichung der Lieferantenrechnungen eingesetzt werden und verbessert die Eigenkapitalquote.

---

[1] Sperrbetrag: 15 % von 1.800 T€

Im vorliegenden Fall: Die 1 : 1-Regel (FK : EK ≤ 1) ist nach Factoring erreicht (hier: FK : EK ≈ 1,0). Diese Relation gilt aus Sicht der Kreditinstitute als erstrebenswert und verbessert somit das Rating.

e) Sperrbetrag:

In der Praxis zahlt der Factor zwischen 80 und 90 % der Forderungssumme sofort bei Vorlage der Rechnung aus. Der Rest dient als Sicherheit für Reklamationen des Kunden u. Ä. Er wird gutgeschrieben, sobald der Kunde an den Factor gezahlt hat.

f)

Checkliste Factoring
Die nachfolgenden Einsparungen/Verbesserungen stehen i. d. R. den Factoringkosten gegenüber:
▸ Reduzierung der Personalkosten (Debitoren, Inkasso) inkl. Sozialabgaben
▸ weniger Büromaterial, Korrespondenz, Porto
▸ Mahnwesen, Auskünfte, Bonitätsprüfung der Kunden entfällt
▸ keine Gerichts- und Anwaltskosten
▸ keine Forderungsausfälle
▸ keine Forderungsausfallversicherung
▸ Reduzierung der Raumkosten
▸ Verbesserung der Liquidität
▸ Verbesserung des Rating
▸ Senkung der Kosten für kurzfristige Fremdfinanzierung (Kontokorrentzins im Vergleich zu den Finanzierungskosten des Factors; außerdem: i. d. R. zahlen die Kunden an den Factor frühzeitiger als an das eigene Unternehmen)
▸ Vorteile der Skontierung bei Lieferantenrechnungen.

Lösung zu Aufgabe 21: Ermittlung des Kapitalbedarfs bei Neugründung

a) Nebenrechnungen:

Bei einem Lagerumschlag (LU) von 15 und 360 Tagen p. a. ergibt sich eine durchschnittliche Lagerdauer des Materiallagers von

360 Tage : LU = 360 Tage : 15 = 24 Tage

Das durchschnittliche Kundenziel wird ermittelt, indem die unterschiedlichen Tage x_i mit den Prozentangaben g_i gewichtet und durch die Summe der Gewichte dividiert werden:

	g_i [%] • x_i [Tg.]			
	30 % • 30 Tage	=	900	
+	40 % • 40 Tage	=	1.600	
+	30 % • 60 Tage	=	1.800	
=	$\sum g_i x_i$	=	4.300	
→	$\sum g_i x_i : \sum g_i$	=	4.300 : 100	= 43 Tage

Skizze der Zeitangaben:

(nicht maßstabsgerecht; für die Lösung nicht erforderlich):

Materiallager	Fertigung	Lager FE	ø Kundenziel
24 Tage	30 Tage	10 Tage	43 Tage
Lieferantenziel			
20 Tage			

Berechnung des durchschnittlichen Kapitalbedarfs für das Umlaufvermögen (elektive Methode):

	Tage	Wert in €	
ø Materialeinsatz:	[(24 - 20) + 30 + 10 + 43] •	2.500 =	217.500
ø Fertigungslohneinsatz:	30 + 10 + 43 •	15.000 =	1.245.000
ø Gemeinkosteneinsatz:	24 + 30 + 10 + 43 •	5.000 =	535.000
Summe:		=	1.997.500

b) Berechnung des Gesamtkapitalbedarfs:

ø Kapitalbedarf für das Umlaufvermögen:	1.997.500 €
Kapitalbedarf des Anlagevermögens:	650.000 €
Kapitalbedarf für Gründung und Ingangsetzung:	50.000 €
Gesamtkapitalbedarf	2.697.500 €

c) Der Sicherheitsbestand (auch: eiserner Bestand, Mindestbestand, Reservebestand) ist der Bestand an Materialien, der normalerweise nicht zur Fertigung herangezogen werden darf. Er ist ein Puffer, der die Leistungsbereitschaft des Unternehmens bei Ausfällen gewährleisten soll. Die Größe richtet sich nach dem Durchschnittsverbrauch an Materialien innerhalb eines bestimmten Zeitraums. Entsprechend dem Prinzip der Fristenkongruenz ist der Sicherheitsbestand (= langfristiges Umlaufvermögen) langfristig zu finanzieren. Dies kommt auch in der Goldenen Bilanzregel (Deckungsgrad III) zum Ausdruck:

Goldene Bilanzregel III Deckungsgrad III	$\dfrac{\text{EK + langfr. FK}}{\text{AV + langfr. UV}} \geq 1$	AV + lfr. UV sollen zu 100 % langfristig finanziert sein.

d) Die zusätzliche Fremdfinanzierung kann folgende Konsequenzen haben:

- ► Für die Aufnahme weiterer Mittel müssen zusätzliche Sicherheiten gestellt werden.

- ► Der Grad der Verschuldung erhöht sich; dies kann zu einem verschlechterten Rating und damit zu schlechteren Kreditkonditionen führen.

- Der erhöhte Kapitaldienst aufgrund des Zusatzkredits verschlechtert die Erlössituation in der Zweigniederlassung und damit die Liquidität.

- Ist die Gesamtkapitalrendite kleiner als der Fremdkapitalzins, verschlechtert sich die Eigenkapitalrendite (negativer Leverageeffekt).

e) Schwachstellen des Modells der Kapitalbedarfsrechnung:

Das Modell der Kapitalbedarfsrechnung enthält eine Reihe von Schwachstellen und kann daher nie mehr sein als eine Näherungsrechnung. Die „Variablen" sind insbesondere z. B.:

- Veränderung der Preise

- Veränderung der Kosten und der Kostenstruktur

- mangelnde Kapazitätsauslastung führt zu Leerkosten

- Absatzprobleme

- Verzögerungen in der Fertigung.

f) Möglichkeiten zur Senkung des Kapitalbedarfs, z. B.:

- Leasing der Anlagen statt Kauf

- Factoring

- Lieferantenziel verlängern

- Just-in-Time-Anlieferung

- Optimierung der Produktions- und Absatzplanung zur Reduzierung des Fertigwarenlagers.

Lösung zu Aufgabe 22: Verfahren der statischen Investitionsrechnung und Break-even-Menge

(Drei Objekte, ohne Restwerte, gleiche Kapazität, gleiche Nutzungsdauer)

Daten:	Objekt 1	Objekt 2	Objekt 3
Anschaffungskosten, AK	250.000 €	300.000 €	280.000 €
Restwert, RW	0	0	0
Nutzungsdauer, n	10 Jahre	10 Jahre	10 Jahre
Nennleistung,	50.000 Stück/Jahr	50.000 Stück/Jahr	50.000 Stück/Jahr
Auslastungsgrad	80 %	80 %	80 %
Jahresstückleistung, x	80 % von 50.000 Stk. = 40.000 Stück	40.000 Stück	40.000 Stück

Berechnungen	Berechnungsbeispiel:	Objekt 1	Objekt 2	Objekt 3
Umsatz	$p \cdot x = 10,00 \cdot 40.000$	**400.000 €**	**400.000 €**	**400.000 €**
Fixe Kosten:				
Sonstige Fixkosten, €		120.500	110.000	129.600
Kalk. Abschreibung	$\dfrac{AK - RW}{n} = \dfrac{250.000 - 0}{10}$	25.000	30.000	28.000
Kalk. Zinsen	$\dfrac{AK + RW}{2} \cdot \dfrac{p}{100}$ $= \dfrac{(250.000 + 0) \cdot 6}{2 \cdot 100}$	7.500	9.000	8.400
Summe Fixkosten, €		**153.000**	**149.000**	**166.000**
Variable Kosten:				
Fertigungslohn, €		100.000	70.000	80.000
Material, €		60.000	60.000	60.000
Energie, €		12.000	8.000	7.000
Sonstige variable Kosten, €		7.000	9.000	9.000
Summe variable Kosten, €		179.000	147.000	156.000
Summe variable Kosten bei Auslastung 80 %, €		**143.200**	**117.600**	**124.800**
variable Stückkosten, €		**3,58**	**2,94**	**3,12**

a) Kostenvergleich

	Objekt 1	Objekt 2	Objekt 3
Summe Fixkosten	153.000	149.000	166.000
Summe variable Kosten bei Auslastung 80 %	143.200	117.600	124.800
Gesamtkosten, K	296.200	266.600	290.800
Stückkosten, k	7,41	6,67	7,27
Vorteilhaftigkeit (Priorität)	**3**	**1**	**2**

Entscheidungsregel: K → Minimum!   bzw.   k → Minimum!

b) Gewinnvergleich:

	Objekt 1	Objekt 2	Objekt 3
Umsatz, €	400.000	400.000	400.000
- Gesamtkosten, €	296.200	266.600	290.800
= Gewinn, G, €	103.800	133.400	109.200
Stückgewinn, g, €	2,60	3,34	2,73
Vorteilhaftigkeit (Priorität)	**3**	**1**	**2**

Entscheidungsregel: G → Maximum!   bzw.   g → Maximum!

Anmerkung: Bei linearem Kostenverlauf ist das Ergebnis der Gewinnvergleichsrechnung bezüglich der Vorteilhaftigkeit der Investitionsalternativen identisch mit dem der Kostenvergleichsrechnung (die Aufgabenstellung erfolgt hier nur aus Gründen der Vollständigkeit der statischen Investitionsrechenverfahren).

c) **Rentabilitätsvergleich**

		Objekt 1	Objekt 2	Objekt 3
Gewinn, €		103.800	133.400	109.200
+ Kalkulatorische Zinsen, €		7.500	9.000	8.400
= Return (des Gesamtkapitals), €		111.300	142.400	117.600
durchschnittlicher Kapitaleinsatz	$\dfrac{AK + RW}{2}$	125.000	150.000	140.000
Rentabilität, R	$\dfrac{Return}{\emptyset\ Kapitaleinsatz}$ $\dfrac{Gewinn + kalk.\ Zinsen}{\dfrac{AK + RW}{2}}$	$\dfrac{111.300}{125.000}$ $= 89,04\ \%$	$\dfrac{142.400}{150.000}$ $= 94,93\ \%$	$\dfrac{117.600}{140.000}$ $= 84,0\ \%$
Vorteilhaftigkeit (Priorität)		**2**	**1**	**3**

Entscheidungsregel: $R_{GK} \rightarrow$ Maximum! (unter der Bedingung: $R_{GK} \geq i$)

d) **Amortisationsvergleich**

		Objekt 1	Objekt 2	Objekt 3
Kapitalrückflusszeit, t_A (Jahre)	=	$\dfrac{250.000 + 0}{103.800 + 25.000}$	$\dfrac{300.000 + 0}{133.400 + 30.000}$	$\dfrac{280.000 + 0}{109.200 + 28.000}$
		1,94 Jahre	1,84 Jahre	2,04 Jahre
Vorteilhaftigkeit		**2**	**1**	**3**

Entscheidungsregel: $t_A \rightarrow$ Minimum! (unter der Bedingung: $t_A \leq$ Sollwert)

Kommentar: Alle drei Objekte erfüllen die intern vorgegebene Sollamortisationszeit.

Gesamtbetrachtung zu a) bis d):

Vorteilhaftigkeit nach ...	Objekt 1	Objekt 2	Objekt 3
a) Kostenvergleich	3	1	2
b) Gewinnvergleich	3	1	2
c) Rentabilitätsvergleich	2	1	3
d) Kapitalrückflusszeit	2	1	3

Objekt 2 zeigt nach allen vier Berechnungsverfahren eine Vorteilhaftigkeit gegenüber den alternativen Anlagen und sollte daher für die Investition ausgewählt werden.

e) **Menge im Break-even-Point für Objekt 2 und 3:**

Im Break-even-Point gilt für die Menge $x^* = \dfrac{\text{Fixkosten}}{db}$

Für Objekt 2 ergibt sich: $x^*_2 = \dfrac{149.000}{7,06} = 21.104,82$

Ab 21.105 Stück ist die Gewinnschwelle bei Objekt 2 überschritten.

Für Objekt 3 ergibt sich: $x^*_3 = \dfrac{166.000}{6,88} = 24.127,91$

Ab 24.128 Stück ist die Gewinnschwelle bei Objekt 3 überschritten.

Lösung zu Aufgabe 23: Verfahren der dynamischen Investitionsrechnung

(Zwei Objekte, ohne Restwerte, unterschiedliche Kapazität, gleiche Nutzungsdauer)

a) und b)

▸ Berechnung des Kapitalwerts:

$$C_0 = \frac{E_1 - A_1}{q^1} + \frac{E_2 - A_2}{q^2} + ... + \frac{E_5 - A_5}{q^5} - A_0$$

▸ Berechnung der Annuität:

Annuität = Kapitalwert · Kapitalwiedergewinnungsfaktor

$$a = C_0 \cdot \frac{q^n (q - 1)}{q^n - 1}$$

Objekt 1	1. Jahr	2. Jahr	3. Jahr	4. Jahr	5. Jahr
Einzahlungen (E), €	330.000	345.000	345.000	408.000	425.000
Auszahlungen (A):					
Personalkosten, €	80.000	85.000	90.000	95.000	97.000
Materialkosten, €	130.000	130.000	130.000	160.000	160.000
Raumkosten, €	12.000	12.000	12.000	14.000	14.000
Energiekosten, €	8.000	9.000	10.000	11.000	12.000
Sonstige Kosten, €	26.000	30.000	30.000	30.000	30.000
Summe Auszahlungen, €	256.000	266.000	272.000	310.000	313.000
Zahlungssaldo (E - A), €	74.000	79.000	73.000	98.000	112.000
Abzinsungsfaktor[1], $\dfrac{1}{q^n}$	0,909091	0,826446	0,751315	0,683013	0,620921
Barwert (C_0), €	67.272,73	65.289,23	54.846,00	66.935,27	69.543,15
Summe Barwerte, €	67.272,73	132.561,96	187.407,96	254.343,23	323.886,38
Summe Barwerte - Anschaffungsauszahlung = **Kapitalwert**	323.886,38 - 300.000 =				**23.886 €**
Annuität	23.886 • 0,263797 =				**6.301 €**

Objekt 2	1. Jahr	2. Jahr	3. Jahr	4. Jahr	5. Jahr
Einzahlungen (E), €	330.000	345.000	345.000	420.000	437.500
Auszahlungen (A):					
Personalkosten, €	65.000	67.000	69.000	72.000	75.000
Materialkosten, €	165.000	165.000	165.000	170.000	170.000
Raumkosten, €	8.400	8.400	8.400	8.400	8.400
Energiekosten, €	5.000	6.000	7.000	8.000	9.000
Sonstige Kosten, €	8.000	6.000	5.000	5.000	4.000
Summe Auszahlungen, €	251.400	252.400	254.400	263.400	266.400
Zahlungssaldo (E - A), €	78.600	92.600	90.600	156.600	171.100
Abzinsungsfaktor[1], $\dfrac{1}{q^n}$	0,909091	0,826446	0,751315	0,683013	0,620921
Barwert (C_0), €	71.454,55	76.528,90	68.069,14	106.959,83	106.239,58
Summe Barwerte, €	71.454,55	147.983,45	216.052,59	323.012,42	429.252,00
Summe Barwerte - Anschaffungsauszahlung = **Kapitalwert**	429.252,00 - 400.000 =				**29.252 €**
Annuität	29.252 • 0,263797 =				**7.717 €**

► Ergebnis zu a) und b):

Das Objekt 1 weist in beiden Verfahren schlechtere Werte auf als das Objekt 2. Die Anschaffung der Bearbeitungsmaschine sollte daher unterbleiben und Objekt 2 gewählt werden.

Nicht berücksichtigt sind bei dieser Entscheidung Merkmale wie Lieferzeit, Finanzierung des Objekts, Qualität der Fertigungsverfahren u. Ä.

Lösung zu Aufgabe 24: Möglichkeiten der Kreditsicherung

a) und b)

Aktiva	Bilanzwerte in €	Beleihungs- satz	Sicher- heiten (Wert in €)	davon in Anspruch genommen (in €)	verbleibende Sicherheit (Wert in €)
Grundstücke	150.000	60 %	450.000	350.000	100.000
Gebäude	600.000				
Maschinen	250.000	50 %	125.000	0	125.000
Fuhrpark	120.000		60.000	60.000	0
Betriebs- und Geschäftsaus- stattung	80.000	40 %	32.000	0	32.000
Vorräte	100.000	50 %	50.000	0	50.000
Forderungen	80.000		40.000	40.000	0
Wertpapiere	40.000		20.000	0	20.000
Bank, Kasse	80.000	100 %	80.000	0	80.000
					407.000

Rein rechnerisch steht dem Unternehmen ein Volumen von 407.000 € zur Verfügung, das der Bank bei einem weiteren Engagement als Sicherheit angeboten werden kann.

c) ► Zession: Abtretung von Forderungen

► Globalzession: Abtretung aller bestehenden und zukünftigen Forderungen

► Stille Zession: Dem Drittschuldner ist die Zession nicht bekannt; er zahlt weiterhin an den Gläubiger (= Kreditnehmer).

► Vorteil der stillen Zession für den Kreditnehmer (Zedenten):

Die Drittschuldner erlangen keine Kenntnis von der Zession; dadurch wird vermieden, z. B. Beeinträchtigung des Ansehens in der Öffentlichkeit bzw. der Kreditwürdigkeit bei Kunden und Lieferanten.

► Nachteil der stillen Zession für die Bank (Zessionar), z. B.:

- Risiko: Die abgetretenen Forderungen können mit Rechten Dritter belastet (z. B. Mehrfachzession) oder nicht durchsetzbar sein.

- Risiko: Der Drittschuldner leistet weiterhin an den Zedenten.

5. Kosten- und Leistungsrechnung zielorientiert anwenden

5.1 Methoden und Instrumente zur Erfassung von Kosten und Leistungen auswählen und anwenden

Lösung zu Aufgabe 1: Aufgaben der Abgrenzungsrechnung

Aufgabe	Beschreibung	Beispiel
Aussondern ↓ Neutrale Aufwendungen	Sie werden nicht in die KLR übernommen.	Instandhaltungsaufwendungen für ein vermietetes Gebäude
Übernehmen ↓ Grundkosten	Sie werden in gleicher Höhe aus der Finanzbuchhaltung übernommen.	Arbeitslöhne für betriebliche Zwecke
Veränderter Wertansatz ↓ Anderskosten	Die Werte aus der Buchführung werden durch einen anderen Wert ersetzt.	Kalkulatorische Abschreibung
Ergänzen ↓ Reine Zusatzkosten	Sie kommen in der KLR hinzu.	Kalkulatorischer Unternehmerlohn

Lösung zu Aufgabe 2: Wagniskosten-Zuschlag

a)

$$\text{Wagniskostenzuschlag} = \frac{\text{Vorräteverlust}}{\text{Wareneinsatz}} \cdot 100$$

$$= \frac{35.000}{2.500.000} \cdot 100 = \textbf{1,4\%}$$

b) Auf den Wareneinsatz sind in der Kalkulation 1,4 % Wagniskostenzuschlag zu verrechnen.

5.2 Verfahren zur Verrechnung der Kosten auf betriebliche Funktionsbereiche und Leistungen auswählen und anwenden

Lösung zu Aufgabe 1: BAB, Kostenumlage, Zuschlagssätze, Selbstkosten

a) und b)

Erweiterter, mehrstufiger BAB				Metallbau GmbH					Monat: Juni
Schlüssel 1	cbm			1.400	2.400	1.600	400	2.000	400
Schlüssel 2	Verhältnis				2	1			
Kostenstellen	Summen	Allgem. Kosten- stelle	Mate- rial	Fertigung		Fertig.- hilfs- stelle	Verwal- tung	Vertrieb
				I	II			
vorläufige Werte	351.000	18.000	8.000	130.000	65.000	25.000	45.000	60.000
Umlage Schlüssel 1			3.073	5.268	3.512	878	4.390	878[1]
Zwischensummen	351.000		11.073	135.268	68.512	25.878	49.390	60.878
Umlage Schlüssel 2				17.252	8.626	◄┘		
Endsummen	351.000		11.073	152.520	77.138		49.390	60.878
			MGK	FGK I	FGK II		VwGK	VtrGK
Zuschlagsgrundlagen			80.000	350.000	110.000		780.732	780.732
			MEK	FEK I	FEK II		HK d. U.	
Ist-Zuschlagssätze			13,84 %	43,58 %	70,13 %		6,33 %	7,80 %

c)

	MEK		300,00	
+	MGK	13,84 %	41,52	
=	**Materialkosten**			**341,52**
	FEK, Stufe I		800,00	
+	FGK, Stufe I	43,58 %	348,64	
+	FEK, Stufe II		300,00	
+	FGK, Stufe II	70,13 %	210,39	
+	SEK/F		100,00	
=	**Fertigungskosten**			**1.759,03**
	Herstellkosten			**2.100,55**
+	VwGK	6,33 %		132,96
	VtrGK	7,80 %		163,84
+	SEK/V			85,15
=	**Selbstkosten**			**2.482,50**

---

[1] Rundungsdifferenzen

Lösung zu Aufgabe 2: Innerbetriebliche Leistungsverrechnung

von ↓ an →	H1	H2	H3	∑	K_j	fix	variabel
H1	50 Std.	60 Std.	100 Std.	210 Std.	40.000 €	20.000 €	20.000 €
H2	80 Std.	20 Std.	100 Std.	180 Std.	40.200 €	10.200 €	30.000 €
Summe	130 Std.	80 Std.					

a) Nach dem Gleichungsverfahren gilt:

Gesamtkosten der Stelle j = primäre und sekundäre Stellenkosten

$$q_j\, b_j = K_j + \sum q_k b_{kj}$$

b_j = Gesamtleistung der Stelle j

b_{kl} = empfangene Leistung von Stelle k

q_j = Verrechnungssatz

Aus der Tabelle ergeben sich folgende Gleichungssysteme für qj auf Teilkostenbasis (auf die Indexschreibweise wird im Folgenden verzichtet):

	210q1	= 40.000 - 20.000 + 50q1 + 80q2	(1)
	200q2	= 40.200 - 10.200 + 60q1 + 20q2	(2)
→	160q1	= 20.000 + 80q2	(1)
	180q2	= 30.000 + 60q1	(2)

aus (1) und (2) folgt: q1 = q2 = 250 €

b) Nach dem Anbauverfahren gilt:

$$q_j = \frac{K_j}{b_j - \sum b_{jk}}$$

$\sum b_{jk}$ = Leistungsabgabe

Auf Teilkostenbasis ergeben sich folgende Verrechnungspreise:

$$q1 = \frac{40.000 - 20.000}{100} = 200\,€$$

$$q1 = \frac{40.200 - 10.200}{100} = 300\,€$$

c) Nach dem Stufenleiterverfahren gilt:

▶ Anordnung der Stellen nach dem Umfang der Leistungsbeziehungen

▶ die Kosten derjenigen Stellen, die am wenigsten Leistungen von anderen Stellen empfangen, werden zuerst verrechnet. In diesem Fall ist dies H2.

▶ Der Verrechnungspreis q_j ergibt sich aus

primäre Kosten der Stelle j + Wert der von vorgelagerten Stellen empfangenen Leistungen
───────────────────────────
Leistungsmengenabgabe an nachgelagerte Stellen

Auf Teilkostenbasis ergeben sich folgende Verrechnungspreise:

$$q2 = \frac{K2}{b2 - b22} = \frac{30.000}{200 - 20} = 166,67 \text{ €}$$

$$q1 = \frac{K1 + q2b21}{b1 - b11 - b12} = \frac{20.000 + 166,67 \cdot 80}{210 - 50 - 60} = 333,33 \text{ €}$$

Lösung zu Aufgabe 3: Stufenleiterverfahren

a)

	Gebäude	Fahrzeuge	Kantine	Verwaltung	Summe
m^2	50	50	300	100	500
km	300	200	2.000	500	3.000
primäre Gemeinkosten	8.000 €	12.000,00 €	60.000,00 €	80.000,00 €	160.000,00 €
ILV[1] Gebäude	- 8.000 € →	888,89 €[2]	5.333,33 €	1.777,78 €	0 €
ILV[1] Fahrzeuge		- 12.888,89 € →	10.311,11 €[3]	2.577,79 €	0 €

b) **Ungenauigkeit des Stufenleiterverfahrens**, z. B.:

Das Stufenleiterverfahren legt die primären Gemeinkosten streng auf die nachfolgenden Kostenstellen um (von links nach rechts). Es kann den gegenseitigen Leistungsaustausch nicht berücksichtigen. Im Beispiel werden die 300 km der Kostenstelle Gebäude nicht beachtet (bei der ILV Fahrzeuge).

c) **Alternative Verfahren der Leistungsverrechnung**, z. B.:

- ► Anbauverfahren (ungenauer als das Stufenleiterverfahren)
- ► Gleichungsverfahren
- ► Iterationsverfahren.

---

[1] ILV = Innerbetriebliche Leistungsverrechnung

[2] 8.000 € : (500 - 50) • 50 = 888,89 €

[3] 12.888,89 € : (3.000 - 300 - 200) • 2.000 = 10.311,11 €

Lösung zu Aufgabe 4: Ermittlung der Zuschlagssätze und des Maschinenstundensatzes

a)

Kalkulationsschema		€/p. a.	Zuschlagssatz	Stunden	Stundensatz €/Std.
Fertigungsmaterial		650.000			
+	Materialgemeinkosten	97.500	15 %		
+	Fertigungslohn	132.480		5.520	24,00
+	Restfertigungsgemeinkosten	158.976	120 %		
+	maschinenabhängige FGK	2.649.600		22.080	120,00
=	Herstellkosten der Fertigung	3.688.556			
-	Bestandserhöhung/fert. Erz.	28.556			
+	Bestandsminderung/unf. Erz.	40.000			
=	Herstellkosten des Umsatzes	3.700.000			
+	Verwaltungsgemeinkosten	74.000	2 %		
+	Vertriebsgemeinkosten	185.000	5 %		
=	**Selbstkosten des Umsatzes**	**3.959.000**			

b)

Kalkulationsschema		€	Zuschlagssatz	Stunden	Stundensatz €/Std.
Fertigungsmaterial		120,00			
+	Materialgemeinkosten	18,00	15 %		
+	Fertigungslohn	28,80		1,20	24,00
+	Restfertigungsgemeinkosten	34,56	120 %		
+	maschinenabhängige FGK	300,00		2,50	120,00
=	Herstellkosten der Fertigung	501,36			
+	Verwaltungsgemeinkosten	10,03	2 %		
+	Vertriebsgemeinkosten	25,07	5 %		
=	Selbstkosten des Umsatzes	536,46			
+	Gewinn	80,47	15 %	*Berechnungshinweise*	
=	Barverkaufspreis	616,93		*= 95 %*	
+	Kundenskonto	12,99	2 %	↓	
+	Vertriebsprovision	19,48	3 %	↓	
=	Zielverkaufspreis	649,40		*= 100 %*	*= 90 %*
+	Kundenrabatt	72,16	10 %		↓
=	Angebotspreis (Listennettopreis)	721,56			*= 100 %*

Beachten Sie bei der Kalkulation des Angebotspreises (Vorwärtskalkulation) die Berechnungshinweise

- ► Kundenskonto,
- ► Vertriebsprovision sowie
- ► Kundenrabatt

vom verminderten Grundwert.

Lösung zu Aufgabe 5: Zuschlagskalkulation mit Maschinenstundensatz

	Materialeinzelkosten		160,00
+	Materialgemeinkosten	30 %	48,00
=	**Materialkosten**		**208,00**
	Fertigungslöhne	200 : 25	8,00
+	Restgemeinkosten	120 %	9,60
+	Maschinenkosten	[1]	59,40
=	**Fertigungskosten**		**77,00**
=	**Herstellkosten der Fertigung pro Stück**		**285,00**

Lösung zu Aufgabe 6: Kostenkontrollrechnung, Über-/Unterdeckung

Bearbeitungsschritte:

1. Berechnung der Ist-Zuschlagssätze; dabei sind die Herstellkosten des Umsatzes auf Istkostenbasis zu ermitteln.

2. Berechnung der Normalgemeinkosten mithilfe der Normal-Zuschlagssätze; dabei sind die Herstellkosten des Umsatzes auf Normalkostenbasis zu ermitteln.

3. Berechnung der Über-/Unterdeckung je Kostenstelle und Analyse der Ergebnisse.

---

[1] Hinweis zu den Maschinenkosten:

Bearbeitungskosten	= 15 min • 25 Stk. • 180 €/Std. : 60 min.	= 1.125 €
Rüstkosten	= 2 Std. • 180 €/Std.	= 360 €
Maschinenkosten	= 1.485 €	
Maschinenkosten/Stk.	= 1.485 € : 25 Stk.	= 59,40 €/Stk.

		Material	Fertigung	Verwaltung	Vertrieb	Summe
Kalkulation auf Istkostenbasis	**Ist-Gemeinkosten**	30.000	154.000	84.480	46.080	314.560
	Zuschlagsgrundlage	50.000	140.000	384.000[1]	384.000[1]	
	Ist-Zuschlagssätze	60 %	110 %	22 %	12 %	
Kalkulation auf Normalkostenbasis	**Normalgemeinkosten**	25.000	168.000	78.600	39.300	310.900
	Zuschlagsgrundlage	50.000	140.000	393.000[2]	393.000[2]	
	Normalzuschlagssätze	50 %	120 %	20 %	10 %	
Überdeckung (+)			14.000			
Unterdeckung (-)		5.000		5.880	6.780	3.660

Analyse der Wirtschaftlichkeit (Kostenüber-/Kostenunterdeckung) der einzelnen Kostenstellen:

1. Die Kostenunterdeckung (Normalgemeinkosten < Istgemeinkosten) im Materialbereich könnte beruhen auf, z. B: höheren Lagerkosten.

2. Die Kostenüberdeckung (Normalgemeinkosten > Istgemeinkosten) im Fertigungsbereich könnte beruhen auf, z. B.: wirtschaftliche Losgrößenfertigung, optimale Instandhaltung, geringer Verschleiß der Werkzeuge.

3. Die Kostenunterdeckung im Verwaltungsbereich könnte beruhen auf, z. B.: höheren Gemeinkosten, höherer Abschreibung aufgrund von Rationalisierungsinvestitionen.

4. Die Kostenunterdeckung im Vertriebsbereich könnte beruhen auf, z. B.: höheren Gemeinkostenlöhnen, höheren Energiekosten.

---

[1] Istkosten/Herstellung:

MEK	50.000
+ MGK, 60 %	30.000
+ FEK 140.000	
+ FGK, 110 %	154.000
+ Minderbestand	10.000
= HKU	384.000

[2] Normalkosten/Herstellung:

MEK	50.000
+ MGK, 50 %	25.000
+ FEK	140.000
+ FGK, 120 %	168.000
+ Minderbestand	10.000
= HKU	393.000

Lösung zu Aufgabe 7: Mehrstufige Divisionskalkulation

Im Juni des Jahres gilt:

$$k = \frac{K}{x} \ €/E$$

$$= \frac{500.000 \ €}{50.000 \ E} = 10 \ €/E$$

Im Oktober des Jahres gilt:

$$\text{Stückkosten} = \frac{K_H}{x_p} + \frac{K_{Vertr.} + K_{Verw.}}{x_A} \ €/E$$

$$= \frac{400.000}{50.000} + \frac{100.000}{35.000} = 10,86 \ €/E$$

Die Produktion, die im Oktober des Jahres zum Teil auf Lager genommen werden musste, erhöhte die Stückkosten um 8,6 % und verschlechterte die Liquidität.

Lösung zu Aufgabe 8: Mehrstufige Divisionskalkulation mit Äquivalenzziffern

Das Verfahren wird wie bei der einstufigen Methode durchgeführt – nur in zwei aufeinanderfolgenden Schritten.

In der ersten Produktionsstufe ergeben sich folgende Stückkosten:

Stufe I					
Sorte	Produzierte Menge	Äquivalenzziffer	Recheneinheiten	Stückkosten	Gesamtkosten
A	4.000	0,5	2.000	15,15	60.600
B	4.000	2,0	8.000	60,60	242.400
C	6.000	3,0	18.000	90,90	545.400
D	5.000	1,0	5.000	30,30	151.500
∑			33.000		999.900

Kosten je Recheneinheit: 999.900 : 33.000 = 30,30 €

In der zweiten Produktionsstufe ergeben sich folgende Stückkosten:

Stufe II					
Sorte	Produzierte Menge	Äquivalenz-ziffer	Rechen-einheiten	Stückkosten	Gesamtkosten
A	4.000	0,5	2.000	9,75	39.000
B	4.000	1,0	4.000	19,50	78.000
C	6.000	2,0	12.000	39,00	234.000
D	5.000	1,0	5.000	19,50	97.500
∑			23.000		448.500

Kosten je Recheneinheit: 448.500 : 23.000 = 19,50 €

In der Summe ergeben sich die Herstellkosten je Stück je Sorte:

Sorte	Stückkosten Stufe I	Stückkosten Stufe II	Stückkosten gesamt	Gesamtkosten
A	15,15	9,75	24,90	99.600
B	60,60	19,50	80,10	320.400
C	90,90	39,00	129,90	779.400
D	30,30	19,50	49,80	249.000
				1.448.400

Lösung zu Aufgabe 9: Vorwärts-, Rückwärts- und Differenzkalkulation im Handel, Handelsspanne, Kalkulationszuschlag, Kalkulationsfaktor

a), b) und c)

Handelskalkulation		Vorwärtskalkulation		Differenzkalkulation		Rückwärtskalkulation	
		%	€	%	€	%	€
	Listeneinkaufspreis		100,00		100,00		**85,05**
-	Lieferer-Rabatt	20	20,00	v. H.	20,00	i. H.	17,01
=	Zieleinkaufspreis		80,00		80,00		68,04
-	Lieferer-Skonto	3	2,40	v. H.	2,40	i. H.	2,04
=	Bareinkaufspreis		77,60		77,60		66,00
+	Bezugskosten		2,50		2,50		2,50
=	Bezugspreis		80,10		80,10		68,50
+	Handlungskosten	30	24,03	v. H.	24,03	a. H.	20,55
=	Selbstkostenpreis		104,13		104,13		89,05
+	Gewinn	15	15,62	**7,29**	**7,59**	a. H.	13,36
=	Barverkaufspreis		119,75		111,72		102,41

Handelskalkulation		Vorwärtskalkulation		Differenzkalkulation		Rückwärtskalkulation	
		%	€	%	€	%	€
+	Kundenskonto	2	2,44	v. H.	2,28	v. H.	2,09
=	Zielverkaufspreis		122,19		114,00		104,50
+	Kundenrabatt	5	6,43	v. H.	6,00	v. H.	5,50
=	Listenverkaufspreis		**128,62**		120,00		110,00

Dabei ergibt sich in der Vorwärtsrechnung:

$$\text{Handelsspanne} = \frac{128,62 - 80,10}{128,62} \cdot 100 = 37,72\,\%$$

$$\text{Kalkulationszuschlag} = \frac{128,62 - 80,10}{80,10} \cdot 100 = 60,57\,\%$$

Kalkulationsfaktor = 1 + Kalkulationszuschlag = 1,6057

Probe:

$$\text{Handelsspanne} = \frac{\text{Kalkulationszuschlag}}{\text{Kalkulationsfaktor}}$$

$$= \frac{60,57\,\%}{1,6057} = 37,72\,\%$$

Lösung zu Aufgabe 10: Zuschlagskalkulation mit Maschinenstundensatz

1. Schritt: Berechnung des Maschinenstundensatzes:

1)

$$\text{Kalkulatorische Zinsen} = \frac{\text{Anschaffungskosten}}{2} \cdot \frac{\text{Zinssatz}}{100}$$

$$= \frac{100.000}{2} \cdot \frac{6}{100} = 3.000\,€$$

2)

$$\text{Kalkulatorische Abschreibung} = \frac{\text{Wiederbeschaffungskosten}}{\text{Nutzungsdauer}}$$

$$= \frac{120.000}{10} = 12.000\,€$$

3)

$$\text{Raumkosten} = \text{Raumbedarf} \cdot \text{Verrechnungssatz/m}^2\text{/Monat} \cdot 12\ \text{Monate}$$

$$= 20\ \text{m}^2 \cdot 10\ €\text{/m}^2\text{/Mon.} \cdot 12\ \text{Mon.} = 2.400\,€$$

4)

$$\text{Energiekosten} = \text{Energieverbrauch/Std.} \cdot \text{€/kWh} \cdot \text{Laufleistung p. a.} + \text{Grundgebühr}$$

$$= 11 \text{ kWh} \cdot 0{,}12 \text{ €/kWh} \cdot 1.800 \text{ Std. p. a.} + 220 \text{ €} = 2.596 \text{ €}$$

5) Instandhaltungskosten Festbetrag p. a. = 2.000 €

6) Werkzeugkosten = Festbetrag p. a. = 6.000 €

Daraus ergibt sich folgender Maschinenstundensatz:

$$\text{Maschinenstundensatz} = \frac{\text{maschinenabhängige Fertigungsgemeinkosten}}{\text{Maschinenlaufstunden}}$$

$$= \frac{27.996 \text{ €}}{1.800 \text{ Std.}} = 15{,}55 \text{ €/Std.}$$

Im Überblick:

lfd. Nr.	maschinenabhängige Fertigungsgemeinkosten	€/p. a.
1	kalkulatorische Zinsen[1]	3.000 €
2	kalkulatorische Abschreibung[1]	12.000 €
3	Raumkosten[1]	2.400 €
4	Energiekosten[1]	2.596 €
5	Instandhaltungskosten[1]	2.000 €
6	Werkzeugkosten[1]	6.000 €
	Σ	27.996 €
	Maschinenstundensatz[2] = 27.996 € : 1.800 Std. =	**15,55 €/Std.**

2. Schritt: Kalkulation der Herstellkosten der Fertigung

	Materialeinzelkosten		160,00 €
+	Materialgemeinkosten	80 %	128,00 €
=	Materialkosten		288,00 €
	Fertigungslöhne		40,00 €
+	Restgemeinkosten	60 %	24,00 €
=	Maschinenkosten	86 min. • 15,55 €/Std. : 60 min.	22,29 €
=	Fertigungskosten		86,29 €
=	**Herstellkosten der Fertigung**		**374,29 €**

---

[1] hier fixe Kosten

[2] Der Maschinenstundensatz kann in fixe und variable Bestandteile zerlegt werden.

Lösung zu Aufgabe 11: Einstufige Äquivalenzziffernkalkulation, Betriebsergebnis

Blechsorte	Menge (t)	Äquivalenz-ziffer	Rechen-einheiten	Sortenkosten (€)	€/t
ST 60-01	200	1	200	41.200,00	206,00
ST 60-08	150	6	900	185.400,00	1.236,00
ST 60-05	100	4	400	82.400,00	824,00
ST 60-02	120	2	240	49.440,00	412,00
Summe			1.740	358.440,00	

Kosten je Recheneinheit 358.440 : 1.740 = 206

VwVtrGK-Zuschlag = 71.688 • 100 : 358.440,00 = 20 %

Blechsorte	Menge (t)	HK/F (€/t)	VwVtrGK (€/t)	SK (€/t)	Erlöse (€/t)	Ergebnis (€/t)	Ergebnis gesamt (€)
ST 60-01	200	206,00	41,20	247,20	300,00	52,80	10.560,00
ST 60-08	150	1.236,00	247,20	1.483,20	1.400,00	- 83,20	- 12.480,00
ST 60-05	100	824,00	164,80	988,80	1.100,00	111,20	11.120,00
ST 60-02	120	412,00	82,40	494,40	550,00	55,66	6.672,00
Betriebsergebnis							15.872,00

5.3 Methoden der kurzfristigen Erfolgsrechnung für betriebliche Steuerungszwecke auswählen und anwenden

Lösung zu Aufgabe 1: Betriebsergebnis nach dem Gesamtkostenverfahren

a) Bearbeitungsschritte:

1. Schema nach dem Gesamtkostenverfahren erstellen

2. Verteilung der Kostensummen je Kostenart auf die Produkte (Kostenträger)

3. Ermittlung des Umsatzergebnisses gesamt und je Produkt: Umsatzergebnis = Nettoerlöse - Selbstkosten des Umsatzes

4. Analyse des Ergebnisses

alle Angaben in €

Berechnungsschema		Kostenart	Produkt 1	Produkt 2
	MEK	50.000	30.000	20.000
+	MGK, 50 %	25.000	15.000	10.000
=	MK	75.000	45.000	30.000
	FEK	120.000	80.000	40.000
+	FGK, 120 %	144.000	96.000	48.000
=	FK	264.000	176.000	88.000
=	HKF	339.000	221.000	118.000

alle Angaben in €

Berechnungsschema	Kostenart	Produkt 1	Produkt 2
+ BV/Minderbestand	10.000	5.000	5.000
= HKU	349.000	226.000	123.000
+ VwGK, 15 %	52.350	33.900	18.450
+ VtrGK, 5 %	17.450	11.300	6.150
= Selbstkosten des Umsatzes	418.800	271.200	147.600
Umsatzerlöse, netto	450.000	310.000	140.000
Umsatzergebnis	31.200	38.800	-7.600

Analyse:

1. Das Umsatzergebnis ist insgesamt positiv und beträgt 31.200 €.

2. Das Produkt 1 erwirtschaftet ein positives und das Produkt 2 ein negatives Umsatzergebnis.

3. Mögliche Maßnahmen, z. B.:

   ▸ Senkung der Fertigungskosten für Produkt 2, z. B. Lohnkosten, Materialkosten, Überprüfung der Umlage Verwaltung/Vertrieb, Rationalisierung der Abläufe, Veränderung des Fertigungsverfahrens.

   ▸ Reduzierung der Fertigungsmenge von Produkt 2 zugunsten von Produkt 1.

b) Bearbeitungsschritte:

1. Schema nach dem Gesamtkostenverfahren erstellen und Kostensummen verteilen (vgl. Frage/Antwort a).

2.
   Umsatzergebnis = Nettoerlöse - Selbstkosten des Umsatzes

3.
   Betriebsergebnis = Umsatzergebnis + Kostenüberdeckung

   Begründung: Kalkuliert wurde mit Normal-Zuschlagssätzen. Der BAB weist eine Kostenüberdeckung aus; das heißt, dass die Istkosten geringer sind als die Kalkulation auf Normalkostenbasis ausweist. Demzufolge müssen die Istkosten um den Betrag der **Kostenüberdeckung** reduziert bzw. **das Umsatzergebnis um den Betrag erhöht werden**. Analog ist eine Kostenunterdeckung zu subtrahieren.

4. Betriebsergebnis:

Verrechnete Normalkosten in €			
Berechnungsschema	Kostenart	Produkt 1	Produkt 2
...	...	...	...
= **Selbstkosten des Umsatzes**	**418.800**	**271.200**	**147.600**
Umsatzerlöse, netto	450.000	310.000	140.000
Umsatzergebnis	31.200	38.800	- 7.600
+ Überdeckung lt. BAB	15.000		
= **Betriebsergebnis**	**46.200**		

Lösung zu Aufgabe 2: Kostenträgerblatt, Kostenüber-/-unterdeckung, Umsatzergebnis, Wirtschaftlichkeit

a), b) und c)

Kostenträgerblatt	Istkosten €	Istkosten %	Kosten-über-/-unterdeckung	Normalkosten €	Normalkosten %	Produkt 1	Produkt 2	Produkt 3
Fertigungsmaterial	1.670.000			1.670.000		950.000	320.000	400.000
+ MGK	222.000	13,29	-38.300	183.700	11,00	104.500	35.200	44.000
= Materialkosten	1.892.000			1.853.700		1.054.500	355.200	444.000
Fertigungslohn	502.000			502.000		187.000	105.000	210.000
+ FGK	1.400.000	278,88	-145.000	1.255.000	250,00	467.500	262.500	525.000
= Fertigungskosten	1.902.000			1.757.000		654.500	367.500	735.000
= HK der Fertigung	3.794.000					1.709.000	722.700	1.179.000
+ Minderbestand FE	43.300			43.300		0	43.300	0
− Mehrbestand FE	160.500			160.500		40.000	0	120.500
= HK des Umsatzes	3.676.800			3.493.500		1.669.000	766.000	1.058.500
+ VwGK	140.000	3,81	-260	139.740	4,00	66.760	30.640	42.340
+ VtrGK	390.000	10,61	-110.520	279.480	8,00	133.520	61.280	84.680
= Selbstkosten	4.206.800		-294.080	3.912.720		1.869.280	857.920	1.185.520
Netto-Verkaufserlöse	4.860.000			4.860.000		1.400.000	1.540.000	1.920.000
= Umsatzergebnis				947.280		- 469.280	682.080	734.480
Überdeckung				0,00				
Unterdeckung				- 294.080				
= Betriebsergebnis	653.200			653.200				
Wirtschaftlichkeit						0,75	1,80	1,62
Umsatzrendite, gesamt				13,44 %				

Lösung zu Aufgabe 3: Kennzahlen für Steuerungszwecke (Umsatzrendite, Wirtschaftlichkeit)

Insgesamt ergeben sich folgende Kennzahlen der Wirtschaftlichkeit und der Umsatzrendite:

	Produkt 1	Produkt 2	Produkt 3
Selbstkosten (€)	249.934,40	314.811,20	353.648,00
Nettoumsatzerlöse (€)	302.000,00	278.000,00	385.600,00
Betriebsergebnis (€)	52.065,60	-36.811,20	31.952,00
Wirtschaftlichkeit	302.000 : 249.934,40 = **1,208**	278.000 : 314.811,20 = **0,883**	385.600 : 353.648,00 = **1,090**
Umsatzrendite	52.065,60 • 100 : 302.000 = **17,24 %**	-36.811,20 • 100 : 278.000 = **- 13,24 %**	31.952 • 100 : 385.600 = **8,29 %**

Kommentar:

▶ Produkt 2 ist derzeit unwirtschaftlich (Wirtschaftlichkeit < 1) und erbringt eine negative Umsatzrendite. Hier ist eine genaue Kostenanalyse erforderlich. Ziel könnte sein, die Kosten zu senken und/oder die Umsatzerlöse zu erhöhen (Zielvorgabe); ggf. Eliminierung des Produkts. Es könnte jedoch auch der Fall vorliegen, dass sich Produkt 2 in der Markteinführung befindet und die derzeitige Ertragslage dem Unternehmensziel entspricht.

▶ Produkt 1 zeigt eine zufriedenstellende Wirtschaftlichkeit; die Umsatzrendite ist ausgezeichnet.

▶ Die Ergebnisse bei Produkt 3 sind nicht zufriedenstellend. Die Wirtschaftlichkeit liegt knapp über Eins und die Umsatzrendite bei etwa der Hälfte von Produkt 1. Hier sind entsprechende Maßnahmen erforderlich.

5.4 Methoden der Kosten- und Leistungsrechnung zur Lösung unterschiedlicher Problemstellungen zielorientiert anwenden

Lösung zu Aufgabe 1: Break-even-Point, Umsatzrendite

a)

	Preis, p_i	Menge, x_i	Gesamtkosten, K_i	variable Kosten, K_{vi}	Fixkosten, K_{fi}
Lfd. Periode	1.400 €	800 Stk.	920.000 €	320.000 €	600.000 €
Vorperiode	1.400 €	1.000 Stk.	1.000.000 €	400.000 €	600.000 €

Bei linearer Gesamtkostenfunktion lassen sich die variablen Stückkosten (= Grenzkosten) mithilfe des Differenzenquotienten berechnen:

$$k_v = \frac{K_2 - K_1}{x_2 - x_1} = \frac{1.000.000 - 920.000}{1.000 - 800} = 400 \text{ €/Stk.}$$

Daraus ergeben sich die variablen Kosten Kv:

K_{v1} = 800 • 400 €/Stk. = 320.000 €   bzw.

K_{v2} = 1.000 • 400 €/Stk. = 400.000 €

Die Fixkosten werden durch Subtraktion ermittelt:

$K_{f1} = K_1 - K_{v1}$ = 920.000 € - 320.000 € = 600.000 €

oder:

$K_{f2} = K_2 - K_{v2}$ = 1.000.000 € - 400 .000 € = 600.000 €

Im Break-even-Point gilt:

$$x^* = \frac{K_f}{p - k_v} = \frac{600.000 \,€}{1.400 \,€ - 400 \,€} = 600 \text{ Stk.}$$

Das heißt, bei 601 Stück wird ein Gewinn erzielt.

b) Bei einer Umsatzrendite von 15 % gilt für die Menge x*:

$$p \cdot x^* = K_f + x^* k_v + 0{,}15 p x^*$$

$$\Rightarrow \quad K_f = px^* - x^* k_v - 0{,}15 px^*$$

$$\Rightarrow \quad x^* = \frac{K_f}{p - k_v - 0{,}15p} = \frac{600.000 \,€}{1.400 \,€ - 400 \,€ - 210 \,€} \approx 760 \text{ Stk.}$$

Das heißt, ab einer Menge von 760 Stück wird eine Umsatzrendite von mindestens 15 % erreicht.[1]

c)
$$\text{Gewinn} = U - K = x \cdot p - K_f - x \cdot k_v$$

= 760 • 1.400 - 600.000 - 760 • 400 = 160.000

$$\Rightarrow \quad \text{Umsatzrendite} = \frac{\text{Gewinn}}{\text{Umsatz}} \cdot 100 = \frac{160.000}{1.064.000} \cdot 100 \approx 15 \text{ \%}$$

Lösung zu Aufgabe 2: Deckungsbeitragsrechnung, Preispolitik

a) Im Kostendeckungspunkt gilt:

$$x = \frac{K_f}{p - k_v}$$

---

[1] Bitte prägen Sie sich die Berechnung der Umsatzrendite im Break-even-Point ein.

An fixen Kosten ergeben sich:

-	Investitionen:	AfA: 12,5 % von 230.000 €	=	28.750,00 €
-	Personalkosten:	9.000 € · 12	=	108.000,00 €
-	Verwaltungsgemeinkosten:	3.000 € · 12	=	36.000,00 €
-	kalkulatorische Zinsen:	10 % von (230.000 € : 2)	=	11.500,00 €
=	Summe		=	184.250,00 €

Daraus folgt (pro Jahr):

$$x = \frac{184.250}{4,00 - 0,70} = 55.833,33 \text{ Pkw-Wäschen pro Jahr}$$

Daraus folgt:

55.833,33 : 280 ≈ 199 Pkw-Wäschen pro Tag (gerundet)

b) Grafische Lösung: Pkw-Wäschen pro Tag im Kostendeckungspunkt:

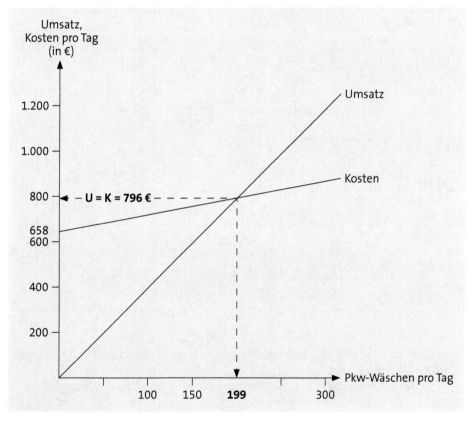

c) Im Break-even-Point gilt:

$$DB = U - K_v$$

Daraus ergibt sich der Deckungsbeitrag pro Stück (db):

$$\frac{DB}{X} = \frac{U}{x} - \frac{K_v}{x} = \frac{x \cdot p}{x} - k_v = p - k_v$$

= 4 - 0,70 € = 3,30 €

Lösung zu Aufgabe 3: Mehrstufige Deckungsbeitragsrechnung mit mehreren Produkten

Bereiche	Bereich I				Bereich II		gesamt
Gruppen	Erzeugnisgruppe 1		Erzeugnisgruppe 2		Erzeugnisgruppe 3		
Produkte	Produkt 1	Produkt 2	Produkt 3	Produkt 4	Produkt 5	Produkt 6	
Umsatzerlöse (€)	30.000	28.000	8.000	31.000	64.000	52.000	213.000
- variable Kosten (€)	12.000	14.000	6.000	16.000	29.000	21.000	98.000
= DB I (€)	18.000	14.000	2.000	15.000	35.000	31.000	**115.000**
- Erzeugnisfixkosten (€) in % d. variablen Kosten	8.000 66,67	9.000 64,29	4.000 66,67	11.000 68,75	21.000 72,41	10.000 47,62	63.000
= DB II (€)	10.000	5.000	-2.000	4.000	14.000	21.000	
	15.000		2.000		35.000		**52.000**
- Erz.gruppenfixkosten (€) in % d. variablen Kosten	2.000 7,69		3.000 13,64		4.000 8,00		9.000
= DB III (€)	13.000		-1.000		31.000		**43.000**
- Bereichsfixkosten (€) in % d. variablen Kosten			2.000 4,17		4.000 8,00		6.000
= DB IV (€)			10.000		27.000		**37.000**
- Unternehmensfixkosten in % d. variablen Kosten							6.000 6,12
= DB V (€) in % der Umsatzerlöse							**31.000** 14,55

Interpretation:
Produkt 3 hat geringe Umsatzerlöse; der DB II ist negativ. Produkt 4 hat zwar auskömmliche Umsatzerlöse, aber hohe variable und erzeugnisfixe Kosten, sodass der DB III negativ ist. Die Herstellung der Erzeugnisgruppe 2 sollte überdacht werden, da sie zu den bereichs- und unternehmensfixen Kosten derzeit keinen Beitrag leisten kann.

Lösung zu Aufgabe 4: Bewertung des Produktionsprogramms auf Vollkosten- und Teilkostenbasis

 INFO

Diese Fragestellung ist komplexer als eine tatsächlich zu erwartende Klausuraufgabe in der IHK-Prüfung. Das Fallbeispiel wurde zu Übungszwecken so umfangreich gestaltet, um bei der Entscheidung über ein Produktionsprogramm die Aussagefähigkeit der Vollkostenrechnung und der einstufigen sowie mehrstufigen Teilkostenrechnung zu zeigen.

a) Produktionsentscheidung auf Basis der Vollkostenrechnung:

Betriebsergebnis auf Basis der Vollkostenrechnung		Produkt 1	Produkt 2	Produkt 3	Summe
	Erlöse	200.000	320.000	300.000	820.000
-	Selbstkosten	- 190.000	- 350.000	- 260.000	- 800.000
=	**Betriebsergebnis**	10.000	- 30.000	40.000	**20.000**
Reihenfolge:[1]			P 3 – P 1 – P 2		

b) Produktionsentscheidung auf Basis der Vollkostenrechnung ohne Produkt 2:

Das Ergebnis aus a) legt nahe, das Produkt 2 aus dem Programm zu nehmen; dies würde das Betriebsergebnis auf den Wert 50.000 € anheben (10.000 + 40.000). Diese Entscheidung wäre jedoch nur dann richtig, wenn alle Kosten variabel wären, d. h. die Einstellung des Produkts 2 würde nicht nur zu einer Umsatzreduzierung von 320.000 €, sondern auch zu einer Kostenreduzierung von 350.000 € führen.

Betriebsergebnis auf Basis der Vollkostenrechnung – ohne Produkt 2		Produkt 1	Produkt 2	Produkt 3	Summe
	Erlöse (€)	200.000		300.000	500.000
-	Selbstkosten (€)	- 190.000		- 260.000	- 450.000
=	**Betriebsergebnis (€)**	10.000		40.000	**50.000**

Da die Vollkostenrechnung jedoch keine Aussage über das Verhalten der Kosten bei Beschäftigungsänderungen macht, lässt sie die beschriebene Entscheidung gar nicht zu.

---

[1] Nach der Vollkostenrechnung würde die Entscheidung über das Produktionsprogramm entsprechend dem jeweiligen Beitrag zum Betriebsergebnis zu treffen sein.

c) Produktionsentscheidung auf Basis der Teilkostenrechnung (einstufige Deckungsbeitragsrechnung):

Betriebsergebnis auf Basis der Teilkostenrechnung				
		Produkt 1	Produkt 2	Produkt 3	Summe
	Erlöse (€)	200.000	320.000	300.000	820.000
-	variable Kosten (€)	- 130.000	- 220.000	- 160.000	- 510.000
=	Deckungsbeitrag (€)	70.000	100.000	140.000	310.000
-	fixe Kosten (€)				- 290.000
=	**Betriebsergebnis (€)**				**20.000**
Reihenfolge:[1]			P 3 – P 2 – P 1		

d) Produktionsentscheidung auf Basis der Teilkostenrechnung bei Eliminierung von Produkt 1:

Würde man die Entscheidung treffen, Produkt 1 aus dem Programm zu nehmen, hätte dies ein Betriebsergebnis von -50.000 € zur Konsequenz:

Betriebsergebnis auf Basis der Teilkostenrechnung – ohne Produkt 1				
		Produkt 1	Produkt 2	Produkt 3	Summe
	Erlöse (€)		320.000	300.000	620.000
-	variable Kosten (€)		- 220.000	- 160.000	- 380.000
=	Deckungsbeitrag (€)		100.000	140.000	240.000
-	fixe Kosten (€)				- 290.000
=	**Betriebsergebnis (€)**				**- 50.000**

Die Ergebnisrechnung würde um die variablen Kosten von Produkt 1 entlastet werden. Die übrigen Kostenträger müssten jedoch allein zur Deckung der fixen Kosten beitragen, was im vorliegenden Fall zu einem negativen Betriebsergebnis führt.

 MERKE

Solange ein Kostenträger einen positiven Deckungsbeitrag leistet, ist es im Allgemeinen unwirtschaftlich, ihn aus dem Produktionsprogramm zu nehmen.

Für Entscheidungen über das Produktionsprogramm ist das Betriebsergebnis und der Deckungsbeitrag je Kostenträger relevant.

e) Produktionsentscheidung auf Basis der Teilkostenrechnung mit stufenweiser Fixkostendeckung:

In den bisherigen Fragestellungen wurden die fixen Kosten keiner näheren Betrachtung unterzogen, sondern en bloc von der Summe der Einzeldeckungsbei-

---

[1] Nach der Teilkostenrechnung würde die Entscheidung über das Produktionsprogramm entsprechend der jeweiligen Höhe des Deckungsbeitrages zu treffen sein.

träge subtrahiert. In der Praxis wird man jedoch die fixen Kosten weiter untergliedern, um die Entscheidung über das Produktionsprogramm zu verbessern.

Man unterscheidet u. a.:

Erzeugnisfixe Kosten	Der Teil der fixen Kosten, der sich dem Kostenträger direkt zuordnen lässt, z. B. Kosten einer spezifischen Fertigungsanlage, Spezialwerkzeuge.
Erzeugnisgruppenfixe Kosten	Der Teil der fixen Kosten, der sich zwar nicht einem Kostenträger, jedoch einer Kostenträgergruppe (Erzeugnisgruppe) zuordnen lässt.
Unternehmensfixe Kosten	Ist der restliche Fixkostenblock, der sich weder einem Erzeugnis noch einer Erzeugnisgruppe direkt zuordnen lässt, z. B. Kosten der Geschäftsleitung/der Verwaltung.

Demzufolge arbeitet man in der mehrstufigen Deckungsbeitragsrechnung mit einer modifizierten Struktur von Deckungsbeiträgen[1]:

	Erlöse
-	variable Kosten
=	**Deckungsbeitrag I**
-	erzeugnisfixe Kosten
=	**Deckungsbeitrag II**
-	erzeugnisgruppenfixe Kosten
=	**Deckungsbeitrag III**
-	unternehmensfixe Kosten
=	Betriebsergebnis

	Betriebsergebnis auf Basis der Teilkostenrechnung in € – mehrstufige Deckungsbeitragsrechnung –			
		Produkt 1	Produkt 2	Produkt 3	Summe
	Erlöse	200.000	320.000	300.000	820.000
-	variable Kosten	- 130.000	- 220.000	- 160.000	- 510.000
=	Deckungsbeitrag I	70.000	100.000	140.000	310.000
-	erzeugnisfixe Kosten	- 20.000	- 90.000	- 60.000	- 170.000
=	Deckungsbeitrag II	50.000	10.000	80.000	140.000
-	erzeugnisgruppenfixe Kosten		- 40.000	–	- 40.000
=	Deckungsbeitrag III		20.000	80.000	100.000
-	unternehmensfixe Kosten				- 80.000
=	**Betriebsergebnis**				**20.000**
Reihenfolge:[1]			P 3 – P 1 – P 2		

Analyse des Ergebnisses:
Produkt 2 liefert den geringsten DB II, da seine erzeugnisfixen Kosten relativ hoch sind. Sein Beitrag zur Deckung der übrigen Fixkosten beträgt nur noch 10.000 €.

---

[1] Eine weitere Untergliederung als hier dargestellt ist möglich.

[2] Die Reihenfolge für das Produktionsprogramm würde daher lauten: P3 – P1 – P2

f) Produktionsentscheidung auf Basis der Teilkostenrechnung mit stufenweiser Fixkostendeckung ohne Produkt 2:

Würde man sich entschließen, Produkt 2 einzustellen, ergäbe sich folgendes Betriebsergebnis:

	Betriebsergebnis auf Basis der Teilkostenrechnung in € – mehrstufige Deckungsbeitragsrechnung - ohne Produkt 2 –			
		Produkt 1	Produkt 2	Produkt 3	Summe
	Erlöse	200.000		300.000	500.000
-	variable Kosten	- 130.000		- 160.000	- 290.000
=	Deckungsbeitrag I	70.000		140.000	210.000
-	erzeugnisfixe Kosten	- 20.000		- 60.000	- 80.000
=	Deckungsbeitrag II	50.000		80.000	130.000
-	erzeugnisgruppenfixe Kosten		- 40.000	–	- 40.000
=	Deckungsbeitrag III		20.000	80.000	90.000
-	unternehmensfixe Kosten				- 80.000
=	**Betriebsergebnis**				**10.000**

Ergebnis:

▸ Eine Einstellung des Produkts 2 hätte eine Vermeidung der abhängigen Kosten in Höhe von 310.000 € zur Folge. Es würde jedoch der DB II zur Deckung der übrigen Fixkosten in Höhe von 10.000 € fehlen; dies hätte eine Verminderung des Betriebsergebnisses um genau diesen Betrag zur Folge.

▸ Der DB II sagt jedoch noch nichts darüber aus, welchen Deckungsbeitrag ein Stück des Produkts 2 erbringt (vgl. Antwort g).

g) Produktionsentscheidung auf Basis der Teilkostenrechnung mit stufenweiser Fixkostendeckung unter Beachtung des Stückdeckungsbeitrags:

	Betriebsergebnis auf Basis der Teilkostenrechnung in € – mehrstufige Deckungsbeitragsrechnung – – Ermittlung des Stückdeckungsbeitrages –			
		Produkt 1	Produkt 2	Produkt 3	Summe
	Erlöse	200.000	320.000	300.000	820.000
-	variable Kosten	- 130.000	- 220.000	- 160.000	- 510.000
=	Deckungsbeitrag I	70.000	100.000	140.000	310.000
-	erzeugnisfixe Kosten	- 20.000	- 90.000	- 60.000	- 170.000
=	Deckungsbeitrag II	50.000	10.000	80.000	140.000
→	DB II pro Stück = **db II**	50.000 : 1.000	10.000 : 100	80.000 : 1.000	
		50	100	80	
	Reihenfolge:		P 2 – P 3 – P 1		

Ergebnis:
Obwohl der DB II gering ist, ergibt sich aufgrund des Stückdeckungsbeitrags db II ein Produktionsprogramm in der Rangfolge P2 – P3 – P1.

Welche Entscheidung in der Praxis letztlich den Ausschlag für die Optimierung des Produktionsprogramms geben wird, hängt jedoch nicht nur von den Ergebnissen der oben dargestellten Voll- und Teilkostenbetrachtungen ab, sondern weiterhin von einer Reihe weiterer interner und externer Faktoren, z. B.:

- Von den Marketingzielen des Unternehmens, z. B.
  - Marktdurchdringung „über den Preis"
  - Erhöhung des Marktanteils „über Einführungspreise"
  - Mengenstrategie versus Preisstrategie
- von den Wettbewerbsbedingungen
- von möglichen Engpässen in der Produktion
- von der Entwicklung der Preise am Beschaffungsmarkt usw.

Lösung zu Aufgabe 5: Fixkostendeckungsrechnung

a) Betriebsergebnis der Periode I der Produktgruppe 1 - 4:

Periode I			Produkt 1	Produkt 2	Produkt 3	Produkt 4
Nettoverkaufspreis	p	€	5,00	7,00	3,00	6,50
Absatzmenge	x	Stk.	800	1.200	400	600
variable Stückkosten	k_v	€/Stk.	3,50	3,00	1,50	3,50
fixe Stückkosten	k_f	€/Stk.	2,50	1,50	1,00	1,50
Selbstkosten pro Stück	sk	€/Stk.	6,00	4,50	2,50	5,00

Periode I			Produkt 1	Produkt 2	Produkt 3	Produkt 4	Gesamt
Umsatzerlöse	U	€	4.000	8.400	1.200	3.900	17.500
- variable Kosten	K_v	€	2.800	3.600	600	2.100	9.100
Deckungsbeitrag	DB	€	1.200	4.800	600	1.800	8.400
- Fixkosten	K_f	€	2.000	1.800	400	900	5.100
Betriebsergebnis	BE	€	- 800	3.000	200	900	**3.300**
in % der Umsatzerlöse							**18,86**

Das Betriebsergebnis liegt bei 3.300 € und beträgt 18,86 % der Umsatzerlöse. Für ein Produktionsunternehmen dürfte dieser Wert problematisch sein. Bei Produkt 1 ist das Betriebsergebnis negativ, da der DB nicht ausreicht, um die fixen Kosten zu decken; die Fixkosten bei Produkt 1 betragen 71,43 % der variablen Kosten.

b) Umsatzrentabilität, Periode II:

Periode II			Produkt 1	Produkt 2	Produkt 3	Produkt 4
Nettoverkaufspreis	p	€	5,00	7,00	3,00	6,50
Absatzmenge	x	Stk.	880	1.320	440	660
variable Kosten	K_v	€	3.080	3.960	660	2.310
Fixkosten	K_f	€	2.000	1.800	400	900

Periode II			Produkt 1	Produkt 2	Produkt 3	Produkt 4	Gesamt
Umsatzerlöse	U	€	4.400	9.240	1.320	4.290	19.250
- variable Kosten	K_v	€	3.080	3.960	660	2.310	10.010
Deckungs-beitrag	DB	€	1.320	5.280	660	1.980	9.240
- Fixkosten	K_f	€	2.000	1.800	400	900	5.100
Betriebs-ergebnis	BE	€	- 680	3.480	260	1.080	**4.140**
in % der Umsatzerlöse							**21,51**

Die Ausweitung der Produktion (= Absatz) würde das Betriebsergebnis um 840 € bzw. 2,65 Prozentpunkte verbessern. Das heißt, auch bei negativem Betriebsergebnis eines Produkts ist es sinnvoll, die Absatzmenge zu erhöhen, wenn sich die Relationen (Fixkosten, variablen Kosten, Verkaufspreis) nicht verändern. Die Entscheidung hängt daher auch von der Auslastung der Anlagen und der Entwicklung am Absatzmarkt (Preisentwicklung) ab.

c) Eine verbesserte Analyse der Fixkosten erlaubt der Übergang von der ein stufigen Deckungsbeitragsrechnung zur mehrstufigen (vgl. ausführlich unter Aufgabenstellung/-lösung 04. g). Je nach Unternehmen werden z. B. die Fixkosten unterteilt in erzeugnisfixe, erzeugnisgruppenfixe, bereichsfixe Kosten usw. Dadurch lässt sich klarer erkennen, welche Produktgruppe (vgl. Produkt 1 im vorliegenden Fall) unwirtschaftlich ist. Weiterhin lassen sich geeignete Maßnahmen zur Verbesserung der Wirtschaftlichkeit einleiten, z. B.:

▸ Fixkostensenkung

▸ Rationalisierung

▸ Umsatzsteigerung der Produktgruppe (bei konstanten Fixkosten).

Lösung zu Aufgabe 6: Zusatzauftrag bei Einproduktunternehmen ohne Kapazitätsbeschränkung

	Fertigung ohne Zusatzauftrag (1.000 Stück)		Zusatzauftrag (200 Stück)	
	je Stück	gesamt	je Stück	gesamt
Umsatzerlöse (€)	130,00	130.000,00	90,00	18.000,00
- variable Kosten (€)	50,00	50.000,00	50,00	10.000,00
= DB (€)	80,00	80.000,00	40,00	8.000,00
- Fixkosten, gesamt (€)		65.000,00		0,00
= Betriebsergebnis (€)		15.000,00		8.000,00	**23.000,00**

Im vorliegenden Fall wird das Betriebsergebnis um 8.000 € verbessert, da beim Zusatz-auftrag der Erlös pro Stück (db) deutlich über den variablen Kosten pro Stück liegt (Mehrgewinn durch Zusatzauftrag: $(p - k_v)$ = 40 €; 40 € · 200 Stk. = 8.000 €).

Lösung zu Aufgabe 7: Produktionsprogrammplanung, Engpassrechnung für vier Produkte

a)

Produktionsplanung nach Stückdeckungsbeitrag				
	Produkt 1	Produkt 2	Produkt 3	Produkt 4
Verkaufspreis (€/Stk.)	35,00	40,00	28,00	16,00
variable Kosten (€/Stk.)	10,00	11,00	6,00	4,00
Stückdeckungsbeitrag, db (€/Stk.)	25,00	29,00	22,00	12,00
Programmreihenfolge	2	1	3	4
Produktionsmenge (Stk.)	600	600	224	0
Verbrauch (kg)	4.200	3.000	2.800	0
Deckungsbeitrag, DB (€)	15.000	17.400	4.928	0
Deckungsbeitrag, insgesamt (€)				37.328
- Fixkosten (€)				30.000
= Betriebsergebnis (€)				7.328

b)

Produktionsplanung nach relativem Stückdeckungsbeitrag				
	Produkt 1	Produkt 2	Produkt 3	Produkt 4
Stückdeckungsbeitrag, db (€/Stk.)	25,00	29,00	22,00	12,00
relativer Stückdeckungsbeitrag (€/Stk.)	3,57	5,80	1,76	3,00
Programmreihenfolge	2	1	4	3
Produktionsmenge (Stk.)	600	600	0	700
Verbrauch (kg)	4.200	3.000	0	2.800
Deckungsbeitrag, DB (€)	15.000	17.400	0	8.400
Deckungsbeitrag, insgesamt (€)				40.800
- Fixkosten (€)				30.000
= Betriebsergebnis (€)				10.800

Die Programmplanung nach relativem Deckungsbeitrag erbringt einen Vorteil von 3.472 €.

Lösung zu Aufgabe 8: Wahl des Fertigungsverfahrens

a) Rechnerische Lösung:

Es wird auf die Berechnung der kritischen Menge zurückgegriffen:

$$x = \frac{K_{f1} - K_{f2}}{k_{v2} - k_{v1}}$$

$$= \frac{300\,€ - 50\,€}{5\,€/Stk. - 10\,€/Stk.} = 50\,\text{Stück}$$

Die kritische Menge liegt bei 50 Stück; oberhalb von 50 Stück ist Verfahren 2 kostengünstiger.

b) Grafische Lösung:

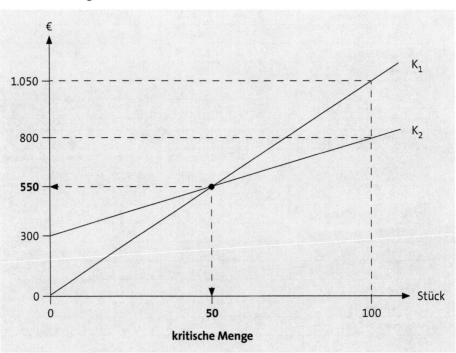

Lösung zu Aufgabe 9: Eigen- oder Fremdfertigung (langfristige Betrachtung)

Rechnerische Lösung:

Stückkalkulation					
Fremdbezug			**Eigenfertigung**		
	Listeneinkaufspreis	100,00 €		kalkulatorische Abschreibung: (400.000 - 50.000) : 10	35.000 €
-	Rabatt, 10 %	- 10,00 €	+	kalkulatorische Zinsen: 450.000 : 2 • 8 : 100	18.000 €
=	Zieleinkaufspreis	90,00 €	+	sonstige Fixkosten	9.000 €
-	Skonto, 3 %	- 2,70 €	=	**Fixkosten, gesamt**	**62.000 €**
=	Bareinkaufspreis	87,30 €		Fertigungslohn pro Stk.	25,00 €
+	Bezugskosten	2,70 €	+	Materialkosten pro Stk.	15,00 €
=	**Einstandspreis**	**90,00 €**	=	**variable Stückkosten, gesamt**	**40,00 €**

Die Formel zur Berechnung der kritischen Menge modifiziert sich zu:

$$x = \frac{K_{f2} - K_{f1}}{k_{v1} - k_{v2}}$$

2: Eigenfertigung
1: Fremdfertigung

modifiziert sich zu

$$x = \frac{K \text{ (Eigenfertigung)}}{\text{Bezugspreis} - k_v \text{ (Eigenfertigung)}}$$

mit K_f (Fremdfertigung) = 0
k_1 = Bezugspreis

$$= \frac{62.000 \text{ €}}{90 \text{ €/Stk.} - 40 \text{ €/Stk.}} = 1.240 \text{ Stück}$$

Die kritische Menge liegt bei 1.240 Stück. Oberhalb dieser Menge ist die Eigenfertigung kostengünstiger, da die variablen Stückkosten niedriger sind.

Für die Planmenge p. a. ergibt sich

- bei *Eigenfertigung:*   1.800 Stk. • 40 €/Stk. + 62.000 €   = 134.000 €
- bei *Fremdbezug:*   1.800 Stk. • 90 €/Stk.   = 162.000 €

→ Kosteneinsparung p. a. durch den Wechsel
von Fremdbezug zur Eigenfertigung   = 28.000 €

Grafische Lösung:

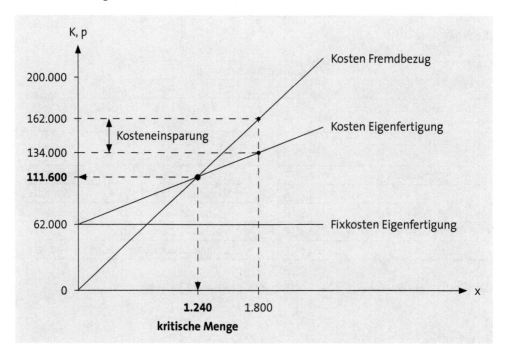

Lösung zu Aufgabe 10: Direct Costing (I)

Maschine A:

	Verkaufspreis netto	2.500.000,00 €
-	Kundenrabatt 16 %	400.000,00 €
=	Zielverkaufspreis	2.100.000,00 €
-	Kundenskonto 1 %	21.000,00 €
=	Barverkaufspreis	2.079.000,00 €
-	variable Kosten	1.875.000,00 €
=	Deckungsbeitrag	204.000,00 €
-	fixe Kosten	184.027,78 €
=	Gewinn	19.972,22 €

Maschine B:

	Verkaufspreis netto	4.657.640,00 €
-	Kundenrabatt 17 %	791.798,80 €
=	Zielverkaufspreis	3.865.841,20 €
-	Kundenskonto 1 %	38.658,41 €
=	Barverkaufspreis	3.827.182,79 €
-	variable Kosten	3.493.230,00 €
=	Deckungsbeitrag	333.952,79 €
-	fixe Kosten	342.654,06 €
=	Gewinn	- 8.901,27 €

Da mit Maschine B sogar Verlust gemacht würde, sollte man nur Maschine A unter diesen Bedingungen verkaufen.

Lösung zu Aufgabe 11: Preisuntergrenze (Direct Costing II)

Maschine A:

	Deckungsbeitrag	0.000.000,00 €
+	variable Kosten	1.875.000,00 €
=	Barverkaufspreis	1.875.000,00 €
+	Kundenskonto 1 %	18.939,39 €
=	Zielverkaufspreis	1.893.939,39 €
+	Kundenrabatt 16 %	360.750,36 €
=	Verkaufspreis netto, neu	2.254.689,75 €

Verkaufspreis netto, alt - Verkaufspreis netto, neu = Preissenkung absolut

2.500.000 € - 2.254.689,75 € = 245.310,25 € Preissenkung absolut

Maschine B:

	Deckungsbeitrag	0.000.000,00 €
+	variable Kosten	3.493.230,00 €
=	Barverkaufspreis	3.493.230,00 €
+	Kundenskonto 1 %	35.285,15 €
=	Zielverkaufspreis	3.528.515,15 €
+	Kundenrabatt 16 %	722.707,92 €
=	Verkaufspreis netto, neu	4.251.223,07 €

Verkaufspreis netto, alt - Verkaufspreis netto, neu = Preissenkung absolut

4.657.640,00 € - 406.416,93 € = 406.416,93 € Preissenkung absolut

5.5 Grundzüge des Kostencontrolling erläutern

Lösung zu Aufgabe 1: Grenzkosten, fixe und variable Kosten, Kostenverläufe

a) Ermittlung der Fixkosten K_f und der variablen Stückkosten k_v:

Bei linearem Verlauf der Gesamtkostenkurve gilt der Differenzenquotient:

$$K' = \frac{\text{Kostenzuwachs}}{\text{Mengenzuwachs}} = \frac{K_2 - K_1}{x_2 - x_1} = \frac{\Delta K}{\Delta x}$$

Die Grenzkosten K' sind bei linearem Gesamtkostenverlauf gleich den variablen Stückkosten k_v ($K' = k_v$). Daher gilt für die Kostenart K_1:

$$K'_1 = k_{v1} \frac{21.000\ € - 13.500\ €}{8.000\ \text{Std.} - 5.000\ \text{Std.}} = 2,50\ €/\text{Stück}$$

Daraus ergeben sich bei einer Beschäftigung von 5.000 Stunden folgende Fixkosten K_f:

$$K = K_f + x \cdot k_v \quad \Rightarrow \quad K_{f1} = K_1 - x \cdot k_{v1}$$

= 13.500 - 5.000 · 2,5

= 1.000 €

Analog lassen sich die variablen Stückkosten sowie die Fixkosten für alle weiteren Kostenarten ermitteln.

Kosten-art	Monat 1 (€)	Monat 2 (€)	Grenzkosten = variable Stückkosten		Fixkosten (€)
			Berechnung	$K' = k_v$	K_f
K_1	13.500	21.000	(21.000 - 13.500) : 3.000	2,5	1.000
K_2	13.500	16.500	(16.500 - 13.500) : 3.000	1,0	8.500
K_3	26.000	39.500	(39.500 - 26.000) : 3.000	4,5	3.500
K_4	4.000	4.000	(4.000 - 4.000) : 3000	0,0	4.000
K_5	6.000	6.000	(6.000 - 6.000) : 3.000	0,0	6.000
K_6	12.000	18.000	(18.000 - 12.000) : 3.000	2,0	2.000

b) Bei linearem Verlauf hat eine Kostenfunktion allgemein die Form:

Kosten = Menge (x) · variable Stückkosten (k_v) + Fixkosten (K_f)

$$K_i = x \cdot k_{vi} + K_{fi}$$

Für K_1 ergibt sich daher:

$$K_1 = 2,5\ x + 1.000$$

Insgesamt ergeben sich je Kostenart folgende Kostenfunktionen:

Kosten-art	Monat 1 (€)	Monat 2 (€)	var. Stückkosten $K' = k_v$	Fixkosten (€) K_f	Kostenfunktion $K_i(x)$
K_1	13.500	21.000	2,5	1.000	2,5 x + 1.000
K_2	13.500	16.500	1,0	8.500	1,0 x + 8.500
K_3	26.000	39.500	4,5	3.500	4,5 x + 3.500
K_4	4.000	4.000	0,0	4.000	0,0 x + 4.000
K_5	6.000	6.000	0,0	6.000	0,0 x + 6.000
K_6	12.000	18.000	2,0	2.000	2,0 x + 2.000
$\sum$			10,0	25.000	10,0 x + 25.000

Die Gesamtkostenfunktion K(x) ergibt sich als Addition der einzelnen Kostenfunktionen je Kostenart:

$$K(x) = \sum K_i = \sum k_{vi} \cdot x + \sum K_{fi}$$

= 10,0 €/Std. • x Std. + 25.000 €

c) Hinweis: Die nachfolgende Wertetabelle für die Grafik wurde aus Gründen der Verständlichkeit umfangreicher gestaltet als dies in einer Klausur erforderlich ist; der Wert für die variablen Stückkosten (= Grenzkosten) kann der Antwort zu b) entnommen werden.

Beschäftigung x (Std.)	Gesamtkosten (€) K(x) = 10,0 x + 25.000	Stückkosten (€) k = K(x) : x	Grenzkosten (€) = variable Stückkosten $K' = k_v$	fixe Stück-kosten (€) $k_f = K_f : x$
0	25.000	0,00	10,00	0,00
1.000	35.000	35,00	10,00	25,00
2.000	45.000	22,50	10,00	12,50
3.000	55.000	18,33	10,00	8,33
4.000	65.000	16,25	10,00	6,25
5.000	75.000	15,00	10,00	5,00
6.000	85.000	14,17	10,00	4,17
7.000	95.000	13,57	10,00	3,57
8.000	105.000	13,13	10,00	3,13
9.000	115.000	12,78	10,00	2,78
10.000	125.000	12,50	10,00	2,50

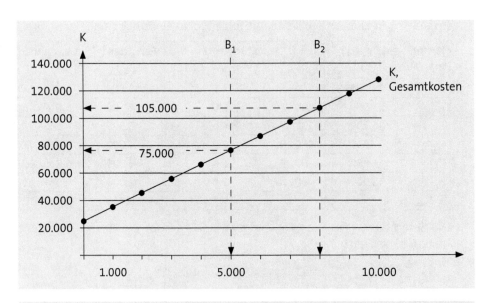

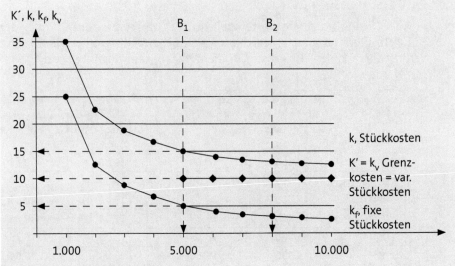

d) Beschreibung der Kostenverläufe:

Gesamtkosten	K	Die Gesamtkosten haben einen proportionalen Verlauf. Sie reagieren im gleichen Maße wie die Beschäftigung.
Stückkosten	k	Die Stückkosten fallen degressiv.
Grenzkosten / variablen Stückkosten	$K' = k_v$	Die Grenzkosten (= variable Stückkosten) sind konstant (Parallele zur x-Achse).
fixen Stückkosten	k_f	Die fixen Stückkosten fallen degressiv und nähern sich (asymptotisch) der x-Achse.

Lösung zu Aufgabe 2: Ermittlung der Kostenüber- und -unterdeckung eines Auftrags

	Vorkalkulation		Nachkalkulation		
	Normal-kosten (in €)	%	Ist-kosten (in €)	%	Überdeckung (+) Unterdeckung (-) (in €)
Materialeinzelkosten	90.000,00		90.000,00		
Materialgemeinkosten	5.400,00	6	8.300,00	9,22	- 2.900,00
Fertigungslohnkosten	80.500,00		80.500,00		
Fertigungsgemeinkosten	120.750,00	150	117.830,00	146,37	2.920,00
Herstellkosten der Fertigung	296.650,00		296.630,00		
Bestandsminderung	15.000,00		15.000,00		
Herstellkosten des Umsatzes	311.650,00		311.630,00		
Verwaltungs-/ Vertriebsgemeinkosten	46.747,50	15	71.700,00	23,01	- 24.952,50
Selbstkosten	358.397,50		383.330,00		- 24.932,50

Interpretation der Kostenüber- und -unterdeckung:

▶ Die Unterdeckung im Materialbereich könnte auf Fehlmengenkosten beruhen.

▶ Die Überdeckung im Fertigungsbereich kann durch den Mindereinsatz von Hilfspersonal begründet sein.

▶ Die Unterdeckung im Bereich der Verwaltung/des Vertriebs kann auf der Einstellung eines Mitarbeiters oder Logistikmehrkosten beruhen.

Lösung zu Aufgabe 3: Starre Plankostenrechnung

▶ Rechnerische Lösung:

$$\Rightarrow \quad \text{Plankostenverrechnungssatz} = \frac{\text{Plankosten}}{\text{Planbeschäftigung}}$$

$$= \frac{50.000\ €}{5.000\ \text{Std.}} = 10\ €/\text{Std.}$$

$\Rightarrow$ verrechnete Plankosten = 4.000 Std. · 10 €/Std. = 40.000 €

oder: 0,8 · 50.000 € = 40.000 €

$\Rightarrow \quad$ Abweichung = Istkosten - verrechnete Plankosten

$= 30.000\ € - 40.000\ € = -10.000\ €$

▶ Grafische Lösung:

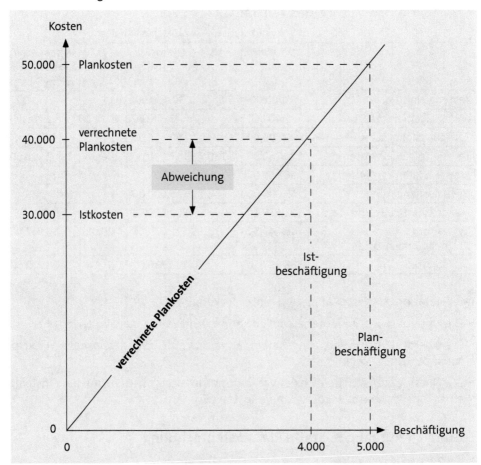

Lösung zu Aufgabe 4: Flexible Plankostenrechnung (I)

Rechnerische Lösung:

$$\text{Proportionaler Plankostenverrechnungssatz} = \frac{\text{Proportionale Plankosten}}{\text{Planbeschäftigung}}$$

$$= \frac{200.000\,\text{€}}{10.000\,\text{Std.}} = 20\,\text{€/Std.}$$

$$\text{Fixer Plankostenverrechnungssatz} = \frac{\text{Fixe Plankosten}}{\text{Planbeschäftigung}}$$

$$= \frac{100.000\,\text{€}}{10.000\,\text{Std.}} = 10\,\text{€/Std.}$$

$$\text{Plankostenverrechnungssatz} = \text{Proportionaler Plankostenverrechnungssatz} + \text{Fixer Plankostenverrechnungssatz}$$

$$= 20 \text{ €/Std.} + 10 \text{ €/Std.} = 30 \text{ €/Std.}$$

$$\text{Plankostenverrechnungssatz} = \frac{\text{Plankosten}}{\text{Planbeschäftigung}}$$

$$= \frac{300.000 \text{ €}}{10.000 \text{ Std.}} = 30 \text{ €/Std.}$$

$$\text{Verrechnete Plankosten} = \text{Istbeschäftigung} \cdot \text{Plankostenverrechnungssatz}$$

$$= 9.000 \text{ Std.} \cdot 30 \text{ €/Std.} = 270.000 \text{ €}$$

$$\text{Verrechnete Plankosten} = \text{Plankosten} \cdot \text{Beschäftigungsgrad}$$

$$= \frac{300.000 \text{ €} \cdot 90}{100} = 270.000 \text{ €}$$

$$\text{Sollkosten} = \text{Fixe Plankosten} + \text{Prop. Plankostenverrechnungssatz} \cdot \text{Istbeschäftigung}$$

$$= 100.000 + 20 \text{ €/Std.} \cdot 9.000 \text{ Std.} = 280.000 \text{ €}$$

$$\text{Sollkosten} = \text{Fixe Plankosten} + \text{Prop. Plankosten} \cdot \text{Beschäftigungsgrad}$$

$$= 100.000 \text{ €} + \frac{200.000 \text{ €} \cdot 90}{100} = 280.000 \text{ €}$$

$$\text{Beschäftigungsabweichung (BA)} = \text{Sollkosten} - \text{Verrechnete Plankosten}$$

$$= 280.000 \text{ €} - 270.000 \text{ €} = 10.000 \text{ €}$$

$$\text{Verbrauchsabweichung (VA)} = \text{Istkosten} - \text{Sollkosten}$$

$$= 250.000 \text{ €} - 280.000 \text{ €} = -30.000 \text{ €}$$

$$\text{Gesamtabweichung (GA)} = \text{Istkosten} - \text{Verrechnete Plankosten}$$

$$= 250.000 \text{ €} - 270.000 \text{ €} = -20.000 \text{ €}$$

Gesamtabweichung (GA) = Verbrauchsabweichung + Beschäftigungsabweichung

= -30.000 € + 10.000 € = -20.000 €

Grafische Lösung:

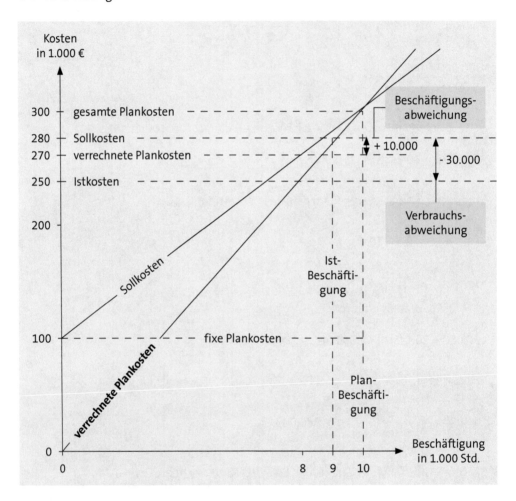

Analyse:

Beschäftigungsabweichung:
Bei einem Beschäftigungsgrad von 90 % betragen die variablen Plankosten 180.000 €
und es hätten 100.000 € fixe Kosten berücksichtigt werden müssen. Tatsächlich wurden verrechnet: 180.000 € variable Kosten (200.000 · 90 %) und (nur) 90.000 fixe Kosten
(90.000 · 90 %), sodass 10.000 € fixe Kosten zu wenig verrechnet wurden.

Verbrauchsabweichung = -30.000 €, d. h. es wurden 30.000 € weniger Kosten verbraucht.

Lösung zu Aufgabe 5: Flexible Plankostenrechnung (II)

a)

Plan		
		25.000 €
+	variable Plankosten	35.000 €
=	Plankosten	60.000 €
	Planbeschäftigung	1.000 Std.

Ist	
Istkosten	85.000 €
Istbeschäftigung	1.250 Std.

$$\text{Proportionaler Plankostenverrechnungssatz} = \frac{\text{Proportionale Plankosten}}{\text{Planbeschäftigung}}$$

$$= \frac{35.000\ €}{1.000\ \text{Std.}} = 35\ €/\text{Std.}$$

$$\text{Fixer Plankostenverrechnungssatz} = \frac{\text{Fixe Plankosten}}{\text{Planbeschäftigung}}$$

$$= \frac{25.000\ €}{1.000\ \text{Std.}} = 25\ €/\text{Std.}$$

$$\text{Plankostenverrechnungssatz} = \text{Proportionaler Plankostenverrechnungssatz} + \text{Fixer Plankostenverrechnungssatz}$$

$$= 35\ €/\text{Std.} + 25\ €/\text{Std.} = 60\ €/\text{Std.}$$

$$\text{Verrechnete Plankosten} = \text{Istbeschäftigung} \cdot \text{Plankostenverrechnungssatz}$$

$$= 1.250\ \text{Std.} \cdot 60\ €/\text{Std.} = 75.000\ €$$

$$\text{Sollkosten} = \text{Fixe Plankosten} + \text{Prop. Plankostenverrechnungssatz} \cdot \text{Istbeschäftigung}$$

$$= 25.000 + 35\ €/\text{Std.} \cdot 1.250\ \text{Std.} = 68.750\ €$$

$$\text{Beschäftigungsabweichung (BA)} = \text{Sollkosten} - \text{Verrechnete Plankosten}$$

$$= 68.750\ € - 75.000\ € = -6.250\ €$$

$$\text{Verbrauchsabweichung (VA)} = \text{Istkosten} - \text{Sollkosten}$$

$$= 85.000\ € - 68.750\ € = 16.250\ €$$

$$\text{Gesamtabweichung (GA)} = \text{Verbrauchsabweichung} + \text{Beschäftigungsabweichung}$$

$$= -6.250\ € + 16.250\ € = 10.000\ €$$

b) Kommentar:

- ▶ Istbeschäftigung > Planbeschäftigung → verrechnete Plankosten > Sollkosten; günstig, es wurden mehr fixe Kosten verrechnet als geplant.

- ▶ Istkosten > Sollkosten → VA > 0; ungünstig; die Faktorverbräuche (z. B. Material, Lohn) sind höher als geplant.

c) Mit dem System der Grenzplankostenrechnung. Begründung:

Ein Nachteil der flexiblen Plankostenrechnung auf Vollkostenbasis besteht in der rechnerischen Proportionalität der Fixkosten bei Beschäftigungsänderungen.

Die Grenzplankostenrechnung (GPKR) ist eine flexible Plankostenrechnung auf Teilkostenbasis. Es erfolgt ebenfalls eine Trennung in fixe und variable Kosten, jedoch werden bei der GPKR nur die variablen Kosten verrechnet. Die fixen Kosten werden nicht auf die Kostenträger verrechnet, sondern direkt in die Betriebsergebnisrechnung übernommen. Für die kurzfristige Betrachtung sind die fixen Kosten nicht entscheidungsrelevant.

Die (Grenz-)Plankostenverrechnungssätze werden demzufolge nur von den variablen Kosten bestimmt. Sollkosten und verrechnete Plankosten sind identisch. Da nur Grenzkosten auf die Kostenträger verrechnet werden, ist die Beschäftigungsabweichung nicht definiert.

Lösung zu Aufgabe 6: Variator

a)

	Kostenart	K, Plankosten (€/Mon.)	Variator	K_v, variable Plankosten	K_f, fixe Plankosten (€/Mon.)
1	Fertigungslöhne	10.000	10	10.000	0
2	Hilfslöhne	1.500	4	600	900
3	Gehälter	2.500	2	500	2.000
4	Reinigungsmaterial	500	9	450	50
5	Treibstoffe	8.200	10	8.200	0
6	Werkzeuge	400	8	320	80
7	Raumkosten	1.000	0	0	1.000
8	Kalkulatorische Zinsen	2.400	0	0	2.400
9	Reparaturen	2.200	7	1.540	660
10	Summe	27.700		21.610	7.090

b) Bei der Zehnerschreibweise ist der Variator definiert als der Quotient aus den variablen Plankosten und den Plankosten multipliziert mit dem Wert 10:

$$\text{Variator} = \frac{\text{variable Plankosten} \cdot 10}{\text{Plankosten}}$$

Der Variator ist eine Kennzahl, die angibt wie viel Prozent die variablen Kosten an den geplanten Gesamtkosten ausmachen, sofern die Planbeschäftigung realisiert wird und die Gesamtkostenfunktion linear ist. Erläuterung zu den Kostenarten 1, 6 und 8:

Kostenart		$K = K_v + K_f$	**Variator**	K_v	K_f	Erläuterung
1	Ferti-gungs-löhne	10.000 €	**10**	10.000 €	0 €	Bei einer Beschäftigungsän-derung um 10 % ändern sich die Gesamtkosten um 10 %. Die Gesamtkosten sind zu 100 % variabel.
6	Werk-zeuge	400 €	**8**	320 €	80 €	Bei einer Beschäftigungsän-derung um 10 % ändern sich die Gesamtkosten um 8 %. Das heißt: 80 % = variabel 20 % = fix
8	Kalkula-torische Zinsen	2.400 €	**0**	0 €	2.400 €	Bei einer Beschäftigungsän-derung um 10 % ändern sich die Gesamtkosten um 0 %. Die Gesamtkosten sind zu 100 % fix.

Lösung zu Aufgabe 7: Grenzplankostenrechnung

Plan		Ist	
Planbeschäftigung	2.400 Std.	Istbeschäftigung	1.800 Std.
Variable Kosten	142.800 €		
Fixe Kosten	25.200 €		
Gesamtkosten	168.000 €	Gesamtkosten	153.900 €

$$\text{Variabler Plankostenverrechnungssatz} = \frac{\text{Variable Plankosten}}{\text{Planbeschäftigung}}$$

$$= \frac{142.800 \text{ €}}{2.400 \text{ Std.}} = 59{,}50 \text{ €/Std.}$$

$$\text{Verrechnete Plankosten} = \text{Variabler Plankostenverrechnungs-satz} \cdot \text{Istbeschäftigung}$$

$$= 59{,}50 \text{ €/Std.} \cdot 1.800 \text{ Std.} = 107.100 \text{ €}$$

Sollkosten = Variabler Plankostenverrechnungssatz • Istbeschäftigung

= 59,50 €/Std. • 1.800 Std. = 107.100 €

Variable Istkosten = Gesamte Istkosten - Fixkosten

= 153.900 € - 25.200 € = 128.700 €

Preis-/Verbrauchsabweichung = Variable Istkosten - Sollkosten

= (153.900 € - 25.200 €) - 107.100 € = 21.600 €

Lösung zu Aufgabe 8: Zielkostenrechnung (Target-Costing), Handel

Möglicher Marktpreis pro Stück		200,00 €	**200,00**	**Marktpreis** (€/Stk.)
Planabsatz		500 Stück		
Zielkostenermittlung				
Planumsatz		100.000 €		
- Mindestgewinn	15 %	- 15.000 €	**- 30,00**	**Gewinn** (€/Stk.)
= Zwischensumme		85.000 €		
- Vertriebskosten		- 10.000 €		
- Verwaltungskosten		- 9.600 €		
= Zwischensumme		65.400 €		
- Konstruktion		- 20.000 €	**- 170,00**	**Zielkosten** (€/Stk.)
- Arbeitsvorbereitung		- 4.000 €		
- Werkzeuge		- 10.000 €		
= Zwischensumme		31.400 €		
- Materialkosten		- 7.150 €		
= Zulässige Fertigungskosten		24.250 €		

Lösung zu Aufgabe 9: Zielkostenkalkulation, Industrie

a) Berechnungsschritte:

1. Erstellen Sie das Kalkulationsschema von MEK bis zum Listenverkaufspreis.

2. Tragen Sie die Angaben der Aufgabenstellung in das Schema ein (Prozentsätze und Fertigungseinzelkosten).

3. Erstellen Sie die Rückwärtskalkulation – vom LVP (= 10.000 €) ausgehend.

   Beachten Sie dabei die jeweilge Basis der Zuschlagssätze (s. in der Tabelle eingezeichnete Pfeile).

4. Kalkulieren Sie zunächst rückwärts bis zu den Herstellkosten.

5. Kalkulieren Sie danach die Fertigungskosten (mit angegebenem FGKZ).

6. Ermitteln Sie die Materialkosten als Differenz von Herstellkosten minus Fertigungskosten.

7. Kalkulieren Sie rückwärts von den Materialkosten zu den Materialeinzelkosten.

€

				€	
	Materialeinzelkosten (MEK)		↑	**3.607,16**	
+	Materialgemeinkosten (MGK)	20 %	↑	721,43	vom vermehrten Wert
=	Materialkosten (MK)		↑	4.328,59	MK = HK - FK
	Fertigungseinzelkosten (FEK)			**1.300,00**	
+	Fertigungsgemeinkosten (FGK)	150 %	↓	1.950,00	vom Hundert
=	Fertigungskosten (FK)		↓	3.250,00	
=	Herstellkosten (HK)		↓	7.578,59	
+	Verw.- und Vertr.gemeinkosten	30 %	↑	2.273,58	
=	Selbstkosten		↑	9.852,17	
+	Gewinn	15 %	↑	1.477,83	
=	Barverkaufspreis			11.330,00	
+	Kundenskonto	3 %	↓	330,00	vom verminderten Wert
=	Zielverkaufspreis		↓	11.000,00	
+	Kundenrabatt	10 %	↓	1.000,00	vom verminderten Wert
=	Listenverkaufspreis		↓	10.000,00	

Die maximale Höhe der Materialeinzelkosten betragen 3.607,16 €.

 INFO

► Machen Sie die Probe der Zielkostenkalkulation (Rückwärtsrechnung) in der Vorwärtsrechnung (von den Materialeinzelkosten bis zum Listenverkaufspreis).

► Beachten Sie die jeweilige Zuschlagsbasis (vom Hundert, vom vermehrten/verminderten Wert).

b)

Gewinn = Barverkaufspreis - Selbstkosten

= 11.300 € - 10.550 € = 750 €

Dies entspricht ≈ 7,11 % = $\dfrac{\text{Gewinn} \cdot 100}{\text{Selbstkosten}}$

Lösung zu Aufgabe 10: Prozesskostenrechnung

	Teilprozesse	Kostentreiber	lmi-Prozess-menge (Stück)	Teilprozesskosten (€)		
				gesamt	davon: lmi	davon: lmn
1	Angebote einholen	Anzahl der Angebote	300	5.000	4.000	1.000
2	Material bestellen	Anzahl der Bestellungen	500	9.500	7.500	2.000
3	Abteilung Einkauf leiten	–	–	40.000	–	40.000
4	Auftrag fakturieren	Anzahl der Rechnungen	900	10.800	10.800	–
	Summe der Kosten			65.300	22.300	43.000

Berechnung der Teilprozesskostensätze:

Teilprozess	Berechnung	Teilprozesskostensatz
1	4.000 : 300	= 13,33 €
2	7.500 : 500	= 15,00 €
4	10.800 : 900	= 12,00 €

Lösung zu Aufgabe 11: Kostenstrukturkennzahlen

Kostenart	€	Anteil	Einzelkosten (EK)	Gemeinkosten (GK)
Materialkosten	80.000	100,00 %		
- Rohstoffe	70.000	87,50 %	X	
- Hilfsstoffe	8.000	10,00 %		X
- Betriebsstoffe	2.000	2,50 %		X

Der Tabelle kann folgende Kostenstruktur entnommen werden:

▸ Struktur der Materialkosten in Roh-, Hilfs- und Betriebsstoffe:
   R : H : B = 0,875 : 0,1 : 0,025

   Verändert sich diese Kostenstruktur – bei unveränderten Produktionsverhältnisse – so sind die Ursachen zu ermitteln, z. B. Veränderung der Mengen- und/oder Wertstrukturen.

▸ Verhältnis der Gemeinkosten zu den Einzelkosten: 1 : 7 = 14,2857 %

Lösung zu Aufgabe 12: Kostenstrukturkennzahlen, Deckungsbeitragssatz

		Situation vor der Preissenkung	Situation nach der Preissenkung
Marktpreis	p	5,00	4,00
- variable Stückkosten	k_v	2,20	2,20
= Stückkdeckungsbeitrag	db	2,80	1,80
→ **Deckungsbeitragssatz**	**db-Satz**	**56 %**	**45 %**

Der Deckungsbeitragssatz sinkt nach der (marktbedingten) Preissenkung von 56 % auf 45 %

Lösung zu Aufgabe 13: Kostenstrukturkennzahlen, Sicherheitsgrad

		Produkt 1	**Produkt 2**	**Produkt 2**
Fixkosten (€)	K_f	20.000	40.000	80.000
Umsatz (€)	p • x	80.000	100.000	150.000
- variable Kosten (€)	Kv	50.000	60.000	90.000
= Deckungsbeitrag (€)	DB	30.000	40.000	60.000
→ **Sicherheitsgrad**	**SG**	**150 %**	**100 %**	**75 %**

- Der Sicherheitsgrad von 150 % bei Produkt 1 zeigt, dass 50 % mehr als zur Deckung der Fixkosten erforderlich sind, erzielt werden (Beitrag zur Gewinnerzielung).

  Bei Produkt 2 (Sicherheitsgrad 100 %) reicht der Deckungsbeitrag gerade aus, um die Fixkosten zu decken.

  Bei Produkt 3 ist nur eine Fixkostendeckung von 75 % gegeben.

- Der Sicherheitsgrad ist aussagekräftiger als der Deckungsbeitragssatz. Der Anteil der Fixkosten am Umsatz ist ein Maß für das **Kostenstrukturrisiko**: Je höher der Anteil der umsatzunabhängigen Kosten ist, desto kritischer ist ein Umsatzrückgang zu bewerten.

6. Ein internes Kontrollsystem sicherstellen

Lösung zu Aufgabe 1: Risiken identifizieren

a) Ursachen für die Zunahmen von Risiken der deutschen Unternehmen sind z. B.:

- ► Globalisierung des Wettbewerbs
- ► gesetzliche Regelungen
- ► erhöhte Anforderungen der Kunden
- ► zunehmende Variantenvielfalt
- ► beschleunigter und komplexer Datenaustausch.

b) Risiken je Funktionsbereich sind z B.:

1. Beschaffung und Einkauf:
   - ► Höhe der Kostenbudgets je Abteilung und Mitarbeiter
   - ► Einhaltung der Qualitätsstandards
   - ► Höhe der Reklamationsquote
   - ► regelmäßige Bestandskontrolle
   - ► Einhaltung der Beschaffungskonditionen.

2. Entwicklung und Produktion:
   - ► Höhe der Budgets für Forschung und Entwicklungsvorhaben
   - ► Dauer der Entwicklung bis zur Markteinführung
   - ► Entwicklung der produktionsrelevanten Kosten
   - ► Entwicklung der Ausschussquote
   - ► Phase des Produktlebenszyklus.

3. Absatz und Vertrieb:
   - ► Kriterien der Preisbildung
   - ► Anzahl und Art der Vertriebskanäle
   - ► Sicherung der Forderungsaußenstände
   - ► funktionierendes Mahnwesen
   - ► Überprüfung des Werbeerfolgs.

Lösung zu Aufgabe 2: Risiken durch Auslagerung

a) ► Die **operationalen Prozessrisiken** werden aufgrund komplexerer Vorgänge, Kommunikation und Zunahme der Schnittstellen in den Bearbeitungsprozessen erhöht (z. B. Abwicklung von Leistungsfällen, Bereitstellung von Daten für die Rechnungslegung und Berechnung der Deckungsrückstellungen).

Weitere operationale Risiken der Auslagerung kommen hinzu, wenn die Auslagerung eventuell beendet werden muss oder der Dienstleister ausfällt und kurzfristig eine Lösung für die Bewältigung der Aufgaben gefunden werden muss. Möglicherweise werden die Risiken aus den ausgelagerten Prozessen durch mangelnde Transparenz nicht rechtzeitig erkannt oder die Überwachung der Auslagerung und Aufrechterhaltung der Schnittstellen werden aufwendiger als gedacht.

- Die **strategischen Risiken** werden erhöht, da die Auslagerung teurer sein kann als gedacht und die Strategieänderung nicht den beabsichtigten Erfolg bringt.

- Die **Reputationsrisiken** werden erhöht, da die direkte Verbindung mit den Mitgliedern der Pensionskasse über den Dienstleister erfolgt und nicht mehr unter der vollständigen Kontrolle der Pensionskasse steht.

- Die **Rechtsrisiken** werden erhöht wegen der Komplexität der Strukturen (z. B. Datenschutz und der Austausch von Daten mit dem externen Dienstleister).

b) Risiken, die beim externen Dienstleister zu betrachten sind, z. B.:

- Mitarbeiterkapazität

- Qualität der Ablauforganisation und des Kontrollsystems, Arbeitsrückstände

- Durchlaufzeit der Bearbeitung von Vorgängen.

Lösung zu Aufgabe 3: Frühindikatoren

a)

Frühindikator- bereich, extern	Indikator	Informationsquelle – Beispiele
1. **Politisches Umfeld**	mittel- und langfristige Entwicklung des gesellschaftlichen und politischen Umfeldes	- Gesetzesänderungen - Parteiprogramme - nationale und internationale Verträge
2. **Ökonomie**	Änderung der wirtschaftlichen Entwicklung	- Entwicklung des BIP - Entwicklung der Investitionstätigkeit - Verbrauchsentwicklung
3. **Technik**	Entwicklung der technologischen Trends	- Fachbeiträge - Messen - Entwicklung der Patentanmeldungen
4. **Branchentypische Indikatoren**	Entwicklung von Teilmärkten der Branche	- Auftragseingänge - Baugenehmigungen - Konzentrationsentwicklung

b)

Frühindikatorbereich, intern	Indikator	Einflussfaktoren – Beispiele
1. Materialbereich	Entwicklung von Kennzahlen im Materialbereich	► Lagerbestände ► Kostenentwicklung ► Einkaufspreise ► Lieferantenstruktur
2. Fertigungsbereich	Entwicklung von Strukturen und Kennzahlen im Fertigungsbereich	► Fertigungsverfahren ► Kostenentwicklung ► Ausschussquote ► Auslastung der Anlagen
3. Absatzbereich	Entwicklung von Strukturen und Kennzahlen im Absatzbereich	► Gestaltung der Produkte ► Vertriebsstruktur ► Entwicklung der Verkaufspreise ► Reklamationen
4. Personalbereich	Entwicklung der Beschäftigung, der Löhne und der Arbeitszeiten	► durchschnittliche Lohnhöhe ► durchschnittliche Arbeitszeit ► Altersstruktur ► Fluktuation

Lösung zu Aufgabe 4: Aufbau eines internen Kontrollsystems

a) Zielsetzung eines IKS nach Coso:
- ► Effizienz und Effektivität der Geschäftstätigkeiten
- ► Verlässlichkeit der finanziellen Berichterstattung
- ► Einhaltung der Gesetze und Verordnungen (Compliance)
- ► Schaffung einer Unternehmenskultur, in der betrügerisches Verhalten verhindert oder zumindest vermindert wird.

b) Maßnahme zur Umsetzung eines IKS, z. B.:
- ► Aktualisierung der Aufbauorganisation
- ► Trennung der Funktionen
- ► Festlegung der Verantwortlichkeiten
- ► Definition der Geschäftsprozesse
- ► Erstellung von Richtlinien und Anweisungen
- ► Dokumentation der Kontrollen.

c) Elemente eines IKS, z. B.:

▸ **Kontrollumfeld:**

Rahmen für die Einführung, Anwendung und Überwachung der IKS-Grundsätze, -Verfahren und -Maßnahmen.

▸ **Risikoidentifizierung und -beurteilung:**

Die Risiken des Unternehmens müssen erkannt und laufend neu bewertet werden.

▸ **Kontrollaktivitäten:**

Dabei sind für alle Geschäftsbereiche und jede einzelne Abteilung zutreffende Kontrollmaßnahmen vorzusehen.

▸ **Information und Kommunikation:**

Es müssen im Unternehmen zuverlässige Informationssysteme und leistungsfähige Kommunikationskanäle eingerichtet sein, um sicherzustellen, dass einerseits alle Führungskräfte die für die Entscheidungsfindung notwendigen Informationen und andererseits alle Mitarbeiter die zur Ausübung ihrer Tätigkeiten und der internen Kontrolle benötigten Daten aktuell, zuverlässig und zeitgerecht in geeigneter Form erhalten.

▸ **Überwachung:**

Mit der Überwachung wird letztlich überprüft, ob die vorgegebenen Anweisungen auch tatsächlich eingehalten werden. Das IKS selbst muss laufend überprüft und ggf. angepasst werden.

d) Methoden, mit denen interne Risiken identifiziert werden können, z. B.:

▸ Befragungen

▸ Delphi-Methode

▸ FMEA (Fehler-Möglichkeiten-Einfluss-Analyse)

▸ Ishikawa-Diagramm

▸ Fehlerbaumanalyse

▸ Frühwarnsysteme.

e) Prinzipien eines IKS, z. B.:

▸ **Transparenz:** Geschäftsprozesse müssen definiert sein und Dritten eine Beurteilung ermöglichen, ob von den Beteiligten prozesskonform gearbeitet wurde.

▸ **Vier-Augen-Prinzip:** Alle wesentlichen Vorgänge müssen von einer zweiten Person geprüft werden.

▸ **Funktionstrennung:** Vollziehende, verbuchende und verwaltende Aufgaben müssen getrennt verantwortet werden.

▸ **Mindestinformation:** Für jeden Mitarbeiter dürfen nur die zur Durchführung seiner Aufgaben nötigen Informationen zur Verfügung stehen.

f) Formen der Überwachung (Monitoring) eines IKS, z. B.:

- ▸ betriebswirtschaftliche Überwachung:
  - Kontrolle (manuell, automatisch)
  - Revision (Datenauswertung, interne Revision)
- ▸ handelsrechtliche Überwachung:
  - interne Revision
  - externe Revision.
- ▸ organisationsrechtliche Überwachung
  - Checklisten
  - Ablaufpläne.

 TIPP

Auch andere, plausible Gliederungen sind korrekt.

---

g) Jeder Geschäftsführer einer GmbH ist gesetzlich verpflichtet ein IKS einzurichten, „das den Anforderungen des Unternehmens entspricht" (§ 22 Abs. 1 GmbHG). Der Umfang des betreffenden IKS ist vom Einzelfall abhängig. Dies gilt auch für Aktiengesellschaften jeder Größe, aufsichtsratspflichtige Genossenschaften sowie für Europäische Gesellschaften.

Lösung zu Aufgabe 5: Überprüfung eines internen Kontrollsystems

▸ Geeignete **Fragestellungen zur Aufbauorganisation**, z. B.:
- Liegt ein schriftliches Organigramm für das gesamte Unternehmen vor?
- Sind laut Organigramm die Verantwortungsbereiche der Mitarbeiter klar abgegrenzt?
- Sind die Kontrollspannen der Vorgesetzten angemessen (maximal 3 - 7 Mitarbeiter)?
- Sind die Stellvertretungen ausreichend geregelt?
- Sind das Organigramm und die Stellenbeschreibungen aktuell?
- Kann jede organisatorische Einheit von einem Neueinsteiger rasch durchschaut werden?

▸ Geeignete **Fragestellungen zur Ablauforganisation**, z. B.:
- Sind die Handlungs- und Unterschriftsvollmachten schriftlich dokumentiert und den Mitarbeitern bekannt?
- Sind in den Stellenbeschreibungen nur Tätigkeiten zusammengefasst, die bezüglich des IKS vereinbar sind?
- Wird bei der Unterschriftsvollmacht
  - · das Vier-Augen-Prinzip und
  - · das Prinzip der internen Kontrolle

  beachtet?

- Bestehen für die Kernprozesse schriftliche Ablaufbeschreibungen und -pläne?
- Sind die Arbeitsanweisungen aktuell und bekannt?

Lösung zu Aufgabe 6: Risikobewertung

a) Mögliche Risiken, z. B.:

1. Kleinstadt: Standortnachteil
2. Einkauf: Erhöhung der Einkaufspreise
3. Verkauf: Anstieg des Wettbewerbs
4. Verkauf: Veränderung der Verbrauchergewohnheiten
5. Personal: schlechte oder fehlende Nachfolgeplanung.

b) Risiko, das nicht gegeben ist:

- ► Währungsrisiko → Euroraum
- ► Produktion → Maschinenausfälle.

c)

Risiko	Eintrittswahr-scheinlichkeit	Schadensaus-maß
1. Standortnachteil	hoch	mittel
2. Erhöhung der Einkaufspreise	mittel	mittel
3. Anstieg des Wettbewerbs	mittel	mittel
4. Veränderung der Verbrauchergewohnheiten	mittel	niedrig
5. Schlechte oder fehlende Nachfolgeplanung	hoch	hoch

 TIPP

Auch andere, plausible Bewertungen sind möglich.

d) Risikomatrix:

Eintrittswahrscheinlichkeit				
hoch		1.	5.
mittel	4.	2., 3.	
niedrig			
	niedrig	mittel	hoch
	Schadensausmaß		

 TIPP

Auch andere, plausible Bewertungen sind möglich.

Lösung zu Aufgabe 7: Risikominimierung und SWOT-Analyse

a) **Risikomindernde Maßnahmen**, z. B.:
- ▸ Auswahl eines geeigneten Standorts
- ▸ Suche und Auswahl eines qualifizierten Personals
- ▸ Bereitstellung ausreichender finanzieller Ressourcen
- ▸ Beachtung der Kaufgewohnheiten in den neuen Märkten
- ▸ Zusammenarbeit mit lokalen, dort ansässigen Unternehmen

b) Worin liegen meine **Stärken**?
- ▸ Welche Vorteile bietet das Unternehmen?
- ▸ Worin sind wir besser als andere?
- ▸ Worin sehen andere unsere Stärken?

Welche **Schwächen** liegen bei uns vor?
- ▸ Was sollten wir verbessern?
- ▸ Was sollten wir vermeiden?
- ▸ Welche unserer Faktoren können zum Misserfolg führen?

Welche **Chancen** bieten sich?
- ▸ Welche Chancen bieten die neuen Märkte?
- ▸ Welche lokalen Veränderungen können neue Chancen bieten?
- ▸ Welche neuen Trends können von Interesse sein?

Welche **Risiken** bestehen?
- ▸ Wie agiert der Wettbewerb in den neuen Märkten?
- ▸ Ändern sich die Qualitätsstandards?
- ▸ Reichen die finanziellen Ressourcen aus?

Lösung zu Aufgabe 8: Vermeidung von Risiken

a) Maßnahmen zur Vermeidung von Risiken, z. B.:
- ▸ Analyse der relevanten Geschäftsprozesse, insbesondere der Kernprozesse, z. B. Einkaufs- und Absatzprozesse im Handelsunternehmen.
- ▸ Erstellen von Risiko-Kontroll-Matrizen, z. B.:

Teil-prozesse	Risiko	Risiko-ausmaß	Maßnahmen	verant-wortlich	Art der Kontrolle[1]	Fazit (ok/nein)
Bestel-lung	Nicht benötigte Bestellungen werden erteilt.	hoch	Bestellungen: ▸ nur durch Formular ▸ nur vom Einkäufer	Einkäufer Einkaufs-leiter	m, p	ok
	Bestellungen gehen verloren oder werden vergessen.	gering	Bestellungen sind durchnummeriert. EDV gibt Liste der nicht verwendeten Bestell-Nr.	Einkäufer	m, a, d, p	ok

---

[1] m = manuell, a = automatisch, d = deduktiv, p = präventiv

Teil-prozesse	Risiko	Risiko-ausmaß	Maßnahmen	verant-wortlich	Art der Kontrolle[1]	Fazit (ok/nein)
Rech-nungs-erfassung	Rechnungen werden doppelt erfasst.	gering	Rechnungen werden in die anfordernden Abtei-lungen weitergeleitet. Abgleich von Bestel-lung, Wareneingang und Rechnung.	Buch-haltung Buch-haltungs-leiter	m, p	ok
	Rechnung wird mit falschen Daten erfasst.	gering	Zweite Person überprüft stichprobenartig die Datenerfassung.	Buch-haltung	m, d	ok

- Ermittlung von Fraud-Indikatoren, z. B. Überprüfung der Reisekostenabrechnung und der Kassenberichte.
- Ermittlung von Kennzahlen zur Erfassung von Risiken, z. B.:
  - **Debitorenlaufzeit:**

    Die Debitorenlaufzeit zeigt an, wie lange es durchschnittlich dauert, bis die Kunden ihre Rechnung bezahlen.
  - **Wareneinsatz:**

    Je geringer der Wareneinsatz ist, desto mehr Ergebnis verbleibt zur Abdeckung der übrigen Kosten im Unternehmen.

b) ► Wegen der Bedeutung der Kernprozesse muss das IKS hier mehr Analyseaufwand betreiben.

  ► Bei Supportprozessen sollte der Aufwand eher geringer gehalten werden.

  ► Insgesamt gilt: Bei Kernprozessen geht es darum, die Wertschöpfung zu realisie-ren und zu steigern, bei Supportprozessen geht es darum, die Kosten zu senken.

Lösung zu Aufgabe 9: Bilanzrechtliche Maßnahmen

Bilanzrechtliche Maßnahmen zur Risikovorsorge sind z. B.:

- handelsrechtliche Vorgaben nach dem strengen Niederstwertprinzip
- Rückstellungen
- Wagniszuschläge in der Kalkulation
- Wertberichtigungen
- Abschreibungen
- Bildung von Rücklagen
- Schaffung einer angemessenen Eigenkapitalbasis für evtl. Verluste (Eigenkapital-politik)
- Schaffung von Liquiditätsreserven zur Vermeidung der Zahlungsunfähigkeit.

---

[1] m = manuell, a = automatisch, d = deduktiv, p = präventiv

7. Kommunikation, Führung und Zusammenarbeit mit internen und externen Partnern sicherstellen

Lösung zu Aufgabe 1: Kommunikation und Präsentation

a) Formen der Kommunikation sind:

- ► verbale Kommunikation: Wortwahl/Wortschatz, Satzbau, Grammatik
- ► non-verbale Kommunikation: Mimik, Gestik, Körperhaltung, Symbole, Körperreaktion
- ► paraverbale Kommunikation: Stimmeigenschaften, Sprechverhalten.

b) Techniken der Gesprächsführung sind u. a.:

- ► aktives Zuhören
- ► Wiederholung
- ► Fragetechniken
- ► Präzisierung
- ► Pausen/Schweigen
- ► Stimmeigenschaften/Tonalität
- ► Mimik, Gestik, Körperhaltung, bildhafte Sprache usw.

c) Folgende Fragearten werden für gewöhnlich verwendet:

- ► Geschlossene Frage: Hat die Brauerei eine eigene Buchhaltung?
- ► Offene Frage: Wie wird der Jahresabschluss erstellt?
- ► Alternativfrage: Wird der Jahresabschluss durch die eigene Buchhaltung oder einen externen Dienstleister erstellt?
- ► Hypothetische Frage: Versetzten Sie sich die Lage des Kunden, wie würde Ihnen unserer neues Produktdesign gefallen?
- ► Skalierende Frage: Wie ist die Stimmung in der Abteilung von eins (sehr schlecht) bis fünf (sehr gut)?
- ► Zirkuläre Frage: Was vermuten Sie, wie sich unser langjähriger Kunde Schmidt fühlt, wenn die Lieferung nicht rechtzeitig in den USA ankommt?

Darüber hinaus gibt es u. a. noch Suggestivfragen, manipulative Frage, problemorientierte Fragen (Verschlimmerungsfragen), Als-ob-Fragen, Übereinstimmungsfragen, problemlösungsorientierte Fragen (Verbesserungsfragen).

d) Die vier folgenden Rahmenbedingungen sollten u. a. bei der Präsentationsplanung Beachtung finden:

- ► Vor welchen Personenkreis wird gesprochen?

    Anpassen der Inhalte und der Sprache auf das Niveau und die Erwartungen des Publikums.

- ► Welche Kernaussage soll die Präsentation vermitteln?

  Die Präsentation sollte logisch aufeinander aufgebaut sein und das Publikum durch kurze, geprägte und möglichst visualisierte Ansätze zum Ziel des Vortrages führen. In Abhängigkeit der Kernaussage auch die verwendeten Methoden (Blitzlicht, Dialog, Expertenansprache, Ich-Perspektive usw.) auszuwählen, um unterhaltsame, informative, innovative oder entscheidungswirksame Stimmungen aufzubauen.

- ► Ist der Präsentator hinreichend fachlich präpariert?

  Der Redner sollte über eine komfortablen Wissensvorsprung gegenüber dem Publikum verfügen. Fehlende Informationen können dem Publikum auch nachgereicht werden. Fachliche Tiefe weckt Vertrauen in das Thema, birgt aber die Gefahr sich in Fachlichkeit zu verlieren und damit das Publikum.

- ► Welche Zeit steht zur Verfügung?

  Die zeitlichen Vorgaben sind die Richtschnur für die inhaltliche und methodische Gestaltung. Als grobe Faustformel gelten pro Folie zwei Minuten Redezeit. Die Zeit zu überziehen gilt vielerorts als unhöflich und respektlos. Präsentationregeln wie Pecha Kucha oder 10/20/30 können hier helfen.

- ► Wie ist der Raum und wie die Technik?

  Die Vorbereitung einer Präsentation sollte die örtlichen Gegebenheiten frühzeitig berücksichtigen. Bauliche Sichtbehinderung, mangelnde Verdunklung, reine Kunstlichtbeleuchtung ver-/behindern den Erfolg der Präsentation. Auch ist die Technik rechtzeitig zu prüfen und die Anordnung der Arbeitsmittel im Sinne der Ergonomie des Vortragenden vorzunehmen.

e) Die Phasen der Präsentationerstellung sind:

- ► Ideen generieren, sammeln (z. B. durch Brainstorming oder mit einer Mindmap)
- ► Ideen gruppieren und den Kern herausarbeiten bzw. Botschaften erzeugen
- ► Storyboard/Struktur (roter Faden der Botschaften) entwickeln (ohne Computer)
- ► Folien skizzieren (ohne Computer)
- ► Storyboard am Computer anlegen und Folien erstellen.

  Eine Präsentation sollte aus den Vortragsfolien, den persönlichen Notizen und einer Handreichung/Handout für das Publikum bestehen. Insbesondere das Handout führt zu einer inhaltlichen Entlastung des Vortrages.

Lösung zu Aufgabe 2: Ziele und Aufgaben des Personalmanagements

a) Die organisationale Gliederung und personelle Verteilung könnte wie folgt abgebildet werden:

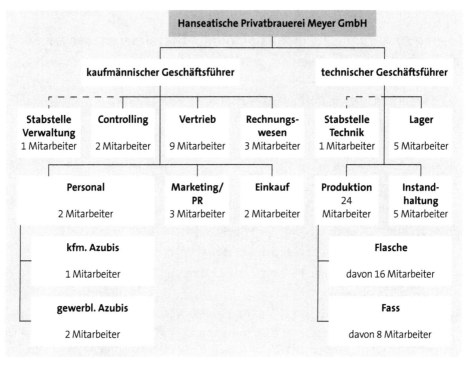

b) Die wesentlichen Aufgabenfelder des Personalbereiches sind:

- ► Personalstrategie
- ► Personalbestands- und bedarfsbestimmung
- ► Personalentwicklung
- ► Personalbeschaffung
- ► Personalfreisetzung
- ► Personaleinsatz
- ► Personalbeurteilung
- ► Personalkosten
- ► Personalverwaltung
- ► Personalcontrolling.

c) Die Personalplanung ist Bestandteil der unternehmerischen Gesamtplanung und steht in Abhängigkeiten zu anderen Teilplänen der Brauerei. Beispielsweise ergeben sich aus einem konkreten Personalbedarf forcierende Personalbeschaffungsmaßnahmen wie Stellenanzeigen oder Headhunteraktivitäten. Im Erfolgsfall führen diese Maßnahmen zu Einstellungen und damit zu Gehaltszahlungen. Die Aufwendungen für die Beschaffung und die laufenden Entgelte zeigen sich sowohl in der GuV, Liquidität aber auch im Eigenkapital. Folglich ist der Planungsprozess immer auf das Gesamtunternehmen abzustellen, um ein ganzheitliches Bild der künftigen Aufwands- und Ertragslage zu erhalten.

Lösung zu Aufgabe 3: Personalplanung/-bestand und -bedarf

a) Das Ziel der Personalplanung ist die systematische und vorausschauende Bereitstellung:

- der erforderlichen Anzahl an Arbeitskräften (Quantität)

- mit den notwendigen Qualifikationen (Qualität)

- zur richtigen Zeit

- am richtigen Ort.

Die Personalplanung muss folgende wesentlichen Aufgaben erfüllen: Planung

- des quantitativen und qualitativen **Personalbestandes**- und **-bedarfes**

- der internen und/oder externen **Personalbeschaffung**

- der Personalintegration und des **Personaleinsatzes**

- von Anpassung durch **Personalentwicklung** und **Personalfreisetzung**

- der **Personalkosten**.

b) Der Personalbestand ist die quantitative und/oder qualitative Übersicht über die aktuellen Personalbestände im Unternehmen, ggf. mit einer vertiefenden Untergliederung nach Köpfen, gewichtete Köpfe usw. Der Personalbestand, die Zu- und Abgänge und der zukünftigen Personalbestande bilden die Basis für die Personalbestandplanung. Quantitative Kriterien sind Mengengerüste u. a. nach Abteilungen, Mitarbeiterstatus, nach Voll- oder Teilzeitstellen. Qualitative Merkmale stellen vornehmlich auf Qualifikationen o. Ä. ab.

c) Bruttopersonalbedarf und Nettopersonalbedarf lassen sich wie folgt ermitteln:

1. **Schritt Ermittlung des Bruttopersonalbedarfes (BPB)**

   Soll: Hochrechnung des Personalbestandes, um die zu erwartenden Zu- und Abgänge zu Beginn der Planungsperiode (t_1) und der Hinzurechnung von zu erwartenden Personalveränderungen/-bedarf in der Planungsperiode (t_2).

2. **Schritt Ermittlung des Personalbestandes (PB)**

   Ist: Hochrechnung des Personalbestandes, um die zu erwartenden Zu- und Abgänge in der laufenden Periode (t_1).

3. **Schritt Ermittlung des Nettopersonalbedarfes (NPB)**

   Δ: Saldierung des Bruttopersonalbedarfes (Soll) und des Personalbestandes (Ist).

Quelle: vgl. *Krause/Krause/Stache* 2016, S. 857.

d) Folgende Methoden kommen in der Personalbedarfsplanung zur Anwendung:

- ► Schätzverfahren
- ► Stellenplanmethode
- ► Trendverfahren
- ► Personalbemessung
- ► Regressions- und Korrelationsverfahren
- ► Kennzahlenmethode.

e) Folgende Möglichkeiten der kurzfristigen Personalbedarfsdeckung gibt es u. a.:

Mehrarbeit: Realisierung von temporären Überstunden, um bspw. die Produktion sicherzustellen. Diese dürfen nur im Rahmen der gesetzlichen oder tariflichen Bestimmung geleistet werden.

Urlaubsverschiebung/-stopp: Urlaub in Zeiträume verschieben, die nicht durch Produktionsspitzen bzw. Personalengpässe o. Ä. gekennzeichnet ist. Auch hier sind ggf. die gesetzlichen Bestimmungen zu beachten.

Versetzung/Anstellung: Kurz- oder langfristige Veränderung des Arbeitsplatzes, um bspw. personelle Engpässe zu kompensieren. Diese sind ggf. zustimmungspflichtig durch den Betriebsrat.

Lösung zu Aufgabe 4: Personalbeschaffung und -entwicklung

a) Das strategische Personalmanagements hat u. a. folgende Aufgabenfelder in einer mittel- bis langfristigen Perspektive:

- ► Personalentwicklung: bspw. Abbildung der langfristigen Entwicklungsziele für die Belegschaft (u. a. technologischer Wandel, Demografie) und Berücksichtigung bzw. Überwachung im Planungsprozess/Budget.
- ► Personalbeschaffung: u. a. Festlegung der Perspektiven für die quantitative, qualitative, zeitliche und örtliche Personalbedarfsdeckung.
- ► Personalfreisetzung: z. B. Festlegung zur Reduktion von Personalüberhängen.
- ► Personaleinsatz: z. B. Implementierung von Arbeitszeitmodellen im Kontext der langfristigen Marktentwicklung (azyklische Produktion, On Demand Produktion)
- ► Personalkosten: z. B. Stabilisierung und/oder Absenkung der Personalkosten durch langfristige tarifliche Bindungen. Gestaltung von attraktiven Vergütungsmodellen zur Mitarbeiterbindung.

Quelle: vgl. *Dillerup/Stoi* 2011, S. 515; *Dolge* 2013, S. 148.

b) Die strategische und operative Ebene können wie folgt grafisch voneinander abgegrenzt werden:

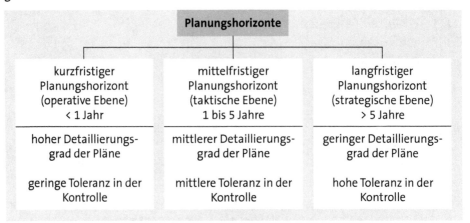

Quelle: in Anlehnung an: *Dillerup/Stoi* 2011, S. 280; *Dettmer/Hausmann* 2010, S. 101.

c) Die Brauerei könnte folgende Personalbeschaffungswege nutzen:

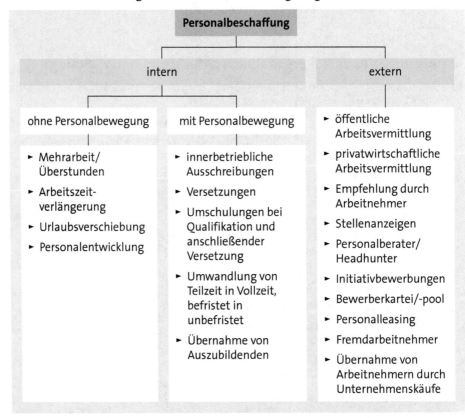

Quelle: in Anlehnung an: *Olfert* 2008, S. 106; *Dillerup/Stoi* 2011, S. 531 bis 532; *Olfert* 2015, S. 130 bis 153.

Schnittmengen zwischen der Personalbeschaffung und der Personalentwicklung sind dahingehend gegeben, dass die Personalentwicklung auch im Allgemeinen als interne Personalbeschaffung bezeichnet wird. Dies trifft Maßnahmen wie Umschulung, Aus-, Fort- und Weiterbildung aber auch grundlegende methodische Ansätze wie near, along oder off the job.

d) Folgende Ziele in der Personalentwicklung bestehen aus Sicht des Unternehmens und des Mitarbeiters:

Ziele der Personalentwicklung	
Unternehmen	**Mitarbeiter**
‣ Sicherung eines qualifizierten Mitarbeiterbestandes ‣ Leistungsverbesserung der Beschäftigten ‣ Erhöhung der Mitarbeiterzufriedenheit ‣ …	‣ Entfaltung der Persönlichkeit ‣ Erhöhung des Prestige ‣ Steigerung des Einkommens ‣ …

Quelle: vgl. *Dillerup/Stoi* 2011, S. 526 bis 528; *Dolge* 2013, S. 148.

e) Im Folgenden sollen drei Methoden der Personalentwicklung kurz beschrieben werden:

into the job: Vorbereitung auf die künftigen beruflichen Aufgaben, häufig mit dem Ziel des Erwerbs von Überblickwissen bzw. inhaltlichen Einstiegs. Der Lernort kann zeitlich begrenzt den künftigen Arbeitsplatz umfassen, ist aber zumeist davon entkoppelt. Bspw. in der Berufsausbildung in der Berufsschule (Theorie) und dem Betrieb (Praxis).

on the job: Praxisorientierte Wissensvermittlung am Arbeitsplatz, zumeist systematisch und häufig in der laufenden Tätigkeit. Zum Beispiel Kennenlernen der neuen Programmfunktionalität in der Unterweisung durch Kollegen.

along the job: Gestaltung der künftigen beruflichen Laufbahn durch Einblicke in höherwertige Tätigkeiten und gezielte Vorbereitung auf ein kommendes Aufgabenfeld. Der Lernort kann, muss aber nicht der Arbeitsplatz sein. Räumliche Wechsel führen zumeist zu Perspektivwechseln. Bspw. Beratungsgespräche, wie Qualifikationen erreicht werden können, oder zeitlich begrenzte Vertretung von Vorgesetzen oder Kollegen im eigenen oder fremden Aufgabenumfeld.

Quelle: vgl. *Olfert* 2016, S. 137 bis 141; *Dillerup/Stoi* 2011, S. 526 bis 527.

Lösung zu Aufgabe 5: Berufsausbildung

a) Bedeutsame Gesetze für die Berufsausbildung sind u. a. das Berufsbildungsgesetz (BBiG), die Ausbildereignungsprüfung (AEVO), ggf. die Handwerksordnung (HwO), das Jugendarbeitsschutzgesetz (JArbSchG), das Schwerbehindertengesetz (SchwbG), das Bundesurlaubsgesetz (BurlG), das Arbeitszeitgesetz (ArbZG), das Entgeltfortzahlungsgesetz (EntgFG), das Betriebsverfassungsgesetz (BetrVG), das Mutterschutzgesetz (MuSchG), die Gewerbeordnung (GewO), das Kündigungsschutzgesetz (KSchG).

b) Das duale System ist ein Ausbildungskonzept und gliedert sich in die praktische Ausbildung (Lernort: Unternehmen) und in die theoretische Ausbildung (Lernort: Berufsschule). Dabei sieht das duale System eine enge inhaltliche Abstimmung zwischen dem Lernort Unternehmen und Lernort Berufsschule vor. Diese kann nicht in jedem Fall gewährleistet werden. Vertragliche Grundlage im Dualen System bildet der Berufsausbildungsvertrag.

c) Das Unternehmen muss, gem. § 27 Abs. 1 Nr. 1 BBiG, in der Art und Einrichtung für die Berufsausbildung geeignet sein. Das heißt das Unternehmen muss durch seine Struktur und Ausstattung in der Lage sein, den gewünschten Ausbildungsberuf ausbilden zu können. Auch muss nach § 27 Abs. 1 Nr. 2 BBiG ein angemessenes Verhältnis von Auszubildenden und beschäftigen Fachkräften gegeben sein.

Ausbilden darf nach § 28 BBiG nur die Person, die persönlich und fachlich geeignet ist. Die persönliche Eignung, gem. § 29 BBiG ist u. a. dann nicht gegeben, wenn keine Kinder und Jugendliche beschäftigt werden dürfen (z. B. im Zuge von rechtskräftigen Verurteilungen) oder wiederholt bzw. schwerwiegend gegen das BBiG oder anderer Gesetze verstoßen wurde. Die fachliche Eignung liegt u. a. bei einer abgeschlossenen Berufsausbildung in der entsprechenden Fachrichtung oder einem abgeschlossenen Studium in der entsprechenden Fachrichtung vor. Darüber hinaus sind ebenfalls berufs- und arbeitspädagogische Fertigkeiten, Kenntnissen und Fähigkeiten, gem. § 30 BBiG, nachzuweisen. Die berufs- und arbeitspädagogische Befähigung wird für gewöhnlich über die Prüfung nach der Ausbilder-Eignungsverordnung (AEVO) – kurz AdA-Prüfung – erbracht.

Lösung zu Aufgabe 6: Personalfreisetzungen und -einsatz

a) Maßnahmen der Personalfreisetzung u. a.:

- Personalfreisetzungen mit Personalabbau: mit Kündigung – ordentlich, außerordentlich und Änderungskündigung; ohne Kündigung – Aufhebungsvertrag, Eigenkündigung, Berentung, Auslaufen der befristeten Verträge, Einstellungsstopp

- Personalfreisetzungen ohne Personalabbau: Versetzung, Personalentwicklung (Fort-/Weiterbildung), Überstundenabbau, Kurzarbeit, Arbeitszeitflexibilisierung, Produktionserweiterungen (bspw. Mehrproduktion für das Lager).

b) Folgende fünf Möglichkeiten (u. a.) zur Beendigung eines Arbeitsverhältnisses bestehen:

- Kündigung (durch Arbeitnehmer/durch Arbeitgeber)

- Aufhebungsvertrag

- Zeitablauf (Befristung, Berentung/Pension)

- Zweckerreichung (z. B. Projektabschluss)

- Tod.

c) Gründe für sozial gerechtfertigte Kündigungen können sein:

- ► personenbedingte Kündigung: Mängel in der fachlichen/charakterlichen Eignung, fehlende Arbeitserlaubnis, unter bestimmten Voraussetzungen: Krankheit, Drogensucht, Alkoholabhängigkeit

- ► verhaltensbedingte Kündigung: unentschuldigtes Fehlen, unbefugtes Verlassen des Arbeitsplatzes, unerlaubte Selbstbeurlaubung, Urlaubsüberschreitung, Störung des Betriebsfriedens

- ► betriebsbedingte Kündigungen: Rationalisierungsmaßnahmen, fehlende Rentabilität, Stilllegung eines Unternehmensbereiches, Gewinnrückgang (innerbetriebliche Gründe).

d) Folgende Personengruppen erfahren eine besondere Schutzbedürftigkeit:

- ► Auszubildende: Schutz der vornehmlich jungen Menschen in der Berufsausbildung, u. a. um den erzieherischen und vermittelnden Charakter sicherzustellen. Eine Kündigung durch den Arbeitgeber ist nach der Probezeit (von ein bis vier Monaten) nur in begründeten Fällen möglich.

- ► Schwangere: Schutz der werdenden Mutter und damit des Kindes vor Benachteiligung aber auch gesundheitlichen Auswirkungen (im weiteren Sinne).

- ► Behinderte Menschen: Schutz von Menschen mit geistiger oder körperlicher Behinderung, da eine Vermittelbarkeit am Arbeitsmarkt teilweise nicht oder nur erschwert möglich ist. Gleichermaßen auch Ausdruck der gesellschaftlichen Verantwortung (siehe auch Inklusion).

e) Folgend Arbeitszeitmodelle gibt es u. a.:

- ► reguläre Arbeitszeit

- ► Teilzeitansätze

- ► Gleitzeitmodelle

- ► Schichtarbeitmodelle

- ► Rollierende Arbeitszeitmodelle

- ► Sabbatical/Langzeiturlaub

- ► Job Sharing

- ► Telearbeit/Heimarbeitsplätze.

Kurzarbeit und Arbeitszeitflexibilisierung sind vorübergehende bzw. langfristige Anpassungen, um bspw. auf veränderte Marktgegebenheit und damit freie Personalkapazitäten unternehmensseitig reagieren zu können. Diese Maßnahmen führen nicht zu einem Personalabbau, sondern einer Anpassung der Arbeitszeit an den konkreten produktionsseitigen Bedarf. Kritisch sei anzumerken, dass die Abschmelzung und Flexibilisierung der Arbeitszeit im Hinblick auf die sozialen Gegebenheiten und Verpflichtungen (u. a. Miete, Kleidung, Nahrung) nicht ganz unkritisch sind.

Lösung zu Aufgabe 7: Personalcontrolling und Evaluierung

a) Das Personalcontrolling bildet die Schnittmenge zwischen den Funktionsbereichen Personalmanagement und Controlling, sowie den Abteilungen. Dabei ist es eingebettet in die unternehmerischen Ziele bzw. Subziele der Bereiche.

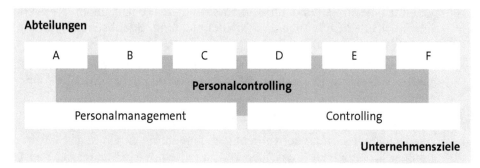

Das Personalcontrolling hat die Aufgaben, die personalpolitischen Zielsetzungen durch Planung, Analyse, Kontrolle und Steuerung (durch Maßnahmen) in der Personalarbeit zu erreichen. Abgeleitete Ziele sind u. a.: Transparenz der Kostenstruktur, optimale Gestaltung der Personalentwicklung, Senkung der Personalkosten. Konkretisierte Aufgabenfelder wären u. a.: Analyse von Arbeitsmarktgegebenheiten im Zuge der Personalbeschaffung, Budgetierung von Personalentwicklungsmaßnahmen, Ermittlung von Personalzuschlagssätzen/Stundensätzen für die Kalkulation, Pflege der statistischen Zeitreihen für die Planungsrechnung.

Das Personalcontrolling bedient sich hierfür der unterschiedlichsten Instrumenten (aus dem Controlling) wie Soll-Ist-Vergleich, Abweichungsanalysen, Gemeinkosten-Wertanalyse, Zero-Base-Budgeting oder personalwirtschaftlicher Kennzahle wie Fluktuationsrate, Besetzungsquoten usw. Darüber hinaus gehören Befragungen (qualitativ/quantitativ) oder systemische Ansätze wie die Balance Scorecard, Wissensbilanz oder Risikomanagementansätze zum Handwerkszeug des Personalcontrollings.

b) Die funktionale Zuordnung des Personalcontrollings kann sowohl im Personalmanagement als auch im Controlling liegen. Die Zuordnung Personalmanagement ist durch den Untersuchungsgegenstand Personal geprägt, während die Zuordnung Controlling von den historischen Wurzeln ausgeht. Unabhängig der funktionalen Zuordnung ist das Personalcontrolling eine Schnittmenge zwischen den Bereichen bzw. eine spezialisierte Controllingform mit dem Fokus auf die Unternehmensbelegschaft.

c) Qualitative Größen sind nicht monetäre, nicht in Geld bewertbare und zumeist nicht mess- bzw. zählbare Größen wie Mitarbeiterzufriedenheit oder qualitativer Personalbedarf.

Quantitative Größen sind monetäre Großen bzw. mess- oder zählbare wie Personalkosten, Produktivitätsstunden, Weiterbildungsquoten.

Lösung zu Aufgabe 8: Arbeits- und Gesundheitsschutz

a) Folgende Schwerpunkte hat der Arbeitsschutz:

- ► Unfallverhütung: Verhütung von Unfällen (Reduktion der Eintrittswahrscheinlichkeit) durch präventive Maßnahmen in der Sache, Strukturen, Prozessen und Personen. Beispielsweise durch regelmäßige Begehungen, technische Überprüfungen (u. a. TüV), baulichen oder technischen Maßnahmen, Schulungen und Belehrungen.

- ► Vermeidung von Berufskrankheiten: Maßnahmen, um berufsbedingte Erkrankungen vorzubeugen bzw. die Belastung für den Menschen bestmöglich zu minimieren. Berufsbedingte Erkrankungen können u. a. durch ungünstige Rahmenbedingungen (Lärm, Kälte, Hitze, Staub), durch einseitige oder fehlbelastende Prozesse (u. a. Fließbandarbeit) oder Einwirkung (u. a. Strahlung, Gase, Reizungen) verursacht werden.

- ► Verhütung von gesundheitlichen Gefährdungen: Maßnahmen mit präventiven oder minimierenden Charakter u. a. im Rahmen der Gefährdungsbeurteilung.

- ► Sicherstellung der Ersten Hilfe: Qualifizierung von Mitarbeitern, Bereitstellung der notwendigen Infrastruktur und Verprobung der Alarmierungsprozesse, um bei Unfällen eine schnelle und umfassende Versorgung sicherzustellen und gesundheitlichen Schäden entgegenzuwirken.

b) Gewerbeaufsicht zur Einhaltung der gesetzlichen Vorschriften und die Berufsgenossenschaft für die Einhaltung der berufsgenossenschaftlichen Vorschriften. Diese bilden den Dualismus des deutschen Arbeitsschutzes.

c) Zu den Aufgaben der Berufsgenossenschaft zählen im Wesentlichen:

- ► Träger der Unfallversicherung für Berufsunfälle und Berufskrankheiten

- ► Aufstellung, Herausgabe und Überwachung der Vorschriften für die Verhütung von Berufsunfällen (Unfallverhütungsvorschriften (UVV)) und Berufskrankheiten

- ► Beratung und Information von Arbeitgebern und Arbeitnehmern zur Unfallverhütung und Prävention

- ► Anordnung von Zwangsmaßnahmen durch technische Aufsichtsbeamte

- ► Durchführung von Reha-Maßnahmen bzw. Umschulung von Verletzten oder Berufserkrankten.

d) Die Aufgaben und Befugnisse der Gewerbeaufsicht umfassen

- ► unangemeldet Unternehmen betreten und überprüfen

- ► relevante Unterlagen wie Arbeitszeitnachweise, betriebliche Anweisungen, Belehrungen usw. abfordern und einsehen

- ► Daten erheben oder Proben entnehmen, bspw. Zeitmessungen, Schadstoffproben, Lärmmessungen

- ► Sachverständige im Bedarfsfall hinzuziehen und

- ► Arbeitsschutzmaßnahmen anordnen und ggf. zwangsweise durchsetzen.

e) Die folgenden Begrifflichkeiten können wie folgt unterschieden werden:

- ► Arbeitsstätte: sind Orte, die zur Nutzung für Arbeitsplätze vorgesehen sind. Diese Orte können Gebäude, im Freien, mobil oder immobil, temporärer oder permanenter Natur sein.

- ► Arbeitsraum: sind räumliche Bereiche in Gebäuden, in denen sich auf Dauer eingerichtete Arbeitsplätze befinden.

- ► Arbeitsplatz: sind Bereiche in Arbeitsstätten zu verstehen, an den Tätigkeiten regelmäßig bzw. dauerhaft ausgeführt werden. Der Arbeitsplatz ist die kleinste räumliche Struktureinheit in einem Unternehmen.

Musterklausur

1. Situationsaufgabe

Lösung zu Aufgabe 1:

Sachverhalt 1:
a), b), c)

Die mögliche Schadensersatzverpflichtung gegenüber der KieHo AG wegen einer Patentverletzung führte zum 31.12.2017 gem. § 249 Abs. 1 Satz 1 HGB i. V. m. § 246 Abs. 1 Satz 1 HGB zum Ansatz einer Rückstellung für ungewisser Verbindlichkeiten in der Handelsbilanz. Gemäß § 5 Abs. 1 Satz 1, Abs. 3 EStG; R 5.7 Abs. 2 EStR; H 5.7 Abs. 2 EStH ist ebenfalls in der Steuerbilanz eine Rückstellung für ungewisse Verbindlichkeiten anzusetzen.

Der Bilanzausweis erfolgte gem. § 266 Abs. 3 B. 3. HGB unter der Position „sonstige Rückstellungen".

Da zum 31.12.2020 weiterhin mit einer Schadensersatzforderung durch die KieHo AG gerechnet werden muss, ist die handelsrechtliche Rückstellung beizubehalten.

Gemäß § 253 Abs. 1 Satz 2 HGB ist die Rückstellung mit dem höheren Erfüllungsbetrag in Höhe von 2.400.000 € zu bewerten. Eine Abzinsung nach § 253 Abs. 2 Satz 1 HGB kommt nicht in Betracht, da die voraussichtliche Restlaufzeit der Rückstellung nicht mehr als ein Jahr beträgt. Es ist daher eine Zuführung in Höhe von 400.000 € vorzunehmen.

sonstige betriebliche Aufwendungen	400.000 €	an	sonstige Rückstellungen	400.000 €

In der Steuerbilanz war der Ansatz der Rückstellung zum Bilanzstichtag 31.12.2017 notwendig, da zum Zeitpunkt ihrer Bildung mit einer Inanspruchnahme der KieHo AG wegen der Rechtsverletzung ernsthaft zu rechnen war.

In der Steuerbilanz zum 31.12.2020 ist die Rückstellung allerdings gem. § 5 Abs. 3 Satz 2 EStG gewinnerhöhend aufzulösen.

Der Auflösungsbetrag in Höhe von 2.000.000 € ist steuerrechtlich gem. § 60 Abs. 2 EStDV außerbilanziell hinzuzurechnen.

Da die handelsrechtlichen und steuerrechtlichen Ansätze temporär voneinander abweichen, fallen aktive latente Steuern in Höhe von 720.000 € (2.400.000 € 0,3) an, die ausgewiesen werden können, § 274 Abs. 1 HGB. Der Ausweis erfolgt unter dem Posten „Aktive latente Steuern", § 266 Abs. 2 D HGB.

Sachverhalt 2:

a) Die Gebühren für die technische Überprüfung der Fahrzeuge stellt keine Außenverpflichtung der BüMö AG dar. Somit sind die Voraussetzungen gem. § 249 Abs. 1 Satz 1 HGB für die Handelsbilanz und gem. R 5.7 Abs. 2 EStR, H 5.7 Abs. 2 EStH für die Steuerbilanz nicht gegeben.

Die Rückstellung darf weder in der Handelsbilanz, noch in der Steuerbilanz angesetzt werden.

Die gebildete Rückstellung muss storniert werden.

b)

sonstige Rückstellungen	4.000.000 €	an	sonstige betriebliche Aufwendungen	4.000.000 €

Lösung zu Aufgabe 2:

Sachverhalt 1:
Kiefernholz
Das Kiefernholz ist als Rohstoff gem. § 246 Abs. 1 Satz 1 HGB in der Handelsbilanz als Vermögensgegenstand und gem. § 5 Abs. 1 Satz 1 EStG in der Steuerbilanz als Wirtschaftsgut anzusetzen.

Die Rohstoffe sind gem. § 247 Abs. 2 HGB Umkehrschluss und R 6.1 Abs. 2 EStR dem Umlaufvermögen zuzuordnen.

Der Bilanzausweis erfolgt gem. § 266 Abs. 2 B I. HGB unter der Position „Roh-, Hilfs- und Betriebsstoffe".

Die Zugangsbewertung erfolgt gem. § 253 Abs. 1 Satz 1 HGB; § 6 Abs. 1 Nr. 2 Satz 1 EStG mit den Anschaffungskosten (§ 255 Abs. 1 HGB; H 6.2 EStH). Die Bewertung in der Handels- und Steuerbilanz erfolgt in Euro (§ 244 HGB).

Da keine Anzeichen für Wertminderungen vorlagen und auch keine Verbräuche in 2020 stattfanden, entspricht der Bilanzansatz zum 31.12.2020 der Zugangsbewertung.

Wertentwicklung:
Zugang 20.11.2020 (2.000.000 CHF/1,456 €)   1.373.626,37 €

Wertansatz (Handels- u. Steuerbilanz) 31.12.2020   1.373.626,37 €

Verbindlichkeit aus Lieferungen und Leistungen

Die am Bilanzstichtag noch offene Rechnung gegenüber der Rübli Holz KG ist gem. § 246 Abs. 1 Satz 1 HGB; § 5 Abs. 1 Satz 1 EStG als Schuld bzw. negatives Wirtschaftsgut in der Handels- und Steuerbilanz auszuweisen.

Der Bilanzausweis erfolgt gem. § 266 Abs. 3 C. 4 HGB unter der Position „Verbindlichkeiten aus Lieferungen und Leistungen".

Die Zugangsbewertung der Verbindlichkeit in der Handelsbilanz erfolgt gem. § 253 Abs. 1 Satz 2 HGB mit dem Erfüllungsbetrag in Euro (§ 244 HGB).

In der Steuerbilanz erfolgt die Zugangsbewertung gem. § 6 Abs. 1 Nr. 3 EStG i. V. m. Nr. 2 EStG mit den Anschaffungskosten. Die Anschaffungskosten der Verbindlichkeit entspricht gemäß H 6.10 EStH dem Rückzahlungsbetrag in Euro. Gemäß H 6.2 EStH muss zum Zeitpunkt der Lieferung die Umrechnung erfolgen.

Die Zugangsbewertung in der Handels- und Steuerbilanz ist identisch:

Zugang 20.11.2020 (2.000.000 CHF/1,456 €)   1.373.626,37 €

Zum Bilanzstichtag muss die Verbindlichkeit in der Handelsbilanz zwingend zum Devisenkassamittelkurs umgerechnet werden (§ 256a Satz 1 HGB). Ist die Restlaufzeit kleiner als ein Jahr, sind gem. § 256a Satz 2 HGB, sowohl Fremdwährungsverluste, als auch Fremdwährungsgewinne auszuweisen.

Wertansatz Handelsbilanz (31.12.2020)   1.288.659,79 €
(2.000.000 CHF/1,552 €)

Es ergibt sich in der Handelsbilanz somit ein „Ertrag aus Währungsumrechnung" in Höhe von 84.966,58 €.

In der Steuerbilanz gilt das Anschaffungskostenprinzip (§ 6 Abs. 1 Nr. 3 i. V. m. Nr. 2 EStG), Währungsgewinne dürfen nicht ausgewiesen werden, da es sich um nicht realisierte Gewinne handelt. Das Maßgeblichkeitsprinzip wird im vorliegenden Fall durchbrochen.

Wertansatz Steuerbilanz (31.12.2020)   1.373.626,37 €
(2.000.000 CHF/1,456 €)

Somit ergibt sich zwischen den Wertansätzen der Handels- und Steuerbilanz eine Differenz in Höhe von 84.966,58 €.

Der handelsrechtliche Gewinn ist gem. § 60 Abs. 2 EStDV um 84.966,58 € zu kürzen um den steuerlichen Gewinn zu erhalten.

Da der handelsrechtliche Wertansatz der Schulden aufgrund einer temporären Differenz niedriger ist als der steuerrechtliche Gewinn, müssen gem. § 274 Abs. 1 HGB passive latente Steuern in Höhe von 25.489,97 € (30 % von 84.966,58 €) ausgewiesen werden.

Der Ausweis der latenten Steuer erfolgt gem. § 266 Abs. 3 E. HGB unter der Position „passive latente Steuern".

b) **bei Lieferung:**

Vorräte	1.373.626,37 €	an	Verbindlichkeiten aus Lieferungen und Leistungen	1.373.626,37 €

am 31.12.2020:

Verbindlichkeiten aus Lieferungen und Leistungen	84.966,58 €	an	sonstige betriebliche Erträge	84.966,58 €

Steuern vom Einkommen und vom Ertrag	25.489,97 €	an	passive latente Steuern	25.489,97

Sachverhalt 2:

a) Das Fälligkeitsdarlehen der American National Bank ist als Schulden bzw. negatives Wirtschaftsgut gem. § 246 Abs. 1 Satz 1 HGB und § 5 Abs. 1 Satz 1 EStG in der Handels- und Steuerbilanz anzusetzen.

Der Bilanzausweis erfolgt gem. § 266 Abs. 3 C 2. HGB unter der Position „Verbindlichkeiten gegenüber Kreditinstituten". Der Ausweis erfolgt gem. § 244 HGB in Euro.

Die Zugangsbewertung zum Zeitpunkt der Auszahlung erfolgt in der Handelsbilanz gem. § 253 Abs. 1 Satz 2 HGB mit dem Erfüllungsbetrag. In der Steuerbilanz erfolgt die Zugangsbewertung gem. § 6 Abs. 1 Nr. 3 i. V. m. Nr. 2 EStG mit den Anschaffungskosten. Die Anschaffungskosten einer Verbindlichkeit entsprechen gemäß H 6.10 EStH dem Rückzahlungsbetrag.

Der Erfüllungsbetrag und der Rückzahlungsbetrag sind im vorliegenden Sachverhalt identisch.

Zugang 01.07.2020 (Handels-/Steuerbilanz)
3.000.000 US-$/1,2454 € = **2.408.864,62 €**

Zum Bilanzstichtag muss die Verbindlichkeit gem. § 256 a Satz 1 HGB mit dem Devisenkassamittelkurs bewertet werden. Hieraus ergibt sich ein Erfüllungsbetrag in Höhe von 2.265.347,73 €. Es ergibt sich ein Währungsgewinn in Höhe von 143.516,89 €.

Gemäß § 256a Satz 2 i. V. m. § 252 Abs. 1 Nr. 4 HGB darf der Währungsgewinn allerdings nicht ausgewiesen werden, da es sich um einen nicht realisierten Gewinn handelt (Vorsichtsprinzip).

Auch in der Steuerbilanz dürfen gem. § 6 Abs. 1 Nr. 3 i. V. m. Nr. 2 EStG keine nicht realisierten Gewinne ausgewiesen werden.

Somit ergibt sich für die Handels- und Steuerbilanz zum Bilanzstichtag (31.12.2020) ein Wertansatz in Höhe von **2.408.864,62 €** (3.000.000 U-$/1,2454 €).

Das Darlehen wurde unter Abzug von 3 % Disagio ausgezahlt. Für das Disagio besteht gem. § 250 Abs. 3 Satz 1 HGB ein Aktivierungswahlrecht. In der Steuerbilanz besteht gem. H 6.10 EStH für das Disagio ein Aktivierungsgebot.

Da die Zielstellung der BüMö AG eine Einheitsbilanz ist, wird das Aktivierungswahlrecht in der Handelsbilanz in Anspruch genommen.

Der Bilanzausweis erfolgt gem. § 266 Abs. 2 C. HGB unter der Position „Rechnungsabgrenzungsposten". Der Ausweis erfolgt gem. § 244 HGB in Euro.

Der Zugang erfolgt bei Auszahlung:
3 % von 3.000.000 US-$/1,2454 = **72.265,94 €** (Handels-/Steuerbilanz)

Das Disagio ist bei endfälligen Darlehen gem. H 5.6 EStH in der Steuerbilanz über die Laufzeit (10 Jahre = 120 Monate) linear aufzulösen. Auch in der Handelsbilanz wird so verfahren.

Kursänderungen, die nach der Auszahlung auftreten, haben keinen Einfluss auf den Wertansatz des Disagios.

Auflösung in 2020

6 von 120 Monaten • 72.265,94 € = 3.613,30 €

Bilanzansatz (Handels-/Steuerbilanz) 31.12.2020 = 68.652,64 €

Die Zinsen für das Darlehen sind laufender Aufwand, die periodengerecht abgegrenzt werden müssen (§ 252 Abs. 1 Nr. 5 HGB). Die Zinsen des abgelaufenen Geschäftsjahres, werden erst im neunen Jahr gezahlt. Somit sind für die Zinsen des alten Geschäftsjahres zum Bilanzstichtag Verbindlichkeiten in der Handels- und Steuerbilanz anzusetzen (§ 246 Abs. 1 Satz 1 HGB; § 5 Abs. 1 Satz 1 EStG R 5.6 Abs. 3 Satz 2 EStR).

Der Bilanzausweis erfolgt gem. § 266 Abs. 3 C. 8 HGB unter der Position „sonstige Verbindlichkeiten".

Die Bewertung erfolgt in der Handelsbilanz mit dem Erfüllungsbetrag (§ 253 Abs. 1 Satz 2 HGB). In der Steuerbilanz erfolgt die Bewertung gem. § 6 Abs. 1 Nr. 3 i. V. m. Nr. 2 EStG mit den Anschaffungskosten. Die Anschaffungskosten einer Verbindlichkeit entsprechen gem. H 6.10 EStH dem Rückzahlungsbetrag. Die Bewertung erfolgt gem. § 244 HGB in Euro.

Im vorliegenden Sachverhalt ist der Erfüllungsbetrag und der Rückzahlungsbetrag identisch.

Bilanzansatz in der Handels- und Steuerbilanz zum 31.12.2020

4 % von 3.000.000 US-$ • 6/12 Monate = 60.000 US-$/1,3243 = **45.306,95 €**

b) **bei Auszahlung des Darlehens:**

Guthaben bei Kreditinstituten	2.336.598,68 €			
aktive Rechnungs-abgrenzungsposten	72.265,94 €	an	Verbindlichkeiten ggü. Kreditinstituten	2.408.864,62 €

am 31.12.2020

Zinsen und ähnliche Aufwendungen	3.613,30 €	an	aktive Rechnungs-abgrenzungsposten	3.613,30 €

Zinsen und ähnliche Aufwendungen	45.306,95 €	an	sonstige Verbindlichkeiten	45.306,95 €

Lösung zu Aufgabe 3:

a) Entwicklung Eigenkapital

Das Eigenkapital der Kapitalgesellschaften ist in § 272 HGB geregelt. Das Eigenkapital besteht aus verschiedenen Positionen. (siehe Bilanzgliederungsschema § 266 Abs. 3 A. HGB).

Durch die Ausgabe der Aktien am 20.03.2019 werden die Positionen „gezeichnetes Kapital" und die „Kapitalrücklage" als Positionen des Eigenkapitals angesprochen.

Gezeichnetes Kapital

Das **gezeichnete Kapital** ist das Haftungskapital der Büromöbel-Vertriebs AG. Bei einer Aktiengesellschaft wird das gezeichnete Kapital auch als Grundkapital bezeichnet.

Das gezeichnete Kapital ist gem. § 272 Abs. 1 HGB mit dem Nennbetrag anzusetzen.

Im vorliegenden Sachverhalt werden 5 Mio. Aktien zum Nennbetrag von 2 € ausgegeben. Somit ergibt sich zum **31.12.2019 und zum 31.12.2020 ein Wertansatz des gezeichneten Kapitals in Höhe von 10.000.000 €.**

Kapitalrücklage

Das Agio (Aufgeld) welches bei der Ausgabe der Aktien erzielt wurde, ist gem. § 272 Abs. 2 Nr. 1 HGB in der **Kapitalrücklage** auszuweisen.

Der Ausgabekurs der Aktien betrug am 20.03.2019 2,10 € je Aktie. Der Nennbetrag einer Aktie betrug 2 €. Somit ist je Aktie ein Agio (Aufgeld) in Höhe von 0,10 € erzielt worden. Somit ergibt sich zum 31.12.2019 und zum 31.12.2020 ein Wertansatz der Kapitalrücklage in Höhe von 500.000 € (5 Mio. Aktien • 0,10 €).

Die Emissionskosten dürfen gem. § 248 Abs. 1 Nr. 1 HGB nicht bilanziert werden und sind somit als Aufwendungen zu erfassen.

Gesetzliche Rücklage

Gemäß § 150 Abs. 1 AktG ist bei Aktiengesellschaften eine **gesetzliche Rücklage** zu bilden. In die gesetzliche Rücklage sind gemäß § 150 Abs. 2 AktG 5 % des um einen (aus Vorjahren bestehenden) Verlustvortrag einzustellen, bis die gesetzliche Rücklage und die Kapitalrücklage nach § 272 Abs. 2 Nr. 1 - 3 HGB 10 % des Grundkapitals oder einen in der Satzung höheren Betrag erreicht haben.

Im Jahr 2019 wurde ein Jahresfehlbetrag erwirtschaftet, somit ist im Jahr 2019 keine gesetzliche Rücklage zu bilden.

Im Jahr 2020 wurde ein Jahresüberschuss in Höhe von 2.600.000 € erwirtschaftet. Im Jahr 2020 ist ein Teil des Jahresüberschusses in die **gesetzliche Rücklage** einzustellen.

Berechnung:

	Jahresüberschuss 2020	2.600.000 €
-	Jahresfehlbetrag 2019	200.000 €
=	Bemessungsgrundlage	2.400.000 €
	hiervon 5 %	120.000 €
	max. gesetzl. Rücklage + Kapitalrücklage	
	= 10 % des gezeichneten Kapitals	1.000.000 €
=	**Zuführung zur gesetzlichen Rücklage 2020**	**120.000 €**
	= Bestand 31.12.2020	

Gemäß den Regelungen der Satzung der Büromöbel-Vertriebs AG ist eine satzungsmäßige Rücklage zu bilden. Die satzungsmäßige Rücklage soll 25 % des Jahresüberschusses abzüglich Verlustvortrag und Einstellung in die gesetzliche Rücklage betragen.

Satzungsmäßige Rücklage

Im Jahr 2019 wurde ein Jahresfehlbetrag erzielt, somit ist im Jahr 2018 keine Zuführung zur satzungsmäßigen Rücklage einzustellen.

Im Jahr 2020 ist von dem erzielten Jahresüberschuss ein Teil in die **satzungsmäßige Rücklage** einzustellen.

Berechnung:

	Jahresüberschuss 2020	2.600.000 €
-	Verlustvortrag 2019	200.000 €
-	Zuführung gesetzliche Rücklage	120.000 €
=	Bemessungsgrundlage	2.280.000 €
•	25 %	
=	**Zuführung zur satzungsmäßigen Rücklage 2020**	**570.000 €**
	= Bilanzansatz 31.12.2020	

Bilanzgewinn/-verlust

Da der Jahresabschluss schon unter teilweiser Verwendung des Jahresüberschusses aufgestellt wird, tritt anstelle der Position „Jahresüberschuss/-fehlbetrag" und Gewinn-/Verlustvortrag" die Position „Bilanzgewinn/-verlust" (§ 268 Abs. 1 HGB).

Im Jahr 2019 ergibt sich ein Bilanzverlust in Höhe von 200.000 €, der sich aus dem Jahresfehlbetrag ergibt.

Im Jahr 2020 ergibt sich folgender Bilanzgewinn:

Berechnung:

	Jahresüberschuss 2020	2.600.000 €
-	Verlustvortrag 2019	200.000 €
-	Einstellung in die gesetzliche Rücklage	120.000 €
-	Einstellung in die satzungsmäßige Rücklage	570.000 €
=	**Bilanzgewinn 2020**	**1.710.000 €**

b) Ergänzung der Gewinn- und Verlustrechnung gem. § 158 AktG

	2019	2020
Jahresüberschuss/-fehlbetrag	- 200.000 €	2.600.000 €
1. Gewinnvortrag/Verlustvortrag aus dem Vorjahr		- 200.000 €
2. Entnahmen aus der Kapitalrücklage		
3. Entnahmen aus Gewinnrücklagen		
a) aus der gesetzlichen Rücklage		
b) aus der Rücklage für Anteile an einem herrschenden oder mehrheitlich beteiligten Unternehmen		
c) aus satzungsmäßigen Rücklagen		
d) aus anderen Gewinnrücklagen		
4. Einstellung in Gewinnrücklagen		
a) in die gesetzliche Rücklage		120.000 €
b) in die Rücklage für Anteile an einem herrschenden oder mehrheitlich beteiligten Unternehmen		
c) in satzungsmäßige Rücklagen		570.000 €
d) in andere Gewinnrücklagen		
5. Bilanzgewinn/Bilanzverlust	- 200.000 €	1.710.000 €

c)

Jahresüberschuss	2.600.000 €	an	Bilanzverlust	200.000 €
			gesetzliche Rücklage	120.000 €
			satzungsmäßige Rücklage	570.000 €
			Bilanzgewinn	1.710.000 €

Lösung zu Aufgabe 4:

a) **Sachverhalt 1:**

Das Produktionsgebäude stellt, nach Fertigstellung, einen Vermögensgegenstand bzw. ein Wirtschaftsgut dar, welcher gem. § 246 Abs. 1 Satz 1 HGB; § 5 Abs. 1 Satz 1 EStG in der Handels- und Steuerbilanz anzusetzen ist.

Da zum Bilanzstichtag das Produktionsgebäude noch nicht fertiggestellt ist, erfolgt der Ausweis unter der Position „Anlagen im Bau" (§ 266 Abs. 2 A II 4 HGB).

Die Bewertung erfolgt in der Handels- und Steuerbilanz gem. § 253 Abs. 1 Satz 1 HGB; § 6 Abs. 1 Nr. 1 Satz 1 EStG mit den Herstellungskosten (§ 255 Abs. 2 HGB; § 6 Abs. 1 Nr. 1b EStG; R 6.3 EStR; H 6.3 EStH).

Pflichtbestandteile der Herstellungskosten im Handels- und Steuerrecht sind:

- die Materialeinzel- und -gemeinkosten
- die Fertigungseinzel- und -gemeinkosten
- die Sonderkosten der Fertigung.

Die Einbeziehung der Verwaltungsgemeinkosten in die Herstellungskosten sind im Handels- und im Steuerrecht ein Wahlrecht. Ziel laut Aufgabenstellung ist es eine Einheitsbilanz anzustreben mit einem möglichst niedrigen steuerlichen Gewinn. Aufgrund dieser Zielstellung werden die Verwaltungsgemeinkosten nicht in die Herstellungskosten in der Handels- und Steuerbilanz einbezogen.

Ermittlung Herstellungskosten (Handelsbilanz = Steuerbilanz)

	Materialeinzelkosten	2.000.000 €
+	9 % Materialgemeinkosten	180.000 €
	Fertigungseinzelkosten	200.000 €
+	250 % Fertigungsgemeinkosten	500.000 €
=	**Herstellungskosten (Untergrenze)**	**2.880.000 €**

Wertansatz 31.12.2020 „Anlagen im Bau"

b) **Sachverhalt 2:**

Durch die Erschließung des Grundstücks ist einen Wertzuwachs eingetreten. Die Kosten für den erstmaligen Bau einer Straße sind gem. § 255 Abs. 1 HGB; H 6.4 EStH nachträgliche Anschaffungskosten des Grund und Bodens. Die ursprünglichen Anschaffungskosten in Höhe von 400.000 € erhöhen sich um 100.000 € auf 500.000 €.

Aus der Veräußerung des Grund und Bodens an die Stadt Potsdam ergibt sich folgender Veräußerungsgewinn:

	Veräußerungspreis	1.000.000 €
-	Anschaffungskosten	500.000 €
=	**Veräußerungsgewinn**	**500.000 €**

Durch den Verkauf des Grund und Bodens ist ein Veräußerungsgewinn in Höhe von 500.000 € realisiert worden, der gem. § 252 Abs. 1 Nr. 4 HGB (Realisationsprinzip) in der Handelsbilanz auszuweisen ist.

Für die steuerliche Gewinnermittlung ist zu prüfen, inwieweit der realisierte Gewinn neutralisiert werden kann. Gemäß § 5 Abs. 1 Satz 2 EStG können steuerrechtliche Wahlrechte in Anspruch genommen werden.

In Betracht kommt die Rücklage nach § 6b EStG bzw. die Rücklage nach R 6.6 EStR. Es sind jeweils die Voraussetzungen zu prüfen.

Die Voraussetzungen für die Rücklage nach § 6b EStG sind nicht gegeben. Gemäß § 6b Abs. 4 Nr. 2 EStG müssen die veräußerten Wirtschaftsgüter, im Zeitpunkt der Veräußerung, mindestens sechs Jahre ununterbrochen zum Betriebsvermögen gehört haben. Das ist im vorliegenden Sachverhalt nicht der Fall.

Auch die Voraussetzungen für die Rücklage nach R 6.6 EStR sind nicht gegeben, da weder ein behördlicher Eingriff droht noch höhere Gewalt vorliegt (R 6.6 Abs. 1 EStR).

Es gibt für den realisierten Gewinn somit keine Möglichkeit der steuerlichen Neutralisation.

c) **Sachverhalt 1:**

Anlagen im Bau	2.880.000 €	an	aktivierte Eigenleistungen	2.880.000 €

Sachverhalt 2:

Grundstücke und Gebäude	100.000 €	an	sonstige betriebliche Aufwendungen	100.000 €
sonstige betriebliche Erträge	100.000 €	an	Grundstücke und Gebäude	100.000 €

Lösung zu Aufgabe 5:

a) Die BüMö AG hat sich im Mietvertrag verpflichtet, nach Ablauf der Pachtzeit alle Mietereinbauten zu entfernen. Es handelt sich um eine Verpflichtung gegenüber einen Dritten, die vor dem Abschlussstichtag entstanden ist und mit deren Inanspruchnahme ernsthaft zu rechnen ist.

Für diese Verpflichtung ist gem. § 246 Abs. 1 Satz 1 i. V. m. § 249 Abs. 1 Satz 1 HGB in der Handelsbilanz eine Rückstellung für ungewisse Verbindlichkeiten zu bilden. Auch in der Steuerbilanz ist gem. § 5 Abs. 1 Satz 1 EStG i. V. m. R 5.7 Abs. 2 EStR; H 5.7 Abs. 2 EStH eine Rückstellung für ungewisse Verbindlichkeiten anzusetzen.

Der Bilanzausweis erfolgt gem. § 266 Abs. 3 B. HGB unter der Position „Sonstige Rückstellungen".

Die Bewertung der Rückstellung erfolgt gem. § 253 Abs. 1 Satz 2 HGB in der Handelsbilanz mit dem Erfüllungsbetrag. Kostensteigerungen sind in die Handelsbilanz mit einzubeziehen. Die Rückstellung ist auf Basis einer periodengerechten Gewinnermittlung (§ 252 Abs. 1 Nr. 5 HGB) zeitanteilig anzusammeln. Da die Restlaufzeit größer ein Jahr ist, ist die Rückstellung gem. § 253 Abs. 2 HGB abzuzinsen.

In der Steuerbilanz erfolgt die Bewertung nach den Wertverhältnissen am Jahres-abschlussstichtag 31.12.2020 (§ 6 Abs. 1 Nr. 3a Buchst. f EStG). Außerdem ist auch in der Steuerbilanz eine zeitanteiligen Ansammlung gem. § 6 Abs. 1 Nr. 3a Buchst. d) EStG. Weiterhin ist eine Abzinsung mit 5,5 % gem. § 6 Abs. 1 Nr. 3a Buchst. e) EStG vorzunehmen.

Wertansatz Handelsbilanz 31.12.2020:
260.000 € : 10 Jahre = 26.000 € • 0,78130 = **20.313,80 €**

Wertansatz Steuerbilanz 31.12.2020:
200.000 € : 10 Jahre = 20.000 € 0,6176 = **12.352 €**

b)

sonstiger betrieblicher Aufwand	26.000 €	an	sonstige Rückstellungen	20.313,80 €
			sonstige Zinsen und ähnliche Erträge	5.686,20 €

Außerhalb der Bilanz ist das handelsrechtliche Jahresergebnis gem. § 60 Abs. 2 ESt-DV um 7.961,80 € (20.313,80 € - 12.352 €) zu erhöhen.

Lösung zu Aufgabe 6:

a) Das Darlehen welches die BüMö AG bei der Spezi-Bank aufgenommen hat, ist als Schuld gem. § 246 Abs. 1 Satz 1 HGB in der Handelsbilanz und gem. § 5 Abs. 1 Satz 1 EStG als negatives Wirtschaftsgut in der Steuerbilanz aufzunehmen.

Der Bilanzausweis erfolgt gem. § 266 Abs. 3 C. 2 HGB unter der Position „Verbind-lichkeiten gegenüber Kreditinstituten".

Die Verbindlichkeit ist in der Handelsbilanz gem. § 253 Abs. 1 Satz 2 HGB mit dem Erfüllungsbetrag. In der Steuerbilanz ist die Verbindlichkeit gem. § 6 Abs. 1 Nr. 3 i. V. m. Nr. 2 EStG mit den Anschaffungskosten anzusetzen. Die Anschaffungskos-ten einer Verbindlichkeit entsprechen gem. H 6.10 EStH dem Rückzahlungsbetrag.

Da die erste Tilgung erst im Jahr 2021 stattfindet erfolgt keine Verminderung der Verbindlichkeit im Jahr 2020.

Wertansatz Handelsbilanz/Steuerbilanz 31.12.2020
Erfüllungsbetrag = Rückzahlungsbetrag = **12.000.000 €**

Disagio
Das Darlehen wurde zu 95 % ausgezahlt. Der Abzug in Höhe von 5 % stellt ein Dis-agio dar.

In der Handelsbilanz besteht für das Disagio gem. § 250 Abs. 3 HGB ein Aktivie-rungswahlrecht. In der Steuerbilanz besteht gem. H 6.10 EStH ein Aktivierungsge-bot.

Der Bilanzausweis erfolgt als „aktiver Rechnungsabgrenzungsposten" § 266 Abs. 2 C. HGB.

Da laut der Aufgabenstellung nach Möglichkeit eine Einheitsbilanz erstellt werden soll, wird das handelsrechtliche Aktivierungswahlrecht in Anspruch genommen.

Die Auflösung des Disagios erfolgt gem. H 5.6 EStH nach der Zinsstaffelmethode über die Laufzeit des Darlehens.

Zugang Disagio 01.09.2020
5 % v. 12.000.000 € = 600.000,00 €

Da ein Tilgungsdarlehen vorliegt, ist gem. H 5.6 EStH die Verteilung des Disagios in fallenden Raten (Zinsstaffelmethode) vorzunehmen.

Das Darlehen wird halbjährlich mit 500.000 € getilgt, somit ergeben sich für das Darlehen 24 Raten.

Da das Darlehen am 01.09.2020 aufgenommen wurde und die erste Tilgung am 01.03.2021 erfolgt, bezieht sich die erste Rate auf vier Monate im Jahr 2020 und 2 Monate im Jahr 2021. Somit ist der errechnete Auflösungsbetrag auf 4/6 zu kürzen.

Die Auflösung nach der Zinsstaffelmethode ermittelt sich folgender Maßen:

Auflösungsbetrag = Disagio • (restliche Raten) : (Summe der Raten) • 4/6
Auflösungsbetrag = 600.000 € • 24/300 = 32.000,00 €
Summe der Raten: 300 = 1 + 2 + (...) + 23 + 24)

Kontenentwicklung Disagio (Aktive Rechnungsabgrenzung):

	Disagio 01.09.2020	600.000,00 €
-	Anteil 01.09.2020 - 31.12.2020	32.000,00 €
=	Bilanzansatz (Handels-/Steuerbilanz) zum 31.12.2020	568.000,00 €

Zinsen

Die bis zum 31.12.2020 angefallenen Zinsen für das Darlehen, sind gemäß §§ 246 Abs. 1 Satz 1 HGB, 252 Abs. 1 Nr. 5 HGB als sonstige Verbindlichkeiten zu passivieren.

Der Bilanzausweis erfolgt gem. § 266 Abs. 3 C. 8 HGB unter der Position „Sonstige Verbindlichkeiten".

Die sonstige Verbindlichkeit ist in der Handelsbilanz gem. § 253 Abs. 1 Satz 2 HGB mit dem Erfüllungsbetrag und in der Steuerbilanz gem. § 6 Abs. 1 Nr. 3 i. V. m. Nr. 2 EStG mit den Anschaffungskosten anzusetzen. Die Anschaffungskosten einer Verbindlichkeit entspricht gem. H 6.10 EStH dem Rückzahlungsbetrag.

Bilanzansatz (Handel-/Steuerbilanz) zum 31.12.2020:
12.000.000,00 € • 6 %, davon 4/12 = 240.000,00 €

b)

Disagio (Aktiver Rechnungs-abgrenzungsposten)	600.000,00 €	an	Verbindlichkeiten gegen-über Kreditinstituten	600.000,00 €
Zinsen u. ä. Aufwendungen	32.000,00 €	an	Disagio (Aktiver Rechnungs-abgrenzungsposten)	32.000,00 €
Zinsen u. ä. Aufwendungen	240.000,00 €	an	sonstige Verbindlichkeiten	240.000,00 €

Lösung zu Aufgabe 7:

a) Aufgaben eines internen Kontrollsystems

Das interne Kontrollsystem dient der Überwachung sämtlicher Prozesse eines Unternehmens und der Risikominimierung.

Zu den Aufgaben zählen u. a.

▸ dem Schutz des Vermögens vor Verlusten

Das effektive interne Kontrollsystem soll durch optimale Maßnahmen die Substanz des Vermögens des Unternehmens erhalten. Risiken sollen frühzeitig aufgespürt werden und geeignete Gegenmaßnahmen eingeleitet werden.

▸ der Einhaltung der Ordnungsmäßigkeit der Rechnungslegung.

Das interne Kontrollsystem soll durch geeignete Maßnahmen die gesetzkonforme Umsetzung der Rechnungslegung z. B. nach Handelsrecht sicherstellen.

b) Interne/Externe Risiken

Zu den internen Risiken zählen u. a.

▸ mangelnde Kommunikation/mangelhafte Kommunikationssysteme

▸ fehlende Prozessdefinitionen (Prozessorganisation).

Zu den externen Risiken zählen u. a.

▸ steigende Anzahl von Mitbewerbern (Konkurrenten)

▸ Veränderung des modischen Geschmacks

▸ Naturgewalten.

c) Maßnahmen zur Fehlerreduzierung im Bereich Jahresabschluss

Eine Maßnahme zur Fehlerreduzierung bei der Erstellung des Jahresabschlusses sind Buchungsanweisungen. Durch Buchungsanweisungen wird genau festgelegt wie bestimmte Sachverhalte im Jahresabschluss erfasst werden.

Eine weitere Maßnahme ist das Verwenden von Checklisten. In den Checklisten werden alle Tätigkeiten, die bei der Erstellung von Jahresabschlüssen durchzuführen sind, festgeschrieben.

Eine weitere mögliche Maßnahme ist die Anwendung des Vier-Augen-Prinzips.

Der erstellte Jahresabschluss könnte durch einen weiteren Mitarbeiter noch einmal kontrolliert werden. Somit werden die einzelnen Bilanzpositionen noch einmal kritisch überprüft und einer weiteren fachlichen Betrachtung unterworfen.

Lösung zu Aufgabe 8:

a) Abgrenzung Stellenbeschreibung/Anforderungsprofil

Die Stellenschreibung dient der Betrachtung und Beschreibung der Stelle in der Aufbau- und Ablauforganisation des Unternehmens.

Die wesentlichen Inhalte der Stellenbeschreibung sind u. a.

- ► Stellenbezeichnung
- ► Stellenziele
- ► Stellenaufgaben
- ► Stellenbefugnisse
- ► Stellvertretungen.

Das Anforderungsprofil betrachtet die Person, die die Stelle besetzen soll. Das Anforderungsprofil beschreibt die Ansprüche an den Mitarbeiter, um die Stelle optimal besetzen zu können.

Wesentliche Inhalte des Anforderungsprofils sind

- ► die notwendigen Fachkompetenzen
- ► die notwendigen Sozialkompetenzen
- ► die notwendigen Methodenkompetenzen
- ► die notwendigen Persönlichkeitskompetenzen.

b) Vorteile/Nachteile Assessment Center

Ein Vorteil des Assessment Center ist das hierbei verschiedene Kompetenzen der Bewerber in Abgrenzung zu anderen Bewerbern getestet werden können. Ein weiterer Vorteil kann die höhere Verringerung der Quote der Fehlbesetzung sein. Da das Assessment Center passgenau auf die zu besetzende Stelle ausgerichtet ist, kann durch das intensive Auswahlverfahren die Quote von Fehlbesetzungen stärker verringert werden.

Nachteil eines Assessment Center ist zum einen der hohe Zeit- und Kostenaufwand für die Vorbereitung und Durchführung des Assessment Center.

Ein weiterer Nachteil des Assessment Center ist, dass es sehr schwierig ist Aufgaben zu erstellen, die auf die zu besetzende Position zugeschnitten sind.

c) Anforderungen an einen Ausbilder

Die Anforderungen an einen Ausbilder sind u. a.

- ► Er/Sie muss einen arbeitspädagogischen Nachweis erbringen
- ► Er/Sie muss über die notwendige Sozialkompetenz verfügen
- ► Er/Sie muss über die notwendige Fach- und Methodenkompetenz verfügen

d) Möglichkeiten der Motivation

Eine Möglichkeit der Motivation von Auszubildenden ist das Einbeziehen in Entscheidungsprozesse. Durch das Einbeziehen können die Auszubildenden ihre Meinung vortragen, sie können ihre Lösungsansätze vorstellen und auf „Augenhöhe" mit dem Ausbilder die Lösungsansätze besprechen. Außerdem erhalten Auszubildende Einblick in die Entstehung von bestimmten Entscheidungen.

Eine weitere Möglichkeit ist die Übertragung von bestimmten Aufgaben an die Auszubildenden. Hierdurch wird die Wertschätzung durch den Ausbilder ausgedrückt und die Selbstständigkeit der Auszubildenden wird gefördert.

2. Situationsaufgabe
Lösung zu Aufgabe 1:

Darstellungen der Umgruppierungen bzw. Umrechnungen:

Position Handelsbilanz		Umrech-nungen	Position Strukturbilanz	Erläuterung
Anlagevermögen			**Anlagevermögen**	
Immaterielle VG	156.795,00 €	-	156.795,00 €	
Sachanlagen	11.766.606,00 €	720.000,00 €	12.486.606,00 €	
Finanzanlagen	787.947,00 €	-	787.947,00 €	Stille Reserven werden komplett den SA zugerechnet
Umlaufvermögen			**Umlaufvermögen**	
Vorräte	254.664,00 €	30.000,00 €	284.664,00 €	stille Reserven werden
Forderungen	2.397.499,50 €	11.163,00 €	2.408.662,50 €	ARAP ohne Disagio werden den Forderungen zugerechnet, Disagio i. H. v. 10.000 € wir mit EK saldiert
Liquide Mittel + WP	512.161,50 €	-	512.161,50 €	
RAP	26.163,00 €	- 26.163,00 €	-	ARAP ohne Disagio wurden den Forderungen zugeordnet
Aktive latente Steuern	88.735,50 €	- 88.735,50 €	-	Aktive latente Steuern werden mit dem EK saldiert
Eigenkapital			**Eigenkapital**	
Summe EK	8.602.300,50 €		- 541.980,00 €	Ausschüttung
			504.000,00 €	70 % stille Reserve AV
			21.000,00 €	70 % stille Reserve UV
			- 88.735,50 €	aktive latente Steuern
			- 15.000,00 €	Disagio
Rückstellungen				
Pensionrückstellungen	60.163,50 €	- 60.163,50 €		zu langfristiges FK
Steuerrückstellungen	272.625,00 €	- 272.625,00 €		zu kurzfristiges FK
sonstige Rückstellungen	400.747,50 €	- 400.747,50 €		60 % zu kurzfristiges FK, 40 % zu langfr. FK
Verbindlichkeiten				
Summe	6.654.735,00 €	Umgruppierung zu langf./kurzf. FK lt. Anhang 1		
			langfristiges FK	
			216.000,00 €	Stille Reserve AV, 30 % Anteil Steuern
			60.163,50 €	Pensionsrückstellungen
			3.990.000,00 €	Verbindlichkeiten langfristig lt. Anhang
			160.299,00 €	40 % Anteil sonstige Rückstellungen

Position Handelsbilanz		Umrech-nungen	Position Strukturbilanz	Erläuterung
			kurzfristiges FK	
			272.625,00 €	Steuerrückstellungen
			240.448,50 €	60 % sonstige Rückstellungen
			2.664.735,00 €	Verbindlichkeiten kurzfristig lt. Anhang
			9.000,00 €	Stille Reserve UV, 30 % Anteil Steuern
			541.980,00 €	Ausschüttung

Strukturbilanz der BüMö AG

AKTIVA	Strukturbilanz		PASSIVA
Anlagevermögen	13.431.348,00 €	Eigenkapital	8.481.585,00 €
Umlaufvermögen		**Fremdkapital**	
Vorräte	284.664,00 €	Langfristig	4.426.462,50 €
Forderungen	2.408.662,50 €	Kurzfristig	3.728.788,50 €
Liquide Mittel	512.161,50 €		
	16.636.836,00 €		16.636.836,00 €

Lösung zu Aufgabe 2:

a) Grundaufbau des ROI-Kennzahlensystems

Der Return on Investment ist die Spitzenkennzahl des DuPont-Kennzahlensystems. Der Return on Investment dient zum einen dazu, die Verzinsung des investierten Kapitals zu ermitteln und darüber hinaus durch die Aufsplittung der Spitzenkennzahl in die jeweiligen Einzelkennzahlen dazu, die Ursachen-Wirkungs-Zusammenhänge zwischen betrieblichen Entscheidungen und deren Auswirkungen auf den ROI darzustellen.

Der ROI ermittelt sich grundsätzlich nach folgender Formel:

$$\text{Return on Investment} = \frac{\text{Jahresüberschuss} \cdot 100}{\text{Umsatzerlöse}} \cdot \frac{\text{Umsatzerlöse}}{\text{investiertes Kapital}}$$

Als Ergebnisgröße wird in der Grundformel der Jahresüberschuss verwendet. Es können allerdings auch andere Gewinngrößen z. B. das EBIT herangezogen werden.

⌐ Als Basisgröße in der Formel des Kapitalumschlags wird in der Grundformel das investierte Kapital verwendet. Es können allerdings auch andere Basisgrößen verwendet werden, z. B. das betriebsnotwendige Kapital.

b) Ermittlung Return on Investment

Der Return on Investment berechnet sich grundsätzlich nach folgender Formel:

$$\text{Return on Investment} = \frac{\text{Jahresüberschuss} \cdot 100}{\text{Umsatzerlöse}} \cdot \frac{\text{Umsatzerlöse}}{\text{investiertes Kapital}}$$

Laut Aufgabenstellung soll anstelle des Jahresüberschusses das EBIT (Earning before interest and taxes) verwendet werden, somit ergibt sich für die Aufgabenstellung folgende Formel für die Ermittlung des Return on Investment.

$$\text{Return on Investment} = \frac{\text{EBIT} \cdot 100}{\text{Umsatzerlöse}} \cdot \frac{\text{Umsatzerlöse}}{\text{investiertes Kapital}}$$

In einem ersten Schritt wird das EBIT ermittelt:

	Jahresüberschuss/-fehlbetrag	1.590.210,00 €
+	Steuern von Einkommen und Ertrag	571.273,50 €
+	Zinsaufwendungen	542.356,50 €
-	Zinserträge	7.432,50 €
=	**EBIT**	**2.696.407,50 €**

Der Umsatz im Jahr 2019 beträgt laut Gewinn- und Verlustrechnung 16.663.522,50 €, das investierte Kapital beträgt laut Aufgabenstellung 16.500.000 €.

Somit berechnet sich der Return on Investment

$$\text{Return on Investment} = \frac{\text{EBIT} \cdot 100}{\text{Umsatzerlöse}} \cdot \frac{\text{Umsatzerlöse}}{\text{investiertes Kapital}}$$

$$\text{Return on Investment} = \frac{2.696.407,50\ € \cdot 100}{16.663.522,50\ €} = \frac{16.663.522,50\ €}{16.500.000,00\ €}$$

Return on Investment = 16,34 %

c) Abgrenzung Gesamtkapitalrentabilität vs. Return on Investment

Die Gesamtkapitalrentabilität ist eine Einzelkennzahl, die die Verzinsung des Gesamtkapitals unabhängig vom Verschuldungsgrad ermittelt. Eine weitere Analyse von Ursachen-/Wirkungszusammenhängen ist nicht gegeben.

Der Return on Investment ist die Spitzenkennzahl des DuPont-Kennzahlensystems. Der Return on Investment lässt sich in die jeweiligen Einzelkennzahlen aufspalten. In einem ersten Schritt in die Umsatzrendite und den Kapitalumschlag.

Durch die Aufspaltung lässt sich eine genauere Analyse von Ursachen-Wirkungszusammenhängen zwischen betrieblichen Entscheidungen und deren Auswirkungen auf den Return on Investment durchführen.

Außerdem können bei der Ermittlung des Return on Investment verschiedene Ergebnisgrößen (Jahresüberschuss, EBIT, ...) und Bezugsgrößen (investiertes Kapital, betriebsnotwendiges Kapital, ...) verwendet werden.

Lösung zu Aufgabe 3:

Abschreibungsquote:

Die Abschreibungsquote ermittelt sich nach folgender Formel:

$$\text{Abschreibungsquote} = \frac{\text{Jahresabschreibung}}{\text{Endbestand Sachanlagen zu AK/HK}} \cdot 100$$

$$\text{Abschreibungsquote} = \frac{1.371.614\,\text{€}}{11.766.606\,\text{€}} \cdot 100$$

Abschreibungsquote = 11,66 %

Investitionsquote:

Die Investitionsquote ermittelt sich nach folgender Formel:

$$\text{Investitionsquote} = \frac{\text{Nettoinvestition}}{\text{Anfangsbestand Sachanlagen zu AK/HK}} \cdot 100$$

$$\text{Investitionsquote} = \frac{\text{Zugänge - Abgänge zu Buchwerten}}{\text{Anfangsbestand Sachanlagen zu AK/HK}} \cdot 100$$

Ermittlung des Buchwerts der Anlagenabgänge:

	Buchwert 01.01.2020	12.609.959 €
+	Zugänge	546.648 €
-	Jahresabschreibung	1.371.614 €
-	Buchwert 31.12.2020	11.766.606 €
=	**Buchwert der Anlagenabgänge**	**18.387 €**

$$\text{Investitionsquote} = \frac{546.648\,\text{€} - 18.387\,\text{€}}{26.135.865\,\text{€}} \cdot 100$$

Investitionsquote = 2,02 %

Anlagenabnutzungsgrad:
Der Anlagenabnutzungsgrad ermittelt sich nach folgender Formel:

$$\text{Anlagenabnutzungsgrad} = \frac{\text{kummulierte Abschreibung}}{\text{Anfangsbestand Sachanlagen zu AK/HK}} \cdot 100$$

$$\text{Anlagenabnutzungsgrad} = \frac{14.763.525\ \text{€}}{26.135.865\ \text{€}} \cdot 100$$

Anlagenabnutzungsgrad = 56,49 %

Wertung der Kennzahlen:
Die Abschreibungsquote beträgt 11,66 %, die Investitionsquote beträgt 2,02 %. Der Vergleich zwischen diesen Kennzahlen zeigt, dass das Unternehmen bezogen auf die Abschreibung zu wenig investiert. Das bedeutet das das Unternehmen unter Umständen seine Wettbewerbsfähigkeit verlieren kann, da die Abnutzung der Anlagen jährlich größer ist als die Investition.

Im Jahr 2019 sind die Anlagen zu 56,49 % abgenutzt. Die Anlagen drohen also zu veralten. Das Unternehmen muss zukünftig seine Investitionsneigung sehr stark steigern, um die Kapazität des Unternehmens auch langfristig halten zu können.

Lösung zu Aufgabe 4:

a) Begriffe Rating/Bonität

Rating ist die Leistungsbewertung eines Kreditnehmers nach qualitativen und quantitativen Aspekten mit dem Ziel, die Bonität des Unternehmens festzustellen.

Die **Bonität** misst das zünftige Kreditausfallrisiko des Kreditnehmers, um deren Kreditwürdigkeit zu ermitteln. Es wird meist in Buchstabenkombinationen bzw. Noten vergeben. Die Bonität entscheidet, ob und zu welchen Konditionen ein Kredit vergeben wird.

b) Quantitative (monetäre) Faktoren sind, z. B.:

- Finanzlage
- Liquiditätslage
- Cashflow
- Ertragslage
- Rentabilitätskennzahlen
- Vermögenslage
- Deckungsgrade
- Eigenkapitalquote.

Qualitative (nicht monetäre) Faktoren sind, z. B.:

- ► Marketingkonzepte
- ► Organisationsstruktur
- ► Personalentwicklungskonzepte
- ► Unternehmensnachfolge
- ► Managementqualität.

c) Die Jahresabschlüsse eines Unternehmens sind grundsätzlich vergangenheitsorientiert.

Um die voraussichtliche Entwicklung des Unternehmens besser einschätzen zu können, ist es notwendig die Unternehmensplanungen bestehenden u. a. aus:

- ► Finanzplanung
- ► Personalplanung
- ► Investitionsplanung
- ► Planbilanz.

d) Die Liquidität 2. Grades ermittelt nach folgender Formel:

$$\text{Liquidität 2. Grades} = \frac{\text{flüssige Mittel} + \text{kurzfristige Forderungen}}{\text{kurzfristiges Fremdkapital}} \cdot 100$$

$$\text{Liquidität 2. Grades} = \frac{512.161,50\ € + 2.408.662,50\ €}{3.728.788,50\ €} \cdot 100$$

Liquidität 2. Grades = 78,33 %

Die Liquidität 2. Grades stellt die flüssigen Mittel und die kurzfristigen Forderungen ins Verhältnis zum kurzfristigen Fremdkapital. Zwischen der Nenner- und Zählergröße besteht grundsätzlich Fristenkongruenz. Die Liquidität 2. Grades sollte mindestens 100 % betragen, sodass aus Sicht des Stichtages alle Verbindlichkeiten termingerecht beglichen werden können. Aus Sicht der Liquidität ist es vorteilhaft, wenn der Liquiditätsgrad 2 größer 100 % ist.

Im aktuellen Jahr ist die Liquidität 2. Grades mit 78,33 % deutlich unter 100 %. Das Unternehmen kann nicht alle Verbindlichkeiten termingerecht tilgen.

Möglichkeiten um die Liquidität 2. Grades schnell zu verbessern.

1. Es könnten kurzfristige Verbindlichkeiten durch Absprache mit Lieferanten in langfristige Verbindlichkeiten umgewandelt werden. Somit nimmt das kurzfristige Fremdkapital ab, die Kennzahl verbessert sich.

2. Nicht benötigte Vorräte könnten veräußert werden. Die flüssigen Mittel würden steigen, die Kennzahl verbessert sich.

Diese Maßnahmen führen allerdings nur punktuell zu einer Verbesserung der Liquidität. Aus betriebswirtschaftlicher Sicht sollte die strukturelle Liquidität überprüft werden.

Lösung zu Aufgabe 5:

a)

	Statische Liquiditätsanalyse	Dynamische Liquiditätsanalyse
Vorgehens-weise/Ziel	Stichtagsbezogene Analyse der Finanz-/Liquiditätslage des Unternehmens, bezogen auf einen Jahresabschluss. **Ziel:** Dient hauptsächlich der strukturellen Analyse der Finanz-/Liquiditätssituation des Unternehmens.	Zeitraumbezogene Analyse der Finanz- und Liquiditätssituation des Unternehmens, es werden zwei aufeinanderfolgende Jahresabschlüsse benötigt. **Ziel:** Dient hauptsächlich dazu Mittelherkunft/Mittelverwendung bzw. die Darstellung der Finanztransaktionen eines Unternehmens für einen bestimmten Zeitraum.
Messgrößen	Liquidität I, II, III DG I, II	Cashflow

b)

AKTIVA	Bewegungsbilanz 2020 in T€		PASSIVA
Mittelverwendung			Mittelherkunft
Sachanlagen	4.000	Kurzfristiges FK	3.000
Langfristiges FK	2.000		
		Immaterielle VG	20
		Finanzanlagen	580
		Vorräte	1.000
		Forderungen	1.000
		Liquide Mittel	400
	6.000		6.000

c) Die Mittelherkunft im Unternehmen setzt sich in Höhe von 6.000 T€ aus langfristigen Vermögensgegenständen in Höhe von 600 T€ und zu 5.400 T€ aus kurzfristigen Vermögensgegenständen/Schulden zusammen.

Die Mittelverwendung ist in voller Höhe (6.000 T€) langfristig veranlasst.

Grundsätzlich lässt sich daraus schließen, dass eine Fristenkongruenz nicht gewahrt wurde. Es wurden 4.000 T€ in Sachanlagen investiert, diese hätten zumindest langfristig gegenfinanziert sein müssen.

Die Abnahme des langfristigen FK macht deutlich, dass hier kein Finanzierungspotenzial zur Verfügung steht.

Maximal die 600 T€ aus dem Verkauf des sonstigen Anlagevermögens **hätten hierzu genutzt werden können.**

Aus Sicht der Finanzanalyse hat das Unternehmen einen Fehler gemacht. Es sollte außerdem eine Strukturanalyse durchgeführt werden.

d) Die Bewegungsbilanz hat eine ausschließliche Sichtweise auf die Bilanz. Es werden nur finanzielle Transaktionen zwischen zwei Bilanzen dargestellt. Somit werden nicht alle finanziellen Transaktionen gewürdigt und die Aussagefähigkeit der Bewegungsbilanz ist stark begrenzt.

Um alle finanziellen Transaktionen transparent zu machen, **wäre es notwendig, eine Kapitalflussrechnung zu erstellen.**

e)

	31.12.2020	31.12.2019
DG I	$\frac{6.000}{13.400} \cdot 100 = 44{,}8\,\%$	$\frac{6.000}{10.000} \cdot 100 = 60\,\%$
DG II	$\frac{14.000}{13.400} \cdot 100 = 104{,}5\,\%$	$\frac{16.000}{10.000} \cdot 100 = 160\,\%$

f) Der DG I soll u. a. grundsätzlich überprüfen, wie flexibel das Unternehmen auf Marktänderungen reagieren kann. Ein hohe EK Finanzierung des AV führt dazu, das bei Marktänderungen entweder neue Kredite besser aufgenommen werden können, bzw. nicht benötigtes AV verkauft werden kann.

Der DG II überprüft grundsätzlich die Fristenkongruenz zwischen Finanzierung/Investition. Die goldene Bilanzregel soll überprüft werden.

Im Jahresabschluss 2019 ist der Deckungsgrad I als positiv zu werten (Faustformel 50 %). Der Deckungsgrad II ist schon relativ hoch. Dies könnte allerdings aus der Sicht auf die reine Bilanz bedeuten das Anlagevermögen hauptsächlich aus langfristigen FK finanziert wurde und das Eigenkapital für das Umlaufvermögen verwendet wurde.

Im Jahresabschluss 2020 ist der Deckungsgrad I unterdurchschnittlich, aber noch aus wirtschaftlicher Sicht als positiv zu werten. Auch der Deckungsgrad II hat sich verschlechtert. Nimmt man eine rein isolierende Betrachtungsweise der Bilanz an, so könnte man den Deckungsgrad II noch als positiv betrachten.

Im Zusammenhang mit der Bewegungsbilanz wird das strukturelle Problem der Sonnen AG was unter Teilaufgabe c) bezeichnet wurde nochmals deutlich.

Lösung zu Aufgabe 6:

a) Um die Annuität der beiden Investitionsalternativen zu ermitteln, muss in einem ersten Schritt jeweils der Kapitalwert für die Anlage 1 und 2 ermittelt werden. Hierzu werden die jährlichen Einzahlungsüberschüsse mit dem entsprechenden Abzinsungsfaktor ($\frac{1}{q^n}$) multipliziert.

Der Kapitalwert wird dann mit dem Annuitätenfaktor ($\frac{i\,(1+i)^n}{(1+i)^n - 1}$) multipliziert, man erhält die Annuität.

Anlage 1				Anlage 2			
Jahr	Einzahlungs-überschuss	t	Barwert	Jahr	Einzahlungs-überschuss	t	Barwert
t_0	- 480.000,00 €	0	- 480.000,00 €	t_0	- 560.000,00 €	0	- 560.000,00 €
t_1	144.000,00 €	1	130.909,09 €	t_1	144.000,00 €	1	130.909,09 €
t_2	200.000,00 €	2	165.289,26 €	t_2	240.000,00 €	2	198.347,11 €
t_3	200.000,00 €	3	150.262,96 €	t_3	240.000,00 €	3	180.315,55 €
t_4	160.000,00 €	4	109.282,15 €	t_4	200.000,00 €	4	**136.602,69 €**

Kapitalwert = 75.743,46 €	Kapitalwert = 86.174,44 €
Annuität = 23.894,85 €	**Annuität = 27.185,52 €**

 INFO

Hinweis zur Berechnung:

Berechnung Kapitalwert:
Einzahlungsüberschuss mal Abzinsungsfaktor

Am Beispiel für Anlage 1 im Jahr t_3.

Der Einzahlungsüberschuss in t_3 beträgt bei der Anlage 1 200.000 €. Der Einzahlungsüberschuss wird mit dem Abzinsungsfaktor für drei Jahre bei 10 % Zinssatz multipliziert ($\frac{1}{(1,1)^3}$). Es ergibt sich der Barwert in Höhe von 150.262,96 €.

Nachdem die Barwerte ermittelt worden sind, werden die Barwerte aufsummiert. Es ergibt sich der Kapitalwert.

Der Kapitalwert wird nun mit dem Annuitätenfaktor für vier Jahre multipliziert, um die Annuität zu erhalten.

Am Beispiel der Anlage 1 errechnet sich die Annuität wie folgt.

Der Kapitalwert in Höhe von 75.743,46 € wird mit dem Annuitätenfaktor für vier Jahre und 10 % Zinssatz ($\frac{0,1\,(1+0,1)^4}{(1+0,1)^4 - 1}$) multipliziert. Es ergibt sich die Annuität in Höhe von 23.894,85 €, (75.743,46 · 0,315471).

Die Annuität der Anlage 2 ist größer, daher ist diese Investitionsalternative zu bevorzugen.

b) Die Kapitalwertmethode, als Teil der dynamischen Investitionsrechnung, überprüft die Vorteilhaftigkeit von Investitionsalternativen. Ist der Kapitalwert einer Investition gleich null wird durch die Investition genau die Mindestverzinsung, die gewünscht wird, erreicht. Ist der Kapitalwert größer null, zeigt der positive Kapitalwert, wieviel barwertiger Geldüberschuss zusätzlich zur Mindestverzinsung über den gesamten Investitionszeitraum erwirtschaftet wird. Der Kapitalwert zeigt also den „Totalüberschuss" über den gesamten Investitionszeitraum an.

Die Annuitätenmethode als Teil der Kapitalwertmethode, verteilt den Kapitalwert auf den Investitionszeitraum und zeigt somit den durchschnittlichen barwertigen Periodenüberschuss über der Mindestverzinsung der Investition an.

Lösung zu Aufgabe 7:

a) Ermittlung Gesamtkapitalbedarf

Der Gesamtkapitalbedarf setzt sich aus dem Anlage- und Umlaufkapitalbedarf zusammen.

Der Anlagekapitalbedarf ermittelt sich wie folgt:

	Herstellungskosten des neuen Produktionsgebäudes	3.000.000 €
+	Einrichtung Arbeitsplätze in der Produktion	4.000.000 €
+	Sonstige Auszahlungen	1.000.000 €
=	**Anlagekapitalbedarf**	**8.000.000 €**

Der Umlaufkapitalbedarf ermittelt sich wie folgt:

1. Ermittlung des Kapitalbedarfs für das Fertigungsmaterial

   In einem ersten Schritt muss die Kapitalbindungsdauer ermittelt werden.

	durchschnittliche Lagerdauer des Fertigungsmaterial	20 Tage
+	durchschnittliche Produktionsdauer	10 Tage
+	durchschnittliche Lagerdauer der Erzeugnisse	15 Tage
+	durchschnittliches Zahlungsziel der Kunden	30 Tage
-	Zahlungsziel der Lieferanten	20 Tage
=	**Kapitalbindungsdauer**	**55 Tage**

   Die täglichen durchschnittlichen Auszahlungen für das Fertigungsmaterial werden dann mit der Kapitalbindungsdauer multipliziert.

   Kapitalbedarf Fertigungsmaterial = 4.000 € • 55 Tage = **220.000 €**

2. Ermittlung des Kapitalbedarfs für die Materialgemeinkosten

   In einem ersten Schritt muss die Kapitalbindungsdauer ermittelt werden.

	durchschnittliche Lagerdauer des Fertigungsmaterials	20 Tage
+	durchschnittliche Produktionsdauer	10 Tage
+	durchschnittliche Lagerdauer der Erzeugnisse	15 Tage
+	durchschnittliches Zahlungsziel der Kunden	30 Tage
=	**Kapitalbindungsdauer**	**75 Tage**

   Die täglichen durchschnittlichen Auszahlungen für die Materialgemeinkosten werden dann mit der Kapitalbindungsdauer multipliziert.

   Kapitalbedarf Materialgemeinkosten = 4.000 € • 80 % • 60 % • 75 Tage = **144.000 €**

3. Ermittlung des Kapitalbedarfs für die Fertigungslöhne

   In einem ersten Schritt muss die Kapitalbindungsdauer ermittelt werden.

+	durchschnittliche Produktionsdauer	10 Tage
+	durchschnittliche Lagerdauer der Erzeugnisse	15 Tage
+	durchschnittliches Zahlungsziel der Kunden	30 Tage
=	**Kapitalbindungsdauer**	**55 Tage**

   Die täglichen durchschnittlichen Auszahlungen für die Fertigungslöhne werden dann mit der Kapitalbindungsdauer multipliziert.

Kapitalbedarf Fertigungslöhne = 6.000 € • 55 Tage = **330.000 €**

4. Ermittlung des Kapitalbedarfs für die Fertigungsgemeinkosten

In einem ersten Schritt muss die Kapitalbindungsdauer ermittelt werden.

+	durchschnittliche Produktionsdauer	10 Tage
+	durchschnittliche Lagerdauer der Erzeugnisse	15 Tage
+	durchschnittliches Zahlungsziel der Kunden	30 Tage
=	**Kapitalbindungsdauer**	**55 Tage**

Die täglichen durchschnittlichen Auszahlungen für die Fertigungsgemeinkosten werden dann mit der Kapitalbindungsdauer multipliziert.

Kapitalbedarf Fertigungsgemeinkosten = 6.000 € • 120 % •30 % • 55 Tage = **118.800 €**

5. Ermittlung des Kapitalbedarfs für die auszahlungswirksamen Verwaltungs- und Vertriebsgemeinkosten

Die Grundlage für die auszahlungswirksamen Verwaltungs- und Vertriebsgemeinkosten sind die auszahlungswirksamen Herstellungskosten. Auf diese werden dann die zahlungswirksamen Verwaltungs- und Vertriebsgemeinkostenzuschlagssätze angewendet.

Es ergibt sich der Umlaufkapitalbedarf.

	Kapitalbedarf Fertigungsmaterial	220.000 €
+	Kapitalbedarf Materialgemeinkosten	144.000 €
+	Kapitalbedarf Fertigungslöhne	330.000 €
+	Kapitalbedarf Fertigungsgemeinkosten	118.800 €
=	**auszahlungswirksame Herstellungskosten**	**812.800 €**
+	15 % zahlungswirksame Verwaltungsgemeinkosten	121.920 €
+	5 % zahlungswirksame Vertriebsgemeinkosten	40.640 €
=	**Umlaufkapitalbedarf**	**975.360 €**

Es ergibt sich folgender Gesamtkapitalbedarf:

	Anlagekapitalbedarf	8.000.000 €
+	Umlaufkapitalbedarf	975.360 €
=	**Gesamtkapitalbedarf**	**8.975.360 €**

b) Ermittlung Kapitalbedarf nach der Rationalisierung

Der neue Umlaufkapitalbedarf ermittelt sich wie folgt:

1. Ermittlung des Kapitalbedarfs für das Fertigungsmaterial

In einem ersten Schritt muss die Kapitalbindungsdauer ermittelt werden.

	durchschnittliche Lagerdauer des Fertigungsmaterials	3 Tage
+	durchschnittliche Produktionsdauer	10 Tage
+	durchschnittliche Lagerdauer der Erzeugnisse	10 Tage
+	durchschnittliches Zahlungsziel der Kunden	20 Tage
-	Zahlungsziel der Lieferanten	20 Tage
=	**Kapitalbindungsdauer**	**23 Tage**

Die täglichen durchschnittlichen Auszahlungen für das Fertigungsmaterial werden dann mit der Kapitalbindungsdauer multipliziert.

Kapitalbedarf Fertigungsmaterial = 4.000 € • 23 Tage = **92.000 €**

2. Ermittlung des Kapitalbedarfs für die Materialgemeinkosten

   In einem ersten Schritt muss die Kapitalbindungsdauer ermittelt werden.

	durchschnittliche Lagerdauer des Fertigungsmaterials	3 Tage
+	durchschnittliche Produktionsdauer	10 Tage
+	durchschnittliche Lagerdauer der Erzeugnisse	10 Tage
+	durchschnittliches Zahlungsziel der Kunden	20 Tage
=	**Kapitalbindungsdauer**	**43 Tage**

   Die täglichen durchschnittlichen Auszahlungen für die Materialgemeinkosten werden dann mit der Kapitalbindungsdauer multipliziert.

   Kapitalbedarf Materialgemeinkosten = 4.000 € • 80 % • 60 % • 43 Tage = **82.560 €**

3. Ermittlung des Kapitalbedarfs für die Fertigungslöhne

   In einem ersten Schritt muss die Kapitalbindungsdauer ermittelt werden.

+	durchschnittliche Produktionsdauer	10 Tage
+	durchschnittliche Lagerdauer der Erzeugnisse	10 Tage
+	durchschnittliches Zahlungsziel der Kunden	20 Tage
=	**Kapitalbindungsdauer**	**40 Tage**

   Die täglichen durchschnittlichen Auszahlungen für die Fertigungslöhne werden dann mit der Kapitalbindungsdauer multipliziert.

   Kapitalbedarf Fertigungslöhne = 6.000 € • 40 Tage = **240.000 €**

4. Ermittlung des Kapitalbedarfs für die Fertigungsgemeinkosten

   In einem ersten Schritt muss die Kapitalbindungsdauer ermittelt werden.

+	durchschnittliche Produktionsdauer	10 Tage
+	durchschnittliche Lagerdauer der Erzeugnisse	10 Tage
+	durchschnittliches Zahlungsziel der Kunden	20 Tage
=	**Kapitalbindungsdauer**	**40 Tage**

   Die täglichen durchschnittlichen Auszahlungen für die Fertigungsgemeinkosten werden dann mit der Kapitalbindungsdauer multipliziert.

   Kapitalbedarf Fertigungsgemeinkosten = 6.000 € • 120 % • 30 % • 40 Tage = **86.400 €**

5. Ermittlung des Kapitalbedarfs für die auszahlungswirksamen Verwaltungs- und Vertriebsgemeinkosten

   Die Grundlage für die auszahlungswirksamen Verwaltungs- und Vertriebsgemeinkosten sind die auszahlungswirksamen Herstellungskosten. Auf diese werden dann die zahlungswirksamen Verwaltungs- und Vertriebsgemeinkostenzuschlagssätze angewendet.

Es ergibt sich der Umlaufkapitalbedarf.

	Kapitalbedarf Fertigungsmaterial	92.000 €
+	Kapitalbedarf Materialgemeinkosten	82.560 €
+	Kapitalbedarf Fertigungslöhne	240.000 €
+	Kapitalbedarf Fertigungsgemeinkosten	86.400 €
=	**auszahlungswirksame Herstellungskosten**	**500.960 €**
+	15 % zahlungswirksame Verwaltungsgemeinkosten	75.144 €
+	5 % zahlungswirksame Vertriebsgemeinkosten	25.048 €
=	**Umlaufkapitalbedarf neu**	**601.152 €**

Der Umlaufkapitalbedarf lässt sich durch die Rationalisierungsmaßnahmen in Höhe von 374.208 € verringern.

	Umlaufkapitalbedarf alt	975.360 €
-	Umlaufkapitalbedarf neu	601.152 €
=	**Verringerung des Umlaufkapitalbedarfs**	**374.208 €**

c) Folgende Aspekte berücksichtigt die Kapitalbedarfsrechnung u. a. nicht:

- ▶ zusätzlicher Kapitalbedarf durch auslaufende Kredit und sich daraus ergebener Kapitalbedarf wird nicht berücksichtigt

- ▶ unterschiedliche Zeitpunkte von Auszahlungen von Materialien werden nicht berücksichtigt.

Lösung zu Aufgabe 8:

a) Ermittlung Eigenkapitalquote der Investition

Die Eigenkapitalquote ermittelt sich nach folgender Formel:

$$\text{Eigenkapitalquote} = \frac{\text{Eigenkapital für die Investition}}{\text{Gesamtkapital für die Investition}} \cdot 100$$

$$\text{Eigenkapitalquote} = \frac{80.000 \, €}{400.000 \, €} \cdot 100$$

Die Eigenkapitalquote der Investition beträgt 20 %.

b) Aus Sicht der Liquidität ist die Finanzierung durch Eigenkapital zu bevorzugen, da keine Abhängigkeit von Gläubigern besteht und außerdem keine Zahlungen in Form von Zins und Tilgung die Liquidität belasten würden.

Aus Sicht der Steigerung der Rentabilität kann eine Erhöhung des Verschuldungsgrades (Verringerung der Eigenkapitalquote) sinnvoll sein, wenn die Gesamtkapitalrentabilität höher ist als der durchschnittliche Fremdkapitalzinssatz. Unter diesen Umständen erhöht sich die Eigenkapitalrentabilität (Leverage-Effekt bzw. Hebeleffekt).

Eine zunehmende Verschuldung geht allerdings zulasten der Liquidität des Unternehmens.

Aus betriebswirtschaftlicher Sicht gilt es einen Ausgleich zwischen Maximierung der Rentabilität und der Sicherung der Liquidität zu schaffen.

c) Abgrenzung Darlehensformen

► **Abzahlungsdarlehen**
Bei Abzahlungsdarlehen bleiben die Tilgungsraten während der Laufzeit konstant, die Zinsen werden auf die jeweilige Restschuld berechnet. Der periodische Kapitaldienst bestehend aus Zins und Tilgung verringert sich kontinuierlich, da die Zinsen sich durch die jeweils geringere Restschuld auch verringern.

► **Annuitätendarlehen**
Der periodisch (jährlich, monatlich) zu zahlende Kapitaldienst bestehend aus Zins und Tilgung, die sogenannte Annuität, bleibt während der Laufzeit des Darlehens bzw. der Zinsbindungsdauer konstant.

Innerhalb der Annuität steigt über die Laufzeit der Tilgungsanteil um die ersparten Zinsen.

► **Endfälliges Darlehen**
Das Darlehen wird am Ende der Laufzeit in einer Summe zurückgezahlt. Die Zinsen bleiben konstant und sind bis zum Laufzeitende in Raten zu erbringen. Der Kapitaldienst über die Laufzeit besteht somit nur aus den Zinszahlungen.

d) Finanzierung durch Rationalisierung bzw. aus Vermögensumschichtungen

Finanzierung durch Rationalisierung

► Freisetzung finanzieller Mittel durch effektiveren Kapitaleinsatz bei unveränderten Produktionsvolumen

► Möglichkeiten der Rationalisierung

- Verkürzung der Durchlaufzeiten in der Produktion

- Verkürzung der Lagerzeiten von Material

- Lieferung durch just in time

- Absenkung des Forderungsbestandes.

Finanzierung aus Vermögensumschichtung

► Vermögensgegenstände werden verkauft, um zu liquiden Mitteln umgewandelt zu werden

► Verkauf von nicht betriebsnotwendigen Vermögen (Grundstücke, Gebäude)

► Verkauf von betriebsnotwendigen Vermögen und Rücknutzung/-fianzierung (Sales and lease back)

► Verkauf von Finanzanlagen.

e) Weitere Formen der Innenfinanzierung

Weiter Formen der Innenfinanzierung sind z. B.

► Finanzierung aus Abschreibungsgegenwerten

► Finanzierung aus Rückstellungen.

Lösung zu Aufgabe 9:

a) Cash-Management bedeutet, dass alle Finanztransaktionen und Bestände des Unternehmens mittels EDV-gestützter Systeme erfasst werden.

Das Unternehmen hat somit zu jeder Zeit eine aktuelle Übersicht über den Liquiditätsstatus des Unternehmens. Überdies kann das Unternehmen somit optimal zum richtigen Zeitpunkt das notwendige Geld bzw. die notwendige Liquidität auf den jeweiligen Konten zur Verfügung stellen. Frühzeitig kann durch den Einsatz des Cash-Management auch erkannt werden, zu welchem Zeitpunkt Liquidität ggf. aufgenommen werden muss.

Das Cash-Management wird auch als kurzfristiges Liquiditätsmanagement des Unternehmens bezeichnet, welches ursächlich das Ziel verfolgt

▶ überschüssige Liquidität ertragsmaximierend anzulegen und

▶ fehlende Liquidität so günstig wie möglich zu beschaffen.

b) In das Cash-Management können u. a. folgende Bestandteile mit einbezogen werden:

▶ Bargeld

▶ eingeräumte Kontokorrentlinien

▶ kurzfristig liquidierbare Wertpapiere.

c) Ein Forward-Rate-Agreement ist ein Zinstermingeschäft außerhalb der Börse. Es wird für eine zukünftige Abrechnungs- bzw. Anlageperiode ein fester Zinssatz vereinbart.

Forward-Rate-Agreements umfassen nicht die eigentliche Geldaufnahme bzw. Geldanlage, sie umfassen die Zinsvereinbarung, die unabhängig vom Grundgeschäft getroffen werden.

Die Vertragsparteien einigen sich hierzu für die betreffende Periode auf einen festen Zinssatz.

Dieser wird am Referenztag mit dem zugrunde gelegten Geldmarktzins (Euribor, Libor) verglichen.

Liegt der Referenzzinssatz über dem Forward-Rate-Agreement-Zinssatz, erhält der Käufer des Forward-Rate-Agreements vom Verkäufer eine Ausgleichszahlung in Höhe der Zinsdifferenz. Liegt er darunter, so leistet der Käufer eine Ausgleichszahlung.

Der Käufer eines Forward-Rate-Agreements sichert sich einen festen Zins für eine fest geplante Kreditaufnahme. Analog sichert sich der Verkäufer einen Zins für eine Geldanlage.

d) Bei einem Zinscap handelt es sich um ein sog. Zinsderivat. Da Zinsen für Kredite meist eine kurze Laufzeit haben, möchte sich der Kreditnehmer vor steigenden Zinsen absichern. Der Kreditnehmer möchte eine Zinsbegrenzung nach oben, für variabel verzinsliche Kredite.

Durch den vereinbarten Cap wird ein Zinsniveau festgelegt, ab dessen Überschreiten der Cap-Verkäufer (das Kreditinstitut) dem Cap-Inhaber (Kreditnehmer) die

Zinsdifferenz vergütet. Als Gegenleistung erhält der Cap-Verkäufer für diese Risiko-übernahme eine Prämie, welche in der Regel bei Geschäftsabschluss fällig wird.

Beispiel

Die BüMö AG nimmt einen Kredit in Höhe von 1.000.000 € auf. Der aktuelle Zinssatz beträgt 3 % p. a. Die BüMo AG möchte sich vor zukünftigen Zinssteigerungen und damit verbundenen höheren Liquiditätsbelastungen schützen. Es wird mit dem Kreditinstitut Zinscap von 2 % vereinbart. Das bedeutet, wenn der Zinssatz um mehr als 2 % vom Basiszinssatz (im vorliegenden Fall 3 %) entfernt ist, erstattet die Bank den Differenzbetrag auf einem Verrechnungskonto. Solange der Kreditzins also bis auf 5 % steigt, passiert nichts. Steigt er über 5 % wird die Differenz an die BüMö AG erstattet. Damit ist das Zinsrisiko für die BüMö AG überschaubar, allerdings sind die Kosten des Zinscaps zu beachten.

e) Zur Absicherung von Währungsrisiken bieten sich u. a. an:

- ► Devisentermingeschäft
- ► Währungsswap.

Lösung zu Aufgabe 10:

a) Ein Unterschied zwischen Commercial Papers und Festgeld ist, das Festgeld unterliegt im Gegensatz zum Commercial-Paper dem Einlagensicherungsfonds der Hausbank.

Schuldner des Festgeldes ist die Hausbank, beim Commercial-Paper ist der Schuldner in der Regel ein Finanzdienstleister bzw. erstklassige Industrieadressen.

Ein weiterer Unterschied liegt in der Betragsbegrenzung. Für das Festgeld gibt es in der Regel keine Betragsbegrenzung, für das Commercial-Paper liegt der Höchstbetrag für die Anlage beim Emissionsvolumen.

Festgelder sind in der Regel zu den aktuellen Marktkonditionen verlängerbar, Commercial Papers haben in der Regel eine feste Laufzeit.

b) Die Entscheidung zwischen Commercial Papers und Festgeld liegt in der Regel in der Risikobereitschaft des Unternehmens.

Sofern das Unternehmen risikoorientiert ist und für eine höhere Rendite ein höheres Risiko eingehen würde, käme ein Commercial-Paper infrage, da die Rendite bei Commercial-Papers in der Regel höher ist als die von Festgeldern.

Ist die Unternehmung wenig risikobereit, ist die Anlage als Festgeld zu empfehlen. Hier ist die Laufzeit und der entsprechende Zins festgeschrieben.

Außerdem unterliegen die Festgelder dem Einlagensicherungsfonds der Banken.

3. Situationsaufgabe

Lösung zu Aufgabe 1:

Sachverhalt 1:
Der Einkommensbescheid trägt als Poststempel den 19.10.2020. Die Bekanntgabe des Bescheides erfolgt gem. § 122 Abs. 2 Nr. 1 AO am 22.10.2020 (Drei-Tages-Fiktion) an einem Donnerstag.

Der tatsächliche Zugang am 20.10.2020 spielt im vorliegenden Fall keine Rolle.

Fristbeginn für die Einspruchsfrist ist der 23.10.2020. Die Einspruchsfrist beträgt gem. § 355 Abs. 1 Satz 1 AO einen Monat.

Die Einspruchsfrist endet grundsätzlich mit Ablauf des 22.11.2020 (Sonntag). Fällt das Fristende auf einen Samstag, Sonntag oder Feiertag verschiebt sich das Fristende gem. § 108 Abs. 3 AO auf den nächstfolgenden Werktag. Die Frist endet im vorliegenden Fall mit Ablauf des 23.11.2020.

Der Einspruch wurde fristgerecht eingelegt.

Sachverhalt 2:
Die Umsatzsteuervoranmeldung ist gem. § 150 Abs. 1 Satz 3 AO i. V. m. § 18 Abs. 1 UStG eine Steueranmeldung. Diese Steueranmeldung steht gemäß § 168 Satz 1 AO einer Steuerfestsetzung unter dem Vorbehalt der Nachprüfung (§ 164 Abs. 1 AO) gleich.

Gemäß § 164 Abs. 2 Satz 1 AO kann diese Steuerfestsetzung, solange der Vorbehalt wirksam ist, durch Abgabe einer berichtigten Umsatzsteuervoranmeldung jederzeit geändert werden.

Es ist also im April eine korrigierte Umsatzsteuervoranmeldung für den Voranmeldezeitraum Januar abzugeben.

Lösung zu Aufgabe 2:

a) Körperschafts-, Gewerbesteuerpflicht

Körperschaftssteuerpflicht
Der Sitz der Mayer GmbH ist Schwerin (Inland). Somit erfüllt die Mayer GmbH die Tatbestandsmerkmale des § 1 Abs. 1 KStG und ist unbeschränkt in Deutschland, mit ihrem Welteinkommen, im Rahmen der Körperschaftsteuer steuerpflichtig.

Gewerbesteuer
Die Tätigkeit einer Kapitalgesellschaft gilt gem. § 2 Abs. 2 GewStG stets im vollen Umfang als gewerbliche Tätigkeit. Da die Mayer GmbH im Inland betrieben wird (Schwerin) ist die Mayer GmbH gem. § 2 Abs. 1 GewStG gewerbesteuerpflichtig.

b) Steuerliche Behandlung von Gewinnausschüttungen von Tochtergesellschaften

Die Mayer GmbH ist die Mutter-Gesellschaft der Austria-GmbH (Tochtergesellschaft). Werden Gewinne ausgeschüttet die auf eine Beteiligung an einer anderen Kapitalgesellschaft basieren, bleiben diese grundsätzlich beim empfangenen Unternehmen, in diesem Fall der Mayer GmbH außer Ansatz, d. h. sie werden nicht bei der Ermittlung des zu versteuernden Einkommens berücksichtigt (§ 8b Abs. 1 KStG). Allerdings müssen 5 % als nicht abziehbare Betriebsausgaben berücksichtigt werden (§ 8b Abs. 5 KStG), so dass effektiv „nur" 95 % steuerfrei sind.

 INFO

> Bei Beteiligungen unter 10 % sind gem. § 8b Abs. 4 KStG die Gewinnausschüttungen beim empfangenen Unternehmen voll dem Einkommen zuzurechnen.

---

c) Ermittlung Körperschaftssteuer, Gewerbesteuer

Da in der Aufgabenstellung keine Höhe der Gewinnausschüttung benannt ist und das zu versteuernde Einkommen bzw. der Gewerbeertrag gegeben ist, sind dies die Ausgangsgrößen für die Berechnung der Körperschafts- bzw. Gewerbesteuer.

Bei der Berechnung der Körperschaftssteuer wird der Steuersatz in Höhe von 15 % auf das zu versteuernde Einkommen angewendet (§ 23 Abs. 1 KStG).

Das zu versteuernde Einkommen beträgt 3.500.000 € • 15 % Steuersatz = 525.000 € Körperschaftsteuer.

Bei der Berechnung der Gewerbesteuer ist der Gewerbeertrag die Ausgangsbasis. Durch das Betriebsstättenfinanzamt wird der Gewerbesteuermessbetrag festgesetzt. Dieser wird dann mit dem Gewerbesteuerhebesatz der Kommune multipliziert. Der Gewerbesteuerbescheid wird durch die Kommune erstellt.

=	maßgebender Gewerbeertrag	3.500.000 €
•	Steuermesszahl 3,5 % gem. § 11 Abs. 2 GewStG	
=	Gewerbesteuermessbetrag	122.500,00 €
•	Hebesatz der Kommune Schwerin 400 %	
=	**Gewerbesteuerschuld**	**490.000,00 €**

Die Körperschafts- und Gewerbesteuer sind Steuern vom Einkommen und Ertrag und können somit bei der Berechnung der jeweiligen Steuer nicht als Betriebsausgaben berücksichtigt werden.

d) Beurteilung Unternehmereigenschaft

Die Mayer GmbH führt eine gewerbliche Tätigkeit durch, dadurch besitzt Sie gem. § 2 Abs. 1 UStG die Unternehmereigenschaft im Rahmen der Umsatzsteuer.

Dadurch das die Austria GmbH durch die 100 %-Beteiligung in die Mayer GmbH eingegliedert, könnte eine Organschaft unterstellt werden. Dies ist allerdings nicht der Fall, da Organschaften ihre Wirkung nur bei Unternehmensteilen im Inland entfalten (§ 2 Abs. 2 Nr. 2 S. 2 UStG).

Die Lieferungen der Mayer-GmbH an die Austria-GmbH stellen somit Lieferungen gem. § 3 Abs. 1 UStG dar, der Ort bestimmt sich gem. § 3 Abs. 6 Satz 1 UStG (Beginn der Lieferung, Schwerin), die Lieferung ist somit im Inland steuerbar gem. § 1 Abs. 1 Nr. 1 UStG. Allerdings, wenn die Voraussetzungen erfüllt sind, steuerfrei gem. § 4 Nr. 1b UStG i. V. m. § 6a UStG.

e) Umsatzsteuerliche Behandlung Verwaltungsarbeiten

Bei den Verwaltungsarbeiten handelt es sich gem. § 3 Abs. 9 UStG um sonstige Leistungen. Bei der Ortsbestimmung gibt es keine Sonderregelungen, dadurch wird die Grundregel § 3a Abs. 2 UStG angewendet, der Ort ist der Sitz des Leistungsempfängers, also Wien (Österreich). Da das Inlandsmerkmal fehlt, handelt es sich um eine im Inland nicht steuerbare sonstige Leistung. Der Ausweis der Umsatzsteuer unterbleibt.

f) UStVA, Zusammenfassende Meldung

Die Umsatzsteuervoranmeldung (UStVA) dient dazu, dass der Unternehmer alle Umsätze des Voranmeldezeitraums dem zuständigen Betriebsfinanzamt melden muss, dies ist geregelt in § 18 UStG i. V. m. § 21 AO.

Die Zusammenfassende Meldung (ZM) dient dazu das alle innergemeinschaftlichen Lieferungen und im Gemeinschaftsgebiet erbrachten sonstigen Leistungen im Sinne des § 3a Abs. 2 UStG an das Bundeszentralamt für Steuern gemeldet werden (§ 18a UStG).

Lösung zu Aufgabe 3:

a) Ermittlung des Gewinns aus Gewerbebetrieb für das Jahr 2020

	Jahresüberschuss laut Handels- und Steuerbilanz	1.265.000,00 €
+	Außerbilanzielle Hinzurechnung der amerikanischen Quellensteuer 15 % von 500.000 €	75.000,00 €
-	außerbilanzielle Kürzung der steuerfreien Dividende gem. § 8b Abs. 1 KStG	500.000,00 €
+	Außerbilanzielle Hinzurechnung nach § 8b Abs. 5 KStG 5 % von 500.000 €	25.000,00 €
	Hinweis: Eine Korrektur der Schuldzinsen unterbleibt gem. § 8b Abs. 5 Satz 2 KStG.	
=	**Gewinn aus Gewerbebetrieb 2020**	**865.000,00 €**

b) Ermittlung Gewerbeertrag 2020

Ausgangsbasis für die Ermittlung des Gewerbeertrages ist gem. § 7 GewStG der Gewinn aus Gewerbebetrieb in Höhe von 865.000,00 €.

	Gewinn aus Gewerbebetrieb 2020		865.000,00 €
+	Hinzurechnung Zinsen § 8 Nr. 1a GewStG	90.000 €	
-	Freibetrag	90.000 €	0,00 €
+	Hinzurechnung von außer Ansatz gebliebenen Dividendenerträgen § 8 Nr. 5 GewStG		
	Hinweis: Voraussetzung § 9 Nr. 7 GewStG nicht erfüllt.		25.000,00 €
=	**Gewerbeertrag**		**890.000,00 €**

Lösung zu Aufgabe 4:

Nr.	Art des Umsatzes	Ort der Leistung	Steuerbar	Steuerfrei	Steuer-pflichtig	Bemes-sungs-grundlage (in €)	USt (Betrag in €)	VSt (Betrag in €)
1.	§ 1a Abs. 2 UStG Innergemein-schaftlicher Erwerb	§ 3d UStG Kiel	§ 1 Abs. 1 Nr. 5 UStG	-	Mangels Steuer-befrei-ungen steuer-pflichtig	§ 10 Abs. 4 Nr. 1 UStG 3.500,00 €	§ 12 Abs. 1 UStG 665,00 €	§ 15 Abs. 1 Nr. 3 UStG 665,00 €
2.	§ 3 Abs. 1 UStG Lieferung	§ 3c Abs. 1 UStG Däne-mark	Im Inland nicht steuerbar					
	Hinweis: Es handelt sich um einen Fernverkauf nach § 3c UStG. Die Versteuerung erfolgt im Bestimmungsland. Grundsätzlich muss sich die Franzen und Mayer OHG in Dänemark umsatzsteuerlich registrieren, um die Umsätze in Dänemark steuerlich anzumelden und die Umsatzsteuer abzuführen. Es kann, wenn die Voraussetzungen erfüllt sind, auch das OSS (One-Stop-Shop) genutzt werden.							
3.	§ 3 Abs. 1 UStG Lieferung	§ 3 Abs. 6 Satz 1 Kiel	§ 1 Abs. 1 Nr. 1 UStG	st.frei gem. § 4 Nr. 1b i. V. m. § 6a UStG				
4.	§ 1 Abs. 1 Nr. 4 UStG Steuerbare Einfuhr			-	Mangels Steuer-befrei-ungen steu-erpflichtig	§ 11 Abs. 1 UStG 25.000,00 €	§ 12 Abs. 1 UStG 4.750,00 €	§ 15 Abs. 1 Nr. 2 UStG 4.750,00 €
5.	§ 3 Abs. 1 Nr. 1 UStG Unentgelt-liche Wert-abgabe	§ 3f Kiel	§ 1 Abs. 1 Nr. 1 UStG	-	Mangels Steuer-befreiun-gen steu-erpflichtig	§ 10 Abs. 4 Nr. 1 UStG 250,00 €	§ 12 Abs. 1 UStG 47,50 €	

Lösung zu Aufgabe 5:

a)

	vorläufige Zahllast 12/2020	750,00 €
+	USt aus der Rechnung	171,00 €
	Umsatzsteuer 12/2020	921,00 €
-	1/11 USt – Sondervorausz.	800,00 €
=	**Zahllast 12/2020**	**121,00 €**

b) Da Franz Franzen für 2020 einen Antrag auf Dauerfristverlängerung abgegeben hat, ist die USt-Voranmeldung für Dezember 2020 bis zum 10.02.2021 abzugeben, § 18 Abs. 1 Satz 1 UStG i. V. m. § 18 Abs. 6 UStG i. V. m. §§ 46, 47 UStDV.

c) Die Umsatzsteuer für das Jahr 2020 beträgt:

	Umsatzsteuer Januar bis November	7.200,00 €
+	Umsatzsteuer Dezember	921,00 €
=	Umsatzsteuer 2020	8.121,00 €

Da die Umsatzsteuer für das Jahr 2020 über 7.500 € beträgt, ist der Voranmeldezeitraum gem. § 18 Abs. 2 UStG Kalendermonat.

d)

	USt Jan. - Nov. 2020	7.200,00 €
+	USt 12/2020	921,00 €
=		8.121,00 €

davon 1/11 = 738 € Sondervorauszahlung (volle Euro)

e) Die Sondervorauszahlung ist bis zum 10.02.2021 an das Finanzamt abzuführen, § 48 UStDV

Lösung zu Aufgabe 6:

a)

Die **Ausgangsgröße** für die Ermittlung des zu versteuernden Einkommens gem. § 7 KStG ist der handelsrechtliche Jahresüberschuss.	1.100.000,00 €
Sachverhalt 1: Die Angaben zur Gewinnausschüttung im Wirtschaftsjahr 2020 für das abgelaufene Wirtschaftsjahr 2019, haben keine Auswirkungen auf die Berechnung des Jahresüberschusses für (§ 8 Abs. 3 Satz 1 KStG).	
Sachverhalt 2: Das Geschenk an den guten Kunden überschreitet die Freigrenze gem. § 8 Abs. 1 KStG i. V. m. § 4 Abs. 5 Nr. 1 EStG. Daher wird der gesamte Betrag zu einer nicht abziehbaren Betriebsausgabe.	+ 4.000,00 €
Die Vorsteuer ist gem. § 15 Abs. 1a Satz 1 UStG i. V. m. § 10 Nr. 2 KStG ebenfalls eine nicht abziehbare Betriebsausgabe.	+ 760,00 €
Die Abziehbarkeit der Pauschalsteuer nach § 8 Abs. 1 KStG i. V. m. § 37b Abs. 1 Nr. 2 EStG richtet sich danach, ob die Aufwendungen für die Zuwendung als Betriebsausgabe abziehbar sind.	
Da die Anschaffungskosten für das Geschenk nicht abziehbar waren, gilt dies auch für die Pauschalsteuer.	
Die Pauschalsteuer und die Hinzurechnung außerhalb der Bilanz berechnet sich wie folgt:	
Aufwendungen brutto gem. § 37b Abs. 1 Satz 2 EStG 4.760,00 € davon 30 % 1.428,00 € darauf 5,5 % Solidaritätszuschlag abgerundet 78,00 €	+ 1.428,00 € + 78,00 €

Sachverhalt 3: Nach § 8b Abs. 1 KStG bleiben Ausschüttungen bei der Ermittlung des Einkommens außer Ansatz. Die Bruttodividende wird wieder hinzugerechnet.	- 200.000,00 €
(147.250 € + 52.750 €)	+ 52.750,00 €
Die einbehaltene Kapitalertragsteuer und der einbehaltene Solidaritätszuschlag sind gem. § 10 Nr. 2 KStG nicht abziehbare Betriebsausgaben.	+ 10.000,00 €
Gemäß § 8b Abs. 5 KStG gelten 5 % der (Brutto-)Dividende als nicht abziehbare Betriebsausgaben. Die müssen wieder hinzugerechnet werden.	
(5 % von 200.000,00 €)	
In diesem Zusammenhang ist es unerheblich, dass Aufwendungen in Höhe von 32.000 € in unmittelbarem wirtschaftlichen Zusammenhang mit den steuerfreien Beteiligungserträgen entstanden sind.	
Gemäß § 8b Abs. 5 Satz 2 KStG ist § 3 c Abs. 1 EStG nicht anzuwenden.	
Sachverhalt 4: Bei der Gewerbesteuer, der Körperschaftsteuer und dem Solidaritätszuschlag handelt es sich um nicht abziehbare Betriebsausgaben. Sie müssen wieder hinzugerechnet werden.	
Die Gewerbesteuer ist nach § 8 Abs. 1 KStG i. V. m. § 4 Abs. 5b EStG nicht abziehbar.	+ 150.000,00 €
Die Körperschaftssteuer gem. § 10 Nr. 2 KStG nicht abziehbar.	+ 136.000,00 €
Der Solidaritätszuschlag ist gem. § 10 Nr. 2 KStG nicht abziehbar.	+ 11.280,00 €
Sachverhalt 5: Spenden an politische Parteien sind gem. § 8 Abs. 1 KStG i V m. § 4 Abs. 6 EStG nicht abziehbare Betriebsausgaben und müssen wieder hinzugerechnet werden.	+ 60.000,00 €
= zu versteuerndes Einkommen 2020 gem. § 7 Abs. 1 KStG	**1.326.296,00 €**

b) Zum 31.12.2020 ist der Bestand des steuerlichen Einlagekontos gem. § 27 Abs. 2 KStG gesondert festzustellen. Dies erfolgt unter Berücksichtigung der Zu- und Abgänge des Wirtschaftsjahres.

Zugänge ergeben sich durch die Sachverhalte nicht.

Zur Ermittlung der Abgänge muss der ausschüttbare Gewinn ermittelt werden. Gegen diesen wird dann die tatsächliche Ausschüttung gestellt. Hieraus ergibt sich ob eine Veränderung des steuerlichen Einlagekontos durch die Ausschüttung gegeben ist.

	Steuerrechtliches Eigenkapital zum 31.12.2019	420.000,00 €
-	Gezeichnetes Kapital	100.000,00 €
-	Steuerliches Einlagenkonto zum 31.12.2019	200.000,00 €
=	Ausschüttbarer Gewinn	120.000,00 €
-	Ausschüttung im März 2020 für das Wirtschaftsjahr 2019	180.000,00 €
=	Abgang steuerliches Einlagekonto	60.000,00 €

Entwicklung des steuerlichen Einlagekontos

	Bestand 31.12.2019	200.000,00 €
+	Zugänge 2020	0,00 €
-	Abgänge 2020	60.000,00 €
=	**Festzustellender Bestand zum 31.12.2020**	**140.000,00 €**

Lösung zu Aufgabe 7:

Sachverhalt 1:

Die 183-Tage-Frist bezieht sich auf das im jeweiligen ausländischen Staat maßgebende Steuerjahr. Im Regelfall ist dies das Kalenderjahr.

Maßgeblich ist allein die Dauer des Aufenthaltes im jeweiligen Steuerjahr.

Bei der Berechnung der 183-Tage-Frist sind sämtliche Tage der Anwesenheit im Tätigkeitsstaat einzubeziehen. Maßgebend ist, dass Willi Wurm an mehr als 183 Tage im DBA-Staat anwesend war.

Das Besteuerungsrecht steht auch dem Tätigkeitsstaat gem. Art. 15 Abs. 2 Buchst. a OECD-Musterabkommen zu.

Die Einkünfte werden im Inland nach Art. 23 a Abs. 1 OECD-Musterabkommen freigestellt.

Sachverhalt 2:

Das Besteuerungsrecht hat der Tätigkeitstaat.

Ludwig Lahn ist zwar weniger als 183 Tage im DBA-Staat tätig, aber er ist den Weisungen der Tochtergesellschaft unterworfen und die Tochtergesellschaft trägt die Aufwendungen.

Somit ist die Tochtergesellschaft gem. Art. 15 Abs. 2 Buchst. b OECD-Musterabkommen wirtschaftlicher Arbeitgeber.

Die Einkünfte werden im Inland nach Art. 23 a Abs. 1 OECD-Musterabkommen freigestellt.

Sachverhalt 3:
Susi Schön hält sich im Tätigkeitsstaat insgesamt nicht länger als 183 Tage während des betreffenden Steuerjahres auf.

Der Arbeitslohn wird von ihrem Arbeitgeber gezahlt, der nicht im Tätigkeitsstaat ansässig ist.

Der Arbeitslohn wird nicht von einer Betriebsstätte oder einer festen Einrichtung getragen, die der Arbeitgeber im Tätigkeitsstaat unterhält.

Somit hat nur Deutschland gem. Art. 15 Abs. 1 und Abs. 2 OECD-Musterabkommen das Besteuerungsrecht.

Lösung zu Aufgabe 8:

a) Zuerst wird der Zieleinkaufspreis für das Komplett-Set ermittelt. Dieser wird in das Kalkulationsschema übertragen und eine Vorwärtskalkulation durchgeführt. Es sollte zuerst die Kalkulation für 20 Komplett-Sets durchgeführt werden und dann die einzelnen Werte durch 20 dividiert werden.

Alternativ kann sofort für das einzelne Komplett - Set kalkuliert werden, hierbei ist zu beachten, dass die Bezugskosten aufgeteilt werden müssen.

Hinweis: Die Bezugskosten sind brutto (= 119 % gegeben). In der Kalkulation müssen diese netto (= 100 %) angesetzt werden.

	Teppich		Sofadecke		Sofakissen		
Listenein-kaufspreis	100 %	234,00 €	100 %	99,00 €	100 %	54,00 €	pro Stück
Lieferrabatt	15 %	35,10 €	25 %	24,75 €	5 %	2,70 €	pro Stück
Zieleinkaufs-preis	85 %	198,90 €	75 %	74,25 €	95 %	51,30 €	pro Stück
Zieleinkaufs-preis		**3.978,00 €**		**1.485,00 €**		**1.026,00 €**	**für 20 Komplett-Sets**

Summe Zieleinkaufspreis netto für 20 Komplett-Sets   **6.489,00 €**

	%	20 Stück €	1 Stück €			
Zieleinkaufs- oder Rechnungspreis		6.489,00	324,45	= 100 %		
- Liefererskonto	3	194,67	9,73			
= Bareinkaufspreis		6.294,33	314,72	= 97 %		
+ Bezugskosten		50,00	2,50			
= Bezugs- oder Einstandspreis		6.344,33	317,22	= 100 %		
+ Geschäfts- oder Handlungskosten	70	4.441,03	222,05			
= Selbstkostenpreis oder Selbstkosten		10.785,36	539,27	= 170 %	= 100 %	
+ Gewinn	25	2.696,34	134,82			
= Barverkaufspreis		13.481,70	674,09		= 125 %	= 98 %
+ Kundenskonto	2	275,14	13,76			
= Zielverkaufs- oder Rechnungspreis		13.756,84	687,84	= 70 %		= 100 %
+ Kundenrabatt	30	5.895,79	294,79			
= Listenverkaufs- oder Angebotspreis		19.652,63	982,63	= 100 %	= 100 %	
+ Umsatzsteuer	19	3.734,00	186,70			
= **Bruttoverkaufspreis**		**23.386,62**	**1.169,33**	= 119 %		

b) In einem ersten Schritt wird der neue Zieleinkaufspreis je Komplett-Set berechnet.

Danach wird eine Differenzkalkulation durchgeführt. Hierbei wird vom Zieleinkaufspreis zuerst vorwärts bis zu den Selbstkosten kalkuliert. Danach wird vom Bruttoverkaufspreis rückwärts zum Barverkaufspreis kalkuliert.

Die Differenz zwischen Selbstkosten und Barverkaufspreis ergibt den Gewinn in Euro. Der Gewinn wird ins Verhältnis gesetzt zu den Selbstkosten, es ergibt sich der Gewinn in Prozent.

$$\text{Gewinn in \%} = \frac{\text{Gewinn in Euro}}{\text{Selbstkosten}} \cdot 100$$

	Teppich		Sofadecke		Sofakissen		
Listenein-kaufspreis	100 %	234,00 €	100 %	99,00 €	100 %	54,00 €	pro Stück
Lieferrabatt	20 %	46,80 €	30 %	29,70 €	15 %	8,10 €	pro Stück
Zieleinkaufs-preis	80 %	187,20 €	70 %	69,30 €	85 %	45,90 €	pro Stück
Zieleinkaufs-preis		**3.744,00 €**		**1.386,00 €**		**918,00 €**	**für 20 Komplett-Sets**

Summe Zieleinkaufspreis netto für 20 Komplett-Sets **6.048,00 €**

	%	20 Stück €	1 Stück €	
Zieleinkaufs- oder Rechnungspreis		6.048,00	302,40	= 100 %
- Liefererskonto	3	181,44	9,07	
= Bareinkaufspreis		5.866,56	293,33	= 97 %
+ Bezugskosten		50,00	2,50	
= Bezugs- oder Einstandspreis		5.916,56	295,83	= 100 %
+ Geschäfts- oder Handlungskosten	70	4.141,59	207,08	
= Selbstkostenpreis oder Selbstkosten		10.058,15	502,91	= 170 %
+ Gewinn	20,24 %	2.036,20	101,81	
= Barverkaufspreis		12.094,35	604,72	= 98 %
+ Kundenskonto	2	246,82	12,34	
= Zielverkaufs- oder Rechnungspreis		12.341,18	617,06	= 70 % = 100 %
+ Kundenrabatt	30	5.289,08	264,45	
= Listenverkaufs- oder Angebotspreis		17.630,25	881,51	= 100 % = 100 %
+ Umsatzsteuer	19	3.349,75	167,49	
= Bruttoverkaufspreis		20.980,00	1.049,00	= 119 %

Lösung zu Aufgabe 9:

a) Berechnung der variablen Stückkosten und fixen Gesamtkosten

Werden für zwei Zeiträume die jeweiligen Gesamtkosten und die Beschäftigung gegeben und wird ein linearer Kostenverlauf unterstellt gilt Folgendes:

Die Veränderung der Gesamtkosten ist ausschließlich auf die variablen Kosten zurückzuführen, da die fixen Gesamtkosten unabhängig vom Beschäftigungsgrad entstehen. Das bedeutet die veränderten Kosten sind die variablen Gesamtkosten der veränderten Menge.

Aus dieser Erkenntnis, wird das Differenz-Quotienten-Verfahren zur Ermittlung der variablen Kosten angewendet.

$$\text{variable Stückkosten} = \frac{\text{Kostendifferenz}}{\text{Mengendifferenz}}$$

$$\text{variable Stückkosten} = \frac{325.000 \text{ €}}{50.000 \text{ Stück}} = 65,00 \text{ €}$$

	Gesamtkosten	Beschäftigungsgrad	Menge in Stück
August	3.578.750,00 €	35 %	43.750
September	6.828.750,00 €	75 %	93.750
Differenz	3.250.000,00 €		50.000

variable Stückkosten   **65,00 €**

Nachdem die variablen Stückkosten berechnet wurden, können nun die fixen Gesamtkosten berechnet werden. Hierzu ermittelt man die variablen Gesamtkosten und subtrahiert diese von den Gesamtkosten, der Restbetrag ergibt die fixen Gesamtkosten.

Diese Vorgehensweise kann in beiden Monaten durchgeführt werden, da die fixen Kosten bekannter Weise in beiden Monaten identisch sein müssen.

	August	September
Gesamtkosten	3.578.750,00 €	6.828.750,00 €
- variable Gesamtkosten (variable Stückkosten • Menge)	2.843.750,00 €	6.093.750,00 €
= fixe Gesamtkosten	735.000,00 €	735.000,00 €

b) Ermittlung des Betriebsergebnisses

	August	September
Verkaufspreis	75,00 €	75,00 €
- variable Stückkosten	65,00 €	65,00 €
= Stückdeckungsbeitrag (dB)	10,00 €	10,00 €
• Menge (in Stück)	43.750	93.750
= Gesamtdeckungsbeitrag (DB)	437.500,00 €	937.500,00 €
- fixe Gesamtkosten	735.000,00 €	735.000,00 €
= Betriebsergebnis	- 297.500,00 €	202.500,00 €

c) Ermittlung Break-even-Point, Break-even-Umsatz,

Deckungsbeitrags-Umsatz-Rate

Ermittlung Gewinnschwellenmenge (Break-even-Point)

Grundsatz:
Der Break-even-Point (Gewinnschwellenmenge) ist die Menge an der die Kosten und Erlöse im Unternehmen gleich hoch sind. Das Betriebsergebnis ist bei dieser Menge gleich 0 €.

Im Rahmen der Teilkostenrechnung wird der Break-even-Point als Quotient zwischen den fixen Gesamtkosten und dem Stückdeckungsbeitrag berechnet.

Alternativ kann die Gewinnschwellenmenge auch berechnet werden, indem die Kosten- und Erlösfunktion gleich gesetzt werden.

$$\text{Break-even-Point} = \frac{\text{fixe Gesamtkosten}}{\text{Stückdeckungsbeitrag}}$$

$$\text{Break-even-Point} = \frac{735.000\ €}{10,00\ €} = 73.500\ \text{Stück}$$

Alternativ:

K(x) = E(x)

K(x) = 735.000 + 65x   E(x) = 75x

735.000 + 65x = 75 x | - 65x
735.000 = 10x | : 10x
73.500 = x

Break-even-Umsatz = Break-even-Point • Verkaufspreis je Stück

Ermittlung Break-even-Umsatz (Gewinnschwellenumsatz)

Grundsatz:
Der Break-even-Umsatz gibt an, wie viel Umsatz generiert werden muss, damit die Kosten und Erlöse ausgeglichen sind.

Break-even-Umsatz = Break-even-Point • Verkaufspreis

Break-even-Umsatz = 73.500 • 75,00 €

Break-even-Umsatz = 5.512.500,00 €

Ermittlung Deckungsbeitrags-Umsatzrate (DBU)

Grundsatz:
Die Deckungsbeitrags-Umsatzrate (DBU) gibt an, wie viel Prozent des Umsatzes Deckungsbeitrag darstellt. Die DBU wird grundsätzlich berechnet, indem der Stückdeckungsbeitrag ins Verhältnis zum Verkaufspreis gesetzt wird.

Alternativ kann auch der Gesamtdeckungsbeitrag zum Gesamtumsatz ins Verhältnis gesetzt werden.

$$\text{Deckungsbeitrags-Umsatzrate (DBU)} = \frac{\text{Stückdeckungsbeitrag}}{\text{Verkaufspreis je Stück}} \cdot 100$$

$$\text{Deckungsbeitrags-Umsatzrate (DBU)} = \frac{10,00 \,€}{75,00 \,€} \cdot 100 = 13,33 \,\%$$

d) Berechnung der langfristigen und kurzfristigen Preisuntergrenze

Die langfristige Preisuntergrenze sucht den Verkaufspreis, der erreicht werden muss, damit alle verkauften Erzeugnisse die Gesamtkosten decken.

$$\text{Langfristige Preisuntergrenze} = \frac{\text{Gesamtkosten}}{\text{Menge}}$$

Die kurzfristige Preisuntergrenze liegt dort, wo die variablen Stückkosten gedeckt sind, bzw. wo der Stückdeckungsbeitrag gleich 0,00 € beträgt. Die kurzfristige Preisuntergrenze ist in den jeweiligen Monaten identisch.

	August	September
langfristige Preisuntergrenze	81,80 €	72,84 €
kurzfristige Preisuntergrenze	65,00 €	65,00 €

e) Ermittlung der Menge mit einem Gewinn von 100.000 €

Zur Berechnung der Menge die abgesetzt werden muss um einen Gewinn von 100.000 € zu erwirtschaften, bedient man sich der Gewinnschwellen-Mengen-Formel (Break-even-Formel).

Es werden die fixen Gesamtkosten um 100.000 € fiktiv erhöht und man erhält die Menge die abgesetzt werden muss um einen Gewinn von 100.000 € zu erwirtschaften.

$$\text{Menge bei Gewinn 100.000 €} = \frac{\text{fixe Gesamtkosten + Gewinn}}{\text{Stückdeckungsbeitrag}}$$

$$= \frac{735.000 + 100.000 \text{ €}}{10,00 \text{ €}}$$

Menge bei Gewinn 83.500 Stück

f) Umsatzrentabilität = 5 %

Das Unternehmen sucht die Menge die abgesetzt werden muss, damit 5 % vom Umsatz Gewinn ist. Die Formel für die Umsatzrentabilität lautet:

$$\text{Umsatzrentabilität} = \frac{\text{Gewinn}}{\text{Umsatz}} \cdot 100$$

Gewinn und Umsatz sind in der Aufgabenstellung nicht eindeutig gegeben. Der Gewinn und der Umsatz müssen durch die Kosten- und Erlösfunktion dargestellt werden, da diese aus der Aufgabestellung abgeleitet werden kann.

Der Gewinn ergibt sich, indem von den Erlösen die Kosten subtrahiert werden. Der Umsatz ergibt sich aus den Gesamterlösen.

Die Formel für die Berechnung der Umsatzrentabilität sieht dann folgendermaßen aus.

$$\text{Umsatzrentabilität} = \frac{\text{Erlösfunktion - Kostenfunktion}}{\text{Erlösfunktion}} \cdot 100$$

Aus Vereinfachungsgründen wird nicht mehr „• 100" gerechnet und die Umsatzrentabilität von 5 % wird in die Formel dezimal, d. h. als 0,05 eingesetzt.

Mit den gegebenen Daten sieht die Formel folgendermaßen aus:

$$0,05 = \frac{75x - (735.000 + 65x)}{75x}$$

Die Formel wird nach x aufgelöst und man erhält die Menge die abgesetzt werden muss um eine Umsatzrentabilität von 5 % zu erreichen.

$$0,05 = \frac{75x - (735.000 + 65x)}{75x} \qquad | \cdot 75x$$

$3,75x = 75x - (735.000 + 65x)$		Klammer auflösen
$3,75x = 75x - 735.000 - 65x$		Zusammenfassen
$3,75x = 10x - 735.000$		$-10x$
$- 6,25x = -735.000$		$: - 6,25$
$x = 117.600$		

Probe: (bei 117.600 Stück)

Umsatz (Verkaufspreis • Menge)		**8.820.000,00 €**
Gesamtkosten bei 117.600 Stück		
variable Kosten (117.600 St. • 65 €)	7.644.000,00 €	
fixe Gesamtkosten	735.000,00 €	
		8.379.000,00 €
Gewinn		**441.000,00 €**
Umsatzrentabilität		**5,0 %**

g) Definition absoluter und relativer Deckungsbeitrag

Unter absoluten Deckungsbeitrag ist der Stückdeckungsbeitrag zu verstehen. In diesem Fall = 10 €.

Der relative Deckungsbeitrag ist der Deckungsbeitrag, den ein Kostenträger/Produkt in einer bestimmten Zeiteinheit (Stunde oder Minute) erwirtschaftet.

Dieser wird benötigt, um z. B. das optimale Produktionsprogramm zu bestimmen.

Lösung zu Aufgabe 10:

a) Kalkulation der Selbstkosten auf Normalkostenbasis (Anlage 1)

	Zuschlagssatz (%)	„Avant"	„Lupus"
Fertigungsmaterial		200,00 € (675.000 €/3.375 St.)	150,00 € (270.000 €/1.800 St.)
Materialgemeinkosten	10	20,00 €	15,00 €
Fertigungslöhne		30,00 € (101.250 €/3.375 St.)	20,00 € (36.000 €/1.800 St.)
Fertigungsgemeinkosten I	760	228,00 €	152,00 €
Fertigungslöhne II		20,00 € (67.500 €/3.375 St.)	22,00 € (39.600 €/1.800 St.)
Fertigungsgemeinkosten II	190	38,00 €	41,80 €
Herstellkosten		536,00 €	400,80 €
Verwaltung-/ Vertriebsgemeinkosten	14	75,04 €	56,11 €
Selbstkosten		**611,04 €**	**456,91 €**

Berechnung der Kostenüber- und unterdeckungen der Kostenstellen (Anlage 2)

	Material-wesen	Fertigung I	Fertigung II	Verwaltung/ Vertrieb	Gesamt
Istgemein-kosten	97.500,00 €	1.035.345,00 €	190.500,00 €	326.735,00 €	1.650.080,00 €
Normalzu-schlagssatz	10 %	760 %	190 %	14 %	
Zuschlags-basis	945.000,00 €	137.250,00 €	107.100,00 €	2.521.796,00 €	
Normalge-meinkosten	94.500,00 €	1.043.100,00 €	203.490,00 €	353.051,44 €	1.694.141,44 €
Über- (+)/ Unter-deckung (-)	- 3.000,00 €	7.755,00 €	12.990,00 €	26.316,44 €	44.061,44 €

Ermittlung der Herstellkosten des Umsatzes auf Normalkostenbasis

	Fertigungsmaterial	945.000,00 €
	Materialgemeinkosten	94.500,00 €
	Fertigungslöhne I	137.250,00 €
	Fertigungsgemeinkosten I	1.043.100,00 €
	Fertigungslöhne II	107.100,00 €
	Fertigungsgemeinkosten II	203.490,00 €
=	Herstellungskosten der Produktion	2.530.440,00 €
+	Bestandsminderungen	13.400,00 €
-	Bestandsmehrungen	22.044,00 €
=	**Herstellkosten des Umsaztes**	**2.521.796,00 €**

 INFO

Die Zuschlagbasis für die Kostenstelle „Materialwesen" ist das gesamte verbrauchte Fertigungsmaterial für die Modelle „Avant" und „Lupus".

Die Zuschlagsbasis für die Fertigungsstellen I und II sind jeweils die gesamten Fertigungslöhne der beiden Modelle „Avant" und „Lupus".

Die Zuschlagsbasis für die Kostenstelle „Verwaltung und Vertrieb" sind die Herstellkosten des Umsatzes auf Normalkostenbasis, die wie oben beschrieben berechnet werden müssen.

Bei der Berechnung der Kostenüber- und unterdeckung wird immer aus Sicht der Normalkosten in Richtung Istkosten geschaut. Das heißt z. B., dass die Normalgemeinkosten der Kostenstelle „Materialwesen" die Istkosten um 3.000 € unterdecken.

b) Ermittlung der abgesetzten Menge

Modell „Avant"

Bestandsminderung	13.400,00 €
Herstellkosten pro Stück	536,00 €
Bestandsminderung in Stück	25

Produktionsmenge	3.375	Stück
+ Bestandsminderung	25	Stück
= **Absatzmenge**	**3.400**	**Stück**

Modell „Lupus"

Bestandsmehrung	22.044,00 €
Herstellkosten pro Stück	400,80 €
Bestandsmehrung in Stück	55

Produktionsmenge	1.800	Stück
- Bestandsminderung	55	Stück
= **Absatzmenge**	**1.745**	**Stück**

Um die abgesetzte Menge zu berechnen, müssen zu der Produktionsmenge die Bestandsminderungen hinzugerechnet werden und die Bestandsmehrungen abgezogen werden. Laut Sachverhalt wurden die Bestandsminderungen und -mehrungen in Euro angegeben. Um die jeweilige Menge zu errechnen, werden die Bestandsmehrungen bzw. Bestandsminderungen durch die jeweiligen Herstellkosten dividiert, es ergibt sich die Menge in Stück.

Beim Modell „Avant" liegt eine Bestandsminderung von 25 Stück vor. Das heißt, es wurden zusätzlich zur Produktionsmenge noch 25 Stück aus dem Lager verkauft. Daher müssen die Bestandsminderungen hinzugerechnet werden.

Beim Modell „Lupus" lag eine Bestandsmehrung von 55 Stück vor. Das heißt, 55 Stück von der Produktionsmenge wurden nicht verkauft und erhöhten den Lagerbestand. Deshalb muss von der Produktionsmenge die Bestandsmehrung abgezogen werden, um die Absatzmenge zu erhalten.

Ermittlung Umsatzergebnis und Betriebsergebnis (Anlage 3)

Position	„Avant"	„Lupus"	Gesamt
Absatzmenge in Stück	3.400	1.745	
Umsatz	2.150.000,00 €	755.700,00 €	2.905.700,00 €
Selbstkosten des Umsatz (Normalkosten)	2.077.536,00 €	797.307,95 €	2.874.843,95 €
= Umsatzergebnis	72.464,00 €	- 41.607,95 €	30.856,05 €
Kostenstellenüberdeckung			44.061,44 €
= Betriebsergebnis			74.917,49 €

Die Umsatzerlöse für die Modelle „Avant" und Lupus" sind gegeben.

Die Selbstkosten des Umsatzes auf Normalkostenbasis ergeben sich, indem die Selbstkosten je Stück (siehe Anlage 1) mit der Absatzmenge multipliziert werden.

Die Selbstkosten des Umsatzes werden von den Umsatzerlösen subtrahiert, es ergibt sich das Umsatzergebnis (Ergebnis zu Normalkosten).

Die in Anlage 2 ermittelte Kostenstellenüberdeckung wird zum Umsatzergebnis addiert, es ergibt sich das Betriebsergebnis (Ergebnis zu Istkosten).

Lösung zu Aufgabe 11:

a) Berechnung Plankostenverrechnungssatz

Der Plankostenverrechnungssatz ermittelt sich nach folgender Formel:

$$\text{Plankostenverrechnungssatz} = \frac{\text{Plankosten}}{\text{Planmenge}}$$

$$\text{Plankostenverrechnungssatz} = \frac{120.000\ \text{€}}{1.200\ \text{h}}$$

b) Berechnung der verrechneten Plankosten bei Istbeschäftigung

Die verrechneten Plankosten bei Istbeschäftigung berechnen sich nach folgender Formel:

Verrechnete Plankosten = Plankostenverrechnungssatz · Istbeschäftigung

Verrechnete Plankosten = Plankostenverrechnungssatz · Istbeschäftigung

Verrechnete Plankosten = 100 € · 1.080 h

Verrechnete Plankosten = 108.000 €

c) Ermittlung der Sollkosten

Die klassische Formel für die Sollkosten ist für diesen Sachverhalt nicht anwendbar, da im Sachverhalt die klassischen Daten fehlen.

Es ist eine Formel zu suchen, für die die Daten im Sachverhalt gegeben sind und die Sollkosten vorkommen.

Für die Berechnung der Sollkosten bietet sich die Formel zur Ermittlung der Beschäftigungsabweichungen an:

	Sollkosten
-	verrechnete Plankosten
=	Beschäftigungsabweichung

Die Beschäftigungsabweichung in Höhe von 6.000 € ist gegeben, die verrechneten Plankosten wurden in Höhe von 108.000 € berechnet. Durch die ungünstige Beschäftigungsabweichung ergibt sich, dass 6.000 € weniger verrechnet worden sind als erforderlich.

Das bedeutet, die Sollkosten sind 6.000 € höher als die verrechneten Plankosten.

Die Sollkosten betragen somit 108.000 € + 6.000 € = 114.000 €.

d) Ermittlung der Istkosten

Die Istkosten sind im Sachverhalt nicht gegeben. Über die Formel zur Berechnung der Verbrauchsabweichung können die Istkosten allerdings ermittelt werden.

	Istkosten
-	Sollkosten
=	Verbrauchsabweichung

Die Sollkosten wurden in Höhe von 114.000 € berechnet. Da eine ungünstige Verbrauchsabweichung in Höhe von 3.000 € gegeben ist, müssen die Istkosten in Höhe der Verbrauchsabweichung über den Sollkosten liegen.

Istkosten = Verbrauchsabweichung ungünstig + Sollkosten

Istkosten = 3.000 € + 114.000 €

Istkosten = 117.000 €

e) Ermittlung des fixen und variablen Plankostensatzes

Die Sollkosten und die Plankosten basieren auf der gleichen Kostenfunktion. Die Sollkosten sind die Plankosten umgerechnet auf die Istbeschäftigung mit der Unterscheidung in fixe und variable Kosten. Somit kann das Differenz-Quotienten-Verfahren angewendet werden.

Plankosten 1.200 h = 120.000 €

Sollkosten 1.080 h = 114.000 €

$$\text{variabler Kostensatz} = \frac{\text{Kostendifferenz}}{\text{Mengendifferenz}}$$

$$\text{variabler Kostensatz} = \frac{6.000\ \text{€}}{120\ \text{h}} = 50\ \text{€}$$

Da der Plankostensatz gesamt 100 € betrug, ergibt sich ein fixer Plankostenverrechnungssatz von 50 €.

Gegenprobe:
Die Beschäftigungsabweichung ist Ausdruck zu viel oder zu wenig verrechneter Fixkosten.

Die Istbeschäftigung ist 10 % unter der Planbeschäftigung. Das heißt, 10 % der Fixkosten sind 6.000 € (Beschäftigungsabweichung). Das heißt, die gesamten Fixkosten betragen 60.000 €, dividiert durch die Planbeschäftigung von 1.200 €, ergibt sich ein fixer Plankostensatz von 50 €.

Aktuelle Steuertexte 2020, Textausgaben, München 2020

BG Verkehr (2017), Beitragsberechnung, https://www.bg-verkehr.de/mitgliedschaft-beitrag/beitrag/beitragsberechnung, abgerufen am 15.10.2019

Beck'scher Bilanzkommentar, 10. Auflage, München 2016

Behrens/Neumaier, Verbale Reize in der Kommunikation, in: Handbuch Kommunikation, Bruhn/Esch/Langner (Hrsg.), S. 735 bis 753, Wiesbaden 2009

Bergedick/Rohr/Wegener, Bilden mit Bildern: Visualisierung in der Weiterbildung, Bielefeld 2011

Bornhofen/Bornhofen, Steuerlehre 1, Rechtslage 2020, 41. Auflage, Wiesbaden 2020

Bornhofen/Bornhofen, Steuerlehre 2, Rechtslage 2020, 41. Auflage, Wiesbaden 2021

Coenenberg/Haller/Schulze, Jahresabschluss und Jahresabschlussanalyse, 24. Auflage, Stuttgart 2016

Däumler/Grabe, Kostenrechnung 1, 11. Auflage, Herne 2013

Däumler/Grabe, Kostenrechnung 2, 10. Auflage, Herne 2013

Däumler/Grabe, Kostenrechnung 3, 9. Auflage, Herne 2015

Deutsche Gesetzliche Unfallversicherung – Spitzenverband, Beitragsberechnung, http://www.dguv.de/de/ihr_partner/unternehmen/beitragsberechnung/index.jsp, abgerufen am 15.10.2019

Dettmer/Hausmann, Organisations-/Personalmanagement und Arbeitsrecht, 4. Auflage, Hamburg 2010

Dillerup/Stoi, Unternehmensführung, 3. Auflage, München 2011

Dolge, F., Grundlagen der Betriebswirtschaft, Herne 2013

Drumm, H. J., Personalwirtschaft, 6. Auflage, Berlin/Heidelberg 2008

Duarte, N., slide:ology: Oder die Kunst, brillante Präsentationen zu entwickeln, Beijing 2009

Duarte, N., resonate: oder wie Sie mit packenden Storys und einer fesselnden Inszenierung Ihr Publikum verändern, Weinheim 2012

Endriss, H. W., Bilanzbuchhalter-Handbuch, 11. Auflage, Herne 2017

Ernst/Schenk/Schuster, Kostenrechnung: klipp & klar, 2. Auflage, Berlin 2017

Falterbaum/Bolk/Reiß/Kirchner, Buchführung und Bilanz, 22. Auflage, Achim 2015

Freytag/Grasmeher, Der Ausbilder im Betrieb, 45. Auflage, Kassel 2018

Goetz/Reinhardt, Führung: Feedback auf Augenhöhe, Wiesbaden 2017

Götze, U., Kostenrechnung und Kostenmanagement, 5. Auflage, Berlin/Heidelberg 2010

Gräfer/Schneider/Gerenkamp, Bilanzanalyse, 13. Auflage, Herne 2016

Grefe, C., Unternehmenssteuern, 22. Auflage, Herne 2019

Griga, M., Kosten- und Leistungsrechnung für Dummies, 2. Auflage, Weinheim 2017

Groh/Schröer, Sicher zur Kauffrau/zum Kaufmann für Büromanagement, 2. Auflage, Rinteln 2016

Gropp, W., Die Prüfung der Personalfachkaufleute, 12. Auflage, Herne 2020

Grünberger, D., IFRS 2016 – Ein systematischer Praxis-Leitfaden, 13. Auflage, Herne 2016

Hahn/Kortschak, Lehrbuch Umsatzsteuer, 18. Auflage, Herne 2019

Händel/Kresimon/Schneider, Schlüsselkompetenzen: Reden – Argumentieren – Überzeugen, Stuttgart/Weimar 2007

Hefermehl, W., Handelsgesetzbuch (HGB): mit Einführungsgesetz, Publizitätsgesetz und Handelsregisterordnung, 66. Auflage, München 2020

Holtbrügge, D., Personalmanagement, 4. Auflage, Berlin/Heidelberg 2010

Holtbrügge, D., Personalmanagement, 6. Auflage, Berlin/Heidelberg 2015

Horsch, J., Kostenrechnung: Klassische und neue Methoden in der Unternehmenspraxis, 4. Auflage, Wiesbaden 2020

Kaesler, C., Kosten- und Leistungsrechnung der Bilanzbuchhalter IHK, 6. Auflage, Wiesbaden 2018

Kaiser/Pätzold, Wörterbuch Berufs- und Wirtschaftspädagogik, 3. Auflage, Bad Heilbrunn 2006

Kehr, H., Außenhandel, 15. Auflage, Herne 2020

Kliewer/Zschenderlein, Die Prüfung der Steuerfachangestellten, 37. Auflage, Herne 2018

Krause/Krause, Finanzierung und Investition, Klausurentraining Weiterbildung, 3. Auflage, Herne 2018

Krause/Krause/Krause/Stache/Zech, Die Prüfung der Technischen Betriebswirte, 9. Auflage, Herne 2019

Lisges/Schübbe, Personalcontrolling, Freiburg 2005

Minto, B., Das Prinzip der Pyramide: Ideen klar, verständlich und erfolgreich kommunizieren, München 2005

Mumm, M., Kosten- und Leistungsrechnung: Internes Rechnungswesen für Industrie- und Handelsbetriebe, 3. Auflage, Berlin 2019

Nicolini, H.-J., 5 vor Internes Kontrollsystem, Endspurt zur Bilanzbuchhalterprüfung, 2. Auflage, Herne 2019

Olfert, K., Finanzierung, 17. Auflage, Herne 2017

Olfert, K., Investition, 14. Auflage, Herne 2019

Olfert, K., Kompakt-Training Personalwirtschaft, 11. Auflage, Herne 2019

Olfert, K., Kostenrechnung, 17. Auflage, Herne 2013

Olfert, K., Lexikon Finanzierung und Investition, 2. Auflage, Herne 2010

Olfert, K., Personalwirtschaft, 13. Auflage, Ludwigshafen 2008

Olfert, K., Personalwirtschaft, 16. Auflage, Herne 2015

Olfert, K., Unternehmensführung, Herne 2016

Patrzek, A., Systemisches Fragen: Professionelle Fragekompetenztechnik für Führungskräfte, Berater und Coaches, 3. Auflage, Wiesbaden 2021

Reim, J., Kosten- und Leistungsrechnung: Instrumente, Anwendung, Auswertung, 2. Auflage, Wiesbaden 2020

Reynolds, G., Zen oder die Kunst der Präsentation, 3. Auflage, Heidelberg 2020

Rose/Watrin, Ertragssteuern, 21. Auflage, Berlin 2017

Rose/Watrin, Internationales Steuerrecht, 7. Auflage, Berlin 2016

Rossié, M., Frei sprechen in Radio, Fernsehen und vor Publikum: Ein Training für Moderatoren und Redner, 6. Auflage, Wiesbaden 2017

Sander 2017a, Didaktische Visualisierung, https://dbs-lin.ruhr-uni-bochum.de/lehreladen/planung-durchfuehrung-kompetenzorientierter-lehre/didaktische-visualisierung/, abgerufen am 15.10.2019

Sander 2017b, Erstellung einer Visualisierung, https://dbs-lin.ruhr-uni-bochum.de/lehreladen/planung-durchfuehrung-kompetenzorientierter-lehre/didaktische-visualisierung/erstellung-einer-visualisierung/, abgerufen am 15.10.2019

Sander 2017c, Formate der Visualisierung, https://dbs-lin.ruhr-uni-bochum.de/lehreladen/planung-durchfuehrung-kompetenzorientierter-lehre/didaktische-visualisierung/formate-der-visualisierung/, abgerufen am 15.10.2019

Schawel/Billing, Top 100 Management Tools, 2. Auflage, Wiesbaden 2009

Schmolke/Deitermann/Rückwart/Stobbe/Flader, Industrielles Rechnungswesen, 42. Auflage, Braunschweig 2013

Schulz von Thun, F., Miteinander reden 1: Störungen und Klärungen: Allgemeine Psychologie der Kommunikation, 50. Auflage, Reinbek 2013

Schwarze, J., Projektmanagement mit Netzplantechnik, 11. Auflage, Herne 2019

Schweitzer, R., Die Prüfung der Steuerfachwirte, 21. Auflage, Herne 2020

Tannenbaum/Schmidt, How to choose a Leadership Pattern, in: Harvard Business Review, 36. Jahrgang, Nr. 2, S. 95 bis 101, 1958

Watzlawick/Beavin/Jackson, Menschliche Kommunikation: Formen, Störungen, Paradoxien, 12. Auflage, Bern 2011

Wichtige Steuergesetze, NWB Textausgaben, 68. Auflage, Herne 2019

Wöhe/Döring/Brösel, Einführung in die allgemeine Betriebswirtschaftslehre, 27. Auflage, München 2020

Wunderer/Jaritz, Unternehmerisches Personalcontrolling: Evaluation der Wertschöpfung im Personalmanagement, Neuwied/Kriftel 1999

Alles, was Sie zum Thema Bilanzen können und wissen müssen

Aktuell, fundiert und verständlich

Ob als Einstieg oder als Vertiefung in Studium und Praxis – mit diesem Band des Kompendiums der praktischen Betriebswirtschaft haben Sie den Themenbereich Bilanzen und Bilanzierung sicher im Griff. Von der Aufstellung der Bilanz über die Gewinn- und Verlustrechnung und die Konzeption des Anhangs bis hin zur Konzernrechnungslegung stellt es alle wichtigen Aspekte der Bilanzierung dar. Aktuell, fundiert und verständlich.

Zahlreiche Kontrollfragen zu jedem Kapitel und Fälle mit Lösungen helfen Ihnen dabei, ihr Wissen zu überprüfen und Wissenslücken zu schließen. Die Kombination aus Information und Wissensüberprüfung machen diesen Band zu einem idealen Begleiter für Studium und Beruf.

Jetzt neu mit Online-Training!

Bilanzen
Rinker
16. Auflage · 2020 · Broschur · 524 Seiten · € 31,90
ISBN 978-3-470-**53687**-3

Übung macht den Meister!

Die optimale Vorbereitung auf Ihre erfolgreiche Prüfung

Die Reihe Klausurentraining richtet sich an Fachwirte, Betriebswirte und Meister, die sich auf ihre IHK-Prüfung vorbereiten. Dieses Buch enthält eine repräsentative Zusammenstellung von rund 160 klausurtypischen Aufgaben und Lösungen aus verschiedenen steuerlichen Themenbereichen. Niveau, Darstellung und Sprache orientieren sich an den Originalprüfungen der Kammern. Ausführliche Lösungen helfen, den Lernerfolg zu kontrollieren und die Lösungswege besser zu verstehen.

Nach einer Einführung in die Grundbegriffe des Steuerrechts behandelt dieser Band folgende Steuerarten:

- ▶ Einkommensteuer
- ▶ Körperschaftsteuer
- ▶ Gewerbesteuer
- ▶ Kapitalertragsteuer
- ▶ Umsatzsteuer
- ▶ Grundsteuer
- ▶ Grunderwerbsteuer
- ▶ Erbschaft- und Schenkungsteuer.

Ergänzend werden zentrale Vorschriften der Abgabenordnung dargestellt. Den Abschluss bildet ein Steuer-ABC, das die Inhalte im Überblick alphabetisch erläutert.

Kostenloses Online-Buch in meinkiehl inklusive

Steuern
Stache
3. Auflage · 2021 · Broschur · 152 Seiten · € 19,90
ISBN 978-3-470-**63983**-3
@ Online-Buch inklusive